中华经典名著全本全注全译丛书

李　山　轩新丽◎译注

管子 上

中华书局

图书在版编目(CIP)数据

管子/李山,轩新丽译注. —北京:中华书局,2019.4
(2025.2 重印)
(中华经典名著全本全注全译丛书)
ISBN 978-7-101-13332-5

Ⅰ.管… Ⅱ.①李…②轩… Ⅲ.①法家②《管子》-译文
③《管子》-注释 Ⅳ.B226.1

中国版本图书馆 CIP 数据核字(2018)第 144018 号

书 名	管 子(全二册)	
译 注 者	李 山 轩新丽	
丛 书 名	中华经典名著全本全注全译丛书	
文字编辑	宋凤娣	
责任编辑	周 旻 周梓翔	
装帧设计	毛 淳	
责任印制	管 斌	
出版发行	中华书局	

　　　　　　(北京市丰台区太平桥西里 38 号　100073)
　　　　　　http://www.zhbc.com.cn
　　　　　　E-mail:zhbc@zhbc.com.cn

印 刷	北京盛通印刷股份有限公司	
版 次	2019 年 4 月第 1 版	
	2025 年 2 月第 9 次印刷	
规 格	开本/880×1230 毫米 1/32	
	印张 36 字数 850 千字	
印 数	61001-69000 册	
国际书号	ISBN 978-7-101-13332-5	
定 价	86.00 元	

总目

上册

下册

上册

前言

　　《管子》是战国诸子中的重要著作。大家知道,我国春秋战国时期最了不起的文化现象就是"百家争鸣"。儒家、道家、法家、墨家、阴阳家、农家、名家、兵家等学派,横空出世,异彩纷呈,争奇斗艳。各家的学说主张,都对后世中国文化的发展产生了重要影响。一大批具有原创价值的经典著作,历久弥新,熠熠生辉。《管子》即是其中之一。

　　《管子》一书,是否可以顾名思义地认为,是春秋时管仲的著作呢?研究表明,不是。这是一部托名管子的著作,也有学者称此书为"管子学派"之作。管子即管仲、管夷吾,春秋早期辅佐齐桓公成就霸业的政治家。就是这位春秋早期的政治家,当北狄入侵邢国之时喊出"诸夏亲昵"的口号,率先张起华夏意识的大旗,在精神上统一当时的诸侯邦国,抗击外敌入侵。《左传·闵公元年》记载狄人侵邢,邢向齐国求救,管仲言"戎狄豺狼,不可厌也;诸夏亲昵,不可弃也",堪称齐桓公"尊王攘夷"事业的精神纲领。这在一个民族的精神历程上是有其地位的。对管仲的历史贡献,《论语·宪问》记载孔子的评价说:"桓公九合诸侯,不以兵车,管仲之力也。"是说他凝聚诸侯不以武力。又说:"相桓公,霸诸侯,一匡天下,民到于今受其赐。微管仲,吾其披发左衽矣。"是赞美他辅佐齐桓公抗击外敌入侵,捍卫了华夏文明的生活方式。正因如此,孔子特别以"如(乃)其仁"评价管子的功业。管子的功业是非凡的,他留给后世的一个重要遗产,就是在辅佐齐桓公争霸中所采取的一系列卓有成效的经济政策。《史记·管晏列传》记载管仲治国:"通货积财,富国强兵,与俗同好恶。"又说:"贵轻重,慎权衡。"在这样的政策背后,是一种堪称伟大的政治哲学,那就是大家熟知的"仓廪实而知礼节,衣食足而知荣辱"这一平实而深邃的思想洞见。其价值就在于承认社会精神文明的提升以物质生活的保障为基础,因而与法家不要社会精神文明的统治逻辑相异,也与过分注重教化的儒家道德理想主义的治民主张不同。无疑,管子这样说是正确的。也正是在这样的管理国家的理念下,管子治理齐国,重视"通货积财",重视"轻重"之术等。这样做,是因为这位有智慧的政治家能够"与俗同好恶",这与"仓廪实"的语句意蕴相通。所谓"俗",是民俗、民情;趋利避害,是普天下一般人共同的追求,因其普遍,因而"俗"。利在远途,民追求;利在深海,民追求。既然如此,政治家先讲究的应是如何顺应这一点民之"俗",而不是像一些思想家如荀子等,将人性的趋利避害视为"性恶"(如此即须加以管教矫正)。承认民众求利是发乎人性(管子并不称此为"恶"),政治上就要顺应这一点,于是就有管子辅佐霸业的"通货积财"。尽管管子还不是完全的"富民"论者,其经济上的首要目标还在于"富国强兵",但终究因为正视民性的特点,而承认经济上"富民"的作用。《治国》篇说:"凡治国之道,必先富民。民富则易治也,民贫则难治也……是以善为国者,必先富民,然后治之。"《小问》篇也说:"富上而足下,此圣王之至事也。"这些见诸《管子》的言论,虽未必出自管仲手笔,却与管仲的政治精神相通。这是应当予以正视和肯定的。

管仲身后整理他的言论,就现有考古发现的资料看,可能从春秋后期就开始了(郭丽:《〈管子〉文献学研究》,青岛:中国海洋大学出版社2007年,第21—39页)。而大量的"管子"篇章的出现,则要在更晚一点的战国时期。人们高度重视管子,还不仅仅是因为他的声名显赫,更主要的原因是《管子》篇章的作者们有意要追寻、总结管子辅佐齐桓公称霸的历史经验,从理论上帮助当时的战国雄主成就新的霸业。换言之,《管子》是一部阐述"霸政"的大书。这就涉及《管子》成书的背景:战国时齐国的争霸。

从西周到春秋晚期的齐国君主为姜姓,经过"田(陈)氏代齐"到战国时齐国君主则改为了田(陈)姓。田齐历经了桓公、威王、宣王、湣王、襄王、王建各代,其霸业的顶峰在威、宣之际。从西周的姜太公时期起,齐国就利用自然条件,广开渔盐之利,是一个经济发达的邦国。管子辅佐齐桓公称霸,除《史记》记载的"通货积财,富国强兵,与俗同好恶"之外,还有《国语·晋语二》所说的:"轻致诸侯而重遣之,使至者劝而叛者慕。"诸侯来齐国时带来的礼物少,走的时候得到馈赠的礼品多,归顺的诸侯对齐国更加尽心,没归顺的诸侯则心生羡慕。这样来维持霸主地位,国家不富裕是办不到的。而管仲就有这样的能力,既能带兵打仗,管理国家经济,也是盘盘大才。孔子说,管仲相桓公、霸诸侯"不以兵车",也是说齐国凝聚诸侯,不是靠武力杀伐,而是靠政治经济等各种手段。

到"七雄并立"的战国时代,齐国的争霸,还是那样自有特点。很明显的对比是,它不像商鞅在秦国变法那样,主张"重农主义",主张"利出一孔"(百姓要获得土地,只有去为国家打仗一条路,叫做"利出一孔")以控制全国民众。一个老牌贵族国家,"渔盐之利"搞了几百年,如何可能只重农业? 经济发达、百业皆兴,又如何可以"利出一孔"? 田齐霸业自有特点,那就是在政治、军事、经济强盛的同时,学术也极端繁荣。与商鞅极力禁绝民众读书、求学相反,田齐君主多对学问、对有学问的先生们大感兴趣。《史记·田敬仲完世家》说:"宣王喜文学游说之士,自如邹衍、淳于髡、田骈、接予、慎到、环渊之徒七十六人,皆赐列第,为上大夫,不治而议论。是以齐稷下学士复盛。"大宅高官地给七十多个士人以优厚待遇,便是齐国特有的霸主气派。正是这样的气派,给非凡的学术兴旺提供了条件。稷,齐西门之称,学官设在稷门附近,称稷下。

稷下学官最盛时,学生就有三千多。各家各派的学者,还远不止《史记》所述的士人。据学者钩沉,活跃于稷下的人物,还有许多,举其大者,如儒家的孟子、荀子,都先后到过稷下,荀子还曾为学官的祭酒。举目望去,稷下学官的规模在当时是无与伦比的。

学者、思想家们在学官的话题是无拘无束的,各家各派都在发表自己的主张,处士横议,议论生风,思想的风云际会之中,有冲突、辩驳,也有吸收、融合,形成了学术的交融。按当代学术界的看法,在稷下的这些学者中,就有一些人士,对管子如何辅佐齐桓称霸的经验感兴趣,并写出了相关的著作,这就是《管子》一书。当然,《管子》一书,还包含着其他内容,如黄老道家的文献、儒家思想等等。《管子》为数众多的篇章,就产生在田齐争霸的时代。

学术交融的大背景,决定着《管子》一书的特色。不同于道家的《老子》《庄子》,儒家的《论语》《孟子》等等,《管子》的显著特色,是它思想的融通性。可以说,它是一部汇聚百家学说的著作。在《管子》中,可以看到儒家的思想,如《牧民》篇称礼、义、廉、耻为"国之四维",称"四维不张,国乃灭亡";可以看到道家的思想,还是《牧民》篇,称"下令于流水之原者,令顺民也",与《老子》"圣人无常心,以百姓为心"颇为相符;可以看到法家的思想,如《权修》篇称"法者,将用民之死命者也",颇似《商君书》的口吻;还可以看到阴阳家的思想,如《幼官》和《幼官图》两篇,其努力将人事行为限定于顺守时令的用心,正是阴阳观念的硬核;此外,墨家的非攻言论,农家对地利的筹划,兵家的战事计谋等等,都能在《管子》中分明地嗅到它们的气息。因此,《管子》一书的学术性质难定,说它是道家,它有儒家的内容;说它是法家,它又有黄老的思想。它的统一性,不表现在思想内涵的一致,而表现在成就霸主、帝王目标的确定。为了这一点,什么学术思想都可以拿来为我所用。

然而,这决不意味着《管子》是一部杂凑的书。《管子》的融通百家,是为齐国打造一个帝王、霸主的学术,这正是统领全书的中心。书中关于帝、王、霸等等的言论颇多，就是明证。那么，这是否就可以说《管子》只是融汇，就没有属于它自己的新内容了呢？不是。在融汇中，《管子》作者也发展了某些思想。例如道家思想，在《管子》的《白心》《内业》和《心术》诸篇之中，就可以清楚地看到道家思想由《老子》向"黄老道家"的转移。举例言之，《老子》中的"我无为而民自化"之类的言语，在上述黄老诸篇中，已变成"君主无为而臣下有为"式样的言论。《老子》是"君"与"民"相对而谈，在黄老则是变成"君"和"臣"的相对，其间的变化不是很大的吗？这也恰恰可以看到《管子》帝王术的特质。

在《管子》诸多思想的表述中，最具有特色的是它的"富国"主张。这部分内容，一般称为"轻重"理论，简单地说，就是利用市场物价波动的规则，实现富国强兵的目的。例如粮食与货币，当年成好的时候，粮食丰收，同样的钱能买好多粮食，如此就可以说，粮食为"轻"，货币为"重"；相反，若粮食歉收，则货币就"轻"，粮食就"重"。孰轻孰重，变动不居，国家的统治者应当顺时而动，把握时机，争取在这样的波动、变化中成为最大利益获得者。类似的观点曾流行于战国东方一些国家，但像《管子》这样集中深入地加以论述，则实属罕见。说到《管子》的经济思想，它的一些观点真有些出人意料。例如《侈靡》篇说："雕卵然后瀹之，雕橑然后爨之。"鸡蛋雕一雕花再煮了卖，木柴刻纹后再卖了去烧，这样的说法，直到很晚近的时期，人们才意识到，原来是在表达一种消费可以刺激就业的经济论。多少年人们读不懂它，是因它与古代主流的节俭的经济观念差异太大。

战国时期在当时中国的东部和西部，分别形成了两大经国理念系统：一是西部商鞅变法所形成的以"重农主义"，具体说是以重小农经济为核心的法家治国主张；一是《管子》所表现的以"轻重"之术为核心的治国方略。前者表现为绝对"富国强兵"的政治取向。据《商君书》表达的政治逻辑，小农穷困懦弱，就便于利用；利用的手法就是"驱农归战"，其具体路数即：利用国民获得土地的欲望，以军功爵位吸引农民投身战场，以"首功"换取土地。为达到这一目的，国家必须严厉实施"利出一孔"的政策，即严厉禁绝民众从事其他可以致富的生业。后者，即《管子》的所陈述的经国理念，强调利用市场、利用粮食盐铁等重要物资的价格波动，使政府在财政上获得最大利益。《管子》也强调"富国强兵"，可是，《管子》的"轻重"之术毕竟是要利用市场、利用市场的价格波动的，因而在一定程度上，必须允许民众获利。请看《轻重乙》篇这样一段文字：

> "请以令断山木，鼓山铁。是可以毋籍而用尽。"管子对曰："不可。令发徒隶而作之，则逃亡而不守。发民，则下疾怨上。边竟有兵，则坏宿怨而不战。未见山铁之利而内败矣。故善者不如与民量其重，计其赢，民得其十（当为"七"），君得其三。"

这种与民"三七分利"的设想，是将国家的富强与工商业者的利益结合在一起的。因为《管子》的作者认识到，若没有生产者的积极性，社会财富就不会真正的增长。因此，《管子》中的"富国"论是一个兼顾民间利益的"富上而足下"的"上下俱富"论。这是《管子》学派与法家治国言论的重要不同。因此，可以称《管子》的政治经济主张是"有限的富民论"。然而，历史的实际却是，从秦汉开始，王朝政治主要采取的是法家的"富国强兵"理论；如此，后世的人们对《管子》的"轻重"之术陌生，对"雕卵然后瀹之"不解，也就很自然了。然而，《管子》政治思想的出现，正显示了春秋战国时代历史文明进展所达到的广阔与深厚。

强调以"轻重"之术经营国家的《管子》，在战国这样一个铁血杀伐的时代，还提出了征服天下的另一种设想，那就是"商战"之说。在《轻重甲》篇中提到"战衡，战准，战流，战权，战势"等"五战"之说。在《轻重戊》篇中，《管子》学者曾设想以"绨"的市场价格的变化，在经济上打垮"鲁梁"之国，令其无条件"请服"。战国实际发生的征服是军事，是扩展"土地"与"人民"，《管子》的"商战"之说，则着眼于市场的大胜。这样的说法在当时固然只是设想，然而却是与铁血杀伐完全相异的想法，显示的是那个时代特有的思想活跃。

　　"轻重"的治国之术，还是主张"无籍"的，即主张政府不要向一般小民直接征收赋税。《国蓄》篇说："夫以室庑籍（纳税），谓之毁成；以六畜籍，谓之止生；以田亩籍，谓之禁耕；以正人籍，谓之离情；以正户籍，谓之养赢。"马非百说："养赢"一词，与《盐铁论》"养强"一词同义，是对大户有利的意思（见马著《管子轻重篇新诠》上册，中华书局 1979 年版，243 页）。《管子》此段文字内容亦见于《海王》篇和《轻重甲》篇。《管子》的作者很清楚，各种直接税收，会严重影响生产积极性，这是他们不主张"以室庑籍"等的原因之一。《管子》的学者们对此还有更精彩的洞见，《国蓄》篇说："今人君籍求于民，令曰十日而具，而财物之贾（价）什去一；令曰八日而具，则财物之贾什去二；令曰五日而具，则财物之贾什去半；朝令而夕具，则财物之贾什去九。"直接向民众征税，要求的时限越短，民众卖出产品时价格则越低。从国家的角度说，是"轻重"之权操在富商手里，从小民角度说，是财物凭空被商人剥夺。两千多年的时光，因直接的赋税而导致丰收了的小民不能因丰产而获利，不是古代一个恒久的现象吗？如此，《管子》的"无籍"主张，不就是那个思想活跃时代的一个很有价值的说法吗？

　　在《管子》"轻重"之术的言论中，有许多有趣的说法。如《山权数》篇中那个"御神用宝"的故事，初看似戏言，细思则不然。该篇说有人在齐北郭挖出一只龟，管仲教齐桓公利用政治与金钱的手段将这只龟神秘化，其做法是声称此龟为东海神灵之子，以此令其身价无量。几年之后，齐国伐山戎，齐桓公就用这只被神秘化了的龟，从齐国富豪丁氏家换得整个战争所需的军费。故事看上去荒诞，可是细想，其合理的内核就是今天所谓的"炒作"。在我们这个时代，若干年前不是曾有这样的现象：一盆君子兰经过一番喧嚣蛊惑之后，价值竟可以高达十几万吗？类似的现象其实还有不少。就《管子》所言的"御神用宝"而言，其赚取的矛头指向的是国内的富豪。而经济上斗豪民，也是《管子》"轻重"之术的内容之一。

《管子》一书，因有银雀山汉墓出土的文献，可知其中最早的篇章可以追溯到春秋晚期。《韩非子·五蠹》篇说："藏商、管之法者家有之。"据此《管子》的篇章在战国晚期颇为流行。汉代司马迁《史记·管晏列传》"太史公曰：吾读管氏牧民、山高、乘马、轻重、九府……"更可据知《管子》该书在西汉同样流行。西汉中晚期刘向负责整理皇室藏书，整理《管子》，综合数百篇同类文章，去其重复，定为八十六篇（若干篇今已佚失），以"经言""外言""内言""短语""区言""杂言""形势解""轻重"等八部分编排。这是《管子》最早的定本。此后，唐、宋的各种类书等对《管子》也是多有征引。同时，在唐代早期也出现了《管子》注释的著作，那就是尹知章所注释的《管子》。此后研究《管子》者也不乏其人，其中如中唐大理财家杜佑就摘录《管子》章句，成《管氏指略》（今佚）。

目前所知《管子》最早的刻本为南宋时期的两个版本：一是浙刻本，前有杨忱序，后附张嵲《读管子》；二是南宋绍兴年间瞿源蔡潜道墨宝堂本（到民国时下落不明）。两个版本都源于尹知章注本。明代刻本较早时有刘绩的《管子补注》本，晚期万历年间有赵用贤刻本。赵本改正了南宋浙刻本的一些错误，又吸收了刘绩刻本的成果，因而影响较大。后来明凌汝亨本《管子》，清浙江书局的《二十二子》本和崇文书局的《百子全书》本，均题据赵用贤本。有学者称，赵本之后的各种版本，"形式没有很大的变化，只有细枝末节的修订而已"（郭丽：《〈管子〉文献学研究》，青岛：中国海洋大学出版社2007年，第197页）。

历代《管子》研究著作也不少，如南宋叶适《习学记言》、黄震《黄氏日抄》和王应麟《困学纪闻》中都有研读《管子》的内容。明代朱长春《管子榷》，清代洪颐煊《管子义证》、王念孙《读书杂志》、宋翔凤《管子识误》、戴望《管子校正》，近代以来郭嵩焘《读管札记》、何如璋《管子析疑》、梁启超《管子传》、尹桐阳《管子新释》、李哲明《管子校义》、石一参

《管子今诠》、郭沫若等《管子集校》、马非百《管子轻重篇新诠》、黎翔凤《管子校注》等，还有日本学者猪饲彦博《管子补正》、安井衡《管子纂诂》等，都对研读《管子》文本有重要的参考价值。此外，胡寄窗《中国经济思想史》(先秦部分)、巫宝三《管子经济思想研究》等，对理解《管子》的经济思想很有帮助。近年来疏解白话今译《管子》的，有赵守正《管子注译》等。

此次注译《管子》，正文主要依据中华书局出版的黎翔凤撰、梁运华整理的《管子校注》。此书列入中华书局"新编诸子集成"丛书，于 2004 年出版。《校注》以宋浙刻本(书中称"杨本")为底本，前有杨忱序，后附张嵲《读管子》之文。此书出版编校严谨，可为依据。个别地方也参照了其他版本。另需说明的是，此书的注译，轩新丽博士注译了前六卷，其他主要由笔者完成。其间博士研究生赵云涛、蒲帅、张少辉、朱军、李喆等也做了一些工作，最后书稿的改定由笔者完成，因而书中所有错误都由笔者来负责。

《管子》一书历来号称难读，尽管有许多的研究，一些篇章中的文句理解，还是很有疑问。此书借鉴了许多前人研究成果，在此一并致谢。至于书中不尽人意的地方，就要敬请读者不吝赐教了！

李　山

2018 年 12 月

卷第一

牧民第一

【题解】

"经言"共九篇,《牧民》为其第一篇,一般认为本篇也是全书的纲领性篇章。牧民即治民,阐述治国理民的理论原则,包括国颂、四维、四顺、士经(十一经)和六亲五法等五项内容。"国颂"为第一节,阐明治国的原则在于"张四维",即国家强大的基础在于提倡礼、义、廉、耻的道德。而"张四维"的前提在于"仓廪实""衣食足",即推行道德的基础在于满足百姓的基本生活需要。"四维"为第二节,主要阐述四维的含义及其重要性。推行德政的内涵主要在于四维,一旦四维倾覆,国家也不能得到有效管治。"四顺"为第三节,阐明治民的原则在于"顺民心",百姓有"四欲"和"四恶",统治者必须予以重视。第四节"士经",当作"十一经",主要阐述治国驭民所需要的十一项经常性措施。第五节"六亲五法",说明君主治国的一系列具体准则,认为君主治国需要广开言路,开诚布公。

文章还认为,治民的首要任务在于发展生产,在此基础上建立维系国家安危的礼、义、廉、耻。治民应当顺应民心,为此必须满足民众的物质、精神两个方面的要求,行政不可欺骗民众,不可做侥幸一时的事情。

本文为格言体,风格警策,是政治家管仲治政经验的精练总结。其中关于注重粮食生产、注重经济基础、注重民心得失、注重教育引导等论述,至今仍有借鉴价值。

　　凡有地牧民者①,务在四时②,守在仓廪③。国多财,则远者来④;地辟举⑤,则民留处⑥;仓廪实,则知礼节;衣食足,则知荣辱。上服度⑦,则六亲固⑧;四维张,则君令行。故省刑之要⑨,在禁文巧⑩;守国之度,在饰四维⑪;顺民之经⑫,在明鬼神、祇山川、敬宗庙、恭祖旧⑬。不务天时,则财不生;不务地利,则仓廪不盈。野芜旷,则民乃菅⑭;上无量⑮,则民乃妄。文巧不禁,则民乃淫;不璋两原⑯,则刑乃繁。不明鬼神,则陋民不悟⑰;不祇山川,则威令不闻⑱;不敬宗庙,则民乃上校⑲;不恭祖旧,则孝悌不备⑳。四维不张,国乃灭亡。

　　右国颂㉑。

【注释】

①牧民:古代将治理国家百姓称为牧民。牧,放牧。引申为统治、治理。

②四时:春、夏、秋、冬四季。古代政治特别强调治理民众遵循天时,不误农忙。

③仓廪(lǐn):仓库。储藏谷物处叫仓,储藏稻米处叫廪。或言,方形称仓,圆形称廪。此处并无分别。

④远者:远方民众。能吸引远方的民众来投奔自己,在古代被视为国家政治良好的表现。

⑤辟举:开发耕种全面。举,尽,皆。一说训"发"。耕种。

⑥留:长期停留安居。

⑦上服度:在上位者其穿戴及所用器物、车舆等不违背规矩,合乎法度礼数。上,指君主及统治者。服,服制、器物等。度,合乎

法度。

⑧六亲：父、母、兄、弟、妻、子。一说为同姓宗亲昆族。此指君主之
　　六亲，皆统治阶级重要成员。若一国之君在享用服御方面皆合
　　制度，则六亲之间自可免除嫉妒，相安无事，减少摩擦，从而关系
　　密切巩固，自有利于国家安定。

⑨故：所以。古人行文表达转折之词。省刑：减少刑法。即减少国
　　家犯罪现象。

⑩禁文巧：即禁止奢侈。奢侈品泛指华丽的服饰、精巧的玩物以及
　　过分奇巧而无益于实用的制品、物件等，犹今之所言"搞花样"。
　　文，指过分的纹饰。

⑪饰四维：即"正四维"。饰，通"饬"。整治之意。四维，指礼、义、
　　廉、耻，是四种维护国家存在的重要纲领。维，本义是绳索，后多
　　表达纲领、纲纪之义。

⑫顺：通"训"。教化民众的意思。

⑬明鬼神：谓曲制祭祀之礼，以显明鬼神之德。古代帝王大都重视
　　神道设教，以此来统一民众的意志。祇（zhī）山川：敬奉山川神
　　灵。祇，敬。山川，指山川神灵。

⑭野芜旷，则民乃菅：言土多荒弃，民乃游荡。日本学者猪饲彦博
　　说，"菅"当改为"荒"，惰也。

⑮无量：无限量。此处指挥霍无度。

⑯不璋：不阻止。璋，当作"障"或"墇"。塞，拥。两原：两种罪恶的
　　根源。指上文所说的"无量"和"文巧"，两者为社会混乱的本源。
　　原，同"源"。

⑰陋民：鄙陋之民。未开化之小民，尚未接受尊卑礼法启蒙。

⑱威令：国家权力的威严和政令。

⑲上校：对抗、冲撞上位者。校，冒犯，忤逆。

⑳孝悌（tì）：古代最基本的人伦，敬奉父亲为孝，恭顺兄长为悌。

㉑右：古人书写从右向左竖行而下，所以称前面的文字为"右"。国
　颂：国家的根本法条。颂，本义是一种诗体，此处犹如说"格言"。
　此乃本篇第一部分的小题，行文有韵，如《诗经》中的"颂"体诗，
　内容又是讲治国之道，故称国颂。

【译文】

　　凡是拥有封地、养育管理百姓的君主，必须致力于农事、注重四时
耕种，掌管好粮食贮藏。国家富裕、财力充足，远方的人们就自动投奔
而来，荒地大量开发、耕地充分种植，本国的民众自然安心长留居住；粮
仓充实了，生活富裕了，人们自然就知道要奉礼守节；衣食无忧了，日用
丰足了，人们自然就懂得珍惜荣耀、避免耻辱。君主个人服御行为合法
适度，六亲宗族之间就可以相安无事，关系密切，和睦稳固；国家的礼、
义、廉、耻四维得到发扬，国君的法令就可以顺利贯彻、令行禁止。因此，
减少刑罚的关键，在于禁止奢侈、减少挥霍；巩固国家的要旨，在于整顿四
维、修正礼仪；训导民众的根本原则，在于明示鬼神之礼以表尊重，循序祭
祀山川以示敬奉，长拜宗庙祖先以表恭敬，侍奉宗亲故旧以示孝顺。不
重视遵从天时，就不能增长生产、累积财富；不重视利用土地，就不会粮仓
充实、储备丰盈。田野荒芜、耕地废弃，百姓将四处流荡而怠惰荒疏；君主
没有节制、挥霍无度，百姓就胡作妄为、不守法度。君主不禁止奢侈之风，
百姓就放纵私欲、淫荡不伦；君主不堵塞奢侈、挥霍这两个祸根，犯罪就会
大量增多，刑罚也会变得繁重。君主不重视尊敬鬼神之礼，小民将无从
感悟尊卑；君主不敬奉山川祭祀，其威令就不能远播、达于民间；君主不恭
敬宗庙祖先，老百姓就会犯上作乱；君主不恭顺宗亲故旧，孝悌之德就无
法完备。总之，礼、义、廉、耻四维得不到发扬，国家就将会陷入灭亡。

　　以上为"国颂"的内容。

　　国有四维①，一维绝则倾②，二维绝则危，三维绝则覆，四
维绝则灭。倾可正也，危可安也，覆可起也，灭不可复错

也③。何谓四维？一曰礼，二曰义，三曰廉，四曰耻。礼不逾节④，义不自进⑤，廉不蔽恶⑥，耻不从枉⑦。故不逾节，则上位安；不自进，则民无巧诈；不蔽恶，则行自全⑧；不从枉，则邪事不生。

　　右"四维"。

【注释】

①四维：此谓礼、义、廉、耻四者。维，本指系物或结网的绳索。引申为维系事物稳固的条件。

②倾：倾斜，失去平衡。

③复错：再得安置。错，通"措"。措置。后文凡遇"错"字，皆同。一说"错"为衍字。

④节：节度，法度。

⑤自进：只顾自己妄自求进。即自行钻营。

⑥蔽恶：隐蔽自己的恶行，不能算是贞廉。

⑦从枉：即趋从坏人。枉，邪枉，邪曲。

⑧全：不能廉则行不全，不能称为完人。一说"全"疑当作"正"。

【译文】

　　维系一个国家的存在，有四大准绳，断了一条，国家就会倾斜、失去平衡；断了两条，国家就面临危险；断了三条，国家就行将颠覆；断了四条，国家就必然会灭亡。倾斜了还可以扶正，危险了还可以挽救，颠覆了仍可以再起，灭亡了，那就不可收拾了。什么是这四大准绳呢？一是礼，二是义，三是廉，四是耻。人有礼，就不会超越法度规范，破坏应守的规矩原则；人有义，就不会妄自求进，不遵循荐举之路；人有廉，就不会刻意掩饰过错，贪慕虚名浮利；人有耻，就不会跟从坏人，与邪恶同流合污。所以，只要百姓能安分守己，不越出应守的规范，为君者的地位就能确保安定；人们不妄自求进，就不会滋生浮巧奸诈，也无欺谋之事；不掩饰过错，品行就自然端正，节操就完美保全；不同流合污、趋从坏人，也就不会产生邪恶、发生坏事。

以上是"四维"的内容。

　　政之所兴①，在顺民心；政之所废，在逆民心。民恶忧劳，我佚乐之②；民恶贫贱，我富贵之；民恶危坠，我存安之；民恶灭绝，我生育之。能佚乐之，则民为之忧劳③；能富贵之，则民为之贫贱；能存安之，则民为之危坠；能生育之，则民为之灭绝。故刑罚不足以畏其意④，杀戮不足以服其心⑤。故刑罚繁而意不恐，则令不行矣；杀戮众而心不服，则上位危矣。故从其四欲⑥，则远者自亲；行其四恶，则近者叛之。故知予之为取者⑦，政之宝也。

　　右"四顺"。

【注释】

①兴：起，兴盛。

②我佚乐之：君主要使百姓感到生活安逸快乐。我，指君主。佚乐，即"逸乐"。指使百姓安逸喜悦。

③民为之忧劳：百姓愿为君主承受忧劳。

④畏其意：心生畏惧。

⑤服其心：心生服从。

⑥四欲：即上文所说的佚乐、富贵、存安和生育等四个需求。

⑦予：别本又作"与"。

【译文】

政令所以能够推行，在于顺应民心；政令所以废弛，在于违背民意。

民众害怕忧劳，我就使他们得到安乐；民众害怕贫贱，我就使他们求得富贵；民众害怕危难，我就使他们生活安稳；民众害怕家族灭绝，我就使他们生养繁育。能够使百姓得到安乐的人，百姓必然愿为他忧劳；能够使百姓求得富贵的人，百姓就愿意为其忍受贫贱；能够保全百姓生活安稳的人，百姓也愿意为其担当危难；能够保证百姓生养繁育的人，百姓也就不惜为其牺牲性命。所以，单靠刑罚不足以使民众真正感到畏惧，仅凭杀戮也不足以使民众心悦诚服。因此刑罚繁重太过泛滥，人心反而不知所惧，法令就更加不能有效推行；杀戮太多使得人心不服，为君者的地位就将危险。因此，顺从和满足百姓上述所说的四种愿望，疏远的人自然变得亲近；如果强加推行上述所说的四种百姓厌恶的政令，亲近的人也会叛离。由此可知，明白"予之于民就是取之于民"这个原则，是治国的法宝。

以上是"四顺"的内容。

错国于不倾之地①，积于不涸之仓，藏于不竭之府②，下令于流水之原③，使民于不争之官④，明必死之路，开必得之门。不为不可成，不求不可得，不处不可久，不行不可复⑤。错国于不倾之地者，授有德也⑥；积于不涸之仓者，务五谷也⑦；藏于不竭之府者，养桑麻、育六畜也⑧；下令于流水之原者，令顺民心也；使民于不争之官者，使各为其所长也⑨；明必死之路者，严刑罚也；开必得之门者，信庆赏也⑩；不为不可成者，量民力也；不求不可得者，不强民以其所恶也；不处不可久者，不偷取一世也⑪；不行不可复者，不欺其民也。故授有德，则国安；务五谷，则食足；养桑麻、育六畜，则民富；令顺民心，则威令行；使民各为其所长，则用备；严刑罚，则民远邪；信庆赏，则民轻难；量民力，则事无不成；不强民以

其所恶,则诈伪不生;不偷取一世,则民无怨心;不欺其民,
则下亲其上。

　　右"士经"⑫。

【注释】

①错:通"措"。安放,处置。

②积于不涸之仓,藏于不竭之府:涸,干枯,枯竭。府,古代收藏财
　货、文书的地方。此指收藏东西的地方。一说此二句,"积"下当
　有"食"字,"藏"下当有"富"字。

③下令于流水之原:即政令顺应民心,民则顺从如流水。此句用水
　自源头顺流而下比喻政令顺应民心,易于推行。流水,在此指民
　众顺从。

④使:使用。官:在此指职位、岗位。一说为"官府"。原,同"源"。

⑤复:可以重复的事情。在此指不欺诈民众的意思。

⑥有德:能躬行实践而有所得的,称为"有德"。也可泛指有德行
　的人。

⑦五谷:五种谷物,一般指黍、稷、粟、菽、麦等。此处泛指各种粮食。

⑧六畜:马、牛、羊、鸡、狗、猪。在此泛指各种牲畜。

⑨各为其所长:使百姓各尽其所长。

⑩信:守信。此处指兑现。庆赏:奖赏。

⑪偷:苟且。一世:一代。犹如说"短期行为"。诸侯世代相及,不
　可偷取一代之苟安而不顾其后。一说"世"疑作"时",以音近
　而讹。

⑫士经:当作"十一经"。古代竖写,"十一"并作"士"。指上文所说
　的十一项治国要略。

【译文】

将国家建立在公正稳固的基础上,把粮食积存在取之不尽的粮仓

里,把财货贮藏在用之不竭的府库里,使政令下达在顺应民心的源头上,让百姓相安于其所擅长之处不争长短,要指明犯罪为必死的道路,也要敞开立功必赏的大门。不要强干办不到的事情,不要追求不应得的利益,不要占有不能持久的地位,不要做不可再做的事情。所谓把国家建立在公正稳固的基础上,就是把政权交给有仁义道德的人;所谓把粮食积存在取之不尽的粮仓里,就是要鼓励百姓辛勤务农,努力从事粮食生产;所谓把财货贮藏在用之不竭的府库里,就是要让百姓发展副业,种植桑麻,饲养六畜;所谓把政令下达在顺应民心的源头上,就是要使推行的政令顺应民心,符合民意;所谓把民众用在无争议之位上,就是要尽其所长,各展其能;所谓向民众指出犯罪为必死之路,就是保证刑罚严厉且行之有效;所谓向民众敞开立功必赏的大门,就是奖赏功德要有信用,言出必行;所谓不强干办不到的事情,就是要度量民力,不可过分强行;所谓不追求得不到的利益,就是不强迫民众去做他们厌恶的事情,来满足不应有的欲求;所谓不占有不长久之位,就是不贪图一时侥幸而贸然进取,不顾将来;所谓不去做不可再做的事情,就是不要欺骗民众,强逞一时之能。这样,把政权交给有仁义道德之人,国家就能长治久安;努力从事粮食生产,百姓衣食就会充足;种植桑麻,饲养六畜,民众就可以生活富裕;能做到政令顺应民心,君主的威德命令就可以贯彻执行;使百姓各尽所长地自由生产,日常用品就能齐备;刑罚严厉,民众就不去干坏事;奖赏有信用,民众就不怕赴死救难;量民力而行事,就可以事无不成;不强迫民众去做厌恶的事情,欺诈作假的行为就不会发生;不贪图一时侥幸之功,民众就没有抱怨;不欺骗民众,民众就信赖并拥戴君主。

　　以上是"十一经"的内容。

　　以家为乡,乡不可为也[①];以乡为国,国不可为也;以国为天下[②],天下不可为也。以家为家,以乡为乡,以国为国,以天下为天下③。毋曰不同生④，远者不听⑤；毋曰不同乡，远者不行；毋曰不同国，远者不从。如地如天，何私何亲⑥？如月如日，唯君之节⑦！

御民之辔⑧，在上之所贵；道民之门⑨，在上之所先；召民之路⑩，在上之所好恶。故君求之，则臣得之；君嗜之，则臣食之；君好之，则臣服之；君恶之，则臣匿之。毋蔽汝恶⑪，毋异汝度，贤者将不汝助。言室满室，言堂满堂⑫，是谓圣王。城郭沟渠，不足以固守；兵甲强力，不足以应敌；博地多财，不足以有众。惟有道者，能备患于未形也，故祸不萌⑬。

天下不患无臣，患无君以使之；天下不患无财，患无人以分之⑭。故知时者，可立以为长；无私者，可置以为政；审于时而察于用，而能备官者⑮，可奉以为君也。缓者后于事，吝于财者失所亲，信小人者失士⑯。

右"六亲五法"⑰。

【注释】

①以家为乡，乡不可为也：言以治家之法治理乡，乡不能被有效治理。即按照家族的格局治理乡里，而乡大于家，以治家之术治乡，则乡必不可治。为，治理。下文三事同此。

②以国为天下：古代春秋以前，是列国体制，多邦林立，"国"指邦国，"天下"则指全部受王朝统治的各邦总体。《管子》将"国"与"天下"相对而言，正是根据的这样的背景。

③"以家为家"四句：以家的格局治家，以乡的格局治乡，以邦国的格局治邦国，以天下的格局治天下。

④不同生：即族姓有别。生，姓。

⑤听:从。

⑥如地如天,何私何亲:言人君亲下,当如天地日月的无私。

⑦节:气节,度量。

⑧辔(pèi):驾驭马的缰绳。此处指治理百姓的手段。

⑨道:同"导"。引导。门:门径。

⑩召:通"诏"。号召。

⑪蔽:隐藏。

⑫言室满室,言堂满堂:这两句是说,君主施政发令不应有所隐藏,应开诚布公。满,谓声满。言于室而声满于室,令一室之人皆闻之。言于堂亦然。

⑬萌:萌芽,发端。

⑭分:指合理分配。

⑮审于时而察于用,而能备官者:指通晓时势、明察财用、任用官吏。

⑯失士:失去贤士的支持。

⑰右"六亲五法":旧注多谓"六亲"与"五法"当分章,但二者在文中均无确指,难以诠释。本题与内容不甚相符,闻一多疑为"四观"之误,可备一解。参郭沫若等所撰《管子集校》之《牧民》。

【译文】

　　若按照治理家族的方法来治理整个乡里,乡里不可能被治理好;若按照治理乡里的办法去治理诸侯国,诸侯国也没法被治理好;若按照治理诸侯国的格局去治理天下,天下也不可能得到治理。正确的做法是,按照理家的方法去理家,按照治乡的办法去治乡,按照治国的要求去治国,按照治理天下的格局去一统天下。不要因为不同姓、不同族,就不听取关系疏远者的意见;不要因为不同乡,就不采纳关系疏远者的建议、办法;诸侯国不要因为不同国,就不听从远者的主张、良策。君主要广开言路、远近皆听,就像天地覆载万物般不分亲疏,哪里有任何偏私偏爱?要像日月普照宇宙般光明磊落,恩德遍及一切,这才算得上是君主的气度。

统率民众的大纲大策,在于君主重视什么;号召民众的法门,要看君主提倡什么;引导民众走入什么样的路途,要看君主的好恶是什么。君主想要的东西,臣下就想法得到;君主喜欢吃的东西,臣下就想去尝试;君主爱做的事情,臣下就想去实践;君主所厌恶的事情,臣下就极力去隐藏规避。因此,作为君主,不要掩饰、遮盖你的过失,不要擅自更改你的法度;否则,贤能之人不会帮助你。君主若在室内讲话,就要使全室的人听到;若在堂上讲话,就要使满堂的人听见,这样凡事开诚布公,才能称得上是圣明的君主。须知单靠城郭沟渠,不一定能固守城池;仅有强大的武力装备,也不一定能抵御敌人;光凭地大物博、财富丰厚,不足以拥有百姓。只有有道的君主,能做到防患于未然,才可避免灾祸的发生。

天下不怕没有贤能之臣,怕的是没有君主去使用他们;天下不怕没有财富,怕的是无人去管理分配它们。所以,通晓天时、把握时势的,可以任用为官长;没有私心、不营私利的,可以安排做官吏;通晓天时局势的,善于公平用财的,而又能任用贤才为官吏的,就可以尽力拥戴奉其为君主了。处事迟钝的人,总是落后于形势;吝啬财物的人,往往失去亲信;偏信谗言、任用小人的人,也总是失掉贤能之士的辅佐。

以上是"六亲五法"的内容。

形势第二

【题解】

此为《管子》一书的第二篇,与前篇《牧民》一样,都是谈治国理民之道。形,指事物存在的外部形态;势,指事物发展的内部趋向。因此,本文借助广泛列举事物变化的因果关系,从哲学的角度阐明治国理民的规律性。本篇又名"山高",是取文章开篇"山高而不崩"一句首二字为题。《史记·管晏列传》:"太史公曰:吾读管氏《牧民》《山高》《乘马》《轻重》《九府》及《晏子春秋》,详哉,其言之也!"刘向《别录》又言:"《九府》书,民间无有;《山高》,亦名《形势》。"

本篇从内容结构上可分为六章:首章总言寿夭祸福,皆非偶然而至,万事万物各有其规律性;次章言治国者,必须察纳雅言,力戒自是;第三章言治民者,应当厚施薄取,怀威相济;第四章言欲统一天下者,必须放眼宏观,懂得天道;第五章言顺应天道,则可望成功,违逆天道,则无法挽救;第六章结言"道"之运用,贵在慎重。综观全文,重点在于"天道"二字,作者认为,所谓"天道",就自然观而言,是指自然界的客观规律;就社会观而言,则是指治国理民的基本法则。

本文还从"天道"论到"君道",而重点则在后者,也就是注重探讨君主治国应遵行的规律。正如本文开头所说:山形只要高,自然就可招来敬供的羊,"山高"即是"形",能招敬供的羊,就是"势"。篇名为"形势",

其宗旨就在于说明君主如何利用自己特有的权势,巧妙而"自然"地驾驭大臣,统治万民。从学术源流上来说,本文深受《老子》哲学影响,应属于战国时期的黄老文献。本篇文字简明扼要,文句简古,议论富于哲理趣味而又极其精微。本书《形势解》,是对本篇的逐句诠解,可参照阅读。

　　山高而不崩,则祈羊至矣①;渊深而不涸,则沈玉极矣②。天不变其常③,地不易其则④,春秋冬夏,不更其节⑤,古今一也。蛟龙得水,而神可立也⑥;虎豹托幽⑦,而威可载也⑧;风雨无乡⑨,而怨怒不及也⑩。贵有以行令⑪,贱有以忘卑⑫;寿夭贫富,无徒归也⑬。

【注释】

①祈羊:祭祀山神祈求福佑时用以献祭的羊。

②沈玉:投入水中以祭祀河川之神的玉石。沈,同"沉"。古礼常以玉石等祭品沉河祭神称为"沉"。极:至,到。

③常:常则,规律。

④则:法则,准则,规律。

⑤节:节次,顺序。

⑥神:神威,威势。

⑦托幽:凭借深山幽谷。托,指存身于。幽,幽僻。此指人迹罕至的地方。

⑧载:运行。在此有保持、持有的意思。一说读为"戴"。尊奉,推崇。

⑨无乡:指没有固定的方向。乡,通"向"。

⑩怨怒不及:此句意为:因风雨不会选择方向,因而受害者不全怨

恨它们。

⑪贵：尊贵。此指君主。

⑫贱有以忘卑：低贱百姓并非乐于卑贱，知其无可奈何而安之若命，这就是"忘卑"的意思。贱，低贱。此指百姓。

⑬徒：凭空地，无缘无故地。归：归向。一说给予，得到。

【译文】

山势高峻而久不崩颓，就有人到那里烹羊设祭以飨山神；渊水幽深而久不枯竭，就有人到那里投石沉玉以求神佑。天不改换它的常规，地不变更它的法则，春秋冬夏不错乱其节令，从古到今都是这样。蛟龙依靠秘潭深渊，才可以树立神威；虎、豹凭借深山幽谷，才可以施展威力；风吹雨打，没有固定的方向，谁也不会去埋怨它。位高的君主能发号施令，位低的百姓能忘掉卑贱屈辱；人们有的长寿、有的短命，有的贫穷、有的富有，凡此种种，都不是无缘无故形成的。

　　衔命者①，君之尊也；受辞者，名之运也②。上无事，则民自试③；抱蜀不言，而庙堂既修④。鸿鹄锵锵⑤，唯民歌之；济济多士⑥，殷民化之，纣之失也⑦。飞蓬之问，不在所宾；燕雀之集，道行不顾⑧。牺牲圭璧⑨，不足以享鬼神⑩；主功有素⑪，宝币奚为⑫？羿之道⑬，非射也；造父之术⑭，非驭也；奚仲之巧⑮，非斫削也⑯。召远者使无为焉，亲近者言无事焉，唯夜行者独有也⑰。

【注释】

①衔命：即"衔令"。奉命而行。衔，奉而守之。

②受辞者，名之运也：臣民接受君主的命令去办事，正是因为有君臣的名分。辞，言辞。此谓君主的指示。名，君臣名分。一说声

名。运,行,起作用。或谓运行、播扬。意思是说臣民接受君主
号令做事,可远播名声。

③自试:自由发展,各司其职。试,试行,尝试。

④抱蜀不言,而庙堂既修:抱着祭祀之器,无须多言,就可以治理天
下。即"无为而治"的意思。蜀,疑为"燭(烛)"之假借。祭祀的
用具。象征君主之明。修,修明。

⑤锵锵:即"将将"。形容鸿鹄鸣叫的声音。

⑥济济:众多貌。语出《诗经・大雅・文王》:"济济多士,文王
以宁。"

⑦纣之失也:当为衍文,应是注文窜入正文之中,当删。

⑧"飞蓬之问"四句:意思是说对那些无根据的言论,不听从或不给予
敬重。飞蓬,指根基不牢、随风飘动的蓬草。问,言论。宾,敬从。

⑨牺牲:用以祭祀的牲口。牲,多指牛羊。圭璧:用于祭祀的玉器。

⑩享:进献神灵的食物。或指敬献,让鬼神享用。

⑪主功:主持事功者,即君主。素:平素。指平日所作所为的积累。

⑫宝币,泛指珍贵的礼品。奚:何,什么。

⑬羿:后弈,古之善射者。

⑭造父:为周穆王驾车之人,善驾。

⑮奚仲:传说中发明造车之人,任姓,黄帝之后,居于薛(今山东滕
州)。

⑯斫削:砍伐。

⑰夜行:犹言阴行、暗自而行。另《形势解》有"所谓夜行者,心行
也",故又指内心行德。

【译文】

臣下能奉行命令,是由于君主地位的尊严;臣下能接受指示,是鉴
于君臣名分的作用。君主不过分扰民,民众就会自己去做事;手执祭器
不说话,朝政也会清静修明。鸿鹄发出锵锵的鸣声,百姓会齐声赞美;

周文王时人才济济,殷遗民也会被感化。对于没有根据的言论,不必听从;对于像燕雀聚集之类的小事,连行道者也不屑一顾。用牛羊玉器来供奉鬼神,不一定得到鬼神的保佑;君主的功业靠平时积累才有根基,何必使用珍贵的祭品! 后羿射箭之道,不在射箭的表面动作;造父驾车之术,不在驾车的表面动作;奚仲造车的技巧,也不在木料的砍削上。招徕远方的人,单靠使者是没有用的;亲近国内的人,光说空话也无济于事;只有内心认真行德的君主,才能够独得治国的功效。

　　平原之隰①,奚有于高? 大山之隈②,奚有于深? 訾讆之人③,勿与任大。谟臣者可与远举④;顾忧者可与致道⑤。其计也速而忧在近者,往而勿召也⑥。举长者可远见也⑦;裁大者众之所比也⑧;美人之怀,定服而勿厌也⑨。必得之事⑩,不足赖也;必诺之言⑪,不足信也。小谨者不大立,訾食者不肥体⑫。有无弃之言者⑬,必参于天地也⑭。坠岸三仞⑮,人之所大难也,而猿猱饮焉⑯。故曰:伐矜好专⑰,举事之祸也。不行其野,不违其马⑱,能予而无取者⑲,天地之配也。

【注释】

①隰(xí):低湿的地方。

②隈(wēi):山凹,小坑。或指山的弯曲处。

③訾(zǐ):毁贤。即诋毁诽谤贤人。讆(wèi):誉恶。即称赞恶人。

④谟臣:谋虑远大的人。谟,同“谋(mó)”。谋划。举:任用贤才。

⑤顾忧:深谋远虑。指思虑周详、见识高超、勤政忠君之臣。顾,思考,思虑。致道:入道,合道。

⑥召:召回。

⑦举长者可远见也:这句是说,举起的物体越长越大,越远的地方

越能看到。举长，所举之物长大。远见，远处可见的意思。

⑧裁：通"材"。材料，材器。比：当为"庀"。依赖，信任。

⑨美人之怀，定服而勿厌也：美好之人必定为人怀念，永无厌倦。
　美，美大之人。怀，怀念。服，思念。厌，厌倦。

⑩必得：容易得到的。

⑪诺：应允。

⑫訾食：厌食，挑食。訾，厌恶。肥体：此指身体健康。

⑬无弃之言：不可废弃之言。即谈论大道之言。

⑭参：参合，融合。

⑮坠岸三仞：能从很高的河岸或山崖上跳下去。三仞，形容很高。
　仞，古代长度单位，周代以八尺为一仞。

⑯猱（náo）：猿猴的一种，善攀爬。

⑰伐矜：自负贤能，自以为是。伐，夸耀。或曰矜持，傲慢。好专：
　独断专行。

⑱违：抛弃，丢弃。

⑲予：给予。取：索取。

【译文】

平原上的低地，怎么能够算作高？大山上的沟曲，怎么能够算作深？称赞那些有过错的人，这样的人不可委以大任。谋虑远大、见识高超的人，可以同他共图大事；思虑民生、忧心国事的人，可以同他共行治国之道。对于那种贪图速效而只顾眼前利益的人，让他走开了就不要再召他回来；所举之物长大，远处也能见到；裁断器度伟大的人，信服依赖他的人就多；人格美好的人，永远受到人们的怀念。容易得到的东西，是靠不住的；轻易的承诺，是信不得的。过于谨小慎微、拘泥于小节，不能成就大事；就好比挑食的人，不能使身体肥壮一样。能言永远有价值之言的人，能与天地并立。从三仞高的崖岸上跳下来，人是很难做到的，但猴子却能毫不在乎地跳下去喝水。所以说，骄傲自大、独断

专行,乃是行事的祸患。人们不会因为一时不走路。就把马丢掉,谁能
够做到只给人们好处而不向人们索取,他就能与天地一样伟大无私了。

　　怠倦者不及^①,无广者疑神^②。疑神者在内,不及者在
门^③。在内者将假^④,在门者将待^⑤。曙戒勿怠^⑥,后稚逢殃^⑦。
朝忘其事,夕失其功。邪气入内,正色乃衰^⑧。君不君,则臣
不臣;父不父,则子不子。上失其位,则下逾其节^⑨;上下不
和,令乃不行。衣冠不正,则宾者不肃^⑩;进退无仪,则政令
不行。且怀且威^⑪,则君道备矣。莫乐之则莫哀之^⑫;莫生之
则莫死之^⑬。往者不至,来者不极^⑭。

【注释】

①怠倦者不及:容易倦怠的人一接触到事情就会拖延废滞,因此事
　情多数都做不及。不及,落后。

②无广:即不分心的意思。一说,"广"为"旷"字之省。疑神:凝神。

③疑神者在内,不及者在门:"内"与"门"相对,"在门"即停留于感
　官的意思。在内,入内。即神凝在内的意思。在门,在耳目。

④将假:神将借己。意思是凝神能自我成就。

⑤将待:将依赖于外力帮助。

⑥曙戒:天亮时分要特别戒惕。

⑦稚:骄狂。

⑧邪气入内,正色乃衰:谓邪气侵内扰神,正气运作不畅而衰减。
　入内,《形势解》作"袭内"。侵袭到体内。正色,端庄的神色。一
　作"玉色"。

⑨上失其位,则下逾其节:此谓君主不依照他所处的地位行事,臣
　下就会超越自己行为的规范。

⑩衣冠不正，则宾者不肃：主人衣冠不端正，宾客就不恭敬。

⑪且：又。怀：怀柔，安抚。威：威势。

⑫乐之：即"使乐之"。指君主使民安居乐业。哀之：即"使哀之"。指百姓为君分担忧患。

⑬生之：即"使生之"。指君主使民生长繁育。死之：即"使死之"。指百姓乐于为君牺牲。及其有危，人必死之。

⑭极：至，到达。

【译文】

懒惰的人总是做事拖延、落后，不分心的人才能凝聚精气。凝神者精气聚于内，懒散者气散于耳目感官。内聚者自我圆足，流于感官者不能自主。所以，黎明时要戒惕，不能荒忽，后来放松戒惕而骄狂者必定遭殃。邪气侵袭到一个人体内，其正色就要衰退。君主不像君主的样子，臣子当然就不像臣子；父亲不像父亲的样子，儿子当然就不像儿子。在高位者不按照他的身份办事，下级就会超越应守的规范；上下不和，政令就无法推行。主人衣冠不端正，宾客就不会严肃；为政者的举动不合乎仪式，政策法令就不容易贯彻。一方面亲和臣民，另一方面要有威严，才算具备了为君之道。君主不能让臣民安乐，臣民也就不会为君主分忧；君主不能使臣民生长繁息，臣民也就不会为君主牺牲性命。君主给予臣民的恩德，不能确实兑现；臣民对待君主，也就不会全力以赴地付出。

道之所言者一也①，而用之者异。有闻道而好为家者②，一家之人也③；有闻道而好为乡者，一乡之人也；有闻道而好为国者，一国之人也；有闻道而好为天下者，天下之人也④；有闻道而好定万物者，天下之配也⑤。道往者其人莫往，道来者其人莫来⑥。道之所设⑦，身之化也⑧。持满者与天⑨，安危者与人⑩。失天之度，虽满必涸；上下不和，虽安必危。欲王天下⑪，而失天之道，天下不可得而王也。得天之道，其事若自然；失天之道，虽立不安。其道既得⑫，莫知其为之；其功既成，莫知其释之⑬。藏之无形，天之道也。疑今者察之古⑭；不知来者视之往。万事之生也⑮，异趣而同归⑯，古今一也。

【注释】

①一：一样。即道只有一个的意思。

②好：偏于。为家：治家。

③一家之人：治家的人才。

④天下之人：治理天下的人才。

⑤天下之配：即正天下之人的意思。

⑥道往者其人莫往，道来者其人莫来：应作"道往者其人莫来，道来者其人莫往"，意思是道不可违背。

⑦设：存在。

⑧身之化：身心与道为一的意思。疑当作"身与之化也"。化，融合，一致。此谓自身与道完全融合。

⑨持满：保持盈满状态。与天：法天。

⑩与人：得人心。

⑪王天下：君临天下，统一天下。

⑫其道既得：已得道的意思。

⑬释：指舍弃，离开。一说又作"舍"，即"置"。放置、措置之意。

⑭察之古：考察古代。

⑮生：通"性"。本性。

⑯趣：同"趋"。趋向，方向，旨趣。指发生、发展的形式和过程。

归:归宿,结局。

【译文】

　　所说的"道"只有一个,运用起来却各有不同,能成就的事情也就不一样。有的人懂得道而好用之持家,他便是治家的人才;有的人懂得道而好用之治乡,他便是一乡的人才;有的人懂得道而好用之治国,他便是一国的人才;有的人懂得道而能够用之治理天下,他便是全天下的人才;有的人懂得道而能用之使万物各得其所,那他便经天纬地般伟大了。道决定前往,没人可以回返;道要前来,没有什么可舍其离去。道之所在,自身就应该与之同化。凡是能够始终保持强盛的,就是因为顺从了天道;凡是能够使危亡者安存,就是因为顺从了人心。违背天的法则,虽然暂时丰盈圆满,但最终都必然枯竭;上下不和,虽然暂时能够安定,最终也必然走向危亡。想要称王于天下却违背天道而行,就不可能一统天下而得王道。把握而遵行天道,凡事成就则自然而然、宛如天成;违犯或背弃了天道,即使暂时能取得成功也不能保持长久。已经符合天道而成就其事的,往往是不知不觉而水到渠成;已经成功了,又不居其功,往往又能自然而然地轻易放下。大而化之,运于无形,这就是天道。对于当今之世有疑虑的人,可以考察古人的经验;对于未来不甚了解的人,可以查阅往事记录。万事万物的本性,内容虽各有不同,但总是同归一理,从古到今都是一样的。

　　生栋覆屋①,怨怒不及;弱子下瓦②,慈母操箠③。天道之极,远者自亲④;人事之起,近亲造怨⑤。万物之于人也,无私近也,无私远也⑥。巧者有余,而拙者不足⑦。其功顺天者天助之,其功逆天者天违之。天之所助,虽小必大;天之所违,虽成必败。顺天者有其功,逆天者怀其凶⑧,不可复振也⑨。

【注释】

①生栋：以未长成的木料做栋梁。覆屋：房屋倒塌。

②弱子：未成年的孩子。下瓦：从房上拆瓦。

③箠：竹鞭子。一作"棰"，棍棒，古代惩治人的木制工具。

④天道之极，远者自亲：处处顺应天道到达极致，疏远之人也会自动来亲附。极，准则，或曰极致。

⑤人事之起，近亲造怨：违背天道的私心一旦萌发，亲近之人也会生怨。人事，人为。指违背天道的私心。起，指一时生发的念头。

⑥"万物之于人也"三句：万物对于人来说，没有远近亲疏之分。私，偏爱，偏袒。

⑦巧者有余，而拙者不足：灵巧的人用起来就有余，愚笨的人用起来就不足。

⑧怀：致。一说为"念思"，言人遇凶则悔恨交集，一刻不能忘。

⑨振：挽救。

【译文】

　　用新砍伐的木材做房屋的栋梁，使房子因为屋梁裂变、弯曲而倒塌了，这是自己咎由自取的过失，谁也没法怨恨木材；小孩子因为顽皮把屋瓦拆下来玩，就算是慈母也忍不住要用棍子去打他。顺应天道做事做到极致，疏远的人都会来亲近；做事违背自然而加以人为干预，哪怕是近亲也难免产生怨恨。万物给予人们的，是没有远近亲疏之分的。高明灵巧的人用起来就有余裕，而愚昧笨拙的人用起来就总是显得不足。人有功德且顺应天道去做事，天也会来帮助他；反之，人虽建立了功勋但违反天道去做事，天也会违背他的意愿。得到天的帮助，即使本来弱小的也可以变得强大；遭到上天的离弃，就算取得成功也可能变为失败。顺应天道的人可以取得他想要的成效，违背天道的人就要招致灾祸，而且无法再次得到挽救。

乌鸟之狡^①，虽善不亲；不重之结^②，虽固必解。道之用也，贵其重也^③。毋与不可^④，毋强不能^⑤，毋告不知^⑥。与不可，强不能，告不知，谓之劳而无功。见与之交^⑦，几于不亲^⑧；见哀之役^⑨，几于不结^⑩；见施之德^⑪，几于不报。四方所归，心行者也^⑫。独王之国^⑬，劳而多祸；独国之君^⑭，卑而不威；自媒之女^⑮，丑而不信^⑯。未之见而亲焉，可以往矣^⑰；久而不忘焉，可以来矣^⑱。日月不明^⑲，天不易也；山高而不见，地不易也^⑳。言而不可复者^㉑，君不言也；行而不可再者，君不行也^㉒。凡言而不可复，行而不可再者，有国者之大禁也。

【注释】

①乌鸟之狡：《形势解》作"乌集之交"。意谓乌鸦聚集式的交往，乍合乍离，不可信赖。狡，通"交"。交往，交结。

②不重之结：没有重复打结的扣子。

③重：稳固。

④毋与不可：指不要结交不该交往的人。与，亲附，交结。一说参与，辅助。

⑤强：强迫，勉强。不能：不可能的人和事。

⑥毋告不知：指不要告诉不懂道理的人。

⑦见与之交：容易的、现成的交情。《形势解》作"见与之友"。见，同"现"。与，亲近，友好。

⑧几：将近，接近。

⑨见哀之役：轻易地爱而为之做事。《形势解》作"见爱之交"。哀，古与"爱"通用。役，役使为……做事。

⑩结：牢固。

⑪施：给予。德：恩德，感激。

⑫四方所归，心行者也：只有真心实意实行大道的君主，四面八方的人才会归附。心行，真心诚意地行。

⑬独王之国：《形势解》作"独任之国"。独任，指自以为是、独断专行。王，为"任"字之误。任，古代也写作"壬"，与"王"字形近易错。

⑭独国之君：即独任之国的君主。

⑮自媒：指自己做媒。

⑯丑：被人视为丑女，遭人耻笑。

⑰未之见而亲焉，可以往矣：尚未见面就亲近，这样的人可以弃之而去。

⑱来：归附。

⑲日月不明：日月本来应该明，所以不明，是因为有云雾之类的遮挡。

⑳山高而不见，地不易也：山高看不见了，不是地有所改变。

㉑言而不可复者：不可兑现的诺言。复，兑现，落实。

㉒行而不可再者，君不行也：即背离大道之行，君主决不做。

【译文】

　　乌鸦般的交情，看上去再好，也不会真的亲近；没有重复再打一次的绳结，看似坚固，也一定会松脱散开。所以，道在实际的运用中，贵在稳固。不要去结交不可信赖的人，不要勉强能力不够的人去做办不到的事，不要把道理告诉不明事理的人。与不可信赖的人交往，勉强办不到的人做事，与不明事理的人讲道理，这些都叫作劳而无功。现成人情做成的交情，几乎等于不亲；轻易地喜爱下帮忙做点事，那关系也几乎就是不牢固；顺手的施舍积的那点德，几乎等于得不到回报。只有在内心里认真行善施德，四面八方的人才会真心归附。唯我独尊、独断专横的国家，必然疲于奔命而祸事多端；而独断专横的国家，其君主也必然

是位卑人鄙而没有威望。女子自己做媒主动去议婚的，一定会被视同
丑陋而没人信任。尚未见面就已经显得亲近的人，久别而难忘的人，才
值得去投奔。太阳和月亮也有不明亮的时候，那不是因为天有所改变；
高山也有隐没看不见的时候，那也不是地有所改变。那种说出来却没
法兑现的言语就不应该说；那种做一次而不可再做的事就不应该做。
不可兑现的言语，不可重复的行为，都是君主的大忌。

权修第三

【题解】

权修,亦作"修权",即如何强化君主权力。全文围绕"权修"即巩固君主专政这一中心,提出许多重要见解:其一,"野不辟,民无取,外不可以应敌,内不可以固守","有万乘之号,而无千乘之用,而求权之无轻,不可得也",将国家实力与君主权力的关系联系起来,国家实力不强则君主权力必弱,其政权也必难巩固,突出了"权修"二字之宗旨。其二,"操民之命,朝不可以无政"。强调重视农业生产和统治百姓,禁止工商业发展与农业"争民""争货""争贵",确保农业生产得到发展。其三,就治国驭民而言,主张根据劳绩大小,"察能授官,班禄赐予"等用人原则,同时君主要严格实行法治,这是"立朝廷""用民众"之法宝,只有"申之以宪令,劝之以庆赏,振之以刑罚"才能防止"暴乱之行"的发生。其四,君主要注重教育民众,在教化方面要推行礼义廉耻,禁止邪行,要求从小事做起,防微杜渐,并强调百年树人的重要性及意义。文章谈得较多的是如何凝聚民众、富国强兵以达到称霸天下的问题。

文中提出了许多积极有益的思想主张,直至现在仍具有借鉴意义。比如"其积多者其食多,其积寡者其食寡,无积者不食",按劳分配的思想原则;及"一年之计,莫如树谷;十年之计,莫如树木;终身之计,莫如树人",人才培养的思想原则等;都很富有哲理意味。本篇文辞浅显而流利,与《战国策》颇相近,疑为战国时人或秦汉间文人所为,对于治国牧民之道,言之极精,治政者不可不读。

　　万乘之国①,兵不可以无主②;土地博大,野不可以无吏③;百姓殷众,官不可以无长④;操民之命,朝不可以无政⑤。地博而国贫者,野不辟也⑥;民众而兵弱者,民无取也⑦。故末产不禁⑧,则野不辟;赏罚不信,则民无取。野不辟,民无取,外不可以应敌,内不可以固守。故曰:有万乘之号,而无千乘之用,而求权之无轻,不可得也。

【注释】

①万乘(shèng):犹"万辆"。指兵车。战国时大国称"万乘",以其地可以出兵车万辆。乘,古时四马拉的战车为一乘。

②兵不可以无主:军队不可以没有统帅。主,主帅。

③野不可以无吏:田野不可以没有治理地方的官吏。

④官不可以无长:官吏不可以没有统领的长官。

⑤朝:朝廷。指国家。政:政令。指政策法令。

⑥野不辟:土地得不到开垦。野,原野,田野。指城郊以外的广大农业地区。

⑦民无取:民众没有动力。取,读为"趣"。督促。

⑧末产:末业。指与奢侈品相关的工商业。古代以农业为根本,所以称工商业为末产。本末相对称,即指农业为本业,而工商业为末业,本末不可倒置。但在《管子》一书中,对工商业的禁止,远不像商鞅法家那样严厉,只是强调把农业放在首位而已。

【译文】

拥有万辆兵车的大国,军队不能没有统帅;领土广阔,田野不可以没有官吏;人口众多,官府不可以没有上级长官;掌握着百姓的命运,朝廷不能没有政令。地域广大而国家却很贫穷,是因为土地没有得到充分开辟;百姓众多而兵力却很薄弱,是因为民众没有得到战争的激励。所以,不禁止经营奢侈品的工商业过分发达,土地就得不到广泛而充分的开辟;赏罚不严明可信,民众就得不到督促。土地没有开辟,民众缺乏激励,对外就不能抵御敌人,对内就不能固守国土。所以说:空有万辆兵车大国的虚名,却没有千辆兵车的实力,还想君主权力不被看轻或削弱,那是办不到的。

　　地辟而国贫者①,舟舆饰、台榭广也②;赏罚信而兵弱者③,轻用众、使民劳也④。舟车饰、台榭广,则赋敛厚矣;轻用众、使民劳,则民力竭矣⑤。赋敛厚,则下怨上矣;民力竭,则令不行矣。下怨上,令不行,而求敌之勿谋己⑥,不可得也。

【注释】

①地辟而国贫:土地得到开垦而国家仍然贫困。

②舟舆饰:装饰华丽的车和船。舟舆,指权贵乘坐的舟船与车马。舆,本谓车厢。此处指车。饰,装饰。指过分装饰美化。台榭广:建造宽广而高大的宫室和楼台。台榭,泛指楼台殿阁。榭,指建在高台上的厅堂敞屋。

③赏罚信:赏罚能如实兑现。

④轻用众:轻易地役使民众,即轻易就兴师动众。轻,轻易,随便。

⑤竭:枯竭,用尽。此处指劳师动众地修造亭台楼榭和车船,而不去练兵卫国,白白因过度劳役民众使其力量消耗枯竭而用尽。

⑥求敌之勿谋己:想不让敌国图谋侵略自己。

【译文】

土地开辟了,而国家仍然贫穷,那是权贵阶层的车船都过于豪华、楼台亭阁修造太多的缘故;赏罚严明而信实,但兵力仍然很薄弱,那是因为轻易就兴师动众、使民力过度劳役的缘故。因为,车船太豪华,楼榭亭台过多,就会使赋税繁重;轻易就去兴师动众,使民众过度疲劳,就造成民力枯竭。赋税繁重则民众怨恨朝廷,民力枯竭则政令无法推行。民众怨恨自己的国君,发出的政令不能很好执行,到如此境地而想要祈求敌国不来侵略或图谋自己,那是不可能的。

欲为天下者^①,必重用其国^②;欲为其国者,必重用其民;欲为其民者,必重尽其民力^③。无以畜之^④,则往而不可止也^⑤;无以牧之^⑥,则处而不可使也^⑦。远人至而不去,则有以畜之也;民众而可一^⑧,则有以牧之也。见其可也^⑨,喜之有征^⑩;见其不可也^⑪,恶之有刑^⑫。赏罚信于其所见^⑬,虽其所不见,其敢为之乎?见其可也,喜之无征;见其不可也,恶之无刑。赏罚不信于其所见,而求其所不见之为之化^⑭,不可得也。厚爱利足以亲之^⑮,明智礼足以教之^⑯。上身服以先之^⑰,审度量以闲之^⑱,乡置师以说道之^⑲。然后申之以宪令^⑳,劝之以庆赏^㉑,振之以刑罚^㉒。故百姓皆说为善^㉓,则暴乱之行无由至矣。

【注释】

①为天下:此处指争夺天下。

②重用其国:爱惜地使用本国力量。重,慎重。

③重:珍惜。

④畜(xù):容留,留住。一说饲养、养活。

⑤往:离开,散去。

⑥牧:统治。

⑦处：留居，居住。

⑧一：统一精力、意志。

⑨可：可行的，可以做的。

⑩征：征验，有所表现。此处指实际的奖赏。

⑪不可：被禁止的事。

⑫恶：厌恶。

⑬信：兑现。

⑭化：感化。

⑮厚爱利：指多向百姓施恩。爱利，指仁爱利益。

⑯智礼：是非礼节。

⑰上身服以先之：在上位的要身体力行地去做表率以此引导民众。身服，自身遵行。先，引导，示范，做榜样和表率。

⑱审度量：明确法规和制度。审，明确。度量，引申为法规、制度。闲：用于遮拦阻隔的栅栏。引申为阻隔、防备。

⑲置：设置。师：乡师，负责宣教的官员。《立政》曰："分国以为五乡，乡为之师"。道：同"导"。教导。

⑳申：申明，约束。一说反复、重复。宪令：法令。

㉑劝：奖励，激励。庆赏：奖赏。

㉒振：震慑，威慑。振，古与"震"可通用。一说为"举救"。

㉓说：同"悦"。喜欢，高兴。

【译文】

要治理天下，必须珍惜国力慎用本国之民；想要治理好国家，必须慎重保存国内民众的财力物力；想要治理好民众，不敢轻易动用民力不使之虚耗殆尽。人君没有办法养活自己的民众，人们就要外逃而无法阻止；没有办法管理好民众，即使他们留下来也不能很好的为国效力。远方的人们来投奔而不走，是因为能有效地养育他们；人口众多又齐心协力就能够统一号令，那是因为有效地管理了民众。见到人们做好事，表示喜欢,就要有实际的奖赏;见到人们做坏事,表示厌恶,就要有具体的惩罚。对所见的喜欢或厌恶之事,真正做到赏功罚过了,见过的人知道该做什么,不该做什么,即使见到那些未曾见过的好事和坏事,人们又怎敢去任意做呢? 如果见到人们做好事,喜欢而没有实际的奖赏;见到人们做坏事,厌恶却没有具体的惩罚。赏功罚过,对自己见到的都不能使亲身经历的人如实兑现,那么想要人们做或不做那些自己喜欢或厌恶的事,是不可能的。君主能够给予更多的关怀和利益,民众就会亲近君主;明确了是非和礼节,民众就能得到教化。在上位的要以身作则起表率作用来引导民众,制定法规制度来防范民众的不良行为,设置乡师官吏来教导民众。这样再申明法度加以约束,用奖赏加以鼓励善举,用刑罚加以威慑恶行,如此,百姓就愿意做好事积德向善,暴乱也就不会有机会发生了。

地之生财有时①,民之用力有倦,而人君之欲无穷。以有时与有倦,养无穷之君,而度量不生于其间②,则上下相疾也③。是以臣有杀其君,子有杀其父者矣。故取于民有度,用之有止④,国虽小必安;取于民无度,用之不止,国虽大必危。地之不辟者,非吾地也;民之不牧者,非吾民也。凡牧民者,以其所积者食之⑤,不可不审也。其积多者其食多,其积寡者其食寡,无积者不食。或有积而不食者⑥,则民离上⑦;有积多而食寡者,则民不力⑧;有积寡而食多者,则民多诈;有无积而徒食者⑨,则民偷幸⑩;故离上、不力、多诈、偷幸,举事不成,应敌不用⑪。故曰:察能授官,班禄赐予⑫,使民之机也⑬。

【注释】

①时:天时,季节。

②度量:原指计量长短、多少的标准。此处指规矩、限度。

③相疾:互相仇视、怨恨。

④止:止境。一作"正"。

⑤所积者:指累积起来的功劳和成绩。积,通"绩"。功劳,功绩。或曰总计其功,计功受食,民乃勤事。食(sì):通"饲"。喂养,指提供东西给人吃。此指给予俸禄赏赐。

⑥或:如果,倘或。一说,有人。

⑦离上:背离君主。指与君主离心离德。

⑧不力:不努力,不尽心。或曰不肯出力。

⑨徒食:凭空得到禄赏。

⑩偷幸:苟且侥幸,指做事不踏实、不厚道而图取侥幸。幸,苟且偷生。

⑪应敌不用:抗敌作战不愿卖力。用,用命,效命。

⑫班禄:分别爵禄等级。或曰排列爵位等级授予俸禄,即把禄赏分开等级而进行分赐。班,分赐。

⑬机:枢机,要领。

【译文】

土地生产财富受时令的限制,百姓付出劳力有疲倦的时候,然而人君的欲望却是无穷无尽的。以有时节限制的土地和气力有限的百姓,来供养欲望无穷无尽的君主,这中间若没有一个合理的节制和限度,那么在上下之间就会彼此怨恨。于是出现了臣弑其君、子杀其父的现象。因此,对民众征收财物有限度,使用耗费民力也有节制,即使国家很弱小也一定能安宁;相反,对百姓征敛无度,耗费民力又毫无节制,即使国家很强大也一定会面临危亡。土地没有开垦,等于不是自己的土地;有民众而不去管理,等于不是自己的民众。凡是人君治理民众、养活百姓,对于按功劳业绩给予俸禄奖赏的问题,不可不审慎从事、认真处理。功绩多的俸禄奖赏就多,功绩少的俸禄奖赏就少,没有功绩的就不给予俸禄奖赏。如果有功绩而没有俸禄奖赏,人们就会离心背德;功绩多而俸禄奖赏少,人们就不会尽心尽力努力工作;功绩少而俸禄奖赏多,人们就会想法子弄虚作假;没有功绩而空得俸禄奖赏,人们就会贪图侥幸而苟且偷生。但凡有离心背德、不尽心尽力、弄虚作假、贪图侥幸及苟且偷生这几种情况,办大事不会成功,对敌作战也不会尽全力。所以说,考察每个人的能力然后再授予其官职,按照功绩的等级赐予其俸禄奖赏,这才是用人的关键。

　　野与市争民①,家与府争货②,金与粟争贵③,乡与朝争治④。故野不积草,农事先也⑤;府不积货⑥,藏于民也;市不成肆⑦,家用足也;朝不合众,乡分治也⑧。故野不积草,府不积货,市不成肆,朝不合众,治之至也⑨。人情不二⑩,故民情可得而御也⑪。审其所好恶⑫,则其长短可知也;观其交游⑬,则其贤不肖可察也⑭;二者不失⑮,则民能可得而官也⑯。

【注释】

①野:田野,农田。此处指农业。市:市场,集市。代指商业。此处指工商业。

②家:民家,私人之家。府:府库,国库。货:财货,财富。

③金:货币。粟:小米。泛指谷物、粮食。《管子》书中常以粟指代粮食。

④乡:古代的行政单位,指地方行政机构。朝:指中央朝廷。

⑤农事先:以农事为先。

⑥府不积货:国库不聚积财物。

⑦市不成肆:集市上没有货物排列。肆,本意是排列、展开。此指货摊、商店。

⑧朝不合众,乡分治也:朝廷不召集众人议事,是因为地方政府各司其职。众,指百官。

⑨治之至:治理国家的最高境界。

⑩情:性。二:不同,其他。

⑪御:驾驭,管治。

⑫审其所好恶:考察了解他爱好什么、讨厌什么。

⑬观其交游:观察与他交往的都是些什么人。交游,指交往、结交朋友。

⑭不肖:不好。指坏人。察:明白。

⑮二者:指上面所说的"审其所好恶""观其交游"两项。

⑯能:才能。官:同"管"。管理,驾驭。

【译文】

农田与市场往往会争夺劳力,民家之用与官府国库往往会争夺财物,货币与粮食往往会争夺贵贱,地方上与朝廷之间往往争夺治理权限。所以,想让田野不积满杂草,就应把农业放在首位;想让官府不积累大量财货,就应把财富藏于民间,让私家农户的积累占先;集市上没有店铺林立或货物成行排列,就需要做到私家用度可以自给自足;想使朝廷上不必召集众人议事,就需要做到分权到乡、各司其职、治理有效。因此田野无杂草,官府无积货,市场不必店铺林立,朝廷不必时常召集百官议事,这些都是治理国家的最高境界。人的本性并没有什么不同,所以人性民情以及老百姓的想法,都可以被了解和掌握。了解到他们喜欢什么和厌恶什么,就可以知道他们的长处和短处;观察到他们同什么样的人交往,就能判断他们是好人还是坏人。把握住这两点,就可以掌握他们的才干并能够为我所用,对民众也就能进行有效管理了。

地之守在城①,城之守在兵②,兵之守在人,人之守在粟。故地不辟,则城不固。有身不治,奚待于人③?有人不治,奚待于家？有家不治，奚待于乡？有乡不治，奚待于国？有国不治，奚待于天下？天下者，国之本也④；国者，乡之本也；乡者，家之本也；家者，人之本也；人者，身之本也；身者，治之本也⑤。故上不好本事，则末产不禁；末产不禁，则民缓于时事而轻地利⑥；轻地利而求田野之辟、仓廪之实，不可得也。

【注释】

①守：防守，保卫。引申为保障、保证。城：城池。泛指防御工事。

②兵：春秋时多指兵器、器械。此处指军队。

③有身不治，奚待于人：言自身尚不能治，何能治他人。身，自身，身心。奚，何，怎么。待，对待。

④天下者，国之本也：言天下以国为本。下仿此。之，同"是"。以下五句意同。

⑤"人者"四句：意思是说有人才有人的身体，而人的身体是治理国家的先决条件。先秦诸子讲君主修养，往往强调先从"治身"开始，做到身心协调，不受外界或情绪干扰，如此才可以处理好国政。

⑥缓于时事而轻地利：延误农时、怠慢农事而轻视土地所得的收入。缓，怠慢，松懈。时事，农时和农事。指按照春耕、夏耘、秋收、冬藏的时令所进行的事。即农事。

【译文】

守卫国土在于城池，保卫城池要有军队，军队的保障在于捍卫民众利益，而百姓的生命财产的保障在于守住粮食。因此，土地没有开辟，就会造成城池不牢固。君主若不能治理自身，又怎么能治理别人？不能治理别人，又怎么能治理家族？不能治理家族，又怎么能治理乡里？不能治理乡里，又怎么能治理国家？不能治理国，又怎么能治理天下？

而天下是以国为根本，国又以乡为根本，乡以家为根本，家以人为根本，人以自身为根本，自身又以顺应万物修身养性之大道为其根本。所以，君主若不重视农业；就无法禁止以奢侈品为务的工商业；不禁止制造奢侈品的工商业，人们就会延误农时、怠慢农事而轻视土地的收入；在轻视土地利益的情况下，还指望田野开辟、仓廪充实，那是不可能的。

　　商贾在朝①，则货财上流②；妇言人事，则赏罚不信③；男女无别则民无廉耻。货财上流，赏罚不信，民无廉耻，而求百姓之安难④，兵士之死节⑤，不可得也。朝廷不肃⑥，贵贱不明，长幼不分，度量不审⑦，衣服无等⑧，上下凌节⑨，而求百姓之尊主政令，不可得也。上好诈谋闲欺⑩，臣下赋敛竞得⑪，使民偷壹⑫，则百姓疾怨，而求下之亲上，不可得也。有地不务本事⑬，君国不能壹民⑭，而求宗庙社稷之无危⑮，不可得也。

【注释】

①商贾：商人。古代把游走做买卖的称为商，把在商铺售货的称为贾，所谓行商坐贾。《周礼·天官·冢宰》郑玄注曰："行曰商，处曰贾。"

②货财上流：指将行贿受贿带入上层。意思是因贿赂风行而使财富流向朝廷和官吏手中。

③妇言人事，则赏罚不信：妇言人事，当作"妇人言事"。古人认为妇女参与政治是非法的，会带来政治祸害。

④安难：安于患难，甘冒危难。

⑤死节：死于名节，为国献身。

⑥肃：严肃，整肃。

⑦度量不审：法规制度不明确。度量，指国家制定的各种规范和度

量衡。

⑧衣服无等：服制没有等级差别。衣，指衣服。服，指衣服上的各种装饰，如玉器等。

⑨凌节：超越规范，逾越规矩。凌，超越，逾越。

⑩诈谋闲欺：搞阴谋诡计，玩弄骗术。闲，防范。一说"闲"是"间"的本字，离间、背离之意。在此有钩心斗角的意思。

⑪赋敛竞得：争相征收苛捐杂税。

⑫偷壹：苟且偷取一时之快慰，而不从长远去打算。

⑬务本事：指致力于农业生产。

⑭君国：君临一国，统治一国。壹民：使民一致。

⑮宗庙社稷：代称王室、国家。指国家政权。宗庙，指帝王国君祭祀祖宗的处所。社稷，指帝王祭祝的土神和谷神。古人用社稷指代国家政权。

【译文】

做买卖的商贾在朝中掌权，就会使财货贿赂流往上层；妇人参与政事，赏功罚过就毫无信用可言；男女没有界限，民众就不懂得廉耻。在财货上流、富足只集中在少数人手中，赏罚没有信用，老百姓又不懂得廉耻的情况下，而希望百姓能为国家忍受困苦、甘冒危难，士兵能够为国捐躯、勇守死节，那是不可能的。朝廷不加以整肃，贵贱无别，长幼不分，制度规矩不明确，衣服佩戴没有等级，君臣上下都超越应守的规范，若这样还想让百姓遵从君主，安守法令，那是办不到的。君主好搞阴谋欺诈，臣下和百官就会横征暴敛，役使民众只贪图眼前利益或偷取一时之快慰，致使百姓增怨生恨，在这种情况下，还要求民众亲近君主，那是办不到的。拥有土地而不注重农业生产，治理国家而不能使民众统一和服从，在这种情况下，还指望国家不发生危难、不走向灭亡，那是不可能的。

上恃龟筮①，好用巫医②，则鬼神骤祟③。故功之不立，名之不章④，为之患者三：有独王者⑤，有贫贱者，有日不足者⑥。一年之计，莫如树谷；十年之计，莫如树木；终身之计，莫如树人⑦。一树一获者，谷也；一树十获者，木也；一树百获者，人也。我苟种之⑧，如神用之⑨，举事如神，唯王之门⑩。

【注释】

①恃：依靠。龟筮：龟甲和蓍草，都是用来占卜的工具。此指用龟蓍占卜吉凶。古代占卜，先卜后筮，卜用龟甲，筮用蓍草。

②巫医：专以祈祷求神来治病或占卜吉凶的人。古代巫和医不分，所以连言。

③骤祟：屡次作怪，频繁作祟。聚，频繁，经常。祟，作怪。

④章：彰显，显露。

⑤独王者：少数人财旺。王，"旺"之借字。

⑥日不足者：因穷困一天也过不下去的。

⑦树人：培养人才。

⑧苟：假若，如果。种之：指培育人才。之，此。指代人才。

⑨如神用之：即"用之如神"。亦如下句之"举事如神"。极言办事得心应手，富有奇效。

⑩唯王之门：谓这是称王天下的必经门径。王，称王。

【译文】

君主行事若依靠求神问卜，好用巫医，这样，鬼神反而会经常地作怪。总之，身为一国之君，功业不成，名声不显，将造成以下三种祸患：一是极少数人财富不均；二是普遍贫穷；三是有穷得一天也没法生活下去者。若作一年的打算，最好就是种植五谷；若作十年的打算，最好就是种植树木；若作终身的打算，最好就是教育培养人才。种谷物，是一种一年就有收成的事;种树木,是一种十年才有收成的事;而培育人才,则是一种百年才能有收获之事。如果我们注重培养人才,就能收到神奇的效用,培养出自己的人才使用起来就得心应手,举办大事也就能迅速成功,若想迅速成就帝王之业,这是必需的治国之策,也是称王天下的不二法门。

　　凡牧民者,使士无邪行①,女无淫事②。士无邪行,教也③;女无淫事,训也④。教训成俗,而刑罚省,数也⑤。凡牧民者,欲民之正也⑥。欲民之正,则微邪不可不禁也⑦。微邪者,大邪之所生也。微邪不禁,而求大邪之无伤国⑧,不可得也。凡牧民者,欲民之有礼也⑨;欲民之有礼,则小礼不可不谨也。小礼不谨于国⑩,而求百姓之行大礼,不可得也。凡牧民者,欲民之有义也。欲民之有义,则小义不可不行。小义不行于国,而求百姓之行大义,不可得也。凡牧民者,欲民之有廉也。欲民之有廉,则小廉不可不修也⑪。小廉不修于国,而求百姓之行大廉,不可得也。凡牧民者,欲民之有耻也。欲民之有耻,则小耻不可不饰也⑫。小耻不饰于国,而求百姓之行大耻,不可得也。凡牧民者,欲民之修小礼、行小义、饰小廉、谨小耻、禁微邪⑬,此厉民之道也⑭。民之修小礼、行小义、饰小廉、谨小耻、禁微邪,治之本也。

【注释】

①士:此指男子。邪行:邪恶的行为。

②淫事:淫乱的事情。

③教:教育。

④训:训导。

⑤数:此言必然之势与自然之理,即规律。

⑥欲民之正:想要民众品行端正、走正道。正,品行端正,走正道。

⑦微邪:较小的邪恶。

⑧伤国:危害国家。伤,损害,危害。

⑨有礼:指在观念与行为方面有"礼"的修养。

⑩小礼不谨于国:在国内不重视小礼。谨,谨慎,重视。

⑪修:修整,修治,培养。

⑫饬:通"饬"。整饬,整顿。

⑬修小礼、行小义、饬小廉、谨小耻:应作"谨小礼、行小义、修小廉、饬小耻"。下句同。

⑭厉民之道:教育民众的方法。厉,同"砺"。砥砺,磨砺。这里指教育。一说,厉,同"励"。勉励,劝勉。

【译文】

凡是治理民众的人,应该使男子没有邪僻的行为,使女子没有淫乱的事情。使男子不行邪僻之事,要靠教育;使女子没有淫乱之事,要靠训导。等到教育训导成为普遍的社会风气,刑罚就会减少,这是很自然的道理。凡是治理民众的人,都想要民众走正道。使民众走正道,就不能不禁止微小的邪行。因为,小的邪恶是大的邪恶产生的根源。微小的邪恶不禁止,而想要大的邪恶不去危害国家,那是不可能的。凡是治理民众的人,都想使民众守礼;百姓要有礼,人君就不可不重视从小的礼节开始推行。因为,在国内不重视推行小的礼节,而要求百姓能遵行大的礼仪,那是办不到的。凡是治理民众的人,都想使民众有义。要使民众有道义,人君就不可不鼓励小的善行义举。因为,在国内不奉行小的善行义举,而要求百姓能奉行大的道义,那是办不到的。凡是治理民众的人,都想使民众重廉。要求百姓重视廉洁,人君就不可不去重视日常小廉。因为,在国内不重视日常小廉,而要求百姓能够遵守大的廉洁奉公,那是办不到的。凡是治理民众的人,都想使民众知耻。要求百姓懂得羞耻，人君就不可不整顿小的无耻行径。因为，在国内若不从整顿小耻开始，而要求百姓能够信守道德从而避免遭受大的耻辱，那是办不到的。但凡人君治理民众，须要求百姓谨守小礼、奉行小义、勤修小廉、整饬小耻、禁绝小恶，这些都是教育民众的方法。而民众能够做到谨小礼、行小义、修小廉、饬小耻并能禁绝小恶，这些又正是治国的根本。

　　凡牧民者，欲民之可御也①；欲民之可御，则法不可不审②。法者，将立朝廷者也③。将立朝廷者，则爵服不可不贵也④。爵服加于不义⑤，则民贱其爵服；民贱其爵服，则人主不尊；人主不尊，则令不行矣。法者，将用民力者也⑥。将用民力者，则禄赏不可不重也⑦。禄赏加于无功⑧，则民轻其禄赏；民轻其禄赏，则上无以劝民⑨；上无以劝民，则令不行矣。法者，将用民能者也⑩。将用民能者，则授官不可不审也。授官不审，则民闲其治⑪；民闲其治，则理不上通⑫；理不上通，则下怨其上；下怨其上，则令不行矣。法者，将用民之死命者也⑬。用民之死命者，则刑罚不可不审；刑罚不审，则有辟就⑭；有辟就，则杀不辜而赦有罪⑮；杀不辜而赦有罪，则国不免于贼臣矣⑯。故夫爵服贱、禄赏轻、民闲其治、贼臣首难⑰，此谓败国之教也⑱。

【注释】

①欲民之可御：想要民众服从统治。可御，即接受驾驭之意。御，统治，驾驭。

②法不可不审：当作"法不可不重"。指不能不重视法度。审，当作"重"。慎重，重视。

③将:扶持,保持。立:确立,建立。

④爵服:爵位及相应的服饰。服,朝服的等级,是爵位高低的标志,古代授官命爵,爵位不同,服饰也不同。贵:保持尊贵。一说意为慎重。

⑤不义:不义之人。

⑥法者,将用民力者也:意为法是用来鞭策民众出力的。

⑦禄赏:俸禄和赏赐。

⑧无功:没有功绩之人。

⑨劝:鼓励,勉励。

⑩法者,将用民能者也:意思是法是用来发挥民众才能的。

⑪民闲其治:民众背离君主的统治。闲,又作"间"。隔离,背离。一说作非议、反对解。

⑫理:情。指下情。上通:上达。

⑬用民之死命:指决定百姓生死。死命,生死。一说以死报效。

⑭辟就:避重就轻或避轻就重之意。此皆指刑罚不当而言,如使坏人逃罪或使好人受冤等。犹谓有罪避刑,无辜就戮,即包庇坏人、冤枉好人。辟,同"避"。避开,回避。就,迁就。此指治罪。

⑮不辜:无罪的人。辜,罪。赦:赦免。

⑯贼臣:指妄图篡位夺权的大臣。

⑰贼臣首难:乱臣贼子首先发难和带头作乱。首难,首先发难,带头作乱。

⑱败国之教:国家败亡之道,或指败政亡国的教训。

【译文】

凡是治理百姓的人,都要求百姓服从统治、听从差遣;要想使民众服从管制驱使,就不可不重视法令的作用。法制律令,是用来建立和保障朝廷权威的。要保障朝廷有权威,就不可不重视爵位和服饰等级制度。如果把爵服授给不义之人,百姓就会轻视爵位;民众一旦轻视爵服,君主就没有威信、地位就不尊贵;君主地位不尊贵,那他发出的政令就难以推行,百姓也不愿去执行。法规律令,是用来驱使民众为朝廷出力的。要想驱使百姓付出劳动和努力,就不可不重视俸禄和奖赏。如果把俸禄赏赐授给了无功之人,百姓就会小看这些俸禄和奖赏;民众若看不起朝廷的俸禄和奖赏,君主就无法激励和劝勉民众付出努力、做出贡献;君主无法有效地勉励民众,那他发出的号召、命令就没人响应了。法制律令,是用来发挥民众才能、使用民众才智的。要想使用发挥民众的才智,就不可不慎重地授予官位、委派职事。如果授官任职不够慎重,民众就会背离朝廷的管治、阻碍行政的推行;民众若反对朝廷的统治,则下层国情、民意就不能上达;国情民意不能上达至朝廷,民众就会怨恨君主;民众若怨恨自己的君主,那他发出的行政命令也就没人愿意执行和实施了。法规律令,是用来决定黎民百姓的生死的;决定民众的生死,就不能不认真审慎地使用刑罚;如果刑罚使用不慎,就会使坏人逃脱罪罚而使好人蒙冤;使坏人逃罪或好人蒙冤,就会出现滥杀无辜或包庇坏人的事情;若杀无辜而庇有罪,国家政权就难免被乱臣贼子伺机窃取或谋逆篡夺了。所以,一旦爵位被藐视,禄赏遭轻蔑,民众被迫逃离统治,那些奸臣乱党就会首先发难,并趁乱暴动,这些都是导致败政亡国的教训。

立政第四

【题解】

"立政",指君主临政治国。即人君所立的良善之政。具体说有以下九个方面的问题:第一是"三本",从德行、功绩、能力三方面确立用人方面的原则,它决定国家的治乱。第二是"四固",从委任卿相、大臣、主帅、地方行政长官四方面制定具体用人及鉴别人才的政策,它决定国家的安危。第三是"五事",从发展农业、副业生产、利用自然资源、兴修水利、管理手工业劳动等五个方面,制定组织经济活动方面要注意的措施,它决定国家的贫富。前面这三项合称"三经",是治国的纲领。第四是"首宪",说明岁首法令的颁布及其严肃性,讲述国家行政组织结构以及法令颁布、传达和执行的程序。第五是"首事",指出君主举事,必有言在先,明定赏罚之数,作为具体办事的规则。第六是"省官",列举各类官吏职责,作为考察官吏职事的标准。第七是"服制",说明君主与臣民服饰享用的制度。第八是"九败",揭示国家败政九种因由,说明思想领域的斗争问题及错误观念不容忽视。第九是"七观"(当作"七期"),讲述从教化到施政七方面所期望达到的成效,也是执政所欲达到的理想境界,作者撰写此文之目的即在于此。这九套完整的政策措施,虽然角度不同,内容各异,但重点突出,认为君主临政视事,欲治乱、安危、富国,求长治久安、繁荣兴旺,其体国之要重在用贤,经野之方首在兴业。

　　文章认为国家治乱安危的根源在于用人是否得当,群臣是否有德行操守;国家的贫富则在于农业种植和家禽蓄养是否得到充分发展。此外,本文还强调依法办事、节约资源、服饰制度、社会风气、教化臣民对巩固国家政权的重要作用。国家单靠强制不足以自立,重要的是对民众轻税薄敛,发展经济,在用人上做到德当其位,功当其禄。经济对国家安危起决定作用,德治和任贤是其政治原则。这与《牧民》篇思想较为接近,表达上则更为痛切。

　　本篇应属经解合编,论述内容全面且极为精详,可说是篇较为完整的执政纲领,也都是很有借鉴意义的政治学观点。本书《立政九败解》是对本篇"九败"一节的逐句诠解,可参照阅读。

　　国之所以治乱者三①,杀戮刑罚,不足用也。国之所以安危者四②,城郭险阻③,不足守也。国之所以富贫者五④,轻税租⑤,薄赋敛⑥,不足恃也⑦。治国有三本,而安国有四固,而富国有五事。五事,五经也⑧。

【注释】

①治乱:使乱局得到治理。此节中的"治""安""富""轻""薄"都是
　　使动用法。三:即下文之"三本"。指用人的三项根本原则。作
　　者认为此三项原则可以化乱为治,故称"三本"。

②四:即下文之"四固",指授予官爵的四项重要政策。作者认为此
　　四项政策可以转危为安,故称"四固"。

③城:内城。郭:外城。险阻:指险要的地势。

④五:即下文之"五事",指经济方面的五项重要工作。

⑤轻:减轻。

⑥薄:减少。

⑦恃：依靠。

⑧五经：即五项原则性措施。经，原则，规范，纲领。《管子》以富国为本，五事所论，散见各篇中，而"三本""四固"则未见，故以"五事"为"五经"。一说：治、安、富三者并重，不应独以五事为"五经"，疑原文本作"三者，三经也"。

【译文】

国家之所以能稳定兴旺，取决于三个条件；依靠杀戮或刑罚是不够的。国家之所以能由危险转为安全，取决于四个条件；只依靠内外城郭和险要的地势，是不够的。国家之所以能由贫弱变为富强，取决于五个条件；只采用轻收租税、薄取赋敛的办法是不行的。这就是说，治理国家有"三本"，安定国家有"四固"，而富国强兵则有"五事"。这五事乃是五项纲领性措施。

君之所审者三①：一曰德不当其位②，二曰功不当其禄③，三曰能不当其官④。此三本者⑤，治乱之原也⑥。故国有德义未明于朝者⑦，则不可加于尊位；功力未见于国者⑧，则不可授与重禄⑨；临事不信于民者⑩，则不可使任大官⑪。故德厚而位卑者，谓之过⑫；德薄而位尊者，谓之失⑬。宁过于君子，而毋失于小人⑭。过于君子，其为怨浅；失于小人，其为祸深。是故，国有德义未明于朝而处尊位者，则良臣不进⑮；有功力未见于国而有重禄者，则劳臣不劝⑯；有临事不信于民而任大官者，则材臣不用⑰。三本者审，则下不敢求⑱；三本者不审，则邪臣上通⑲，而便辟制威⑳。如此，则明塞于上㉑，而治壅于下㉒，正道捐弃㉓，而邪事日长。三本者审，则便辟无威于国，道涂无行禽㉔，疏远无蔽狱㉕，孤寡无隐治㉖。故曰：刑省治寡，朝不合众㉗。

右"三本"。

【注释】

①审:慎重,审慎。一说明察、细究。

②德不当其位:品德与爵位不相称。当,相当,相称。

③功不当其禄:功劳业绩与俸禄不相符。

④能不当其官:才能与所担任的官职不相当。

⑤本:根本。

⑥原:同"源"。根源。

⑦德义未明于朝者:德义没有在朝廷中显示出来的人。朝,朝堂,朝廷。

⑧功力:功劳和能力。见:同"现"。表现出来。

⑨重禄:优厚的俸禄。

⑩临:莅。事:主持政务。不信于民:不能取信于民。信,取信,信任。

⑪大官:指重要的官职。官,职务,职事。

⑫过:用人不当,超过限度。

⑬失:用人错误,失误。

⑭宁过于君子,而毋失于小人:意为:宁肯对君子安排不当,也不能错用小人。

⑮良臣不进:优良的大臣得不到引荐。

⑯劳臣不劝:勤劳的大臣得不到劝勉和鼓励。

⑰材臣不用:有才能的大臣得不到重用,不能为国出力。

⑱求:求索,妄求。指谋求高爵要职。

⑲邪臣:善于投机钻营的邪恶之臣。上通:接近君主。

⑳便辟:善于靠阿谀奉承得宠或受君主亲近宠信的人。便,善以花言巧语取信于君主的佞臣。辟,通"嬖"。君主所宠幸之人。制

威：控制威权,专权。

㉑明塞于上：指君主受蒙蔽。

㉒治壅于下：指政令不能向下推行。治,统治。指进行统治的政策
　　法令。壅,滞塞不通。指壅堵、阻塞。

㉓捐弃：抛弃。捐,除去,舍去。

㉔道涂：指道路。涂,同"途"。行禽：行走的囚犯,此承上文"便辟
　　无威于国"而言。禽,同"擒"。指因罪被擒之囚犯。一说"行禽"
　　指道路上禽兽横行,是对政治昏暗的比喻说法。

㉕疏远：指那些没有权势可依靠的一般小民。蔽狱：指被蒙蔽真相
　　的案件,即冤狱,冤案。蔽,蒙蔽,舞弊。

㉖隐治：与"蔽狱"相对。此谓孤寡之人也没有隐藏在胸中无处申
　　诉的冤屈。治,通"辞"。指讼词。一说指苦痛的政治遭遇。

㉗刑省治寡,朝不合众：刑罚减少,政事精减,朝廷不用召集群臣议
　　论政事。

【译文】

　　君主需要慎重处理的问题有三个：一是大臣的德行与地位不相称,
二是大臣的功劳与俸禄不相称,三是大臣的能力与官职不相称。以上
这三个根本问题,正是国家治与乱的根源所在。所以,在一个国家里,
对于德行义举没能显示于朝廷的人,不可授予尊崇的爵位；对于功勋业
绩没有表现于邦国的人,不可给予优厚的俸禄；对于主持政事没能取信
于民众的人,就不能任命为显官要职。所以德行深厚而所授爵位低下
卑微,就叫作用人不当；德行浅薄而所授爵位尊崇高贵,就叫作用人错
误。宁可对君子有过错,也不可对小人有失误。因为,对君子有过错,
招致的怨恨较浅；而对小人有失误,则带来的祸害很深。因此,在一个
国家里,如果有这种德行义举未能彰显于朝廷但却能身居高位的人,那
么,贤良的大臣就不会积极奋进争取得到重用；如果有功劳不著称于邦
国但却享有重赏厚禄的人,那么勤奋的大臣就得不到鼓舞勉励而努力

付出；同样朝中如果有主持政事未能取信于民众但却做了大官和要职的人，那么有才干能力的大臣就不会主动发挥作用为国出力。只有把这三个根本问题都慎重妥善解决好了，臣下才不敢妄自谋求高官厚禄；如果对这三个根本问题不严加审查谨慎处理，奸佞弄臣就会主动与君主接近，君侧的专宠小人就会控制权威滥发施令。这样，在上层清明的政治遭到破坏，君主耳目被闭塞；在下层政令就会不通行，正确的治理被抛弃，干坏事的人一天天地多起来，邪恶之事就日益增长。然而，若能审慎处理好这三个根本问题，君主左右那些受到宠幸的小臣就不敢妄自专权，道路上也就看不到胡乱被抓捕羁押的犯人，与官吏疏远的普通百姓、卑微小民也不会遭受冤狱之害，孤寡无亲的人们也都没有不白之冤和难言之隐了。这样就可以说：刑罚减省，政务精简，甚至朝廷都无须召集群臣议论政事了。

　　以上是"三本"。

　　君之所慎者四：一曰大德不至仁①，不可以授国柄；二曰见贤不能让，不可与尊位②；三曰罚避亲贵③，不可使主兵④；四曰不好本事⑤，不务地利，而轻赋敛⑥，不可与都邑⑦。此四务者⑧，安危之本也⑨。故曰卿相不得众⑩，国之危也；大臣不和同⑪，国之危也；兵主不足畏⑫，国之危也；民不怀其产⑬，国之危也。故大德至仁，则操国得众⑭；见贤能让，则大臣和同；罚不避亲贵，则威行于邻敌⑮；好本事，务地利，重赋敛⑯，则民怀其产。

　　右"四固"。

【注释】

　　①大德不至仁：德行没有大到仁者的地步。

②与：给予。尊位：尊贵的爵位。

③罚避亲贵：指对亲戚、权贵该罚却不罚。即对皇族亲近或对有权势的人不敢施加刑罚。避，回避。亲贵，此指王室至亲。即所谓的皇亲国戚。

④主兵：统帅军队。

⑤本事：指农耕。

⑥轻赋敛：轻率地随便征收赋税。轻，轻易，轻率，不慎重。

⑦与都邑：给予都邑之职位。即任命为地方长官。都邑，地方区域名称。都，古代划分行政区域，周代以四邑为丘，四丘为甸，四甸为县，四县为都。本书《乘马》曰"四乡命之曰都"，此处代指"都"的地方官吏。邑，其本义是用土墙围起的城防。又曰县的别称为邑。或指地方行政中心。此处代指"邑"的地方官吏。

⑧四务：当作"四固"。即下文所述四项职事。

⑨本：根本。

⑩卿相：指执政大臣。得众：得民心。

⑪和同：此谓和睦同心、协调一致。本书《五辅》曰"上下交引而不和同，故处不安而动不威"。

⑫兵主：军队的统帅。

⑬怀其产：安心于他们的产业。怀，安心。

⑭操国得众：掌握国家政权取得民众信任。操，操持，掌握。

⑮威行于邻敌：威势能慑服邻近的敌国。威，此指国威、军威。

⑯重赋敛：不轻易征收赋税。重，慎重，重惜。

【译文】

　　君主需要谨慎对待的问题有四个：一是对于提倡道德而不能真正做到仁的人，不可以授予国家大权；二是对于见到贤能之人而不能让位的人，不可以授予尊贵的爵位；三是对于掌握刑罚在执行时回避亲贵的人，不可以让他统帅军队去带兵；四是对于那种不重视农业，不注重开发地利，而又轻易征收赋税的人，不可任命他为地方长官。这四条巩固国家安危的原则是维系国之安定的根本。应该说，卿相如果得不到民众的拥护，是国家的危险；大臣之间不能协力同心，是国家的危险；军中统帅没有威望而不足以令人畏惧，是国家的危险；民众不能安心农事并留恋自己的田产，是国家的危险。因此，只有提倡道德而能真正做到仁爱的人，才可以胜任国事而得到众人的拥护；只有见到贤能者能够推举礼让的人，才能使大臣们同心协力；只有掌握刑罚执行时不避亲贵的人，才能够使国家的威严广传四邦而威震邻敌；只有重视农业、注重开发地利，而不轻易课取赋税，才能使民众安心农事爱惜自己的产业。

以上是"四固"。

君之所务者五①：一曰山泽不救于火②，草木不植成③，国之贫也；二曰沟渎不遂于隘④，障水不安其藏⑤，国之贫也；三曰桑麻不植于野，五谷不宜其地⑥，国之贫也；四曰六畜不育于家⑦，瓜瓠荤菜百果不备具⑧，国之贫也；五曰工事竞于刻镂⑨，女事繁于文章⑩，国之贫也。故曰山泽救于火，草木殖成，国之富也；沟渎遂于隘，障水安其藏，国之富也；桑麻殖于野，五谷宜其地，国之富也；六畜育于家，瓜瓠荤菜百果备具，国之富也；工事无刻镂，女事无文章，国之富也。

右"五事"。

【注释】

①务：勉力从事，致力解决。

②不救于火：不能防止火灾。救，得救，免于。一说作救止。引申为防止、禁止。

③植成：繁殖成熟。或曰种植成长。植，通"殖"。

④沟渎:小沟渠,用以防旱排涝的田间水道。小者曰沟,大者曰渎、洫、渠等。不遂于隘:在狭窄的地方不通。沟水狭隘之处不通则全线壅塞,故此语可视为全线不通。遂,通畅,通达。隘,狭隘地段。

⑤障水:用堤坝围住的水。障,阻塞,遮挡。此指挡水的堤坝、塘堰之类。不安其藏:不停留在蓄水的地方。即冲毁堤坝,泛滥成灾。藏,贮藏,储存。或说处所。指蓄水的池塘、小水库等。

⑥不宜其地:不因地制宜。

⑦育:饲养。

⑧瓠(hù):葫芦类瓜菜。荤菜:葱蒜之类带有辛辣气味的蔬菜。备具:齐全。

⑨工事:工匠的制作,手工技艺之事,多指雕刻建筑的手艺。刻镂:雕刻,镂空。此指奢侈品工艺。

⑩女事:妇女从事的工作。指女红针黹之事,如纺绩、刺绣之类。文章:此言文采、文饰花样,多指服饰上的色彩纹样及图案。此指女子从事的奢侈品制作。

【译文】

君主必须注意解决的问题有五个:一是山林沼泽不能免于大火,致使草木不能繁殖生长,国家就会贫穷;二是沟渠不能全线通畅,致使堤坝中的水漫溢成灾,国家就会贫穷;三是田野里没有种植桑麻,五谷杂粮的种植没有因地制宜,国家就会贫穷;四是农民家里没有饲养六畜,各类蔬菜瓜果种植也不齐全,国家就会贫穷;五是工匠争相刻意追求雕木镂金,女红也只是广求花彩文饰之美,国家就会贫穷。也就是说,山泽能够防止火灾,草木得到繁殖成长,国家就会富庶充足;使沟渠全线通畅,堤坝中的水安稳而没有漫溢,国家就会富裕充盈;发展桑麻使其遍布田野,五谷种植也能够因地制宜,国家就会富足充裕;各户农家都饲养六畜,蔬菜瓜果能齐备具全,国家就会富足丰盛;工匠不过分雕琢,女红也不苛求彩饰,国家就会富足昌盛。

　　以上是"五事"。

　　分国以为五乡①,乡为之师;分乡以为五州,州为之长;分州以为十里,里为之尉;分里以为十游,游为之宗。十家为什,五家为伍,什伍皆有长焉。筑障塞匿②,一道路③,博出入④,审闾闬⑤,慎管键⑥,管藏于里尉。置闾有司以时开闭⑦。闾有司观出入者⑧,以复于里尉⑨。凡出入不时⑩,衣服不中⑪,圈属群徒不顺于常者⑫,闾有司见之,复无时⑬。若在长家子弟、臣妾、属役、宾客⑭,则里尉以谯于游宗⑮,游宗以谯于什伍,什伍以谯于长家,谯敬而勿复⑯。一再则宥⑰,三则不赦。凡孝悌忠信、贤良俊材⑱,若在长家子弟、臣妾、属役、宾客,则什伍以复于游宗,游宗以复于里尉,里尉以复于州长,州长以计于乡师⑲,乡师以著于士师⑳。凡过党㉑,其在家属㉒,及于长家㉓;其在长家,及于什伍之长;其在什伍之长,及于游宗;其在游宗,及于里尉;其在里尉,及于州长;其在州长,及于乡师;其在乡师,及于士师。三月一复,六月一计,十二月一著。凡上贤不过等㉔,使能不兼官,罚有罪不独及㉕,赏有功不专与㉖。

【注释】

①国:周代的"国"与"野"不同。"国"一般指国都及周围郊区一带,是周人的居住生活区域。"野"则指国之外的广大地区,为土著居民生活的地方。到春秋后期,国、野的分别已经打破。乡:与下文州、里、游、什、伍,均为国都以下各级行政单位,其各级长官

分别是乡师、州长、里尉、游宗、什长、伍长。

②筑障塞匿：修筑围墙之类的障碍物。障塞，障碍。指围墙之类。
　匿，衍字。或指围墙上的缺口，空虚之处。

③一道路：统一管理道路。

④博出入：指只设置专门的出口或入口。博，当作"抟"，通"专"。
　专一。一说作"搏"。索持，稽查搜索。

⑤闬闬(hàn)：里门。

⑥管键：钥匙和插销。键，门闩，锁簧。

⑦闬有司：看管里巷大门的小吏，即门卫。以：依据，按照。

⑧观：观察，察看。

⑨复：报告。

⑩不时：不按时。

⑪不中：不符合规定。中，合时宜，合规矩。

⑫圈属群徒：指里内的居民和外来人员，即下文所谓"子弟、臣妾、
　属役、宾客"。圈，"眷"字的假借。不顺于常：行为异常。

⑬复无时：随时报告。无时，即无时间限制。

⑭长家：指大户人家的家长。臣妾：家内男女奴仆。属役：服役的
　奴仆。

⑮谯(qiào)：训斥，责备。

⑯谯敬而勿复：批评警告使其改正后就不用向上级报告了。自上
　谕下曰谯，自下报上曰复。敬，警告。

⑰再：第二次，再次。宥(yòu)：宽恕，宽大，赦罪。

⑱俊材：优秀的人才。

⑲计：统计，汇总。

⑳著：著录。此言书面报告、登记备案。士师：朝廷主管刑赏的
　官吏。

㉑过党：责罚犯罪群伙或同党。指处罚连坐制度中受牵连的人。

㉒其：若，如果。家属：家庭成员。

㉓及：连带累及。

㉔上贤：推举贤能之人。上，推举，拔举，崇尚。不过等：不超过等第，即不越级。

㉕不独及：不单独惩罚犯罪者自身一人。独及，仅连及本人。

㉖不专与：指不单独赏赐有功者本人。专与，即"独与"。

【译文】

把国划分为五个乡，每乡各设乡师；再把乡划分为五个州，每州各设州长；再把州划分成十个里，每里各设里尉；再把里划分为十个游，每游各设游宗；再把游划十家为一什，五家为一伍，什和伍也都各设什长和伍长。要修筑好围墙，堵塞缺口漏洞，统一管理道路。要小心看管里门，注意钥匙和门锁，钥匙由里尉收藏保管。每个间设置一名"间有司"，任命其按时开闭里门。间有司还要负责观察出入的行人，向里尉报告情况。凡是进出不遵守时间、穿戴不合时宜、家眷亲属朋辈同侪以及其他人中有行迹异常者，间有司一旦发现，就要随时上报。如果问题出在本里家族的子弟、臣妾、属役或宾客身上，那么，里尉要警戒游宗，游宗要警告什长或伍长，什长或伍长则要训告家族长老，只给予警戒和警告而已，不必上报。初犯、再犯可以宽恕，犯第三次就不能赦免了。凡是发现有孝悌、忠信、贤良和优秀的人才，如果是出在本里家族的子弟、臣妾、仆役和宾客，那么，就要逐级由什长或伍长上报游宗，游宗上报里尉，里尉上报州长，州长再汇总上报于乡师，最后由乡师登记举荐到士师那里。凡是责罚与犯罪有牵连的人，问题若出在家属的，则应连带责及于家长；若问题出在家长的，应连带责及于什长或伍长；若出在什长或伍长的，则连带游宗；若出在游宗的，则连带里尉；若出在里尉的，则连带州长；若出在州长的，则连带乡师；若出在乡师的，也要连带于士师。每年三个月一上报，六个月一汇总，十二个月来一次登记举报。凡是推举贤才的都不可以越级，使用能臣也都不可以兼职；惩罚有罪之人,不单独处罚犯罪者自身一人,必须彻查其上司或从犯党羽;赏赐有功之人,也不只赏给立功者本人,必须顾及其上司或左右随从。

　　孟春之朝①,君自听朝②,论爵赏、校官,终五日③。季冬之夕④,君自听朝,论罚罪刑杀⑤,亦终五日。正月之朔⑥,百吏在朝,君乃出令,布宪于国⑦。五乡之师、五属大夫⑧,皆受宪于太史⑨。大朝之日,五乡之师、五属大夫,皆身习宪于君前⑩。太史既布宪,入籍于太府⑪,宪籍分于君前⑫。五乡之师出朝,遂于乡官⑬,致于乡属⑭,及于游宗,皆受宪⑮。宪既布,乃反致令焉⑯,然后敢就舍⑰;宪未布,令未致,不敢就舍;就舍,谓之留令⑱,罪死不赦⑲。五属大夫,皆以行车朝⑳,出朝不敢就舍,遂行。至都之日㉑,遂于庙,致属吏,皆受宪。宪既布,乃发使者,致令以布宪之日,蚤晏之时㉒。宪既布,使者以发㉓,然后敢就舍;宪未布,使者未发,不敢就舍;就舍,谓之留令,罪死不赦。宪既布,有不行宪者㉔,谓之不从令,罪死不赦。考宪而有不合于太府之籍者㉕,侈曰专制㉖,不足曰亏令㉗,罪死不赦。首宪既布㉘,然后可以布宪㉙。

　　右"首宪"。

【注释】

①孟春之朝(zhāo):指正月月初。孟春,春天头一个月。

②听朝:处理朝政。

③论:议论,评定。校(jiào)官:稽查职事,考核政绩。校,考核。

④季冬之夕:十二月底。季,四季最末一个月。夕,傍晚。此指月末、月底。

⑤罚罪刑杀:处罚杀戮有罪之人。

⑥朔:初一。

⑦布宪:公布法令,颁布法律政令。宪,法度,政令。

⑧五属大夫:野的行政长官。国都划分为五乡,乡之外的野划分为五属,每属设一大夫,统称五属大夫。

⑨受:接受。太史:负责记录历史、掌管文献典籍的官员。

⑩身:亲自。习宪:熟悉法令。

⑪入籍:归档。太府:保存档案文书的官府。

⑫分于君前:副本提供给君主。如后世官府文书之有正副本,即将底本存入太府归档。

⑬遂:前往,到达。乡官:乡师办事之处。官,同"馆"。馆舍。

⑭致:送诣。一说汇聚众人,召集,招引。乡属:乡师所属的官吏。

⑮及于游宗,皆受宪:一直召集到游宗这一级,全部都来领教受习宪法律令。

⑯反致令:返回去复命。反,同"返"。返回。致令,交回君令。即事后汇报。

⑰就舍:回到住处。

⑱留令:延误君令。

⑲罪死不赦:按罪当处死,不能赦免。

⑳以行车朝:乘车入朝。

㉑都:都邑。属的行政中心,即五属大夫官府所在地。凡邑有先君之主(旧宗庙)曰都,无曰邑。

㉒"宪既布"四句:这几句是说五属大夫布宪令之后,派使者向君上交令,报告颁布宪令的时间早晚。蚤,通"早"。晏,晚。

㉓以:通"已"。已经。以、已,古字通。

㉔行:执行法令,推行法律政令于五乡、五属。

㉕考宪:岁终考成。即考察所悬之表,是否合于所藏之籍。指考察

检验法律政令的执行情况。

㉖侈：多余。指法令内容增多或超出正本的部分。专制：专断，独断专行。此指擅改君王命令。制，帝王的命令。

㉗不足：法令内容与正本缺少的部分。亏令：亏缺法律政令。指法令条文不全，与正本不符。

㉘首宪：岁首颁布之宪。指年头正月初君主颁布的法令。

㉙布宪：当为"行宪"，推动执行首宪。一说指布宪于国都之后，然后次第颁布到地方，若地方率先颁布"首宪"则为专制。

【译文】

　　正月初起，国君要亲自处理朝政，评定爵位赏赐，考核官吏政绩，共需连用五天时间。腊月末尾，国君也要亲临朝政，审议论定惩罚、定罪、判刑、处死诸事，也是连用五天时间。正月初一日，百官聚首在朝，国君向全国颁布政法命令。五乡乡师和五属大夫都从太史手中领受法令典册，都要在国君面前学习法令熟悉条文。当太史宣布法令之后，把正本底册存入太府，副本交国君以便稽考。五乡乡师出朝以后，就直接到乡的办事处召集本乡所属官吏，直至游宗，都得同来领受法令。法令公布完毕后，要及时回报朝廷，然后才能回到住处；法令没有公布，回复报告没有交回，不敢到住处休息；否则，就叫作"滞留君令"，那是必定处死之罪，不容宽赦的。五属大夫，都是乘车入朝的，但出朝以后也不能到住处休息，必须要立即出发。回到都邑的当天，就在祖庙里召集所属官员属吏，一同来领受法令。法令公布传达后，马上便派遣使者回报，向地方传达政令的日期、早晚。法令已经公布完毕，使者也已经派遣出去，然后才能回到住所休息；法令没有公布完毕，或者使者没有派出去，不能回到住所休息；否则，也叫"滞留君令"，必处死罪，不容宽赦。法令公布后，如果有不执行法令的，叫"不从君令"，必处死罪，不容宽赦。检查法令文件的实施情况，如有与太府所存正本不符合的地方，多出来的部分就叫作专制，属妄添君令，缺少了的部分叫作亏令，属擅减君令，都是必处死罪,不容宽赦。君主这个岁首颁布的法令,即所谓首宪,在法令公布以后,各地就可以遵照执行了。

以上是"首宪"。

凡将举事①,令必先出。曰事将为②,其赏罚之数③,必先明之。立事者④,谨守令以行赏罚,计事致令⑤,复赏罚之所加⑥。有不合于令之所谓者⑦,虽有功利⑧,则谓之专制,罪死不赦。首事既布⑨,然后可以举事。

右"首事"。

【注释】

①将:将要。举:兴办。

②为:做。

③数:通"术"。办法,规定。

④立事者:指主持办事的人。立事,指具体办事。立,通"莅"。

⑤计事致令:统计进展情况并上报君主。计事,指总结工作。

⑥复赏罚之所加:汇报赏罚令的执行情况。

⑦令之所谓:法令所规定的。

⑧虽:即使。功利:功效,利益。

⑨首事:事始之事。指君主最初发布的举事命令,即君主"举事"前所发布的有关赏罚细则。

【译文】

国家大凡将要兴办大事,赏罚的律令法规一定先行发出。这就是说,事情将要举办,有关赏罚的办法和规定就必须明示于前。主持办事的人,必须要严格掌握法令以施行赏罚,在检查工作和总结办事情况向君主上报的时候,也必须报告执行赏罚律令的实际情况。如果办事有不符合法令规定的地方,即使取得一定成效,也叫专制,属妄改君令,必处死罪,不容宽赦。这个君主关于举事的赏罚律令,即所谓首事,此律令发布执行后,就可以办事了。

以上是"首事"。

修火宪①,敬山泽、林薮、积草②,夫财之所出③,以时禁发焉④,使民足于宫室之用⑤,薪蒸之所积⑥,虞师之事也⑦。决水潦⑧,通沟渎⑨,修障防⑩,安水藏⑪,使时水虽过度⑫,无害于五谷;岁虽凶旱,有所秒获⑬,司空之事也⑭。相高下⑮,视肥硗⑯,观地宜⑰,明诏期⑱,前后农夫⑲,以时均修焉⑳,使五谷桑麻,皆安其处,由田之事也㉑。行乡里㉒,视宫室,观树艺㉓,简六畜㉔,以时钧修焉㉕;劝勉百姓,使力作毋偷㉖,怀乐家室,重去乡里㉗,乡师之事也。论百工㉘,审时事㉙,辨功苦㉚,上完利㉛,监壹五乡㉜,以时钧修焉;使刻镂文采㉝,毋敢造于乡,工师之事也㉞。

右"省官"。

【注释】

①修火宪:制定防火的法令。

②敬:警戒,管理。薮(sǒu):水浅草茂的沼泽。积草:指草甸子。

③夫财:彼财。一说"夫"应作"天",谓天然资源。

④禁发:封禁和开发。

⑤足:原本无,据戴望说补。宫室:此指平民的房屋。

⑥薪蒸:泛指烧火的木柴。《周礼·天官·甸师》郑玄注:"木大曰薪,小曰蒸。"所积:"所"字疑衍。积,累积,储备。

⑦虞师:官名,指主管山林湖泽的官吏。

⑧决水潦(lǎo)：排除积水。潦，雨后积水。

⑨沟渎：沟渠。

⑩障防：拦水的堤坝。

⑪安水藏：加固水库。安，加固，使之安定。水藏，指池塘、水库。

⑫时水：依时而至的水。指季节性的雨水量。

⑬粉(fèn)获：收获。粉，握禾割义的意思。

⑭司空：官名，指主管水利及建筑工程的官吏。

⑮相：测量，度量。高下：地势的高低。

⑯硗(qiāo)：土质瘠薄。也指贫瘠的土地。

⑰观地宜：察看土地适合生长何种农作物。

⑱诏期：指征召服役的日期。诏，征召。

⑲前后农夫：合理安排农夫之事。前后，安排先后。

⑳以时均修：按照时令进行调整。即按务农时序进行全面、合理的
　安排。均修，匀调，适当。又作"顺修"。即调节、合理安排。

㉑由田：应作"申田"。形近而误。申田，即"司田"。指主管农业的
　官吏。

㉒行：巡视。

㉓树艺：种植。

㉔简：检查，挑选。

㉕钧修：即"均修"。下文同。

㉖力作毋偷：努力耕作，不贪图一时之乐。偷，苟且，怠惰。

㉗重去乡里：不轻易离开家乡。重，慎重，不轻易。

㉘论：评议。

㉙审时事：明确不同季节的工作。时事，指各季节的工作任务。

㉚辨功苦：辨别器物质量的好坏。功，制作精良的器物。苦，粗制
　滥造。

㉛上完利：提倡产品坚固适用、品种完全而质量精良。上，通"尚"。

提倡,优先。

㉜监壹:监督管理,使之一致。即监督统一。

㉝刻镂文采:雕刻精细、纹饰精美。此指奢侈性的产品。

㉞工师:官名。指主管百工的管吏。百工即手工业。

【译文】

　　制定防火的律令法规,禁止在山泽林薮之处堆积枯草;对自然资源的出产地区,要按时封禁和开放;使民众有充足的房屋建筑用材和贮备足够的柴草,这是虞师的职责。排泄积涝,疏通沟渠,修整堤坝,加固设施以保持蓄水池的安全,做到雨水即使过多也无害于五谷;年景即使干旱,也有收成,这是司空的职责。观测地势高低,观察和分析土质肥瘠,查明土地宜于何种农作物的生长,明定农民应召服役的日期,对农民生产、服役的先后顺序,按时令季节做好全面安排;使五谷、桑麻等农作物的种植,各合其时,这是司田的职责。巡行视察乡里,察看房屋,观察树木、庄稼的生长情形,检查六畜的饲养状况,并能适时做出全面合理的安排;做到劝勉百姓,使他们努力耕作而不偷闲,怀恋家园田产而不轻易离乡背井、别弃故土,这是乡师的职责。考核和评定各种工匠的技术高下,审定和明确各个季节的作业项目,辨别产品质量的优劣,倡导产品完备和精锐,统一监督管理五乡,按时做出全面安排;使那种刻木、镂金、竞逐文采之类的奢侈品工艺,不敢在各乡作业或制造,这是工师的职责。

　　以上是"省官"。

　　度爵而制服①,量禄而用财。饮食有量②,衣服有制③,宫室有度④,六畜人徒有数⑤,舟车陈器有禁⑥。修生则有轩冕、服位、谷禄、田宅之分⑦,死则有棺椁、绞衾、圹垄之度⑧。虽有贤身贵体⑨,毋其爵⑩,不敢服其服;虽有富家多资,毋其

禄,不敢用其财⑪。天子服文有章⑫,而夫人不敢以燕以飨
庙⑬。将军大夫,不敢以朝⑭,官吏以命⑮,士止于带缘⑯。散
民不敢服杂采⑰,百工商贾,不得服长鬈貂⑱。刑余戮民⑲,
不敢服绤⑳,不敢畜连乘车㉑。

　　右"服制"。

【注释】

①度:度量,按照。制:规定。

②量:数量。

③制:制度。

④度:限度。

⑤人徒:家奴仆役等供使用之人。徒,使也。数:数目。

⑥陈器:陈宝。指陈设的玉器宝物。禁:法也。即有一定限制。

⑦修生:"生"上不当有"修"字。生,指活着之意。一说修生即"饰
　　身"。轩冕:指车和帽,代表身份等级。服位:职位。谷禄:俸禄。
　　分(fèn):应得的待遇。指按等级所应该享受的待遇。

⑧棺椁(guǒ):统称棺材。古时内棺为棺,外棺为椁。绞衾(qīn):
　　指为死人提供的衣服单被。绞,指捆尸衣的带子。衾,盖尸体的
　　单被。圹(kuàng)垄:墓穴和坟堆。圹,墓穴。垄,坟丘。度:
　　规定。

⑨贤身贵体:即贤才美体。

⑩毋:没有。

⑪用其财:做相当的花费。即花费已规定好的消费量。

⑫服文有章:又作"服有文章"。言衣服的花纹样式有明文规定。
　　文,绣衣纹饰。章,章法,规定。

⑬燕:燕居之服。指常服,在家闲居时穿的衣服。以:句中两个

"以"字,前为"用",后为"而"。飨庙:在宗庙里祭祀祖先。

⑭朝:朝服。即君臣朝会或在隆重场合所穿的衣服。

⑮命:命服。即百官按官爵等级所应穿的衣服。

⑯士止于带缘:士人只在衣服缘边上做标志。带缘,指衣带和衣服的缘边。

⑰散民:无职务的人。即平民百姓。杂采:杂有纹彩。

⑱长鬈(quán):指长毛的羔羊皮。貂:指貂皮衣。

⑲刑余戮民:服过刑和正在服刑的人。刑余,指受过肉刑,身体伤残的人。戮民,指正在服刑的人。

⑳绕:一作"丝",此指用丝织品制成的衣服。

㉑畜连:同"蓄辇"。即备置小车。

【译文】

按照爵位的高低制定穿用服式的等级差别,根据俸禄的多少规定享用财物花费的数量标准。饮食有一定的标准,衣着有一定的制度,所住房屋设施有一定的限额,六畜和仆役有一定的数目,乘坐的车船和陈设的器物也都有一定的限制。生活在世的时候,在乘车、戴帽、职位、俸禄、田宅等方面,都有所分配的级别;人死离世的时候,在棺木、衣被、坟墓等方面也都有所规定。即使是出身高贵,如没有一定的爵位,也不敢穿戴享用相应的服饰;即使有万贯家财,没有一定的俸禄,也不能做相当的花费。天子衣服的花纹样式有明确规定,夫人不能穿着平常的服饰祭祀宗庙。将军大夫穿朝服,一般官吏穿命服,而一般的办事人员,也就是"士",只能在衣带和衣服的缘边上做出标志。平民百姓不敢穿杂有纹彩的衣服,工匠、商贩等百工,不得穿羔羊皮和貂皮制成的衣服。受过刑罚和正在服刑役的人,不能戴冠冕,也不能备辇和坐车。

以上是"服制"。

寝兵之说胜①,则险阻不守;兼爱之说胜,则士卒不战②。

全生之说胜③,则廉耻不立④。私议自贵之说胜⑤,则上令不行。群徒比周之说胜⑥,则贤不肖不分。金玉货财之说胜⑦,则爵服下流⑧。观乐玩好之说胜⑨,则奸民在上位。请谒任举之说胜⑩,则绳墨不正⑪。谄谀饰过之说胜⑫,则巧佞者用⑬。

右"九败"。

【注释】

①寝兵:息兵。停息和解除兵备,即不要战争。胜:得胜,占上风。

②不战:不愿打仗作战。

③全生:保全性命。

④廉耻不立:廉耻的观念得不到确立。

⑤私议自贵:私立异说而清高自贵。指宣扬私立异说,自命清高,自视不凡。

⑥群徒比周:结党营私。比周,培植徒党,勾结营私。

⑦金玉财货:指追求金玉财货、贪图富贵。

⑧爵服下流:使官爵随意流入下层。即出现卖官鬻爵之事。

⑨观乐玩好:讲究吃喝玩乐。指追求享受。

⑩请谒任举:请托,拜见,私人保举。指多方求索官职。请谒,请托,拜见。指干求官爵。任举,指私人保举。

⑪绳墨:本义是木匠用以取直用的墨线。引申为标准。此指用人标准。

⑫谄谀饰过:阿谀奉承、文过饰非。指想尽办法掩盖过错。

⑬巧佞:巧诈奸邪之人。

【译文】

倡导废止军需战备的主张占据优势,国中即便有险要的地势也不能够固守了;提倡仁慈、泛爱的主张占据上风,士兵们也不肯再去厮杀打仗和勇猛作战了。主张要保全自身和珍爱生命的观念占据优势，那么舍生取义、杀身成仁的廉洁知耻之风尚就不好再建立了。若私立异说、清高自负、各显高明的主张占取上风，那么君主的政令就无法有效得到推行了。而倾向拉帮结派、结党营私的习尚占据优势，那好人、坏人就不容易分清楚了。倡导追求金玉财货的主张若占据上风，那么官员可能会随意贩卖官爵，私自赏赐职位给出身卑微之人，导致爵赏服制滥流到下层。提倡观赏游玩、寻欢作乐的风气占据优势，奸邪阴险、诈伪欺世之辈就会攀附权贵、窃居高位。若凭借请托拜谒、私人保举可以求得官爵的情形占据上风，那用人标准就不会正确。那些阿谀奉承、逢迎谄媚、文过饰非之人的主张占据优势，花言巧语、献媚取宠的奸佞之徒就会得到任用，出来干一些邪恶之事。

以上是"九败"。

期而致①，使而往②，百姓舍己以上为心者③，教之所期也。始于不足见，终于不可及④，一人服之⑤，万人从之，训之所期也⑥。未之令而为⑦，未之使而往，上不加勉⑧，而民自尽竭⑨，俗之所期也⑩。好恶形于心，百姓化于下⑪，罚未行而民畏恐，赏未加而民劝勉，诚信之所期也⑫。为而无害，成而不议⑬，得而莫之能争⑭，天道之所期也⑮。为之而成，求之而得，上之所欲，小大必举⑯，事之所期也⑰。令则行，禁则止，宪之所及⑱，俗之所被⑲，如百体之从心⑳，政之所期也㉑。

右"七观"㉒。

【注释】

①期：约定日子。此指征召。下文"教之所期"之"期"，为期待、目标。致：招引而至。此指应召。

②使:指使,派遣。

③以上为心:将君主作为自己的主宰。

④始于不足见,终于不可及:意谓刚开始时不知不觉,最终则功效显著,难以追及。不足见,看不到什么。不可及,意想不到,不能企及。

⑤一人:指君主。服:从事,指挥。

⑥训:训导。

⑦未之令:即"未令之"。没有命令他们。

⑧勉:鼓励。

⑨尽竭:尽心竭力。

⑩俗:风气,风俗。

⑪好恶形于心,百姓化于下:君主的好恶在心中形成,百姓就在下面化为行动。

⑫诚信:提倡诚信,进行关于诚信的教育。

⑬议:异议。一说读为"俄",意指倾败。

⑭莫之能争:即"莫能争之"。没有谁能争夺它。

⑮天道:自然规律。一说"天"疑"大"字之讹。

⑯小大必举:大小事都能实现。

⑰事之所期:办事所希望达到的效果。

⑱宪之所及:法令所包含的。

⑲俗之所被:风俗所涉及的。被,加,及。

⑳如百体之从心:像身体的各个器官服从心的支配一样。

㉑政之所期:行政所希望达到的效果。

㉒观:当作"劝",形近而误。义同"期"。

【译文】

听到征召就立即前来集合,被派遣就立即前往,老百姓抛舍自我,而把君主心中所想的作为自己的心愿,这是实施教化所期望达到的结果。起初还看不出迹象,最后则出现了不可比拟的成效,君主一人指挥之事,臣民万人随从,这是进行训导所期望达到的结果。君主不加命令而民众主动办事,君主不加派遣而臣下自动前往,不用君主在上面激励劝勉,而民众自己就能主动尽心竭力,这是树立风尚所期望达到的境界。君主的好恶爱憎还只在心里蕴蓄,百姓就已经化为行动;刑罚还未施行,而民众已感到惊恐畏惧;褒奖赏赐还未颁发,而百姓已得到勉励和鼓舞,这是提倡诚信所期望达到的效果。做事不产生恶果而妨害他人,事成之后便不会遭到失败,而得到的成果也没有人能够争夺,这是遵行自然法则和天道规律所期望能达到的境界。行事则成,有求必得,君主所希望和要求的,不论大小事情都能实现,这是兴事举业所期望达到的成果。有令便行,有禁则止,凡是律法戒令所及和风尚习俗所能影响到的地方,百姓服从君主,就像四肢百骸以及身体所有器官服从内心的支配一样,这是为政者治理国事所期望达到的效果。

以上是"七劝"。

乘马第五

【题解】

乘马，指计算、筹划。乘，即乘除之类的计算和运算。《周礼·天官》"乘其财用之出入"即此义。马，同"码"。即"算数之筹"，指计算所用的工具，今称砝码、筹码。另有一说认为，古时候兵农合一，行政编制与军事编制重合，乘马即为军赋、财政的计算单位。因此，"乘马"可理解为用运算的筹码进行经济方面的计算和筹划。篇名取自"天下服牛乘马"一句。

全文共分立国、大数、阴阳、爵位、务市事、士农工商、圣人、失时、地里九个专题。第一"立国"，从选择地势角度论述营建都城的原则，旨在强调"地利"的作用。第二"大数"，概述欲立帝业、王业、霸业的为政方针以及有关君道、臣道的重要原则，正是治国的大计要略。第三"阴阳"，此专题虽然也谈及阴阳的推移、利用及变化，但重心却是论述土地问题。第四"爵位"，论述朝廷确立爵列尊卑的作用及意义。第五"务市事"，阐述市场在国家经济生活以及政治生活中的作用。第六"士农工商"，此专题涉及内容最广，其中主要论及黄金贵贱、军备规模、因地定赋等内容。第七"圣人"，此专题指出"圣人"之"圣"，在于"善托业于民"，以及能"归之于民"，即懂得执政的依托和归宿都在于民众。第八"失时"，此专题从反面强调农时宝贵，须不失农时，"今日不为，明日忘货"，此句极为警策。第九"地里",计算土地等级及其负担能力,从土地质量与面积等因素出发提出城建规划,此专题正合运筹之旨。

综观全文,主要从经济角度来谈治国施政的原则,并特别就土地问题和赋税制度提出了改革主张。作者认为:"地者,政之本也","市者,可以知治乱""知多寡";必须"器""任"相应,"均地分力""与民分货",广辟税源,积极整顿土地、货币、市场、军赋等经济制度,才能加强国家的经济实力,确保政权的巩固。文中还述及营建国都的问题和国家的一些重大经济问题,提出了比较系统的经济纲领,强调计量调节财物的重要作用。本篇是古代经济学的重要文献。

凡立国都①,非于大山之下,必于广川之上。高毋近旱而水用足,下毋近水而沟防省②。因天材③,就地利④,故城郭不必中规矩⑤,道路不必中准绳⑥。

右"立国"⑦。

【注释】

①国都:都城,也包括国中的都邑、城市。

②沟防:排水沟、渠道或堤防。

③因:凭借,依靠。天材:天然材料。即自然资源。

④就:趁着,借助。地利:有利的地理条件等资源。

⑤规矩:本义为校正圆形和方形的工具,即圆规和曲尺。后来引申为规则、法式。

⑥准绳:本义为测量物体平直的工具。此指关于平直的标准。

⑦立国:建立都市。

【译文】

凡是营建都市和大城镇,不把它建立在大山脚下,也必须建在大河的近旁。地势之高,不可接近于干旱地区,以便保证水源的充足;地势之低,不可接近于有积水的水潦,以便省去修筑堤防和渠道的功夫。要依靠天然资源,要凭借地势之利,所以,城郭的构筑和建造,不必拘泥于规矩完全合乎方圆的要求;道路的铺设和修建,也不必拘泥于准绳完全合乎平直的要求。

以上是"立国"。

　　无为者帝①,为而无以为者王②,为而不贵者霸③。不自以为所贵,则君道也④;贵而不过度⑤,则臣道也。

　　右"大数"⑥。

【注释】

①无为:即无为而治。谓以法制、教化管理国家,为君者无须事必躬亲。本书《白心》"名正法备,则圣人无事"大意与此同。也可以理解为道家所提倡的顺应自然,无须刻意操劳或随便干预的为政理念。帝:成就帝业,称帝。下文中的"王""霸"二字,同此用法。

②为:指"为政"。即治理国家。无以为:没有什么可做。王:成王业。

③不贵:不自以为尊贵,不妄自尊大。即不自我看重,不自我炫耀。

④道:准则,原则。

⑤过度:超越等级名分。度,法度,规矩。此指等级名分。

⑥大数:重要方略。即成就帝业、王业、霸业的重要方针政策。意同大计或大局。

【译文】

能做到"无为而治"的君主,可以成就帝业;施政有道,为政而不为政务所累、无须过度操劳和事事干预的君主,可以成就王业;为政尽心尽力,谦虚而不自视高贵、自命不凡的君主,可以成就霸业。不自以为尊贵和高人一等,是作君主的准则;尊贵而不超越应守的名分规矩和等级法度,则是作臣子的准则。

以上是"大数"。

地者,政之本也①。朝者,义之理也②。市者,货之准也③。黄金者,用之量也④。诸侯之地、千乘之国者,器之制也⑤。五者其理可知也,为之有道⑥。地者,政之本也,是故地可以正政也⑦。地不平均和调⑧,则政不可正也;政不正,则事不可理也⑨。春秋冬夏,阴阳之推移也⑩;时之短长⑪,阴阳之利用也⑫;日夜之易⑬,阴阳之化也。然则阴阳正矣,虽不正,有余不可损,不足不可益也⑭。天地⑮,莫之能损益也。然则可以正政者,地也,故不可不正也。正地者,其实必正⑯。长亦正,短亦正;小亦正,大亦正;长短小大尽正。正不正⑰,则官不理⑱;官不理,则事不治⑲;事不治,则货不多⑳。是故,何以知货之多也? 曰:事治。何以知事之治也? 曰:货多。货多事治,则所求于天下者寡矣㉑,为之有道。

右"阴阳"㉒。

【注释】

①政之本:执政的根本。政,政事。

②朝者,义之理也:朝廷是贵贱等级的体现。义之理,谓等级名分的体现。义,"仪"之本字。仪法。此处指贵贱尊卑的等级原则。

③市者,货之准也:市,市场。货之准,谓物资流通的标志。准,水平,标志。此指商品贵贱多少的标准。

④用之量:谓财用计算的尺度。指评定财用奢俭的标准。用,财用。指财政支出。量,尺度,标准。

⑤器之制：谓规定军赋的标准。或指军备的标志。器，兵器。引申为军备。制，制度，标准。

⑥为之有道：做起来也一定有法则可循。为，谓。道，规律，法则。

⑦正政：整顿政事。正，匡正，纠正。

⑧平均和调：指土地分配合理、管理完善。和调，此指管理和谐协调。

⑨事：指生产活动。即农业生产及各种经济活动。理：治理。

⑩推移：相互作用，运动。

⑪时：时间。这里指昼夜，即白天和黑夜。

⑫阴阳：指自然界两种相互对立和作用的物质力量。利用：相互作用。

⑬易：交换，更替。

⑭"虽不正"三句：意思是说阴阳即使不正，人也不能使之增减。正，正常，有规律。损，减少。益，增加，补充。

⑮天地：一作"天也"，指天时。

⑯实：实数。指土地实际面积的收益。引申为纳税制度。

⑰正不正：上"正"字当作"地"，即"地不正"。一说作"政不正"。

⑱官不理：官府无法管理。

⑲事不治：农事得不到治理。即办不好生产。事，指生产或农事。治，治理，管理。

⑳货：商品。

㉑求：求助。寡：少。

㉒阴阳：此节阐述"地者，政之本也"。题为"阴阳"，取节内二字名之，与内容不符。张文虎云："题谬甚。此等皆后人妄增。"当以"地者，政之本"为题。可备一说。

【译文】

土地是治理国家政事的根本，朝廷是等级礼仪法则的体现，市场是商品供求和流通的地方,黄金是计算衡量财用尺度的工具,一个诸侯国拥有兵车千辆,是军事储备的制度规定。这五个方面,其道理是可以理解的,实行起来也是有一定规律可循的。土地是治理政事的根本,所以,土地可以用来调整政事。土地不能公平划一折算、管理不能和谐协调,政策措施就不正确,政事活动也无法公正合理。没有公正合理的政策措施,生产活动就无法有效管理。春秋冬夏是阴阳的推移,农时长短是阴阳相互作用的结果,白天和黑夜的更替是阴阳的变化。那么阴阳的运动是正常的,即使有时失常,多的不能减少,少的也无法增加。天时,非人力所能损益。那么可以用来调整政事的只有土地,所以,对土地不可不加以整顿。整顿土地,其实际可耕的数字一定要进行核正。长的要核正,短的要核正;小的要核正,大的要核正;长短小大都要核正准确。土地不核正准确,官府就无法治理;官府无法治理,农事就办不好;农事办不好,物资就不会丰富。因此,怎样知道物资丰富呢? 回答是:农事搞得好。怎样看出农事搞得好呢? 回答是:物资丰富。一旦物资丰富,农事搞得好,就可以少求助于天时了,掌握起来也是有规律可循的。

以上是"阴阳"。

朝者,义之理也。是故,爵位正而民不怨①;民不怨则不乱,然后义可理②。理不正③,则不可以治,而不可不理也④。故一国之人,不可以皆贵;皆贵,则事不成而国不利也⑤。为事之不成,国之不利也,使无贵者,则民不能自理也⑥。是故,辨于爵列之尊卑⑦,则知先后之序,贵贱之义矣,为之有道。

右"爵位"。

【注释】

①爵位:此泛指等级名分制度。怨:怨恨,不满。

②义可理：公正的等级制度才能确立。

③不正：谓爵禄不公正。

④不可不理：不可不加以调整。

⑤事不成：事情办不成功。国不利：对国家没好处。

⑥理：治理，管理。

⑦辨：辨别。爵列：爵位排列，爵位等级。

【译文】

朝廷是等级制度和礼仪法规的体现。所以，朝廷官职爵位安排得正确，臣民才不会怨恨；臣民不生怨恨，就不会作乱，这样之后，体现着公正的等级制度和礼仪法规才可以建立。如果官职爵位安排得不公平正确，等级制度和仪礼法规就不可能得到合理体现。所以，一国之人不可能都尊贵；都尊贵了，事情办不好，对国家也不利。正因为事情办不成，对国家也不利，假使没有少数人位处尊贵，民众是不能靠自己管理自己的。所以，分清明辨爵位排列的高低，人们才知道先后次序的礼仪法规和尊贵卑贱的等级制度，这样管理起来也是有规律可循的。

以上是"爵位"。

市者，货之准也①。是故百货贱，则百利不得；百利不得，则百事治②；百事治，则百用节矣③。是故，事者生于虑④，成于务⑤，失于傲⑥。不虑则不生，不务则不成，不傲则不失。故曰：市者可以知治乱，可以知多寡，而不能为多寡⑦，为之有道。

右"务市事"⑧。

【注释】

①准：古代商品交换的固定用语，给货物定价，叫作准。一个地方

的货物流通到另一地方,从而互通有无,填补物产的地域性差别,也叫准,因此准就是商品在流通、交换中确定其价格的意思。

②"是故百货贱"四句:意谓:货物贱则利润少,不能作超额剥削;剥削少则市场稳定,百姓安居乐业。百货,各种商品。百利不得,指得不到各种超额利润。即经商者得不到利益。百利,指商人获得的暴利。百事,各种生产活动。

③百用:各种用度、费用。节:调节平衡,使之适度。即恰到好处。指适度消费的意思。是《乘马》的重要概念。

④虑:考虑,谋划。

⑤务:努力,尽力。又作从事解。

⑥傲:轻慢,懈怠。

⑦为:变为,成为。一作生产。

⑧务市事:本节阐述"市者,货之准",当以此为题。

【译文】

市场是货物价值得到体现的地方。所以,各种货品物资价格低廉,各种商业就不能获得超常的高利;各种商业无法从中牟取高利,各项生产事业就都能够得到发展;各项生产事业得到平稳发展,各项物资需求就都能得到适度的满足,百业并兴,各种社会需求也就可以调节了。这就是说,任何事业总是产生于谋划和周密考虑,成功于尽心竭力的努力,失败于轻忽急慢和骄傲。不谋虑则不能产生,不努力则不能成功,不骄傲轻慢则不致失败。所以说,通过市场,可以了解社会的治乱兴亡,可以通晓社会物资和财富的多寡,只是不能通过它创造或改变物资和财富的多寡而已,这些事掌握和办理起来也是有规律可循的。

以上是"务市事"。

黄金者,用之量也①。辨于黄金之理②,则知侈俭③;知侈俭,则百用节矣④。故俭则伤事⑤,侈则伤货⑥。俭则金贱⑦,金贱则事不成,故伤事;侈则金贵,金贵则货贱⑧,故伤货。货尽而后知不足⑨,是不知量也;事已而后知货之有余⑩,是不知节也。不知量,不知节,不可。为之有道。

【注释】

①用:用度,费用。量:计量。

②辨:辨别,明白。

③侈俭:指国家财用的奢侈或节俭。

④节:调节平衡。

⑤伤事:妨碍生产,抑制生产,从而不利于各种生产事业的发展。此指朝廷用度过少,资金控制过严,便会妨碍生产发展,挫伤生产者的积极性。伤,妨碍,不利。事,主要指官殿、台榭、车舆等方面的建造,是上层社会的消费活动。

⑥伤货:浪费物资,对商品资源不利,从而伤害到财货的生产。又指商品价格太低,生产财货的积极性就会减低。或指浪费物资,损害商品资源。

⑦金贱:不重视将黄金作为生产投入。

⑧货贱:指生产的物资太多而不被重视,不能使物尽其用。

⑨货尽:指物资用完。

⑩事已:指生产完成。

【译文】

　　黄金是计量各种财政用度的工具。辨明了黄金可以作为财用工具的道理,就可以用来测知国家何时奢侈和何时俭省,懂得了何时奢侈与何时俭省,各项用度就能得到适度的满足和调节。国家用度过少,对举办各项事业不利;过多,对商品资源不利。因为,国家用度过少,黄金不被重视作为生产资金投入而价格低廉,金价低会挫伤生产积极性则各项事业就因材货短缺不好办,故对各项事业不利;国家用度过多则使黄金价格抬高,金价高则商品货物得到大量生产而使其低贱,故此不能物尽其用而造成浪费,所以对货物资源生产不利。等到各种商品物资消耗殆尽,才知道不足,这是不懂得国家用度需有一个适当用量的原故;等到各项事业完成后,才发觉商品资源过剩,这是不懂得国家用度要有一个适度耗用限额的原故。不懂得适当用量,不知道适度限额,都不行,而要懂得这些原则。这是有规律可循的。

天下乘马服牛①,而任之轻重有制②。有壹宿之行③,道之远近有数矣。是知诸侯之地、千乘之国者④,所以知地之小大也⑤,所以知任之轻重也⑥。重而后损之⑦,是不知任也;轻而后益之⑧,是不知器也⑨。不知任,不知器,不可。为之有道⑩。

【注释】

①乘马服牛:驾驶马车、牛车。乘、服,均指驾驭。

②任:担荷。引申为承担能力。制:定数。指限制。

③壹宿之行:指三十里路程。宿,驿站。《周礼·地官·遗人》曰:"三十里有宿,宿有路室。"

④千乘(shèng)之国:国力强盛的大国。古代一辆四匹马拉的车称为一乘,千乘是大国的标志。

⑤所以:用以。地之小大:当作"器之小大"。此谓军赋的多少,据兵车可统计。

⑥任之轻重:此谓百姓负担的轻重,据土地可统计。

⑦重:负担重。损:减少。

⑧益:增加。

⑨器:器量。此谓军赋的多少。一说兵器,指军备规模。

⑩为之有道：此节阐述"诸侯之地、千乘之国者，器之制"。

【译文】

　　天下各地之事，如同驾马驭牛，马车和牛车所能装载及负担的轻重都有一定的限度。有了三十里的实际行程作为参照，一天可行的里程的远近也就心中有数了。因此，知道一个诸侯国可以出兵车千辆这样一个标准，就可以推算出其军备规模的大小，也可以用来计算其军需负担的轻重了。军需赋税征收重了，然后再来削减，那是不了解民众的负担能力；军需赋税征收轻了，然后再来加重增收，那是不了解国家实际的军备需要。不了解民众的承受及负担能力，不了解国家的军备需要，都行不通。而要掌握它们，这是有规律可循的。

　　地之不可食者①，山之无木者，百而当一②。涸泽③，百而当一。地之无草木者，百而当一。樊棘杂处④，民不得入焉，百而当一。数⑤，镰缠得入焉⑥，九而当一。蔓山⑦，其木可以为材，可以为轴，斤斧得入焉，九而当一⑧。泛山⑨，其木可以为棺，可以为车，斤斧得入焉，十而当一。流水⑩，网罟得入焉⑪，五而当一。林⑫，其木可以为棺，可以为车，斤斧得入焉，五而当一。泽，网罟得入焉，五而当一。命之曰⑬：地均以实数⑭。

【注释】

①不可食：指不生长五谷，不能提供粮食。

②百而当一：一百亩相当于一亩耕地。当，相当，折合。

③涸泽：干涸的湖泊。

④樊棘杂处：荆棘丛生，纵横交错。樊，当作"楚"。字形相似而误。
　楚，荆也，灌木丛。

⑤薮:植物繁茂的沼泽。

⑥镰缠:镰刀与绳索。镰,刈割器。缠,字当作"缦(mò)"。两股的
　绳。此处泛指捆缚的绳索。

⑦蔓山:连绵之山。指丘陵山地。蔓,蔓延,低缓。

⑧九而当一:九十亩当一亩。

⑨泛山:指山势盘旋、环绕的样子。即高山峻岭。泛,同"洀"。古
　"盘"字。盘山,谓山之盘旋者。上文"蔓山"谓山之蔓延者。二
　者相对为文。

⑩流水:即活水。指江河活流。

⑪网罟(gǔ)得入:指可以捕鱼。网罟,指渔网。罟,网的总称。

⑫林:一说"山""林"宜以类相从,上文"流水"三句当移"林"下,与
　"泽"乃类。

⑬命:同"名"。命名,称为。

⑭地均以实数:指按照实际出产将山林河泽等各类土地折算成耕
　地面积。地均,将所有国土面积折合成实际可生产财富的土地
　面积的方法。均,均平。此处引申为合理衡量、公平折算。实
　数,实际出产的数量。

【译文】

　　对于不生五谷的荒地和不长树木的秃山,将一百亩折合成为一亩
可以耕种的土地。干涸的沼泽,也是一百亩折合成一亩。草木不生的
光秃枯地,也是一百亩折合一亩。荆棘丛生人们无法进入的野地荒山,
也是一百亩当一亩。沼泽地,人们可以带上镰刀和绳索进去采伐用材
的,九亩相当一亩。丘陵地带,其树木可以当生产材料,可以做车轴,而
且人们带上刀斧就可以进去采伐的,也是九亩相当一亩。高峻山岭,其
树木可以做棺椁,可以做车辕,而且人们带上刀斧就可以进去采伐的,
十亩折合成一亩。江河水流,百姓可以下网捕鱼的,五亩折合成一亩。
森林,其树木可以做棺椁,可以做车辕,而且刀斧能进入采伐的,也是五

亩当一亩。湖泽水泊,可以下网捕鱼的,也是五亩折合成为一亩。这些方法就叫作"地均":即按照可耕面积的实数对土地进行公平折算。

方六里命之曰暴①,五暴命之曰部,五部命之曰聚。聚者有市,无市则民乏②。五聚命之曰某乡,四乡命之曰方,官制也③。官成而立邑④:五家而伍⑤,十家而连,五连而暴,五暴而长,命之曰某乡,四乡命之曰都,邑制也⑥。邑成而制事⑦:四聚为一离⑧,五离为一制,五制为一田,二田为一夫,三夫为一家,事制也⑨。事成而制器⑩:方六里,为一乘之地也;一乘者,四马也;一马,其甲七⑪,其蔽五⑫;四乘⑬,其甲二十有八,其蔽二十,白徒三十人奉车两⑭,器制也⑮。

【注释】

①方六里:方圆六里。暴:人群聚集的村落。此处指户籍单位,五十家为一暴。"暴"与下文的"部""聚""乡""方""都"等,都是行政单位名称。或说"暴"通"堡"。

②无市则民乏:没有集市,民众的日用品就缺乏。乏,原文为"之",为"乏"的坏字。一说"之"训出、往。意谓:没有集市,百姓就外出四处走动做买卖。

③官制:行政组织的管辖制度。

④官成而立邑:行政管理制度确立后,还要建立邑的居民组织。邑,居民聚居点,此指居民组织。

⑤伍:组编成伍。"伍"与下文的"连""暴""长""乡""都"等,都是居民点的组织名称。

⑥邑制:居民组织。

⑦制事:组织起来从事生产活动。

⑧离：生产组织的最小单位名称。下文的"制""田""夫""家"都是
　　生产组织的名称。

⑨事制：生产活动组织。

⑩制器：指确定承担军赋。或谓确立军事装备制度。

⑪甲：铠甲。此处指披铠甲的士兵。

⑫蔽：战争所需要的防护武器，如盾牌之类。

⑬四乘：当作"一乘"。

⑭白徒：指不执武器的后勤人员。一般指未经军训的民夫，因战争
　　中不拿武器、不穿铠甲，又叫"白丁"。奉车两：当作"奉车一辆"。
　　负责车辆杂务的意思。奉，跟随。两，同"辆"。指一辆兵车。

⑮器制：军事装备的制度。

【译文】

　　方圆六里的区域称作暴，五暴命名为部，五部命名为聚。聚中要有集市，没有集市则无法交易通有无，人们就缺乏日常用品。五聚叫作某乡，四乡称为方；以上这些是行政管辖组织制度。行政编制一经建立，就需要建立地方居民组织：把五家编为一伍，十家编为一连，五连编为一暴，五暴编为一长，称它作某乡；四乡命名为都，以上这是居民管辖组织制度。居民编制一经建立，就需要建立生产管理组织：四聚组成一离，五离组成一制，五制组成一田，二田组成一夫，三夫组成一家，以上这是生产管理的组织制度。生产管理组织一经建立，就需要组织军事装备：六里见方的地区出兵车一乘，一乘配备四匹马，一匹马跟随穿戴铠的甲兵士七人，手持盾牌的兵士五人，一乘则共有铠甲兵士二十八人、盾牌手二十人，还配备民夫三十人，负责兵车的后勤工作，以上这就是军事装备的制度。

　　方六里，一乘之地也①；方一里，九夫之田也②。黄金一镒③，百乘一宿之尽也④。无金则用其绢，季绢三十三制当一

镒⑤。无绢则用其布⑥,经暴布百两当一镒⑦,一镒之金,食百乘之一宿⑧。则所市之地⑨,六步一斜⑩,命之曰中岁⑪。有市,无市则民不乏矣⑫。方六里,名之曰社⑬;有邑焉⑭,名之曰央⑮。亦关市之赋⑯。黄金百镒为一箧⑰,其货一谷笼为十箧⑱。其商苟在市者三十人⑲,其正月、十二月,黄金一镒,命之曰正⑳。分春曰书比㉑,立夏曰月程㉒,秋曰大稽㉓,与民数得亡㉔。

【注释】

①一乘之地:应出一辆兵车的土地。

②九夫之田:应出九人徭役的土地。

③镒(yì):古代黄金重量的计量单位,二十四两为一镒。是古代货币的单位。

④百乘一宿之尽:百辆兵车行三十里的经费。宿,三十里为一宿。尽,通"赆"。此处作"费用"解。

⑤季绢三十三制当一镒:细绢三十三制折合黄金一镒。季绢,轻软疏薄的细绢。季,通"繐"。细绢。制,丝绢长度计量单位,一丈八尺为一制。当,相当,等于。

⑥布:指葛麻织品。

⑦经暴布:当作"绖暴布",一种用荃葛织成的细而薄的布。暴布,薄布。两:匹。

⑧食:供给食物。

⑨所市之地:疑指承担军赋的地区。一说当作"所布之地"。市,与"布"形近而误。布,经过。

⑩步:长度单位名称。周制丈量土地,六尺为一步。斜:同"斗"。古代容量单位。此处指征粮一斗。

⑪中岁:中等收成年份的税率。

⑫有市,无市则民不乏矣:一说此二句当在"曰央"下,而又衍"不"字。

⑬社:指居民活动区域的名称。古二十家为一社。

⑭邑:社中聚居处。

⑮央:邑的名称。

⑯亦:郭沫若说:"亦"当是"立"字之误。关市之赋:指征收关税和市场税。

⑰箧(qiè):小箱子,此指征收赋税的计量单位。

⑱谷笼:贮藏谷物的器物。即盛谷的筐。此指货物的计量单位。

⑲商茍:非正式的商人,没有市籍的小贩之类。

⑳正:合理征收赋税。

㉑书比:指张榜公布征税比率。

㉒立夏:一说"立"字疑衍。月程:按月计量,逐月考核。指按月核实征税情况。

㉓大稽:汇总统计征税数。稽,点数,统计。

㉔与民数得亡:即"举民数得亡"。指记录民数之得失。与,通"举"。记录,记载。民数,指入市参加交易的人数。得亡,有无,即得失。引申为增减。

【译文】

六里见方的土地出一辆兵车,一里见方是九个农夫的田地。一镒黄金是供应百辆兵车的人马一宿的费用。倘若没有黄金可以用丝绢代替,细绢三十三制折合为黄金一镒。倘若没有丝绢可以用葛布代替,一百匹细薄葛布折合为黄金一镒,一镒的黄金即供百乘兵车食用一宿的费用。这样,征收布匹的地方,合六步土地征粮一斗,这是中等年成的税率。应该有集市,没有集市则民用缺乏。六里见方的地域,称为社;有居民的邑,名为央。也要征收关税和市场税。按黄金百镒为一箧来算,货物一谷笼算作十箧。集市的商人如果达到三十人,从正月到十二月年收黄金一镒,就是合理征税了。每年的春分公布税率,立夏按月核实,秋天统计总的征税情况,还要统计经营商业民众的人数增减。

　　三岁修封①,五岁修界②,十岁更制③,经正也④。十仞见水不大潦,五尺见水不大旱⑤。十一仞见水轻征,十分去二三,二则去三四,四则去四,五则去半,比之于山⑥。五尺见水,十分去一,四则去三,三则去二,二则去一,三尺而见水,比之于泽⑦。

【注释】

①修封:修整田埂。封,疆界。此指田埂。

②修界:修整田界。界,界限。此指田界。

③更制:更定田界。指调整规模,改变区划,重新划分田界。

④经正:即"经政"。此谓常行之公事,意同"常例"。即制度性的做法。经,常。

⑤十仞见水不大潦,五尺见水不大旱:十仞高的地方见了水,也不会有大涝,因为地势高。五尺高的地方见了水,不会有大旱,因为地势低。仞,古代一仞为七尺或八尺。潦,此处同"涝"。

⑥"十一仞见水轻征"六句:这几句是说水灾发生时的减税情况。十一仞见水,征税就要减少原先的两成或三成;十二仞见水,则减去三成或四成。十四仞则减四成,到减少税收到五成时,征税的比率就像征山地的一样了。山地难以灌溉,所以税率很低。

⑦"五尺见水"七句:五尺高的地方才见水,干旱已发生,所以要减税。以下"四则去三"意思与上文"十一仞见水"等情况一致。泽,指湖泊沼泽。三尺,应为"一尺"。

【译文】

三年大修整理一次田埂,五年大修整理一次田界,十年进行一次田地重新规划,这些都应成为常规做法或例行政务。十仞高的地方见了水,不会发生大涝;五尺高的地方见水,不会有大旱。十一仞高的地方见了水,涝灾出现,就应减免原先税额的十分之二三;十二仞见水,则减免十分之三四;十四仞见水,则减免十分之四,十五仞见水,则减免一半,相当于比照山地税额的做法。五尺见水的土地,也减轻赋税的十分之一;四尺见水的土地则减免十分之三,三尺见水的土地则减免十分之二,二尺见水的土地则减十分之一;而一尺见水的土地,就相当于沼泽地的税率了。

距国门以外①,穷四竟之内②,丈夫二犁③,童五尺一犁④,以为三日之功⑤。正月令农始作⑥,服于公田农耕⑦。及雪释⑧,耕始焉,芸卒焉⑨。士闻见、博学、意察⑩,而不为君臣者⑪,与功而不与分焉⑫。贾知贾之贵贱,日至于市,而不为官贾者,与功而不与分焉⑬。工治容貌功能⑭,日至于市,而不为官工者,与功而不与分焉。不可使而为工⑮,则视贷离之实⑯,而出夫粟⑰。

【注释】

①距:从。国门:此指国都的城门。

②穷:止,到。竟:通"境"。边境。

③丈夫:指成年男子。二犁:两副犁所翻耕的土地面积。

④童五尺:五尺童子。指未成年男子。犁:指一副犁一天所能翻耕的土地面积。

⑤以为三日之功:为国家服三天劳役。功,服役,劳役。

⑥作:耕作。

⑦服:从事。公田:国家耕地。指朝廷宫室的田地。

⑧及：等到。释：融化。

⑨芸：通"耘"。锄草。卒：结束。

⑩闻见：见多识广，熟知多见。一说闻，当作"闲"，通"娴"。熟练。
　　意察：见识判断明察秋毫。指断事精明。

⑪不为君臣：还没有做官，没有君臣名分。

⑫与功而不与分：参加劳作但不能接受官府的颁赐。这句是说
　　"士"虽有学问，却还没做官，所以与一般百姓一样自食其力。
　　与，参与。

⑬"贾（gǔ）知贾（jià）之贵贱"四句：本句第一个"贾"指商人。第二
　　个"贾"，同"价"，价格。指熟悉市场价格。官贾，指官商，官营商
　　业的商人。分，古通"颁"。此处为颁赐、赏赐的意思。

⑭工：手工业者。治：讲求。容貌功能：指物品的式样功用。容貌，
　　指样式。功能，指功用。或曰技能、手艺。

⑮使而为工：不能使他们为政府出力。工，通"功"。

⑯贷离：犹言"差贷"。指差额、亏欠数。一说家庭财产的差别。
　　实：实际情况。

⑰夫粟：每个人都要交纳粮食。夫，每个夫，每个人。

【译文】

从国都城门以外，到全国四方边境以内的所有地区，成年男子按两
犁耕地的定额，未成年男子按一犁耕地的定额，一律要为朝廷宫室服劳
役三天。正月就指令农民开始耕作，到公田服役从事耕种。从冰雪融
化开始春耕时起，直到夏耘锄草结束。那些见多识广、学问渊博、断事
精明的士，凡是没有成为君主官员的，都要去服役，而且还不能接受政
府颁赐。那些熟悉物价高低贵贱，并每天在集市上交易的商人，凡不是
官商的，也要服劳役，不能接受政府颁赐。对于讲求器物样式、功能，参
加集市交易的手工业者，凡不是官家工匠的，也要服劳役而不能接受颁
赐。至于不能直接承担劳役而出工的人们，就看他们所差的实际数字，

交纳补偿劳役的粮食。

是故，智者知之，愚者不知，不可以教民①；巧者能之②，拙者不能③，不可以教民。非一令而民服之也④，不可以为大善⑤；非夫人能之也⑥，不可以为大功。是故，非诚贾不得食于贾⑦，非诚工不得食于工，非诚农不得食于农，非信士不得立于朝⑧。是故，官虚而莫敢为之请⑨，君有珍车珍甲而莫之敢有⑩；君举事臣不敢诬其所不能⑪。君知臣，臣亦知君知己也，故臣莫敢不竭力，俱操其诚以来⑫。

【注释】

①"智者知之"三句：这几句的意思是：只有聪明人才能懂，笨人就不懂的事，是不可普遍要求于民众的。教，令，要求。

②巧者：灵巧的人。

③拙者：笨拙的人。

④一令：一个可以普遍执行的令。服：服从。

⑤大善：即大治，最大的治国功效。

⑥夫人：众人，人人。犹言"人人"。

⑦诚贾：真正的商人。或曰诚实的商人。诚，诚实。食于贾：依靠经商为生。

⑧信士：真正的士民。信，真实。立于朝：在朝廷内做官。

⑨官虚：官职有缺额。即职位空缺。

⑩珍：贵重。莫之敢有：没有人敢占有。

⑪举事：举办大事。诬其所不能：本来不能干的事而谎称能干。诬，谎报不实，说谎。

⑫操其诚以来：怀着真心实意来报效君主。操，操持，怀着。

【译文】

因此，只有聪明的人明白，而愚笨的人不懂的事情，不可以用来要求一般民众；只有灵巧的人能做到，而笨拙的人做不到的事情，也不能用来要求所有的民众。不是一下达就可以人人都能遵照执行的命令，是不可能获得最大的政治良效的。政令若不是人人都能做到，就不可能建立大功、创建大业。所以，不是真正的商人，不得经商；不是真正的工匠，不得开业为工；不是真正的农民，不得务农；不是真正名副其实的士人，不许在朝中做官。这样，即使朝廷的官位有空缺，也无人敢于为自己冒请填补；即使君主有珍车、珍甲的待遇，也无人敢于妄自备置享有；君主要在国内举办大事，臣子下属也就不敢谎报自己力所不能或做不到的事情。君主了解臣子下属，臣子下属也知道君主了解自己，所以，没有哪个臣子下属敢不尽心竭力，人人都怀着真心实意、老老实实地来为君主效劳服务了。

道曰①：均地分力②，使民知时也③。民乃知时日之蚤晏④，日月之不足，饥寒之至于身也⑤。是故，夜寝蚤起⑥，父子兄弟不忘其功⑦。为而不倦⑧，民不惮劳苦⑨。故不均之为恶也⑩：地利不可竭⑪，民力不可殚⑫。不告之以时⑬，而民不知；不道之以事⑭，而民不为。与之分货⑮，则民知得正矣⑯；审其分⑰，则民尽力矣。是故，不使而父子兄弟不忘其功⑱。

右"士农工商"。

【注释】

①道曰：同于"语曰"。

②分力：每个人都有出力的本分职责。

③知时：知道把握农时。

④乃：就。蚤晏：即早晚。蚤，通"早"。晏，晚。

⑤饥寒之至于身：指饥寒的威胁。

⑥夜寝：晚睡。与"蚤起"相对。

⑦功：通"工"。指农事。

⑧为而不倦：劳动起来不知疲倦。

⑨惮（dàn）：害怕。

⑩不均之为恶：不把土地分给民众的害处，指不公平折算土地并实
　　行分户经营政策的害处。

⑪竭：尽。

⑫殚（dān）：用完，竭尽。

⑬告之以时：按照农时告知他们。

⑭道之以事：用农事教导他们。道，教导，指导。或曰告知。

⑮与之分货：与农民分取农产品。指国家按土地田亩征收租税。

⑯得正：当作"得征"。指农民生产所得与国家租税所征两方面的
　　数量。得，农民自己应得的收益之数。征，被官之所征课之数。
　　即农民应缴纳的租税。

⑰审：明确。分：指"分货"的标准、"得征"的比例。

⑱不使而父子兄弟不忘其功：意思是上述政府的事情做好了，民众
　　不用驱使就能父兄合作，干好本分的事。使，役使，驱使。

【译文】

常理告诉我们：要做到公平地分配土地、公平折算地租，可以使民
众知晓自己出力的本分。并让民众把握时令。民知时令早晚，便会珍
惜时光的不足、了解饥寒的切身威胁。这样，他们就会晚睡早起，父子
兄弟全家关心农事不忘劳动。人人不知疲倦、不辞辛苦地干活。不公
平折算地租、把土地分配下去的害处，就是地利不能充分被利用，人力
不能得到充分发挥。不把农时告知他们，农民就不知道要掌握季节、抓

紧农事;不教他们如何做农事,农民就不会干活很有成效。实行了与农民分取财富的制度,农民就切实看到有生产所得、有租税所征了;再明确征收标准和分配比例,农民就会尽心尽力了。于是,不必督促驱使,父子兄弟都会来关心生产、不忘劳动的。

以上是"士农工商"。

圣人之所以为圣人者,善分民也①。圣人不能分民,则犹百姓也。于己不足,安得名圣②?是故,有事则用③,无事则归之于民④,唯圣人为善托业于民⑤。民之生也⑥,辟则愚⑦,闭则类⑧。上为一,下为二⑨。

右"圣人"⑩。

【注释】

①分(fèn)民:明确民的职责、本分。

②安:如何,怎样。

③用:征用。指征收财物,取用于民。

④归之于民:藏富于民,把财富归还人民。

⑤托业于民:将产业托付给百姓。即把产业托付于民众手中。

⑥生:读为"性"。本性。

⑦辟:邪僻不正,作恶放纵。愚:昏乱而入邪道。

⑧闭则类:此句是说政府有责任帮民众防范坏事影响。闭,防范邪恶。一说当为"闲"字之误。《广雅》曰:"闲,正也。"指坚定,不受外界的干扰、影响。类,善。

⑨上为一,下为二:在上的君主怎么做,在下的民众会加倍地跟从仿效。

⑩右"圣人":解释能"分民"即是圣人。

【译文】

圣人之所以成为圣人，就是因为他善于使民各守其分。圣人不擅长分民，就同普通百姓一样了。自己总是管不好自己，怎么能够算作圣人呢？所以，国家有事就取用于民，无事就藏富于民，只有圣人才善于把产业寄托交付于民众。人的本性若入于邪僻则将愚昧不明，如能帮助他们防范邪恶干扰，民众则将善良正行。在上的君主怎么做，在下的臣民就会加倍跟从仿效，你作一分，他们就会以两倍作为回报。

以上是"圣人"。

时之处事精矣①。不可藏而舍也②。故曰：今日不为③，明日忘货④。昔之日已往而不来矣⑤。

右"失时"⑥。

【注释】

①时：时令。处事：在此即"对做事的作用"的意思。精：宝贵，珍贵，无微不至。

②藏：留。舍：止，停留。

③为：劳动，生产。

④忘货：即"亡货""无货"。没有财富。忘，通"亡"。

⑤往而不来：一去不返。

⑥右"失时"：此节释"上使民知时"。

【译文】

时令，对于农耕等各项事业来说是非常宝贵的。不能把它收藏贮存起来，使之停留等待。所以说：今天不及时进行生产，明天就没有货物财富。过去的时光一旦消逝就一去不复返了。

以上是"失时"。

上地方八十里①，万室之国一②，千室之都四③。中地方百里④，万室之国一，千室之都四。下地方百二十里⑤，万室之国一，千室之都四。以上地方八十里，与下地方百二十里，通于中地方百里⑥。

右"地里"⑦。

【注释】

①上地：上等土地。以下类推。

②室：家，户。古代一个家庭为一室。国：义同"城"。此指一般大城市。

③都：本言大城市。此指小城镇。

④中地：中等土地。

⑤下地：下等土地。

⑥通于：相当于，折合。通，即"同"。等同，相等。

⑦右"地里"：此节释"上均地"。

【译文】

八十里见方的上等土地，可以负担供给一座上万户人口的城市和四座上千户人口的城镇。百里见方的中等土地，可以负担供给一座上万户人口的城市和四座上千户人口的城镇。一百二十里见方的下等土地，可以负担供给一座上万户人口的城市和四座上千户人口的城镇。因此，八十里见方的上等土地与一百二十里见方的下等土地的地区财政收入，都相当于一百里见方的中等土地的地区收入。

以上是"地里"。

七法第六

【题解】

七法指治国、治军的七项原则。则：寻求规律，尊重法则；象：了解情况，查明表象；法：掌握标准，制定规范；化：施行教化，进行训练；决塞：收放结合，善于权衡；心术：洞察心计，把握思想；计数：精于计算，擅长筹划。这七项原则合称"七法"，故以此为篇名。近代学者何如璋谓篇名当为"兵法"，其说虽未必确，然而此文的确是一篇军事论文，以论兵为核心，从分析政治经济和军事关系入手，主要论述治军和用兵之道，兼及理民、为政、治国，阐述了较为系统的军事思想。

文章分四方面来讨论：第一部分名为"七法"，即前述七项法则，总论治国、治军的基本原则，阐明它们的含义和重要性。首先提出"治民"是"为兵"的前提，"为兵"直接为"胜敌国""正天下"服务；然后详述七法内容以及不明七法的后果，强调运用七法的重要性。继而诠说"四伤百匿"，指出藏在君主左右的各种坏人：百匿、奸吏、奸民、贼盗，对治国用兵有四方面的伤害（威、法、教、众），如国之"四经"（常令、官爵、符籍、刑法）遭到破坏而君主不予重视、不加处置，"四伤"就将得逞，国家就将出现危机，因此主张君主实行法治并以此作为治军的根本。第三部分是"为兵之数"，论述了用兵以匡正天下的基本原则，提出了克敌制胜的八项因素：即聚财（积聚财富）、论工（选择工匠）、制器（制造兵器）、选士（选拔士兵）、政教（加强管教）、服习（抓紧训练）、遍知天下（掌握情报）和明于机数（洞察时机策略）。此八项治军方法阐明了军事与经济、政治的关系，强调"明于机数"与"顺于理义"是"成功立事"的关键。最后一部分论"选陈"，亦即"算阵"，此节专论如何运用战略，分析如何安排战略进行攻伐，提出治军要务及明确统帅职责，并阐述克敌制胜的一系列原则。

　　本篇是《管子》书中较著名的军事论文，明确提出以法治军，详述用兵作战之法，以及战争与政治、经济的密切关系，为丰富我国古代军事学说提供了可贵的思想资料。

　　言是而不能立①，言非而不能废，有功而不能赏，有罪而不能诛②，若是而能治民者，未之有也。是必立，非必废，有功必赏，有罪必诛，若是安治矣③？未也。是何也？曰：形势、器械未具④，犹之不治也⑤。形势、器械具，四者备⑥，治矣。不能治其民，而能强其兵者⑦，未之有也；能治其民矣，而不明于为兵之数⑧，犹之不可。不能强其兵，而能必胜敌国者，未之有也；能强其兵，而不明于胜敌国之理，犹之不胜也。兵不必胜敌国，而能正天下者，未之有也；兵必胜敌国矣，而不明正天下之分⑨，犹之不可。故曰：治民有器⑩，为兵有数，胜敌国有理，正天下有分。

【注释】

①言：言论，主张。是：正确。立：确立，坚持。

②诛：惩罚，惩处。

③若是安治矣：这样就治理好了。安，则。

④形势:指治理百姓各方面的客观态势、趋向。此指军事形势与军
　事实力。《汉书·艺文志》:"形势者,雷动风举,后发而先至,离
　合背乡,变化无常,以轻疾制敌者也。"可知形势有军力的含义。
　器械:指工具。此指军事装备。

⑤犹:依然,仍然。

⑥四者:指上文所说"立是""废非""赏有功""诛有罪"四条。

⑦强其兵:使他的军队强大。

⑧为兵之数:治军用兵的策略。为兵,治军。数,方法,原则,策略。

⑨正:匡正,统一。分:应有的步骤和方法。

⑩器:条件、格局等。尹注曰:"器、数、理、分,即下之七法也。"

【译文】

　　正确的主张不能采用,错误的主张不能废除,有功劳而不予赏赐,
有罪过而不加以惩罚:像这样而能管理好黎民百姓的,向来没有过。正
确的意见一定会采用,错误的主张将坚决废止,有功绩必定奖赏,有罪
责必须惩处:像这样就可以治理好民众了吗? 还不能。这是什么原因
呢? 因为,客观的形势条件以及军事力量装备等具体设施还不具备,所
以,仍然不能治理好国家。等到客观条件及具体设施都具备后,并且树
立正确、废除错误、有功必赏、有罪必罚上述四方面都做到了,那就可以
管理好民众了。不能管理好民众,反而能使国家军队强大,这样的事情
从来没有过;但是,即使能够管理好民众而不懂得治军方法,仍然做不
到强大。不能够使国家军队强大反而能够每战必胜敌国,这样的事情
从来没有过;但是,即使能够使军队强大而不明白战胜敌国的方法和道
理,仍然不能获得胜利。军队没有必胜敌国的把握,反而能够征服天
下,这样的事情,从来没有过;但是,即使军队有了必胜他国的把握而不
能取得匡正天下的实力和名分,仍然是行不通的。所以说:治民要有条
件和设施,治军要有战略和方法,战胜敌国要有道理和筹划,匡正天下
要有实力和名分。

　　则、象、法、化、决塞、心术、计数①。根天地之气②,寒暑之和③,水土之性,人民、鸟兽、草木之生,物虽不甚多④,皆均有焉⑤,而未尝变也,谓之则。义也、名也、时也、似也、类也、比也、状也⑥,谓之象。尺寸也、绳墨也、规矩也、衡石也、斗斛也、角量也⑦,谓之法。渐也、顺也、靡也、久也、服也、习也⑧,谓之化。予夺也、险易也、利害也、难易也、开闭也、杀生也⑨,谓之决塞。实也、诚也、厚也、施也、度也、恕也⑩,谓之心术。刚柔也、轻重也、大小也、实虚也、远近也、多少也,谓之计数⑪。

【注释】

①则:法则,规律。象:现象,表现。法:标准,规范法度。化:教化,变化。决塞:疏通或堵塞,开导或禁止,引申为对事物的判别、权衡。心术:心理活动,心意的动向,意向性质。一说谓思想品行。计数:计算方法,运筹谋划。

②根:探求,追究。气:元气。此处指构成宇宙万物的本源。

③寒暑之和:寒暑的协调运转。和,调和。交替往来,协调并存。

④不甚多:一说"不"字当删。

⑤均有:都拥有,共同拥有。

⑥义:同"仪"。仪态,外表。名:名称。时:时间。似:相似。类:类别。比:次序,并列。

⑦绳墨:工匠取直用的绳和墨斗。衡石:称量轻重的工具。此处泛指衡器。衡,秤。石,重量单位,古时一百二十市斤为一石。斗斛(hú):斗与斛,两种量器。此处泛指各种量器。角量:疑指平斗斛的用具。角,同"斠(jiào)"。《说文》:"斠,平斗斛量也。"指量谷米时用来刮平斗斛的用具。

⑧渐：慢慢变化。顺：顺应，随顺。即随顺不逆，顺服。靡：与"渐"意思相近，缓慢积累，渐渐引起变化。久：持久。服：使之适应、习惯。习：养成习惯。

⑨险易：危险与平易，险阻与平坦。杀生：杀死与使生。

⑩厚：宽厚。施：博施，施舍。度：度量，容人之度，大度。恕：宽恕，忍让。

⑪计数：指辨别、计算。刚与柔、轻与重、大与小、实与虚、远与近、多与少，此十二项筹划之策需辨别计算方能运用。

【译文】

七法就是：寻求规律、了解现象、掌握标准、施行教化、善于权衡、把握思想和精于运算。天地万物的元气，寒来暑往的协调以及水土的性质，人类、鸟兽、草木的生长繁衍，事物虽然不多，却都秉有元气、寒暑和水土的品性，形成各自的内在规则，这就叫作规律。事物的外部形态、名称、存在的年代时间、彼此间的相似、类属、先后关系以及所处的状态等等，叫作象状。度量衡中的尺寸、绳墨、规矩、衡石、斗斛、角量等等，叫作标准。使百姓性情人格上有所渐进、随顺温和、慢慢浸润、持久培育、互相适应、养成习惯等等，叫作教化。斟酌使用权力上的给予与剥夺、危险与平易、有利与有害、困难与容易、开放与封闭、死亡与生存等等，叫作权衡。培养百姓待人接物上老实本分、忠心诚恳、宽容厚道、博施助人、大度容忍、宽恕谦让等等，叫作心术。辨别运用刚与柔、轻与重、大与小、实与虚、远与近、多与少等计策，叫作筹划。

不明于则，而欲出号令，犹立朝夕于运均之上①，榜竿而欲定其末②。不明于象，而欲论材审用③，犹绝长以为短，续短以为长。不明于法，而欲治民一众④，犹左书而右息之⑤。不明于化，而欲变俗易教⑥，犹朝揉轮而夕欲乘车⑦。不明于决塞,而欲驱众移民⑧,犹使水逆流⑨。不明于心术,而欲行令于人,犹倍招而必拘之⑩。不明于计数,而欲举大事⑪,犹无舟楫而欲经于水险也⑫。故曰:错仪画制⑬,不知则不可;论材审用,不知象不可;和民一众⑭,不知法不可;变俗易教,不知化不可;驱众移民,不知决塞不可;布令必行,不知心术不可;举事必成,不知计数不可。

　　右"四伤"。

【注释】

①犹立朝夕于运均之上:就好比把测日影的标杆树立在转动的陶轮之上。朝夕,早晚。此处指古代测量日影计时以确定早晚或东西方向的标杆。运均,指运动着的制陶转轮。均,即转轮。

②檐竿:当为"摇竿"。

③论材审用:量才用人。

④治民一众:协调治理人民,统一民众。

⑤左书而右息之:用左手书写,又用右手去阻止它。形容相互掣肘。息,止。

⑥变俗易教:改变风俗习惯。

⑦揉轮:弯木制造车轮。揉,使直木弯曲。

⑧驱众移民:驱使、调遣和迁移百姓。

⑨逆流:倒流。

⑩倍招:即背其标的。倍,通"背"。招,练习射箭用的靶子。

⑪举大事:指发动战争。

⑫舟:船。楫:船桨。经:渡过。

⑬错仪画制:制定法令制度。错,通"措"。着手。仪、制,都指规章制度。画,谋划。

⑭和民：和，据上文当为"治"。治民，即有效管理人民。

【译文】

不明白事物的法则规律，却想要发号施令，就好比把测定日影的标杆插在转动的陶轮上来确定方向，如同摇动竹竿的根部而妄想固定它的末端一样。不明事物的象状，却想量才用人，就好比把长材截短、短材接长来用。不明做事的法度规范、行为标准，而想要管理民众、统一民众，就好比用左手写字，却让右手去阻止一样。不明于教化之道，而想要移风易俗、导民向善，就好比早上刚制造好车轮，晚上就要乘车一样，只能是欲速不达。运用权力而不善于权衡，却驱使群众或调遣发动民众，就如同叫江川河水倒流一样。不明应禁止什么、倡导什么，却想对人们发号施令，就好比背对着靶子射箭却希望一发即中一样。不了解运筹谋划，却想要办大事，就好比没有舟楫船桨却想渡过激流险滩一样。所以说：立法定制，不了解法则规律不行；量才用人，不了解具体情形不行；治理民众、统一群众，不了解规范法度、行为标准不行；移风易俗、导民向善，不施行教化进程不行；指挥发动群众、驱使调遣民众，不善于权衡不行；发号施令要贯彻执行，不了解民众的思想动向不行；举办大事想要成功，不精于运筹谋划不行。

以上是"四伤"的内容。

百匿伤上威①，奸吏伤官法②，奸民伤俗教③，贼盗伤国众。威伤④，则重在下；法伤，则货上流⑤；教伤，则从令者不辑；众伤，则百姓不安其居。重在下，则令不行；货上流，则官徒毁⑥；从令者不辑⑦，则百事无功；百姓不安其居，则轻民处而重民散⑧；轻民处、重民散，则地不辟⑨；地不辟，则六畜不育；六畜不育则国贫而用不足；国贫而用不足，则兵弱而士不厉⑩；兵弱而士不厉，则战不胜而守不固；战不胜而守不固，则国不安矣。故曰:常令不审⑪,则百匿胜⑫;官爵不审,则奸吏胜;符籍不审⑬,则奸民胜;刑法不审,则盗贼胜。国之四经败⑭,人君泄见危⑮。人君泄,则言实之士不进⑯;言实之士不进,则国之情伪不竭于上⑰。

【注释】

①百匿:即众慝。言奸慝甚多,共持国柄,则上失其威,此谓君主左右的各种坏人、邪恶势力或罪恶。匿,与"慝(tè)"古通用。指奸邪,罪恶。上威:君主的威势。

②官法:国家的政策法令。

③俗教:风俗和教化。

④威伤:指君主威势受到伤害。

⑤货上流:行贿受贿,财富流向上层官吏手中。

⑥官徒毁:官吏道德堕落、朝廷风尚败坏。一说作"官德毁"。

⑦从令者:指臣民。辑:和睦顺从。

⑧轻民处:指从事工商业和游手好闲的无业游民增多。重民散:指从事农业生产的人被迫离散。

⑨辟:开垦。

⑩兵弱:军队被削弱。士:战士。厉:猛烈,勇猛。一说张扬、强盛、振奋。

⑪常令:国家常法,即经常管用的法规,各种固定的法令。审:严密。

⑫胜:得胜,占优势。

⑬符籍:指通行凭证与户口名簿册。符,凭证。籍,指簿册。

⑭四经:指上文所述"常令""官爵""符籍""刑法"这四种国家的根本制度。经,根本。败:遭到破坏。

⑮泄见危:此指权力分散。泄,发散,分散。一说通"媟",不严肃,

不重视，懈怠。见，同"现"。

⑯言实之士：说实话的人。进：进言。

⑰国之情伪不竭于上：国情的真假，君主就不能全部了解掌握。情伪，真假。指国家的真实情况。

【译文】

朝廷中的各种坏人、邪恶势力当政，就会损害君主的权威；奸官污吏掌权，就会破坏国家的法制律令；百姓中的奸邪小民得势，就会败坏风俗和教化；盗贼逞强，就会伤害国内民众的生命及财产利益。君主的权威受到损害，朝中大权就会下移而落入佞臣手中；国家的法制遭到破坏，财富就会通过贿赂往上流入奸吏手中，不良现象就会充斥朝廷；风俗教化遭到败坏，臣民就不会和睦相处、团结一致；国内民众被伤害，百姓就不能安居乐业。君威下移，大权旁落，君主政令就无法推行；财富上流，贿赂横行，官民道德和朝廷风尚就遭到败坏；臣民不能和睦相处、团结一致，任何事都会做不成；百姓得不到安居乐业，游走经商的人和无业游民就会增多，从事农业生产的人就会被迫离散；末业游民增多、务本农民离散，土地就得不到开垦、耕种；土地无人种植，则六畜就不能繁育；六畜不得繁育，则国家贫困、财用不足；国家贫困、财用不足，则兵力薄弱、士气不振而军队衰弱；军队衰弱、将士不勇，就会战不能胜、守不能固；战不能胜、守不能固，国家就不能安定了。所以说，国家法规律令不严明，就会坏人当政、奸邪得势；所授官爵制度不严格，奸官污吏就会掌权擅政；符籍制度管理不严明，奸邪小民就会趁机得势；刑罚法律执行不严格，盗贼就会逞强。国家的四种根本制度：常令、官爵、符籍、刑法都遭到破坏，君主的权力将分散，若不加重视、严肃处理，政权就会出现危机。君权分散，忠诚正直、敢说真话的人就不能进谏；忠诚正直之臣及敢说真话的人不肯进谏，国家的真实情况君主就无法完全掌握。

世主所贵者①，宝也②；所亲者，戚也；所爱者，民也；所重者,爵禄也。亡君则不然,致所贵③,非宝也;致所亲,非戚也;致所爱,非民也;致所重,非爵禄也。故不为重宝亏其命④,故曰:令贵于宝⑤。不为爱亲危其社稷⑥,故曰:社稷戚于亲⑦。不为爱人枉其法⑧,故曰:法爱于人。不为重爵禄分其威⑨,故曰:威重于爵禄。不通此四者,则反于无有⑩。故曰:治人如治水潦⑪,养人如养六畜⑫,用人如用草木⑬。居身论道行理⑭,则群臣服教⑮,百吏严断⑯,莫敢开私焉⑰。论功计劳,未尝失法律也⑱。便辟、左右、大族、尊贵、大臣⑲,不得增其功焉;疏远、卑贱、隐不知之人⑳,不忘其劳。故有罪者不怨上㉑,爱赏者无贪心,则列陈之士皆轻其死而安难㉒,以要上事㉓,本兵之极也㉔。

　　右“百匿”。

【注释】

①世主:继世启主。

②宝:当作“实”,实际。下面“致所贵,非宝也”的“宝”字同。

③致所贵:最宝贵的。致,通“至”。以下三个“致”同此。

④亏:损害。命:命令,政令。

⑤令贵于宝:政令比珍宝还贵重。

⑥社稷:指国家政权。

⑦社稷戚于亲:社稷比亲属还要亲近。

⑧爱人:同“爱民”。下同。人,指人民。下文“法爱于人”“治人”“养人”“用人”句中“人”字,皆同此意。枉:弯曲。引申为违背。

⑨不为重爵禄分其威:不因为重视俸禄及官职爵位而分散其权威。

⑩反于无有:归于无有。指君主的权威将一无所有。反,同“返”。回归,归于。

⑪治人如治水潦：管理百姓就像处理火灾或水患，须防患于未然。水潦，流水和积水。

⑫养人如养六畜：养育百姓如同牧养六畜。

⑬用人如用草木：任用人才如同利用草木，用其可用之处，需扬其长，避其短，恰如其分。

⑭居身：立身。指君主立身严格要求自己。论道行理：讲原则按道理办事。

⑮服教：服从政令。

⑯严断：严肃决断。

⑰开私：走后门，徇私枉法。

⑱失：失掉。引申为违背。

⑲便辟：即"便嬖"。指善于阿谀奉承的小人。左右：君主身边亲近的人。大族：势力大的家族。

⑳隐不知之人：无人知晓的人。指没有知名度、地位低下的人。隐不知，即"隐而不知"。指仕途穷困而不为人知。

㉑不怨上：不会抱怨君主。

㉒列陈之士：此谓参加作战的士兵。列陈，置身战阵。陈，同"阵"。安难：安于危难，不怕牺牲。

㉓以要上事：此谓用来为国立功受奖。要，求取。

㉔本兵之极：统帅军队的根本方法。本，主，统帅。极，根本，准则。

【译文】

继世在位的君主，珍视的是实情，所亲近的是亲属，所爱惜的是属下臣民，所看重的是爵位俸禄。亡国的君主，则不是这样，他最看重的不是实际；最亲近的，不是亲属；最爱惜的，不是属下臣民；最倚重珍视的，不是官秩爵禄。不要为贵重的珍宝而去损害自己的命令，所以说，命令比宝物更珍贵。不要为了所爱的亲属而危害自己的国家政权，所以说，国家政权比至爱亲属更值得亲近。不要为了保护爱惜属下臣民而违背自己的法律，所以说，法律比属下臣民更值得保护、爱惜。不要为了倚重珍视爵位俸禄而分散自己的威信和权势，所以说，权威比爵禄更为重要。君主如果不懂得这四条道理，权力就将丧失，终将回到一无所有的境地。所以说：治理民众如同治理水患，要防患于未然；养育民众如同精心喂养六畜，要培养训练出养其千日、用其一时的能力；使用民众如同精心选用百草树木，要取其所长、避其所短，适时并且恰如其分。君主自己以身作则能够按理依道行事，那么群臣就会俯首受教、真心服从，严格遵行政令；百官就会严肃法纪、断事谨慎，严格执行法律，谁也不敢徇私枉法了。在论功行赏的时候，不能违背法令的规定。君主的宠臣亲信、左右侍从、豪门大族、显赫权贵、朝廷大臣们，不得凭其位高、特权而妄自加功；关系疏远、地位低微、仕途困顿而没有名望的人物，不得因其位卑、名贱而埋没其功劳。这样，有罪受罚的人，也就不会怨恨君主；喜欢得到赏赐的人，也不会滋生妄心而贪得无厌。于是，临阵对敌的士兵，都将舍生忘死，安赴国难，力争为国立功受奖了。这就是治理军队的根本原则和统帅士兵的最重要的方法。

　　以上是"百匿"的内容。

　　为兵之数，存乎聚财①，而财无敌②；存乎论工③，而工无敌。存乎制器④，而器无敌；存乎选士，而士无敌；存乎政教⑤，而政教无敌；存乎服习⑥，而服习无敌；存乎遍知天下⑦，而遍知天下无敌；存乎明于机数⑧，而明于机数无敌。故兵未出境，而无敌者八⑨；是以欲正天下⑩，财不盖天下⑪，不能正天下；财盖天下，而工不盖天下⑫，不能正天下；工盖天下，而器不盖天下⑬，不能正天下；器盖天下，而士不盖天下，不能正天下；士盖天下，而教不盖天下，不能正天下；教盖天下，而习不盖天下，不能正天下；习盖天下，而不遍知天下,不能正天下;遍知天下,而不明于机数,不能正天下。故明于机数者,用兵之势也⑭。大者,时也⑮;小者,计也⑯。

王道非废也,而天下莫敢窥者,王者之正也⑰。衡库者,天子之礼也⑱。

【注释】

①存:存心,即集中心思。

②财无敌:使财富的数量无敌于天下。

③论工:挑选工匠,考究工匠的技巧。论,通"抡"。选择,选拔。

④制器:制造武器装备。

⑤政教:指加强军队的管理教育。

⑥服习:操练,军事训练。

⑦遍知天下:掌握天下各国的情况。指掌握各国情报。

⑧机数:时机,策略。

⑨故兵未出境,而无敌者八:此二句林圃云:今《通典》一百四十八引此文作"此八者皆须无敌,故兵未出境而无敌者八悉备,然后能正天下"。无敌者八,指上述无敌于天下的八项因素,即"聚财""论工""制器""选士""政教""服习""遍知天下"和"明于机数"。

⑩正:匡正。

⑪盖天下:超过天下,领先天下。

⑫工:工匠。此指工匠的技能。

⑬器:兵器。此指兵器的质量。

⑭势:关键,必然性。

⑮大者,时也:首要的是时机。

⑯小者,计也:其次是计谋。

⑰"王道非废也"三句:这几句是说王道所以不废,天下人没有谁敢

对王位存非分之想，是因为王道还能得到正确实行。非废，
不废。

⑱衡库者，天子之礼也：这两句话是说，武器掌握在天子手里，不为
他人所窥视，才是王道不废的原因。衡库，天子藏武器的库房。
天子之礼，这是天子才有的设施。礼，在此为引申义，指天子才
有的规制。

【译文】

治军用兵的方法如下：注意积聚财富，从而使财富的数量无可抗
衡、天下无敌；挑选工匠，考究其军事技能，从而使工匠的技术无可抗
衡、天下无敌；制造武器装备，从而使兵器、军备皆无可抗衡、天下无敌；
选拔士卒，从而使士兵的素质无可抗衡、天下无敌；促进军队的管理教
育，从而使管教水平无可抗衡、天下无敌；抓紧军事训练，从而使训练工
作无可抗衡、无敌于天下；调查各国军事情况，掌握各国情报信息，从而
使情报工作水平无可抗衡、天下无敌；把握作战时机和运用策略，从而
在出兵决策方面无可抗衡、天下无敌。这就是说，军队还未调出国境，
而保证这八个方面无可匹敌的条件就已具备，如此，方能统一天下。要
想征服天下，如果财力方面不能领先于天下不能征服天下；财力数量能
超过天下，而工匠技能不能领先于天下也不能征服天下；工匠技能可以
超过天下，而武器质量、装备设施不能领先于天下也不能征服天下；武
器装备能超过天下，而士卒的素质不能领先于天下也不能征服天下；士
卒实力能超过天下，而军队的管教水平不能领先于天下也不能征服天
下；管教工作能超过天下，而军事训练水平不能领先于天下也不能征服
天下；武艺超强、训练水平可以超过天下，而不能掌握各国的军事情报
也不能征服天下；掌握了各国情报，而不懂得把握战机和运用策略也不
能征服天下。所以，把握时机和运用策略是用兵作战的关键。建立大
功、匡正天下，其首要之事是把握作战时机；其次是有效运用作战计划
和布阵谋略。

王道所以不废弃,天下人还没人敢对王位存非分之心,是因为做王的人行为正确。武器的收藏掌握在天子手里,是天子尊贵的规制。

是故器成卒选,则士知胜矣①。遍知天下,审御机数②,则独行而无敌矣③。所爱之国④,而独利之;所恶之国⑤,而独害之,则令行禁止,是以圣王贵之⑥。胜一而服百⑦,则天下畏之矣;立少而观多⑧,则天下怀之矣⑨;罚有罪,赏有功,则天下从之矣。故聚天下之精财⑩,论百工之锐器;春秋角试⑪,以练精锐为右⑫;成器不课不用⑬,不试不藏。收天下之豪杰⑭,有天下之骏雄⑮。故举之如飞鸟⑯,动之如雷电,发之如风雨,莫当其前⑰,莫害其后⑱,独出独入,莫敢禁圉⑲。成功立事,必顺于礼义⑳,故不礼不胜天下㉑,不义不胜人。故贤知之君㉒,必立于胜地,故正天下而莫之敢御也㉓。

右"为兵之数"。

【注释】

①知胜:预知胜利。

②审御:善于把握。

③独行而无敌:独往独来,所向无敌。

④所爱之国:指友好国家。

⑤所恶之国:指敌对国家。

⑥圣王:高明的君主。

⑦胜一而服百:战胜一个国家,从而使更多国家服从。

⑧观:展示,给人看。

⑨怀:归附,归顺。

⑩精财:制造武器的精良材料。财,通"材"。

⑪角试：通过较量、竞争加以比较检验。角，较量，比较。

⑫练：通"拣"。选择。右：上，上等。

⑬成器：兵器成品。课：检验，检查。

⑭收：聚集。豪杰：才能出众的人。

⑮有：拥有。骏雄：指勇士，俊杰和猛士。

⑯举：指举行军事行动，与下文"动""发"都指发动战争。

⑰当：遮拦，阻碍。一说作抵挡。

⑱害：妨碍，伤害。

⑲禁圉（yǔ）：同"禁御"。抵挡。圉，拘禁。

⑳礼义：一本作"理义"，道理和正义。

㉑不礼：一本作"不理"。

㉒知：同"智"。

㉓正：匡正。御，抵抗。

【译文】

　　所以，武器制作精良，士兵经过选拔，这样军队克敌时战士就有了取胜的信心。掌握了各国军事情报，善于把握战机、精心运用策略，这样军队就可以任意而行、所向无敌了。对于友好的国家，要给予特殊的专门扶持；对于敌对的国家，要给予特别的打击、惩罚，这样就能发令必行、言禁必止，从而能号令天下了，因此，圣明的君主都非常重视用兵策略。战胜一个国家，从而使更多的国家臣服，天下各国就会畏惧；扶植少数国家立业，从而让多数国家看到仁德盛行，天下各国都会感怀归附；讨伐惩处有不义之罪的诸侯小国，奖励赏赐辅佐有功的国家，天下各国也都跟着服从了。因此，要汇聚天下最精良的物材，考察挑选各种工匠制造的精锐兵器；春秋两季进行比试校验，选择最精良锐利的列为上等；制成的武器，不经检查试用，不能使用，不经测试、验收合格，不能入库。再汇聚招罗天下的英雄豪杰，拥有天下最勇猛的将士。这样，一旦投入作战就可以做到，举兵矫捷如飞鸟突起，动兵迅猛如雷电疾驰，发兵狂放如风雨盖地，前方无人能阻挡拦截，后面也无人能偷袭暗算，单独出击没有谁能抵抗，来去自如，如入无人之境，谁也不能加以限制。但是，成就功勋、创立功业，一定要合乎天理与正义，不合天理的战争不能征服天下，不合正义的战争不能战胜敌人。因此贤明智慧的君主，总是立于不败之地才于情于理获取必胜，这样才能统一天下而无人敢抗拒阻挡。

以上是"为兵之数"的内容。

若夫曲制时举①，不失天时②；毋圹地利③，其数多少，其要必出于计数④。故凡攻伐之为道也，计必先定于内，然后兵出乎境。计未定于内，而兵出乎境，是则战之自胜⑤，攻之自毁也⑥。是故，张军而不能战⑦，围邑而不能攻⑧，得地而不能实⑨，三者见一焉，则可破毁也。故不明于敌人之政⑩，不能加也⑪；不明于敌人之情⑫，不可约也⑬；不明于敌人之将，不先军也⑭；不明于敌人之士，不先陈也⑮。是故，以众击寡，以治击乱，以富击贫，以能击不能⑯，以教卒练士击驱众白徒⑰。故十战十胜，百战百胜。

【注释】

①若夫：至于。若，一本作"莫"。曲制：部曲之制。即今言军队建制，如今之几个排为一连，几连为一营等。时举：谓应时而举，按时机行动。

②天时：指季节和气候。

③圹：同"旷"。荒废，废弃。

④计数：指军队行动所需的人员、装备、军需的数量。计，计划，谋略。

⑤战之自胜：自己战胜自己。胜，一说当作"败"，据本书《参患》所

言：“战之自败，攻之自毁”。

⑥攻之自毁：自己毁灭自己。

⑦张军：摆开阵势，部署兵力。

⑧围邑：包围城池。

⑨实：巩固，占据。

⑩政：治军情况。即军政。

⑪加：加兵，出兵。即发动战争。

⑫情：实情。

⑬约：约战，宣战。

⑭先军：先采取军事行动。军，进军，扎营。

⑮先陈：先排列阵势。陈，同“阵”。列阵。

⑯以能击不能：前一个“能”指能力、胜任、善于。此处指善于用兵的将帅。

⑰教卒练士：经过教育训练、比武选择的士兵。白徒：指未经军事训练的民夫。

【译文】

至于军队利用时机出兵进攻，其出战原则应该是不要丧失有利的季节气候，不要放弃有利的地形、地物，所需的人员、装备、军需物资等其总数的多少，关键在于须经过精确的计算。所以，凡是出兵讨伐攻战的原则，一定要先在国内未出兵前就制定周密的计划和谋略，然后再举兵出境。若事前没有确定好计划就举兵出境，这样攻伐出战就必然自取失败。因此，已摆开阵势却不能确定要交战，已包围了城镇却不能确定要进攻，夺得了阵地却不能坚守巩固，这三种情况中出现了一种，就可能要招致军队败亡。所以，事前不明了敌人的治军情况，不能贸然出兵进攻；不了解敌方的军事情报，不能对敌宣战；不熟知敌人将帅的领兵才能及军事素养，不能抢先采取军事行动、结营扎寨；不知道敌人士卒的本事武艺，不能率先列阵布兵。因此，只有保证用大部队去攻击小股兵力,用安定的强国去攻击内乱的弱国,以军需富足旺盛的军队去攻击军需匮乏疲弱的军队,以善于用兵的强势能干将帅攻击不懂用兵的弱势无能将帅,以训练有素、精挑细选的精干士卒去攻打临时征集、溃不成军的乌合之众,才能十战十胜,百战百胜。

　　故事无备,兵无主①,则不蚤知②;野不辟,地无吏③,则无蓄积;官无常④,下怨上⑤,而器械不功⑥;朝无政⑦,则赏罚不明⑧;赏罚不明,则民幸生。故蚤知敌人如独行⑨;有蓄积,则久而不匮;器械功,则伐而不费⑩;赏罚明,则人不幸⑪;人不幸,则勇士劝之⑫。故兵也者,审于地图⑬,谋于日官⑭,量蓄积⑮,齐勇士⑯,遍知天下,审御机数,兵主之事也⑰。

【注释】

①主:主帅。

②蚤:通"早"。

③地无吏:土地没有官吏管理。

④官无常:官府没有固定的规章制度。

⑤下怨上:下面的工匠怨恨上面的官吏。下,指工匠。上,指官府。

⑥功:精良,质量好。

⑦朝无政:指朝廷政令不修。

⑧则赏罚不明:以上文推之,此五字似衍,当略去。

⑨独行:独往独来,如入无人之境,所向无敌。

⑩伐而不费:战斗中不会受挫。费,同"拂"。一说损坏、耗费。

⑪人不幸:当作"人不幸生",即"民不幸生"。指士卒不会侥幸求生。

⑫劝:劝勉,努力。

⑬地图：指地形、地势等地理状况。古代有地图，见于出土文物，所记山川地理有助于军事。

⑭谋于日官：与掌管天文的官员谋划。指研究天时。原文作"谋十官日"，"十"乃"于"之坏字，"官日"二字倒易，当作"谋于日官"，与上句"审于地图"对文。谋日官，即察天时。

⑮量：估量，度量。

⑯齐：统一，齐一。

⑰兵主：主持军事者。

【译文】

所以，倘若战事没有准备，军队又没有主事的统帅，那就不可能预先掌握敌情及早洞察先机；田野没有开垦，土地没有政府专门的官吏管理，国家军队就没法积蓄粮草、贮备物资；官府没有固定的常规制度可依，工匠老是抱怨上级管理不善，那么，造出来的武器就不会精良；朝廷政令不修，奖惩赏罚便不会分明；奖惩赏罚不分明，民众就会心存侥幸而偷生逃命。因此，预先掌握敌情、洞察先机，才能够独行无敌、所向披靡；积蓄足够的粮草物资，才能够打持久战而不匮乏疲弱；武器装备锐利精良，打起仗来才能减低损坏、连续进攻不受挫而最终能够取胜；赏罚严明，人们才不会心存侥幸而偷生逃命；而人们都不想着侥幸偷生，勇士也就得到激励、奋力向前了。所以，用兵的规律，就是一定要明悉详审战场的地形地利，要反复研究交战时的天文气象，要准确计算军需物资和粮草贮备，要严格训练士兵、选拔勇士，要全面掌握敌国情报和了解普天之下的局势，要认真谨慎地把握好战机、运用好策略，而所有这些，正是主持军事者的职责。

　　故有风雨之行①，故能不远道里矣②；有飞鸟之举，故能不险山河矣；有雷电之战，故能独行而无敌矣；有水旱之功③，故能攻国救邑④；有金城之守⑤，故能定宗庙、育男女矣⑥；有一体之治⑦,故能出号令、明宪法矣⑧。风雨之行者,速也;飞鸟之举者,轻也⑨;雷电之战者,士不齐也⑩;水旱之功者,野不收、耕不获也⑪;金城之守者,用货财、设耳目也⑫;一体之治者,去奇说、禁雕俗也⑬。不远道里,故能威绝域之民⑭;不险山河,故能服恃固之国⑮;独行无敌,故令行而禁止。故攻国救邑,不恃权与之国⑯。故所指必听⑰;定宗庙、育男女,天下莫之能伤,然后可以有国⑱;制仪法,出号令,莫不响应,然后可以治民一众矣。

　　右"选陈"⑲。

【注释】

①故有:"故"字衍,观下一句自明。

②不远道里:不以道里为远,即不怕路途遥远。下文"不险山河"同此用法。

③有水旱之功:这句是以水旱的毁坏力量比喻军队的摧毁力量。功,功效,作用。

④攻国救邑:此句"邑"下似脱"矣"字。

⑤金城:坚固的城池。金,比喻坚固。

⑥定宗庙:使宗庙安定。指能保有祖业。育男女:生男育女。

⑦一体之治:像一个人的身体般协调统一。

⑧宪法:宪章法令。

⑨轻:轻便,敏捷。

⑩不齐:指敌军阵势不齐,敌人的士兵来不及排列阵势。

⑪野不收、耕不获:谓使敌国田野不能耕种,农业得不到收获。

⑫用货财:谓散货财收买间谍。设耳目:指布置间谍。

⑬奇说:异端邪说。雕俗:指奢侈的风俗。雕,雕饰,奢侈。

⑭绝域:偏远的地方。

⑮恃固之国：凭借坚固城池或天然险阻的国家。

⑯恃：待，依赖。权与之国：指盟国。

⑰所指必听：兵锋所到之处。

⑱有国：保有国家，掌握政权。

⑲选陈：即"算阵"。谋划攻战之事。

【译文】

军队出动，有如同风雨席卷一般的行进速度，就不怕路途的遥远；有如同飞鸟高翔一般的轻灵举动，就不怕有山河险要的阻挡；有如同雷鸣电闪一般的进攻威力，就能独行天下、所向披靡；有如同水害旱灾一般的摧毁力量，就能既可攻克敌国、防守我方城镇；有如同金城铜墙铁壁一般的防守设施和固若金汤的防御能力，就能够安定国家，繁育人口；有如同人的身体一般的协调统一、无懈可击的政权体制，就能够发布号令，严明法制了。这是因为：风雨席卷一般的行进，就是够神速；飞鸟高翔一般的灵活，就是够轻捷；雷鸣电闪一般的进击，就是使对方来不及布阵就溃不成军；水害旱灾一般的摧毁效果，就是使敌军土地无收、耕种无获；固若金城一般的防守，就是指用财货收买敌人、设置间谍；形同一体、上下同心的政权体制，就是摒弃异端邪说和禁止奢侈浮夸的风气。而行军不怕路途遥远，因此就能够震慑偏僻遥远地区的民众；行军不怕山河险阻，因而能够征服依靠天险固守的敌国；独行无敌、所向披靡，就必然能够使命必达、令行禁止。攻克敌对抗衡之国，防护我方城镇，不用依靠盟国的援助。军队的令旗指向哪里，哪里就得听从；安定宗庙，繁育儿女，天下各国都不敢来伤害，然后就可以保有国家、巩固政权了；制定好法律、建立好体制，发号施令，天下无人不来响应，然后就可以治理民众和统一天下了。

以上是"选陈"的内容。

版法第七

【题解】

版，版牍，古人书写用的木片和竹简。版法，即刻在版牍上的法典、规章，即"常法"。本篇论述了君主执政的三项重大原则问题，其主旨是说明执政治国的关键在于正君心、顺天时、得人和，以及要赏罚严明、任用贤人、与民同利。文章指出，君主应当"无私"，即端正心态，不以个人好恶行事，要"法天""象地""参于日月""佐于四时""正彼天植"，不私亲疏；然后要"审用财力""正法直度"，辅之以教化利导，才能"令往民移"，从而在治理国家上能得心应手。其次要"无违"。"风雨无违"不仅指"不违农事""不违天时"，同时又借风雨之兴来喻指民怨之生、祸乱之始自有其内在因由，君主举事应当不违背自然规律，应"成事以质"，使人民能够承受得了、活得下去，即顺应天时，量力而行。其三是"合德"。即普施德泽，君主应有"悦众"之心胸，"兼爱无遗"，与民"同利"，使"远近高下，各得其嗣"，处理好各种人际关系，如此方能息民怨而绝祸乱。只有在理顺此"三经"之后，才能得民心、避祸乱，才能"有国""安高"，使君主地位得以巩固，长治久安。

本文体现了《管子》的重法思想，文中所强调的"法治"及"民本"思想，是颇为重要的政治经验，在当时具有非常重要的进步意义。本篇以管子政教之精华刻载于版，欲使遗留后世，供当时行政人员参考，故颇多精语,不但为当时行政之指针,也可为后世之借鉴。

　　凡将立事①,正彼天植②,风雨无违③,远近高下,各得其嗣④。三经既饬⑤,君乃有国。喜无以赏⑥,怒无以杀。喜以赏,怒以杀,怨乃起,令乃废。骤令不行⑦,民心乃外⑧。外之有徒⑨,祸乃始牙⑩。众之所忿,置不能图⑪。举所美必观其所终⑫;废所恶必计其所穷⑬。庆勉敦敬以显之⑭,富禄有功以劝之⑮,爵贵有名以休之⑯。兼爱无遗,是谓君心。必先顺教⑰,万民乡风⑱;旦暮利之⑲,众乃胜任⑳。

【注释】

①立事:立国家治理的大事。

②正彼天植:要端正其心。天植,本书《版法解》谓"天植者,心也",指君主的心志。植,"志"之假借。

③无违:不违背。

④嗣:司,治。嗣,与"司"通用,西周金文已如此。即主持、掌管。

⑤三经:三个经久恒常的道理,即上文所述"正彼天植""风雨无违""各得其嗣"三方面。饬:修治,整顿。

⑥喜无以赏:不以一己之喜而滥赏。介宾前置,下仿此。

⑦骤令:屡次变动的命令。

⑧民心乃外:民众就会有外心。

⑨徒:党徒。指成了群伙。

⑩牙:通"芽"。萌芽,萌发。

⑪置不能图:置,应作"寘"。《版法解》作"寘不能图"。图,图谋,对付。

⑫终:指后果。

⑬计：考虑。穷：终结，结束。

⑭庆：奖赏。敦敬：敦厚恭敬之人。显：显明。引申为表彰。

⑮富禄：当作"禄富"，与"爵赏"对文，名词作动词。意谓以禄富有功，以爵赏有名。劝：鼓励。

⑯爵贵有名：授爵位给有名望的人使他尊贵。休：美善，赞美。

⑰顺教：教训。顺，通"训"。

⑱乡：通"向"。

⑲旦暮：从早到晚。引申为时常、经常。

⑳胜任：在此有努力做好自己事情的意思。

【译文】

凡君主要做好治国大事，首先要端正他的心志；其次是不违背人心的客观规律和风来雨到的自然天时，再次处理好与远近高下各类人的关系，使其各得其所；这三个方面的问题都解决了，国君便可以保有他的政权和国家。人君不以一己之喜而滥赏，也不以一己之怒而滥杀。如果是凭一己之喜而赏，凭一己之怒而杀，民众就会心生怨恨，政令就会废弛。假如君主屡次发下政令都不能推行，民心就会向外背离。怀有背叛之心的人，一旦在外结成党羽，祸乱就会开始萌芽滋生。一旦激起了群众的共愤，就会寡不敌众，没法图谋应付。兴办自己所喜欢的事情，一定要预计到事情的结局；废除自己所厌恶的事情，一定要考虑到事情的后果。用赏赐嘉勉敦厚恭敬之人，使其得到表彰和赞扬；用优厚的俸禄增加有功之人的财富，以此使其得到鼓舞和激励；用尊贵的爵位来提升有名望的贤才，以此使其尽得声望和美誉。广施仁爱，全面爱护抚恤各地臣民而没有任何遗弃，这才能称得上是君主的胸怀。一定要先行教育训化，使万民都趋向好的风尚；然后经常给予实惠利益引导，民众就会积极担当起应尽的职责和义务。

取人以己①，成事以质②。审用财，慎施报③，察称量④。

故用财不可以啬，用力不可以苦。用财啬则费⑤，用力苦则劳⑥。民不足，令乃辱⑦；民苦殃，令不行。施报不得⑧，祸乃始昌⑨；祸昌不寤⑩，民乃自图⑪。正法直度⑫，罪杀不赦；杀僇必信⑬，民畏而惧。武威既明，令不再行⑭。顿卒怠倦以辱之⑮，罚罪宥过以惩之⑯，杀僇犯禁以振之⑰。植固不动⑱，倚邪乃恐⑲。倚革邪化⑳，令往民移。法天合德㉑，象法无亲㉒，参于日月㉓，佐于四时㉔。悦在施㉕，有众在废私㉖，召远在修近㉗，闭祸在除怨㉘。修长在乎任贤㉙，高安在乎同利㉚。

【注释】

①取人以己：取用于人要设身处地。

②成事以质：即办事要量力而行。质，比量，准的。

③施报：施惠和酬报。

④察：明察，明白无误。称量：指计量轻重多少和能力大小。

⑤用财啬则费：尹注曰："啬于用财，不以赏赐，则立功之士懈怠，敌人来侵，其费更多。"啬，吝啬，过分爱惜。

⑥苦：竭尽。指过度使用民力，劳役百姓过了头。

⑦辱：轻侮，不重视。

⑧得：得当，适合。

⑨昌：生，多。

⑩寤：指醒悟或觉悟。

⑪自图：指自谋出路。

⑫直：端正。

⑬僇：通"戮"。杀戮。

⑭再行：重复颁行。

⑮顿卒：斥责。顿，挫折。卒，通"啐（cuì）"。呵斥。

⑯宥过：《版法解》作"有过"。宥，为"有"之误。

⑰振：通"震"。威吓，震慑。

⑱植：即上文"天植"。此指君主守法之心，以法治国的决心。

⑲倚邪：乖异邪僻。

⑳革：变化。化：移除，改正。

㉑法天合德：效法上天，普施德泽。

㉒象法：《版法解》作"象地"，即以地为法式、榜样。法，为误字。

㉓参：与天地合一的意思。

㉔佐：辅助，助成。

㉕悦在施：当作"悦众在爱施"。《版法解》作"说在爱施"，脱一"众"
　字。爱施，指施爱加惠。

㉖有众：得民心的意思。废私：废除私心。

㉗召远：招来远方的民众。修近：即修治内部。指好好对待周围
　的人。

㉘闭：防止，避免。

㉙修长：当从《版法解》作"备长"。言备长久之道，在乎任贤。

㉚高安：当从《版法解》作"安高"。言安上之道在于与民同利。同
　利：与民分享利益。

【译文】

　　征取民众人力物力，要比照一下自己设身处地来考虑；朝廷兴办大
事，要根据实际力量来做。要详细斟酌国家的财政用度和民力，慎重地
对待施惠和酬报，明察事物的分量与劳力的使用限度，反复衡量轻重利
害。所以，君主用财于民不可以吝啬，征用民力不可以过度。用财吝啬
就会引起悖逆，民众难免生出逆反之心；征用民力过度，民众则疲劳不
堪。民众生活困苦、生存权得不到满足，政令便将遭到轻慢而无效；民
众整日苦于劳役之灾，政令就无法贯彻通行。施惠和酬报不得当，奖赏
无从施行，祸乱就将开始发生；祸患已发生滋长而人君尚不觉悟，民众

就将自谋生路、意图造反了。制度公平,法律公正,执行起来明确严谨;有罪当杀的,不予宽赦;执行杀戮必守信用,一定言出法随、说到做到,民众就会被镇服而心生恐惧。权威既已明示于众,法令就不必一再颁行和重申。对于怠惰的人,要通过教育、训斥,使其感到羞愧、知耻;对于有过错失误的人进行责罚,要通过处罚惩戒予以警告;对于犯死罪的人,要通过杀戮予以集体震慑。君主以法治国之心坚定而不动摇,乖戾邪僻的人们就自然会内心恐惧。乖戾邪僻的行为都有了改进和变化,一旦法令颁布下去,民众就会遵照执行、顺令而动了。君主应该效法上天,对万事万物都普施德泽;模仿母地后土,对万物没有私亲偏心、凡事皆大公无私;要做到与日月同参、合天地而为三,与四季时序并列、合而为伍。欲使得众人喜悦,君主须爱心与施惠俱行;欲取得民众拥护爱戴,君主须破除和废弃偏私之心;要招揽远方诸侯各国的人们归附,在于修治好国内的政事;要避免祸乱的发生,在于消除民怨。想要长治久安,准备有长远的计划,在于任用贤能之人;想要巩固君主的地位,安享尊贵高位,就在于与民共同分享利益。

卷第三

幼官第八

【题解】

幼官,应作"玄官",何如璋、闻一多、郭沫若论之甚详,可为定论。

所谓"玄官",有文献说始于远古的帝颛顼时代,据此篇文献显示的内容,其最原初的部分应为"五方图",亦即由"五方"组成的历法图。周围四方依次为春夏秋冬四季,中间为"用五数",所谓"五"即五日也。而春和秋都是八个"十二"(8×12)天,冬和夏都是七个"十二"(7×12);如此五方日期合计为360日(30×12),加中方图"用五数"的五日,正好为365天,亦即大约一年的历法。仔细观察这个一周年的历法,不以天体星辰确定时辰,而是观察"雷""风""白露"等自然变化,属于以物候确定时节的历法,较诸将一年分为"十二月"(即以月之圆缺判断时令)明显要早,更为古老。这就是说,"幼官"及后面的《幼官图》首先保存的是一份古老的历法。

然而这只是此篇文献最基础的部分,借助这份古历法阐发战国时期的思想观念才是此文献的写作目的,于是就有此文献将阴阳五行观念和政治及军事相联系,将其统辖在四时节令之下的奇特文字。全文共分十节,按照五行、五方、四季排列,以中央土主季夏,统治四方四时,每节列每季之月令、方物以及政治、军事施政纲领。这些可概括为两方面:第一至第五节"本图"部分根据五行之说,以季夏(中方)、春(东方)、夏

（南方）、秋（西方）、冬（北方）为序，阐述君主日常调养事宜及应行政事，强调处虚守静、顺应自然的养生、治政原则；第六至第十节"副图"部分，仍沿相同的四季顺序依据五行之理，阐明军阵中的中、东、南、西、北五方所用旗物、兵器、刑罚及用兵之道。十节内容每节包含两层意思：先述时令、方物，即君主在不同时节衣、食、住、行的行为规范和旗帜、兵器、刑法的使用规定，后述治国、治兵之道。大致本图部分论治国之道，多与其他阐述政治思想诸篇相通，如《九守》《八观》《九败》等；而副图部分论治兵之道，多与阐述军事思想的《七法》《兵法》诸篇相通。

　　本篇及《幼官图》属经言一组最后两篇经文，学者普遍认为乃战国早中期作品，属《管子》中较早文献。近年对此篇文献研究不少，如李零《〈管子〉三十时节与二十四节气》（1988 年《管子学刊》），张固也《论〈管子·幼官〉和〈幼官图〉》（2004 年《齐鲁文化研究》），刘宁《由上古历法推考〈管子〉之〈幼官〉与〈幼官图〉原貌》（2013 年《管子学刊》）等，所论颇详。

　　若因夜虚守静①，人物人物则皇②。五和时节③，君服黄色④，味甘味，听宫声⑤，治和器⑥，用五数⑦，饮于黄后之井⑧，以倮兽之火爨⑨。藏温濡⑩，行欧养⑪，坦气修通⑫；凡物开静⑬，形生理⑭，常至命⑮，尊贤授德，则帝⑯。身仁行义，服忠用信⑰，则王。审谋章礼⑱，选士利械，则霸。定生处死⑲，谨贤修伍⑳，则众㉑。信赏审罚，爵材禄能，则强。计凡付终㉒，务本伤末，则富。明法审数㉓，立常备能㉔，则治。同异分官㉕，则安。

【注释】

　①若因：因着，顺着。若，为文章开始语，始于西周，有表示庄重的意味。夜虚守静：即以虚灵之心守静的意思。

②人物人物：郭沫若云：原文当为"人人物物"，即人与物各得其所的意思。皇：闲暇，绰有余裕的意思。

③五和时节：即指季夏（夏历六月）之时。古人以四时即春、夏、秋、冬配五行即金、木、水、火、土，春木、夏火、秋金、冬水，多出一"土"，分配在夏天最后一个月，并且古人认为土旺于四时，称之为"五和"。

④服黄色：穿黄色礼服。古人认为"土"为黄色。

⑤宫声：古时音乐分宫、商、角、徵、羽五个音阶，宫声为第一音阶。

⑥治和器：调理"五和"之气。器，又作"气"。

⑦用五数：五和时节故用五数。用，因，遵循。数，规律，节律。

⑧黄后之井：中央之井。黄后，即黄帝，居中央。

⑨倮（luǒ）兽之火：依下文诸例，当是中央之火。倮兽，即"裸兽"。无毛或短毛的兽类。爨（cuàn）：烧火，炊煮。

⑩藏：居心。温濡：指温和濡缓的心境。濡，柔软。

⑪欧养：抚养，养育。欧，字亦作"呕"或"妪"。

⑫坦气修通：遵循平和之气，或曰坦然平和之气修养通畅。坦，平。修，通达。

⑬凡物：即万物。开：即《周易》"开物成物"之意。使万物顺适而生。静：安静。指不扰物，不逆物而为。应上文"人人物物"。

⑭形生理：指万物顺自然之理而生长。形，成。理，道。

⑮常至命：尽命寿长的意思。

⑯帝：称帝，成就帝业。下文中"王""霸"同此用法。

⑰服：用，行。

⑱审谋章礼：仔细谋划，明确礼法。章，即"彰"。指彰显礼节、表明制度。

⑲定：安定，安置。处：处理。

⑳谨：敬。修伍：修好于伍，搞好与民众的关系。伍，五家为伍。指

居民基层组织。此处指民众。

㉑众:得众,得民心。

㉒计凡:计算总数,计算大要。似指财政预算。凡,概略,总数。付
　　终:指财政决算。或谓建立经济核算制度。付,通"符"。符验,
　　核算。

㉓数:指策略。

㉔立常备能:制定规章制度,培养有才能的人。

㉕同异分官:区别同异,分职理事。

【译文】

　　如若因夜气虚灵之心安守清静大道,治人治物,都能神闲气定,绰有
余裕。季夏土气和顺时节,君主应当穿戴黄色服饰,品尝甘甜之味,闻听
宫调音乐,调理和顺的五和之气,按照"五和时节"的要求,数字用五,饮水
用中央之井,炊煮用中央之火。保持温和柔缓的心境,培养通达乐观的
性情,身行乐养好施,使坦然平和之气循环流通以利休养生息。如此,则
万物畅通,随顺娴静,形体顺理生成,人生长命,不会因故短寿。君主要遵
循常道,达于天命,尊重贤能,授官于有德之人,如此,便可成就帝业。君
主能身体力行仁义,以身作则,躬行不辍;选拔贤良,任用忠诚信实的臣
子,如此,便可成就王业。考虑谋略、审慎使用战争,彰明礼节、表明攻伐
之理,精选勇士,修利武器,如此,便可成就霸业。安定生者,安葬死者,敬
重贤德,修睦百姓,如此,便可以赢得民心、使百姓依附。奖赏功劳守信,
处罚罪过严明,使贤才封爵,也使能臣加禄,如此,便可以带来国家强盛。
注重筹算统计,计算总数,核实成效,检验结果,努力从事农活本业生产,
整顿好工商末业经营,如此,便可以走向国富民足、经济繁荣。注意修明
法度,详审政策,确立常规,配备能臣,如此,便可以上下井然有序、国内走
向大治。按照不同职务、区别同异,实行分官而治、分职理事,如此,便可
使臣民恪守本分、国家走向安定。

通之以道①，畜之以惠②，亲之以仁，养之以义，报之以德，结之以信，接之以礼，和之以乐，期之以事，攻之以官③，发之以力，威之以诚④。一举而上下得终⑤，再举而民无不从，三举而地辟散成⑥，四举而农佚粟十⑦，五举而务轻金九⑧，六举而絜知事变⑨，七举而外内为用⑩，八举而胜行威立，九举而帝事成形⑪。

【注释】

①通之以道：遵循大道，理顺政治。以下数句均指君主对臣民而言。

②畜：养。

③攻之以官：一本作"考之以言"。以政务实效考核言论。攻，治。

④威之以诚：用忠诚感化臣民。或用训戒律法威慑臣民。威，一本作"感"，感化。诚，一说为"诚"字之误。

⑤举：举措。上下得终：上下都得到了好结局。

⑥地辟：土地开辟。散成：散乱的民众得以凝聚。散，与《七法》"轻民处，重民散"之"散"义同。成，就，集。

⑦农佚粟十：农民安逸而粮食丰富。十，泛指数量多。一本作"丰"。

⑧务轻金九：徭役减轻而财帑充足。指事务少而财用多。九，通"鸠"。聚集。一本作"充"，"金充"即谓财政充盈。

⑨絜（xié）知事变：可以衡量判断世事的变化。絜，本指用绳子计量圆柱形物体的粗细。此处指衡量、测度。

⑩外内为用：外交内政皆为我所用。

⑪帝事成形：成就帝王之事。形，通"型"。规模。一说当为"功"。

【译文】

君主依道理顺政治，用恩惠畜养臣民，用仁爱亲近臣民，用道义培养臣民，用仁德回报臣民，用诚信结交臣民，用礼节接待臣民，用音乐和悦臣民，用期限约定做事的效率，以官员治理政事，用威力激发推动臣民，用忠诚感化臣民。这样施政一举的结果，君上臣下都取得好的政绩，有始有终；第二举的结果，万民百姓没有不服从的；第三举的结果，土地得到开辟，五谷有了收成；第四举的结果，农民安乐而粮食富裕；第五举的结果，徭役减轻而国库充足；第六举的结果，做到了事先已能察知国事变化，掌握规律；第七举的结果，做到了朝野内外之力都能为我所用，并全面发挥有利因素；第八举的结果是捷报频传，实现胜局，确立国威；第九举的结果，帝业就算是初具规模了。

九本博大①，人主之守也；八分有职②，卿相之守也；十官饰胜备威③，将军之守也；六纪审密④，贤人之守也；五纪不解⑤，庶人之守也。动而无不从，静而无不同⑥。治乱之本三⑦，卑尊之交四⑧，富贫之终五⑨，盛衰之纪六⑩，安危之机七⑪，强弱之应八⑫，存亡之数九。练之以散群傰署⑬，凡数财署⑭。杀僇以聚财⑮，劝勉以迁众⑯，使二分具本⑰。发善必审于密⑱，执威必明于中⑲。

此居图方中⑳。

【注释】

①九本：九项君主必须遵守的根本原则，或即上文所称"九举"。古代"九"为阳数之极，故此篇当言"九举"，是表中方有君王之尊。杂篇《九守》也讨论过九项原则，即主位、主明、主听、主赏、主问、主因、主周、主参、督名等。博大：宏博宽大，人主之所守。博，当作"博"。

②八分有职：即各种由卿相大臣分担的职责。八，表示众多，难以

落实。

③十官饰胜备威：十种将军应做的制胜利威之道。一说"十"当为"七"之误。

④六纪：指六条决定盛衰的纲纪。即下文所谓"盛衰之纪"。

⑤五纪不解：指五条决定贫富不可松懈的规则。解，通"懈"。松懈，懈怠。

⑥同：取同，一致。

⑦治乱之本三：或指《立政》中所说"国之所以治乱者三。"以下"尊卑之交四"等句之"五""六""七""八""九"等在本篇下文皆没有具体交待。学者往往从其他各篇找寻标有数字的内容以解释，不合者居多。文献不足，存疑为上。

⑧卑尊之交：与他国交往中的尊卑之道。

⑨富贫之终五：指导致贫富的五种原由。

⑩盛衰之纪六：导致兴衰的六种规则。

⑪机：机制。

⑫应：因果关联。指《八观》中所说的八项调查内容。

⑬练：精练，校练。认真考察核实的意思。散群偾署：解散那些朋党群伙。"散群"与"偾署"意思相同。偾，即"崩"。毁坏。署，据闻一多说，字通"书社"之"书"，即群伙。

⑭凡数：大数。财署：裁度并加以记录。财，通"裁"。署，即书写著录。

⑮杀僇以聚财：即减省开支，齐心协力增加财富。杀，减缩。僇，通"勠"。合力，齐心协力。

⑯迁众：郭沫若云："移风易俗之谓也。"即运用政教改变民众风尚，即移风易俗。

⑰二分：指上两句"聚财"和"选众"事。具本：皆成为根本。具，与"俱"古通用。

⑱发善：指行赏。审于密：谨慎周密。

⑲执威：执掌威严。此处指行刑。明于中：指公开。

⑳此居图方中：言此段文字居于图之正中。据此篇及《幼官图》，两
篇文字都是转述"幼官"（即"玄宫图"）上的内容。图以东西南北
中五方组成。以上文字为君主之道的根本，宣示的是总原则，所
以居图的中央。

【译文】

　　有九项根本原则，内容宏博，关系重大，是人君必须掌握和遵守的；有八个方面的不同职守，是卿相所必须掌握和做到的；有十条制胜立威之道，是将军所必须掌握和遵守的；有六条决定盛衰的纲纪，须详审严密，是贤才所必须掌握和遵守的；有五条决定贫富的规则，不可懈怠，是庶民所必须遵守的。如此，君主有什么行动，臣民无不跟从；君主想要无为清静，臣民便会争取一致相同。决定国家治与乱的根本原则有三项，使国家转危为安的关键之处有四种，决定国家由贫致富的总则有五条，促使国家由衰向盛的纲纪有六件，决定国家地位高低和人主尊卑的有效因素有七项，检查国家强与弱的验证方法有八条，决定国家生死存亡的规律以及救亡图存的方略有九则。君主要精心地消除那些朋党现象，大的事数要亲自裁度并加以记录。尽量齐心协力减少开支以聚敛财货，运用奖赏激励好人的方式以移风易俗，而且要使这两方面都必须成为根本措施。行赏一定要周密地审核，行刑一定要在国内公正申明。

　　此段文字居于"玄宫图"之正中。

　　春行冬政，肃①；行秋政，雷；行夏政，阉②。十二地气发③，戒春事④。十二小卯⑤，出耕。十二天气下，赐与。十二义气至⑥，修门闾。十二清明，发禁。十二始卯⑦，合男女⑧。十二中卯，十二下卯，三卯同事⑨。八举时节⑩，君服青

色,味酸味,听角声,治燥气⑪,用八数,饮于青后之井⑫,以羽兽之火爨⑬。藏不忍⑭,行欧养,坦气修通。凡物开静,形生理。合内空周外⑮,强国为圈,弱国为属⑯。动而无不从⑰,静而无不同⑱。举发以礼,时礼必得⑲。和好不基⑳,贵贱无司㉑,事变日至㉒。

此居于图东方方外。

【注释】

①春行冬政,肃:意思是说,因行政违背了四时节令,大自然时令因而反常,发生寒冷及下文"雷"(多雷)等惩罚现象。肃,肃杀,天气寒冷。

②阉:掩闭,万物生长不能畅达。一说指阳气独盛,暖气早来,天将大旱。

③十二:或指立春日之后的十二天。《幼官》和《幼官图》记录的是一种古老的历法,分布在"方中"之"图"的四周,春为"东方方外",夏为"南方方外"等。以十二天为一个节气,今天仍流行的"二十四节气"是十五天为一天,与此不同。春、秋两"方"各分为八个"十二"节气,夏、冬分为七个"十二"节气,总共三十个节气。十二天一节,加上文"方中"图的"数用五"合计三百六十五天,恰为一年的天数。地气发:地气开始上腾。《国语·周语上》有"土气震发"之语。其时间按韦昭注,在立春后。

④戒:告诫,命令。春事:春耕之事,即农事。

⑤小卯:节气名。惠栋云:《说文》曰:"卯,冒也。二月万物冒地而出,象开门之形,故二月为天门。"《幼官》并没有"月"的说法,惠栋"二月"云云,是以后来"月令"说《幼官》。

⑥义气:和气。指天地和同之气。即"天气下降,地气上腾,天地和

同,草木萌动"之意。

⑦始卵:即"始卵"。谓开始产卵。动物交尾产卵多在春秋二季。

⑧合男女:男婚女嫁。同事:指三个节气行事相同。

⑨三卯:指文中"小卯""中卯""下卯",均为节气名称。

⑩八举时节:八,指"木德"之数。不过《幼官》通篇不见金、木、水、
　　火、土等"五行"之说的字句。

⑪治燥气:调治燥热之气。

⑫青后之井:即东方井。青后,即青帝,主东。

⑬羽兽之火:指南方之火。羽兽,指南方朱雀。

⑭不忍:即不忍之心,恻隐之心。因春主仁,故有此仁爱之心一说。

⑮合内空周外:指普天之下。一说谓"空"即"内"字之误而衍。

⑯强国为圈,弱国为属:此处指强国、弱国都已服从,成为亲属。
　　圈,通"卷"。亲眷。喻指附庸。属,隶属。

⑰动:有所行动。

⑱静:清静,安静。

⑲时礼:应时循礼。

⑳基:谋。在此即谋害的意思。

㉑司:通"伺"。窥伺。

㉒日至:天天到来。

【译文】

　　如果在春季时实行冬季时的政令,便将草木肃杀五谷无成;如果实
行秋季时的政令,便会雷声阵阵;如果实行夏季时的政令,便将遭逢大
旱。十二天,地气上腾,君主应颁布春耕政令,准备耕种之事。又过十
二天,时值小卯节气,君主应该命令举国上下都和农夫们一起出门耕
种。又过十二天,时值天气下节气,君主应行颁赏之事。又过十二天,
时值和气至节气,农作物开始自然生长,应当命令民众修整大门和里
巷。又过十二天,时值清明节气,一切禁忌解除、开放封禁之令。又过

十二天,时值始卯节气,应当宣布适合婚娶、准许青年男女在城郊相会。又过十二天,时值中卯节气,再过十二天,时值下卯节气;三卯期间,行事相同。八个"十二"的时光里,人君宜穿戴青色服饰,品尝酸味食物,闻听角声乐曲,调理燥热之气使成温润,取用八数并遵行"八举"要求,饮用东方青后之井的水,用南方羽兽之火来炊煮,以迎接夏气。心怀不忍之心保持言行和善,心存仁爱且乐养好施,使平和之气循环流通。地气通畅,万物和顺安静,各得其所,顺其理致,自然生长。共普天之下,合四方内外,使强国成为亲眷,令弱国成为藩属。君主行动无不宾从,君主清静无不随同。兴事举业必据礼法,顺时循礼方有成效。若与邻国相处,不求和好,而国内的官职又不分贵贱等级,祸事变故必然天天到来而不得安宁。

　　这些居于"玄宫图"之东方方外。

　　夏行春政,风①;行冬政,落②,重则雨雹③;行秋政,水④。十二小郢,至德⑤;十二绝气下⑥,下爵赏⑦;十二中郢,赐与;十二中绝,收聚⑧;十二大暑至⑨,尽善⑩;十二中暑,十二大暑终,三暑同事。七举时节⑪,君服赤色,味苦味⑫,听羽声⑬,用七数,饮于赤后之井⑭,以毛兽之火爨⑮。藏薄纯⑯,行笃厚⑰,坦气修通;凡物开静,形生理。定府官⑱,明名分⑲,而审责于群臣有司⑳,则下不乘上㉑,贱不乘贵。法立数得㉒,而无比周之民㉓,则上尊而下卑,远近不乖㉔。

　　此居于图南方方外。

【注释】

　　①风:指多风灾。

　　②落:凋落,草木早枯。

③雨(yù)雹:指下冰雹。雨,在此为动词。

④水:指水灾。

⑤十二小郢(yǐng),至德:郢,盈,满。至德,招致有德的人到来,招纳贤士。一说句读为"小郢至,德",谓"德"通"得",指万物渐长可得。

⑥绝气下:天气停止下降。

⑦下爵赏:颁布爵赏。下,此处即向下行赏之义。

⑧收聚:把已成熟的作物收取聚藏。一说指官府征集物资,以充实朝野用度。

⑨大暑:节气名。

⑩尽善:即"尽缮"。全面修缮。

⑪七举时节:即遵从火德之举。七,南方火德,其数为"七"。

⑫君服赤色,味苦味:穿戴红色,吃苦味食物。

⑬羽声:五声之一。

⑭赤后之井:指南方井。赤后,即炎帝,主南。

⑮毛兽之火:指西方之火。毛兽,西方白虎。

⑯薄纯:博大纯正。薄,通"博"。

⑰笃厚:忠实厚道。

⑱府官:指府中官阶。府,官署的通称。

⑲名分:指人的名分及应守的职位。

⑳有司:设官分职,各有专司,故称官吏为"有司"。

㉑乘:凌驾,逾越。

㉒数:方略,政策。

㉓比周之民:结党营私之徒。

㉔乖:错乱,违背。

【译文】

君主夏季推行春季时的政令,就会常刮大风造成风灾;如果施行冬季时的政令,轻则草木凋落,重则出现冰雹;如果施行秋季时的政令,将会造成水涝之灾。十二天,值小郢节气到来,这时阳气渐趋盈满,适合选拔有德之士、招纳贤能之才;又十二天,天气停止下降;向下级行赏赐;又十二天,值中郢节气,当颁行赏赐;十二天,值中绝节气,应当把已成熟的农产品收获聚敛;十二天,大暑节到来,应全面修缮各种用器。十二天中暑节气,又过十二天是大暑终节气;"三暑"期间,行事相同。在"七举"时节,应当穿戴赤色服饰,品尝苦味食物,欣赏羽声音乐,应当取用七数,饮用南方赤后之井的水,取用西方白虎毛兽之火使用或炊煮。内心存宽广纯素的心境,身行诚笃忠厚、保持言行敦厚诚实,平和之气循环流通;地气畅通,万物和顺安静,各得其所,顺其理致,自然生长。确立官府中的高低官阶,明确定出官吏身份的上下职位,随时加以审查核实、明察督导,群臣及官府就不敢凌驾于君主,下属也不敢超越上级,位卑者就不敢逾越位尊者。礼仪法规得到确立,政策实施得当,没有结党营私之人,位尊者居上,位卑者居下,亲疏远近不相违背,再无错乱现象。

　　此段文字居于"玄宫图"之南方方外。

　　秋行夏政,叶①;行春政,华②;行冬政,耗③。十二,期风至④,戒秋事⑤。十二,小卯⑥,薄百爵⑦。十二,白露下,收聚。十二,复理⑧,赐与。十二,始节⑨,赋事⑩。十二,始卯⑪,合男女。十二,中卯,十二,下卯,三卯同事⑫。九和时节⑬,君服白色,味辛味,听商声⑭,治湿气⑮,用九数。饮于白后之井⑯,以介虫之火爨⑰。藏恭敬⑱,行搏锐⑲。坦气修通,凡物开静,形生理。间男女之畜⑳,修乡间之什伍㉑,量委积之多寡㉒,定府官之计数。养老弱而勿通㉓,信利周而无私㉔。

　　此居于图西方方外。

【注释】

①叶：叶盛。指农作物徒长苗叶而不结花实，即"秀而不实"。

②华：花盛。指光开花不结实，即"华而不实"。

③耗：虚耗，损耗。

④期风：凉风，季风。

⑤戒秋事：命令准备秋天的农事。

⑥小卯：安井衡云："卯"当作"酉"……酉位在西，主秋，故以名节。

⑦薄百爵：此句是说秋际来临之物候现象。薄，迫，逼迫，驱逐。百
　爵，各种小雀。爵，"雀"之假借。

⑧复理：秋分时节昼夜长短与春分一样，如此反复循环，称复理。

⑨始节：指从秋分开始，昼短夜长。

⑩赋事：即兵事。指军事训练。一说作整饬田赋之事。

⑪始卯：应同春季，同"始卯"。

⑫三卯：此"中卯""下卯""三卯"应同上作"中酉""下酉""三酉"。

⑬九和时节：指立秋时节。其时"盛德在金"，"金"在阴阳五行中成
　数为"九"，所谓"金气和"，故言立秋日为"九和时节"。

⑭商声：古乐宫、商、角、徵、羽五音之一。

⑮治湿气：调理湿气。

⑯白后之井：西方井。白后，即白帝，主西。

⑰介虫之火曩：或作"介兽之火"，有介壳的动物，如龟、蟹之类。
　羽、毛、鳞、介、倮，皆可谓"虫"，亦可谓"兽"，古以"四兽"为军阵，
　"北方，其兽玄武"，玄武，即龟。介兽之火即北方之火。

⑱藏恭敬：持心恭敬。

⑲行搏锐：金之用则锋锐而可搏，此处指用兵。

⑳间男女之畜：检查男女日常生活、检阅其畜养状况。间，丁士涵
　云："间"与"简"通。简，检阅。畜，畜养。

㉑什伍：为农村的基本组织，十家为一什，五家为一伍。整编什伍，

以备战时之需。

㉒委积：堆积，积蓄。指积累和贮藏。

㉓养老弱而勿通：此句是说，养老少应分开养。通，通行，一样。

㉔信利周而无私：这句是说申明利害而无私利。信，申明。古与"申"字可通用。周，为"害"字之误。

【译文】

　　秋季推行夏季时的政令，植物只会枝繁叶茂而不结籽实；秋季推行春季时的政令，植物只开花不结果；若在秋季推行冬季时的政令，诸事只会耗损。立秋后十二天，凉风如期而至，当告诫百姓准备秋收之事。十二天，值小酉节气，猛禽迫凌各种小雀。十二天，白露，应当鼓励农民收割聚集。十二天，再次昼夜长短相同，赏赐臣民。十二天，夜长昼短，着手军事训练。十二天，动物交媾，适合男婚女嫁，准许青年男女相会或婚配。十二天，中酉，十二天，下酉，三酉期间，行事相同，适宜男婚女嫁，举行婚事。秋凉值金气和顺时节，君主适宜穿戴白色服饰，品尝辛辣食物，欣赏商调音乐，调理寒湿之气，取用九数。遵循九和时令要求，饮用西方白后之井的水，取用北方介虫之火炊煮或使用，以迎接寒冬之气。君主应心怀恭敬谨慎，做好军事训练。使平和之气循环畅通，地气通畅，万物安宁，按照各自生理自然长成，形体生成。检阅乡民日常生活，检查男女的生养情况；须修治乡间什伍编制，整编乡同组织，加强军事训练，要计算物资贮备的多少，要核实政府各级官员名额的数量，有区别地奉养长者、体恤弱者，向民众申明利害，无任何偏私。

　　此段文字居于"玄宫图"之西方方外。

　　冬行秋政，雾①；行夏政，雷②；行春政，烝泄③。十二，始寒，尽刑④。十二，小榆⑤，赐予。十二，中寒，收聚。十二，中榆，大收。十二，寒至，静⑥。十二，大寒，之阴⑦。十二，大寒终，三寒同事⑧。六行时节⑨，君服黑色，味咸味，听徵声⑩，治阴气⑪,用六数,饮于黑后之井⑫,以鳞兽之火爨⑬。藏慈厚⑭,行薄纯⑮,坦气修通,凡物开静,形生理。器成于僇⑯,教行于钞⑰。动静不记,行止无量⑱。戒审四时以别息⑲,异出入以两易⑳,明养生以解固㉑,审取予以总之㉒。

【注释】

①雾:多阴雾。

②雷:冬雷是气候反常现象。俗谚有:"雷打冬,十个牛栏九个空。"

③烝泄:即"蒸泄"。泄而上烝。指地气向上发散泄漏。

④尽刑:全面施行刑罚,无留狱。一说,尽,止。天大寒时,刑杀截止。

⑤小榆:节气名。榆,通"逾"。越的意思。指开始越冬。

⑥静:停止。

⑦之阴:变阴。大寒来时,天阴暗。

⑧三寒同事:寒至、大寒、大寒终,三寒期间都宜于尽刑、收聚和养静。

⑨六行时节:指立冬时节。其时阴阳五行中属"水",其成数为六,水气行,故谓"六行时节"。

⑩徵(zhǐ)声:五音之一。

⑪治阴气:冬太阴,必须调理阴气,使其不太阴。

⑫黑后之井:北方井。黑后,即黑帝,主北。

⑬鳞兽之火:东方之火。鳞兽,指东方青龙。

⑭藏慈厚:内存仁慈宽厚之心。

⑮行薄纯:言语行动素朴真纯。薄,通"朴"。

⑯僇:通"勠"。勠力。即齐心协力的意思。

⑰钞:通"眇"。细微。

⑱动静不记,行止无量:言动静失其纪,则行止无度量。记,当为

"纪"。

⑲戒：慎也。慎重，谨慎。审：丁士涵云："审"字涉下文"审取予"而衍。息：生长。

⑳异出入以两易：分别会计出和入，了解收支都方便。异，分别。出入，出纳。两易，双易。两，偶，双。

㉑固：通"故"。凶灾。

㉒总之：统计匮乏情况。

【译文】

如果秋季推行冬季的政令，就会阴雾弥漫；推行夏季政令，就会雷声阵阵；推行春季时的政令，就会地气蒸发泄漏。十二天，天气始寒，适宜施行刑杀，使死罪之人不羁在狱中。十二天，是越冬的小榆节，君主应颁行赏赐于臣民。十二天，是中寒节气，命令民众收聚谷物、敛藏果实。十二天，是中榆的节气，当命令民众全面地收藏。十二天，大寒节气，即冬至节到，君主应当颁令停止农事，使农民得以进入静养以求无事而安心。十二天，大寒至阴节气。十二天，大寒终节气。三寒期间，行事相同。寒冬正值水气运行时节，君主宜穿戴黑色服饰，品尝咸味的食物，静心欣赏微调音乐，调理盛阴之气，取用六数，遵循六行时令要求，饮用北方黑后之井的水，取用东方鳞兽之火来使用或炊煮，以迎接阳春之气到来。应当心怀仁慈淳厚，身行省薄纯俭，以保持言行纯朴仁厚，使平和之气循环流通；地气畅通，万物和顺安宁，顺其自然生理、自然生成形体，顺乎自然天理；器物成于齐心协力，教化要细致和认真；动与静无规则，行和止就没有规范。慎重地按照四时来变化作息；依据出入不同，灵活安排收支；明备生活条件可能解除灾害，认真对待获得与付出，总体把握就不出问题。

　　一会诸侯，令曰：非玄帝之命①，毋有一日之师役②。再会诸侯，令曰：养孤老③，食常疾④，收孤寡⑤。三会诸侯，令曰：田租百取五⑥，市赋百取二⑦，关赋百取一⑧。毋乏耕织之器。四会诸侯，令曰：修道路，偕度量⑨，一称数，薮泽以时禁发之⑩。五会诸侯，令曰：修春秋冬夏之常祭，食天壤山川之故祀⑪，必以时。六会诸侯，令曰：以尔壤生物共玄官⑫，请四辅⑬，将以礼上帝。七会诸侯，令曰：官处四体而无礼者⑭，流之焉莠命⑮。八会诸侯，令曰：立四义而毋议者⑯，尚之于玄官⑰，听于三公⑱。九会诸侯，令曰：以尔封内之财物⑲，国之所有为币⑳。九会，大命焉出㉑，常至㉒。

【注释】

①玄帝：即玄宫之帝，实即居于各图之中的最高神。

②师役：指战争。

③孤：幼而无父母，谓之孤。

④食(sì)：供养，养育。常疾：残疾人。

⑤孤寡：孤儿寡妇。

⑥百取五：即收百分之五的田租率。

⑦市赋：市场税。

⑧关赋：关卡税。

⑨偕：齐同。

⑩以时禁发之：按照季节进行封禁或开放。

⑪食：犹言"血食"。即祭享的意思。

⑫生物：所出的物产。共：供。玄官：当作"玄宫"。意谓供奉于玄宫。

⑬四辅：官名，古代天子身边的公卿大臣。此处泛指辅政或助祭的大臣。

⑭官处：居官，在官舍。四体：手足四肢。

⑮流之焉莠命：列入不良之类。焉，于。莠，田中杂草。此处指污辱、扰乱政令的官员。

⑯四义：四仪。义，同"仪"。即四体举止。毋议：即不遭非议。议，论难，非议。

⑰尚：推举，选拔。

⑱听于三公：听候三公评议。三公，周代有两层意思，一指司马、司徒、司空，一指太师、太傅、太保。皆为高级大臣。

⑲封内：疆界内。

⑳为币：行币礼。币，古时称帛、玉等进贡的礼物为币。

㉑大命焉出：言九会诸侯，天下命令于是出自我，诸侯率服。

㉒常至：指九次朝会之后，诸侯各国应遵照常规，按规定的时间至齐受命。常，常规。

【译文】

一次召集诸侯会合时命令：没有得到玄帝的命令，谁都不能发动兵役进行战争。二次召集诸侯会合时命令：要奉养长者、抚育孤儿，供养身有残障者，收养孤儿寡妇等。三次召集诸侯会合时命令：田租只可征收百分之五，市场税只收百分之二，关卡税只收百分之一。不要让耕田和织布的用具缺乏供给。四次召集诸侯会合时命令：修整道路，统一度量衡的标准，山林和湖泽须定期依时封禁和开放。五次召集诸侯会合时命令：整修和恢复春秋冬夏的常规祭祀，天地山川的传统祭礼，必须按照固定的时间进行。六次召集诸侯会合时命令：用你们国土上的出产物进贡玄宫，请四辅协助，敬奉天帝和礼祀五岳。七次召集诸侯会合时命令：在手足四肢四方面有不合于礼法的，以秽乱教化的罪名流放。八次召集诸侯会合时命令：在四体方面能树立仪则的，举荐于玄宫，予以赏赐，由三公决定其任用。九次召集诸侯会合时命令说：用你们封地的财物和特产作为币礼来朝贡。九次会合诸侯之后，大政方针由此颁定，以后朝聘不断，诸侯奉命成为常规。

千里之外，二千里之内，诸侯三年而朝，习命①。二年，三卿使四辅②。一年正月朔日，令大夫来修③，受命三公。二千里之外，三千里之内，诸侯五年而会④；至，习命。三年，名卿请事⑤。二年，大夫通吉凶。十年，重適入正礼义⑥。五年，大夫请受变⑦。三千里之外，诸侯世一至⑧，置大夫以为廷安⑨，入共受命焉⑩。

此居于图北方方外。

【注释】

①习命：修习政策法令，熟悉政令。

②三卿使四辅：此句是说，诸侯三公受命于四辅。使四辅，接受命令。

③令大夫：官名，位在"列大夫"之上。来修：谓诸侯使命大夫来修好。

④会：指诸侯亲至王所朝见天子。

⑤名卿：即"命卿"。命于天子之卿。

⑥適：通"嫡"。嫡子。这里指诸侯世子。入：入朝。礼义：即礼仪。

⑦五年，大夫请受变：俞樾云：此二句当在下文"三千里之外，诸侯世一至"之下。受变，此指学习政策法令。

⑧世一至：指三十年来朝一次。世，古称三十年为一世。

⑨廷安：廷宴。在朝堂举行宴会，以示和好。

⑩入共受命：负责向朝廷进贡，接受政事、政令。入共，犹"入贡"。

【译文】

距离在一千里之外、二千里以内的诸侯国，每隔三年君主须朝会一次，熟悉命令、修习政教。每隔两年派遣三公出使，接受四辅命令。每年正月初一，派遣令大夫来朝修好兼学习政令，到三公处接受命令。距离在二千里以外、三千里以内的诸侯国,每隔五年君主须来齐朝会,熟悉命令、修习政教。每隔三年,派遣三卿前来朝廷请求指示、接受命令。每隔两年,派遣大夫前来朝廷报告国情的吉凶。距离在三千里以外的诸侯国,君主三十年来齐朝见一次,每隔十年,派遣负有重任的诸侯世子来朝廷,修正礼仪制度,以尽礼仪。每隔五年,派遣大夫前来朝廷学习新变更的政策法令,请求接受治国的指示。安排大夫一人作为接待官,负责宴会款待,并负责交纳贡物、接受命令诸事。

　　此段文字居于"玄宫图"之北方方外。

　　必得文威武①,官习胜之务②。时因,胜之终③;无方④,胜之几⑤;行义,胜之理;名实⑥,胜之急;时分⑦,胜之事;察伐⑧,胜之行;备具⑨,胜之原⑩;无象⑪,胜之本。定独威⑫,胜;定计财⑬,胜;定知闻⑭,胜;定选士,胜;定制禄⑮,胜;定方用⑯,胜;定纪理⑰,胜;定死生,胜;定成败,胜;定依奇⑱,胜;定实虚,胜;定盛衰,胜。举机诚要⑲,则敌不量⑳;用利至诚,则敌不校㉑。明名章实㉒,则士死节;奇举发不意㉓,则士欢用。交物因方㉔,则械器备;因能利备㉕,则求必得。执务明本㉖,则士不偷㉗;备具无常,无方应也㉘。

【注释】

　　①必得文威武:此谓必须文有德、武有威。得,通"德"。

　　②官习胜务:各级官吏修习胜敌的事务。胜务,也可解作胜任各项事务。务,事务,事情。

　　③时因,胜之终:谓善因时是取得最终胜利的保证。时因,即"因时"。终,最终结果。一说,"终"为"纪"字之误。

　　④无方:没有固定的法度。指变化无常。

⑤几：通"机"。关键，征兆。指微妙处。

⑥名实：名声与实际。此处指人所得荣誉与做事实效相配。

⑦时分：时刻，时间。指抓紧时间，分秒必争。

⑧察伐：量察功伐。伐，功劳，等级。

⑨备具：完备攻战的器具。

⑩原：同"源"。

⑪无象：没有表露出迹象。指行动隐蔽，行军布阵，不露痕迹，无迹可寻。

⑫定独威：确立统一指挥的权威。

⑬计财：指计算经费开支。

⑭知闻：指了解敌方的军事情报信息。

⑮制禄：指因功颁禄。

⑯方用：不同的作用功能。指制造军器时遵循设计方案，使之能发挥各自的最大效用。方，比，比量。

⑰纶理：伦理，条理。纶，古通"伦"。

⑱定依奇：即战争时能确定何时用"奇"（奇计）何时用"正"（常道）者，可以获胜。清何如璋说"依"当作"正"。

⑲举机诚要：把握战机确实得其要领。诚要，确实精要。

⑳量：测度，预料。

㉑校：抗拒，对抗。

㉒章：彰明，显明。

㉓奇举发：行动出其不意的意思。郭沫若说："发"乃"举"字之古注，误衍入正文者。故当为"奇举"。一说"奇"为衍文，当作"举发"，指发兵。

㉔交物因方：按照实际情况考校兵器装备和检验成品。交，考校，考核。

㉕因能利备：依据能力和有利原则做准备。

㉖执务明本：掌握关键，明确根本。

㉗偷：苟且，侥幸。

㉘备具无常，无方应也：这两句是倒装句。谓敌人无法应付也。备具，准备，防备。无常，非正常情况。无方应，应对无法意料之事。

【译文】

君主必须使文官有德、武官有威，各级官员修习克敌制胜的各项事务。因时而动，顺应天时是制胜的总则；兵法方略变化无常，是制胜的关键；出师有据、兵行正义，为制胜之常理；奖惩得当，名实相符，是制胜克敌的当务之急；研讨进攻时机，是制胜的大事；兵器和战备齐全，是制胜的先决条件；行军隐蔽，使敌人无迹可寻，是制胜的根本。能够确定权威和统一行动者，可以制胜；能够计算其军费开支并确定其财物用度的，可以制胜；能够审定敌情真伪或情报信息及时可靠的，可以制胜；能确保将士获得精选的，可以制胜；能够审定因功颁禄的，可以制胜；能够审定因不同需要确保军器制造的，可以制胜；能够确保上下长幼有序的，可以制胜；能够审定死生大义的，可以制胜；能够审定攻战成败的可以制胜；能够审定用兵正奇相依，可以制胜；能够审定敌军各方虚实的，可以制胜；能够审定兵势盛衰形势的，可以制胜。出兵把握时机，定计精妙切中要害，敌人就难以估量；用兵充分利用各种优势，敌人就不能对抗。奖惩合乎实际，将士就会舍生忘死以尽各节；适时运用奇兵险将，出其不意，攻其不备，将士就乐于被军队所用。仔细根据需要考核军备，军械兵器就能精良完备；能依据自身能力和有利条件，目标就能达到有求必得。知晓要务，明确根本，将士就不会苟且敷衍；做好各种防备，以备突发状况，这是应付意外的办法。

听于钞①，故能闻未极②；视于新③，故能见未形；思于濬④，故能知未始；发于惊⑤，故能至无量⑥；动于昌⑦，故能得其宝⑧；立于谋，故能实不可故也⑨。器成教守⑩，则不远道里；号审教施⑪，则不险山河⑫。博一纯固⑬，则独行而无敌；慎号审章⑭，则其攻不待权与⑮；明必胜则慈者勇⑯，器无方则愚者智⑰，攻不守⑱，则拙者巧；数也⑲。

【注释】

①钞：眇，细微。

②闻未极：能听到未到来的声音。极，到达。

③新：事物的萌芽状态。

④潜：深远，深沉。

⑤惊：惊慌，使敌人惊慌。

⑥无量：不可测度。

⑦昌：即"倡"。始。

⑧宝：指俘获。齐人语称俘获为宝。

⑨实：实在。贾谊《新书·大政下》："能言而能行之者，谓之实。"
　　故：变故，突发的意外。

⑩教守：教导防守的事。

⑪号审：号令明确。

⑫不险山河：不畏山河艰险。

⑬博一：指德广而专一。博，通"溥"。大，普遍。纯固：专一坚定。

⑭章：旗帜等标识物。

⑮权与：同盟友好之国。

⑯慈：仁爱。此处指软弱之人。

⑰无方：器用周全。

⑱不守：无防守。攻击无防守的敌人。

⑲数：自然的道理。

【译文】

听得到细微之声响，因而能听到还未到来的声音；看得见萌芽，就能看到还未成形的事物;思虑深远,所以能预先想到还没有开始发生的事情;发动得突然,令敌惊慌,可获得无可限量的效果;出战能得先机,就能大有俘获。立足于缜密的运筹,就能实在地攻守,不生变故。军备齐全、武器完好,又严守训令,因而就不怕长途跋涉、远道行军;号令严明,训练有素,因而就不怕山高水险。德行广博,信念单纯,就可以纵横天下、所向无敌;发号严谨而旗帜分明,就可以攻无不克、一举破敌,不必依靠外援。指明必胜的结局,即使心慈手软的人也会变得勇猛杀敌;兵器精良完备,即使是愚蠢的人握有无法防御的武器,也会变得聪明非凡;攻打不设防的敌军,即使笨拙的人也会变得奇妙灵巧。这些,都是自然的道理。

　　动慎十号①,明审九章②,饰习十器③,善习五官④,谨修三官⑤。必设常主⑥,计必先定。求天下之精材⑦,论百工之锐器⑧,器成角试否臧⑨。收天下之豪杰,有天下之称材⑩,说行若风雨⑪,发如雷电。

　　此居于图方中⑫。

【注释】

①动:郭沫若云:"动"当为"勤",字之误也。勤,即勤奋。十号:十种号令。

②九章:九种旗帜。作为指挥作战的标志,即:日、月、龙、虎、鸟、蛇、鹊、狼、韜九种旗章,《兵法》有详述。

③十器:什器,各种器具。十,与"什"古通。

④五官:五教。官,管教。

⑤三官:指鼓、金、旗三种器物的指挥职能。《兵法》:一曰鼓以进。二曰金以退。三曰旗以表趋向。

⑥常主:指军中主帅。

⑦精材:优质器材。

⑧论:评选。

⑨角试:较量,比试。否:恶,劣。臧:善,优。

⑩称材:名实相符的优良人才。

⑪说:读为"脱",古字通用。

⑫此居于图方中:此段文字居于"玄宫图"之方中。

【译文】

　　要勤于审察十种号令,明确分辨九种旗章,饬令监督操练各种兵器,还需善于演习好五教要领,必须勤谨有效地训练士卒金鼓旗帜等各种号令。军中主帅一定要常设不缺,行军谋略、作战计划必须预先制定好。要征集天下优质材料、搜罗精良的器材,评审百工制成的各种锋利精锐的武器;制成后的兵器,要进行比试较量以检定其优劣好坏。要招纳天下英雄、网罗各地豪杰,势必囊括天下的强将好手。一旦出军作战,行军就该像狂风骤雨般的迅捷,发兵就该像雷鸣电闪般的勇猛激烈。

　　此段文字居于"玄宫图"之方中(副图)。

　　旗物尚青①,兵尚矛②,刑则交寒害钛③。器成不守④,经不知;教习不著⑤,发不意⑥。经不知,故莫之能围⑦;发不意,故莫之能应。莫之能应,故全胜而无害;莫之能害,故必胜而无敌。四机不明⑧,不过九日而游兵惊军⑨;障塞不审⑩,不过八日而外贼得间⑪;由守不慎⑫,不过七日而内有谗谋;诡禁不修⑬,不过六日而窃盗者起;死亡不食⑭,不过四日而军财在敌⑮。

　　此居于图东方方外。

【注释】

①尚青：崇尚青色。阴阳五行中东方属木，故其旗色青。

②兵尚矛：兵器用长矛。

③寒：通"干"。栏杆。在此指木枷。害钛：即"辖钛"。施加在脚上的镣铐刑具。

④不守：不墨守成规。即制战争之器不拘成法的意思。

⑤不著：不固执。即教习战士采取灵活方式。

⑥发不意：发兵攻伐敌人让其意料不到。

⑦圉：阻挡，抵挡。

⑧四机：指上文所述不守、不知、不著、不意四种失察之举。一说指下文所述敌情、敌政、敌将、敌士四种兵机之要。

⑨游兵惊军：使军心游离、惊恐。

⑩障塞：指防御工事和防守要道。

⑪得间：即外贼得到机会的意思。间，缝隙，空隙。

⑫由守：俞樾说："由"疑"申"字之误。申守，多重防守。申，重。

⑬诡禁：指防范欺诈行为的禁令。修：整顿。

⑭死亡不食：王引之云："亡"盖"士"之讹。死士，敢死之士也。食，犹飨也。"死士不食"，即吝于财用，而不奉养或犒赏敢死之勇士。一说指对军中死者不供享食，即不安葬祭祀死者。食，供食。

⑮军财在敌：军队财物将落入敌人之手。

【译文】

　　东方旗帜崇尚青色，兵器宜用长矛，刑具多用木枷脚铐之类木质。兵器装备不守旧，过境敌国可令敌人不能察觉；教练士兵方法灵活，进攻就可以出其不意。过境而敌人不能察觉，敌军就无法防御；发兵而出敌不意，敌人就无法应付。敌人无法应付，我军就能全胜而没有损失；敌人无法防御对抗，我军就能必胜而所向无敌。不了解上述用兵的四项机要,不出九天,军心就会涣散动摇;不注重加强防御工事和防守要道,不出八天,敌人就会趁隙而入;不严肃谨慎地加强戒备和防守,不出七天,离间的谗谋和奸计就会在内部出现;对于欺诈行为不加防范和整顿,不出六天,偷盗窃取之徒就会纷纷出现到处作乱;不供养敢死之士、又不犒赏勇于作战的将士,不出四天,我军的财物就要落入敌军之手。

此段文字居于"玄宫图"之东方方外(东图之副图)。

旗物尚赤①,兵尚戟②,刑则烧交疆郊③。必明其一④,必明其将,必明其政,必明其士。四者备⑤,则以治击乱,以成击败。数战则士疲,数胜则君骄,骄君使疲民则国危。至善不战⑥,其次一之⑦。大胜者,积众胜无非义者⑧。焉可以为大胜?大胜,无不胜也。

此居于图南方方外⑨。

【注释】

①尚赤:崇尚赤色。阴阳五行说南方属火,故旗帜尚赤。

②戟(jǐ):古代兵器,形制与戈相似,比戈多一个可以刺杀的矛头,是戈和矛的结合。

③烧交疆郊:意思是罚那些有罪者在烈日下干沉重的工作。一说"疆郊"也是火烧,因而"烧交疆郊"是四种夏日用的火刑。交,"炐"字之借,火烧的意思。疆郊,郊,为"烧"之借。疆垅即瘠薄难治的土地。

④一:号令不二的意思。

⑤四者备:即前文所述:号令统一、明将、明政、明士四种用兵机要。

⑥不战:不战而胜。

⑦一之:指一战而胜。

⑧无非义者：没有不义之战。

⑨此居于图南方方外：尹注曰："此南图之副也。"

【译文】

南方旗帜崇尚赤焰之色，兵器宜用戟，所用刑具多为烧、炫、疆、郊之类的火刑。两军交战之时，军中必须上下一心、步调一致、号令统一，才能出战；出战前，必须掌握敌方军情，必须了解对方将帅的谋略，必须了解对方政局和形势，必须了解对方士兵的作战素质，才能克敌制胜，这四个方面能充分掌握了，就能做到用治军击乱军、用必胜之军击必败之军了。连续出征、多次作战，士卒就会疲劳，屡获战绩、多次取胜，君主就会骄傲；骄傲的国君驱使疲劳的士卒去作战，国家就面临危险了。最完美的军事行动，是不战而胜，其次是一战而能胜敌。所谓大胜，指的是积累多次胜利而没有非正义的战争。如何能做到为正义而取得大胜？无战不胜，即是大胜。

此段文字居于"玄宫图"之南方方外（南图之副图）。

旗物尚白①，兵尚剑②，刑则诏昧断绝③。始乎无端④，卒乎无穷⑤。始乎无端，道也；卒乎无穷，德也。道不可量，德不可数。不可量，则众强不能图；不可数，则为诈不敢乡⑥。两者备施⑦，动静有功。畜之以道⑧，养之以德。畜之以道则民和，养之以德则民合。故能习，习故能偕⑨，偕习以悉⑩，莫能伤也。

此居于图西方方外⑪。

【注释】

①尚白：崇尚白色。阴阳五行说西方属金，故旗帜崇尚白色。

②剑：古代兵器，双刃有短柄。战国时流行。

③诏昧断绝：皆指刀剑断斩之刑。诏，通"钊"。昧，割也。

④端：端绪，开头。

⑤穷：穷尽，结尾。

⑥为诈：伪诈。为，与"伪"古通用。乡：通"向"。相向。

⑦两者：指道与德。

⑧蓄：培养。

⑨偕：同谐，和谐。

⑩悉：完全，竭尽。以：而。

⑪此居于图西方方外：尹注曰："此西图之副也。"

【译文】

西方属金，秋季的旗帜崇尚白色，兵器宜用刀剑，象征金属的锋利，所用刑具多是绍、昧、断、绝之类的金刑，即刀剑断斩之刑。事情发生时找不到它的开端，结束时没个煞尾。找不见开端就好比道，看不见尽头就好比德。道，不可估量；德，不可计算。无法度量，所以再众多的人也敢有所图谋；不可计算，所以伪诈就不敢出现。道和德两者双管齐下、兼而施之，无论动或静，都能各有其功，培养民众都要合于道和德的原则。培养以道百姓就和睦，培养以德百姓就团结。彼此和睦、团结一心就能使民众的力量凝聚起来，君臣上下都凝聚团结就能相互协调、尽心尽力，全国百姓的力量都能凝聚协调、万众一心，那就谁都不能来伤害了。

此段文字居于"玄宫图"之西方方外（西图之副图）。

　　旗物尚黑①，兵尚胁盾②，刑则游仰灌流③。察数而知治，审器而识胜，明谋而适胜④，通德而天下定。定宗庙，育男女⑤，官四分⑥，则可以立威行德，制法仪⑦，出号令。至善之为兵也，非地是求也⑧，罚人是君也⑨。立义而加之以胜，至威而实之以德⑩，守之而后修⑪，胜心焚海内⑫。民之所利，立之；所害，除之；则民人从⑬。立为六千里之侯，则大人从⑭；使国君得其治⑮，则人君从。会请命于天，地知气和⑯，则生物从⑰。

【注释】

①尚黑：崇尚黑色。阴阳五行说北方属水，故旗帜崇尚黑色。

②胁盾：放在腰间的一种盾。

③游仰灌流：指溺水、沉潭之类的水中之刑。仰，即以水灌鼻之刑。冬季在五行中属水，故刑罚用水。

④适胜：王念孙云："适胜"当为"胜适"。适，即"敌"字也。适胜，指战胜敌军。一说谓适胜，即往胜，通向胜利。

⑤育男女：繁育子女。

⑥官四分：按春夏秋冬四季设立官职。

⑦法仪：法度。

⑧非地是求：即"非求地"。不是为了单纯追求土地。

⑨罚人是君：伐其民、正其君的意思。罚，通"伐"。是，正。

⑩至威：树立权威。

⑪守之而后修：言以文守之，胜乃完备也。郭沫若云："修"当为"备"字之误也。

⑫心焚：言能守仁义威德而后举兵胜敌，则必服海内，如在樊篱之中也。猪饲彦博云："心焚"当作"必樊"。樊，通"藩"。

⑬民人：即民众、人民。

⑭大人：指天子身边的三公、四辅，即谓大臣。

⑮国君：指诸侯各国的君主。

⑯地知气和：此句是说天地气连接则和畅。知，接，连接。

⑰生物：指万物。从：从之。

【译文】

北方旗帜崇尚黑色,兵器宜用置于腰间之胁盾,所用刑具乃游、仰、灌、流之类的水刑,即沉潭、溺水等水中之刑。考察事物的道理,就可以知晓治事之道;审查兵器装备的优劣,就能识别胜负原因;精通谋算计划,就可以无往而不胜;懂得普施德泽、广行德政,就可以天下安定。能够安定宗庙、繁育儿女,并能按四季分设官职,各司其职,就可以逐步确立权威、制定法度、颁行号令了。最高明、最完善的用兵,最终目标不是为了占领别国的土地,是为了惩罚、纠正不善的君民;而是树立正义,以战胜推行正义的力量;树立威严以推广文教德化,坚守这样的方向终会达致长治久安,也必定能进而征服四海、安定天下。民众认为有利的,就兴办;民众认为有害的,就消除;那么,各国的百姓都会由衷的服从。在六千里范围之内封立侯爵,则各诸侯国的大臣就会服从。保障各诸侯国君主治理其内部人民的权限、并促使其治理好自己的国家,那么,各国的君主就会服从。祭祀上天,祈求除病消灾、天地之气相和、物足地润、风调雨顺,那么,普天之下的一切生物也都会顺从了。

计缓急之事,则危危而无难①;明于器械之利,则涉难而不变。察于先后之理,则兵出而不困②。通于出入之度,则深入而不危。审于动静之务,则功得而无害也。著于取与之分③,则得地而不执④。慎于号令之官⑤,则举事而有功。

此居于图北方方外⑥。

【注释】

①危危:指极度危险。缓急之事,皆有可危之理,故曰危危。

②兵出:指大兵出境。一本作"空兵",意谓倾国之师。

③著:明。取与:指当取则取,当予则予。与,予。

④不执：不惶惧。俞樾云："执"读为"慹"。《说文·心部》曰："慹，
　悑也。""悑"即今"怖"字。

⑤官：职事，职能。

⑥此居于图北方方外：尹注曰："此北图之副也。"

【译文】

　　筹划处理好事情的轻重缓急，即使遇到极度危险的事情，也不至于
陷于灾难境地；了解器械的利用，进入险境也不会有大的灾变。明察先
后的道理，大兵出境也不会陷入困局。精通出入敌阵的法度，即使深入
敌国之境也不会陷入绝境。懂得动静的法则，便会取得成功而避免危
害。明确当取、当予的关系和界限，即使占领别国、夺得了土地，也没有
忧惧和祸患。严肃慎重地对待发号施令，一旦要有所行动，举事便能建
立功业、达到预期成效。

　　此段文字居于"玄宫图"之北方方外（北图之副图）。

幼官图第九

【题解】

本篇与《幼官》篇文字内容完全相同，唯有各段次序有差异。即《幼官》篇的次序是中、东、南、西的次第，先"本图"，再言"副图"，而此篇则为西（本图、副图）、南（本图）、中（本图）、北（本图）、南（副图）、中（副图）、北（副图）、东（本图、副图）。对两者间的异同，历来学者有不同看法。如日本学者安井衡认为原图已佚，后人因再钞《幼官》篇以充篇数耳，非《管子》之旧。郭沫若则认为：《幼官》篇本只有图，又有说明文字，就有了《幼官图》篇。黎翔凤则认为：《幼官图》篇与《幼官》篇文字相同，重复不合理，古人决不如是之愚蠢。以屈原祖庙及长沙轪侯墓画绢例之，《幼官图》篇是图，是照《幼官》篇文字绘图于壁上，即用《幼官》篇文字说明之。至于此篇述说顺序与《幼官》篇不同，李零认为，这与古人"吉事尚左，凶事尚右"之观念有关。其说见《长沙子弹库战国楚帛书研究》，可参看。

"幼官图"的原貌尚难测知，学者们皆各有所据，目前难有定论。本篇仅将与《幼官》篇个别文字相异处略加注释。

秋行夏政，叶；行春政，华；行冬政，耗。十二，期风至，戒秋事。十二，小卯，薄百爵。十二，白露下，收聚。十二，复理，赐予[①]。十二，始前节[②]，弟赋事[③]。十二，始卯，合男女。十二，中卯，十二，下卯，三卯同事。九和时节，君服白色，味辛味，听商声，治湿气，用九数。饮于白后之井，以介虫之火爨。藏恭敬，行搏锐。坦气修通，凡物开静，形生理。间男女之畜，修乡里之什伍④，量委积之多寡，定府官之计数。养老弱而勿通，信利害而无私⑤。

此居于图西方方外。

【注释】

①赐予：《幼官》作"赐与"。

②始前节：《幼官》作"始节"。

③弟赋事：《幼官》无"弟"字。

④乡里：《幼官》作"乡间"。

⑤利害：《幼官》作"利周"。

【译文】

秋季推行夏季时的政令，植物只会枝繁叶茂而不结籽实；秋季推行春季时的政令，植物只开花不结果；若在秋季推行冬季时的政令，诸事只会耗损。立秋后十二天，凉风如期而至，当告诫百姓准备秋收之事。十二天，值小酉节气，猛禽迫凌各种小雀。十二天，白露，应当鼓励农民收割聚集。十二天，再次昼夜长短相同，赏赐臣民。十二天，夜长昼短，着手军事训练。十二天，动物交媾，适合男婚女嫁，准许青年男女相会或婚配。十二天，中酉，十二天，下酉，三酉期间，行事相同，适宜男婚女嫁，举行婚事。秋凉值金气和顺时节，君主适宜穿戴白色服饰，品尝辛辣食物，欣赏商调音乐，调理寒湿之气，取用九数。遵循九和时令要求，饮用西方白后之井的水，取用北方介虫之火炊煮或使用，以迎接寒冬之气。君主应心怀恭敬谨慎，做好军事训练。使平和之气循环畅通，地气通畅，万物安宁，按照各自生理自然长成，形体生成。检阅乡民日常生活,检查男女的生养情况;须修治乡间什伍编制,整编乡间组织,加强军事训练,要计算物资贮备的多少,要核实政府各级官员名额的数量,有区别地奉养长者、体恤弱者,向民众申明利害,无任何偏私。

此段文字居于"玄宫图"之西方方外。

旗物尚白,兵尚剑,刑则绍昧断绝①。始乎无端,卒乎无穷。始乎无端,道也;卒乎无穷,德也。道不可量,德不可数。不可量,则众强不能图;不可数,则为诈不敢乡。两者备施,动静有功。畜之以道,养之以德。畜之以道则民和,养之以德则民合。和合故能习②,习故能偕,偕习以悉,莫之能伤也③。

此居于图西方方外。

【注释】

①昭昧:《幼官》作"诏昧"。

②和合:《幼官》无此二字。

③之:《幼官》无"之"字。

【译文】

西方属金,秋季的旗帜崇尚白色,兵器宜用刀剑,象征金属的锋利,所用刑具多是绍、昧、断、绝之类的金刑,即刀剑断斩之刑。事情发生时找不到它的开端,结束时没个煞尾。找不见开端就好比道,看不见尽头就好比德。道,不可估量;德,不可计算。无法度量,所以再众多的人也敢有所图谋;不可计算,所以伪诈就不敢出现。道和德两者双管齐下、兼而施之,无论动或静,都能各有其功,培养民众都要合于道和德的原则。培养以道百姓就和睦,培养以德百姓就团结。彼此和睦、团结一心就能使民众的力量凝聚起来,君臣上下都凝聚团结就能相互协调、尽心尽力,全国百姓的力量都能凝聚协调、万众一心,那就谁都不能来伤害了。

此段文字居于"玄宫图"之西方方外(西图之副图)。

夏行春政,风;行冬政,落,重则雨雹;行秋政,水。十二小郢,至德;十二绝气下,下爵赏;十二中郢,赐与;十二中绝,收聚;十二大暑至,尽善;十二中暑,十二小暑终①,三暑同事。七举时节,君服赤色,味苦味,听羽声,治阳气②,用七数,饮于赤后之井,以毛兽之火爨。藏薄纯,行笃厚,坦气修通;凡物开静,形生理。定府官,明名分,而审责于群臣有司,则下不乘上,贱不乘贵。法立数得,而无比周之民,则上尊而下卑,远近不乖。

此居于图南方方外。

【注释】

①小暑:《幼官》作"大暑"。

②治阳气:《幼官》无此三字。

【译文】

君主夏季推行春季时的政令,就会常刮大风造成风灾;如果施行冬季时的政令,轻则草木凋落,重则出现冰雹;如果施行秋季时的政令,将会造成水涝之灾。十二天,值小郢节气到来,这时阳气渐趋盈满,适合选拔有德之士、招纳贤能之才;又十二天,天气停止下降;向下级行赏赐;又十二天,值中郢节气,当颁行赏赐;十二天,值中绝节气,应当把已成熟的农产品收获聚敛;十二天,大暑节到来,应全面修缮各种用器。十二天中暑节气,又过十二天是大暑终节气;"三暑"期间,行事相同。在"七举"时节,应当穿戴赤色服饰,品尝苦味食物,欣赏羽声音乐,应当取用七数，饮用南方赤后之井的水，取用西方白虎毛兽之火使用或炊煮。内心存宽广纯素的心境，身行诚笃忠厚、保持言行敦厚诚实，平和之气循环流通；地气畅通，万物和顺安静，各得其所，顺其理致，自然生长。确立官府中的高低官阶，明确定出官吏身份的上下职位，随时加以审查核实、明察督导，群臣及官府就不敢凌驾于君主，下属也不敢超越上级，位卑者就不敢逾越位尊者。礼仪法规得到确立，政策实施得当，没有结党营私之人，位尊者居上，位卑者居下，亲疏远近不相违背，再无错乱现象。

此段文字居于"玄宫图"之南方方外。

若因处虚守静，人物则皇①。五和时节，君服黄色，味甘味，听宫声，治和气②，用五数，饮于黄后之井，以保兽之火爨。藏温濡，行欧养，坦气修通。凡物开静，形生理，常至命，尊贤授德，则帝。身仁行义，服忠用信，则王。审谋章礼，选士利械，则霸。定生处死，谨贤修伍，则众。信赏审罚，爵材禄能，则强。计凡付终，务本饰末③，则富。明法审数，立常备能，则治。同异分官，则安。

通之以道，畜之以惠，亲之以仁，养之以义，报之以德，结之以信，接之以礼，和之以乐，期之以事，攻之以言④，发之以力，威之以诚。一举而上下得终，再举而民无不从，三举而地辟散成，四举而农佚粟十，五举而务轻金九，六举而絜知事变，七举而内外为用⑤，八举而胜行威立，九举而帝事成形。

九本搏大，人主之守也；八分有职，卿相之守也；十官饰胜备威，将军之守也；六纪审密，贤人之守也；五纪不解，庶人之守也。动而无不从，静而无不同。治乱之本三，卑尊之交四,富贫之终五,盛衰之纪六,安危之机七,强弱之应八,存亡之数九。练之以散群偁署,凡数财署。杀僇以聚财,劝勉以迁众,使二分具本。发善必审于密,执威必明于中。

此居图方中。

【注释】

①人物:《幼官》作"人物人物",当作"人人物物"。见前篇注释。

②和气:《幼官》作"和器"。

③饰末:《幼官》作"饬末",当从《幼官》。

④言:《幼官》作"官"。

⑤内外:《幼官》作"外内"。

【译文】

如若因夜气虚灵之心安守清静大道,治人治物,都能神闲气定,绰有余裕。季夏土气和顺时节,君主应当穿戴黄色服饰,品尝甘甜之味,闻听宫调音乐,调理和顺的五和之气,按照"五和时节"的要求,数字用五,饮水用中央之井,炊煮用中央之火。保持温和柔缓的心境,培养通达乐观的性情,身行乐养好施,使坦然平和之气循环流通以利休养生息。如此,则万物畅通,随顺娴静,形体顺理生成,人生长命,不会因故短寿。君主要遵循常道,达于天命,尊重贤能,授官于有德之人,如此,便可成就帝业。君主能身体力行仁义,以身作则,躬行不辍;选拔贤良,任用忠诚信实的臣子,如此,便可成就王业。考虑谋略、审慎使用战争,彰明礼节、表明攻伐之理,精选勇士,修利武器,如此,便可成就霸业。安定生者,安葬死者,敬重贤德,修睦百姓,如此,便可以赢得民心、使百姓依附。奖赏功劳守信,处罚罪过严明,使贤才封爵,也使能臣加禄,如此,便可以带来国家强盛。注重筹算统计,计算总数,核实成效,检验结果,努力从事农活本业生产,整顿好工商末业经营,如此,便可以走向国富民足、经济繁荣。注意修明法度,详审政策,确立常规,配备能臣,如此，便可以上下井然有序、国内走向大治。按照不同职务、区别同异，实行分官而治、分职理事，如此，便可使臣民恪守本分、国家走向安定。

君主依道理顺政治，用恩惠畜养臣民，用仁爱亲近臣民，用道义培养臣民，用仁德回报臣民，用诚信结交臣民，用礼节接待臣民，用音乐和悦臣民，用期限约定做事的效率，以官员治理政事，用威力激发推动臣民，用忠诚感化臣民。这样施政一举的结果，君上臣下都取得好的政绩，有始有终；第二举的结果，万民百姓没有不服从的；第三举的结果，土地得到开辟，五谷有了收成；第四举的结果，农民安乐而粮食富裕；第五举的结果，徭役减轻而国库充足；第六举的结果，做到了事先已能察知国事变化，掌握规律；第七举的结果，做到了朝野内外之力都能为我所用，并全面发挥有利因素；第八举的结果是捷报频传，实现胜局，确立国威；第九举的结果，帝业就算是初具规模了。

有九项根本原则，内容宏博，关系重大，是人君必须掌握和遵守的；有八个方面的不同职守，是卿相所必须掌握和做到的；有十条制胜立威之道，是将军所必须掌握和遵守的；有六条决定盛衰的纲纪，须详审严密，是贤才所必须掌握和遵守的；有五条决定贫富的规则，不可懈怠，是庶民所必须遵守的。如此，君主有什么行动，臣民无不跟从；君主想要无为清静，臣民便会争取一致相同。决定国家治与乱的根本原则有三项，使国家转危为安的关键之处有四种，决定国家由贫致富的总则有五条，促使国家由衰向盛的纲纪有六件，决定国家地位高低和人主尊卑的有效因素有七项，检查国家强与弱的验证方法有八条，决定国家生死存亡的规律以及救亡图存的方略有九则。君主要精心地消除那些朋党现象，大的事数要亲自裁度并加以记录。尽量齐心协力减少开支以聚敛财货，运用奖赏激励好人的方式以移风易俗，而且要使这两方面都必须成为根本措施。行赏一定要周密地审核，行刑一定要在国内公正申明。

此段文字居于"玄宫图"之正中。

冬行秋政,雾;行夏政,雷;行春政,烝泄。十二,始寒,尽刑。十二,小榆,赐予。十二,中寒,收聚。十二,中榆,大收。十二,寒至,静。十二,大寒,之阴。十二,大寒终,三寒同事。六行时节,君服黑色,味咸味,听徵声,治阴气,用六数,饮于黑后之井,以鳞兽之火爨。藏慈厚,行薄纯,坦气修通,凡物开静,形生理。器成于僇,教行于钞,动静不记,行止无量。戒审四时以别息,异出入以两易,明养生以解固,审取与以总之①。

一会诸侯,令曰:非玄帝之命,毋有一日之师役。再会诸侯,令曰:养孤老,食常疾,收孤寡。三会诸侯,令曰:田租百取五,市赋百取二,关赋百取一。毋乏耕织之器。四会诸侯,令曰:修道路,偕度量,一称数,毋征薮泽以时禁发之②。五会诸侯,令曰:修春秋冬夏之常祭,食天壤山川之故祀,必以时。六会诸侯,令曰:以尔壤生物共玄官,请四辅,将以祀上帝③。七会诸侯,令曰:官处四体而无礼者,流之焉莠命。八会诸侯,令曰:立四义而无议者④,尚之于玄官,听于三公。九会诸侯,令曰:以尔封内之财物,国之所有为币。九会大令焉出⑤,常至。

千里之外,二千里之内,诸侯三年而朝,习命。二年,三卿使四辅。一年正月朔日,令大夫来修,受命三公。二千里之外,三千里之内,诸侯五年而会;至,习命。三年,名卿请事。二年,大夫通吉凶。七年⑥,重適入正礼义。五年,大夫请变⑦。三千里之外,诸侯世一至,置大夫以为廷安,入共受命焉。

此居于图北方方外。

【注释】

①取与:《幼官》作"取予"。

②毋征薮泽以时禁发之:《幼官》无"毋征"二字。

③祀:《幼官》作"礼"。

④无:《幼官》作"毋"。

⑤大令:《幼官》作"大命"。

⑥七年:《幼官》作"十年"。

⑦请变:古本"请"下有"受"字。

【译文】

　　如果秋季推行冬季的政令,就会阴雾弥漫;推行夏季政令,就会雷声阵阵;推行春季时的政令,就会地气蒸发泄漏。十二天,天气始寒,适宜施行刑杀,使死罪之人不羁在狱中。十二天,是越冬的小榆节,君主应颁行赏赐于臣民。十二天,是中寒节气,命令民众收聚谷物、敛藏果实。十二天,是中榆的节气,当命令民众全面地收藏。十二天,大寒节气,即冬至节到,君主应当颁令停止农事,使农民得以进入静养以求无事而安心。十二天,大寒至阴节气。十二天,大寒终节气。三寒期间,行事相同。寒冬正值水气运行时节,君主宜穿戴黑色服饰,品尝咸味的食物,静心欣赏徵调音乐,调理盛阴之气,取用六数,遵循六行时令要求,饮用北方黑后之井的水,取用东方鳞兽之火来使用或炊煮,以迎接阳春之气到来。应当心怀仁慈淳厚,身行省薄纯俭,以保持言行纯朴仁厚,使平和之气循环流通;地气畅通,万物和顺安宁,顺其自然生理、自然生成形体,顺乎自然天理;器物成于齐心协力,教化要细致和认真;动与静无规则,行和止就没有规范。慎重地按照四时来变化作息;依据出入不同,灵活安排收支;明备生活条件可能解除灾害,认真对待获得与付出,总体把握就不出问题。

　　一次召集诸侯会合时命令:没有得到玄帝的命令,谁都不能发动兵役进行战争。二次召集诸侯会合时命令:要奉养长者、抚育孤儿,供养身有残障者,收养孤儿寡妇等。三次召集诸侯会合时命令:田租只可征收百分之五,市场税只收百分之二,关卡税只收百分之一。不要让耕田和织布的用具缺乏供给。四次召集诸侯会合时命令:修整道路,统一度量衡的标准,山林和湖泽须定期依时封禁和开放。五次召集诸侯会合时命令:整修和恢复春秋冬夏的常规祭祀,天地山川的传统祭礼,必须按照固定的时间进行。六次召集诸侯会合时命令:用你们国土上的出产物进贡玄宫,请四辅协助,敬奉天帝和礼祀五岳。七次召集诸侯会合时命令:在手足四肢四方面有不合于礼法的,以秽乱教化的罪名流放。八次召集诸侯会合时命令:在四体方面能树立仪则的,举荐于玄宫,予以赏赐,由三公决定其任用。九次召集诸侯会合时命令说:用你们封地的财物和特产作为币礼来朝贡。九次会合诸侯之后,大政方针由此颁定,以后朝聘不断,诸侯奉命成为常规。

　　距离在一千里之外、二千里以内的诸侯国,每隔三年君主须朝会一次,熟悉命令、修习政教。每隔两年派遣三公出使,接受四辅命令。每年正月初一,派遣令大夫来朝修好兼学习政令,到三公处接受命令。距离在二千里以外、三千里以内的诸侯国,每隔五年君主须来齐朝会,熟悉命令、修习政教。每隔三年,派遣三卿前来朝廷请求指示、接受命令。每隔两年,派遣大夫前来朝廷报告国情的吉凶。距离在三千里以外的诸侯国,君主三十年来齐朝见一次,每隔十年,派遣负有重任的诸侯世子来朝廷,修正礼仪制度,以尽礼仪。每隔五年,派遣大夫前来朝廷学习新变更的政策法令,请求接受治国的指示。安排大夫一人作为接待官,负责宴会款待,并负责交纳贡物、接受命令诸事。

　　此段文字居于"玄宫图"之北方方外。

旗物尚赤,兵尚戟,刑则烧交疆郊。必明其一,必明其将,必明其政,必明其士。四者备,则以治击乱,以成击败。数战则士疲,数胜则君骄,骄君使疲民则危国①。至善不战,其次一之。大胜者,积众胜而无非义者②,焉可以为大胜?大胜,无不胜也。

　　此居于图南方方外。

【注释】

①危国:《幼官》作"国危"字。

②而:《幼官》无"而"字。

【译文】

　　南方旗帜崇尚赤焰之色,兵器宜用戟,所用刑具多为烧、焌、疆、郊之类的火刑。两军交战之时,军中必须上下一心、步调一致、号令统一,才能出战;出战前,必须掌握敌方军情,必须了解对方将帅的谋略,必须了解对方政局和形势,必须了解对方士兵的作战素质,才能克敌制胜,这四个方面能充分掌握了,就能做到用治军击乱军、用必胜之军击必败之军了。连续出征、多次作战,士卒就会疲劳,屡获战绩、多次取胜,君主就会骄傲;骄傲的国君驱使疲劳的士卒去作战,国家就面临危险了。最完美的军事行动,是不战而胜,其次是一战而能胜敌。所谓大胜,指的是积累多次胜利而没有非正义的战争。如何能做到为正义而取得大胜?无战不胜,即是大胜。

　　此段文字居于"玄宫图"之南方方外(南图之副图)。

　　必得文威武,官习胜之务。时因,胜之终;无方,胜之几;行义,胜之理;名实,胜之急;时分,胜之事;察伐,胜之行;备具,胜之原;无象,胜之本。定独威,胜;定计财,胜;定知闻,胜;定选士,胜;定制禄,胜;定方用,胜;定纶理,胜;定死生，胜；定成败，胜；定依奇，胜；定实虚，胜；定盛衰，胜。举机诚要，则敌不量；用利至诚，则敌不校。明名章实，则士死节；奇举发不意，则士欢用。交物因方，则械器备；因能利备，则求必得。执务明本，则士不偷；备具无常，无方应也。

听于钞，故能闻无极^①；视于新，故能见未形；思于濬，故能知未始；发于惊，故能至无量；动于昌，故能得其宝；立于谋，故能实不可故也。器成教守，则不远道里；号审教施，则不险山河。博一纯固，则独行而无敌；慎号审章，则其攻不待权与；明必胜则慈者勇，器无方则愚者智，攻不守，则拙者巧；数也。

动慎十号，明审九章，饰习十器，善习五官，谨修三官。必设常主，计必先定。求天下之精材，论百工之锐器，器成角试否臧。收天下之豪杰，有天下之称材，说行若风雨，发如雷电。

此居于图方中。

【注释】

①无极：《幼官》作"未极"。

【译文】

君主必须使文官有德、武官有威，各级官员修习克敌制胜的各项事务。因时而动，顺应天时是制胜的总则；兵法方略变化无常，是制胜的关键；出师有据、兵行正义，为制胜之常理；奖惩得当，名实相符，是制胜克敌的当务之急；研讨进攻时机，是制胜的大事；兵器和战备齐全，是制胜的先决条件；行军隐蔽，使敌人无迹可寻，是制胜的根本。能够确定权威和统一行动者，可以制胜；能够计算其军费开支并确定其财物用度的，可以制胜；能够审定敌情真伪或情报信息及时可靠的，可以制胜；能确保将士获得精选的，可以制胜；能够审定因功颁禄的，可以制胜；能够审定因不同需要确保军器制造的，可以制胜；能够确保上下长幼有序的，可以制胜；能够审定死生大义的，可以制胜；能够审定攻战成败的可以制胜；能够审定用兵正奇相依，可以制胜；能够审定敌军各方虚实的，可以制胜；能够审定兵势盛衰形势的，可以制胜。出兵把握时机，定计精妙切中要害，敌人就难以估量；用兵充分利用各种优势，敌人就不能对抗。奖惩合乎实际，将士就会舍生忘死以尽各节；适时运用奇兵险将，出其不意，攻其不备，将士就乐于被军队所用。仔细根据需要考核军备，军械兵器就能精良完备；能依据自身能力和有利条件，目标就能达到有求必得。知晓要务，明确根本，将士就不会苟且敷衍；做好各种防备，以备突发状况，这是应付意外的办法。

听得到细微之声响，因而能听到还未到来的声音；看得见萌芽，就能看到还未成形的事物；思虑深远，所以能预先想到还没有开始发生的事情；发动得突然，令敌惊慌，可获得无可限量的效果；出战能得先机，就能大有俘获。立足于缜密的运筹，就能实在地攻守，不生变故。军备齐全、武器完好，又严守训令，因而就不怕长途跋涉、远道行军；号令严明，训练有素，因而就不怕山高水险。德行广博，信念单纯，就可以纵横天下、所向无敌；发号严谨而旗帜分明，就可以攻无不克、一举破敌，不必依靠外援。指明必胜的结局，即使心慈手软的人也会变得勇猛杀敌；兵器精良完备，即使是愚蠢的人握有无法防御的武器，也会变得聪明非凡；攻打不设防的敌军，即使笨拙的人也会变得奇妙灵巧。这些，都是自然的道理。

要勤于审察十种号令，明确分辨九种旗章，饬令监督操练各种兵器，还需善于演习好五教要领，必须勤谨有效地训练士卒金鼓旗帜等各种号令。军中主帅一定要常设不缺，行军谋略、作战计划必须预先制定好。要征集天下优质材料、搜罗精良的器材，评审百工制成的各种锋利精锐的武器；制成后的兵器，要进行比试较量以检定其优劣好坏。要招纳天下英雄、网罗各地豪杰,势必囊括天下的强将好手。一旦出军作战,行军就该像狂风骤雨般的迅捷,发兵就该像雷鸣电闪般的勇猛激烈。

此段文字居于"玄宫图"之方中(副图)。

旗物尚黑,兵尚胁盾,刑则游仰灌流。察数而知治,审器而识胜,明谋而适胜,通德而天下定。定宗庙,育男女,官四分,则可以立威行德,制法仪,出号令。至善之为兵也,非地是求也,罚人是君也。立义而加之以胜,至威而实之以德,守之而后修,胜心焚海内。民之所利,立之;所害,除之;则民人从。立为六千里之侯,则大人从。使国君得其治,则人君从。会请命于天,地知气和,则生物从。

计缓急之事,则危危而无难;明于器械之利,则涉难而不变。察于先后之理,则兵出而不困。通于出入之度,则深入而不危。审于动静之务,则功得而无害也①。著于取与之分,则得地而不执。慎于号令之官,则举事而有功。

此居于图北方方外。

【注释】

①也:《幼官》无"也"字。

【译文】

北方旗帜崇尚黑色,兵器宜用置于腰间之胁盾,所用刑具乃游、仰、灌、流之类的水刑,即沉潭、溺水等水中之刑。考察事物的道理,就可以知晓治事之道;审查兵器装备的优劣,就能识别胜负原因;精通谋算计划,就可以无往而不胜;懂得普施德泽、广行德政,就可以天下安定。能够安定宗庙、繁育儿女,并能按四季分设官职,各司其职,就可以逐步确立权威、制定法度、颁行号令了。最高明、最完善的用兵,最终目标不是为了占领别国的土地,是为了惩罚、纠正不善的君民;而是树立正义,以战胜推行正义的力量;树立威严以推广文教德化,坚守这样的方向终会达致长治久安,也必定能进而征服四海、安定天下。民众认为有利的,就兴办;民众认为有害的,就消除;那么,各国的百姓都会由衷的服从。在六千里范围之内封立侯爵,则各诸侯国的大臣就会服从。保障各诸侯国君主治理其内部人民的权限、并促使其治理好自己的国家,那么,各国的君主就会服从。祭祀上天,祈求除病消灾、天地之气相和、物足地润、风调雨顺,那么,普天之下的一切生物也都会顺从了。

筹划处理好事情的轻重缓急,即使遇到极度危险的事情,也不至于陷于灾难境地;了解器械的利用,进入险境也不会有大的灾变。明察先后的道理,大兵出境也不会陷入困局。精通出入敌阵的法度,即使深入敌国之境也不会陷入绝境。懂得动静的法则,便会取得成功而避免危害。明确当取、当予的关系和界限,即使占领别国、夺得了土地,也没有忧惧和祸患。严肃慎重地对待发号施令,一旦要有所行动,举事便能建立功业、达到预期成效。

此段文字居于"玄宫图"之北方方外(北图之副图)。

春行冬政,肃;行秋政,雷;行夏政则阆①。十二地气发,戒春事;十二小卯,出耕。十二天气下,赐与。十二义气至,修门闾。十二清明,发禁。十二始卯,合男女。十二中卯,十二下卯,三卯同事。八举时节,君服青色。味酸味,听角声,治燥气,用八数,饮于青后之井,以羽兽之火爨。藏不忍,行欧养,坦气修通。凡物开静,形生理。合内空周外,强国为圈,弱国为属。动而无不从,静而无不同。举发以礼,时礼必得。和好不基,贵贱无司,事变日至。

此居于图东方方外。

【注释】

①行夏政则阎:《幼官》无"则"字。

【译文】

　　如果在春季时实行冬季时的政令,便将草木肃杀五谷无成;如果实行秋季时的政令,便会雷声阵阵;如果实行夏季时的政令,便将遭逢大旱。十二天,地气上腾,君主应颁布春耕政令,准备耕种之事。又过十二天,时值小卯节气,君主应该命令举国上下都和农夫们一起出门耕种。又过十二天,时值天气下节气,君主应行颁赏之事。又过十二天,时值和气至节气,农作物开始自然生长,应当命令民众修整大门和里巷。又过十二天,时值清明节气,一切禁忌解除、开放封禁之令。又过十二天,时值始卯节气,应当宣布适合婚娶、准许青年男女在城郊相会。又过十二天,时值中卯节气,再过十二天,时值下卯节气;三卯期间,行事相同。八个"十二"的时光里,人君宜穿戴青色服饰,品尝酸味食物,闻听角声乐曲,调理燥热之气使成温润,取用八数并遵行"八举"要求,饮用东方青后之井的水,用南方羽兽之火来炊煮,以迎接夏气。心怀不忍之心保持言行和善,心存仁爱且乐养好施,使平和之气循环流通。地气通畅,万物和顺安静,各得其所,顺其理致,自然生长。共普天之下,合四方内外,使强国成为亲眷,令弱国成为藩属。君主行动无不宾从,君主清静无不随同。兴事举业必据礼法,顺时循礼方有成效。若与邻国相处,不求和好,而国内的官职又不分贵贱等级,祸事变故必然天天到来而不得安宁。

　　这些居于"玄宫图"之东方方外。

　　旗物尚青,兵尚矛,刑则交寒害钛。器成不守,经不知;教习不著,发不意。经不知,故莫之能圉①;发不意,故莫之能应。莫之能应,故全胜而无害;莫之能圉,故必胜而无敌。四机不明,不过九日而游兵惊军;障塞不审,不过八日而外贼得闻;由守不慎,不过七日而内有谗谋;诡禁不修,不过六日而窃盗者起;死亡不食,不过四日而军财在敌。

此居于图东方方外。

【注释】

①围:《幼官》作"害"。

②得闻:《幼官》作"得间"。

【译文】

东方旗帜崇尚青色,兵器宜用长矛,刑具多用木枷脚铐之类木质。兵器装备不守旧,过境敌国可令敌人不能察觉;教练士兵方法灵活,进攻就可以出其不意。过境而敌人不能察觉,敌军就无法防御;发兵而出敌不意,敌人就无法应付。敌人无法应付,我军就能全胜而没有损失;敌人无法防御对抗,我军就能必胜而所向无敌。不了解上述用兵的四项机要,不出九天,军心就会涣散动摇;不注重加强防御工事和防守要道,不出八天,敌人就会趁隙而入;不严肃谨慎地加强戒备和防守,不出七天,离间的谗谋和奸计就会在内部出现;对于欺诈行为不加防范和整顿,不出六天,偷盗窃取之徒就会纷纷出现到处作乱;不供养敢死之士、又不犒赏勇于作战的将士,不出四天,我军的财物就要落入敌军之手。

此段文字居于"玄宫图"之东方方外(东图之副图)。

五辅第十

【题解】

五辅，即执政治国五个方面的措施。郭沫若云：题名"五辅"者，"辅"乃"布"之假，即五种措施也。这些措施包括德、义、礼、法、权五个方面：一是体现"德"的六项措施，改善民生、输导财货流通、改善交通、减税宽刑、救人之急、救济穷困之人，此谓"六兴"，为了使百姓满足生活的欲望；二是体现"义"的七项行为准则，即孝悌慈惠、恭敬忠信、公正友爱、端正克制、勤俭节约、敦厚朴实、和睦协调，此谓"七体"，为了使百姓公正；三是提倡有"礼"的八个方面，即上下有义、贵贱有分、长幼有等、贫富有度等。四是五个不同地位的人即君主、大夫、官长、士、平民各尽其职，"五务"强调令民众一心一意地从事本务；五是教导民众懂得从天时、地利、人和三方面权衡利害关系。除细述这五项政策措施内容外，本篇最后兼述除奸邪、禁淫巧和止奢侈浪费等施政措施，认为必须打击歪风邪气，加强农业生产，禁止奢侈品的生产。由此可知，这五方面实际上是《管子》给君主提供的一个施政纲领。

古之圣王，所以取明名广誉①，厚功大业，显于天下，不忘于后世，非得人者未之尝闻②。暴王之所以失国家③，危社稷，覆宗庙，灭于天下，非失人者未之尝闻。今有土之君，皆处

欲安,动欲威,战欲胜,守欲固。大者欲王天下,小者欲霸诸
侯,而不务得人。是以小者兵挫而地削,大者身死而国亡,故
曰:人不可不务也。此天下之极也④。

①明名广誉:盛名大誉。明,盛。广,大。

②得人:得人心。也包括待贤才。

③暴王:残暴的君主。

④极:此指最重要的准则。

【译文】

　　古代圣明的君王,之所以能够获得盛名美誉,建立丰功伟业,显赫
于天下,为后世所不忘,不是因为大得民心并受到人们广泛拥护的,还
从来没有听说过。暴虐的君王之所以丧失国家政权,危及社稷,倾覆宗
庙,在天下声名狼藉或湮没无闻,不是因为失民心的,也从来没有听说
过。如今拥有国土的君主,都希望平时能生活安定,一旦举事就想有权
威,出战希图争取到胜利,防守期望得到长久巩固。大国君主雄心勃勃
想要称王天下,小国君主欲望不小,也想要称霸诸侯,却不懂得努力争
取民心、获取拥护。所以,祸小者则弄得兵败而地削,祸大者则身死而
国灭,所以说:争取民心这事,是不可不竭尽全力去做的。这是普天之
下最重要的一条治政准则。

　　曰:然则得人之道,莫如利之①;利之之道,莫如教之以
政②。故善为政者,田畴垦而国邑实③,朝廷闲而官府治④,
公法行而私曲止⑤,仓廪实而囹圄空⑥,贤人进而奸民退。其
君子上中正而下诔谀⑦,其士民贵武勇而贱得利,其庶人好
耕农而恶饮食⑧,于是财用足,而饮食薪菜饶。是故上必宽

裕,而有解舍⑨;下必听从,而不疾怨。上下和同,而有礼义,故处安而动威,战胜而守固,是以一战而正诸侯。不能为政者,田畴荒而国邑虚,朝廷凶而官府乱⑩。公法废而私曲行,仓廪虚而囹圄实,贤人退而奸民进。其君子上谄谀而下中正,其士民贵得利而贱武勇,其庶人好饮食而恶耕农,于是财用匮而食饮薪菜乏⑪。上弥残苟⑫,而无解舍,下愈覆鸷而不听从⑬。上下交引而不和同⑭,故处不安而动不威,战不胜而守不固。是以小者兵挫而地削,大者身死而国亡。故以此观之,则政不可不慎也。

【注释】

①利之:使之得利,给予利益。

②教之以政:孙星衍云:《治要》引无"以政"二字。郭沫若云:"以政"二字不当有。一说用具体政绩来教育他们。

③畴:田亩。实:充实。

④闲:政令简要的意思。

⑤私曲:偏袒扭曲。此处指歪曲公法的私议。《法法》曰:"私议立则主道卑矣。"

⑥囹圄(líng yǔ):监狱,牢房。

⑦上中正而下谄谀:崇尚公平正直而鄙视阿谀奉承。上,通"尚"。崇尚,推崇。下,贬低,排斥。

⑧恶饮食:意谓厌恶大吃大喝或过分地讲究吃喝。

⑨解舍:指放宽与免除。意谓宽免赋役。解,减免,放宽。舍,舍弃,免除。

⑩凶:通"讻"。吵闹。《说文》:"讻,扰恐也"。

⑪匮:缺少。食饮:上文均作"饮食"。

⑫弥残苟：更加残暴苟且。弥，更加，愈发。残苟，刘绩云：当作"残苛"，乃字之误，意谓残暴苛刻。

⑬覆鸷（zhì）：固执凶狠。覆，读为"愎（bì）"。固执，执拗。

⑭上下交引：意谓上下相互争利。交引，指争夺、较量。一说为"交弗"，弗即"拂"，违背。

【译文】

说：争取民心的方法，最好是让百姓得到利益；而让民众得到利益的方法，莫过于教导民众。所以，善于管理政事、治理人民的君主，总是使得田野得到开垦而且城邑殷实，朝廷安闲而官府清治，国家公法通行而徇私袒护的行径被禁止，粮仓充实而监狱空虚，贤士得到进用而奸邪遭到排斥。国中有德有权的君子人物崇尚公平正直而鄙视谄媚阿谀行为；国中上上下下重视勇毅英武之义举而鄙视贪财逐利之气；国中百姓热爱耕种而痛恨大吃大喝，因而财源用度富足而食用物品如柴粮蔬果等充足。这样，在上位者宽厚，能放宽政策减免徭役，下面的百姓也必定乐于听从而没有怨恨。君民同心、上下和谐，国家就有礼义纲纪，如此，平常生活安定，而一旦举事就有威信，征战能争取胜利也能长久稳固地防守，因此一战就能匡正诸侯。不善于管理政事、统治民众的君主，田野荒芜而社会贫困，朝廷纷扰而官府混乱。国家公法遭废弃而徇私袒护之风却横行无忌，粮仓空虚而监狱爆满，贤士遭到罢退而奸臣得到进用。统治国家的君子之流崇尚谄媚阿谀而鄙视公平正直；国中有身份的君子和一般百姓重贪财逐利而轻视勇武刚正；一般民众喜好吃喝玩乐而厌恶勤劳务农；由此财源用度困乏而食用物品如柴粮蔬果等都很短缺。在上的君主愈是残暴苛刻，不知放宽赋税、减免徭役，在下的百姓也就更加顽强凶猛而不肯听从。君民互相争利，上下不能协调，所以，平常状态生活不安定，一旦想要举事也没有权威，出战不能争取胜利而防守也不得稳固。在这种情形之下，祸害小的则是国家兵败而削地割城，祸害大的则是君主身死而国家灭亡。由此看来，管理政事、统治民众，不可不谨慎对待、慎重处理。

德有六兴①，义有七体②，礼有八经③，法有五务④，权有三度⑤。所谓六兴者何？曰：辟田畴，利坛宅⑥，修树蓺⑦，劝士民，勉稼穑⑧，修墙屋，此谓厚其生⑨。发伏利⑩，输墆积修道途⑪，便关市⑫，慎将宿⑬，此谓输之以财⑭。导水潦，利陂沟，决潘渚⑮，溃泥滞⑯，通郁闭⑰，慎津梁⑱，此谓遗之以利⑲。薄征敛，轻征赋，弛刑罚，赦罪戾⑳，宥小过㉑，此谓宽其政。养长老，慈幼孤，恤鳏寡㉒，问疾病，吊祸丧㉓，此谓匡其急㉔。衣冻寒㉕，食饥渴㉖，匡贫窭㉗，振罢露㉘，资乏绝，此谓振其穷。凡此六者，德之兴也。六者既布㉙，则民之所欲，无不得矣。夫民必得其所欲，然后听上，听上，然后政可善为也㉚，故曰德不可不兴也。

【注释】

①六兴：六件可以显示德政的做法。即下文"辟田畴"等六项事务，做好了即是德政。

②七体：七个引导民众知大义的体要、纲领。

③八经：八条准则。

④五务：五项重要事物。

⑤权：权衡，判断。三度：三个要考虑的法度。

⑥利坛宅：提供住宅之利。

⑦修树蓺：讲究种植。蓺，即"藝（艺）"的异体。培育，种植。

⑧稼穑：播种和收获。泛指农业劳动。

⑨厚其生：搞好民众的生活。

⑩发伏利：开发潜在的财富资源。

⑪输堓积：疏散滞积的财物。堓，同"滞"。

⑫便关市：使关口集市贸易方便易做。

⑬将宿：指送迎。

⑭输之以财：给民众输送财物。

⑮决潘渚：疏通河道的意思。潘，回旋水。渚，水中小洲。

⑯溃泥滞：清除淤积的泥沙。

⑰郁闭：指闭结不通的地方。

⑱慎津梁：认真地对待修建渡口和桥梁之事。

⑲遗之以利：给民众以便利。遗，赠送，给。

⑳戾：暴行，罪孽。

㉑宥(yòu)：宽恕，赦罪。

㉒恤：体恤，周济。

㉓吊：慰问死者家属或遭遇不幸者。

㉔匡其急：救助危急。匡，救助，赈济。

㉕衣：给人衣穿。

㉖食：给人饭吃。

㉗贫窭(jù)：指贫穷的人。窭，贫寒，简陋。

㉘振罢露：即"赈疲露"。指救济家业破败的人。露，败坏，衰败。《方言》："露，败也。"

㉙布：实施。

㉚善：容易。

【译文】

有六个方面的德政之事，有七个引导民众知义的纲领要做好，有八个教民知礼的准则要规范，有五个教民守法度的事务要落实，有三个教民众知晓权衡的向度要考虑。所谓六个方面的德政之事是指什么呢？开垦农田荒野，修建民舍住宅，重视种植培育，奖励劝勉士民，鼓励辛勤耕作和收获，修缮房屋墙院，这就是丰富百姓生活。开发潜在的财富资源,输送积贮的物资,修筑道路,便利关市贸易,慎重对待送迎商旅往来,这是为百姓输送财货、促进财源流通。疏导滞留的积水,修通壅塞的沟渠,挖掘回流浅滩,清除淤积的泥沙,开通堵塞河道,认真修筑渡口桥梁,这就是给百姓提供福利。少向民众摊派敛财,减轻征田租赋税,放宽刑罚、赦免罪犯,宽恕小过小失,这就是对百姓实行宽松政策。供养老人,慈恤幼孤,救济无依无靠的孤独者,慰问疾病,吊唁丧祸,这就是帮助百姓解救危急、纾缓困难。送御寒的衣物给挨冻受寒的人,送粮食饮品给忍渴挨饿的人,救助贫寒窘陋的人家,赈济家业衰败的百姓,资助赤贫而又生计无路、面临绝境之人,这就是救济百姓暂时的穷困。这六个方面的事情,都是兴德政的大事。这六个方面的工作内容都能妥善落实,百姓所需要求助的事,就都做到了。必须满足百姓的需求,然后他们才能一心一意听从上面的指挥;百姓们都能听从君主的命令,这样国家的政事才能顺利做好。所以说:德政是不可不办的。

曰:民知德矣,而未知义,然后明行以导之义①。义有七体,七体者何? 曰:孝悌慈惠,以养亲戚;恭敬忠信,以事君上;中正比宜②,以行礼节;整齐撙诎③,以辟刑僇④;纤啬省用⑤,以备饥馑⑥;敦蒙纯固⑦,以备祸乱;和协辑睦⑧,以备寇戎⑨。凡此七者,义之体也。夫民必知义然后中正,中正然后和调,和调乃能处安,处安然后动威,动威乃可以战胜而守固,故曰义不可不行也。

【注释】

①明行:明于行,即显示在行动上,行为示范。导之义:以义导之。
②比宜:合宜,合适。比,和顺,亲爱。宜,友爱。

③整齐撙诎：庄肃整齐，自抑退让。撙诎，谦逊，节制。诎，屈曲。

④辟：避免。僇：通"戮"。杀戮。

⑤纤啬：计较细微。啬，吝啬，节省。

⑥饥馑：饥荒。饥，指谷不熟。馑，指蔬菜不收。

⑦敦蒙纯固：敦厚朴实、单纯、专心一意。蒙，忠厚的样子。固，守一，专一。

⑧辑睦：和睦。

⑨寇戎：敌寇。

【译文】

说：百姓虽然已经知道德了，但是还未必懂得义，这样就应该推行义来引导百姓明确行为行义。义有七个方面的要领，这指的是什么呢？用孝敬顺从和慈爱恩惠，来奉养父母兄长等亲属；用恭敬肃穆和忠诚守信，来侍奉君主和上级；用公正合宜、和顺友爱，来推行礼节；用端正整肃、克制谦让，来避免犯罪和刑戮现象；用精打细算的节俭，来防备灾年饥荒；用敦厚忠实、纯朴专一来预防祸乱发生；用睦邻和谐，来防止敌寇侵扰。共计以上这七个方面，是遵行义的大体。百姓必须懂得道义，然后行事上才会公正合理，公正合理然后才能和睦协调，和睦才能生活安定，安定然后才能举事有威信，行动有威严气势才可以出战必胜、防守稳固。所以说：义是不可不去推行的。

曰民知义矣，而未知礼，然后饰八经以导之礼①。所谓八经者何？曰：上下有义②，贵贱有分，长幼有等，贫富有度。凡此八者，礼之经也。故上下无义则乱，贵贱无分则争，长幼无等则倍③，贫富无度则失④。上下乱，贵贱争，长幼倍，贫富失，而国不乱者，未之尝闻也。是故圣王饬此八礼，以导其民。八者各得其义⑤，则为人君者，中正而无私；为人臣者,忠信而不党⑥;为人父者,慈惠以教;为人子者,孝悌以肃⑦;为人兄者,宽裕以诲;为人弟者,比顺以敬⑧;为人夫者,敦蒙以固⑨;为人妻者,劝勉以贞⑩。夫然则下不倍上⑪,臣不杀君⑫,贱不逾贵⑬,少不陵长⑭,远不闲亲⑮,新不闲旧,小不加大⑯,淫不破义⑰。凡此八者,礼之经也。夫人必知礼然后恭敬,恭敬然后尊让,尊让然后少长贵贱不相逾越,少长贵贱不相逾越,故乱不生而患不作,故曰礼不可不谨也。

【注释】

①饰:通"饬"。整饬,修治。

②义:道义,规则。

③倍:通"背"。背弃,背离。

④失:丧失,失去节制。

⑤义:宜。

⑥不党:不拉帮结伙。

⑦肃:恭敬。

⑧比顺:和顺。

⑨固:专一。

⑩劝勉:自勉自励。

⑪夫然:如果这样。

⑫杀:古本作"弑",当从。

⑬逾:超越。

⑭陵:欺辱。

⑮闲:同"间"。离间,妨碍。

⑯加:凌驾,欺压。

⑰淫:过度,无节制。破:破散。

【译文】

说百姓虽已知道义了，然而还未必懂得礼，这样就应该经由修治以下八条重要原则引导民众懂得礼法。这八项原则指的是什么呢？上与下都各有礼仪，贵与贱都各有本分，长与幼都各守等次，贫与富都各有限度。总计这八个方面，就是礼的重要准则。因此，上与下之间没有礼仪约束就会发生混乱，贵与贱之间不守本分就会引起争执，长与幼之间没有辈分等级就会发生悖乱，贫与富之间没有限度行事就要失去节制。上下发生混乱，贵贱产生争执，长幼形成悖逆，贫富失去节制，而国家不陷于动乱的，从没听说过。所以，英明圣贤的君主总是整顿这八项原则引导百姓。这八方面都能够各得其宜，当君主的，就会公平正直而没有偏私；当臣子的，就会忠诚守信而不结私党；当父母的，就会以慈爱和顺的态度教养子女；当子女的，就能以孝顺恭敬的行为来奉养双亲；当兄长的，就能以宽厚忍让的心态来教诲弟弟；当弟弟的，就能以和顺信从的态度来敬重兄长；当丈夫的，就能敦厚专一；当妻子的，就能努力坚守贞节。能做到这样，那么下属就不会悖逆上司，臣子就不会去弑杀君王，卑贱的就不会僭越尊贵的，年少的就不会欺侮年长的，疏远的就不会间隔亲近的，新知己就不会间断旧交情，权小的就不会凌驾权大的，过度而没有节制的行为就不会破坏正直者持守道义的风尚。以上这八个方面，都是礼的重要原则。所以，人们必先懂礼，才能恭敬整肃；恭敬整肃，然后才能尊重谦让；尊重谦让，然后才能做到少长贵贱不相逾越；少长贵贱不相逾越，然后混乱的事就不会发生，而祸患也就不会发生了。因此说礼也是不可以不慎重施行的。

曰民知礼矣，而未知务[①]，然后布法以任力[②]。任力有五务，五务者何？曰：君择臣而任官，大夫任官辩事[③]，官长任事守职，士修身功材[④]，庶人耕农树艺[⑤]。君择臣而任官，则事不烦乱；大夫任官辩事，则举措时[⑥]；官长任事守职，则动作和；士修身功材，则贤良发⑦；庶人耕农树艺，则财用足。故曰：凡此五者，力之务也⑧。夫民必知务，然后心一，心一然后意专⑨，心一而意专，然后功足观也⑩。故曰：力不可不务也。

①务：要务，应努力完成的事。

②任力：着力，使用人力。

③辩事：治理政事。辩，治。

④修身功材：修养品德，学习才艺。功，通"工"。从事。或曰通"攻"。攻习，修治。材，技艺才能。

⑤树艺：耕作种植。艺，本义为种植。

⑥时：及时，适当。

⑦发：兴，出现。

⑧务：做，干。

⑨心一：思想统一。意专：意志想法专一。

⑩功足观：功效可观。

【译文】

说百姓虽已知道礼了，然而还未必知晓要务，这就应该颁布法令来集中精力做好这些要务。集中人力做要务有五个方面要考虑，它们指的是什么呢？君主选择臣子委以官职，大夫明辨地治理政事，各级官员严守各自的职责，士子须修养品德与才艺以备用，百姓则务农辛勤耕种。君主选择臣子委任官职，政事就不烦琐紊乱；大夫尽心官职治理政事，各种举措就能及时恰当；官员严守职责，行动就可以相互协调；士子能够修身进德精研学艺，贤将良材就可以随时出现；平民百姓辛勤从事农耕种植，财源用度就可以富裕充足了。所以说以上这五方面，就是应全力要做的事。民众懂得当前要务，才能做到集中心思，心思集中然后才能专心致志,心思意志统一且专心致志,才能建立起足够可观的功业。所以说:要务不可以不注重。

　　曰:民知务矣,而未知权①,然后考三度以动之②。所谓三度者何?曰:上度之天祥③,下度之地宜,中度之人顺④,此所谓三度。故曰:天时不祥,则有水旱;地道不宜,则有饥馑;人道不顺,则有祸乱。此三者之来也,政召之⑤。曰:审时以举事⑥,以事动民⑦,以民动国,以国动天下。天下动,然后功名可成也。故民必知权⑧,然后举错得。举错得则民和辑,民和辑则功名立矣。故曰:权不可不度也。

【注释】

①权:权衡。

②考三度以动之:考究三度来行动。

③度:考虑,测度。天祥:天时吉祥,风调雨顺。

④人顺:人和。

⑤召:招致,导致。

⑥审时:审察时机。

⑦以事动民:以事件来发动民众。

⑧知权:懂得权衡,知道考虑天、地、人三方面的因素。

【译文】

　　管子说:百姓虽已懂得要务,未必懂得权衡。君主就应该考虑从三个方面的条件来使用民众。哪三个方面呢?上要以考察天时是否吉祥,下要以考察地利是否合适,中要以考察百姓是否和顺,这就是君主所要考虑的三个方面。所以说:天时不吉祥,便会有水旱灾害出现;地利不适宜,就会有饥馑荒年出现;民心不和顺,便会有祸患动乱发生。

水旱灾害、饥馑荒年、祸患动乱这三者的到来，都是由于君主施政不当而招致的。所以说：君主要审察考虑时机来举办大事，用兴举大事来调动民众，用民众的热情来启动全国之力，用一国的统一行动来带动天下。整个天下都被带动了，君主的功业威名就可以成就了。所以，君主还必须懂得权衡三方面的利弊，然后才能够举措合宜得当。君主举措合宜得当，才能民心和顺；民心和顺，君主才能建立功业成就威名。因此说：权衡之道，不可以不善加考虑。

　　故曰五经既布①，然后逐奸民，诘诈伪②，屏谗慝③，而毋听淫辞④，毋作淫巧⑤。若民有淫行邪性，树为淫辞⑥，作为淫巧，以上谄君上⑦，而下惑百姓，移国动众，以害民务者，其刑死流⑧。故曰：凡人君之所以内失百姓，外失诸侯，兵挫而地削，名卑而国亏，社稷灭覆，身体危殆，非生于谄淫者，未之尝闻也。何以知其然也？曰：淫声谄耳⑨，淫观谄目⑩，耳目之所好谄心，心之所好伤民，民伤而身不危者⑪，未之尝闻也。曰：实圹虚⑫，垦田畴，修墙屋，则国家富；节饮食，撙衣服⑬，则财用足；举贤良⑭，务功劳，布德惠，则贤人进；逐奸人，诘诈伪，去谗慝，则奸人止；修饥馑⑮，救灾害，振罢露，则国家定。

【注释】

①故曰：孙星衍云："故曰"二字，因上文（上句）而衍。五经：即上文所述"德有六兴""义有七体""礼有八经""法有五务""权有三度"这五项治国常则。

②诘：查究，惩办，整顿。

③屏：亦作"摒"。除去，弃逐。谗：进谗言者。慝（tè）：邪恶。此指

　　邪恶之人。

④淫辞：夸大失实的言辞。

⑤淫巧：过度巧饰。

⑥树为：设立，制造。

⑦谪：过错，疑惑。

⑧死流：指处死或流放。

⑨淫声：靡靡之音，过于柔媚的音乐。

⑩淫观：过度视观景物。

⑪身：自身。

⑫实圹虚：充实空旷的地区。圹虚，即"旷虚"。

⑬摶：节制，限制。引申为节省。许维通云：摶与"劗"同。《说文》：
　　"劗，减也。"

⑭举：举荐，推举。

⑮修饥馑：防备饥馑灾荒。修，乃"备"字之误，形相近也。

【译文】

　　因此说：德、义、礼、法、权这五项治国常规既已在国内推行实施，然后就要驱逐奸狡为恶之人，查究伪诈作弊，去除谗毁邪恶，不听信夸大不实的言论，不准制造过度奢侈的物品。如果有人行为放荡，性情邪恶，制造或传播夸大不实的谎言，制作奢侈浪费的物品，对上用以取悦君主，对下用来迷惑愚弄百姓，扰乱国家政权，煽乱民心，改变风俗，以此来干扰民众为正业的，要处以死刑或流刑。所以说：大凡君主之所以国内失掉民心，外交上失掉诸侯，兵败而国土减削，名望降低而国家受害，乃至宗庙覆灭、自身陷入危险之境的，不是由于被坏言迷惑和过度追求文巧的，是从来没有听说过的事。怎么知道是这样的呢？是因为放荡的声音迷惑耳朵，放荡的观赏迷惑眼目；耳目所喜好的又迷惑了人心；放任被迷惑的心去做事，必定伤害百姓利益；伤害百姓而君主自身能不危险的，也是从来没有听说过的事。所以说：移民充实空旷的地区,开垦荒地农田,修筑房屋家院,那国家就能富裕;节约饮食,俭省衣着,财务用度就会充足;推举贤良,注重功劳业绩,推广恩德泽惠,贤人就乐于得到进用;驱逐奸狡之辈,查究伪诈之徒,清除谗毁邪恶之流,奸诈小人就会停止活动;防备饥荒,救助灾害,赈济衰败的人家,国家就会安定。

　　明王之务,在于强本事①,去无用②,然后民可使富;论贤人③,用有能,而民可使治;薄税敛,毋苟于民④,待以忠爱,而民可使亲。三者,霸王之事也。事有本,而仁义其要也⑤。今工以巧矣⑥,而民不足于备用者,其悦在玩好⑦;农以劳矣,而天下饥者,其悦在珍怪⑧,方丈陈于前⑨;女以巧矣⑩,而天下寒者,其悦在文绣⑪。是故博带梨⑫,大袂列⑬,文绣染⑭,刻镂削⑮,雕琢采⑯;关几而不征⑰,市鄽而不税⑱。古之良工,不劳其知巧以为玩好⑲,是故无用之物,守法者不失⑳。

【注释】

①本事:指农业。古代以农业为本业。

②无用:无用的产业。尤指奢侈品的生产。

③论:选择。

④苟:猪饲彦博云:"苟"亦当作"苛",意谓苛刻。

⑤要:关键。

⑥以:通"已"。已经。下文同。一说又作太、甚。

⑦玩好:可以欣赏的精美之物。

⑧珍怪:指珍奇怪异之物。一说指食物,即珍馐美味。

⑨方丈陈于前:指食物陈列多,奢侈。方丈,指摆放食物的案盘之物。

⑩女：指"女功"，如纺绩、刺绣等事。

⑪文绣：绣画的锦帛，用作衣饰。泛指花纹讲究、色彩精美的衣物。

⑫博带梨：指把宽阔的衣带裁成窄小的。梨，通"劙"。割，划开，划破。

⑬大袂列：裁开宽大的衣袖变成瘦小的。列，同"裂"。割裂。

⑭文绣染：把精美的色彩染成纯色。

⑮刻镂削：把雕刻的图案削掉。

⑯雕琢采：把雕琢的花纹毁掉。雕，砸，毁。采，辨治。在此指可辨别的花纹。

⑰几而不征：查问而不征敛。几，亦作"讥"。查察，查看。

⑱市廛而不税：提供贮存货物的场所，而不收取税金。廛，市中贮积货物的库房。

⑲知：同"智"。才智。

⑳失：纵，放任。《说文》："失，纵也。"

【译文】

圣明的君王，其当务之急，在于加强农业生产，去除那些无用的产业。然后百姓就可以富裕起来；选拔贤良的人才，而后百姓就可以得到治理；降低赋税，对百姓不苛刻以忠诚爱护的态度对待他们，而后百姓自然亲近归附。以上这三方面，都是关系到成就霸王业的大事。凡事都有根本，而仁义是其中的关键。如今，工匠的技艺是够精致巧妙的了，然而百姓日常所需用的东西却得不到满足，就是因为君主的兴趣在欣赏那些精巧的器物；田中的农民是够勤劳辛苦的了，然而天下百姓还免不了缺粮挨饿，是因为君主一心追求珍馐美味，吃饭时盘案堆满了食品。女工的技艺，也已经够灵巧精美的了，然而天下人仍缺衣挨冻，就是因为君主过分喜好华丽铺彩饰锦的穿戴。所以，这就应当把宽阔的带子裁成窄小的衣带，把宽大的袖子变成窄小的衣袖，把精美华丽的绘绣染成单纯之色，把刻镂的装饰图案削掉，把雕琢的花纹毁去。关卡上只稽查而不征收捐税,市场上官府提供存放货物的房舍而不征税。古代的良工巧匠,从不浪费自己的聪明才艺,制作供人赏玩的器物。所以,那些无用之物,操法度者从不放纵它们的生产。

卷第四

宙合第十一

【题解】

"宙合"即包含宇宙天地的大道。宙,谓时间,指古往今来;合,谓空间,即六合,指上下前后左右六方。宙合,即"宇宙六合"之省称,统括时间空间而言。

此篇论文,就体例而言甚为奇特。第一段为经,是格言体,共提出十数条纲要;其他段落为传,即解文,分章详解第一段经文每个句子,即对十数条纲要逐一解说,逐一发挥,有条不紊,层次井然。就内容而言,这是一篇哲理性强的政治论文。涉及天时、地利、法度、君臣之道、论人用贤、制法修德、思想修养等等。其内容大致不出这三个方面:一是论述君臣执政治国的一些原则,强调了教化的力量,主张通过教化使人心向善,认为需为百姓制定法度,颁布举措,彰显是非,这些都是极为有必要的。其二是阐述了一些为人处世的基本原则,告诫人们要谦虚谨慎,戒骄戒躁,不要自以为是。这些既是针对执政者而言,又不仅限于统治者,如"春采生,秋采蓏,夏处阴,冬处阳"倡导因时而动,"奋乃苓,明哲乃大行"告诫盛极而衰,"鸟飞准绳"建议要有长远目光等等。三是带有超现实哲理意味的论断,如"夫天地一险一易,若鼓之有楟,擿挡则击"探讨万物共通的道理,"天地,万物之橐,宙合有橐天地",追寻天地宇宙的存在方式等等。这些内容既表现了作者对治国的看法,也体现了他对人际关系和外在世界的思考。

　　左操五音,右执五味①。怀绳与准钩②,多备规轴③,减
溜大成④,是唯时德之节⑤。春采生⑥,秋采蔛⑦,夏处阴,冬
处阳,大贤之德长。明乃哲,哲乃明,奋乃苓⑧,明哲乃大行。
毒而无怒,怨而无言,欲而无谋。大揆度仪⑨,若觉卧,若晦
明,若敖之在尧也⑩。毋访于佞,毋蓄于谄⑪,毋育于凶⑫,毋
监于谗⑬,不正,广其荒⑭。不用其区区⑮,鸟飞准绳⑯。谚充
末衡⑰,易政利民⑱。毋犯其凶,毋迣其求⑲,而远其忧;高为
其居,危颠莫之救。可浅可深,可浮可沉,可曲可直,可言可
默。天不一时,地不一利;人不一事。可正而视,定而履,深
而迹⑳。夫天地一险一易,若鼓之有桴㉑,摛挡则击㉒。天
地,万物之橐㉓,宙合有橐天地。

【注释】

①左操五音,右执五味:是顺应四时五行,掌握一切的意思。天左
　旋,地右转,成四时,生万物,于是五音、五味形成。

②怀:怀着,把握着。绳:绳墨尺度的意思。准钩:衡量曲直的标
　准。准以量直,钩以度曲。

③轴:车轴支持轮辐,比喻事物全局的关键部分。与上文"准钩"意
　思一样。

④减溜大成:即事物经盈虚增减而最终成就的意思。减溜,盈虚。
　减,减杀。溜,盈溢。

⑤时德:把握四时变化的能力。

⑥采:事,从事。

⑦蔛:字当为"藏"之误,含藏的意思。

⑧畚：满，充盈。苓：凋零。

⑨揆：揣度，度量。

⑩敖：人名。字也作"翺"，据载为尧庶子九人中的一个。

⑪蓄：豢养。

⑫育：培植。

⑬监：听取意见。

⑭荒：亡。古两字可通用。

⑮区区：一个空间一个空间地度量。区，空间，区域。

⑯飞鸟准绳：飞鸟的行迹可作标准。

⑰谩(juàn)充：心中充实。谩，心胸所含。末衡：指耳目等对事物的感知评价。

⑱易：治，治理得停停当当。《论语·八佾》："与其易也，宁戚。"与下文"夫天地一险一易"之"易"字义同。

⑲迩：近，接近。求：指各种奢求欲望。

⑳迹：迹象，在此指各种法度章程。

㉑桴：敲鼓的木槌。

㉒摘挡：象声词，形容鼓声。则：而。

㉓橐(tuó)：布口袋。

【译文】

左手操控五音，右手持守五味。胸中持有绳墨尺度，有多样的规矩与关键，瞬息之间万物成就，这是遵循时节变化的德操。春天顺着万物生长做事，秋天顺应万物含藏行为；夏天处在阴凉中，冬天处在阳光里，这是大贤的高德。明智即哲慧，哲慧即明智，盛满则凋零，知此，明哲之智才能畅行。内心毒恨而不发怒，心中怨恨却不作声，内心有求却不见谋求形迹。有大的揣测考量，却像睡醒的人安卧那样无声，似明白的人掩藏其智，又像敖浑然处在尧的年代中。不要向奸佞之人征询，不要豢养谄媚的人，不要培植凶恶之辈，不要听信谗巧之言，行为不正，丧亡可就广大了。不用逐个空间度量，而保持虚空，君主衡人论事依"鸟飞准绳"的原则。心胸要忠诚，耳目要端正，良好的政治对百姓有利。不要招惹那些凶事，不要接近无限奢求之事，要远离忧患；高耸的居处，一旦颠覆可就没法救了。可以深就深，可以浅就浅；可以漂起就漂起，可以下沉则下沉；可以曲弯即曲弯，可以正直则正直；可以言说则发言，应该沉默则闭口。上天不单一个时令，大地也不仅一种利益；人也不只一件事情。应端正视觉，笃定脚步，深切表明自己的行迹。天地有险有平易，就像鼓有鼓槌，击之则叮当有声。天地是囊括万物的大口袋，宙合的道理则包括天地。

"左操五音①，右执五味②。"此言君臣之分也③。君出令佚④，故立于左⑤；臣任力劳⑥，故立于右。夫五音不同声而能调，此言君之所出令无妄也；而无所不顺，顺而令行政成。五味不同物而能和，此言臣之所任力无妄也；而无所不得，得而力务财多⑦。故君出令，正其国而无齐其欲⑧，一其爱而无独与是⑨。王施而无私⑩，则海内来宾矣⑪。臣任力，同其忠而无争其利⑫，不失其事而无有其名⑬，分敬而无妒⑭，则夫妇和勉矣⑮。君失音则风律必流⑯，流则乱败。臣离味则百姓不养⑰。百姓不养，则众散亡。君臣各能其分，则国宁矣。故名之曰不德⑱。

【注释】

①左操五音：据下解文，是喻指君道。意谓君主出令能顺理成章，像协调五音能成乐章。五音，指宫、商、角、徵、羽五个音阶。此以五音相谐可成曲，比喻为君之道，要在出令得宜。

②五味：指酸、辛、咸、苦、甘五种滋味。此以五味相调可成美食，比

喻君臣之道。

③分:本分,职分。

④君出令佚:人君在上面发号施令,是安逸的。佚,安闲,逸乐。

⑤立:读为"位"。与"位"古通用,下同。

⑥臣任力劳:人臣在下面奔走出力,是操劳的。劳,辛劳,操劳。

⑦力务:各种政事被尽力做好的意思。

⑧无齐其欲:不要满足其私欲。齐,读为"济"。满足。一说全备、完善。欲,欲望,爱好。

⑨一其爱:平等专一地爱所有人。无独与是:不偏袒那些同意自己的人或意见。与,助。是,同,一样。

⑩施:施恩德。

⑪宾:服从,归顺。

⑫同其忠:同尽忠心。一说,忠为"患"之误。同其患,即共患难的意思。

⑬无有其名:不图名声。

⑭分敬,即相互尊敬。

⑮夫妇:此处泛指举国男女百姓,并非专指夫妻。

⑯君失音:上文言君"操五音",此则谓君于"操五音"之事有失。风律:犹言音律、声律。指教化与法规。流:流漫,散荡。失去正音正调。

⑰臣离味:使五味不协调。养:畜养,管理。

⑱不德:不偏执于德。上言君主操五音五味,而音乐美食之成,则由大臣任力完成。君主并不以专任某事做成为能,这就是"不德"的意思。一说"不德"即"丕德",亦通。

【译文】

　　"左操五音,右执五味。"这是讲君和臣各自的名位和本分,即君主的职责在于发号施令,其出令像操五音;而臣子的职责在于尽心竭力执行政令，其出力像调和五味。人君在上发令是安闲的，所以位居于左；人臣在下边出力办事，是辛苦操劳的，所以位居于右。五音虽不同声却可以协调成音律，这是说人君出令不是随意而为的。因而没有什么情形是不顺应实际的。顺从实际，所以法令通行无阻，政事取得成功。五味虽不同而可以调和成美味，这是说人臣出力办事没有任意胡为，因而便没有什么事情是不得其宜。凡事能各得其宜，则事情做得得力，财富就有增长。人君出令，专为匡正国事而不是为满足私欲，与民同爱而并非独行其是。如此施德而无私，则四海归服。人臣出力任事，共同恪尽忠心而并非争夺私利，不失本职又不猎取虚名，如此相互尊敬而无所忌妒，则天下男女百姓都将和谐共勉。君主"五音"操控得不好，风调韵律就要散荡，散荡了事情也就败坏了。人臣"五味"调配不好，则民众生活得不到供养和管理。得不到供养和管理，百姓则离散逃亡。君主大臣各自尽其本职，国家就会安宁了。这就是"不德"的大智慧。

"怀绳与准钩，多备规轴，减溜大成，是唯时德之节。"夫绳扶拨以为正①，准坏险以为平②，钩入枉而出直③，此言圣君贤佐之制举也④。博而不失⑤，因以备能而无遗。国犹是国也⑥，民犹是民也，桀、纣以乱亡，汤、武以治昌。章道以教⑦，明法以期⑧，民之兴善也如此⑨，汤、武之功是也。多备规轴者，成轴也⑩。夫成轴之多也，其处大也不究⑪，其入小也不塞。犹迹求履之宪也⑫，夫焉有不适善⑬？适善，备也，仙也⑭，是以无乏，故谕教者取辟焉⑮。天淯阳⑯，无计量，地化生⑰，无法崖⑱。所谓是而无非⑲，非而无是，是非有，必交来⑳。苟信是㉑，以有不可先规之㉒，必有不可识虑之㉓，然将卒而不戒㉔。故圣人博闻多见，畜道以待物㉕。物至而对形㉖，曲均存矣㉗。减，尽也；溜，发也。言偏环毕善㉘，莫不备得。故曰:减溜大成。成功之术,必有巨获㉔,必周于德㉚,审于时㉛;时德之遇㉜,事之会也㉝,若合符然。故曰:是唯时德之节。

【注释】

①扶拨:就是纠正、校正的意思。拨,倾斜,不正。

②坏险以为平:把险峻之处整平。险,此处指高峻不平。

③入枉而出直:曲进而直出。枉,弯曲。

④贤佐:另本作"贤相"。制举:法度的运用。制,制度,法度。举,兴举,实行。

⑤博而不失:指法度全面详尽而无所遗失。下文所谓"备能而无遗",即与此意相承。

⑥是:此,这个。

⑦章道以教:即彰明治国之道以教民。

⑧期:约。

⑨兴善:兴起于善政。

⑩成轴:现成的法度。

⑪不究:车轴插入车轮孔中不旷,亦即粗细合适,即是"不究"。究,物在洞中。不究,与下文"不塞"相对。塞,即轴过粗不能插入的意思。

⑫迹:足迹。履之宪:楦头在鞋中。制鞋用的木制模型,俗称楦头。宪,通"楦"。此句承上句,轴多适用各种车轮,就像鞋楦头在鞋中一样顺适。

⑬适善:非常适合。

⑭仙:郭沫若云:"仙"当读为"选"。选择,选用。

⑮谕教者:主持教化世人者,即统治者当局。取辟:即"取譬"。取法、借鉴之意。

⑯淯(yù)阳：即育养。淯,同"育"。

⑰化生：演变化生万物。

⑱法崖：即畔崖。指边际。

⑲是而无非：谓"是"则不是"非"。无非,即不是非。

⑳交来：交并而来。指是非而言。

㉑苟：假设。信是：诚如此。

㉒以有不可先规之：意谓是与非必定不能预先预料它们。规,通"窥"。引申为预料逆知。

㉓识虑：辨识与深思熟虑,即辨认细想。

㉔卒而不戒：指突然到来而不能戒备。卒,同"猝"。突然,仓促。

㉕畜道以待物：积累规律性的东西应对事物的出现。畜道,即积累关于规律性的理论、原则、认识等。

㉖物至而对形：新事物一出现就拿来与已积累的原理模式相对照。对形,即"对型"。

㉗曲均存矣：比照已有的范型,事物的曲直是非就都弄清楚了。

㉘偏环毕善：全部完备,没有不完善的地方。偏,指局部。环,指全体。

㉙巨获：规矩,法度。两字为"榘镬"的异写。

㉚周于德：全面修养德行。

㉛审于时：明辨时机。

㉜遇：结合。

㉝会：机会。

【译文】

"怀绳与准钩,多备规轴,减溜大成,是唯时德之节。"这是讲绳墨可以用来校正偏斜使其端正,准尺可用以破除陡险归为均平,钩规用以随着弯曲量出直线。这些都可用来说明圣君贤相对于国家法度的运用原则。法制完善而不缺少,度量衡及其工具详尽统一而无偏颇,因此君主

能依靠法制的完善功能治国理民而没有遗漏。国家还是那个国家,民
众还是那些民众,夏桀、商纣两君却因荒淫无道的乱政而败亡,商汤、周
武两君却因政教清明而兴盛。彰显文教来教化百姓,明示法度与百姓
为约,民众齐心向善、使守法从善成为日常习俗和风尚,这就是商汤和
周武王以德治国所取得的功绩。所谓多备各种规格的轴,才能成其为
轴。轴的粗细规格多,就不会放入大车轮轴洞旷荡不紧,放入小车轮洞
塞住不入的情况。就像按照足迹的大小做成各种鞋楦子,根据这些模
型去制鞋又怎么能够不合适呢? 之所以非常合适,在于准备得完备,可
供挑选着来使用,所以不会因缺乏而出现不够用的现象。所以主持教
化的人就应该取法于此而有所借鉴。上天养育世间万物,多得难以估
量;大地造化生长万物,多得无边无际。所谓是就不成非,非不能成是,
然而是、非常有,必然错杂来到。果然是、非如此复杂,就必定不能预先
来预料它们,就必定不能预先来识别它们,这势必会猝不及防,毫无准
备。因此圣人只能增加自己的见闻,积累自己识辨的经验来等待是非。
是非来到就加以比照,是非曲直也就能识辨了。所以,圣人总是要博闻
多见,积累规律性的理论、原则,以此增广见闻、积累辨识经验来认识新事
物。新情况一经出现,就与这些旧有的理论模式相参照比对,是非曲直
就一目了然了。减,是全的意思;溜,是发的意思。说的是妥善对待。就
是所谓减溜大成。成功之道,一定要有规律法度可循,必须德行周全,必
须明察于时机,审时度势;把握时机的品德,与所担当的事业相遇、交会,
像将两半兵符合二为一那样密合无间。所以这里要说把握时机的品德
大节。

　　"春采生,秋采蔌,夏处阴,冬处阳。"此言圣人之动静、
开阖、诎信、涅儒、取与之必因于时也①。时则动,不时则静,
是以古之士有意而未可阳也②。故愁其治言③,含愁而藏之
也④。贤人之处乱世也,知道之不可行,则沉抑以辟罚⑤,静

默以侔免⑥。辟之也，犹夏之就清⑦，冬之就温焉，可以无反于寒暑之灾矣⑧，非为畏死而不忠也。夫强言以为僇⑨，而功泽不加⑩，进伤为人君严之义⑪，退害为人臣者之生⑫，其为不利弥甚⑬。故退身不舍端⑭，修业不息版⑮，以待清明⑯。故微子不与于纣之难⑰，而封于宋，以为殷主。先祖不灭，后世不绝。故曰大贤之德长⑱。

【注释】

①阖：关闭。诎信：即"屈伸"。屈曲与直伸。湼儒：当为"逞偊"，通"盈偊"，犹言"盈缩"。与：予。

②阳：意同"扬"。宣扬，显扬，意气外发。

③愁其治言：收敛其治世的言论主张。愁，通"揫"。收敛。下句"愁"字义同。

④含愁：收敛而隐蔽。

⑤沉抑：隐伏，谦退。辟罚：躲避刑罚。辟，躲避。下文"辟之也"同。

⑥侔免：求免灾祸。侔，谋取。

⑦清（qìng）：凉，清凉。

⑧无反：无犯。反，与"犯"古可通用。

⑨强言以为僇：强行进谏言而招致杀身之祸。僇，通"戮"。杀戮，刑戮。

⑩加：施及。

⑪严：疑衍。一说为严酷、尊严。

⑫者：许维遹云："者"当为"偷"。生：生命。此处指偷生。

⑬弥甚：更加厉害。

⑭不舍端：不抛弃正直之行。

⑮修业:即"休业"。指解职或退休。不息版:即不停息攻读版籍。版,版牍。古时写字用的木片。

⑯清明:此指政治清明。

⑰微子:名启,一作开,商纣王庶兄,封于微。因见商将亡,数谏纣王,王不听,遂愤而出走。周武王灭商时,归服于周,周公旦攻灭武庚后,封其于宋,为宋国始祖。与:参与,分担。

⑱大贤之德长:意谓大贤之德远大。以上这一段以商周之际的微子为例,说明人臣进退之节。

【译文】

"春采生,秋采苽;夏处阴,冬处阳。"这是说圣人的动静、开合、屈伸、进退、取予都因循适合时宜的原则。合于时宜则动,不合时宜则静,所以,古代贤士心存志向,虽有谋划而不宣扬。收敛其治世的言论,深藏内心而注意隐蔽自己。贤士处于乱世,知道其治世之道行不通,就以沉抑的态度躲避刑罚,以静默无言的方式求得免祸。其行为有如夏天就到清凉的地方,冬天就到温暖的地方,才不会冒犯严寒酷暑的灾祸,这种逃避并不是因为怕死而不忠于国君。强行进谏言只会招致杀身之祸而毫无功效,既伤害了君主尊严,又伤害了人臣的性命,其带来的不利是太严重了。因此,隐退而不肯放弃端正,退身也不放下版籍,以此等待政治清明的到来。所以,微子并没有跟随商纣王去赴死难,而是受封于宋国,充当殷商祖先的祭祀主人。这样做,使祖先不被湮灭,后代也不曾断绝。所以说:大贤人的德行长久远大。

"明乃哲,哲乃明,奋乃苓,明哲乃大行。"此言擅美主盛自奋也①,以琅汤凌轹人②,人之败也常自此。是故圣人著之简策③,传以告后进曰:奋、盛,苓落也。盛而不落者,未之有也。故有道者,不平其称④,不满其量,不依其乐⑤,不致其度⑥。爵尊则肃士⑦,禄丰则务施⑧,功大而不伐⑨,业明而不矜⑩。夫名实之相怨久矣⑪,是故绝而无交⑫。惠者知其不可两守⑬,乃取一焉⑭,故安而无忧。

【注释】

①擅美主盛自奋:都是自以为是、骄傲自满的意思。擅美,指自我夸耀、独擅其美。主盛,指自恃其盛或盛气凌人。自奋,指自奋其能,以己为能。

②琅汤凌轹(lì):骄傲放荡,欺凌他人。琅汤,丁士涵云:读为"浪荡",犹言放荡,放荡不羁。凌轹,倾轧,欺压。轹,欺凌。

③简策:即"简册"。古代的书籍。

④不平其称:不要显示自己十足的分量。平,满。称,同"秤"。平秤,指分量十足。

⑤依:殷,盛。

⑥不致其度:不达到最高限度。致,通"至"。

⑦肃士:恭敬地礼贤下士。肃,恭敬。

⑧务施:注重施泽,施舍恩泽。

⑨不伐:不自我夸耀。伐,自夸。

⑩明:犹言盛大。一说作显著。不矜:不自以为能。

⑪名实之相怨:名与实不符。怨,犹"违"。违背,违反。

⑫绝而无交:互相排斥而不能结合。指名实不符而言。

⑬惠者:智者,聪明的人。惠,古通"慧"。两守:名与实两者兼得。

⑭乃取一焉:据文义,实指弃名取实。

【译文】

"明乃哲,哲乃明,奋乃苓,明哲乃大行。"这是说独擅其美、自恃其盛、自奋其能,以傲慢放纵的姿态去欺凌、压迫他人,一个人的失败常常从这里开始。为此,圣人把这个道理写入简册留存书中,传告给后学之士说：奋盛即意味着衰落。只有兴盛而不会衰落的事，是从来没有过的。所以，有道的人，不会十足地表现自己，不会现出自己的盈满，不会高调自喜，不会极力地表现自我至极。职位尊贵就注意恭敬地礼遇贤士，有丰厚的俸禄就广施德泽，功劳重大而不自我夸耀，事业隆盛而并不骄矜、自视贤明。名与实不符是由来已久的事了，所以名实互相排斥而不能交并共存。明智的人深深知道名与实这两者不可能兼而有之，于是只取其一，弃名取实，所以能安然而无忧。

　　"毒而无怒"，此言止忿速、济没法也①。"怨而无言"，言不可不慎也；言不周密，反伤其身。故曰"欲而无谋"②。言谋不可以泄，谋泄灾极③。夫行忿速遂④，没法贼发⑤，言轻谋泄⑥，灾必及于身。故曰毒而无怒，怨而无言，欲而无谋。

【注释】

①止忿速：控制情绪，止住愤怒的表现。速，"迹"字之讹。迹象，表现成。济没法：潜水而渡。在此也是掩盖行迹的意思。

②欲而无谋：有想法不可轻易向别人透露。无谋，即毋谋于人，以防谋略外泄。

③极：通"亟"。紧急。一说作"至、到"解。

④行忿速遂：行为带有愤怒情绪却想事情成功，想速成其事。遂，成功，完成。

⑤没法贼发：潜水没有方法则易败事。贼，败。

⑥言轻：言语不谨慎。轻，轻易。

【译文】

　　"毒而无怒"，这是说抑制、平息愤怒的表现，成就潜行的努力。"怨而无言"，说的是说话不可不谨慎；言语不周，反过来将伤害自身。"欲而无谋"，说的是谋事时计谋不可外泄，计谋外泄则招致灾祸急速降临。若是纵容躁怒情绪，愤怒急切中想让事情速成，没有好办法做到潜藏自己，且言事轻率，谋划外泄，这些都能让灾祸必定累及自身。所以说：有所厌恶、痛恨也不要发怒，有所怨愤、心生抱怨也不要轻易说出口，有了欲念也不要轻易谋划于他人。

"大揆度仪，若觉卧，若晦明。"言渊色以自诘也①，静默以审虑②，依贤可用也③。仁良既明，通于可不利害之理④，循发蒙也⑤。故曰，若觉卧，若晦明，若敖之在尧也。

【注释】

①渊色：不露声色，渊深。自诘：亲自问政。

②审虑：深思熟虑。

③依贤：倚靠贤明之人。

④可不：可否。不，与"否"古两字可通用。

⑤循：依着。指上文的"大揆度仪"等。发蒙：晓悟，摆脱蒙蔽状态。

【译文】

"大揆度仪，若觉卧，若晦明。"这是说君主应当沉潜处事、不露声色，安详静默地考虑计划。要依靠贤能才俊的意见，采纳仁良之士的主张，才可通晓可否、利害。依循这样的方式便可晓悟一切、不受蒙蔽。所以说：人君要像睡醒的人安卧那样无声，似有智者故意装糊涂。就像敖浑然处于尧的朝中。

"毋访于佞"，言毋用佞人也，用佞人则私多行①。"毋蓄于谄"，言毋听谄，听谄则欺上。"毋育于凶"，言毋使暴，使暴则伤民。"毋监于谗"，言毋听谗，听谗则失士。夫行私、欺上、伤民、失士此四者用，所以害君义失正也。夫为君上者，既失其义正，而倚以为名誉②；为臣者，不忠而邪，以趋爵禄③，乱俗数世④，以偷安怀乐。虽广其威，可损也⑤。故曰：不正，广其荒。是以古之人阻其路，塞其遂；守而物修⑥。故著之简策，传以告后世人曰：其为怨也深，是以威尽焉。

【注释】

①私多行：多行私意的意思。多，自多，自以为是。

②倚：依赖。

③趋：追逐。

④数：责备。

⑤虽广其威，可损也：即使国家声威再大，也是要折损败坏的。

⑥守而物修：守住上述原则，力求看得深远。物，"眒"字之借。眒，眯起眼睛以求远视。

【译文】

"毋访于佞"，说的是不可听信奸佞小人之言，听信奸佞之言就会自鸣得意、刚愎自用。"毋蓄于谄"，说的是不要听取奉承的话，包庇纵容谄媚行为则将会使君主受到欺瞒、哄骗。"毋育于凶"，说的是不要助长暴力，手段残暴则将伤害黎民百姓。"毋监于谗"，说的是不可听信谗言，听信谗言则将失去贤士。刚愎自用、欺君瞒上、伤害民众、失去贤士，这四个弊端通行，就要危害君主的公正之道。作为君主，既已丧失公正还借手中一切造就声望、取得名誉；作为臣子，不忠于君而行为邪僻，一心只追求爵位、逐取俸禄，扰乱习俗，败坏世风，以此苟且偷安、贪取享乐。这样下去，即使国家的声势威名再大，也是难免要折损败坏的。这说是"不正，广其荒"这句话的意思。因此古代的人，阻塞产生这

四种弊端的途径，堵住这些弊政风行的通道，努力坚守公正之道，并
力求站得高、看得远。所以，把它们都写在书本上，流传下来告诫后
代的人说：上述四种弊政所造成的怨恨是深重的，国威将因此而丧
失殆尽。

　　"不用其区区"者，虚也①。人而无良焉②，故曰虚也。凡
坚解而不动③，陼堤而不行④，其于时必失，失则废而不济⑤。
失植之正而不谬⑥，不可贤也；植而无能，不可善也。所贤美
于圣人者，以其与变随化也⑦。渊泉而不尽，微约而流施⑧。
是以德之流润泽均加于万物⑨。故曰：圣人参于天地⑩。

【注释】

①虚：虚空。

②良：处于，行于。良，即"踉"。

③坚解：坚结，坚硬。解，为"垎"字之假。坚硬。

④陼(dǔ)堤：阻滞。一说指犹豫不定。与上句"坚解"义同。

⑤济：成功。

⑥失植：失志。植，通"志"。谬：即"穆"。严肃。

⑦与变随化：参预变革，顺应发展。

⑧微约而流施：细小而长流不断。施，延续。

⑨流：丁士涵云："流"字涉上文"流施"而衍。均：平均，普遍。

⑩参于天地：与天地相配，

【译文】

　　"不用其区区"，是虚的意思。处在人迹罕至的地方，就是虚空。凡
是顽固不化、阻滞犹豫、无所行动的人，必然会失掉时机，失时机则坏事
而无所成就。失志不正且不严肃庄重，不能算作贤人；有志无才能，也

不能算作完美。圣人之所以被人们誉为贤美，是因为圣人参与并顺随天地万物的发展变化。这种参与，就好比渊泉之水没有枯竭，微微细细而不断流施。因此，恩德流布万民，使其润泽且普遍均匀地施加于天地万物。所以说：圣人之恩德是与天地相配的。

"鸟飞准绳"，此言大人之义也①。夫鸟之飞也，必还山集谷。不还山则困，不集谷则死。山与谷之处也，不必正直，而还山集谷，曲则曲矣，而名绳焉②。以为鸟起于北，意南而至于南；起于南，意北而至于北。苟大意得，不以小缺为伤③。故圣人美而著之曰④：千里之路，不可扶以绳，万家之都，不可平以准。言大人之行，不必以先帝常⑤，义立之谓贤。故为上者之论其下也，不可以失此术也⑥。

【注释】

①大人：古指德高者。

②绳：直。

③伤：妨碍，妨害。

④著：著录，即写入简册。

⑤先帝常：先人的经验是尚。此句意谓不必拘泥于古人的经验。帝，与"谛"古通。常，尚。

⑥术：原则，法则。

【译文】

关于"鸟飞准绳"，这是说君主衡人论事当依"鸟飞准绳"的原则，宜取大方向不计小缺失，说的也正是高行厚德的伟大人物所领悟的生活道理。众鸟飞翔，一定要飞返山林，集栖在谷中。不飞回到山林则会疲困，不栖集到谷中则会死亡。它们在山林与峡谷中所停留的位置，不一定平正笔直，虽然飞回到山林、齐集在谷中的路线，曲折固然曲折，却仍可以说是直的。因为众鸟从北方起飞，意向到南方就能齐飞到南方；从南方起飞，意向到北方就能到达北方。如果大的方向是正确的，便不应该以小的曲折迂回为妨害。所以，圣人称美此举此事并将其写成这样的文字：长达千里的道路，不可能用绳墨来拨直而成为一条直线，大到千家万户的大城市，不可能用统一的水准器具来取正而拉成一个平面。这就是说，具有高行厚德的伟大人物的言行举止，不必拘守古人的常法先例，只要能够采取适宜于当时的策略去行动，就可以称为贤俊。所以，作为君主在考评他的臣子下属的时候，是不可以丢掉这个衡人论事的法则的。

　　"谵充"，言心也，心欲忠；"末衡"，言耳目也，耳目欲端。中正者，治之本也。耳司听，听必顺闻①，闻审谓之聪②。目司视，视必顺见，见察谓之明③；心司虑，虑必顺言，言得谓之知④。聪明以知则博，博而不惛⑤，所以易政也⑥。政易民利，利乃劝，劝则告⑦。听不慎不审不聪，不审不聪则缪⑧。视不察不明，不察不明则过。虑不得不知，不得不知则昏。缪过以惛则忧⑨，忧则所以伎苟⑩，伎苟所以险政，政险民害，害乃怨，怨则凶。故曰："谵充末衡"，言"易政利民"也。

【注释】

①听必顺闻：听觉必须慎重地听闻。顺，慎。

②审：精确。

③察：明察，精准。

④知：同"智"。明智。

⑤惛：糊涂，昏乱。

⑥易政：与"险政"相对。指治理得好的政治。

⑦告：刘绩云：当作"吉"。与下文"怨则凶"的"凶"相对文。一说解
　　作告诉，相互告语。

⑧缪：错误。

⑨忧：一说为"扰"。指纷扰。

⑩伎苛：指办事苛刻。伎，假为"忮(zhì)"。嫉妒，贪图。

【译文】

"谨充"，是说心胸，心胸要忠诚。"末衡"，是说耳目，耳目要端正。中平与端正，是治世根本。耳朵掌管听觉，听觉必慎重对待耳之所闻，所闻精确详审才叫作聪；眼目掌管视觉，视觉必慎重对待目之所见，所见精准确切才叫作明；心胸掌管思虑，思虑必慎重对待言说语言，言说得当合宜叫作智。耳聪目明地认知外界，才能智慧博大，博大而不糊涂昏乱才能带来优良的政治。良好政治对百姓有利；百姓由此受到鼓励，就会安心农事、努力生产，百姓做事勤勉、尽心尽力，那国家就吉祥安泰。听得不精确、不详审就是耳不聪，听不详、耳不聪就会陷入荒谬。看得不详审就是目不明晰，视不清、目不明就可能发生过错。思虑不得当就谈不上明智，思不得当、心不明智就会陷入昏乱。荒谬、过错而且昏乱就会使人事纷扰，人事纷扰则将造成政事苛刻，治事苛刻就会造就险恶的政局。政治险恶就使百姓受害，民众受到伤害就会产生怨恨，民众有怨恨则国事凶险。所以说：心地要忠纯平实，耳目要端正清明；这是在说政治平和安定，有利民众的事。

"毋犯其凶"，言中正以蓄慎也①。"毋迩其求"，言上之败常，贪于金玉马女②，而吝爱于粟米货财也③。厚藉敛于百姓，则万民惄怨④。"远其忧"，言上之亡其国也，常迩其乐⑤，立优美⑥，而外淫于驰骋田腊，内纵于美色淫声，下乃解怠惰

失⑦,百吏皆失其端⑧,则烦乱以亡其国家矣。"高为其居,危颠莫之救",此言尊高满大,而好矜人以丽⑨,主盛处贤,而自予雄也⑩。故盛必失而雄必败。夫上既主盛处贤,以操士民,国家烦乱,万民心怨,此其必亡也,犹自万仞之山⑪,播而入深渊⑫,其死而不振也必矣⑬。故曰:毋迩其求,而远其忧,高为其居,危颠莫之救也。

【注释】

①蓄慎:居心,处心积虑。

②金玉马女:指金银宝玉、田猎声色。

③吝爱:吝啬,吝惜。爱,吝惜。

④怼(duì)怨:怨恨,怨愤。怼,恨,愤,遗憾。

⑤迩其乐:近其乐,贪取眼前享乐。

⑥优美:当作"优笑"。本书《小匡》:"优笑在前。"优笑,即倡优之类。此指优伶、美女。

⑦失:通"逸"。放逸。

⑧端:此指正道。

⑨丽:美丽,光采。

⑩而自予雄也:意谓君主气势豪盛以贤君自居、以英雄自许。予,许也。

⑪万仞:极言其高。古时七尺或八尺为一仞。

⑫播(bǒ):摇荡。

⑬振:拯救,挽救。

【译文】

"毋犯其凶",是说作为君主立身持心要端正。"毋迩其求",说的是君主之所以身败亡国,常常因为贪恋金玉宝器、骏马美女、财货美色,而吝啬粮食、贪惜财物,不肯赈济灾民、救助饥荒。向百姓加重赋税、横征暴敛,因此引起万民的怨恨。"远其忧",说的是君主之所以走向亡国,经常是因为贪取眼前的享乐,接近淫乐、不离倡优,在外则沉溺于奔马驰骋、田猎射捕,在内则设置优伶美女、纵情于美色淫声;于是臣下懈怠懒惰、松散疲沓,百官皆因贪图安逸、失其正道而荒废政事,由此政治陷入烦扰混乱,国家也就灭亡了。"高为其居,危颠莫之救",这是说君主身居高位、威尊权重,而爱以美自夸于人,自我炫耀;盛气对人,自居贤明,以英雄自许。这样,其兴盛时机必然丧失,而其英雄之位也必败。人君若自居其盛,自处其贤,以此驾驭士民,国事必然纷扰混乱,万民因而心生怨愤,这样,国家也是一定要走向灭亡的,就好比从万仞高山之上,因摇动颠倒而跌入万丈深渊内,死而不可救药是必然的。所以说:君主不可只贪取眼前利益,而把忧患远远地抛在脑后,应当怀有远虑;终日一意攀高居上,倘若到了危险的顶峰,从极高处跌下时就没有谁能挽救了。

"可浅可深,可沉可浮,可曲可直,可言可默。"此言指意要功之谓也①。"天不一时,地不一利,人不一事"。是以著业不得不多②,人之名位不得不殊。方明者察于事③,故不官于物④,而旁通于道⑤。道也者,通乎无上,详乎无穷,运乎诸生⑥。是故辨于一言,察于一治⑦,攻于一事者⑧,可以曲说⑨,而不可以广举⑩。圣人由此知言之不可兼也,故博为之治而计其意⑪;知事之不可兼也,故名为之说而况其功⑫。岁有春秋冬夏,月有上下中旬,日有朝暮,夜有昏晨、半星辰序⑬,各有其司。故曰:"天不一时。"山陵岑岩⑭,渊泉闳流⑮,泉逾瀷而不尽⑯,薄承瀷不满⑰。高下肥垆⑱,物有所宜。故曰:"地不一利。"乡有俗,国有法,食饮不同味,衣服

异采⑲;世用器械,规矩绳准,称量数度,品有所成⑳。故曰:
"人不一事。"此各事之仪㉑,其详不可尽也。

【注释】

①指意要功:设计谋划以求最好的功效。指意,即"计意"。指谋取
　　最佳主意。要功,即"计功"。求取功效。

②著业:指事业。

③方明:即明于各种事物。方,广。

④不官于物:不只局限于具体事物。官,局限。

⑤旁通:犹言"广通"。

⑥诸生:诸物。

⑦治:与"辞"古通。

⑧攻:治理。

⑨曲说:言论偏于一隅,不全面。

⑩广举:广博地谈论事情。

⑪博为之治而计其意:广博设立言辞以供表达。

⑫名为之说:确定各种名分之说。名,名分,各种事物的概念。况:
　　比况,比量。

⑬半星:即中星,在中天的星。辰序:即十二个时辰的次序。

⑭岑:小而高的山。岩:山崖。

⑮闳(hóng)流:大河,大水。闳,宏大。

⑯潩(yì):小而急的水流。

⑰薄:杂草丛生的浅水之地。承:承接,容纳。

⑱垎(qiāo):坚硬而瘠薄的土地。

⑲采:色彩。

⑳品有所成:各种事物都有成规。品,品物。

㉑各事:指天、地、人诸事。仪:适宜,即各有其宜。

【译文】

"可浅可深，可沉可浮，可曲可直，可言可默。"这是说人君举事行动当考虑意图和功效，必须选择最佳方案，求得最佳效果。天不只有一个时序，地不只有一种物利，人的活动也不只限于一件事情。因此，设立事业不能不多种类别，功名地位也不得不根据需要分多样而设。明智之士广通各方面的事物，所以，不只局限于某一种事物，而是旁通于事物的共同规律。所谓道，能通达到无上之高，广及无穷，可以运用于各种事物。因此，仅仅明辨一句话，通晓一个词，善治一件事的人，就只可能谈论其片面的见解，而不能广泛举例、全面阐发事情。圣人由此明白，一种言辞不可能兼容多种含义，所以，广博地选取言辞以便表达；又知一种事物不能兼备通例去概括众多现象，所以，广泛设立名分来比量各种事业功效。每年有春夏秋冬四季，每月有上中下三旬，每日有朝有暮，每夜有昏有晨，有中星在天及十二辰的次序；这都是各有所主。所以说："天不只有一个时序。"山陵岩崖，渊泉大流，深泉飞越过溪谷长流不断永不会枯竭，湖泊承接着溪涧水源充沛但不会满溢。土地高下肥瘠，适宜作物也各有所宜。所以说："地不只有一种物利。"乡里有习俗，国家有法度，饮食有不同口味，衣服有不同花色；世人所常用的器械，如圆规、矩尺、准器、墨绳，以及称量轻重、大小、多少、长短的计算标准及数量刻度，各有成规。所以说："人的活动，不限于一件事情。"这就是说，天、地、人诸事，各有其相宜。其详细内容，是不可尽述的。

"可正而视"，言察美恶，审别良苦①，不可以不审。操分不杂②，故政治不悔③。"定而履"，言处其位，行其路，为其事，则民守其职而不乱，故葆统而好终④。"深而迹"，言明墨章书⑤，道德有常，则后世人人修理而不迷⑥，故名声不息。

【注释】

①审别:审查分别。苦:粗滥。

②操分不杂:各按其职分不混杂。操分,指对美、恶、良、苦的界定。

③不悔:没有灾祸。

④葆统而好终:保持国家纲纪,取得好的结果。葆统,即"保统"。保持纲纪。

⑤明墨:明确绳墨法度。章书:彰明规定。书,指写成文字的规章制度等。一说"书"为"画"之误。

⑥修:王念孙云,"修"当为"循",字之误也。循,依顺,遵循。

【译文】

"可正而视",这是说君主要分清美丑善恶,要辨别优劣好坏,不能不审慎对待。掌握标准,分清美恶优劣不相混杂,政事的治理就不会出现灾难。"定而履",这是说处好自己的位子,行正自己的路,做好自己的事,这样,百姓就会各守常业职分而不相混杂,这样就能保持国家的正统纲纪因而赢得好的结果。"深而迹",说的是人君当光明磊落,彰明行为准则和做事法度,道德品格坚持恒常。这样,后代的人就个个都能遵循常规道理而不陷于迷惑昏乱,因此,贤君圣名的美誉也将永远留传不息。

"夫天地一险一易,若鼓之有桴,擿挡则击。"言苟有唱之,必有和之,和之不差,因以尽天地之道。景不为曲物直①,响不为恶声美。是以圣人明乎物之性者,必以其类来也②,故君子绳绳乎慎其所先③。"天地,万物之橐,宙合有橐天地。"天地苴万物④,故曰:万物之橐。宙合之意,上通于天之上,下泉于地之下⑤,外出于四海之外,合络天地以为一裹⑥。散之至于无闲⑦,不可名而山⑧。是大之无外,小之无内,故曰:有橐天地。其义不传⑨,一典品之,不极一薄⑩,然而典品无治也⑪。多内则富⑫,时出则当⑬,而圣人之道,贵富以当⑭。奚谓当⑮?本乎无妄之治⑯,运乎无方之事⑰,应变不失之谓当。变无不至,无有应当,本错不敢忿⑱,故言而名之曰宙合。

【注释】

①景:同"影"。影子。此指物影。

②必以其类来也:即什么样的原因必招致什么样的结果的意思。类,同类。

③绳绳乎:即"绳绳然"。形容小心谨慎、戒惧的样子。绳绳,戒慎貌。先:先期行为,即导致结果的行为。

④苴:一种草包。此处指苞苴、包藏。

⑤泉:王引之云,当为"臮",古"暨"字也。暨,及也,至也。

⑥合络:包罗,网罗。

⑦无闲:没有间隙,充满天地。闲,即"间"。间隙,空隙。

⑧山:宣。《说文》:"山,宣也。"

⑨其义不传:宙合的道理至今没有传布。是作者解释"宙合"之义的感慨之语。

⑩一典品之,不极一薄:一旦董理之,不满一方版的意思。郭沫若云:谓《宙合》之经言文字甚少,除去衍文,仅二百一十字,如整理之不能尽一簿。此言"一簿",当为一方、一版。又云:"一典品之","一"者,一旦也,犹如也。"典品"谓整理。簿、薄二字古每混。

⑪典品无治:指整理工作无人来做。典品,整理。治,管理。

⑫多内则富:郭沫若云:谓言简意赅,内容丰富。内,同"纳"。容纳。

⑬出：出现。

⑭贵富以当：珍贵之处在完备与得当。指"宙合"的道理而言。

⑮奚：何。

⑯本乎无妄之治：根据不违背法度的言论。无妄之治，即"无妄之辞"。不背离规律的理论。治，通"辞"。

⑰运乎无方之事：运用到没有固定模式的事物。无方，无常，即没有固定的范围。

⑱"变无不至"三句：变化是无所不至的，若无以应对变化，那是因为根本错了，即不明白"宙合"之道，恼怒是无用的。不敢，不应，不该。

【译文】

"夫天地一险一易，若鼓之有楟，摛挡则击。"这是说如果前有唱，后必有和，和与唱不能有差错，这是可以反映天地规则的。就好比影子不会为弯曲的物体而变直，回音也不可能将刺耳的声音变得动听。因此，圣人懂得事物的本性，凡事的起因皆有其所以然的原由，所以君子总是小心翼翼，谨慎自己先前的行为。"天地，万物之橐也，宙合有橐天地"，这是说天地包裹万物，所以说它是包裹着万物的口袋。宙合的道理，是向上通于苍天之上，向下深于土地之下，向外超出四海之外，合拢天空，笼罩大地，把天地合起来包扎成为一个包裹。它散开来可以达到无限，在天地间不留任何间隙，无言可以形容它。它大到无外不到，小到无内不入。因而形容它是一个大口袋包裹天地。宙合的这番道理并没有流传下来，而一旦整理成书，其内容还不到一版，然而整理的工作却没有人去做。义理容纳广博内容就十分丰富，遇到适当的时代它才出现。圣人的主张，内涵丰富广博，更可贵之处就在于圣人看重用之得当。何谓得当呢？它根据的是不虚妄的理论，运行在无边的范围，在千变万化的情况下它也不会出现偏差失误，这就是它的得当。事物的千变万化无时无处不在发生，若无以应对，那是因为根本上错了，恼恨是无用的，给它用语言来命名，可称它为宙合。

枢言第十二

【题解】

枢，本指门户的转轴，引申为事物的中心或关键。枢言即枢要之语、精要之言。本文以治国治天下为中心，广泛论述天道、君道、臣道，涉及国家的政治、财用、外交等各个方面，间杂道家、法家、阴阳家、儒家及兵家、农家、墨家、名家等各学派之言，内涵丰富。简而言之，本文有以下四方面内容：一是重百姓轻珠玉的民本思想；二是以道义治国王天下的道理；三是先王治国理民王天下的条件和原则；四是臣下辅佐君主的规范和原则。重视百姓，重视农业，提倡仁爱诚信，戒骄戒满，推崇先代圣王，这些是本篇的特色。

本篇论述每节文字不多，转换快，语言精辟，多用比喻，概括面广，含意深刻，富有哲理。作者篇末自云，怕多事，怕多言，"行年六十而老吃"，可以看出是一个阅历很深的长者所作。郭沫若疑此人即是宋牼，宋牼是齐稷下学官的先辈，孟子曾称之为"先生"，荀子也尊称他为"子宋子"。

管子曰："道之在天者，日也①；其在人者，心也。"故曰：有气则生，无气则死，生者以其气②。有名则治③，无名则乱，治者以其名。枢言曰：爱之，利之，益之，安之，四者道之出④。帝王者用之，而天下治矣。帝王者，审所先所后⑤，先民与地则得矣⑥，先贵与骄则失矣⑦。是故先王慎贵在所先所后。人主不可以不慎贵，不可以不慎民⑧，不可以不慎富⑨。慎贵在举贤，慎民在置官⑩，慎富在务地⑪。故人主之卑尊轻重在此三者，不可不慎。国有宝，有器，有用。城郭、险阻、蓄藏，宝也；圣智⑫，器也；珠玉，末用也⑬。先王重其宝器而轻其末用，故能为天下。

【注释】

①道之在天者，日也：太阳是道在天的表现。

②生者以其气：生机依靠的是精气。气，在中国古代哲学概念中，即谓物质本原。

③名：名分。此指制度、规矩等。

④四者道之出：以上所说的这四项内容都由"道"产生出来的。张佩纶《管子学》：此即《牧民》之"四欲"也。民恶忧劳，我佚乐之，即爱之也。民恶灭绝，我生育之，即利之也。民恶贫贱，我富贵之，即益之也。民恶危坠，我存安之，即安之也。

⑤审所先所后：分清事情的先后次序。审，明察，分清。

⑥先民与地：把民众和土地放在前边。

⑦贵：高贵。骄：骄傲。尹注曰：贵而不已则骄，骄而不已则亡。

⑧慎民：慎重对待百姓安定之事。

⑨慎富：慎重地设法使百姓致富。富，使百姓致富。

⑩置官：设置任命官吏。

⑪务地：重视土地耕作，注重地利。

⑫圣智：指圣明智慧者，即人才。圣，《尚书·洪范》孔传："于事无不通谓之圣。"

⑬末用：不重要的东西。又称末业，一般指工商业等，相对农业而言。

【译文】

管子说："道在天上，其表征是太阳；在人身上，就是心。"所以说，有了元气，便能获得生命，没有了元气，生命就会死亡，生命就是依靠元气而生存。有了名分的规制，国家就会安定；没有名分规制，国家就会混乱；国家政治安定就是依靠名分规制来实现的。枢言指出：爱惜民众，有利于民众，使民众增加财富，使民众得到安定，这四者都是从道产生出来的。想要成就帝王事业的君主，若能运用这四者，那天下便能安定治理、得到太平了。想要成就帝王事业的君主，就要分清事情的先后次序，明悉什么事情应当放在前面做，什么事情应当放在后头做，把百姓利益和土地生产放在首位就得天下；把高贵的尊位和骄奢自矜的权力放在首位就失天下。所以，先代圣王贵在善于慎重地处理何者为先、何者为后的问题。君主不可不慎重地对待如何使人得到尊贵的问题；不可不慎重地对待如何使百姓能够安居乐业；不可不慎重地对待如何使百姓富裕。谨慎地对待使人尊贵之事，在于如何举用圣贤人才；谨慎地对待民众安定的生活，在于如何设置官吏；谨慎地对待百姓致富之事，在于如何注重开发地利、发展农业生产。所以，君主威望的高低、地位的尊卑、权力的轻重，其关键处就在这三个方面，因此，不可不慎重处理。一个国家，总是会有珍宝，有器具，有财用。内外城郭、可凭借的险要地势以及粮食贮备，这些都是国家的珍宝；圣明贤才、智谋之策，可算作国家的器具；而珠宝玉器，仅居于末业，只有次等的用处，作国家的财用。先代圣王看重国家的宝物器具而看轻珠玉财用，所以能够治理好天下。

生而不死者二①，立而不立者四②：喜也者、怒也者、恶也者、欲也者、天下之败也，而贤者宝之③。为善者④，非善也，故善无以为也；故先王贵善。王主积于民⑤，霸主积于将战士⑥，衰主积于贵人，亡主积于妇女珠玉。故先王慎其所积。

疾之⑦,疾之,万物之师也;为之,为之,万物之时也;强之⑧,强之,万物之脂也⑨。

【注释】

①不死者二:指上文提到的宝与器。郭沫若云,指上文气与名,也可。

②立而不立:应立而不能立。即下面喜、怒等四种情绪应稳定而不能稳定。立,住。

③宝:养,涵养。即涵养以上喜、怒等四者,使之均衡不过当。宝,通"保"。又,郭沫若云:此喜、怒、恶、欲皆人之情不应言"贤者宝之"。故知"宝"当为少。

④为:假为"伪"。造作。下句"善无以为"之"为"也是"伪"。

⑤王主积于民:王者倾向积财富于民。主,倾向于。

⑥将:养,供养。

⑦疾之:急速。引申为努力、奋力。即努力实现上述的"贵善"作为。意谓要抓紧。

⑧强之:勉力。或谓加强、强化。

⑨脂:通"旨"。美好,善。

【译文】

国家存在而不是灭亡的条件有宝与器两者,应该存立却不能存立的缘由有以下四个:人君反复无常的喜悦、愤怒、憎恶与嗜好,这些都是导致天下败亡的原因,然而贤德之人却恰在这四件事上进行自我修养。高明造作的伪善,不是善,真正的善不是造作出来的;所以先王贵真正的善。真正的王者尽力积聚增多百姓,霸主积累资本重在供养战士,败落的国君重视权贵,扩大官僚和贵族视为累积资本;亡国之君重视美色财宝,最善于积聚增多珠玉和美女。所以,先王特别注意和慎重处理的便是积聚增多什么的问题。要抓紧时间、加快步伐啊,做好积累之事,可以做万物的老师；要努力，努力，就可以把握万物的时机；强力为之，强力为之，就可以获得万物之美。

凡国有三制①：有制人者，有为人之所制者，有不能制人、人亦不能制者。何以知其然？德盛义尊，而不好加名于人②；人众兵强，而不以其国造难生患③；天下有大事，而好以其国后④。如此者，制人者也。德不盛，义不尊，而好加名于人；人不众，兵不强，而好以其国造难生患；恃与国⑤，幸名利⑥。如此者，人之所制也⑦。人进亦进，人退亦退，人劳亦劳，人佚亦佚⑧，进退劳佚与人相胥⑨。如此者，不能制人，人亦不能制也。

【注释】

①制：驾驭，控制。此处所谈为有关"控制"的话题。

②加名于人：把自己的名分、地位凌驾于他人头上。一说把自己的意图强加于人。名，名义。

③造难生患：制造灾难和祸患。

④好以其国后：好让本国跟随在后面。

⑤恃与国：依靠盟国。

⑥幸：侥幸，希冀。

⑦人之所制：被别国他人所制服。

⑧佚：安闲，逸乐。

⑨胥：相偕，相伴。

【译文】

就一个国家而言，一般有三种控制的情况：有控制他国的，有被他国所控制的，还有就是既不能控制他国，他国又不能控制本国的。依据什么知道会是这三种情况的呢？恩德隆盛、道义高尚，却不喜好把自己的名分施加于别国他人头上；百姓众多、武器精锐，兵力强大却不依仗本国实力去制造危难、祸患；天下有了重大事变，却甘愿使自己的国家跟随在他国后面的。这样的国家，是可以控制他国的。恩德不重，道义不高，却喜好把自己的名分强加于别国他人头上；人口不多，武器不精，兵力不强，却喜好用国力去挑起争端战事，制造祸患危局；能凭仗同盟邻国，又贪图名利。像这样的国家，必然是要被他国所控制。人家前进他也前进，人们后退他也后退，人家劳作他也劳作，人家安乐他也安乐；前进后退，劳作安逸，全都与众相从。像这样的国家，一定是既不能控制他国，也不被他国控制的。

爱人甚，而不能利也；憎人甚，而不能害也[1]。故先王贵当[2]，贵周[3]。周者，不出于口，不见于色[4]；一龙一蛇，一日五化之谓周[5]。故先王不以一过二[6]，先王不独举[7]，不擅功[8]。

【注释】

[1]"爱人甚"四句：利，指私予其利。不能害，指不能随意损害人。陶鸿庆云：此言先王之利人害人，不以一己之爱憎耳。下文云"无私爱也，无私憎也"，即其义。

[2]贵当：注重举措得当。

[3]贵周：注重周密。

[4]见：同"现"。显示，表露。色：神色，神情。

[5]一龙一蛇，一日五化之谓周：乃是以龙蛇作为比喻，言其一日变化五次而不露形迹。《淮南子·俶真训》曰："至道无为，一龙一蛇，盈缩卷舒，与时变化。"即此句之义。

[6]以一过二：因一而责求其二。过，责备，责求。一说谓以一过二，言不夸大。

⑦独举：独自行动。一说独揽、包办。

⑧擅功：专功，独占功劳。

【译文】

即使爱惜某人到极点，也不能私与其利；即使憎恨厌恶某人到了极点，也不能私自加害于他。所以，先代圣王注重举措得宜，表达注重与道周合。所谓与道周合，就是既不必从嘴里出来，也不必从外表神态流露出来；而是举措就像龙、蛇的行动一样，盈缩卷舒，与时变化，一天五变。这就叫作与道周合。所以，先王从不因一而责备二；先王不肯独自包办一切，也不独自居功。

先王不约束①，不结纽②。约束则解，结纽则绝③。故亲不在约束、结纽。先王不货交④，不列地⑤，以为天下。天下不可改也，而可以鞭棰使也⑥。时也，利也，出为之也⑦。余目不明，余耳不聪⑧，是以能继天子之容⑨。官职亦然。时者得天，义者得人；既时且义⑩，故能得天与人。

【注释】

①约束：用绳结成捆束。

②结纽：用结结成绳纽。

③绝：断绝。

④货交：用财货建立邦交。即用贿赂手段买通别国进行邦交。

⑤列地：割地给他国。列，通"裂"。

⑥鞭棰(chuí)：鞭子和棍杖，引申为武力。意思是凭威力驾驭。

⑦出为之：应尽力掌握时机与义理。出，许维遹云：当作"诎"，与"曲"同义。"诎为之"犹曲成之。曲，尽也。

⑧余目不明，余耳不聪：古人认为做君主的不能什么都看得清楚、

听得明白，要会装糊涂，这样才能不受蒙蔽，所谓"不痴不聋，不做大家翁"。余目，有多余的视力。余耳，有多余的听力。余，多余的。

⑨容：仪容，仪态。

⑩既时且义：既合乎时，又合乎义。

【译文】

先王处理国家关系时，既不像打捆那样与他国结盟，也不像系死扣子那样与他国交好。因为约结成束的盟友，就必然有解体分散的一日；结成绳扣的邦交，也必然有断折绝交的时候。道理在于真正的亲近不因为捆绑，也不在系死扣。先王不用财货贿赂建立邦交，不用割让土地建立邦交，而能处理好与天下各国的关系。天下大势不能任意改变的，却可以凭借威势武力加以统驭。契于天机时势，合于利益的原则，就要尽力为之。除此之外，虽有多余的视力也不必过度察看，即使有多余的耳力也不必过度探听，这样，才能够保持天子一样的仪态。官员做事也应同样如此。合乎天时掌握机遇的人，就能得上天眷顾，得到大自然的帮助，形成自己的优势；合于正道掌握义理的人，就能获得人心，受到百姓的拥护。得时机者老天帮助，合道义者众人帮助；既得时机，又能合乎正义，就能既得天，又得人。这就能把天意与人力一并掌握起来。

先王不以勇猛为边竟①，则边竟安；边竟安，则邻国亲；邻国亲，则举当矣②。人故相憎也③，人之心悍④，故为之法⑤。法出于礼⑥，礼出于治⑦。治、礼，道也。万物待治礼而后定。凡万物，阴阳两生而参视⑧。先王因其参而慎所入所出。以卑为卑，卑不可得；以尊为尊，尊不可得⑨。桀、舜是也⑩。先王之所以最重也⑪。得之必生，失之必死者，何也？唯无⑫。得之，尧舜禹汤文武孝己⑬，斯待以成⑭，天下必待以生。故先王重之。一日不食,比岁歉⑮;三日不食,比岁饥;五日不食,比岁荒;七日不食,无国土;十日不食,无畴类⑯,尽死矣。

【注释】

①竟:通"境"。下同。

②举当:尽当,全都合适的意思。举,尽。

③故:通"固"。固然。

④悍:凶悍。

⑤为之法:谓治之以法。为,治。人之性格本来相憎相妒,人之心则凶狠,因此必须以法制来治理。

⑥法出于礼:法由理定,合理者定为法。《礼记·乐记》:"礼也者,理之不可易者也。"礼俗中固有各种道理,所以两个字可通。

⑦礼:治世的原则。治:理,治世之理。

⑧参视:即交互作用发生。参,动词,交互作用。视,古通"示"。显现。

⑨"先王因其参而慎所入所出"五句:慎所入所出,先王知天地演变有序,故慎其所为,不强行。入、出,分别代表静止与行动。

⑩桀、舜是也:桀和舜就是在正反两面相比较之下,才显出其优劣的。

⑪最重:谓把事物聚集起来加以比较看得很重要。最,通"聚"。聚合,聚集。

⑫无:气。郭沫若云:"无"殆"炁"字之误……《释文》"炁本亦作气""炁"与"无"字相似,故误为"无"也。上文云"有气则生,无气则死,生者以其气"。故郭说可从。

⑬孝己:人名,乃殷高宗的太子,以孝闻名天下。

⑭斯:尽,皆。

⑮比：好比，等于。

⑯畴类：同类。畴，同"俦"。

【译文】

　　先王不凭借勇猛武力来处理边境问题，这样边境自然就会安宁；边境安宁，邻国就会来亲善；邻国能来亲善归附，什么问题都好办了。人与人之间本来是相互厌恶憎恨的，因而人心凶悍，因而就要颁布法律来治理百姓。法律出于礼，礼出于合乎人情的道理。因此，道理和礼仪都属于道。万事万物都根据理和礼来确定。宇宙万物，都由阴阳两者交互作用而出现的。先王依据阴阳参合的道理，很慎重地采取各种举措行动。以卑下比照卑下，卑下就无法显出；以崇高比照崇高，崇高也永远显不出来。夏桀、虞舜相比较，他们之间的差异就区别明显了。这是先王最重视的。得到它必定能生存，失去它必定要死亡，它是指什么东西呢？唯有气。得到它的，有尧、舜、禹、汤、文、武和孝己，全是依靠它才能成就功业声名；天下的人也必须依靠它才可以生存。所以，先王很重视它。一天断粮，就等于年景歉收之年；三天断粮没有吃的，就等于饥荒之年；五天断粮没有吃的，就等于大灾之年，七天断粮没有吃的，就无国土了；十天断粮没有吃的，人就全都死去了。

　　先王贵诚信；诚信者，天下之结也①。贤大夫不恃宗②，至士不恃外权③。坦坦之利不以功④，坦坦之备不为用⑤。故存国家，定社稷，在卒谋之间耳⑥。圣人用其心，沌沌乎博而圜⑦，豚豚乎莫得其门⑧，纷纷乎若乱丝，遗遗乎若有从治⑨。故曰，欲知者知之，欲利者利之，欲勇者勇之，欲贵者贵之。彼欲贵，我贵之，人谓我有礼⑩；彼欲勇，我勇之，人谓我恭⑪；彼欲利，我利之，人谓我仁；彼欲知，我知之，人谓我懃⑫。戒之，戒之，微而异之⑬；动作必思之，无令人识之，卒来者必备之。

信之者,仁也;不可欺者,智也;既智且仁,是谓成人⑭。

【注释】

①天下之结:即"结天下",固结天下人心。

②宗:宗亲门第。

③至士:德才、修养等已达到最高境界的人。"至士"与"贤大夫"为
　　对文。外权:来自外部的权力。

④坦坦:平常,普通。

⑤备:贮备。或谓富足。

⑥卒谋:仓促之间的谋略。卒,突然。

⑦沌沌:浑沌无知貌。博而圆:圆转的意思。博,丁士涵云:当作
　　"抟",圆。一说,即"博而圆",广博而周到。

⑧豚豚乎:言隐隐约约的样子。豚,丁士涵云:"遯"之借字。《广
　　雅》:"遯,隐也。"

⑨遗遗:弯曲延续貌。遗遗,与"委蛇"通。从:同"踪"。踪迹。治:
　　治理,整理。

⑩礼:礼法。

⑪恭:谦恭。

⑫憨(mǐn):聪敏,敏锐。

⑬微而异之:以细微的态度分别对待之。异,分别。

⑭成人:成熟、完美无缺的人。

【译文】

　　先王最重视忠诚信实;因为忠诚信实是固结天下人心的纽带。真
正贤良的大夫不依靠亲缘门第,最好的士人不借助他国势力谋权。不
把平常的为民兴利视为自己的大功;不把平常的贮备的作用看得特别
大。保卫国家,安定社稷的大事,要看顷刻间的谋划。圣人在运用其心
思考虑问题时,混混茫茫圆满而周到;隐隐约约使人找不到其门径;纷

纷扰扰混乱得像一团乱丝，然而婉转曲折，也能找到治乱的踪迹。所以说，人们希望求得知识的，就应使他们求得知识；想要求得实惠利益的，就让他求得实惠利益；想要求得勇气武功的，就让他求得勇气武功；想要求得地位尊贵的，就让他求得地位尊贵。他想要地位尊贵我就使他地位尊贵，人们就会认为我懂得礼让；他想要勇气我就使他有勇气，人们就会说我恭敬谦和；他想要利益实惠我就让他得到利益实惠，人们就会说我仁爱；他想要知识我就使他有知识，人们就会说我聪敏。谨慎而又谨慎地去做啊，要以小心细致的用心，去分别对待欲求不同的人；有举动要深思，不要让人知道你的心思，突然到来的事件，也有办法应对。待人有诚信叫作仁爱，不被欺瞒叫作智慧；既智慧，又仁爱，就可以说是完美无缺的人了。

　　贱固事贵，不肖固事贤。贵之所以能成其贵者，以其贵而事贱也；贤之所以能成其贤者，以其贤而事不肖也。恶者，美之充也①；卑者，尊之充也；贱者，贵之充也。故先王贵之。天以时使②，地以材使③，人以德使，鬼神以祥使④，禽兽以力使。所谓德者，先之之谓也⑤。故德莫如先，应适莫如后⑥。先王用一阴二阳者，霸⑦；尽以阳者，王；以一阳二阴者，削；尽以阴者，亡。量之不以少多，称之不以轻重，度之不以短长。不审此三者，不可举大事。能戒乎？能敕乎⑧？能隐而伏乎？能而穑乎⑨？能而麦乎？春不生而夏无得乎？众人之用其心也，爱者憎之始也，德者怨之本也。唯贤者不然⑩。先王事以合交⑪，德以合人。二者不合，则无成矣⑫，无亲矣。

【注释】

　　①恶者，美之充也：恶的东西，是使美显得充分的东西。美恶是相

较而言的，无恶，自然美之为美亦无法显得充分。充，变得充分。

②使：起作用，发挥功能。

③材：材料，资源。使：使用，行事。引申为发挥作用。

④祥：吉凶预兆。

⑤先之之谓：即先于他人，率先示范。

⑥适：通"敌"。敌人。

⑦先王用一阴二阳者，霸：这是说治国明多暗少可以称霸。一阴二阳，一明二暗。阴，暗。阳，明。

⑧敕：整饬，整顿。或谓谨饬、谨慎。

⑨能而稷乎：能像种稷而得稷那样吗。而，如。《吕氏春秋·用民》："夫种麦而得麦，种稷而得稷，人不怪也。用民亦有种，不审其种而祈民用，惑莫大焉。"稷，高粱。

⑩"能而麦乎"六句：王念孙云："此六句，皆涉下文而衍"。译文仍译此六句，供参考。

⑪事以合交：即"以事合交"，用事奉、做好事联合交与之国。

⑫二者不合，则无成矣：二者，指"事以合交"和"德以合人"。不合，无所合，指二者若合不上，则无所成就。

【译文】

地位卑贱者，本来应当事奉尊贵之人；不肖之人，本来应当侍奉贤明之人。高贵者之所以能成为高贵之人，是因为他们能够做到以高贵的身份去侍奉卑贱之人；贤良者之所以能够成为贤良之人，是因为他们能够做到以贤良的身份去侍奉不肖之人。恶的，可使美的充分显示；卑下，可使崇高充分显示；微贱，可使高贵充分显示。所以，先代圣王很重视它们。上天凭借时令发挥作用，大地凭借物材资源发挥作用，人们通过推行道德发挥作用，鬼神通过预兆吉凶和赐福于人发挥作用，禽兽凭借力气发挥其作用。所谓德行，说的就是要率先示范的意思。所以，行德最好的是走在前头，它不像应敌打仗那样，以后发制人为好。先王为政,做事光明的行为多,阴谋行为少,可以成就霸业;能完全光明磊落,可以成就王业;多阴谋而少光明行事的,国力必然要被削弱;全用阴谋手段的,国家就要走向败亡。不经量度以后,不能以多少计量,不经称量以后,不能以轻重估量;不经衡度之后,不能以长短计算。不能明悉这三个道理的人,不可以举办大事。能够保持戒惧吗?能够保持谨慎吗?能够注意低头隐伏自己而不锋芒外露吗?能像种高粱得高粱、种小麦得小麦那样自然吗?能像到春日不事生长、夏日也就无所收获吗?一般普通众人的心思其常理,爱到尽头就是憎恨的开始,而恩德用尽则成为怨恨的发端。只有贤良的人不是这样。先王用事情做得好来争取与邻国的亲善,用德来凝聚国民,这两点做不好,不能有所合,则什么也做不成,因为没有亲附他人的力量。

　　凡国之亡也,以其长者也①;人之自失也,以其所长者也②。故善游者死于梁池③,善射者死于中野④。命属于食,治属于事。无善事而有善治者,自古及今,未尝之有也。众胜寡,疾胜徐,勇胜怯,智胜愚,善胜恶,有义胜无义,有天道胜无天道⑤。凡此七胜者,贵众⑥;用之终身者众矣。人主好佚欲,亡其身失其国者⑦,殆;其德不足以怀其民者⑧,殆;明其刑而贱其士者⑨,殆;诸侯假之威久而不知极已者⑩,殆;身弥老不知敬其适子者⑪,殆;蓄藏积,陈朽腐,不以与人者⑫,殆。

【注释】

①以其长者:安井衡云:以下句例上句,"长"上当有"所"字。

②所长者:长处,专长。

③梁池:即有梁之池。此处即指水池、水塘。

④中野：即"野中"。亦即荒野之中。

⑤有天道：指合于上天的意旨。

⑥贵众：贵多，地位贵的意思。

⑦亡其身失其国者：姚永概云："亡"读为"忘"，"失"与"及"相近而讹。忘，忘记。

⑧怀其民：使其民众感德怀恩。

⑨明：盛，重。贱：古本等作"残"。

⑩极：通"亟"。急，危急。

⑪适子：即嫡子，此处指太子。适，通"嫡"。

⑫与：援助，救助。

【译文】

　　但凡一个国家的败亡，原因往往是由于自恃其国的优越条件；一个人自毁于失误，也常常在于他所具有的特长上。所以，善于游泳的人多死于梁池，善于射猎的人往往死在荒野之中。生命靠食物，治世靠做事。没有完善的政事而欲有好的政治，自古至今从来没有过。众多能胜寡少，快捷能胜迟缓，勇敢能胜怯懦，明智能胜愚蠢，善良能胜邪恶，有义能胜无义，有天道能胜无天道。凡有此七个致胜条件的，就享受的尊贵多；君主能享用终身的，就在这众多条件了。人君好放荡纵欲，忘身逸乐而贻误国政者，危殆；其德行声望不足以使民众感恩戴德者，危险；重用刑罚而残害其士民生命者，危殆；长期假借诸侯给予的权威，自身毫无建树而不知起直追者，危殆；自身渐老而不知亲重嫡子者，危殆；财货物资贮蓄积压，粮食因陈积而腐烂变质，却不肯用来救助民众施与他人者，危殆。

　　凡人之名三：有治也者，有耻也者①，有事也者。事之名二：正之，察之；五者而天下治矣②。名正则治，名倚则乱③，无名则死④。故先王贵名。先王取天下，远者以礼，近者以体⑤。体、礼者，所以取天下；远、近者，所以殊天下之际⑥。

日益之而患少者⑦，惟忠；日损之而患多者⑧，惟欲。多忠少欲，智也，为人臣者之广道也。为人臣者，非有功劳于国也，家富而国贫，为人臣者之大罪也；为人臣者，非有功劳于国也，爵尊而主卑，为人臣者之大罪也。无功劳于国而贵富者，其唯尚贤乎⑨！

【注释】

①有治也者，有耻也者：治，正面的治理。此"治"与下一句"耻"相对。"耻"为反面的激励。耻，励耻，用激励之法使之有耻。即督促之意。

②而：能，能者善也。

③倚：偏斜，偏于一边。

④死：指万事俱废。

⑤体：亲近。

⑥殊：不同，区分。际：边际。

⑦患：忧虑，担心。

⑧损：减少。

⑨其唯：岂，难道。又，郭沫若云："唯"读为"谁"。亦通。

【译文】

关乎人的名分有三方面：有正面的治理，有反向的励耻督促，还有事功上的督察。事功的名分又分为两种：有事前加以指导纠正的，有事后加以考察辨明的。这五方面都能完善，天下就得到治理而安定了。名分正当，则国家得治而安定；名分偏斜不正，则国家就得不到治理而混乱；若没有名分、万事俱废就是死局了。所以，先王很注重名分。先王取得天下，对于远方的国家采用礼遇的手段；对于近邻的国家则用亲善的办法。所谓亲善和礼遇，都是用来谋取天下的手段方式；所谓远方和邻近,是就区分不同国家的边界而言的。每天都在加多增长,而仍然担心缺少的,是忠心;每天都想让它减少,而唯恐太多的,是欲望。增加忠心,减少私欲,是明智的表现,也是作为臣子通向宽敞广阔的道路。作为臣子,对于国家没有贡献,却使得自家富有而造成国家贫弱的局面,就是臣子莫大的罪孽;作为臣子,对于国家没有功劳,却使得自己的爵位尊贵而造成人君国主的地位卑微的局面,也是臣子莫大的罪孽。对国家没有功劳,而臣子却能爵尊家富,难道这是崇尚贤才应有的情况吗?

　　众人之用其心也,爱者憎之始也,德者怨之本也。其事亲也,妻子具则孝衰矣①;其事君也,有好业、家室富足,则行衰矣;爵禄满,则忠衰矣。唯贤者不然。故先王不满也②。人主操逆③,人臣操顺④。先王重荣辱,荣辱在为。天下无私爱也⑤,无私憎也,为善者有福,为不善者有祸;祸福在为。故先王重为。明赏不费⑥,明刑不暴⑦。赏罚明,则德之至者也,故先王贵明。天道大而帝王者用,爱恶爱恶⑧,天下可秘⑨,爱恶重闭,必固⑩。釜鼓满⑪,则人概之⑫;人满,则天概之。故先王不满也。先王之书,心之敬执也⑬,而众人不知也。故有事⑭,事也;毋事⑮,亦事也。吾畏事,不欲为事;吾畏言,不欲为言。故行年六十而老吃也⑯。

【注释】

①妻子:妻子与儿女。

②不满:不使其满盈。指先王用人,先不满足人的官位,以待以后的升迁。

③操逆:即逆向操作。即不要顺着臣子求爵禄的心思一味满足。

④操顺:君主逆向操作,臣子就顺从了。

⑤天下：指先王对待天下人们的态度。

⑥费：浪费。即过当的赏赐。

⑦暴：猝，突然。

⑧爱恶爱恶：郭沫若云：当为"爱爱恶恶"，言帝王者，能本天道无私，好人之所好，恶人之所恶，则天下可长保而勿失也。

⑨天下可秘：言帝王应把天下所有的好恶情感都隐而不露。秘，藏，藏在心里。

⑩爱恶重闭，必固：言能隐蔽情感，地位就必定稳固。固，稳固。

⑪釜鼓：古代量器。釜，春秋战国时期流行于齐国，春秋时以六斗四升为釜，后田氏以十斗为釜。鼓，相当于一斛。

⑫概：古代量米麦时刮平釜、鼓、斗、斛的器具。此处用作动词，刮平，削平。

⑬敬执：恒常地保持虔敬之心。

⑭事：指事故、重大变化。

⑮毋：没有。

⑯老吃：年老口讷。吃，《说文》："言蹇难。"不善言辞的意思。

【译文】

一般人的心思，爱到尽头就是憎恨，恩德用尽则怨恨发生。他们侍奉父母双亲，等有了妻室儿女，孝心顺从就会衰减；侍奉人主国君，等有了美满的产业，家室趋于富足，行为就会减色；官爵俸禄达到满足丰盈，忠心就会衰减了。只有贤明的人不会这样。所以，先王不让人臣的爵秩俸禄一下子达到满盈。君主坚持不用爵尊禄厚的政策，臣子反而坚持忠心耿耿的态度。先王重视荣辱，荣辱取决于人们的行动。先王对待天下人的态度既没有偏私之爱，也没有私心之恨；行动上做善事之人得福，行为作恶之人有祸；是祸是福都在各自的行为。所以，先王看重的是行为。彰明奖赏而不过度，明定刑律而不突兀。赏罚彰明是德政的最高体现，所以，先王重视彰明赏罚。天道宏伟广大无爱恶情绪，成就帝王事业的人应当善用爱恶的情感，应有把所有爱恶之情深藏不露的本领，能严密地深藏不露，政治就稳固。釜、鼓之类的量器装得太满了，人们就要用概来刮平；人欲太满了，上天就要来刮平。所以，先王行事举止不使之过于盈满。先王留下的典籍，内心应总是保持着敬爱的，然而一般的人并不知道敬重它们。所以，有事发生的时候，要去拜读它们；没有事发生的时候，我也要去拜读它们。我怯于发起什么事，也不敢去有心做成什么事；我害怕发言有失，也不敢立下什么言论。这就是我已经行年六十、年老口吃的原故。

卷第五

八观第十三

【题解】

所谓"八观",就是从八个方面考察一个国家的情况,文章首先论述统治者应当落实各项管理措施,营造一个让百姓循规蹈矩的生活环境,从而创造安宁的统治局面。其次,它从八个方面分析了一个国家是治是乱的衡量标准,概括起来即:一是从田地耕耘来考察土地开垦和农业生产,以了解国家的饥饱情况;二是从山林湖泽来考察桑麻种植和六畜饲养,以了解国家的贫富情况;三是考察城市建筑和车马衣服,以了解国家的侈俭情况;四是从灾荒劳役来考察军队兵役和财政开支,以了解国家的虚实状况;五是考察社会风俗和民俗教化,以了解国家的治乱情况;六是从朝廷君臣、上下贵贱来考察君主好恶和百官所为,以了解国力的强弱;七是从置法出令、制度效力和奖惩实施来考察律令行赏和威严宽惠,以了解国家的盛衰兴废;八是考察敌国盟友、国本民产和百姓日用,以了解国家的存亡情况。这些是作者为统治者指引的强国之道,有纲有目,体现了作者的现实精神和治国才能。

八观,其实也是对君主治国、富国强兵的八项要求。因此,这既是一篇卓有见地的关于调查研究的论文,又是一篇甚有建树的治理人民的文字。尤为可贵的是,本篇还提出了治理官吏腐败的关键在于禁止官员收受贿赂,并严厉打击请托之风,这对当下的吏治具有借鉴意义。

石一参对此篇文章极为推崇,曾有深刻评论:"右《八观》,纯为觇国之术。国计民情,一览而洞然无遗。管子之于国事,良如聚米画沙,政治家之眼光胸次,与空谈文墨不同,字字从民产、民俗、民情、民力,实际上体量而出。其琐细处不遗针芒,其深刻处洞入奥妙。当国者,人手此一篇而警省之,于兴亡、得丧、利害之因果,思过半矣。"(《管子今诠·八观》)

　　大城不可以不完①,郭周不可以外通②,里域不可以横通③,闾闬不可以毋阖④,宫垣、关闭不可以不修⑤。故大城不完,则乱贼之人谋;郭周外通,则奸遁逾越者作;里域横通,则攘夺窃盗者不止⑥;闾闬无阖,外内交通,则男女无别;宫垣不备,关闭不固,虽有良货,不能守也。故形势不得为非⑦,则奸邪之人悫愿⑧;禁罚威严,则简慢之人整齐⑨;宪令著明⑩,则蛮夷之人不敢犯⑪;赏庆信必⑫,则有功者劝⑬;教训习俗者众,则君民化变而不自知也⑭。是故明君在上位,刑省罚寡,非可刑而不刑,非可罪而不罪也。明君者,闭其门,塞其途⑮,弇其迹⑯,使民毋由接于淫非之地⑰。是以民之道正行善也,若性然⑱。故罪罚寡而民以治矣。

【注释】

①大城:指内城。完:坚固,完好无缺。

②郭周:一说作"周郭",指外城城郭。周,环绕。外通:指郭墙有缺,与外界相通。

③里域:指里巷的围墙。域,边界。横通:横行。

④闾闬(hàn):里巷的大门。毋阖:没有门扇。毋,没有。阖,扉。一说作关闭、闭合。

⑤宫垣、关闭：指院墙与门闩。宫，房屋的通称。垣，指院墙。关闭，指门闩。修：修整。

⑥攘夺：窃取，夺取。攘，偷窃。

⑦形势：指社会环境、管理情况。

⑧悫（què）愿：忠诚老实，安分恭谨。悫，恭谨，朴实。

⑨简慢：轻忽怠慢。整齐：犹言严肃认真，意谓守法。

⑩宪令：法令。

⑪蛮夷之人：对居处边远、尚未开发的民族的贱称。

⑫庆：赏。信必：高度可信。信，信用。

⑬劝：自勉，上进。

⑭则君民化变而不自知也：谓百姓在潜移默化之中走向正道。化变，意谓潜移默化。

⑮涂：道路。

⑯弇（yǎn）：遮掩，遮蔽。

⑰毋由：即"无由"。没有因缘，没有机会。

⑱性：本性，人性。

【译文】

大的城池建设不可不完善，外城的城墙四周不可以有任何缺口或与外相通的空隙，里巷的围墙边界也不可以左右旁通，里巷的大门不可以整日敞开不注意关闭，院墙与门闩不可不注意修固完备。内大城若不完整坚固，乱臣逆贼就会图谋不轨；外城有缺口空隙，奸人逃窜、翻墙作恶之徒就可以行事犯案；里巷的边界旁通侧达，抢夺盗窃的人就会作恶不止；里巷的大门整日不关，内外相通，男女之间就没有了界限和区别；院墙不完备，门闩不牢固，虽有宝贵的财货，也是无法守护保管好的。所以，只有客观环境和社会形势使人们无法为非作歹，奸刁邪恶的人才会变得忠诚老实、安分守法；只有禁律与刑罚威严，轻忽怠慢、无视法纪者才能够规矩守法；只有法令严明，四方的蛮夷之人才不敢侵犯；

只有兑现奖赏信实可靠,有功者才能受到鼓舞勉励;受训教守习俗的人确实增多了,民众才可以在不知不觉中潜移默化、移风易俗。因此,圣贤英明的君主执政,总是很少动用刑罚,这并不是必须动用刑罚的时候不用刑,该治罪的时候不治罪。英明君主能关闭了犯罪的门户,堵塞了犯罪的道路,消灭了犯罪的影响,使民众无法接触为非作歹的环境而去作奸犯科。因而民众走正道、做好事,就好像是出自本性一样。如此,很少动用刑罚而百姓已经得到了治理。

　　行其田野,视其耕芸①,计其农事,而饥饱之国可以知也②。其耕之不深,芸之不谨③,地宜不任④,草田多秽⑤,耕者不必肥,荒者不必硗⑥,以人猥计其野⑦,草田多而辟田少者⑧,虽不水旱,饥国之野也。若是而民寡,则不足以守其地;若是而民众,则国贫民饥;以此遇水旱,则众散而不收。彼民不足以守者,其城不固;民饥者,不可以使战;众散而不收,则国为丘墟⑨。故曰,有地君国而不务耕芸,寄生之君也⑩。故曰:行其田野,视其耕芸,计其农事,而饥饱之国可知也。

【注释】

①芸:通"耘"。除草。下同。

②饥饱之国:倒装,指国之饥饱。下同。

③谨:小心,经心。一说通"勤"。

④地宜不任:意谓土地种植不适宜,土地没有得到很好的使用。任,使用,利用。

⑤草田:荒芜的土地。

⑥硗(qiāo):又作"硗"。土地坚硬而瘠薄。

⑦猥(wěi)计:总计,累计。猥,积累。引申为凡、总。猥,本义为杂

乱聚集，此用引申义。

⑧辟田：已开垦的土地，耕地，熟地。

⑨丘墟：废墟。

⑩寄生之君：依附别国生存的君主。

【译文】

走在一个国家的田野上，看看它的耕耘情况，统计核算一下它的农业生产，这个国家的饥饱状况就可以了解了。耕地不深，锄草不尽力用心，宜种植的土地没有种，未开垦的土地长满野草，已耕种的土地又不见得肥沃，荒芜的土地也不见得贫瘠，若按人口的多少核计土地的总数，荒地多而熟地少，即使没有水旱天灾，这也是一个有饥荒的国家。像这样的国家，如果人口稀少则不能保其国土；如果人口众多，则国家贫困，百姓挨饿；要是再遇上水旱灾害，老百姓就将流离失所、四处逃散而无法聚拢。百姓无力保卫国土，城防就不巩固；民众处于饥饿状态，就不能发动他们从事战争；老百姓四处流浪离家弃国而不愿回来，国家就要成为一片废墟了。所以说，拥有土地的君主治理国家，如果不注重农业生产，就只能成为依附别国生存的寄生国君。所以说，走在一个国家的田野上，看看它的耕耘状况，统计核算它的农业生产，该国的温饱状况就可以判断出来了。

行其山泽，观其桑麻，计其六畜之产①，而贫富之国可知也。夫山泽广大，则草木易多也；壤地肥饶，则桑麻易殖也；荐草多衍②，则六畜易繁也。山泽虽广，草木毋禁；壤地虽肥，桑麻毋数③；荐草虽多，六畜有征④，闭货之门也⑤。故曰，时货不遂⑥，金玉虽多，谓之贫国也。故曰：行其山泽，观其桑麻，计其六畜之产，而贫富之国可知也。

【注释】

①六畜：指马、牛、羊、猪、狗、鸡六种家畜。

②荐草：牧草，牛羊可食之草。衍：盛多。

③数：技术，方法。

④征：征取赋税。

⑤闭货之门：关闭了财源门路。

⑥时货：按时节出产的财货，指上文的草木、桑麻、六畜等农副产品。遂：成。

【译文】

走在一个国家的山林湖泽，看看它的桑麻的种植生长情况，统计核算一下它的畜牧业生产，这个国家的贫富状况就可以了解了。山林湖泽广阔，草木就容易茂盛；土地肥沃，桑麻就容易种植生长；牧草繁茂，六畜牧业就容易兴旺。如果山林湖泽虽广大，但草木的采伐却没有封期禁令；土地虽然肥沃，但桑麻的种植却不得其法；牧草虽然繁茂，但饲养六畜却要征收赋税，这都等于在堵塞财货的门路。所以说，农副业的日常物产不充足，就算金玉宝物很多，也只能叫作贫穷国家。所以说，走在一个国家的山林湖泽，观察它的桑麻生长情况，统计核算它的六畜牧业生产，这个国家的贫富状况就可以了解了。

入国邑①，视宫室，观车马衣服，而侈俭之国可知也。夫国城大而田野浅狭者②，其野不足以养其民；城域大而人民寡者，其民不足以守其城；宫营大而室屋寡者③，其室不足以实其宫；室屋众而人徒寡者，其人不足以处其室；囷仓寡而台榭繁者④，其藏不足以共其费⑤。故曰，主上无积而宫室美，氓家无积而衣服修⑥，乘车者饰观望⑦，步行者杂文采，本资少而末用多者⑧，侈国之俗也。国侈则用费⑨，用费则民贫,民贫则奸智生,奸智生则邪巧作。故奸邪之所生,生于匮不足;匮不足之所生,生于侈;侈之所生,生于毋度。故曰,审度量,节衣服,俭财用,禁侈泰⑩,为国之急也。不通于若计者⑪,不可使用国⑫。故曰:入国邑,视宫室,观车马衣服,而侈俭之国可知也。

【注释】

①邑:国都,京城。

②浅狭:狭窄,狭小。

③宫营:房舍周围,院落。

④囷(qūn)仓:贮藏粮食的仓库。圆形的称"囷",方形的称"仓"。

⑤藏:指囷仓中积藏的粮食。共:通"供"。供给。

⑥氓家:百姓之家,民家。氓,民。

⑦观望:犹观瞻。即外观、外表。

⑧本资:指生活必需品。一说农业产品。末用:指奢侈品。

⑨费:花费,耗损。

⑩侈泰:奢侈浪费。泰,过分。

⑪若计:这些谋略,这类措施。若,这些。

⑫用国:用事于国,掌管国事。即治国。

【译文】

　　进入一个国家的京邑都城,观察它的宫室房屋的建筑,看看它的车马服饰,这个国家的奢侈和节俭程度就可以了解了。国家的都城广阔而农田狭小,农田就养活不了那么多的百姓;城区大而居民少,居民就不能防守好这个城市;宫室规模过大而房屋稀少,房屋就不能布满那个空阔的宫院;房屋多而居民少的,居民也住不满那么多屋室;储粮仓库少而亭台楼阁多,粮食贮备就供应不了那么多的消费。所以说,君主没有积蓄储备而宫室却很华丽，百姓没有积蓄贮藏而衣着服饰却很讲究，乘坐车子的人讲究装饰车马外观和出行派头，步行走路的人讲究穿着艳丽多彩的衣服，农业产品少而奢侈物品多，生产少而消费巨，这是奢侈国家的风俗习惯。国家奢侈则开支浪费，财用耗费大则民众贫困，百姓贫困则萌生邪念、产生作恶思想，产生邪恶意念则会出现奸诈欺瞒的行为。所以，奸诈虚伪和邪恶念头的产生，是由于贫困和衣食不足；而贫困的根源，则来自国家的奢侈之风；而奢侈习俗的产生，则是由于没有节俭的制度。所以说，明确财用制度和消费标准，节约衣着服饰，俭省财政用度，禁止奢侈浪费，这是治理国家的紧急要务。不懂得这个俭省道理、不精通这些核算措施的人，是不能让他管理国家的。所以说，进入一个国家的都城，观察它的宫室房屋建筑，看看它的车马和服饰，这个国家的奢侈或节俭状况就可以判断出来了。

　　课凶饥①，计师役②，观台榭，量国费，而实虚之国可知也。凡田野万家之众，可食之地，方五十里，可以为足矣。万家以下，则就山泽可矣；万家以上，则去山泽可矣③。彼野悉辟而民无积者，国地小而食地浅也④；田半垦而民有余食而粟米多者，国地大而食地博也。国地大而野不辟者，君好货而臣好利者也⑤；辟地广而民不足者，上赋重，流其藏者也⑥。故曰，粟行于三百里⑦，则国毋一年之积；粟行于四百里，则国毋二年之积；粟行于五百里，则众有饥色。其稼亡三之一者，命曰小凶；小凶三年而大凶⑧，大凶则众有大遗苞矣⑨。什一之师，什三毋事⑩，则稼亡三之一。稼亡三之一，而非有故盖积也⑪，则道有损瘠矣⑫。什一之师，三年不解⑬，非有余食也，则民有鬻子矣⑭。故曰：山林虽近，草木虽美，宫室必有度，禁发必有时，是何也？曰：大木不可独伐也,大木不可独举也,大木不可独运也,大木不可加之薄墙之上⑮。故曰,山林虽广,草木虽美,禁发必有时;国虽充盈,金玉虽多,宫室必有度;江海虽广,池泽虽博,鱼鳖虽多,罔罟必有正⑯,船网不可一财而成也⑰。非私草木爱鱼鳖也,恶废民于生谷也。故曰,先王之禁山泽之作者,博民于生谷也⑱。彼民非谷不食,谷非地不生,地非民不动⑲,民非作力,毋以致财。天下之所生,生于用力,用力之所生⑳,生于劳身。是故主上用财毋已㉑,是民用力毋休也㉒。故曰,台榭相望者,其上下相怨也㉓。民毋余积者,其禁不必止;众有遗苞者,其战不必胜;道有损瘠者,其守不必固。故令不必行,禁不必止,战不必胜,守不必固,则危亡随其后矣。故曰:课凶饥,计师役,观台榭,量国费,实虚之国可知也。

【注释】

①课凶饥:即核查灾年饥馑的情况。课,核查,考核。

②师役:兵役。从军役者多,务农者少,国家财政必然支绌。

③“万家以下”四句:谓万家以下之国,人口较少,“方五十里”中,可计算山泽在内,此即“就山泽”。万家以上之国,人口既多,“方五十里”中,则当除去山泽的面积,此即下文所谓“去山泽”。就,在此为归入、纳入之意,与“去”为对文。

④食地:产粮地。浅:狭小,少。

⑤货:财物,奢侈品。

⑥上赋重,流其藏者也:指朝廷对百姓征收的货币税过重,百姓只好变卖贮备粮交税,致使粮食外流。赋,赋税,此处指货币税。藏,此处指储藏的谷物。注家颇不一致,难以确说:陶鸿庆认为“上赋重”为一事,“流其藏”为一事。尹桐阳以为“流其藏”是运

输军粮。还有人以为"上赋钱币",故农民贱买粮食,等等。

⑦行:此处指运输。

⑧而:吴汝纶云:"而"如"同"字,言小凶三年与大凶等。

⑨大遗莩(piǎo):很多的饿死路旁的人。大,众多。遗莩,即"遗莩"。遗,抛弃,在此即"抛尸"的意思。古字莩、莩通用。莩,又通"殍",指流浪中饿死的人。

⑩"什一之师"两句:谓十人中有一人服兵役,则另需二人提供军需及其他劳役,所以,等于十人中有三人不能参加农业生产。什一之师,即十分之一的兵役。什,即"十"。师,兵役。毋事,指不参与农事。

⑪盖积:此处指积蓄、储存的粮食。盖,覆,压。

⑫损瘠:因饥饿而瘦弱的人。一说,损,当为"捐"字之误,即舍弃之意。瘠,通"胔"。没有完全腐烂的尸体。

⑬解:缓解。

⑭鬻(yù)子:出卖儿女。鬻,卖。

⑮大木不可加之薄墙之上:谓大木材不能安放在单薄的墙壁上,只能用作高大建筑。此句意思是说,伐举大木必定与大事兴建相关。

⑯罔罟:即捕鱼的网。罔,即"网"。罟,网的总名。正:标准。即网眼大小有规定。

⑰船网不可一财而成:意谓船网之民不能仅靠捕捞为生财之道,尚需兼务农事。一财,即一种生财之道。

⑱博:即"搏"。致使。据王念孙说。

⑲动,作。此处即耕种的意思。

⑳用:使用,花费。一说为衍文,当删。

㉑用财毋已:用财没有止息。毋已,即"无已"。没有止息。

㉒毋休:即"毋已"。止休。

㉓上下相怨:朝廷与百姓互相埋怨。尹注曰:上怨下不供,下怨上

多税。

【译文】

经由考察灾年饥馑的情况,计算从军服役的人数,观察楼台亭阁的修建,核算财政开支的用度,一个国家是实力雄厚还是徒有其表就可以了解了。大凡拥有万户人口的农村,所需可种粮食的耕地,有方圆五十里就够了。万户人口以下的村庄,可以把山泽之地也算进去;万户人口以上的村庄,则要把山泽之地的面积除去。那种土地田野均已开垦而民众仍无积蓄的国家,是因为国土小而耕地少;而那种土地田野只开垦了一半而百姓却有余食、粟米丰饶富裕的国家,是因为国土大而耕地多。国土广大而田野土地得不到开垦,是因为君主追求宝货而臣民贪图利益的缘故;田野土地开垦虽然相当广阔,但百姓黎民却仍然贫困、粮食不充足,那是因为朝廷征收赋税繁重,民众要卖掉存粮才能完税。所以说,粟米粮食运行三百里,这个国家一年的存粮就没有了;粟米粮食运行远达四百里,这个国家两年的存粮就丧失了;粟米粮食运行远达五百里,这个国家的民众就会挨饿了。一个国家,庄稼年成歉收三分之一,这年就叫作小灾年;三个小灾年就等于一个大灾年,大灾年就会有不少百姓要饿死在路上了。一个国家若有十分之一的人从军服役,就将有十分之三的人脱离农业生产,庄稼年成也就要歉收三分之一。庄稼年成歉收三分之一,而百姓又没有旧年的存粮,路上就有瘦弱的人了。若十分之一的人去从军服役,又连续三年不解除兵役,百姓家中没有余粮,就会有卖儿卖女的了。所以说:山林虽然近便,草木虽然繁茂,兴建宫室还必须要有限度,采伐树木与封禁山林还必须要有定时,这是什么原因呢?是因为大木料不可凭一人之力采伐,大木料也不可凭一人之力扛举,大木料更不能仅凭一人之力所能搬运;大木料也不可能安置在单薄的墙体上。所以说,山林虽广阔,草木虽繁茂,封禁和开放必须要有定时;国库虽充裕,金玉虽富足,宫室兴建必须要有限度;江海虽宽广,池泽虽众多,鱼鳖虽丰盛,捕捞之业必须要有管理定规;船网之民,不可只有单一的生财之路。这并非偏爱草木、独爱鱼鳖,而是害怕民众荒废了粮食的生产。所以说,先代圣王限制上山采伐、下水捕捞之类的活动,为的就是引导民众,从事粮食生产。民众不种粮食没有饭吃、不能养活自己,粮食不靠土地不能生长,土地没有民力不能耕种,民众不卖力气耕种,国家就得不到财富。普天之下谷物的生长,都是出于使用民力,财富的产生也是出于使用民力,民力的产生则是出于劳动者的身体辛劳。所以,君主耗用财力毫无限度,就等于使民众劳累用力永无休止。所以说,楼台亭阁远近相望的国家,必然是君民之间彼此怨恨的。民众手中没有储蓄的粮食,朝廷的禁令就不可能一定生效;黎民百姓还有饿死的,国家对外作战就不可能一定取胜;道路上还有弃置的死尸,城池的防守就不可能一定坚固。而法令不能必然施行,禁令不能必然生效,出战不能必然取胜,防守不能必然牢固,那么,国家的危亡也就跟随在后面了。所以说,经由考察灾年饥馑的情况,计算从军服役的人数,观察楼台亭阁的修建,核算财政开支的用度,一个国家的虚实就可以判断出来了。

　　入州里①,观习俗,听民之所以化其上②,而治乱之国可知也。州里不鬲③,闾闬不设,出入毋时,早晏不禁④,则攘夺窃盗,攻击残贼之民,毋自胜矣⑤。食谷水⑥,巷凿井⑦,场圃接⑧,树木茂⑨,宫墙毁坏,门户不闭,外内交通,则男女之别,毋自正矣。乡毋长游⑩,里毋士舍⑪,时无会同⑫,丧烝不聚⑬,禁罚不严,则齿长辑睦⑭,毋自生矣。故昏礼不谨⑮,则民不修廉;论贤不乡举,则士不及行⑯;货财行于国,则法令毁于官;请谒得于上,则党与成于下⑰;乡官毋法制⑱,百姓群徒不从,此亡国弑君之所自生也。故曰:入州里,观习俗,听民之所以化其上者,而治乱之国可知也。

【注释】

①州里:州、里均为地方编制。此处借指百姓居住的地方。本书《立政》曰:分国以为五乡……分乡以为五州……分州以为十里。

②化其上:随上变化习俗。

③鬲:通"隔"。阻隔,间隔。

④晏:晚。

⑤自:从。胜:制服。

⑥食谷水:即同喝一条山谷的水。

⑦凿井:掘井。

⑧场圃接:场院菜圃相连。场圃,犹"圃场"。《诗经·豳风·七月》:"九月筑场圃。"毛传:"春夏为圃,秋冬为场。"尹注曰:邻家子女,易得交通。

⑨树木茂:指屋舍周围树木茂密。尹注曰:淫非者易为。

⑩长游:指伍长、什长及游宗,是地方乡里的基层官吏。

⑪士舍:乡里的学堂。一说里尉的居所。

⑫会同:此处指集会。

⑬丧烝:古代的祭礼。丧为凶礼,烝为吉礼。一说烝,古代的冬祭。

⑭齿长:犹言长幼。指依年齿确定长幼。齿,年龄。辑睦:和睦。

⑮昏礼:即"婚礼",指婚姻制度。昏,同"婚"。谨:严肃,严格。

⑯及行:急于修行品格。及,汲汲,急切的意思。

⑰党与:朋党。

⑱毋法制:没有法律制度,即不守法制。

【译文】

进入一个国家百姓聚居的州里,观察当地的风俗和习惯,了解它的黎民百姓是怎样接受上面朝廷教化的,这个国家的安定或动乱就可以了解了。州里之间没有围墙加以间隔,间里不设大门,居民出入没有定时，或早或晚没有禁限加以管理，那么，对于抢劫、盗窃、斗殴、残害他人的作恶分子就无法加以管控了。吃同一条山谷里的水，在同一个巷子里打井，家家户户的场圃相连，房屋周围的树木茂密，院墙破损毁坏，门户敞开不关，里里外外都随便往来，那么，男女之间的界限也就无法规范了。乡没有官吏，不设伍长、什长、游宗，里不设学堂，一年四季四时节日也不按时举行集会，丧葬祭吉之礼人们也不相聚，禁斥处罚又不严格，那么，重贤敬长、尊老爱幼、团结友好的和睦风尚，也就无从产生了。所以，婚礼制度不严肃，人们就不会注重廉耻；选拔贤才不通过乡里举荐，士子就不会注重品行修养；贿赂财货风行于国内朝中，法律政令就败坏于政府官吏；拜谒请托办事之风通行于上层社会，那结党营私、拉帮结派之事就在下边暗自形成；乡里官吏不如实推行法制，百姓就不会听从命令、服从指挥，这些就是亡国弑君现象发生的缘由。所以说，进入一个国家百姓聚居的州里，观察当地的风俗习惯，了解它的民众接受上面朝廷教化的情况，这个国家是安定还是动乱就可以从中判断出来了。

　　入朝廷，观左右，本求朝之臣①，论上下之所贵贱者，而强弱之国可知也。功多为上，禄赏为下，则积劳之臣不务尽力②；治行为上③，爵列为下，则豪桀材臣不务竭能④。便辟左右⑤，不论功能而有爵禄，则百姓疾怨非上，贱爵轻禄；金玉货财商贾之人，不论而在爵禄也⑥，则上令轻，法制毁。权重之人，不论才能而得尊位，则民倍本行而求外势⑦。彼积劳之人不务尽力，则兵士不战矣；豪桀材人不务竭能⑧，则内治不别矣⑨；百姓疾怨非上，贱爵轻禄，则上毋以劝众矣；上令轻，法制毁，则君毋以使臣，臣毋以事君矣；民倍本行而求外势，则国之情伪竭在敌国矣⑩。故曰：入朝廷，观左右本朝之臣，论上下之所贵贱者，而强弱之国可知也。

【注释】

①本求朝之臣：依据聚集在朝廷之臣的情况。求，聚。《诗经·小雅·桑扈》："万福来求。"求，即"聚"。

②不务尽力：不竭尽全力。

③治行：治绩，政绩。

④桀：杰。下同。

⑤便辟（pián bì）：指善于逢迎谄媚地服侍君主的宠臣。辟，通"嬖"。宠爱，宠幸。

⑥不论而在爵禄：不加考察即赏以爵禄。不论，不加选择。在，本义为恤问，在此为奖赏、赏赐之意。一本"不论"后有"志行"二字。

⑦倍本行：指背离本国军行。倍，通"背"。背弃，背叛。行，指军行。郭沫若云：民离弃本国之军行而求外援，则内情外通，故在下文则承之以"国之情伪竭在敌国"也。

⑧材人：当依上文作"材臣"。竭能：竭尽全能，尽其所能。

⑨不别：不可条分类别。意谓紊乱不已。

⑩则国之情伪竭在敌国矣：国家的真假虚实状况全部为敌国所掌握。情伪，真假，虚实。

【译文】

来到一个国家的朝廷，观察君主身边的侍臣和聚集在朝廷的大臣，分析一下朝廷君臣上下都重视什么和轻视什么，这个国家是强是弱就可以了解了。功劳在上等，禄赏反而在下等，功多之臣就不肯尽心竭力；政绩在上等，官爵反而在下等，豪杰之士和贤才能臣就不肯竭尽所能。善于讨好逢迎君主的宠臣和侍从，不论其功劳能力而令其享有爵禄，百姓就会怨恨朝廷、非议君主，从而轻贱爵禄；贩运金玉经营财货的商贾之流,不加以考察就赏以爵禄,那么君主的政令就会不受重视,法律制度也会被破毁。握有大权的人,不论才能而窃居高位,那么本国老百姓就要背弃本国军队而投靠外国势力去了。那些多劳功高之臣不愿尽心竭力,士兵就不肯作战;豪杰能臣不竭尽所能,内政就不会清明;百姓怨恨朝廷非议君主而轻贱爵禄,君主就无法劝勉民众为国效力;君主的政令不受重视,法律制度被损毁破坏,君主就无法命令指挥臣下,臣下也无法效忠君主;黎民百姓背弃本国军队而投靠外国势力,国家的真假虚实情况就全被敌国掌握了。所以说,来到一个国家的朝廷,观察君主左右的侍从和大臣,了解一下本朝百官爵禄的情况,分析一下朝廷君臣上下都重视什么和轻视什么,国家的强弱程度就可以判断出来了。

置法出令,临众用民[1],计其威严宽惠[2],行于其民与不行于其民,可知也[3]。法虚立而害疏远[4],令一布而不听者存[5],贱爵禄而毋功者富[6],然则众必轻令而上位危[7]。故曰:良田不在战士[8],三年而兵弱[9];赏罚不信,五年而破;上卖官爵,十年而亡;倍人伦而禽兽行,十年而灭。战不胜,弱也;地四削,入诸侯,破也;离本国、徙都邑,亡也;有者异姓,灭也[10]。故曰:置法出令,临众用民,计威严宽惠而行于其民不行于其民[11],可知也[12]。

【注释】

①临众:管理民众。

②威严宽惠:代指刑罚奖赏政策。威严,指刑罚。宽惠,指奖赏。

③可知也:依张佩纶云:上脱五字,按解当作"而兴灭之国可知也"。本段末句同此。

④法虚立:指司法不公正。害疏远:指法令只危害那些无权无

势者。

⑤不听者存：指不听信、不理睬的情况存在。

⑥毋功者：即"无功者"，指上文所谓"便辟左右"及"金玉财货商贾之人"。

⑦上位危：指君主地位不稳固。尹注曰：轻令则有无君之心，故上位危。

⑧在：恤问，酬劳。

⑨兵弱：指军事力量削弱。

⑩有者异姓，灭也：有者异姓，指拥有政权者被异姓人夺取或占有。灭，此处指宗庙覆灭。尹注曰：有其国者异姓之人，则宗庙灭也。

⑪而：疑为衍文。一说当为"之"字。

⑫可知也：本句当与前文一致，是重复句，故应作："而兴灭之国可知也。"

【译文】

根据一个国家君主设置的法律、发出的政令及其管理民众、指挥百姓的情况，考察其刑罚奖赏的政策，是否在百姓当中得到贯彻，这个国家的兴旺或衰灭就可以了解了。法律形同虚设，而且只加害疏远的人；君主的命令虽已公布，不听令者却能安然无恙；随便封爵赐禄，反使没有功劳者因而致富；那么，人们一定轻视法令而君主地位也就危险了。所以说，良田不赏给战士，三年就兵力衰弱；赏罚不如实兑现，五年就国家衰败；君主卖官鬻爵，十年就国家危亡；悖逆伦常道德，干禽兽的行为，十年国家就会覆灭。出战不胜，是因为兵力衰弱；土地被瓜分，是因为国家衰败；百姓要逃离本国，朝廷要迁移国都，是因为国家面临危亡；政权被异姓人占有，是因为宗庙已经倾覆、国家步入灭亡。所以说，根据一个国家君主设置法律、发布政令及其管理民众、指挥百姓的情况，考察其刑罚奖赏政策是否在百姓当中得到贯彻，这个国家的兴衰就可以判断出来了。

　　计敌与①，量上意②，察国本③，观民产之所有余不足，而存亡之国可知也。敌国强而与国弱，谏臣死而谀臣尊；私情行而公法毁，然则与国不恃其亲④，而敌国不畏其强⑤；豪杰不安其位，而积劳之人不怀其禄⑥。悦商贩而不务本货，则民偷处而不事积聚。豪杰不安其位，则良臣出⑦；积劳之人不怀其禄，则兵士不用⑧；民偷处而不事积聚，则困仓空虚。如是而君不为变⑨，然则攘夺、窃盗、残贼、进取之人起矣⑩。内者廷无良臣，兵士不用，困仓空虚，而外有强敌之忧，则国居而自毁矣⑪。故曰：计敌与，量上意，察国本，观民产之所有余不足，而存亡之国可知也。

　　故以此八者，观人主之国，而人主毋所匿其情矣⑫。

【注释】

①敌与：敌国与盟国。与，相亲。

②上意：指君主的思想状态、精神风貌。

③国本：国家的根本事业，即农业。

④与国不恃其亲：指盟国不再依靠与本国的亲和关系，本国地位无足轻重。

⑤敌国不畏其强：敌国不会畏惧本国的强大，实已不强。

⑥怀：顾念，安心。

⑦出：出走。

⑧不用：不愿效力。

⑨不为变：不思变革。

⑩进取：犹言进攻。

⑪居而自毁：即坐而自毁。

⑫匿其情：掩盖真实情况。情，实情。

【译文】

估量一个国家的敌国和盟国的力量状况,估计君主的思想意图,考察国内农业生产的状况,观察百姓的产业是有余还是不足,这个国家存亡趋向就可以了解了。敌国强大而盟国弱小,仗义执言的谏臣被杀而阿谀逢迎的佞臣得享尊荣骄宠;私人请托盛行而公法毁坏;盟国就不依赖该国的同盟关系,敌国也不会畏惧它的强大;才华出众的能臣将不安心于他的职位,功高多劳之重臣或豪杰将士也不再恋惜爵禄赏赐了。君主喜欢商贾而不努力发展农业,百姓就苟且偷安而不致力于积蓄农产品了。才华出众的能臣不安于其位,则国家的大将良臣就会出走;功高多劳之重臣、身经百战的猛将不满足于他们的爵禄赏赐,则国家的士兵不肯效力;百姓苟且偷安而不致力于积蓄粮食生产,则国家的粮仓空虚不实。像这样君主还不肯思过改革,那么,抢夺、盗窃、残害民众、谋取政权的人就会崛起了。在国内,朝廷中没有良臣,士兵不肯效力,粮仓又空虚,而在国外却有强敌的忧患,那么,国家就只有坐而待亡了。所以说,估量敌国和盟国的状况,了解君主的意向,考察农业生产的状况,调查百姓财产是有余或是不足;国家的生死存亡,就可以判断出来了。

因此,从这八个方面去考察一个国家、调查一个君主治理国家的状况,这个国家的君主就无法隐藏他的真实状况了。

法禁第十四

【题解】

"法禁",指需要依法禁止者。本篇前半部分论述了法制对于治国的重要性,君主需要维护法制,依法禁止违法行为。开篇即提出维护统一法制的重要性,反复强调法令是不可侵犯的,指出法制对社会规范和道德行为约定俗成的重要作用。继而下半部分具体论述十八种应该依法禁止的违法行为,内容广泛,都是根据政治生活中具体事例总结得出,是古代圣王所要精心防禁的邪僻行为。作者把奸雄擅权、朋党为害,以及各种毁法畔禁的险恶心理、行为手段进行详尽剖析,使其一一暴露在光天化日之下,是一篇观点鲜明、论述精彩的法家政论。

法制不议①,则民不相私;刑杀毋赦,则民不偷于为善②;爵禄毋假③,则下不乱其上。三者藏于官则为法,施于国则成俗,其余不强而治矣④。

君壹置其仪⑤,则百官守其法;上明陈其制⑥,则下皆会其度矣⑦。君之置其仪也不一,则下之倍法而立私理者必多矣⑧。是以人用其私,废上之制而道其所闻⑨。故下与官列法⑩,而上与君分威⑪,国家之危必自此始矣。昔者圣王之治其民也不然,废上之法制者,必负以耻⑫;财厚博惠以私亲于民者⑬,正经而自正矣⑭。乱国之道,易国之常,赐赏恣于己者,圣王之禁也。圣王既殁,受之者衰⑮。君人而不能知立君之道⑯,以为国本,则大臣之赘下而射人心者必多矣⑰。君不能审立其法,以为下制,则百姓之立私理而径于利者必众矣⑱。

【注释】

①不议:无疑议、私议。指法制严明。

②不偷于为善:意思是为善认真,不怀苟且之心。偷,苟且。

③毋假:不容假借,意思是赐爵授禄的大权不旁落于臣下之手。假,假借,无端给予。

④强(qiǎng):勉强。

⑤壹置其仪:统一设立法度准则。壹,统一,集中。仪,法度。

⑥明陈:明白陈述,公开宣扬。

⑦下:百姓,臣民。会:领会。

⑧倍法:违背法令。

⑨道其所闻:称道各自的主张。一说指宣扬道听途说的东西。

⑩列:同"裂"。

⑪上:指权臣。

⑫负:遭受。

⑬财厚:王念孙云:当依尹注作"厚财"。与"博惠"为对文。

⑭正经而自正:法必纠正,令其归正的意思。经,法度。即整顿和端正国家常规常法。

⑮受之者:后来继位的君主。衰:德才减退。

⑯立君之道:树立君主权威。

⑰赘下：笼络、收买属下。赘，拉拢。射人心：收买人心。射，猎取，收买。

⑱径于利：极力追求私利。径，原指走小路，此处指邪行歪道。

【译文】

　　法制公正不容疑议，百姓就不敢相互包庇；刑罚杀戮无所宽贷，百姓行善就不敢存苟且之心；授爵赐禄应当应分，臣民就不敢以下犯上扰乱纲纪。这三样事掌握权都在官府，并由官府实施而形成为公开的法律，再推行到全国各地，由民众依循法律行事而形成风俗，那么，其他各方面的事不用费力勉强，就可以顺理成章地治理好了。

　　国君统一确立法度，百官就必须共同遵纪守法；君主把法度清楚宣布，臣民百姓行事就都领会法度并接受制约。如果国君立法定规不能统一，臣民百姓违背常法而另依私理的人就必然增多。这样人人都行其私律，废弃君主的法度而各行其道。如此一来，百姓与朝廷异法而与官府对立，大臣与君主分威而争权夺势，国家的危机一定是从这里开始。从前，圣王治理民众就不是这样的，对于背弃君主命令不执行国家常法的人，一定使他承受刑罚的羞辱；这样做，那些利用钱财广泛施恩施惠、笼络人心的行径，必定会被公正法度纠正，令其改正。扰乱国家的常法正道，擅改朝廷的定制常规，恣意私自赏赐拉拢的行为，这是圣王必须要禁止的。圣王已经谢世不在了，其后代的君主德行衰退，处事就差多了。治理民众却不懂得立君之道，不知如何树立君主的权威、强化君主的地位，而且不能把法制作为治国的根本，那么，大臣们私下拉拢下级、收买人心的，就必然会增多。作为君主不懂得审定公法常规，并以此作为臣民的行为规范而共同遵守制度，百姓中自依私理立律，从而积极谋求各自私利的也一定会增多。

　　昔者圣王之治人也，不贵其人博学也，欲其人之和同以听令也①。《泰誓》曰②："纣有臣亿万人③，亦有亿万之心；武王有臣三千而一心③。"故纣以亿万之心亡④,武王以一心存。故有国之君,苟不能同人心,一国威⑤,齐士义,通上之治以为下法,则虽有广地众民,犹不能以为安也。君失其道,则大臣比权重以相举于国⑥,小臣必循利以相就也⑦。故举国之士以为亡党⑧,行公道以为私惠,进则相推于君⑨,退则相誉于民⑩,各便其身而忘社稷;以广其居⑪,聚徒威群⑫,上以蔽君,下以索民⑬,此皆弱君乱国之道也,故国之危也。

【注释】

①和同以听令:和谐同心,听从君令。

②《泰誓》:《尚书》篇名,是周武王伐纣大会诸侯时所作的誓言。

③"纣有臣亿万人"三句:《泰誓上》:"受有臣亿万,帷亿万心。予有臣三千,惟一心。"纣,名受。

④亿万:极言其数之多。亿,古代指十万。

⑤一国威:统一国家的权势威力。

⑥"君失其道"两句:此为论因君主失去权威而致大臣借机发展权势相互勾结。比权重,较量轻重。比、权,比量,权衡。相举,互相抬举。

⑦相就:互相勾结。就,靠近。

⑧故举国之士以为亡党:此句是说全国官员都装作不结党的样子,可实际则尽是结党营私的情况。亡党,无党。亡、无古通用。

⑨推:夸耀,谄媚。

⑩相誉:互相吹捧。

⑪广:扩大,扩充。居:所居。

⑫威群:威服众人。一说"威"当为"成"。"成群"即结成同党。《法法》"则人臣党而成群",是其证。

⑬索民：索取于民，搜刮民众。

【译文】

从前，圣王在考察管理人才的时候，不看重他多么博学，却要求能与君主协调一致听从君令。《泰誓上》说："殷纣王有臣民亿万人，也有亿万条心；周武王只有臣民三千人，却是同一条心。"所以，殷纣王因为臣民有亿万条心而灭亡，周武王因为君臣同一条心而兴旺。因此，拥有国家的君主，如果不能协同人心，不能聚拢国家权威，不能聚合士气，不能把上面的治理措施贯彻为下面的行为，那么，即使拥有广大的土地、众多的臣民，还是不能做到政治稳定。君主一旦丧失为君之道，大臣们见风使舵互相勾结、互相推举，小臣们也必然会为各自私利而趋炎附势。因而，举国的官员表面上无党无派，其行径却是利用施行公法来谋求私人的实惠；上朝便在君主面前互相推崇，退朝便在民众之中互相吹捧；各利自身、各图己便，忘掉国纪朝纲、社稷利益；为了不断扩大自己的势力范围，聚集党徒以威服民众，对上欺瞒蒙蔽国君，对下搜刮勒索百姓，这些都是削弱君权、扰乱朝纲，破坏国家安稳利益的做法，这都是国家的危险和祸害。

乱国之道，易国之常①，赐赏恣于己者②，圣王之禁也。擅国权以深索于民者③，圣王之禁也。其身毋任于上者④，圣王之禁也。进则受禄于君，退则藏禄于室，毋事治职⑤，但力事属⑥，私王官，私君事，去非其人而人私行者⑦，圣王之禁也。修行则不以亲为本⑧，治事则不以官为主，举毋能进毋功者⑨，圣王之禁也。

【注释】

①易国之常：改变国家的常规、常法。

②恣于己：自己说了算。

③索：索取，搜刮。

④其身毋任于上者：指不为朝廷任职效力的人。郭沫若以为是隐士与游民之类。

⑤毋事治职：张佩纶云："毋事治职"当作"毋治职事"，言不事公事也。下文"身无职事"是其证。

⑥但力事属：只一味联络下属。事，古通"吏"。吏属，即下属。

⑦去非其人：即排斥异己。人私行者：一说"人"字当删，私行即私自行事。

⑧不以亲为本：指不以孝敬父母为道德修养的根本。

⑨举毋能进毋功：举荐无能之辈、进用或提拔无功之人。

【译文】

　　破坏国家的法纪朝纲，改变国家的公法常规，封赐与禄赏之事全随个人意志恣意妄为的，这是圣王所要禁止的。独揽大权把持朝政并严酷搜刮黎民百姓的，这是圣王所要禁止的。不肯为朝廷效忠效力、任职做事的，这是圣王所要禁止的。上朝便领受俸禄于君前，退朝便积藏俸禄于私室，不干自己职责分内的公事，只是联络拉拢下属，私自行使朝廷职权任用国家官吏假公济私，私自决定君主的大事，极力排除异己以方便私自行事，这是圣王所要禁止的。修德行却不以事亲为根本，办事情却不以奉公为主旨，举荐无能之辈，提拔无功之人，这是圣王所要禁止的。

　　交人则以为己赐①，举人则以为己劳，仕人则与分其禄者②，圣王之禁也。交于利通而获于贫穷③，轻取于其民而重致于其君④，削上以附下，枉法以求于民者⑤，圣王之禁也。用不称其人⑥，家富于其列⑦，其禄甚寡而资财甚多者，圣王之禁也。拂世以为行⑧，非上以为名，常反上之法制以成群于国者⑨,圣王之禁也。饰于贫穷而发于勤劳⑩,权于贫贱⑪,身无职事⑫,家无常姓⑬,列上下之间,议言为民者,圣王之禁也。

【注释】

①交人:与人交往。

②仕人:推荐他人为官。

③交于利通而获于贫穷:此句是说结交那些通达显贵之民并收揽人民人心者。利通,犹言富贵通达者。通,达。获,获取,收揽。

④轻取于其民而重致于其君:意思是以损害君主利益来拉拢小民。致,求。指求取、求得。

⑤求:通"赇(qiú)"。贿赂。

⑥用:消费,用度。

⑦家富于其列:以上是说,那些出手阔绰、家里财富与其官爵不相称的人要予以禁绝。列,位次。此指官位。许维遹云:列,爵位也。一说谓家业。

⑧拂世:违逆世道。拂,违背,违反。

⑨成群于国:在国中结连朋党。

⑩饰:掩饰,装扮。发:孙星衍云:"发"读为"废",古字通用。

⑪权于贫贱:此话大意是在贫贱群体私自立自己的威信。权,在贫贱中树立权势。权,通"攉"字。攉,为"捲"之异体。《说文》:"捲,气势也。"

⑫职事:常业。

⑬家无常姓:指家中无固定的生业。丁士涵云:"姓"当为"生",假借字也。生,指产业,财业。

【译文】

把因国家需要而结交有关人员当作是自己的个人恩赐,把为朝廷荐举贤才看成是自己的功劳,推荐人出任官职,又要与其均分其俸禄,这是圣王所要禁止的。既结交权贵,又收揽贫民;对百姓轻征赋税,对君主重求财富;削取朝廷利益来亲附民众;枉顾君主的常法公益,以讨百姓喜欢,这是圣王所要禁止的。消费用度不符合其身份,家业和恒产超过其爵位等级,俸禄很少而资财极多,这是圣王所要禁止的。干违背世俗风尚的事情,靠非议君主来猎取名声,经常反对朝廷的法制,并以此聚徒结党,这是圣王所要禁止的。故意装成贫穷的样子,而放弃辛勤劳动,又在贫贱群体中树立权势;自身没有固定职业,家庭没有固定恒产,却自居于朝廷与百姓之间,每有议论便声称是为民请命,这是圣王所要禁止的。

　　壶士以为亡资①,修田以为亡本②,则生之养私不死③,然后失矫以深与上为市者④,圣王之禁也。审饰小节以示民⑤,时言大事以动上⑥,远交以逾群⑦,假爵以临朝者⑧,圣王之禁也。卑身杂处⑨,隐行辟倚⑩,侧入迎远⑪,遁上而遁民者⑫,圣王之禁也。诡俗异礼,大言法行⑬,难其所为而高自错者⑭,圣王之禁也。守委闲居⑮,博分以致众,勤身遂行,说人以货财⑯,济人以买誉⑰,其身甚静⑱,而使人求者,圣王之禁也。行僻而坚⑲,言诡而辩⑳,术非而博,顺恶而泽者㉑,圣王之禁也。以朋党为友,以蔽恶为仁㉒,以数变为智,以重敛为忠,以遂忿为勇者㉓,圣王之禁也。固国之本㉔,其身务往于上㉕,深附于诸侯者,圣王之禁也。

【注释】

①壶士:郭沫若云:“壶”殆假为“餔”。“壶士”犹言养士,指供养游士。一说“壶士”为礼士。

②修田:何如璋云:“田”乃“甲”之坏字,修田,当为“修甲”,与“壶士”为对文。一说修田,指治理田业。

③则生:郭沫若云:乃"贼臣"之误。不死:使当死之人不死。

④失矫以深:指顽固不化。言蓄养私士者有所恃,强直不让,因以深入要挟,使所求必得。失矫,郭沫若云:"失"殆"矢"字之误,当为"矢矫",犹言强直不让。矫,强硬,强直。为市:指讨价还价。

⑤示民:即"示人"。向人显示。

⑥动上:激使,激动。

⑦远:他国之人。

⑧假爵以临朝:借助高爵控制朝政。假,借。临朝,控制朝政。

⑨杂处:混杂在民众之中。

⑩隐行:怪诞行为。辟倚:僻邪不正。

⑪侧入:偏行。迎远:迎合广大的名声。远,远大。

⑫遁上而遁民者:句意为欺上瞒下的意思。遁,欺骗。

⑬大言法行:指夸己行可为人法。

⑭错:通"措"。安置,放置。

⑮委:指积蓄。

⑯说人:即取悦于人。说,同"悦"。

⑰买誉:邀取声誉。

⑱静:指安闲。

⑲僻:邪僻。

⑳诡:怪异。辩:有理有据。

㉑顺恶而泽:支持邪恶,巧于润饰。泽,饰,润饰。

㉒蔽恶:隐蔽罪恶。

㉓遂怨:发泄私愤怨怒。遂,通达。

㉔固:即禁锢、闭塞之意。安井衡云:固读为"锢",塞也。

㉕往:"诓"之借字。欺骗。

【译文】

供养游士成为自己叛亡的资本,制作兵甲、修治武器作为自己的本钱,豢养乱臣贼子、私藏亡命之徒以形成抗衡力量,然后强直不让地深入要挟君主,讨价还价地使所求必得,这是圣王所要禁止的。注重修饰小节装模作样地显示于民众以赢得尊重,经常议论些大事来震动国君,广泛结交四邻来压服同僚异议,凭借自己位高权重来控制君主、操纵朝政,这是圣王所要禁止的。屈身降位杂处于黎民百姓之中,行为怪僻侧身而行以招注目,以获取广远的名声,欺瞒君主又蒙骗百姓,这是圣王所要禁止的。违逆世情、抗拒礼节,让用夸诞言辞文饰自己的荒唐行为,令其成为合理行径,借此来抬高自己的地位,这是圣王所要禁止的。拥有积蓄而生活安逸,广施财物收买民众,行事殷勤顺从人意,用财货来取悦人心,以接济别人来沽名钓誉,自己能安然静守、稳坐不动,却使人都来求助,这是圣王所要禁止的。行为邪僻而又态度顽固,言谈诡谲而又伪言善辩,道术错误而又运用广泛,支持邪恶而又文过饰非,这是圣王所要禁止的。以勾结成私党为友爱,以包庇罪恶邪行为仁慈,以诡计多端为才智,以横征暴敛为忠君,以发泄私愤为勇敢,这是圣王所要禁止的。堵塞国家的根本,竭力蒙蔽欺骗国君,暗自依附诸侯,这是圣王所要禁止的。

圣王之身,治世之时,德行必有所是,道义必有所明,故士莫敢诡俗异礼,以自见于国①;莫敢布惠缓行②,修上下之交,以和亲于民③;故莫敢超等逾官④,渔利苏功⑤,以取顺其君⑥。圣王之治民也,进则使无由得其所利,退则使无由避其所害,必使反乎安其位⑦,乐其群,务其职,荣其名,而后止矣。故逾其官而离其群者,必使有害;不能其事而失其职者,必使有耻。是故圣王之教民也,以仁错之⑧,以耻使之,修其能、致其所成而止。故曰:绝而定⑨,静而治,安而尊,举错而不变者,圣王之道也。

【注释】

①自见：自我表现，自我标榜。见，同"现"。表现。

②缓行：宽行公法。张佩纶云："缓行"当作"缓刑"。

③和亲：王念孙云："和亲"当作"私亲"，字之误也。上文"厚财博惠以私亲于民"是其证。

④故莫敢：安井衡云："故"字当衍。应删去。

⑤渔利苏功：谋取功利。苏，生息，取得。

⑥取顺：取悦。

⑦反：同"返"。回到。

⑧错：通"措"。安置。下文同。

⑨绝而定：断绝各种人的不合法度之行为。绝，截。《释名·释言语》："绝，截也。"故绝、截义通。

【译文】

身为圣明的君王治理世事，当处在国家安定、治世清明的时候，树立德行必须定下正确的标准，推行道义也必须有个明确的准则，这样，士人都不敢悖逆风俗、违反礼节，不敢在国内以奇言怪行自我标榜；也不敢布施小惠，缓行刑罚，来结好上下，收买民心；也不敢越级僭职，谋取功利，来取悦国君。圣王治理臣民，对于钻营竞进、越职求利，一心向上爬者，积极地说要使他们无法得到利益；对于遇难而退、失职避过，一心只想推卸责任者，消极地说要使他们无法逃避惩罚；务必要使人们回到正常的道路上来，安心自己的职位，乐于和人同心共事，一起努力尽心职守，珍惜自己的名声，做到这样才算是达到目的，才肯罢休。所以，对于超越职权、脱离同事的人，应当使他遭受一定的利害损失；对于不能胜任职务而玩忽职守的人，必须使他们蒙受一定的声名耻辱。因此，圣王教育臣民，是用仁爱之心来安置保护他们，用羞耻之心来激励驱使他们，促使他们提高能力有所成就才罢休。所以说：断绝非分之举以定国法，清除各种非分之念以治天下，安稳而尊荣，各种政治措施方向坚定不随意变动，这才合乎圣王之道。

重令第十五

【题解】

所谓"重令",是说治国要以法令为重,即君主治国理民必须重视法令、要以法令为根本。本篇提出法令是治国最重要的工具,人人遵守法令是安国最重要的根本。文章认为:治国的武器,"莫重于令",令重则君尊国安,令轻则君卑国危,而法令的实施有其主要的条件。因此文章提出:朝必"贵经臣",国必"服经俗",民必"务经产",有此三条,国家才能充满正气,民众必然安定。作者将"号令"与"斧钺""禄赏"提到了成就霸王事业的高度。文章提出三点来维护法令:一是法令不得增改和损害,二是法令一旦制定必须执行、没有讨论的余地,三是法令严禁被扣压和被违反。这就是优良政治的三原则。与此相关,文章还谈到"六攻"的问题,指出:亲戚、权贵、财货、女色、巧佞之徒、玩好之物等六者,会对上述三原则产生破坏作用,君主应严加注意。本篇体现的管子学派的法治精神,属于早期法家的言论。

凡君国之重器^①,莫重于令。令重则君尊,君尊则国安;令轻则君卑,君卑则国危。故安国在乎尊君,尊君在乎行令,行令在乎严罚。罚严令行,则百吏皆恐;罚不严,令不行,则百吏皆喜^②。故明君察于治民之本,本莫要于令。故曰：亏令者死③，益令者死④，不行令者死，留令者死⑤，不从令者死。五者死而无赦，唯令是视⑥。故曰：令重而下恐。

【注释】

①重器：重要的手段、凭借。

②喜：通"嬉"。怠慢，玩忽职守。一说喜，喜悦。

③亏令：损害法令。

④益令：增加法令。益，增益，加多。

⑤留令：滞留法令。

⑥唯令是视：一切唯法令是从。

【译文】

大凡统治国家最重要的工具，莫过于施行法令。法令具有统治力量和权威性，君主的地位就尊贵，君主有尊严并受到百姓普遍尊重，国家才能长治久安；若法令丧失了权威没有施行的力量，则君主的地位就变得卑微低贱，君主地位卑微没有统治威信，则国家就危险了。所以，要使国家安定最重要之处在于使国君有尊严，要使百姓尊重国君最重要之处在于使法令得到推行，要有效地施行法令最紧要之处在于严明刑罚。刑罚严明、法令施行，则百官都恐惧谨慎畏法而尽职；刑罚不严明、法令不能施行，则百官就都快乐马虎任意渎职或玩忽职守。因此，英明的君主都明察治理臣民的根本，没有比法令更要紧的根本了。所以说：有擅自删减法令者，处死；有擅自增添法令者，处死；有不执行法令者，处死；有扣压法令者，处死；有不服从法令者，处死。有以上这五种情况的都应是死罪不赦，一切都只看法令、唯法令是从。所以说：法令具有权威性及施行力量，下面的老百姓就产生敬重而畏惧了。

为上者不明，令出虽自上，而论可与不可者在下①。夫倍上令以为威②,则行恣于己以为私③,百吏奚不喜之有④?且夫令出虽自上,而论可与不可者在下,是威下系于民也⑤。威下系于民,而求上之毋危⑥,不可得也。令出而留者无罪,则是教民不敬也⑦。令出而不行者毋罪,行之者有罪,是皆教民不听也⑧。令出而论可与不可者在官,是威下分也⑨。益损者毋罪⑩,则是教民邪途也。如此,则巧佞之人⑪,将以此成私为交;比周之人⑫,将以此阿党取与⑬;贪利之人,将以此收货聚财;懦弱之人,将以此阿贵事富便辟⑭;伐矜之人⑮,将以此买誉成名⑯。故令一出,示民邪途五衢⑰,而求上之毋危,下之毋乱,不可得也。

【注释】

①论可与不可者:即论定是否可行。

②倍上令:违背君令。倍,通"背"。违背,违反。

③则:相当于"而"。恣(zì):放纵,恣肆。

④奚不喜之有:哪有不玩忽职守的。喜,通"嬉"。

⑤威下系于民:权威被下面的臣民所掌控。

⑥毋危:没有危险。

⑦教:教唆,唆使。

⑧不听:不服从,不听从。

⑨威下分:权威被臣民瓜分。

⑩益损:指增加或减少法令。

⑪巧佞:用花言巧语谄媚人。

⑫比周:拉拢勾结,结党营私。

⑬阿(ē)党取与:指迎合同伙争取朋党。即勾结同党。阿,偏袒,庇护,迎合。与,相与,相好。

⑭阿贵事富便辟：郭沫若校读为"将以此阿贵富，事便辟"。阿，曲
　从，迎合。便辟，即"便嬖（pián bì）"。指善于谄媚逢迎。

⑮伐矜（jīn）：自夸骄傲。伐，自我夸耀。

⑯买誉成名：即沽名钓誉。

⑰邪途五衢（qú）：指以上五条邪门歪道。衢，四通八达的道路。

【译文】

　　作为君主，若昏庸糊涂不贤明，法令虽然由上面君主制定发出，而评定议断法令是否可行的权力却旁落到下面臣民手中。如果能违背君令而独树权威，肆无忌惮地以权谋私，百官哪有不玩忽怠慢的呢？而且法令虽然经由上面制定发出，而评定议断其是否可行却取决于下面的臣民，这样君主的权力就被下面的臣民所牵制了。君权一旦被下面的百姓所牵制，而要期望君主没有危险，那是办不到的。法令已经发出，而延误滞留的人都无罪，这就是教唆臣民百姓不尊重君权。法令已经发出，不执行法令的人无罪，而执行法令的人反而有罪，这就是教唆臣民百姓不要听从君主。法令已经发出，而评定论断其是否可行的权力却在百官手中，这就是君主权威下落。那些擅自增减法令的人都可以无罪，这就是教唆臣民去走歪门邪道。照此下去，那些奸巧善辩之人就会互相勾结营私舞弊；善于拉帮结派结的人就会党同伐异、排贤去能；唯利是图的人就会搜刮勒索、收贿聚财；胆怯懦弱的人就会攀附权贵而阿谀上级、趋奉近臣或曲从宠幸；自夸贤能、卖弄骄矜的人就会沽名钓誉而成其虚名。所以，法令一经颁布发出，就等于向人们敞开了五条歪门邪道来引导百姓走上邪路，如此还想要国家君主不危亡，臣子下民不作乱，那是不可能的。

　　菽粟不足①，末生不禁②，民必有饥饿之色，而工以雕文刻镂相稚也③，谓之逆④。布帛不足，衣服毋度⑤，民必有冻寒之伤，而女以美衣锦绣綦组相稚也⑥，谓之逆。万乘藏兵

之国,卒不能野战应敌,社稷必有危亡之患,而士以毋分役相稚也⑦,谓之逆。爵人不论能⑧,禄人不论功⑨,则士无为行制死节⑩,而群臣必通外请谒⑪,取权道⑫,行事便辟,以贵富为荣华以相稚也,谓之逆。

【注释】

①菽(shū)粟:粮食。菽,大豆。粟,小米。两者代表粮食。

②末生:末业,即下文的"雕文刻镂""锦绣綦组"之类奢侈品生产。

③稚:夸耀。

④逆:违背政治的正道。

⑤毋度:没有限度。

⑥綦组:王念孙云:"綦"当为"纂(zuǎn)",字之误也。纂组,指有花纹的丝带。

⑦毋分役:没有服兵役的职分,即免服兵役。

⑧爵人:授爵于人。论:按照。

⑨禄人:给人俸禄。

⑩行制:厉行君令。死节:死于名节,即为国殉身。

⑪谒:此处为交结的意思。

⑫取权道:采取权变机诈之道。

【译文】

粮食不足,奢侈品的生产不加限制,百姓必定面有菜色,而工匠却仍然以雕木镂金的精致花纹来相互夸示炫耀,这就叫作倒行逆施。布帛不足,穿戴衣饰却没有节制限度,百姓缺衣少穿,而女工还在以彩服华美、锦绣织带相互夸示炫耀,这就叫作倒行逆施。拥有万辆兵车、装备充足的大国,而兵将士卒却不能上战场作战拼杀,国家有生死存亡的危难,而武士们却还在以免服兵役互相夸示炫耀,这就叫作倒行逆施。授予官爵不按才能,授予俸禄不按功劳,武士们就不肯厉行君令而为国捐躯，而群臣大夫就都在私通外国、耍弄权术、趋奉君侧小人近臣，以升官发财、追求个人富贵为光荣，并以此互相夸示炫耀，这也叫作倒行逆施。

　　朝有经臣①，国有经俗，民有经产。何谓朝之经臣？察身能而受官，不诬于上②；谨于法令以治，不阿党③；竭能尽力而不尚得④，犯难离患而不辞死⑤；受禄不过其功，服位不侈其能，不以毋实虚受者⑥，朝之经臣也。何谓国之经俗？所好恶不违于上，所贵贱不逆于令；毋上拂之事⑦，毋下比之说⑧，毋侈泰之养⑨，毋逾等之服⑩；谨于乡里之行，而不逆于本朝之事者，国之经俗也。何谓民之经产？畜长树艺⑪，务时殖谷，力农垦草，禁止末事者，民之经产也。故曰：朝不贵经臣，则便辟得进，毋功虚取，奸邪得行，毋能上通⑫。国不服经俗，则臣下不顺，而上令难行。民不务经产，则仓廪空虚，财用不足。便辟得进，毋功虚取，奸邪得行，毋能上通，则大臣不和。臣下不顺，上令难行，则应难不捷⑬。仓廪空虚，财用不足，则国毋以固守⑭。三者见一焉，则敌国制之矣⑮。

【注释】

　　①经：恒常。

　　②诬：假冒，欺瞒。

　　③阿党：袒护结党。

　　④尚得：以个人私利为最高目标。

　　⑤犯难：冒险。离患：遭受灾难。离，同"罹"。遭到，遭遇。

　　⑥不以毋实虚受：不凭空白白领受君主的禄赏。

⑦拂:违背。

⑧比:勾结。

⑨侈泰:奢侈。泰,过分。养:奉养。

⑩毋逾等之服:服饰用物合乎礼仪,不超越法度。

⑪畜长:饲养牲畜。树艺:种植。

⑫毋能上通:无能之辈进入朝廷。

⑬应难不捷:应付危难不能顺利取得成效。即不能迅速应变紧急危难。

⑭毋以固守:没有防守的实力,不能固守。

⑮敌国制之:被敌国所控制。

【译文】

朝廷要有经臣,国家要有经俗,民众要有经产。什么叫作朝廷的经臣呢?明察自身的能力而接受官职,不在君前冒充有才能而欺骗君主;严格谨慎地按照法律制度来治理国家,不偏袒结党;竭尽所能地办理政事,而不贪求私利;逢国家有患难,勇于赴汤蹈火而不贪生怕死;接受俸禄不会超过自己的功劳,接受官位不会超过自己的能力,不会没有功德而平白领受君主的赏赐,这就是朝廷的经臣。什么叫作国家的经俗呢?百姓的喜好和厌恶,不背离君主的要求;百姓所重视和看轻的事情,不违反法令的规定;百官不做与君主意见相反的决定,群臣不说拉拢下属的言论,不过奢侈的生活,也没有越级的穿戴用度;在乡里士子谨慎做事,没有背叛本朝的事情,这就是国家的经俗。什么叫作百姓的经产呢?好好饲养牲畜,辛勤种植谷物,注意抓紧利用农时,努力增加粮食生产,以搞好农事为本,勤于开垦荒地,而且要禁止奢侈品生产,这就是百姓经产。朝廷如果不重视培养和任用经臣,就会使那些善于逢迎的宠佞小臣得到晋升提拔而借机往上爬,使没有功劳的人能够凭空领受官禄,使奸邪的小人得志,使无能之辈能够得到君主的重用而混入朝廷上层。国家如果不推广正经的风俗习惯,那么臣子和下民就不会顺服君主,而朝廷的法令就难以施行。黎民百姓如果不重视正常的生产,那么国家的粮仓就会空虚而没有储备,财政用度也就会不足。善于逢迎的宠佞之臣能够往上爬而得到晋升提拔,没有功劳的人能够白白地领受官爵俸禄,邪恶的奸臣小人能够为所欲为而横行霸道,无能之辈能够混进朝中得到君主的重用,这样就会造成大臣之间的不和而难以协调。臣子下民不顺从君主,朝廷的法令难以施行,在国家应付危机灾难的时候就很难顺利取得成效。国库粮仓空虚而没有储备,财政用度短缺不足,国家的防御安全就没有实力去稳固坚守。以上这三种情况只要出现其中的一种,国家就将会被敌国所控制。

　　故国不虚重①,兵不虚胜,民不虚用,令不虚行。凡国之重也,必待兵之胜也,而国乃重。凡兵之胜也,必待民之用也,而兵乃胜;凡民之用也,必待令之行也,而民乃用。凡令之行也,必待近者之胜也,而令乃行。故禁不胜于亲贵,罚不行于便辟,法禁不诛于严重,而害于疏远,庆赏不施于卑贱,二三而求令之必行②,不可得也。能不通于官受③,禄赏不当于功,号令逆于民心,动静诡于时变,有功不必赏,有罪不必诛,令焉不必行,禁焉不必止,在上位无以使下,而求民之必用,不可得也。将帅不严威,民心不专一,陈士不死制④,卒士不轻敌⑤,而求兵之必胜,不可得也。内守不能完,外攻不能服,野战不能制敌,侵伐不能威四邻,而求国之重,不可得也。德不加于弱小,威不信于强大⑥,征伐不能服天下,而求霸诸侯,不可得也。威有与两立⑦,兵有与分争,德不能怀远国⑧,令不能一诸侯,而求王天下,不可得也。

【注释】

①虚重：无来由地重。下文"虚胜""虚用"语例相同。

②二三：疑是衍文，当删。宋本无此"二三"两字。有注家以为"庆赏不施于卑贱"下当有脱句，亦无确证。

③能不通于官受：能力不能胜任所受的官职。通，达。在此可作"胜任"解。

④陈士：即"阵士"。陈，是"阵"的古字。制：此指军令。

⑤轻敌：轻视敌人。此指不怕敌人，敢于迎战。

⑥信：通"伸"。伸展，延伸。

⑦两立：并立。

⑧怀：怀柔，安抚。

【译文】

所以，国家不是凭空就能强大起来变得重要的，军队不是凭空就能取得胜利的，黎民百姓不是凭空就能驱之为用的，法令不是凭空就能贯彻实施的。大凡一个国家要变得强大重要，一定要依靠军队去战胜敌人，然后，国家才能强大。大凡军队要打胜仗取得最终胜利，一定要依靠民众听从调遣而发挥作用，然后，军队才能取得长远的胜利。大凡民众能服从调遣发挥作用，一定要等待法令能够得到贯彻执行，然后百姓才能服从征用。大凡君主的军法命令能够得到贯彻执行，必须从迫使君主亲近的人服从政令开始，然后法令才能得到贯彻下去。所以，法令禁律不能限制亲信、约束权贵，刑罚不能施加于君主的左右宠幸、近身小臣，法律不能惩罚罪大恶极之人，反而加害与君主关系疏远的无辜之人，庆贺赏赐不能施行到卑贱之人，这样，还指望法令得到施行，那是办不到的。才不能胜任其职之人接受委任，受禄赏的人不符合本人的功绩，所有发号施令都违背百姓的心愿，各项政策措施不合于当时形势，对有功的人不一定受到赏赐，有罪的人不一定受到惩办，出令不一定执行，有禁不一定起作用，在上位的君主没有办法差使臣子下属，还指望黎民百姓一定服从役使,那是办不到的。将帅没有治军的威严,军心不能专一于抗敌,临阵的将士不肯谨遵军令誓死效命,士卒没有蔑视敌人的气概,还指望军队一出战就能打胜仗,那是办不到的。对内不能保证国土完整,对外不能一举征服对方,战于野外不能取胜,征伐不能威震四邻,还指望国家地位重要,那是办不到的。恩德施惠没有泽被于弱小的国家,威望强势不能伸展到强大的国家,征伐不能让天下各国信服,还指望能称霸天下,那是办不到的。论国家威势,还有和自己并立且实力不相上下的对手;论军事武力,还有能和自己相互抗衡的他国大军;恩德施惠不能安抚远方的国家,发号施令不能统一众多的诸侯,还指望能称王天下,那是办不到的。

　　地大国富,人众兵强,此霸王之本也,然而与危亡为邻矣。天道之数,人心之变①。天道之数,至则反,盛则衰;人心之变,有余则骄②,骄则缓急。夫骄者,骄诸侯,骄诸侯者,诸侯失于外;缓急者,民乱于内。诸侯失于外,民乱于内,天道也。此危亡之时也。若夫地虽大,而不并兼,不攘夺;人虽众,不缓急,不傲下;国虽富,不侈泰,不纵欲;兵虽强,不轻侮诸侯,动众用兵必为天下政理③,此正天下之本,而霸王之主也。

【注释】

①天道之数,人心之变:这两句是交代上句"危亡为邻"的原因。数,与下句"人心之变"的"变"为互文,即言"天道"与"人心"变化都是急剧的。一说"数"意谓"急速"。

②有余:有盈余,富有资财。

③政理:正理,正义。正,古与"政"通用。

【译文】

土地辽阔，国家富足，人口众多，兵力强盛，这自然是称王称霸的根本，然而，也与危亡很接近。天道的规则和人心的变化往往就是这样。就天道规则说，事物发展到尽头则走向反面，发展到极盛则走向衰亡。就人心的变化说，一旦富有了就产生骄横傲慢的心理，骄横傲慢就难免会松懈怠惰。这里所说的骄横傲慢，指的是对各国诸侯王的骄横傲慢，对各国诸侯王骄横傲慢，对外就会失去各诸侯国的亲附和支持；而对内松懈怠惰的结果，又将会在国内造成百姓的背叛和动乱。在外脱离诸侯国的支持，在内造成百姓的反叛作乱，这正是天道盛极而衰的体现。这样一来国家就走到生死存亡的关头了。国土虽广大却不进行兼并，不掠夺；人口虽众多却从不松懈政事，不傲视臣民；国家虽富足却从不生活奢侈浪费，从不放纵私欲；兵力虽强盛却不欺侮诸侯，轻视盟友，要兴师动众采取军事行动，也都是为伸张正义，这才是匡正天下的根本，是称王称霸天下的基础。

凡先王治国之器三，攻而毁之者六。明王能胜其攻^①，故不益于三者，而自有国、正天下。乱王不能胜其攻，故亦不损于三者，而自有天下而亡^②。三器者何也？曰：号令也，斧钺也^③，禄赏也。六攻者何也？曰：亲也，贵也，货也，色也，巧佞也，玩好也^④。三器之用何也？曰：非号令毋以使下，非斧钺毋以威众，非禄赏毋以劝民。六攻之败何也^⑤？曰：虽不听，而可以得存者^⑥；虽犯禁，而可以得免者^⑦；虽毋功，而可以得富者^⑧。凡国有不听而可以得存者，则号令不足以使下；有犯禁而可以得免者，则斧钺不足以威众；有毋功而可以得富者，则禄赏不足以劝民。号令不足以使下，斧钺不足以威众，禄赏不足以劝民，若此，则民毋为自用^⑨。民毋为自用,则战不胜;战不胜,而守不固;守不固,则敌国制之矣。然则先王将若之何? 曰,不为六者变更于号令,不为六者疑错于斧钺⑩,不为六者益损于禄赏。若此,则远近一心;远近一心,则众寡同力;众寡同力;则战可以必胜,而守可以必固。非以并兼攘夺也,以为天下政治也,此正天下之道也。

【注释】

①胜其攻:克服上述六方面的破坏。

②有天下而亡:从享有天下而走向灭亡。

③斧钺(yuè):兵器,用刑的器具。这里借指刑罚。钺,大斧。

④玩好:玩赏的东西。

⑤六攻之败:指六个方面的破坏力。败,败坏,破坏。

⑥可以得存者:可以幸存安居,平安无事。

⑦可以得免者:可以免受刑罚,得到赦免。

⑧可以得富者:可以得到俸禄,获得富贵。

⑨毋为自用:不肯为君主效力。自,指君主自身。

⑩疑错:因犹疑而停止、废置。

【译文】

　　先代君王用来治理国家的手段器具有三个,而侵扰破坏并招致国家毁灭的因素则有六个。英明的君主能够克服这六个破坏因素,其治国手段不用多过三个,却能够保有国家并匡正天下。昏庸的君主不能克服这六个破坏因素,所以治国手段虽然也不少于三个,却最终丧失拥有的天下走向灭亡。三种治国的手段器具都是什么呢? 那就是:号令、刑罚、禄赏。六种侵扰破坏的因素又是什么呢? 那就是:亲戚、权贵、财货、美色、奸佞之臣和玩赏之物。三种治国手段的用途是什么呢? 回答就是:没有号令就无法役使臣民,没有刑罚就无法威慑众人,没有禄赏就无法勉励臣民。这六个侵扰破坏因素又有何害处呢？回答就是：即使不听从君主的号令，却仍可以平安无事；即使触犯了法律禁令，却仍可以免于刑罚；即使没有取得任何功绩，却仍可以获得富贵。凡是国家有不听君令而照样可以平安无事的，那君主的号令就不再能够役使臣民下属；凡有触犯法律禁令而可以免于刑罚的，那么，刑罚就不能再威慑众人；凡是有无功劳可获富贵的，那么禄赏就不能再勉励臣民。号令不能驱使臣民下属，刑罚不能威慑众人，禄赏不能勉励百姓，像这样的话，百姓就不肯再为君主尽心效力了。黎民百姓不肯为君主尽心效力，那么打仗就不能取得胜利；作战不能取胜，那么国防就不坚固；国防不坚固，那就难免要受制于敌国了。那么，先代圣王对于这种情况又是怎样处理的呢？答案就是：不会因为上述六项破坏因素而对已发出的号令有所变更，不会因为上述这六个因素对应有的刑罚有所犹疑甚至废止，也不会因为上述这六个因素对已有的禄赏标准有所增减。能够做到这样，国家就能够不分亲疏远近而团结一心了；能够远近一心，那么就能够不论人多或是人少而同心协力了；万众齐心协力，就可以做到每战必胜、防守必固了。所有这些都不是为了侵吞和掠夺别国，而是为了把天下的政事都治理好，这就是匡正天下、统一霸业的原则。

法法第十六

【题解】

《法法》是先秦时期法家思想的重要文献。所谓"法法",即取法于法,以法行法,以法执法,即用法的手段来推行法度。本篇主旨强调立法,立法然后有常规,上自君臣,赖之而治事,下至庶民,守之而成规,则国无不治,民无不安。值得注意的是,作者特别强调统治者首先要遵守法度,遵守行法的合法性。为此,文章强调了以下几点:第一,国君声望地位的高低,取决于能否法立令行。"法立令行,则民之用者众",第二,善于用民的办法,是严格地施行法制。作者认为善用民者,"轩冕不下拟,而斧钺不上因"。严格依法赏罚,则"贤者劝而暴人止",功名可立其后。第三,依规矩才能正方圆,依法度才能治国事,无论贤愚智昏,概莫能外。作者反复强调:"虽圣人能生法,不能废法而治国","虽有明智高行,倍法而治,是废规矩而正方圜"。第四,欲求法令施行,君主必以身作则,率先垂范。作者推原法令之所以不能施行,其原因之一即君主不知自身行为即为法令之本,不以身先,虽令不行。若"禁胜于身,则令行于民矣"。

作者还对统治者行法提出了一些警示,其中有:不以法治国造成国家混乱,罪在君主;君主不以法行法实质是害民害国,因此不得以私欲改变法;君主必须坚决废私议而维护公法,要节俭行法,要一切以法为准，不能超前或落后于法，要以法行法来争取民众，才能维护君主的尊严，才能与民乐成，而不与虑始；君主不先行法则国危自危；要坚持自己的权威，不得毁法、废法；法令是百姓之宝，唯君所好，"先民服也"，才能行法；君主以法行法要虚心谨慎，不能自满，要以国为重，等等。

　　本篇体现出战国法家思想的核心内容，实为管子富有浓厚法家色彩的一篇理论宣言。篇中谈到"术"和"势"，分析君主手中所握的权势以及如何维持这一权势，论述如何运用赏罚手段，如何运用手中六种权力等等。法、术、势三者正是本篇的核心内容，这都是后来法家的核心思想。

　　不法法则事毋常①，法不法则令不行②，令而不行则令不法也，法而不行则修令者不审也③，审而不行则赏罚轻也，重而不行则赏罚不信也④，信而不行则不以身先之也⑤。故曰：禁胜于身⑥，则令行于民矣。

【注释】

①法法：取法于法，即依法办事。第一个"法"字为动词。事毋常：指国事没有常规。

②法不法：法不像个法。

③修令者：指起草法令条文的人。

④重：赏罚重。

⑤以身先之：以身作则。

⑥禁胜于身：意思是以法约束自己。

【译文】

　　不依照法来办事，国事就没有常规；法令不得其宜严格执行，政令就不能贯彻实施，政令下达却不能得到贯彻执行，是因为政令没有其合法性；合法性的政令不能得到贯彻执行，是因为起草制定法令不够慎重周密；慎重周密而不能得到贯彻执行，是因为赏罚太轻；赏罚重了而不能得到贯彻执行，是因为赏罚没能如实施行；赏罚严格政令还不能得到贯彻执行，是因为君主不能率先垂范。所以说：法律禁令能够管束制约君主自身，那么，政令就可以于民众间施行了。

　　闻贤而不举，殆①；闻善而不索②，殆；见能而不使，殆；亲人而不固③，殆；同谋而离④，殆；危人而不能⑤，殆；废人而复起⑥，殆；可而不为⑦，殆；足而不施⑧，殆；几而不密⑨，殆。人主不周密，则正言直行之士危；正言直行之士危，则人主孤而毋内⑩；人主孤而毋内，则人臣党而成群。使人主孤而毋内、人臣党而成群者，此非人臣之罪也，人主之过也⑪。

【注释】

①殆：危险。

②索：寻找，寻求。

③亲人：亲近于人。

④离：背离，离心。此指离心、不团结。

⑤危人而不能：想危害人却办不到。

⑥复起：重新起用。起，起用。

⑦可而不为：可以做到的事却不去做。

⑧足而不施：富足了却不施舍于人。或曰国库富足，却不注重赈济。

⑨几：指机要保密之事。一说细微的迹象。本文此处指几事，即隐微机密的军政要事。

⑩毋内：即"无内"。没有亲信。

【译文】

知道有贤才而不举用,政局就会危险;听到有好人好事而不去查访表彰,政局就会危险;发现了能臣干将却不加以任用,政局就会危险;亲近臣民而不能坚固,政局就会危险;与人共同谋事而离心离德,政局就会危险;想使人身陷险境却不能做到,政局就会危险;已经废黜的人而又要再度起用,政局就会危险;可做的事不能及时作为,政局就会危险;国家已经富足而没能注重施舍赈灾救济,政局就会危险;机密要务不能严加保密,政局也会危险。人君行事不周严细密,言行正直又光明磊落的人就会有危险,君主也会被孤立从而失去亲信;君主孤立而无亲信,臣子们就会互相结成朋党群伙。致使君主孤立而无亲信、臣子们相互结党营私的,并不是臣子的罪责,而是君主自身的过失。

民毋重罪①,过不大也,民毋大过,上毋赦也②。上赦小过,则民多重罪,积之所生也③。故曰:赦出则民不敬④,惠行则过日益。惠赦加于民⑤,而图圄虽实⑥,杀戮虽繁,奸不胜矣⑦。故曰:邪莫如蚤禁之⑧。赦过遗善⑨,则民不励⑩。有过不赦,有善不遗,励民之道,于此乎用之矣。故曰:明君者,事断者也。

【注释】

①重罪:重大的犯罪现象。

②上毋赦:指君主不轻易赦免。

③积:积累。

④不敬:不戒慎,常怠慢。敬,畏惧,戒慎。

⑤惠赦:指恩惠和宽赦。

⑥图圄(líng yǔ):或作"囹圄"。指牢狱。

⑦奸不胜：指作奸者不能禁止。

⑧蚤禁之：谓当及早禁止。蚤，通“早”。

⑨赦过遗善：赦免小罪大过，遗漏仁惠善举。

⑩励：鼓励，激励。

【译文】

　　百姓没有重大犯罪现象，是因为他们平日里过失不大；百姓不犯大过，是由于君主不轻易赦免罪行。君主随意赦免小过，则民众就容易多犯重罪，这是日积月累所造成的。所以说，赦免之令轻易发出，人们的言行举止就没有了敬畏戒惧；朝廷的恩赐仁惠经常推行，人们的过失也就会日益增多。对民众只施行恩惠和宽赦的政策，监狱虽满，处决虽多，作奸犯科、为非作歹的邪恶现象也不能制止。所以说，对邪恶的事，不如及早加以禁止。只是赦免了罪行，而遗忘仁惠善举，民众便得不到正面的鼓舞和激励。有了罪行过错不轻易赦免，有了仁惠善举不随便遗忘，激发勉励民众的政策才可以发挥作用。所以说：英明的君主，就是裁决事端的人。

　　君有三欲于民，三欲不节，则上位危。三欲者何也？一曰求，二曰禁，三曰令。求必欲得，禁必欲止，令必欲行。求多者，其得寡；禁多者，其止寡；令多者，其行寡。求而不得，则威日损；禁而不止，则刑罚侮①；令而不行，则下凌上②。故未有能多求而多得者也，未有能多禁而多止者也，未有能多令而多行者也。故曰：上苛则下不听③，下不听而强以刑罚，则为人上者众谋矣④。为人上而众谋之，虽欲毋危，不可得也。号令已出又易之，礼义已行又止之，度量已制又迁之⑤，刑法已错又移之⑥。如是，则庆赏虽重，民不劝也；杀戮虽繁，民不畏也。故曰：上无固植⑦，下有疑心。国无常经⑧，民力必竭,数也⑨。

【注释】

①侮:侮弄,轻慢,戏弄。

②凌上:欺凌君上。

③苛:苛刻。听:从

④众谋:指众人谋算他,被众人图谋。

⑤制:规定,制定。

⑥错:通"措"。施行。

⑦固植:坚定的恒心和意志。植,指意志。《版法解》:"天植者,天心也。"心、志同义。

⑧常经:常规常法。

⑨数:自然规则。

【译文】

君主对百姓有三种要求,如果对三种要求不加以节制,君主的地位就危险了。这三种要求是什么呢? 一是索取,二是禁令,三是命令。要索取总是希望一定得到,有禁令总是希望一定能制止,下命令总是希望一定能够施行。但若索取太多,所得到的反而会更少;若禁令太多,所能制止的作用反而会更小;下命令太繁,所能推行并实施的反而会不多。索取而不能必得,威严就会日益削弱降低;禁出而不能必止,刑罚将会受轻视遭戏弄;下达命令而不能必定执行,下面的人就会欺凌上面的君主。所以从来没有索求越多而得到越多的事,从来没有禁令越多而能制止的就越多的事,也从来没有下达命令越多而能执行的越多的事。所以说:上面君主过于苛刻,下面就无法服从和听命;若下面的人不听命而强加以刑罚使其服从,做君主的就将会被众人图谋暗算。君主若是被众人图谋暗算,想要没有危险,就不可能办到。政令已经颁布发出却又要改变,礼仪已经推出施行却又要废止,度量衡器已经制作规定却又要变换,刑法已经设立布行却又要更改变动,像这样反复无常,即使是赏金重赐予多,百姓也不会得到勉励;即使是处决频繁杀戮严重,百姓也不会畏惧。所以说:上面君主没有坚定的恒心意志,下面的臣民就会有疑心忧虑。国家没有已定的常规常法,百姓就不能依法尽心尽力地效忠,这是很自然的道理。

　　明君在上位,民毋敢立私议、自贵者①,国毋怪严②,毋杂俗,毋异礼,士毋私议。倨傲易令④,错仪画制⑤,作议者尽诛⑥。故强者折,锐者挫,坚者破。引之以绳墨,绳之以诛僇⑦,故万民之心皆服而从上,推之而往,引之而来。彼下有立其私议自贵,分争而退者,则令自此不行矣。故曰:私议立则主道卑矣。况主倨傲易令⑧,错仪画制,变易风俗,诡服殊说犹立⑨。上不行君令,下不合于乡里,变更自为⑩,易国之成俗者,命之曰不牧之民⑪。不牧之民,绳之外也⑫;绳之外诛。使贤者食于能,斗士食于功。贤者食于能,则上尊而民从;斗士食于功,则卒轻患而傲敌。上尊而民从,卒轻患而傲敌。二者设于国⑬,则天下治而主安矣。

【注释】

①私议:私立异说。与"公法""君令"相对。《立政》:"私议自贵之说胜,则上令不行。"自贵:抬高自己。

②怪严:犹言怪诞、荒诞。严,读为"谳(hàn)"。《说文》:"谳,诞也。"

④倨(jù):傲慢。

⑤错仪画制:立法定制。错,通"措"。画,谋划,筹划。

⑥作议:即立私议。

⑦诛僇：杀戮。僇，通"戮"。

⑧主：郭沫若云："主"乃"夫"字之误。译文从郭说。

⑨诡服殊说：奇异的服饰和奇怪的言论。

⑩变更自为：擅自变换更改。

⑪不牧之民：指不服从治理、不可养育之民。

⑫绳之外：即法度之外，亦即不守法之民。绳，绳墨，准则。

⑬设：完备，施行。

【译文】

圣明的君主处在朝廷高位上，民众自然不敢私立异说或自视高贵，国内就没有标新立异、怪诞骇俗的事情，没有混杂不伦的习俗，也没有荒唐不经的礼仪，士人们也就不敢私立异说。对于那些傲慢不恭、改变法令、自立礼仪、擅定体制、制造异端邪说的人全部都要严惩不贷。那么，强横的就会屈服，锋芒尖锐的就会受挫，坚固的就会破散。再用法度来引导他们，用杀戮来管制他们，因而，万民都会因心服而听从君上，这样就能做到推之而往，招之而来。如果臣民在下面各自私立异说，引发纷争而安然无恙，那么君令就再也无法推行。所以说，私立异说一旦出现，君主的威信就降低。何况还有那些傲慢不恭、改变法令、自立礼仪、擅定体制、变改习俗、标新立异、奇装异服、奇谈怪论的人存在呢？那种对上不执行君主的命令，对下不合乎乡里的风俗，任意独行，改变一国既定习俗的人，称之为不服从治理的人。不服从治理的人，就是跑到法度容许的范围以外了；逍遥于法度之外的人，应当处死不赦。君主应当使贤能的人靠其能力任职谋生，勇武的人依靠战功任官用事。贤能的人靠能力谋生，那么君主就会被尊崇而民众也顺从；勇士们依靠战功升迁，那么士卒们就不怕患难牺牲而蔑视敌人。君主有尊严受尊崇而百姓又服从；士卒不怕患难牺牲而蔑视敌人。两者都能树立于国内，那么天下得治而太平，君主得安而无忧了。

凡赦者①，小利而大害者也②，故久而不胜其祸③。毋赦者，小害而大利者也，故久而不胜其福。故赦者，奔马之委辔④；毋赦者，痤疽之矿石也⑤。爵不尊、禄不重者，不与图难犯危，以其道为未可以求之也⑥。是故先王制轩冕所以著贵贱⑦，不求其美；设爵禄所以守其服⑧，不求其观也。使君子食于道⑨，小人食于力。君子食于道，则上尊而民顺；小人食于力，则财厚而养足。上尊而民顺，财厚而养足，四者备体则胥足⑩，上尊时而王不难矣⑪。文有三侑⑫，武毋一赦。惠者，多赦者也，先易而后难，久而不胜其祸；法者，先难而后易，久而不胜其福。故惠者，民之仇雠也⑬；法者，民之父母也⑭。太上以制制度⑮，其次失而能追之⑯，虽有过，亦不甚矣。

【注释】

①凡赦者：一说认为：自此"凡赦者"之后至"痤疽之矿石也"，共五十一字，据前后文义来看，应是错简，当移至本文"民毋重罪"章的"邪莫如蚤禁之"句后。

②小利而大害：利小而弊大。

③不胜其祸：其祸无穷。

④委辔（pèi）：抛弃缰绳。委，丢弃。辔，马缰绳。

⑤痤疽（cuó jū）：痤，指疖子。疽，当作"疽"。指痈疮。矿石：坚硬之石，可取做砭石，治疗疽痤之疾。

⑥以其道为未可以求之：意为因为还不足以要求人为自己冒险涉难。以，因。道，道理。

⑦轩冕（miǎn）：古代卿大夫乘坐的车马，穿戴的服饰。著：显示，标志。

⑧服：所担任的职责。

⑨食于道：靠才能吃饭。道，治国之道。

⑩胥足：皆足，都充足。胥，皆也。

⑪上尊时：君主善于把握时机。尊，宗，主。王不难：称王不困难。

⑫文：文治，文官。下文"武"则指武力方面的人和事。三侑(yòu)：三项宽容。侑，通"宥"。宽恕，宽容。《周礼·秋官·司刺》："壹宥曰不识，再宥曰过失，三宥曰遗忘。"一说认为：自此"文有三宥"至"虽有过，亦不甚矣"，共七十三字，据前后文义看来，应是错简，宜移至本文"民毋重罪"章的"邪莫如蚤禁之"句后接"痤睢之矿石也"。

⑬仇雠(chóu)：仇人。

⑭父母：喻恩人。

⑮太上：犹言最上。以制制度：依照法式规定标准。前"制"为名词，后"制"为动词。

⑯追：追悔，补救。

【译文】

大凡施行赦免，总是利小而害大，所以长期施行就祸害无穷。不行赦免，却是害小而利大，长期施行就得福无穷。因而施行赦免，就好比驾驭奔马而丢弃缰绳；不施行赦免，就好比诊治疽痤而用砭石。君主悬赏的爵位不够尊贵、俸禄不够厚重，就没有人肯赴难冒险，因为君主的恩惠还不足以调动人们这样做。因此，先代圣王规定车子礼帽的样式，是用来区别贵贱等级的，而不是追求华美；设置爵位俸禄的高低差别，是用来规定其待遇等级制度，而不是追求排场好看。要使君子靠治国之道来过活，让小民百姓凭体力劳动来维生。让君子靠治国之道来生活，则君主就有尊严而民众就顺从；让小民百姓靠体力劳动来生活，则财物丰厚生活富裕，而供养充足。君主有尊严，民众顺从，财物丰厚，供养充足，这四个条件都具备了，那么上下都能各得其所，君主抓住时机，称王也就不难了。对待文官犯错，可以有三次宽容，而对战事方面的失误，一次赦免都不能有。所谓恩惠仁慈，就是多作宽赦，施行起来先易后难,日子久了就不胜其祸而贻害无穷;所谓法度令行,就是施行起来先难后易,日子久了就不胜其福而利益不断。所以,恩惠仁慈,是民众的仇敌,为害无数;法度令行,是民众的父母,恩重如山。最上等的策略是事先用法制规范人们的行为举止,其次是有失误而能补救,即使有过错也不至于很严重。

　　明君制宗庙,足以设宾祀①,不求其美;为宫室台榭②,足以避燥湿寒暑,不求其大;为雕文刻镂③,足以辨贵贱,不求其观④。故农夫不失其时⑤,百工不失其功;商无废利,民无游日⑥,财无砥墆⑦。故曰:俭其道乎!

【注释】

①设宾祀:举行祭祀活动。宾,敬。

②榭:建在高台上的房屋。

③雕文刻镂:描绘的花纹及雕刻的图案。

④观:美观。

⑤时:农时。

⑥无游日:没有闲游之时。

⑦砥墆(dǐ zhì):即"底滞"。堵塞,不流通。

【译文】

　　圣明的君主建造宗庙,只求礼敬鬼神的设施齐全就行了,并不追求它的外在美观;修筑宫室台榭,只要可以防燥湿、避寒暑就行了,并不追求它的高大宏伟;雕制花纹,刻镂金木,只求可以分辨贵贱的等级就行了,并不追求它的奇特壮观。这样,农夫就不会耽误农时,工匠就能保证功效,商人没有失去盈利,普通百姓没有游荡的闲暇时间,财货也没有积压浪费。所以说:节俭才是正道啊!

令未布而民或为之,而赏从之,则是上妄予也①。上妄予,则功臣怨;功臣怨,而愚民操事于妄作②;愚民操事于妄作,则大乱之本也。令未布而罚及之③,则是上妄诛也。上妄诛,则民轻生;民轻生,则暴人兴、曹党起而乱贼作矣④。令已布而赏不从,则是使民不劝勉、不行制、不死节。民不劝勉、不行制、不死节,则战不胜而守不固;战不胜而守不固,则国不安矣。令已布而罚不及,则是教民不听。民不听,则强者立;强者立,则主位危矣。故曰:宪律制度必法道⑤,号令必著明,赏罚必信密⑥,此正民之经也。

【注释】

①妄予:错误的赏赐。指乱施奖赏。

②操事:从事。

③罚及之:进行惩罚。

④暴人:发动暴乱的人。曹党:群党,团伙。曹,群,众。

⑤宪:法令。法道:符合治国之道。法,效法。

⑥信密:信赏必罚。密,当作"必"。必行。

【译文】

法令没有正式公布民众偶然做到施行了,就随即加以行赏,这便是君主错误的赏赐。君主给错误的赏赐,那么有功之臣就会抱怨;有功之臣抱怨,那么愚顽之民就敢胡作非为;愚顽之民胡作非为,这是国家大乱的根源。法令没有正式公布诛罚便已施及,那便是君主错误的诛罚。君主错加诛罚,那么民众就会轻视生命;民众轻视生命,残暴之人就会兴起作乱,就会出现帮派横行、朋党林立,那么暴徒乱贼就要趁机造反了。法令已经公布,而赏赐不能跟着依法施行,这就使民众不能得到鼓励尽力做事,民众也不肯执行军令或不情愿为国死节。民众不勉力从公,不执行军令,不为国牺牲,那么就会出战不能取胜而防守不能坚固;征战不能取胜而防守不能稳固,国家就不会安全了。法令已经公布,而诛罚不能跟着依法施行,这就是叫老百姓不要去服从法令。民众不服从法令,强盗暴徒就要兴起作乱;强盗暴徒起来造反,君主的地位就危险了。所以说:法律制度一定要合乎治国的根本之道,号令一定要昭著严明,赏罚一定要信实周密并坚决执行,这都是治理规正民众的常法准则。

凡大国之君尊,小国之君卑。大国之君所以尊者,何也? 曰:为之用者众也。小国之君所以卑者,何也? 曰:为之用者寡也。然则为之用者众则尊,为之用者寡则卑,则人主安能不欲民之众为己用也? 使民众为己用,奈何? 曰:法立令行,则民之用者众矣;法不立,令不行,则民之用者寡矣。故法之所立、令之所行者多,而所废者寡,则民不诽议①;民不诽议,则听从矣。法之所立,令之所行,与其所废者钧②,则国毋常经;国毋常经,则民妄行矣。法之所立、令之所行者寡,而所废者多,则民不听;民不听,则暴人起而奸邪作矣。

【注释】

①诽议:诽谤议论。指诋毁、非议。

②钧:通"均"。均等。

【译文】

凡是大国的君主其地位都高,而小国的君主其地位都低。大国的君主为何地位就高呢? 答案是:为其服务、被他使用的人多。小国的君主为何地位就低呢? 答案是:为其服务、被他使用的人少。既然这样,被他使用的人多就地位高,被他使用的人少就地位低,那么,君主怎么会不希望有更多民众为自己所使用呢? 要想使众多的民众为自己所使用,怎么办呢? 答案是:法律完善、政令通行,被君主所使用的民众就多了;法律不完善,政令不畅行,民众为之所使用的就少了。所以,确立完善的法律和畅行通用的政令多了,而被废弃者少了,民众就不会妄加非议和攻击;民众不去非议和攻击,就会听从了。确立的法律和通行的政令,如果与被废弃者均等,国家就没有正常的法律准则;国家没有正常的法律准则,民众就有可能胡作非为。确立的法律和通行的政令少了,而被废弃者多了,民众就不肯服从;民众不服从法律政令,暴民就会乘兴作乱而奸邪之辈就要起来造反了。

　　计上之所以爱民者①,为用之爱之也。为爱民之故,不难毁法亏令②,则是失所谓爱民矣。夫以爱民用民,则民之不用明矣③。夫至用民者④,杀之危之,劳之苦之,饥之渴之;用民者将致之此极也,而民毋可与虑害己者⑤,明王在上,道法行于国,民皆舍所好而行所恶⑥。故善用民者,轩冕不下拟⑦,而斧钺不上因⑧。如是,则贤者劝而暴人止。贤者劝而暴人止,则功名立其后矣。蹈白刃⑨,受矢石⑩,入水火⑪,以听上令;上令尽行,禁尽止。引而使之,民不敢转其力⑫;推而战之,民不敢爱其死⑬。不敢转其力,然后有功;不敢爱其死,然后无敌。进无敌,退有功,是以三军之众皆得保其首领⑭,父母妻子完安于内。故民未尝可与虑始⑮,而可与乐成功⑯。是故仁者、知者、有道者⑰,不与大虑始⑱。

【注释】

①计:思量,考虑。

②难:以……为难事。亏:减损。

③民之不用:指民众不可役使。

④至用民者:张佩纶云:"至用民"当作"善用民"。意谓最善于使用民众的人。

⑤毋可与虑害己者:此句意思是:民虽被强迫为君做事,却想不到这是在害自己。可与,可以。《论语·阳货》"鄙夫可与事君也与哉","可与"即"可以"。

⑥舍所好而行所恶:指抛弃所喜爱的而力行所厌恶的。

⑦轩冕:指富贵地位。不下拟:不向下滥赏。拟,许。

⑧斧钺:指刑罚。不上因:不往上滥施。因,就,及。

⑨蹈白刃:踩利刃。

⑩受矢石:冒着箭石。

⑪入水火:赴汤蹈火。

⑫转:变换,回避。

⑬爱:吝啬,吝惜。

⑭三军:上、中、下三军,指全军。首领:首级,脑袋。

⑮虑始:谋划创立某些事情。

⑯乐:享受。

⑰知者:即智者。

⑱大:当作"人"。指百姓。或作"众"。

【译文】

考察君主之所以爱民,是因为了百姓可供驱使才爱惜他们。为了爱民的缘故,而不惜毁坏法度,削减政令,那就失去了爱民的本意了。因爱惜民众而毁法损令有此做法,再想使用民众,民众不为所用就是明摆着的事了。善于使用民众的君主,他可以依法来杀戮百姓、危害百姓、使他们服劳役、做苦工、忍受饥饿口渴等,使用民众的方法到了这般境地,用民可以用到这种极端的手段,而百姓并不以为这是有意害己,那是因为圣王明君在上，道德和法律通行于全国，百姓也就都能抛弃自己所喜欢的而努力做自己厌恶的。所以善于使用民众的君主，车马冠冕等荣华富贵不随意向下施舍，刑罚也不随意向上滥施。如此，贤良之人倍受勉力而暴徒乱民随即止息。贤良受勉力而暴民被平息，那么功业和名声就随之而建立了。人们可以踏着白刃，冒着矢石，赴汤蹈火地来听从指挥，那么，君令可以尽行，禁律可以尽止。招来使用，百姓不敢转移力量、回避使命；送去作战，民众不敢吝惜生命。不敢转移力量、回避使命，然后可以立功；不敢吝惜生命，然后就能无敌。进无敌，退有功，于是三军的将士都能够保住首领，使父母妻儿完好无损地安居于国内。所以，对百姓不必同他们商量谋划事业的开始，却可以同他们欢庆事业成功的快乐。因此，仁慈的、明智的、有道的君主，在事业草创之时，都不与他人共同商量和谋划。

　　国无以小与不幸而削亡者，必主与大臣之德行失于身也，官职、法制、政教失于国也，诸侯之谋虑失于外也，故地削而国危矣[①]。国无以大与幸而有功名者，必主与大臣之德行得于身也，官职、法制、政教得于国也，诸侯之谋虑得于外也，然后功立而名成。然则国何可无道？人何可无求[②]？得道而导之，得贤而使之，将有所大期于兴利除害。期于兴利除害莫急于身，而君独甚伤也，必先令之失[③]。人主失令而蔽，已蔽而劫[④]，已劫而弑[⑤]。

【注释】

①危：据前文"削亡"，"危"当作"亡"。

②人何可无求：言人才不可不求。指求贤才而言。

③先令之失：法令先有失误。

④蔽：蒙蔽。此处指被蒙蔽。

⑤弑（shì）：古代臣杀君、子杀父称弑。

【译文】

国家从来没有因为版图小和时运不济而削弱灭亡的，必定是因为君主和大臣自身失去德行，国内的官职制度、政教法制失误，国外的针对诸侯国政策谋略有过失，致使国土被削减，甚而国家被灭亡。国家也从来没有因为版图大和时运好而成功立名的，必定是因为君主和大臣自身具有德行，国内的官职制度、政教法制成功，国外对诸侯国政策谋略得当，才能功业建立而大名成就的。既然如此，治国怎么可以没有正道呢？用人怎么可以不用贤人呢？有了正确的策略就要引导实施，获得了有用之人就要使用，这将是对于国家的兴利除害大有希望。希望兴利除害，没有比以身作则更急需的了，而且这点对于国君来说尤为重要。如兴利除害的事业受到损害，那必定首先是法令有错误。君主将因法令错误而受到蒙蔽，因受蒙蔽而被挟制威胁，因受挟制威胁而被杀。

凡人君之所以为君者，势也①。故人君失势，则臣制之矣。势在下，则君制于臣矣；势在上，则臣制于君矣。故君臣之易位，势在下也。在臣期年②，臣虽不忠，君不能夺也③；在子期年，子虽不孝，父不能服也④。故《春秋》之记⑤，臣有弑其君、子有弑其父者矣。故曰：堂上远于百里，堂下远于千里，门廷远于万里⑥。今步者一日⑦，百里之情通矣；堂上有事，十日而君不闻⑧，此所谓远于百里也。步者十日，千里之情通矣；堂下有事，一月而君不闻，此所谓远于千里也。步者百日，万里之情通矣；门廷有事，期年而君不闻，此所谓远于万里也。故请入而不出谓之灭⑨，出而不入谓之绝，入而不至谓之侵,出而道止谓之壅⑩。灭、绝、侵、壅之君者,非杜其门而守其户也,为政之有所不行也⑪。故曰:令重于宝,社稷先于亲戚,法重于民,威权贵于爵禄。故不为重宝轻号令,不为亲戚后社稷,不为爱民枉法律,不为爵禄分威权。故曰:势非所以予人也⑫。

【注释】

①势:先秦法家讲究的三种加强君主权威的手段之一,亦即"法、术、势"之"势"。而所谓"势"即运用权力所形成的不可抗拒的趋势。

②期(jī)年:一整年。

③夺:强加改变。

④服:驾驭,控制。

⑤《春秋》:中国古代最早的编年体史书。相传为孔子依据鲁国史官所编《春秋》加以整理修订而成。起于鲁隐公元年(前722),终于鲁哀公十四年(前481)。

⑥门廷:指官廷。

⑦步者一日:步行者走一天。

⑧十日而君不闻:指朝廷有了变故,发生十天了君主还不知道。

⑨请:本义为请示汇报。此处引申为情报。

⑩道止:半路停止。壅:阻塞。

⑪不行:不能施行。

⑫势非所以予人:指君主的势力、权威、地位等,是不能给予别人的。

【译文】

大凡君主之所以能成为君主,是因为他有权势。所以,君主失去权势,臣下就能挟制他了。权势在下面,君主就被臣子所要挟钳制;权势在上面,臣子就由君主所控制指挥。所以,君臣的地位颠倒,就是因为君主的大权旁落、威势下移。大臣得势一整年,臣即使不忠,君主也不能夺其权;儿子得势一整年,子即使不孝,父亲也管教不了他了。所以《春秋》就记载,臣子有杀害君主的,儿子有杀害父亲的。所以说:堂上可以比百里还远,堂下可以比千里还远,宫廷可以比万里还远。如今一个人步行一天,一百里地之内的事情就都知道了;而堂上有事,过了十天君主还不知道,这就叫作堂上比一百里还远了。一个人步行十天,可以了解一千里地的情况;而堂下有事情,过了一个月君主还不知道,这就叫作堂下比一千里还远了。一个人步行一百天,可以了解到一万里地的情况;而宫廷有事情,过一年了君主还不知道,这就叫作宫廷比一万里还远了。情报汇入朝廷而相应指令不能批出来,叫作湮灭;政令批出来而执行的情况不能报入朝廷,叫作断绝;事情报入朝廷而不能到达君主手中,叫作侵权;政令下达而中途被扣留或截停,叫作壅塞。有湮灭、断绝、侵权、壅塞诸问题出现的国君,并不是因为有人杜绝其门户、封锁其庭院,而是因为政令不能推进施行。所以说:政令比珍宝财物重要,政权比至亲家属重要,法度比民众重要,威权比爵禄重要。所以,不可因为重视珠宝而轻忽君令,不可为了至亲而把国家政权放在后面,不能为了爱惜民众而歪曲法律,不能为了爵禄而分让权威。所以说:君主的地位和权势,是不能给予别人的。

　　政者,正也。正也者,所以正定万物之命也①。是故圣人精德立中以生正②,明正以治国。故正者,所以止过而逮不及也③。过与不及也,皆非正也;非正,则伤国一也。勇而不义伤兵,仁而不法伤正。故军之败也,生于不义;法之侵也,生于不正。故言有辩而非务者④,行有难而非善者。故言必中务，不苟为辩；行必思善，不苟为难。

【注释】

①命：即"名"。命名，名分。

②精德立中：精修德行，树立中正。

③逮：及，到。或谓追、补救。

④辩：雄辩。务：要务，重要的事。

【译文】

所谓政，就是实现公正的事。所谓公正，就是正确地匡定万事万物的名称与名分。因此，圣人总是精修德性，确立中道以培植公正，宣明公正以治理国家。所以，公正是用来禁止过分而补充不足的。过分与不足都不是公正；只要是不公正损害国家是一样的。勇敢而不合乎正义就损害军队，仁慈而不合法度就会伤害正义。所以军队的失败，产生于不合正义；法度的破坏，产生于不正义。有的言论话语虽甚雄辩，却并非急切的要务，有的行为虽艰难，却并非好事。所以，言论话语必须务实，不故意作雄辩之辞；行为举动必须考虑是否有好的实效，不故意做些难为之事。

规矩者，方圜之正也①。虽有巧目利手，不如拙规矩之正方圜也②。故巧者能生规矩，不能废规矩而正方圜。虽圣人能生法，不能废法而治国。故虽有明智高行，倍法而治③，是废规矩而正方圜。

【注释】

①规矩者，方圜之正也：意谓规矩是矫正方圆的工具。方圜之正，即"正方圜"。圜，同"圆"。下同。

②拙：笨拙。引申为粗糙、简朴。

③倍：通"背"。背离，背弃。

【译文】

规矩，是矫正方圆的工具。人们虽有巧手利目，也不如朴拙的规矩能有效矫正方圆。所以，聪明灵巧的人虽可以制造出规矩，却不能废弃规矩来矫正方圆。圣人虽能制定法度律令，却不能废弃法度律令来治理国家。所以，圣人明君虽有明彻的智慧和高尚的品德，如果他们违背法度来治理国家，就等同于废除规矩来矫正方圆一样。

一曰①：凡人君之德行威严②，非独能尽贤于人也，曰人君也，故从而贵之，不敢论其德行之高卑有故③。为其杀生，急于司命也④；富人贫人⑤，使人相畜也⑥；贵人贱人⑦，使人相臣也⑧。人主操此六者以畜其臣⑨，人臣亦望此六者以事其君，君臣之会⑩，六者谓之谋⑪。六者在臣期年，臣不忠，君不能夺；在子期年，子不孝，父不能夺。故《春秋》之记，臣有弑其君，子有弑其父者，得此六者，而君父不智也⑫。六者在臣，则主蔽矣；主蔽者，失其令也。故曰：令入而不出谓之蔽，令出而不入谓之壅，令出而不行谓之牵⑬，令入而不至谓之瑕⑭。牵、瑕、蔽、壅之事君者，非敢杜其门而守其户也，为令之有所不行也。此其所以然者，由贤人不至而忠臣不用也。故人主不可以不慎其令。令者，人主之大宝也。

【注释】

①一曰：称举另外的关于阻碍君令的说法。《韩非子·外储说》中有此例。

②威严：威仪风度。《论语·子张》"望之俨然"之"俨然"与此处"威

严"同义。

③高卑:高下。

④司命:掌管寿命长短的神灵。

⑤富人:使人富裕。贫人:使人贫困。

⑥相蓄:互相供养。

⑦贵人:使人地位高贵。贱人:使人地位卑微。

⑧相臣:互相服从。

⑨六者:指上文所述杀、生、富、贫、贵、贱六项大权。

⑩会:会合,联合。

⑪谓之谋:即上述六项利害的谋算存在于君臣之间的意思。谓,古
　　通"为"。

⑫智:通"知"。

⑬牵:牵累,牵制。

⑭瑕:俞樾云:读为"格",古字可通用。格,扞格,抵触,阻碍。

【译文】

有一种说法是:君主所以有不可比拟的品德威严,并不是因为君主
本人各方面都比其他人特别好,而是因为他是君主,因而人们都尊重他,
不敢妄加评论他德行的高下。因为他是君主,手中掌握杀和生的大权,
索人性命比司命之神还厉害;他还有使人富、使人贫,并使他们相与供养
的大权;他还有使人贵、使人贱,并使他们互相服从的大权。君主就是掌
握着这六项权限来统治臣民,臣民也因向往这六种大权而侍奉君主,君
臣聚在一起,这六项大权就是他们各自谋划的事情。这六种大权若掌握
在大臣手里一年,臣子即使不忠于朝廷,君主也无法强行去剥夺;这六种
大权落在儿子手里一年,儿子即使不孝顺父母,父亲也不能强行去改变。
所以《春秋》上记载着:臣子中有弑杀君王的,儿子中有弑杀父亲的。就是
因为臣与子已得到这六种大权,而君主和父亲还不曾知道的缘故。六种
大权旁落在臣下手里,君主就会受到蒙蔽;君主受到蒙蔽,政令就失去了

效用。所以说：政令只能滞留朝廷内而不能颁布发出，叫作被蒙蔽；政令发出而执行情况不能反馈到朝廷，叫作被壅塞；政令只能发出去而不能得到贯彻实施，叫作被牵制；政令得到实施而执行情况报回到朝廷，却不能传达到君主手中，叫作被阻隔。朝廷内出现了牵制、阻隔、蒙蔽、壅塞君主的人，并不是说他们就敢杜绝君主的门户，而是让政令不能得到贯彻实行。这种情况之所以出现，是由于君主不能招徕贤才、不能任用忠臣所致。所以，君主对于政令，不可不谨慎。政令，就是君主的大法宝。

　　一曰：贤人不至谓之蔽①，忠臣不用谓之塞②，令而不行谓之障③，禁而不止谓之逆④。蔽、塞、障、逆之君者，不敢杜其门而守其户也，为贤者之不至，令之不行也。

【注释】

①蔽：遮挡。

②塞：阻隔，阻挡。

③障：阻塞。

④逆：叛逆，背叛。

【译文】

有一种说法是：贤人不能被招纳进来叫作蔽，忠臣不能被朝廷任用叫作塞，国家有政令而得不到贯彻执行叫作障，君主有禁令却不能有效地阻止叫作逆。朝中出现壅塞、阻塞、障碍、违逆诸问题的君主，并不是因为有谁敢堵塞他的门户，封锁他的庭院，而是因为贤能之人不愿来，政策没法落实的缘故。

　　凡民从上也，不从口之所言，从情之所好者也。上好勇，则民轻死；上好仁，则民轻财。故上之所好，民必甚焉。

是故明君知民之必以上为心也①，故置法以自治，立仪以自正也②。故上不行，则民不从；彼民不服法死制③，则国必乱矣。是以有道之君，行法修制，先民服也④。

【注释】

①以上为心：以君主的意志为标准。上，指"上之所好"。即君主的爱好和意志。

②立仪：建立礼仪。

③服法死制：服从法律政令，誓死遵守法制。

④先民服：即率先服从法制。

【译文】

大凡臣民百姓顺从君主，不是顺从他口里所说的什么言论，而是顺从他性情之所好。君主喜好勇敢，则臣民就看轻死亡；君主喜好仁爱，则臣民就看轻财货。所以说，君主在上面喜爱什么，臣民在下面就一定爱好什么有过之而无不及。由此，圣明的君主知道，臣民必定是以君主的意志作为自己思想的出发点，所以确立法制以自己约束自己，树立礼仪以自己匡正自己。所以，君主在上面不以身作则地执行法制礼仪，臣民在下面就不会服从；若臣民不肯遵守法制，不愿为施行君令而殉身，国家就一定会动乱了。所以，有治国之方的君主，施行法令、修订制度，总是先于臣民服从法制，为民树立榜样。

凡论人有要①：矜物之人②，无大士焉。彼矜者，满也③；满者，虚也④。满虚在物，在物为制也⑤。矜者，细之属也⑥。凡论人而远古者⑦，无高士焉。既不知古而易其功者⑧，无智士焉。德行成于身而远古卑人也⑨。事无资遇时而简其业者⑩，愚士也。钓名之人⑪，无贤士焉；钓利之君，无王主焉⑫。贤人之行其身也,忘其有名也;王主之行其道也,忘其成功也。贤人之行,王主之道,其所不能已也⑬。

【注释】

①要:要领,要义。

②矜物:即"矜人"。骄傲于人。矜,矜持,傲慢。物,指公众。

③满:自满。

④虚:虚浮,空虚。

⑤为制:为物所控制。

⑥细之属:渺小之类。

⑦远古:去古,背离古代。一说"远"为"违"之误。

⑧易其功:把建功立业看得很容易。

⑨德行成于身而远古卑人也:此句是说那些虽有品行却"远古"又卑视他人的人,是愚笨的人。

⑩资:资本,凭借。简:怠慢,轻忽。

⑪钓:垂钓,诱取。

⑫王主:成就王业的君主。

⑬不能已:即谓欲罢不能。已,停止,止息。

【译文】

凡是评定人物都要有要领:以骄矜傲慢的态度待人的,不能算是大人物。他骄傲,就是自满;自满,就会虚浮。行事为人自满而又虚浮,有了事情就难免被别人所控制。所以骄矜之人,是属于渺小之类的人。凡是评论人物违背古道的,就不能算是高士。既不懂古道而又轻视古人功业的,就不能算是智士。虽有些德行却违背古道古人又卑视他人的人;还有事业无根底且又不合时宜而轻忽对待事业的人,简省、放弃工作的人,都是愚蠢的人。沽名钓誉骗取身份的人,不能算是贤士;巧夺利益的君主,不能算是行天道、成王业的君主。贤人立身行事,并不一心只想要成名；行天道、成王业的君主，也不只把功利放在心上。贤人行其事，君主行王道，都是欲罢而不能的。

　　明君公国一民以听于世①，忠臣直进以论其能②。明君不以禄爵私所爱③，忠臣不诬能以干爵禄④。君不私国，臣不诬能，行此道者，虽未大治，正民之经也。今以诬能之臣事私国之君，而能济功名者⑤，古今无之。诬能之人易知也。臣度之先王者⑥，舜之有天下也，禹为司空⑦，契为司徒⑧，皋陶为李⑨，后稷为田⑩。此四士者，天下之贤人也，犹尚精一德以事其君⑪。今诬能之人，服事任官，皆兼四贤之能。自此观之，功名之不立，亦易知也。故列尊禄重无以不受也⑫；势利官大无以不从也；以此事君，此所谓诬能篡利之臣者也。世无公国之君，则无直进之士；无论能之主，则无成功之臣。昔者三代之相授也⑬，安得二天下而杀之⑭？

【注释】

①公国：公正之国，即君主以公心治理的国家。一民：统一民心。听于世：即服从天下公意的意思。听，从。

②直进：以直道求进。

③私所爱：私自授予所喜爱的人。

④诬能：冒充有才能。诬，以无为有。意谓假冒、谎称、欺骗。干：求取。

⑤济：成就，成功。

⑥臣：自称。尹注曰：臣，管氏自称。《管子》书中仅此一例有自身称臣的字样。何如璋云："《管子》全书无文内自称臣者。子政校书时有'臣富参书四十一篇'，文殆富参所著，杂入《管》书者。"郭

沫若云:文非管仲固无疑问,然非必即是富参所著耳。"臣"究为何人,尚难定论。度:思量,考虑。

⑦司空:官名。西周始置,春秋战国时沿置,掌管工程。金文作"司工"。

⑧司徒:官名。金文多作"司土"。西周始置,春秋时沿置,掌管国家的土地和人民,官司籍田,负责征发徒役。

⑨皋陶:舜之名臣。李:同"理"。官名,掌管审判治狱的官。本书《小匡》有请立宾胥无为"大司理"。

⑩田:即田正。官名,指主管农事的官员。

⑪精一德:精通一事。

⑫无以不受:没有给予而不接受的。以,与。下句"无以不从"之"以",义同。两句都是说"诬能"之官,不自量力,即是"诬"的表现。

⑬三代之相授:尧舜禹的三代时期,人们是以公心来传授天下大权的。三代,尧、舜、禹的时代,传说为夏商周之前的美好时期。

⑭安得二天下而杀之:怎么还会有像两个天下那样的因夺权而相互杀戮呢? 私心对待权力,即有彼我之分,这就是"二天下"的意思。二,另一个。杀,杀戮,因夺权而起。

【译文】

明君治理下的公正之国,统一民心,听从世人的公意;忠心的臣子可以直道求进以获得才能上的公正评价。圣明的君主不肯把爵位俸禄私自相授给所喜爱的人,忠心的臣子则不愿冒充有才能来猎取爵位俸禄。君主不以私心对待国事,大臣不谎称自己有才能,能按这个准则行事的君臣,国家虽暂时未能实现大治,但已合治理民众的常规正道。如今任用冒充有才能的大臣,事奉以私心对待国事的君主,这样而能成就功业、建立名声的,从古至今都不曾有。谎称自己是有才能的臣子是很容易识破的。我想起了先代圣王的情况,当舜治理天下的时候,任用禹为司空掌管工业生产,任用契为司徒掌管国土田籍,任用皋陶为司理掌管审判治狱,任用后稷为田正掌管农业生产。这四个人都是天下的贤人,他们也只是各自精通一事来服务君主。如今假冒有才能的人供职任官,都是身兼四个贤人的职能。由此看来,不能成就功业、建立名声,也就很容易理解了。所以,位高禄重只要授予就有人敢接受;势大利多的高官职位,只要设立,就有人来追求。这些人供职君主,都是所谓假冒才能、篡夺爵禄的行径。若世上没有以公治国的明君圣主,就没有以直道求进的贤才良士;世上没有能识别贤能的明君圣主,就没有能成就功业的贤能大臣。从前,三代圣王以禅让公开传授天下,哪里会有因视权力为私己之有而相互杀戮的事呢?

贫民伤财,莫大于兵;危国忧主,莫速于兵。此四患者明矣,古今莫之能废也。兵当废而不废,则古今惑也①;此二者不废而欲废之②,则亦惑也。此二者伤国一也③。黄帝唐虞,帝之隆也,资有天下④,制在一人⑤。当此之时也,兵不废。今德不及三帝,天下不顺,而求废兵,不亦难乎? 故明君知所擅,知所患。国治而民务积⑥,此所谓擅也⑦。动与静⑧,此所患也。是故明君审其所擅,以备其所患也。

【注释】

①古今惑:意谓古往今来令人困惑的问题。

②此二者:指废与不废:王念孙则云:"此二者"三字,涉下文"此二者"而衍。

③伤国一也:指废兵与不废兵对国家的危害是一样的。

④资:享用,享有。

⑤制在一人:控制权在一人之手。

⑥民务积：使民众致力于积累。

⑦此所谓擅也：王念孙云："此所谓擅也"，"谓"字后人所加。"所擅""所患"，皆承上文而言，则"擅"上不当有"谓"字。擅，专长，此处为可主动掌握之事的意思。

⑧动与静：变化与静止。此处指客观形势方面的或变或止，非主观可把握，所以需要防备。

【译文】

使百姓贫困且耗费国家财力的，莫过于用兵打仗；使国家倾危且令君主忧心的，也没有比起兵作战来得更快的了。这四种祸患的为害作用是很明显的，是从古至今都没法废除的。道理上打仗当废而不能废，自古至今都是令人困惑的问题。打仗是废还是不废，在这两者之间，不能废而硬要废之，也是一种迷思。废和不废，措施不当，伤害国家是一样的。黄帝、唐尧、虞舜三代圣王的盛世，他们独享有天下，大权操于一人之手。这时，国家的军备兵将都没有废除。现如今，德行还不及上述三代圣帝，天下又不太平，却希求废除军备，这不是太困难了吗？所以，英明的君主知道他该发挥的擅长是什么，也懂得他该忧患的是什么。国家得到治理而民众注重积蓄，这就是他应做的专务之事。外在形势的动静变化，应该是他忧虑的事。因此，圣明的君主总是慎重对待他所专务之事，又充分地防备其所忧虑的事情。

猛毅之君①，不免于外难；懦弱之君，不免于内乱。猛毅之君者轻诛，轻诛之流②，道正者不安③。道正者不安、则材能之臣去亡矣④。彼智者知吾情伪⑤，为敌谋我，则外难自是至矣。故曰：猛毅之君，不免于外难。懦弱之君者重诛⑥，重诛之过，行邪者不革⑦；行邪者久而不革，则群臣比周⑧；群臣比周，则蔽美扬恶⑨；蔽美扬恶，则内乱自是起矣。故曰：懦弱之君,不免于内乱。明君不为亲戚危其社稷,社稷戚于亲^⑩①;不为君欲变其令、令尊于君;不为重宝分其威,威贵于宝;不为爱民亏其法,法爱于民^⑪。

【注释】

①猛毅:指性格凶猛刚毅。如此性格易流于残酷暴虐。

②流:流弊。

③道正者:行正道的人。

④去亡:离国出走。

⑤情伪:真假,虚实。

⑥重诛:难于诛杀。重,慎重。在此有过于慎重、姑息之意。

⑦革:改。

⑧比周:结党营私。

⑨蔽美扬恶:掩盖君主的好处而宣扬君主的坏处。

⑩戚:亲近。

⑪法爱于民:爱法甚于爱民的意思。

【译文】

　　性情凶猛刚毅的君主,免不了造成外患;性格怯懦的君主,免不了造成内乱。严厉残忍的君主轻易就诛杀他人,而轻杀的流弊,就是使德行端正走正道的人感到不安全。走正道的人感到不安,有才能的臣子就要离国逃亡了。这些出逃的智者知道我们的虚实,若为敌国谋取我们,那么外患就从此而生。所以说:凶猛刚毅的君主免不了会造成外患。怯懦的君主诛罚过于慎重流于姑息,姑息的过失,就是使行走邪道的人不思改正;行为邪恶的人长期不思改过,群臣就会勾结朋党、营私舞弊;群臣结党营私,就会隐蔽君主的善举而张扬君主的恶习;隐君善、扬君恶,内乱就会从此发生了。所以说:怯懦的君主,免不了会造成内乱。圣明的君主不会因为至亲而危害他的江山社稷,他知道自己与江山社稷的关系是要亲过那些亲戚的。他不会为君主个人的私欲而改变法令,他知道尊重法令远重于个人私欲;他不会因为贵重的珠宝而让权力威势分散,他知道权力威势远贵于珠宝之物;他不会为爱民而削弱法度,他知道法度比民众更加值得爱惜。

兵法第十七

【题解】

兵法指治兵之法、用兵之道，主要分析用兵的一些方法和原则，这是本篇的核心，故用以篇名。其内容大致可分为以下三部分：首先指出用兵"四祸"，即举兵国贫、战不必胜、胜而多死、得地而败，进而提出避免"四祸"的方法，即"计数得""法度审""教器备利""因其民"；其次，篇中具体说明了治兵的内容，包括号令和训练，要求"三官不缪，五教不乱，九章著明"；第三，详细阐述了出敌不意、掌握主动、一战胜敌的用兵之法及出神入化的用兵之道，并强调了一系列用兵取胜的原则，例如"全胜""一至"的原则主张等。与其他兵法篇章有所不同的是，文中论述了"三官""五教""九章"等方面的事情，保存了当时许多军事知识。与《七法》《幼官》两篇揭示的军事思想大体相近，可互相参阅。

明一者皇，察道者帝，通德者王①，谋得兵胜者霸②。故夫兵，虽非备道至德也，然而所以辅王成霸。今代之用兵者不然，不知兵权者也③。故举兵之日而境内贫④，战不必胜⑤，胜则多死，得地而国败⑥。此四者⑦，用兵之祸者也。四祸其国而无不危矣。

【注释】

①"明一者皇"三句：一，指世间万物生成的根本。帝，成就帝业。
"皇""帝"在成就和名誉上都比"王"高一些。

②谋得：指谋划能成。兵胜：指出兵能胜。

③兵权：用兵的权谋。权，秤锤。引申为权衡得失。

④举兵之日而境内贫：指战争耗费极大。《孙子兵法·用间》言：
"兴师十万……日费千金。"

⑤战不必胜：指出战没有必胜把握。

⑥得地而国败：夺得土地，却损伤了国家元气。

⑦四者：指上文所述战争造成的四种伤害。尹注曰：四者，谓内贫、
不胜、多死、国败也。

【译文】

通晓万物根本、明悉事物自然规律的，可以成就皇业；掌握处世规
律、治国之道的，可以成就帝业；懂得推行德政、以德治国的，可以成就
王业；能够谋划成功、用兵必胜的，可以成就霸业。所以，战争虽然称不
上是什么完备的道、至上的德，却可以辅佐王业、成就霸业。现今用兵
的人却不明白这个道理，他们不懂得用兵是需要权衡轻重得失的事。所
以，一发动起战争就使得国内贫穷，打起仗来没有必胜的把握，打了胜仗
则士兵阵亡过多，夺得了土地却伤了国家元气。这四种情况，都是用兵
打仗的祸患和危害。若这四种祸患来危害国家，国家就没有不危亡的了。

《大度》之书曰①：举兵之日而境内不贫，战而必胜，胜而
不死，得地而国不败，为此四者若何②？举兵之日而境内不
贫者，计数得也③。战而必胜者，法度审也④。胜而不死者，
教器备利⑤，而敌不敢校也⑥。得地而国不败者，因其民
也⑦。因其民，则号制有发也⑧。教器备利，则有制也⑨。法

度审，则有守也⑩。计数得，则有明也⑪。治众有数，胜敌有理。察数而知理⑫，审器而识胜⑬，明理而胜敌⑭。定宗庙⑮，遂男女⑯，官四分⑰，则可以定威德⑱；制法仪，出号令，然后可以一众治民。

【注释】

①《大度》：古代著作名。一说"大度"或为"大弢"之误，大弢为人名。

②四者：指上述不贫、必胜、不死、不败四种情况。

③计数：计划，筹算。此指谋略，如《孙子兵法》之"庙算"。

④审：明悉。引申为战前计划详尽细密之意。

⑤教器备利：即"教备器利"。此指训练有素、兵器锐利。

⑥校：较量，对抗。

⑦因其民：依靠利用被征之地的民众。因，借，借助。

⑧号制：号令。有发：有所遣发。指"因民"而言，即当地民众接受号令、派遣的意思。

⑨有制：有克敌的定制。

⑩有守：有所遵循。指有规章可循。

⑪有明：洞察敌情明确。

⑫知理：知制敌之理。

⑬识胜：知胜败情况。

⑭明理：张佩纶云："明理"当作"明谋"，据《幼官》及《幼官图》均作"明谋"。又《幼官》下有"通德而天下定"句。

⑮定宗庙：使宗庙安定。

⑯遂男女：此处指达到养育男女的目标。遂，本义为完成。

⑰官四分：指职业按士、农、工、商四民分业治事。官，指官能、职事。

⑱定威德：许维通云："威"下夺"行"字……《幼官》作"官四分，则

可以立威行德"。定、立同义。定,确定,树立。

【译文】

《大度》书上说:发动战争而能保持国家不贫穷,与敌国交兵一旦交战就有必胜把握,打了胜仗而士兵没有阵亡,取得了土地而本国不伤败,如何才能做到这四点呢? 发动战争而能保持国内不贫穷,那是因为筹算得当。战而必胜,那是因为军纪法度严明。打了胜仗而士兵没有阵亡,那是因为训练有素和武器精良,使敌人无力抗拒。取得了土地而本国不损伤,那是因为借助了所征服之地的国民。能够借助所征服之地的百姓,以向这些百姓发号施令了。能够做到士兵训练有素、武器装备精良,就有制胜敌军的能力了。能够做到军纪法度严明,军队就有规章可遵循了。能够做到筹算得当,用兵就胸有成竹、有据可依了。筹算得法,是因敌情明确。考察治军的法度,就知其胜敌的原由,考察武器精良的状况就可以了解战胜的道理,明确致胜的原因就可以战胜敌人。能够做到安定宗庙,繁育儿女,使士、农、工、商四民分业治事,就可以树立权威、推行德政;能够做到制定仪法,发布号令,就可以统一百姓、治理好民众了。

兵无主,则不蚤知敌[①]。野无吏[②],则无蓄积[③]。官无常[④],则下怨上。器械不巧[⑤],则朝无定[⑥],赏罚不明,则民轻其产[⑦]。故曰:蚤知敌,则独行;有蓄积,则久而不匮;器械巧,则伐而不费[⑧];赏罚明,则勇士劝也。

【注释】

①蚤:通"早"。及早。

②野:田野,指农田。

③吏:指农事管理者。

④官无常：指官府没有常规。

⑤不巧：不工致，不精良。巧，古与"工"通。

⑥朝无定：朝廷无法获得安定。

⑦产：许维遹云："产"当作"生"。即生产。

⑧费：耗费巨大。

【译文】

军中用兵没有主事者，就不能及早掌握敌情。农田没有官吏管理，国家就不能充实粮食、贮备物资。官府没有常规律法，征赋没有限度，下面的老百姓就会抱怨上面的朝廷。武器装备制造不精良，政权就不稳定；朝廷赏罚不明，民众就不会重视自己的农田生产。所以说：能预先了解及早掌握敌情，用兵才能够所向无敌；拥有充实的粮食和物资贮备，打起仗来才能够持久作战而不匮乏；武器装备精良征伐才不耗费；奖惩、赏罚都分明，才能使勇士得到激励。

三官不缪①，五教不乱，九章著明，则危危而无害②，穷穷而无难。故能致远以数③，纵强以制④。三官：一曰鼓，鼓所以任也⑤，所以起也，所以进也；二曰金⑥，金所以坐也⑦，所以退也，所以免也⑧；三曰旗，旗所以立兵也，所以利兵也⑨，所以偃兵也。此之谓三官。有三令，而兵法治也。五教：一曰教其目以形色之旗⑩，二曰教其身以号令之数⑪，三曰教其足以进退之度，四曰教其手以长短之利⑫，五曰教其心以赏罚之诚⑬。五教各习，而士负以勇矣⑭。九章：一曰举日章，则昼行；二曰举月章，则夜行；三曰举龙章，则行水；四曰举虎章，则行林；五曰举鸟章⑮，则行陂⑯；六曰举蛇章，则行泽；七曰举鹊章，则行陆；八曰举狼章，则行山；九曰举韟章⑰，则载食而驾。九章既定，而动静不过。

【注释】

①缪:错误。

②危危:指极端危险。下文"穷穷"同,指极度困顿的境地。

③致远以数:此谓有办法去到远处。致,通"至"。数,招数,办法。

④纵强以制:追踪强敌从而制之。纵,通"踪"。以,而。

⑤任:鼓舞士气。即《左传》所谓:"一鼓作气"之"作气"。《诗经·
小雅·宾之初筵》:"有壬有林。""壬"训"大"。任、壬古通用。
大,即壮大,故可解作"鼓舞"。

⑥金:指青铜制作的军中乐器。

⑦坐:坐守。

⑧免:退出战斗。

⑨利兵:有利于战斗。

⑩形色之旗:即令旗,发号施令所用。尹注曰:五色之旗,各有所
当,若春尚青、夏尚赤之类。

⑪身:身体。此指身体的行止动作。

⑫长短之利:指长短兵器的作用。尹注曰:长兵短兵,各有所利,远
用长,近用短也。

⑬赏罚之诚:赏罚分明的意思。旗帜代表命令;从令则赏,违令则
罚,因而军旗即代表分明的赏罚。诚,分明,不含糊。

⑭负:倚仗,依赖。即士卒可依战旗而变得勇敢的意思。

⑮鸟章:以鸟为图案的军旗。

⑯陂:山坡。

⑰鞷(gāo):皋,古代神话传说中的一种神兽,又称白泽。此指古代
旗帜名。

【译文】

三官不发生错误,五教不出现混乱,九章彰明显著,这样,就是处于
极度危险的境地也没有祸害,就算处于极度困乏的情况也不会遭遇危

难。因此,能够有办法对付远方,能够追踪强敌并加以克制。所谓三官:第一是鼓,鼓是用来鼓动士气,用来发动进攻,以乘胜进军;第二是金,金是用来命令坐守,用来指挥退兵,以宣布休战;第三是旗,旗是用来发动军队摆开战阵,用来指挥士卒战斗,以指挥停止战役。这就是三官的具体内容。有了这三方面的军令,军纪兵法就能发挥治军作用了。所谓五教:一是教导士兵识别旗帜的不同形色;二是教导战士遵从各种号令;三是教导战士进退法度;四是教导战士变换手中各种长短兵器;五是教导战士心中牢记赏罚必行的军纪。这五项教导内容全都熟练了,士卒们就可据此奋勇作战、所向无敌了。有所谓九种旗帜:第一是举绘有太阳的日章之旗,指示的是白天行军;第二是举绘有月亮的月章之旗,指示的是夜里行军;第三是举绘有龙纹的龙章之旗,指示的是取水道行军;第四是举绘有虎纹的虎章之旗,指示的是傍密林行军;第五是举绘有鸟形图案的鸟章之旗,指示的是在丘陵坡地行军;第六是举绘有蛇纹的蛇章之旗,指示的是在沼泽地行军;第七是举绘有鹊鸟图案的鹊章之旗,指示的是陆地行军;第八是举绘有狼图案的狼章之旗,指示的是山中行军;第九是举白色的韠章之旗,指示的是载上食物驾车而行。这九种旗帜的标志内容为士卒熟悉,军队全部的动静或步调就不会出现过失,从而没有举止越轨。

　　三官、五教、九章,始乎无端①,卒乎无穷②。始乎无端者,道也③;卒乎无穷者,德也④。道不可量,德不可数也⑤。故不可量,则众强不能图;不可数,则伪诈不敢向。两者备施,则动静有功。径乎不知⑥,发乎不意。径乎不知,故莫之能御也;发乎不意,故莫之能应也。故全胜而无害⑦。因便而教,准利而行。教无常⑧,行无常⑨,两者备施,动乃有功。

【注释】

①始乎无端:发生时找不到开端。

②穷:尽头,穷尽。

③道:事物的本源。此处强调"三官""五教""九章"等作用。故将其推到"道"的高度。下面的"德"也是推高之言。

④德:意谓具体事物从"道"所得的特殊规律或特殊性质。本书《心术上》:"德者道之舍。"

⑤数:计算,计数。

⑥径:经,行。即上述"三官"等可使军队行动神秘而迅速,无人可知。

⑦故全胜而无害:《幼官》作"莫之能应,故全胜而无害;莫之能害,故必胜而无敌"。

⑧教无常:教导训练没有一成不变的常法可依循。

⑨行无常:行军作战没有固定不变的常规可依循。

【译文】

运用这三官、五教和九章,运用起来不见其开端,不见结尾。看不见其开端,就好比是"道";看不见结尾,就好比是"德"。因为,道是无法量度的,德是不可测算的。因为是无法量度的,即使是众敌强大也无法图谋我军;因为是不可测算的,即使是敌军作伪使诈,也不敢贸然接近、抗击我军。两者兼而施之,无论发兵或收兵都能收到成效。行动时人无法预知,进行时出其不意。乘人不知,敌军就没法防御;进出其不意,敌军就没法应付,不能对抗。所以我军能够夺取完全的胜利而无所伤害。趁着便利而指挥军队,本着有利的原则指挥行动。因此,不拘常规教令军队,行动也不拘于刻板的套子,两者兼而施之,只要出动军队就能取得成效。

　　器成教施,追亡逐遁若飘风,击刺若雷电。绝地不守①,恃固不拔②,中处而无敌③,令行而不留。器成教施,散之无方④,聚之不可计。教器备利,进退若雷电,而无所疑匮⑤。一气专定⑥,则傍通而不疑⑦;厉士利械,则涉难而不匮。进无所疑,退无所匮,敌乃为用⑧。凌山坑⑨,不待钩梯;历水谷⑩,不须舟辑。径于绝地,攻于恃固,独出独入而莫之能止。宝不独入,故莫之能止⑪;宝不独见⑫,故莫之能敛⑬。无名之至,尽尽而不意⑭,故不能疑神⑮。

【注释】

①绝地不守:此句是说不利的地形地点不去防守。绝地,令人陷入绝境的地点。

②恃固不拔:依靠坚固的地形可以做到永不失守。拔,拔除。即失守的意思。一说"拔"乃"枝"之形误。"枝""支"同用,古籍习见。支,犹"拒"也。

③中处:即"处中"。指可以采取不偏不倚的战略战术。中,中道而行的意思。

④无方:无定向,令人不知所向。

⑤疑匮:停滞。疑,止。《仪礼·乡射礼》:"宾升西阶上疑立。"注:"疑,上也。"匮,借为"馈"。《说文》:"馈,中止也。"

⑥一气专定:凝气定神的意思。

⑦不疑:不凝,不滞塞。疑,与"凝"古可通用。

⑧敌乃为用:敌人为我所用。

⑨坑:堑壕之类的深坑。

⑩历:绕远至水浅处渡过水流。

⑪宝不独入,故莫之能止:意为不完全斩获敌人,则不停止战争。宝,俘,俘获。在此指俘获的人和物。《左传·庄公六年》:"齐人来归卫宝。"《公羊传》作"卫俘",可知宝、浮两字古可通用。

⑫见:现,献出。

⑬敛:收束。在此为结束的意思。

⑭无名之至,尽尽而不意:此两句紧连上文,指用兵所达到的出神
　入化的境界。无名之至,神秘莫测到极点。尽尽而不意,谓达于
　极限而难以意料。

⑮不:郭沫若云:"不"字读为"丕"。丕,语助词。疑神:谓如神。
　疑,通"拟"。比拟。

【译文】

　　军器装备完好,训练有素,追逐起逃兵遁卒就能像飘风一样迅速,
击杀起敌军就可像迅雷闪电一样勇猛激烈。孤绝之地不做无谓防守,
依恃险固可做到坚守不拔,对策适中无人能敌,军令通行无所滞碍。军
器完备,训练有素,分兵而战则莫测所向,聚兵合击不能测度。在训练
充分、武器良好的条件下,进兵退兵都会像迅雷闪电一样所向披靡,行
动没有滞碍。能做到专心一意,则四面出击都能随机应变无所阻碍;能
做到斗志昂扬、强兵利器,则遇难临危都能坚如磐石斗志不竭。进军没
有阻碍,退军志不衰,敌人军队就会为我所用。这样一来,过沟堑可以
不用钩梯;经河谷可以不用船只;可以通行孤绝险峻之地,可以攻克险
固的守敌;独出独入谁也不能阻挡。俘获不完全,谁也不能令我停止战
役;俘获不全得,谁也不能使我结束征伐。这种用兵方法神秘莫测难以
名状,其妙至极难以意料,所以,能如神变化。

　　畜之以道,则民和;养之以德,则民合。和合故能谐,谐
故能辑,谐辑以悉,莫之能伤①。定一至②,行二要③,纵三
权④,施四教,发五机⑤,设六行⑥,论七数⑦,守八应⑧,审九
器⑨,章十号⑩,故能全胜大胜。

【注释】

①"和合故能谐"四句：以上数句略同《幼官》"西方副图"。谐辑，行动协调。辑，和。

②定一至：本篇下文有"破大胜强，一之至也"，疑此"一至"指"破大胜强"言。又郭沫若云："定一至"当即上所谓"无名之至"。以下"二要""三权"等，因文章本身没有具体述说，注者说法纷纭，此处只择善而从。

③二要：郭沫若云："二要"上文所谓"因便而教，准利而行，教无常，行无常。"疑二要即指"教无常"与"行无常"。

④纵三权：本篇上文有"三官"，指金、鼓、旗。疑三权即总揽此三官之权而言。

⑤施四教，发五机：张佩纶云："四教""五机"当作"四机""五教"。"四机"见《幼官》，"五教"见本篇。四机，即"敌情、敌将、敌政、敌士"，原文是："必明其一，必明其将，必明其政，必明其士"（见《幼官》）。"五教"，即本篇上文之所谓教其目、耳、足、手、心五者。

⑥六行：疑指本书《七法》"选陈"中六种行军作战之法：风雨之行、飞鸟之举、雷电之战、水旱之功、金城之守、一体之治。疑"设六行"即筹划这六种行军作战之法。

⑦七数：疑指本书《七法》中：则、象、法、化、决塞、心术、计数七项治军的原则，此处"论七数"（数，通"术"）意指讲求七法。

⑧八应：本书《七法》"为兵之数"一节中记有："故兵未出境而无敌者八"，具体内容为"聚财、论工、制器、选士、政教、服习、遍知天下、审御机数"，疑指此八项治军的具体方法。

⑨九器：张佩纶云："九器"当作"九章"，见本篇。"器"乃眘（慎）之误。"动慎十号"见《幼官》。九章，即本篇上文之九种旗章：日、月、龙、虎、鸟、蛇、鹊、狼及韐章等。

⑩十号：当指十种号令而言。本书《幼官》亦有"动慎十号"之语，但

具体内容如何，尚难考定。

【译文】

以道治民，民就和谐；养民注重德政，百姓就团结一致，行动起来就能充分得到协调，行动协调就能保持平和安定，若全军上下全都行动协调，那就谁也不能伤害我们了。治军理应坚定保持一至，推行实施二要，总揽治理三权，掌握实施四机，熟悉发挥五教，灵活筹划六行，认真讲求七数，坚持保守八应，审慎彰明九章，严谨辨明十号。这样，我军就能获得全面而重大的胜利。

无守也，故能守胜①。数战则士罢②，数胜则君骄，夫以骄君使罢民，则国安得无危？故至善不战③，其次一之④。破大胜强⑤，一之至也。乱之不以变⑥，乘之不以诡，胜之不以诈，一之实也。近则用实，远则施号⑦；力不可量，强不可度，气不可极⑧，德不可测，一之原也。众若时雨，寡若飘风，一之终也。

【注释】

①无守也，故能守胜：不是处处都守，所以能集中力量守那些可借以取获的要地。此句之上，或有阙文，张佩纶云："大胜"下有阙文，以《幼官》及此互补当作"无不胜也，故能大胜。无不守也，故能守胜"。

②罢(pí)：疲劳。

③不战：指凭借德、威不战而胜。《孙子兵法·谋攻》："不战而屈人之兵，善之善者也。"

④一之：指一战而胜、一战而定大局。

⑤破大胜强：攻破大国，战胜强敌。

⑥变：明显的变更手段。

⑦施号：指凭借号令的威慑力量。

⑧极：终点。即穷究、知根底的意思。

【译文】

并非处处防守，所以能守住取胜之地。频繁出兵作战则使士兵疲惫，多次得胜君主会骄傲，以骄傲的君主来驱使疲惫的士兵去作战，国家又怎么能没有危险呢？所以，最好、最理想的用兵方法，是不战而胜，其次是一战而成必胜的定局。攻破大国，战胜强敌，这是一战而成必胜定局的典范。扰乱敌军，不用权变阴谋，居敌上风而不使用诡计，战胜敌军不使用欺诈，这就是一战而成必胜定局的果实。对待近邻的敌军使用实力去征讨，对待远国的敌军采用号令去威慑；力量不可计算，强盛不可揣度，士气高昂永不枯竭，德威广被无法估量，这是一战而成必胜定局的力量源泉。兵力众多时攻击像时雨一样密集，兵力少时像飘风一样迅疾，这是一战而成必胜定局的最完美的表现。

利适，器之至也①；用适，教之尽也②。不能致器者③，不能利适；不能尽教者，不能用敌。不能用敌者穷④，不能致器者困。远用兵⑤，则可以必胜。出入异途⑥，则伤其敌。深入危之，则士自修⑦；士自修，则同心同力。善者之为兵也，使敌若据虚⑧，若搏景⑨。无设无形焉⑩，无不可以成也。无形无为焉⑪，无不可以化也，此之谓道矣。若亡而存，若后而先，威不足以命之⑫。

【注释】

①利适：兵刃锋利，无不适用。

②教之尽：指教导尽善，训练有素。

③致器：指使兵器完善好用。致，精致。

④用敌：即胜敌。穷：穷途。指被动。

⑤远用兵：张文虎云："远"疑当作"速"，所谓兵贵神速。

⑥出入异途：令敌军出入路途不一，从而对其造成伤害。

⑦自修：自奋，自加努力。因深入危险之地，士卒不自奋便无生路。

⑧据：盘踞，居处。

⑨搏景：指与身影相搏斗的荒唐之举。景，同"影"。

⑩无设：不见实施的手法。无形：无形迹，不可把握。

⑪无为：郭沫若云："为"字当为"像"。无为，指没有形像。

⑫威不足以命之：郭沫若云：兵以威言，言如此用兵，"威"犹不足以命之。命，同"名"。说明，形容。

【译文】

无处不锋利适用，是器物精致到极点的表现，无事不可驱使，是教化民众彻底的表现。不能使武器装备最精锐，便不能随意使用；不能彻底教化民众；便不能很好地迫使敌人为我所用。不能制服敌人的就会艰危；不能使武器装备最精良就会陷入困窘之境。用兵神速，可以取得最终的胜利。迫使敌人出入走不同的路线，可以有效伤敌。深入敌境之内，面临死亡危险，士卒就会人人自奋，协力抗敌。善于用兵的人能使敌人如同在虚空的地方据守，就像在同影子搏斗。没有任何设计的踪影，不见任何行动的形迹，就没有不获胜的；无外形可见，无动作可察，就没有什么不可被改变的；这就是所谓的道。好像无，又似有，好像在后面而实则在前头，如此用兵，是"威"字不足以形容其奥妙的。

卷第七

大匡第十八

【题解】

　　大匡，即辅佐君主处理国家大事。该篇主要以公子小白出奔——即位——称霸为线索结构全篇，体现了管仲辅佐齐桓公称霸的杰出政治才能。开篇管仲劝说鲍叔辅佐小白，其从国家大义出发的君臣观在此已展露一隅。公子纠死后管仲辅佐桓公助齐国称霸，其独到的君臣观再度深化，向普遍存在的效死奉忠的观念提出了挑战。桓公即位，从放荡骄躁到收敛沉稳，在其性情的转变过程中，也见出了管仲的匡君之道。不论是在赋税征收、举荐人才、民生教化等内政方面，还是在送往迎来、会盟征伐等外交方面，都全方位地展现出了管仲治国理政的智慧，如攘外必先安内、厚往薄来、知人善用、不与民争利等思想都见于文中。此篇之外，记录管仲辅佐齐桓公事迹的，还有后面《中匡》《小匡》两篇，而《大匡》最全面。

　　齐僖公生公子诸儿、公子纠、公子小白①。使鲍叔傅小白②，鲍叔辞，称疾不出。管仲与召忽往见之③，曰："何故不出？"鲍叔曰："先人有言曰：'知子莫若父，知臣莫若君。'今君知臣之不肖也，是以使贱臣傅小白也，贱臣知弃矣④。"召忽曰："子固辞无出⑤，吾权任子以死亡⑥，必免子。"鲍叔曰："子如是,何不免之有乎⑦?"管仲曰:"不可。持社稷宗庙者⑧,不让事⑨,不广闲⑩。将有国者,未可知也。子其出乎!"召忽曰:"不可。吾三人者之于齐国也,譬之犹鼎之有足也,去一焉则必不立矣⑪。吾观小白必不为后矣⑫。"管仲曰:"不然也。夫国人憎恶纠之母,以及纠之身,而怜小白之无母也。诸儿长而贱,事未可知也。夫所以定齐国者,非此二公子者,将无已也⑬。小白之为人,无小智,惕而有大虑⑭。非夷吾莫容小白,天不幸降祸加殃于齐,纠虽得立,事将不济。非子定社稷,其将谁也?"召忽曰:"百岁之后,吾君卜世⑮,犯吾君命而废吾所立,夺吾纠也,虽得天下,吾不生也,兄与我齐国之政也⑯?受君令而不改,奉所立而不济⑰,是吾义也。"管仲曰:"夷吾之为君臣也,将承君命,奉社稷以持宗庙,岂死一纠哉!夷吾之所死者,社稷破,宗庙灭,祭祀绝,则夷吾死之。非此三者,则夷吾生。夷吾生则齐国利,夷吾死则齐国不利。"鲍叔曰:"然则奈何?"管子曰:"子出奉令则可。"鲍叔许诺,乃出奉令,遂傅小白。

【注释】

①齐僖公:东周初期齐国君主。诸儿:即齐襄公,与公子纠、小白为兄弟。公子纠:春秋早期齐国公子,因与齐桓公小白争君位而丧命。纠,《左传》等作"纠"。小白:齐桓公之名,春秋五霸之一,在位四十余年。

②鲍叔:即鲍叔牙,曾辅佐公子小白,后又推荐管仲任齐国相。《史记》有传。傅:辅佐,辅弼。

③管仲:即管子,春秋早期政治家,辅佐齐桓公尊王攘夷、仁执天

下。其事主要见于《国语》《左传》和《史记》。《论语》中孔子曾以"如其仁"称赞他。召忽：春秋早期人，与管仲同时辅佐公子纠，公子纠丧命，召忽也随之而死。

④弃：厌弃，嫌弃。

⑤固：执意，坚决地。

⑥吾权任子以死亡：我且以死进谏来保你。即在鲍叔拒绝君主任命时，召忽将冒死保护鲍叔。权，姑且，暂且。任，保。

⑦何不免之有乎：即"有何不免乎"。

⑧持：主持，掌管。

⑨让事：推让政事，指辞傅。让，通"攘"。排斥。

⑩广闲：指称疾。广，通"旷"。空闲，安适。

⑪去一焉则必不立矣：言三人辅政，缺一不可。

⑫为后：即继任君主。

⑬已：同"以"。用。

⑭惕：即"惕"。通"荡"。放荡，放得开。

⑮卜世：即指立新君。君主在位期毕为一世，国家册立君主，每一世都要占卜。

⑯兄：有两说，一则训"兄"为"况"。二则认为召忽称管仲为兄。

⑰济：沮丧。《方言》："济，忧也。"郭璞注："失意潜沮之名。"

【译文】

齐僖公生有公子诸儿、公子纠和公子小白。齐僖公委任鲍叔辅佐公子小白，鲍叔推辞不受，称病不出。管仲和召忽去看望他，问："为什么不出来任职呢？"鲍叔说："先人有句话说：'没有人能比父亲更了解自己的孩子，没有人能比君上更了解自己的臣下。'如今君上深知我无才无能，所以派我辅佐小白，我自知已被君上厌弃了。"召忽说："既然你执意辞却，就不要出来，我且去劝说君主改主意，以死来保你，君上一定会免去你的新任命。"鲍叔说："你如果这样做，君上哪里会不答应免我的新任命呢?"管仲说:"不可以。主持国家社稷宗庙大事,不能推让政务,不能安闲自适。将来谁继位,还不知道呢。你还是出来任职吧!"召忽说:"不可以。我们三人对齐国而言,就如同一鼎有三足,去掉一足就立不住了。依我看来公子小白必定不能继承大统。"管仲说:"不对。全国的人都讨厌公子纠的母亲,进而也厌恶公子纠本人,却同情公子小白没有母亲。公子诸儿年长却卑贱,前途渺茫。能安定齐国社稷的,若不是这两位公子,其他的就无所可用了。公子小白的品性为人,没有小聪明,放荡不羁却胸怀远虑。除了我没有人能使小白存容于世,不幸上天降祸老君主死,公子纠即使继位了,也无济于事。如果没有你来安定社稷,还能有谁呢?"召忽说:"君上百年之后立新君,如果违犯君命废黜了我拥立的人,夺走了公子纠的君位,即使他赢得了天下,我也不苟活,何况委任我齐国的政务呢。接受了军令就不会改变,受命辅佐我所立之人,即使未能即位也不会沮丧,这是我所秉承的大义。"管仲说:"我做君上的臣子,就听受君上的命令,主持掌管国家政务,怎会为了一个公子纠而送死? 值得我为之牺牲的是社稷,社稷破败,宗庙毁坏,祭祀断绝,我会为此而死。如果不是这三项,那我还会活着。我活着对齐国有利,我死了对齐国不利。"鲍叔说:"那我该怎么办呢?"管子说:"你出来接受任命就可以了。"鲍叔答应了,于是出来受命,辅佐公子小白。

鲍叔谓管仲曰:"何行?"管仲曰:"为人臣者,不尽力于君,则不亲信。不亲信,则言不听。言不听,则社稷不定。夫事君者无二心。"鲍叔许诺。

僖公之母弟夷仲年生公孙无知[①],有宠于僖公,衣服礼秩如适[②]。僖公卒,以诸儿长得为君,是为襄公。襄公立后,绌无知[③]。无知怒。公令连称、管至父戍葵丘[④],曰:"瓜时而往[⑤],及瓜时而来[⑥]。"期戍,公问不至[⑦],请代不许,故二人因公孙无知以作乱。

鲁桓公夫人文姜，齐女也。公将如齐⑧，与夫人皆行⑨。申俞谏曰⑩：“不可。女有家，男有室，无相渎也⑪，谓之有礼。”公不听，遂以文姜会齐侯于泺⑫。文姜通于齐侯⑬，桓公闻，责文姜。文姜告齐侯，齐侯怒，飨公，使公子彭生乘鲁侯，胁之⑭，公薨于车。竖曼曰⑮：“贤者死忠以振疑⑯，百姓寓焉。智者究理而长虑，身得免焉。今彭生二于君⑰，无尽言而谀行，以戏我君，使我君失亲戚之礼命⑱。又力成吾君之祸，以构二国之怨，彭生其得免乎，祸理属焉⑲！夫君以怒遂祸，不畏恶，亲闻容昏，生无丑也。岂及彭生而能止之哉！鲁若有诛，必以彭生为说⑳。”

二月，鲁人告齐曰：“寡君畏君之威，不敢宁居，来修旧好，礼成而不反，无所归死㉑，请以彭生除之㉒。”齐人为杀彭生，以谢于鲁。

五月㉓，襄公田于贝丘㉔，见豕彘㉕。从者曰：“公子彭生也。”公怒曰：“公子彭生安敢见！”射之，豕人立而啼。公惧，坠于车下，伤足亡屦。反，诛屦于徒人费㉖，不得也，鞭之见血。费走而出，遇贼于门，胁而束之。费袒而示之背，贼信之，使费先入，伏公而出㉗，斗死于门中。石之纷如死于阶下。孟阳代君寝于床，贼杀之，曰：“非君也，不类。”见公之足于户下，遂杀公，而立公孙无知也。

【注释】

①弟：同一母亲所生兄弟。古代贵族一夫多妻，故重同母所生。夷仲年：人名。其人亦见《左传》，其他事迹不详。

②适:同"嫡"。

③绌:通"黜"。贬斥。罢消。无知:人名。曾发动叛乱,杀死齐襄公诸儿,旋即被杀。

④管至父:齐襄公两位大臣,因不满齐襄公而叛乱。葵丘:齐国之葵丘,在今山东淄博。此葵丘与齐桓公"葵丘之合"之葵丘,非一地。

⑤瓜时:瓜熟时。下一个"瓜时",表一周年后的同一时间。

⑥来:回来。

⑦问:体恤慰问。

⑧公:指鲁桓公,文姜之夫,鲁庄公之父,在位十八年。

⑨皆:偕,一起。

⑩申俞:鲁大夫,《左传》作申繻(xū rú)。

⑪渎:轻慢,不敬。

⑫泺(luò):地名,今山东济南西北之洛口。

⑬通:通奸。齐君兄妹有此等事,或与齐地远古风俗遗留有关。

⑭胁:折断肋骨。

⑮竖曼:人名,齐国大臣。《春秋事语》记此事作"医宁"。

⑯振:通"抌(zhèn)"。擦拭。

⑰二:为"贰"之误。

⑱礼命:合乎身份的礼法。

⑲彭生其得免乎,祸理属焉:意思是彭生必受祸。属,属于。

⑳"夫君以怒遂祸"七句:亲,指鲁。《春秋事语》记此段文字,此处作"君以怒遂祸,不畏恶也。亲间容昏,生□无匿(慝)也……"此处文字标点,即以此为据。亲闻,即"亲间"。亲戚关系破裂。容昏,容纳了昏乱之事。生无丑,即从未有过的坏事。丑,同类为丑。诛,追究责任。

㉑无所归死:鲁桓公之死的原由无所归处。

㉒除之:除去彭生。

㉓五月:《左传》论齐襄公之死,在鲁庄公八年(前 686),即桓公死后第八年,据此,此"五月"与上文"二月"非同年。

㉔贝丘:《史记·齐世家》作"沛丘",在今山东博兴南。

㉕豕彘:野猪。一说"彘"为衍文。

㉖徒人费:人名,《史记·齐世家》言其为齐襄"主履者",即君主管理鞋子的近侍。故学者认为"徒人"当作"侍人",即寺人,表其职事,"费"为其名。下文石之纷如、孟阳,应都是齐襄公的近侍之臣。

㉗伏:藏起来。

【译文】

鲍叔对管仲说:"我该怎么做?"管仲说:"做臣子的,对待君上不尽心竭力,就不会得到信赖。得不到信赖,就不会听取你的意见。不理睬你的进言,社稷就不会安定。为君王做事不能有二心。"鲍叔答应了。

齐僖公一母同胞的弟弟夷仲年生有公孙无知,颇得僖公宠爱,衣着及各方面的待遇等同于嫡子。僖公死后,公子诸儿因为年长得以继位,这就是齐襄公。襄公即位后,废除了公孙无知的特殊优待,无知很恼怒。僖公命令连称、管至父戍守葵丘,说:"你们瓜熟的时候去,等到下次瓜熟就回来。"戍守期限满一年了,还没有收到僖公的恤问;请求派人来接替,没被允准,因此两人投靠公孙无知来发动叛乱。

鲁桓公的夫人文姜是齐侯之女。桓公要和夫人同行去齐国。申俞进谏说:"不可以。女有夫家,男有妻室,这样的规矩不可以轻慢,这才符合礼法的要求。"桓公不听,就同文姜在泺会见了齐襄公。文姜与齐侯私通,桓公得知后,斥责了文姜。文姜告知了齐侯,齐侯很生气,宴请桓公,派公子彭生扶桓公上车,公子彭生弄断了桓公肋骨,桓公死于车中。竖曼说:"贤能的人尽死奉忠去除疑惑,百姓才会托命于这样的人。明智的人穷究物理以长远为虑,自身就得以免于祸乱。今公子彭生是您的辅助大臣,没有尽忠献言反而阿谀奉迎来戏弄您,使得您在亲戚礼数上有缺失。又着力造成了您的祸事，导致齐鲁两国生怨，公子彭生难辞其咎，是罪魁祸首！您因一时之怒而造成祸事，没有顾及恶事发生，致使亲戚关系破裂，昏乱难堪，没有再比这更糟的事了。这件事哪是用一个彭生就能了事的！可是，鲁国如果来问责，还是得要推到公子彭生身上。"

二月，鲁人告知齐国说："我们君上敬畏您的威仪，不敢在家安居，来重修旧好，完成了外交之礼却没有返回鲁国，在事情明了之前，请不要将我君上的尸体归葬鲁国，请杀掉公子彭生。"齐人就杀了公子彭生来向鲁国谢罪。

五月，齐襄公在贝丘田猎，看到一头野猪。随从说："是公子彭生。"襄公生气地说："公子彭生怎么敢来见我！"向它射箭，野猪像人一样站立起来哭泣。襄公很害怕，摔到了车下，脚受伤了，又弄丢了鞋子。回来见鞋子丢了，就追究一个叫费的责任。费找不到鞋子，就用鞭子把费打出了血。费跑出来，在大门口遇到了叛贼，被挟持捆绑起来。费脱下衣服让他们看被鞭打的后背，叛贼相信了他，让费先进去。费把襄公藏好出来，与叛贼搏斗死在门内。石之纷如也死在阶下。孟阳假冒襄公在床上睡觉，叛贼就把他杀了。叛臣觉得不对劲，说："不是齐侯，不像。"在窗户下发现了襄公的脚，于是杀了襄公，拥立公孙无知为君。

鲍叔牙奉公子小白奔莒①，管夷吾、召忽奉公子纠奔鲁②。九年③，公孙无知虐于雍廪④，雍廪杀无知也。桓公自莒先入，鲁人伐齐，纳公子纠，战于乾时⑤，管仲射桓公中钩。鲁师败绩③。桓公践位，于是劫鲁⑥，使鲁杀公子纠。

【注释】

①莒：地名，在今山东莒县。

②奉：侍候，侍奉。

③九年：鲁庄公九年，齐襄公十二年（齐桓公元年），即公元前
　685 年。

④雍廪：人名，齐国大夫。据《史记·齐世家》，则为地名。

⑤乾(gān)时：河流名，在齐国境内，其支流时而干涸，故名。此战
　具体地点在齐都临淄不远处。

⑥劫：兴兵威胁。

【译文】

　　鲍叔牙侍奉公子小白逃奔莒地，管夷吾和召忽侍奉公子纠逃奔鲁
国。鲁庄公九年，公孙无知残害雍廪，雍廪杀了公孙无知。齐桓公从莒
邑率先回到齐国，鲁人讨伐齐国，要迎立公子纠为君，齐鲁在乾时交战，
管仲向桓公射箭射中了他的衣带钩。鲁国军队战败。齐桓公即位，兴
兵威胁鲁国，让鲁国杀死了公子纠。

　　桓公问于鲍叔曰："将何以定社稷？"鲍叔曰："得管仲与
召忽，则社稷定矣。"公曰："夷吾与召忽，吾贼也。"鲍叔乃告
公其故图①。公曰："然则可得乎？"鲍叔曰："若亟召则可得
也②。不亟，不可得也。夫鲁施伯知夷吾为人之有慧也③，其
谋必将令鲁致政于夷吾。夷吾受之，则彼知能弱齐矣。夷
吾不受，彼知其将反于齐也，必将杀之。"公曰："然则夷吾将
受鲁之政乎，其否也？"鲍叔对曰："不受。夫夷吾之不死纠
也，为欲定齐国之社稷也。今受鲁之政，是弱齐也。夷吾之
事君无二心，虽知死，必不受也。"公曰："其于我也曾若是
乎？"鲍叔对曰："非为君也，为先君也。其于君不如亲纠也，
纠之不死④，而况君乎！君若欲定齐之社稷，则亟迎之。"公
曰："恐不及，奈何？"鲍叔曰："夫施伯之为人也，敏而多畏。
公若先反，恐注怨焉，必不杀也。"公曰："诺。"

　　施伯进对鲁君曰:"管仲有急,其事不济。今在鲁,君其致鲁之政焉。若受之,则齐可弱也。若不受,则杀之;杀之以说于齐也。与同怒,尚贤于已。"君曰:"诺。"鲁未及致政,而齐之使至,曰:"夷吾与召忽也,寡人之贼也。今在鲁,寡人愿生得之。若不得也,是君与寡人贼比也。"鲁君问施伯,施伯曰:"君与之。臣闻齐君惕而亟骄⑤,虽得贤,庸必能用之乎⑥?及齐君之能用之也,管子之事济也。夫管仲,天下之大圣也。今彼反齐,天下皆乡之,岂独鲁乎!今若杀之,此鲍叔之友也,鲍叔因此以作难,君必不能待也⑦,不如与之。"鲁君乃遂束缚管仲与召忽。

　　管仲谓召忽曰:"子惧乎?"召忽曰:"何惧乎?吾不蚤死,将胥有所定也⑧。今既定矣,令子相齐之左⑨,必令召忽相齐之右。虽然,杀君而用吾身,是再辱我也。子为生臣,忽为死臣。忽也知得万乘之政而死,公子纠可谓有死臣矣。子生而霸诸侯,公子纠可谓有生臣矣。死者成行,生者成名。名不两立,行不虚至。子其勉之,死生有分矣。"乃行,入齐境,自刎而死,管仲遂入。君子闻之曰:"召忽之死也,贤其生也。管仲之生也,贤其死也⑩。"

【注释】

①故图:过去曾有的谋划。图,谋。指上文管仲劝鲍叔佐小白所言。

②亟(jí):急切,赶紧。

③施伯:鲁国大夫,其事主要为劝鲁庄公杀管仲。此事亦见《国语·齐语》等。

④纠之不死:即不为公子纠而去死。

⑤亟骄：屡骄。在此有容易骄傲的意思。

⑥庸：怎能。

⑦待：御，抵挡。

⑧胥：待，等待机会。

⑨左：齐国承继殷商旧俗以左为上。

⑩"君子闻之曰"五句：此为当时士大夫的舆论。

【译文】

齐桓公问鲍叔："怎样做才能安定社稷？"鲍叔说："得到管仲和召忽，社稷就能安稳了。"桓公说："管仲和召忽，是我的仇人。"鲍叔于是把过去管仲劝其出仕的言论想法诉了桓公。桓公说："那能得到他们吗？"鲍叔说："如果立即召回就可以得到。迟了就得不到了。鲁国的施伯了解管仲为人有大智慧，他一定谋划让鲁国把国政交予管仲。管仲接受了鲁国的任命，鲁国就能削弱齐国了。管仲不接受鲁国的任命，鲁国知道了他要返回齐国，就一定会杀了他。"桓公说："那管仲会接受鲁国的政命，还是不接受呢？"鲍叔回答说："不接受。管仲不为公子纠而死，是为了安定齐国的社稷。现在接受鲁国政务，这会削弱齐国。管仲侍奉君上没有二心，即使知道会死，也一定不会接受。"桓公说："他为了我也可以这样做吗？"鲍叔说："不是为您，而是为先君。他对您不如对公子纠更亲近，公子纠尚且不能让他赴死，更何况是您呢！君上您如果想安定齐国社稷，就赶快接他回来。"桓公说："我怕来不及，怎么办？"鲍叔说："施伯的为人思想敏锐却畏首畏尾。您如果先将管仲召返，施伯会担心与齐国结怨，一定不会杀管仲。"桓公说："好。"

施伯对鲁君进谏："管仲有急难之事，辅佐公子纠与公子小白争位却没有成功。现在他在鲁国，您还是把鲁国的政务交给他吧。如果他接受了，那么齐国的势力就可以削弱。如果不接受，就杀了他；杀了他可以取悦齐国新君。因为这表现出与齐国同怒的姿态，要好于不杀他。"鲁君说："好。"鲁国还没来得及把政务委派给管仲，齐国的使臣到了,说:"管仲和召忽是我的仇人。他们现在鲁国,我想要得到两个活口。如果得不到,那么您就是与我的仇人为伍。"鲁君询问施伯,施伯说:"您给他吧。我听说齐君放荡而容易骄傲,即使得到贤才,怎可能一定妥善任用呢?等到齐君起用了他,管仲的事功就达成了。管仲是天下极为圣贤的人。如今他返回齐国,天下都因得益而顺应他,岂止咱们鲁国!现在如果杀了他,他是鲍叔的挚友,鲍叔会借此闹事,您一定招架不住,不如交给齐国。"鲁君于是把管仲和召忽捆绑起来遣返。

管仲对召忽说:"你害怕吗?"召忽说:"有什么可怕的?我没有早死,是要等着齐国能被安定,现在齐国政局已经安定了,任命你当齐国的左相,一定会任命我当齐国的右相。即使这样,杀了我所辅佐的公子纠,而要任用我,这是又一次侮辱我。你是生臣,我是死臣。我知道了会接管万乘之国的政务而去死,公子纠可以说是有死臣了。你活着让齐国称霸诸侯,公子纠就可以说是有生臣了。死臣成就德行,生臣成就功名。声名不能两边保全,德行仅靠虚张声势不能达成。你好好努力吧,生臣死臣有别了。"于是上路。召忽进入齐国地界,刎颈自杀,管仲回到了齐国。君子听说这件事说:"召忽自杀,比他活着要好。管仲活着,比他死了好。"

或曰[①]:明年襄公逐小白[②],小白走莒。三年,襄公薨,公子纠践位,国人召小白。鲍叔曰:"胡不行矣?"小白曰:"不可。夫管仲知,召忽强武,虽国人召我,我犹不得入也。"鲍叔曰:"管仲得行其知于国,国可谓乱乎?召忽强武,岂能独图我哉?"小白曰:"夫虽不得行其知,岂且不有焉乎[③]?召忽虽不得众,其及岂不足以图我哉[④]?"鲍叔对曰:"夫国之乱也,智人不得作内事,朋友不能相合摎[⑤],而国乃可图也。"乃命车驾,鲍叔御,小白乘而出于莒。

小白曰："夫二人者奉君令，吾不可以试也⑥。"乃将下。鲍叔履其足曰："事之济也在此时，事若不济，老臣死之，公子犹之免也⑦。"乃行，至于邑郊，鲍叔令车二十乘先，十乘后。鲍叔乃告小白曰："夫国之疑二三子，莫忍老臣⑧，事之未济也，老臣是以塞道⑨。"鲍叔乃誓曰："事之济也，听我令。事之不济也，免公子者为上，死者为下。吾以五乘之实距路⑩。"鲍叔乃为前驱，遂入国，逐公子纠，管仲射小白中钩。管仲与公子纠、召忽遂走鲁。桓公践位，鲁伐齐，纳公子纠而不能。

【注释】

①或曰：结集此书的人听说的其他说法。

②明年：有三说：一为齐襄公即位的第二年，二为小白出奔莒国的第二年，三为齐襄公驱逐小白的第二年。

③岂且不有焉乎：此句是说，难道管仲还不能帮助其亲近的公子纠吗？岂且，岂将。不有，不有所亲。

④及：能力所及。

⑤挢：同"勠"。合力，并力。

⑥试：碰霉头的意思。

⑦犹之免也：同"犹免之也"。

⑧忍：假借为"认"。

⑨塞道：堵塞道路缓其来攻之路。

⑩实：实力。

【译文】

还有另一种说法是：第二年齐襄公驱逐公子小白，小白出走莒国。三年，齐襄公去世，公子纠即位，齐国人召公子小白回国。鲍叔说："为什么不起行回国呢？"公子小白说："不可行。管仲有智谋，召忽强硬好武，即使国人召唤我，我也回不了国。"鲍叔说："管仲若能用他的智谋管理国家，国家还会乱吗？召忽强硬，又怎能只对付我们呢？"公子小白说："管仲即使不能让他的智谋得以实行，难道他心中还没个亲疏远近吗？召忽即使不能收服民心，难道他就没有能力来对我吗？"鲍叔回答说："国家动乱，谋士无法推行内政，朋友无法勠力同心，国家夺权就有机可图。"于是，命令车驾起行。鲍叔驾车，公子小白乘车，离开莒国。

公子小白说："他二人是遵行国君的命令行事，我不要去冒险。"于是要下车。鲍叔用鞋子踩住公子小白的脚，说："成事在今朝。如果不能成事，我一人送死，公子您仍然可以脱身。"于是继续前行，来到了城郊，鲍叔命令二十乘车在前，十乘在后。鲍叔告诉小白："齐国人会认为我们这几位可疑，他们不承认我，谋事就不成，这样的话，老臣就在前面阻碍国人的进攻路线掩护你撤退。"鲍叔发誓道："事成了，要听从我的号令。如果不成，公子您能免于一难最好，最不济便要送死。我会用五乘兵车抵挡进攻。"鲍叔于是作为前驱，攻入齐国，赶走了公子纠，管仲用箭射公子小白却射中了带钩。管仲和公子纠、召忽于是出走鲁国。齐桓公即位，鲁国讨伐齐国，想拥立公子纠为君而没有成功。

桓公二年，践位召管仲。管仲至，公问曰："社稷可定乎？"管仲对曰："君霸王[1]，社稷定。君不霸王，社稷不定。"公曰："吾不敢至于此其大也，定社稷而已。"管仲又请，君曰："不能。"管仲辞于君曰："君免臣于死，臣之幸也。然臣之不死纠也，为欲定社稷也。社稷不定，臣禄齐国之政而不死纠也[2]，臣不敢。"乃走出。至门，公召管仲。管仲反，公汗出曰："勿已[3]，其勉霸乎！"管仲再拜稽首而起，曰："今日君成霸，臣贪承命[4]。"趋立于相位，乃令五官行事。

【注释】

①霸王：称王称霸。

②禄：总领。

③勿已：不然，要不然。

④贪：谦辞，称自己不才。

【译文】

桓公即位之后第二年召见管仲。管仲到了，桓公问："社稷可以安定下来吗？"管仲回答说："您称霸诸侯，社稷就会安定。您不称霸，社稷就不会安定。"桓公说："我不敢有这么宏大的志向，只求齐国社稷安定就可以了。"管仲再次请求，桓公说："做不到。"管仲向桓公辞别，说："您免除了我的死罪，是我的幸运。但是我不为公子纠而死，是为了安定社稷。社稷不安定，我徒有总领齐国政事的名头，又没有为公子纠而牺牲，我不敢这样做。"说罢快步离去。到了大门，桓公召回管仲。管仲回来，桓公流着汗说："不然的话，我还是努力图霸业吧！"管仲拜了两拜，叩首，起身说："今天您要成就霸业，我不才，但敬承君命。"管仲走上相位，开始命令五官办理政务。

异日，公告管仲曰："欲以诸侯之间无事也，小修兵革。"管仲曰："不可。百姓病，公先与百姓而藏其兵①。与其厚于兵，不如厚于人。齐国之社稷未定，公未始于人而始于兵，外不亲于诸侯，内不亲于民。"公曰："诺。"政未能有行也，二年，桓公弥乱，又告管仲曰："欲缮兵。"管仲又曰："不可。"公不听，果为兵。

桓公与宋夫人饮船中②，夫人荡船而惧公，公怒出之。宋受而嫁之蔡侯。明年，公怒告管仲曰："欲伐宋。"管仲曰："不可。臣闻内政不修，外举事不济。"公不听，果伐宋。诸侯兴兵而救宋，大败齐师。公怒，归告管仲曰："请修革。吾士不练，吾兵不实，诸侯故敢救吾雠内修兵。"管仲曰："不可。齐国危矣。内夺民用，士劝于勇外，乱之本也。外犯诸侯，民多怨也。为义之士，不入齐国，安得无危？"鲍叔曰："公必用夷吾之言。"公不听，乃令四封之内修兵，关市之征侈之。公乃遂用以勇授禄③。

鲍叔谓管仲曰："异日者，公许子霸，今国弥乱，子将何如？"管仲曰："吾君惕，其智多诲④。姑少胥⑤，其自及也。"鲍叔曰："比其自及也，国无阙亡乎？"管仲曰："未也。国中之政，夷吾尚微为⑥，焉乱乎？尚可以待。外诸侯之佐⑦，既无有吾二人者，未有敢犯我者。"

明年，朝之争禄相刺⑧，裂领而刭颈者不绝⑨。鲍叔谓管仲曰："国死者众矣，毋乃害乎？"管仲曰："安得已然！此皆其贪民也。夷吾之所患者，诸侯之为义者莫肯入齐，齐之为义者莫肯仕，此夷吾之所患也。若夫死者，吾安用而爱之？"公又内修兵。

【注释】

①与：给予，即在经济上先富民。藏：收藏不用。

②宋夫人：《左传》记载此事称夫人为蔡国之女。

③以勇授禄：授禄位据勇敢与否。

④诲：通"悔"。反思悔改。

⑤胥：等待。

⑥微为：暗地里做事。

⑦外诸侯之佐：其他外邦的辅政者。

⑧相刺：相互攻击，争夺。

⑨嚬："折"的俗字。断。

【译文】

后来的某一天，桓公对管仲说："我想趁着诸侯之间没有战事，小规模地扩充军备。"管仲说："不可行。百姓困病，您要先让利于民，收敛用兵之事。与其厚备军需，不若厚待民众。齐国社稷还不安定，您不把民众放在首位却重视兵事，于国外不与诸侯亲近，在国内不广泽万民。"桓公说："好。"管仲的政事设想还没有有效推行，二年，国家更加动乱，桓公再次告诉管仲："我想修缮兵事。"管仲再次说道："不可行。"桓公不听，果然准备军需之事。

桓公和宋夫人在船里饮酒，宋夫人摇晃起船来吓唬桓公，桓公很愤怒，把宋夫人逐出了齐国。宋国接纳了宋夫人，并把她嫁给了蔡侯。第二年，桓公生气地告知管仲："我要讨伐宋国。"管仲说："不可以。我听说国内的政事不好好治理，在国外行事就不能成功。"桓公不听，果然讨伐宋国。诸侯起兵救援宋国，齐国军队惨败。桓公恼怒，回来告诉管仲说："请加强军备。我们的战士不训练，兵备不充实，所以诸侯才敢援救我们的敌国。国内要修习军事。"管仲说："不可以。齐国危亡了。国内剥夺民众的财用，劝勉士兵追求勇以外的东西，这是国家动乱的根本所在。在外侵犯诸侯，人们多怨言。秉行正义的士，不肯到齐国来，怎么可能没有隐患？"鲍叔说："您一定要听用管仲的进言。"桓公不听，于是让齐国封地之内修习兵事，增加了通关与营市的税收，桓公就用此充当赏禄授予练兵勇敢的人。

鲍叔对管仲说："先前桓公准许了你的称霸大计，现在国家日渐动乱，你接下来要怎么做？"管仲说："君上放荡，但有智慧善于反思悔改。姑且稍加等待，他自己会醒悟的。"鲍叔说："等到他醒悟了，国家难道没有损失吗？"管仲说："不会的。国内的政务，我尚且可以暗中处理，怎么会动乱呢？还是有时间等待桓公觉悟的。国外诸侯的辅佐之士，既然没有像我们二人这样的，就没有敢侵犯我们的。"

下一年,朝廷之中争夺俸禄相互残害,断领割颈的事情屡屡发生。鲍叔对管仲说:"国中死的人太多了,岂不是祸事?"管仲说:"怎能如此!这些都是贪财的人。我所忧虑的是,诸侯各国坚守正义的人不肯来齐国,齐国秉行正义的人不肯出仕,这是我所担忧的。像那些死去的人,我何必去怜悯他们呢?"桓公继续在国内兴修军备。

　　三年①,桓公将伐鲁,曰:"鲁与寡人近②,于是其救宋也疾③,寡人且诛焉。"管仲曰:"不可。臣闻有土之君,不勤于兵,不忌于辱,不辅其过,则社稷安。勤于兵,忌于辱,辅其过,则社稷危。"公不听,兴师伐鲁。造于长勺,鲁庄公兴师逆之,大败之。桓公曰:"吾兵犹尚少,吾参围之,安能围我④?"

【注释】

①三年:齐桓公在位三年,鲁庄公十一年。公元前683年。

②鲁与寡人近:齐、鲁两国比邻。

③疾:快速。指比其他诸侯先到。

④围:抵挡,防御。

【译文】

三年,齐桓公将要攻伐鲁国,说:"鲁国与齐国比邻,因此他援救宋国比其他诸侯先到,我将要讨伐它。"管仲说:"不可以。我听说一国之君,不频繁起兵,不忌恨耻辱,不错上加错,社稷就能安稳。频繁用兵,忌恨羞辱,重复犯错,社稷就会危亡。"桓公不听,起兵讨伐鲁国。行军到了长勺,鲁庄公发兵进攻,齐国惨败。桓公说:"我的军队数量还太少,我用三倍的兵力把他们包围起来,怎么可能抵挡得了我?"

　　四年,修兵,同甲十万①,车五千乘。谓管仲曰:"吾士既练,吾兵既多,寡人欲服鲁。"管仲喟然叹曰:"齐国危矣,君不竞于德,而竞于兵! 天下之国,带甲十万者不鲜矣。吾欲发小兵以服大兵,内失吾众。诸侯设备,吾人设诈②,国欲无危,得已乎?"公不听,果伐鲁。鲁不敢战,去国五十里而为之关。鲁请比于关内③,以从于齐,齐亦毋复侵鲁。桓公许诺。

　　鲁人请盟,曰:"鲁,小国也,固不带剑。今而带剑,是交兵闻于诸侯。君不如已,请去兵。"桓公曰:"诺。"乃令从者毋以兵。管仲曰:"不可。诸侯加忌于君④,君如是以退,可。君果弱鲁君,诸侯又加贪于君,后有事,小国弥坚,大国设备,非齐国之利也。"桓公不听。管仲又谏曰:"君必不去鲁⑤,胡不用兵? 曹刿之为人也⑥,坚强以忌,不可以约取也。"桓公不听,果与之遇。庄公自怀剑,曹刿亦怀剑。践坛,庄公抽剑其怀,曰:"鲁之境,去国五十里,亦无不死而已。"左椹桓公⑦,右自承曰⑧:"均之死也,戮死于君前。"管仲走君,曹刿抽剑当两阶之间,曰:"二君将改图,无有进者。"管仲曰:"君与地,以汶为竟。"桓公许诺,以汶为竟而归。桓公归而修于政,不修于兵革,自圉辟人⑨,以过弭师⑩。

【注释】

①同甲:完全之甲。王绍兰说:本应作"仝甲","仝"即全。后人以为"仝"为"同"俗体字,改为"同"。

②设诈:即谋划诈战。春秋时期列国打仗,一般要约定时间、地点,称偏战。猝然攻击他国,称诈战。不合当时的道义。

③关内：关内侯，即臣属于齐国的意思。"关内侯"见于《吕氏春秋》，先秦即有此说。

④忌：恨。

⑤去鲁：在此即"放过鲁国"的意思。

⑥曹刿：春秋鲁庄公大臣，关于此人先秦记载大体有两种情况，一记其为贤臣，如《左传》《国语》，一记其为刺客，如此文及《史记·刺客列传》等。

⑦椹：通"戡"。击刺。在此即用剑指向齐桓公，作击刺之状。

⑧右自承：右手比划着自杀的动作。

⑨自圉：自己戍守边陲。辟人：即"避人"。不与人冲突。

⑩弭师：停止了军事上的作为。弭，消。

【译文】

　　四年，加强军备，齐整穿戴铠甲的士兵有十万人，战车五千乘。齐桓公对管仲说："我的士兵训练得当，兵力也增多了，我想征服鲁国。"管仲深深叹气道："齐国要危险了，您不致力于修德，却勤于发展军备！天下的诸侯国，有十万甲士兵力的并不少见。我们要发动如此少的兵力去征服天下诸侯的强大兵力，国内会失去民心。诸侯设置防备，我们仓促应战，齐国想不陷入危亡之中，可能吗？"桓公不听，果然讨伐鲁国。鲁国不敢应战，在离鲁国五十里的地方设置了关隘防守。鲁国请求像关内侯一样，顺从于齐国，齐国也不要再次侵犯鲁国。桓公答应了。

　　鲁人请求会盟，说："鲁国是小国，本来就不佩剑。如今带剑，这是要让诸侯知道您好战的名声。不如不这样，请您也不带兵器相见。"桓公说："好。"于是让随行的人不要带兵器。管仲说："不可以。诸侯已对您增加了忌恨，您在这时退避，是可以的。若您果真削弱鲁国，诸侯会给你加上贪婪的名声，以后有战事，小国更加坚守，大国设置防备，都对齐国不利。"桓公不听。管仲再次劝谏道："若您一定不放过鲁国，怎么可以不带兵器去会盟？曹刿为人，坚强狠毒，不能够用盟约的方式来取信。"桓公不听，果然去齐国盟约了。鲁庄公自己怀里有剑，曹刿怀里也带着剑。走上盟坛，鲁庄公从怀里抽出剑，说："鲁国的边境距离鲁国有五十里了，也难逃一死了。"庄公左手拿剑指着桓公，右手做着自杀动作说："都是死，不如死在您面前。"管仲跑向桓公，曹刿拔剑挡在两个台阶中间，说："两个国君将要改变计划，不要上前干预。"管仲说："您交出土地，把汶水作为两国界限。"桓公答应了，把汶水作为国界后回国。桓公回国后治理政务，不再修习军事，自己戍守边防，不与人冲突，因为反省了先前的过错消歇了兵事。

　　五年，宋伐杞[①]。桓公谓管仲与鲍叔曰："夫宋，寡人固欲伐之，无若诸侯何！夫杞，明王之后也[②]。今宋伐之，予欲救之，其可乎？"管仲对曰："不可。臣闻内政之不修，外举义不信。君将外举义，以行先之，则诸侯可令附[③]。"桓公曰："于此不救，后无以伐宋。"管仲曰："诸侯之君，不贪于土。贪于土必勤于兵，勤于兵必病于民，民病则多诈。夫诈，密而后动者胜[④]，诈则不信于民。夫不信于民则乱内动，则危于身。是以古之人闻先王之道者，不兢于兵[⑤]。"桓公曰："然则奚若？"管仲对曰："以臣则不，而令人以重币使之。使之而不可，君受而封之[⑥]。"桓公问鲍叔曰："奚若？"鲍叔曰："公行夷吾之言。"公乃命曹孙宿使于宋。宋不听，果伐杞，桓公筑缘陵以封之[⑦]，予车百乘，甲一千。明年，狄人伐邢，邢君出致于齐[⑧]。桓公筑夷仪以封之[⑨]，予车百乘，卒千人。明年，狄人伐卫，卫君出致于虚[⑩]。桓公且封之，隰朋、宾胥无谏曰[⑪]："不可。三国所以亡者，绝以小[⑫]。今君蕲封亡国[⑬]，国尽若何？"桓公问管仲曰："奚若？"管仲曰："君有行之名，安得有其实。君其行也。"公又问鲍叔,鲍叔曰:"君行夷吾之言。"桓公筑楚丘以封之⑭,与车三百乘,甲五千。

【注释】

①杞:春秋小国之名,据载为夏代之后裔。其地在今山东宁阳一带。距宋不远。

②明王:著名之王,即指杞为夏王后裔。

③附:亲近相随。

④密:静。

⑤兢:争强。

⑥封之:为之兴建城池安置之。

⑦缘陵:地名,在今山东昌乐东南。《左传》记载齐命缘陵迁杞之事,在鲁僖公十四年。迁移原因也与此篇说法不同。

⑧致于齐:至于齐。致、至古义可通。

⑨夷仪:地名,邢国迁居之地,在今山东聊城附近。其事据《左传》在鲁闵公元年、齐桓公二十五年(前661),与此记不同。

⑩虚:地名。《诗经·邶风·泉水》有"思须与曹"句,当与此"虚"所指同。其地在今河南濮阳附近。

⑪隰(xí)朋、宾胥无:两位齐国大夫名,与管仲同时。

⑫绝:止。

⑬蕲封:求封,主动地封。所以下文说这是齐桓公自求"国尽"即国力衰微的做法。

⑭楚丘:地名。卫遭北狄入侵后。将都城迁此,其地在今河南濮阳。

【译文】

五年,宋国讨伐杞国。齐桓公对管仲和鲍叔说:"宋国,我本来就想讨伐它,无奈诸侯救援宋国! 杞国,是圣明君王的后代。现在宋国讨伐杞国,我想去援救杞国,这样做可以吗?"管仲回答说:"不可以。我听说国内的政务治理不好，在国外兴兵行义就不会被信服。您要在国外高举正义，要先内修国政，这样诸侯就会亲附。"桓公说："在这个时候不做，以后就没有机会讨伐宋国了。"管仲说："诸侯国的君主，不要贪图土地。贪图土地一定会致力于用兵，致力于用兵一定会让民众疲敝，百姓疲敝就会多权诈。在谋略方面，先静后动就会胜利，重权诈就不会取信于民。不能取信于民，动乱就会从国内产生，就会危及自身。因此古人听过先王之道的人，不会在用兵上竞争的。"桓公说："这该怎么办呢？"管仲回答说："如果是我的话不会这么做，而是会派人用重礼出使宋国。如果出使宋国行不通，您就接纳杞国国君另给他建都城。"桓公问鲍叔："怎么样？"鲍叔说："您按管仲说的做。"桓公于是命令曹孙宿出使宋国，宋不听，果然攻伐杞国。桓公修筑缘陵封赐给了杞国，授予一百乘车，一千甲士。下一年，狄人讨伐邢国，邢国的国君出逃到了齐国。桓公修筑夷仪来封赏邢君，赠一百乘车，一千步卒。下一年，狄人攻伐卫国，卫君出奔到了虚。桓公将要封赏卫君，隰朋、宾胥无进谏："不可以。三个国家之所以会灭亡，只不过是因为它们小。如今您封赏这些亡国，国力用尽了怎么办？"桓公问管仲说："怎么办？"管仲说："您有了奉行正义的名义，就要有行义的实际行动。您还是继续做吧。"桓公又问鲍叔，鲍叔说："您按管仲说的去做。"桓公修建楚丘封赏给了卫君，赏赐了三百乘车，五千甲士。

　　既以封卫，明年，桓公问管仲："将何行？"管仲对曰："公内修政而劝民，可以信于诸侯矣。"君许诺。乃轻税，弛关市之征[1]，为赋禄之制[2]。既已，管仲又请曰："问病臣[3]，愿赏而无罚，五年诸侯可令傅[4]。"公曰："诺。"既行之，管仲又请曰："诸侯之礼，令齐以豹皮往，小侯以鹿皮报[5]。齐以马往，小侯以犬报。"桓公许诺，行之。管仲又请赏于国，以及诸侯。君曰："诺。"行之。管仲赏于国中，君赏于诸侯。诸侯之君,有行事善者,以重币贺之。从列士以下有善者,衣裳贺之。凡诸侯之臣,有谏其君而善者,以玺问之⑥,以信其言。公既行之,又问管仲曰:"何行?"管仲曰:"隰朋聪明捷给,可令为东国。宾胥无坚强以良,可以为西土。卫国之教,危傅以利⑦。公子开方之为人也,慧以给⑧,不能久而乐始⑨,可游于卫⑩。鲁邑之教,好迩而训于礼⑪;季友之为人也⑫,恭以精,博于粮⑬,多小信,可游于鲁。楚国之教,巧文以利,不好立大义,而好立小信。蒙孙博于教⑭,而文巧于辞,不好立大义,而好结小信,可游于楚。小侯既服,大侯既附,夫如是,则始可以施政矣。"君曰:"诺。"乃游公子开方于卫,游季友于鲁,游蒙孙于楚。

【注释】

①弛:松缓,即降低关市征收额度。

②为赋禄之制:即整顿税赋征收与俸禄发放的各项规章。

③问病臣:慰问身体不佳的大臣。

④傅:附,亲附。

⑤令齐以豹皮往,小侯以鹿皮报:古代诸侯往来以"皮币"为礼物。豹皮贵,鹿皮贱。这两句是说管仲争取诸侯的手段。下文"以马往""以犬报"也是此意。

⑥以玺问:即以加盖了齐君印章的信件问候。玺,玉玺,君主印章。

⑦危傅以利:此句是说卫国教化诡诈而趋利。危,通"诡"。奸猾。

⑧慧以给:聪慧而敏捷。给,速。

⑨乐始:乐于开头。即不能善始善终。

⑩游于卫:即令其到卫游说。游,游说。

⑪迩:近,无远见的意思。此外有三说:一则以为"迩"为"学"的误

字。二则以为"逊"为"逊"的误字。三则以为"逊"当读为"尔"，
取《说文》"尔，丽尔"之说，释为靡丽。

⑫季友：春秋早期鲁国大臣。《小匡》作"季劳"，当以此为是。下文
"游季友于鲁"之"季友"同。

⑬粮：《周礼·地官·廪人》注："行道曰粮。"即远近有量。

⑭蒙孙博：人名，齐大臣。《小匡》作"曹孙宿"。

【译文】

封卫国之后的下一年，桓公问管仲："接下来怎么做？"管仲回答道：
"公在国内勤修政务，勉励百姓，就可以得到诸侯的信任了。"桓公同意
了。于是减轻税率，放缓了通关税和市场税的征收，整顿赋税与封赏的
制度。已经推行之后，管仲又请求道："慰问生病的大臣，希望要行赏赐
而不要惩罚，这样做五年就能让诸侯亲附。"桓公说："好。"已经推行这
项政令，管仲又请求道："对待诸侯之间送往迎来的礼数，齐国送出豹
皮，让小诸侯国回报鹿皮。齐国送马，让小诸侯国回报狗。"桓公答应并
实行了。管仲又请求在国内外大行赏赐。桓公说："好。"推行了奖赏制
度。管仲在国内行赏，桓公在诸侯国间行赏。诸侯国的君主，如果做了
好事，就用厚重的礼品去恭贺。诸侯国列士以下有做好事的，就送衣服
恭贺。凡是诸侯国的臣子进谏劝君行善的，就用玺书慰问他，以肯定其
言论的可信。桓公已经照做了，又问管仲："还要做什么？"管仲说："隰
朋聪慧敏捷，可以让他管理齐国东部事务。宾胥无坚强贤良，可以派他
主持齐国西部事务。卫国的教化诡附亲利。公子开方的为人，聪慧而
轻率，不能持久而喜欢尝试，可以派他出使卫国。鲁国的教化，无大目
标并安守礼法。季劳的为人，恭敬而纯良，博闻而有度，多能小事守信，
可以派他出使鲁国。楚国的教化，言辞动听而趋利，不喜欢树立大义，
而喜欢兑现小的信用。蒙孙博闻政教，言辞工巧，不喜好树立大义，而
喜欢坚守信用，可以派他去楚国游说。小诸侯国已经信服，大诸侯国已
经亲附，能做到这样，就可以开始给他们施加政令了。"桓公说："好。"于

是派公子开方游说卫国,派季劳游说鲁国,派蒙游说问楚国。

　　五年,诸侯附,狄人伐[①]。桓公告诸侯曰:"请救伐。"诸侯许诺。大侯车二百乘,卒二千人;小侯车百乘,卒千人,诸侯皆许诺。齐车千乘,卒可致缘陵[②],战于后故[③],败狄。其车甲与货,小侯受之。大侯近者,以其县分之[④],不践其国[⑤]。北州侯莫来[⑥],桓公遇南州侯于召陵[⑦],曰:"狄为无道,犯天子令,以伐小国[⑧]。以天子之故,敬天之命,令以救伐。北州侯莫至,上不听天子令,下无礼诸侯,寡人请诛于北州之侯。"诸侯许诺。

　　桓公乃北伐令支[⑨],下凫之山[⑩],斩孤竹[⑪],遇山戎[⑫]。顾问管仲曰:"将何行?"管仲对曰:"君教诸侯为民聚食,诸侯之兵不足者,君助之发,如此则始可以加政矣[⑬]。"桓公乃告诸侯,必足三年之食安,以其余修兵革。兵革不足以引其事[⑭],告齐,齐助之发。既行之,公又问管仲曰:"何行?"管仲对曰:"君会其君臣父子,则可以加政矣。"公曰:"会之道奈何?"曰:"诸侯无专立妾以为妻,毋专杀大臣,无国劳[⑮],毋专予禄。士庶人毋专弃妻,毋曲堤[⑯],毋贮粟,毋禁材。行此卒岁,则始可以罚矣。君乃布之于诸侯。"诸侯许诺,受而行之。卒岁,吴人伐榖[⑰]。桓公告诸侯未遍,诸侯之师竭至,以待桓公。桓公以车千乘会诸侯于竟[⑱],都师未至[⑲],吴人逃,诸侯皆罢。

　　桓公归,问管仲曰:"将何行?"管仲曰:"可以加政矣。"曰:"从今以往二年,适子不闻孝,不闻爱其弟,不闻敬老国良⑳，三者无一焉，可诛也。诸侯之臣及国事，三年不闻善，可罚也。君有过，大夫不谏；士庶人有善，而大夫不进，可罚也。士庶人闻之吏，贤孝悌可赏也。"桓公受而行之，近侯莫不请事。兵车之会六㉑，乘车之会三㉒，飨国四十有二年㉓。

【注释】

①狄人伐：即"狄人伐我"。我，指齐国。

②卒可致缘陵：仓促之间到达缘陵。

③后故：地名。所在不详。

④大侯近者，以其县分之：此句谓齐赏诸侯以县。县，地方行政单位。

⑤不践其国：始终不侵犯的意思。践，践踏，侵伐。

⑥北州侯：古代地分九州，北州侯当指北方州之诸侯，其地应在下文"令支""孤竹"等北方之地。

⑦南州侯：指九州中处南方州的诸侯，尤指楚。召陵：地名，在今河南漯河市。

⑧小国：齐国的谦称。一说指杞国。

⑨令支：即上文所指"北州侯"，其地应在燕国东北地区。

⑩凫（fú）之山：形状如凫的山。凫，大雁之类的鸟。

⑪孤竹：古国名，其地应在今河北北部卢龙、秦皇岛市抚宁区一带。这里曾出土过带有"孤竹"字样的铜器。

⑫遇：遭遇。山戎：古族群名，生活地区应去孤竹不远。似为山地人群。

⑬加政：施加政令。

⑭引其事：意指武器装备不足以承担。引，益。在此有承担得起的意思。

⑮无国劳：不给国家出力。

⑯曲堤：故意曲折防洪堤坝，把洪水导向邻国。上述这些规定据《穀梁传》及《孟子》，为齐桓公在葵丘之会上发布。

⑰穀（gǔ）：齐都邑名。齐桓公曾将此地封赐管仲。

⑱竟：通"境"。

⑲都师：都城之师，即主力军队。

⑳敬老：恭敬。敬、老，皆为动词，属并列关系。《孟子·梁惠王上》："老吾老，以及人之老。""老吾"之"老"与此同义，敬的意思。

㉑兵车之会：坐着兵车来会盟，即有军事准备的会盟。

㉒乘车：诸侯坐的车。意思是和平会盟。

㉓飨国：在位，即享有国家君权。

【译文】

五年之后，诸侯亲附，狄人进攻齐国。齐桓公通知诸侯："请求救援应对狄人的讨伐。"诸侯答应了。大诸侯国派出战车二百乘，步卒两千人；小诸侯国派出战车一百乘，步卒一千人，诸侯都答应了。齐国战车一千乘，仓促之间到达缘陵，在后故之地，打败了狄国。狄国军队的战车、铠甲和财货，分给了小诸侯国。靠近狄国的大诸侯国，分到了狄国的县邑，既分给他们，齐国再也不踏进那里的土地。北州侯没有来救援，齐桓公在召陵会见了南州侯，说："狄人无道，违犯了天子的命令，来讨伐杞国。因为天子的缘故，敬承上天的命令，号令诸侯来救援被伐之国。北州侯没有到，上不听从天子的命令，下对待诸侯无礼，我请求讨伐北州侯。"诸侯答应了。

齐桓公于是北伐令支，攻下兔之山，斩杀了孤竹国君，阻挡了山戎。桓公回头看着管仲问："接下来要怎么做？"管仲回答说："您让诸侯给百姓储存粮食，诸侯有兵力不足的，您就发兵协助，这样才能向诸侯施加政令。"桓公于是告知诸侯，一定要保证三年的粮食充足，用剩余的国力兴办军备。兵器铠甲不足以支撑军事行动的，就告诉齐国，齐国就拨出财力帮助他。政令已经实行了，桓公又问管仲说："怎么做？"管仲回答道：“您融洽一下他们的君臣父子间的情况，就可以施加政令了。”桓公问：“考核的办法是什么？”曰：“诸侯不能擅自把妾室立为妻室，不能擅自诛杀大臣，没有为国做事不能擅自领取俸禄。士庶人不能擅自抛弃妻子，不能修堤拦截山谷，不能囤积粮食，不能禁止民众伐木，此令颁行满一年，就可以开始处罚了。”桓公便将这些政令公布于诸侯，诸侯同意了，接受并推行。实行满一年，吴人攻伐榖。桓公还没来得及通知到所有诸侯，诸侯的军队就全部赶到，等待桓公了。桓公派千乘战车到境与诸侯会师，齐国的军队还没到，吴人就逃跑了，诸侯就都散了。

桓公回国后，问管仲说：“接下来要做什么？”管仲说：“可以施加政令了。”又说：“从今以后两年内，诸侯的儿子不孝敬父母，不爱护兄弟，不尊敬长者和国家的贤良，三者如果缺少一个，就可以诛罚他。诸侯的臣子治理政务，三年没有做过好事，就可以惩罚他。国君有过错，大夫不进谏，士庶人做了好事，如果大夫不进言举贤，也可以责罚他。官吏如果听说士庶人贤能孝悌，就可以嘉奖他。”桓公接受并推行了这些政令，与齐国亲近的诸侯没有不前来请教政务的。桓公主持的诸侯会盟驾着战车举行的有六次，乘平时车马举办的会盟有三次，在位四十二年。

桓公践位十九年，弛关市之征[①]，五十而取一，赋禄以粟，案田而税[②]，二岁而税一。上年什取三，中年什取二，下年什取一，岁饥不税；岁饥弛而税。

桓公使鲍叔识君臣之有善者，晏子识不仕与耕者之有善者[③]，高子识工贾之有善者[④]。国子为李[⑤]，隰朋为东国，宾胥无为西土，弗郑为宅[⑥]。凡仕者近公[⑦]，不仕与耕者近门，工贾近市，三十里置遽委焉[⑧]，有司职之。从诸侯欲通，吏从行者，令一人为负以车[⑨]，若宿者，令人养其马，食其委[⑩]。

客与有司别契^⑪，至国八契，费义数而不当，有罪。凡庶人欲通，乡吏不通，七日囚。出欲通^⑫，吏不通，五日囚。贵人子欲通，吏不通，三日囚。凡县吏进诸侯士而有善，观其能之大小，以为之赏，有过无罪。

令鲍叔进大夫，劝国家^⑬，得之成而不悔为上举^⑭，从政治为次^⑮。野为原^⑯，又多不发^⑰，起讼不骄^⑱，次之。劝国家，得之成而悔，从政虽治，而不能野原，又多发，起讼骄，行此三者为下^⑲。

令晏子进贵人之子，出不仕^⑳，处不华，而友有少长，为上举，得二为次，得一为下。士处靖^㉑，敬老与贵，交不失礼，行此三者为上举，得二为次，得一为下。耕者农农用力^㉒，应于父兄^㉓，事贤多，行此三者为上举，得二为次，得一为下。

令高子进工贾，应于父兄，事长养老，承事敬，行此三者为上举，得二者为次，得一者为下。令国子以情断狱。

三大夫既已选举，使县行之^㉔。管仲进而举言^㉕，上而见之于君，以卒年君举^㉖。

管仲告鲍叔曰："劝国家不得成而悔，从政不治，不能野原，又多而发，讼骄，凡三者有罪无赦。"告晏子曰："贵人子处华，下交，好饮食，行此三者，有罪无赦。士出入无常，不敬老而营富，行此三者，有罪无赦。耕者出入不应于父兄，用力不农，不事贤，行此三者，有罪无赦。"告国子曰^㉗："工贾出入不应父兄，承事不敬，而违老治危，行此三者，有罪无赦。"凡于父兄无过，州里称之，吏进之，君用之。有善无赏，有过无罚，吏不进，廉意^㉘。于父兄无过，于州里莫称，吏进之,君用之。善,为上赏;不善,吏有罚。

君谓国子:"凡贵贱之义,入与父俱,出与师俱,上与君俱,凡三者遇贼不死,不知贼,则无赦。断狱情与义易^㉙,义与禄易^㉚,易禄可无敛^㉛,有可无赦。"

【注释】

①征:赋税。

②案田:按田地优劣征税。

③晏子:齐大夫,晏婴祖先。

④高子:齐国贵族。齐有两大贵族之家即国氏、高氏。下文"国子"即其另一贵族之家代表。

⑤李:通"理"。办案的狱官。

⑥为宅:负责宅地管理。

⑦公:首都办公处。

⑧遽:邮驿。委:存放,储存。此处指存放之所。

⑨车:"连"的误字。连,一种人拉的车。

⑩委:委积、预备招待客人用品。

⑪有司:来客的主事者。别契:通关契文。所以称"别",是因古代文契凭据往往一分为二,两方各持一半。

⑫出:"士"字之误。

⑬劝国家:助国家。

⑭得之:得这样的人。成而不悔:国事成就没有可后悔的。

⑮政治:在此即"理政"。即有行政能力。

⑯野为原:开垦荒野,变为良田。

⑰又多不发:又多而不废。不发,引申为获多利益多、无所废弃。发,古通"废"。

⑱起讼不骄:出了争端不骄慢。讼,事端。

⑲行此三者:衍文。一说为窜文,在"为上举"之上。

⑳仕:没有事先学好本领就从政。

㉑靖:静,沉稳。

㉒农农:努力貌。

㉓应:顺承。

㉔县:地方官。行之:此处是"试用"的意思。

㉕举:当为"与"。

㉖君举:君主举而任用之。

㉗国子:为"高子"之误。

㉘廉意:即考察是否出其真意。廉,察。

㉙情与义易:情理是非可以交换,即断案不能仅靠是非,还应考虑情理。

㉚义与禄易:错处若不是很重,可用禄位抵罪。

㉛易禄无可敛:只是因为有禄位而不问罪过轻重,是不可取的。敛,收,纳。在此指不能采纳的意思。

【译文】

齐桓公在位十九年,减轻了通关、市场的赋税,变为五十取一,考察粮食的多少以及田地的优劣征收粮食税,每两年交一次税。年成好税率为什取三,年成一般税率为什取二,年成不好税率为什取一,闹饥荒不收税;荒年考察有无交税能力而收税。

桓公让鲍叔鉴识群臣中表现突出的,让晏子鉴识记录没有出仕的人和农夫之中表现突出的,让高子鉴识百工商贾中表现突出的。国子管理狱讼,隰朋管理齐国东部事务,宾胥无管理齐国西部事务,弗郑管理宅地工事的事。凡是做官的人住在国都办公处所附近,不做官的和农夫住在城门附近,百工商贾住在集市附近,每三十里设置一个驿站储备食宿,有官员值守。追随的各诸侯国要想到齐国联络,会给那些随行的官吏派一人帮着拉装载行李的车,如果住宿,就派人给他喂马,提供饮食。来客把通关的别契交给主事者,到国都共有八张别契,如果浪费待客礼数不周或别契数量不对,就会降罪。凡是一般百姓想到乡里办事,乡吏扣押七天不办,就囚禁。士办事交接,官吏如果扣压五天不办,就囚禁。贵人之子办事交涉,官吏如果扣压三天不办,就囚禁。凡是县吏引荐各诸侯国的有识之士,考察他们才能大小来进行赏赐,引荐出了错也不加罪。

命鲍叔举荐大夫,辅助国家,有功劳而没有过失的,为上等的举荐。治理国事有政绩,次之。开垦荒野,使其变为田地,获利多无所荒废,起了争端不骄慢的,次之。处理政务有功,但不能开荒又多有废弃的土地,处理争端态度骄横,有此三种情况的就列入下品。

命令晏子举荐贵人之子,出来做官不是生手,在家不奢华,友爱长辈和晚辈,就推举为上等;做到两项的次之,只能做到一项的为下等。士处事沉稳,敬爱老者和上级,交往不失礼仪,能做到这三项的举为上等,做到两项的次之,只能做到一项的,列为下等。农夫勤劳卖力,敬待尊长赡养老人,做事恭敬,能做到这三项的举为上等,做到两项的次之,仅能做到一项的列为下等。

命高子推荐工商中有才德者,敬顺父亲兄长,尊敬奉养老人,办事认真,能行这三项的为上等,能行两项的为次等,能行一项的为下等。命国子结合案件原委判断案情。

三位做完了选拔举荐的工作,所推荐的人交由各县试用。管仲再同他们交谈考察,然后上报再拜见国君,年年如此,由国君最终起用。

管仲告诉鲍叔说:“处理国事无功有过也没有政绩,不能拓荒却多有废弃的田地,处理狱讼骄横,有这三种过失的,有罪无赦。”管仲告诉晏子说:“贵人之子在家奢华,交友不善,贪好酒食,凡有这三条的,有罪无赦。士出入变化无常,不尊敬老人而钻营富贵,做到这三条,有罪无赦。农夫出入不尊敬父兄,农事不勤勉,不尊敬贤者,做到这三条的,有罪无赦。”管仲告诉高子说:“百工商贾出入不尊敬父兄,处事不恭敬,不赡养老人而行事诡诈，做到这三条的，有罪无赦。"凡是对待父兄没有过失的，州里都称赞他，官吏举荐他，君主就任用他。做得好而没有得到嘉奖，有过错却没有得到惩罚，因此不愿进身的官吏，要访察他是否出于真心。对待父兄没有过失，但是州里没有称赞他的，官吏也要举荐他，国君也会起用他。做得好，会得到丰厚的赏赐；做不好，官吏就会受到惩罚。

桓公对国子说："所有贵贱的准则，不过是在家父贵子贱，在外师贵徒贱，在上君贵臣贱，凡这三点遭到损害却不能以死捍卫，或受到损害却不知情的，就不能赦免他的罪责。断案可以用人情与法理是非交易，用是非与俸禄交易，不顾是非情理，只是用禄位抵罪的做法是不能接受的。有这样行为的，都不可赦免。"

卷第八

中匡第十九

【题解】

"中匡"的"匡"也是辅助的意思。本篇记载管仲对齐桓公的开导，内容涉及国家如何使用财富，行仁义爱百姓为争霸之本，以及君主如何修身、勤政、树立威望等多方面的问题。

管仲会国用①，三分二在宾客，其一在国，管仲惧而复之②。公曰："吾子犹如是乎？四邻宾客，入者说③，出者誉，光名满天下；入者不说，出者不誉，污名满天下。壤可以为粟，木可以为货。粟尽则有生，货散则有聚。君人者，名之为贵，财安可有？"管仲曰："此君之明也。"

公曰："民办军事矣④，则可乎？"对曰："不可，甲兵未足也，请薄刑罚以厚甲兵。"于是死罪不杀，刑罪不罚，使以甲兵赎。死罪以犀甲一戟，刑罚以胁盾一戟⑤，过罚以金军，无所计而讼者⑥，成以束矢。公曰："甲兵既足矣，吾欲诛大国之不道者，可乎？"对曰："爱四封之内，而后可以恶竟外之不善者；安卿大夫之家，而后可以危救敌之国⑦；赐小国地，而后可以诛大国之不道者；举贤良，而后可以废慢法鄙贱之民。是故先王必有置也，而后必有废也；必有利也，而后必有害也。"

桓公曰："昔三王者既弑其君⑧，今言仁义，则必以三王为法度，不识其故何也？"对曰："昔者，禹平治天下，及桀而乱之，汤放桀，以定禹功也。汤平治天下，及纣而乱之，武王伐纣，以定汤功也。且善之伐不善也，自古至今，未有改之。君何疑焉！"公又问曰："古之亡国其何失？"对曰："计得地与宝而不计失诸侯，计得财委而不计失百姓，计见亲而不计见弃。三者之属，一足以削，遍而有者亡矣。古之隳国家⑨，陨社稷者，非故且为之也，必少有乐焉，不知其陷于恶也。"

【注释】

①会：总计之意。

②复：告知，禀告。因为国家在接待宾客上的支出太高，管仲觉得害怕，故禀告齐桓公。

③说：同"悦"。

④民办军事：古代军事活动费用，主要由有参军打仗权力的"国人"承担，称"民办"。

⑤胁盾：盾牌名。

⑥过罚以金军，无所计而讼者：根据对"军"解释的不同，本句有两种断句方式，一是"过罚以金军，无所计而讼者"，这里"军"当作"钧"，是一个重量单位，三十斤，在这种断句下的"计"当作"抑"，无所抑，就是不受冤屈。二是"过罚以金，军无所计而讼者"，"军"解为军事。上文言"民办军事"，此句是说若军事方面的事筹划不当并由此产生诉讼争端，则罚一束矢。本书取第二说。

⑦救敌：与"仇敌"同。

⑧三王：夏、商、周三代开国君王，即下文的夏禹、商汤、周武王。

⑨隳(huī)：毁坏。

【译文】

管仲总计国家财用，其中三分之二用于接待别国的宾客，只有三分之一用于国内。管仲惶恐地把这个情况报告给桓公。桓公说："您还至于这样么？四方宾客，来者满意，离者称赞，好的名声布满天下；来者不满意，离者不称赞，坏的名声布满天下。土地可以种植粮食，林木可以为财货。粮食用尽可以再生产，财货散尽可以再积聚。君主的名声是最为贵重的，为何要计较财富呢？"管仲说："这是您的明鉴。"

桓公说："百姓都在致力于军事备战，我这样是否就可以了呢？"管仲回答："不可以，因为盔甲兵器不够用，请减少刑罚来增多盔甲兵器。"因此，犯死罪的人不杀，犯刑罪的人不上刑，让犯人用盔甲兵器来赎罪。死罪可以用犀甲加上一支戟来赎，刑罪可以用胁盾加一支戟来赎，有过错的人罚金，因办军事而起争端，罚一束箭。桓公说："盔甲兵器已经够用了，我想要诛伐无道的大国，可以了吗？"管仲回答："首先爱护国内的百姓，然后才能排斥国外的不善者；先安定卿大夫的家，然后才能危及仇敌之国；先赐予土地给小国，然后才能诛伐无道的大国；先举用贤良的人才，然后才能舍弃轻慢法度的低贱的人们。因此，先王必先有所设置，然后有所废除；必须先有所利，然后才有所害。"

桓公说："从前夏禹、商汤和周武王，都杀了他们的君主，现在我们谈仁义，却一定要以三王为典范，不知是什么原故？"管仲回答说："从前，禹平定天下，到夏桀就乱了，汤放逐夏桀，是安定了禹的功业。汤平定天下，到商纣就乱了，周武王伐纣，是安定了汤的功业。况且善的征伐不善的，自古及今，是从未改变过的，您何必又有所怀疑呢！"桓公又问："古代亡国的国君都有什么过失？"管仲回答说："只考虑取得土地与财宝，却不考虑是否会失去诸侯的信任，只考虑财物的积累，却不考虑是否会背离百姓，只看到现在被拥护，却看不到未来可能会被放弃。以上三条有一条，就足够来削弱国力；全都具有，这个国家就要灭亡了。

古代败坏国家，伤害社稷的，都不是专门故意去做的，必然是日渐沉迷欢愉，而不知不觉陷入罪恶的深渊。"

　　桓公谓管仲曰："请致仲父①。"公与管仲父而将饮之，掘新井而柴焉②。十日斋戒，召管仲。管仲至，公执爵，夫人执尊，觞三行，管仲趋出。公怒曰："寡人斋戒十日而饮仲父，寡人自以为修矣③。仲父不告寡人而出，其故何也?"鲍叔、隰朋趋而出，及管仲于途，曰："公怒。"管仲反④，入，倍屏而立⑤，公不与言。少进中庭，公不与言。少进傅堂⑥，公曰："寡人斋戒十日而饮仲父，自以为脱于罪矣。仲父不告寡人而出，未知其故也。"对曰："臣闻之，沉于乐者洽于忧，厚于味者薄于行，慢于朝者缓于政，害于国家者危于社稷，臣是以敢出也。"公遽下堂曰："寡人非敢自为修也，仲父年长，虽寡人亦衰矣，吾愿一朝安仲父也。"对曰："臣闻壮者无怠，老者无偷，顺天之道，必以善终者也。三王失之也⑦，非一朝之萃⑧，君奈何其偷乎?"管仲走出，君以宾客之礼再拜送之。

【注释】

①请致仲父：请仲父来饮宴。一说"仲父"下脱"其桓"二字，桓，为盘桓，指酒席间推杯换盏。

②掘新井而柴焉：挖了一口新井，用柴盖在上面，这么做是为了以井水的清洁，显示主人对来客的尊敬。

③修：修饰礼仪。即"有礼"的意思。

④反：同"返"。返回，回归。

⑤倍：通"背"。背靠。

⑥傅：可作"薄"解释。靠近之意。

⑦三王：此处指的是夏桀、商纣王和周幽王。

⑧萃：读为"猝"。突然之意。

【译文】

桓公对管仲说："请仲父来饮宴。"桓公预定了宴请管仲的日期，挖了一口新井，用柴草覆盖着。斋戒了十天，召见管仲。管仲来了，桓公拿着酒爵，夫人拿着酒杯敬酒，但是喝了三觞之后，管仲就快步而去了。桓公发怒说："我斋戒十天来宴请您，自以为算是礼节备至了。您却不和我解释就离开，是为什么呢？"鲍叔与隰朋小跑着出来，在半路上追上管仲说："桓公发怒了。"管仲回来，进到院中，背靠着屏风而立，桓公不与他说话。再往前走进到庭院中间，桓公还不同他讲话。再往前走到接近堂屋的地方，桓公说话了："我斋戒十天来请您赴宴，自认为没什么对不住您的地方了。您不和我告辞就走，我不知道个中原因啊。"管仲回答说："我听说，沉溺于享乐的人会招致忧患，着重满足口腹之欲的人会逐渐不作为，怠慢于处理政事的君主会逐渐让朝政懒散，如果您也这么做，会对国家有害，对社稷无益，我因为这些才有胆量离开。"桓公立刻下堂说："我不敢对自己实行这些礼仪，实在是因为您年纪大了，即使是我也衰老了，我也希望慰劳一下您。"管仲回答说："我听说壮年人不懈怠，老年人不苟安，顺天道办事，一定有好结果。夏桀、商纣、周幽王这三王之所失，并不是一个早晨突然造成的，您为什么要偷安呢？"管仲走出，这回桓公是以宾客之礼再拜把他送走的。

　　明日，管仲朝，公曰："寡人愿闻国君之信。"对曰："民爱之，邻国亲之，天下信之，此国君之信。"公曰："善。请问信安始而可？"对曰："始于为身，中于为国，成于为天下①。"公曰："请问为身。"对曰："道血气②，以求长年、长心、长德。此为身也。"公曰:"请问为国。"对曰:"远举贤人,慈爱百姓,外存亡国,继绝世^③,起诸孤^④,薄税敛,轻刑罚,此为国之大礼也。":"法行而不苛,刑廉而不赦^⑤,有司宽而不凌^⑥。菀浊困滞^⑦,皆法度不亡,往行不来,而民游世矣^⑧,此为天下也。"

【注释】

①成:终。

②道:治。一说"道"为"导"之借字。

③继绝世:将断绝了的族群世系恢复起来。

④起诸孤:赈救众孤。

⑤赦:滥赦。

⑥凌:凌暴。

⑦菀(yù)浊困滞:指各种地位低下、处境困难的人。菀,郁积。浊,"独"字之误。

⑧游世:自由自在地生活于世。

【译文】

第二天,管仲上朝,桓公说:"我想听一听关于国君威信的问题。"管仲回答说:"民众爱戴他,邻国亲睦他,天下信任他,这就是国君的威信。"桓公说:"好。请问威信是怎样开始建立的?"管仲回答说:"建立威信开始在治身,其次在治国,最终完成于治天下。"桓公说:"请问治身的方法。"管仲回答说:"导引血气,来求得寿命长、谋虑远和德行广,这是治身。"桓公说:"请问治国的方法。"管仲回答说:"充分地举用贤人,爱护百姓,对外保全灭亡的国家,接续断绝的世家,起用诸多遗孤,少收税,减轻刑罚,这是治国的大礼。法令能够推行而又不苛刻,刑罚精简而又不妄赦罪人,官吏宽厚不暴虐,处置那些卑微困窘的人也不失法度;过去的坏现象不再发生,人们能在世间自得地生活,这就是治理天下的方法。"

小匡第二十

【题解】

此篇与上两篇略有出入，内容与《国语·齐语》大致相同，记叙了齐桓公任用管仲治理国家的过程，详细记载了管仲辅佐齐桓公称霸的具体政策和措施，最终帮助齐桓公完成了"九合诸侯，一匡天下"的霸业。此篇主体上可以分为两个部分。第一部分以桓公设问、管仲作答的形式记载了管仲对成就霸业而发表的言论，其要点可以概括为：三分其国、五分其鄙，建立严整的军事化的行政体制；建设"四民分业"的社会组织和社会教育；推行爱民之道，安顿民心；修理内政，整顿军令；修德进贤，赏功罚罪；缮治甲兵；结交诸侯、巩固邻邦。第二部分追加记载了管仲告诫桓公不要称王，匡正天下诸侯，论定任用百官等史实。

记述管仲事迹，用意在称许贤人政治，此篇在这一点的表达上，尤为明显。

桓公自莒反于齐，使鲍叔牙为宰。鲍叔辞曰："臣，君之庸臣也①，君有加惠于其臣，使臣不冻饥，则是君之赐也。若必治国家，则非臣之所能也；其唯管夷吾乎②。臣之所不如管夷吾者五：宽惠爱民，臣不如也。治国不失秉③，臣不如也。忠信可结于诸侯，臣不如也。制礼义可法于四方，臣不如也。介胄执枹④,立于军门,使百姓皆加勇,臣不如也。夫管仲,民之父母也,将欲治其子,不可弃其父母。"公曰:"管夷吾亲射寡人,中钩,殆于死⑤,今乃用之,可乎?"鲍叔曰:"彼为其君动也⑥,君若宥而反之⑦,其为君亦犹是也。"公曰:"然则为之奈何?"鲍叔曰:"君使人请之鲁。"公曰:"施伯,鲁之谋臣也。彼知吾将用之,必不吾予也。"鲍叔曰:"君诏使者曰:'寡君有不令之臣在君之国⑧,愿请之以戮群臣⑨。'鲁君必诺。且施伯之知夷吾之才,必将致鲁之政⑩。夷吾受之,则鲁能弱齐矣。夷吾不受,彼知其将反于齐。必杀之。"公曰:"然则夷吾受乎?"鲍叔曰:"不受也。夷吾事君无二心。"公曰:"其于寡人犹如是乎?"对曰:"非为君也,为先君与社稷之故⑪。君若欲定宗庙⑫,则亟请之⑬,不然,无及也⑭。"

【注释】

①庸:普通,平庸。

②其:大概,也许。语助词,表示推测。

③秉:通"柄"。权柄。此指纲纪。

④介胄:披戴盔甲。枹(fú):鼓槌。

⑤殆:几乎。

⑥动:指管仲射杀桓公的行动。

⑦宥(yòu):宽恕。反:同"返"。使返还。

⑧不令:不听从命令,不善。

⑨戮群臣:在群臣面前处死。

⑩致:送给,给予。政:政务,治理国家的事务。

⑪社稷:古代帝王、诸侯所祭的土神和谷神,代指国家。社,土神。稷,谷神。

⑫宗庙：古代帝王、诸侯祭祀祖宗的庙宇。此处代指国家。

⑬亟(jí)：快,急。

⑭无及：来不及。

【译文】

　　齐桓公从莒国回到齐国,让鲍叔牙做宰相。鲍叔牙推辞说:"我只是君王您的平庸臣子,但您对我施加恩惠,让我不受冻挨饿,这就是君主的恩赐了。如果说一定要治理国家,就不是我能够做到的,大概只有管仲可以吧。我比不上管仲的地方有五个:宽惠爱民,我比不上;治国不丢失纲纪,我比不上;讲究忠信能够和诸侯结交,我比不上;制定礼仪使四方效法,我比不上;披戴盔甲站在军门,让百姓更加英勇,我比不上。管仲就像是民众的父母,如果要治理子民,就不能抛弃他们的父母。"齐桓公说:"管仲曾经亲自用弓箭射我,射中了我的衣带钩,我差点被杀死,现在竟然要任用他,这可行吗?"鲍叔牙说:"他那时是为了他的君主而采取了那样的行动,现在您如果能宽恕他让他回国,他也会为您尽心尽力的。"齐桓公说:"那么,我要怎么做呢?"鲍叔牙说:"您可以派使者去向鲁国请求让管仲回国。"齐桓公说:"施伯是鲁国的谋臣,他如果知道我将任用管仲,鲁国一定不会答应的。"鲍叔牙说:"君王您告诉使者说:'我有一个不听从命令的臣子在贵国,希望能够将他带回在群臣面前处死。'这样的话,鲁君一定会答应的。而且施伯知道管仲的才能,一定会将鲁国的政务托付给管仲的。管仲如果接受了重任,那鲁国就能够削弱齐国了。如果管仲不接受,那他就知道管仲会回到齐国,那就一定会杀了他。"齐桓公说:"那么,管仲会接受鲁国的任命吗?"鲍叔牙说:"他不会接受的。因为管仲侍奉君主没有二心。"齐桓公说:"他对我也是这样的吗?"鲍叔牙回答说:"他不是为了君主您才这样,而是因为先君和国家的缘故。您如果想要安定国家,那么就快把他要回来,不然的话就来不及了。"

　　公乃使鲍叔行成①。曰:"公子纠,亲也,请君讨之。"鲁人为杀公子纠。又曰："管仲，雠也，请受而甘心焉。"鲁君许诺。施伯谓鲁侯曰："勿予。非戮之也，将用其政也。管仲者，天下之贤人也，大器也。在楚则楚得意于天下，在晋则晋得意于天下，在狄则狄得意于天下。今齐求而得之，则必长为鲁国忧。君何不杀而受之其尸②。"鲁君曰："诺。"将杀管仲。鲍叔进曰："杀之齐，是戮齐也。杀之鲁，是戮鲁也。弊邑寡君愿生得之，以徇于国③，为群臣僇④。若不生得，是君与寡君贼比也⑤，非弊邑之君所谓也⑥，使臣不能受命。"于是鲁君乃不杀，遂生束缚而柙以予齐⑦，鲍叔受而哭之，三举⑧。施伯从而笑之，谓大夫曰："管仲必不死。夫鲍叔之忍不僇贤人，其智称贤以自成也。鲍叔相公子小白先入得国，管仲、召忽奉公子纠后入，与鲁以战，能使鲁败⑨，功定已⑩。得天与失天，其人事一也。今鲁惧，杀公子纠、召忽，囚管仲以予齐，鲍叔知无后事，必将勤管仲以劳其君⑪，愿以显其功。众必予之有得⑫。力死之功，犹尚可加也，显生之功将何如？是昭德以贰君也⑬，鲍叔之知⑭，不是失也。"

【注释】

①行成：办理和谈的事务。成，和解，议和。

②受：同"授"。给予。

③徇：示众。

④僇：通"戮"。

⑤比：相亲近。

⑥所谓：所表达的意思。即不合齐君所请求的意思。一说字当作"请"。

⑦桎(xiá)：囚笼，囚车。这里用作动词，指用囚笼关押。

⑧三举：哭泣多次。举，行。

⑨能：乃。

⑩已：语气词，略等于"矣"。

⑪勤：帮助。劳：效劳。

⑫予：赞许，赞同。得：通"德"。

⑬贰：协助，辅佐。

⑭知：同"智"。

【译文】

　　齐桓公就让鲍叔牙去鲁国议和。鲍叔牙对鲁君说："公子纠是我们君主的亲人，请鲁君帮我们杀掉他。"鲁国就帮齐国杀了公子纠。鲍叔牙又说："管仲是我们的仇人，请把他交给我们，这样我们才甘心。"鲁君答应了。施伯对鲁君说："不要把管仲给他们。他们是不会杀掉管仲的，反而会任用他治理政事。管仲是天底下的贤人，有大才能。如果他在楚国做事，那楚国就会在全天下得志；在晋国，那么晋国就会在全天下得志；在狄国，那么狄国就会在全天下得志。现在如果齐国请求并且得到管仲，那么就一定会成为鲁国的忧患。您为什么不杀掉管仲而给齐国他的尸体呢？"鲁君说："好。"鲁国就准备处死管仲。鲍叔牙进言说："在齐国杀掉管仲，算是杀掉齐国的罪人。在鲁国杀掉，算是杀掉鲁国的罪人。我们君主希望能够活捉管仲，杀掉他在国内示众，来警戒群臣。如果我们不能活捉管仲，那鲁君就算是要和我国的罪人亲近，这不是我们的国君的请求，我作为使臣不能接受你们的意见。"这样，鲁君才没杀管仲，于是把管仲捆绑起来用囚笼关押送给了齐国。鲍叔牙接收了囚车，为管仲哭了许多次。施伯跟在后面大笑，对鲁国大夫们说："管仲一定不会死的。鲍叔牙很能容忍，不会杀害贤人。他很有智慧，会选用贤人来成就自己难成的功业。鲍叔牙辅佐公子小白，能先进入齐国而获得君位，管仲和召忽辅佐公子纠晚一点进入齐国，和鲁国联盟来攻

打齐国，却使鲁国战败了，鲍叔牙的功绩确定了。鲍叔牙的辅佐得到天
助而管仲的辅佐失去了天助，但不管怎样，他们辅佐的事业都是一样
的。现在鲁国害怕了，杀掉了公子纠和召忽，把管仲关押起来送给齐
国，鲍叔牙知道以后没有顾虑了，就一定会帮助管仲来为齐君效劳，来
成就管仲的功业和名声。同时大家也一定会赞许鲍叔牙说他有德行。
鲍叔牙曾经有拼命辅佐齐桓公的功劳还不算大，那么使管仲生还荣显
的功劳怎么样呢？这是彰显管仲的德行来辅佐齐桓公，凭借鲍叔牙的
智慧，是不会错过这种机会的。"

　　至于堂阜之上^①，鲍叔袚而浴之三^②，桓公亲迎之郊。管
仲诎缨捷衽^③，使人操斧而立其后。公辞斧三，然后退之。
公曰："垂缨下衽，寡人将见。"管仲再拜稽首曰^④："应公之
赐，杀之黄泉，死且不朽。"公遂与归，礼之于庙，三酳而问为
政焉^⑤。

　　曰："昔先君襄公，高台广池，湛乐饮酒^⑥，田猎罼弋^⑦，不
听国政。卑圣侮士，唯女是崇^⑧。九妃六嫔，陈妾数千^⑨，食必
粱肉^⑩，衣必文绣，而戎士冻饥^⑪。戎马待游车之弊^⑫，戎士待
陈妾之余^⑬。倡优侏儒在前^⑭，而贤大夫在后。是以国家不日
益，不月长，吾恐宗庙之不扫除，社稷之不血食^⑮。敢问为之
奈何？"

　　管子对曰："昔吾先王周昭王、穆王世法文、武之远迹，以
成其名。合群国^⑯，比校民之有道者^⑰，设象以为民纪^⑱。式美
以相应^⑲，比缀以书，原本穷末^⑳。劝之以庆赏^㉑，纠之以刑罚，
班序其颠旄^㉒，赐予以镇抚之，以为民终始。"

　　公曰："为之奈何？"管子对曰："昔者圣王之治其民也，参

其国而伍其鄙㉓。定民之居，成民之事，以为民纪。谨用其六秉，如是而民情可得，而百姓可御㉔。"

桓公曰："六秉者何也？"管子曰："杀、生、贵、贱、贫、富，此六秉也。"桓公曰："参国奈何？"管子对曰："制国以为二十一乡㉕：商工之乡六，士农之乡十五。公帅十一乡，高子帅五乡，国子帅五乡。参国故为三军。公立三官之臣㉖，市立三乡㉗，工立三族㉘，泽立三虞㉙，山立三衡㉚。制五家为轨㉛，轨有长㉜；十轨为里，里有司；四里为连，连有长；十连为乡，乡有良人；三乡一帅。"

桓公曰："五鄙奈何？"管子对曰："制五家为轨，轨有长；六轨为邑，邑有司；十邑为卒，卒有长；十卒为乡，乡有良人；三乡为属，属有帅。五属五大夫。武政听属，文政听乡，各保而听㉝，毋有淫泆者㉞。"

【注释】

①堂阜：齐地名。

②祓(fú)：古代用斋戒沐浴等方法除灾求福。也泛指扫除。

③诎(qū)缨捷衽(rèn)：把帽缨收起来，挽起衣襟插进腰带，表示准备接受刑罚。诎，弯曲。捷，插。

④再拜：拜了两次。稽(qǐ)首：古时一种跪拜礼，叩头至地，是九拜中最恭敬的。

⑤酌：斟酒。

⑥湛(dān)：沉溺。

⑦田猎：打猎。罼(bì)：捕捉鸟兽的长柄网。弋：用带绳子的箭射鸟。

⑧崇：宠信。

⑨陈妾:"下陈之妾"的省称。指后宫中众多的姬妾。

⑩粱:粟的优良品种的总称。这里指精美主食。

⑪戎士:将士,兵士。

⑫弊:破败,损坏。

⑬余:指姬妾们食用剩下的食物。

⑭倡优:古代称以音乐歌舞或杂技戏谑娱人的艺人。侏儒:供娱乐的矮人。

⑮血食:指享受祭品。古代杀牲取血以祭,故称。

⑯国:城邑,城市。

⑰比校(jiào):考核,考校。

⑱象:榜样,模范。纪:纲纪,准则。

⑲式:用,取法。

⑳原:推究本源。

㉑庆赏:赏赐。

㉒班序:依次排列。颠旄:头发。旄,通"毛"。

㉓参其国:把国都分为三个部分。鄙:这里指国都以外的地区。乡与鄙的分别与西周封建有关。封建时建立齐国的周人在首领带领下镇守齐国之地,为了安全与统治,建立一个城池驻扎,这就是"国";依托于国的附近周边区域,就是"乡",也是齐国所依赖基本民众的生存空间。而其他广大地区,则是被征服、被统治的原住民,他们生活的区域,就是"野",在野上建立管理民众的驻地就是所谓"鄙"。因而简单地说,"国""乡"主要指齐国的统治者及其民众,"鄙"则主要指那些原住民。

㉔御:统治。

㉕制:切割,划分。乡:基层行政区划单位。

㉖公:您,指桓公。三官:与上文"参其国"一样,把国都一分为三,故需在各种部门中为节设官。

㉗市立三乡：此句指在市场设立"三乡"之官。因为乡民也需要商品交换。市，市场。古代市场开放有时间、地点限制，又有专门的官员负责。

㉘工：负责手工业的官员。

㉙泽：负责管理沼泽收益的官员。其官名即"虞"。

㉚衡：负责山林经济收入的官员名称。

㉛轨：与下文中里、连、乡、邑、卒、属均指各级行政单位的名称。

㉜长：同下文中司、良人、帅均指各级行政官职名称。

㉝保：依靠，从属。听：从。

㉞淫泆：纵欲放荡。这里指荒废政务。

【译文】

到了堂阜这个地方，鲍叔牙多次为管仲举行除灾求福和沐浴洁身的仪式，桓公亲自到郊外去迎接管仲。管仲收起帽缨掩着衣襟，让人拿着斧头站在自己的后面。齐桓公多次下令让拿斧头的人离开，于是他们就退下了。齐桓公说："把帽缨垂下，把衣襟放下，我就来接见您。"管仲叩头拜了两拜说："承受了您的恩赐，我就是死在了黄泉，也会不朽的。"齐桓公于是和管仲一起回去，在庙堂上用相应的礼节招待他，喝了三杯酒后齐桓公向管仲询问为政之道。

齐桓公说："从前先君襄公，他建起高台、拓宽水池，沉溺在喝酒享乐中，喜欢打猎捕射的活动，不治理国家事务。他蔑视圣贤、侮辱士人，宠信女人，嫔妃众多，姬妾成群。她们吃的一定是精美的食物，穿的也一定是华美的衣服，然而同时，将士们却在受冻挨饿。军队中要用马车得等宫中用坏了的游览车，将士们吃的食物是姬妾们吃剩下的。先君把倡优侏儒这些人安置在前面，而把贤能的大夫们放在脑后。因为这样，国家每天没有进步，每个月都没有发展，我担心这样下去，以后宗庙会没人打扫，社稷会没人祭祀。我想问您，对此应该怎么办呢？"

管仲回答说："从前咱的先王周昭王和周穆王，他们世代效法文王和武王的遗风,所以成就了他们自己的声名。他们在城邑中考核百姓中有道德的人,然后把他们树立成大家的榜样。用美德来相互交流感应,用文字来编排连缀成书简,这样来推究万物的始末。他们用赏赐来鼓励百姓,用刑罚来纠正错误,根据百姓们的年龄来排列次序,选出德高望重的,通过赏赐来安抚他们,把这种做法作为治理百姓的常规操作。"

齐桓公说:"那具体要怎么做呢?"管仲回答说:"从前圣贤的君王在治理百姓的时候,会把国都及其周边乡民分为三个部分,把其他各鄙所属的广大地区分成五个部分。安定百姓们的居住,成就百姓们自己的功业,把这作为治理百姓的纲纪。同时,要谨慎地使用六种权柄,这样的话,就可以掌握民情,也就可以统治子民了。"

齐桓公说:"那六种权柄是什么呢?"管仲说:"让人死亡,让人生存,让人高贵,让人低贱,让人贫穷,让人富有,这就是六种权柄。"齐桓公说:"三分国都及其周边的乡民具体又要怎么做呢?"管仲回答说:"把国都及所属地区划分成二十一个乡:其中商人和手工业者划分成六个,士人和农民划分成十五个。您统帅其中十一个乡,高子统帅五个,国子统帅五个。这样三分国家也就有了三支军队。您再设立三官官吏:在市场设立三乡之官,为工乡设立三族之官,设立三虞之官,负责管理川泽收益,设立三衡之官负责山林收益,然后把五家划分为一轨,每轨设立轨长;十轨成为一里,每里设置里司;每四里是一连,每连设置连长;十连成为一乡,乡里长官称为良人;每三个乡设置一个统帅。"

齐桓公问:"五鄙具体怎么做呢?"管仲回答说:"把五家划分为一轨,每轨设立轨长;六轨成为一邑,每邑设置邑司;每十邑是一卒,每卒设置卒长;十卒成为一乡,乡里长官也成为良人;每三乡成为一属,属里设置大夫为统帅。五个属就有五个大夫。武功方面的事就听从属的意见,文治方面的事就听从乡,各有所依,就没有放荡荒废政务的了。"

桓公曰:"定民之居,成民之事,奈何?"管子对曰:"士农工商四民者,国之石民也①,不可使杂处。杂处则其言哤②,其事乱。是故圣王之处士必于闲燕③,处农必就田野,处工必就官府,处商必就市井。

"今夫士群萃而州处④,闲燕则父与父言义⑤,子与子言孝,其事君者言敬,长者言爱,幼者言弟⑥。且昔从事于此⑦,以教其子弟,少而习焉,其心安焉,不见异物而迁焉。是故其父兄之教不肃而成;其子弟之学不劳而能。夫是故士之子常为士。

"今夫农群萃而州处,审其四时,权节其用⑧,备其械器,比耒耜枷芟⑨。及寒,击稿除田⑩,以待时乃耕。深耕、均种、疾耰⑪,先雨芸耨⑫,以待时雨⑬。时雨既至,挟其枪刈耨镈⑭,以旦暮从事于田野,税衣就功⑮,别苗莠⑯,列疏遫⑰。首戴苎蒲⑱,身服襏襫⑲,沾体涂足⑳,暴其发肤㉑,尽其四支之力㉒,以疾从事于田野。少而习焉,其心安焉,不见异物而迁焉。是故其父兄之教不肃而成,其子弟之学不劳而能。是故农之子常为农,朴野而不慝㉓,其秀才之能为士者㉔,则足赖也。故以耕则多粟,以仕则多贤,是以圣王敬农戚农㉕。有司见之而不以告,其罪五。有司已于事而竣㉖。

"今夫工群萃而州处,相良材,审其四时,辨其功苦㉗,权节其用,论比汁材㉘,制断器㉙,尚完利㉚。相语以事,相示以功,相陈以巧㉛,相高以知事㉜。且昔从事于此,以教其子弟,少而习焉,其心安焉,不见异物而迁焉。是故其父兄之教不肃而成,其子弟之学不劳而能。夫是故工之子常为工。

"今夫商群萃而州处,观凶饥㉝,审国变,察其四时而监其乡之货㉞，以知其市之贾㉟。负任担荷，服牛络马㊱，以周四方㊲。料多少，计贵贱，以其所有，易其所无，买贱鬻贵㊳。是以羽旄不求而至，竹箭有余于国，奇怪时来，珍异物聚。旦昔从事于此，以教其子弟。相语以利，相示以时，相陈以知贾。少而习焉，其心安焉，不见异物而迁焉。是故其父兄之教不肃而成，其子弟之学不劳而能。夫是故商之子常为商。

"相地而衰其政㊳，则民不移矣。正旅旧㊵，则民不惰。山泽各以其时至，则民不苟㊶。陵陆、丘井、田畴均㊷，则民不憾㊸。无夺民时，则百姓富，牺牲不劳㊹，则牛马育。"

【注释】

①石民：如柱脚石的百姓。比喻士、农、工、商是国家的根本。

②哤（máng）：语言杂乱，意见不一。

③处：处理，安置。闲燕：指安闲、清净的地方。燕，通"宴"。安闲，安乐。

④今夫：若是。表示对将来状况的预测。群萃：与"州处"均指聚居。州：聚。

⑤闲燕：平常安乐无事之时。

⑥弟（tì）：通"悌"。弟对兄的敬爱。

⑦旦昔：早晚。昔，通"夕"。

⑧权节其用：权衡调节生产的用度。

⑨比：比量，斟酌。犹今言"掂对""掂掇"。耒耜：耕具。枷（jiā）：连枷，拍打谷物使籽粒脱落下来的农具。芟（shān）：割草用的大镰刀。

⑩稿：干草。除：修治，修整。

⑪均种：指间隔均匀、适度地种植。耰（yōu）：播种后翻土、盖土。

⑫芸：通"耘"。除草。

⑬时雨：应时的雨水。

⑭枪：两头尖锐的木棍，可以用作农具。刈：割草用的工具，指镰刀。耨（nòu）：除草用的农具。镈（bó）：古代锄类农具。

⑮税：通"脱"。功：事功，工作。这里指干农活。

⑯莠：泛指杂草。

⑰遬（sù）：通"数"。密，与"疏"相对。

⑱苎蒲：指用苎麻和蒲草编成的斗笠。

⑲袯襫（bó shì）：蓑衣之类的防雨衣。

⑳沾体涂足：身体淋湿，两脚沾满泥土。

㉑暴：同"曝"。晒。

㉒支：同"肢"。

㉓朴野：质朴无华。慝（tè）：奸邪。

㉔秀才：才能优异的人。

㉕戚：亲近。

㉖"有司见之而不以告"三句：有学者言这几句为衍文。亦有学者认为非衍文，《国语·齐语》亦有此数句。有司已于事而竣，此句是说，农官最后向君主荐贤一年的事就完了。有司，负责农事官员。

㉗功苦：制造的器物，精美的称为功，滥恶的称为苦。

㉘论比：选择比较。论，通"抡"。挑选。汁（xié）：协调，调和。

㉙断：通"锻"。锻造。

㉚完利：坚固适用。

㉛陈：述说，这里指交流。

㉜知事：理解掌握工事的规律。指工事理论水平。

㉝凶饥：凶年的饥荒。

㉞监：视察,考察。

㉟贾：同"价"。

㊱服：乘,用。络：套住。

㊲周：周游。

㊳鬻(yù)：卖。

㊴衰：由大到小按照一定的等级递减。政：通"征"。征税。

㊵正旅旧：政事要遵照旧法。正,通"政"。旅,行。

㊶苟：苟且,随便。

㊷陵陆：山陵与平地。丘井：山丘,土山。田畴：田地。这里代表土壤肥沃的土地。

㊸憾：怨恨。

㊹牺牲不劳：不夺取占用祭祀用的祭品。牺牲,供祭祀用的纯色完整牲畜。劳,通"捞"。掠夺,夺取。

【译文】

　　齐桓公说："安定百姓们的居住,成就百姓们自己的功业,这要怎么做呢?"管子回答说："士、农、工、商四种百姓,他们是国家的基础,不能让他们杂居在一起。如果杂居在一起,那么他们的交谈就会混杂,他们的功业也会混乱了。因此,圣明的君王安排士的居处时一定会选安闲、清净的地方,一定会把农民安排在田野附近,把工匠安排在官府附近,把商人安排在市场附近。

　　"若是让士聚居在一个地区,在闲暇时,做父亲的会一起谈论道义,做儿子的人会一起谈论孝道,侍奉君主的人会一起谈论恭敬,年长的人会谈论对晚辈的爱护,年幼的就会谈论敬爱兄长。他们早晚都做着这些事,以此来教育他们的子弟,子弟们从小就学习了这些道义,他们就会在这领域里安心,不会见异思迁了。因此,父亲和兄长的教导不用很严厉也能成功,子弟们不用很费力就学会了。所以,士的子弟就一直是士。

"让农民聚居在一个地区,他们会一起观察四季的变化,权衡调节生产的用度,准备农具,掂对着准备耒、耜、耝、芟等。到了寒冷的时候,他们会清除干草修整田地,农时到了就开始耕种。耕地耕得深,下种均匀,覆种很快,抢在下雨前除完草,然后等待及时雨的到来。当及时雨已经来了,就会带上各种农具,从早到晚都在田地中劳作,他们脱掉衣服干活,仔细分辨禾苗和野草,禾苗排列得疏密得当。下雨的时候,头上戴着斗笠,身上穿着蓑衣,全身都浸湿了,两脚沾满了泥土;晴天的时候皮肤曝晒在阳光下,竭尽全身的力量,在田地里快速而紧张地工作着。农民的子弟们从小就学习了这些技能,他们在农作上会感到安心,就不会见异思迁了。因此,父亲和兄长的教导不用很严厉也能成功,子弟们不用很费力就学会了。因此,农民的子弟就一直是农民,品质质朴纯真而没有奸邪,而且其中才能优异而能成为士的,也是值得信赖的。所以农民从事耕种的话,食物就丰足;做官的也大多是贤人,因此圣明的君王敬重农民、亲近农民。有关官员见农夫中的贤者不推荐,其罪有五条。有关人员把这事做完,一年工作才算完工。

"让工匠们聚居在一个地区,他们会考察良好的材料,观察四季的变化,分辨产品的精美和滥恶,权衡调节生产的用度,挑选比较和协调材料,制造器具,追求坚固适用。他们相互谈论工事,相互展示成品,相互交流工艺技巧,相互提高工事理论水平。他们从早到晚都在从事手工,来教导他们的子弟,那么子弟们从小就学习了这些技能,他们在工事上会感到安心,就不会见异思迁了。因此,父亲和兄长的教导不用很严厉也能成功,子弟们不用很费力就学会了。所以,工匠的子弟就一直是工匠。

"让商人聚居在一个地方,他们会考察凶年的饥荒,审视国家政策的变动,观察四季的变化而时刻关注地方的货物,通过这些来掌握市场的价格。商人们背着、挑着货物,赶着牛、驾着马,在四方到处游走。他们事先预测某地货物的多少,计算它们的贵贱,用自己拥有的货物来交换别人没有的,低价买进来再高价卖出去。因此,像雉羽和牦牛尾这样贵重的物品不用亲自求取自己就会来，竹箭这种产品在国内还会有剩余的，奇怪和珍异的货物时常出现，并聚集在一起。他们从早到晚都在从事买卖，来教导他们的子弟。他们相互谈论利益，相互提醒时机，相互交流从而知道怎么做生意。商人子弟们从小就学习了这些技能，他们在商业上会感到安心，就不会见异思迁了。因此，父亲和兄长的教导不用很严厉也能成功，子弟们不用很费力就学会了。所以，商人的子弟就一直是商人。

"国家要根据土地的情况来相应征收赋税，那么民众就不会轻易流动。政事遵循旧法，那百姓就不会懈怠。山林和水泽按照时节开发，那百姓就不会苟且随便。山陵、平地等各种类型的土地均衡地分配，那百姓心中就没有怨恨。不占用劳动的时节，那百姓就会富足；不私自夺取占用给神灵的祭品，那牛马就能得到佑护而繁殖。"

桓公又问曰："寡人欲修政以干时于天下①，其可乎?"管子对曰："可。"公曰："安始而可?"管子对曰："始于爱民。"公曰："爱民之道奈何?"管子对曰："公修公族②，家修家族③，使相连以事，相及以禄④，则民相亲矣。放旧罪⑤，修旧宗，立无后⑥，则民殖矣。省刑罚，薄赋敛，则民富矣。乡建贤士，使教于国，则民有礼矣。出令不改，则民正矣。此爱民之道也。"公曰："民富而以亲，则可以使之乎⑦?"管于对曰："举财长工以止民用⑧，陈力尚贤以劝民知⑨，加刑无苛以济百姓⑩。行之无私，则足以容众矣⑪；出言必信，则令不穷矣⑫。此使民之道也。"

【注释】

①干时：求合于时势。

②公：诸侯，君主。修：整治。

③家：古代卿大夫及其家族或封地称家，这里指卿大夫。

④禄：古代官吏的俸给。

⑤放：舍弃。

⑥立无后：为没有继承人的家族立嗣。

⑦以：通"已"。已经。

⑧举财：开发财物。长工：发展手工业。止：等待满足。

⑨陈力：展现出能力、才能。民知：民智。

⑩无：不要。

⑪容众：心怀宽广，能与各种人交往。这里指能团结天下百姓。

⑫穷：困窘。这里指政令行不通。

【译文】

　　齐桓公又问说："我想整治政事来适应天下的形势，这可以做到吗？"管仲回答说："可以。"齐桓公问："从哪里做起才可以达到目标呢？"管仲回答说："从爱护百姓开始做起。"齐桓公说："爱护百姓具体要怎么做呢？"管仲回答说："君主整治公族，卿大夫整治家族，彼此用事务相互联结，用俸禄相互补给，那么百姓们就会相互亲近了。赦免以前的罪犯，整治旧的宗族，为没有后代的人立嗣，那么百姓们就会繁衍生息。减省刑罚，减少赋税，那么百姓们就会富足。乡里推崇贤人，让他们在国内施行教化，那么百姓们就会有礼节了。朝廷和官府发出的政令不会改变，那么百姓们就会变得正直。这就是爱护百姓的做法。"齐桓公说："百姓富足而且又相互亲近，这样可以去役使他们了吗？"管仲回答说："开发财物，增加工事来预备百姓们的用度；展现贤人的能力，推崇贤人来勉励百姓们增长智慧；施加刑罚不要过于苛刻，来帮助百姓改正错误。行使政令没有私心，那么就能够团结全天下的百姓；说出了言论就一定讲信用，那么政令就不会行不通了。这就是役使百姓的做法。"

桓公曰:"民居定矣,事已成矣,吾欲从事于天下诸侯①,其可乎?"管子对曰:"未可。民心未吾安。"公曰:"安之奈何?"管子对曰:"修旧法,择其善者,举而严用之②。慈于民③,予无财,宽政役④,敬百姓,则国富而民安矣。"公曰:"民安矣,其可乎?"管仲对曰:"未可。君若欲正卒伍,修甲兵,则大国亦将正卒伍⑤,修甲兵。君有征战之事,则小国诸侯之臣有守圉之备矣⑥。然则难以速得意于天下。公欲速得意于天下诸侯,则事有所隐⑦,而政有所寓⑧。"公曰,"为之奈何?"管子对曰:"作内政而寓军令焉。为高子之里,为国子之里,为公里,三分齐国,以为三军。择其贤民,使为里君。乡有行伍⑨,卒长则其制令⑩,且以田猎⑪,因以赏罚,则百姓通于军事矣。"桓公曰:"善。"

【注释】

①从事于天下诸侯:和天下诸侯会盟。这里指称霸天下诸侯。

②严:尊敬,敬重。

③慈:上对下的爱护称为慈。这里指君主对百姓的仁爱。

④政:通"征"。征收,征调。

⑤正:通"整"。整顿,治理。卒伍:古代军队编制,五人为伍,百人为卒。泛指军队。

⑥圉(yǔ):防御,防备。

⑦隐:隐蔽。

⑧寓:寄存,依托。

⑨行伍:古代兵制,五人为伍,五伍为行。这里借指军队。

⑩制令:制度与号令。

⑪田:打猎。

【译文】

齐桓公说:"百姓们的居住已经安定了,他们自己的功业也建立了,现在我想在诸侯中称霸,可以做到吗?"管子回答说:"不可以。民心还没有因为我们而安定。"齐桓公说:"要怎样使他们安定呢?"管仲回答说:"修订旧有的法律,选择其中合理的,制定出来然后严格地使用它们。对百姓仁爱,救济贫困的人,放宽松征派徭役,敬重百姓,那么国家就可以富足而且民心变得安定了。"齐桓公说:"民心安定了,那就可以了吗?"管仲回答说:"还不可以。您如果要整顿军队,修缮兵器,那么其他大国也将整顿军队,修缮兵器。您有发动战争的行动,那么其他小国诸侯的臣子们就会有防御的准备了。这样的话,您就很难很快地在全天下得志了。您如果想很快地在全天下得志,那么做事要有所隐蔽,同时政事要有所寄托。"齐桓公说:"那要怎么做呢?"管仲回答说:"治理内政,把军事命令寄藏在里面。建设高子管治的里,建设国子管治的里,建设您管治的里,把齐国分成三份,用这来建设三军。选择其中贤明的人,让他做里君。每个乡里有军队的编制,卒长负责制度和号令,同时用田猎来进行军事训练,通过田猎成绩进行奖赏和惩罚,那百姓们就会懂得军事了。"齐桓公说:"好。"

于是乎管子乃制五家以为轨,轨为之长。十轨为里,里有司。四里为连,连为之长。十连为乡,乡有良人,以为军令。是故五家为轨,五人为伍,轨长率之。十轨为里,故五十人为小戎,里有司率之。四里为连,故二百人为卒,连长率之。十连为乡,故二千人为旅,乡良人率之。五乡一师,故万人一军,五乡之师率之。三军故有中军之鼓,有高子之鼓,有国子之鼓。春以田曰蒐①,振旅②。秋以田曰狝③,治兵。是故卒伍政定于里,军旅政定于郊④。内教既成,令不得迁徙。故卒伍之人，人与人相保，家与家相爱，少相居，长相游，祭祀相福，死丧相恤⑤，祸福相忧，居处相乐，行作相和⑥，哭泣相哀。是故夜战其声相闻，足以无乱。昼战其目相见，足以相识。欢欣足以相死。是故以守则固，以战则胜。君有此教士三万人，以横行于天下，诛无道，以定周室。天下大国之君莫之能圉也。

【注释】

①蒐：春天打猎之称。

②振旅：整顿部队，操练士兵。

③狝（xiǎn）：秋天打猎之称。

④政定：整顿安定。政，整顿，治理。

⑤恤：怜悯。

⑥行作：劳作。

【译文】

接着，管仲就把五家划分成一轨，每轨设置轨长。十轨成为一里，每里设置有司。四里成为一连，每连设置连长。十连成为一乡，每乡设置良人，用这种编制来传达和施行军事命令。因此，五家成为一轨，五人成为一伍，由轨长率领。十轨成为一里，所以五十人成为一小戎，由里中的有司率领。四里成为一连，所以两百人成为一卒，由连长来率领。十连成为一乡，所以两千人成为旅乡，由良人率领。五乡为一师，所以一万人成为一军，由五乡的统帅来率领。因此三军有中军的鼓，有高子的鼓和国子的鼓。春天田猎叫作蒐，可以整顿军队。秋天的田猎叫狝，可以用来训练士兵。这样，卒伍就在里中整顿，军旅就在郊外整顿。国内的教令已经完成，那么军令就不能再变动了。所以，卒伍里的人，大家会相互保护，家与家会相互亲爱，年少的时候生活在一起，长大后就一起交游,祭祀时相互祝福,发生死丧就相互怜悯,遇到祸患就相互担忧,相处时相互娱乐,劳作时相互协调,哭泣时相互哀悼。因此,他们夜里作战的时候,听到彼此的声音而不会慌乱。在白天的时候,看到彼此就会认出对方。彼此让对方欢喜愉悦的友情足以让他们用生命来捍卫。因此,用他们来防守就很坚固,用他们来作战就会胜利。齐桓公如果有这样的经过规范训练的三万士兵,那就可以称霸天下,去讨伐失去道义的诸侯国,来安定周王朝。到时候,天底下的大国就没有谁能和他抗衡了。

　　正月之朝①,乡长复事②,公亲问焉,曰:"于子之乡,有居处为义好学、聪明质仁③,慈孝于父母,长弟闻于乡里者④,有则以告。有而不以告,谓之蔽贤,其罪五。"有司已于事而竣⑤。公又问焉,曰:"于子之乡,有拳勇股肱之力⑥,筋骨秀出于众者⑦,有则以告。有而不以告,谓之蔽才,其罪五。"有司已于事而竣。公又问焉,曰:"于子之乡,有不慈孝于父母,不长弟于乡里,骄躁淫暴⑧,不用上令者⑨,有则以告。有而不以告,谓之下比⑩,其罪五。"有司已于事而竣。于是乎乡长退而修德进贤。公亲见之,遂使役之官⑪。

【注释】

①朝:朝会。

②复:答复。

③质仁:质朴仁爱。

④长弟:敬长爱弟。弟,通"悌"。爱弟曰悌。

⑤竣:结束,退下。

⑥拳勇:勇壮。股肱:大腿和胳膊。这里指四肢。

⑦筋骨：韧带及骨骼。引申指身体。

⑧骄躁淫暴：骄傲、急躁、放纵、暴虐。

⑨用：奉行。

⑩下比：庇护坏人。比，勾结，庇护。

⑪役之官：成为官府的差役。役，辅助，打下手。

【译文】

　　正月的朝会，乡长来答复政务，齐桓公亲自询问乡长，说："在你们的乡里，有平时践行道义、喜好学习，聪明智慧、质朴仁爱，对父母孝顺，敬长爱幼而声名在乡里传播的人吗？有这样的人就要报告给我。如果有这样的人而不报告给我，那就算是埋没贤人，这就犯了五种罪。"有司报告完自己的政务要退下了。齐桓公又问有司说："在你们的乡中，有身体勇壮、四肢有力，身体素质出众的人吗？有这样的人就要报告给我。如果有这样的人而不报告给我，那就算是埋没人才，这就犯了五种罪。"有司报告完自己的政务要退下了。齐桓公又问："在你们的乡里，有不孝顺父母，在乡里不敬老爱幼，骄傲、急躁、放纵、暴虐，不奉行长官的命令的人吗？有这样的人就要报告给我。如果有这样的人而不报告给我，那就是庇护坏人，这就犯了五种罪。"有司报告完自己的政务退下了。接着，乡长退下后回去展开德政，推举贤人。齐桓公亲自接见了他们，让他们在官府当差役。

　　公令官长，期而书伐以告①，且令选官之贤者而复之②。曰："有人居我官有功，休德维顺③，端悫以待时使④。使民恭敬以劝。其称秉言⑤，则足以补官之不善政。"公宣问其乡里，而有考验。乃召而与之坐，省相其质⑥，以参其成功成事，可立而时⑦。设问国家之患而不疾⑧，退而察问其乡里，以观其所能，而无大过，登以为上卿之佐⑨。名之曰三选⑩。

高子、国子退而修乡，乡退而修连，连退而修里，里退而修轨，轨退而修家。是故匹夫有善⑪，可得而举也；匹夫有不善，可得而诛也⑫。政既成，乡不越长，朝不越爵。罢士无伍⑬，罢女无家。士三出妻⑭，逐于境外⑮。女三嫁，入于春谷⑯。是故民皆勉为善。士与其为善于乡，不如为善于里；与其为善于里，不如为善于家。是故士莫敢言一朝之便，皆有终岁之计；莫敢以终岁为议，皆有终身之功。

【注释】

①期：周期。这里指一年。伐：功劳。

②复：复查，核实。

③休德：美德。顺：通"慎"。谨慎，慎重。

④端悫（què）：正直诚谨。

⑤称：举，列举。秉言：谤言，民间的非议。秉，通"谤"。

⑥省相：省视，观察。

⑦时：等待。

⑧疾：本义为疾病。这里指后悔，即回答不上来。

⑨登：升迁，提拔。上卿：高级官员。佐：助手。

⑩三选：指乡长、官长和国君三级的选拔。

⑪匹夫：古代指平民中的男子。也泛指平民百姓。

⑫诛：责罚。

⑬罢（pí）士：无行的男子。后文"罢女"则为无行的女子。罢，不具备好的品质。和"贤"相对。

⑭出：弃逐，离弃。

⑮境：疆界，边界。

⑯春谷：春捣谷物。古代女奴所服的一种苦役。

【译文】

齐桓公让官长满一年后把他们的功劳记录下来报告给他,而且命令挑选官府中贤能的差役上报。齐桓公说:"有人在我的官府中立了功劳,品行美好而谨慎,正直而诚谨,等待着国君的任用。他能够让百姓谦恭有礼而奋勇进取。他列举出来的百姓的谤言,也足够用来弥补官府政务的缺陷。"齐桓公还询问乡里,核查他的功绩。然后召见他一起坐着,观察他的素质,来考察他的功绩,如果事实成立,就让他等待任用。询问他国家的忧患却能对答如流,退下后去询问他的乡里来了解他的能力,如果没有什么大过错,那就可以提拔成为上卿的助手。把这样的流程称为三选。然后高子、国子退回去治理乡,乡长退回去治理连,连长退回去治理里,里长退回去治理轨,轨长退回去治理家。因此平民百姓有行善的,就可以被发现并得到提拔;平民百姓有行恶的,就可以被发现并得到责贵。政事确定后,乡中没有僭越长辈的行为,朝中没有僭越爵位的事情。无行的男子没有伍接收他,无行的女子没有人会娶她成家。多次抛弃妻子的男子,就要被驱逐到境外。出嫁过多次的女子,就让她充入舂谷的劳役。这样的话,百姓们就会勤勉于行善。所以士人与其在乡里行善,不如在里中行善;与其在里中行善,不如在家中行善。因此士人不敢贪图短暂的利益,都会有全年的打算;不敢只考虑一年的事情,都会有一辈子功业的计划。

正月之朝,五属大夫复事于公,择其寡功者而谯之曰①:"列地分民者若一②,何故独寡? 何以不及人? 教训不善,政事其不治。一再则宥③,三则不赦。"公又问焉,曰,"于子之属,有居处为义好学,聪明质仁,慈孝于父母,长弟闻于乡里者,有则以告。有而不以告,谓之蔽贤,其罪五。"有司已事而竣。公又问焉,曰:"于子之属,有拳勇股肱之力秀出于众者,有则以告。有而不以告,谓之蔽才,其罪五。"有司已事而竣。公又问焉,曰:"于子之属,有不慈孝于父母,不长弟于乡里,骄躁淫暴,不用上令者,有则以告。有而不以告者,谓之下比,其罪五。"有司已事而竣。于是乎五属大夫退而修属,属退而修连,连退而修乡,乡退而修卒,卒退而修邑,邑退而修家。是故匹夫有善,可得而举;匹夫有不善,可得而诛。政成国安,以守则固,以战则强。封内治,百姓亲,可以出征四方,立一霸王矣④。

【注释】

①谯(qiào):责备。

②列地:分封土地。列,同"裂"。分裂,划分。

③再:两次。

④立一霸王:成为一个霸王。这里指建立霸王的功业。

【译文】

正月的朝会,五属大夫来向齐桓公答复政务,齐桓公选择功绩较少的责备说:"大家分封的土地和百姓是一样的,为什么只有你的功绩比较少?为什么比不上别人?如果教导训诫百姓没做好,政事处理不得当,一两次还可以饶恕,三次就不再原谅了。"齐桓公又问:"在你们的属里,有平时践行道义、喜好学习,聪明智慧、质朴仁爱,对父母孝顺,敬长爱幼而声名在乡里传播的人吗?有这样的人就要报告给我。如果有这样的人而不报告给我,那就是埋没贤人,这就犯了五种罪。"有司报告完自己的政务要退下了。齐桓公问有司:"在你们的属中,有身体勇壮、四肢有力,身体素质出众的人吗?有这样的人就要报告给我。如果有这样的人而不报告给我,那就算是埋没人才,这就犯了五种罪。"有司报告完自己的政务要退下了。齐桓公又问:"在你们的属里,有不孝顺父母,在乡里不敬老爱幼,骄傲、急躁、放纵、暴虐,不奉行长官的命令的人吗?有这样的人就要报告给我。如果有这样的人而不报告给我,那就是庇护坏人,这就犯了五种罪。"有司报告完自己的政务退下。然后五属大夫退回去治理属,属长退回去治理连,连长退回去治理乡,乡长退回去治理卒,卒长退回去治理邑,邑长退回去治理家。因此平民百姓有行善的,就可以被发现并得到提拔;平民百姓有行恶的,就可以被发现并得到责罚。这样,政事确定,国家安宁,用来防守就会很坚固,用来征战就会很强大。国境内环境安稳太平,百姓们相互亲近,那就可以向四方征战,成就一番霸王的功业了。

　　桓公曰:"卒伍定矣,事已成矣,吾欲从事于诸侯,其可乎?"管子对曰:"未可。若军令则吾既寄诸内政矣。夫齐国寡甲兵,吾欲轻重罪而移之于甲兵。"公曰:"为之奈何?"管子对曰:"制重罪入以兵甲犀胁二戟①,轻罪入蘭盾鞈革二戟②,小罪入以金钧分③,宥薄罪入以半钧,无坐抑而讼狱者④,正三禁之而不直⑤,则入一束矢以罚之。美金以铸戈剑矛戟,试诸狗马;恶金以铸斤斧钼夷锯欘⑥,试诸木土。"

【注释】

①制:规定。入:交纳。犀胁:用犀皮保护胁部,类似铠甲。戟:古代一种合戈、矛为一体的长柄兵器。

②蘭:通"闌"。兵器架。鞈(gé)革:古代用皮革制的胸甲。

③钧分:一均半,即四十五斤。钧,古代三十斤为一均。

④坐抑:摧挫,抑制。这里指冤屈。讼狱:诉讼。

⑤正:官长,君长。

⑥钼:同"锄"。夷:古代一种用于除草、平地的工具。欘(zhú):古

代锄头一类的农具。

【译文】

　　齐桓公说:"军队已经整顿完毕,政事也已经成功,我现在想要在天下诸侯中称霸,可以吗?"管仲回答:"还不可以。至于军事命令我们已经做到把他寄托在内政中了。但是齐国缺少兵器,我想用减轻重罪的方法,把赎金转移到兵器上。"齐桓公问:"那要怎么做呢?"管仲回答说:"规定犯了重罪的人要交纳兵器和盔甲、犀胁和两支戟,犯轻罪的要交纳兵器架、盾牌、鞈革和两支戟,犯了小罪的要交纳一均半金属,小罪被宽恕的要交纳半均金属,没有冤屈而提起诉讼,官长多次阻止而不变得老实的,就交纳一捆箭来惩罚他。上等的金属用来铸造戈、剑、矛、戟等武器,用狗、马来实验是否锋利;次等的金属用来铸造斧头、锄头等农具,用伐木和锄土来检验是否合格。"

　　桓公曰,"甲兵大足矣,吾欲从事于诸侯,可乎?"管仲对曰:"未可。治内者未具也,为外者未备也。"故使鲍叔牙为大谏[①],王子城父为将,弦子旗为理[②],宁戚为田[③],隰朋为行[④],曹孙宿处楚[⑤],商容处宋[⑥],季友处鲁,卫开方处卫[⑦],匽尚处燕[⑧],审友处晋[⑨]。又游士八十人[⑩],奉之以车马衣裘[⑪],多其资粮[⑫],财币足之,使出周游于四方,以号召收求天下之贤士。饰玩好[⑬],使出周游于四方,鬻之诸侯,以观其上下之所贵好[⑭],择其沈乱者而先政之[⑮]。

【注释】

①大谏:古代官名,掌谏诤。

②王子城父:人名,事迹不详。弦子旗:人名。《吕氏春秋》作"弦章",《说苑》作"弦商"。理:指狱官、法官。

③宁戚：春秋时卫国人，出身低贱，曾养过牛，被齐桓公破格提拔，成为一代贤巨。田：田畯，古代管理农事的职官。

④行：行人，古代通使的职官。

⑤处：居住。这里指驻扎。

⑥商容：春秋时人。《淮南子·缪称》言"老子学商容"，不知是否此人。

⑦卫开方：又称公子开方，卫国人，齐桓公时在齐任高官。

⑧匽尚：人名，可能即《大匡》之"晏子"。

⑨审友：不详。

⑩又：通"有"。

⑪奉：供应。衣裘：夏衣冬裘，这里指精美的服装。

⑫资粮：粮食，泛指钱粮。

⑬玩好：供玩赏的奇珍异宝。

⑭贵好：崇尚和喜好。

⑮沈乱：沉迷昏乱。沈：同"沉"。政：通"征"。征讨。

【译文】

齐桓公说："盔甲和兵器都十分充足了，我现在想在天下诸侯中称霸，可以吗？"管仲回答："不可以。现在治理内政的人还不充足，从事外交的人还不完备。"因此，让鲍叔牙做大谏，王子城父做将军，弦子旗当法官，宁戚当田畯，隰朋做行人，曹孙驻扎在楚地，商容驻扎在宋地，季友驻扎在鲁地，卫开方驻扎在卫地，匽尚驻扎在燕地，审友驻扎在晋地。有八十位游士，齐国供应给他们车马和精美的衣服，增加他们的粮食，让他们钱财充足，然后派遣他们去四方游说，用这来号召和求取天底下的贤士。让他们带上饰品和奇珍异宝，派遣他们去四方游说，把宝物卖给各国的诸侯，来观察各诸侯国国内上下的崇尚和喜好，选择其中沉迷昏乱的诸侯国来先征讨。

公曰："外内定矣，可乎？"管子对曰："未可。邻国未吾亲也。"公曰："亲之奈何？"管子对曰："审吾疆場①，反其侵地，正其封界，毋受其货财，而美为皮币②，以极聘眺于诸侯③，以安四邻，则邻国亲我矣。"桓公曰："甲兵大足矣，吾欲南伐，何主？"管子对曰："以鲁为主。反其侵地常、潜④，使海于有弊⑤，渠弥于有陼⑥，环山于有牢⑦。"桓公曰："吾欲西伐，何主？"管子对曰："以卫为主。反其侵地吉台、原姑与柒里⑧，使海于有弊，渠弥于有陼，环山于有牢。"桓公曰："吾欲北伐，何主？"管子对曰："以燕为主。反其侵地柴夫、吠狗⑨。使海于有弊，渠弥于有陼，环山于有牢。"四邻大亲。

【注释】

①場(yì)：疆界，边境。

②皮币：毛皮和缯帛。古代用作聘享的贵重礼物。

③极：通"亟"。急忙。聘眺(tiào)：泛指聘问。眺，古代诸侯每三年相见聘问的礼节。

④常：地名，原为鲁地。字又作"棠"。常、棠古音相近。其地应在今山东鱼台境内。《春秋左传》记鲁庄公曾至此观鱼，故有观鱼台遗迹。潜：地名，原为鲁地，其地应在今山东兖州西南方向不远。

⑤弊：通"蔽"。遮蔽。"使海于有弊"等句，皆是比喻，句法奇特。

⑥渠弥：小海。陼：同"渚"。水中小洲。

⑦环山：群山环绕。

⑧吉台：地名，原属卫。其地方位不详。原姑：地名，原属于卫，地点不详。柒里：地名，原属卫，具体地点不详。

⑨柴夫、狗吠：两者皆为地名，原属燕国，具体地点不详。

【译文】

　　齐桓公问:"外交和内政都已经安定下来了,现在可以称霸吗?"管仲回答说:"还不可以。邻国还没有亲附我们。"齐桓公问:"要怎么达到亲附呢?"管仲回答说:"审查我们国家的疆界,把侵略得到的土地返还回去,勘定界线,不要接受对方的财货,然后准备优良的毛皮和缯帛,作为礼物用来跟各诸侯国聘问,这样来安定四方的邻国,那么邻国就会亲附我们了。"齐桓公问:"盔甲和兵器已经十分充足了,我现在想要向南边征伐,应该依托哪个国家呢?"管仲回答说:"以鲁国作为依托。返还侵占他们的常和潜这两个地方,让大海作为齐国的屏蔽,小海用作堤防,群山环绕作为牢固的工事。"齐桓公问:"我想要向西征伐,要依托哪个国家呢?"管仲回答:"以卫国作为依托。返还侵占他们的吉台、原姑和柒里,使齐国有大海作为屏蔽,小海用作堤防,群山环绕作为牢固的工事。"齐桓公问:"我想要向北征伐,要依托哪个国家呢?"管仲回答说:"以燕国为依托。返还侵占他们的柴夫和吠狗,使齐国有大海作为屏蔽,小海用作堤防,群山环绕作为牢固的工事。"四方的邻国开始亲附齐国。

　　既反其侵地,正其封疆,地南至于岱阴①,西至于济②,北至于海,东至于纪随③,地方三百六十里。三岁治定,四岁教成,五岁兵出。有教士三万人,革车八百乘。诸侯多沈乱,不服于天子。于是乎桓公东救徐州,分吴半。存鲁陵蔡④,割越地。南据宋、郑⑤,征伐楚,济汝水⑥,逾方地⑦,望文山⑧,使贡丝于周室⑨。成周反胙于隆岳⑩,荆州诸侯莫不来服。中救晋公,禽狄王⑪,败胡貉⑫,破屠何⑬,而骑寇始服⑭。北伐山戎⑮,制泠支⑯,斩孤竹⑰,而九夷始听⑱。海滨诸侯,莫不来服。西征攘白狄之地⑲,遂至于西河⑳。方舟投柎㉑,乘桴济河㉒,至于石沈㉓。县车束马㉔,逾大行㉕,与卑耳之貉㉖,拘秦夏㉗。西服流沙西虞㉘,而秦戎始从㉙。故兵一出而大功十二。故东夷、西戎、南蛮、北狄、中国诸侯,莫不宾服㉚。与诸侯饰牲为载书㉛,以誓要于上下㉜,荐神㉝。然后率天下定周室,大朝诸侯于阳谷㉞。故兵车之会六,乘车之会三,九合诸侯,一匡天下。甲不解垒㉟,兵不解翳㊱,弢无弓㊲,服无矢㊳,寝武事㊴,行文道,以朝天子。

【注释】

①岱阴:泰山的北边。

②济:古水名,指济水,源于今河南,流经山东入渤海。春秋时济水流经齐国西部。

③纪随:地名。纪,春秋时为小国,其地在今山东寿光南二十五公里处。随,字又作"酅",为当时纪国之邑名。

④存鲁陵蔡:保存鲁国,侵略蔡国。陵,同"凌"。侵犯,欺侮。据《左传》等文献,鲁庄公去世后,鲁公庆父之乱,齐国人出面帮助安定局势,于是鲁僖公得以继位掌权。又齐桓公争霸中原,而蔡国却成为南方楚国党羽,于是齐入蔡,并与楚盟于召陵。

⑤据:凭依,倚仗。

⑥济:渡过。

⑦方地:即方城之地。楚曾在此修建长城。故又称方城。

⑧文山:楚地山名。

⑨贡丝:向周王进贡丝织品。此处内容与《左传》记载出入颇大。如"贡丝",《左传》载为贡包茅等物。

⑩成周:西周的东都洛邑,这里指周王室。胙(zuò):古代祭祀时供的酒肉。隆岳:春秋时对齐国的敬称。

⑪禽:同"擒"。抓获。

⑫胡貉：也作"胡貈"。古代称北方各民族。

⑬屠何：古代少数民族部族名，东胡的祖先。

⑭骑寇：骑马入侵的敌寇。

⑮山戎：古代北方民族名，又称北戎，匈奴的一支。

⑯泠支：古代北方少数民族名。

⑰孤竹：商周时国名，在今河北卢龙一带。

⑱九夷：当时中原诸侯四周族群的统称。听：顺从。

⑲攘：侵夺。白狄：也作"白翟"。我国古代少数民族之一。

⑳西河：古称黄河南北流向的部分为西河。

㉑方舟：两船相并。投：通"束"。捆绑。柎：木筏。

㉒桴：小竹筏或小木筏。

㉓石沈：晋国地名。

㉔县：同"悬"。悬挂。

㉕大行：指太行山。

㉖卑耳之貉：卑耳山的貉地。

㉗拘秦夏：抓捕大夏的君主回归。秦夏，指泰夏，即大夏。

㉘流沙西虞：指西域地区。

㉙秦戎：泛指西部的少数民族。

㉚宾服：归顺，服从。

㉛饰：刷拭。

㉜誓要：约誓。

㉝荐神：指将誓言进献给神明。荐，进献。

㉞阳谷：地名，在今山东聊城西南。

㉟垒：通"累"。捆绑。这里指捆绑用的绳索。

㊱翳（yì）：本义为遮蔽。此处指装弓弩矢之物。

㊲弢（tāo）：弓袋。

㊳服：装箭的袋子。

㊴寝:停止,平息。

【译文】

已经把侵略的土地返还回去,勘定和邻国的边界,领土南边到达泰山北边,西边到达济水,北边到达大海,东边到达纪随,国土面积方圆三百六十里。过了三年国家太平安定,四年完成教化,五年可以出动军队。全国拥有三万训练有素的士兵,八百辆兵车。当时大多数诸侯沉迷昏乱,不服从天子的命令。因此,齐桓公向东救援徐州,割取了吴国一半的土地。保存鲁国,侵入蔡国,割取越地。在南边凭借宋国和郑国,征讨楚国,渡过汝水,跨越楚国方城之地,南望见文山,最终使楚国向周王室上贡蚕丝。周王室送给齐国祭肉,荆州的诸侯没有谁不来归附的。在中原地区救援晋公,擒拿狄王,打败了胡貉,攻破了屠何,这样,骑寇们开始顺服。向北讨伐山戎,制服了泠支,斩杀了孤竹国国君,九夷开始顺从。海边的那些诸侯国,没有哪个不来归顺的。向西边征伐侵夺白狄的土地,于是到了西河。齐国军队把船合并起来,捆绑出木筏,乘坐着船渡过了黄河,到了晋国的石沈。把战车悬挂起来,包扎起马蹄,跨越过太行山,和卑耳的貉人一起抓捕大夏叛逆的人。又向西边征服流沙和西虞等西域地区,秦地的戎人开始服从。因此齐国的军队一出动就立下十二个大功绩。因此,东夷、西戎、南蛮、北狄和中原的各诸侯国,没有谁不归顺的。齐桓公和各个诸侯刷拭祭祀的牛,书写盟书,并且与诸侯在上下神灵面前立下誓约,并把誓约献给神灵。然后率领天下的诸侯来安定周王室,在阳谷盟会天下的诸侯。因此有兵车的会盟有六次,乘车的会盟有三次,九次会合诸侯,一举匡定了天下。之后,铠甲上捆绑用的绳索不解开,装弓箭的器具不开封,弓袋里不装弓,箭袋里没有箭,平息了战争,推行文治,来朝见周天子。

葵丘之会①,天子使大夫宰孔致胙于桓公,曰:"余一人之命②,有事于文、武③,使宰孔致胙。"且有后命曰:"以尔自卑劳④，实谓尔伯舅⑤，毋下拜。"桓公召管仲而谋。管仲对曰："为君不君，为臣不臣，乱之本也。"桓公曰："余乘车之会三，兵车之会六，九合诸侯，一匡天下。北至于孤竹、山戎、秽貉，拘秦夏，西至流沙、西虞，南至吴、越、巴、牂柯、䍐、不庾、雕题、黑齿⑥，荆夷之国⑦，莫违寡人之命，而中国卑我⑧。昔三代之受命者，其异于此乎？"管子对曰："夫凤皇鸾鸟不降，而鹰隼鸱枭丰⑨。庶神不格⑩，守龟不兆⑪，握粟而筮者屡中⑫。时雨甘露不降，飘风暴雨数臻⑬。五谷不蕃⑭，六畜不育，而蓬蒿藜藿并兴⑮。夫凤皇之文，前德义，后明昌。昔人之受命者，龙龟假⑯，河出图⑰，雒出书⑱，地出乘黄⑲。今三祥未见有者，虽曰受命，无乃失诸乎？"桓公惧，出见客曰："天威不违颜咫尺⑳，小白承天子之命，而毋下拜，恐颠蹶于下㉑，以为天子羞。"遂下拜，登受赏。服大路、龙旗九游、渠门赤旗㉒。天子致胙于桓公而不受，天下诸侯称顺焉。

【注释】

①葵丘：古邑名，在今河南民权，有盟誓台遗迹。此次盟会是齐桓公霸业鼎盛的标志，举行于齐桓公三十五年（前651），与会诸侯众多。周王派宰孔前往。

②余一人：周王自称。

③事：这里指祭祀。文、武：即周文王、周武王之神。

④卑劳：因卑贱事而劳累。这是周王的客气话。因为齐桓做的许多事本应是周王应做的。

⑤伯舅：周王对异姓诸侯的称呼。

⑥巴：古国名，在今四川东部。牂（zāng）柯：古地名，在今贵州境

内。緢(miáo)：指苗族。不庾：古国名，即北朐。雕题：古代部落
名，因额上刺花纹而得名。题，额。黑齿：南方古国名，因其民齿
黑而得名。

⑦荆夷：南方少数民族部落的统称。

⑧卑：轻视，鄙薄。指"下拜"而言，桓公觉得若下拜则被中原诸侯
轻视。

⑨鹰隼鸱枭：泛指猛禽。鸱枭，猫头鹰。丰：多，众多。

⑩庶：众多。格：至，来。

⑪守龟：天子诸侯占卜用的龟甲，因为此龟甲由专人（称龟人）掌守
而得名。

⑫筮：古代用蓍草占卦。

⑬飘风：旋风，暴风。臻：到，来到。

⑭蕃：滋生，繁殖。

⑮藜：草名，嫩叶可食用，老茎可以做拐杖。蓧(diào)：同"藋"。草
名，藜类植物。

⑯假(gé)：至。

⑰河：黄河。

⑱雒：洛河。

⑲乘黄：传说中的神马名。

⑳违：相距，距离。咫尺：周制八寸为咫，十寸为尺。形容很近。

㉑颠蹶(jué)：颠倒失次。

㉒服：乘，用。大路：玉辂，古时天子所乘之车。龙旗九游：一种画
有龙的旗子，上面有九旒。渠门：辕门。

【译文】

在葵丘朝会的时候，周天子派大夫宰孔给齐桓公送祭肉，说："这
是我一人的命令，我现在为文王和武王祭祀，派遣宰孔给您送祭肉。"
后面还有一条命令说："因为您谦恭劳累，实话跟您说，您作为伯舅，就

不用下拜了。"齐桓公召见管仲商量,管仲回答说:"做国君的不践行国君礼节,做臣子的不践行臣子的礼节,这是国家动乱的本源。"齐桓公说:"我主持了三次乘车的会盟,六次兵车的会盟,九次会见了诸侯,一举匡定了天下。势力范围,向北到达了孤竹、山戎、秽貉,抓捕了大夏的首领,向西到了流沙、西虞,向南到了吴、越、巴、牂柯、𬶟、不庚、雕题、黑齿这些南方民族部落,没有谁敢违抗我的命令,现在中原诸国却敢轻视我。从前夏、商、周三代接受天命为王的,和这有什么不同吗?"管仲回答说:"因为凤凰和鸾鸟不降临人间,所以鹰、隼和鸱枭这类猛禽就势力庞大。众神不显灵,守龟不进行卜兆,那拿着粟草的人占卜都能多次灵验。及时雨和甘露不降下,那狂风暴雨就会多次到来。五种谷类不繁茂,六种牲畜不兴旺,那杂草野菜就会兴盛起来。那凤凰的文采,前面象征德义,后面象征明昌。从前那些接受天命的人,龙龟会出现,黄河中出现图,洛河中出现书,土地上出现神马乘黄。现在这三种祥瑞都没有出现,即使说接受了天命,难道不是很失策吗?"齐桓公很恐慌,出来接见宾客说:"天子的威严就近在我面前,我小白虽然接到天子的命令让我不要下拜,但是我害怕下面会颠倒失去次序,而使天子蒙羞。"于是齐桓公下拜,立即接受了赏赐。此后乘用天子用的大车,插上有九旒的龙旗,辕门插上了红旗。天子赏赐给桓公祭肉并且命令不要下拜,因为齐桓公不接受这样的命令,天下的诸侯都称赞和归顺他。

　　桓公忧天下诸侯。鲁有夫人庆父之乱①,而二君弑死,国绝无后②。桓公闻之,使高子存之。男女不淫③,马牛选具④,执玉以见,请为关内之侯,而桓公不使也⑤。狄人攻邢,桓公筑夷仪以封之。男女不淫,马牛选具,执玉以见,请为关内之侯,而桓公不使也。狄人攻卫,卫人出旅于曹⑥,桓公城楚丘封之⑦,其畜以散亡⑧,故桓公予之系马三百匹,天下诸侯称仁焉。于是天下之诸侯知桓公之为己勤也⑨,是以诸侯之归之也譬若市人⑩。桓公知诸侯之归己也,故使轻其币而重其礼,故使天下诸侯以疲马犬羊为币⑪,齐以良马报。诸侯以缕帛布鹿皮四介以为币⑫,齐以文锦虎豹皮报。诸侯之使垂橐而入⑬,櫜载而归⑭。故钧之以爱⑮,致之以利,结之以信,示之以武。是故天下小国诸侯,既服桓公,莫敢之倍而归之⑯,喜其爱而贪其利,信其仁而畏其武。

【注释】

①夫人:指鲁庄公嫡夫人哀姜,与庆父勾结害死鲁闵公。庆父之乱:庄公死后,庆父结党营私,先后杀死鲁君继承人子般和闵公。庆父,春秋时期鲁国人,鲁庄公同母弟。

②后:后嗣。这里指君位继承者。

③淫:杂乱。这里指男女相处有规矩。

④选具:齐全,齐备。选,齐整。

⑤不使:不用,不让这样做。

⑥旅:寄居,临时居住。

⑦城:筑城。楚丘:地名。卫国遭北狄入侵后,先暂居曹,之后齐桓公组织诸侯力量,为建新都城,即在楚丘。

⑧以:通"已"。

⑨勤:忧虑,操心。

⑩市人:指集市或城中街道上的人。

⑪疲马:瘦马。疲,瘦弱。

⑫缕:麻线。帛:丝织物的总称。布:葛麻织品。介(gè):个。币:礼物。

⑬垂橐(gāo):垂着空袋子。指身无长物。

⑭攟(jùn):同"捃"。拾取。

⑮钧:通"均"。平分。

⑯倍:背弃。

【译文】

　　齐桓公为全天下的诸侯担忧。鲁国有庄公夫人和庆父的淫乱,最后两任国君被杀,鲁国失去了继承人。齐桓公听到这事后,派遣高子去立鲁僖公来保存鲁国。庆父没有得到君位,国内的男女间相处都有了规矩,牛和马很齐全,庆父拿着玉来拜见齐桓公,请求让自己做齐国的关内侯,但是齐桓公没有任用他。狄人攻击邢国,齐桓公修筑夷仪城作为边界。于是国内的男女间相处都有了规矩,牛和马很齐全,庆父拿着玉来拜见齐桓公,请求让自己做齐国的关内侯,但是齐桓公还是没有答应。狄人攻打卫国,卫国的百姓出奔寄居在曹地,齐桓公修筑楚丘作为边界,百姓们的牲畜丢失了,于是齐桓公又赐予他们三百匹良马,天下的诸侯都称赞齐桓公有仁义。到这时候,天下的诸侯都知道齐桓公很为自己操劳,因此诸侯们就像赶集一样来归顺齐桓公。齐桓公知道天下的诸侯都已经归附自己了,因此就很少收下他们进献的礼物而注重礼节,因此让天下诸侯用瘦马、狗和羊作为礼物,而齐国用良马来作为回报。诸侯们用平常的纺织品和四张鹿皮作为礼物,齐国用华锦和虎豹皮来作为回报。诸侯们的使者,背着空囊来的,回去时却装了很多财物。因此把仁爱平分给他们,用利益吸引他们,用诚信来和他们结交,把武力展示给他们看。因此天下的那些小国诸侯都服从齐桓公,没有谁敢违背都来归附了,他们为齐桓公的仁爱而感到欢喜又贪求齐国给予的利益,相信齐桓公的仁德又畏惧齐国的军事能力。

　　桓公知天下小国诸侯之多与己也①,于是又大施忠焉②。可为忧者为之忧,可为谋者为之谋,可为动者为之动。伐

谭、莱而不有也③,诸侯称仁焉。通齐国之鱼盐东莱④,使关
市几而不正⑤,壤而不税⑥,以为诸侯之利,诸侯称宽焉⑦。
筑蔡、鄢陵、培夏、灵父丘⑧,以卫戎狄之地⑨,所以禁暴于诸
侯也。筑五鹿、中牟、邺盖与牡丘⑩,以卫诸夏之地,所以示
劝于中国也⑪。教大成。是故天下之于桓公,远国之民望如
父母,近国之民从如流水。故行地兹远⑫,得人弥众,是何也?
怀其文而畏其武。故杀无道,定周室,天下莫之能圉,武事立
也。定三革⑬,偃五兵⑭,朝服以济河⑮,而无怵惕焉⑯,文事
胜也⑰。是故大国之君惭愧,小国诸侯附比⑱。是故大国之
君事如臣仆,小国诸侯欢如父母。夫然,故大国之君不尊,
小国诸侯不卑。是故大国之君不骄,小国诸侯不慑。于是
列广地以益狭地⑲,损有财以与无财。周其君子⑳,不失成
功。周其小人,不失成命。夫如是,居处则顺,出则有成功。
不称动甲兵之事㉑,以遂文、武之迹于天下㉒。

　　桓公能假其群臣之谋,以益其智也。其相曰夷吾,大夫
曰宁戚、隰朋、宾胥无、鲍叔牙。用此五子者何功度义㉓,光
德继法㉔,绍终以遗后嗣㉕。贻孝昭穆㉖,大霸天下,名声广
裕,不可掩也。则唯有明君在上,察相在下也。

【注释】

①与:亲近。

②忠:尽心竭力,为公谋福。

③谭:古国名,在今山东济南东南。莱:古国名,在今山东龙口东
　南。有:占有。

④东莱:古地名,在今山东北胶河以东。

⑤关市：位于交通要道的市集。几：通"讥"。稽查，盘查。正：通"征"。

⑥廛（chán）：市中储藏、堆积和出售商品的地方。这里指只收取场地和房税。

⑦宽：宽厚，度量大。

⑧蔡：应指蔡国都邑，蔡在春秋早期时其地在今河南上蔡一带。鄢陵：春秋时鄢陵之地非一，有在今山东沂南北古沂水沿岸者，有今属河南者。此文中的"鄢陵"似应以后者为是。培夏：即负夏，古邑名，在今山东兖州北。灵父丘：即灵丘，为当时齐所属城邑，其地在今山东高唐南约二十公里处。

⑨卫：防御，守卫。

⑩五鹿：地名，春秋卫国城邑，有多种说法，或在今河南清丰北。中牟：地名。《论语·阳货》有"佛肸以中牟畔"，此中牟或许即此文中之地。孔子时代此邑属晋；其地在今河北邢台、邯郸之间。另一中牟属今河南郑州。邺盖：地点不详。或即邺，在今河北大名。牡丘：齐国城邑。其地在今山东聊城东北。一本作"社丘"，误。

⑪劝：努力。

⑫兹：愈益，更加。

⑬定三革：停止使用三种革甲。三革，泛指各种革甲。

⑭偃五兵：隐藏起五种兵器。五兵，泛指各种兵器。

⑮朝服：君臣朝会时穿的礼服。这里指不穿铠甲。

⑯怵惕：恐惧。

⑰文事：文德教化的治理。

⑱附比：归附从属。

⑲列：同"裂"。分割。

⑳周：接济。

㉑称：发动。

㉒遂：实现。

㉓何：同"荷"。担负。度：用，行。

㉔光：使显赫。

㉕绍：继承，接续。遗：给予，赠送。

㉖贻：遗留。昭穆：古代宗法制度，宗庙或宗庙中神主的排列次序，始祖居中，以下父子递为昭穆，左为昭，右为穆。在这里包含长幼辈行。

【译文】

齐桓公知道天下的小国诸侯都来和自己亲近了，因此尽心竭力地为他们谋取福祉。可以为他们分忧的就为他们分忧，可以为他们谋划的就为他们谋划，可以为他们采取行动的就采取行动。讨伐谭和莱两地却不私自占有，诸侯们都称赞齐桓公有仁德。齐桓公又让齐国东莱的鱼和盐流通到各个诸侯国，稽查关市但不征税，只收取房税但不收取商品税，用这来为各诸侯国谋取福利，诸侯们都称赞齐桓公宽厚。齐国修筑蔡、鄢陵、培夏和灵父丘等城邑，用来保卫和戎狄交壤的边界，以此来制止各诸侯国内的暴乱。修筑了五鹿、中牟、邺盖和牡丘，用来保卫中原地区，以此来给中原地区的诸侯国展示自己的努力。教化取得很大成功。因此，天下人对待齐桓公，较远国家的百姓就像盼望自己的父母，近处国家的百姓像流水一样跟随他。因此，土地愈益广大，人口愈益增加，这是为什么呢？这是因为大家感念齐桓公的文治又害怕他的军力。因此，齐国诛杀失去道义的诸侯，来安定周王朝，天下没有谁能够和他对抗，这是军事的成功。停止使用各种革甲，收起各种兵器，穿着朝服过河都不会害怕，这就是文治的胜利。因此大国的君主感到惭愧，小国的君主会前来归附顺从。因此大国的国君侍奉齐国就像是臣仆，小国的诸侯喜欢齐国如同是自己的父母。这样，大国的国君不会显得尊贵，小国的诸侯也不会卑下。因此，大国的国君不会骄纵，小国的诸侯不会恐惧。在这时，分割广大的土地来增补土地较少的，消减富足的来补给贫困的。接济君子,君子努力做事,所以能成就大功。接济小民,小民感恩报德,政令易于实行。如果做到这些的话,平时待着的时候就会安顺,出动就会成功。不用发动军事行动,就可以成就文王和武王那样在天下的功绩。

齐桓公能够借助臣子们的谋略来增加自己的智慧。他的宰相是管仲,大夫是宁戚、隰朋、宾胥无和鲍叔牙。用这五个人来负责政事和推行道义,发扬德行和继承法度,一直接续到终点,把优良的政治遗产馈赠给子孙后代。把孝道传承下去,称霸天下,名声广大,什么也掩盖不住。这就是因为有明君在上位统领,有明察的辅臣在下位谋划。

初,桓公郊迎管子而问焉。管仲辞让,然后对以参国伍鄙,立五乡以崇化,建五属以厉武①,寄兵于政,因刑罚②,备器械,加兵无道诸侯,以事周室。桓公大说③,于是斋戒十日④,将相管仲⑤。管仲曰:"斧钺之人也⑥,幸以获生,以属其腰领⑦,臣之禄也⑧。若知国政⑨,非臣之任也。"公曰:"子大夫受政,寡人胜任。子大夫不受政,寡人恐崩⑩。"管仲许诺,再拜而受相。

【注释】

①厉武:振奋武备。

②因:依靠,凭借。

③说:同"悦"。喜悦。

④斋戒:古人在祭祀前沐浴更衣、整洁身心,以示虔诚。

⑤相:任命为相国。

⑥斧钺(yuè)之人:管仲的意思是自己有死罪。斧钺,斧与钺,古代可用作执行死刑的刑具。

⑦属：连接。腰领：腰部与颈部,这两处都是人体的重要部分,断之即死。常用来比喻致命之处。意思是：能活着即是大福气了。

⑧禄：福分。

⑨知：主持,掌管。

⑩崩：败坏。

【译文】

　　当初,齐桓公在城邑郊外迎接管仲并且询问政事。管仲一开始推辞,之后提出建立三国五鄙,通过五乡来实行教化,建立五属来振奋武备,把军事寄托在内政里,凭借刑罚赎罪的制度,置备兵器,讨伐失去道义的诸侯国,用来侍奉周天子。齐桓公听完十分高兴,接着就斋戒了十天,准备立管仲做宰相。管仲说："我是有罪将要受刑罚的人,现在有幸保全生命,腰部和脖颈没被您斩断这已经是我的大福分了。要让我掌管国家政务,可不是臣我敢担当的。"齐桓公说："您能接手国家的政务,那我就能够治理国家,您如果不接手国家政务,恐怕我就要败坏了。"管仲就答应了,拜了两拜而接受了相国的职位。

　　三日,公曰："寡人有大邪三①,其犹尚可以为国乎②?"对曰："臣未得闻。"公曰："寡人不幸而好田③,晦夜而至禽侧④,田莫不见禽而后反。诸侯使者无所致⑤,百官有司无所复。"对曰："恶则恶矣,然非其急者也⑥。"公曰："寡人不幸而好酒,日夜相继,诸侯使者无所致,百官有司无所复。"对曰："恶则恶矣,然非其急者也。"公曰："寡人有污行,不幸而好色,而姑姊有不嫁者。"对曰："恶则恶矣,然非其急者也。"公作色曰⑦："此三者且可,则恶有不可者矣⑧!"对曰："人君唯优与不敏为不可⑨。优则亡众⑩,不敏不及事⑪。"公曰："善。吾子就舍⑫,异日请与吾子图之⑬。"对曰："时可将与夷吾⑭,

何待异日乎?"公曰:"奈何?"对曰:"公子举⑮,为人博闻而知礼,好学而辞逊,请使游于鲁,以结交焉。公子开方,为人巧转而兑利⑯,请使游于卫,以结交焉。曹孙宿,其为人也,小廉而荷忕⑰,足恭而辞结⑱,正荆之则也,请使往游,以结交焉。"遂立行三使者而后退。

【注释】

①邪:不正当。这里指缺点。

②为:治理。

③田:打猎。

④晦夜:昏夜,黑夜。

⑤致:传达。

⑥急:急切之事,在此为致命之事的意思。

⑦作色:脸上变色。指神情变严肃或发怒。

⑧恶(wū):何,什么。

⑨僾(ài):隐蔽,受蒙蔽。引申为昏聩不明。敏:机敏,勤勉。

⑩亡:失去,丢失。

⑪不及事:即耽误大事的意思。及,达到,赶上。

⑫就舍:回到住所。

⑬图:谋。在此有"讨论"的意思。

⑭时:现在,此时。与:赞许。夷吾:管子之名。古代习惯,在君主面前自称名。

⑮公子举:人名,或即前文之季劳。

⑯巧转:机灵圆滑。兑利:尖刻。兑,通"锐"。

⑰廉:明察。荷忕(shì):即习惯于苛细。荷,通"苛"。细,密。忕,习惯于。

⑱辞结:有口才,言辞敏捷。结,通"给"。敏捷。

【译文】

　　过了三天,齐桓公说:"我有三个大缺点,那还可以治理国家吗?"管仲回答说:"我没听过这样的事。"齐桓公说:"我很不幸地迷恋上打猎,黑夜里到禽兽们生活的地方,打猎没有一次是打不到就回来的。诸侯的使者没法找到我传达消息,官员们也没有地方可以报告他们的工作。"管仲回答说:"坏是坏了些,不过这还不是最致命的。"齐桓公说:"我还不幸地迷恋上喝酒,白天夜里不断地喝,诸侯的使者没法找到我传达消息,官员们也没有地方可以报告他们的工作。"管仲回答说:"坏是坏了些,但这还不是最致命的。"齐桓公说:"我有恶劣的行迹,很不幸非常好色,因此姑姑姐妹们不能嫁出去。"管仲回答说:"坏是坏了些,但这还不是最致命的。"桓公听罢,变了脸说:"这三点都可以容忍的话,那还有什么是不可以的呢!"管仲回答说:"作为君主,只有昏聩不明和不勤敏是不可以的。昏聩不明就会失去百姓拥护,不勤敏就不会成就功业。"齐桓公说:"好。您先回到住处,改天我再请您一起讨论这些。"管仲回答说:"您现在赞许我,为什么还要改天呢?"齐桓公说:"具体要怎么做呢?"管仲回答说:"公子举,他这人见识广博而知道礼节,喜好学习而言语谦逊,请派他去出使鲁国,以便来和鲁国交好。公子开方,他这人机灵圆滑而尖刻,请派他去出使卫国,以便和卫国交好。曹孙宿,他这人比较能够做到明察和习惯于琐细的事物,态度恭敬并且言辞敏捷,这正符合荆楚的做派,请派他去出使荆楚,以便和他们交好。"因此任命了这三位使官就退下了。

　　相三月,请论百官。公曰;"诺。"管仲曰:"升降揖让①,进退闲习②,辨辞之刚柔,臣不如隰朋,请立为大行③。垦草入邑④,辟土聚粟⑤,多众,尽地之利,臣不如宁戚,请立为大司田⑥。平原广牧⑦,车不结辙⑧,士不旋踵⑨,鼓之而三军之士视死如归,臣不如王子城父,请立为大司马⑩。决狱折中⑪,不杀不辜,不诬无罪,臣不如宾胥无,请立为大司理⑫。犯君颜色⑬,进谏必忠,不辟死亡⑭,不挠富贵⑮,臣不如东郭牙,请立以为大谏之官。此五子者,夷吾一不如,然而以易夷吾,夷吾不为也。君若欲治国强兵,则五子者存矣。若欲霸王,夷吾在此。"桓公曰:"善。"

【注释】

①升降:上升和下降。指礼节仪式中的动作。揖让:作揖和礼让,宾主相见的仪容仪态。

②闲习:熟习。闲,通"娴"。

③大行:即行人长官。以下官名前冠大,与此同例。行,指古代接待宾客的官吏。

④垦草:开辟荒地。入邑:招纳贤人进入城邑。入,使进入,纳。

⑤辟:开发。

⑥大司田:管理农耕事务的高官。

⑦牧:城邑的远郊。

⑧结辙:车辙交错。指阵列混乱。

⑨旋踵:转身。指畏避退缩。

⑩大司马:掌管国家军事事务的官职。此官亦见于《周礼》,为国家公卿高官。

⑪决狱:判决狱讼。折中:选取公正,用为判断事物的准则。

⑫大司理:执法,主管狱讼刑罚。

⑬颜色:面容。这里指尊严。

⑭辟:同"避"。

⑮挠:弯曲。喻指屈服。

【译文】

做了三个月的相国，管仲请求议论各位大臣的任用。齐桓公说："好。"管仲说："在宾客礼仪中升降，对于进退规矩很娴熟，能够分辨言语的刚劲和委婉，我比不上隰朋，请任命他做大行。开辟荒地，招纳贤人进入城邑，开辟土地增加粮食，充分利用土地的作用，我不如宁戚，请任命他做大司田。广阔的原野，战车不乱辙，战士不退缩，敲击战鼓可以使三军之士视死如归，这方面，我不如王子城父，请任用他为管理军事的大司马。判决狱讼做到公正，不杀害和冤枉无罪的，我比不上宾胥无，请任命他做主管诉讼的大司理。冒犯君主的尊严，进谏一定做到忠诚，不会躲避死亡，不会屈服于富贵，我比不上东郭牙，请任命他做大谏官。这五个人，我管夷吾没有一个比得上的，但是如果用来替换我的位置，我夷吾可不干。因为您如果想治国强兵，那这五个人就足够了。但是您如果想成就霸业，则有我夷吾在此！"齐桓公说："好"。

王言第二十一

亡佚

卷第九

霸形第二十二

【题解】

《管子》第二十一篇，题为"王言"，其文已亡，今仅存目。此为第二十二篇，题为"霸形"。顾名思义，其内容言成就霸王之业的应有的内外形势，规模形式。通观全文，此篇记载桓公与管仲之间关于如何成就霸王之业的对话。诸如以民为本，轻征省刑，济弱施惠，安定"三君"，南存宋、郑，"武令"楚王，九合诸侯，终成霸业等等，都是通过君臣讨论的方式，揭示桓公图霸的理论与实践，正是争霸必须先要做到的事。有学者因此篇记录的是对话，是"言"，就以为篇题应与下一篇互换，即改成"霸言"，这是误解了"形"字的含义，其说并不可取。

本篇共分三节，分别讨论了如何成就霸业的诸问题。第一节管子阐述了霸王之业应以百姓为根本，提出轻税敛、缓刑政和举事以时三条具体实施原则；第二节记述桓公沉溺于享乐，管子谏请桓公封亡国之君，并以重礼结交诸侯各国，使齐国号令"始行于天下"；第三节记述楚国攻打宋、郑，干扰齐国，管子劝谏桓公发兵保护宋、郑，并进而攻伐各国，九合诸侯，成就霸业。本篇并没有像《小匡》那样长篇大论，只是简单地提到务本，即改善民生这条措施。同时，记载了管仲如何辅佐桓公处理宋伐杞、狄伐邢卫和楚国伐宋这几件诸侯间的纠纷。其实，管仲的做法无非兼顾征伐的双方，即保护被打的一方，又不得罪打人的一方，其本质就是从齐国作为霸主的立场出发，最大程度上为齐国谋求利益。这些记载表现了管仲的政治外交才能。

　　本篇首段载桓公问霸之事，管仲所答国以民为本，又云轻税敛以解民之饥，缓刑政以活民之命，举事时以节民之劳，此皆管仲爱民之言论。《管子》一书适缺《问霸》篇，此段问答或为《问霸》篇佚文误入于此。

　　桓公在位，管仲、隰朋见。立有间，有贰鸿飞而过之。桓公叹曰："仲父①，今彼鸿鹄有时而南，有时而北，有时而往，有时而来，四方无远②，所欲至而至焉，非唯有羽翼之故，是以能通其意于天下乎③？"管仲、隰朋不对。桓公曰："二子何故不对？"管子对曰："君有霸王之心，而夷吾非霸王之臣也，是以不敢对。"桓公曰："仲父胡为然④？盍不当言⑤，寡人其有乡乎⑥？寡人之有仲父也，犹飞鸿之有羽翼也，若济大水有舟楫也。仲父不一言教寡人，寡人之有耳，将安闻道而得度哉⑦？"管子对曰："君若将欲霸王举大事乎？则必从其本事矣⑧。"桓公变躬迁席⑨，拱手而问曰⑩："敢问何谓其本？"管子对曰："齐国百姓，公之本也。人甚忧饥，而税敛重；人甚惧死，而刑政险⑪；人甚伤劳⑫，而上举事不时⑬。公轻其税敛，则人不忧饥；缓其刑政，则人不惧死；举事以时⑭，则人不伤劳。"桓公曰："寡人闻仲父之言此三者，闻命矣。不敢擅也，将荐之先君⑮。"于是令百官有司，削方墨笔⑯。明日，皆朝于太庙之门朝⑰，定令于百吏：使税者百一钟⑱，孤幼不刑，泽梁时纵⑲，关讥而不征⑳，市书而不赋㉑；近者示之以忠信，远者示之以礼义。行此数年，而民归之如流水。

【注释】

①仲父(fǔ)：亦作"仲甫"，管仲之字。桓公对管仲尊称其字。

②无远：无以为远，即不以四方为远。

③非唯有羽翼之故，是以能通其意于天下乎：此句为反问句式，"非唯……是以"连读，犹今"不是……才"句法。有人疑"非"字为"彼"，误。

④胡为然：为什么这样说呢？

⑤盍(hé)：为何，何故。当言：直言。王念孙云："当言"，谠言也。谠言，直言也。"昌、谠、党、当，并声近而义同"。

⑥寡人其有乡乎：句意为"给我指出方向"。乡，通"向"。方向。

⑦安：怎么。得度：获得法度。

⑧本事：根本之事。

⑨变躬：动身。躬，身躯。迁席：改变座位。古代铺席而坐。迁席，以表示恭敬。

⑩拱手：双手合抱致敬。

⑪险：凶险，严酷。

⑫伤：害怕，担忧。

⑬不时：不分农闲、农忙之时。

⑭以时：按照闲忙农时。

⑮不敢擅也，将荐之先君：擅，专，私，独揽。荐，举荐，敬献。

⑯方：方版。古人书写用的方形木板。

⑰朝：朝会。门朝：门庭。

⑱百一：指税率百分之一。钟：古量器，齐国的计量单位名称，十釜为一钟，合六斛四斗。

⑲泽梁：沼池中拦水捕鱼之具。梁，鱼梁，流水中所设拦鱼之物。纵：开放。

⑳讥：查问，稽查。

㉑市书而不赋:市集只登记而不收税。

【译文】

　　桓公在朝,坐在君位上,管仲、隰朋进见。刚站了一会儿,有两只鸿雁从窗外飞掠而过。桓公叹息说:"仲父,像眼前这些鸿雁,时而南飞,时而北飞,时而飞去,时而飞来,不论四方有多远,愿到哪里就能飞到哪里,它们不是因为有两只羽翼的缘故,才能如意地通达于天下吗?"管仲和隰朋都没有回答。桓公说:"你们两位为什么都不回答呢?"管子回答说:"君上您有成就霸王之业的心愿,而我管夷吾却不是成就霸王之业的大臣,所以不敢回答。"桓公说:"仲父为什么这样说呢? 为什么不进直言,使我有个方向呢? 我有仲父,就像飞鸿有羽翼,过河有船楫一样,仲父不发一言教导我,我虽然有两只耳朵,又怎么听得到治国之道和学得治国之法呢?"管仲回答说:"您想要成就霸王之业这样的大事么? 就必须从它的根本大事开始做起。"桓公移动身体离开席位,拱手致敬而发问说:"敢问什么是霸王之业的根本大事?"管子回答说:"齐国百姓,便是您的根本。百姓很怕饥饿,而当前收税很重;百姓很怕死罪,而当前刑政严酷;百姓很怕劳役辛苦,而国家兴举大事竟不按农忙时间而有所限定。您若能轻征赋税,百姓就不愁饥饿;宽缓刑政,百姓就不忧死罪;兴举大事有一定时间限制,百姓就不害怕劳役辛苦了。"桓公说:"我听到仲父说的这三点,算是懂得了。我不敢专擅施行,而要敬告举荐给先君然后再施行。"于是命令百官有司,削好版牍并备好笔墨。第二天,会集百官都在太庙的门庭朝见,为百官颁布了法令:使纳税者只出百分之一,对孤儿幼女不准处刑,水泽沼池中的捕鱼器具按时开放,关卡只稽查而不纳税,市场只登记入册而不征赋,对近臣邻国显示以忠信,对远道而来者示以礼义。这样推行法度数年,人民归附桓公之众,竟好像流水一样源源不断。

　　此其后,宋伐杞,狄伐邢、卫,桓公不救,裸体纫胸称疾^①。召管仲曰："寡人有千岁之食,而无百岁之寿,今有疾病,姑乐乎!"管子曰:"诺。"于是令之县钟磬之榱^②。陈歌舞竽瑟之乐,日杀数十牛者数旬。群臣进谏曰:"宋伐杞,狄伐邢、卫,君不可不救。"桓公曰:"寡人有千岁之食,而无百岁之寿,今又疾病,姑乐乎! 且彼非伐寡人之国也,伐邻国也,子无事焉。"

【注释】

①纫胸:以布帛包裹胸部,以示痛患。纫,包裹,捆束。一说,纫,抚摸。

②县:悬挂。榱(yuán):悬挂钟磬的木架。

【译文】

在这以后,宋国攻伐杞国,狄人攻伐邢国和卫国,桓公都没有出兵去援救,却光着上身,以布帛缠着胸部,声称有病。桓公召见管仲说:"我有一千年都吃不完的粮食,却没有一百年的寿命,现在又有疾病,姑且及时行乐一番吧!"管子说:"好的。"于是下命令悬挂起钟磬等敲击乐器于木架,陈设了轻歌曼舞,并吹起竽、鼓起瑟来演奏音乐,每天宰杀数十头牛,连续欢宴了几十天。群臣都来进谏说:"宋国攻伐杞国,狄人攻伐邢国、卫国,君上您不可不出兵援救。"桓公说:"我拥有一千年吃不完的粮食,却没有一百年的寿命,如今又有疾病,姑且让我及时行乐吧!况且,人家并没有进攻我们的国家,只不过是征伐邻国,你们都安然无恙,就不必多事了。"

　　宋已取杞,狄已拔邢、卫矣。桓公起,行笋虡之间^①,管子从。至大钟之西,桓公南面而立,管仲北乡对之,大钟鸣。桓公视管仲曰:"乐夫,仲父?"管子对曰:"此臣之所谓哀,非乐也。臣闻之,古者之言乐于钟磬之间者不如此。言脱于口②,而令行乎天下;游钟磬之间,而无四面兵革之忧。今君之事,言脱于口,令不得行于天下;在钟磬之间,而有四面兵革之忧。此臣之所谓哀,非乐也。"桓公曰:"善。"于是伐钟磬之县③,并歌舞之乐④。宫中虚无人⑤。桓公曰:"寡人以伐钟磬之县⑥,并歌舞之乐矣,请问所始于国,将为何行?"管子对曰:"宋伐杞,狄伐邢、卫,而君之不救也⑦,臣请以庆⑧。臣闻之,诸侯争于强者,勿与分于强⑨。今君何不定三君之处哉⑩?"于是桓公曰:"诺。"因命以车百乘、卒千人,以缘陵封杞;车百乘、卒千人,以夷仪封邢;车五百乘、卒五千人,以楚丘封卫。桓公曰:"寡人以定三君之居处矣,今又将何行?"管子对曰:"臣闻诸侯贪于利,勿与分于利。君何不发虎豹之皮、文锦以使诸侯⑪,令诸侯以缦帛鹿皮报⑫?"桓公曰:"诺。"于是以虎豹皮、文锦使诸侯,诸侯以缦帛、鹿皮报。则令固始行于天下矣。

【注释】

①笋虡(jù):亦作"簨虡""栒虡"。古代悬挂钟、磬等乐器所用的架子。横架为笋,直架为虡。

②言脱于口:言出于口。脱,出。

③伐:砍断,斩断。

④并:通"屏"。撤去。

⑤虚无人:空寂无人。

⑥以:通"已"。已经。下文"寡人以定三君之居处矣"中"以"字同此例。

⑦而君之不救也：张佩纶云：当作"而君不之救也"。

⑧庆：祝贺。管仲此处所言实出无奈。下面的建议，则是因势利导。

⑨与分于强：即与之争强。郭沫若云：言诸侯既争强而我欲平分
　之，则亦争耳。

⑩处：当作"居处"，栖身之所。

⑪发：发送，分送。

⑫缦帛：即素帛。无文采之素帛，与"文锦"相对。

【译文】

　　宋国已经夺取了杞国，狄人也已经攻占邢国、卫国了。桓公仍然盘
桓在钟磬的行列里，管子跟着他。走到大钟的西侧，桓公面朝南而站
立，管仲面朝北相对站着，大钟奏响起来。桓公看着管仲说："快乐吗，
仲父？"管子回答说："我认为这是悲哀，而不是快乐。据我所知，古代君
王取乐于钟磬之间时，不是现在这种情况。而是他们话说出于口，命令
就推行于天下；游乐于钟磬之间，却没有四面兵革的战争忧患。现在您
的情况却是：话说出于口，命令并不能推行于天下；身在钟磬之间，而存
在四面兵革的战争忧患。这就是我所认为的悲哀，而不是快乐啊！"桓
公说："好。"于是砍断悬挂钟磬的带子，撤除歌舞和音乐，宫中空寂无人
了。桓公说："我已经砍断了钟磬的悬带，撤去歌舞音乐了，请问处理国
事将开始做些什么？"管子回答说："宋国攻打杞国，狄人攻伐邢国、卫
国，您都没有出兵援救，我是为您庆幸的。据我所知，诸侯之间争强的
时候，就不必与他们去争。现在，您为何不去安排一下三国君主的居留
之处呢？"桓公说："好的。"于是下命令用兵车百乘，士卒千人，把缘陵封
给杞君；用车百乘，士卒千人，把夷仪封给邢君；又用车五百乘，士卒五
千人，把楚丘封给卫君。桓公说："我已经安排了三国君主的居留之处
了，现在还应该做些什么事？"管子回答说："据我所知，诸侯贪利的时
候，就不必与他们争利。您为何不派使者送出虎皮、豹皮和五彩花锦给
予各诸侯国，而只要各国诸侯用素帛、鹿皮回报呢？"桓公说："好的。"于

是就派使臣送虎皮、豹皮和五彩花锦给各国诸侯,各国诸侯也只用素帛和鹿皮回报。这样,齐国的号令便开始通行于天下各国了。

　　此其后,楚人攻宋、郑:烧炳燂焚郑地①,使城坏者不得复筑也,屋之烧者不得复葺也;令其人有丧雌雄②,居室如鸟鼠处穴。要宋田③,夹塞两川④,使水不得东流,东山之西,水深灭塊⑤,四百里而后可田也⑥。楚欲吞宋、郑而畏齐,曰思人众兵强能害己者⑦,必齐也。于是乎楚王号令于国中曰:"寡人之所明于人君者⑧,莫如桓公;所贤于人臣者,莫如管仲。明其君而贤其臣,寡人愿事之⑨。谁能为我交齐者,寡人不爱封侯之君焉⑩。"于是楚国之贤士皆抱其重宝币帛以事齐。桓公之左右,无不受重宝币帛者。

【注释】

①烧炳(ruò)燂(hàn)焚:此四字,都是焚烧的意思。炳,烧。燂,烧。郭沫若云:从下文观之,楚对郑用火攻,对宋用水攻也。

②有:与"又"同。丧雌雄:意谓丧失配偶。雌雄,此指男女配偶。指夫妻失散,家庭破败。

③要(yāo):邀请。中途拦截,限制。

④两川:指睢水与沘水。尹注曰:楚人又遮取宋田,夹两川筑堤而壅塞之,故水不得东流。两川,盖睢、沘也。

⑤塊:坏损的墙。

⑥田:种田,耕地。

⑦曰:猪饲彦博云:"曰"字衍。当删。一说"曰"乃语首助词,无实义。能:孙蜀丞云:据后文"能"上当有"而"字。

⑧明:以……为圣明。或认为圣明、称为圣明。许维遹云:"明"与

下文"贤"字对词,则明犹尊也。

⑨事:侍奉。

⑩爱:吝惜,爱惜。封侯之君:身为一方诸侯的国君,这里指封赏土地。

【译文】

这以后,楚国攻伐宋国和郑国:他们用火攻袭击郑地,使郑国的城池毁坏得无法重建,屋舍烧毁后难以重修;又使得郑国民众,男女夫妻丧失配偶,住屋居室如同鸟窝鼠穴一般简陋。楚国又截取宋国的农田,夹着两条河流筑堤从两侧堵塞水流,使其不能东流,结果东山的西面,水深淹没断墙,四百里以外才能耕地种田。楚国想吞并宋国和郑国,但害怕齐国,他考虑到人众兵强能够妨害于自己的,必定是齐国。于是楚王在国内发布命令说:"在我所推尊的君主中,没有能与桓公相比的;在人臣中能称得上贤明的,也没有能与管仲相比的。君主尊贵而臣子贤明,我愿意侍奉他们。谁能够替我交好齐国,我将不吝惜给他一个封侯的赏赐。"于是,楚国的贤士都携带贵重的宝物和缯帛到齐国去活动。桓公的左右近臣,没有谁不曾接受过楚国贵重宝物和缯帛的。

于是桓公召管仲曰:"寡人闻之,善人者人亦善之。今楚王之善寡人一甚矣,寡人不善,将拂于道①。仲父何不遂交楚哉?"管子对曰:"不可。楚人攻宋、郑,烧炳熯焚郑地,使城坏者不得复筑也,屋之烧者不得复葺也,令人有丧雌雄,居室如鸟鼠处穴。要宋田,夹塞两川,使水不得东流,东山之西,水深灭埌,四百里而后可田也。楚欲吞宋、郑,思人众兵强而能害己者,必齐也。是欲以文克齐②,而以武取宋、郑也。楚取宋、郑而不知禁③,是失宋、郑也;禁之,则是又不信于楚也。知失于内,兵困于外,非善举也。"桓公曰:"善。然则若何?"管子对曰:"请兴兵而南存宋、郑,而令曰:'无攻

楚，言与楚王遇④。'至于遇上⑤，而以郑城与宋水为请，楚若
许，则是我以文令也；楚若不许，则遂以武令焉。"桓公曰：
"善。"于是遂兴兵而南存宋、郑，与楚王遇于召陵之上，而令
于遇上曰："毋贮粟，毋曲堤，无擅废嫡子，无置妾以为妻。"
因以郑城与宋水为请于楚，楚人不许。遂退七十里而舍。
使军人城郑南之地，立百代城焉⑥。曰：自此而北至于河者，
郑自城之，而楚不敢隳也⑦。东发宋田，夹两川，使水复东
流，而楚不敢塞也。遂南伐⑧，及逾方城⑨，济于汝水，望汶
山⑩，南致楚越之君⑪；而西伐秦，北伐狄，东存晋公于南⑫，
北伐孤竹，还存燕公。兵车之会六，乘车之会三，九合诸侯，
反位已霸⑬。修钟磬而复乐。管子曰："此臣之所谓乐也。"

【注释】

①拂：悖逆，违背。

②文：和平方式，即政治、外交手段。与"武力"方式相对而言。

③不知禁：不阻止。宋本"知"作"止"，阻止。

④言与楚王遇：声言与楚王盟会。遇，会见，会盟。

⑤遇上：即遇所。上，指会盟之地。

⑥立百代城：建筑百世之城。以此示意楚国不可毁坏此城。

⑦隳（huī）：毁坏。

⑧南伐：即南伐楚国。

⑨及逾方城：越过方城。

⑩汶山：楚山名。

⑪楚越：张佩纶云："楚"依《小匡》当为"吴"，即吴越。

⑫东存晋公于南：伐秦东归，在南部救存了晋公。张佩纶云：此句当
　　作"东还存晋君"，"于"字衍。俞樾云：此承上"西伐秦，北伐狄"为

文。自秦而言,则晋在东矣。自狄而言,则晋在南矣。故曰"东存
晋公于南"。

⑬反位:即"返位"。

【译文】

于是桓公召见管仲说:"我听说,善待别人,别人也会善待对方。现
在楚王如此地善待我,我若不修好回报他的善意,将有违交往之道。仲
父我们何不就此同楚国交好呢?"管子回答说:"不可以。楚人攻伐宋国
和郑国:火攻郑地后,使城池毁坏不堪重建,屋舍败毁不可复修,又使郑
人男女丧其配偶,居室如同鸟巢鼠穴。楚人又截取宋国的农田,从两旁
筑堤堵塞两道河流,使河水不得东流,结果东山的西面,水深没墙,四百
里以外才能种田。楚国想要吞并宋国和郑国,但考虑人众兵强而能妨
害于自己的,必定是齐国。所以这是要用'文'的方式来战胜齐国,而用
武力攻取宋、郑两国。楚国攻打宋、郑两国,如果我们不加制止,就等于
丧失了宋国和郑国两个邻国;如果加以制止,则又失信于楚国。国内在
智谋计策上有失误,远在国外的军队就会被困。因此,现在交好楚国不
是一个好办法。"桓公说:"好。那该怎么办?"管子回答说:"请发兵南下
保全宋、郑两国,同时下令说:'不要反攻楚国。我将与楚王冬遇会盟。'
到达盟会时的地方,就提出郑城遭焚和宋水被堵的问题要求楚国解决,
楚国若答应,就等于我们用'文'的方式命令他;楚国若不答应,就再用
武力教训好了。"桓公说:"好。"于是就发兵南下保全宋国和郑国,与楚
王在召陵地方缔结盟会。桓公在会盟时提议说:"诸侯各国不准囤积粮
食,不准任意筑坝遍设堤防,不准擅自废黜嫡子,不准将妃妾立为正
妻。"同时就势提出郑城遭焚与宋水被堵的问题,要求楚国解决,楚王不
答应解决两国问题。于是退兵七十里屯驻军队。桓公就派军队在郑国
的南部筑城,立城命名为百代城。并规定:从百代城往北直到黄河,由
郑国自己建立城郭,楚国不敢再次去烧毁。又向东开放了宋国的农田
耕地,从两面开通两道河流的阻塞,使河水再向东流,而楚国也没敢再

去堵塞。于是桓公进而南伐楚国,越过方城,渡过汝水,直逼奔向汶山,南向又召见吴国和越国的君主;而后又西伐秦国,北伐狄人,就势保全了东南面的晋国公;后又出兵北伐孤竹国,回兵时又保全了燕国公。这期间,动用兵车集结诸侯的盟会有六次,乘车前往的会集诸侯缔盟有三次,总共九次集结诸侯会盟。等到桓公再回到齐国重返君位时,称霸天下的大业已成就。于是又开始修整钟磬乐器,重新沉浸在欢宴享乐之中。管子说:"这才是我所说的快乐啊!"

霸言第二十三

【题解】

此为《管子》第二十三篇，题为"霸言"，即谈论如何成就霸业的言论，故尹知章注曰"谓此言足以成霸道"。文中主张"欲用天下之权者，必先布德诸侯"，圣明的君主要"务具其备，而慎守其时。以备待时，以时兴事"。文章提出，霸王之始，要以百姓为本；王者之心，要方正而不偏执。文章重视对于天下轻重强弱形势的分析和有关谋略的探讨，可以视为一篇称霸称王的策略论。

文章开篇说："霸王之形：象天则地，化人易代，创制天下，等列诸侯，宾属四海，时匡天下；大国小之，曲国正之，强国弱之，重国轻之，乱国并之，暴王残之：僇其罪，卑其列，维其民，然后王之。"此段文字把霸王之业其形势作用，描述得异常宏大重要，足见作者赞誉之情。"夫丰国之谓霸，兼正之国之谓王"，作者斩截鲜明地指出，霸王之势，是磊落光明的。后文又说："霸王之形，德义胜之，智谋胜之，兵战胜之，地形胜之，动作胜之，故王之。"作者明确指出，德义为本，智谋为辅，兵战为用，地形为之势，而行动机宜为之机，五者得，则霸王成，旨在说明霸王之势，成之艰巨，治政者不宜掉以轻心。最后作者得出结论："夫争强之国，必先争谋、争刑、争权"，将谋划、形势、事权，视为治国利器、争强之本而加以强调，这正是春秋战国时代，政治家们执政经验的总结。

霸王之形：象天则地①，化人易代②，创制天下③，等列诸侯④，宾属四海⑤，时匡天下⑥；大国小之，曲国正之⑦，强国弱之，重国轻之；乱国并之⑧，暴王残之⑨：僇其罪⑩，卑其列⑪，维其民，然后王之⑫。夫丰国之谓霸⑬，兼正之国之谓王⑭。夫王者有所独明，德共者不取也⑮，道同者不王也。夫争天下者，以威易危暴，王之常也。君人者有道⑯，霸王者有时⑰。国修而邻国无道⑱，霸王之资⑲。夫国之存也，邻国有焉；国之亡也，邻国有焉⑳。邻国有事，邻国得焉；邻国有事，邻国亡焉㉑。天下有事，则圣王利也㉒。国危，则圣人知矣㉓。夫先王所以王者，资邻国之举不当也㉔。举而不当，此邻敌之所以得意也㉕。

【注释】

①象天则地：取法天地。以上天为榜样，以大地为法则。

②化人：教化人们，净化民众思想。易代：指改换朝代。易，改换。

③创制天下：创建天下新制度。

④等列诸侯：分等列爵建立诸侯。等列，按等排列。

⑤宾属：使之宾服归属。

⑥时匡天下：使天下各国及时得到匡正。

⑦曲国：朝廷风气邪曲不正的国家。曲，弯曲，不正。

⑧并：兼并。

⑨暴王：暴虐的君王。残：摧毁，残灭。

⑩僇：通“戮”。用杀戮来惩罚。一说予以揭露，使之受到羞辱。

⑪卑其列：降低其爵位。

⑫王之：称王其国。意谓统治这个国家。王，居临一国，统治一方。

⑬丰国：国力强盛。

⑭兼正：即权力集中之国。正，通"政"。

⑮不取：不予攻取，不去夺取。

⑯君：君临，统治。道：常道。

⑰有时：掌握时机。

⑱修：修明。

⑲资：凭借，依靠。引申为有利条件。

⑳"夫国之存也"四句：这几句是说邻国关系重大，国家存在，邻国起作用；国家灭亡，邻国也有关系。亡，灭亡。有，有关，起作用。

㉑"邻国有事"四句：这几句是说，相邻之国有事发生，可能是其邻国的好事；相邻之国有事，也可以是相邻之国的损失。有事，有事变，有事故。得，有所得。亡，有所失。

㉒利：有利。即借助事变而得利。

㉓知：同"智"。陶鸿庆云：知，读为"智"，言国将危亡而后见圣人之智也。

㉔举：举措，举事。

㉕得意：高兴，满意。相邻之国往往不睦，自古而然。

【译文】

　　霸业和王业的规模形势是这样的：它模仿上天运行之象，仿效大地取法规则，教育民众净化人心，改善世道更换朝代，创新建立天下法制，分等爵列诸侯次第，使四海之内宾服归属，并及时匡正天下各国。它可以使过分强大的国家版图缩小，使朝政邪曲的国家风气纯正，使恃强暴戾的国家优势削弱，使杖权过重的国家地位降低；它兼并乱政害民的国家，摧毁残暴虐民的国君；惩处其杀戮罪恶，降低其爵列等第，维护其民众利益，然后以圣王之道统治其国。使本国自身富强叫作"成就霸业"，兼能匡正其他诸侯国叫作"成就王业"。所谓能够成就王业者，总有其独见之明。仁德相同的国家，他不去攻取；道义一致的国家，他不去称王。历来争夺天下，用仁德众势之威力代替凶残危乱的暴君，这是王者的常道。统治民众的人，必须遵循正道，成就王业、霸业之人，必须把握合适时机。本国政治修明而邻国危乱无道，这就是成就霸王之业的有利时机。因为国家的存在与邻国大有关系，我们国家的败亡也与邻国大有关系。邻国有事发生，邻国可以有所得；邻国有事发生，邻国也可以有所失。天下有大事或变故发生，总是对圣王最有利；国家将面临生死危亡的时候，才能显示出圣人智慧的先见之明。先代圣王之所以能成其王业，往往依靠和利用邻国的举措不当。邻国举措不当，是邻国的敌人称心如意的条件。

　　夫欲用天下之权者^①，必先布德诸侯^②。是故先王有所取，有所与^③，有所诎^④，有所信^⑤，然后能用天下之权。夫兵幸于权^⑥，权幸于地。故诸侯之得地利者，权从之；失地利者，权去之。夫争天下者，必先争人^⑦。明大数者得人^⑧，审小计者失人。得天下之众者王，得其半者霸。是故圣王卑礼以下天下之贤而王之^⑨，均分以钓天下之众而臣之^⑩。故贵为天子，富有天下，而伐不谓贪者^⑪，其大计存也^⑫。以天下之财，利天下之人；以明威之振^⑬，合天下之权^⑭；以遂德之行^⑮，结诸侯之亲；以奸佞之罪^⑯，刑天下之心^⑰；因天下之威^⑱，以广明王之伐^⑲；攻逆乱之国，赏有功之劳；封贤圣之德，明一人之行^⑳，而百姓定矣。夫先王取天下也术；术乎大德哉^㉑，物利之谓也^㉒。夫使国常无患，而名利并至者，神圣也；国在危亡，而能寿者^㉓，明圣也。是故先王之所师者，神圣也；其所赏者^㉔，明圣也。夫一言而寿国^㉕，不听而国亡，若此者，大圣之言也。夫明王之所轻者马与玉，其所重者政与军。若失主不然^㉖，轻予人政，而重予人马；轻予人军，而重予人玉；重宫门之营^㉗，而轻四竟之守^㉘，所以削也。

【注释】

①用:拥有,掌握。

②布德诸侯:似当为"布德于诸侯"。施恩德于诸侯。

③与:施予,付出。

④诎:弯曲。

⑤信:通"伸"。伸展。

⑥兵幸于权:军事取决于权力。幸,郭沫若训为"树",建,建立,树立。引申为"取决""决定于"。

⑦争人:争取人心,争得民众拥戴。

⑧明大数:懂得天下大略。大数,指大的方面,关键之处。即大计,大略,与"小计"相对。

⑨卑礼:谦卑有礼。下天下之贤:即"下于天下之贤",放下身段,谦逊待贤。而王之:而得以成就王业的意思。

⑩均分:均分爵禄。钓:招引,吸引。臣之:使之臣服、归附。

⑪伐:指有所征讨、攻伐。

⑫大计:即上所谓大数、大略。

⑬明威:盛威,尊威,即大威。指强大的权威。振:通"震"。震慑。

⑭合:集合。

⑮遂德:顺从道德的行为。指成就德政。遂,顺。

⑯奸佞之罪:对奸佞的惩罚。罪,惩罚,惩处。

⑰刑:郭沫若云:刑应作"型"字解。型,规范,统一。

⑱因:借助。威:威力。

⑲广:扩大。伐:功伐,功绩。

⑳明一人之行:显示天子的德行。一人,姚永概云:"一人"言天子也。行,行状。指品行、事迹。

㉑术乎:遵循着。术,本义为道路。在此用作动词,遵循、取法之意。

㉒物利:以物利人。

㉓寿：长存，长久。俞樾云：《国语》韦注："寿，保也。"能寿犹能保也。

㉔赏：丁士涵云："赏"当读"尚"，与"师"义同。即尊重，崇尚，效法。

㉕寿国：使国家长久保存。

㉖失主：失去国家的君主，即亡国之君。

㉗营：营造，修建。

㉘四竟：即四境。竟，一本作"境"。

【译文】

　　想要掌握天下的大权，首先必须向诸侯施予恩德。因此，先代圣王总是有所取得，有所施予；有所屈曲，有所伸展；然后才能掌握天下的大权。军队的胜负取决于权力的大小，而权力的大小取决于得到土地利益的多少。所以，诸侯能够占有地利的，权力就跟从而至；失去地利的，权力随着也就丧失了。争夺天下的人，必须首先争取人心。懂得天下大略的人，能得人心；只精于盘算小计谋的人，便容易失去人心。能够得到天下大多数民众拥护的人，能够成就王业；能够得到半数民众拥护的人，能成就霸业。因而圣明的君王，总是谦卑有礼，放下身段恭敬礼待天下贤士，而后任用他们帮助自己成就王业；均分地利食禄来招引天下民众，使他们甘心归附、臣属。所以，虽然尊贵已奉为天子，富足拥有天下之财，进而兴兵攻伐，世人也不认为他贪婪的原因就是因为他顺乎天下大道。用天下的财富，来为天下人谋取利益；用强大的威严和震慑之力，来聚合集中天下的权力；用广施恩德的行动，来联结诸侯争取其亲附；用严惩奸佞罪行的处治，来规范天下人的思想；借助天下的军威权势，来推广明君圣王的功绩；攻克逆施叛乱的国家，赏赐有功劳的能臣；树立圣贤的威望，来显示天子的德行，这样，百姓就安定了。先代圣王取得天下，有道术，那就是遵循大盛之路。也就是所谓的以物利民。能使国家经常没有忧患而且还能名利兼得的君主，可称之为神圣；国家处在危亡之中，而能使之得到长久保全的君主，可称之为明圣。所以，先代圣王所师从效法的，是神圣；所尊尚推崇的，是明圣。一句话而能使国家长久保全，不听取，国家随即就会导致灭亡的,像这样的话,就是大圣人的话。一个英明睿智的君主,总是看轻骏马与宝玉,而看重政权与军队。至于那些亡国而失天下的君主,就不这样了,他们往往看轻授予人政权,而看重施予人骏马;看轻授予人军权,而看重施予人宝玉;看重营建王室宫门,而看轻防守四方边境,所以国家的权力就这样被日益削弱了。

夫权者,神圣之所资也①。独明者,天下之利器也;独断者,微密之营垒也②。此三者,圣人之所则也③。圣人畏微而愚人畏明④,圣人之憎恶也内,愚人之憎恶也外⑤,圣人将动必知,愚人至危易辞⑥。圣人能辅时⑦,不能违时。知者善谋,不如当时⑧。精时者,日少而功多。夫谋无主则困,事无备则废。是以圣王务具其备,而慎守其时。以备待时,以时兴事,时至而举兵。绝坚而攻国⑨,破大而制地,大本而小标⑩,垦近而攻远⑪。以大牵小,以强使弱,以众致寡,德利百姓,威振天下,令行诸侯而不拂,近无不服,远无不听。夫明王为天下正⑫,理也。案强助弱⑬,圉暴止贪⑭,存亡定危,继绝世⑮,此天下之所载也⑯,诸侯之所与也⑰,百姓之所利也,是故天下王之⑱。知盖天下⑲,继最一世⑳,材振四海㉑,王之佐也。

【注释】

①资:凭借,依赖。

②微:精密。营垒:本指军营四周的防御建筑,此处借以比喻"独到判断"的微妙作用。

③此三者,圣人之所则也:三,郭沫若云:古本等"三"作"二",当以

作二为是。二,指"独明"与"独断"。则,谓取法。

④畏微:事情发展还在微妙时就能警惕。畏明:意谓惊惧在事情暴露之后。

⑤圣人之憎恶也内,愚人之憎恶也外:内,表现在内心的邪恶。外,显现在外表的丑恶。内、外,也可理解为含蓄与显明。

⑥易辞:用言语为自己开脱。《礼记·表记》:"故仁者之过易辞也。"一说,作"勿辞",即不推辞、不改变。郭沫若云:作"勿"者是。犹言至死不改耳,此其所以为愚。

⑦辅时:相时而动,善用时机。

⑧知者善谋,不如当时:意谓智者虽然善谋,但还不如掌握恰当时机。知者,同"智者"。当时,适时,合时。

⑨绝坚:与下句"破大"相应,意谓能摧毁坚固防守。绝,断绝。引申为摧毁、消灭。

⑩大本而小标:使根本之基坚固厚实,缩减那些不重要的事情。标,顶端,末端。

⑪坔(dì)近而攻远:此句意思是对近邻之国要和睦,对远方邦国可以攻击。坔:古"地"字。应为"睦"字之误。

⑫正:一官之长。此指统领、主宰。

⑬案强:抑制豪强。案,与"按"古可通用。

⑭围暴:禁限暴虐。

⑮继绝世:继承将要断绝的世家。

⑯载:猪饲彦博云:"载、戴同。"戴,拥护,爱戴。

⑰与:亲附。

⑱王之:尊之为王。

⑲知盖天下:谓智谋卓绝天下。知,同"智"。盖,压倒,胜过。

⑳继:刘师培云:"继"与知、材并文,疑当作"断"。断,决断,裁断。最:顶级的,最好的。

㉑材:资质,材力。振:通"震"。震动。

【译文】

权力谋划,是神圣君王可资借助之事。独特明智的见识,如同天下的利器;独到周详的决断,就好比一座防守精密的营垒。这二者是圣人所要取法的。圣人总是慎戒事物细微苗头的萌发,而愚人只看到事物显明暴露后的恐惧;圣人憎恶内心邪恶的劣迹,愚人憎恶外表丑陋的恶行;圣人一旦行动就能预知其安危,愚人制造了危难却总为自己百般开脱。圣人总能捕捉恰当时机,但不会违背时势机遇。智者虽然善于谋划,但不如抓住好的时机。精通于运用时机,总是费力少而成效大。谋事无主见则易陷于困境,举事无准备则易归于废败。所以,圣明的君王务求做好充足准备,而且谨慎守住任何时机。以充分的准备,来等待时机的到来,再按照适当的时机兴举大事,时机一到就立即兴兵。摧毁坚如铁壁的防守攻陷敌国,打破大国围攻控制敌境领地,壮固根本雄厚基干,汰除细枝末节,亲善邻近国家而攻伐远敌。借用大国牵制小国,借用强国役使弱国,借助多数之人招揽少数之人,德行恩泽利于百姓,声势威名震慑天下;政令通行于诸侯各国而不遭反抗阻挠,近邻国家无不臣服顺从,边远各国也无不听从命令。由英明的圣王担当天下匡正时势,自然是合乎情理的。抑制强国,帮扶弱小,抵御暴虐,阻止贪婪,保全亡国,安定危局,延继绝世,这些都是天下之人所拥戴的,各国诸侯乐于亲附的,有利百姓称道的好事,所以天下乐于由这样的君主成其王业。至于智谋盖天下,断事冠一世,才能震四海的人,这便是辅佐王业的能臣了。

千乘之国可得其守,诸侯可得而臣,天下可得而有也。万乘之国失其守,国非其国也。天下皆理己独乱①,国非其国也;诸侯皆令己独孤②,国非其国也;邻国皆险己独易③,国非其国也。此三者,亡国之征也。夫国大而政小者④,国从其政；国小而政大者，国益大⑤。大而不为者，复小⑥；强而不理者⑦，复弱；众而不理者，复寡⑧；贵而无礼者，复贱⑨；重而凌节者，复轻⑩，富而骄肆者，复贫⑪。故观国者观君⑫，观军者观将⑬，观备者观野⑭。其君如明而非明也⑮，其将如贤而非贤也，其人如耕者而非耕也⑯，三守既失⑰，国非其国也。地大而不为⑱，命曰土满；人众而不理⑲，命曰人满；兵威而不止⑳，命曰武满。三满而不止㉑，国非其国也。地大而不耕，非其地也㉒；卿贵而不臣㉓，非其卿也；人众而不亲㉔，非其人也。

【注释】

①理：张佩纶云："理"当作"治"，唐人避高宗讳，改"治"为"理"。下文中"理"同此。"治"与"乱"相对，指合理、有秩序。

②令：王念孙云："令"当为"合"，字之误也。下文"诸侯合则强，孤则弱"是其证。合，融洽，和好。

③险：险阻。此指有可守御之备。易：与"险"相对，平易。此指无险要可守。

④政小：指政治规模狭隘。

⑤国益大：国家将日益扩大。

⑥复：再，又。

⑦不理：即不治，得不到治理。

⑧众而不理者，复寡：众，人口多。寡，人口少。

⑨贱：卑贱，低微。

⑩重而凌节者，复轻：重，权重。凌节，超越等级法度。凌，凌驾，越过。节，节度，等级，规范。轻，此指权威减轻、削弱。

⑪富而骄肆者，复贫：骄肆，骄奢放纵。贫，此指陷入贫困。

⑫观：了解，考察。君：国君。

⑬将：将领。

⑭备：战备，防守。野：田野，农地。此指耕种情况。

⑮如明而非明：似明而非明。如，类似，好像。

⑯耕：指耕种的农民。

⑰三守：指上述"君明""将贤""人耕"三条可以据守的条件。

⑱地大而不为：指土地广大而不耕种。

⑲人众而不理：人口众多而得不到管治。

⑳不止：不听禁阻，不能令行禁止。

㉑三满而不止：上述"三满"为患而不能制止。

㉒非其地：等于失去了土地。

㉓卿：卿相。此指军中统帅。不臣：不遵守为臣之道。

㉔亲：亲附。

【译文】

千乘之国如果管治得当，只要具备了应遵行的条件，也可以臣服诸侯，拥有天下。万乘之国如果管治不当，丧失其应遵行的条件，就不能保有其国。天下都已治理而唯独自己国家动乱，将不能保有其国；诸侯各国都能和好合作而唯独自己国家孤立无援，将不能保有其国；邻国都有险要可资守御而唯独自己国家无险要守备，将不能保有其国。这三种状况都是亡国的征兆。国家大而政绩小，国家地位也会跟着政绩一样变小；国家小而政绩大，国家地位也会跟随其政绩日益强大。国家大了而无所作为，会重新再变小；国家强了而不加以治理，可重新变弱；人口多了而不勤加管治，也可以重新变少；国家地位尊贵了而不讲礼节，也可以重新变为卑贱；国家权力重要了而超越法度凌驾其上，其权力也可以重新变得轻微；国家富裕了而任意骄奢放纵，也可以再变得贫穷。所以说，观察一个国家怎样，要先看其国君如何；观察一个军队如何，要先看其将领怎样；考察一国的军事战备，要先看其农田耕作如何。如果国君看似英明而实际昏庸,军中将领看似贤能高明而实际无能,农民看似在辛勤耕种而实际并不种田,倘若失掉这三项本应遵行奉守的条件,国家将不能保有了。土地广大而不去耕种,叫作"地满";人口众多而不去管治,叫作"人满";军队威严而不存正义,叫作"武满"。"三满"为患而不去制止,国家也就不能保住了。土地广大而没有耕种收获,这就不是自己的土地;卿相尊贵而不奉行为臣之道,就等于失去了卿相;百姓众多而不愿前来亲附拥戴,这就不能算是自己的民众了。

　　夫无土而欲富者忧,无德而欲王者危,施薄而求厚者孤。夫上夹而下苴、国小而都大者弑①。主尊臣卑,上威下敬,令行人服,理之至也。使天下两天子②,天下不可理也:一国而两君,一国不可理也;一家而两父,一家不可理也。夫令,不高不行,不抟不听③。尧舜之人,非生而理也④;桀纣之人,非生而乱也⑤。故理乱在上也。夫霸王之所始也,以人为本。本理则国固,本乱则国危。故上明则下敬,政平则人安士⑥,教和则兵胜敌,使能则百事理,亲仁则上不危,任贤则诸侯服。

【注释】

①夹:上小而下大。王念孙云:"夹"当依尹《注》作"狭","苴"与"粗"同。上权窄小而下权粗壮,则无力统治。国:指国都、京城。都:指地方都邑。国小而都大,是"主卑臣尊"的反常现象。《左传·隐公元年》:"祭仲曰:'都,城过百雉,国之害也。''先王之制:大都,不过叁国之一。中,五之一。小,九之一'。"弑:指臣杀君,或子杀父。古时下杀上叫作弑。此处指篡弑,杀君篡权。

②使:假使,如果。

③抟：聚，集中，有实际针对性。一说，专。猪饲彦博云：抟，同
　"专"。谓命令专出于君也。

④尧舜之人，非生而理也：人，戴望云：《御览》引"人"作"民"，"理"作
　"治"是也。今本系唐人避太宗李世民及高宗李治讳所改，下文同。

⑤乱：动乱，叛乱。

⑥人安士：即民众安心而乐居当地本土。士，戴望云："士"当为
　"土"。"人安土"与"兵胜敌"对文。

【译文】

　　没有土地而欲求富有的人，必有忧伤愁虑；没有恩泽德政却妄想称
王的人，必然存在危险；施恩微薄给予甚少而要求丰厚回报的人，必会
遭到孤立。上层权小而下层权重，国都狭小而都邑过大，就将有篡弑之
祸。做到君主高尊臣子谦卑，君上威严臣下恭敬，政令畅行人民服从
的，才是治国的最高水平。假使天下有两位天子，天下就很难治理，不
得安定；一个国家，而有两位君主，这个国家就很难治理，不得安稳；一
个家庭，而有两位父亲，这个家庭，就很难管理，不得安静。法制政令，
不从上层君主专自发出，就不能顺利推行，国家权力不高度集中，就无
人听从。尧、舜时的百姓，不是生来就愿服从管治的顺民；桀、纣时的百
姓，也不是生来就要造反作乱的暴民。所以，安治和动乱的根源都在朝
中上层和君主。霸王之业开始的基础，应是以民众作为根本。百姓得
到根本治理，则国家得以巩固，百姓动乱根本动摇，则国家面临危亡。
所以，上面君主英明，则下面臣子敬服；政事平稳安易，则民心安定乐居
本土；士卒训练有素相互协调，则作战英勇顺利取胜；使用能臣干将，则
百事皆可得治；亲近仁人义士，则君主之位安泰不危；任用贤宰明相，则
各国诸侯都恭敬信服了。

　　霸王之形①：德义胜之②，智谋胜之，兵战胜之，地形胜
之，动作胜之③，故王之。夫善用国者，因其大国之重④，以其

势小之；因强国之权，以其势弱之；因重国之形⑤，以其势轻之⑥。强国众，合强以攻弱，以图霸⑦。强国少，合小以攻大，以图王⑧。强国众，而言王势者⑨，愚人之智也；强国少，而施霸道者，败事之谋也。夫神圣⑩，视天下之形，知动静之时；视先后之称⑪，知祸福之门。强国众，先举者危⑫，后举者利。强国少，先举者王，后举者亡。战国众，后举可以霸；战国少⑬，先举可以王。

【注释】

①形：这里为"大的形势"的意思，为引申义。

②德义胜之：指在德义方面处于优胜。下文仿此。

③动作：行动举事。

④因：借助，利用。其：俞樾云："其"字衍文。

⑤重国：地位高、力量强大的国家。

⑥以：利用。势：权利和地位。轻之：使它变轻，指降低其地位，削弱其实力。

⑦图霸：即图霸业，保持强国实力而雄霸一方。

⑧图王：谋成王业，指称王天下。

⑨言：谈论。王势：图谋称王天下。

⑩神圣：神圣之人，即圣明的君主。

⑪称：合宜，适合。

⑫先举者：指先发兵举事的国家。

⑬战国：交战的国家。

【译文】

　　成就霸业和王业的形势应是这样的：必须在实行德政和推行道义方面处于优胜之势，在运用智谋方面处于优胜之势，在兴兵作战方面处于优胜之势,在利用地利形势方面处于优胜之势,在举事行动的时机方面也处于优胜之势,因而,他能够称王天下。善于治国的君主,往往利用大国自身的权势威力,依据其形势的发展而使它缩小;利用强国自身的权势威力,依据其形势发展而使他削弱;利用地位影响重大的国家的本身优势,依据其形势发展而减轻其影响、压低其地位。天下的强国多时,就联合强国进攻弱国,以图谋雄霸一方。天下的强国少时,就联合小国进攻大国,以图谋称王天下。强国众多之时,谈论如何称王天下,那是愚笨之人的见识;强国稀少之时,仍实施雄霸一方的谋略,就是败坏成就王业的计策。神圣的君主,都首先察看天下的大势,把握好行动与静待的时机;观察先后行事的机宜,察知通向祸福的门径。强国众多,先兴兵举事的国家就危险,最后才兴兵举事的国家就得利。强国减少,率先兴兵举事的国家就可能成就王业,最后再兴兵举事的国家必然遭到失败。参与交战的国家众多时,最后才兴兵举事的国家就可以雄霸一方;参与交战的国家减少时,率先兴兵举事的国家就可以称王天下了。

夫王者之心方而不最列①,不让贤贤②,不齿第择众③,是贪大物也④。是以王之形大也。夫先王之争天下也以方心⑤,其立之也以整齐⑥,其理之也以平易⑦。立政出令用人道⑧,施爵禄用地道⑨,举大事用天道⑩。是故先王之伐也,伐逆不伐顺,伐险不伐易,伐过不伐及⑪。四封之内⑫,以正使之⑬;诸侯之会,以权致之⑭。近而不服者,以地患之⑮;远而不听者,以刑危之⑯。一而伐之⑰,武也;服而舍之⑱,文也;文武具满⑲,德也。

【注释】

①方:方正。最列:即扰乱等级次第。最,犯,冒犯。列,爵位等级。

②让:通"攘"。排斥。贤贤:尊贤。第一个"贤"字为动词。

③不齿第择众:即不是论资排辈地从众人中选人才。齿第,年龄地位,此指资历。择众,从众人中选。

④贪大物:探求做大事。贪,图,谋求。

⑤方心:方正之心。一说"方心"为"方正",不确。

⑥整齐:公平,统一。以"方心"治世,因而可以齐整人心,事业也就统一。

⑦理:治理。

⑧用人道:即采用顺合民心的原则。

⑨用地道:即采用公正无私的原则。

⑩用天道:即采用适应天时的原则。

⑪及:古本"及"上有"不"字。不及,即赶不上、落后。《说苑·指武》:"太公望曰:'臣闻之,先王伐枉不伐顺,伐崄不伐易,伐过不伐不及。'"正与此同。

⑫封:边境。

⑬正:通"政"。政令。

⑭权:权威。致:召集。

⑮以地患之:用侵夺土地的手段令其害怕担忧。

⑯以刑危之:即用军事威胁它。

⑰一:总体,根本的。《孟子·梁惠王下》:"武王一怒而安天下之民。"与此"一"义近。《左传·僖公十五年》:"贰而执之,服而舍之。"文意正与此同。一说"一而伐之"指为了统一而征伐它。

⑱服而舍之:征服后就赦免它。

⑲满:王引之云:"满"当为"备"。备,具备,俱全。

【译文】

　　成就王业的君主用心方正,不会干犯等级位次,不违背尊贤的原则,不会论资排辈地从众人中选拔人才,这是因为要图谋大业。所以成就王业者的形势规模必须是宏大的。先代圣王在争夺天下的时候,都恪守方正不偏的原则;因而所创立的事业能够万事统一、人心齐整;他治理天下平稳简易。王者立政出令顺应民心、合乎人道,封爵授禄公平无私、合乎地道,兴举大事要顺应天时、合乎天道。因此,先代圣王一旦进行征讨攻伐,都是讨伐叛逆之国而不攻取顺从之国,讨伐局势险恶之国而不攻伐政局平易之国,讨伐行事过头的国家而不攻打行事落后的国家。本国四境之内,通过施行公正不偏的政令来役使;集合各国诸侯参加盟会,运用权威实力来相召。对近邻而不服从的国家,用侵削其土地的手段增加其忧虑;对偏远而不听从命令的国家,用强大的军事进攻形势加以威胁。一举即可征服,这是动用武力;对臣服顺从的国家就给予特赦宽免,这是使用文德;文韬武略兼而备之,这才是德政的完整体现。

　　夫轻重强弱之形,诸侯合则强,孤则弱。骥之材,而百马伐之①,骥必罢矣②。强最一伐③,而天下共之④,国必弱矣。强国得之也以收小,其失之也以恃强。小国得之也以制节⑤,其失之也以离强⑥。夫国小大有谋,强弱有形。服近而强远⑦,王国之形也;合小以攻大,敌国之形也;以负海攻负海⑧,中国之形也⑨;折节事强以避罪⑩,小国之形也。

【注释】

①伐:王念孙云:"伐"当依宋本作"代"。代,迭也。更迭,轮流。

②罢(pí):疲劳。

③最:顶级的,无比的。一伐:当作"一伐"。一世,当代。

④天下共之:天下共同与之较力。共,执。引申为较量、对立。

⑤制节:折节,屈节。

⑥离强:脱离强国。

⑦强远:以军事力量威慑远国。一说"强"通"疆"。疆远,即拓疆远
　方,此指开拓疆域。

⑧负海:沿海诸国。负,凭,靠。此指居住在边境或偏远地区的少
　数民族。

⑨中国:中原之国。中,指其居内陆而言。

⑩折节事强:卑躬屈膝侍奉强国。

【译文】

　　至于国家地位的轻重、军事力量的强弱等形势问题,诸侯各国联合
起来则强大,被孤立起来就弱小。即使负有骐骥之材的千里马,用百匹
良马轮流与它追逐竞奔,它必定也会疲惫不堪。即使冠绝一代的强国,
举天下各国都与之对立,它必定也会衰弱下来。强国因容纳小国存在
而获得利益,又因自恃其强而失去自身优势。小国因折节事强而得到
被保护的利益,又因擅自脱离强国而失去其独立。国家,无论大小,都
有各自的谋略和打算;无论强弱,都有各自的形势和规模。使邻近国家
折服,再以强兵威慑远敌,这是称王之国所要保持的形势;联合小国之
众以攻击大国,这是各国因势均力敌所要保持的形势;借蛮夷之力攻伐
蛮夷之国,这是中原国家所要保持的形势;卑身折节侍奉强国以躲避被
其惩罚,这是小国图存所要保持的形势。

　　自古以至今,未尝有能先作难①,违时易形②,以立功名
者,无有。常先作难,违时易形,无不败者也③。夫欲臣伐
君、正四海者④,不可以兵独攻而取也⑤,必先定谋虑⑥,便地
形⑦,利权称⑧,亲与国⑨,视时而动⑩,王者之术也⑪。夫先王
之伐也,举之必义,用之必暴⑫,相形而知可⑬,量力而知攻,
攻得而知时⑭。是故先王之伐也,必先战而后攻,先攻而后

取地。故善攻者,料众以攻众⑮,料食以攻食⑯,料备以攻备⑰。以众攻众,众存不攻⑱;以食攻食,食存不攻;以备攻备,备存不攻。释实而攻虚⑲,释坚而攻膬⑳,释难而攻易。

【注释】

①作难:起事,发难。

②易形:变更天下形势。

③无:张文虎云:"无不败"之"无","而"字之误。

④臣伐君:以臣子身份讨伐君主,欲变更天下大势。

⑤独:单纯。

⑥谋虑:计策,谋略。

⑦便地形:使地理形势对自己便利。

⑧利权称:使动用兵权之名对自己有利。即师出有名,非不义之师。

⑨与国:盟国。

⑩视:根据,看。

⑪术:策略,手段。

⑫暴:迅疾。又,张佩纶说:"暴"当作"恭",恭敬。《尚书·甘誓》:"今予惟恭行天之罪。"即此义。

⑬相形:观察形势。相,相机,伺机。

⑭攻得:攻伐得手。

⑮料:估算,核计。

⑯食:粮草。

⑰备:军备,兵器装备。

⑱众存不攻:敌众实力尚存就不进攻。

⑲释:放弃。

⑳膬(cuì):古"脆"字。脆弱,薄弱。

【译文】

从古到今,从来就没有首先发难起事、又违背天时先机且变更天下大势的人,而能够建立功德大名;这事从未有过。首先发难起事、又违背天时先机,没有不遭遇失败的。凡是要以臣子身份来讨伐君主、以匡正四海为名义而出兵者,就不可能只单纯依靠举兵进攻而取胜,必定首先确定进行攻伐的策略,占取便利的地理形势,选择有利动用兵权名义的先机,密切与盟国的合作关系,然后审视有利时机而行动,这才是成就王业的策略。先代圣王进行攻伐,兴兵举事必定合乎正义,动用武力必须迅速,根据天下大势来推知可否举事,衡量自己的实力来推测能否进攻,看攻伐所得结果而探知行动的时机。因此先代圣王从事征讨攻伐,必定先宣战而后进攻,先进攻而后夺取其土地。所以善于进攻的将帅,都要算计好我军人数以针对敌军人数,算计好我军粮草以针对敌军粮草,算计好我军装备以针对敌军装备。以人数对抗人数,如果敌军兵力有余,则不可以进攻;以粮草对抗粮草,如故军存粮有余,则不可以进攻;以兵器装备对抗兵器装备,如敌军装备有余,则不可以进攻。应该避开敌军布兵坚实之处而攻击其布兵空虚之地,避开防守坚固之处而攻击其防守脆弱之地,避开较难进攻之地而攻击易于被摧毁的地方。

　　夫抟国不在敦古①,理世不在善攻②,霸王不在成曲③。夫举失而国危④,刑过而权倒⑤,谋易而祸反⑥,计得而强信⑦,功得而名从,权重而令行,固其数也⑧。

【注释】

①抟国:协和国政。抟,私。即专。敦古:致力于古道。

②善攻:当作"善故",精通旧事。

③成曲:成就小局面。曲,局部。一说当作"成典",拘泥成法。

④举失:举措失当,此指选择兴兵举事时机失误。

⑤刑过:错过时势。刑,通"形"。指形势。权倒:权威崩倒丧失。

⑥谋易:谋事轻率。反:来,来到。

⑦强信:即"强伸",强势可得伸展与发挥。信,通"伸"。

⑧固其数:本有的道理,本来的规律。

【译文】

统治国家执掌政事不在于敦敬古道,治理当世统掌时政不在于精通旧制,成就霸业称王天下不能没有大局观。君主决策失误、举措失当国家就会面临危险,举事错过形势、坐失良机其权势威力就会倾侧崩倒,谋事轻率、计划反复反而会招致祸殃,计策得当、谋划合宜其强势威力则可得到发挥,德政功业得以成就则威名盛誉随之而来,国家权势地位重要则君命政令容易推行,这些都是治理国家的根本道理和基本规律。

夫争强之国,必先争谋、争刑、争权①。令人主一喜一怒者,谋也;令国一轻一重者②,刑也;令兵一进一退者③,权也。故精于谋则人主之愿可得,而令可行也;精于刑则大国之地可夺,强国之兵可围也④;精于权则天下之兵可齐⑤,诸侯之君可朝也⑥。夫神圣视天下之刑,知世之所谋,知兵之所攻,知地之所归,知令之所加矣。夫兵攻所憎而利之⑦,此邻国之所不亲也。权动所恶,而实寡归者⑧,强。擅破一国⑨,强在后世者⑩,王。擅破一国,强在邻国者⑪,亡。

【注释】

①谋:指谋略。刑:王念孙云:刑与"形"同。指形势。权:指权谋。

②轻:指国家地位轻。重:地位重要。

③进:进攻。退:退兵。

④围：抵御，抵挡。

⑤齐：调剂。齐、剂，古通用。一说会集，包围。俞樾云：齐读为济。济，止也。一说齐，通"剪"。剪除，剪灭。《仪礼·既夕礼》："马不齐髦。"注："齐，剪也。"

⑥朝：召见，朝会。此指使之朝聘。

⑦利之：此指利己。

⑧实：果实，实惠。此指利益。

⑨擅：擅长。

⑩强在后世：使后世强盛。

⑪强在邻国：反而使邻国势力增强，本国实力削弱。

【译文】

凡是要逐强争胜的国家，必定首先要竞争谋略、竞争形势、竞争权力。能够使君主心中或喜或怒的，是谋略；能够使国家地位或轻或重的，是形势；能够使军事行动或进或退的，是权力。所以，精通运用谋略，则君主的心愿可以达成，而所出号令可以顺利推行；精通把握形势，则大国的领土可以夺取，而强国的军队也可以抵御；精通利用权势，则天下的兵革可由权变而得调配使用，而诸侯各国的君主可使之来朝见。神圣英明的君主，审察天下大势，根据形势掌握当世的谋略，把握用兵的动向，确知领土的归属，明白政令所施加的对象。凡是出兵攻伐憎恶之国而得利、若其利归己所有，这就会造成邻国不愿亲附。由权势威慑所憎恶之国而得利，其实惠少归己所有，这就可以图就强盛之国。擅于独自专破一国，能坚守其强并且造就后世强盛的，可以成就其称王大业。擅于独自专破一国，反而造就邻国强盛、本国实力削弱的，那就要败亡了。

问第二十四

【题解】

问,是询问、察问及调查的意思。此篇所谓问,实际上是站在执政者的立场,从建立国之常法、推行霸王之术的角度出发,提出的一个详细的施政调查报告,全文纲目具体,角度多变,设计细密。

全文共发问六十余次,用二十四个"问"字加以统括,总计有六十五项调查纲目,广泛涉及社会生活的各个层面,包括民生、公共事务、社会保障、经济、政治、军事等等,诸如吏治、刑狱、军备及地方官吏的政绩考核等,都列入专题调查范围,而且要求调查时,既要有对事物数量的统计,又要有对事物性质的分析,既是细致的政治措施,又是详尽核实的报告,而且政策皆以调查为基础,体现出管仲学派认真务实的作风。

此篇堪称我国古代的一份内容丰富、年代久远、保存完好、价值珍贵的社会调查报告。赵用贤赞叹说:"此篇文法累变而不穷,真天下之奇也。"郭沫若云:"以文章言,此篇可与《楚辞·天问》并美,确是奇文。"黎翔凤认为:"此为当时之调查纲要,非有意为文,而自多变化。"

凡立朝廷[①],问有本纪[②]。爵授有德,则大臣兴义;禄予有功,则士轻死节[③]。上帅士以人之所戴[④],则上下和;授事以能,则人上功[⑤]。审刑当罪[⑥],则人不易讼[⑦];无乱社稷宗庙⑧,则人有所宗。毋遗老忘亲⑨,则大臣不怨;举知人急⑩,则众不乱。行此道也,国有常经⑪,人知终始⑫,此霸王之术也。

【注释】

①立朝廷:谓临朝听政。立,通"莅"。临。

②问:征询,掌握情况。本纪:根本纲纪,根本原则。纪,纲纪。

③士:武士。轻死节:即以死节为轻。把为守节操而死看得很轻易,即勇于为国牺牲。

④上帅士以人之所戴:重视任命民众所拥戴的人来统率士卒。许维遹云:"上"与"尚"同。指崇尚、重视。帅,率领。人,民,指民众。唐人避讳,改"民"为"人",本章中"人",均同此例。

⑤上功:崇尚功效。上,通"尚"。

⑥审刑:量刑。

⑦易:轻率,简易。

⑧宗:奉养祖宗。此指尊崇的对象。

⑨遗老忘亲:遗忘老臣或亲近之臣。老,指老臣。亲,指亲近之臣。

⑩举知人急:兴举大事知道哪些是民众最急需的。举,举事。一说举,意谓尽、全,指充分。急,急难,疾苦,困难。

⑪常经:常规,常法,即固定的法规。

⑫终始:事情的开头与结尾,即如何开始和结束,指整个过程。

【译文】

大凡主持朝廷政事者,询问下情有根本的纲纪法则。爵位授给有德之人,大臣们就会重视持守道德推行仁义;赏禄赐予有功之人,士卒们就会视死如归、不怕牺牲性命以死保节。君主重视任用众人所拥戴的将领统率士兵,军中的将士就会上下一致、团结和睦;按照才干授职掌事、根据能力安排具体工作,人们就会讲求做事效率、崇尚实际功绩。审判和量刑符合其罪、罚处恰当,人们就不会轻易兴起诉讼;社稷宗庙其享祀不曾被亵渎扰乱,人们便会自觉宗奉和信守。君主不曾遗忘老臣和宗亲,大臣们也就不会心生抱怨;举事充分了解人们的急难困苦,民众就不会去犯上作乱。推行政令遵从以上这些执政法则,国家便有常规常法可依,人们也就知道所应有的行为规范,这就是开创以及实现霸王之业的政策和方法。

　　然后问事。事先大功①,政自小始②。问死事之孤③,其未有田宅者有乎?问少壮而未胜甲兵者几何人④?问死事之寡⑤,其饩廪何如⑥?问国之有功大者⑦,何官之吏也?问州之大夫也,何里之士也⑧?今吏亦何以明之矣⑨?问刑论有常以行⑩,不可改也,今其事之久留也何若⑪?问五官有度制,官都其有常断⑫,今事之稽也何待⑬?

【注释】

①事先大功:调查询问下情大事优先。

②政自小始:施政治理之时先从小事做起。

③死事之孤:为王事而死难者之子孙,指为国家而捐躯者的后代。

④未胜甲兵:未能胜任从军。即还没到参军年龄。

⑤死事之寡:指为国事而牺牲者的遗孀。

⑥饩(xì)廪:指官府月给的抚恤,多为米粟之物。这里泛指官方发给的口粮。

⑦功大:当作"大功"。

⑧里:此指出生、生长的地方。

⑨今吏亦何以明之矣:此句与上"问州之大夫"句连读,意思是这些州里大夫,他们由士变为官吏经过了何等的考察。上句问州里大夫籍贯,这句问他们仕进的过程。明之,使之显明。

⑩刑论有常：定罪量刑有固定的标准。刑论，量刑定罪，按罪判决，即判刑。以行：按照执行。

⑪久留：拖延不决。何若：怎么回事。

⑫官都：此指总摄五官者，即统领五官的官员。常断：此指断事的常规、制度。

⑬稽：拖延，延迟。何待：等待什么。

【译文】

　　然后开始进行询访调查。调查应大事优先，治起事来则要由细微处入手。调查询问为国捐躯或死于国事者的遗孤中，还有没有尚未得到田地房产的？调查询问青少年不到从军服兵役年龄的有多少？调查询问为国牺牲者的遗孀，他们应领的口粮等抚恤品，供给情况如何？调查询问国内曾建立大功的人们，都是哪些部门的官吏？调查询问各州的大夫，都是哪些乡里的士人？现今他们为官做吏，又是经过怎样考核才被提拔的？调查询问判案量刑应有常法可循，不能擅自更改，而现在的案件却都拖延不决、长期积压，这是因为什么？调查询问五官本自各有制度规章，而总领的官吏也有断事判案的常例，现在所涉诸案却都拖延不办，还在等待什么？

　　问独夫、寡妇、孤寡、疾病者几何人也①？问国之弃人何族之子弟也②？问乡之良家③，其所牧养者几何人矣④？问邑之贫人债而食者几何家⑤？问理园圃而食者几何家⑥？人之开田而耕者几何家？士之身耕者几何家？问乡之贫人，何族之别也⑦？问宗子之收昆弟者⑧，以贫从昆弟者几何家⑨？余子仕而有田邑⑩，今入者几何人⑪？子弟以孝闻于乡里者几何人？余子父母存，不养而出离者几何人⑫？士之有田而不使者几何人⑬？吏恶何事⑭？士之有田而不耕者几何人？身何事⑮？君臣有位而未有田者几何人⑯？外人之来从而未有田宅者几何家⑰？国子弟之游于外者几何人？贫士之受责于大夫者几何人⑱？官贱行书⑲，身士以家臣自代者几何人⑳？官承吏之无田饩而徒理事者几何人㉑？群臣有位事官大夫者几何人㉒？外人来游，在大夫之家者几何人？乡子弟力田为人率者几何人㉓？国子弟之无上事㉔，衣食不节，率子弟不田弋猎者几何人㉕？男女不整齐㉖，乱乡子弟者有乎㉗？问人之贷粟米，有别券者几何家㉘？

【注释】

①孤寡：一说当为"孤穷"。许维遹云："孤"下"寡"字意复，当作"穷"。

②弃人：此指因犯罪而被放逐到边远地区的人。

③良家：富裕人家。尹注曰：良家，谓善营生以致富者。

④牧养：收养。牧、收，形近易混。

⑤债而食者：指依靠借债度日的人。

⑥理园圃而食：靠经营菜园为生。

⑦别：别支，分支，支裔。

⑧宗子：宗族的继承人，一般为嫡长子。昆弟：兄弟。

⑨从：郭沫若云：谓寄食也。

⑩余子：与"昆弟"略同，嫡长子之外的儿子。

⑪入者：指余子中向朝廷交纳赋税的人。入，即纳税。一说指入宗族之籍。

⑫出离：出走依附别家。即出赘。离，通"丽"，借为"俪"。配偶。俞樾云：不养而出离，谓出而俪偶于他族，若后世赘婿矣。

⑬不使：不任事为官，没有接受任用。

⑭吏恶何事：这样的吏厌恶什么事？此句也是承上句"有田而不使"而来，"有田而不使"即食官禄却不做事，当受罚。这句意思是弄清楚他们厌恶什么，就拿什么对付他们。

⑮身何事：他们自身在干什么？

⑯君：猪饲彦博云："君"当作"群"。下文即有"群臣"。

⑰外人：指其他诸侯国的人。从：王引之云："从（從）"当为"徙"字，迁居。

⑱受责于大夫：即向大夫借债。陶鸿庆云："责"与"债"同。上文云"问邑之贫人债而食者几何家"，彼言受贷于私室，此则受贷于公家也。《周礼·地官·泉府》有从官赊贷之法。

⑲官贱行书：从事经商贱业。郭沫若云：官读为"馆"，"官贱"，即收养贱者。行书，即为商贾之事。书，账簿。

⑳身士：指本身的职事。士，通"事"。即职事。

㉑官承吏：即官府中担任丞吏职事的临时人员。田饩：土地和俸禄。

㉒位事：犹视事，指处理公务。位，通"莅"。《周礼·春官·肆师》："凡师甸用牲于社宗则为位"，注曰："故书'位'为'莅'。"

㉓力田：努力耕种。率：为人表率。

㉔国子弟：都城的子弟，相对"乡子弟"而言。国，此指都城。无上事：没有正当职业。

㉕率：带领。弋猎：射鸟捕兽。弋，用系绳的箭射鸟。

㉖整齐：整肃庄重。此指守规矩。

㉗乱：扰乱。

㉘别券：即一分为二的契券、契据。古代契券通常一分为二，供校验核对。此指贷放粮食于人所握有的契券。

【译文】

调查询问鳏夫、寡妇、孤儿寡母、穷困无依及疾病缠身之人各有多少人？调查询问邦国内因犯重罪而遭到放逐的获罪之人都是哪一宗族的子弟？调查询问乡里的富裕人家，他们收养的人各有多少？调查询问城邑内的穷人，须依靠借债度日为生的还有多少家？调查询问依靠经营果园菜圃为生的还有多少家？开荒田自己耕种的有多少家？士子须亲自耕田种地的有多少家？调查询问乡里的贫穷之人，都是哪家宗族的别支或后裔？调查询问嫡长子收养兄弟者或因贫穷途困而寄食依附于兄弟之家者各有多少家？嫡长子以下，入仕做官而有封地田邑后，现如今仍在交纳赋税的有多少人？子弟因为笃行孝道，其行于乡里颇有声名的有多少人？嫡长子以下的庶子，父母仍然健在却不能赡养而离家者有多少人？士子封有土地享有田禄，而不受职任事的有多少人？他们厌恶何事？士子有田产而不事耕作的有多少人？他们自身在干些什么事？群臣之中有爵位而无田产的有多少人？从其他诸侯国前来而尚无田地房屋的有多少家？本国子弟出游别国的有多少人？贫穷士子向大夫借贷欠债的有多少人？收养贱者从事经商，自身出仕其职事却由家臣代理的有多少人？担任官府丞吏之类职事却没有田产俸禄而白白干事的有多少人？群臣之中有爵位职事而在官大夫家里兼任职事的有多少人？别国之人来本国交游，住在大夫家里的有多少人？乡里子弟中，努力种田耕作可为人表率的有多少人？都城子弟中身无常业且无职事，不务正业反而衣食豪奢、生活侈靡，带领青年子弟弃农不事耕种而以打猎游戏取乐的有多少人？男女言语不整肃庄重、行为不端、交往不守规矩，影响乡中子弟行为浪荡、胡作非为的有没有？调查询问民间借贷粟米粮食，手中握有契据债券的有多少家？

　　问国之伏利①，其可应人之急者几何所也②？人之所害于乡里者何物也？问士之有田宅，身在陈列者几何人③？余子之胜甲兵有行伍者几何人？问男女有巧伎能利备用者几何人④？处女操工事者几何人⑤？冗国所开口而食者几何人⑥？问一民有几年之食也⑦？问兵车之计几何乘也？牵家马、轭家车者几何乘⑧？处士修行⑨，足以教人，可使帅众莅百姓者几何人？士之急难可使者几何人？工之巧，出足以利军伍⑩，处可以修城郭、补守备者几何人⑪？城粟军粮其可以行几何年也⑫？吏之急难可使者几何人？大夫疏器⑬：甲兵、兵车、旌旗、鼓铙、帷幕、帅车之载几何乘⑭？疏藏器⑮：弓弩之张、衣夹铗、钩弦之造、戈戟之紧⑯，其厉何若⑰？其宜修而不修者故何视⑱？而造修之官⑲，出器处器之具⑳，宜起而未起者何待？乡师车辐造修之具㉑，其缮何若㉒？工尹伐材用㉓，毋于三时，群材乃植而造器定。冬，完良备用必足。人有余兵㉔，诡陈之行㉕，以慎国常㉖。时简稽乡帅马牛之肥腯㉗，其老而死者，皆举之㉘；其就山薮林泽食荐者几何㉙？出入死生之会几何㉚？若夫城郭之厚薄，沟壑之浅深，门闾之尊卑，宜修而不修者，上必几之守备之伍㉛。器物不失其具，淫雨而各有处藏㉜。问兵官之吏、国之豪士㉝，其急难足以先后者几何人㉞？夫兵事者危物也，不时而胜，不义而得，未为福也。失谋而败，国之危也，慎谋乃保国。㉟

【注释】

①伏利：潜在的、尚未开发的资源。

②所：处所。

③陈列：指军队。

④能利备用：制作国家所用各种器物。巧伎：即"巧技"。灵巧的技艺。

⑤工事：此指女工之事。

⑥冗国：即"国冗"，亦即国中的冗员，指句中"开口而食者"，今语所谓"吃闲饭的"。一说"冗"乃"问"字之误。

⑦一民：平均一个人。几年之食：可储备有几年的食物。

⑧牵家马、辄家车者几何乘：此句是问有马和有车的人家，总共有多少马和车。辄，本是状如人字形套在马颈部的驾马器具。此处为动词，即"驾"的意思。

⑨处士：指有才德而隐居不仕者。修行：美好的德行。

⑩出：出征。

⑪处：居处。守备：指守卫防御的器械。

⑫城粟：谓守城之粟。军粮：谓出军之粮。行：经历，度过。

⑬大夫疏器：此言大夫疏记器具之数，即下文所举甲兵诸物。疏，疏记，分条记录。

⑭帅车之载：将帅军车所载。

⑮藏器：盛兵器的器物。

⑯张：包裹弓弩的袋子。郭沫若云："张"读为"韔"。《说文》："韔，弓衣也。"衣：装在套子里。夹铗：即手持夹。夹，持。铗，剑把。此处指代剑。钩弦：拉弓弦用的钩。造：此处指套子外面又加的套。夹铗和钩弦本有套子，为安全起见，再加一层，却称"造"。造，"簉"的假借。簉，副也。紧：束。指戈戟的捆束之物。

⑰厉：同"砺"。磨砺，此谓磨损。

⑱视：于省吾云：言其破损何所比视也。比视，指察看、审察、鉴别。

⑲官：郭沫若云：官，读为"馆"，谓制器之场。此指机构、场所。

⑳出器处器之具：姚永概云："出器"，谓行者所用。"处器"，谓居者所用。"具"，谓收藏之所。

㉑乡师：乡帅。安井衡云："师"当作"帅"。管子治齐，"五乡为帅"。《小匡》："十邑为卒，卒有长；十卒为乡，乡有良人。"辎：辎车，有帷盖，既可载物，又可躺卧。

㉒缮:修理,整治。

㉓工尹:主管工匠作坊的官吏。

㉔余兵:多出的兵器。

㉕诡:责备,责成。行:行伍。此指军事机构。

㉖慎:重,严明。国常:政纪国法。

㉗简稽:检查统计。一说视察。《周礼·夏官·大司马》:"简稽乡民。"郑玄注:"稽,犹计也。"乡帅:同"乡率"。

㉘举:举书其数,登记数目。

㉙荐:肥嫩的牧草。

㉚会:统计。

㉛几:通"讥"。查问。

㉜淫雨:或作"霪雨"。久雨,过量的雨。

㉝兵官之吏:即兵府之吏。指军事机关的官员。

㉞先后:辅佐。指前后相随者,意谓辅佐、护卫等。

㉟"失谋而败"三句:张佩纶云:此数语与上虽同为兵事,而意不相承,以"失谋而败"句证之,当为《谋失》残简,伪房以意厕此。黎翔凤云:上文言军备,然好兵非国家之福,乃以保护国事之有益者。下文即承益言之,张未解其义。

【译文】

调查询问国内尚未开发的资源,可以解决供应人们急需的有多少处?人们认为危害于乡里的是些什么东西?调查询问拥有田地房产而在军中服役的士子有多少人?嫡长子以下庶子中,足够当兵条件而具有军籍的有多少人?调查询问有技术的男女,能参与制造各种利器的有多少人?能从事手工劳动方面的少女有多少人?调查询问国内不事农耕而开口仰食的冗员有多少?调查询问一个农民的生产可储备几年的口粮?调查询问兵车总数共有多少乘?其中用家车马共有多少乘?未曾做官的在野士子,道德高尚、言行足以为人表率,可用来率领群众治理百姓的有多少人？国家危急险难之时可供使用的士人有多少人？灵巧的工匠技人，其技能可以在战时协助整治军旅装备，而平时则可以维修城郭、补充守备者有多少人？守城的积粟与行军的粮草，其用度可以维持多少年？国家危急险难之时可供调遣使用的官吏有多少人？大夫疏记呈报的军器，包括：甲胄、兵器、兵车、旌旗、鼓号、营帐以及帅车之车盖，用车装载共需多少乘？大夫疏记所呈报的各项藏器，包括：弓弩的套袋、剑矛的外鞘、钩弦的灶匣、戈戟的套衣，其磨损程度以及兵器的锋利坚硬度如何？其中应修理而未能修理的，应怎样审查检验？而制造、修理所用的场所，发放、储藏所用的处所，应当建造而未建造的还在等待什么？各乡、各率中制造与修理战车和辎重兵车的设备，其修缮情况如何？管理工匠的长官，下令砍伐木材，不可在春、夏、秋三季，因为各种林木仍在生长，这样才能使其充分长大成材确定其可制造什么军器及合适用途。制造各种军械一定要到了冬天才开始，这样完整优良的好木材必然充足齐备、兵器也必能造足。人们所拥有的多余兵器，都要责成他们陈放在军队兵营之中，以严明国家法纪。军需要经常进行核检统计，视察各乡、各率中所喂养马、牛的肥瘦状况，对其中因衰老而死亡的，都要登记数目；其中放牧在山林水泽觅食野草的健壮牛马共有多少？而卖出、购进、死亡、繁殖的存栏总数共计有多少？至于营造城郭建筑的厚薄，挖掘护城河的深浅以及修建城墙门楼的高低，应当修整而未修整的，朝廷君主必须向守备的军队进行稽查。要使各种军备都有安全贮藏设施，久雨多水时器物也不缺收藏的地方。调查询问带兵的将领和国内的豪杰之士，他们在国家危急险难之时能够辅佐君主跟从赴难的有多少人？用兵打仗，本就是件很危险的事情，非适时而侥幸取胜，不合义而获得利益，都未必是福音好事。谋虑失策而导致战败，国家就要面临危险灭亡，所以要慎重谋虑计划，才能保全国家。

　　问所以教选人者何事[①]？问执官都者其位事几何年矣[②]？

所辟草莱有益于家邑者几何矣③？所封表以益人之生利者何物也④？所筑城郭，修墙闭⑤，绝通道，陋阙⑥，深防沟，以益人之地守者，何所也？所捕盗贼，除人害者几何矣？

【注释】

①教选人：教育和选拔人才。何事：有哪些事项。

②执：执掌，担任。官都：管理地方城邑的官职之称。位事：视事，莅事就职到任。即执掌政务。

③辟：开垦。草莱：指荒地。家邑：指私人和公家。

④封表：指上封表章以奏事。

⑤闭：通"闬"。即墙垣。

⑥陋阙：同"隘缺"。指险阻处的缺口。

【译文】

调查询问教育和选拔人才，他们都采用什么方法和标准？调查询问每个执掌官都职务的，他们都已任职多少年了？他们任内所主持开垦荒地、使城邑农家或当地民众受益的计有多大面积？他们上封表章所提奏议有益于民众生财之道、可增加其家庭利益的都有什么事项？他们所建造的城郭、修筑的墙垣、设置的路障、安设的门楼以及加深的护城河等，这些用来加强防守戒备能力并有益于守卫国土的设施共有多少地方？他们为安民保家全力捕获盗贼，以及为民除害而消除各种潜在隐患总共都有哪些作为？

制地①，君曰②：理国之道，地德为首；君臣之礼，父子之亲，覆育万人③。官府之藏，强兵保国，城郭之险，外应四极④，具取之地⑤。而市者天地之财具也⑥，而万人之所和而利也⑦，正是道也⑧。民荒无苟⑨，人尽地之职，一保其国。各主异位⑩，毋使谗人乱普⑪，而德营九军之亲⑫。关者，诸侯之陬隧也⑬，而外财之门户也⑭，万人之道行也⑮。明道以重告之⑯：征于关者⑰，勿征于市⑱；征于市者，勿征于关；虚车勿索⑲，徒负勿入⑳，以来远人㉑，十六道同㉒。身外事谨㉓，则听其名㉔，视其名㉕，视其色，是其事㉖，稽其德㉗，以观其外㉘。则无敦于权人㉙，以困貌德㉚。国则不惑，行之职也㉛。问于边吏曰㉜：小利害信，小怒伤义，边信伤德㉝，厚和构四国㉞，以顺貌德㉟，后乡四极㊱。令守法之官曰㊲，行度必明㊳，无失经常㊴。

【注释】

①制地：根据地利情况制定相应的产业政策。地，包括田地关市等在内。

②君曰：假借君令以言之。

③覆育万人：此句的主语即上一句的"地德"。覆育，覆盖，养育。

④四极：四方极为偏远的地方。

⑤具：全，尽。取：取得，获取。

⑥具：具备。

⑦和：会合。此指集中交易。

⑧正是道也：正是此道。指市场具天地之财而言。

⑨民荒无苛：对待民众不必急切。荒，泯。"苛"为"亟"字之误。亟，急也。

⑩各主异位：各就其位，各司其职。

⑪毋使谗人乱普：不要让进谗言的人得逞出现变乱情况。普，王念孙云："普"当为"晋"……"晋"与"替"同。乱替，混乱地更替。

⑫九军：九州。军，本义为"围"。九围，即九州。

⑬陬（zōu）隧：边界。此指位于边境的要道。

⑭外财:国外之财。指其他诸侯国的财货。

⑮道行:即道路。

⑯明道:指将关市之征彰明于要道。重告:庄严示告。

⑰征于关:指对四处行走的商人征收关卡税。尹注曰:征于关,谓行商。

⑱征于市:指对坐于店铺经营的商贾征收市场税。尹注曰:征于市,谓坐贾。

⑲虚车勿索:对空车经过者不索取关税。

⑳徒负:指肩扛背负少量商品步行去市场进行交易的人们。入:指纳税。

㉑来:招徕,招致。

㉒十六道同:此句是说,国内各条道共同执行上述关税政策。十六道,十六条要道。泛言众多通道,未必只十六条。

㉓身外事谨:作为涉外人员,做事要小心。身,亲自从事。

㉔听其名:调查外使的身份。听,探听,调查,分辨。

㉕视其名:考察其名声。视,看,观察。

㉖是其事:承认其做的事。是,肯定的意思。

㉗稽:检验,考察。

㉘观其外:察验和对照远来者的外貌。

㉙无敦于权人:不让权诈之人得意。敦,厚。权人,权诈之徒。

㉚困貌德:为其外貌内德所困惑。

㉛行:官名。指行人、大行,即掌管外交事务的官员。

㉜问:命令。《左传·庄公八年》:"公问不至。"杜注:"问,命也。"

㉝边信:偏信。一说"边信边德"四句为衍文。

㉞厚和:宽厚和谐。构:交往。

㉟以顺貌德:德貌皆顺。德,指内心。貌,指外表。这是君主教导边地官员的言论,令其注意情感与仪态。

㊱后乡四极：以优厚的方式对待四邻。后，通"厚"。乡，通"向"。

㊲日："曰"字之误。王念孙云："日"当为"曰"。

㊳度：法度。明：严明。

㊴经常：指常规常法。

【译文】

　　关于如何掌握国土地利的问题，君主说：治国之道，应当以充分发挥土地的利益作为首要事务。君臣间的礼仪制度，父子间的亲情依附，也都应取决于国土收入，地德能覆盖化育万民。官府的储藏，用以增强军力保卫国家；城郭的险要，用以向外应付四方诸侯的来犯。都依靠土地产业。市场是天地间财物集中齐具陈列的场所，万民因入市交易而相互得利，也是地德之道的产物。百姓自治生业，施政不要操切急迫，他们就能各自努力，皆尽地利，自然人心齐一国家有保证。市场上货主各有其位，不要因邪人扰乱而替换各自职守，那么德泽将遍九州各国。关隘，是各诸侯国边界的通行要道，吸引国外财货资产进入的门户，百姓万民行走的必经之地。应当将关市之征的法令彰明于道路，并庄严郑重地反复告示：对于行商之人，只征收关卡税，入市则不再征税；对于铺肆商贾，只征收市场税，出入关卡则不再征税；空车经过者不索取关卡税，徒步负重入市交易者不收取市场税，用这些措施招徕他方远道商贾，齐国各条要道共同遵守。亲自号召外事，做事要小心谨慎，要辨明外来者的名书身份，要察看他的形色神情，观察他的行事作为，稽查他的品德言行，再对照他的外表容貌。这样就不会让貌似忠厚的奸人有机可乘。这样国事就不会陷于惑乱，这是掌管道路和外交事务者的职责。告示边境官吏说：小利有害诚信和睦，小怒有伤仁行正义，应当敦厚谦让和睦交接周边国家，优厚对待四方宾客，这样就做到了外貌和内德的统一。命令执法官吏说：执行法度必须严明，不要忽视常规常法的有效畅行。

谋失第二十五

亡佚

卷第十

戒第二十六

【题解】

《管子》第二十五篇，题为《谋失》，其文已亡，今仅存目。此为第二十六篇，题名为《戒》。戒指劝诫、戒除，即进言以告诫君主所应戒除之事。本篇记述管子等人对桓公数次劝诫之语，共分四节：第一节记述桓公出游前管子劝诫他要"有游夕之业于人，无荒亡之行于身"，并要加强自身修养，注重仁义、孝悌、忠信。第二节记述桓公游猎中管子劝诫他要使民以时、薄赋敛、宽刑法、近有德而远有色。第三节记述桓公外舍时中妇诸子劝诫他要处理好与各国诸侯的关系。第四节记述管子临终前劝诫桓公正确看待臣子的长处、短处，坚决除去奸佞之臣，以及桓公最终不听遗嘱，终至身败国乱。

全篇所叙皆管仲劝诫桓公慎于执政之事，如游乐不可忘怀百姓疾苦，不可酿成荒亡之行；治民不可役使无时，苛刑重敛；治政不可不善处各国关系，不可不识忠奸贤愚、亲小人而远贤臣；此皆可谓执政"宝法"。然管仲虽谆谆劝诫，桓公初皆听从，及管仲、隰朋相继别世，忠言不至乎前，易牙、竖刁及卫公子开方复得亲近，使桓公沉湎酒色，内不量力，外不量交，侵伐四邻，结怨诸侯，贻害无穷；假使桓公坚守劝诫不移，则易牙群小不得复进，公子无亏亦不得立，又何至宋襄公率诸侯兵伐齐，齐师又何至于败？管仲作为杰出政治家其高明之处不仅止此，中妇诸子所论"致诸侯之道",管仲竟盛赞为"圣人之言",劝桓公务必遵行;管仲不以地位论贤愚,极其知人善任。

本文行文颇具特色:全文围绕一个"戒"字开展故事,铺陈情节,笔墨生动。运用对比手法尤具表现力:管仲生前,桓公信任其人,可谓同心一德,言无不售;管仲死后,桓公尽违其言,遂为群小所害;可见管仲在时,宵小无可逞其奸,然而桓公信善不终,则无法自善其后;两相对照,管仲之智,桓公之庸,立现无遗。

此篇当非管仲自作,似后世追记成文,所载多道家语,亦有儒家语。本文首先记述管仲进言告诫桓公的几件史实,其次又记述管仲临终遗嘱、托人于桓公,然而桓公并未照办,终落可悲下场。管仲寝疾一段,《列子》《庄子》《吕氏春秋》亦俱载。末段又迭称"管子曰",实乃后世指称管仲之词。此篇重在描述管仲与桓公行为,非其言论,也极具史笔特点。

桓公将东游,问于管仲曰:"我游犹轴转斛①,南至琅邪②。司马曰③:亦先王之游已。何谓也?"管仲对曰:"先王之游也,春出,原农事之不本者④,谓之游。秋出,补人之不足者,谓之夕⑤。夫师行而粮食其民者⑥,谓之亡。从乐而不反者⑦,谓之荒⑧。先王有游夕之业于人,无荒亡之行于身。"桓公退,再拜⑨,命曰宝法也。管仲复于桓公曰:"无翼而飞者,声也⑩;无根而固者⑪,情也;无方而富者⑫,生也。公亦固情谨声,以严尊生⑬,此谓道之荣。"桓公退,再拜:"请若此言⑭。"管仲复于桓公曰:"任之重者莫如身⑮,涂之畏者莫如口⑯,期而远者莫如年⑰。以重任行畏途,至远期,唯君子乃能矣。"桓公退,再拜之曰:"夫子数以此言者教寡人⑱。"

【注释】

①犹:欲。王引之云:"犹"读为"欲",古字"犹"与"欲"通。轴:由,经由。王引之:"轴"当为"由"。转斛:地名,亦作"转附"。《孟子·梁惠王下》:"昔者齐景公问于晏子曰:'吾欲观于转附、朝儛,遵海而南,放于琅邪。'"其地为今山东烟台北的芝罘山。

②琅邪:亦作"琅玡"。地名,在今山东胶南。

③司马:官名。此似指大司马王子城父。《小匡》载管仲曾向桓公推荐王子城父为大司马。

④原:推原,考察。不本:即"无本"。指务农无本钱、无种子。

⑤夕:巡游,游乐。

⑥师行:人马出行。或指百官随从田猎。师,众人。粮食其民:耗费百姓粮食。粮食,此作动词,即空费粮食。

⑦从:同"纵"。反:同"返"。

⑧荒:过分贪恋享乐。

⑨再拜:敬拜两次,以示礼节隆重。

⑩声:声音。此指言语。

⑪根:根基,根底。固:牢固,稳固。

⑫无方:不须办法、方法。富:备,完全。

⑬严:严肃端守。

⑭若:顺从,听从。

⑮任:担荷,负担。

⑯涂:本为道路,此指经历。畏:艰险可惧。

⑰期而远者:王念孙云:本作"期之远者",与上二句文同一例。《治要》《北齐书·魏收传》与《文选》陆机《长歌行》"注"引此并作"期之远者"。

⑱数:急,快。引申为及时。

【译文】

桓公准备东游，就向管仲问道："我这次出游，想要由芝罘南至琅邪。司马却提出意见说：也应该同先王的出游一样。这是什么意思呢？"管仲回答说："先王的出游，春天外出，是为了调查农事上经营有困难、农耕资本不够或缺乏本钱务农的百姓，称作'游'；秋天外出，是为了补助居民生活日用中有衣食不足的贫困者，称作'夕'。那种率众田猎、人马同行、前呼后拥，徒然吃喝老百姓的粮食、耗费其日用的，则称作'亡'；放纵游乐而不思回返的，则称作'荒'。先王常有游、夕的事业，而没有荒、亡的行径。"桓公退后，两次拜谢管仲，称赞管仲的话是至宝贵的法度之言。管仲又对桓公说："没有双羽而能飞行的，是声音；没有根基能够巩固而牢靠的，是人的情感；不用什么方法就能全备的，是人的生命。您应当巩固情义，谨慎言谈，以端肃的态度养护生命，这就叫作顺道的荣耀。"桓公退后，再次拜谢管仲所言，并表示说："情愿遵从这番教导。"管仲又对桓公说："负担再重莫如身体沉重，经历再险莫如口舌之险，时间再长莫如年代久远。能够肩负重任，行经险途并长久坚持的，唯有君子才能做到。"桓公退后，再次拜谢后说："请夫子快把关于这方面的言论道理教给我。"

管仲对曰："滋味动静①，生之养也；好恶、喜怒、哀乐，生之变也；聪明当物②，生之德也③。是故圣人齐滋味而时动静④，御正六气之变⑤，禁止声色之淫⑥，邪行亡乎体⑦，违言不存口⑧，静然定生⑨，圣也。仁从中出⑩，义从外作⑪。仁，故不以天下为利；义，故不以天下为名⑫。仁，故不代王⑬；义，故七十而致政⑭。是故圣人上德而下功，尊道而贱物⑮。道德当身⑯，故不以物惑。是故身在草茅之中，而无慑意⑰；南面听天下⑱，而无骄色。如此，而后可以为天下王。所以谓德者，不动而疾^⑲，不相告而知，不为而成，不召而至^⑳，是德也。故天不动，四时云下而万物化^㉑。君不动，政令陈，下而万功成^㉒；心不动，使四肢耳目，而万物情^㉓。寡交多亲^㉔，谓之知人。寡事成功^㉕，谓之知用。闻一言以贯万物^㉖，谓之知道。多言而不当，不如其寡也；博学而不自反^㉗，必有邪。孝弟者^㉘，仁之祖也^㉙；忠信者，交之庆也^㉚。内不考孝弟^㉛，外不正忠信，泽其四经而诵学者^㉜，是亡其身者也。"

【注释】

①滋味：指饮食。动静：指作息。

②当物：对待事物。当，承担，对待。

③生之德：心性的德能体现。生，通"性"。德，德能，道德。

④齐：同"剂"。调剂，调节。时动静：按时作息。

⑤御正：驾驭，控制。六气：指上文所述：好、恶、喜、怒、哀、乐。

⑥淫：浸淫逸乐。

⑦亡乎体：即不存在于自身。亡，通"无"。乎，于。

⑧违言：悖理之言。即不合情理、违背事理的话。

⑨定生：即定性。

⑩中出：发乎本性。

⑪外作：依据情况采取确当的言行。作，发生，表现。

⑫不以天下为名：不凭借天下猎取私名。

⑬不代王：不取代天下自己为王。代王，即取代君主。

⑭致政：交还政务，交出政权。《礼记·王制》："七十致政。"郑注："致政，还君事。"

⑮贱物：轻视名利。

⑯当身：在身。当，在，值。

⑰无慑意：无畏惧之意。慑，忧惧。

⑱南面听天下：意谓已成帝王之业。南面，古时以面向南为尊位，帝王的座位面向南，故称居帝位为"南面"。听，处理，治理。

⑲疾：迅速。

⑳不召而至：指百姓踊跃前来聚集。召，召唤。至，到来。

㉑云下而万物化：王引之云："云"即"运"字，言四时运而万物化也。

㉒功：事。

㉓万物情：万物各得其情，亦即万物各按其真实状态存在。

㉔寡交多亲：交游少而亲附的多。

㉕寡事成功：办事用力少而能成功。

㉖贯：贯通，运用。

㉗自反：自我反思，实即"消化吸收"。孟子谓学习"由博反约"之"反"，义同。

㉘弟：通"悌"。顺从、友爱兄长。

㉙祖：始。

㉚庆：赏，回报。

㉛考：考求。

㉜泽：释。王念孙云："泽"读为"舍"。舍、释、泽三字，古同声而通用。即舍弃、放弃、抛弃。四经：四条根本，即四项根本原则，指上文所述孝、悌、忠、信。

【译文】

管仲回答说："饮食和作息，是对生命的滋养；好、恶、喜、怒、哀、乐，是生命的变化；明理遵礼聪慧地处事待物，是生命的德性。因此，圣人总是注意调节饮食和合理依时作息，正确掌握六气的变化，严格禁止声色淫逸的侵蚀，邪僻的行为从不存于身，悖理的言论从不出于口，欲望贞洁清静，心性安宁淡定，这就是所谓的圣人。仁，是从内心由衷地发出；义，是外在行为的适宜表现。因为心仁，所以从不利用天下去谋求私利；因为行义,所以从不利用天下来猎取私名。因为有仁,所以依道辅君而不肯取代天下自立为王;因为守义,所以年老至七十才交还政务。因此,圣人总是以仁德为上,而以功业为次,尊重道义,而轻视名利。因为身存道德,所以不被名利外物所诱惑。因此,即使身在茅舍陋室之中,也毫无忧惧之色;面南而坐身居帝位,手握天下重权,也没有骄傲之态。只有做到这样,而后才可成为天下能够成就王业的君主。之所以称其为有德性,是因为不需要动员,百姓也知道奋发努力勤勉而行;不必用言语召告,子民们也能够自动领会;不需要着力所为,事情也能成功;不必去呼唤号召,民众也能踊跃到来,这就是德性所体现出的作用和力量。所以,上天不必有所行动,春夏秋冬已经依四时自行运转,下面的万物就自然得到化育;仁君不用行动,经过政令发布,下面就能万事成功;心识意念不用起动,通过四肢耳目的作用,万事万物都能感知其心念情意。交往少而能亲附者多的,叫作善知人意。费力少而能成效好的,叫作善于处事。听一言就能够贯通万物的,叫作善于闻道。言多而不得体,不如少言;博学多闻而不懂得自我反省和过滤,必然容易产生邪心恶念。孝与悌,是仁爱的基础和根本;忠与信,是游历交友的依托和凭证。内心不能用孝悌来自我反省,外行不能用忠信来自我端正,离开孝、悌、忠、信这四条做人原则,而只懂得死记学问、空谈道理,必定会迷失自身的。”

桓公明日弋在廪①,管仲、隰朋朝。公望二子,弛弓脱釬而迎之曰②:“今夫鸿鹄③,春北而秋南,而不失其时,夫唯有羽翼以通其意于天下乎? 今孤之不得意于天下,非皆二子之忧也④?”桓公再言,二子不对。桓公曰:“孤既言矣,二子何不对乎?”管仲对曰:“今夫人患劳⑤,而上使不时⑥;人患饥,而上重敛焉;人患死,而上急刑焉⑦。如此,而又近有色而远有德⑧,虽鸿鹄之有翼⑨,济大水之有舟楫也,其将若君何⑩？"桓公蹵然逡遁⑪。管仲曰："昔先王之理人也⑫，盖人有患劳而上使之以时，则人不患劳也；人患饥而上薄敛焉，则人不患饥矣；人患死而上宽刑焉，则人不患死矣。如此，而近有德而远有色，则四封之内视君其犹父母邪！四方之外归君其犹流水乎！"公辍射，援绥而乘⑬。自御，管仲为左，隰朋参乘⑭。

【注释】

①弋：用绳系在箭上射猎。廪：粮仓。

②弛：松开。钎（hàn）：臂上的铠甲。

③鸿鹄：天鹅。候鸟。

④二子之忧：以二子（管仲、隰朋）不能成为羽翼而忧。一说（桓公不能畅意于天下）二子（管仲、隰朋）当也皆以此为忧。

⑤患：担心，害怕。在此为"苦于""害于"之意。

⑥使：役使。不时：不分农闲农忙。

⑦急刑：加紧用刑。

⑧有色：女色。有德：贤德的人。

⑨虽：即使。

⑩若君何：对君主你有什么用。

⑪蹵（cù）然：不安貌。逡遁：迟疑徘徊。亦作"逡巡"。欲进不前，迟疑不决的样子。

⑫理人：即治民，治理民众。唐人钞书，往往避讳"治""民"二字。

⑬绥：车上的绳索，登车时拉手所用。

⑭参乘：亦作"骖乘"。陪乘。

【译文】

第二天，桓公在米仓附近射鸟，管仲、隰朋一同前来朝见。桓公看到两人后，就收起弓弩、脱下臂铠，迎上前去说："你们看眼前这些鸿鹄，春天北飞、秋天南去，从来不误时令，还不是因为有两只羽翼的帮助，才能在天下畅意翱翔吗？现如今我不能够畅意于天下，难道这不也是你们两位的忧虑吗？"桓公又重复说了一遍，两人仍然没有回答。桓公说："我既然都说了两遍了，两位怎么还不回答我呢？"管仲回答说："现在民众正在忧虑劳役之苦，而国君仍旧没有时间限制地役使他们；百姓正在忧虑饥荒挨饿，而国君仍旧在加重收取他们的赋税；臣民正在忧虑死亡，而国君仍然加紧施用酷刑。不但这样，还加上国君亲近女色，疏远贤德之人，就算您能像鸿鹄那样有双翼，过大河时有舟桨，又将对国君您起什么作用呢？"桓公闻言顿时不安起来，显得不知所措。管仲说："从前先王治理民众，看到民众忧虑劳役之苦，国君就限定农闲时间派遣他们来服役，人们就不再忧虑劳役之苦了；见到子民忧虑饥荒时挨饿，国君就减轻收取其赋税，国民就不再忧虑忍饥挨饿了；见到臣民忧虑死亡，国君就宽刑缓用，民众就不再忧虑死亡了。做到这些后，再加上国君又亲近有贤德义行之人，疏远女色，因而四方之内的百姓，对待君主就像对待父母一样啊！四方之外其他诸侯国的民众，前来归顺和亲附君主的百姓，就像那些流水奔向大海一般踊跃了！"桓公马上停止了打猎，拉着车绳上了车。亲自驾车，他请管仲居左边尊位，请隰朋为右边陪乘，一起回宫。

　　朔月三日^①，进二子于里官^②，再拜顿首曰^③："孤之闻二子之言也，耳加聪而视加明，于孤不敢独听之，荐之先祖^④。"管仲、隰朋再拜顿首曰："如君之王也^⑤，此非臣之言也，君之教也。"于是管仲与桓公盟誓为令曰："老弱勿刑，参宥而后弊^⑥。关几而不正^⑦，市正而不布^⑧。山林梁泽^⑨，以时禁发，而不正也。"草封泽盐者之归之也^⑩，譬若市人。三年教人，四年选贤以为长,五年始兴车践乘。遂南伐楚,门傅施城⑪。北伐山戎,出冬葱与戎叔⑫,布之天下。果三匡天子而九合诸侯⑬。

【注释】

①朔月三日:犹言"月初三号"。朔,月初,月始。

②里官:祖庙。张佩纶云:"里官"当作"祖官"。何如璋云:当作"里官"。里官,即里中先君之庙。

③顿首:叩首,叩头。头叩地而拜,九拜之一,通常用作下对上的敬礼。《周礼·春官·大祝》:"辨九拜,一曰稽首,二曰顿首。"

④荐:献给。

⑤如君之王:有您这样的君主。

⑥参宥:即"三宥"。三次宽赦。《礼记·王制》:"王三又然后制刑。"郑注:"又,当作宥。宥,宽也。一宥曰不识,再宥曰过失,三宥曰遗忘。"弊:裁断,裁决。

⑦几:讥,盘问。不正:即"不征"。不收取赋税。下文"不正"亦同此例。

⑧市正而不布:市场只管理而不收费。正,指设官管理。不布,即不收税款。布,钱。郭沫若云:《霸形》作"关讥而不征,市书而不赋"……此"市正而不布","正"疑"书"字之误……"布"假为"赋"。

⑨梁泽:指有捕鱼设施的湿地。

⑩草封:指在草野中划定疆界。即开垦荒地。泽盐:指就泽煮盐。

⑪门傅:攻击城门。傅,附着,靠近,接近。春秋攻城之战,往往城门是焦点。此句即攻打方城之意。施城:洪颐煊云:当作"方城"。

⑫出:指山戎交出。冬葱:即大葱。戎叔:胡豆。叔,通"菽"。

豆类。

⑬三匡天子：三次匡扶王室。考桓公九会中有三会与王室有关。匡，匡正，扶持。

【译文】

月初的第三日，桓公再将两人接进供俸祖先的里宫庙堂，顿首拜谢说："我听了你们两位的话，耳更加聪、目更加明了，我不敢独自享用这番道理，要同时也推荐给先祖们听听。"管仲和隰朋也立刻顿首拜谢，并说道："有像您这样的国君，就一定能成就王业；而您接受了这番道理，就不能再算是我们的言论，而应该归之于君上您的教导啊！"于是，管仲与桓公一起宣立誓言，并发布命令说："年老体弱者犯法不施以刑，犯罪者经过三次宽宥后再犯才治罪。关隘哨卡只负责稽查而不征收关税，市场设官登记商户入册只负责管理而不征收钱赋。山林和水泽，只按时封禁和开放，也不征收赋税。"政令下达之后，那些垦荒封地、就泽煮盐的百姓，前来归附者，就像集市里一样热闹。桓公用三年时间教化训练本国子民，第四年，开始选拔贤能者以配备官吏，第五年开始预备兵车准备出征。于是，桓公南伐楚国，逼近方城。又北伐山戎，取得冬葱与胡豆等物，并将其播布于天下。最终，桓公三次匡扶周天子、九次召集各国诸侯盟会。

桓公外舍而不鼎馈①，中妇诸子谓宫人②："盍不出从乎③？君将有行④。"宫人皆出从。公怒曰："孰谓我有行者？"宫人曰："贱妾闻之中妇诸子。"公召中妇诸子曰："女焉闻吾有行也⑤？"对曰："妾人闻之，君外舍而不鼎馈，非有内忧，必有外患。今君外舍而不鼎馈，君非有内忧也，妾是以知君之将有行也。"公曰："善。此非吾所与女及也⑥，而言乃至焉，吾是以语女。吾欲致诸侯而不至⑦，为之奈何？"中妇诸子曰:"自妾之身之不为人持接也,未尝得人之布织也,意者更容不审耶⑧?"明日,管仲朝,公告之。管仲曰:"此圣人之言也,君必行也⑨。"

【注释】

①舍:住宿。不鼎馈:不是以鼎进食。

②中妇诸子:宫中内官之名。宫人:即宫女。

③盍:何。

④行:巡狩,巡视。

⑤女:通"汝"。你。焉闻:怎么听说。

⑥及:说及。此指与之商量谋划。

⑦致:招致。

⑧"自妾之身之不为人持接之"三句:此句说由于自己不受君主接待,因而得不到他人织布,思起根源,还在于自己礼容礼貌不周全,故而失去君心,经济上也受损失。因此女子能反求诸己,所以下文管仲称许她。持接,接待。即服侍君主。布织,即指织。谓用染丝织成的锦或绸。意者,想想这事。更容,持续有礼貌。更,同"赓"持续。容,礼容,礼貌。不审,不恰当,不细心,不明悉。审,仔细,认真。刘绩云:此言己不事人,未尝得人布织而衣,犹君不下小国,故诸侯不至也。

⑨行:遵行。

【译文】

桓公留宿在外而没有以鼎进食,内官中妇诸子就对宫女们说:"为何你们还不出来侍从呢?君主又将要外出巡行了。"宫女们纷纷前去侍从桓公。桓公发怒说:"谁说我要外出巡行的?"宫女们说:"我们都是从中妇诸子那里听到的。"桓公就把中妇诸子招来问话:"你怎么知道我将要外出巡行呢?"内官就回答说:"据我所知,但凡您留宿于外而不以鼎进食,不是有内忧,必定就是有了外患。现在您留宿外舍而不以鼎进食,既然现在您没有内忧,所以我推知您一定将要出外解除外患了。"桓公说:"好。这本来不是我要同你商量的事情,既然你已经说到了这个问题,那么我就告诉你吧。我打算召集各国的诸侯王,但他们却不前去,对此应该怎么办呢?"中妇诸子回答:"自从我不被君主接待,别人也不给我织布了。想想这事,从根上说,还不是因为我不能持续地保持优雅的礼容吗?"第二天,管仲前来朝见,桓公就将此事告诉了他。管仲说:"这真是圣人的话啊!请您务必照着她的话去做。"

管仲寝疾①,桓公往问之,曰:"仲父之疾甚矣,若不可讳也。不幸而不起此疾②,彼政我将安移之?"管仲未对。桓公曰:"鲍叔之为人何如?"管子对曰:"鲍叔,君子也,千乘之国,不以其道予之③,不受也。虽然,不可以为政。其为人也,好善而恶恶已甚④,见一恶终身不忘。"桓公曰:"然则孰可?"管仲对曰:"隰朋可。朋之为人,好上识而下问⑤。臣闻之,以德予人者谓之仁,以财予人者谓之良。以善胜人者⑥,未有能服人者也,以善养人者⑦,未有不服人者也。于国有所不知政,于家有所不知事,必则朋乎⑧!且朋之为人也,居其家不忘公门,居公门不忘其家,事君不二其心,亦不忘其身。举齐国之币,握路家五十室⑨,其人不知也。大仁也哉,其朋乎!"

【注释】

①寝疾:卧病在床。疾,病。

②不起:不愈。起,医治好,治愈。

③不以其道予之:不通过正当的方式授给他。

④恶恶已甚：憎恶邪恶之人太甚。已，太，过。甚，过头。

⑤好上识：即好远识，爱作长远谋虑。

⑥以善胜人：用己之善行超过别人。

⑦以善养人：用善心感化别人。

⑧则：是，乃是。

⑨握：救济。宋翔凤云："握"通"渥"，言沾溉之意，此处指救济。路
　　家：穷困之家。王引之云："路"读为"露"，"露家"，穷困之家也。

【译文】

管仲卧病不起，桓公前去探望，并慰问他说："仲父的病看起来很严重了，这次无法再因忌讳而避言什么了。假设您不幸因此一病不愈，国家的辅国大政我将要转托给谁呢？"管仲没有回答。桓公又说："鲍叔的为人怎么样呢？"管仲回答说："鲍叔是个君子。即使是有千辆兵车的国家，如果不是按照他的做人原则送给他，他也是不会接受的。虽然这样，但是不方便以治国的大政托付给他。因为他为人好善，但过分憎恨恶人邪行，见人有一点恶行，便能够终身不忘。"桓公又问："这样说来，那么谁人可以委以重任呢？"管仲回答说："隰朋可以。隰朋的为人，好学博闻凡事爱做长远谋虑，而又能虚心下问。我听说，给人德泽恩惠叫作仁爱，给人财物救济叫作善良。用做好事行善来超越或压服他人，不能使人心中折服；而用仁义爱心的德泽来熏陶感化他人，就没有不使人心悦诚服的。对于治国，有其所不应管理的政务，对于治家，有其所不应过问的家事，必然是只有隰朋这样的为人才能做到。而且，隰朋的为人，居处家中能不忘国家大事，身在朝廷也能不忘家中细微；侍奉君主从来没有二心，也不曾遗忘过自身修养。他曾用自己的俸禄钱，救济那些路过的穷困难民五十多家，而受惠的人并不知道他是谁。能称得上大仁大义的人，恐怕也只有隰朋了吧！"

公又问曰："不幸而失仲父也，二三大夫者，其犹能以国

宁乎①？"管仲对曰："君请蘷已乎②，鲍叔牙之为人也好直，宾胥无之为人也好善，甯戚之为人也能事，孙在之为人也善言③。"公曰："此四子者，其孰能一人之上也④？寡人并而臣之，则其不以国宁何也⑤？"对曰："鲍叔之为人好直，而不能以国诎⑥；宾胥无之为人也好善，而不能以国诎；甯戚之为人，能事而不能以足息⑦；孙在之为人，善言而不能以信默⑧。臣闻之，消息盈虚⑨，与百姓诎信⑩，然后能以国宁勿已者⑪，朋其可乎？朋之为人也，动必量力，举必量技⑫。"言终，喟然而叹曰："天之生朋，以为夷吾舌也，其身死，舌焉得生哉！"管仲曰："夫江、黄之国近于楚⑬，为臣死乎⑭，君必归之楚而寄之⑮；君不归，楚必私之⑯。私之而不救也，则不可；救之，则乱自此始矣⑰。"桓公曰："诺。"

【注释】

①以：使。

②君请蘷已乎：此句是请桓公度量下述诸人的性格。蘷，通"蒦（huò）"。规度，度量，权衡。

③孙在：当为"孙宿"，即曹孙宿，又称蒙孙。刘师培云：孙在即《小匡》曹孙宿，"宿"讹为"在"，又上脱"曹"字。

④一人之上：这里是问四人谁能任最高职位。

⑤以国宁：保持国家安宁。

⑥以国诎：为国而屈。诎，收缩，弯曲。

⑦以足息：因积蓄足而停止。

⑧以信默：因已取信，以后便保持沉默不再多言。

⑨消息盈虚：即消长盈亏。指事物两相对立的形势。

⑩与百姓诎信：即与百姓共同进退、同屈同伸。诎信，即"屈伸"。

　　引申为进退、得失。

⑪勿已,即"无已"。即长久不停息、没有终结。

⑫量技:考虑能力。

⑬江、黄:春秋时两个淮水沿岸的南方小国。江,在今河南息县,
　　黄,在今河南潢川县。

⑭为:王念孙云:"为"犹如也。一说意谓如果、倘若。

⑮寄:寄托,存放。

⑯私:夺取而据为己有。之:指江、黄二国。

⑰乱自此始:祸乱就从此开始。

【译文】

　　桓公又问道:"假如我不幸失去了仲父,朝廷中的那几位大夫还能保持国家安宁稳定吗?"管仲回答:"请您权衡一下朝中几位大臣的情况就可以了! 鲍叔牙的为人,刚直;宾胥无的为人,好善;宁戚的为人,能干;曹孙宿的为人,善言。"桓公说:"这四位大夫的才能都出类拔萃,四人中有谁最优? 他们现在都为我所用,还不能使国家安宁,这又是什么原故呢?"管仲回答:"鲍叔牙虽为人刚直,但不能为国家利益忍辱负重而委屈自己的正直;宾胥无虽为人好善,但不能为国家大任委曲求全而有所舍弃自己的善良;宁戚虽为人务实能干,但不能知足而息、适可而止;曹孙宿虽为人能言善辩,但不能适时沉着静默。据我所知,能够按照事物的消长形势、盈亏规律而与百姓共屈同伸,而后能促使国家长治久安的,大概只有隰朋才能胜任吧? 隰朋为人,行动一定预先估计实力量力而行,举事一定事先考虑能力量能而为。"管仲讲完这番话,深叹一口长气,说:"上天降下隰朋,本是为我作口舌的,我身子将死,这口舌还能活得长久吗!"管仲又说道:"江、黄两个国家,离楚国很近,如我死了,您一定要把这两个国家归还给楚国。您如若不归还,楚国一定要来吞并他们。楚国前来吞并而我们齐国不施以救援,那便不应该;倘若前去救援,那祸乱就将从此开始了。"桓公说:"好。"

　　管仲又言曰："东郭有狗喈喈①,旦暮欲啮我②,猳而不使也③。今夫易牙④,子之不能爱⑤,将安能爱君⑥? 君必去之⑦。"公曰："诺。"管子又言曰："北郭有狗喈喈,旦暮欲啮我,猳而不使也。今夫竖刁⑧,其身之不爱⑨,焉能爱君? 君必去之。"公曰："诺。"管子又言曰："西郭有狗喈喈,旦暮欲啮我,猳而不使也。今夫卫公子开方⑩,去其千乘之太子而臣事君⑪,是所愿也,得于君者,是将欲过其千乘也⑫。君必去之。"桓公曰："诺。"

【注释】

①东郭有狗:喻易牙。东郭,东城墙附近。喈喈(ái):狗欲咬时发出之声音。一说谓犬龀牙咧嘴欲咬人之状。

②啮:咬,啃。

③猳(jiā):用木枷夹起来。王引之云:"猳"当为"枷"。今世啮人之狗,系木于其颈,使任重难进,是也。

④易牙:名巫,厨师,古称此职为雍人,亦称雍巫,一作狄牙。长于调味,善于逢迎,曾烹其子为羹以献桓公食用,乃齐桓公的宠臣。故下句有"子之不能爱"之责。

⑤子之不能爱,指易牙烹子以为桓公食物的事情。

⑥安:怎么。

⑦去:抛弃,离开。

⑧竖刁:或作"竖刀""竖貂"。自宫为寺人,为桓公执掌内人及女官之戒令。故下句有"身之不爱"之讥。

⑨其身之不爱:指竖刁自宫为桓公治内的事情。

⑩开方:人名,卫国人。

⑪太子:在此为"长子"的意思。

⑫是：实，实在。

【译文】

　　管仲又说道："东城有一只狗，动唇露齿，龇牙咧嘴，一天到晚都准备咬人，只好用木枷枷住它的颈部而使它没法得逞。如今那个易牙，连自己的儿子都不爱，又怎么能爱君主您呢？您一定要除去他。"桓公说："好的。"管仲又说道："北城也有一只狗，动唇露齿，龇牙咧嘴，一天到晚都准备咬人，只好用木枷枷住它的颈部而使之没法得逞。如今那个竖刁，连自己的身体都不爱，又怎么能爱君主您呢？您一定要除去他。"桓公说："好的。"管仲又说道："西城也有一只狗，动唇露齿，龇牙咧嘴，一天到晚都准备咬人，只好用木枷枷住了它的颈部而使它没法得逞。如今那个卫公子开方，能舍弃千乘之国太子的尊位来称臣事奉您，这就说明他的欲望：是要从您身上得到的权力，将远超过一个千乘国家的大权。您一定要除去他。"桓公说："好的。"

　　管子遂卒。卒十月，隰朋亦卒。桓公去易牙、竖刁、卫公子开方。五味不至①，于是乎复反易牙。宫中乱，复反竖刁。利言卑辞不在侧，复反卫公子开方。桓公内不量力，外不量交②，而力伐四邻。公薨，六子皆求立。易牙与卫公子内与竖刁③，因共杀群吏，而立公子无亏。故公死七日不殓④，九月不葬。孝公奔宋，宋襄公率诸侯以伐齐，战于甗⑤，大败齐师，杀公子无亏，立孝公而还。襄公立十三年，桓公立四十二年。

【注释】

①五味不至：即五味不能达到最美的程度。不至，不是极美，未臻极境。

②量交：考虑邦交。

③与：勾结。

④七日不敛：陶鸿庆云："七日"当作"六十七日"。据《史记·齐世家》："桓公尸在床上六十七日，尸虫出于户"。不过此处"七日"以及下一句"九月不葬"，未必是传写讹误，或许是原文即有隐讳。

⑤甗(yǎn)：齐国地名，在今山东济南境内。《左传·僖公十七年》："五月戊寅，宋师及齐师战于甗，齐师败绩。"

【译文】

　　管子死了。他死后十个月，隰朋也死了。桓公罢免了易牙、竖刁和卫公子开方。但是过不多久，由于吃东西觉得五味不佳，于是又把易牙召回了宫中。由于宫中诸事紊乱不堪，就又召回了竖刁。由于身边听不到甜言蜜语的称颂，又召回了卫公子开方。桓公对内不衡量国力，对外不顾虑邦交，而拼命征伐四邻盟国。桓公死后，其六个儿子都想继位共求立己为君。易牙和开方勾结宫内的竖刁，杀戮百官而拥立公子无亏继承君位。所以，桓公死后六十七天都没有入殓，九个月后还没有安葬。齐孝公出逃投奔宋国，宋襄公率领诸侯讨伐齐国，战于甗地，大败齐军，杀掉了公子无亏，拥立齐孝公回齐主政。宋襄公共立十三年，齐桓公共立四十二年。

地图第二十七

【题解】

地图，即指地理形势。因首段中两次提到"地图"二字，故以此名篇。张佩纶云："此篇专主兵事，与司险九州岛之图同，而于道里远近、城郭大小、地形之出入相错，纤悉具详，自必兼用量人之算、土训之说，诚古今地图之要法也。"

此篇当属兵家之文。攻守必先明审地形，而明审地形必先有地图，故地之弯曲高低必绘入图中，何处有茂林杂草，何处为荒废之区，亦当入图，能熟知地形，又能知将士之心意、能力及兵器之精粗，然后可以行军袭邑而敌军不能抵抗。然而，知形不如知能，知能不如知意，士卒之心意不明，则临阵变节，必致亡国，故知意最为首要。其次是知能，士卒之能若不详知，则不能善用人才，亦必败阵。再次才是知形，山川之形不能尽知，则攻必败、守失措，三者皆缺一不可。

本文是《管子》中短语部分第一篇，而"短语"常为短简所书，六寸簿，故篇幅短小，行文言简意赅，精练地显示出《管子》的"主兵"之道，全文阐述精辟，论点鲜明，甚有创见，是《管子》军事思想极为重要的组成部分。此篇涉及军事地图问题，清末张佩纶认为："窃意《管子》是篇必附九州之图，惜如《山海图经》《元和郡县图志》，皆书存而图亡耳。"然而，今人黎翔凤《管子校注》则言："此论地图之内容，篇中言尽藏之，则不以示众。军事地图不公开,《元和郡县图志》(焉)有军事地图乎?"原文是否附有九州岛之图,尚难论定。录此仅供读者参考。

　　凡兵主者①,必先审知地图。镮辕之险②,滥车之水③,名山、通谷、经川、陵陆、丘阜之所在④,苴草、林木、蒲苇之所茂⑤,道里之远近,城郭之大小,名邑、废邑、困殖之地⑥,必尽知之⑦。地形之出入相错者⑧,尽藏之⑨。然后可以行军袭邑,举错知先后⑩,不失地利,此地图之常也⑪。

【注释】

①兵主:统帅军队者。多指军中带兵的主帅。

②镮(huán)辕之险:指窄如车辕而又环曲的险道。

③滥车之水:指能浮泛、淹没战车的险要河道。陈奂云:"滥"当读为"渐"。渐,渍也。

④经川:常有水的川。指常流不断的江河。陵陆:大土山。此指高原。丘阜:小土山。此指丘陵。

⑤苴草:枯草。《楚辞·九章·悲回风》:"草苴比而不芳。"王逸注:"生曰草,枯曰苴。"

⑥废邑:破败的城市。困殖之地:指荒瘠地与可耕地。

⑦尽知之:全都要了解清楚,全部明悉。

⑧出入相错:参差不齐,互有交错。

⑨藏:藏在心中。一说储存。

⑩举错:举止。错,通"措"。

⑪常:典常。引申为重要性。一说经常、通常。

【译文】

大凡军中带兵打仗的主帅,一定要预先详察地形。盘旋曲折而回的高山险路,能淹没战车的大川河流,著名的高山、能通的深谷、途经的川流、陆上的高原、群山或丘陵等所在的位置,枯草、林木、蒲苇的茂密程度,路程的远近,城郭的大小,名城、废邑、贫瘠荒地以及可耕之田等等,必须全都要了解清楚完全知晓。地形的高低参差及出入交错之处,也必须完全做到心中有数。然后,方可行军袭击敌城,所施举措须先后得宜、恰逢时机,而不丧失地利优势,这就是地图的作用。

　　人之众寡,士之精粗①,器之功苦②,尽知之,此乃知形者也③。知形不如知能,知能不如知意,故主兵必参具者也④。主明、相知、将能之谓参具⑤。故将出令发士,期有日数矣⑥;宿定所征伐之国⑦,使群臣、大吏、父兄、便辟左右不能议成败⑧,人主之任也⑨。论功劳,行赏罚,不敢蔽贤有私⑩;行用货财⑪,供给军之求索,使百吏肃敬,不敢解怠行邪,以待君之令,相室之任也⑫。缮器械,选练士,为教服⑬,连什伍⑭,遍知天下,审御机数,此兵主之事也。

【注释】

①士之精粗:指士兵素质的优劣。

②器之功苦:指兵器质量的高低。功苦,精善与粗劣。《荀子·王制》:"论百工,审时事,辨功苦。"杨倞注:"功谓器之精好者,苦谓滥恶者。"

③知形:了解军队的情况、形貌。形,形貌,情形。

④参具:即"三具"。下文所谓:"主明、相知、将能"三项条件齐备。

⑤相知:相国的智慧。相,宰相,相国。知,同"智"。聪敏,智慧。

⑥期:限度,规定。

⑦宿定:预先确定。

⑧便辟：即"便嬖(pián bì)"。君主亲爱宠幸的人。左右：近侍，近臣。

⑨任：职责。

⑩蔽贤有私：埋没贤才，怀抱私心有所偏爱。

⑪行用：动用或移用。

⑫相室：相国，宰相。

⑬为教服：实施训练、演习。

⑭连什伍：编连什伍。什伍，指军队的基层组织单位。

【译文】

　　军中人数的多少，士兵素质的优劣，武器质量的好坏，都应全部了解清楚，就是要了解军队的形貌。但了解军队的形貌不如了解其作战能力；了解军队的作战能力又不如了解其作战意图更为重要，所以，军中统帅用兵打仗一定要具备三者结合的条件。这就是：君主须英明、宰相须智慧、将帅须贤能，这就叫作三项条件齐备。所以，对将帅出示命令、调发兵力，都要有时间限制并规定其日期完成；预先确定所要攻伐之国，使群臣、官吏、父兄、左右亲信等，都不敢妄议战事的成败，这就是君主的职责。评论功劳战绩，行使具体赏罚，不敢抱有私心而埋没贤才；调动财货物资，供给军用所需，促使百吏严肃遵行，不敢有丝毫邪曲怠惰，以此来完成君主的命令，这便是宰相的职责。修整备齐武器，精心选拔士卒，实行教导训练，编制部队什伍基层组织，全面了解天下的态势详情，审慎把握战机策略，这就是军中将帅的职责。

参患第二十八

【题解】

参患,君主了解患难,即是检验治乱之由,而谋取补救之道。本篇大致可分为四节:第一节论人主"猛毅则伐,懦弱则杀",所论与《法法》《谋失》篇略同;第二节论述军队"外以诛暴,内以禁邪"的重要作用;第三节论述用兵须事先精心筹划,包括军费筹划的重要性;第四节论述考评用兵主要是兵器、士兵、将领和君主方面的状况。

文章还重点讨论了用兵问题,先言"兵"是尊主安国之"经",内可禁邪,外可除暴,至为重要;次言用兵费资甚巨,一次兴师要耗十年蓄积,一次大战将尽数代之功,因而君主用兵必须严肃慎重并预为计划;最后再谈用兵之道,须兵精、士勇、将贤、主圣,方可稳操胜券;作者特别强调"兵精士勇"和"攻心为上"策略,假若能使敌人无心于战、无心于守、无心于聚,则敌军皆能为我所用,我必战无不胜、攻无不取、战无不摧。若据二、三、四节内容看,本文又是一篇精妙的谈"兵"文字。《汉书·艺文志》记载张良、韩信校《管子》将其编入兵书权谋中,故《汉书·晁错传》引篇内数语直以"兵法曰"称之,故本文又可算是一篇军事论文。

凡人主者,猛毅则伐①,懦弱则杀②。猛毅者何也?轻诛杀人之谓猛毅③。懦弱者何也?重诛杀人之谓懦弱④。此皆有失彼此。凡轻诛者杀不辜⑤，而重诛者失有罪。故上杀不辜，则道正者不安；上失有罪⑥，则行邪者不变。道正者不安，则才能之人去亡；行邪者不变，则群臣朋党。才能之人去亡⑦，则宜有外难；群臣朋党⑧，则宜有内乱。故曰：猛毅者伐，懦弱者杀也。

【注释】

①猛毅则伐：谓猛毅之君主将被攻伐。猛毅，指凶暴残忍。伐，此指被人攻伐。

②懦弱则杀：谓懦弱之君主将遭弑杀。懦弱，此指怯软姑息。

③轻：轻易，随便。

④重：难，过分慎重地对待某事。

⑤辜：罪，过错。

⑥失有罪：姑息有罪之人。

⑦去亡：指弃国逃奔。

⑧群臣朋党：指群臣拉朋结党，互相倾轧。

【译文】

大凡作为君主的，为人处事猛毅者就会遭到攻伐，而懦弱者就会被人所弑杀。猛毅的表现是什么呢？草率轻易就实施诛杀的叫作猛毅。懦弱的表现又是什么呢？慎重过分顾虑重重便难于诛杀的叫作懦弱。此二者彼此都各有所失。凡轻易杀人的，会杀了无罪或无辜之人；但凡姑息于杀人的，又会遗漏真正的罪犯或邪恶之人。国君滥杀了无辜之人，德行端直的正人君子就会心感不安；而遗漏惩处邪恶之人，行为邪僻做尽坏事的人就会屡教不改。正人君子心怀不安，人才就会向外流走；邪僻之人公然不改，群臣就会结党营私。人才外流，势必会引来外患；群臣结党，势必会形成内乱。所以说，猛毅的君主遭到他人攻伐，懦弱的君主将被人弑杀。

　　君之所以卑尊,国之所以安危者,莫要于兵^①。故诛暴国必以兵^②,禁辟民必以刑^③。然则兵者外以诛暴,内以禁邪。故兵者尊主安国之经也^④,不可废也。若夫世主则不然^⑤,外不以兵^⑥,而欲诛暴,则地必亏矣^⑦;内不以刑,而欲禁邪,则国必乱矣。

【注释】

①要:重要,关键。

②暴国:强暴之国,侵略之国。指暴虐而惯于侵伐之国。

③辟民:同"僻民"。邪僻之民,多指坏人。

④经:法典,法宝。《周礼·天官·大宰》:"以经邦国。"注:"经,法也。"一说经指根本。

⑤若夫:至于。世主:当世之君主。

⑥以:用。

⑦亏:缺损。

【译文】

　　决定君主地位的尊贵或卑微,导致国家形势的安定或危急,没有比军队的作用更为重要的了。征伐残暴的国家必须要动用军队和武力,禁止邪僻的坏人也必须施以刑罚或杀戮。于是,军队的作用就是对外用于征服强暴之君、讨伐惨虐之国,对内用于镇压凶残习民、禁止邪僻坏人。因此,军队是保障君位尊贵、国家安定的根本基石,不可废弃或闲置。至于当世的君主就不是这样的,他们对外不动用军队武力就想要征伐强暴之国,那就必然会导致国土丧失完整;对内不施以刑罚杀戮就想要镇压恶人、禁止邪僻,那就必定会使国家陷入动荡和混乱。

　　故凡用兵之计①,三惊当一至②,三至当一军③,三军当一战④。故一期之师⑤,十年之蓄积殚⑥;一战之费,累代之功尽⑦。今交刃接兵而后利之⑧,则战之自胜者也⑨。攻城围邑,主人易子而食之,析骸而爨之⑩,则攻之自拔者也⑪。是以圣人小征而大匡⑫,不失天时,不空地利,用日维梦⑬,其数不出于计⑭。故计必先定而兵出于竟⑮,计未定而兵出于竟,则战之自败,攻之自毁者也。

【注释】

①计:计算。此处指行动计划及军费预算。

②惊:震骇。犹言军事演习。一说警戒、戒备。猪饲彦博云:"惊"当作"警",谓戒严以备。至:指出征。

③军:包围,围击。陶鸿庆云:《说文》:"军,圜围也。"军之本义为围,后世遂为师旅之名。

④三军当一战:三次驻扎围敌的费用相当于进行一次交战。

⑤期:会,会战。

⑥殚:竭尽。

⑦累代:数代。

⑧利之:本指使兵刃锋利。此指利于军队打仗的各种条件。

⑨自胜:指自己战胜自己。

⑩析骸而爨(cuàn):即用拆散的尸骨当柴火烧。析骸,指拆散尸骨。骸,指尸骨。爨,生火煮饭。此指当柴火烧。

⑪则攻之自拔者也:郭沫若云:其意为攻拔自己而非攻拔敌人。

⑫大匡:匡正,扶正。

⑬用日维梦:言白天用兵,夜间就早计划好。日,指白天。梦,指夜间。俞樾云:《说文》"梦,不明也"。然则梦之本义为夜不明,故此

以梦与日对。"用日维梦"谓将于其日有事,必先其夜预为之计。

⑭其数不出于计:其道理不离于筹划。

⑮而:刘师培云:"而"下当有"后"字。竟:通"境"。国境。

【译文】

大凡军队用兵费用的筹划,三次警戒防备等于一次出境征伐,三次出境征伐等于一次围敌驻扎,三次围敌驻扎等于一次交战厮杀。所以,一次会战的军费给养,要准备消耗十年国家积蓄;一次战役的消耗费用,要准备用光几代人的财富累积。如今,如果等到两国交刃接兵后再加强军备,才去想着创造有利备战的条件,那么,只好一交战就先被敌人占尽先机、自取失败了。如果等到攻城围邑之后,才知道守城的士卒要交换孩子来食用、拆散尸骨当柴烧,誓死做顽强抵抗,那么,只好一进攻就自己先宣告要拔寨而退、自取灭亡了。所以,圣人小规模的征伐就可以得到大的匡正的结果:尽可能争取不失天时,不废地利,白天用兵作战夜间就早已谋划妥当,其各项战术和用兵方法都不会超出战前的预算或背离既定计划。所以,所有谋略筹划必须预先确定好,而后才能调兵出境,而没有筹划好就调兵出境,那么这就是交争中自致失败的原由,攻伐中自取灭亡的根据。

得众而不得其心,则与独行者同实①;兵不完利②,与无操者同实③;甲不坚密,与俴者同实④;弩不可以及远,与短兵同实;射而不能中,与无矢者同实;中而不能入,与无镞者同实;将徒人⑤,与俴者同实;短兵待远矢⑥,与坐而待死者同实。故凡兵有大论⑦,必先论其器、论其士、论其将、论其主。故曰:器滥恶不利者,以其士予人也;士不可用者,以其将予人也;将不知兵者,以其主予人也;主不积务于兵者,以其国予人也。故一器成⑧,往夫具⑨,而天下无战心;二器成,惊夫具⑩,而天下无守城;三器成,游夫具^⑪,而天下无聚众。所谓无战心者,知战必不胜,故曰无战心;所谓无守城者,知城必拔,故曰无守城;所谓无聚众者,知众必散,故曰无聚众。

【注释】

①同实:实质一样。

②兵:指兵器。完利:坚固锋利。

③无操:徒手,赤手空拳。

④倮(jiǎn)者:只穿单衣不披铠甲之人。

⑤徒人:没有经过训练的士兵。

⑥待远矢:防备远处射来的箭。

⑦论:评定,考评,检验。

⑧器:指军队的武器。成:当为"盛"。极点,顶端。

⑨往夫:勇往直前的士兵。张佩纶云:当作"征夫",即敢于出征的兵士。

⑩惊夫:智勇能惊摄敌众的兵士。

⑪游夫:才辩游说之士,即善于言辞和外交的士人。

【译文】

掌握众多士卒却不能赢得军心使之同仇敌忾,实质上就和单兵出战应付强敌一样;兵器既不齐全又不锋利,实质上就和没有兵器徒手作战一样;铠甲既不坚固又不严密,实质上就和布衣上阵无甲护身一样;弓弩射程不远,实质上就和用短兵器交战一样;箭发而不能射中目标,实质上就和手中有弓无箭一样;射中而不能穿甲而入,实质上就和箭上没有箭头一样;率领未经训练的白徒进行作战,实质上就和自相残杀一样;用短兵器抵御远射而来的箭弩,实质上就和坐以待毙一样。所以,大凡用兵之前,都有几项重大的考评检验,必须首先要考验武器,考验士兵,考验将领,考验君主。所以说,武器粗劣而不锋利坚固,就等于将士兵的生命奉送给了敌人;士兵涣散指挥不动不能发挥作战功用,就等于将主将的生命交送给了敌人;主将无能不懂得如何调兵遣将,就等于将君主的性命交送给了敌人;君主不能坚持不懈地注重学习用兵之道而积聚军事实力,就等于将整个国家奉送给了别人。所以一国之中,如果有一种武器达到了最高军事水平,而且具有敢于出征勇往直前的战士,则天下各国就没有了敢于交战的雄心;如果有两种武器达到了最高军事水平,而且具有智勇惊人的战士,则天下各国就没有了可守之城;如果有三种武器达到了最高军事水平,而且具有才辩游说之士,则天下各国就都不敢再聚集众兵出征迎战了。所谓没有了作战雄心,就是知道了战争必定不能取胜,所以说不敢有交战雄心;所谓没有可守之城,就是知道了城堡必定被其攻破,所以说没有可以守住之城;所谓不敢再聚集众兵迎战,就是知道了众兵必定闻风四处逃散,所以说没有人再敢于召集众兵迎战了。

制分第二十九

【题解】

“制”即立法定制，“分”在此文中，即本分。具体说即控制天下应遵行的战争原则。因而此篇所言“分”，与其他战国学者，早期法家所讲的“分”有明显不同。早期法家讲“分”更多的是社会等级名分，然而此篇是讨论争霸天下的道路方法，属于军事范畴。

本文可分三节。前两节主要论述战争问题，着重讨论了用兵的策略，作者认为一要使将帅和兵士各尽其职，二要重视情报的收集，要重视“耳目”的作用，要坚持“舍坚攻瑕”的原则，三要严整行军、准备充足，四要攻打无道之国。在治国方面，作者认为要了解治国的手段，富国的办法，强国的策略，战胜敌国的思路，这样才能增强自己，掌控天下。用兵和治国一样，都不能一蹴而就，不是说打了胜仗就能控制天下，而必须遵循其原则性的纲领，只有纲举才能目张，这样，富国、强兵、胜敌、控制天下才能一步步稳扎稳打地实现，而不再是纸上谈兵的梦想。

凡兵之所以先争①，圣人贤士，不为爱尊爵②；道术知能③，不为爱官职；巧伎勇力④，不为爱重禄；聪耳明目⑤，不为爱金财。故伯夷、叔齐非于死之日而后有名也⑥，其前行多修矣⑦；武王非于甲子之朝而后胜也⑧，其前政多善矣。

【注释】

①先争：指首先应当争取的要务。

②爱尊爵：吝啬尊高的爵位。爱，吝啬，爱惜。

③道术知能：指有道术智谋能力的人。知，同"智"。智谋。

④巧伎勇力：指有武艺而勇猛之人。巧伎，指武艺高强。伎，技艺，本领。

⑤聪耳明目：此指军中刺探情报的侦察人员。

⑥伯夷、叔齐：商代孤竹君的两个儿子，是古代推崇的圣贤，周灭商后隐居首阳山，不食周粟，采薇而食，遂守节饿死。

⑦多修：多德行修养。

⑧甲子之朝：西周武王伐纣获胜之日。古代干支纪年那一年为甲子年。

【译文】

举凡用兵先要争取具备的条件是：任用圣贤之士不是为了贪图尊高的爵位，援请掌握道术技能的高人不是为了贪图显赫的官职，录用武艺高超的勇士不是为了贪图优厚的俸禄，雇用耳聪目明刺探敌情的谍报人员不是为了贪图金钱财货。所以，伯夷、叔齐不是因为在首阳山守节饿死之后才声名远扬的，因为他们生前就很注重修养德行；周武王也不是在甲子那天才取得胜利，而是因为他先前就已经多行善政。

故小征，千里遍知之①。筑堵之墙，十人之聚，日五间之②。大征③，遍知天下。日一间之④，散金财用聪明也。故善用兵者，无沟垒而有耳目⑤。兵不呼儆⑥，不苟聚⑦，不妄行，不强进。呼儆则敌人戒，苟聚则众不用⑧，妄行则群卒困，强进则锐士挫。故凡用兵者，攻坚则轫⑨，乘瑕则神⑩。攻坚则瑕者坚⑪，乘瑕则坚者瑕⑫。故坚其坚者⑬，瑕其瑕者⑭。屠牛坦

朝解九牛⑮,而刀可以莫铁⑯,则刃游间也⑰。故天道不行⑱,
屈不足从⑲;人事荒乱⑳,以十破百;器备不行㉑,以半击倍。故
军争者不行于完城池㉒,有道者不行于无君㉓。故莫知其将至
也,至而不可围㉔;莫知其将去也,去而不可止。敌人虽众,不
能止待㉕。

【注释】

①遍知:普遍了解。

②"筑堵之墙"三句:这几句是说,修筑一堵墙,十个人成的小市场,
　一天都得监视五遍。筑堵之墙,筑一堵墙。古代建墙用板捆扎成
　槽,然后填土夯实,为一层;之后解开木板,再向上筑另一层,堆叠
　到一定高度,便是一堵墙。十人之聚,十个人聚在一起的临时市
　场。聚,古代临时市场称聚。《史记·五帝本纪》:"舜一年而所居
　成聚。"五间,言多次。间,监视,侦察。

③大征:征伐天下。

④日一间之:谓"大征"之事,兴师甚为重大,应当每日做一次侦探。

⑤沟垒:壕沟和堡垒。泛指备战的工事。耳目:即间谍。

⑥呼儆:高声呼叫警戒。儆,警戒,警备。

⑦苟聚:草率聚集。

⑧不用:不肯效力,不被所用。

⑨轫(rèn):阻碍车轮之物为轫。引申为阻止,挫折。

⑩瘁(cuì):脆弱。引申为薄弱环节。神:神速,神奇。

⑪攻坚则瘁者坚:攻坚则兵力受挫,反而使原本脆弱的敌人强劲。

⑫乘瘁则坚者瘁:寻找薄弱点攻击敌人,则坚强之敌也会因而脆弱。
　瘁,缝隙,有机可乘之处。

⑬坚其坚:前"坚"字,用为动词,使之坚牢,意即稳住。

⑭瑕其瑕：前"瑕"字，用为动词，使之薄弱，意即削弱。

⑮屠牛坦：人名，屠牛者名坦，据说他善解牛。

⑯莫铁：可以断铁。莫，通"劘（mó）"。击，断。

⑰游间：谓刀刃避开牛骨之坚硬，而运转于牛骨间隙之际。

⑱行：顺。此处为顺天道的意思。

⑲屈，困穷，穷尽。此指穷寇。

⑳荒乱：荒淫，迷乱。本书《戒》："从乐而不反者，谓之荒。"

㉑不行：不中用。

㉒行：指行军，进攻。完城池：指坚固的城池。完，完整，坚固。

㉓无君：指国君新丧。

㉔围：抵御，阻挡。

㉕止待：禁阻，抵挡。

【译文】

因此，小规模的征战，要了解方圆千里地的作战状况。哪怕就是一墙之隔，只是十个人聚集，也要每天侦查五次。大规模的征战，就更要了解天下的形势。每天都得侦查一次，是要花费金钱财收买间谍做耳目的。所以，善于用兵的人，即使没有壕沟、不修堡垒工事，也要有耳目间谍从事敌情侦察工作。行军用兵不能高声呼喊警戒，不能轻率下令聚结集合，不能随意出动徒劳行军，不能勉强出击交打。高声呼叫警戒，则敌人得知警惕就有所戒备；草率集结就出动，则使众兵不能听信命令而誓死效力；盲目出动致使行军徒劳，我军则经常陷入人困马乏；勉强进行攻击，则使精锐部队受到挫败。因此，大凡用兵，进攻坚固之敌则容易遭受挫败，乘机攻其脆弱环节则宛如得到神助。勉强攻打坚固的敌阵，其薄弱环节也会慢慢得到加强；乘势攻其薄弱的部分，其本来坚固的防御也会逐渐变得薄弱。所以，要稳定加强我军的坚固，要乘机打击敌方的虚弱。一个名叫坦的屠牛者，每天早上可以分割解开九头牛，而他的屠刀还很锋利，快到可以断铁，这是因为他的刀刃总是在骨头空隙间运转自如的原故。所以,在天道不顺的时候,即使敌人穷尽而败逃,也不宜再去追逐;敌国人荒混乱之时,就可以以十破百;若敌军武器不中用,就可以以半击倍。所以,军事争夺,不去攻打坚固的城池,有道义的军队也不去攻打丧失君主的国家。要使得敌人不能察知我军即将到来,到了就无法抵御;要使得敌人无法知道我军即将离开,离去时就没法阻挡。这样,即使敌军人多势众,也不能阻挡和防御我军。

治者所道富也①,治而未必富也,必知富之事②,然后能富。富者所道强也,而富未必强也,必知强之数③,然后能强。强者所道胜也,而强未必胜也,必知胜之理④,然后能胜。胜者所道制也⑤,而胜未必制也,必知制之分⑥,然后能制。是故治国有器,富国有事、强国有数,胜国有理,制天下有分。

【注释】

①治者:指政治安定。道:由,经由。

②知:懂得,了解。事:事宜措施。一说生产事务。

③强之数:使国家强盛的方法。数,方法,策略。

④胜之理:战胜敌国的道理。理,道理,义理。

⑤制:控制天下,统一天下。

⑥制之分:控制和统一天下应遵行的本分。

【译文】

安定是使国家走向富裕的途径,但国家安定了未必就能富足,必须懂得富国的方法,然后才能致富。富裕,是使国家走向强盛的途径,但国家富足了未必就能强盛,必须懂得强国的策略,然后才能强盛。强盛是使国家战胜天下诸侯的途径,但国家强盛未必就能得胜天下,必须懂得得胜天下的道理和原则,然后才能战胜天下诸侯。得胜天下是走向统治天下的途径,但得胜天下未必就能统一天下,必须懂得争取统治天下的名分,然后才能一统天下。所以,使国家安定要靠军事武力,使国家富足要靠生产措施,使国家强盛要靠方法策略,使国家得胜天下自有其道理,而统治天下则有应予遵行的本分。

君臣上第三十

【题解】

此为《管子》第三十篇，题为《君臣上》，还有《君臣下》在后。"君臣"指君道和臣道，即讨论如何为君、如何为臣的法则。本文多从君臣双方角度对照展开，这是其论述上的特点。文中又多法家言，重依法治国。

《君臣上》围绕"上下之分不同任"展开，着重阐述君臣之间应明确各自职分，分工治事；君主不应干预臣职，臣下不应侵夺君权，君主若事必躬亲反而不能照顾全局，造成"不公"。要依靠"上有明法而下有常事"，"上有法制，下有分职"达致目标；君主要立身正德，才能治官化民；君主要知人善任，臣下要守职尽责。作者为君、臣、民之间的关系设计了一个总原则，即"君据法而出令，有司奉命而行事，百姓顺上而成俗，著久而为常"。

文章还把"君权"提高到"道"的层面来认识，反复强调"道"的重要作用，要求君主掌握"道"以此治国，唯以道治国，才能形成君明、相信、五官肃、士廉、农愚、商工愿的理想局面。曾国藩《求阙斋读书录》云："此篇言为君者专重求人，不侵臣下之职。"这讲出了《管子》中法家思想的重要特点，一方面要高扬君权，另一方面又想君权有所限制。其提倡"道"，实际正想从澄清思想认识方面，让据有最高权力的君主有所依循，有所收敛。为此，文章还认为民意是国家成败的关键；君主所作所为一定要符合民意,从民众需要出发;主张设立相关机构和制度以广泛收集民意;在广泛采纳民意、尊重民意基础上提出"与民为一体"的更高治国境界,只有万众一心,国家才能繁荣昌盛立于不败之地。这也是"管法"最值得注意之处。

　　为人君者,修官上之道①,而不言其中②;为人臣者,比官中之事③,而不言其外④。君道不明,则受令者疑;权度不一,则修义者惑⑤。民有疑惑贰豫之心而上不能匡⑥,则百姓之与间⑦,犹揭表而令之止也⑧。是故能象其道于国家⑨,加之于百姓,而足以饰官化下者⑩,明君也。能上尽言于主,下致力于民,而足以修义从令者,忠臣也。上惠其道⑪,下敦其业⑫,上下相希⑬,若望参表⑭,则邪者可知也⑮。

【注释】

①官上之道:指统率朝廷百官的方法。官上,君主处于众官之上,总领百官。

②其中:指朝廷众官的具体政务和职责。即下文"官中之事"。官中,指官职之内。

③比:考校,研究。引申为处理。

④其外:指本职以外之事。

⑤修义:讲求和研习道义。修,与上文"修官上之道"之"修"字同义。一说为"循义"。王念孙云:"修"当为"循",下文"而足以修义从令者"同。

⑥贰豫:迟疑犹豫。贰,怀疑,不信任。《尚书·大禹谟》:"任贤勿贰,去邪勿疑。"

⑦与间:与之产生隔阂。间,间隔,疏远。

⑧揭表:高举标帜。表,意为标示、告示。止:停步不前。

⑨象其道:把君道作为法式。象,法式。

⑩饰官:整顿官治。饰,通"饬"。治也。

⑪上惠其道:君上按君道办事。惠,和顺,顺从。

⑫敦:勉力。

⑬希:望,了解。

⑭参表:检测日影计时的木制标杆。参,检验。

⑮邪者:指偏斜处。

【译文】

做人君的,要研习修明统率众官的方法,而不要去干预众官职责以内的事务;做臣子的,要管理好各自职责范围以内的事务,而不要干涉到职权以外的事务。如果君道不明确,治理众官方向不清晰,那么接受任务奉命干事的人就会有疑虑;限定官吏职权范围的法度不一致,遵循法度奉公守职去做事的人就会感到迷惑。如果民众有了怀疑不信任或犹豫不决的心理,而国君不能及时消除或加以纠正,那么百姓对国君产生隔阂疏远就很难沟通,就像标举旗帜号召又下令制止一样。所以,为国家树立君道制定管理策略,有效用于百姓,并能达致治理百官和教化民众的,那就是圣明的君主。能上对君主言无不尽,下为民众竭尽全力办实事,而能够做到奉公守法服从政令的,那就称得上是忠臣。君主在上面顺从君道而治,臣子在下面谨守职责勤于职事,上下相互了解,就像看着测验日影的木表杆作为参照一样,有谁曲邪不正,就可以一目了然地分辨出来了。

吏啬夫任事①,人啬夫任教②。教在百姓,论在不挠③,赏在信诚,体之以君臣④,其诚也以守战⑤。如此,则人啬夫之事究矣⑥。吏啬夫尽有訾程事律⑦,论法辟、衡权、斗斛、文劾⑧,不以私论,而以事为正⑨。如此,则吏啬夫之事究矣。

人啬夫成教、吏啬夫成律之后,则虽有敦悫忠信者⑩,不得善也⑪;而戏豫怠傲者,不得败也⑫。如此,则人君之事究矣。是故为人君者,因其业⑬,乘其事⑭,而稽之以度⑮。有善者,赏之以列爵之尊、田地之厚,而民不慕也⑯。有过者,罚之以废亡之辱、僇死之刑⑰,而民不疾也⑱。杀生不违,而民莫遗其亲者⑲,此唯上有明法而下有常事也。

【注释】

①吏啬失:古时官职名称,主管监察官吏。

②人啬夫:官职名称,主管教化百姓。又作"民啬夫",张佩纶云:"人"当作"民",唐讳。

③论:判定罪刑。不桡:不枉曲,意谓不枉法徇私。

④体之以君臣:即以君臣关系之大体教民。体,体统,大体。

⑤以守战:可以防守,可以进攻。

⑥究:穷,尽,终极。

⑦赀(zī)程事律:按规章制度做事。赀程,指计量的规章,如下文之衡权、斗斛之类。赀,指计量、计算。程,指规章法度。事律,指办事的法规。即根据法令行事。

⑧法辟:法度与刑罚。指刑罚,也是法。文劾:书面检举弹劾他人的罪状。

⑨正:通"证"。凭证。

⑩悫(què):忠厚,诚笃。

⑪善:修治,修补。引申为增补。

⑫而戏豫怠傲者,不得败也:这两句是说吏啬依法度办事,做得完美,无须补充也不可败坏。戏豫,逸豫,嬉游逸乐。败,败坏。

⑬因其业:依靠各官员之业务。

⑭乘其事：借助着各种官员之事。

⑮稽：考核，审察。

⑯慕：思慕。引申为计较、攀比。

⑰僇：通"戮"。杀戮。

⑱疾：恨。非毁。

⑲遗其亲：指丧失、失去他们父母等至亲。生杀合理，百姓就能安享生活。遗，引申为丧失，遗失。亲，指父母等亲人。意谓杀生既有法度，百姓就有所遵循，不会轻易违法、外出流亡、铤而走险而弃离父母。

【译文】

吏啬夫担任法度的制定和督察纠正工作，民啬夫担任依据法制政令教化民众的工作。教化虽是面向百姓的，但论罪则应当不徇私枉法，行赏则应当信实真诚，这首先要体现在君臣的关系上，而教化的成功效验则体现在民众战可以胜敌、守可以固国的作战实力方面。若能这样，民啬夫的职责就算是尽到了。吏啬夫全面地掌握着计量等规章制度以及办事的法律依据：审议、刑法、权衡、斗斛、文告与弹劾奏章，一切都不以私意妄加论断，而是依据法律事实为准绳。若能这样，吏啬夫的职责就算是尽到了。民啬夫制成规训完成教条以及吏啬夫制成律令完成规章制度以后，即便谨朴忠厚诚信的人也不能有所增补；玩忽怠惰狂傲嬉游的人也不能加以破坏。若能这样，君主的职责就算完成了。所以，做人君的要根据吏啬夫和民啬夫的职责和执行政绩，按照法度来考核他们。其中政绩好表现杰出的，即使用尊贵的爵位和丰厚的田产进行奖赏，民众也不会因攀比美慕而产生嫉妒的心理。其中犯有过错失误或后果影响严重的，即使用罢黜流亡的羞辱和极刑诛死的重律来进行处罚，民众也不敢因怀恨愤疾而产生抱怨的情绪。生杀予夺和赏贤罚恶都不违背法度，百姓也就不会无缘无故地丧失自己的父母亲人了。要做到这些，只有依靠上面的君主树立明确的法律制度，以及下面的臣子有固定的职责范围和行事准则才行。

　　天有常象^①,地有常刑^②,人有常礼^③,一设而不更,此谓
三常。兼而一之^④,人君之道也;分而职之^⑤,人臣之事也。
君失其道,无以有其国;臣失其事,无以有其位。然则上之
畜下不妄^⑥,而下之事上不虚矣^⑦。上之畜下不妄,则所出法
制度者明也^⑧;下之事上不虚,则循义从令者审也。上明下
审,上下同德,代相序也^⑨。君不失其威,下不旷其产^⑩,而莫
相德也^⑪。是以上之人务德,而下之人守节。义礼成形于
上,而善下通于民,则百姓上归亲于主,而下尽力于农矣。
故曰:君明、相信、五官肃、士廉、农愚、商工愿、则上下体^⑫,
而外内别也,民性因^⑬,而三族制也^⑭。

【注释】

①常象:日月星辰,恒久不变,代表的宇宙秩序,古人称此为天象。

②常刑:经常的形态。刑,通"形"。

③常礼:经常的礼仪制度。

④兼而一之:兼领百官顾全大局而统一筹划。

⑤职:执掌,主管。

⑥畜:畜养,对待。不妄:不虚妄,即真诚。《法言·问神》:"无验而
　言之谓妄。"

⑦不虚:不虚无,即实在。

⑧所出法制度:指颁布的律令和制订的法度。郭沫若云:"出法制
　度者明也"与"循义从令者审也"相对为文,不应有"所"字。

⑨代相序:良好互动。代,更替,循环往复。

⑩产:生计,职守。

⑪德：此指感恩怀德。良好政治，大家各有生计。

⑫相：指辅佐的大臣，宰相。五官：指司徒、司马、司空、司士、司寇等五种官职的合称。廉：廉直。愚：此为褒义词，指愚鲁朴实。愿：谦谨，忠厚。此指诚实谨慎。

⑬民性因：民生都有依靠。性，即"生"。因，因依，倚托。指有所依靠。

⑭三族：众说不一，似当指农、工、商三类行业。族，指品类，族类。

【译文】

天有固常的天文现象，地有固常的体状形貌，人有固常的礼仪制度，它们一旦成立就不会变换更改，这就叫作三常。统一法度、规划全局、兼领百官，这是君主的责任，也是为君之道；分工管理各司其职恪尽其事，这是臣子的责任，也是为臣之道。人君若违背了君道，就不能够保有他的国家；人臣若旷废了自己的职责，就不能够保住他的官位。既然如此，如果君主培养臣子能够真诚而不虚妄，那么，臣下侍奉君主也就实在而不欺诈。君主培养臣子不虚妄，颁布法令制定法度就清晰明确；臣下侍奉君主不欺诈，遵循法度服从命令就严谨认真。上面的君主明智，下面的臣子审慎，上下同心同德，循环往复相互形成默契，就成为代代相承的固定秩序和风习。君主不曾失其威信，臣下不曾旷废其产业，彼此自然和谐不必承受感恩戴德之劝。因此，在上的君主务求循道立德，在下的民众恪守节义本分，德行礼仪在上面朝廷形成了典范，崇尚美善在下面黎民得到了贯彻，这样，百姓就都会向上亲附归顺于君主，向下尽心致力于农业了。所以说：君主明智，辅相诚信，五官端肃，士人廉直，农民愚朴，商人、工匠忠厚勤谨，那么，君臣上下就互为一体，朝廷内外井然有别；黎民生活都有依靠，而农、商、工三类人都会遵循其管理制度了。

夫为人君者，荫德于人者也①；为人臣者，仰生于上者也②。为人上者，量功而食之以足③；为人臣者，受任而处之以教④。布政有均，民足于产，则国家丰矣。以劳受禄⑤，则民不幸生；刑罚不颇⑥，则下无怨心；名正分明⑦，则民不惑于道。道也者，上之所以导民也。是故道德出于君⑧，制令传于相⑨，事业程于官⑩，百姓之力也，胥令而动者也⑪。

【注释】

①荫(yìn)德于人：用德泽来庇护人民。荫德，以德庇荫，施于德泽。

②仰生于上：依靠君主而生活。仰生，仰仗他人生存。

③量功：衡量其功劳多少。食之以足：用足够的俸禄来养活臣下。

④教：教化。古代政治重视教化，官员即施教化者。

⑤受：授。

⑥不颇：不偏颇，不出偏差。颇，偏。

⑦分：职分，职责。

⑧道：指君道。德：指德泽。

⑨制令：君令。《史记·秦始皇本纪》："命为'制'，令为'诏'。"

⑩程：考核，计算。一说呈上、上报。

⑪胥：等待。

【译文】

做人君主的，就是要用厚施德泽来恩佑臣子庇护黎民的人；而做人臣子的，就是要仰仗君主的赏识才能保有生存荣耀的人。做人君主的，要实事求是考核臣子的功绩，公正地发放足够的俸禄；做人臣子的，要严肃认真接受君主的任命，完成教化民众的使命。君主施行德政要注意均匀公平，黎民的产业就能够丰收自足，国家也就充盈富裕了。按照功劳政绩授予俸禄，黎民大众就不会心存侥幸而偷生；执行刑律赏罚不出偏差，下面百姓就不会心生抱怨而愤恨。刑名公正恰当，职事分明确实，民众对于治国之策就不会产生疑惑了。所谓道，就是君主以身作则树立典范用来引导黎民大众奉行善德。所以，道与德都出自君主；制度和法令则由辅相下达传布；各种事业由官吏考核裁定；百姓负责付出力量，要等待命令而付诸行动。

是故君人也者，无贵如其言①；人臣也者，无爱如其力②。言下力上③，而臣主之道毕矣。是故主画之④，相守之⑤；相画之，官守之；官画之，民役之⑥；则又有符节、印玺、典法、策籍以相揆也⑦。此明公道而灭奸伪之术也。

【注释】

①无贵如其言：没有比他的语言更可贵的了。

②无爱如其力：没有比他的力更可珍惜的了。

③言下力上：君主的言令下达后，臣下就尽力为君上效力。

④画：谋划，筹划。

⑤守：奉行，遵循。

⑥役：服役，奔走效力。

⑦符节：用竹或木制成，朝廷用作凭证的信物。印玺：指朝廷用作凭信的印鉴。策籍：册籍，书册簿籍。揆：度量，考核。引申为掌管、管理。

【译文】

所以，做人君主的，再没有比其言语命令更为宝贵重要的了；做人臣子的，再没有比其才干能力更令人珍惜爱护的了。君主下达其言语命令于臣子，臣子竭尽才力效命于君主，君臣之道就算完备了。所以，君主谋划政策，宰相遵守执行；宰相计划好决策，官吏遵守执行；官吏计划好决策，黎民百姓就服从劳役去效力；然后又用符节、印玺、典章、法律、文书和册籍，相互加以检验管理和考察测评，这些都是用来彰明公道和消除奸伪的办法。

论材、量能、谋德而举之①，上之道也；专意一心，守职而不劳②，下之事也。为人君者，下及官中之事③，则有司不任④；为人臣者，上共专于上⑤，则人主失威⑥。是故有道之君，正其德以莅民⑦，而不言智能聪明。智能聪明者，下之职也；所以用智能聪明者，上之道也。上之人明其道，下之人守其职，上下之分不同任，而复合为一体⑧。

【注释】

①论材：评断选拔人才。量能：衡量才干能力。谋德：考虑德行名誉。举：用。

②不劳：不以为劳苦。

③及：涉及，参与。此指插手管理。

④不任：不便负责任，无法负责。

⑤共专：共分君主专擅的权力。

⑥失威：丧失君主的威严。

⑦莅民：君临其民，统治人民。

⑧一体：意谓一个整体。

【译文】

评价人才，考量能力，考察德行，然后加以提拔任用，这才是做君主的道理。全心全意，恪守职责而不辞劳苦，这是做人臣的分内之事。做人君的，如果干预下级官吏职责范围内的事，则主管官吏就无法负责；做人臣的，如果上夺君主权柄，则君主会丧失威信。所以有道之君，总是端正自己的品德以统治民众，而不讲求智力与聪明。智能和聪明是臣下应讲究的；如何使用臣下的智能聪明，才是为君之道。在上的要阐明君道，在下的要谨守臣职，上下的职责分明，任务有所不同，如此君臣才可以合为一体。

是故知善①，人君也；身善②，人役也。君身善，则不公矣③。人君不公，常惠于赏④，而不忍于刑⑤，是国无法也。治国无法，则民朋党而下比⑥，饰巧以成其私。法制有常，则民不散而上合⑦，竭情以纳其忠。是以不言智能⑧，而顺事治⑨，国患解，大臣之任也⑩。不言于聪明⑪，而善人举，奸伪诛，视听者众也。

【注释】

①知善：知人善任。

②身善：有能力，有才干。郭沫若云："身"犹"躬"，身善言事必躬亲。

③不公：不通。指不能通晓全局。一说谓不公正。

④惠于赏：喜欢行赏。

⑤忍于刑：不忍心使用刑罚。

⑥下比：在下面相互勾结。

⑦不散：不勾结成朋党、团伙。

⑧言：讲求。

⑨顺事治：顺畅地治事。郭沫若云：当是"朝事治"，方与"国患解"对文。朝事治，指朝廷之事得以治理。可备一说。

⑩大臣之任：任用大臣。郭沫若云："大臣之任"者"大臣是任"也。

⑪于：张文虎云："不言于聪明"，"于"字衍，句法与上"不言智能"一例。

【译文】

所以，知人之善是君主的本分，亲自做事的是供人使役的臣民。君主也事必躬亲，就不能保证公正。君主不公正，就会偏爱行赏，而不忍使用刑罚，这样，国家就没有法度了。治理国家而没有法度，臣民就会拉帮派相互勾结，以虚伪狡诈的手段去达到他个人的私利目的。如法度行之有素,民众就不会分帮分派而能够心向朝廷,就会竭诚尽忠地做事。所以,君主不用讲究智能,就能使朝中之事得治,国家之患得除,这是因为任用大臣的原故。君主不讲求聪明,却能使善人得任用,奸伪之人被诛罚,这是因为替国家监视听察的人更多的原故。

是以为人君者,坐万物之原①,而官诸生之职者也②。选贤论材,而待之以法。举而得其人,坐而收其福③,不可胜收也④。官不胜任,奔走而奉⑤,其败事不可胜救也⑥。而国未尝乏于胜任之士,上之明适不足以知之⑦。是以明君审知胜任之臣者也。故曰:主道得,贤材遂⑧,百姓治。治乱在主而已矣。

【注释】

①坐:守定,居于。

②官:授予官职。郭沫若云:"官"谓授职也。生:群生,众生。职:即职分、职事之职。

③坐而收:坐而管理。郭沫若云:"坐而收"当作"坐而牧",与"奔走而奉"为对。坐而牧,指不用费力就可以统治人民。牧,牧养,引申为治理。

④收:收纳,获取。

⑤官不胜任,奔走而奉:这两句是说官员不胜任其职,君王也忙乱。奉,捧,引申为从事、办事。

⑥事:丁士涵云:"事"字衍。

⑦适:只,但。

⑧遂:举荐,进用。

【译文】

因此,做君主的就是守住万事的原则,从而管制众人职事的人。选拔贤良，评判人才，要依照法度。举用人才正确得当，就可以坐而治国，尽受其福。官吏不胜任，君主再怎样奔走从事，被官吏败坏的事也很难补救。国家从来就不缺能够胜任的人才，只是君主不能明察他们罢了。所以，英明的君主，总是认真察访胜任的人臣。所以说，君道正确，贤才得以任用，百姓得到治理。国家治乱，根本在君主。

故曰：主身者，正德之本也；官治者①，耳目之制也。身立而民化，德正而官治。治官化民，其要在上；是故君子不求于民②。是以上及下之事谓之矫③，下及上之事谓之胜④。为上而矫，悖也；为下而胜，逆也。国家有悖逆反迕之行⑤，有土主民者，失其纪也。

【注释】

①官治：官府，官司。治，通"司"。

②君子不求于民：是说在管理教化方面，君主应努力做好自己的事，而不是要求民众。求，指望。

③矫：王念孙云：矫，拂也。上而及下之事，则拂乎为上之道。拂，拂逆，违背。

④胜：王念孙云：胜者，陵也。下而及上之事，是陵其上也。陵，欺凌，超越。

⑤迕（wǔ）：悖逆，违反。

【译文】

所以说，君主自身是规正德行的根本，至于官吏则好比耳目，是受这根本节制的。君主立身有德，民众就受到教化；君主正德，官吏就能管好。管好官吏和教化民众，关键在于君主；所以，君子是不指望于民众的。因此，上面干预下级的职事叫矫，下面干预上级的事叫作胜。在上的人矫,则为悖谬;在下的人胜,则为叛逆。国家如有悖逆反抗的行径,那就是由于拥有国土的君主丧失了纲纪。

是故别交正分之谓理①,顺理而不失之谓道,道德定而民有轨矣。有道之君者,善明设法而不以私防者也。而无道之君,既已设法,则舍法而行私者也②。为人上者释法而行私③,则为人臣者援私以为公④。公道不违,则是私道不违者也⑤。行公道而托其私焉,寖久而不知⑥,奸心得无积乎⑦?奸心之积也,其大者有侵侔杀上之祸⑧,其小者有比周内争之乱⑨。此其所以然者,由主德不立,而国无常法也。主德不立,则妇人能食其意⑩;国无常法,则大臣敢侵其势。大臣假于女之能⑪,以规主情⑫;妇人壁宠⑬,假于男之知⑭,以援外权⑮。于是乎外夫人而危太子⑯,兵乱内作,以召外寇。此危君之征也⑰。

【注释】

①别交正分:区别上下关系,端正君臣名分。交,关系。分,职分,名分。

②舍:抛弃,违背。

③释:放弃。

④援私以为公:把私事当作公事。援,引。

⑤公道不违,则是私道不违者也:意思是臣下之所以为公众做事,都是为了私利,名义上是不违背公道,而实际上是不违背私利。

⑥寖:逐渐。

⑦得无:能不。

⑧侵偪：威逼欺凌。

⑨比周：紧密勾结。

⑩食：窥伺。于省吾云："食"字应读为"伺"。"伺"之通诂训"察"，此言妇人能察其意也。伺，意谓窥测。一说通"饲"。蓄养，指逢迎助长。

⑪能：亲善，亲近。

⑫规：窥视。丁士涵云：规，古"窥"字。《说文》："窥，小视也。"即窥伺、刺探之意。

⑬嬖宠：嬖幸宠爱。

⑭男之知：指大臣的智谋。知，同"智"。

⑮援：援引，攀附。

⑯外夫人：废黜夫人。外，除去。

⑰征：征兆。

【译文】

　　所以，区别上下关系，规正君臣各自本分，叫作理；顺理而行不出错误，叫作道，道德规范一确定，民众就有轨道可循了。有道之君善于明确立法，而不是用私心来防范民众。然而那些无道君主，就是设立了法制，也还是要弃法而行私意。做人君的舍弃法度而行私意，那么，做人臣的就会假公为私了。其实不违公道，实际上也就是不违私道。表面执行公道而实际寄托私图，日久而行，却不被发觉，其奸恶心思如何不愈积愈大？奸恶心思愈积愈大，其后果，往大里说会有侵逼和杀害君主的祸事，往小里说也将有相互勾结，发生内争的祸乱。这类事情所以发生，就是由于君主的道德没有树立而国家没有常法的原故。君德不立，妇女就能够窥伺君主的主意；国无常法，大臣就敢于侵夺君主的权势。大臣利用女人刺探君主意图，被宠爱的妇人利用男人的智谋来援引外国的力量。这样下去的后果是君主会废夫人而害太子，内部出现兵乱，并且招致外寇。这都是国君危险的征候。

是故有道之君,上有五官以牧其民①,则众不敢逾轨而行矣;下有五横以揆其官②,则有司不敢离法而使矣。朝有定度衡仪③,以尊主位,衣服纮綖④,尽有法度,则君体法而立矣⑤。君据法而出令,有司奉命而行事,百姓顺上而成俗,著久而为常⑥,犯俗离教者⑦,众共奸之⑧,则为上者佚矣⑨。

【注释】

①五官:据《小匡》,五官当指大行、大司田、大司马、大司理、大司谏。一说"五官"是泛指,犹后来"百官"。

②五横:官名,负监察职责。章炳麟云:"五横"即"五潢",假天象以名官也。

③衡仪:平正的准则。

④纮綖(gǔn miǎn):衣带、帽子。尹注曰:纮綖,古衮冕字。

⑤体法而立:依据法度而临政。立,莅政,视政。

⑥著久而为常:日久而成为常规。

⑦犯俗离教:违犯习俗背离教化。

⑧众共奸之:众人都认为他是邪恶之人。奸之,以之为奸。

⑨佚:安闲,逸乐。

【译文】

所以有道的君主,在上面设立五官以统治民众,民众就不敢行事越轨;在下面有五衡之官来纠察官纪,执事官员就不敢违法而行使职权。朝廷有一定的制度和礼仪,以尊奉君主权威,朝廷的衮衣和冠冕,都有相应法度规定,君主就可代表国家法度而临政了。人君据法而发号施令,官吏奉君命而行事,百姓顺从而成风,这样日久形成常规,如有违犯习俗背离礼教的人,民众会共同加罪于他,这样做君主的就可以安逸无事了。

天子出令于天下,诸侯受令于天子,大夫受令于君,子受令于父母,下听其上,弟听其兄,此至顺矣。衡石一称①,斗斛一量,丈尺一缚制②,戈兵一度,书同名③,车同轨,此至正也。从顺独逆④,从正独辟⑤,此犹夜有求而得火也⑥,奸伪之人,无所伏矣。此先王之所以一民心也。是故天子有善,让德于天;诸侯有善,庆之于天子⑦;大夫有善,纳之于君;民有善,本于父⑧,庆之于长老⑨。此道法之所从来,是治本也⑩。

【注释】

①一:统一,一致,相同。

②缚(zhǔn)制:标准限度,布匹的规格。缚,当指布帛的幅宽。制,当指布帛的匹长。

③同名:同文。江瀚云:"同名"即同文也。名,指文字。《周礼·春官·外史》:"掌达书名于四方。"郑玄注:"古曰名,今曰字。"

④独:照,照亮。古代独(繁体字作"獨")、烛(繁体字作"燭")音近易混。意思说遵从顺的,就可以照出逆的来,遵从正确的,就可以照出邪的来。

⑤辟(pì):偏邪。

⑥夜有求而得火:黑夜寻找而见到火光。比喻容易发现悖逆邪僻之人。

⑦庆:进献。王念孙云:两"庆"字皆当作"荐",荐,进也。言下有善,则进之于上也。

⑧本:追本溯源,此指寻其根源。

⑨长老:年高辈尊者。

⑩治本:治国的根本。

【译文】

天子向天下发布命令,诸侯从天子那里接受命令,大夫从本国国君那里接受命令,儿子从父母那里接受命令,下听其上,弟听其兄,这是最顺的秩序。称重的衡石标准是统一的,容量的斗斛标准是统一的,长度的丈尺标准是统一的,武器的规格是统一的,书写文字相同,车辙宽窄相同,这是最正的规范。服从顺的,逆的就可被照出来;遵从正确的,偏邪的就可被照出来,这就像黑夜之中找东西而见到火光一样,奸伪之人是无法隐藏得住的。这就是先王为什么坚持统一民心的原因。所以,天子有了成就,就要把功德谦让给上天;诸侯有了成就,就要进献给天子;大夫有了成就,就要进献给本国国君;民众有成就,就应当追溯来源于父亲,并归功于长辈和老辈。这就是道和法所产生的根源,也是治国的根本。

　　是故岁一言者君也①,时省者相也,月稽者官也,务四支之力、修耕农之业以待令者②,庶人也。是故百姓量其力于父兄之间,听其言于君臣之义,而官论其德能而待之③。大夫比官中之事,不言其外;而相为常具以给之④。相总要⑤,者官谋士⑥,量实义美⑦,匡请所疑⑧。而君发其明府之法⑨,瑞以稽之⑩,立三阶之上⑪,南面而受要⑫。是以上有余日,而官胜其任⑬;时令不淫⑭,而百姓肃给⑮。唯此上有法制⑯,下有分职也。

【注释】

①岁一言:指岁首布宪,只有一次,不可过繁。一言,陈奂云:"一言"当是"省"之讹。"岁省者君也"与"时省者相也""月稽者官也"句法相同。

②四支：即"四肢"。支，同"肢"。

③官论其德能而待之：言官选择庶民之有德行才能者而供献之。论，选择。许维遹云："论"与"抡"通。《说文》："抡，择也。"

④常具：经常的条例，即固定的规章制度。一说指禄赏。

⑤总要：总揽枢机要务。

⑥者官：众官。尹桐阳云："者"同"诸"。诸官，谓众官。

⑦量实义美：根据实际情况评定其好坏。丁士涵云："实"，功实也，"义"当作"议"。谓量其功实，议其美善也。郭沫若云："量实"就内质言，"议美"就外态言。

⑧匡请所疑：对于有疑问的，则请匡正裁决。

⑨法：指法制命令。

⑩瑞：指符信。

⑪三阶：三重台阶。代指路寝，即君主处理政事的宫室。

⑫受要：受理上呈的政事枢要。

⑬任：指职责任务。

⑭不淫：不过限度，颇有节制。淫，过度，无节制。

⑮肃给：恭敬地供奉君上。

⑯唯此：丁士涵云："唯此"当作"此唯"。

【译文】

因此，一年考察一回工作的是君主，四时都要考察工作的是宰相，每月都要核查工作的是百官，从事劳动专务农业以等待上面命令的是一般平民。所以，作为平民百姓，应当在父兄中尽力劳作，听从君臣的命令去做事，然后由官吏评选其德才。做大夫的只尽量按着职分的要求办事，而不旁涉职责以外的事；至于宰相，就要定出经常的条例来给百官做依据。宰相总揽枢要，百官谋士们根据实际情况评议好的措施，有所疑问则请宰相匡正。君主则发布大府有关的法令和珪璧印信，来进行稽考查验，只站在三层台阶之上，面向南接受辅相呈上的政事枢要就行了。这样,君主有余暇的时日,而百官胜任其职务;四时的政令不出错误,而百姓严肃地完成上面的要求。只有如此,才算得上有法制而下有职分。

　　道者,诚人之姓也①,非在人也②。而圣王明君,善知而道之者也③。是故治民有常道,而生财有常法。道也者,万物之要也。为人君者,执要而待之,则下虽有奸伪之心,不敢杀也④。夫道者虚设⑤,其人在则通,其人亡则塞者也。非兹是无以理人⑥,非兹是无以生财。民治财育,其福归于上。是以知明君之重道法,而轻其国也⑦。故君一国者⑧,其道君之也。王天下者⑨,其道王之也。大王天下,小君一国,其道临之也⑩。是以其所欲者,能得诸民⑪,其所恶者,能除诸民。所欲者能得诸民,故贤材遂⑫;所恶者能除诸民,故奸伪省⑬。如冶之于金,陶之于埴⑭,制在工也⑮。

【注释】

　　①诚人之姓:成就人之生命。戴望云:"诚"当为"成","姓"当为"生",皆声相近而误。成人之生,即生成人的生命。一说姓作"性",指本性。

　　②非在人也:即道外在于所有人。

　　③善知:指圣人善于了解"道"。道:引导。朱长春云:"道",由也。知而行之。

　　④杀:当为"试"字之误也,言不敢试其奸伪。

　　⑤虚设:存在于无形之中。尹注曰:道无形而善应,故曰虚设。

　　⑥兹是:如此。

　　⑦轻:看轻。

⑧君：以道统治的意思。

⑨王：称王。

⑩临：莅临，统治。

⑪诸："之于"合音。

⑫遂：得到任用。

⑬省：省察，发觉。

⑭埴（zhí）：制陶器所用的黏土胶泥。

⑮工：指工匠。

【译文】

　　道，成就人的生命，而外在于人。圣王明君善于了解它并用它引导民众。所以，治民有恒定之道，生财有经常之法。道是万物的枢要。做人君的掌握这个枢要以处理众务，即便下面有奸伪之人也不敢贸然行奸。道是虚灵无形的，有行道的人在，道就通行无阻；无行道的人，道就闭塞不通。没有道就不能治民，没有道就不能理财。人民得治，财富发育，福利就归于君主。由此可知明智君主把道和法看得比国家还重。所以，君主统治一个国家其实是"君道"在那里统治；王统治天下，其实是"王道"在那里统治。无论大而统治天下，小而统治一国，都是相应的道在那里起作用。既然如此，君王所要求的就能够从民众那里得到，君王所厌恶的就能够从民众那里除掉。所求者能在民众那里得到，贤能就可以进用；所恶者能在民众那里除掉，奸伪就能被察觉。好像冶炼对于金属，陶铸对于黏土，都是由工匠掌握的。

　　是故将与之①，惠厚不能供②；将杀之③，严威不能振④。严威不能振，惠厚不能供，声实有间也⑤。有善者不留其赏⑥，故民不私其利⑦；有过者不宿其罚⑧，故民不疾其威⑨。威罚之制，无逾于民⑩，则人归亲于上矣。如天雨然，泽下尺,生上尺⑪。

【注释】

①与:给予,此指赏赐。

②惠厚:浓厚的恩惠。丁士涵云:"惠厚"当作"厚惠",与"严威"对文。

③杀:杀戮。此指施以刑罚。

④严威:严厉的威刑,指刑罚过重。振:通"震"。震慑。

⑤声实:即名实。间:距离。

⑥留:留滞,迟疑。

⑦私其利:把有利的事情据为己有。

⑧宿:隔夜。引申为停滞,延缓。

⑨疾其威:怨恨刑罚太严酷。

⑩无逾于民:不要超过民众所应该得到的,即赏和罚都应名实相符。

⑪"如天雨然"三句:雨,此为动词,下雨。比喻恩育德泽。尹注曰:泽从上降,润有一尺,则苗从下生,上引一尺,泽下降、苗上引,犹君恩下流,人心上就也。

【译文】

　　所以,将要赏赐,厚恩却不能起到作用;将要行杀,威严却不能收到震慑之功。严不能震慑,厚赏不能收获人心,都是名实不符。做好事的人,他应得的奖赏不打折扣,民众就不会考虑私利;犯过失的,对他的惩罚不拖延,民众就不会抱怨刑威。威严惩罚的制定,不超过民众所应得的,民众就归附和亲近君上了。这就像天下雨一样,天降一尺的雨,大地的禾苗就生长一尺。

　　是以官人不官①,事人不事②,独立而无稽者③,人主之位也。先王之在天下也④，民比之神明之德，先王善牧之于民者也⑤。夫民别而听之则愚⑥，合而听之则圣⑦，虽有汤、武之德，复合于市人之言⑧。是以明君顺人心，安情性，而发于众心之所聚⑨。是以令出而不稽⑩，刑设而不用⑪，先王善与民为一体⑫。与民为一体，则是以国守国，以民守民也。然则民不便为非矣⑬。

【注释】

①官人不官：授予他人官职而自己不承担任何官职。

②事人不事：分配他人做事而自己不动手做任何事情。

③无稽：不接受任何考核检验。

④在天下：治理天下。在，察，治理。

⑤牧：听取。陶鸿庆云："牧"当为"收"字之误。《广雅·释诂》："收，取也。"善收之于民者，善取之于民也。收，吸收，指收罗意见。

⑥别而听之：个别听取意见。愚：愚蠢。

⑦合：全面，综合。圣：聪明。圣的本义是聪明知事。

⑧市人：众人。市，为人众会聚之处，故可引申谓"众"。

⑨聚：指人心向归处。

⑩稽：阻碍，滞留，

⑪不用：无处可用。

⑫一体：行动如同一人，指上下同心。

⑬然则：这样，那么。

【译文】

可以授他人官职而自己不居官，分派人职事而自己不任任何事，独立行动而无人考核的，这样的位置就是君主的地位。古代先王主持天下，民众把他的德行比作神明，是因先王善于吸收民众意见。民众的意见，个别地听取，往往是愚蠢的；全面综合地听取，就会使人聪明智慧。即使有商汤、周武王的道德，也还是要多方搜集众人言论。因此，英明的君主顺从人心，适应人的性情，做事都从众人共同关心的角度出发。这样，命令发布下去就不会受阻碍；设置的刑罚，也就用不着了。先王是善于同民众合成一体的。与民一体，那就是用国家保卫国家，用民众保卫民众，民众当然就不会为非作歹了。

　　虽有明君，百步之外，听而不闻①；间之堵墙②，窥而不见也③。而名为明君者，君善用其臣，臣善纳其忠也④。信以继信⑤，善以传善，是以四海之内，可得而治。是以明君之举其下也，尽知其短长，知其所不能益，若任之以事⑥。贤人之臣其主也，尽知短长与身力之所不至⑦，若量能而授官⑧。上以此畜下⑨，下以此事上⑩，上下交期于正⑪，则百姓男女皆与治焉⑫。

【注释】

①闻：听到。

②间：间隔。堵墙：指一重墙垣。堵，墙一重为堵。

③窥：窥视。见：看到。

④纳：贡献。

⑤继：续。

⑥若：乃，然后。石一参云：若者，然后二字之合音。齐语如此。

⑦至：及。

⑧授：通"受"。接受。

⑨畜：养，指使用。

⑩事：侍奉。

⑪交期于正：互相以公正相约定。期，约定。

⑫则：那么。与治：受其治。言明君因材而任官，臣下量力而受职，
　　上下交勉于正，则天下受其治矣。

【译文】

　　就是那些明君，百步以外的声响，也照样是听不到的；隔上一堵墙，
也照样是看不见的。所以能称为明君，是因为善于任用自己的臣下，而
臣下又善于奉献自己的忠诚。如此信诚导致信诚，良善导致良善，四海
之内都可以得到良好治理。因此，明君举用下级人才，完全了解他的短
处和长处，了解其才能的限度，才委任其职务。贤人侍奉君主，也是完
全知晓自己的短处和长处，认识到自己力所及的限度，如此才量度能力
而接受官职。君主按照这个原则来豢养臣下，臣下也按照这个原则来
侍奉君主，上下期望的是才能使用上的客观公正，这样百姓男女也就都
能治理好了。

君臣下第三十一

【题解】

此为《管子》第三十一篇，题为《君臣下》。本篇围绕君臣关系讨论了诸多问题，阐明君主实行赏罚和设相选贤的原则，分析国家危亡原因和君臣易犯的错误，要求君主从自身做起，树立德行典范，并加强法制、考核官吏、增强农业、防止宫廷祸乱等。虽论述面较宽，但主要还是议论君臣关系及所要防范的问题。与《君臣上》略有不同的是，此文开篇即从"君臣之别"的由来说起，强调君主存在的合理性在"为民兴利除害，正民之德"，如此见解在当时还是很新颖的。本文还论及设立嗣子、考核选贤等问题，提出"迂则流，通则迂，决则行，塞则止"等策略；又在人才培养及选拔上提出独到见解。另外，本文对导致君权受侵原因的讨论，提到了君主家庭内部可能出现的祸乱根源。这一点为后来的韩非子所重视，并大加阐发。战国时期，是一个"张君权"的时代，此篇文献就是其中之一。就是说《君臣上》和《君臣下》应属战国早期法家文献。

古者未有君臣上下之别，未有夫妇妃匹之合①，兽处群居，以力相征②。于是智者诈愚③，强者凌弱④，老幼孤独不得其所。故智者假众力以禁强虐⑤，而暴人止⑥。为民兴利除害，正民之德⑦，而民师之⑧。是故道术德行⑨，出于贤人。其从义理兆形于民心⑩，则民反道矣⑪。名物处，是非分⑫，则赏罚行矣。上下设，民生体⑬，而国都立矣。

【注释】

①夫妇妃匹：指男女配偶。妃匹，配偶。《左传·桓公二年》："嘉耦曰妃，怨耦曰仇。"

②以力相征：依据强力而相互争夺。

③诈：欺诈。

④凌：侵犯，欺侮。

⑤智者：此处"智者"所指为圣王，与前文"智者诈愚"中指代"聪明人"的"智者"含义不同。假：借助，依靠。强虐：强横暴虐。

⑥暴人：残暴的人。

⑦正：规正，端正，纠正。

⑧民师之：民众以他们为师。之，指智者。

⑨道术：指统治民众的原则和措施。

⑩其：指道术德行。从：郭沫若云："从"字盖涉注文而衍。一说，顺从，符合。义理兆形于民心：指顺从义理的内心迹象。兆形，出现或形成符合民心的迹象。

⑪反道：复归正道。反，同"返"。回归。

⑫名物处，是非分：原作"名物处违是非之分"，据张佩纶说改。处，辨别。

⑬民生体：人民生活有了规矩、体统。体，准则，法式，这里指人民生活的规范、礼俗。

【译文】

古时没有君臣上下之分，也没有夫妻配偶的婚姻，人们像野兽一样共处而群居，以强力互相争夺。于是聪明者诈骗愚者，强者欺凌弱者，老人、幼儿、孤儿、无子女的老人都不能得到照顾。因此，睿智的圣王就依靠众人力量出来禁止强横暴虐之事，残暴之人就这样被制止了。圣王替人民兴利除害，并规正人民的德行，人民便师从圣王。所以道术和德行是从贤人那里产生的。道术和德行的义理开始形成在人民心里，人民就都回归正道了。辨别了名物，分清了是非，赏罚便可以实行了。上下有了分际，民生有了体统，国家的都城便也建立起来。

是故国之所以为国者，民体以为国①；君之所以为君者，赏罚以为君②。致赏则匮③，致罚则虐④。财匮而令虐，所以失其民也。是故明君审居处之教⑤，而民可使居治、战胜、守固者也⑥。夫赏重，则上不给也⑦；罚虐，则下不信也⑧。是故明君饰食饮吊伤之礼⑨，而物厉之者也⑩。是故厉之以八政⑪，旌之以衣服⑫，富之以国禀⑬，贵之以王禁⑭，则民亲君可用也。民用，则天下可致也⑮。天下道其道则至⑯，不道其道则不至也。夫水，波而上，尽其摇而复下，其势固然者也⑰。故德之以怀也⑱，威之以畏也⑲，则天下归之矣。有道之国，发号出令，而夫妇尽归亲于上矣⑳；布法出宪，而贤人列士尽功能于上矣㉑。千里之内，束布之罚㉒，一亩之赋，尽可知也㉓。治斧钺者不敢让刑㉔，治轩冕者不敢让赏㉕，坟然若一父之子㉖，若一家之实㉗，义礼明也㉘。

【注释】

①民体以为国：人民形成了贵贱尊卑的体统才形成国家。

②赏罚以为君：君主掌握了赏罚之权才成其为君主。

③致赏：即极赏。指奖赏过多，禄侈过度。许维遹云："致"与"至"同。至，极也。下同此例。匮：缺乏。

④致罚：即极罚。指惩罚过重，刑律严苛。虐：暴虐。

⑤审：重视。居处之教：平常的教化，指日常的教育感化。居处，指平常、平时。

⑥居治：平常居处服从治理。

⑦不给：供应不足，即上文所谓"财匮"。给，供应。

⑧信：信服。

⑨饰：通"饬"。整饬，修治，整顿。食饮：指飨宴。吊伤：指吊丧。

⑩物厉之：以物激励之。厉，同"励"。

⑪厉之以八政：用八种官职来劝勉他们。八政，指八种政事以及相应的职务。《尚书·洪范》："一曰食，二曰货，三曰祀，四曰司空，五曰司徒，六曰司寇，七曰宾，八曰师。"

⑫旌：区别，表彰。衣服：穿的和用的。

⑬国禀：原作"国裹"，据王引之说改。指朝廷掌管的俸禄。禀，同"廪"。谷仓，这里指国家俸禄。

⑭王禁：朝廷法制，指国法。

⑮致：引来，归附。

⑯道其道：遵循正确的道路。前"道"字为动词，指行道，遵行。至：归顺，归附。

⑰"夫水"四句：波：激荡。戴望云："波"为"播"之假字，言水播荡而上，尽其动摇而复下也。尽：尽势。指波浪顶端。摇：摇动。势：趋势，规律。

⑱德之以怀：即"以怀德之"，用怀柔之心施以恩德。

⑲威之以畏：即"以畏威之"，用敬畏之事展现威势。

⑳夫妇：即男女，泛指百姓。

㉑列士：即"烈士"。泛指有志功业或器重信念而视死如归的士人。功：俞樾云："功"当作"贡"。《说文·贝部》："贡，献功也。"

㉒束布：很少之罚款。束，布帛五匹为一束，喻指轻微之物。布，钱。

《周礼·地官·廛人》："掌敛……罚布。"郑玄注："布，泉也。"泉即钱。

㉓尽可知：无不知，即都会知道。

㉔治：同"司"，掌管。钺：大斧。让：俞樾云：两"让"字，并当为攘窃之"攘"。谓不敢攘窃刑赏之权也。即攘夺、窃取之意。一说，"让"为推卸、辞让、拒绝之意。

㉕轩冕：君主赏给有功劳、职位高之人的车和帽子，这里泛指奖赏。

㉖坟然：顺从的样子。坟，通"贲"。

㉗一家之实：一个家庭中的成员。

㉘义礼明：这是由于义礼分明的缘故。

【译文】

因此，国家之所以成为国家，是由于人民生活有了秩序；君主之所以成为君主，是由于掌握了赏罚。赏赐过多财物就会匮乏，刑罚过重政令就会暴虐。财物匮乏与政令暴虐，都是民心丧失的原因。因此贤明的君主重视日常教化，这样可以使民众平时服从治理，战时能够取胜，防守牢不可破。赏赐过多，国家供给不足；刑罚暴虐，民众不会信服。因此贤明的君主整顿宴饮、吊丧的礼节，以可见的物利激励人们。因此贤明的君主用八种官职勉励人民，用不同品秩的衣物用度表彰他们，用国家俸禄使他们生活富足，用国家法度使他们地位尊贵，这样人民就会亲近依附君主供其所用。民众可用，那么天下就会归附了。施行君道，遵循正确的道路天下就都会来归附，反之则不会。就好像海浪一样，激荡涌起到顶端就会落下，这是其必然的规律。因此用怀柔之心施以恩德，用敬畏之事展现威势，天下就会归附。有道的国家，只要发号施令，百姓就全都会亲近归附君主；只要颁布法典，贤人列士就全都会为君主竭忠尽智。方圆千里之内，哪怕是一束布的惩罚，一亩田的赋税，国君都会知晓。掌管刑赏者不敢窃取刑赏大权，百姓顺从如同大家都是同一个父亲的儿子，都是同一个家庭的成员，这是由于义礼分明的缘故。

夫下不戴其上①，臣不戴其君，则贤人不来。贤人不来，则百姓不用②。百姓不用，则天下不至③。故曰：德侵则君危④，论侵则有功者危⑤，令侵则官危⑥，刑侵则百姓危⑦。而明君者，审禁淫侵者也⑧。上无淫侵之论，则下无异幸之心矣⑨。

【注释】

①戴：尊奉，拥戴。《国语·周语上》："庶民不忍，欣戴武王。"韦昭注："戴，奉也。"

②不用：不肯为君主效力。

③至：归顺，归附。

④德侵：指君主德行被侵害。德，指施行德政的权力。以下四侵皆指君主权力被侵夺。

⑤论侵：指君主论定功劳施行赏赐的权力被侵夺。如此，则功过不分，有功者反因遭忌而危。

⑥令侵：指君主发号施令的权力被侵夺。如此，则官吏号令无依，故有危殆。

⑦刑侵：指君主决定刑罚的权力被侵夺。

⑧审禁：严格禁止。淫：滥，过多。

⑨异幸：戴望云：宋本、朱本作"冀幸"。异、冀古字通。冀幸，贪取侥幸，非分贪图。

【译文】

在下位者不拥护在上位者，臣子不拥护君主，贤人就不会前来效力。没有贤人效力，百姓就不肯为君主效力。百姓不肯为君主效力，天下就不会归附。因此说，施行德泽赏赐的权力被侵夺，国君就有危险；论定功劳赏赐的权力被侵夺，功臣就有危险；君主发号施令的权力被侵夺,官吏就有危险;君主决定刑罚的权力被侵夺,百姓就有危险。贤明的君主要严格禁止过分侵占权力的行为。在上位者没有过分侵占君权的言论,在下位者也就不会有贪取侥幸之心了。

　　为人君者,倍道弃法①,而好行私,谓之乱。为人臣者,变故易常②,而巧官以诌上③,谓之腾④。乱至则虐,腾至则北⑤。四者有一至⑥,败,敌人谋之。则故施舍优犹以济乱⑦,则百姓悦。选贤遂材⑧,而礼孝弟,则奸伪止。要淫佚⑨,别男女,则通乱隔⑩。贵贱有义⑪,伦等不逾⑫,则有功者劝⑬。国有常式⑭,故法不隐⑮,则下无怨心。此五者,兴德、匡过、存国、定民之道也⑯。

【注释】

①倍道弃法:背离正道,抛弃法制。倍道,即"背道"。倍,通"背"。

②变故易常:改变常规常法。

③巧官:巧于营官。又,王引之云:"官"当为"言",字形相近而误。

④腾:僭越。凌驾于君主之上。

⑤至:极。北:违背。王念孙云:"北"与"背"同。北,通"背"。

⑥四者:指"乱""腾""虐""北"四种危险。

⑦则故:安井衡云:"则"字衍。优犹:优游。济:止也。

⑧遂:任用。

⑨要:拦截,禁止,约束。淫佚:过度放纵。

⑩通:私通。乱:淫乱。隔:隔绝。

⑪义:同"仪"。礼仪,此指讲究礼仪。

⑫伦等:人伦差等,等级秩序。

⑬劝:努力。

⑭常式：常法，经常的规范。即固定的法律和制度。

⑮故法：成法，常法。隐：隐藏。

⑯匡：纠正。道：方法，途径。

【译文】

做君主的背离正道抛弃法制，而专好谋求私利，这叫做作乱。做臣子的，改变常规常法，而巧于营官讨好君主，这叫做僭越。作乱发展到极致就是暴虐，僭越发展到极致就是背叛。这四种危险出现一种，就会失败，敌人就会来图谋这个国家。因此多行施舍、从容宽厚以防止祸乱，百姓就会喜悦。选拔任用贤者，敬重礼遇那些孝悌之人，奸邪虚伪之人就会收敛行迹。约束过度放纵，强调男女之别，那么私通淫乱之事就能够被隔绝。贵贱区分遵循礼仪，人伦等级没有逾越，那么有功之人能够得到勉励。国家有固定的法律制度，常法不会受到隐藏，那么百姓心中就没有怨恨。这五个方面，都是弘扬德行、改正错误、保全国家、安定百姓的方法。

夫君人者有大过①，臣人者有大罪②。国所有也③，民所君也④，有国君民而使民所恶制之⑤，此一过也。民有三务⑥，不布⑦，其民非其民也⑧。民非其民，则不可以守战，此君人者二过也。夫臣人者，受君高爵重禄，治大官⑨，倍其官⑩，遗其事⑪，穆君之色⑫，从其欲，阿而胜之⑬，此臣人之大罪也。君有过而不改，谓之倒君；臣当罪而不诛，谓之乱。君为倒君，臣为乱臣，国家之衰也，可坐而待之。是故有道之君者执本⑭，相执要⑮，大夫执法以牧其群臣，群臣尽智竭力以役其上⑯。四守者得则治⑰，易则乱⑱，故不可不明设而守固⑲。

【注释】

①君人者：统治人民的人，指君主。

②臣人者：为人臣者，臣用于人者，指大臣。开头两句为总提，下面
　具体申说君臣之过的表现。

③所有：为君主所据有。

④所君：为君主所统治。

⑤民所恶：人民憎恶的人。张佩纶云："民所恶"指奸伪。……言以
　民所恶之人制民。制：控制，统治，管理。

⑥三务：春、夏、秋三季的农事。

⑦布：布置，安排。

⑧非其民：民众不愿为之效力，等于非其子民。

⑨治大官：担任重要职务。治，司，主管。

⑩倍其官：背离职守。

⑪遗：放弃。

⑫穆君之色：逢迎君主的脸色。穆，顺从迎合貌。

⑬阿而胜之：通过阿谀奉承来控制君主。阿，曲从、迎合。胜，克
　制、挟制。

⑭本：根本。

⑮要：枢要，机要。

⑯役：供奉，服务。

⑰四守：指君主、辅相、大夫、群臣的职守。得：各尽其职。

⑱易：改变，更换。

⑲明设而守固：明确规定而坚持遵行。明设，明确地设立和划分。
　守固，坚决遵照执行。

【译文】

　　统治民众的君主会有大过，为人臣者也会有大罪。国家为君主所
拥有，百姓为君主所统治，拥有国家统治百姓却任命百姓憎恶之人去掌
权管理，这是第一项过失。百姓有三季的农事，君主没有做好安排，百
姓不愿为其效力，就不再是其子民。百姓不是君主的子民，就不能用来

守卫或作战,这是君主的第二项过失。为人臣者,享受国君给予的高官厚禄,担任重要职务,却背离职守,顺从君主的私欲,逢迎君主的脸色,通过阿谀奉承控制君主,这是为人臣的大罪。君主有过失而不改正,称之为倒行逆施;臣子有罪过而不诛灭,称之为犯上作乱。国君是逆君,臣子是乱臣,国家的衰亡指日可待。因此有道之君掌握国家根本,辅相掌握国家枢要,大夫执行法令管理群臣,群臣竭忠尽智为君主服务。这四类职守得到执行则国家大治,变换不安则国家动乱,因此不能不明确规定且坚持遵行。

　　昔者,圣王本厚民生^①,审知祸福之所生^②。是故慎小事微,违非索辩以根之^③。然则躁作、奸邪、伪诈之人^④,不敢试也^⑤。此礼正民之道也^⑥。

【注释】

①本厚民生:以厚民生为根本。厚民生,指提高人民的生活水平。

②审知:仔细地了解。

③违:违背礼法。根之:指追根穷源。根,根除。

④躁作:轻举妄动。

⑤试:尝试。

⑥礼:此指制礼。正:治理。

【译文】

　　古时候,圣明君主把提高人民生活水平作为根本要务,仔细了解祸福产生的原因。因此对于微小的事情都谨慎从事,对违背礼法的行为都详细辨别,追寻其根源并根除它。这样,那些举止轻妄、奸邪伪诈之人就不敢尝试为非作歹了。这就是制定礼法规正人民的途径。

古者有二言："墙有耳,伏寇在侧①。"墙有耳者,微谋外泄之谓也②;伏寇在侧者,沈疑得民之道也③。微谋之泄也,狡妇袭主之请而资游慝也④。沈疑之得民者也,前贵而后贱者为之驱也⑤。明君在上,便僻不能食其意⑥,刑罚亟近也⑦;大臣不能侵其势,比党者诛⑧,明也。为人君者,能远谗谄,废比党,淫悖行食之徒⑨,无爵列于朝者,此止诈、拘奸、厚国、存身之道也⑩。

【注释】

①伏寇:潜伏的贼人,暗藏的敌寇。

②微谋:密谋,隐谋,指机密的谋划。微,隐藏,保密。

③沈疑:指暗中僭越之徒。沈,隐伏、潜藏的坏人。疑,通"拟"。僭拟,模仿。郭沫若云:沈谓阴险,疑谓僭拟。

④狡妇:狡猾的妃妾,指君主身边获宠幸的妇人。袭:探得、窃取。请:通"情"。指内情。资:帮助。游慝(tè):到处游说为奸之徒,即四处活动为恶的奸人。慝,邪恶。

⑤前贵而后贱者:丧失了高贵地位的人。为之驱:为他们奔走。

⑥便僻(pián bì):善于逢迎的小人。食:通"伺"。窥测。

⑦亟近:身边那些欺诈之人。亟,《方言》:"在齐海岱之间谓欺诈为亟。"

⑧比党:相互勾结,结成帮派。

⑨淫悖:邪恶放纵的坏人。行食之徒:以游说为生之徒,指说客辩士一类的人。

⑩拘:限制。厚:巩固。

【译文】

古时候有两句话:"隔墙有耳,身边有潜藏的贼寇。"所谓隔墙有耳,说的是密谋遭到外泄；所谓身边有潜藏的贼寇，说的是那些收买人心想要暗中僭越之人。密谋遭到外泄，是狡猾的妃妾窃取君主掌握的内情去帮助那些四处活动的奸人。收买人心想要暗中僭越之人，是那些丧失高位沦落为低贱的人为其奔走效劳。英明的君主在位，善于逢迎的小人就不能窥测国君之意而行谄媚之事，因为近臣中的欺诈者都被惩罚了；大臣也不能侵夺君主的权势，因为相互勾结、结成帮派之人将因为君主英明而被诛灭。身为君主要远离进谗言之人，废黜结党营私之人，那些邪恶放纵的坏人与行游说之事的说客没有在朝中做官的，这是遏止欺诈、限制奸邪、巩固国家、保全自身的方法。

　　为人上者，制群臣百姓，通中央之人和①。是以中央之人，臣主之参②。制令之布于民也，必由中央之人。中央之人，以缓为急，急可以取威；以急为缓，缓可以惠民③。威惠迁于下，则为人上者危矣。贤不肖之知于上④，必由中央之人。财力之贡于上，必由中央之人。能易贤不肖而可威党于下⑤，有能以民之财力上陷其主⑥，而可以为劳于下⑦。兼上下以环其私⑧，爵制而不可加⑨，则为人上者危矣。先其君以善者⑩，侵其赏而夺之实者也⑪；先其君以恶者⑫，侵其刑而夺之威者也；讹言于外者⑬，胁其君者也⑭；郁令而不出者⑮，幽其君者也⑯。四者一作⑰，而上下不知也⑱，则国之危，可坐而待也。

【注释】

　　①中央之人：指接近君主的大臣、左右亲贵。和：谓官府协调，君臣一气。

　　②臣主之参：群臣和君主的中介。参，参错，间厕，意谓中间环节。

③惠民：以急改缓向民众显示自己的恩惠。

④不肖(xiào)：德行欠缺才能匮乏的官吏。

⑤易：颠倒。威党：意谓施威、结党。

⑥有：陶鸿庆云："有"与"又"同。陷：使君主陷入困局无法自拔。

⑦劳于下：在下面显示自己的功劳。指以利邀买人心。

⑧兼上下：指"上陷其主"与"为劳于下"二者兼有。环：营，营私。
　王念孙云："营"与"环"古同声而通用。

⑨爵制而不可加：爵位和法制对他都不起作用。

⑩善：指行赏。

⑪之：其，指君主。实：实惠。这句是说，在君之前向民众施善，是
　要侵夺君主行赏的美名，进而谋求权力。

⑫恶：惩罚，指用刑。

⑬讹言：制造谣言。

⑭胁：胁迫、威胁、胁持。

⑮郁令：扣压或滞留朝廷命令。郁，阻塞，停滞。

⑯幽：封锁，禁闭。

⑰一：全。王念孙云："一"者，皆也。

⑱上下不知：君主百姓均未察觉。又古本无"下"字。王念孙云：
　"上下不知"当作"上不知"。意谓君主不曾察觉。

【译文】

作为君主，统治群臣百姓，需要借由靠近君主的左右近臣相互协调，上下一气。因此左右近臣是群臣与君主之间的中介。制度与法令向百姓颁布，一定要借由左右近臣完成。左右近臣将缓办的命令改为急办，就可以借助急办获得权威；将急办的命令改为缓办，就可以借助缓办施惠于民。立威与施惠的权力转移到君主之下，君主就危险了。君主要了解下层官吏贤能与否，一定要通过左右近臣。地方的财物民力上贡给君主，也一定要借由左右近臣。能够颠倒下层官吏贤良与否的汇报结果在

下层结党立威,又能够用财物民力使君主陷入困局无法自拔,且能够在下面显示自己的功劳。这些左右近臣能够兼顾上下谋取私利,爵位与法制对他们都不起作用,君主的处境就很危险了。先于君主行赏,是侵夺君主行赏施以恩惠的权力;先于君主施刑,是侵夺君主施刑树立威严的权力;在外制造谣言,是威胁君主;扣压政令不发布,是封锁君主。这四种情况全部发生,而君主百姓尚未察觉,那么国家的危险指日可待。

　　神圣者王[①],仁智者君,武勇者长[②],此天之道,人之情也。天道人情,通者质,宠者从,此数之因也[③]。是故始于患者不与其事[④],亲其事者不规其道[⑤]。是以为人上者患而不劳也,百姓劳而不患也。君臣上下之分素[⑥],则礼制立矣。是故以人役上[⑦],以力役明[⑧],以刑役心[⑨],此物之理也。心道进退[⑩],而刑道滔赶[⑪]。进退者主制[⑫],滔赶者主劳。主劳者方[⑬],主制者圆[⑭]。圆者运,运者通,通则和[⑮]。方者执,执者固,固则信[⑯]。君以利和[⑰],臣以节信[⑱],则上下无邪矣[⑲]。故曰:君人者制仁[⑳],臣人者守信。此言上下之礼也。

【注释】

①王(wàng):称王。

②长:做长官,指充当将帅。

③“天道人情”四句:通:通达,显贵。质:做主。宠:当为“穷”字之误,与“通”相对。指那些受天道人情眷顾者,实际指统治者。丁士涵云:“宠”当为“穷”,“通穷”犹尊卑也。穷,即不通达。从:遵从。意思是得天道人情宠爱者,也得遵从。指做臣下。数之因:自然法则决定的。或谓气数的依据。因,依据,决定。

④患:思虑,忧虑,谋度。与:参与。这句是说那些启动谋划事业的

不用亲自去干。

⑤规:谋划。

⑥分素:名位职分早已确定。许维通云:"分素"犹分定也。分,名分、职分。素,早已确定。

⑦以人役上:用臣民侍奉君主。

⑧以力役明:从事体力劳动的人侍奉从事脑力劳动的人。力,指出力的人。明,指动脑的人。

⑨以刑役心:用形体侍奉心灵。刑,通"形"。指形体、身躯,下文"刑道"之"刑"同。

⑩心道:指思维器官的功能。

⑪刑道:指身体的功能。滔赶:快速屈伸。滔,刘师培曰:义同"流"。即流动。赶,《说文》:"举尾走也。"即快速奔走的意思。

⑫进退者:指心,即思维器官。主:主管。制:控制,拿捏。

⑬主劳者:指臣下。方:方正。

⑭主制者:指君主。圆:圆通。

⑮"圆者运"三句:运:运转。通:变通。和:和谐。

⑯"方者执"三句:执:执着,坚持,固守。固:坚定。信:诚信。

⑰以利和:用利来调节达到和谐。

⑱以节信:用守节来表示诚信。

⑲邪:偏斜,偏差。

⑳制仁:法令制度要仁爱宽惠。即驾驭群臣时宜考虑仁爱的原则。仁,指恩惠,赏赐。

【译文】

神圣之人称王,仁智之人为君,勇武之人充当将帅,这便是所谓天道人情。依照天道人情,通达之人成为君主,受尊宠者充做臣下,这是由自然法则决定的。因此掌管谋划之人不参与具体事务,亲自参与具体事务者不掌握谋划。因此君主思虑谋划而不亲自劳作,百姓亲身劳作而不思虑谋划。君臣上下职分明确,那么礼法制度便得以建立。因此用臣民侍奉君主,用劳力者侍奉劳心者,用形体侍奉心灵,这是万物的道理。心灵思虑举止进退,形体践行俯仰屈伸。思虑举止进退的负责发号施令,践行俯仰屈伸的负责身体力行。负责身体力行的臣下要方正,负责发号施令的君主要圆通。圆通者长于运转,运转带来变通,变通才能和谐。方正者为人执着,执着方能坚定,坚定带来诚信。君主用利来调节达到和谐,臣下用守节来表示诚信,那么上下就没有偏差了。因此说,君主制定法令制度要仁爱宽惠,臣下要谨守信义。这就是所谓的上下之礼。

　　君之在国都也,若心之在身体也。道德定于上,则百姓化于下矣。戒心形于内①,则容貌动于外矣。正也者②,所以明其德。知得诸己③,知得诸民,从其理也。知失诸民④,退而修诸己,反其本也。所求于己者多⑤,故德行立。所求于人者少,故民轻给之⑥。故君人者上注⑦,臣人者下注。上注者,纪天时,务民力。下注者,发地利,足财用也。故能饰大义⑧,审时节,上以礼神明,下以义辅佐者⑨,明君之道⑩。能据法而不阿,上以匡主之过,下以振民之病者⑪,忠臣之所行也。

【注释】

①戒:谨慎。

②正:通"政"。治政。

③得:符合,适合。

④失:不适合。

⑤求:要求。

⑥轻给之:容易满足其要求。轻,轻易,容易。或指乐意供给君主。

⑦上注:精力贯注于上。

⑧饰:通"饬"。修治,整顿。

⑨义:以义对待,即公正合理地对待。此为动词。辅佐:大臣。

⑩明君之道:古本"道"下有"也"字。

⑪振:救。

【译文】

君主在国都,就好像心灵在体内。君主在上确立道德典范,百姓在下就会受到教化。戒慎之心在体内形成,那么相应的容貌就会表现在外。所谓施政,是用来彰显君主的德行。知道什么适合自己,就知道什么适合百姓,这是服从其中道理的结果。知道那些对于百姓而言不合适的,回过头来修正自身,这是返回根本的方法。对自己要求多,德行就可以树立。对百姓要求少,百姓就容易满足君主的要求。因此君主的精力贯注于上,臣下的精力贯注于下。精力贯注于上者,掌握天时,安排民力。精力贯注于下者,开发地利,满足财用。因此可以整顿大义,慎重对待天时季节,向上礼敬神明,向下公正对待大臣,这是明君的治国之道。能够依据法律办事,不徇私枉法,向上可以匡正君主的过错,向下可以救济百姓的困苦,这是忠臣的应有之义。

　　明君在上,忠臣佐之,则齐民以政刑①。牵于衣食之利②,故愿而易使③,愚而易塞④。君子食于道,小人食于力,分民⑤。威无势也无所立,事无为也无所生⑥。若此,则国平而奸省矣⑦。

【注释】

①齐:使整齐,引申为治理。政刑:政令,刑罚。郭沫若云:谓有政以导其勤,有刑以警其惰也。

②牵:牵挂,关心。

③愿:老实。

④塞:遏止,控制。

⑤分民:给民制定名分。

⑥生:成。

⑦省:减少。

【译文】

　　贤明的君主在位,加之以忠臣辅佐,就可以用政令与刑罚治理人民。引导百姓去关心衣食之利,因此百姓就会老实而易被操纵,愚昧而易被控制。君子求食于治国之道,小人求食于出卖劳力,这就是本分。君主没有威势无法树立权威,政事无所作为百姓就无法谋生。按照这样的本分去做,国家就会安定,奸邪之人就会减少。

　　君子食于道,则义审而礼明①,义审而礼明,则伦等不逾,虽有偏卒之大夫②,不敢有幸心③,则上无危矣。齐民食于力则作本④,作本者众,农以听命⑤。是以明君立世⑥,民之制于上,犹草木之制于时也⑦。故民迁则流之⑧,民流通则迁之⑨。决之则行,塞之则止。虽有明君⑩,能决之,又能塞之。决之则君子行于礼⑪,塞之则小人笃于农⑫。君子行于礼,则上尊而民顺;小民笃于农,则财厚而备足。上尊而民顺,财厚而备足,四者备体⑬,顷时而王不难矣⑭。

【注释】

①义审而礼明:义礼详审完备而明确。

②虽:即使。偏卒:指军队握有兵权者。俞樾云:“偏”者车数,“卒”者人数。……《司马法》曰“百人为卒,车九乘为小偏,十五乘为大偏”,是也。盖谓大夫之家有车徒者耳。

③幸心：侥幸之心。

④齐民：平民。作本：务本，勉力农事，即从事农业生产。

⑤农：勤勉。

⑥立世：执政，统治。世，郭沫若云："世"殆"事"字之声误。

⑦制：控制，制约。时：天时。

⑧迂：迂曲，保守。流：流动，疏通。

⑨民流通则迂之：民流荡则想法迂曲之。流通，流荡。一说"通"字
　　为衍文。迂，迂回曲折。在此即民流荡程度降低。

⑩虽：戴望云："虽"与"唯"同。

⑪行于礼：遵守礼制。行，遵行。

⑫笃于农：专心务农。笃，专心。

⑬备体：齐备而且形成体统。

⑭顷时：较短的时间。

【译文】

　　君子求食于治国之道，义礼就详审完备而明确，义礼详审明确，伦理等级就不会被逾越，即便是掌握兵权的卿大夫也不敢存有侥幸之心，那么君主就没有危险了。平民百姓求食于出卖劳力，就勉力从事农业生产，务农之人众多，就会勉力生产而服从命令。因此贤明的君主执掌政事，百姓受君主控制，就好像草木受时令控制一样。因此百姓偏于保守就要使他们开通，百姓偏于开通就要使他们保守。疏导他们就能流通，阻塞他们就能停止。唯独贤明君主既能做到疏导，又能做到阻塞。疏导则使君子遵守礼制，阻塞则使百姓专心务农。君子遵守礼制，就会君主尊贵而百姓顺从；小民专心务农，就会财物丰厚而储备充足。君主尊贵百姓顺从，财物丰厚储备充足，这四者齐备，想要迅速称王也不是难事。

　　四肢六道①，身之体也；四正五官②，国之体也。四肢不

通,六道不达,曰失。四正不正,五官不官③,曰乱。是故国
君聘妻于异姓④,设为侄娣、命妇、宫女⑤,尽有法制,所以治
其内也。明男女之别,昭嫌疑之节⑥,所以防其奸也。是以
中外不通⑦,谗慝不生⑧;妇言不及官中之事⑨,而诸臣子弟
无宫中之交,此先王所以明德圉奸⑩,昭公威私也⑪。

【注释】

①六道:口、鼻、耳、目、前阴、后阴。一说指六脉:即心、肝、肾、肺、
　脾、命。

②四正:指君主、辅相、王后、太子。一说指君、臣、父、子。

③不官:不忠于职守。

④聘:娶。异姓:指不同姓的诸侯国。

⑤设:设立。侄娣:古代诸侯嫁女,本国或同姓国的侄女和妹妹随
　去从嫁的称侄娣。随嫁的侄女称"侄",妹妹称"娣"。《公羊传·
　庄公十九年》:"诸侯娶一国,则二国往媵之,以侄娣从。侄者何?
　兄之子也。娣者何? 弟也。"命妇:对有封号的妇女的称谓,此指
　宫中的嫔妃等。

⑥昭:显示,公布。嫌疑之节:指用来防止产生嫌疑的礼节。节,节
　制,禁忌。

⑦中外:官内与宫外。通:交往。

⑧谗:谗言。

⑨言:言谈。及:涉及。官中之事:指国家政事。

⑩明:彰明,明确。圉(yǔ):禁止。

⑪威:丁士涵云:"威"乃"威"字之误。同"灭"。

【译文】

四肢六道是人的躯体;四正五官是国家的躯体。四肢六道不通达,

叫作身体失调。四正五官不忠于职守,叫作国家混乱。因此国君从异姓国娶妻,设置有侄娣、命妇、宫女等,全部都有相应的法制,以此来管理好宫中之事。明确男女之别,公布防止产生嫌疑的礼节,以此来防止奸情出现。因此宫内宫外不得私通,邪恶的谗言不会滋生;妇人的言谈不涉及国家政事,群臣子弟没有与宫中的交往关系,这是先王用来彰明德行禁止奸邪,昭示公道消除私欲的手段。

明立宠设①,不以逐子伤义②。礼私爱欢③,势不并论④。爵位虽尊⑤,礼无不行。选为都佼⑥,冒之以衣服⑦,旌之以章旗⑧,所以重其威也⑨。然则兄弟无间郤⑩,谗人不敢作矣⑪。

【注释】

①明立:尊所立嫡长子。明,尊。立,一本作"妾"。宠设:宠爱所立嫡子。设,合。这句意思是,尊重被确立的嫡子,并对其加以宠爱。

②逐子:角逐之子,即那些与嫡子争宠的庶子。伤义:伤害礼义名分。

③私:所偏爱的。欢:所喜欢的。这句是说,即使有私心欢爱的儿子,也不要把他抬到与嫡子一样高的地步。

④势:指庶子的情况气势。李国祥云:即有所私欢之子而礼之爱之,不得与嫡同等。并论:即并列。意谓庶子与嫡子地位平等。

⑤爵位:指庶子的爵位。

⑥选:选择。都佼:监督交往的官员。都,总管。佼,交。

⑦冒:覆盖,指修饰、装扮。

⑧旌:表彰。章旗:有彩色图案的旗帜。

⑨重其威:提高他的威望。以上几句是说为嫡子设立专门总管交往的官员,并要对这样的官员加以尊宠。尊宠嫡子官员,即是尊

宠嫡子本人。

⑩间郄(xì)：隔阂。郄，通"隙"。空隙，嫌隙。

⑪谗人：散布谣言、挑拨离间的人。

【译文】

明确诏立嫡长子，设立其受尊宠地位，不因那些与嫡子争宠的庶子而做出伤害礼义名分之事。君主优待偏爱自己喜欢的庶子，在权势上不能与嫡子等同。庶子的爵位虽然尊贵，但嫡庶之礼不能不执行。为嫡子选拔监督交际的官员，要用华服装扮这样的官员，用文彩的旗帜表彰这样的官员，以此来增强嫡子的威望。这样嫡庶兄弟之间没有隔阂，散布谣言之人也不敢有所动作。

故其立相也，陈功而加之以德①，论劳而昭之以法②，参伍相德而周举之③，尊势而明信之④。是以下之人无谏死之诣⑤，而聚立者无郁怨之心⑥。如此，则国平而民无慝矣⑦。其选贤遂材也⑧，举德以就列⑨，不类无德⑩；举能以就官⑪，不类无能；以德弆劳⑫，不以伤年⑬。如此，则上无困，而民不幸生矣⑭。

【注释】

①加之以德：同时考虑其德行。加，附加。

②昭之以法：用法令来检验。昭，显示。

③参伍：参错比验，反复比较。相德：即"相得"，相宜，适合。德，通"得"。契合，符合。周举：遍举。

④尊势：尊重其权威。明信：明确给予充分信任。

⑤下之人：指群臣。谏死：因进谏而被处死。诣：同"忌"。忌惮，顾虑，畏惧。

⑥聚立者:郭沫若云:"聚"读为鯫,小而卑贱也。"立"读为位。指聚立在朝地位卑贱的小吏。郁怨:抑郁,忧闷,怨恨。

⑦平:安定。

⑧遂:举荐,登进。

⑨就列:安排爵位。

⑩不类:不视为同类,不包括。类,指同类、同列。

⑪就官:安排官职。

⑫以德弇(yǎn)劳:把德行放在功劳之上,即以德为用人的首要标准。弇劳,掩盖功劳成绩,即把德置于劳绩之上。弇,覆盖,掩蔽,遮住。

⑬不以伤年:不要受年龄资历的限制。伤年,受损于年龄资历。

⑭困:困惑。幸生:侥幸偷生。幸,侥幸。《国语・晋语》:"德不纯而福禄并至谓之幸。"

【译文】

　　所以,君主在设立辅相的时候,列举他的功绩时还要考虑是否合于德的标准,论定他的劳绩也要看合不合乎法度,功劳与德法相互参验,全面考察,还要尊重他的权威,明确对他给予信任。如此,下面的大臣就没有因上谏言而导致杀身之祸的顾虑,其他聚集在朝的小官员也就没有抑郁怨恨之情。这样,国家就可以太平而百姓中也就没有奸邪现象了。君主在选拔贤才的时候,要举拔有德行的人进入爵位的行列,不要容纳无德之人;要举拔有才能的人担任适当的官职,不要容纳无能之辈;要把德行放在功劳之上,不因为资历年限而加以抑制。这样,君主就没有困难,而人民也不会心存侥幸了。

　　国之所以乱者四,其所以亡者二。内有疑妻之妾①,此宫乱也;庶有疑適之子②,此家乱也;朝有疑相之臣,此国乱也;任官无能,此众乱也。四者无别③,主失其体④。群官朋党以怀其私,则失族矣⑤;国之几臣⑥,阴约闭谋以相待也⑦,则失援矣。失族于内,失援于外,此二亡也。故妻必定,子必正⑧,相必直立以听⑨,官必中信以敬⑩。故曰:有宫中之乱,有兄弟之乱,有大臣之乱,有中民之乱⑪,有小人之乱。五者一作⑫,则为人上者危矣。宫中乱曰妒纷⑬,兄弟乱曰党偏⑭,大臣乱曰称述⑮,中民乱曰訾谇⑯,小民乱曰财匮⑰。财匮生薄⑱,訾谇生慢⑲,称述、党偏、妒纷生变。

【注释】

①疑:通"拟"。僭拟,比拟,类似。下两"疑"字同。

②庶有疑適之子:庶子中有与嫡长子争权夺位的。適,通"嫡"。嫡长子。

③四者:指上文所述四种情况,即妻与妾、庶与嫡、相与臣、有能之官与无能之官四组僭拟关系。无别:不能辨别。

④体:体统、秩序。

⑤失族:失去公室宗族的拥护。

⑥几臣:机要之臣,即近臣。

⑦阴约闭谋:阴谋策划。相待:与君主相对抗。

⑧正:指嫡长子确定。

⑨直立以听:恭敬地听从君主。直立,张佩纶云:"直立"当作"正直"。

⑩中:猪饲彦博云:"中"当作"忠"。忠心、忠诚。

⑪中民:指百官群吏,即上文之所谓"众"。

⑫一作:只要发作。

⑬妒纷:嫉妒纷争。

⑭党偏:结党营私。

⑮称述：称述天命，即假托自己有天命。《仪礼·士丧礼》："不述命。"注："既受命而申言之曰述。"

⑯詟(zhé)谆：意气沮丧，忿言悖逆。詟，《说文》："失气言。"此言以诈诞相恐慢也。谆，乃"谆"字之讹，即"悖"。下文同。

⑰匮：缺乏。

⑱薄：薄行、薄德，指不讲礼义、不厚道。

⑲慢：傲慢。

【译文】

　　国家所以动乱的原因有四，所以灭亡的原因有二。后宫中有与正妻争夺地位的宠妾，这是内宫之乱；庶子中有与嫡子争权夺位的宠子，这是家中之乱；朝廷中有与辅相争权夺位的宠臣，这是国家之乱；君主任用的官员没有才能，这是众官之乱。不能辨别上述四种情况，君主就要失去体统。众官朋比结党各怀私利，君主就会失去宗族的拥护；国家的机要之臣阴谋策划对抗君主，君主就要失去外部的援助。内部失去宗族支持，外部失去各方援助，这就是国家灭亡的两个原因。因此正妻必须确定，嫡子必须确立，辅相必须恭敬听从君主，百官必须忠诚守信敬事政务。因此说，有宫中之乱，有兄弟之乱，有大臣之乱，有群吏之乱，有小民之乱。五种祸乱只要发作，那么君主就危险了。宫中之乱叫做嫉妒纷争，兄弟之乱叫做结党营私，大臣之乱叫做假托天命，群吏之乱叫做忿言悖逆，小民之乱叫做财物匮乏。财物匮乏催生不讲礼仪，忿言悖逆催生傲慢言行，专擅弄权、结党营私、嫉妒纷争催生国家动乱。

　　故正名稽疑，刑杀亟近，则内定矣①。顺大臣以功②，顺中民以行，顺小民以务，则国丰矣③。审天时，物地生④，以辑民力⑤；禁淫务⑥，劝农功，以职其无事⑦，则小民治矣。上稽之以数⑧，下十伍以征⑨，近其罪伏⑩，以固其意。乡树之师，以遂其学⑪,官之以其能,及年而举,则士反行矣⑫。称德度功⑬,劝其所能⑭,若稽之以众风⑮,若任以社稷之任。若此,则士反于情矣⑯。

【注释】

①正名稽疑:即循名核实。正名,核定嫡庶名分。稽疑,即"稽拟",查察僭拟行为。

②顺:训,训教。《孝经》:"先王有至德要道,以顺天下。""顺"即"训教"之意。

③丰:强大、富足。《玉篇》:"丰,大也。"

④物地生:观测土地性质。物,辨别。《左传·昭公三十二年》:"物土方。"杜预注:"物,相也。"生,通"性"。属性。

⑤辑:谐调,调节。一说,聚集、集合。

⑥淫务:淫侈之事,此指奢侈品的生产。

⑦职其无事:使无事者各有职业,即给无业游民安排职业。

⑧稽之以数:核定赋税数额。数,此指按户籍核计的人口数。

⑨下十伍以征:以什伍为单位对下进行征收。十伍,居民基层组织单位,十家为什,五家为伍。十,同"什"。

⑩近其:近期,接近日期。"其"为"期"之假。罪伏:伏罪,即处以罪罚,以法律制裁使之服从。伏,通"服"。

⑪遂:满足、成就。

⑫"官之以其能"三句:官:任命官职。及年:到年限。反行:意谓返回到修养德行的正道上来。

⑬称德度功:衡量德行和功绩。

⑭劝:勉励。一说,通"观"。观察。

⑮若:乃。众风:众议。社会舆论。一说,众风即民间歌谣。风,通"讽"。即歌谣讽唱之意。

⑯情：真实，实情。

【译文】

因此核定嫡庶名分，稽察僭拟行为，诛杀近臣中的欺诈者，宫中就可以安定了。教训大臣讲求功效，教训群吏讲求实干，教训小民做好本业，国家就会强大。仔细观察天时，观测土地性质，调节使用民力；禁绝奢侈品的生产，奖劝农事生产，给无业者安排职事，百姓就会得到治理。君主核定赋税数额，下到什伍进行征收，日期临近尚未缴纳者以法律制裁使之服从，以坚定小民的供奉之意。每乡设立教师来满足教学需求，按照学生的才能授予官职，到年限就进行推举，士人就会返回修德的正途。衡量德行和功绩，观察他们的能力，参考百姓的舆论意见，然后委托以国家重任。这样士人就都返归于真实诚信了。

小称第三十二

【题解】

此为《管子》第三十二篇,题为《小称》。所谓"小称","小"当指其篇幅较短;"称",尹注曰:"称,举也。小举其过,则当权而改之。"则文章属于劝谏君主改变自身过错的文字。本篇分为两部分,前面是管子正面论说,分三小节论述君主的修身之道:第一节谓众人誉毁只是随一己善恶而来,为人君者不可不畏民罪己,并强调"身不善之患,毋患人莫己知";第二节谓明君治民之道,在于能用自己的善行影响民众,所谓垂范以正民风,要求君主"有过反之于身,有善归之于民";第三节谓"恭逊敬爱之道",可以改造名物,努力倡导其作用简直"如天如地"。通观这三小节内容,并无"小称"之意,全为修养之言,其思想倾向与儒家相近。本篇后半部分是叙事,第一节记述管子劝谏桓公应疏远小人,如易牙、竖刁、堂巫、公子开方之辈,而桓公不听忠言,终至亡国,此小节内容当属切合题意;第二节记述桓公与管仲、鲍叔牙、宁戚四人患难之时的共勉,鲍叔牙举杯祝愿桓公"居安思危",也是当面忠告。此文所言,如众民可畏、唯政在人、居安思危等经验相当宝贵,有益后世掌权者借鉴。本文虽然前面是道理,后面是事实,然而二者间并非论点与论据的关系,显然有拼凑的痕迹。又此篇结尾言齐桓公之死,与《管子》其他相关文献以及《左传》等的记载明显不合,或另有所本。

管子曰:"身不善之患,毋患人莫己知①。丹青在山②,民知而取之;美珠在渊,民知而取之。是以我有过为③,而民毋过命④。民之观也察矣⑤,不可遁逃,以为不善。故我有善,则立誉我;我有过,则立毁我。当民之毁誉也,则莫归问于家矣⑥,故先王畏民⑦。操名从人⑧,无不强也;操名去人⑨,无不弱也。虽有天子诸侯,民皆操名而去之⑩,则捐其地而走矣⑪,故先王畏民。在于身者孰为利⑫?气与目为利⑬。圣人得利而托焉⑭,故民重而名遂⑮。我亦托焉,圣人托可好⑯,我托可恶。我托可恶,以来美名⑰,又可得乎?爱且不能为我能也⑱。毛嫱、西施⑲,天下之美人也,盛怨气于面⑳,不能以为可好。我且恶面而盛怨气焉。怨气见于面,恶言出于口,去恶充以求美名㉑,又可得乎?甚矣,百姓之恶人之有余忌也㉒!是以长者断之,短者续之,满者洫之㉓,虚者实之。"

【注释】

①身不善之患,毋患人莫己知:应该忧虑的是自身修养不完善,而不必忧虑别人不了解自己。人莫己知,即"人莫知己",别人不了解自己。《论语·里仁》:"不患莫己知,求为可知也。"与此语意谓相近。

②丹青:指丹砂、青䕋。红黑两种染料矿石。

③过为:错误行为,做错事。

④过命:超出实际的称谓,即错误的评价。命,命名,这里有评价、评论之意。此言"我"可以有错误行为,而民众却没有错误评价。

⑤观:指观察力。察:明察,昭著,详审。《新书·道术》:"纤微皆审

谓之察。"

⑥家：指家人。此句意谓民之毁誉无可怀疑，不需问家人。

⑦畏民：敬畏民众。此指尊重舆论。

⑧操名从人：保持好名声而且听民众意见，顺从民意。

⑨去人：远离民意。

⑩去之：离开他。

⑪捐：抛弃。

⑫在于身：观察我之身。指别人看我。利：便利。

⑬气与目为利：指人的精神状态与眼光神色最能显示人的意态。

⑭托：借助。此句是说有德智的人，会借"气"与"目"来向人展示好的一面，以此获得好名声。

⑮重：推重。遂：成功，成就。

⑯可好：指可爱的"气"与"目"，亦即借助好的神气眼神展示自我。下句中"恶"指作恶。

⑰来：招至，招来。又，王念孙云："来"当为"求"。

⑱爱：指亲近的人。张佩纶云："爱"谓亲爱我者。且：尚且。我能：我善。此一"能"字，意思是"善"。

⑲毛嫱、西施：春秋时代越国的两个美女，毛嫱为越王爱姬，西施为春秋末年越王勾践时人，被献给吴王夫差。由于毛嫱、西施均在春秋末年，其时管仲已死，故研究者往往以此作为《管子》非管仲所作的例证之一。

⑳盛怨气：即大的怒气。盛，大，旺。

㉑去：通"弆"。蓄藏、包藏、收藏。姚永概云："去"即"弆"之缺字，弆，藏也。恶充：即恶之实。指坏的神气的实际。去恶充，指包藏恶的实际（内容）。

㉒余忌：指更多的或更严重的缺陷。忌，忌讳，这里为缺点之意。下文"长者断之，短者续之"等等，即补偿缺陷之意。

㉓洫:放水的渠,引申为疏泄、排泻。"满者洫之",言过满成为缺点
　　时,则加以疏泄。此处"长者断之,短者续之,满者洫之,虚者实
　　之"四语,用意皆在纠正严重的缺点。

【译文】

　　管子说:"做人当首先忧虑的是自身修养的不完善,而不是担心别
人不知道自己。丹青虽埋在高山深处,人们发觉它的用途后,就去把它
们开采出来;美玉珍珠虽藏在大渊深处,人们知道它的价值后,就去把
它们取出来。所以,我自身可能有过错行为,民众的评价却不会有错
误。民众的观察力是精确的,谁也逃不脱他们的眼睛,而去做坏事。所
以,我们做了好事,他们就会表扬我们;我们有了过错,他们就会批评我
们。面对民众的批评与赞誉,就不需要再回去询问自己的家人了,所以
先王总是很敬畏民众。持有善名而且听从民众意愿行事的国家,没有
不走向强盛的;持有恶名而且违背民众意愿行事的国家,没有不步入衰
弱的。即使是天子诸侯,如果民众都因其持有恶名而离去,那么他也只
好捐弃其领地而出走,所以先王总是很敬畏民众。人观察我自身最便
利的是什么? 是神气与目光。圣人借用这个便利而倚重它,因而得到
民众的尊重,从而名声远扬。我们也都很倚重它,但是圣人倚重它们表
现自己善的一面,我们则倚重它展示坏的一面。我们倚重它展现自己
的糟糕,却想招来美名,那怎么可能得到呢? 即使是爱戴亲近我们的
人,也不会说我们好。毛嫱和西施是天下皆知的美人,如果她们脸上总
是满含怨怒之气,也就不能算作是美了。何况我们相貌不好而又满脸
怨气呢? 满脸怨气,满口恶言,以如此全盘的糟糕去求得美名,这怎能
办得到? 很严重啊,百姓憎恶那些缺陷多的人。所以,我们应当慎重对
待自身的言论修为,过长的就要截短它,过短的就要续长它,过满的就
要加以疏导宣泄,空虚了就要加以充实满足。"

　　管子曰:"善罪身者①,民不得罪也;不能罪身者,民罪之。

故称身之过者②,强也;治身之节者③,惠也④;不以不善归人者⑤,仁也。故明王有过则反之于身,有善则归之于民。有过而反之身,则身惧。有善而归之民,则民喜。往喜民⑥,来惧身⑦,此明王之所以治民也。今夫桀纣不然,有善则反之于身,有过则归之于民。归之于民则民怒,反之于身则身骄。往怒民,来骄身,此其所以失身也。故明王惧声以感耳⑧,惧气以感目⑨。以此二者有天下矣,可毋慎乎?匠人有以感斤欘⑩,故绳可得料也⑪。羿有以感弓矢⑫,故敠可得中也⑬。造父有以感辔策⑭,故遬兽可及⑮,远道可致。天下者,无常乱,无常治。不善人在则乱,善人在则治,在于既善⑯,所以感之也。"

【注释】

①罪:归罪,归咎。

②称:声言,公开说明。

③节:节操。

④惠:通"慧"。聪慧,聪明。

⑤归人:归罪于他人。

⑥往:归向,归于。此承上文"有善而归之于民则民喜"而言,指明王归善于民,故此"往"字,指善往于民。喜民:使民喜悦。

⑦来:到来。亦承上文"有过而反之身则身惧"而言,故其"来"字,指"过"来,即反过于身之意。惧身:使自身警戒。

⑧声以感耳:指自己发出的声响感动他人耳目。此句是说,圣人在说话声音达到的效果方面很警惕、戒惧。

⑨气以感目:即"以气感目"。自己的神气感动他人的眼目。

⑩有以:有办法用来。感:感应,得以应手。斤欘(zhú):斧子。斤

指斧头,欘指斧柄。

⑪绳可得料:墨绳度量过的木材。此句语义含蓄曲折,其意是说,好匠人能良好地挥动手中的斧子,就像斧子能感应到匠人的心一样;如此,合乎尺度的材料才被砍削成功。

⑫羿:古代传说中善于射箭的人。

⑬彀(gòu):箭靶。得中:能够射中。

⑭造父:古代传说中善于驭马驾车的人。辔:缰绳。策:鞭。

⑮遫兽:跑得很快的野兽。遫,同"速"。

⑯既善:意同"尽善"。本书《形势》"抱蜀不言而庙堂既修",既,亦训"尽"。

【译文】

管子说:"善于归罪于自身的人,民众就不会再归罪于他;只有从不肯归罪于自身的人,民众才会归罪于他。所以,勇于承认自身过错的人,是强大的;善于修养自身节操的人,是智慧的;不把过失或不善之事归罪于他人的人,是仁义的。所以,明君有了过失总是把错误归之于己身,有了善举则归功于民众。有了过失归咎于己,自身就会反省并修德自新。有了善行就归功于民众,民众则会因之喜悦。推让善行以取悦于民众,反省过失以警戒自身,这就是明君能治理好民众的原因。至于夏桀和商纣却不是这样,有了善举就归功于自己,有了过错则归咎于民众。将过错归罪于民众,民众就会愤怒;将善行成就归功于自己,自己就会骄矜。推脱过失以激怒民众,揽善居功以骄纵自身,这便是暴君身死国灭的原因。所以,明君总是戒惧自己发出的话语声音带给人耳朵的感觉,戒惧自己的意态神气给他人眼睛的观感。这两者有关天下得失,怎么能不谨慎呢?工匠有能力感应手中的斧子,因此有办法运用斤斧根据绳墨料理木材。后羿善于感应手中的弓箭,因此有办法运用弓弩射中目标。造父擅长感应手中的缰绳鞭子,因此有办法赶超快速的野兽,迅速走完远路。天下没有永恒的混乱,也没有永远的太平。坏人当道、恶君当政则混乱不堪,善人治世、仁君当政则长治久安,关键在于当政的贤善之人内外修为皆已尽善,有办法感化民众。"

　　管子曰:"修恭逊、敬爱、辞让,除怨、无争,以相逆也①,则不失于人矣②。尝试多怨争利③,相为不逊,则不得其身④。大哉! 恭逊敬爱之道。吉事可以入察⑤,凶事可以居丧。大以理天下而不益也⑥,小以治一人而不损也⑦。尝试往之中国、诸夏、蛮夷之国⑧,以及禽兽、昆虫,皆待此而为治乱⑨。泽之身则荣⑩,去之身则辱。审行之身毋怠⑪,虽夷貉之民⑫,可化而使之爱。审去之身,虽兄弟父母,可化而使之恶⑬。故之身者⑭,使之爱恶;名者,使之荣辱。此其变名物也⑮,如天如地,故先王曰道。"

【注释】

①逆:迎接,对待。

②不失于人:不失去民心。一说,对别人不会有过失。

③尝试:试行。

④不得其身:自身难保。

⑤可以入察:可以用它(指恭逊敬爱之道)主持祭祀礼仪。察,祭。《春秋繁露·祭义》:"祭者,察也,以善逮鬼神之谓也。"

⑥益:增加。

⑦损:减少。

⑧中国:这里指京师、京都。《诗经·大雅·民劳》:"惠此中国。"毛传:"中国,京师也。"诸夏:指中原之地。或指全国。蛮夷:指边境各少数民族聚居地。本文中国、诸夏、蛮夷,是由近及远。

⑨待此而为治乱:由此决定治乱。

⑩泽之身：润泽到身上。泽，润。

⑪审：果真，确实。此处"审行之身"，指确实执行。下文"审去之身"，指确实抛弃。毋怠：不懈怠。

⑫夷貉：泛指少数民族。

⑬恶：互相憎恶。

⑭之身者：此身者，即身体力行了恭逊敬爱。之，是，此。"身者使之爱恶"与下文"名者使之荣辱"为对文。此言是否实行恭逊敬爱之道，在身上可以决定人们的爱与恶，在名上可以决定人们的荣与辱。一说，"之"为衍文。

⑮此其变名物：指恭逊爱敬具有强大的改变作用。名物，皆指上文爱与恶、荣与辱、中国与蛮夷等对立的名物而言。

【译文】

管子说："修养恭顺谦逊、忠敬仁爱、推辞谦让，摒除怨气、与人无争，以此待人，就不会失去人心。相反，如果自身行为狭隘多怨、争名逐利，相互之间不讲恭逊谦让，可能就自身难保。恭逊敬爱的品行，真是太重要了。遇吉事有恭逊敬爱之道可主持祭礼，遇凶事时可借以居丧。大到可以用它治理天下而不必增益其他的什么，小到可以用它修治自身而无需减损些什么。若将其行于京都、全中国，再扩展到四方蛮夷之国，以至于禽兽昆虫，都可以靠它来决定治乱。身上浸润了这种品德则会带来荣誉，身上缺失了这种品德则会带来耻辱。如果认真躬行这种品德而不懈怠，即使不开化的偏远各族人民，也可以被感化而相互关爱。如果真正抛弃了这种品德，即使是兄弟父母，也可能变得互相憎恶。所以，恭逊爱敬对于人的生命本体来说，有则可使之爱，无则令其恨；恭逊爱敬对人的名誉来说，有可使其荣，无则令其辱。其变化事物本质和名声的作用，简直如同天地一样大，所以先代圣王把它叫作'道'。"

管仲有病，桓公往问之，曰："仲父之病病矣①，若不可讳而不起此病也②，仲父亦将何以诏寡人③?"管仲对曰:"微君之命臣也④，故臣且谒之⑤，虽然，君犹不能行也。"公曰:"仲父命寡人东，寡人东;令寡人西，寡人西。仲父之命于寡人，寡人敢不从乎?"管仲摄衣冠起⑥，对曰:"臣愿君之远易牙、竖刁、堂巫、公子开方。夫易牙以调和事公⑦，公曰:'惟烝婴儿之未尝⑧。'于是烝其首子而献之公。人情非不爱其子也，于子之不爱，将何有于公? 公喜宫而妒⑨，竖刁自刑而为公治内⑩。人情非不爱其身也，于身之不爱，将何有于公? 公子开方事公，十五年不归视其亲，齐卫之间，不容数日之行。臣闻之，务为不久⑪，盖虚不长⑫。其生不长者⑬，其死必不终。"桓公曰:"善。"

【注释】

①仲父之病病:仲父之病很严重。戴望云:当作"仲父之疾病矣"。疾，生病;病，病重。《仪礼·既夕礼》:"疾病，外内皆埽。"郑玄注:"疾甚曰病。"

②不可讳:死亡的含蓄说法。起:病愈。

③诏:意同"告"。示告，教导。

④微:若非。

⑤故臣且谒之:王引之云:当作"臣故且谒之"。故，通"固"。本来，理当。谒，说明，陈述。固且谒之，即也要说的意思。

⑥摄衣冠起:整肃衣冠，叫人扶起。

⑦调和:烹调，调味。

⑧烝:同"蒸"。蒸煮。

⑨喜宫:王引之云:"喜宫"当作"喜内"。意谓好色。

⑩自刑:自宫。指自愿受宫刑成为寺人。

⑪务为:弄虚作假。王引之云:"为"即"伪"字也。"务为(伪)不久",言作假不能持久,与下文"盖虚不长",含义略同。

⑫盖虚不长:覆盖虚妄,不得长久。

⑬不长:陶鸿庆说:字当作"所长"。即见长,擅长。"其生不长者,其死必不终",意谓上述四个人,平生所长,都是"务伪""盖虚",所以,他们都不会有善终。

【译文】

管仲得了病,齐桓公前去探望。齐桓公说:"仲父您的病很重了,假如不讳言而此病不能康复,仲父还有什么话要教导我呢?"管仲回答说:"您就是不来问我,我也会把话讲给您的。不过,只怕我讲得再明白,您也还是做不到啊!"桓公说:"仲父您要我往东就往东,要我往西就往西。仲父对我的教诲,怎敢不听从呢?"管仲整整衣冠,叫人扶他起来,回答说:"臣希望您远离易牙、竖刁、堂巫和公子开方这四个人。易牙用烹调技术伺候您,您说:'只有蒸煮的婴儿味道没有品尝过。'于是易牙就蒸了他第一个儿子献给您。人之常情,没有不爱惜自己儿女的,他对自己的儿子都不爱,又怎能对您有真爱呢?您喜爱女色而又忌妒防范他人,竖刁就自施宫刑进宫为您管理内宫女眷。人之常情,没有不爱惜自己身体的,他对自己身体尚且不能爱惜,又怎能真心爱惜您呢?公子开方侍奉您,十五年不回家看望父母,齐国与卫国之间,走不了几天行程就能到。我听说过,伪善不可能长久,掩盖虚谎的行径也不可能长远。生平擅长做虚伪的坏事,死时也一定不得善终。"桓公说:"说得好。"

管仲死,已葬。公憎四子者,废之官。逐堂巫而苛病起兵①,逐易牙而味不至,逐竖刁而宫中乱,逐公子开方而朝不治。桓公曰:"嗟! 圣人固有悖乎②!"乃复四子者。处期年③,四子作难,围公一室不得出。有一妇人,遂从窦入④,得至公所⑤。公曰:"吾饥而欲食,渴而欲饮,不可得,其故何也?"妇人对曰:"易牙、竖刁、堂巫、公子开方四人分齐国,涂十日不通矣⑥。公子开方以书社七百下卫矣⑦,食将不得矣。"公曰:"嗟兹乎⑧!圣人之言长乎哉⑨!死者无知则已,若有知,吾何面目以见仲父于地下!"乃援素幭以裹首而绝⑩。死十一日,虫出于户,乃知桓公之死也。葬以杨门之扇⑪。桓公之所以身死十一日,虫出户而不收者,以不终用贤也。

【注释】

①苛病起兵:指精神错乱、言语恍惚的病态发作。王念孙云:《群书治要》《吕氏春秋》皆无"兵"字。《吕氏春秋·知接》高诱注曰:"苛病,鬼魂下人病也。"林圃云:今山东方言谓人精神错乱、言语恍惚者为"苛",亦曰"撞苛"。此句难点在"兵"字,按王念孙等人的看法是衍文,然而《管子》各本皆有此字。故黎翔凤《管子校注》以为,"苛病"当作"苛病",苛为箭,据《金匮》记载,周武王克商,丁侯不朝,姜太公以箭射丁侯之像,致使丁侯生病,因而臣服。可见古人相信,苛箭射人的巫术可以致疾。正与《吕氏春秋》高注"苛病,鬼魂下人病"相合。因而"兵"非衍文,而是指苛箭,苛正为兵器。

②固:原来。悖:谬误、错误。

③期年:周年。

④遂:于是。窦:孔穴、小洞,此指墙洞。

⑤所:处所,地方。

⑥涂:同"途"。道路。

⑦书社:古二十五家为一社,书写社人姓名于册籍,称为书社。此

　　　　指七百个社的土地和人力。

　　⑧嗟兹乎：叹词。

　　⑨长：长远。

　　⑩幭(miè)：巾布。尹注曰：幭所以覆轼也。

　　⑪杨门：尹桐阳云："杨门"，《水经注》作阳门，谓南门也。

【译文】

　　管仲死了，安葬完毕。齐桓公憎恶这四人的作为，于是免去了他们的官职。但是，驱逐了堂巫后，桓公却生了鬼魂撞祟的怪病；驱逐了易牙后，却感到食味不佳；驱逐了竖习后，内宫却混乱不堪；驱逐了公子开方后，朝政也大乱。桓公说："唉！圣人原来也难免有犯错误的时候啊！"于是又重新起用四人。再过一年，四人发难作乱，把桓公围困在一个屋子里不让外出。有一个宫女，从墙洞里钻进去，来到桓公住的地方。桓公说："我饥饿难耐想要吃东西，口渴难忍想要喝水，却都得不到，为什么呢？"宫女回答说："易牙、竖习、堂巫、公子开方，这四人瓜分了齐国，道路已有十天不通了。公子开方已把七百多社的土地和人口送给了卫国，所以，吃的东西将没办法得到了。"桓公说："唉，原来如此啊！圣人的话实在是有远见啊！要是人死了没有知觉还好，若是地下有知，我还有什么面目去见地下的仲父呢！"于是拿过一块巾布，裹头蒙面而死。桓公死后十一天，尸体的蛆虫从门缝里爬了出来，人们才发现他死了。于是，用南门的门板掩盖了桓公的尸体，草草下葬。齐桓公之所以死去十一天，蛆虫爬出屋外而无人收尸入殓，就因他最终没能听从贤人忠告的原故。

　　桓公、管仲、鲍叔牙、甯戚四人饮，饮酣，桓公谓鲍叔牙曰："阖不起为寡人寿乎①？"鲍叔牙奉杯而起②，曰："使公毋忘出如莒时也③，使管子毋忘束缚在鲁也④，使甯戚毋忘饭牛车下也⑤。"桓公辟席再拜⑥，曰："寡人与二大夫能无忘夫子之言,则国之社稷必不危矣。"

【注释】

①阖不:何不。《艺文类聚》卷七十三引"阖"作"盍"。寿:进酒祝颂。

②奉杯:捧杯,举杯。

③出如莒时:指齐襄公死,齐国内乱,公子小白随鲍叔牙出逃奔莒国时事。与下"束缚在鲁"均可参见本书《大匡》。

④束缚在鲁:指管仲奉公子纠与公子小白争立为君,公子纠败,管仲为鲁国所抓,几乎被杀。

⑤饭牛车下:指甯戚曾车下喂牛,扣牛角而歌:"南山矸,白石烂,生不遭尧与舜禅。短布单衣适至骭,从昏饭牛薄夜半,长夜曼曼何时旦?"齐桓公听见后,举用甯戚为卿。

⑥辟席:即"避席"。指离席,以示敬意。辟,同"避"。离开。

【译文】

桓公、管仲、鲍叔牙、甯戚四人曾在一起宴会喝酒,喝到畅快的时候,桓公对鲍叔牙说:"为什么不起来给我祝酒呢?"鲍叔牙捧起酒杯,走上前,说道:"祝您永远别忘记逃奔莒国的日子,希望管仲永远别忘记被捆绑关押在鲁国的日子,希望甯戚永远别忘记车下喂牛的日子。"桓公离座拜谢,说道:"我和两位大夫若能不忘记您这几句忠告,齐国就必定没有危险了。"

四称第三十三

【题解】

此为《管子》第三十三篇，题为《四称》，意即列举好坏君臣四方面内容使齐桓公能够吸取经验教训。本篇采用君臣问答的形式，由管仲向齐桓公分别阐述有道之君、无道之君、有道之臣、无道之臣的具体表现，言有道之君忠于职守，励精图治；无道之君骄奢淫逸，昏聩无度；有道之臣忠于国事，为君分忧；无道之臣结党营私，祸乱朝政。管仲详述四者表现，希望齐桓公可以引以为鉴。

桓公问于管子曰："寡人幼弱惛愚①，不通诸侯四邻之义，仲父不当尽语我昔者有道之君乎？吾亦鉴焉。"管子对曰："夷吾之所能与所不能，尽在君所矣，君胡有辱令②？"桓公又问曰："仲父，寡人幼弱惛愚，不通四邻诸侯之义，仲父不当尽告我昔者有道之君乎？吾亦鉴焉。"管子对曰："夷吾闻之于徐伯曰，昔者有道之君，敬其山川、宗庙、社稷，及至先故之大臣③，收聚以忠④，而大富之。固其武臣⑤，宣用其力⑥。圣人在前，贞廉在侧，竞称于义⑦，上下皆饰⑧。形正明察⑨，四时不贷⑩，民亦不忧，五谷蕃殖。外内均和，诸侯臣伏^⑪，国家安宁，不用兵革。受其币帛，以怀其德；昭受其令，以为法式^⑫。此亦可谓昔者有道之君也。"桓公曰："善哉！"

【注释】

①惛：即"昏"，不明智。

②有：吴汝纶云："有"读又。"胡又辱令？"意即"何必又命令我呢？"

③先故：先朝故旧大臣。

④忠：指曾忠诚国事。

⑤固：团结稳固。

⑥宣：发挥。

⑦竞：竞争。称：举，努力向上。

⑧饰：通"饬"。整顿，修正。

⑨形正：古本"形正"作"刑政"。指刑法、政事而言。

⑩贷：差错。猪饲彦博云：贷、忒同。忒，差错，失误。

⑪臣伏：古本"伏"作"服"，即臣服。

⑫"受其币帛"四句：指对四邻诸侯而言。两"受"字均应读为"授"，前两句谓授予邻国币帛之礼，使其感怀德惠。上文谓"国家安宁，不用兵革"，故以币帛通好。后两句谓授予邻国政令，以为邻国遵守的法式。上文谓"诸侯臣服"，故可昭授其令。

【译文】

桓公问管子说："我生性懦弱昏庸，不懂得与四邻诸侯如何交往的道理，仲父不应当把从前有道之君的经验全部告诉我么？我也好有所借鉴。"管子回答说："我所能做到的与不能做到的，您都全部了解，您又何必再叫我发表意见呢？"桓公又问管子说："仲父啊，我生性懦弱昏庸，不能通晓与四邻诸侯交往的道理，您不应该给我讲讲古代有道之君是如何做的么？我也好有所借鉴。"管子回答说："我从徐伯那里听说过，从前的有道之君，都是敬奉山川、宗庙和社稷的，对于先朝的故旧大臣，因其忠诚国事而加以收罗,优加赏赐,使其富有。巩固武将的权力官位,充分发挥他们的能力。有智慧的人在前面引导,贞廉之士在左右支撑,争相提倡行义,上下都注重品性修养。刑法公开宣布、政务明察一切,一年四季的行役举事安排没有失误,民众生活没有忧虑,五谷都能顺利繁茂生长。外交内政均衡和睦,各国诸侯如臣民般乐于服从,国家安定宁和,长年不用兵革相见。把币帛施赠予邻国,使其感怀恩德惠泽;把政令昭示于邻国,用以作为他们的法度规范。这样也就可以称作从前的有道之君了。"桓公说:"这些话太好了!"

桓公曰:"仲父既已语我昔者有道之君矣,不当尽语我昔者无道之君乎? 吾亦鉴焉。"管子对曰:"今若君之美好而宣通也^①,既官职美道^②,又何以闻恶为?"桓公曰:"是何言邪? 以缁缘缁,吾何以知其美也^③? 以素缘素,吾何以知其善也? 仲父已语我其善,而不语我其恶,吾岂知善之为善也?"管子对曰:"夷吾闻之徐伯曰,昔者无道之君,大其宫室,高其台榭,良臣不使,谗贼是舍^④。有家不治,借人为图^⑤,政令不善,墨墨若夜^⑥,辟若野兽^⑦,无所朝处^⑧。不修天道^⑨,不鉴四方,有家不治,辟若生狂^⑩,众所怨诅^⑪,希不灭亡^⑫。进其㑋优^⑬,繁其钟鼓,流于博塞^⑭,戏其工瞽^⑮,诛其良臣,敖其妇女^⑯,獠猎毕弋^⑰,暴遇诸父^⑱,驰骋无度,戏乐笑语。式政既辉,刑罚则烈^⑲,内削其民,以为攻伐^⑳,辟犹漏釜^㉑,岂能无竭。此亦可谓昔者无道之君矣。"桓公曰:"善哉!"

【注释】

①宣通:意犹贤明通达。宣,指宣明,言其美好。《国语·晋语》:

"武子宣法以定晋国。"韦昭注:"宣,明也。"

②官职:明察。许维遹说:"官职"犹明识,《古微书》引《春秋元命苞》云:"官之言宣也。"宣,明也。职、识古字通。依此,"官职美道",意犹明察美好的道理。

③以缁缘缁,吾何以知其美:意即用黑色给黑衣服沿边,怎么能够看出美?言无比较则无法鉴别。两"缁"字,原作"缯",据王念孙说改。缁,黑色。缘,缘饰,衣服沿边。

④舍:与,给与,赏赐。引申为亲近。孙诒让曰:"予"字古文作"舍",予、与义亦同。

⑤图:谋划,治理。

⑥墨墨:形容政治黑暗。

⑦辟:通"譬"。比方。下"辟若生狂""辟犹漏釜"的"辟"同。

⑧朝处:昭处,处在光明之中。此句是说人民生活在黑暗中。

⑨修:王念孙云:"修"当为"循",形近而误。遵循之意。下文"不循先故"同。

⑨生:通"性"。生狂即"性狂",指迷失发狂不辨善恶。

⑪诅:诅咒。

⑫希:即稀少、稀疏,很少之意。

⑬谀优:谗言之辈与倡优之人。

⑭流于博塞:犹言沉溺于赌博游戏。博塞,局戏。塞,本作"簺",今名骰子。此指古代的赌博游戏。

⑮工瞽:指乐工和乐师,这里代指欣赏音乐的娱乐活动。工,古代特指乐人。瞽,古代以瞽者为乐官,因以为乐官的代称。

⑯敖:调戏。《广雅·释诂》:"敖,戏也。"

⑰獠(liáo):夜间打猎。"獠猎毕弋",意即昼夜田猎,以打尽猎物,亦即无休止地进行田猎。

⑱诸父:古代天子对同姓诸侯、诸侯对同姓大夫的长辈皆尊称为

"父",多数则称为"诸父"。

⑲式政既輮,刑罚则烈:言施政既有偏差错误,刑罚就必然酷烈。式,意即用,"式政",即用政、行政的意思。輮,弯曲,引申为歪曲、偏差。

⑳以为攻伐:自以为功。攻,通"功"。

㉑漏釜:有漏洞的锅。

【译文】

桓公说:"仲父既然已经给我讲了古代有道之君的所作所为,不应该再给我讲讲古代无道之君的所作所为吗?这样我也好引以为戒。"管子回答说:"像您这样本质美好而又明智通达的君主,既然已经明识了良政善治的道理,又何必再听那些丑行恶事呢?"桓公说:"您这是什么话呢?用黑色布给黑色的衣服沿边修饰,我又怎么知道它的美丽呢?用白色布给白色的衣服沿边修饰,我又怎么看出它的好看呢?您已经对我讲了德政善道的修治标准,却不给我讲败政恶道的治理情形,我又怎样识别'善道'之所以称之为善的因由呢?"管子回答说:"我曾从徐伯那里听说过,从前的无道之君,都是大建宫室楼宇,高筑亭台楼榭,不用良臣,只亲近谗贼。拥有家族却不懂得治理,总是要依靠别人来谋划;政令恶劣,世道混乱黑暗如同在漆黑的夜里;譬如野兽恣意横行,人民找不到光明之地。不遵循天道,不借鉴四方,有家族却不好好治理,就好像发狂迷失本性,众人都在怨恨和诅咒,这样的国君很少有不遭到灭亡的。他们还招纳巧言如簧者和戏子艺人,广置钟鼓乐器,沉溺于赌博游戏,玩赏音乐演奏,诛杀良臣,戏弄女子,昼夜不停地进行田猎捕狩,凶暴地对待同姓长辈诸侯,整天驰骋,戏乐笑语,荒淫无度。其施政既有偏差,刑罚就更加酷烈,对内侵削民众,还自以为有功,就好像有漏洞的锅一样,怎能没有枯竭之时呢?这样也就可以称作是古代的无道之君了。"桓公说:"讲得真好啊!"

桓公曰："仲父既已语我昔者有道之君与昔者无道之君矣，仲父不当尽语我昔者有道之臣乎？吾以鉴焉。"管子对曰："夷吾闻之于徐伯曰，昔者有道之臣，委质为臣①，不宾事左右②；君知则仕，不知则已。若有事，必图国家，遍其发挥③。循其祖德，辩其顺逆④，推育贤人⑤，谗慝不作。事君有义，使下有礼，贵贱相亲，若兄若弟，忠于国家，上下得体。居处则思义，语言则谋谟⑥，动作则事⑦，居国则富，处军则克，临难据事⑧，虽死不悔。近君为拂⑨，远君为辅，义以与交，廉以与处⑩。临官则治，酒食则慈⑪，不谤其君，不讳其辞⑫。君若有过，进谏不疑⑬；君若有忧，则臣服之⑭。此亦可谓昔者有道之臣矣。"桓公曰："善哉！"

【注释】

①委质：交纳信物，确定为君臣关系。为古代习语。

②宾事：侍奉，敬事。"宾事左右"，指敬奉讨好君主左右的宠臣。宾，敬也。

③遍其发挥：竭尽全力，充分发挥自己的才能。

④辩其顺逆：犹言分辨其顺逆。辩，通"辨"。

⑤推育：举荐，扶植，培养。

⑥谟：谋划。

⑦事：通"倳(zì)"。《释名·释言语》："倳，立也，凡所立之功也。"故"动作则事"犹言"动作则立"，即指行动有所建树的意思。

⑧据：位，处。事：事变。

⑨拂：安井衡云：拂，弼也。矫过曰拂。辅弼君主，矫正君主过失。

⑩处：共处，处事。"义以与交，廉以与处"，犹言以"义"为原则与人交往，以"廉"为原则为国处事。

⑪慈：惠。俞樾云："酒食则慈"，谓有酒食必分以予人，以见慈惠之意也。

⑫讳：避也。此指隐瞒。辞：意见，主张。

⑬疑：迟疑，犹豫不前。

⑭服：服事，服役。意指君有忧患之事，则臣子承担起来。

【译文】

桓公说："您既然已经给我讲了古代有道之君和无道之君的言行举止，您难道不应该给我讲讲古代有道之臣的做法么？这样我也好有所借鉴。"管子回答说："我曾从徐伯那里听说过，古代的有道之臣，一旦与君主订立君臣关系，就从不逢迎讨好君主左右的宠臣；君主能理解他就出来做官，不能理解他就辞官归隐。如果国家有事，一定先为国家利益着想，而竭尽全力地发挥自己的才能。他遵循祖德，明辨顺逆，推荐贤人，使谗慝之徒不敢兴风作浪。以道义来侍奉国君，以礼让来善待属下，使贵与贱互相亲近，相处有如兄弟，忠于国家利益，使上下各得其所。平日静居则思言行是否合宜，发语出言必定经过深思熟虑，行动起来则会有所建树，治国则使其富强，治军则使其克敌，遇到危难或面临突变，虽死不悔。在国君近旁就矫其过失，远离国君也能尽心辅佐，以道义为原则来与人相交，以廉洁为原则来为国处事。当官行政则办事妥帖，酒食饮宴则能与人共享，从不诽谤自己的国君，也从不隐瞒自己的意见。国君若有过失，则进谏而不迟疑；若国君有忧虑难办之事，则自己竭力承担为君排难解忧。这样也就可以称作是古代的有道之臣了。"桓公说："讲得真好啊！"

桓公曰："仲父既以语我昔者有道之臣矣，不当尽语我昔者无道之臣乎？吾亦鉴焉。"管子对曰："夷吾闻之于徐伯曰，昔者无道之臣，委质为臣，宾事左右；执说以进①，不蕲亡己②；遂进不退③，假宠鬻贵④。尊其货贿⑤，卑其爵位；进曰辅之,退曰不可⑥,以败其君⑦,皆曰非我。不仁群处⑧,以攻贤者,见贤若货⑨,见贱若过⑩。贪于货贿,竞于酒食,不与善人⑪,唯其所事⑫。倨敖不恭,不友善士,谗贼与斗⑬,不弥人争⑭,唯趣人诏⑮。湛湎于酒⑯,行义不从⑰。不修先故,变易国常,擅创为令,迷或其君⑱,生夺之政⑲,保贵宠矜⑳。迁损善士㉑,捕援货人㉒,入则乘等㉓,出则党骈㉔,货贿相入,酒食相亲,俱乱其君。君若有过,各奉其身㉕。此亦谓昔者无道之臣。"桓公曰:"善哉!"

【注释】

①执说以进:持邪说以求取晋升。说,佞说,邪说。

②不蕲亡己:念念不忘自己。蕲,求,祈求。亡,通"忘"。

③遂:只是。

④假宠鬻(yù)贵:依靠君主的信宠贩买其高贵的身份。鬻,卖。

⑤货贿:珍宝财富。

⑥进曰辅之,退曰不可:有升进的机会,就辅助君主,稍不遂意就抱怨君主不可辅。进退,指地位升降。

⑦败:败坏,即败坏君主名声。

⑧不仁群处:与不讲仁义的人结合在一起。

⑨见贤若货:意指见贵者积极逢迎,有如追逐财货。贤,《说文》:"多财也。"

⑩见贱若过:见贱者尽量回避,有如路人相过。

⑪与:交往,结交。

⑫唯其所事:只结交那些侍奉、亲近自己的人。

⑬斗:当作"通"。

⑭不弥人争:不调停人们的纠纷。弥,通"弭"。停止,停息。

⑮唯趣人诏：王念孙云："趣"读为"促"，"诏"当为"讼"，字之误也。"唯趣人讼"，意指专促成人们诉讼。趣，催促。

⑯湛湎：沉湎，耽溺。湛，同"耽"。沉溺，多指饮酒无度。

⑰行义不从：行为举止不合仪度。于省吾云："义、仪"字通。盖醉酒则行不检而仪不饬，故云"行仪不顺"。从，意为"顺"，合乎礼法为顺，"不从"即不合礼法。

⑱或：通"惑"。迷或，即迷惑。

⑲生夺：君主在世就夺其位。

⑳保贵宠矜：指保住其高贵地位和宠养其矜贵身份。矜，矜贵。

㉑迁损：戴望云："损"当为"捐"字之误，"迁"犹去也。捐，捐弃。"迁捐"，即换掉和捐弃的意思。

㉒捕：郭沫若云："捕"乃"辅"字之误耳。"辅援"，意即辅助与支持。

㉓乘等：陵越等次。乘，陵越的意思。

㉔党骈：私党甚多。骈，凡物二者相并称"骈"。

㉕奉：犹保全。

【译文】

桓公说："您既然已经给我讲了古代有道之臣的行为处事，难道不应该给我讲讲古代的无道之臣是怎么做的吗？这样我也好引以为戒。"管子回答说："我曾从徐伯那里听说过，古代的无道之臣，自确定为臣之后，就只是逢迎敬事君主左右的宠臣；运用邪见佞说以求升进，从不忘掉自己的荣华；只知进取而不知退让，进而又利用君主的宠信来兜售自己的高贵权位。只重视金银财宝，而看轻爵位身份；有进身的机会就辅佐国君，稍不如意即非议君主，以此等行径败坏国君的名誉，还推脱责任说'非我所为'。纠集一群不仁之辈，攻击贤士能人，对待有钱有势的贵人就像追逐财宝钱货一般，对待贫苦低贱的弱小就尽量回避形同陌路。贪图金银财宝，追逐美酒佳肴，不结交忠诚贤善的人才，只亲近曲事自己的爪牙。为人傲慢不恭，不愿结交善士，却与谗贼相互勾结，不去排解人们的纠纷争斗,却只催促人们相互争讼。沉溺于饮酒作乐,仪容举动不合礼法。不遵循先朝的旧法,又经常改动国家固有的法规,擅自设立政令,蒙蔽迷惑国君视听,篡夺国政大权,用来保全尊贵的地位,放纵其矜夸习气。罢黜捐弃善士好人,提携援引市侩之类,在朝廷内部陵越等次,在朝廷外面结党营私,互相贿赂,吃喝成风,使满朝文武都来迷乱国君。而国君一旦有过失或祸患,又都只管各自保全自身。这样也就可以叫作古代的无道之臣了。"桓公说:"讲得真好啊!"

正言第三十四

亡佚

全本全注全译丛书

中华经典名著

李　山　轩新丽◎译注

管子 下

中华书局

下册

卷第十二

侈靡第三十五

【题解】

此篇文章内容奇特,且文字晦涩难读。篇名"侈靡",指奢侈的消费。文章认为,社会财富是"富者靡之,贫者为之",即穷人生产,富人消费,这样才可刺激生产和财富的流转,即所谓"发积藏,散万物"。要做到这一点,文章提出"雕卵然后瀹之,雕橑然后爨之"的主张。这在古代经济思想史上是十分反常而奇特的。文章还提出政府应重视市场作用,认为流通交换可以刺激社会财富的增加,都是极有价值的观点。不过"侈靡"只是此篇内容的一个方面,侈靡生财的重要目标是"教战",即完成齐国争霸的目标。而对民众"教战",又需要"神道设教",所以文中又谈到了鬼神祭祀等诸多问题。此篇篇幅长而内容繁多,采用一问一答的形式,借管仲之口广泛讨论了经济、政治、军事、外交、国防、哲学等各个领域的问题,的确是一篇奇文。文句上多有难解之处,虽经不少学者研究,困难依然存在。

问曰:"古之时与今之时同乎①?"曰:"同。""其人同乎,不同乎?"曰:"不同。可与政其诛②。佀、尧之时③,混吾之美在下④。其道非独出人也⑤,山不童而用赡⑥,泽不弊而养足。耕以自养,以其余应良天子⑦,故平。牛马之牧不相及,人民之俗不相知,不出百里而来足⑧。故卿而不理⑨,静也。其狱一蹄腓一蹄屦而当死⑩。今周公断满稽⑪,断首满稽,断足满稽,而死民不服,非人性也,敝也⑫。地重人载⑬,毁敝而养不足。事末作而民兴之⑭,是以下名而上实也⑮。圣人者,省诸本而游诸乐⑯,大昏也,博夜也⑰。"

【注释】

①时:指天地四时,与下句"其人同乎"的"人"相对。

②可与政其诛:可以正诛罚。即根据古今不同施行正确的管制。此句紧接上文古今人不同而来。可与,可以。政,正。其,结构助词。

③俈(kù):同"喾"。帝喾,传说中的上古"五帝"之一,为帝尧上一辈。

④混吾:即昆吾,山名,传说出产美金。"混吾之美在下"是说上古纯朴,矿藏之利归于下。

⑤其道非独出人:并非他们的管理方法有独特过人之处。出人,即过人。

⑥童:指山无草木。一本作"同"。赡:充足,足够。

⑦良:或谓当作"食",或谓当作"养(養)","应良"为奉养之意。

⑧来:当作"求",需求。

⑨卿而不理:有公卿而不需其处理政事,即天下太平之意。

⑩一蹄(qī)腓(féi)一蹄屦而当死:即一脚穿草鞋,另一脚则穿常履,以此替代死罪,言刑罚宽松。蹄,一只脚。腓,亦作"菲",指草鞋。

⑪稽:断案。满稽即所有案子的判断。此句之"稽"与下两"稽"字语义不同,后者为积义。此句"断"字之后一本有"指"字。

⑫敝：指社会破败贫穷之弊端。

⑬地重人载：土地贵重，人口增多。载，通"戴"。增多。

⑭末作：即末业，所谓工商等行业，本文专指奢侈消费品的生产。

⑮下名而上实：即轻名重实，不重虚名而重实效之意。"下"即轻视，"上"即重视。

⑯省诸本而游诸乐：把握住政治的根本，然而优游于乐事。省，察，把握。

⑰大昏也，博夜也：昏暗的意思，形容"游诸乐"的状态，如昏天黑夜，以此表示君主的无为状态。日暮为"昏"，"大昏"指日之极暮。博夜，指夜之极深。

【译文】

问道："古今的天时一样么？"回答说："一样。""人事是否相同呢？"回答说："不同。但可以根据古今不同情况加以管制。帝喾、帝尧之时，昆吾山的宝物就埋藏在地下而无人开采。这并非用了什么独特过人的管理方法，而是因为山上的木材不用砍光就已够用，水中物产不用打捞完就已够吃。民众耕种以自给自足，并用剩余的奉养天子，所以天下太平。民众放牧牛马不用相遇，百姓不相互往来，习俗也互不了解，不出百里就可以满足各种需要。因此有公卿而无需忙于政事，天下是平静的。那时的罪刑，使犯罪者一脚穿草鞋一脚穿常履就可以充当死刑。现在使用周公之法断案，断足和断头的充满录簿，被处死的人们还是不服从，这并不是人性不怕死，而是极度贫困的缘故。土地贵重，人口增多，生活贫困而供给不足。发展奢侈消费品生产，民众生活才能富足起来，这是不重虚名而注重实际的措施。圣明君主省心省力于农业而纵情游乐，以致日夜游乐。"

问曰："兴时化若何？""莫善于侈靡。贱有实，敬无用①，则人可刑也②。故贱粟米而敬珠玉，好礼乐而贱事业③，本之始也。珠者,阴之阳也,故胜火;玉者,阴之阴也,故胜水^④。其化如神。故天子臧珠玉,诸侯臧金石,大夫畜狗马,百姓臧布帛。不然,则强者能守之,智者能牧之^⑤,贱所贵而贵所贱^⑥;不然,鳏寡独老不与得焉,均之始也。"

【注释】

①贱有实,敬无用:轻贱实用之物,重视无用之物。根据下文,"无用"指珠玉、礼乐之类的奢侈品。"有实"指粮食之类的基本生活物资。

②刑:通"型"。模型,模范。这里是陶铸、管治的意思。

③故贱粟米而敬珠玉,好礼乐而贱事业:两"而"字下原均有"如"字,据猪饲彦博说删。

④"珠者"六句:根据五行相克的道理,珠生于水从水,故能胜火,玉生于山从土,故能胜水。阴之阴也,一说当作"阳之阴也"。

⑤牧:当作"收",两字形近易误。

⑥贱所贵而贵所贱:即操纵价格,让贵的变贱,贱的变贵。

【译文】

问:"如何根据时代变化而改变呢?"回答说:"最好的办法是扩大侈靡消费。不看重实用之物,而看重无用之物,那么民众才会服从治理。所以不看重粮食而看重珠玉,重视礼乐而轻视生产,这就开始抓住了关键。珠是阴中之阳,所以胜过火;玉是阴中之阴,所以胜过水。它们变化如神。因此,天子应当储存珠玉,诸侯应当储存金石等乐器,大夫应当储存狗马等玩物,百姓应当储存布帛等物资。否则,强有实力者占有珠玉,聪明的人将屯积垄断珠玉,他们就会操纵物价使贵的变贱、贱的变贵;否则,鳏寡独老之人也就没有生计了。这是经济贫富均衡的开始。"

　　"政与教孰急?"管子曰:"夫政教相似而殊方①。若夫教者,摽然若秋云之远②,动人心之悲;蔼然若夏之静云,乃及人之体;鹏然若谞之静③,动人意以怨;荡荡若流水,使人思之,人所生往④。教之始也,身必备之⑤,辟之若秋云之始见⑥,贤者、不肖者化焉。敬而待之,爱而使之,若樊神山祭之⑦。贤者少,不肖者多,使其贤,不肖恶得不化? 今夫政则少则⑧,若夫成形之征者也⑨;去则少⑩,可使人乎?"

【注释】

①殊方:方法不同。

②摽(piāo)然:高远的样子。

③鹏然:俞樾曰:"鹏"乃"窵"字之误。窵(diào)然,深邈貌。一说和顺貌。谞(hāo):"高"字之误。高,指泰山。古人相信,人死归泰山。

④人所生往:即最后归宿。

⑤备:据丁士涵说,应改为"服",实行。

⑥见:现。

⑦樊神山祭之:意即祭神山时,在坛位周围设篱落,以示敬重严肃。樊,樊篱,篱笆。神山,指含矿藏的山。

⑧少则:缺少准则。

⑨成形之征:成就刑罚的表征。形,通"刑"。这句的意思是现在政治的实际情况,既不像教,也不像政,而带有强烈的刑罚特征。

⑩去:除去,离开。则少:取则于少者,即上句的贤人,他们数量少。

【译文】

　　"政令与教化哪个最为急需呢?"管仲回答说:"政令与教化的作用相似但方法不同。教化,就像秋云一样高远,能触动人心中的悲情;又好像夏天的静云一样温和,能浸及人的肌体;深邃得如同泰山那样寂静,能触动人的怨思;浩浩荡荡如流水,使人思念又令人神往。教化的开始,君主一定要以身作则,就如同秋云初现,无论贤者、不肖者都会被感化。崇敬地对待它,挚爱地使用它,就像为神山筑起篱笆而祭祀一样。贤人虽少,不肖者虽多,如果能够尊重任用贤人,不肖者怎么会不被感化呢? 至于今天的政治则缺少这样的准则,很有些成就刑罚的特征,离开尊重少数贤人的准则,政令还能驱使人民吗?"

"用贫与富,何如而可?"曰:"甚富不可使,甚贫不知耻。水平而不流,无源则速竭。云平而雨不甚,无委云①,雨则速已。政平而无威则不行,爱而无亲则流②。亲左有用,无用则辟之③。若相为④,有兆怨⑤。上短下长⑥,无度而用,则危本。不称而祀谭⑦,次祖⑧。犯诅渝盟,伤言⑨。敬祖祢⑩,尊始也。齐约之言,论行也。尊天地之理,所以论威也。薄德之⑪,君之府囊也⑫。必因成刑而论于人⑬,此政行也,可以王乎?"

【注释】

①委云:积云,浓云。委,积。

②爱而无亲则流:泛爱他人而没有亲疏之别,就流于平常,无人对你真心。流,泛滥,流散。

③亲左有用,无用则辟之:亲近辅佐自己的人是有用的,无用之人则不宜亲近,而应回避之。左,通"佐"。辟,同"避"。

④为:通"伪"。讹诈。这里指亲近或不亲近,均宜真诚相待。

⑤有兆怨:又引起怨恨。有,同"又"。兆,始,开端。

⑥上短:重视短处。上,动词。"下长"之"下"用法同。

⑦不称而祀谭:不称其位而主持祭祀。谭,通"禪"(dàn)。祭名。

⑧次:据李哲明说,当作"欺"。欺骗。

⑨言:据许维遹说,当作"信"。信用。

⑩祢:父死称考,入庙称祢。祖祢即父祖。

⑪薄德之:全都具备。指上述尊始、论行、论威。薄,借为"普"。全,都。

⑫府囊:府库。

⑬成刑:成形。指已经有的事实。论:论考,考评。

【译文】

"役使贫者与富人该怎样才好呢?"回答说:"人太富了就无法驱使,太穷则不知羞耻。没有坡度落差,水就不会流动,没有源头,水流就会迅速枯竭。云层平缓则无大雨,没有积云,雨就会很快停止。政令只平和而没有威严,就不能施行;只是泛爱而没有亲疏之别,则难有真情。亲近能辅佐你的人是有用的,没有用的人则应回避。如果彼此相互诈诈,必然又会使人生怨。看重其短而轻视其长,毫无规矩地用人,就会危害国家的根本。不称其位而主持祭祀,就是欺骗先祖。违背盟誓和背弃盟约,则有伤信用。尊敬父祖,就是尊敬祖先。信守盟约,就是讲求德行。遵循天尊地卑的道理,是为了显明权威。这三者兼具,则是君主的法宝。必以已有的事实考论人,国家的政令才得以施行,才可称王天下。"

"请问用之若何?""必辨于天地之道①,然后功名可以殖②。辩于地利,而民可富;通于侈靡,而士可戚③。君亲自好事④,强以立断,仁以好任人。君寿以政年⑤,百姓不夭厉⑥,六畜遮育⑦,五谷遮熟,然后民力可得用。邻国之君俱不贤,然后得王。"

【注释】

①辨:明辨,了解。

②殖:树立。

③戚:亲近,亲密。这里可以理解为团结。

④好事:好为政之事。

⑤君寿以政年:据张佩纶说,当作"君政以寿年",君主因推行善政而得长寿。

⑥夭厉:因遭疾疫而早死。厉,疾病。

⑦遮:通"庶"。众多。

【译文】

"请问该如何施行于政事呢?"回答说:"必须明辨天地之道,然后才可以建树功名。懂得地利,可以使人民富有;熟悉侈靡消费,可以借此团结士人。君主自己好为政事,强明果断,施政仁慈而善于用人。君主因推行善政而得长寿,百姓也会无灾疫,六畜繁育,五谷丰熟,然后才可役使民力。如果邻国之君都不贤,就能够成就王业了。"

"俱贤若何?"曰:"忽然易卿而移①,忽然易事而化,变而足以成名。承弊而民劝②,慈种而民富③;应言待感④,与物俱长;放日月之明⑤,应风雨而动⑥,天之所覆,地之所载,斯民之良也⑦。不有而丑天地⑧,非天子之事也。民变而不能变,是棁之傅革⑨,有革而不能革,不可服。民死信,诸侯死化⑩。"

【注释】

①易卿:指人事变革。卿,高级执政官员。

②承弊而民劝:接受币帛赏赐,民众就努力。弊,通"币"。一说"承弊"为乘敌国之弊,然下文并非谈此。民劝,原作"名劝之",据刘

师培说改。

③慈：当为"滋"，滋养，滋长。

④应言：据张文虎说，"言"为"时"字之误，应时即顺应天时。一说，
　　"应言"即遵守信言。前文有"犯诅渝盟，伤言"，"应言"即指此。
　　待感：等待天心感动。即等待时机。

⑤放：仿效。放，原作"故"，据俞樾说改。

⑥应风雨而动：像风雨那样按时降落。应，照着。与上文"放"同。
　　动，原作"种"，据张文虎说改。

⑦良：好君主。

⑧不有：指没有上述作为。丑：匹配，媲美。

⑨桅（zhuì）之傅革：木头包上皮革。桅，柱，木头。傅，附着。革，
　　皮革。

⑩化：同"货"。死货即为利而死。

【译文】

"若是邻国之君都很贤明又将如何呢？"回答说："或者迅速变换卿相，或者迅速调整政事，与时俱变才可以成就功名。人民受到币帛赏赐就会更努力，种植繁茂则人民富裕；适应天时的变化，就能与万物共生长；如同日月放出光芒，如同风雨应时降落，如天之覆，如地之载，这才是人民所崇尚的君主。没有这些业绩而硬要比配天地，这不是天子当为之事。人民思变而君主不能适应变革，就好比木头外面包一层皮革，虽有皮革却不能称为皮革，不可使用。人民可以心悦诚服为信义而死，许多诸侯则常为利而死。"

"请问诸侯之化弊也①。""弊也者，家也②。家也者，以因人之所重而行之。吾君长来猎③，君长虎豹之皮④。用功力之君⑤，上金玉币。好战之君，上甲兵。甲兵之本⑥，必先于田宅。今吾君战⑦，则请行民之所重。

【注释】

①化弊：即货币。化，同"货"。弊，通"币"。

②家：据刘师培说，疑通"贾"，同"价"。价格。一说"家"指大夫
　之家。

③长：长期。来：招徕。

④长：重视。

⑤功力：功劳。重视功劳，就得赏赐，所以重视金玉器。

⑥本：本源。

⑦战：发动战争。

【译文】

"请问各国诸侯的货币情况如何？"回答说："货币，是用来表示物价
的。物价则依据君主的重视程度而定。我们国君若重视打猎，国君就
重视虎豹之皮。崇尚功劳的国君，重视金玉货币。好战的国君，重视铠
甲和兵器。而铠甲兵器的根本，又首先在于田宅。现在我们国君要发
动战争，那就请先解决人民所重视的事情。

"饮食者也，侈乐者也，民之所愿也。足其所欲，赡其所
愿，则能用之耳。今使衣皮而冠角①，食野草，饮野水，孰能
用之？伤心者不可以致功②。故尝至味而罢至乐④，而雕卵
然后瀹之，雕橑然后爨之⑤。丹沙之穴不塞，则商贾不处⑥。
富者靡之，贫者为之，此百姓之怠生⑦，百振而食⑧。非独自
为也，为之畜化⑨。

【注释】

①衣：穿。冠：戴。

②致功：获得功效。

③罢：同"疲"。即听最好的音乐至于疲倦腻烦。

④雕卵然后瀹(yào)之：把蛋品雕画以后再煮食。瀹，煮。

⑤雕橑然后爨(cuàn)之：即把木材雕刻以后再当柴火烧。橑，木柴。

⑥处：滞留。

⑦怠生：读为"怡生"。有生计。

⑧百振：百业振作。

⑨畜化：积贮货物。化，同"货"。

【译文】

"改善饮食、奢侈逸乐是民众的欲望。满足他们的欲求和愿望，就能役使他们。假设只是让他们身披兽皮，头戴牛角，吃野草，喝野水，谁能够役使他们呢？内心伤悲的人无法获得功效。所以要吃最好的饮食，听最好的音乐，把禽蛋雕画了再煮食，把木柴雕刻了再焚烧。挖掘丹砂的洞口不堵塞，商贾贩运就不会停止。富人奢侈地消费，穷人不断地生产制作，这才可以使百姓乐业，百业振兴，都有饭吃。这不是单独某个人可做到的，大家都要积储货物才可以。

"用其臣者，予而夺之①，使而辍之②。徒以而富之③，父系而伏之④，予虚爵而骄之，收其春秋之时而消之⑤，有杂礼义而居之⑥，时举其强者以誉之。强而可使服事，辩以辩辞，智以招请⑦，廉以摽人⑧。坚强以乘六⑨，广其德以轻上位⑩，不能使之而流徙，此谓国亡之郤⑪。故法而守常⑫，尊礼而变俗，上信而贱文⑬，好缘而好驵⑭，此谓成国之法也。为国者，反民性然后可以与民戚⑮。民欲佚而教以劳，民欲生而教以死。劳教定而国富，死教定而威行。

【注释】

①予而夺之:赐给他,剥夺他。

②辍:废止,罢黜。

③徒:徒役,为国出工出力者。以:当作"予",给予。

④父系:像父亲一样教诲驯服他们。系、击古字通。

⑤时:通"蒔"。种植,这里指种植的粮食。

⑥有:"肴"的坏字,混杂。义:原作"我",据王引之说改。同"仪"。礼仪。

⑦招请:搞情报工作。请,通"情"。

⑧摽人:监督检查别人。

⑨乘六:当作"乘大"。句意即坚强的人侵凌大人物。

⑩广其德:废其德。广,通"旷"。

⑪此谓国亡之郤:这都是国家灭亡的漏洞。郤,通"隙"。

⑫故:通"固"。巩固,坚定。

⑬文:虚文。

⑭缘:弓。《尔雅·释器》:"弓有缘者谓之弓。"驵(zǎng):壮马。此句是说好弓与好马相匹配。

⑮反民性:与好逸恶劳、好生恶死的本性相反,即反其道而行之。戚:亲近。

【译文】

"对待大臣,应当有所赐又有所夺,有所差使又有所免。为国出力的徒役,要使其富裕,要像父亲教子一样训教其服帖;既赐予空头爵位骄纵他们,又收取春秋作物果实以削弱他们;还应采用繁杂的礼仪来限制他们,又经常选拔其中精明强干的人进行表彰。对于精明强干的人,可因材任事:能言者用他做舌辩外交的工作,有智者用他做侦查性的工作,性行廉正者用他做监督人的工作。对于性行顽强而侵凌大人物的人,无德而轻蔑上级的人,则不加使用而流徙外地,因为这些人都是亡国的祸因。巩固法制而遵守传统,提倡礼节而改变民俗,重信用而贱虚伪,尚良弓而重壮马,这都是立国的原则。凡治理国家,先要违反人民好逸恶劳、贪生怕死的本性,然后才可以与民亲近。人民图安逸,偏要教之以劳动;人民贪生,偏要教之以殉死。'劳动'教育成功了,国家就可以富裕;'殉死'教育成功了,君威就能远扬。

　　"圣人者,阴阳理①,故平外而险中②。故信其情者伤其神③,美其质者伤其文,化之美者应其名,变其美者应其时,不能兆其端者灾及之。故缘地之利,承从天之指④,辱举其死⑤,开国闭辱⑥。知其缘地之利者,所以参天地之吉纲也⑦。承从天之指者,动必明。辱举其死者,与其失人同⑧,公事则道必行。开其国门者⑨,玩之以善言⑩。奈其罜⑪,辱知神次者操牺牲与其珪璧⑫,以执其罜。家小害⑬,以小胜大⑭。员其中,辰其外⑮,而复畏强⑯,长其虚⑰,而物正⑱,以视其中情⑲。"

【注释】

①阴阳理:阴阳协调。

②险中:中险,内险。平易的外表含着深不可测的内涵。

③信:通"伸"。

④承从天之指:按照上天的旨意。

⑤辱:蓐(rù),在此意思为"厚",厚殓的意思。死:通"尸"。此句是说:要丰厚地对待为国牺牲者的尸体。上文言"死教",此段文字即申述"死教"内容。此处文字艰涩难读,各家说法纷纷。此处采黎翔凤说。

⑥开国:开墓地。"国"字应作"匦",见《齐侯甗》,意思为葬具。闭

辱:闭蓐,将铺垫厚草的尸体埋葬。闭,关闭墓葬,即埋合。

⑦吉纲:尹桐阳云:"吉纲",纪纲也。规律的意思。

⑧失:黎翔凤说:同"秩"。此句意思是厚葬死者,与其活着的时候所获秩爵相同。

⑨国门:匦门,即公墓之门。

⑩玩:展示。

⑪斝(jiǎ):酒器。

⑫辱知:即"蓐知",多知,熟知。神次:神位次序。

⑬家小害:求神除去小的灾祸。家,通"嫁"。转移。

⑭胜:厌胜。古代巫术之称。

⑮员其中,辰其外:内圆外方,此处指墓葬形制内圆外方。员,圆。辰,方。

⑯复:招魂。畏强:战死者鬼魂雄强,故称之为"畏强"。

⑰长:长大。虚:坟丘。

⑱物:指鬼魂。物正,即鬼魂得安息的意思。

⑲视:展现。此句是说让死者心愿得以实现。

【译文】

"圣人,更善于协调阴阳,因此外表平易而内心中有智谋。所以,放任情绪伸张了就伤害精神,质地美好可能影响外观,变化得好才有名声,改变得好的须应合时势,不能预见事物端倪者,灾祸便降临其身。所以,要顺应地利,尊奉天意,打开公墓,厚葬为国战死之尸。顺应地利,就是参悟天地的规律。尊奉天意,行动必须明确。厚葬战死之尸,待遇与生前爵位相同,公开举办此事,为国献身之道必然大行。打开公墓之门,向送葬的人们展示动人的言词。敬献酒爵,由那些深知鬼神次序的人员献上牛羊等贡品与珪璧玉器,并执爵祭酒。同时举行消灾仪式,以小物制伏大鬼。坟墓内圆外方,要为横战战场的强鬼招魂,营建高大的坟丘,这样鬼物就安生了,死者愿望也就得到实现了。"

公曰："国门则塞①，百姓谁衍敖②？胡以备之？""择天下之所宥③，择鬼之所当④，择人天之所戴⑤，而亟付其身⑥，此所以安之也。"

"强与短而立齐⑦，国之若何⑧？""高予之名而举之⑨，重予之官而危之⑩，因责其能以随之。犹俄则疏之⑪，毋使人图之；犹疏则数之⑫，毋使人曲之；此所以为之也。"

【注释】

①国门：墓门。塞：关闭。

②衍敖：游遨，游历。

③宥：劝勉，激励。

④当：合适。适合作为鬼神被敬奉。

⑤戴：奉戴，爱戴。

⑥亟：快速地。付其身：指选择鬼神喜爱的、天和人都爱戴的死者之灵，放入庙中，供大家敬奉。

⑦强与短而立齐：财产多的与财产少的而官爵位子一样。强，黎翔凤引《九章算术》曰："凡有赢余命曰强。"短，缺少。立，通"位"。

⑧国：谋。《广雅·释诂》："国，谋也。"

⑨举：通"誉"。

⑩危之：让他有危机感。

⑪犹俄：过度亲近。俄，同"戚"。

⑫数之：多亲近他。

【译文】

桓公问："如果墓门阻塞，百姓谁还来游观？这又该如何防备呢？"回答说："选择上天保佑、鬼神喜欢、人民爱戴的人，将其灵位放入灵寝之中，这样就可以安定百姓了。"

又问:"财产多的与财产少的在朝廷地位相当,又将如何处置呢?"回答说:"可赐予尊爵并赞誉他们,可封以高官并使他们有危机感,从而因其才能责其政绩实效。如果他是出身于亲族的,那就要保持一定的距离,免使人嫉妒而遭陷害;如果他是出身于疏远的,那就要多多接近一些,免使人挑拨而蒙冤,这就是应当采取的办法。"

"大有臣甚大,将反为害。吾欲优患除害①,将小能察大,为之奈何?""潭根之②,毋伐。固事之,毋入③。深觏之④,毋涸⑤。不仪之⑥,毋助⑦。章明之⑧,毋灭。生荣之⑨,毋失⑩。十言者不胜此一⑪,虽凶必吉,故平以满⑫。"

【注释】

① 优:患。

② 潭根:深植其根。潭,深。

③ 入:入其罪,问罪。

④ 觏:通"刺"。刺探其虚实深浅。

⑤ 涸:水源干枯。此篇主张"侈靡"治国,因而对大家大族,并不讲究彻底盘剥。

⑥ 不仪:据郭沫若说,当为"丕峨"。高大的意思。

⑦ 助:同"锄"。铲除。

⑧ 章:显现。

⑨ 生:通"旌"。旌表。

⑩ 失:放纵。

⑪ 十言者不胜此一:十句话也顶不上这里说的一句。此句是提醒君主坚守所讲道理。

⑫ 平以满:因其恶贯满盈而削平之。

【译文】

齐桓公问道："如果大臣位高权重，将会对朝廷有害。我忧虑并想消除这种祸患，以求防患于未然，怎么办呢？"管仲答说："令其深根固植，不要砍伐。给予其稳定职位，不要动不动问罪。深入了解他们，不要令其经济来源干枯。令其地位巍峨高大，不要铲除。彰显其名分，不要损毁。旌表其荣耀，不要过分放纵。十句话也不顶这些话中的一句，坚持上述的道理，遇凶必将化吉，因为当其恶贯满盈时方可削平之。"

"无事而总①，以待有事而为之若何？""积者立余食而侈②，美车马而驰，多酒醴而靡，千岁毋出食③，此谓本事④。县人有主⑤，人此治用⑥。然而不治⑦，积之市⑧。一人积之下，一人积之上⑨，此谓利无常。百姓无宝，以利为首，一上一下⑩，唯利所处。利然后能通，通然后成国。利静而不化⑪，观其所出，从而移之。

【注释】

①总：收积，指积累财富。

②立：通"粒"。指以谷米为食。这里是吃的意思。"立余食"即吃余粮的意思。

③出食：短食。出，据黎翔凤说，通"绌"。短缺。

④本事：根本之事，指农耕。

⑤县人：指县级行政长官。

⑥人此治用：县人都负责治理国家财物收入。用，古代称国家收支为"用"。

⑦不治：指财政收入不足。

⑧积之市：指靠市场收入补财用不足。

⑨一人积之下，一人积之上：市场买卖有亏有盈，故有"一人积之下，一人积之上"。一说，上、下指盈亏。

⑩一上一下：这里指百姓为盈利奔波。

⑪静：静止。此处指财富停滞在富人家。

【译文】

桓公问："无事的时候积累财富，以防备有事之时拿出来利用，怎么样？"管仲答："积累财富的人应该拿出余粮奢侈地挥霍，装饰车马尽情驰乐，多备酒醴尽情享用，这样的话，一千年都不会粮食短缺，这就是所谓治本之事。县里有人掌管，他们治理着国家财政收入。财政收入不足，就靠市场来满足。但有人收入愈积愈少，有人愈积愈多，这叫作得利无常。百姓没有什么宝物，把求利看得最重，上下奔波，唯利是图。有财利然后才能流通，有流通然后国家得立。如果财利堵塞而不流动，就要查明原因，使财富流动起来。

"视其不可使①，因以为民等②。择其好名③，因使长民，好而不已④，是以为国纪。功未成者，不可以独名⑤；事未道者⑥，不可以言名。成功然后可以独名，事道然后可以言名，然后可以承致酢⑦。

【注释】

①不可使：指富人。国家不易驱使。上文有"其富不可使"，是其证。

②因以为民等：建立民众等级。

③好名：名声好的。

④好而不已：一贯表现好。

⑤独名：独享盛名。

⑥道：治。此处指治理效果。

⑦承致酢：接受君主赏赐的祭肉。酢，尹桐阳云：同"胙"。祭肉。古时在国家大的祭祀后，级别高的和血亲关系大臣可以得到君主赏赐的祭肉。

【译文】

"根据富人的财富情况，为民众划出等级。选择名声好的，做百姓的官长，如果一贯表现好，即可担任国家的要职。功业未成的不可以独享盛名，事务未治的不可以谈及名誉。功成然后可以独享盛名，事治然后可以谈及名誉，然后才可以接受君主赏赐的祭肉。

"先其士者之为自犯①，后其民者之为自赡②。轻国位者国必败，疏贵戚者谋将泄。毋仕异国之人③，是为经④。毋数变易⑤，是为败成。大臣得罪，勿出封外，是为漏情。毋数据大臣之家而饮酒⑥，是为使国大消⑦。三尧在⑧，臧于县，返于连⑨，比若是者⑩，必从是嚻亡乎⑪！辟之若尊谭⑫，未胜其本⑬，亡流而下不平⑭。令苟下不治，高下者不足以相待，此谓杀⑮。"

【注释】

①先其士者：国君将自己放在士之先，即不重视士。士，士卒、战士。自犯：自己侵犯自己。

②后其民：将自己放在民众之后。赡：满足。

③仕：当作"任"，任用。

④经：原则。

⑤数变易：变得很快，朝令夕改。

⑥数据：屡至，多次在。据，占据，引申为到、在。

⑦消:削减。

⑧三尧在:就是有三个尧在世。

⑨臧于县,返于连:往返于县邑之间。臧,同"藏"。连,古代行政区
　划名,《管子·乘马》:"五家而伍,十家而连。"

⑩比:接连,一直。

⑪讍:即"僵",败亡。

⑫谭:据张佩纶说,当作"觯",酒器。

⑬未胜其本:据丁士涵说,当作"末胜其本",指上大下小。

⑭亡流:没有流。流,指酒器令液体流出的部分。今称"嘴",如"壶
　嘴"等。

⑮杀:减损。

【译文】

　　"君主把自己放在先于士人的位置叫自犯,先满足民众需求再顾自
己叫自瞻。看轻国位的君主,其国必败;疏远贵戚的君主,其谋必泄。
不可任用异国之人当官,这是治国的原则。不可朝令夕改,那将会败坏
事业。大臣犯了罪,不要驱逐出国境之外,那将泄漏国家的内情。不可
常在大臣家饮酒作乐,那将会使国家的权威削减。即使有三个像尧这
样的圣君在位,往返于县邑之间饮酒作乐,一直是这样,也一定会因此
而败亡。就如同饮酒用的尊和觯,上大下小,中间没有引流而下面的部
分也不能平稳。如果国家不能治理好地方,上下的关系就不能维持下
去,这就叫作自我减损。"

　　"事立而坏,何也? 兵远而畏①,何也? 民已聚而散,何
也? 辍安而危②,何也?""功成而不信者,殆。兵强而无义
者,残。不谨于附近,而欲来远者③,兵不信。略近臣合于其
远者,则事立而坏④。亡国之起⑤,毁国之族,则兵远而不畏。

国小而修大，仁而不利，犹有争名者，累哉是也⑥！乐聚之力，以兼人之强，以待其害，虽聚必散⑦。大王不恃众而自恃，百姓自聚；供而后利之⑧，成而无害。疏戚而好外企，以仁而谋泄⑨，贱寡而好大⑩，此所以危。"

【注释】

①兵远而畏：军事力量能威慑远方。畏，威。

②辍：停止。此句是说安全局面结束，危机开始。

③欲来远者：臣服远国。来，使之来。

④略近臣合于其远者，则事立而坏：原作"略近臣合于其远者立"，据陶鸿庆、刘师培说改。

⑤国之起：据张佩纶说，"起"当作"纪"，指国家的栋梁之材。

⑥累哉是也：这样负担就太重了。

⑦"乐聚之力"四句：大意是说，人民乐输，则国有财力聚积，以此逞强兼并他人，聚积的财力全因此而散亡。兼人，兼并他国。

⑧供：此处指百姓上供君主。

⑨以仁：谋求亲近亲戚。以，为。仁，亲。

⑩贱寡而好大：轻视小事而好大喜功。

【译文】

"事业建成而中途败坏，是为什么呢？兵陈远地而威慑敌人之道，是什么呢？民众已聚积的财富却又散亡，是为什么呢？安定之局中断而陷入危难，是为什么呢？"回答说："一个国家，功业成就却不讲信用，是危险的。军队强大而不讲道义，是残暴的。不安抚近邻而要使远国来臣服，军队没有威信。疏于近臣而亲于远者，事业建成也会被败坏。一个国家，丧失了国家重臣，毁灭了国君的宗族，就会导致兵陈远地而不能震慑敌人。一个国家，自己本来弱小而妄行大国之政，虽行仁义而无功利，还想同别国争名，这样就会负担过重！热衷于用从百姓汇聚来的财力,去兼并强大国家,以致受害,这就会导致聚集的财富的散亡。人君若依赖自己而不靠大众,百姓自会积聚财富;百姓提供财富,然后君主加以利用,就能事业成就而无所害。一个国家,疏于近亲而企图亲于外人,想亲附近亲但所谋又多有泄露,轻视小事而好大喜功,这就是国家危亡的原因。"

　　"众而约①,实取而言让,行阴而言阳,利人之有祸,言人之无患②,吾欲独有是,若何?""是故之时③,陈财之道可以行④。今也利散而民察⑤,必放之身然后行⑥。"公曰:"谓何?""长丧以齧其时⑦,重送葬以起身财⑧。一亲往,一亲来,所以合亲也。此谓众约⑨。"问:"用之若何?""巨瘗培⑩,所以使贫民也;美垄墓⑪,所以使文明也⑫;巨棺椁,所以起木工也;多衣衾,所以起女工也。犹不尽,故有次浮也⑬,有差樊⑭,有瘗藏⑮。作此相食,然后民相利,守战之备合矣⑯。

　　【注释】

　　①众而约:众为多,约为少。此处意为拥有的多而示人的少。

　　②言:一说为"害"。

　　③故:当为"古"。

　　④陈财之道:即生财之道。陈,处,处置。

　　⑤今:原作"令",据赵本改。察:私,照看。

　　⑥放:李哲明云:读为"昉"。始也。身:亲。指富裕大族葬亲,利散于民。这是"侈靡"的又一项内容。

　　⑦长丧:用长时间办丧礼。齧(niè):花费。据黎翔凤说,"齧其时"即花费其时间与财力。

　　⑧起身财:亲身发财。起,发,始。身财,富裕大族办丧事,亲朋送

礼,此即谓身财。

⑨众约:言亲往亲来,如众家所约。

⑩瘗堷(yì yìn):指坟坑或墓室。瘗,指埋葬。堷,指土室。

⑪垄:坟墓,隆起的土堆。

⑫文明:文饰明器。

⑬次浮:指棺椁之外的其他装饰。

⑭差樊:指垄墓之外树立以表示尊卑的樊篱。

⑮瘗藏:指金玉器物等陪葬物。

⑯合:恰当,完备。以上言富人厚葬先人,使贫困之人就业。丧葬奢侈品生产可刺激经济。

【译文】

桓公问:"所拥有的多而示人的少,实际上取于人而表面上表示推让,行为诡谲而言语堂皇,从别人的灾祸中获利而嘴上却说希望别人没有忧患,我想有这样的手法,怎么办呢?"管仲回答说:"在古时候,有这样的生财之道。如今财利分散于天下,民众各自照料着自己的财产,所以一定要从一些富人身上下手才行。"桓公问:"这是什么意思?"回答说:"延长丧期以消磨他们的时间,厚葬以便厚葬之家发财。使之亲切往来,以此增进和睦。这就是所谓约定俗成。"桓公又问:"具体该怎么做呢?"回答说:"挖掘巨大的墓室,使穷人有工可做;对墓室进行美化装饰,使有文彩的明器有了用处;制造巨大的棺椁,使木工发家;多用衣物被服随葬,使女工得利。这还不够,还有棺椁外饰、墓地樊篱以及各种殉葬物品。用这些办法使贫者维持生计,民众因而得到好处,于是国家的防守和攻战的储备就充分了。

"乡殊俗,国异礼,则民不流矣①。不同法,则民不困②。乡丘老不通③,睹诛流散④,则人不眺⑤。安乡乐宅,享祭而讴吟称号者皆诛⑥,所以留民俗也。断方井田之数⑦,乘马田之众⑧,制之⑨。陵溪立鬼神而谨祭⑩,皆以能别以为食数⑪,示重本也⑫。

【注释】

①流:流散,流动迁徙。

②不同法,则民不困:指各国自有礼法,礼俗不同,因而民不受困扰。困,遭受困扰。

③乡丘老不通:意谓老死不相往来。

④睹:黎翔凤说同“堵”。诛:责罚。

⑤眺:洪颐煊云借为“逃”。逃离。

⑥诛:据张佩纶说,当作“殊”,不同、分别的意思。

⑦断:制定。

⑧乘马:军赋之称。乘,即“加减乘陈”之“乘”,亦即筹算。马,码,运算法码。古代征军赋,以田亩为据,所以此文称“乘马田”,即应纳赋之田。

⑨制之:形成固定的制度形式。

⑩陵溪:山陵与溪涧。

⑪食数:祭祀所用器具食品之数。

⑫本:此处指国家风俗。

【译文】

“各乡有不同的风俗,各国有不同的礼节,民众安于本地风俗就不会离散。实行不同的礼法,民众就不会遭受困扰。使各地能自给自足,老死不相往来,并堵截、惩罚流散者,人民就不会外逃了。使人民安土重迁,祭神祭祖的颂词与称呼也可以各有不同,这样就能保留民俗了。确定井田的数量,核定出军赋的数量,使之形成制度。在山陵溪涧立庙,恭敬地祭祀鬼神;按照能力等级差别使之得到相应的衣食和祭品,这样就能显示出对国家风俗的重视了。

"故地广千里者,禄重而祭尊。其君无余①,地与他若一者,从而艾之②。君始者艾③,若一者从乎杀④,与于杀若一者⑤。从者艾艾,若一者从于杀,与于杀若一者。从无封始⑥,王事者上⑦。王者上事⑧,霸者生功⑨,言重本。是为十禺⑩,分免而不争⑪,言先人而自后也⑫。

【注释】

①余:剩余。

②地与他若一者,从而艾之:此句"地"字,有学者认为应接上句,即"其君无余地"。然唐代尹注断句则属下句,今从之。又郭沫若以为"他"为"地"字之误,从之。"地与地若一",即土地一样,都属于可以耕种者,只是未开垦而已。艾,通"刈"。斩杀草木,实即开荒。此段文字意思难明,诸家解说也分歧严重。以下注解采郭沫若、黎翔凤两家说。两家均以为此段文字涉及开荒拓地之事。

③者:"诸"字之省。始诸,即始于。

④杀:艾除,剪除。

⑤与于杀若一者:意为有人会参与开垦那些可以耕种的田地。与,参与。

⑥无封:即未被分封出去的荒地。

⑦王事者上:据李哲明说,此谓王者以实事为上,能勤其事者则封建之,即赏赐土地。

⑧上事:即事功为上。

⑨生:进。

⑩十禺:十个区域。禺,区。

⑪分免:分等而勉励之。免,勉。

⑫自后:后己。"先人而自后",正是上句"不争"的表现。

【译文】

　　"因此拥有千里土地的国家,俸禄自然丰厚而祭祀规格也高。国君无余财,就需开垦那些可以耕种但尚未开垦的土地。君主先开垦,那些可以耕种却未开垦的就会被开垦,其他人也会参与开垦可开垦的土地。因有追随者不断开垦,于是可开垦的土地不断得到开垦,这是大家参与开垦的结果。从那些未被分封出去的土地开始,能勤于开垦土地者就赏赐土地。王者以实事为上,霸者争取功效,二者都以农业生产为本。以十个区域为别,分别劝勉民众避免争斗,令大家都先人后己相互谦让。

　　"官礼之司①,昭穆之离②,先后功器事之治③,尊鬼而守故④。战事之任,高功而下死本事⑤。食功而省利劝臣⑥,上义而不能与小利。五官者,人争其职⑦,然后君闻。

【注释】

①官礼:国家礼仪。司:掌管。

②昭穆:古时祭祀宗庙中,始祖居中,二、四、六世居左,称为昭,三、五、七居右,称为穆。离:位次等差。

③先后功:按功大小排先后次序之意。器事:治祭祀器物的事。

④守故:坚守故俗、老传统。

⑤高功:尚战功。下:以⋯⋯为下,即死于战事的人,重在看其功劳大小,而不是死不死。

⑥食:酬劳。省:察。此句是说酬劳那些有功者先要看他给国家带来的利益,以此来鼓励大臣们。

⑦人争其职:各司其职,各尽其力。

【译文】

　　"官礼的掌管,祖宗昭穆位次的差别排列,都要讲究功勋等级,讲究按功劳大小使用各种祭祀器物,这就可以使鬼神得到尊重,使古老风俗得以保存。逢有战事,以立功为上,以牺牲本职为下。奖励功臣根据实际的功绩大小,视其给国家带来多大利益,以此来激励大臣各自努力。同时,赏赐和劝勉应该以崇尚道义为上而不能用小利诱惑。五官争相尽职,国君便可以名闻于天下。

　　"祭之时,上贤者也,故君臣掌①。君臣掌,则上下均②。此以知上贤无益也,其亡兹适③。上贤者亡,而役贤者昌④。上义以禁暴,尊祖以敬祖,聚宗以朝杀⑤,示不轻为主也⑥。"

【注释】

　①君臣掌:古代重要祭祀一般由君主主持,但有时也用大臣代行其事,所以说"君臣掌",即君臣都有主持祭祀的可能。掌,掌管、主持。

　②上下均:上下一样。意思是因为臣也可以与君主一样主持祭祀,地位一样。

　③其亡兹适:"兹适其亡"的倒装。招致灭亡。

　④役贤:使用贤者。

　⑤聚宗:聚集宗族成员。朝:章炳麟说:借为"昭"。昭明,显示。杀:减少。此处指等级差别,亦即大臣与君主相比,等级有差。

　⑥不轻为主:即大臣不能有与君地位相等的非分之想。

【译文】

　　"隆重的祭祀典礼,要尊崇贤人,这时候君臣都有主持祭祀的可能。君臣共管祭祀之礼易导致这样的想法:君主和臣下的地位等同。可见,崇尚贤人是没有益处的,且足以造成国家的危亡。崇尚贤人的可能国亡,而人君会使用贤人则国昌。倡导正义而禁止暴行,尊奉祖先而敬事先人,聚集同族而昭明君臣等级差别,这些都能显示出君主地位的尊贵。"

　　载祭明置①,高子闻之,以告中寝诸子②。中寝诸子告寡人③,舍朝不鼎馈④。中寝诸子告宫中女子曰:"公将有行,故不送公。"公言:"无行,女安闻之?"曰:"闻之中寝诸子。"索中寝诸子而问之:"寡人无行,女安闻之?""吾闻之先人,诸侯舍于朝不鼎馈者,非有外事,必有内忧。"公曰:"吾不欲与汝及若,女言至焉,不得毋与女及若言⑤。吾欲致诸侯⑥,诸侯不至若何哉?""女子不辩于致诸侯⑦,自吾不为污杀之事⑧,人布织不可得而衣。故虽有圣人,恶用之?⑨

【注释】

①载:结构助词,有将要的意味。明置:指土地神明。古代立国要设立土地及谷物神位,此设立称为"置"。

②中寝诸子:宫中的女官。

③寡人:诸侯自称。据此词,此句应为齐桓公之语,然接上下文,又不是。文句当有脱夺。

④舍朝:上朝。《诗经·郑风·羔羊》:"舍命不渝。"舍,发布。鼎馈:列鼎进食,按照平常的礼仪,上朝后要鼎馈而食。

⑤若:此。"及若",即谈到此事的意思。

⑥致:招致。

⑦不辩:不知的意思。辩,通"辨"。

⑧污杀:指卑贱之事。此句是劝桓公要放低身段对待诸侯。

⑨按,此段自"高子闻之"以下,略见于《管子·戒》,文字略有异同,或以为错简于此。

【译文】

　　桓公将要祭祀土地神明,齐国大夫高子听说后,就告诉了中寝诸子,说君主退朝后没有列鼎进食。于是中寝诸子又告诉宫女们说:"君

主将要出行,为何不为他送行呢?"桓公说:"我并没有准备出行,你们是
从哪里听说的?"宫女们说:"是从中寝诸子那里听说来的。"于是桓公叫
来中寝诸子,问她:"我并没有说要出行,你是从哪里听说的?"中寝诸子
说:"我是从前人那里听说来的,诸侯舍于朝而不列鼎进食,不是有外
忧,就是有内患。"桓公说:"我本不想跟你谈及此事,既然你已经把话说
到此处,我就不能不和你们说了。我想召会诸侯,要是诸侯们不来,我
该怎么办呢?"中寝诸子说:"女人不懂得召会诸侯之事,可我们知道,如
果不肯做卑贱的事,就不能得到布匹做衣服穿。所以即使聪明如圣人,
又有什么用?"

　　"能摩故道新道①,定国家,然后化时乎?""国贫而贪鄙
富,苴美于朝,市国②。国富而鄙贫,莫尽如市。市也者,劝
也。劝者,所以起③。本善而末事起④,不侈,本事不得立。"

【注释】

①摩:揣摩。

②"国贫而贪鄙富"三句:国都贫穷而贪图边鄙富裕,于是行贿的人
　　来往于朝,以此换取国家权力。国,指齐国首都。鄙,边远的城
　　邑。苴,苞苴,古代称行贿为苞苴。市,买,换取。市国,即以行
　　贿换得国家权力。

③起:发,指经济发展。

④末事:指工商业。

【译文】

　　问:"能揣摩旧道新道,安定国家,然后可以改变时事吗?"回答说:
"国都贫穷而贪图地方城邑的富裕,会导致地方行贿国都,以换取权力。
国都富裕而地方城邑贫穷,那就不如都发展市场。市场,是工商业得以
发展的鼓舞力量。鼓舞,是为了市场更好的发展。如果农业完善,工商

业也就会得到发展,而不进行侈靡消费以发展工商业,那么农业也得不到发展立足。"

"选贤举能不可得,恶得伐不服用①?""百夫无长,衍可临也②;千乘有道,不可修也③。夫纣在上,恶得伐不得?钧则战④,守则攻。百盖无筑⑤,千聚无社⑥,谓之陋,一举而取。天下有一⑦,事之时也⑧。万诸侯钧,万民无听⑨。上位不能为功更制⑩,其能王乎?"

【注释】

①恶得:怎能。不服用:指那些不听从的邦国。

②衍:散漫。临:监临,统治,管理。此句是说一百人的队伍,无人统领变得散漫,然而一加监管,马上变好。

③修:文饰。此句是说有千辆战车的大国,其治国是否有道,是不可文饰的。此句与上句是转折关系。强调举贤能的重要。

④钧:双方势均力敌。

⑤百盖无筑:百家没有像样的建筑。

⑥千聚无社:上千村落没有神社祭祀。聚,聚落,村落。

⑦天下有一:天下万一有事,即有机会。

⑧事之时也:齐国完成王业大事的时机。

⑨无听:无所适从。

⑩为功更制:建立功勋,改定制度。

【译文】

"如果选贤举能也得不到人才,怎么能征伐不服之国呢?""百人之众散漫,只要有人管理即可改观;千乘之国的治理是否有道,是不可文饰的。像商纣王那样的昏君在上主政,又怎么可能征伐不得呢?双方势均力敌，则交战；敌人采取防守之势，则进攻。上百户人家没有像样的建筑，上千个村落没有可以祭祀的神社，这就叫作'破败'；对这样的国家，可以一举攻取。天下万一有事，就是齐国举大事的好时机。各国诸侯势均力敌，民众就无所适从。如果居上位者如不能创立功业，变革制度，怎么能成就王业呢？"

"缘故修法①，以政治道②，则钧杀于吾君③，故取夷吾谓替④。"公曰："何若？"对曰："以同⑤。其日久临⑥，可立而待。鬼神不明⑦，囊橐之食无报⑧，明厚德也。沉浮⑨，示轻财也。先立象而定期⑩，则民从之。故为祷朝⑪，缕绵明⑫，轻财而重名⑬。"公曰："何临⑭？""所谓同者，其以先后智渝者也⑮。钧同财争⑯，依则说⑰，十则从服，万则化。成功而不能识，而民期⑱，然后成形而更名⑲，则临矣。"

【注释】

①缘故修法：遵循成规成法。修，循。

②政：正。道：治。"道治"为复合词。

③钧杀于吾君：都不如我国的国君。钧杀于，原作"约杀子"，据张佩纶、李哲明说改。

④谓替：指代替齐桓公谋划。谓，为。

⑤同：同一，同化。即凝聚社会精神。

⑥临：治民。

⑦不明：指鬼神之意难测。

⑧无报：指祭祀并非求报答。

⑨沉浮：据何如璋说，当作"浮沉"，意为投玉祭水。《尔雅·释天》："祭川曰浮沉。"

⑩立象而定期:设立鬼神之像,确定祭祀日期。

⑪朝:李哲明云:同"庙"。

⑫缕绵:在庙中祭祀时,用缕绵招魂。

⑬名:功名。

⑭何临:原作"同临",据李哲明说改。是桓公的问话,即何以治民的意思。

⑮渝:变。即根据智力高下的不同情况加以治理。

⑯财:据猪饲彦博说,当作"则"。

⑰依则说:意思为智慧超过一倍,则对方会心悦诚服。依,据猪饲彦博说,字应作"倍"。说,同"悦"。

⑱民期:民服从约定。此句承上文"先立争而定期"而来。

⑲成形而更名:先造成某种政治现实,然后再加以命名。

【译文】

"遵循成规成法,以此正道治国,在这方面谁都不如我国的国君,因此需要我管仲代谋此事。"桓公问:"此事如何进行?"回答说:"这要合同社会精神。用充分的时间监临管理,成效还是可以指日可待的。鬼神之事幽暗不明,君子用食物祭祀他们并非期待有所回报,而是为了彰明厚德。投玉祭川,也是为了表示轻视财物。先设立神像,并确定祭祀日期,民众就会随之参与其中。在神庙祭祀时,用缕绵招魂,以显示轻视财物而重视功名。"问:"何谓监临管理?"回答说:"所谓合同,那是以先进后进以及智慧的不同为根据的。彼此智慧相同者,自然要争战夺取,但智慧超过一倍,对方则会心悦诚服,智慧超过十倍,则威慑征服,智慧超过万倍则要感召同化。完成功业于无人识察之中,百姓皆服从约定,这时就可以成就王业、更易名号,完成监临管理的目的了。"

"请问为边若何①?"对曰:"夫边日变,不可以常知观也②。民未始变而是变,是为自乱。请问诸边而参其乱③,任之以事,因其谋④。方百里之地,树表相望者⑤,丈夫走祸⑥,妇人备食,内外相备。春秋一日,败曰千金,称本而动⑦。候人不可重也⑧,唯交于上,能必于边之辞⑨。行人可不有私⑩;不有私,所以为内因也⑪。使能者有主矣,而内事⑫。

【注释】

①为边:治理边境国防之事。

②不可以常知观也:不能用一般的常识来对待。

③请:请您。问:了解。参其乱:研究其变乱的原因。

④因:利用。

⑤树表:树立标志,用以报警。

⑥走祸:指应征平乱。

⑦称本而动:根据本国经济实力而采取行动。称,据。本,指粮食等储备。

⑧候人:管理边境事务的官吏。重:通"动"。这里指离开岗位。一说,"重"为偏重,过分倚重。边官为自己功名,有时会轻启战祸。

⑨能:犹"而"。辞:同"飀"。即"治"字。办理,尽职。

⑩行人:使者,管理外交事务的官吏。

⑪内因:国内决策的依据。

⑫内事:为国内决策服务。

【译文】

"请问该如何治理边疆?"回答说:"边事多变,不可用一般的常识去推断。边民本无变乱而采取应变措施,这叫作自己制造混乱。请您注意了解各边地人民情况以了解变乱原因,要使他们任事并用其谋划。方圆百里的土地,树立标志以便瞭望报警,男人应征平乱,妇人准备饭食,内外都应当有所戒备。在春种秋收季节,战争一日,等于耗费千金,所以要衡量粮食等储备情况而考虑是否动兵。管理边境事务的官吏不可擅离岗位,要随时向上报告边情,一定要克尽守护边境的职守。负责外交事务的官吏可不能怀有私心;没有私心,才可能成为国内决策依据的提供者。要使有才能的人心有所主,才能为本国提供服务。

　　"万世之国,必有万世之实①。必因天地之道,无使其内,使其外,使其小,毋使其大②,弃其国宝③。使其大,贵一与而圣,称其宝④。使其小,可以为道⑤。能则专,专则佚⑥。橡能逾,则橡于逾⑦,能宫则不守而不散⑧。众能伯⑨,不然将见对⑩。

【注释】

①万世之实:即支持万世的实力。

②"无使其内"四句:不从内部做起,而从外部做起。只注重小事,不做大事。使,事。

③弃其国宝:丢弃国家最重要的东西。宝,《中庸》:"楚国无以为宝,惟善以为宝。"

④"使其大"三句:从事大事最主要的是专一,且用心智聪明,这是用善道的表现。称,用。

⑤使其小,可以为道:从事小事,合乎大道。

⑥佚:安适闲逸。

⑦橡能逾,则橡于逾:梯子能使人跨跃,跨跃的人最终也能跃过梯子。此句为比喻句,意思是你能利用的对象也可能利用你。橡,梯子。

⑧能宫:能稳固地守藏。宫,《尔雅·释山》:"大山宫小山。"宫,围绕。引申为守藏、看护。

⑨众能:诸多贤能。伯:长。句谓任用诸多贤能。

⑩见对:出现相互对立的形势。

【译文】

　　"传之万世的国家,必定有支撑万世的实力。必定遵循天地的规律,那些不从内部做起,先注重对外部事情,那种注重小事,不抓大事的做法,都是丢弃国家最重要的宝贝的做法。做大事,最重要的是专心而用智,这样可以发挥国家之善。做小事,也合乎天地之道。能力强则专一,能专一则可获安闲。梯子可以跨跃,但也终将被跨跃。只有能稳固地守藏,则即便不守也不会太过流散。要让众多贤能在位,不然对立的局面就会出现。

　　"君子者,勉于纠人者也①,非见纠者也。故轻者轻,重者重,前后不慈②。凡轻者,操实也,以轻则可使,重不可起,轻重有齐③。重以为国,轻以为死④。毋全禄⑤,贫国而用不足;毋全赏,好德恶使常⑥。"

【注释】

①纠:察。《周礼·秋官·大司寇》:"以五刑纠万民。"

②慈:章炳麟说:借为"戴"。相当,对等。

③齐:同"剂"。比例。

④重以为国,轻以为死:郭沫若云:今国者重器也,然以权操之则易举。故曰"重以为国,轻以为死。""为"通"谓","死"通"尸",即祭祀之尸。以孺子为神保,犹以一握之权起千斤之重也。

⑤全禄:满禄,即俸禄标准太高。

⑥好德恶使常:不要使好德务施成为常事。"恶"下原有"亡"字,据张佩纶说删。

【译文】

　　"有权位者,是努力纠察校正人民的人,而非被纠察校正者。就像轻和重,轻的只是轻,重的只是重,两者不相当。轻的可以操纵重物,因为它轻则可以方便使用,而重物却不易操起,轻和重之间是有一定比例的。国家是重器,以权力之轻操持它,又可以轻而易举。人君在使用臣民时,俸禄标准不要太高,否则,国贫而财用不足;不要滥行赏赐,不使好德务施成为常事。"

"请问先合于天下而无私怨①,犯强而无私害②,为之若何?"对曰:"国虽强③,令必忠以义④;国虽弱,令必敬以哀⑤。强弱不犯,则人欲听矣。先人而自后,而无以为仁也⑥,加功于人而勿得⑦,所橐者远矣⑧,所争者外矣⑨。明无私交⑩,则无内怨。与大则胜⑪,私交众则怨杀⑫。

【注释】

①合于天下:联合天下的诸侯。

②犯强:触犯强暴。

③国虽强:此处之"国"指打交道的国。意思是面对再强的国家。

④令:辞令。

⑤敬以哀:恭敬而哀怜。此指对待小国。

⑥无以为仁:不自以为仁,即不以仁者自居。

⑦勿得:不自以为有德。得,通"德"。

⑧橐(tuó):包容。

⑨外:郭沫若云:亦犹远也。《吕氏春秋·有始览》:"行远道。"高诱注:"远道,外道也。"

⑩明:公诚,讲信用。

⑪与大:联盟强大。

⑫怨杀:怨怒杀伐。

【译文】

"请问要想率先联合天下诸侯而不会招致私怨，触犯强暴却不会招人忌害，该怎么办呢？"回答说："国家即使强大，外交辞令也必须忠诚而有道义；国家即使弱小，外交辞令也必须恭敬而有怜爱之心。无论强弱，都不侵犯，那样诸侯就愿意听从了。先人后己而不自夸为仁厚，加功于人而不自居为有德，这样，就能包容宽阔，所争取的领域也就很广阔了。光明正大而不结私交，就不会产生内怨。联盟强大之国就会胜利，而私交多，就会因怨恨而引起杀伐。

　　"夷吾也，如以予人财者^①，不如毋夺时；如以予人食者，不如毋夺其事，此谓无外内之患。事故者^②，君臣之际也^③。礼义者，人君之神也^④，且君臣之属也^⑤。亲戚之爱，性也；使君亲之察同索^⑥，属故也^⑦；使人君不安者，属际也^⑧。不可不谨也。

【注释】

①如以：与其。

②事故：干事。故，事。一说，两字应作"忠敬"。

③际：遇合、结合。

④神：法宝。

⑤且君臣之属也：君臣以道义相连属。此句接上句"礼义者，人君之神"而来，故以"且"字相连。

⑥使君亲之察同索：按安井衡说，"察"当为"际"。索，法度。

⑦属故：因有政事要做的缘故。

⑧属际：连接上有缝隙。属，连缀。际，缝隙。此即君臣毕竟不同于父子，所以易有缝隙，从而造成君主不安。

【译文】

"我管仲的看法是：与其给人钱财，不如不耽误其农时；与其给人粮食，不如不剥夺其农事，这才叫作没有内忧外患。干大事，是君臣结合的原由。礼仪，是人君保有尊严的条件，也是君臣结合的道义。亲戚间的亲爱，发自本性；让君臣与父子关系一样的是法度，因为总要在一起处理政事；导致人君不安的是君臣关系出现裂缝。这都是不能不谨慎对待的。

"贤不可威，能不可留①。杜事之于前②，易也。水，鼎之泪也③，人聚之；壤，地之美也，人死之。若江湖之大也，求珠贝者不令也④。逐神而远热⑤，交觯者不处⑥，兄遗利夫⑦！夫事左中国之人⑧，观危国过君而弋其能者⑨，岂不几于危社主哉！

【注释】

①留：埋没不用。

②杜事之于前：杜绝于事发之前。

③泪：水流的样子。

④令：受命。一说，"令"当作"舍"。

⑤逐神：一种祭祀活动。远热：郭沫若云：当为"远爇"，谓逐神时燃火炬而传远也。

⑥交觯(zhì)者：指酒席中相互敬酒者。觯，古代酒器。不处：不能安处。

⑦兄：同"况"。何况。

⑧左：佐，辅佐。中国：此指诸侯邦家。

⑨弋：显示，夸耀。

【译文】

"对贤者不能以威制服,对能者不可埋没不用。杜绝于事发之前,是容易做到的。犹如水,在鼎里流动,是人们把它聚集起来的;土壤肥沃之处,人们宁死不移。就像江湖那样阔大,想寻求珠贝的人,不需别人下命令就去了。在祭神仪式点燃火炬进行传递的时候,交杯酬饮者也不敢稳坐不动,赶紧赶来参加,何况追逐遗利的人们呢? 应有的职责是辅佐诸侯邦国,这样的人,眼看国家危险、君主有错,却只顾显示自己的本领,难道不接近于危害国家么?

"利不可法①,故民流②;神不可法③,故事之。天地不可留,故动,化故从新。是故得天者高而不崩;得人者,卑而不可胜。是故圣人重之,人君重之。故至贞生至信④,至言往至绞⑤。生至自有道⑥,不务以文胜情,不务以多胜少,不动则望有廧⑦,旬身行⑧。

【注释】

①法:常。又,据郭沫若说,当读为"废"。

②流:流动地求利。

③神不可法:神鬼无常。

④贞:正。

⑤至言往至绞:据猪饲彦博说,当作"至信生至交"。

⑥生至自有道:产生至信、至交自有其道。

⑦望有廧:看着好似有一堵墙。廧,同"墙"。

⑧旬身行:人只能顺着墙走,不能"化故从新"。旬,通"徇"。循。

【译文】

"利无常所,所以人民流动以求之;神鬼无常,所以人们虔诚供奉。

天地是不停留的,故经常变动而化故从新。所以,得天助者,居高位而不会崩塌;得人助者,即使居低位也是不可战胜的。所以,圣人和人君都很重视这个道理。至高无上的忠诚产生至高无上的信任,至高无上的信任可以产生至高无上的交情。达到这种至高无上的境界自有其道,不必用虚伪掩饰真情,不必用多数战胜少数,君子岿然不动,看着好似一堵墙,人只能顺墙而行。

"法制度量,王者典器也①。执故义道②,畏变也。天地若夫神之动,化变者也,天地之极也③。能与化起而王用④,则不可以道山也⑤。仁者善用,智者善用,非其人则与神往矣。

【注释】

①典器:准则和工具。

②执故义道:坚持旧的义和道。

③极:根本原则。

④王用:旺用。王,旺。又,据安井衡说,"王"字当为"善"字之讹。

⑤山:宣。道山即道宣,言说。又,据丁士涵说,"山"当作"止"。停滞。

【译文】

"法制度量是王者治国的准则和工具。坚持过去的仪法和道德,就是害怕变革。天地就好像有神灵推动,变化不已,这是天地的根本原则。能与时俱变而使财富旺盛,这是言语难以传达的。仁者、智者都善于运用天地变化,若不是这样的人,那么它应对变化的良机就空自与神逝去了。

"衣食之于人也,不可以一日违也,亲戚可以时大也①。

是故圣人万民,艰处而立焉。人死则易云②,生则难合也。故一为赏,再为常,三为固然。其小行之则俗也③,久之则礼义,故无使下当上必行之。然后移商人于国,非用人也④,不择乡而处,不择君而使,出则从利,入则不守。国之山林也,则而利之⑤,市尘之所及,二依其本⑥。故上侈而下靡,而君臣相上下相亲⑦,则君臣之财不私藏。然则贪动⑧,枳而得食矣⑨。徙邑移市⑩,亦为数一⑪。"

【注释】

①时大:随着时间而增多。此"大"指亲戚增多,亦即人口增多。

②易云:容易相亲近。《诗经·小雅·正月》:"昏姻孔云。"毛传:"云,旋也。"如云团聚的意思。

③俗:形成风俗。

④用人:国君可使用的人。

⑤则:通"铡"。砍伐。

⑥市尘之所及,二依其本:市场能得到两倍的利益。市尘,市场。依,比。本,本金。

⑦而君臣相上下相亲:君臣上下呼应互相团结。相上下,相呼应。

⑧贪动:争相活动。

⑨枳而得食:分途用力,各得其食。枳,枝,引申为分别。

⑩徙邑移市:搬迁城镇和市场。

⑪数:权术,方法,策略。

【译文】

"衣食对于人,不可能一日离开,家族人口却随着时间而日益增多。所以无论是圣人还是百姓都是艰难地活在世上。人死易亲,活着则难投合。行赏之事,行一次人们看作'赏',二次,人们就习以为常,三次,人们则看成理所应当。小的行赏会形成风俗,久之则变成一般的礼法制度了,所以不要让下面的人觉得行赏是必然的事。下面的人不看重上赏就会专注于市场,商人就都移入国来,商人们并非听从国君之人,他们居处不挑选什么乡,事奉不挑选什么君主,卖出就是为了谋利,买进也不是为了守藏。国家的山林资源,取过来就去营利,使国家的市场税收成倍增长。所以朝中上下都可以奢侈消费,君、臣之间上下呼应,相互亲近,君臣的财产都不会窖藏不动。这样人人争相努力,各种职业的人都能有饭吃。人们为利益,迁移城镇和市场,这正是国家经济之大策之一。"

问曰:"多贤可云①?"对曰:"<u>鱼鳖之不食咡者②</u>,不出其渊。树木之胜霜雪者,不听于天。士能自治者,不从圣人,岂云哉?夷吾之闻之也,不欲,强能不服③,智而不牧。若旬虚期于月津④,若出于一明⑤,然则可以虚矣⑥。故阣其道而薄其所予,则士云矣。不择人而予之,谓之好人⑦;不择人而取之,谓之好利。审此两者以为处行,则云矣。

【注释】

①可云:何云。可,通"何"。云,亲。参上文"死则易云"句注。

②咡:饵。

③能:而。

④旬虚:古代天文学术语。一个月三十日为旬满,二十九日为旬虚。期:按一个月为单位算。月津:古代天文学术语。指月明光润津津的样子。

⑤若出于一明:旬的满虚取决于月亮圆缺一次(即一个月)长短的意思。

⑥可以虚：可以算一月中各旬（一旬为十日）的满虚。

⑦好人：爱好仁。人，通"仁"。

【译文】

桓公问道："该如何亲近众多的贤人呢？"回答说："不吃钓饵的鱼鳖，就不出深水。不畏霜雪的树木，就不听任天时。自己有办法的贤士，就不肯听从圣人，哪能亲近他们呢？我管仲听说过，如果人无所求，用强力不能使其屈服，用智慧也难以统治。这就好像一个月三旬的满虚取决月亮圆缺一次的长短；据其长短，可以算满虚。所以，要控制仕途发展而使禄赏不致过厚，士人就来亲近了。不择人而给予禄赏叫作'好仁'；不择人而进行敛取，就叫作'好利'。明白这两点，并且作为行事准则，就可使贤人亲附了。

"不方之政①，不可以为国。曲静之言，不可以为道②。节时于政，与时往矣。不动以为道，齐以为行③，避世之道，不可以进取。"

【注释】

①不方之政：不正确的政策。

②曲静之言，不可以为道：局限而缺少发展观的言论，算不上是道，因为道为一动一静。

③齐：等同，不加分别。即庄子所谓"齐生死"之"齐"。

【译文】

"不正确的政治措施，不能治国。局限而静止的言论，不可以作为准则。掌握好时势与政治的关系，就可以与时俱进了。把不动无为看作道，把齐定万物看作'德'，这是消极避世之道，不能鼓励人们进取。"

"阳者进谋①，几者应感②。再杀则齐③，然后运。何谓也④?"对曰:"夫运谋者,天地之虚满也,合离也,春秋冬夏之胜也。然有知强弱之所尤⑤,然后应诸侯取交⑥。故知安危,国之所存,以时事天⑦,以天事神,以神事鬼,故国无罪而君寿⑧,而民不杀,智运谋而杂橐刃焉⑨。

【注释】

①阳者:指明显的事物。进谋:提出好的谋略。

②几者:能见事物发展微妙的人。

③再杀:损之又损的意思。杀,减少。齐:同一。

④何谓也:原作"可请也",据郭沫若说改。

⑤有:又。尤:差异。

⑥应诸侯取交:应对诸侯应采取的策略。

⑦事:事奉。

⑧罪:指灾害战乱及严刑峻法等给国民带来灾祸的事。

⑨杂:聚。聚橐(tuó)刃:即收起甲兵不用的意思。橐,盛弓箭的袋子。

【译文】

"对已显明的事物,要能够运用谋略;对于隐幽的事物,要有感知的能力。要知道事物必须在精神上损之又损,与外物齐同,这样谋划才可以操作。这都是为什么呢?"回答说:"运用谋划,就像天地的盈虚与离合,就像是春秋冬夏的交替。明白了这一点,就懂得了强弱的差异,然后应对诸侯采取相应的策略。所以,知道了国家安危的原因,就能按照合宜的时节祭祀上天,按照祭天的时节祭祀神,又按照祭神的时节祭祀鬼,这样国无天灾人祸、国君安寿,而国民人口不会减少,运用智者之谋划,国家就能避免刀兵之祸。

"其满为感①，其虚为亡。满虚之合，有时而为实，时而为动②。地阳时贷③，其冬厚则夏热④，其阳厚则阴寒。是故王者谨于日至，故知虚满之所在以为政令。已杀生⑤，其合而未散⑥，可以决事⑦。将合可以禺，其随行以为兵⑧，分其多少以为曲政。"

【注释】

①感：感应。即天道盈满是可感的。

②"满虚之合"三句：满虚会合、有时表现为实在的，有时表现为运动的。

③地阳时贷：阴阳按时交替。据丁士涵说，"地"当作"阴"；贷，通"代"，代替，交替。

④冬厚：冬天严寒。

⑤已杀生：已到深秋肃杀的时节。古人认为"秋"代表刑杀，人世也应行相应的政令。

⑥合而未散：阴阳相合，处于平衡状态。

⑦决事：指决狱。

⑧将合可以禺，其随行以为兵：夏末秋初之时，寒凉方至，将配合此时事端的动静进行练兵。禺，初见事端。

【译文】

"天地虚满变化，满时可感，虚时则不可感。满虚相互结合，有时显现为充实，有时显示为变动。阴阳的运动是经常交替的，冬有严寒则夏有酷热，阳气旺盛则阴气也浓厚。所以君主应十分谨慎地对待冬至和夏至两个节令，由此了解虚、满的情况，据以确定政令。如已到深秋杀生的时节，阴阳聚合而平衡，可以决行狱事。秋气将合的初秋时节，可以配合时势动静进行练兵，并根据军力大小以安排军事活动。"

　　"请问形有时而变乎①?"对曰:"阴阳之分定,则甘苦之草生也②。从其宜,则酸咸和焉,而形色定焉,以为声乐。夫阴阳进退,满虚亡时,其散合可以视岁③。唯圣人不为岁④,能知满虚,夺余满补不足,以通政事,以赡民常⑤。地之变气⑥,应其所出⑦。水之变气,应之以精⑧,受之以豫⑨。天之变气,应之以正⑩。且夫天地精气有五⑪,不必为沮⑫,其亟而反⑬,其重陔、动毁、进退⑭,即此数之难得者也,此形之时变也。"

【注释】

①形有:有形。指阴阳万物变化态势。

②甘苦之草生:按阴阳五行的理论,五味生于五行。同理,下文提到的酸咸、形色、声乐也都取决于阴阳五行。

③散合可以视岁:阴阳的散与合构成一年十二个月,可据以观察年岁好坏。

④不为岁:不求改变年岁变化。此句反衬下句"知满虚,夺余满,补不足"。即圣人有所为、有所不为的意思。

⑤以赡民常:来满足百姓日常之用。

⑥变气:变异之气,灾变之气。

⑦出:指地气变化所出现的情况。

⑧精:精灵神怪。《国语·鲁语下》载:"季桓子穿井,获如土缶,其中有羊焉。使问之仲尼……对曰:'丘闻之,木石之怪曰夔、蝄蜽,水之怪曰龙、罔象,土之怪曰坟羊。'"所言"土之怪"即此文"地之变气"所"出","水之怪"即此"水之变气"所出之"精"。古代消除灾异,要找准异类别,即此文"应之"的意思。

⑨豫:预先准备。

⑩正:正气。

⑪五：即五行之气。

⑫不必：即必不，即不受任何阻碍。沮：阻止，阻碍。

⑬其亟而反：物极而反。亟，通"极"。

⑭其重陔（gāi）：迟重滞凝。陔，据李哲明说，借为"阂"，即"碍"。局限，妨碍。动毁：毁下原有"之"字，据俞樾说删。

【译文】

"请问万物之阴阳变化这件事的奥妙？"回答说："阴阳各自的本分已定，甘草和苦草也随而各自生长。顺应阴阳变化之宜，就可以调和酸咸，确定形色，使各种声调和音乐和谐。阴阳的消长变化，其满与虚皆无时而定，阴阳的散与合的过程可视为一年。只有圣人不图改变客观的年岁，却努力知晓满虚的状况，夺余满，补不足，使政令得以贯彻，民生日用得以满足。地上出现灾变之象，就据其具体情况祈祷解决。水中出现灾变精怪，就依其类加以应对，并提早有所预备。天上出现灾变之气，则唯有以正气来应对。天地间运动的精气有五种，不可阻碍，其气运有反向而动的，有迟滞凝重久而不去的，有发动而有所毁伤的，还有乍进乍退的，其中的规律难于把握，这就是因为物之形类会随时节而发生变化。"

"沮平气之阳①，若如辞静②。余气之潜然而动③，爱气之潜然而哀④，胡得而治动？"对曰："得之衰时⑤，位之观之⑥，佁美然后有辉⑦。修之心⑧，其杀以相待⑨，故有满虚哀乐之气也。故书之帝八⑩，神农不与存⑪，为其无位⑫，不能相用。"

【注释】

①沮：通"祖"。始，引申为依、循。平气：平正之气。阳：通"扬"。

②若如：怎样。辞：同"辭"。控制，掌握。

③余气：即平正之气之外的气。

④爱：通"薆"。隐伏。

⑤衰(cuī)：差别、分别。

⑥位之：从不同的方位。

⑦伿(yǐ)：凝聚。据郭沫若说，当作"信"。美然后有辉：美盛然后有余光。辉即晕，日月周围的光圈。

⑧修之心：即用心修治之。观察气之变化，需要耐心细致，且长期坚持。

⑨其杀以相待：气的变化，其缩减之数，每日不同。由长而短，是相对变化的。杀，减少。相待，相对，有比较的。

⑩书：标记。帝八：即八方帝位。古代测天象，用四方盘形物，四方四隅为八位，即八方帝位。

⑪神农：即炎帝。测天地之气，据于北方，故南方位不用。不与存：不在其中。

⑫为其无位：因为他不在其位。

【译文】

"依于正气，并使其发展兴起，如何使其静好有序？残余之气暗中思动，隐蔽之气暗中哀怨，如何制止它们的蠢动呢？"回答说："这些气的得到是有次第差别的，要从不同的方位加以观察，气凝聚到佳美的程度，就会有光芒。要修炼内心，耐心对待这些气。气的增减变化，由满到虚，由哀到乐，气的变化状态都会呈现。所以，在测天气的方盘八方位置上，标出八方帝位，其中神农的位置可以省略，因为它在观测中并无作用，所以没有他的位置。"

问："运之合满安臧①？""二十岁而可广②，十二岁而聂广③，百岁伤神④。周郑之礼移矣，则周律之废矣，则中国之草木有移于不通之野者⑤。然则人君声服变矣,则臣有依驷之禄⑥,妇人为政,铁之重反旅金⑦。而声好下曲⑧,食好咸苦,则人君日退。亟则溪陵山谷之神之祭更应⑨,国之称号亦更矣。"

【注释】

①安臧:在哪里。臧,同"藏"。

②二十岁:齐桓公霸业鼎盛在其即位后二十年。广:指政权强大。

③十二岁:再加十二岁的意思。聂广:代替者政权强大。聂,同"摄"。

④伤神:即再经百年的时间,姜姓齐国宗庙中的祖先神要伤情。指田陈篡夺姜姓齐君权力而言。

⑤不通之野:指未开化的地区。

⑥依:禄。《方言》:"依,禄也。"

⑦铁之重反旅金:据丁士涵说,"旅"当改为"于"。句意谓铁的价值反而比铜高。

⑧下曲:民间俗曲。

⑨亟:通"极"。发展到极端。更应:更以应之。

【译文】

问:"国运圆满之后,将归于何方?"回答说:"二十年后齐国可以称霸,再过十二年又有新的摄政之权发展壮大,百年之后齐国的社稷恐怕就要改变因而神灵伤情了。周郑之礼仪改易了,而周朝的律法也被破坏了,中原的文化英华被转移到蛮荒之地。既然人君的声乐、服饰改变了,臣下则必然可以拥有千乘的高禄,妇人可以主政,铁的价值反而高于青铜。喜欢听民间俚曲,喜欢吃咸苦之味,这样人君的地位日益衰退。国家衰败到了极点,对溪陵山谷之神的祭祀也被改变,甚至于国家的称号也被改换了。"

"视之亦变①,观之风气。古之祭有时而星②,有时而星熺③,有时而熰④,有时而朐⑤。鼠应广之实⑥,阴阳之数也。华若落之名⑦,祭之号也。是故天子之为国,图具其树物也⑧。"

【注释】

①视之亦变:当作"视之变"。视,通"示"。天象变化为示。亦,奕,大也。此句即天象发生巨变的意思。

②星:星祭,祭星辰的意思。

③星熺(xī):据猪饲彦博说,当删去"星"字。熺,同"熹"。蒸气状的云雾。

④熰(ōu):缊温之气。

⑤朐(qú):煦,日出时的云气。

⑥鼠:十二生肖。鼠为十二生肖之首,此处以鼠代表十二生肖。应广:与十二年相应。上文"十二岁而聂(摄)广","广"代表十二岁,与十二生肖为十二年相应。

⑦华若落:章炳麟说华若落,即华落,"谓夷狄掠取中原草木",意思是未来夷狄侵夏,祭名也将发生变化。

⑧图具其树物:用图表示其标志性的东西。树,树立。物,旗帜之夹。

【译文】

"天象也将大变,这需要观测风向与云气。古时的祭祀,有时祭星辰,有时祭星辰云气,有时祭天地缊温之气,也有时祭日出时的云气。十二生肖应对太岁纪年的十二年,符合阴阳的定数。祭神名称也会夷狄化,祭名将改变。因此,历朝天子主持国家,都用图画表示其标志性的事物。"

卷第十三

心术上第三十六

【题解】

心术，即道术，亦即以道处世的原则。文章认为"心"与"九窍"等感知器官的关系，是"心"无为，以便使各种感知器官各司其职，充分发挥各自的功能。同时，无为之"心"要处"静"，因而可以不被干扰，有效地统驭各种官能。古人以"心"为思维器官，并认为它是人体的主宰，以心比君。本文的基本内容在于论述心的功能，进而讨论修养身心、为人处世乃至自然、宇宙等问题。其中涉及的一些概念，范畴如"心""道""智""虚""无为"等等，表现的是道家的思维方式。《心术》有上下篇，此为上篇。本文前经后传，经与传各有六段文字，传文是对经文的说明和阐发。

心之在体，君之位也；九窍之有职①，官之分也。心处其道，九窍循理；嗜欲充益，目不见色，耳不闻声。故曰：上离其道，下失其事。毋代马走，使尽其力；毋代鸟飞，使弊其羽翼②。毋先物动，以观其则。动则失位，静乃自得。

【注释】

①九窍：口、鼻、耳、目等人体器官的九个孔穴。泛指人体各感觉器官。

②弊：废弃。此处为退化之意。

【译文】

心脏在人体中,犹如一国之君的地位;各种感觉器官均有职能分工,犹如百官的不同职分。心脏运转正常,各器官就能合理运作;如果心中充满欲望,人的眼睛就分不清颜色,耳朵就听不清声音。所以说:上面背离正道,下面就会丧失职事。不要代马行走,而要让其竭尽全力;不要替鸟飞翔,使其翅膀退化。不要先于事物行动,要观察其规律。躁动就会失掉本位,沉静才能得其规律。

道,不远而难极也,与人并处而难得也。虚其欲,神将入舍①;扫除不洁②,神乃留处③。人皆欲智,而莫索其所以智乎④。智乎,智乎,投之海外无自夺⑤,求之者不得处之者⑥。夫正人无求之也⑦,故能虚无。

【注释】

①神:正确认识道的精神。

②不洁:此处喻指情欲。

③处:停留。

④乎:一说,此“乎”字为衍。

⑤投之海外无自夺:意思是有了智慧无论到了那里,智慧都不会被夺取。

⑥求之者不得处之者:指追求智慧的人不知道如何拥有智慧。求之者,也是有“欲”者,所以求不到。

⑦正人:能得道之人。

【译文】

道在不远的地方却难以企及,与人共处却难以领悟。荡涤欲望,神智就会来临;扫除欲念,神智才会停驻。人们都想获得智慧,却没有探究过怎么获得智慧。智慧啊，智慧啊，有了你走到天涯海角别人都夺不走，追求你的人却不知道如何拥有你。得道的人正是没有追求的欲望，所以能够达到虚静。

　　虚无无形谓之道，化育万物谓之德，君臣父子人间之事谓之义，登降揖让、贵贱有等、亲疏之体谓之礼①，简物小未一道②，杀僇禁诛谓之法。

【注释】

①登降：上下台阶。古代典礼，登阶升堂，讲究谦让，故"登降"代表"礼"。

②简：分别，挑选。未：末。古代两字可通用。此句似有脱误，大意即过分注意对事物分别、挑选，不合道的要求。

【译文】

　　虚无没有形状的称之为道，孕育万物的称之为德，君臣父子之间的关系称之为义，升降礼让、贵贱等差、亲疏远近的关系称之为礼，过分强调分别注意于小事不合道，而禁令杀戮的章程则称之为法。

　　大道可安而不可说。直人之言①，不义不顾②，不出于口，不见于色，四海之人，又孰知其则？

【注释】

①直：一说当为"真"。真人即得道之人。

②义：当为"俄"，意为偏斜。顾：当为"颇"，偏颇。

【译文】

　　大道只可安然处之而不可言说。真人之言不偏不倚，道说不出口，也不表现在形色上,四海之内有谁知道它的规律呢?

天曰虚,地曰静,乃不伐①。洁其宫②,开其门③,去私毋言,神明若存。纷乎其若乱,静之而自治。强不能遍立,智不能尽谋。物固有形,形固有名,名当,谓之圣人。故必知不言无为之事④,然后知道之纪。殊形异埶⑤,不与万物异理,故可以为天下始。

【注释】

①伐:当为"忒",差错。

②宫:这里指心。

③门:人的感觉器官,如耳、目等。

④不言:一说当为"不言之言"。

⑤埶:同"势"。形态,姿势。

【译文】

天是虚空的,地是沉静的,遵循虚静原则,就不会有差错。洁净内心,开放感官,去除私欲,不用言说,神奇的领悟仿佛存乎于心。万事万物纷纭烦乱,以虚静待之就能使其自然得治。再强大也不能解决所有事情,再聪明也难以考虑得尽善尽美。事物有其本来的形状,其形状自有本来的名称,能使名称恰当的就是圣人。所以,一定要领会不可言说和自然无为的事情,才能知晓道的纲纪。了解万物的千差万别,不违背万物的自然生理和规律,才能治理好天下。

人之可杀,以其恶死也;其可不利①,以其好利也。是以君子不怵乎好②,不迫乎恶,恬愉无为,去智与故③。其应也,非所设也④;其动也,非所取也。过在自用,罪在变化⑤。是故

有道之君⑥,其处也若无知,其应物也若偶之⑦。静因之
道也⑧。

【注释】

①其可不利:可以用不利对待之。以上两句是说人性的短处,可以
　被利用。

②怵(xù):通"讻"。诱惑。怵,原作"休",据下文经解部分改。

③故:世故、伪诈之心。

④设:设想,谋求。

⑤变化:随外在情况而变化。是不了解"道"的表现。

⑥有道之君:即了悟了道的人。据后文当为"有道之君子"。

⑦偶:偶然,无意。

⑧静因之道:言排除主观的嗜欲成见,完全依照客观事物自身的规
　律行事。静因,虚静与因依。

【译文】

有些人可以用杀戮来胁迫,因为他们贪生怕死;有些人可以用不利
来胁迫他,因为他们贪图私利。所以,君子不为喜好所诱惑,不为邪恶
所威胁,恬淡无为,远离巧智与伪诈。他应对处事,不是为了有所谋求;
他行动处事,并非为了有所获取。人的过失在于过于自负,人的罪过在
于随风而变。所以有道的君子居处的时候无知无识,应对外物的时候
好像是在出于无心地应和、配合。这是虚静因循之道。

"心之在体,君之位也。九窍之有职,官之分也。"耳目
者,视听之官也,心而无与于视听之事①,则官得守其分矣。
夫心有欲者,物过而目不见,声至而耳不闻也。故曰"上离
其道,下失其事"。故曰:心术者,无为而制窍者也②,故曰

"君"。"毋代马走","毋代鸟飞",此言不夺能能③,不与下诚也④。"毋先物动"者,摇者不定,趮者不静⑤,言动之不可以观也。"位"者,谓其所立也。人主者立于阴,阴者静,故曰"动则失位"。阴则能制阳矣,静则能制动矣,故曰"静乃自得"。

【注释】

①无与于视听之事:不干预看和听的事。

②无为而制窍:通过无为来控制九窍。

③不夺能能:不限制有能力的人发挥才能。

④与:参与。诚:审也。此句是说不参与下面的各种计算谋划行为。

又,据张文虎说,"诚"当作"试",即不与臣下比试能力。

⑤趮:"躁"的异体字。

【译文】

"心之在体,君之位也。九窍之有职,官之分也。"这是说耳目是管视听的器官,心不去干预视听的职守,耳目等器官就得以恪守其职了。如果心里有了嗜欲杂念,事物出现也会视而不见,声音传来也会充耳不闻。所以说"上离其道,下失其事"。所以说:心的功能,就是用虚静无为来控制九窍的,所以把它称作"君"。"毋代马走","毋代鸟飞",这是说不要剥夺能者的才华,不参与下级智谋活动。所谓"毋先物动",是因为动摇的人不能镇定,急躁的人就不能冷静,就是说"先物而动"就无法准确地观察事物了。"位",指所处的地位。人君应处在阴的地位,阴的性质是静,所以说"动则失位"。阴能制阳,静能制动,所以说"静乃自得"。

道在天地之间也,其大无外,其小无内,故曰"不远而难极也"。虚之与人也无间①,唯圣人得虚道,故曰"并处而难得"。世人之所职者精也,去欲则宣,宣则静矣。静则精,精则独立矣。独则明，明则神矣。神者至贵也，故馆不辟除，则贵人不舍焉②。故曰"不洁则神不处"。"人皆欲知，而莫索之"。其所知③，彼也；其所以知，此也。不修之此，焉能知彼？修之此，莫能虚矣。虚者无藏也④，故曰去知则奚率求矣⑤，无藏则奚设矣。无求无设则无虑，无虑则反复虚矣⑥。

【注释】

①无间：没有距离。

②贵人：喻指神，即道。

③其所知：原作"其所以知"，据赵守正说改。

④藏：储藏，指所存在的成见和欲望。

⑤知：同"智"。智慧。奚率求：率，循也。循理而自求。

⑥无虑则反复虚：没有思虑就回到了虚空状态。反，同"返"。

【译文】

道在天地之间，大到无所不包，小到无可容纳，所以说"不远而难极也"。道虚空而又与人之间没有什么距离，但只有圣人能体悟这虚空的道，所以说它"并处而难得"。世人应当心意专一，清除欲念则能心意疏通，心意疏通则能保持虚静。保持虚静就可以心意专一，心意专一则独立于万物之上。神智独立于世则能明察万物，明察万物则神明降临。神明是最高贵的，内心的馆舍不加扫除，神智就不会驻足停留。所以说"不洁则神不处"。"人皆欲知，而莫索之"。人们所认知的对象，是彼物；人们用以认知事物的，是此心。不修养此心，怎么能认知彼物呢？修养自己身心的最好办法，莫如虚空静守。虚，就是排除欲念，无所残留，所以说摒弃智慧就能循理自求，排除欲念就能循理自谋。无刻意之求取且无刻意设计就能没有思虑，没有思虑就回到了虚空状态了。

天之道，虚其无形。虚则不屈，无形则无所位赶①。无所位赶，故偏流万物而不变。德者，道之舍，物得以生生，知得以职道之精②。故德者，得也。得也者，其谓所得以然也以③。无为之谓道，舍之之谓德。故道之与德无间，故言之者不别也。间之理者④，谓其所以舍也。义者，谓各处其宜也。礼者，因人之情，缘义之理，而为之节文者也⑤。故礼者谓有理也。理也者，明分以谕义之意也。故礼出乎义，义出乎理，理因乎宜者也⑥。法者所以同出，不得不然者也，故杀僇禁诛以一之也⑦。故事督乎法，法出乎权，权出于道。

【注释】

①位赶(wǔ)：抵触的意思。位，立。赶，逆也。

②职：通"识"。认识，了解。

③以：同"已"。

④间之理者：据王引之说，应作"无间者"，无间，没有差别。

⑤为之节文：为它制定礼仪制度。

⑥宜：适宜。又，据郭沫若说，"宜"应改为"道"字，句谓理产生于道。

⑦僇：通"戮"。一之：使之统一。

【译文】

天道，是虚而无形的。虚寂，就不受挫折；无形，就无所抵触。无所抵触，因此能流转于万物之间而不会随之改变。德，是道寄寓的馆舍，万物依赖它得以焕发生机，心智依赖它得以认识道的真谛。所以，"德"就是"得"。所谓得，那就等于说是所要得到的东西已经得到了。虚静无为叫道，体现它的就叫作德。所以道与德没有什么差别，人们谈论它们往往不加区别。说他们没有差别，是因为德就是道的体现。所谓义，说的是各行其宜。所谓礼，则是根据人的感情，按照义的道理，而设立的礼仪制度。因此，礼也可以说是合乎义理。理，通过明确事物的本分来表达义的内涵。所以，礼从理产生，理从义产生，义产生于行事所宜。法度是用来统一参差不齐的社会行动而不得不实行的，所以要运用杀戮禁诛来实现这种统一。所以事事都要用法律准绳来督察，法是通过权衡得失而产生的，而权衡的标准则是以道为根据的。

　　道也者，动不见其形，施不见其德，万物皆以得，然莫知其极①，故曰"可以安而不可说"也。"莫人"②，言至也。"不宜"③，言应也。应也者，非吾所设，故能无宜也。"不顾"，言因也。因也者，非吾所所顾④，故无顾也。"不出于口，不见于色"，言无形也。"四海之人，孰知其则"，言深囿也⑤。

【注释】

　　①莫知其极：不知道它的究竟。

　　②莫人：上文作"直人"，王念孙谓"莫"为"直"之误，而"直人"即"真人"。

　　③宜：上文作"义"。这里是"有所义"，即有所偏重，偏取的意思。

　　④非吾所所顾：非我所处顾，即非我所顾的意思。第二个"所"，为"处"字假借。顾，还视、回望。

　　⑤深囿：深邃的园林，这里指蕴含很深。

【译文】

　　道，它运动时看不见它形状，它布施时看不到它的德惠，万物都是因为得到了道才得以生成，然而却没有谁能明白它的究竟，因此说"可以安而不可说"。"真人"，说的是修道境界极高的人。"不义"，是说应物而变。所谓应，即不是由自己主观筹划，所以能做到不固执。"不顾"，说的是因循。所谓因循，是说我们不主动作为，所以能做到无偏颇。"不出于口，不见于色"，是说道无形无象。"四海之人，孰知其则"，是说道深邃而包容。

　　天之道虚，地之道静。虚则不屈，静则不变，不变则无过，故曰“不伐”①。“洁其宫，阙其门”②。宫者，谓心也。心也者，智之舍也，故曰“宫”。洁之者，去好过也③。门者，谓耳目也。耳目者，所以闻见也。“物固有形，形固有名”，此言不得过实，实不得延名④。姑形以形⑤，以形务名⑥，督言正名，故曰“圣人”。“不言之言”，应也。应也者，以其为之人者也⑦。执其名，务其所以成之⑧，应之道也。“无为之道”，因也。因也者，无益无损也。以其形，因为之名，此因之术也。名者，圣人之所以纪万物也。人者，立于强，务于善，未于能⑨，动于故者也。圣人无之，无之则与物异矣。异则虚，虚者万物之始也，故曰“可以为天下始”。

【注释】

①伐：据上文，当作“忒”。

②阙：开。

③好过：因嗜好引起的过错。

④延名：扩展名声。

⑤姑：估量。姑，黎翔凤说：“姑”，估计之义。

⑥务：趣，趋向。动词。

⑦以其为之人者也：因为做出“应”的是他人，而不是自己。因为“不言之言”，是以实际行为及行为所产生的效果来说话，所以“应”就是实际行为所产生的效应。这效应是他人的表现。一说，“人者”当作“者人”。

⑧务其所以成之：努力探究事物的形成。“其”下原有“应”字，据王

引之说删。

⑨未于能：未，郭沫若认为当作"举"。"举于能"，即好逞能的意思。

【译文】

天道是虚的，地道是静的。虚就没有曲折，静就没有变动，没有变动就没有过失，所以叫作"不忒"。"洁其宫，阙其门"。宫室，指的是内心。内心是智慧的居处，所以称作"宫"。清扫屋舍，就是要清除内心嗜好的过错。门户，指的是耳目。耳目，是用来视听外部事物的。所谓"物固有形，形固有名"，这是说名称不能与事物的实质不符，事物的实质也不得被名称所夸大。从形态的实质估量形态，从形态的实质出发确定名称，以此稽查言论，规正名称，能做到这样才叫作"圣人"。"不言之言"，意思就是"应"。所谓应，是因为它的表现者是别人而非自己。把握事物的名分，努力探究事物的形成，这就是"应"的方法。"无为之道"，意思就是因循。所谓因循，就是不增加也不减少。根据事物本来的形态而命名，这就是因循的方法。名分，是圣人用来指称万物的标记。一般人总是好强求，好显示自己的善，好逞能，好用智巧。圣人则没有这些偏好，没有这些就可以承认万物的不同规律。承认万物的不同就能做到虚，虚是万物的原始状态，所以说"可以为天下始"。

人迫于恶则失其所好，怵于好则忘其所恶①，非道也。故曰"不怵乎好，不迫乎恶"。恶不失其理，欲不过其情，故曰"君子"。"恬愉无为，去智与故"，言虚素也②。"其应，非所设也，其动，非所取也"，此言因也。因也者，舍己而以物为法者也。感而后应，非所设也；缘理而动，非所取也。"过在自用，罪在变化"：自用则不虚，不虚则仵于物矣③。变化则为生，为生则乱矣④。故道贵因。因者，因其能者，言所用也⑤。"君子之处也，若无知"，言至虚也。"其应物也，若偶之"，言时适也，若影之象形，响之应声也。故物至则应，过则舍矣。舍矣者，言复所于虚也。

【注释】

①怵于好：被喜欢的东西所诱惑。

②虚素：虚空而质朴。

③忤于物：与客观事物相抵触。

④为生：产生假象。为，通"伪"。

⑤言所用：发挥其作用。

【译文】

一般的人往往被厌恶的事物所胁迫，而失掉他应喜好的东西；被喜好的东西所诱惑，因而连可恶的事物都忘记了，这些都不合于道。所以说"不怵乎好，不迫乎恶"。厌恶某个事物但不要丧失常理，喜好某个事物但不要超越常情，能这样做的人才能被称作"君子"。"恬愉无为，去智与故"，说的是要保持虚空质朴。"其应，非所设也，其动，非所取也"，这也是在说因循的道理。所谓因循，就是舍弃自己的主观而以客观事物为依据。感受之后才能反应，并不是事先谋划好了；按照事物的道理来采取行动，并非事前选择好了。"过在自用，罪在变化"：自以为是就不能够做到虚，不能虚，主观认识就会与客观事物相抵触。妄加变化就会产生虚伪，产生虚伪就会导致混乱。所以，道以因循为贵。因循，就是根据事物自身所能来发挥它应有的作用。"君子之处也，若无知"，说的是他已经达到了至高无上的虚静境界。"其应物也，若偶之"，这是说他能随时与物适应，如影随形，如响随声。物来则应对，物去则舍弃。所谓舍弃，说的是又回到虚的状态。

心术下第三十七

【题解】

本篇与《心术上》其实并无有多大关联,其内容倒是与《内业》篇相似,故郭沫若等学者多以为本篇是《内业》篇的一个别本。本篇主要描述了修养内心的理想境界,对于君主来说,要修明内德,对于平民来说,要做到中正平和。最后作者告诫人们:只要怀有好心,好事自然会到来。也就是说只要内心保持虚静平和,看待世界的眼光就会向善,事物的性质也就会因此而改变。

形不正者德不来,中不精者心不治。正形饰德①,万物毕得。翼然自来,神莫知其极。昭知天下,通于四极。是故曰:无以物乱官②,毋以官乱心,此之谓内德③。是故意气定然后反正④。气者,身之充也,行者,正之义也⑤。充不美则心不得,行不正则民不服。是故圣人若天然,无私覆也;若地然,无私载也。私者,乱天下者也。

【注释】

①饰:通"饬"。修治。

②官：眼、耳、鼻、舌等感觉器官。

③内德：内有所得。

④反正：恢复正常。反，同"返"。

⑤义：同"仪"。

【译文】

外表不端正的人，肯定德没有养成；内在不精诚的人，肯定是心灵没有得到修治。端正外表，修养内德，才能理解万物。这样德就像是飞鸟自来，神都不知道它的究竟。这样就可以明察天下事物，达到四方极远之地。所以说：不让外物扰乱官能，不让官能扰乱内心，这就叫作"内德"。因此，首先做到意气安定，然后才能使行为回归正道。所谓气，就是充实身体的内容，所谓行，就是立身持正的仪表。充实不圆满则心意不安，行为不正则民众不服。所以，圣人总是像天一样，被覆万物而无私心；像地一样，载置万物而没有偏袒。私心，是乱天下的根源之所在。

凡物载名而来，圣人因而财之①，而天下治。实不伤②，不乱于天下，而天下治。专于意，一于心，耳目端，知远之证③。能专乎？能一乎？能毋卜筮而知凶吉乎④？能止乎？能已乎？能毋问于人而自得之于己乎？故曰：思之思之，不得，鬼神教之。非鬼神之力也，其精气之极也⑤。

【注释】

①财：据刘绩说，同"裁"。裁定，裁判。

②实不伤：实不因圣人的裁判而受到伤害，即名实不相违背。实，事物的内容。

③证：据黎翔凤说，假为"征"。指吉凶征兆。

④卜筮：占卜。古时用龟甲占卜叫作"卜"，用筮草占卜叫作"筮"。

⑤精气之极:精气作用的最终结果。

【译文】

大凡万物和名称都是与生俱来的,圣人依照本原来裁定它,使天下得以治理。事物的实质不会因为圣人的裁定而受到损伤,因此天下万物不会发生混乱,于是可以实现天下大治。专心一意,耳目端正,就能断定未来的吉凶了。能专心么? 能一意么? 能做到不用占卜而知吉凶么? 能做到要止就止么? 能做到要完就完么? 能做到不求于人而自我实现么? 所以说:必须进行思考,思考不得,鬼神将给予教导。这不是鬼神的力量,而是人的精气作用发挥到极点的结果。

一气能变曰精①,一事能变曰智。慕选者②,所以等事也;极变者,所以应物也。慕选而不乱,极变而不烦,执一之君子。执一而不失,能君万物③,日月之与同光,天地之与同理。

【注释】

①一气能变:保持气的专一而最终能随心所欲。

②慕选:同"募选"。

③君:这里作动词,统治,治理。

【译文】

保持气的专一而能随顺万物叫"精",专心做好一事而能随心所欲叫"智"。广求而加以选择,是为了各种事务有与之相应的人才;极尽所能的变化,仅是为能适应事物的特点。广加选择而自己不陷于混乱,善于改变而自己不陷于烦扰,就可以成为一个专一的君子。坚持专一而不放松,就能够统率万物,使日月与之同光,天地与之同理了。

圣人裁物,不为物使①。心安,是国安也。心治,是国治也。治也者,心也;安也者,心也。治心在中,治言出于口,治事加于民。故功作而民从,则百姓治矣。所以操者②,非刑也;所以危者,非怒也。民人操,百姓治,道其本至也。至不至无③,非所人而乱④。

【注释】

①不为物使:不被物役使。

②操:控制,把持。

③不:据郭沫若说,当作"丕",巨大。无:据黎翔凤说,当作"丰"。

④非所人:非其人。所,其。

【译文】

圣人裁定事物,不受事物所驱使。保持心安,这个国家也就安定。保持心治,这个国家也就得治。治理首先在于内心,安定也首先在于内心。内心得到修治,口里说的就会是"治言",加于民众的就会是"治事"。因而事业振兴而人民顺服,百姓就算治理好了。所以用来统治人民的手段不是刑罚,用来威慑百姓的力量不是发怒。要想统治人民,治理百姓,道是最根本的。功业至大至丰,所用非人,也会招致混乱。

凡在有司执制者之利①,非道也。圣人之道,若存若亡,援而用之,殁世不亡。与时变而不化,应物而不移,日用之而不化②。

【注释】

①有司:官府的各个部门。利:当作"则",原则。

②化:损耗。

【译文】

凡是官府各部门所实行的制度原则,都不是道。圣人的道,若有若无,一旦拿过来运用,便会终身享用不尽。道与时俱变而不随波逐流,顺应万物而又坚定不移,天天使用它而不会使其受到损耗。

人能正静者,筋肕而骨强①;能戴大圆者,体乎大方②;镜大清者,视乎大明③。正静不失,日新其德,昭知天下,通于四极。金心在中不可匿④,外见于形容,可知于颜色。善气迎人,亲如弟兄;恶气迎人,害于戈兵⑤。不言之言,闻于雷鼓。金心之形,明于日月,察于父母⑥。昔者明王之爱天下,故天下可附;暴王之恶天下,故天下可离。故货之不足以为爱⑦,刑之不足以为恶。货者爱之末也,刑者恶之末也。

【注释】

①肕:同"韧"。

②能戴大圆者,体乎大方:戴,顶。大圆,指天道。大方,指地道。大方、大圆之说,亦见《吕氏春秋》。

③大明:指日月。

④金心:像金一样的心。

⑤害于戈兵:其危害比戈兵还厉害。

⑥察于父母:其明察的程度,胜过父母对子女的了解。

⑦货:用货而赏。

【译文】

人如能进到端正沉静的境界,身体也就筋脉坚韧骨骼强健;能头顶青天的人,常能脚踏大地岿然屹立;能够视物如目透清水的人,常如日月明察万物。只要不失掉这正与静,其德行将与日俱新,能明识天下,能通达四极。如金子一般精纯的心是不可能掩蔽的,它将表现在形体容貌上,通过表情脸色流露出来。以和善之气迎人,彼此相亲就如同兄弟;以怨怒之气迎人,彼此就会相害如同刀兵。这种不能用口说出的话语,比打雷击鼓还响亮震耳。如金之心,比日月还更光亮,体察事情比父母了解子女还更透彻。从前,圣明的君主爱抚天下,故天下之人纷纷归附;残暴的君主施虐天下,故天下之人纷纷叛离。所以,光是赏赐不足以代表爱护,光是刑罚不足以表达厌恶。赏赐不过是表现爱抚的小节,刑罚不过是表现憎恶的末事。

凡民之生也,必以正乎! 所以失之者①,必以喜乐哀怒。节怒莫若乐,节乐莫若礼,守礼莫若敬。外敬而内静者,必反其性②。

【注释】

①失之:指失去中正。

②反其性:恢复其本性。反,同"返"。

【译文】

普通人的生活,一定要依靠中正。其所以失去中正,必然是由于喜乐哀怒情绪的影响。制止忿怒,没有比音乐更好的了;控制快乐,没有比礼更好的了;遵守礼仪,没有比保持敬慎更好的了。外恭敬而内虚静的人,必定能回归于本性。

岂无利事哉? 我无利心①。岂无安处哉? 我无安心②。心之中又有心,意以先言。意然后刑③,刑然后思,思然后知。凡心之刑,过知先王④。是故内聚以为原。泉之不竭,表里遂通;泉之不涸,四支坚固⑤。能令用之,被服四固。是故圣人一言解之⑥，上察于天，下察于地。

【注释】

①利心：求利之心。

②安心：安宁之心。

③刑：通"形"。有了形象。下同。

④过知：已形成之知。王（wàng）：通"旺"。

⑤支：同"肢"。

⑥一言解之：这是对上述的"道"而言。

【译文】

岂能没有逐利之事呢？只怕自己没有求利之心。岂能说没有安宁之处呢？只怕是自己没有安宁之心。心之中又有心，这个心先产生意念，再说出话来。因为有了意念然后有具体的形象，有了具体形象然后就据以思考，经过思考然后才有了知识。大凡心的形象，已形成的知可以先旺。于是内部的聚集形成泉源。泉源不枯竭，表里才能沟通；泉源不干涸，四肢才能强壮。如果能将整个道理运用于政令治国，就能推广运用到四面八方。所以，圣人用一句话对道做了解释：上能知天，下能知地。

白心第三十八

【题解】

白心即使内心纯洁。《老子》曰："大白若辱。"白心，即清静之心。此篇与《心术》上篇所谓"洁其官""虚其欲"涵意略同，都是指扫除欲念，抱虚守静，修养内心的。然而，本文谈论的远远超出纯洁内心的内容，它阐述了以虚静为本，符合常规、顺应万物规律的处世方法，讨论了对国家和战争无为而治的看法，并且非常细致地描述了"道"的形态、运行和涵义。所以，此篇实际上已经混合了政治和哲学两方面，表现了较强的黄老道家色彩，反映出战国时代道法结合的趋势。另外，本篇多有韵文，是其明显特色。

建当立有①，以靖为宗②，以时为宝，以政为仪③，和则能久。非吾仪，虽利不为；非吾当，虽利不行；非吾道，虽利不取。上之随天，其次随人。人不倡不和，天不始不随。故其言也不废，其事也不随④。

【注释】

①当：正当，即可持久实行的常规、常法。有：真实不虚的存在。《老子》："有之以为利。"义同此。一说为"首"，与"道"古同音而

通用，"立首"即"立道"。

②靖：通"静"。虚静。

③政：正确。仪：行仪，行为方式。

④随：当为"堕"。失败。

【译文】

建立正当常规，树立有形的存在，应当以虚静为本，以合于时宜为贵，以正确不偏为准，与此相合才能持久。不符合我的原则，虽有利可图也不做；不符合我的常法，虽有利可图也不实行；不符合我的道义，虽有利可图也不采用。首先是顺应天道，其次是合乎人心。人们不提倡的事不去应和，上天不曾开创的事不去跟随。因而其言论不会失效，其事业不会失败。

原始计实①，本其所生。知其象则索其刑②，缘其理则知其情，索其端则知其名。故苞物众者③，莫大于天地；化物多者，莫多于日月；民之所急，莫急于水火。然而，天不为一物枉其时，明君圣人亦不为一人枉其法。天行其所行而万物被其利④，圣人亦行其所行而百姓被其利。是故万物均、既夸众矣⑤。是以圣人之治也，静身以待之，物至而名自治之⑥。正名自治之，奇名自废⑦。名正法备，则圣人无事。不可常居也，不可废舍也⑧。随变断事也，知时以为度。大者宽，小者局⑨，物有所余，有所不足。

【注释】

①原：推究本原。动词。计：探讨。

②刑：通"形"。

③苞：通"包"。

④被：得到，承受。

⑤既：通"饩"。《说文》："既，小食也。"在此有喂食、养育的意思。

　夸众：众多。夸，奢。一说，"既夸众"当为"百姓平"。

⑥名：指名称，名分。"名自治之"意即有了正确的名称和法度，万事就纳入相应法度照章行事而已。

⑦奇名自废：原作"奇身名废"，据王引之说改。言名不正就会被废弃。奇，通"畸"。指邪或不正之行。

⑧舍：停留。"废舍"，意即无所留止或不稳定。

⑨局：局限，不足。

【译文】

　　追索事物的来源，探讨事物的实质，应追溯事物生成的根据。了解事物的现象就可以考察其形体，根据事物的原理就可以了解实情，找到事物的开端就知道它的名谓了。广泛包罗万物的，莫大于天地；孕育众多物类的，莫甚于日月；民众最迫切需要的，莫过于水火。但是，天不会因为任何个体改变它的节令，明君圣人也不会因为某个人屈枉了他的法度。天按照它自己的规律运行，万物因而都获得它的好处；圣人也按照他的法度行事，百姓也因而得到他的好处。因此，万物平衡发展，大众也就得到养育。所以，圣人治世，虚静无为地对待一切，一遇到事物就按照其既定的名分自然地获得治理。名正自然治理得好，名不正自然会被废弃。只要名称正确法度完备，圣人就可以清静无为。名称与法度不可永远不变，也不能来回变动无所留止。要适应变化来裁断事物，把握时机以确定法度。范围偏大则过宽，偏小则局限，事物发展就会参差不齐。

　　兵之出①，出于人；其人人，入于身②。兵之胜，从于适③。德之来，从于身。故曰：祥于鬼者义于人④。兵不义，不可。强而骄者损其强，弱而骄者亟死亡；强而卑，义信其强⑤,弱而卑,义免于罪。是故骄之余卑,卑之余骄。

【注释】

①兵:指武器。

②入于身:兵器伤人。

③从:跟从,取决。适:和,上下一心。

④祥:保佑。

⑤义:宜,可以。信:通"伸"。

【译文】

士兵手执武器出征打仗,用武器使敌人身体受创。战争的胜利,取决于上下和谐。道德的到来,取决于自身的努力。所以说:凡是想得鬼神保佑者必须行义于人。不义的战争是发动不得的。强者如果骄傲就损害它的强大,弱者如果骄傲就加速它的灭亡;强国谦卑就会更加强大,弱国谦卑就可以免遭祸患。所以,骄纵会导致卑下,谦卑则能荣耀。

道者,一人用之,不闻有余;天下行之,不闻不足。此谓道矣。小取焉则小得福,大取焉则大得福,尽行之而天下服,殊无取焉则民反①,其身不免于贼②。左者,出者也;右者,入者也③。出者而不伤人,入者自伤也④。不日不月,而事以从⑤;不卜不筮,而谨知吉凶。是谓宽乎刑⑥,徒居而致名⑦。去善之言⑧,为善之事,事成而顾反无名⑨。能者无名⑩,从事无事⑪。审量出入⑫,而观物所载⑬。

【注释】

①殊:完全。

②贼:被杀死。

③"左者"四句：此语表达的是古人的吉凶观念，古人以坐北朝南为
　基准，左为东，右为西，太阳从东方出，西方入，出为吉、入为凶的
　观念由此而生。齐人亦尚左，见《宙合》。

④入者自伤也：此句是说选择了凶日，会自我伤害。

⑤不日不月，而事以从：意谓如果行动合乎客观形势，可以不用选择日
　月的凶吉。下一句"不卜不筮"意思相同，即人谋得当，不必问鬼神。

⑥刑：通"形"。形迹。

⑦徒居：白白地闲居。

⑧去：去掉。

⑨顾反：反而。

⑩无名：不追求出名。此"名"字，宋本无，据诸家之说补。

⑪从事无事：尹注曰：从事安然闲暇，故无事。

⑫出入：吉凶。

⑬载：运行。

【译文】

　　道，一个人使用也没有听说有余，天下人都来实行也没有听说不
足。这就是道。微取于道，就能稍得其福；较多地取法于道，就能得到
大福；完全按道行事，就能得到天下的信从；完全不取法于道，则民众递
反，自身不免被害。左的方位是出生，右的方位是死亡。即使出生的方
位不伤人，在死亡方位的人也会自伤。不必选择什么黄道吉日，依道行
事就可以得遂心愿；不用求问鬼神，依道行事就可以了解吉凶。这叫作
身心宽裕，闲居而可得名。去掉那些善言，静静地做好事，大事成就即
可以无名。真能者无名，真做事的却像无事。审察和考虑左右出入的
吉凶情况，就能静观事物的运行状态。

　　孰能法无法乎①？始无始乎？终无终乎？弱无弱乎？
故曰：美哉崇崇②。故曰：有中有中③，孰能得夫中之衷乎④？

故曰:功成者隳⑤,名成者亏。故曰:孰能弃名与功而还与众人同? 孰能弃功与名而还反无成? 无成有贵其成也,有成贵其无成也⑥。日极则仄,月满则亏。极之徒仄,满之徒亏,巨之徒灭。孰能已无已乎⑦? 效夫天地之纪。

【注释】

①法无法:取法于无法。即没有法的形迹。下文"始无始"等义同。一说当为"治无治"。

②弟(fú)弟:兴盛的样子。

③有中有中:一说,为"不中有中"。

④中之衷:中正的关键。

⑤隳(huī):改坏。

⑥无成:这里指虚静无为的心态。

⑦已无已:据王念孙说,当作"亡已"。亡,通"忘"。亡已,即忘记自己之意。一说,当作"无已"。

【译文】

谁能做到取法于无法(虚静无为)? 起始于没有开始? 在没有结束的地方终结? 在没有行动的情况下削弱别人? 这样是多么美妙兴盛的事。所以说:不追求中正反而获得中正,谁能领会获得中正的关键呢? 所以说:功成就会有所毁坏,名成就会有所亏缺。所以说:谁能放弃功业与名声而回到普通人中间呢? 谁能做到放弃功业名声而回到一无所成的状态呢? 没有成就者看重成就,有成就者看重无成的心态。太阳升到最高点之后,便会偏斜下来;月亮到了最满之后,便走向亏缺。最高的要偏斜,最满的要亏缺,最巨大也将消失。谁能忘掉自己呢? 这就是取法天地的运行法则。

人言善亦勿听，人言恶亦勿听。持而待之，空然勿两之①，淑然自清。无以旁言为事成②，察而征之，无听辩，万物归之，美恶乃自见③。

【注释】

①两：配偶。勿以为偶，即言善不以为善，言恶不以为恶的意思。

②旁言：大言，称誉之言。

③见：同"现"。出现。

【译文】

别人说好，不轻易听信；别人说不好，也不轻易听信。要持守而加以等待，虚静无为，不随他人说好说坏转，沉寂之后好坏会自然清楚。不要把称誉的大言当成事实，要进行观察与考证，不要听信任何巧辩，将万事万物归并到一起，美、恶就自然显现出来了。

天或维之，地或载之。天莫之维则天以坠矣①，地莫之载则地以沉矣。夫天不坠，地不沉，夫或维而载之也夫。又况于人？人有治之，辟之若夫雷鼓之动也②。夫不能自摇者，夫或撜之③。夫或者何？若然者也。视则不见，听则不闻，洒乎天下满，不见其塞。集于颜色，知于肌肤，责其往来，莫知其时。薄乎其方也，韏乎其圜也④，韏韏乎莫得其门。故口为声也，耳为听也，目有视也，手有指也，足有履也，事物有所比也。

【注释】

①莫之维：没有什么东西维系。

②辟之若：就好像。雷鼓：八面鼓。

③夫或摇之：有什么东西摇动它。摇，王念孙云当作"摇"，"摇"之
　古字。

④镎（dūn）乎：浑圆的样子。

【译文】

　　天或许有什么东西在维系着，地或许有什么东西在擎载着。如果
天没有东西维系着，那么它早就坠下来了；如果地没有东西擎载着它，
那么它早就沉下去了。天不坠，地不沉，或许正是有什么东西在维系而
擎载着它们吧！何况于人呢？人需要有人来治理，就像八面鼓被敲击
之后才发声一样。凡是自己不能推动自己的事物，就仿佛有种力量在
推动着它们。这个仿佛存在的力量是什么呢？就是上面所讲的那个东
西了。看又看不见，听又听不着，洋洋洒洒满天下，但又看不到其充塞
天地。它能聚集在人的颜面上，能被人皮肤所觉察，但探其往来，却不
知是何时。它既平薄方正，又似浑圆一体，浑圆混沌不知门径在何处。
但是它有口能发声，有耳能听音，有眼能看，有手能指，有足能走，万事
万物都依赖着它。

　　"当生者生，当死者死"，言有西有东，各死其乡①。置常
立仪，能守贞乎？常事通道②，能官人乎③？故书④，其恶
者⑤，言，其薄者。上圣之人，口无虚习也⑥，手无虚指也，物
至而命之耳⑦。发于名声，凝于体色，此其可谕者也⑧。不发
于名声，不凝于体色，此其不可谕者也。及至于至者，教存
可也，教亡可也⑨。故曰：济于舟者，和于水矣；义于人者，祥
其神矣。

【注释】

①死：通"尸"。主管。乡：通"向"。方向。

②常事:掌管政事。通道:以道处理政事。

③官人:任用人授之以官职。

④书:书写,写下来的。

⑤恶:粗。

⑥习:谈论。

⑦物至而命:事物出现后就能恰当地命名。能恰当地命名,因为认识正确。

⑧谕:知晓。

⑨"及至于至者"三句:承上文"上圣""口无""手无"而来,"王圣"之人知"可谕"、何时"不可谕",这几句是说到了极至时,连"上圣"之"谕"也可存可亡。

【译文】

　　"当生者生,当死者死",这句话是说事物发展无论向西还是向东,都会遵循它自身的发展方向。立规章,定礼仪,能持守公正么? 掌管政事,以道行政,能任用适当的人么? 所以,记载在书上的,只是道的粗略,说出口的,只是道的细碎。最尊贵的圣人,口不空谈,手不空指,事物出现以后,就能恰当地为它命名。事物有了名称,附着于形体颜色上,这样自然就能说明白。事物没有名称,无法附着于形体颜色上,这样的事物就不可能说明白。到了极至处,"可谕"或"不可谕"之教,都是可存可亡。所以说:能渡船的,自然会适应水性;能行义于人的,自然会得到鬼神的保佑。

　　事,有适而无适①,若有适②。觳③,解不可解,而后解。故善举事者,国人莫知其解。为善乎,毋提提④。为不善乎,将陷于刑。善不善,取信而止矣。若左若右,正中而已矣。县乎日月⑤,无已也。愕愕者⑥,不以天下为忧,刺刺者⑦,不以万物为笑⑧,孰能弃剌剌而为愕愕乎?

【注释】

①适:往。在此有"路径""做法"的意思。

②若:乃,才是。

③觿(xī):用来解绳结的尖形骨锥。

④提提:明显的样子。

⑤县:同"悬"。

⑥愕愕者:此段文字中"愕愕者"与"剌剌去"皆有一偏,然"愕愕者"
较"剌剌者"为高。

⑦剌剌:同"烈烈"。有作为的样子。

⑧笑:据俞樾说,当读为"慊"。满足。

【译文】

做事情有路径,又不为路径所限,这才是真有路径。骨锥能解开不
可解的绳结,才可说它能解。所以,善于办事的人,国人往往不理解他
的方法。做好了,不可张扬显示。做得不好,还将陷于刑罚。好与不
好,取信于国人就可以了。是左还是右,保持正中就行了。保持中正就
能像日月悬空,永无息止。直言守正的人能不以天下事为忧虑,追求有
所作为的人总是不以统率万物为满足,但谁能做到放弃烈烈有为而守
正无为呢?

难言宪术①,须同而出。无益言,无损言,近可以免②。
故曰:知何知乎? 谋何谋乎? 审而出者彼自来。自知曰
稽③,知人曰济④。知苟适⑤,可为天下周⑥。内固之一,可为
长久。论而用之⑦,可以为天下王。

【注释】

①难言：不易言说。在此是须认真谨慎的意思。宪术：法令政策。

②近可以免：差不多可以免于损益。近，几。

③稽：明察。

④济：齐，大家都遵守法度。

⑤知苟适：知人若能适度。

⑥周：周密。

⑦论：选择。

【译文】

宣布一项政策法令必须谨慎再谨慎，一定要符合众人心愿才可以发布出来。发布之后就不要随意增加，也不要随意减少，这样就几可免于纷扰。所以说：智者有什么智慧呢？谋者又有什么谋略呢？只要查明众人心愿而制定出法度政策，人民自然会来归附。能了解自己叫明察，能了解他人，法度才能齐同大家。知人心愿若能适度，便可以为天下周密之事。内心持守不变动，就可以长久不衰。对上述这些能有所选择而运用之，就可以成就天下的王业。

天之视而精①，四壁而知请②，壤土而与生③。能若夫风与波乎？唯其所欲适。故子而代其父曰义也，臣而代其君曰篡也。篡何能歌？武王是也。故曰：孰能去辩与巧④，而还与众人同道？故曰：思索精者明益衰，德行修者王道狭，卧名利者写生危⑤。知周于六合之内者⑥，吾知生之有为阻也。持而满之⑦，乃其殆也。名满于天下，不若其已也。名进而身退，天之道也。满盛之国，不可以仕任。满盛之家，不可以嫁子。骄倨傲暴之人⑧，不可与交。

【注释】

①天之视：在此即以天道亦即自然无为之道看万物。

②四壁：据张佩纶说，当作"四辟"，四通八达。请：通"情"。"四辟而知情"，谓四面八方都了解实情。

③壤土：肥沃土地。与生：有助生长。与，赞同、扶助。

④辩与巧：狡辩与巧诈。

⑤卧：休息，引申为舍弃。写：泻，消除。

⑥六合：天地之间。

⑦持：矜持。

⑧骄倨傲暴：骄傲自大，傲慢粗暴。

【译文】

以上天的原则观察万物才是精妙的，四面八方都通畅才能了解实情，只有肥沃的土壤才有助作物生长。人们能够像风与波浪一样吗？想到哪就到哪里。本来儿子继承他父亲之位称为"义"，可是臣子取代他的君主之位，就叫"篡"了。篡位怎么能歌颂呢？可周武王却又是被歌颂着的对象。所以说：谁能摒除诡辩与巧诈，而与众人同心同德呢？所以说：思索越精细的人明智越不足，德行越有修养的人王道越加狭隘，舍去名利追求的人才能去除生命的危险。智慧遍知天地四方的人，我知道他的生命就要受到阻碍了。矜持自满，是很危险的。名扬天下，不如适可而止。功成名就而退隐其身，这才符合天道。持傲强盛的国家，不可以去做官。傲慢兴盛的家族，不可以与之联结姻亲。骄傲自大、傲慢粗暴的人，不可与他交朋友。

道之大如天，其广如地，其重如石，其轻如羽。民之所以^①，知者寡。故曰：何道之近而莫之与能服也^②？弃近而就远，何以费力也？故曰：欲爱吾身，先知吾情，君亲六合^③，以考内身。以此知象，乃知行情^④。既知行情，乃知养生。左右前后,周而复所。执仪服象,敬迎来者。今夫来者,必道其道,无迁无衍⑤,命乃长久。和以反中⑥,形性相葆⑦,一以无贰⑧,是谓知道。将欲服之,必一其端⑨,而固其所守。责其往来,莫知其时,索之于天,与之为期。不失其期,乃能得之。故曰:吾语若大明之极⑩。大明之明非爱⑪,人不予也⑫。同则相从,反则相距也。吾察反相距,吾以故知古从之同也⑬。

【注释】

①以:用。

②莫之与能服也:没有人能实行。与,虚词。《左传·僖公二十三年》:“其人能靖者与有几。”“与”字与此语法同。

③君亲:群亲,指所有人际关系。君,群。《管子·大匡》“君臣之有善者”之“君”字即“群”,可证。

④行情:可行之情。

⑤衍:据俞樾说,当读为“延”。拖延。

⑥反中:反归中理。

⑦形性:即身与心,或曰肉体与性情。葆:保,成全。

⑧一以无贰:一以贯之,没有逆反。

⑨一其端:开端专一。

⑩大明:指日月。

⑪爱:通“薆”(ài)。隐藏。

⑫予:据郭沫若说,假为“豫”。喜欢。

⑬古从:据上文当为“同从”。

【译文】

道,像天一样大,像地一样广,像石头一样重,又像羽毛一样轻。人们使用它，却对它了解很少。如此，为什么道离人如此之近而人们却不实行呢？弃近而就远以求道，人们又何必浪费力气呢？所以说：要珍爱自身，先了解自身情况，普遍观察宇宙与人间关系方面的诸多事物，来参验身体内部。以此了解事物的万象，把握生的可行路径。既知道可行之事，就懂得修养生命。要左右前后周而复始地坚持这样做。然后就遵从礼节，穿上礼服，恭敬地迎接来者。这个来者，一定按他自己的规律行事，不改变也不拖延，生命才能长久。和谐以返归正理，形体与精气相互保全，一以贯之，这样才能体悟"道"。要行道，首先必须专一，然后坚定地贯彻下去。探求道的往来规律，虽然不知其时，却可以索之于天，与苍天约定时间。只要不失约期，就能体悟道的内涵。所以说：我所说的就像日月最亮的时候一样。日月之明没有隐藏，只是人们不愿意追求而已。与道相同的就跟从，与道相反的就拒绝。我领会到反则相距，因而也就明白了同则相从的"同"。

卷第十四

水地第三十九

【题解】

本篇提出了地与水为"万物本原"观点。先秦儒家以水喻德，道家如《老子》以水之趋下喻有道者的处世原则，近年出土的道家文献《太一生水》言"水"辅"太一"而生万物，与此篇观点接近。此文通篇论水，大致分水为万物之本原与水的性质两部分。第一部分从植物、动物、玉石、人类与水的关联来阐释水为万物之本原。第二部分对比论证水的各种性质，更着力阐释各地水性与人性的对应。文章篇名取为《水地》，但观其论述，实以"水"为主。篇中有水"生蚑与庆忌"之说，事涉神话，并不可信。又将各地民性差别与水流情状相联系、印证，亦有夸诞之病。

地者，万物之本原，诸生之根菀也①，美恶、贤不肖、愚俊之所生也。水者，地之血气，如筋脉之通流者也。故曰：水，具材也②。何以知其然也？曰：夫水淖弱以清③，而好洒人之恶，仁也。视之黑而白，精也④。量之不可使概⑤，至满而止，正也。唯无不流，至平而止，义也。人皆赴高，己独赴下，卑也。卑也者，道之室，王者之器也，而水以为都居⑥。

【注释】

①根菀:犹言"根丛"。菀,或作"苑"。

②具材:具备各种材美。

③淖(chuò)弱:犹言"淖约"。姿态柔美貌。

④精:诚实。

⑤概:古代的一种衡准器。古人用斗斛出纳粮米时,用一个长形的器物贴着斗斛的口平抹一下,食粮米不留尖,不缺欠,达到均平。

⑥都:聚。居:停。

【译文】

大地,是万物的本原,是一切生命的根源,美与丑、贤与不肖、愚蠢无知与才华出众都是由它产生的。水,是大地的血气,就像人身的筋脉一样,在大地里流通着。所以说:水是具备一切材美的东西。何以知道水是这样的呢?回答说:水柔美而清亮,善于洗涤人的秽恶,这是它的仁。看水的颜色,黑白分明,这是它的诚实。计量水不必使用概,满了就自动停止,这是它的正。不论什么地方,它都可以流去,直到流布平衡而止,这是它的义。人都往高处走,水独自向下流,这是它的谦卑。谦卑是道的所在,是君王的器度,而水就是以卑下之地作为自己的聚积之处。

　　准也者①,五量之宗也②;素也者,五色之质也;淡也者,五味之中也。是以水者,万物之准也,诸生之淡也,违非得失之质也③。是以无不满,无不居也。集于天地而藏于万物。产于金石,集于诸生,故曰水神。集于草木,根得其度,华得其数,实得其量。鸟兽得之,形体肥大,羽毛丰茂,文理明著。万物莫不尽其几④,反其常者⑤,水之内度适也⑥。

【注释】

①准：持平的标准。

②五量：五种度量轻重长短大小的衡器。此处"五量"代表各种度
　量器。

③违非：即"是非"。违，当作"韙"。

④几：生机。

⑤反：返，复日。常：常性、本性。

⑥内：含藏。

【译文】

准是五种量器的根据，素是五种颜色的基础，淡是五种味道的中和。因此水是万物的"准"，一切生命的"淡"，一切是非得失的基础。所以，没有不可以被水充满的东西，也没有不可以让水停留的地方。它聚集在天地之间，包藏于万物之中。它产生于金石之上，又集聚在一切生命之中，所以说，水比于神。当水集合在草木上，根就能长到相当的深度，花朵就能开出相当的数目，果实就能长出合适的数量。鸟兽得到水，形体就能肥大，羽毛就能丰满，毛色花纹就能鲜艳亮丽。万物没有不充分发展它的生机，而能回到正常的生命状态，因为它们内部含藏了适量的水分。

　　夫玉之所贵者，九德出焉。夫玉温润以泽，仁也。邻以理者①，知也。坚而不蹙，义也。廉而不刿，行也。鲜而不垢，絜也。折而不挠，勇也。瑕适皆见②，精也③。茂华光泽并通而不相陵④，容也。叩之，其音清搏彻远⑤，纯而不殽⑥，辞也。是以人主贵之，藏以为宝，剖以为符瑞，九德出焉。

【注释】

①邻：当作"粼"，清澈有波纹的样子。以：而。理：花纹有条理。

②適：据何如璋说，读为"谪"，"谪"亦"瑕"也。

③精：即"情"。诚实。

④茂华：英华。

⑤搏：专一。字当作"抟"。

⑥瑴：原作"杀"，据许维遹说改。混杂。

【译文】

玉所以贵重的原因，是有九种德行出自玉中。玉温润而有光泽，这是玉之仁。玉清澈而有纹理，这是玉之智。玉坚硬而不屈聚，是玉之义。清廉而不伤人，是玉之品行。光鲜而不藏垢，是玉之纯洁。百折不挠，是玉之勇。瑕疵皆清晰可见，是玉之诚。英华与光泽交相辉应而互不侵犯，这是玉之包容。以手敲击玉璧，其声音清脆专一，透亮悠扬，音质纯净而不混杂，这是玉之歌调。因此君主看重玉，收藏它作为宝贝，剖开它制成符端，玉的九种品德由此显现出来。

人，水也。男女精气合而水流形①。三月如咀②。咀者何？曰五味。五味者何？曰五藏。酸主脾，咸主肺，辛主肾，苦主肝，甘主心。五藏已具，而后生五内③。脾生隔，肺生骨，肾生脑，肝生革，心生肉。五内已具，而后发为九窍。脾发为鼻，肝发为目，肾发为耳，肺发为窍。五月而成，十月而生。生而目视，耳听，心虑。目之所以视，非特山陵之见也，察于荒忽。耳之所听，非特雷鼓之闻也，察于淑湫④。心之所虑，非特知于麤粗也⑤，察于微眇。

【注释】

①水流形：指胎息于羊水之中。

②如：当作"而"。咀：《说文》："咀，含味也。"指三月而精气成形，能

含受五味之气,而生五藏。

③五内:原作"肉",据丁士涵说改。下同。

④淑湫:细小声音。

⑤麤(cū):与粗意思大同而未有区别,指行为上的粗略,粗粗拉拉。"麤粗"一词,与下文"微眇"相对成文。

【译文】

人,也是水生成的。男女精气相合而在羊水的流动中逐渐成形。胎儿满三个月就能感知味道。什么是感知味道呢?就是感受五味。感受五味的是什么?就是五脏。酸主于脾脏,咸主于肺脏,辣主于肾脏,苦主于肝脏,甜主于心脏。五脏都已具备,然后生五种内部组织。脾生膈膜,肺生骨骼,肾生脑,肝生皮肤,心则生肉。五种内部组织都已具备,然后生发成九窍。由脾生鼻,由肝生目,由肾生耳,由肺生其他的孔窍。满五个月,形体孕育完成,满十个月,婴孩就降生了。孩子出生,眼睛就能看,耳朵就能听,心就能思虑。眼睛所能看到的,不单是山岳丘陵,也能看到荒忽细小的东西。耳朵所能听到的,不单是雷鸣鼓响,也能听到细小的声音。心所能想到的,也不单是粗大的事物,还能做细微的思考。

故修要之精①。是以水集于玉而九德出焉。凝蹇而为人②,而九窍五虑出焉。此乃其精麤浊蹇,能存而不能亡者也③。

【注释】

①故修要之精:此五字为衍文,不译。

②凝蹇:犹言凝结。蹇,滞涩。

③此乃其精麤浊蹇,能存而不能亡者也:原文作"此乃其精也麤浊蹇能存而不能亡者也",据王引之说改。

【译文】

所以,水聚集在玉中就生出玉的九种品德。水凝聚留滞成人,就生出九窍和五虑。这就是水的精、麤、浊、滞,它们能存而不能亡。

伏暗能存而能亡者①,蓍龟与龙是也②。龟生于水,发之于火③,于是为万物先,为祸福正④。龙生于水,被五色而游⑤,故神。欲小则化如蚕蠋⑥,欲大则藏于天下,欲上则凌于云气,欲下则入于深泉。变化无日,上下无时,谓之神。龟与龙,伏暗能存而能亡者也。

【注释】

①伏暗:潜藏在幽暗之处。亡:隐没。

②蓍(shī)龟:老龟。蓍,同"耆"。老年。

③发之于火:在火上出现兆纹。古时用龟壳在火上烤,观察其裂纹用以占卜。

④正:标准,用来判定福祸吉凶。

⑤被:同"披"。

⑥蚕蠋:蚕蛹,蚕蛾的幼虫。

【译文】

隐伏在幽暗中,既能存在而又能隐没的生物,老龟和龙便是。龟生长在水里,占卜时用火烤其龟甲,会出现兆纹,于是成为万物的先知,成为判断祸福凶吉的标准。龙生长在水中,它身披五色而泛游,所以成为神。它想变小,就变得如同蚕蛹;想变大,就能广纳天下;想高飞,就能升入云气之中;想下沉,就能潜入深泉之内。变化没有固定的日期,上下不拘规定的时限,这就叫作神。龟和龙是隐伏在幽暗之处,既能存在而又能隐没的生物。

　　或世见，或世不见者，生蝎与庆忌①。故涸泽数百岁，谷之不徙，水之不绝者，生庆忌。庆忌者，其状若人，其长四寸，衣黄衣，冠黄冠，戴黄盖，乘小马，好疾驰，以其名呼之，可使千里外一日反报。此涸泽之精也。涸川之水生蝎②。蝎者，一头而两身，其形若蛇，其长八尺，以其名呼之，可以取鱼鳖。此涸川水之精也。

【注释】

①蝎（guǐ）：神话中的一种爬虫生物，一首两身，长八尺，为干涸的河川精灵。

②涸川之水生蝎：原作"涸川之精者生于蝎"，据郭沫若《管子集校》改。

【译文】

　　有的在某个时代出现，有的在某个时代不出现，因而产生了蝎和庆忌。所以水泽干枯数百年，而山谷不移位、水源不断绝的地方，就可产生庆忌。庆忌的形状像人，他的身长只有四寸，穿着黄衣，戴着黄帽，打着黄色的华盖，骑着小马而喜欢奔驰，要是叫着它的名字，可以使它跑到千里之外而一日往返。这就是干枯水泽之中的精怪。干枯河川中会产生蝎。蝎一头两身，它的形状像蛇，身长八尺，要是叫着它的名字就可使它捉取鱼鳖。这是干枯河川里面的一种水精。

　　是以水之精粗浊蹇、能存而不能亡者，生人与玉。伏暗能存而能亡者，蓍龟与龙。或世见或不见者，蝎与庆忌。故人皆服之，而管子则之。人皆有之，而管子以之。

【译文】

　　所以，无论水的精粗浊滞和能存不能亡的，就会产生人和玉。隐伏在幽暗中既能存在又能隐没的,是老龟和龙。有的在某个时代出现,有的在某个时代不出现的,就是蛎和庆忌。所以人人都习惯用水,可是只有管子知道水之法则。人人都有水,只有管子能够掌握利用它。

是故具者何也? 水是也。万物莫不以生,唯知其托者能为之正。具者,水是也。故曰:水者何也? 万物之本原也,诸生之宗室也,美恶、贤不肖、愚俊之所产也。何以知其然也? 夫齐之水道躁而复①,故其民贪麤而好勇。楚之水淖弱而清,故其民轻果而贼②。越之水浊重而洎③,故其民愚疾而垢④。秦之水泔冣而稽⑤,埻滞而杂⑥,故其民贪戾,罔而好事齐。晋之水枯旱而运⑦,埻滞而杂,故其民谄谀葆诈,巧佞而好利。燕之水萃下而弱,沈滞而杂,故其民愚戆而好贞,轻疾而易死。宋之水轻劲而清,故其民间易而好正⑧。是以圣人之化世也,其解在水。故水一则人心正,水清则民心易。一则欲不污,民心易则行无邪。是以圣人之治于世也,不人告也,不户说也,其枢在水。

【注释】

①道躁:据王引之说当作"逾躁",指急躁。复:回旋深厚。

②果:轻佻,躁动。字或当作"票"。

③洎(jì):浸。

④愚疾:奸邪恶毒。垢:一说作"妒"。

⑤泔冣(zuì)而稽:淘米汁会聚停留。泔,淘米水。冣,聚集。

⑥埻:淤。

⑦枯旱而运:苦涩而浑浊。

⑧间易:简易。

【译文】

因此,具备一切的是什么? 就是水。万物没有不靠水生存,只有了解万物的寄托才能知道其中的法则。具备一切材美的,就是水。所以说:水是什么? 水是万物的本原,是一切生命的植根之处,美和丑、贤和不肖、愚蠢无知和才华出众的人都是由水产生的。怎么知道水是这样的呢? 齐国的水湍急而回旋深厚,而齐国人就贪婪粗暴而好勇。楚国的水柔弱而清白,因此楚国人就轻佻躁动而敢为。越国的水浊重而浸蚀土壤,因而越国人就奸邪恶毒而妒忌。秦国的水浓聚而迟滞,淤浊而混杂,因此秦国人就贪婪残暴,狡猾而喜欢齐同行动。晋国的水苦涩而浑浊,淤滞而混杂,因而晋国人就谄谀而包藏伪诈,巧佞而贪好财利。燕国的水深聚而柔弱,沉滞而混杂,所以燕国人就愚憨而坚贞,轻急而不怕死。宋国的水轻强而清澈,因而宋国人就纯朴平易而喜欢公正。因此,圣人改造世俗,根本在于知悉水的情理。水纯洁则人心正,水清明则人心平易。人心正就没有污秽的欲望,人心平易就没有邪恶的行为。因此,圣人治世不必告诫每个人,不必去劝说每一户,做事的关键,在于掌握着水的性质。

四时第四十

【题解】

　　为政应取法自然,遵从时令,是先秦时期颇为流行的思想,《逸周书·时训解》《吕氏春秋》以及大小戴《礼记》均有类似文献,而《吕氏春秋》春夏秋冬各"纪"之首所言,以及《礼记·月令》所表,与此篇内容又有高度的相似。遵从时令,兴举政事,遵从时节,施德刑杀,是所谓的"刑德"观念的重要内容。本篇结合阴阳五行阐述春夏秋冬四时的特质、品格,明确指出每一时节应当实施的具体政治措施,强调了遵循四时规律对于治理国家的重要意义与违背此规律的危害。文章体现了"天人合一"的思想。

　　管子曰:令有时。无时则必视顺天之所以来①。五漫漫,六惛惛②,孰知之哉?唯圣人知四时。不知四时,乃失国之基。不知五谷之故,国家乃路③。故天曰信明,地曰信圣④,四时曰正。其王信明圣,其臣乃正。何以知其王之信明信圣也?曰:慎使能而善听信之。使能之谓明,听信之谓圣,信明圣者,皆受天赏。使不能为惛,惛而忘也者⑤,皆受天祸。是故上见成事而贵功,则民事接劳而不谋⑥。上见功而贱,则为人下者直⑦,为人上者骄。是故阴阳者天地之大理也,四时者阴阳之大径也,刑德者四时之合也。刑德合于时则生福,诡则生祸⑧。

【注释】

①视顺:取法、准则。一说"顺"为衍文。

②五漫漫,六惛惛:"五"指日、星、岁、辰、月,"六"指阴、阳、春、夏、秋、冬。一说"五""六"为虚指。漫漫、惛惛,无知的样子。

③路:败坏。路,通"露"。

④故天曰信明,地曰信圣:据王引之说,当作"故天曰明,地曰圣"。本段"信"字皆因两"听信"衍。圣,生。《礼记·乡饮酒义》:"圣之言生也。"

⑤忘:通"妄"。

⑥接:捷,快速。谋:顾虑。

⑦直:植,强硬不听调遣。

⑧诡:违背,不合。

【译文】

管子说:发布政令要讲时节。不得时,就必须视察天时的由来。对日、星、岁、辰、月茫然无知,对阴、阳、春、夏、秋、冬糊里糊涂,谁能了解天时? 只有圣人才能了解四时。不了解四时,就将失掉立国的根本。不知道五谷的生长规律,国家就会败坏。天叫作明,地叫作圣,一年四季叫作正。国君真的英明圣智,臣下才会守正。怎样知道一个君王真正英明圣智呢? 答案是,慎重使用能臣而又善于听取真诚的意见。能任用贤能叫作英明,善于听取实情叫作圣智,真正英明圣智的人,都能得到上天的赏赐。使用无能的臣下就是昏庸,昏庸而虚妄的人,都会受到上天的惩罚。因此,人君看到臣民有成就就赏赐他,那么臣民做事迅捷而无顾虑。人君轻视臣下的功劳,臣下就不听指挥,在上位者也会骄肆。因此,阴阳是天地的根本道理,四时是阴阳的基本规则,刑政和德政与四时配套。刑德适应四时就降生福祉,违背四时就会产生祸害。

　　然则春夏秋冬将何行? 东方曰星,其时曰春;其气曰风,风生木与骨①。其德喜赢②,而发出节时③。其事:号令修除神位,谨祷弊梗④,宗正阳⑤,治堤防,耕芸树艺,正津梁,修沟渎,甃屋行水⑥,解怨赦罪,通四方。然则柔风甘雨乃至,百姓乃寿,百虫乃蕃,此谓星德。星掌发,发为风⑦。是故春行冬政则雕⑧,行秋政则霜,行夏政则欲⑨。是故春三月以甲乙之日发五政:一政曰论幼孤,舍有罪;二政曰赋爵列,授禄位;三政曰冻解,修沟渎,复亡人⑩;四政曰端险阻,修封疆,正千伯⑪。五政曰无杀麑夭⑫,毋寒华绝芋⑬。五政苟时,春雨乃来。

【注释】

①骨:果实的核。

②赢:盈,满。

③发出节时:按照时节生发万物。

④弊:通“币”。指以币祷祭。梗:祷祭,以防止某些不祥之事发生。

⑤正阳:阳,阳气。春为阳气之始,故称“正阳”。

⑥甃(qiū):修理,整治。本义是修治坏的井壁。

⑦星掌发,发为风:原文作“星者掌发为风”,据文例改。掌,主。

⑧雕:同“凋”。

⑨欲:据郭嵩焘说,当作“溽”。溽湿。

⑩复:覆盖,掩埋。亡人:死人。

⑪千伯:阡陌。

⑫麑(ní):小鹿。夭:幼鹿,字当作“麇(yào)”。

⑬搴:拔。芊:花萼,字当作"萼"。

【译文】

那么,春夏秋冬四时各自应做些什么呢?东方是星,它的时令是春;它的气是风,风产生木和骨。它的德性是喜欢生长盈满,而万物按时节生发。春日职事是:发布命令修理、清扫神位,谨慎地用币祷祭,消除不祥,以正阳为宗,修治堤防,耕田植树,修筑桥梁渡口,修治沟渠,整修屋顶以便排水,调解仇怨,赦免罪犯,沟通四方邻国。这样和风甘雨就会到来,人民就会长寿,动物就会繁殖,这叫作星德。星掌管发生,发生属于风。因此春天如果实行冬天的政令,就将草木凋零;实行秋天的政令,就将出现霜杀;实行夏天的政令,就会出现溽热。因此,春季三月中,选择甲乙之日来发布五项政令:第一项为照顾幼孤,赦免罪人;第二项为授予官爵禄位;第三项为解冻冰雪,修治沟渠,掩埋死人;第四项为修整险道,整理国土边界,修治阡陌田埂;第五项禁杀幼鹿,不准折花断萼。五项政令如能按时实行,春雨就会降下。

南方曰日,其时曰夏,其气曰阳,阳生火与气。其德:施舍修乐。其事:号令赏赐赋爵,受禄顺乡①,谨修神祀,量功赏贤,以动阳气②。九暑乃至③,时雨乃降,五谷百果乃登,此谓日德。中央曰土,土德实辅四时,入出以风雨,节土益力④。土生皮肌肤。其德和平用均,中正无私,实辅四时:春嬴育,夏养长,秋聚收,冬闭藏。大寒乃极,国家乃昌,四方乃服,此谓岁德。日掌赏,赏为暑。岁掌和,和为雨。夏行春政则风,行秋政则水,行冬政则落。是故夏三月以丙丁之日发五政:一政曰求有功发劳力者而举之⑤;二政曰开久坟⑥,发故屋⑦,辟故窌以假贷⑧;三政曰令禁扇去笠⑨,毋扱免⑩,除急漏田庐⑪;四政曰求有德赐布施于民者而赏之;五政曰令禁罝设禽兽^⑫，毋杀飞鸟。五政苟时，夏雨乃至也。

【注释】

①受：即授。顺：通"巡"。巡视。

②劝：助。

③九暑：大暑。极热之时。

④节：适时均匀。这几句言土德掌管风雨的起止，节制着风雨的均衡适时。

⑤发：通"伐"。"功发"即功伐，亦即功劳。

⑥坟：据刘师培说，当为"积"之误字，"久积"指长期储备。

⑦故屋：荒废的老屋。

⑧窌（jiào）：窖。

⑨禁扇去笠：禁止不闭门户。扇，门上的木板。笠，固门的木杠。有门无杠，是要禁止的。

⑩扱免：扱衽免冠的简语，把衣襟扱在衣袋里为扱，不戴帽子为免。古人视为不敬的表现。

⑪除：治。急漏：积水处。

⑫罝（jiē）：捕兽网。设：取。

【译文】

南方为日，它的时令为夏，它的气是阳，阳生火和气。它的德性是施惠与修乐。夏日职事是：命令进行赏赐、授爵、授禄，巡视各乡劝农，谨慎做好祭神之事，根据功劳赏赐贤能，以帮助阳气发展。于是大暑就将到来，时雨就将下降，五谷百果也将丰收，这就叫作日德。中央是土，土的德性是辅佐四时运行，以使风雨适时，地力增长。土地生长表皮肌肤。它的德性表现为和平而均匀，中正而无私，实实在在辅助着四时：春天生育，夏天长养，秋天聚集收成，冬天积储闭藏。最后大寒达到极致，国家昌盛，四方顺从，这叫作"岁德"。日掌管赏赐，赏赐就是"暑"。

岁掌管阴阳调和，阴阳调和就是雨。如果夏天实行春天的政令，则起大风；实行秋天的政令，则多水；实行冬天的政令，则草木凋落。所以，夏季三个月用丙丁的日子来发布五项政令：第一项政令是调查有功和为国出力的人们，把他们提拔起来；第二项政令是开用长期储备，打开老仓、老窖，把粮食贷给人民；第三项政令是禁止不闭门户，不准披起衣襟、不戴帽子的不敬行为，清除地沟与田舍；第四项政令是访求曾经布德施惠于民者，对他们进行奖赏；第五项政令是下令禁止设网捕捉禽兽，不准杀害飞鸟。这五项政令如果按时节颁行，夏雨就会到来。

　　西方曰辰①，其时曰秋，其气曰阴，阴生金与甲。其德：忧哀、静正、严顺，居不敢淫佚。其事：号令毋使民淫暴，顺旅聚收②，量民资以畜聚，赏彼群干③，聚彼群材，百物乃收，使民毋怠。所恶其察，所欲必得，我信则克④。此谓辰德。辰掌收，收为阴。秋行春政则荣，行夏政则水，行冬政则耗。是故秋三月以庚辛之日发五政：一政曰禁博塞⑤，圉小辩、斗译訾⑥；二政曰毋见五兵之刃；三政曰慎旅农，趣聚收；四政曰补缺塞坼⑦；五政曰修墙垣，周门闾⑧。五政苟时，五谷皆入。

【注释】

①辰：房星，又称大火星。

②顺：读为"慎"。旅：在田野劳作的农民。

③干：有做事才能的人。

④我：黎翔凤说：我，古"义"字。

⑤博塞：博戏赌赛。

⑥圉：禁止。斗译訾：因言语忌戒争斗。

⑦坼：开裂。

⑧周：又作"谨"，加固。

【译文】

西方是辰，它的时令为秋，它的气是阴，阴生金和甲。它的德性是忧虑哀伤、平静公正、严肃谨慎，平日里不许做淫佚之事。秋日职事是：命令人民不准有淫暴行为，勤慎督促旅舍在田野的农民进行秋收，计量民财以进行征集储备，赏赐那些有才干的人，收集那些材料，使万物都得以收获，使人民不敢怠惰。所厌恶的事情当察明，要求的事情必须做到，保持信义则诸事可成。这就叫作辰德。辰主管收敛，收敛就是阴。秋天如实行春天的政令则草木反而出现生机；如实行夏天的政令，则将多水；如实行冬天的政令，那么国家就有损耗。所以，秋季三个月用庚辛的日子发布五项政令：第一项政令是禁赌博，防止小事之争，禁止因言语忌戒争斗；第二项政令是不得显露出武器锋刃；第三项政令是重视安排旅居在野的农民，督促秋收；第四项政令是修补仓房的缺漏；第五项政令是修理墙垣，还要加固门户。五项政令若能按时进行，五谷就会丰收。

北方曰月，其时曰冬，其气曰寒，寒生水与血。其德淳越、温恕、周密①。其事：号令修禁徙民，令静止，地乃不泄。断刑致罚，无赦有罪，以符阴气。大寒乃至，甲兵乃强，五谷乃熟，国家乃昌，四方乃备②。此谓月德。月掌罚，罚为寒。冬行春政则泄，行夏政则雷，行秋政则旱。是故春凋，秋荣，冬雷，夏有霜雪，此皆气之贼也。刑德易节失次，则贼气遬至③，贼气遬至，则国多灾殃。是故圣王务时而寄政焉，作教而寄武焉，作祀而寄德焉。此三者圣王所以合于天地之行也。日掌阳，月掌阴，星掌和。阳为德，阴为刑，和为事。是故日食，则失德之国恶之；月食，则失刑之国恶之；彗星见，则失和之国恶之;风与日争明,则失生之国恶之。是故,圣王日食则修德,月食则修刑,彗星见则修和,风与日争明则修生。此四者,圣王所以免于天地之诛也。信能行之,五谷蕃息,六畜殖而甲兵强。治积则昌,暴虐积则亡。是故冬三月以壬癸之日发五政:一政曰论孤独,恤长老;二政曰善顺阴,修神祀,赋爵禄,授备位;三政曰效会计④,毋发山川之藏;四政曰摄奸遁⑤,得盗贼者有赏;五政曰禁迁徙,止流民,圉分异⑥。五政苟时,冬事不过,所求必得,所恶必伏。

【注释】

①温恕:温和宽恕。恕,原作"怒",据安井衡说改。

②备:当作"犕",通"服"。

③邀:同"速"。

④效:考。

⑤摄:执,抓捕。

⑥分异:分居。

【译文】

北方是月,它的时令称为冬,它的气是寒,寒产生水和血。它的德性是淳厚而清扬,宽恕而周密。冬日职事是:命令禁止迁居,尽量让人们安静稳定,地气才不会流泄。判刑定罚,不要宽赦罪人,以符合阴气要求。于是大寒来到,甲兵强劲,五谷成熟,国家昌盛,四方臣服。这叫作月德。月掌管刑罚,刑罚就是寒。冬天如实行春天的政令,则地气流泄;如实行夏天的政令,则天空有雷;如实行秋天的政令,则发生干旱。所以,春日草木凋零,秋日草木发荣,冬日有雷,夏日有霜有雪,这都是"气之贼"。刑罚和德政变易了常规,失去了次序,"贼气"就迅速来到;"贼气"迅速来到,国家就多灾多祸。所以,圣王总是按照时节来推行政令,制作教令来推行武事,设置祭祀来显示德行。这三项都是圣王为着配合天地的运行而采取的行动。日主阳,月主阴,星主和调。阳是德惠,阴是刑罚,调和是政事。所以,遇到日食,德惠失修的国家就厌恶它;遇到月食,刑罚失当的国家就厌恶它;遇到彗星出现,政事失和的国家就厌恶它;风与日争明,百姓无生计的国家就厌恶它。所以,圣明君主遇到日食,就注意施德;遇到月食,就改进刑罚;遇到彗星出现,就注重调和政事;遇到风与日争明的现象,就整顿民生。这四者,都是圣明君主能够避免天地责罚的原因。真正能够实行这些,五谷就将繁茂,六畜就将繁殖,而军备也能增强。治绩积累多了,国家就能昌盛;暴虐积累多了,国家就会灭亡。所以,冬季三个月用壬癸的日子来发布五项政令:第一项政令是关照孤寡,抚恤老人;第二项政令是小心适应阴气,做好祭神之事,颁赐爵禄,授予并配备官员;第三项政令是考核会计收支,不要开发山川的宝藏;第四项政令是拘捕逃犯,抓获盗贼者有赏;第五项政令是禁止迁移,防止流民,限制分居。五项政令若能按时而行,冬天应做的事情就没有失误,那么,所要求的一定可以得到,所厌恶的一定可以清除。

　　道生天地,德出贤人。道生德,德生正①,正生事。是以圣王治天下,穷则反,终则始。德始于春,长于夏;刑始于秋,流于冬②。刑德不失,四时如一。刑德离乡③,时乃逆行。作事不成,必有大殃。月有三政④,王事必理,以为必长⑤。不中者死,失理者亡。国有四时,固执王事,四守有所⑥,三政执辅。

【注释】

①正:通"政"。下同。

②流：移动。

③乡：通"向"。方向。

④三政：月有三旬，每旬有政，所以言"三政"。一说，"三政"当为
　　"五政"之误，因上文有"发五政"之说。

⑤以为：为政。长：长养，管理。

⑥四守：郭沫若云："四守"即"修德""修刑""修和""修生"四者。

【译文】

　　道产生天地，德化育贤人。道产生德，德产生政治，政治产生事功。所以，圣明君主治天下，事情到了极端就反过头来，走到终了就重新开始。施德开始在春天，增长在夏天；刑罚开始在秋天，延续至冬日。只要刑罚德政没有失误，四时就能如一地发展。若是刑与德偏离正确的方向，四时便要逆行。行事不成，就一定会遭遇大祸。国家每月都有三种政事，国事必须遵照时令来治理，这才可以真正起到为政治民的作用。不按时令的话就会遭到死亡，不治理的话就会遭到败亡。国家有四时的不同政令，坚决执行着圣王的政事，那么，春夏秋冬四时应做的事情就要安排得各得其所，还要同时以上述三政作为必要的辅助。

五行第四十一

【题解】

　　本篇总结天地因五行变化而变化的规律，详细论述了人们在金木水火土每一行主宰下所应执行的政策，认为惟有如此，才可以合乎天道，取得成功，避免灾祸。文中所提到的一些措施，如保护植被，不违时狩猎等，至今仍有意义。

　　一者本也①，二者器也②，三者充也③，治者四也④，教者五也⑤，守者六也⑥，立者七也⑦，前者八也⑧，终者九也⑨，十者然后具五官于六府也、五声于六律也⑩。六月日至⑪，是故人有六多⑫，六多所以街天地也⑬。天道以九制，地理以八制，人道以六制。以天为父，以地为母，以开乎万物，以总一统。通乎九制、六府、三充，而为明天子。修概水土以待乎天堇⑭，反五藏以视不亲⑮。治祀之下⑯，以观地位⑰。货暺神庐⑱，合于精气。已合而有常，有常而有经。审合其声，修十二钟⑲，以律人情。人情已得，万物有极，然后有德。故通乎阳气，所以事天也，经纬日月，用之于民。通乎阴气，所以事地也，经纬星历，以视其离⑳。通若道然后有行，然则神筮不灵,神龟不卜㉑,黄帝泽参㉒,治之至也。

【注释】

①本:指农事。

②器:指农具。

③充:人力充足。

④治:管理。

⑤教:教化。

⑥守:设立官职,守护各业。

⑦立:立事,成事。

⑧前:通"翦"。齐。

⑨终:有始有终,成就各业。

⑩十者然后具五官于六府也、五声于六律也:设立五行之官,分别掌管六府之事,演奏各种音乐。五官,据下文,当包括东方士师、南方司徒、西方司马、北方李官。又据《淮南子·天文训》,中央为都官,共五官。六府,指子午、丑未、寅申、卯酉、辰戌、巳亥。五声,指宫、商、角、徵、羽,古代的五个声调。六律,古代节制声调的单位名称,指太簇、姑洗、蕤宾、夷则、无射、黄钟。

⑪六月日至:夏至和冬至,相距六个月。

⑫六多:意思是人禀纯阴纯阳而生。阴阳发展到极致,都需要六个月,所以称"六多"。

⑬街:道,连接。

⑭概:平。土:原文作"上",据王念孙说改。董:当作"谨"。天谨,即奖惩不爽的天道。与下文"地位"相对。

⑮五藏:心、肝、脾、肺、肾,古称五藏。这句是强调待人要真诚。视:看待,对待。不亲:不亲即不至、不服从。

⑯治祀:指宗教祭祀活动,由君主主持。

⑰观:显示。地位:神灵的地位。

⑱货:通"化"。暵:通"躘"。陈列。此处作"升入"解。神庐:庙祠。

⑲钟:即下文的"五钟",故借以指音律。

⑳离:历,经过。

㉑神龟不卜:"龟"下原有"衍"字,据张佩纶说删。这两句是说不用神筮、神龟占卜,吉凶自定。

㉒泽参:择而参之。泽,通"择"。

【译文】

　　第一是农事,第二是器用,第三是人力与生产相称,治理是第四件事,教化是第五件事,守成是第六件事,建立事业为第七,修剪整齐为第八,圆满结束为第九,到第十才是配备五官于六府之中,配五声于六律之中。每年经六个月为夏至或冬至,因此,人有禀纯阳纯阴而生者,是可以通乎天地的。天道以九数为制,地道以八数为制,人道以六数为制。以天为父,以地为母,借此以开发万物,总于一统。能通晓九功、六府、三充的人,就可以成为英明的天子。要修平水土,以应对严谨不爽的上天之道;用发自内心的真诚去对待那些不亲近自己的人。祭祀神灵,由此向民众显示大地上神灵的权位。提升自己,升入神庐圣域,达到合于精气的要求。合乎精气要求,又能保持恒常的原则,有了恒常的原则,也就有了规范。要审合音声,研究十二钟的音律,以疏导人情。人情已经舒畅,万物也各尽其性,就可以称为有德之君了。所以,通晓阳气,是为服事上天,即掌握日月运行规律,以用于人民。通晓阴气,是为了服事大地,即掌握星历节气,以明确其运行次序。通晓这些学问然后付诸实践,那么,神筮就不必显灵,神龟不必卜卦,黄帝择而参之,治理就能到达很好的水平。

　　昔者黄帝得蚩尤而明于天道,得大常而察于地利,得奢龙而辩于东方①,得祝融而辩于南方,得大封而辩于西方,得后土而辩于北方。黄帝得六相而天地治，神明至。蚩尤明乎天道，故使为当时②；大常察乎地利，故使为廪者③；奢龙辩乎东方，故使为土师④；祝融辩乎南方，故使为司徒；大封辩于西方，故使为司马；后土辩乎北方，故使为李⑤。是故春者土师也，夏者司徒也，秋者司马也，冬者李也。昔黄帝以其缓急作立五声⑥，以政五钟⑦。令其五钟，一曰青钟大音，二曰赤钟重心，三曰黄钟洒光，四曰景钟昧其明，五曰黑钟隐其常。五声既调，然后作立五行以正天时，五官以正人位。人与天调，然后天地之美生。

【注释】

①奢龙：人名。一本作"苍龙"。

②当时：掌管时令的官员。当，主管。

③廪者：掌管粮仓的官员。

④土师：即司空，主管土木工程的官员。一说当作"工师"。

⑤李：同"理"。古代的法官。

⑥作立五声：原文作"作五声"，据王念孙说补。作立，始立。

⑦政：即"正"。

【译文】

从前，黄帝有蚩尤的帮助而明察天道，得大常的帮助而明察地利，得奢龙的帮助而明察东方，得祝融的帮助而明察南方，得大封的帮助而明察西方，得后土的帮助而明察北方。黄帝得六相而天下大治，神明降临。蚩尤通晓天道，所以黄帝任命他为"当时"；大常通晓地利，所以黄帝任命他为"廪者"；奢龙明察东方，所以黄帝任命他为"土师"；祝融明察南方，所以黄帝任命他为"司徒"；大封明察西方，所以黄帝任命他为"司马"；后土明察北方，所以黄帝任命他为"李"（理官）。因此，春官是土师,夏官是司徒,秋官是司马,冬官是理官。从前,黄帝根据缓急差别制定五声,用五声来规正五钟的音调。命名这五钟音调的名称,第一叫作青钟大音,第二叫作赤钟重心,第三叫作黄钟洒光,第四叫作景钟昧其明,第五叫作黑钟隐其常。五声调整好了,就开始确定五行来规正天时季节,确定五官来规正人们地位。人事与天道相协调,则天地之间的美好事物就产生了。

　　日至①,睹甲子木行御②。天子出令,命左右士师内御③,总别列爵,论贤不肖士吏,赋秘④,赐赏于四境之内,发故粟以田数。出国衡⑤,顺山林⑥,禁民斩木,所以爱草木也。然则冰解而冻释⑦,草木区萌⑧。赎蛰虫⑨,卵菱春辟勿时⑩,苗足本⑪。不疠雏鷇⑫,不夭麛麑⑬,毋傅速⑭,亡伤缯葆⑮。时则不凋。七十二日而毕。

【注释】

①日至:冬至。冬日不一定都在甲子日,所以下文用一"睹"字。

②睹:见到,遇到。木行御:五行中的"木"德主宰一切。御,宰制。

③内御:在王宫内值班任事。

④赋:布散。秘:慰劳。《广雅·释诂》:"祕,劳也。"祕、秘古通。

⑤国衡:国家管理林木山泽的官员。

⑥顺:慎。春季防火的意思。

⑦冰解:原作"水解",据王念孙说改。

⑧区萌:发芽。区,草木弯曲着长出。萌,草木直着长出。

⑨赎:购买。

⑩卵:字应作"茆"。凫葵,春天生的菜。辟:开垦种植。勿时:不要等待。

⑪苗足本：以土拥春苗根。足，拥。

⑫毂(kòu)：幼鸟。

⑬麑麇(ní yào)：年幼的麋鹿。麇，麋的幼子为麇。

⑭傅：迫近。速：鹿的足迹。

⑮亡：无，不要。缥葆：即"襁褓"，指代婴儿。

【译文】

　　冬至后从遇到甲子日开始，要按照木的德性应时治事。天子发出命令，命左右士师内待，汇合区分各级官爵，评定贤与不肖的官吏，慰劳赏赐百官，恩赏全国各地，按农家种田之数，把国家的陈粮发放给他们。出动管理山泽的官员，认真巡视山林，禁止百姓砍伐树木，这是为了爱护草木。如此一来，冰冻化开，草木就能顺利萌生。此时购买一些有用的蛰虫，春天生长的菜蔬要多种植，不可拖延时间，春苗的根部要培土充足。不残害雏鸟，不使麋鹿夭折，不沿着足迹追踪迫近鹿群，也不伤害在襁褓的婴儿。按时这样做则草木繁茂而不凋零。这些措施要持续七十二日才能结束。

　　睹丙子火行御。天子出令，命行人内御，令掘沟浍①，津旧涂，发臧②，任君赐赏。君子修游驰以发地气。出皮币③，命行人修春秋之礼于天下诸侯，通天下，遇者兼和④。然则天无疾风，草木发奋，郁气息，民不疾而荣华蕃。七十二日而毕。

【注释】

①浍(kuài)：小沟渠为浍。

②臧：同"藏"。

③皮币：皮革、钱币等礼品。

④遇：偶遇。和：会。

【译文】

从遇到丙子之日开始，要按照火的德性应时治事。天子发出命令，下令给行人内侍，令其挖掘疏通田间排水的沟渠，在旧道上修筑津梁，发放国家积藏，作为国君赏赐之用。君子游乐驰马，以发泄地气。还要拿出皮币礼品，命使臣在天下诸侯那里奉行春秋之礼，通好天下各国，若偶遇其他邦国使臣，可临时与之相会。这样就能使天无暴风，草木生长奋发，郁蒸之气生发出来，百姓没有疾病而富贵多子。这些措施要持续七十二日才能结束。

睹戊子土行御。天子出令，命左右司徒内御，不诛不贞①，农事为敬。大扬惠言，宽刑死，缓罪人。出国，司徒令命顺民之功力，以养五谷。君子之静居，而农夫修其功力极。然则天为粤宛②，草木养长，五谷蕃实秀大，六畜牺牲具，民足财，国富，上下亲，诸侯和。七十二日而毕。

【注释】

①贞：正。一说，不占卜，即不事鬼神之人。不追究不占卜之人，是因为"农事为敬"。

②粤：古同"越"。发散。宛，通"苑""菀"。意思是蕴积。

【译文】

从遇到戊子之日开始，要按照土的德性应时治事。天子发出命令，下令给左右司徒内侍，这时不要诛杀不正的人，要敬慎对待农事。要大力弘扬仁惠的言论，宽赦死刑，缓处罪人。走出城外，司徒要下令巡视农民种田用工、出力的情况，来蓄育五谷。君子宜安静而居，而农民则需极力务求耕作。这样，上天也会发散其蕴积的生气，令草木发育生长，五谷颗粒饱满壮实,用于祭祀的六畜牺牲也都齐备,百姓财用丰足,国家富有,君臣上下相亲,各国诸侯也都和睦。这些措施要持续七十二日才能结束。

　　睹庚子金行御。天子出令,命祝宗选禽兽之禁①,五谷之先熟者,而荐之祖庙与五祀②,鬼神享其气焉,君子食其味焉。然则凉风至,白露下,天子出令,命左右司马衍③,组甲厉兵,合什为伍,以修于四境之内,谍然告民有事④,所以待天地之杀敛也。然则昼炙阳,夕下露,地竞环⑤,五谷邻熟⑥,草木茂实,岁农丰,年大茂。七十二日而毕。

【注释】

①祝宗:负责宗教事务的官员。禁:牢,养牲畜之所。

②五祀:门、行道、户、灶、中雷五神。

③衍:演,演练军事。

④谍然:警惕貌。

⑤环:通"营"。修治。

⑥邻:连。

【译文】

从遇到庚子之日开始,要按照金的德性应时治事。天子发出命令,要求司祝之官选择圈养中合用的禽兽,以及秋日里先熟的五谷,到祖庙及五祀之神那里祭祀,使鬼神享用它的香气,让君子品尝它的滋味。这时,凉风已至,白露已下,天子还要下达命令,让左右司马演练军事,筹措铠甲兵器,组织军人队伍,在全国各地加强备战,告诫百姓小心警惕有作战之事,以应对天地秋时所行的杀戮。这时,白天太阳甚热,夜间凉露已降,土田毕治,五谷逐次成熟,草木丰实,不仅农业增产,各业都同庆丰年。这些措施要持续七十二日才能结束。

睹壬子水行御。天子出令，命左右使人内御，其气足则发而止①，其气不足则发捆渎盗贼②。数剟竹箭③，伐檀柘，令民出猎禽兽，不释巨少而杀之，所以贵天地之所闭藏也。然则羽卵者不段④，毛胎者不胈⑤，朡妇不销弃⑥，草木根本美。七十二日而毕。

【注释】

①气：指天的寒气。古人称之谓闭藏之气。发：搜捕。

②捆渎：贪污财物者。捆，通"晌"。窥视。渎，通"黩"。贪污。

③剟：同"剿"。伐取。

④段：当作"毈"，卵不成鸟。

⑤胈（dú）：胎坏或流产。

⑥朡（yùn）：古"孕"字。销弃：指不足月的胎儿和弃婴。

【译文】

从遇到壬子之日开始，要按照水的德性应时治事。天子发出命令，命左右派人到内宫侍奉，此时冬寒之气若足，则发奸捕盗之事可以停止，若是冬寒之气不足，则可以抓捕贪污犯及盗贼。还要多多砍削竹类以制造箭支，伐取檀柘之木以制弓，命令百姓出猎野生禽兽，不论大小一律捕杀，以适应天地闭藏的要求。这样，卵生的鸟类没有孵化不成的，胎生的兽类没有中途流产的，怀孕的妇女没有胎儿不足月的，也没有被弃的初生婴儿，草木的根本也都是闭藏完好的。这样的措施持续七十二日才能结束。

睹甲子木行御。天子不赋，不赐赏，而大斩伐伤，君危；不杀①，太子危，家人夫人死，不然则长子死。七十二日而毕。睹丙子火行御。天子敬行急政，旱札、苗死、民厉②。七十二日而毕。睹戊子土行御。天子修宫室，筑台榭，君危；外筑城郭，臣死。七十二日而毕。睹庚子金行御。天子攻山击石，有兵作战而败，士死，丧执政。七十二日而毕。睹壬子水行御。天子决塞，动大水，王后夫人薨，不然则羽卵者段，毛胎者腃，腢妇销弃，草木根本不美。七十二日而毕也。

【注释】

①杀（shài）：衰减。

②札：因瘟疫而死。厉：恶疾。

【译文】

从遇到甲子之日开始，须按照木的德性应时治事。如果天子无所布施，无所赏赐，反而大开杀戒，这样国君就会危险；不然，则是太子危险，或者是家人、夫人死亡，不然，则长子死亡。这种灾祸将持续七十二日才结束。从遇到丙子之日开始，须按照火的德性应时行事。如果天子屡行急政，则有旱灾疫病，禾苗枯死，人遭瘟疫。这种灾祸将持续七十二日才结束。从遇到戊子之日开始，须按照土的德性应时治事。如果天子修筑宫室台榭，那么国君就危险；如在外修筑城郭，那么就是大臣死亡。这种灾祸将持续七十二日才能结束。从遇到庚子之日开始，须按照金的德性应时治事。天子如果开山动石，那么将战争失败，士兵战死，而执政者丧亡。这种灾祸将持续七十二日才能结束。从遇到壬子之日开始，须按照水的德性应时治事。如果天子决开或堵塞大河，启动大的治水工程，那么王后夫人就会死亡，不然，则国中卵生的鸟类孵化不成，胎生的兽类中途流产，怀孕的妇女胎儿夭死，草木的根本也不完好。这种灾祸也将持续七十二日才能结束。

势第四十二

【题解】

本文大致从用兵作战及推行政令两个方面,论述了注重时势,因时而动而不盲目作为的重要性。而能达到这一点的是圣人,他效法天地之常道,依照阴阳之大顺,与时伸缩进退,无为而治,因而能获有天下。

战而惧水,此谓澹灭①。小事不从,大事不吉。战而惧险,此谓迷中②。分其师众,人既迷芒,必其将亡之道。动静者比于死,动作者比于丑③,动信者比于距④,动诎者比于避⑤。夫静与作,时以为主人,时以为客,贵得度。知静之修,居而自利;知作之从,每动有功。故曰:无为者帝,其此之谓矣。

【注释】

①澹:古"赡"字。给。澹灭即自取灭亡的意思。

②迷中:心中迷惑。

③丑:《淮南子·说林训》:"莫不丑于色。"注:"丑,犹怒也。"

④信:通"伸"。距:跳跃。

⑤诎：收缩，弯曲。

【译文】

两军交战之时惧怕涉水，这叫作自取灭亡。小事不顺从，大事不吉利。交战时惧怕险碍，这叫作心中迷惑。如此就会分裂军队，士兵迷惑畏惧不知所从，必然是要失败灭亡的做法。军队从事行动，静时应如死尸一样，动时应如发怒一样，进攻展开时应如跳跃一样，收缩时应如避险一样。静与动，时而放在主要位置，时而放在次要位置，重要的是运用恰当。懂得静止时不敢疏忽的事，则居处之间自可获利；深知行动应遵从的规律，每次行动都会有所成功。所以说：无为而治可以成就帝王之业，就是这个意思。

逆节萌生，天地未刑，先为之政，其事乃不成，缪受其刑①。天因人，圣人因天。天时不作，勿为客②。人事不起，勿为始。慕和其众③，以修天地之从。人先生之，天地刑之，圣人成之，则与天同极④。正静不争，动作不贰，素质不留⑤，与地同极。未得天极，则隐于德⑥；已得天极，则致其力。既成其功，顺守其从，人不能代。成功之道，嬴缩为宝⑦。毋亡天极，究数而止⑧。事若未成，毋改其刑，毋失其始，静民观时，待令而起。故曰：修阴阳之从，而道天地之常。嬴嬴缩缩，因而为当。死死生生⑨，因天地之形。天地之形，圣人成之。小取者小利⑩，大取者大利，尽行之者有天下。

【注释】

①缪：谬，误。

②客：起兵伐人者称客。

③慕：即“慔”。勉励。

④极：法则。

⑤素质不留：心地淳朴无杂念。留，通"流"。杂乱。

⑥隐：依。两字通用。

⑦嬴缩：行藏，进退。

⑧究：尽。

⑨死死生生：犹言隐隐显显。

⑩取：取法，效法。

【译文】

悖逆之事还处于萌芽状态，天地还没有表现征兆，就先行征讨，必然致使事败而误受处罚。上天依从于人，圣人依从于上天。上天没有显示征兆时，不要轻易征伐敌国。人事没有成形，不宜贸然开始行动。必须勉励团结众人，以遵循天地的法则。人应先有和睦之心，天地表现出征兆，圣人促成其事，可谓是与上天的准则一致。适当地守静而不争，动作专一无二，心地淳朴而不杂，可谓是与地的准则一致。未能符合天道，就要退居修德；既已符合天道，就应充分发挥能力。既已获得成功，就应顺从而把握成功之道，没有人能够代而立之。成功之道，以与时进退伸屈为宝。不要背离上天的法则，尽天数之后则停止而不为。事情没有成功，不要变更常法，不要放弃开始的作为，静休民力谨候时机，等待天命而后行动。所以说：要顺从阴阳的轨道，而遵循天地的常法。进退必须顺从时机才能得当。隐显必须依照天地的征兆来行动。天地显示出征兆，圣人因循天地的征兆行动而后成功。小有所取则有小利，大取则有大利，全面效法天地的人能获有天下。

故贤者诚信以仁之，慈惠以爱之，端政象①，不敢以先人。中静不留，裕德无求，形于女色②。其所处者，柔安静乐，行德而不争，以待天下之溃作也③。故贤者安徐正静，柔节先定，行于不敢，而立于不能，守弱节而坚处之。故不犯天时,不乱民功,秉时养人。先德后刑,顺于天,微度人④。善周者⑤,明不能见也。善明者,周不能蔽也。大明胜大周,则民无大周也。大周胜大明,则民无大明也。大周之先⑥,可以奋信⑦;大明之祖,可以代天下。索而不得,求之招摇之下⑧。兽厌走而有伏网罟⑨,一偃一侧,不然不得。大文三曾⑩,而贵义与德;大武三曾,而偃武与力。

【注释】

①端政象:古制,把即将颁布政令悬挂在象魏之上,以征求百姓的意见。端,端正。

②形于女色:有如处女之安闲之容。

③濆(pēn):动乱。

④微:细微地。度:考量。

⑤周:细密。

⑥先:先发。下文"祖",意思相同。

⑦信:通"伸"。

⑧招摇:古星宿名,北斗星第七颗。求之招摇,即顺天时的意思。

⑨厌:善于。

⑩大文三曾:郭沫若以为"曾"是"会"字之误,谓"大文三会"是乘车之会,召集诸侯举行会盟。乘车,是用于文事的车。下文"大武三曾"是"大武之会",为召集诸侯会师讨伐某国。

【译文】

所以贤人待民诚信而仁义,慈惠而博爱,把要发布的政令展示出来,不敢在没有征求意见之前颁布。心中安静没有杂念,道德饶裕无求于人,安静的形态犹如处女。他隐居自处时,常能柔和安静逸乐,行德时常谦让不争,以待天下动乱。所以贤人常安定镇静,柔和守节,不敢妄行,立足于不与人争能,保持柔弱谦和之操守而坚定不移。因此而不违背天时,不扰乱农功,按照时节以养育民人。先施恩德,后用刑罚,顺应天道,暗合民心。办事周密的人,明察的人也不能尽察其事。明察万物的人,办事再周密也不能隐蔽。高度的明察胜过高度的周密,则百姓中就没有高度周密可言。高度的周密胜过高度的明察,则百姓中就没有高度的明察可言。事先能做到高度周密的,行动中就可以迅速的伸展;事先能做到高度明察的,可以代替上天的预示。若二者皆求之不得,则可以求于招摇星之下。禽兽极力奔跑,唯恐前面有埋伏的网罟,持网罟的人必须时而停止时而埋伏,不然就不能获得成功。乘车之会三次,于是天下崇尚德义;兵车之会三次,于是平息暴力征伐。

正第四十三

【题解】

此篇名"正",正确地治理民众,正确地参与治民的政治,就是此篇名"正"之所指。文章主要讨论治理国家要用刑、政、法、德、道来规正臣民,而施行这五者又要得当、合时、成规、顺民心;同时又说执政者应先用"服信""日新""守慎""举人""后身"来正己,而后才能治理国家、辅佐天子。

制断五刑①,各当其名。罪人不怨,善人不惊,曰刑。正之服之,胜之饰之②,必严其令,而民则之,曰政。如四时之不贷③,如星辰之不变,如宵如昼,如阴如阳,如日月之明,曰法。爱之生之,养之成之,利民不得④,天下亲之,曰德。无德无怨,无好无恶,万物崇一,阴阳同度,曰道。刑以弊之⑤,政以命之,法以遏之,德以养之,道以明之。刑以弊之,毋失民命。令之以终其欲,明之毋径⑥。遏之以绝其志意,毋使民幸。养之以化其恶,必自身始。明之以察其生⑦,必修其理。致刑,其民庸心以蔽⑧。致政,其民服信以听。致德,其民和平以静。致道,其民付而不争⑨。罪人当名曰刑,出令时当曰政，当故不改曰法，爱民无私曰德，会民所聚曰道。

【注释】

①五刑：古代以墨、劓、剕、宫、大辟为五刑。

②饰：通"饬"。治。

③忒（tè）：通"忒"。差错。

④不得：不洋洋自得，不自以为有德。

⑤弊：断，裁断。

⑥径：小路，斜径。引申为走邪路。

⑦生：通"性"。品性，性情。

⑧庸：用。蔽：障，防。

⑨付：通"附"。亲附，依附。

【译文】

　　制定五种刑罚，应各能与罪名相符合。受刑罚的人服罪而不怨恨，不犯法的善人不担惊受怕，如此才叫作正确的刑罚。以德行规正人民，以刑威制服人民，以武事控制人民，以文治修饬人民，出令严格使人民遵守，这叫作正确的政。立法应如四时更替一样没有差错，如星辰一样没有变更，如昼夜阴阳一样皆有常道循环不止，如日月一样恒久明亮，这叫作正确的法度。爱护百姓，生养百姓，成就百姓，为百姓谋福利而不洋洋自得，天下的百姓都亲近他，这叫作德。无私德私怨，无私好私恶，万事万物都一视同仁，阴阳法度相同，这叫作道。用刑法来断案，用政治推行命令，用法度来遏制百姓，用德化来教养百姓，又要用道理使百姓明白是非。用刑裁断合理，不要错伤人命。施行政令以断绝百姓的贪欲，不使他们走上邪路。用法度遏制百姓以正百姓的志意，不使他们存有侥幸心理。用德化教养百姓以改变其恶习，必须从本身作起。启发人民明白是非，明察其品性，一定要遵循正理。施之以刑，人民就会用心而且畏惧自防不为恶事。施之以政，人民就会诚信而且顺从。

施之以德,人民就会平和而且安静。施之以道,人民就会亲附而不争斗。判罪与罪名相当叫作刑,发布政令合乎时序叫作政,固定不改的成规成法叫作法,爱民而无私心叫作德,合乎民心所向叫作道。

立常行政,能服信乎?中和慎敬,能日新乎?正衡一静①,能守慎乎?废私立公,能举人乎?临政官民,能后其身乎?能服信政,此谓正纪②。能服日新,此谓行理。守慎正名,伪诈自止。举人无私,臣德咸道③。能后其身,上佐天子。

【注释】

①正:通"政"。

②纪:纲纪。

③咸:都。道:称赞。

【译文】

制定法度履行政令能使百姓信服吗?中正和平、谨慎庄敬,能使自己的德行日益增进吗?政治形势平静,能保持谨慎吗?废弃私心立于公正,能如此以荐举人才吗?治理政事及人民,能先人后己吗?能施行诚实无欺的政令,这叫作公正的纲纪。能做到日新其德,这叫作遵循正理。保持谨慎辨正名分,奸诈虚伪之事自然停止。举荐人才没有私心,其臣道都为人称赞。能做到后己而先公事,就能辅佐天子了。

九变第四十四

【题解】

"九变"谓人情之变有九。本文主要论述了人民之所以能守土征战至死而不自认为对君主有德的九个原因,并指出了三种用兵昏昧的情况。

凡民之所以守战至死而不德其上者,有数以至焉。曰:大者亲戚坟墓之所在也①,田宅富厚足居也。不然,则州县乡党与宗族足怀乐也②。不然,则上之教训习俗慈爱之于民也厚,无所往而得之。不然,则山林泽谷之利足生也。不然,则地形险阻易守而难攻也。不然,则罚严而可畏也。不然,则赏明而足劝也。不然,则有深怨于敌人也。不然,则有厚功于上也。此民之所以守战至死而不德其上者也。今恃不信之人,而求以智;用不守之民,而欲以固;将不战之卒,而幸以胜:此兵之三暗也。

【注释】

①亲戚:这里指父母。

②足：值得。

【译文】

　　大凡人民守土奋战至死而不自认为对君主有德的，是因为有几个达至于此的原因。可以说，最大的因素是父母的坟墓在此地，也可能是此地田宅富裕殷实值得安居。不然就是州县乡里及宗族值得怀念。不然就是国君对百姓施行的教化、习俗、慈爱很深厚，其他地方都得不到这种待遇。不然就是这里的山林泽谷出产丰厚足以维持生计。不然就是此处的地势险阻易守难攻。不然就是刑罚严峻而使人畏惧。不然就是赏赐分明而足以劝勉人民。不然就是与敌人有很深的仇怨。不然就是对君主有重大功劳。这就是人民能守土奋战至死也不自认为对君主有德的原因。假如依靠不讲信用的人，而想要利用其谋略；使用不能坚守的人，而希望可以固守；率领不能作战的士兵，而想侥幸取胜。这是用兵昏昧的三种表现。

任法第四十五

【题解】

本文集中体现法治思想。指出前人治理之功,都是因为善明法治,而仁义礼乐无不生于法,故此应当"任法而不任智"。文章还批评了当时因不善守法而导致的民劳、君苦、国危的状况,并比较了任法之君与乱法之君的不同,探讨了君与法、臣与法、民与法关系,详尽指出求得"法治"的途径。文章并从理论与实用两方面,阐释了依法治国的道理。

圣君任法而不任智,任数而不任说①,任公而不任私,任大道而不任小物,然后身佚而天下治。失君则不然,舍法而任智,故民舍事而好誉;舍数而任说,故民舍实而好言;舍公而好私,故民离法而妄行;舍大道而任小物,故上劳烦,百姓迷惑而国家不治。圣君则不然,守道要,处佚乐,驰骋弋猎,钟鼓竽瑟,宫中之乐,无禁圉也。不思不虑,不忧不图,利身体,便形躯,养寿命,垂拱而天下治。是故人主有能用其道者,不事心,不劳意,不动力而土地自辟,囷仓自实②,蓄积自多,甲兵自强,群臣无诈伪,百官无奸邪,奇术技艺之人莫敢高言孟行以过其情、以遇其主矣③。

【注释】

①数：法度，政策。说：议论，说道。

②困（qūn）：圆形仓库。

③孟行：孟浪地表现自己的行为。

【译文】

　　圣明的君主依靠法度而不依靠智谋，依靠政策而不依靠议论，依靠公心而不依靠私心，依靠大道而不依靠小事，这样之后君主自身安闲而天下得治。失国的国君就不是这样，舍弃法度而依靠智谋，因此百姓也就丢开生产而追逐虚名；舍弃政策而依靠议论，因此百姓也就丢开实际而好说空话；舍弃公心而依靠私心，因此百姓就背离法度而胡作妄为；舍弃大道而依靠小事，所以君主劳烦忙乱，百姓迷惑不解，而国家不得安定。圣明的君主就不这样，他只掌握国家的主要原则，过着安闲快乐的生活，纵马游猎，鸣钟击鼓，吹竽奏瑟，宫中的娱乐没有禁忌拘束。君主不用思考不用忧虑，不用担心不用筹划，有利于其身体，方便其形躯，保养其寿命，垂衣拱手安坐而天下得治。所以，君主能够以道治国，就不费心，不劳神，不耗费体力，而土地自然就开拓了，粮仓府库自然就充实了，积蓄自然就增加了，兵力自然就强大了，群臣不诈伪，百官无奸邪，有奇技淫巧的人也都不敢用浮夸的语言、孟浪的行动来过度夸大自我，以求获得君主的赏识。

　　昔者尧之治天下也，犹埴已埏也①，唯陶之所以为，犹金之在炉，恣冶之所以铸。其民引之而来，推之而往，使之而成，禁之而止。故尧之治也，善明法禁之令而已矣。黄帝之治天下也，其民不引而来，不推而往，不使而成，不禁而止。故黄帝之治也，置法而不变，使民安其法者也。所谓仁义礼乐者，皆出于法。此先圣之所以一民者也。《周书》曰："国法;法不一,则有国者不祥;民不道法,则不祥;国更立法以典民,则祥。群臣不用礼义教训,则不祥;百官服事者离法而治,则不祥。"故曰:法者不可恒也,存亡治乱之所从出,圣君所以为天下大仪也。君臣上下贵贱皆发焉②。故曰:法古之法也。世无请谒任举之人,无闲识博学辩说之士③,无伟服,无奇行,皆囊于法以事其主④。

【注释】

①埴(zhí):烧制陶器的黏土。埏(shān):和。

②发:出,发生。

③闲:通"娴"。

④囊于法:囊括于法度范围之中,即遵守法律。

【译文】

从前尧治理天下,像是黏土已经和好一样,任凭陶工去随意制作,就像金属在炼炉里一样,任凭冶工去随意铸造。因此人民招之就来,推之即去,役使他们就能够成事,禁戒他们就能够及时制止。因此尧的治理方法,不过是善于明确地发布施行与禁止的法令罢了。黄帝治理天下,人民不用招引就来,不用推动就去,不用役使就能够自成其事,不用禁戒就能够自行停止。因此黄帝的治理方法,就是定好律令而不改变,让人民习惯于依法行事。所谓仁义礼乐,都是从法里派生的。法就是先圣用来统一人民行动的。《周书》上说:"国家必有法;法不统一,那么国君就会不吉祥;人民不守法,也不吉祥;国家变更法度来管理人民,就吉祥。群臣不用礼仪道义来教育百姓,就不祥;大小百官与管理国事的人脱离法度治国,就不祥。"所以说:法令不可以恒定不变,但它是存亡治乱的根源,是圣明君主用来作为天下最高标准的。君主与群臣、居上位者与居下位者、地位尊贵之人与地位卑贱之人,都必须依法行事。所以说,要效法古时的法治。使社会上没有私下请托保举的人,也没有那种博学多识、能言善辩的人,没有奇装异服,没有不合法度的行为,所有的人都遵守法律为君主服务。

故明王之所恒者二:一曰明法而固守之,二曰禁民私而收使之①。此二者主之所恒也。夫法者,上之所以一民使下也;私者,下之所以侵法乱主也。故圣君置仪设法而固守之,然故谌杵习士闻识博学之人不可乱也②,众强富贵私勇者不能侵也,信近亲爱者不能离也,珍怪奇物不能惑也,万物百事非在法之中者不能动也。故法者,天下之至道也,圣君之实用也。

【注释】

①收:"牧"字之误。"民私而牧使之"即权贵之民盗用国法役使民众。

②谌杵:据孙诒让说,当作"堪材",谓材力强胜能任事者。

【译文】

所以圣明君主必须始终坚持以下两条:一是明确法令并坚定执行,二是禁止权贵盗用国法役使民众。这两条是君主应当始终坚持的。法,是君主用来统一百姓行动役使下民的;私,是下民用来侵犯法度扰乱君主的。所以圣明君主设定法度并坚定执行,这样那些能干懂法而博学多识的人,就不能扰乱法度了;人多势强、富贵而有私勇的人们,就不能侵犯法度了;君主的亲信、近臣、亲属和宠爱的人们,就不能违背法度了;珍奇宝物就不能惑乱君主了;万事万物不在法度之中就不能施行。所以,法是天下的最高准则,是圣明君主的法宝。

今天下则不然,皆有善法而不能守也。然故谌杵习士闻识博学之士能以其智乱法惑上,众强富贵私勇者能以其威犯法侵陵,邻国诸侯能以其权置子立相,大臣能以其私附百姓①,翦公财以禄私士②。凡如是而求法之行,国之治,不可得也。圣君则不然,卿相不得翦其私,群臣不得辟其所亲爱③。圣君亦明其法而固守之④,群臣修通辐凑以事其主,百姓辑睦⑤,听令道法以从其事。故曰:有生法⑥,有守法,有法于法。夫生法者,君也;守法者,臣也;法于法者,民也。君臣上下贵贱皆从法,此谓为大治。

【注释】

①大臣:原作"天臣",据文义改。

②翦:剪,裁取。

③辟:举,推荐。

④亦:原作"赤",据文义改。

⑤辑睦:和睦。

⑥生法:创立制定法度。

【译文】

现在天下的情况就不是如此,都是有良好的法度却不能坚持。因此,那些能干懂法而博学多识的人就运用他们的智谋来扰乱法度,迷惑君主;人多势强、富贵而有私勇的人就运用他们的威势来破坏法度,侵害君主;邻国诸侯能够运用他们的权力干预废置太子,任用辅相;国内大臣能够施以私恩使百姓归附,并克扣国家财产豢养私党。在这种情况下,希求法度通行,国家得治,就不可能实现。圣明君主就不是这样,国家卿相不能够克扣公财豢养私党,群臣不能任用自己亲昵的人。圣明的君主明确法度并坚定地执行,这样,群臣协力同心,来侍奉君主;百姓也团结和睦,听令守法,做他们应做的事情。所以说:有创制法度的,有执行法度的,有遵照法度行事的。创制法度的是君主,执行法度的是大臣官吏,遵照法度行事的是人民。君臣、上下、贵贱都遵从法律,这就叫作大治。

故主有三术:夫爱人不私赏也,恶人不私罚也,置仪设法,以度量断者,上主也。爱人而私赏之,恶人而私罚之,倍大臣①,离左右,专以其心断者,中主也。臣有所爱而为私赏之,有所恶而为私罚之,倍其公法,损其正心,专听其大臣者,危主也。故为人主者,不重爱人,不重恶人。重爱曰失德,重恶曰失威。威德皆失,则主危也。

【注释】

①倍:通“背”。背离。下文“倍其公法”之“倍”同。

【译文】

所以君主有三种不同的做法:喜爱某人却不私自行赏,厌恶某人却不私自加罚,确立仪法制度,以法律断事的,是上等的君主。喜爱某人就私自行赏,厌恶某人就私自加罚,背离大臣与左右下属,专凭个人之心断事的,是中等的君主。大臣喜爱某人,就替他私自行赏,大臣憎恶某人就替他私自加罚,违背公法,丧失正心,一味听信大臣摆布,是危险的君主。所以做君主的,不可注重私爱于人,也不可注重私恶于人。注重私爱,叫作错用恩德;注重私恶,叫作错用刑威。刑威和恩德都用错,君主就危险了。

故明王之所操者六:生之,杀之,富之,贫之,贵之,贱之。此六柄者,主之所操也。主之所处者四:一曰文,二曰武,三曰威,四曰德。此四位者,主之所处也。藉人以其所操,命曰夺柄。藉人以其所处,命曰失位。夺柄失位,而求令之行,不可得也。法不平,令不全,是亦夺柄失位之道也。故有为枉法,有为毁令,此圣君之所以自禁也。故贵不能威,富不能禄①,贱不能事,近不能亲,美不能淫也。植固而不动,奇邪乃恐,奇革而邪化,令往而民移。

【注释】

①禄:施以财富,名词作动词用。这里指君主接受贿赂。

【译文】

　　因此英明君主所掌握的权柄有六项:使人活,使人死,使人富,使人贫,使人贵,使人贱。这六种权柄,是君主所要掌握的。君主所要占据的领域有四:一是文治,二是武事,三是刑威,四是施德。这四个领域,是君主所要占据住的。把君主自己掌握的权力交给别人,叫作"失权",把君主自己占据的领域交给别人,叫作"失位"。君主失权失位,还希望法令能够推行,是办不到的。法度不公平,政令不完备,也是导致失权失位的原因。所以,有些歪曲法度,有些毁弃政令的事情,都是圣明君主自己禁止去做的。因此,权贵之臣不能威胁君主,富贵之人不能贿赂君主,贫贱之人不能讨好君主,近臣不能亲昵君主,美色不能迷惑君主。坚定地坚持法令不动摇,乖异邪僻的人就自然恐惧,乖异邪僻的人们都有了改变,法令一颁布下去,民众就跟着行动了。

　　故圣君失度量①,置仪法,如天地之坚,如列星之固,如日月之明,如四时之信,然故令往而民从之。而失君则不然,法立而还废之,令出而后反之,枉法而从私,毁令而不全。是贵能威之,富能禄之,贱能事之,近能亲之,美能淫之也。此五者不禁于身,是以群臣百姓人挟其私而幸其主。

彼幸而得之,则主日侵。彼幸而不得,则怨日产。夫日侵而产怨,此失君之所慎也②。

【注释】

①失:当作"矢",布陈。

②慎:读为"循",遵循。

【译文】

　　所以,圣明君主陈布制度仪法,像天地那样的坚定,像列星那样的稳固,像日月那样的光明,像四时运行那样准确,这样,那么法令颁出人民就会听从。失国之君就不是这样,法度立下旋即就被废除,命令发出以后被收回,歪曲公法以迁就私意,毁坏政令而使之残缺不全。于是权贵就能威胁君主,富人就能贿赂君主,贱者就能讨好君主,近臣就能亲昵君主,美色也就能迷惑君主。这五方面,君主不能禁止自身,那么群臣百姓就人人怀着私意来讨好君主。他们讨好达到了目的,君主的权力就天天受到侵害。他们讨好达不到目的,就天天产生对君主的怨恨。君主的权力天天被侵害,对君主的怨恨也天天产生着,这就是失国之君所遵循的道路。

　　凡为主而不得用其法,不能其意①,顾臣而行,离法而听贵臣,此所谓贵而威之也。富人用金玉事主而来焉②,主因离法而听之,此所谓富而禄之也。贱人以服约卑敬悲色告愬其主③,主因离法而听之,此所谓贱而事之也。近者以偪近亲爱有求其主④,主因离法而听之,此所谓近而亲之也。美者以巧言令色请其主,主因离法而听之,此所谓美而淫之也。

【注释】

①能：任。

②来：当作"求"。

③约：屈。服约即卑屈。愬：诉。

④偪：逼。音义皆同。

【译文】

凡是身为君主却不能施行法令，也不能任意施行自己的心意，而是看着贵臣行事，离开法度而听从贵臣摆布，这种状况，就称作贵臣能够威胁君主。富人用金珠宝玉侍奉君主而提出要求，君主由此背离法度而听从这些要求，这种状况，就称作富人能够贿赂君主。贱者以驯服卑贱而恭敬悲伤的神色来哀告君主，君主就背离法度听从了他们的哀告，这种状况，就称作贱者能够讨好君主。近臣利用其靠近君主的亲密关系恳求于君主，君主就背离法度听从了他们的恳求，这种状况，就称作近臣能够亲昵君主。美人用花言巧语和谄媚之态请托于君主，君主就背离法度听从了她的请托，这种状况，就称作美色能够迷惑君主。

治世则不然，不知亲疏、远近、贵贱、美恶，以度量断之。其杀戮人者不怨也，其赏赐人不德也。以法制行之，如天地之无私也。是以官无私论，士无私议，民无私说，皆虚其匈以听其上①。上以公正论，以法制断，故任天下而不重也。今乱君则不然，有私视也，故有不见也；有私听也，故有不闻也；有私虑也，故有不知也。夫私者，壅蔽失位之道也。上舍公法而听私说，故群臣百姓皆设私立方以教于国，群党比周以立其私，请谒任举以乱公法，人用其心以幸于上。上无度量以禁之，是以私说日益而公法日损，国之不治，从此产矣。

【注释】

①匈:同"胸"。心胸。

【译文】

国家得治的情况就不是这样,君主不分亲疏、远近、贵贱和美丑,一切都用法度来判断。定罪杀人而受罚者心无怨恨,按功行赏而受赏者不会感恩戴德。依靠法制办事,就如同天地那样没有私心。所以官吏没有私人的政见,士人没有私人的议论,民间没有私人的主张,大家都虚心听从君主的政令。君主凭公正原则来考论政事,凭法制来裁断是非,所以担负治理天下的大任而不感到沉重。但现在的乱政之君就不是如此,乱君用私心来看事物,所以就有看不见的地方;用私心来听情况,所以就有听不见的地方;用私心来考虑问题,所以就有认识不到的地方。这私心正是乱君遭受蒙蔽、造成失位的原因。君主废弃公法而听信私说,那么群臣和百姓都将创立私说在国内宣扬,人们还将勾结党徒来建立私人势力,通过请托保举来扰乱国家公法,人人费尽心机以求得到君主宠幸。君主若没有法度来禁止这些现象,于是私说一天比一天增多,公法一天比一天削弱,国家的不安定,就从此产生了。

夫君臣者,天地之位也。民者,众物之象也。各立其所职以待君令,群臣百姓安得各用其心而立私乎?故遵主令而行之,虽有伤败,无罚;非主令而行之,虽有功利,罪死。然故下之事上也,如响之应声也;臣之事主也,如影之从形也。故上令而下应,主行而臣从,此治之道也。夫非主令而行,有功利,因赏之,是教妄举也;主令而行之,有伤败,而罚之,是使民虑利害而离法也。群臣百姓人虑利害,而以其私心举措①,则法制毁而令不行矣。

【注释】

①举措：行事。

【译文】

君与臣的关系，就好比天和地的位置。百姓，就好比万物的样子。百姓应该各自按其职分听候君主的命令，群臣百姓怎么可以各自用心谋取私利呢？所以，遵从执行君主的命令，即便有伤损失败，也不应处罚；不遵从执行君主的命令，即便有功业建立，也要处死罪。这样下位者侍奉上位者，就像回响响应声音一样；大臣侍奉君主，就像影子跟着形体一样。所以上面发令，下面就回应；君主行事，臣民就遵从，这是天下得治的办法。如果不按君主命令行事，取得了功利便进行赏赐，就是教导人妄自行事；按照君主命令行事，有伤损失败，就加以处罚，就是使人们考虑利害关系而背离法度。群臣百姓若是人人都考虑利害关系而按其私意行事，法制也就归于毁灭，命令也就不能推行了。

明法第四十六

【题解】

　　本文论述了以法治国的意义。强调君主应当独揽权势,制定法令,修明法度,不然就会出现导致国家败亡的四种情形——"灭""拥""塞""侵"。而举荐人才、衡量功绩也需依法而行,要"动无非法"以避免出现"所死者非罪,所起者非功"的事情。

　　所谓治国者,主道明也。所谓乱国者,臣术胜也。夫尊君卑臣,非计亲也,以埶胜也①。百官识②,非惠也,刑罚必也。故君臣共道则乱,专授则失。夫国有四亡,令求不出谓之灭③,出而道留谓之拥④,下情求不上通谓之塞,下情上而道止谓之侵。故夫灭侵塞拥之所生,从法之不立也。是故先王之治国也,不淫意于法之外,不为惠于法之内也。动无非法者,所以禁过而外私也⑤。

【注释】

　①埶:同"势"。权势。

　②识:通"职"。职责。这里指尽职。

③求：通"遽"。聚积、积压。下句"下情求"之"求"义同。

④道留：中道被阻滞。

⑤外私：抛弃私心。

【译文】

所谓国家得到治理，就是国君明于为君之道，以公法治国。所谓国家混乱不治，就是群臣的私术过盛，以私事乱国。君尊臣卑，并非因为群臣亲爱君主，而是由于国君掌握的权力强大。百官须各尽其职，并非由于国君对臣子有恩惠，而是刑罚分明，不尽职就会遭受处罚。所以君道与臣道不分则国家混乱，大臣专权则君主失国。国家危亡有四种情况，命令积压而不能向下传达叫作"灭"，发出而中途被留止叫作"拥"，下情堆积不能上达叫作"塞"，下情上通而中途被留止叫作"侵"。所以灭、拥、塞、侵的发生，都是由于国家法度未能确立的缘故。所以先王治理国家，不在法度之外枉费心机，也不枉屈法度而在其内施行恩惠。行动没有不合乎法度的，所以能禁止臣民犯错而摒弃私心。

威不两错，政不二门。以法治国，则举错而已^①。是故有法度之制者^②，不可巧以诈伪。有权衡之称者，不可欺以轻重。有寻丈之数者^③，不可差以长短。今主释法以誉进能，则臣离上而下比周矣。以党举官，则民务交而不求用矣。是故官之失其治也，是主以誉为赏，以毁为罚也。然则喜赏恶罚之人，离公道而行私术矣。比周以相为匿^④，是忘主死交，以进其誉。故交众者誉多，外内朋党，虽有大奸，其蔽主多矣。是以忠臣死于非罪，而邪臣起于非功。所死者非罪，所起者非功也，然则为人臣者，重私而轻公矣。十至私人之门，不一至于庭；百虑其家，不一图国。属数虽众，非以尊君也；百官虽具，非以任国也。此之谓国无人。国无人者,非朝臣之衰也,家与家务于相益,不务尊君也。大臣务相贵而不任国;小臣持禄养交,不以官为事,故官失其能。是故先王之治国也,使法择人,不自举也;使法量功,不自度也。故能匿而不可蔽,败而不可饰也。誉者不能进,而诽者不能退也。然则君臣之间明别,明别则易治也。主虽不身下为,而守法为之可也。

【注释】

①错:通"措"。设置,放置。

②制:裁断。

③寻:八尺为一寻。

④匿:掩盖。

【译文】

威势权力不可由君臣二者共有,政令不可由君臣二者发布。以法治国,就好像拿起放下那么容易。所以有法度来裁断,臣民就不得以伪诈取巧。有量轻重的权衡来称重,就无人敢以轻重来欺骗他人。有寻丈来度量长短,长短就不会有差错了。若国君舍弃法度而以人的声誉进贤用人,那么群臣就会远离国君而相互勾结。若是根据结党得誉而举用官员,那么臣民就会专务结交而不求对国家有用了。所以官吏治理不好,是因为君主根据虚誉行赏,根据毁谤处罚。这样喜好行赏而厌恶惩罚的人,就会背离公道而大行私术。他们朋比为奸相互掩盖作伪,拼命结交而忘弃君主,以增加他的声誉。所以结交广泛的人声誉也盛,内外朋比勾结,即使有大奸之人,多半也能蒙蔽住国君。于是忠臣死于非罪,而奸邪之人也并非因有功而受到任用。被处死的人不是因为有罪,被起用的人不是因为有功,那么为人臣的就会重私而轻公。十次奔走于私人的家门,也不到朝廷一次;多次考虑自家的得失,也不为国家考虑一次。百官之数虽已众多，但均不尊君而只顾其家；百官虽然很齐备，但专务私事而不治理国事。这就叫作国中无人。国中无人并不是说朝廷缺乏大臣，而是士大夫的私家之间互惠互助，而不致力于尊君。大臣之间务求互相吹捧抬举，而不肯承担国事；小臣拿着俸禄去结交，而不肯做好本职工作，所以官吏也就失去了他的功能。因此先王治理国家，依照法度选择人才，而不许自己举荐；用法度衡量功劳，而不许自己衡量。所以即使互相掩护也不能蒙蔽君主，罪行败露的人也无法掩饰。如此则虚誉者不可能进用，有功而遭受毁谤的人也不可能被黜退。由此，君臣之间分工明确，君臣的职责界限明确就容易治理了。君主不必亲身去做臣下的事，只需依照法度去做就可以了。

正世第四十七

【题解】

　　本文阐释君主当如何观于民风而调整政策。指出必先了解百姓疾苦，而后才能立法行政。在不同情况下，君主都必须有统治威权，从而根据时俗变化制定政策。最可贵者，文章明确提出了"不慕古，不留今"的通变思想。

　　古之欲正世调天下者，必先观国政，料事务，察民俗，本治乱之所生，知得失之所在，然后从事。故法可立而治可行。夫万民不和，国家不安，失非在上则过在下。今使人君行逆不修道，诛杀不以理，重赋敛，得民财，急使令，罢民力①。财竭则不能毋侵夺，力罢则不能毋堕倪②。民已侵夺堕倪，因以法随而诛之，则是诛罚重而乱愈起。夫民劳苦困不足，则简禁而轻罪，如此，则失在上。失在上而上不变，则万民无所托其命。今人主轻刑政，宽百姓，薄赋敛，缓使令，然民淫躁行私而不从制，饰智任诈，负力而争，则是过在下。过在下，人君不廉而变③，则暴人不胜，邪乱不止。暴人不胜，邪乱不止，则君人者势伤而威日衰矣。

【注释】

①罢：同"疲"。

②堕：读为"惰"。倪：傲慢。

③廉：察。

【译文】

古代想要匡扶乱世、调和天下的人，必定会先审察国政，清查国务，考察民俗，探究治乱产生的根源，明确得失之所在，然后才开始工作。因此法度得以建立，政令能够施行。民众不和谐，国家不安定，过失如果不在君主，就在下面。假使君主倒行逆施而不循正道，不依法理诛杀百姓，加重征收赋税，搜刮民财，劳役使令急迫，导致民力疲困。这样一来，民财枯竭就难免互相侵夺，民力疲困就不免怠惰轻慢。民众已经到了互相侵夺、怠惰轻慢的地步，再用刑法来惩戒，那样只会刑法越重而祸乱越起。民众陷于劳苦穷困，就会怠慢禁令轻视犯罪，像这种情况，就是过错在君主。过在君主而君主却不改正，民众就无法生存下去。假如君主本来就轻刑简政，宽待百姓，减轻赋税，缓于使令，而民众却放纵行私，不听从节制，偷奸耍诈，暴力相争，那么过失就在下面了。过在下面而君主不能明察纠正，那么强暴之人就无法控制，邪乱也不会停息。强暴之人得不到控制，邪乱不停息，那么统治民众的君主之权势就会受到伤害，其威望也会一天天衰减。

故为人君者，莫贵于胜。所谓胜者，法立令行之谓胜。法立令行，故群臣奉法守职，百官有常。法不繁匿①，万民敦悫②，反本而俭力。故赏必足以使，威必足以胜，然后下从。故古之所谓明君者，非一君也。其设赏有薄有厚，其立禁有轻有重，迹行不必同，非故相反也，皆随时而变，因俗而动。夫民躁而行僻，则赏不可以不厚，禁不可以不重。故圣人设厚赏,非侈也;立重禁,非戾也。赏薄则民不利,禁轻则邪人不畏。设人之所不利,欲以使,则民不尽力;立人之所不畏,欲以禁,则邪人不止。是故陈法出令而民不从。故赏不足劝,则士民不为用;刑罚不足畏,则暴人轻犯禁。民者,服于威杀然后从,见利然后用,被治然后正,得所安然后静者也。

【注释】

①繁匿:据章炳麟说,意为变更。

②悫(què):诚实。

【译文】

因此作为君主,最宝贵的莫过于胜。所谓胜,就是法度确立,政令通行,这就叫做"胜"。法度确立,政令通行,因而群臣守法尽职,百官办事也就有规则秩序。法度不轻易变更,民众就会敦厚朴实,安心农事而俭朴勤劳。所以行赏一定要足以激励人,立威一定要足以制服人,这样下面才会服从统治。古代的所谓明君,并非只有一人。他们设定赏赐的时候,有薄有厚,确立禁令的时候,也有轻有重,事迹行为都不尽相同,并非他们故意相反,而是他们都随着时势的变化而变化,顺着民众的习俗而行动。如果民性躁动,行为险僻,那么行赏不可以不厚,立禁不可以不重。因此圣人设置重赏,并非奢侈;立下重禁,也并非残暴。赏赐太微薄则人们都不以为利,禁令太轻微则奸邪的人无所畏惧。设置人们不以为利的奖赏,却想要使唤人,人们自然不会尽力;立下人们并不畏惧的刑罚,却想禁止人作恶,奸邪之人自然不会停止作恶。因此公布了法令,民众也不会听从。所以,行赏不足以激励人,士就不会为君主所用;刑罚不足以使人畏惧,坏人就会轻易地违犯禁令。民众总是畏惧威杀然后才服从,得到实利然后才听用,被统治然后才归于正道,安居乐业然后才平静无事。

　　夫盗贼不胜①,邪乱不止。强劫弱,众暴寡,此天下之所忧,万民之所患也。忧患不除,则民不安其居。民不安其居,则民望绝于上矣。夫利莫大于治,害莫大于乱。夫五帝三王所以成功立名,显于后世者,以为天下致利除害也。事行不必同,所务一也。夫民贪行躁,而诛罚轻,罪过不发,则是长淫乱而便邪僻也。有爱人之心,而实合于伤民。此二者不可不察也。夫盗贼不胜则良民危,法禁不立则奸邪繁。故事莫急于当务,治莫贵于得齐②。制民急则民迫,民迫则窘,窘则民失其所葆③;缓则纵,纵则淫,淫则行私,行私则离公,离公则难用。故治之所以不立者,齐不得也。齐不得则治难行。故治民之齐,不可不察也。圣人者,明于治乱之道,习于人事之终始者也。其治人民也,期于利民而止。故其位齐也④,不慕古,不留今⑤,与时变,与俗化。夫君人之道,莫贵于胜。胜故君道立,君道立,然后下从;下从,故教可立而化可成也。夫民不心服体从,则不可以礼义之文教也。君人者不可以不察也。

【注释】

①盗贼不胜:犹言不胜盗贼。

②得齐:适中。这里指政策缓急适中。

③葆:保,依托。

④位齐:制定政策适如其分。

⑤留:滞留,拘泥。

【译文】

盗贼得不到镇压,邪乱就不会停止。强者欺负弱者,多数压迫少数,这是社会所忧虑、民众所担心的事情。这种忧患得不到消除,民众就不能安居。民众不能安居,那么他们对君主就绝望了。对国家而言,没有比安定更大的利益,没有比动乱更大的祸害。五帝三王之所以成功扬名,显耀于后世,就是因为他们能为天下兴利除害。他们的事迹做法不一定相同,但努力的目标是一致的。民众贪婪而行为险躁,而刑罚又太轻,罪过不被举报,就会助长淫乱而鼓励邪僻。这样做貌似有爱人之心,实际上却正好伤害了民众。这两方面是不能不了解的。盗贼不被镇压,良民就不安,法度禁令不能确立,奸邪就众多。所以做事没有比解决当前急务更紧急的,治国没有比轻重缓急安排适度更宝贵的。管制过于紧急,民众就会觉得紧迫,民众紧迫,就会出现困窘,民众困窘,生活就失去保障;管制过于宽缓,民众就会放纵,放纵则会产生淫僻,淫僻则会行私,行私则背公,背公就难以为用。因此国家之所以不能大治,是因为管理力度没有适中。如果管理力度不适中,管理就难以进行。所以统治天下如何做到政策适中,是不可不认真体察的。所谓圣人,就是懂得治乱规律、熟悉人事终始的人。他治理人民,只是期待对人民有利罢了。所以他设定的政策恰如其分,不盲从古人,也不拘泥于今人,而是随着时势的变化而变化,随着习俗的更移而更移。因此治理民众的原则,没有比令人服从更重要的。令人服从,君道才能确立;君道确立,然后下面才会跟从;下面跟从,教化才能进行而又取得成效。如果民众不是在思想和行动上都服从,就不能用礼义来教化他们。这些统治者都不可不体察。

治国第四十八

【题解】

本文明确提出"粟者，王之本事"，体现重农思想。文章总结前代民富而国治的经验，详尽剖析农业为国家根本的道理，指出伤农必生大弊，从而证明利民利国，必自农业始。

凡治国之道，必先富民。民富则易治也，民贫则难治也。奚以知其然也？民富则安乡重家，安乡重家则敬上畏罪，敬上畏罪则易治也。民贫则危乡轻家，危乡轻家则敢陵上犯禁①，凌上犯禁则难治也。故治国常富，而乱国必贫。是以善为国者，必先富民，然后治之。

【注释】

①陵：凌驾，侵犯。

【译文】

大凡治国之道，一定要先使百姓富裕起来。民众富裕就容易治理，民众穷困就难以治理。怎么知道是这样呢？民众富裕就安于乡里，不愿意离开家园，安土重迁就会尊敬长上而害怕犯罪，尊敬长上而害怕犯罪也就容易治理了。民众贫困就不安于乡居而轻视家园,不安于乡居而轻视家园,就敢于侵凌长上而违法乱纪了,侵凌长上而违法乱纪就难以治理了。所以太平国家往往是富裕的,混乱国家往往是贫穷的。所以善于处理国政的君主,一定要先使百姓富起来,然后再加以治理。

　　昔者,七十九代之君①,法制不一,号令不同,然俱王天下者,何也? 必国富而粟多也。夫富国多粟生于农,故先王贵之。凡为国之急者,必先禁末作文巧②。末作文巧禁则民无所游食,民无所游食则必农。民事农则田垦,田垦则粟多,粟多则国富,国富者兵强,兵强者战胜,战胜者地广。是以先王知众民、强兵、广地、富国之必生于粟也,故禁末作,止奇巧,而利农事。

【注释】

①七十九代:泛指前朝。

②末作:古代把生活必需的事物视为本,其他无用的事物则视为末。这里可指工商业。文巧:过度装饰和精巧的物品,一般为奢侈品。后文"奇巧"意近。

【译文】

　　从前,七十九代的君主,法制不一,号令不同,然而都能一统天下,这是为什么呢? 一定是因为国富而粮多 。而国富粮多都来源于农业,所以历代圣王都重视农业。大凡治国的当务之急,一定要先禁止工商末业和奢侈品制作。工商末业和奢侈品制作得到禁止,那么民众就无法游居求食,民众无法游居求食,就必然从事农业生产。民众从事农业生产,土地就得到开垦;土地得到开垦,粮食就增多;粮食增多,国家就富裕;国家富裕,兵力就强盛;兵力强盛,战斗就可以取胜;战斗取胜,土地就可得到扩大。所以,先王知道增加人口、增强兵力、扩大土地、富裕国家,必须依赖粮食,所以他们禁止发展工商业,禁止生产奢侈品,以求有利于发展农业生产。

今为末作奇巧者,一日作而五日食。农夫终岁之作,不足以自食也。然则民舍本事而事末作。舍本事而事末作,则田荒而国贫矣。凡农者,月不足而岁有余者也,而上征暴急无时,则民倍贷以给上之征矣①。耕耨者有时②,而泽不必足,则民倍贷以取庸矣③。秋籴以五,春粜以束④,是又倍贷也。故以上之征而倍取于民者四,关市之租,府库之征,粟十一,厮舆之事⑤,此四时亦当一倍贷矣。夫以一民养四主,故逃徙者刑而上不能止者,粟少而民无积也。

【注释】

①倍贷:借一还二。

②耨(nòu):用农具松土。

③取庸:雇佣人来工作。

④束:十。《仪礼·聘礼》:"束莫于几下。"郑玄注曰:"凡物十曰束。"

⑤厮舆:厮指砍柴,舆指驾车,这里泛指劳役。

【译文】

现在从事工商业、制作奢侈品的人,干一天可以吃五天。而农民终年劳作,却不足以维持自己的生活。这样,人们就会放弃农业而从事工商业。民众放弃农业而经营工商业,土地就会抛荒,国家就会贫穷。大凡从事农业的人,按月计算则收入不足,按年计算才会有余,而上面征税紧急,又不根据农时,农民只好靠借加倍的高利贷来满足国家税收。耕田种地都有季节性,而届时雨水不一定充足,农民又只好借加倍的高利贷来雇人浇地。秋天从农民手中买粮的价钱是"五",春天卖粮给农民的价钱却是"十",这又是一种加倍的高利贷。因此,如果把上面的征税算起来,成倍索取农民的款项就有四项,因为关市的租税、府库的征收、十分之一的征粮、各种劳役,这些一年四季加起来,又等于一项加倍的高利贷了。一个农民要养四个债主,所以即使对外逃者处以刑罚也无法制止农民外逃,这都是因为农民粮食少而没有积蓄啊。

常山之东①,河、汝之间②,蚤生而晚杀③,五谷之所蕃孰也④。四种而五获,中年亩二石,一夫为粟二百石。今也仓廪虚而民无积,农夫以粥子者⑤,上无术以均之也。故先王使农、士、商、工四民交能易作,终岁之利无道相过也。是以民作一而得均。民作一则田垦,奸巧不生。田垦则粟多,粟多则国富,奸巧不生则民治。富而治,此王之道也。不生粟之国亡,粟生而死者霸,粟生而不死者王。粟也者,民之所归也;粟也者,财之所归也;粟也者,地之所归也。粟多则天下之物尽至矣。故舜一徙成邑,贰徙成都,参徙成国。舜非严刑罚重禁令,而民归之矣。去者必害,从者必利也。

【注释】

①常山:地名,在今河北中部正定一带。

②汝:水名。发源于河南伏牛山,东南流经安徽西北部入淮。

③蚤:通"早"。

④孰:同"熟"。成熟。

⑤粥:同"鬻"。卖。

【译文】

常山以东,黄河、汝水之间,作物生长得早而凋落得晚,是粮食生长成熟的好地方。一年四时都可以种植而五谷都可丰收，中等年成，每亩产两石粮食，一个劳力就可以生产粮食两百石。如今粮仓空虚而民众没有存粮，农民不得不卖儿卖女，原因在于君主没有想方设法均衡他们的收入。所以先圣总是让农、士、商、工轮换其工作，这样一年的收入，就无法互相超越。因此民众劳作一致而收入均等。民众同样劳作，田地就会得到开垦，奸巧之事就不会产生。田地开垦了粮食就多，粮食多了国家就富裕，奸巧之事没有了，人民就安定。富裕而又安定，这正是王者之道。不生产粮食的国家将会灭亡，生产粮食却消费光的仅能称霸，粮食生产充足又用不完的国家才能称王。粮食，能吸引人口；粮食，能招致财富；粮食，能开拓疆土。粮食多，天下的物产就都来了。因此舜第一次率民迁徙的时候，发展农耕而建成小邑，第二次迁徙的时候，就建成了大都，到第三次迁徙的时候，就建成了国家。舜并没有采用严厉的刑罚、严酷的禁令，但民众都归向他。这是因为离开他必定受害，跟着他必然得利。

先王者，善为民除害兴利，故天下之民归之。所谓兴利者，利农事也。所谓除害者，禁害农事也。农事胜则入粟多，入粟多则国富，国富则安乡重家，安乡重家则虽变俗易习，欧众移民①，至于杀之，而民不恶也。此务粟之功也。上不利农则粟少，粟少则人贫，人贫则轻家，轻家则易去，易去则上令不能必行，上令不能必行则禁不能必止，禁不能必止则战不必胜，守不必固矣。夫令不必行，禁不必止，战不必胜，守不必固，命之曰寄生之君。此由不利农、少粟之害也。粟者，王之本事也，人主之大务，有人之途，治国之道也。

【注释】

①欧：古同"驱"。驱赶。

【译文】

古代的圣王，往往善于为民除害兴利，所以天下百姓都归顺他。所谓兴利，就是有利于农业生产。所谓除害，就是防止妨碍农业生产。农业发展，粮食收入就多；粮食收入多，国家就富裕；国家富裕，民众就安居家乡爱惜家园；民众安居家乡爱惜家园，那么即使对之移风易俗，驱使调遣，甚至有所杀戮，民众也不会反感。这都是致力于粮食生产的功效。君主不发展农业生产，粮食就少；粮食少，民众就穷；民众贫穷，就轻视家园；轻视家园，就容易外流；轻易外流，君主的政令就不能得到坚决执行；君主的政令不能坚决执行，那么禁令也就不能坚决落实；禁令不能坚决落实，打仗就不能必胜，防守也不能稳固了。政令不能必行，禁令不能落实，战争不能必胜，防守不能稳固，这就叫寄生之君。这便是不致力于发展粮食生产而缺少粮食的危害。粮食生产，是君主的根本大事，是国君的重要任务，是拥有民众的途径，是治理国家的大道。

内业第四十九

【题解】

　　本文属于黄老道家的文献,论述精气为生之本原,保证"气"充盈于体,是修身养性的关键。值得注意的是,文章提到了"止怒莫如诗,去忧莫如乐"等,流露出一些儒家气息;其"浩然和平"之气的说法,似与《孟子》关于"浩然之气"的说法有某些相似。因而文章有儒道交融的内容。文章虽然也有把帝王的修身与国家治乱相联系的内容,但养生之道如其中"食之道"的论说,给人印象更为深刻。其中有关悲喜与养生关系的论述,至今仍有借鉴意义。

　　凡物之精,此则为生。下生五谷,上为列星。流于天地之间,谓之鬼神;藏于胸中,谓之圣人。是故民气,杲乎如登于天①,杳乎如入于渊,淖乎如在于海②,卒乎如在于己③。是故此气也,不可止以力,而可安以德;不可呼以声,而可迎以意④。敬守勿失,是谓成德。德成而智出,万物毕得⑤。凡心之刑,自充自盈,自生自成。其所以失之,必以忧乐喜怒欲利。能去忧乐喜怒欲利,心乃反济。彼心之情,利安以宁。勿烦勿乱,和乃自成。折折乎如在于侧⑥,忽忽乎如将不得,渺渺乎如穷无极。此稽不远⑦,日用其德。

【注释】

①杲:高明貌。

②淖(nào):湿润貌。

③卒:通"萃"。聚集。

④意:原作"音",据王念孙说改。

⑤毕:原作"果",据王念孙说改。

⑥折折:即"晣晣",明晰貌。

⑦稽:考察。指此心。《管子·白心》:"自知曰稽。"

【译文】

凡物,都是得禀天地的精气而生。在下生成五谷,在上化为群星。流动在天地之间的,叫作鬼神;藏在人们胸中的,就叫作圣人。因此,人含此气,其高明有如登于青天,其幽深有如入于深渊,其湿润有如在大海,其凝聚有如在自身。因此这种气,不可用强力使它停驻,却可以用德来使它安宁;不可用声音呼唤它,却可以用意念迎接它。恭敬地守护它,不让它丧失掉,这就叫作"成德"。修德有成就会生出智慧,对万事万物都能理解到位。心的形体,本身就能自我充实、自然生长。它之所以失去常态,必定是由于忧、乐、喜、怒、欲、利的作用。能消除忧、乐、喜、怒、欲、利的干扰,心才会返回安定状态。心的特性,需要安定与宁静。不烦不乱,和谐的状态就自然形成。这个和谐安宁的心,有时好像明明就在身边,有时却又好像恍恍惚惚难以寻觅,有时又好像渺茫得没有尽头。实际考察起来,这个心并不遥远,我们每天都在用它。

　　夫道者,所以充形也,而人不能固。其往不复,其来不舍。谋乎莫闻其音①,卒乎乃在于心②;冥冥乎不见其形,淫淫乎与我俱生③。不见其形，不闻其声，而序其成，谓之道。凡道无所，善心安爱④，心静气理，道乃可止。彼道不远，民得以产；彼道不离，民因以知。是故卒乎其如可与索，眇眇乎其如穷无所。被道之情⑤，恶意与声⑥，修心静意，道乃可得。道也者，口之所不能言也，目之所不能视也，耳之所不能听也，所以修心而正形也；人之所失以死，所得以生也；事之所失以败，所得以成也。

【注释】

①谋乎：静默状。

②卒：通"萃"。萃聚。

③淫淫：逐渐增进貌。

④爱：通"薆"。隐藏。

⑤被：当作"彼"。

⑥意：原作"音"，据张佩纶说改。下文"修心静意"之"意"，原亦作"音"，据猪饲彦博说改。

【译文】

道，充实形体，但人们往往不能固守。它走了就不再回来，来了又不肯安居常住。寂寂然听不到它的声音，其实却萃聚在人的心中；冥冥中看不到它的形状，却又潜滋暗长，与我身同在。人们不见其形，不闻其声，它却有步骤地生成，这就是道。道，没有固定的场所，心地良善，则潜隐其中，心静气顺，就停留下来。道并不遥远，人们都靠它而生活成长；道不可离，人们都因它而获得知识。所以道萃聚在心中，好像人人可以求索；道又幽幽渺渺，好像追寻不到它究竟何在。道的本性，厌恶有意的作为和说道，只有修心静意，才能得道。道这个东西，口不可言说，目不能察看，耳不能听闻，它是用来修养内心端正形体的；人们失掉它就会死,得到它就能生;失掉它就将失败,得到它就能成功。

　　凡道无根无茎,无叶无荣,万物以生,万物以成,命之曰道。天主正,地主平,人主安静。春秋冬夏,天之时也;山陵川谷,地之枝也^①;喜怒取予,人之谋也。是故圣人与时变而不化,从物而不移。能正能静,然后能定。定心在中,耳目聪明,四枝坚固,可以为精舍。精也者,气之精者也。气,道乃生^②,生乃思,思乃知,知乃止矣。凡心之形,过知失生。一物能化谓之神^③,一事能变谓之智。化不易气,变不易智,唯执一之君子能为此乎。执一不失,能君万物。君子使物,不为物使,得一之理。治心在于中,治言出于口,治事加于人,然则天下治矣。"一言得而天下服,一言定而天下听",公之谓也。

【注释】

①枝:通"肢"。下文"四枝坚固"之"枝"字同。

②道:通达,疏导。戴望云:《左氏》襄三十年《传》注:"道,通也。""气,道乃生",犹言气通乃生耳。

③一:抓住万物最基本、最简便的法则。就是下文所谓的"执一"。一,在此作动词。

【译文】

　　道,无根无茎,无叶无花,万物都因它而萌生,靠它而长成,所以称之为道。天贵公正,地贵平易,人贵在安静。春夏秋冬,是天的时节;山陵川谷,是大地的肢体;喜、怒、取、予,是人心的思虑。因而圣人总是随时变通而不为时所化,顺应事物变迁而不为物所移。惟其能正,所以能静,能静则心有定见。定见在心,所以耳聪目明,四肢强健,身体就可以成为精气的住所。所谓精气,就是气中最精纯的东西。气,通达之才能生,气生才有思想,有思想才有知识,有知识就是最终阶段了。大凡心的形体,过度地用知觉,就妨碍生机了。找到驾驭事物的最高最简便的准则,能顺应万物之化,这就叫作神;找到万物最高最简便的准则,能顺万物之变,这就叫作智。与物变迁而不改变气的常态,与物变化而不改静定之智,这只有掌握了最高最简易的"一"的君子才能做到!掌握了简易之"一"而不失去它,就能统率万物。君子役使万物,而不受外物支配,就因为掌握了"一"的道理。身体内的心调治好了,能调理事务的言语就从口里说出来了,能调治事务的政策就落实到民众身上了,这样的话,天下就会大治了。"一言得而天下服,一言定而天下听",就说的是内心平静、公正的效力。

　　形不正,德不来,中不静,心不治。正形摄德,天仁地义,则淫然而自至,神明之极,照乎知万物。中义守不忒①,不以物乱官,不以官乱心,是谓中得。有神自在身,一往一来,莫之能思。失之必乱,得之必治。敬除其舍,精将自来。精想思之,宁念治之,严容畏敬,精将至定。得之而勿舍,耳目不淫。心无他图,正心在中,万物得度。道满天下,普在民所,民不能知也。一言之解,上察于天,下极于地,蟠满九州②。何谓解之? 在于心安。我心治,官乃治;我心安,官乃安。治之者心也,安之者心也。心以藏心,心之中又有心焉。彼心之心,意以先言③。意然后形,形然后言。言然后使,使然后治。不治必乱,乱乃死。

【注释】

①义:适宜。在此指守住心的正、静状态,就是义。

②蟠:本以为盘踞,此处为分布的意思。

③意：原作"音"，据王念孙说改。下句"意然后形"之"意"同。

【译文】

身不正，德不会来，体内不静，心不得治。端正身形，修饰德行，像天一样仁慈，像地一样正义，精气就渐渐来到，达到神明的最高境界，就能明澈地察知万物。内心谨守虚静而不生差错，五官不为外物所乱，内心不为五官所乱，这叫作内心有所得。有神明存在于身，它的往来，本不可测思。失去了它，内心就纷乱；得到了它，内心就安定。惟有恭敬地扫除其内心的宅舍，精气才会自己住进来。聚精会神去想着保养它，宁息杂念来调理它，端正仪容敬畏它，精气就会达至安定。得之而不舍弃，则耳目都聪明不做过分之事。心中别无他图，则平正的心常在，用以应对万物，就各得其宜。道布满天下，普遍存在于人世之中，一般人却不能认识到。对道这一个字有了解，就能上通于天，下至于地，满布于九州的事情都可以察知。怎样才能了解道呢？关键在于心安。我的心能调理，五官就能调理；我的心能安静，五官就能安静。需要调理的是心，需要安静的是心。心可以藏心（精气），心里面又有心（精气）。那心里面的心（精气），先产生心意，心意再用语言表达。有了心意，然后有形态，心意有了形态，然后成为言论。言出然后布之为令，令出然后治世。心不治就必定会乱，乱就一定死亡。

精存自生，其外安荣。内藏以为泉原①，浩然和平，以为气渊。渊之不涸，四体乃固，泉之不竭，九窍遂通。乃能穷天地，被四海。中无惑意，外无邪灾。心全于中，形全于外，不逢天灾，不遇人害，谓之圣人。人能正静，皮肤裕宽②，耳目聪明，筋信而骨强③，乃能戴大圆而履大方④，鉴于大清⑤，视于大明⑥。敬慎无忒，日新其德，遍知天下，穷于四极。敬发其充，是谓内得。然而不反，此生之忒。

【注释】

①原：泉源。

②皮肤：此处指肉体、四体。

③信：通"伸"。

④大圆：指苍天。大方：指大地。

⑤大清：指上无清明之象。

⑥大明：指日月。

【译文】

精气存身，自然生长，发于体外，就是安适和光彩。藏在内部的精气是性命的泉源，它浩大而和平，深默如渊。渊源不枯竭，四肢才强健，泉源不干涸，九窍才通畅。进而才能与天地为一，涵盖四海。心中没有迷惑，体外没有邪灾。内心保持完满，外在身形就能保持健全，不逢天灾，不遇人害，这就是圣人。人能做到形正心静，就能肉体丰满，耳聪目明，筋骨舒展而强健，就能头顶上天，脚踏实地，鉴别力如清天，观察力如日月。恭敬谨慎没有差错，德行与日俱新，遍知天下事物，远达四方穷尽之处。恭敬地生发内在的精气，这叫作内有所得。如果不能回归这种境界，是养生上的过失造成的。

凡道，必周必密，必宽必舒，必坚必固。守善勿舍，逐淫泽薄①，既知其极，反于道德。全心在中，不可蔽匿，和于形容，见于肤色。善气迎人，亲于弟兄；恶气迎人，害于戎兵。不言之声，疾于雷鼓。心气之形，明于日月，察于父母。赏不足以劝善，刑不足以惩过。气意得而天下服，心意定而天下听。搏气如神②，万物备存。能搏乎？能一乎？能无卜筮而知吉凶乎？能止乎？能已乎？能勿求诸人而之己乎？思之思之，又重思之。思之而不通，鬼神将通之。非鬼神之力也,精气之极也。四体既正,血气既静,一意搏心,耳目不淫,虽远若近。思索生知,慢易生忧③,暴傲生怨,忧郁生疾,疾困乃死。思之而不舍,内困外薄,不蚤为图④,生将巽舍⑤。食莫若无饱,思莫若勿致。节适之齐,彼将自至。

【注释】

①淫:过度。泽:通"释"。薄:不足。

②搏:当作"抟"。专一。下同。

③慢易:怠慢。易,不庄重地对待人和事。

④蚤:通"早"。

⑤巽:通"逊"。离去。

【译文】

道,必定是周密的,必定是宽舒的,必定是坚固的。能守善而不弃,驱逐过分的,避免不足的,充分认识道的最高准则,就会返归道德。健全的心在内部,是不能掩蔽的,它会反映在形体容貌上,表现在肌肤颜色上。以善气迎人,相亲胜于弟兄;以恶气迎人,相害过于刀兵。无言的声音,比打雷击鼓还响。心和气的形体,比太阳和月亮还明,比父母了解子女更加明察。奖赏不足以劝人向善,刑罚不足以惩治过错。得到精气生的意,天下都会顺服;心意安定,天下都会听从。专心于气,就会像神明一样,把万物都收藏在心中。能专心么? 能一意么? 能不需占卜就预知凶吉么吗? 能要止就止么? 能要完就完么? 能不求于人而只靠自己么? 思考思考,反复思考吧。思考不通,鬼神将帮你想通。其实这不是鬼神的力量,而是精气的极至状态。四体已正,血气已静,一意专心,耳目不受外物的迷惑,这样即使是遥远的事情,也会像附近的事情一样容易了解。思索产生智慧,懈怠疏忽产生忧患,暴虐骄傲产生怨恨,忧郁产生疾病,疾病困迫就会致死。忧思过度而过于执着,身心就内有困苦外有压迫,如不早想办法,生命之气将会离开躯体。吃饭最好不要过饱,思考最好不要绞尽脑汁。调节得当,生气自然旺盛。

　　凡人之生也,天出其精,地出其形,合此以为人。和乃生,不和不生。察和之道,其情不见,其征不丑①。平正擅匈②,论治在心,此以长寿。忿怒之失度,乃为之图③。节其五欲④,去其二凶⑤,不喜不怒,平正擅匈。

　　凡人之生也,必以平正。所以失之,必以喜怒忧患。是故止怒莫若诗,去忧莫若乐,节乐莫若礼,守礼莫若敬,守敬莫若静。内静外敬,能反其性,性将大定。

　　凡食之道,大充⑥,伤而形不臧,大摄⑦,骨枯而血冱⑧。充摄之间⑨,此谓和成。精之所舍,而知之所生。饥饱之失度,乃为之图。饱则疾动,饥则广思⑩,老则长虑。饱不疾动,气不通于四末。饥不广思,饱而不废⑪,老不长虑,困乃邀竭⑫。大心而敢,宽气而广。其形安而不移,能守一而弃万苛⑬。见利不诱,见害不惧,宽舒而仁,独乐其身。是谓云气,意行似天。

　　凡人之生也,必以其欢。忧则失纪,怒则失端。忧悲喜怒,道乃无处。爱欲静之,遇乱正之。勿引勿推,福将自归。彼道自来,可藉与谋。静则得之,躁则失之。灵气在心,一来十逝,其细无内,其大无外。所以失之,以躁为害。心能执静,道将自定。得道之人,理丞而毛泄⑭,匈中无败。节欲之道,万物不害。

【注释】

①丑:应,相应的征兆。

②擅匈：占据胸中的意思。匈，同"胸"。下同。

③图：谋虑。

④五欲：五官的欲望。

⑤二凶：喜、怒两种情绪失当导致的不幸。

⑥大：太。

⑦摄：减缩。

⑧沍(hù)：干涸凝固。

⑨间：中和，中间，不偏不倚的状态。

⑩广：同"旷"。舒缓。

⑪废：读为"发"。指前文"饱则疾动"的"疾动"。

⑫遫：同"速"。竭：败。

⑬苛：因苛求导致的烦恼。

⑭理丞而毛泄：指邪气从腠理和毛孔中蒸发疏泄掉。理，腠理，中医指肌肉之间的空隙和皮肤、肌理的纹理，是气血流通的空间。丞，通"蒸"。蒸发。毛，原作"屯"，形近而讹，据王引之说改。

【译文】

人的生命，天给他精气，地给他形体，两者结合才成为人。两者调和就形成生命，不和就无法形成生命。考察"和"的规律，很难见到它的实质，很难见到它相应的征兆。胸中平和中正，安心定神，便能长寿。忿怒失了节制，就加以调节。节制五官的欲求，除去喜怒两种凶事，不喜不怒，胸中就可以保持中正平和。

人的生命，一定要依赖平和中正。生命之所以失去中正平和，一定是由于喜怒忧患的失当。因此，制止忿怒莫过于诗歌，消除忧闷莫过于音乐，节制享乐莫过于守礼，遵守礼仪莫过于保持恭敬，保持恭敬莫过于内心虚静。内心虚静而外表恭敬，就能回归生命本性，这样生性就会充足稳定。

关于饮食的道理，吃得太多，就伤身而体形不佳；吃得太少，就骨枯而血液凝滞。饥饱适中，就是实现了中和之道。于是精气有所寄托，智慧得以产生。如果饥饱失度，就要设法解决。太饱就赶快活动，太饿就放宽心思，人老了要勤用脑。吃饱而不赶快活动，血气不能通达四肢。饥饿却不放宽心思，吃饱却不赶快运动，老了而不勤用脑，都会导致困顿而加速生命枯竭。放宽心思，故能勇敢；舒展意气，故能胸怀旷达。形体安然而德性不移，心性专一而消除万种烦忧。见利不被引诱，见害不生畏惧，心态宽和仁慈，自然独得其乐。这样气行如云，心意就像在天空中飞行。

　　人的生命有活力，必是源于情绪的欢乐。忧愁会使生命失常，恼怒会使生命无序。心里充满忧悲喜怒，"道"就无处可容。有了爱欲，应该平息它；遇到混乱的念头，应该纠正它。不让杂念引来推去，幸福自将降临。道自然到来时，人们可借助它思考。虚静就能得道，急躁就会失道。灵气在人的心中，来来往往，既小得无比，又大到无限。人们之所以失掉它，是因急躁作怪。内心能够平静，道自会安定下来。得道之人，邪气能从腠理毛孔中蒸发排泄出去，使胸中没有污物。实行节欲之道，就不会受到万事万物的伤害了。

封禅第五十

【题解】

此篇文献的真伪存在一些争论。尹注《管子》,此篇标题之下有"元(原)篇亡,今以司马迁《封禅书》所载管子言以补之"。据此,此篇在唐代已亡佚。然刘师培考察一些唐初文献的征引情况,认为此篇当时并未亡佚,尹注所据本缺之而已。尽管如此,《管子》只有尹注流传至今,人们能读到的也只有这份尹注从《史记》中移补过来的文字了。篇名"封禅"就是祭祀天地。"封"指古代帝王到泰山顶上筑土为坛以祭天,"禅"是古代帝王到泰山下某小山除土以祭地。这段话记述了齐桓公称霸后意欲举行封禅典礼,管仲以言语及托辞谏止桓公的事情。

桓公既霸,会诸侯于葵丘,而欲封禅。管仲曰:"古者封泰山,禅梁父者,七十二家,而夷吾所记者,十有二焉。昔无怀氏封泰山①,禅云云②。虙羲封泰山③,禅云云。神农封泰山,禅云云。炎帝封泰山,禅云云。黄帝封泰山,禅亭亭④。颛顼封泰山,禅云云。帝告封泰山⑤,禅云云。尧封泰山,禅云云。舜封泰山,禅云云。禹封泰山,禅会稽。汤封泰山,禅云云。周成王封泰山,禅社首。皆受命然后得封禅。"桓公曰:"寡人北伐山戎,过孤竹。西伐大夏,涉流沙,束马悬车,上卑耳之山。南伐至召陵,登熊耳山,以望江汉。兵车之会三⑥,而乘车之会六⑦。九合诸侯,一匡天下,诸侯莫违我。昔三代受命,亦何以异乎?"于是管仲睹桓公不可穷以辞,因设之以事,曰:"古之封禅,鄗上之黍,北里之禾⑧,所以为盛⑨。江淮之间,一茅三脊,所以为藉也⑩。东海致比目之鱼,西海致比翼之鸟,然后物有不召而自至者,十有五焉。今凤凰麒麟不来,嘉谷不生,而蓬蒿藜莠茂,鸱枭数至⑪,而欲封禅,毋乃不可乎?"于是桓公乃止。

【注释】

①无怀氏:传说中的帝王,在伏羲前。

②云云:泰山下的小山名,在梁父以东。

③虙羲:同"伏羲"。传说中的古代帝王的名字。

④亭亭:泰山下的小山名,与云云山相距不远。

⑤帝佸(kù):同"帝喾"。"五帝"之一,帝尧之父。

⑥兵车之会:召集诸侯会师讨伐某国。

⑦乘车之会:召集诸侯举行会盟。乘车,与"兵车"相对,是用于文事的车。

⑧鄗(huò)上、北里:皆地名。

⑨盛(chéng):这里指放在祭器里的禾、黍等谷物。

⑩以为藉:祭祀时要将香酒倒在茅草上,表示神灵接受献祭。藉,铺垫。

⑪鸱枭(chī xiāo):猫头鹰,古时以为不祥之鸟。

【译文】

齐桓公既已成就霸业,会合诸侯于葵丘,想要举行封禅天地的活动。管仲说："古代举行封泰山祭天,禅梁父祭地典礼的帝王有七十二家,而我所能记得的只有十二家。古时候的无怀氏,他封泰山以祭天,禅云云山以祭地。后来虙羲也曾封泰山祭天,禅云云山祭地。神农氏封泰山祭天,禅云云山祭地。炎帝封泰山祭天,禅云云山祭地。黄帝封泰山祭天,禅亭亭山祭地。颛顼封泰山祭天,禅云云山祭地。帝俈封泰山祭天,禅云云山祭地。尧封泰山祭天,禅云云山祭地。舜封泰山祭天,禅云云山祭地。禹封泰山祭天,禅会稽山祭地。汤封泰山祭天,禅云云山祭地。周成王封泰山祭天,禅社首山祭地。他们都是受天命之后才举行的封禅典礼。"齐桓公说："我向北讨伐山戎诸部,到过孤竹国。向西讨伐大夏,渡过流沙河,又缠束战马,悬钩兵车,登上了卑耳山。向南攻打至召陵,登上熊耳山,眺望长江、汉水。又曾三次召集诸侯之师会合征战,六次召集诸侯举行会盟。我一生九次会合诸侯,又有一次确定周天子的王位,诸侯中没有人敢违抗我。这与过去夏、商、周三代接受天命,也没有什么不同吧?"于是,管仲看到不能用言语说服桓公,就举出其他的一些事情做托辞,说："古代帝王封禅时,一定要用鄗上的黍米,北里的谷物,用来作为装满祭器的供品。而且一定要用江淮之间的三棱灵茅垫地。还要有东海送来的比目鱼,西海送来的比翼鸟,然后还有不召自来的十五种奇物。现在凤凰、麒麟没来,祥瑞的嘉谷不生,而蓬蒿、藜莠一类的杂草反倒长得茂盛,鸱枭一类的恶鸟多次飞来,此时意欲封禅,恐怕不合适吧?"于是齐桓公便打消了封禅的想法。

小问第五十一

【题解】

　　本文由一系列对话和小故事组成，内容涉及统治经验、方法，如怎样使国家富裕，怎样招徕天下的良工，怎样对待民众等。还涉及君臣关系和对贤人的察识、任用贤能。其中管仲与婢对话及管仲与齐桓公密谋伐莒而泄密两段，尤有趣味。

　　桓公问管子曰："治而不乱，明而不蔽，若何？"管子对曰："明分任职，则治而不乱，明而不蔽矣。"

　　公曰："请问富国奈何？"管子对曰："力地而动于时①，则国必富矣。"

　　公又问曰："吾欲行广仁大义，以利天下，奚为而可？"管子对曰："诛暴禁非，存亡继绝，而赦无罪，则仁广而义大矣。"

　　公曰："吾闻之也，夫诛暴禁非而赦无罪者，必有战胜之器，攻取之数，而后能诛暴禁非而赦无罪。"公曰②："请问战胜之器？"管子对曰："选天下之豪杰，致天下之精材，来天下之良工，则有战胜之器矣。"

公曰:"攻取之数何如?'管于对曰:"毁其备,散其积,夺之食,则无固城矣。"

公曰:"然则取之若何③?"管子对曰:"假而礼之④,厚而勿欺,则天下之士至矣。"

公曰:"致天下之精材若何?"管子对曰:"五而六之,九而十之,不可为数。"

公曰:"来工若何?"管子对曰:"三倍,不远千里。"

桓公曰:"吾已知战胜之器、攻取之数矣。请问行军袭邑,举错而知先后⑤,不失地利,若何?"管子对曰:"用货,察图。"

公曰:"野战必胜若何?"管子对曰:"以奇⑥。"

公曰:"吾欲遍知天下若何?"管子对曰:"小以吾不识⑦,则天下不足识也。"

【注释】

①力地:尽力于田地。

②公曰:二字疑为衍文。

③取之:疑当作"取士"。

④假:同"嘉"。嘉奖。

⑤举错而知先后:指我军行动可以预知先后进退,这就需要掌握敌方情报,故下文云"用货",即收买情报。错,通"措"。

⑥奇(jī):出其不意之兵。

⑦小以吾不识:此句理解困难,前人注解说法分歧。其意可能为从小的"不识"知起,则天下事可以尽知。

【译文】

桓公问管仲说:"要做到治而不乱,明察而不受蒙蔽,该怎么办?"管仲回答说:"明确责任而后安排官职,就可以做到治而不乱,明察而不受蒙蔽了。"

桓公说:"请问怎样才能使国家富裕?"管子回答:"努力种地而顺应农时,国家就一定会富裕。"

桓公又问:"我要推行大仁大义,以利于天下,怎么办才行?"管子回答:"诛讨暴行而禁止作恶,使亡国复存,绝嗣得续,并且赦免没有罪过的人,那就是大仁大义了。"

桓公说:"我听说过,如果要诛讨暴行,禁止作恶,赦免无罪,必定要有战胜敌人的武器,攻取敌人的策略,然后才能做到诛讨暴行,禁止作恶,赦免无罪。"桓公说:"请问如何解决战胜敌人的武器问题?"管仲回答:"选用天下的豪杰之士,聚集天下的精良器材,招来天下的能工巧匠,就有战胜敌人的武器了。"

桓公说:"攻取敌人的策略是怎样的呢?"管仲答道:"毁坏敌人的装备,消散敌人的积蓄,夺取敌人的粮食,就没有防守坚固的城池了。"

桓公问:"那么如何吸引人才呢?"管仲回答:"嘉奖并且以礼招待他,厚待而不欺骗他,那么天下的豪杰之士就来了。"

桓公说:"怎样收集天下的精良器材呢?"管仲回答:"价值五的就给六,价值九的就给十,在价钱上不限定数字。"

桓公问:"怎样招请能工巧匠呢?"管仲回答:"给他们出三倍的工价,他们就不远千里而来了。"

桓公说:"我已明白克敌制胜的武器和攻取敌人的策略了,那么请问出兵偷袭敌人的城邑,要想行动预知先后,不失地利,应该怎么办呢?"管仲回答:"用钱收买情报,了解敌国地图。"

桓公说:"怎样才能做到野战必胜呢?"管仲答:"运用奇兵。"

桓公说:"我想全面了解天下的情况,该怎么办呢?"管仲回答:"从细小之识知起,天下的情况就不难尽知了。"

公曰："守战远见有患①。夫民不必死②,则不可与出乎守战之难③;不必信,则不可恃而外知。夫恃不死之民而求以守战,恃不信之人而求以外知,此兵之三闇也③。使民必死必信若何?"

管子对曰："明三本。"

公曰："何谓三本?"管子对曰："三本者,一曰固,二曰尊,三曰质。"

公曰："何谓也?"管子对曰："故国父母坟墓之所在,固也;田宅爵禄,尊也;妻子,质也。三者备,然后大其威,厉其意,则民必死而不我欺也。"

【注释】

①守战远见有患:桓公预见守战有问题,故作此忧患之语。远见,预见。

②必死:有必死心。必,一定。下文"必信"之"必"字义同。

③闇:同"暗"。愚昧。

【译文】

桓公说:"防守邦国、出战他国,都有可以预见的忧患。如果民众没有必死的决心,就不能和他们共赴守战的危难;民众若不坚决守信,就不能依靠他们对外侦查。依靠没有必死决心的民众而要求他们能守能攻,依靠不诚信的民众而要求他们对外侦查,这是用兵方面的三种愚昧表现。要使民众具备效死守信的品质,该怎么办呢?"

管仲回答:"要讲清楚三个根本条件。"

桓公说:"什么叫三个根本条件?"管子答道:"所谓三个根本条件,一是固,二是尊,三是质。"

桓公说:"这说的是什么意思呢?"管仲回答:"故国、父母、祖坟之所在,是固定他们的条件;田地、房产、爵禄,是尊重他们的条件;妻子、儿女,是人质的条件。这三个根本条件具备,然后增大他们的声威,激励他们的意志,民众就能慷慨赴死而不欺骗我们了。"

桓公问治民于管子。管子对曰:"凡牧民者,必知其疾,而忧之以德①,勿惧以罪,勿止以力。慎此四者,足以治民也。"

桓公曰:"寡人睹其善也,何以为寡也②?"管仲对曰:"夫寡,非有国者之患也。昔者天子中立,地方千里,四言者该焉③,何为其寡也? 夫牧民不知其疾则民疾,不忧以德则民多怨,惧之以罪则民多诈,止之以力则往者不反,来者鹜距④。故圣王之牧民也,不在其多也。"

桓公曰:"善。勿已,如是又何以行之?"管仲对曰:"质信极仁⑤,严以有礼,慎此四者,所以行之也。"

桓公曰:"请闻其说。"管仲对曰:"信也者,民信之;仁也者,民怀之;严也者,民畏之;礼也者,民美之。语曰:泽命不渝⑥,信也;非其所欲,勿施于人,仁也;坚中外正,严也;质信以让,礼也。"

【注释】

①忧之以德:俞樾曰:谓和之以德也。

②何以为寡也:民从数量少,应当怎么办。赵本改为"何为其寡也",非是。

③该:足够,充分。

④鹜距:踌躇不前的样子。

⑤仁:原作"忠",据宋翔凤说改。下文"仁也者"同。

⑥泽：通"释"。放弃。《诗经·郑风·羔裘》："舍命不渝。""舍"即
　　"释"。渝，改变。

【译文】

　　桓公就治民的问题向管仲请教。管仲回答："大凡治理百姓的人，一定要了解百姓的疾苦，用仁德之心关怀他们，而不要靠刑罚恐吓他们，不要用暴力压制他们。只要注意这四点，就可以治理好百姓了。"

　　桓公说："我知道这四条很好，民众太少，应怎么办呢？"管仲回答："民众少，并非治国者应该担忧的问题。从前天子立于中央，地方千里，就凭这四条统治，为什么觉得不够呢？治理百姓，却不了解他们的疾苦，民众就多灾多难；不用仁德之心关怀他们，民众就多怨多恨；用刑罚恐吓他们，民众就多行欺诈；靠暴力压制他们，就会让离去的人不再返回，想来的人裹足不前。所以圣王治理百姓，不在乎政策多少。"

　　桓公说："好。不过，既然如此，又该怎样具体实施呢？"管仲回答："守信而行仁，庄重而有礼，注意这四点，就可以实行。"

　　桓公说："请说得更详尽一点。"管仲答道："守信用，民众就信任国君；行仁政，民众就怀念国君；为人庄重，民众就敬畏国君；注重礼仪，民众就会赞美国君。古语道：丢掉性命也不食言，这就是信；自己不喜欢的事，不要强加给别人，这就是仁；内心坚定，行为方正，这就是严；讲究诚信，温和谦让，这就是礼。"

　　桓公曰："善哉！牧民何先？"管仲对曰："有时先事，有时先政，有时先德，有时先恕。飘风暴雨不为人害，涸旱不为民患，百川道①，年谷熟，籴贷贱，禽兽与人聚食民食，民不疾疫。当此时也，民富且骄。牧民者厚收善岁以充仓廪，禁薮泽，此谓先之以事。随之以刑，敬之以礼乐，以振其淫②，此谓先之以政。飘风暴雨为民害，涸旱为民患，年谷不熟，

岁饥籴贷贵，民疾疫。当此时也，民贫且罢③。牧民者发仓廪、山林、薮泽以共其财，后之以事，先之以恕，以振其罢，此谓先之以德。其收之也，不夺民财；其施之也，不失有德。富上而足下，此圣王之至事也。"桓公曰："善。"

【注释】

①道：同"导"。疏导，通畅。

②振：终止，消除。

③罢：同"疲"。下同。

【译文】

桓公说："好啊，那么治理百姓，首先要干什么？"管仲答道："有时要先办实事，有时要先行政令，有时要先施恩德，有时要先讲宽厚。在狂风暴雨未曾危害民众，干旱灾祸不曾出现的时候，百川通畅，年谷丰熟，粮价低贱，禽兽与人一同吃粮食，人们没有疾病瘟疫。这时候，民众富有而骄傲。那么统治者应该大量收购丰年粮食，用以充实国家仓库，禁止在山林水泽采伐捕捞，这就是先办实事。用刑法约束人们，用礼乐劝诫人们，以消除淫风邪气，这就是先行政令。如果民众遇上狂风暴雨为害，遭受干旱灾祸之时，年谷不熟，饥荒年份粮价高涨，民众多疾病瘟疫。这个时候，人民穷困而疲惫。统治者应开放粮仓、山林和薮泽，为人民提供财物，后谈政事，先讲宽厚，以消除民众的疲困，这就是先施行德惠。在收粮的时候不掠夺百姓的财产，在施予的时候不失仁德。既富裕了国家又满足了百姓，这是圣王最大的政治。"桓公说："好。"

桓公问管仲曰："寡人欲霸，以二三子之功，既得霸矣。今吾有欲王①，其可乎？"管仲对曰："公尝召易牙而问焉②。"鲍叔至，公又问焉。鲍叔对曰："公当召宾胥无而问焉。"宾胥无趋而进,公又问焉。宾胥无对曰:"古之王者,其君豊③,其臣教④。今君之臣豊。"公遵遁⑤,缪然远⑥,二三子遂徐行而进。

公曰:"昔者大王贤,王季贤,文王贤,武王贤。武王伐殷克之,七年而崩,周公旦辅成王而治天下,仅能制于四海之内矣。今寡人之子不若寡人,寡人不若二三子。以此观之,则吾不王必矣。"

【注释】

①有:同"又"。

②尝召易牙:据张佩纶说,当作"当召鲍叔牙"。

③豊:即"礼"。"君使臣以礼",即以礼对待大臣的意思。

④教:有教养,实即"敬"的意思。

⑤遵遁:同"逡巡"。退却貌。

⑥缪:通"穆"。肃穆。远:远远退却。

【译文】

桓公问管仲说:"我想成就霸业,依靠你们几位大臣的努力,已经称霸了。现在我又想成就王业,还可以吗?"管仲答道:"您应当召鲍叔牙来问一问。"鲍叔牙来到后,桓公又问了这个问题。鲍叔牙回答:"您可找宾胥无来问一问。"宾胥无快步走进来,桓公又问这个问题。宾胥无回答说:"古代成就王业的,都是有礼之君,其大臣又能敬事君主。而现在的情况却是只有大臣懂礼。"桓公逡巡而远远退却,几位大臣则慢慢上前。

桓公说:"从前,周王室的太王贤明,王季贤明,文王贤明,武王贤明。武王伐殷商获胜,七年后死了,周公旦辅佐成王治理天下,这样也只是控制了四海之内。现在我的儿子不如我,我又不如诸位。由此看来,我不能成就王业是必定的了。"

　　桓公曰："我欲胜民，为之奈何？"管仲对曰："此非人君之言也。胜民为易，夫胜民之为道，非天下之大道也。君欲胜民，则使有司疏狱而谒有罪者偿①，数省而严诛，若此，则民胜矣。虽然，胜民之为道，非天下之大道也。使民畏公而不见亲，祸亟及于身。虽能不久，则人特莫之弑也②。危哉！君之国岌乎。"

　　桓公观于厩，问厩吏曰："厩何事最难？"厩吏未对。管仲对曰："夷吾尝为圉人矣③，傅马栈最难④。先傅曲木，曲木又求曲木，曲木已傅，直木毋所施矣。先傅直木，直木又求直木，直木已傅，曲木亦无所施矣。"

　　桓公谓管仲曰："吾欲伐大国之不服者，奈何？"管仲对曰："先爱四封之内⑤，然后可以恶竟外之不善者⑥。先定卿大夫之家，然后可以危邻之敌国。是故先王必有置也，然后有废也；必有利也，然后有害也。"

　　桓公践位，令衅社塞祷⑦。祝凫、已疵献胙⑧，祝曰："除君苛疾，与若之多虚而少实。"桓公不说，瞋目而视祝凫、已疵。祝凫、已疵授酒而祭之曰："又与君之若贤。"桓公怒，将诛之而未也，以复管仲。管仲于是知桓公之可以霸也。

【注释】

①疏狱：逐条写好有关刑狱的规定。谒：告发。偿：赏。

②特：原作"持"，据李哲明说改。"人特莫之弑也"，意谓民众只是不想杀他罢了。

③圉人：《周礼》官名，掌管养马放牧之事。

④傅：同"铺"。编次。马栈：马圈的围栏。

⑤封：边境。

⑥竟：通"境"。国境。

⑦衈社：用血祭祀土神。社，土地神。塞祷：酬报神灵的祭礼。塞，同"赛"。酬报。

⑧祝：祝史，负责祭祀事务的官员。凫、已疵：祝史的名字。胙：祭肉。

【译文】

桓公说："我想制服民众，该怎么办？"管仲答道："这不是人君该说的话。制服民众是容易的，但制服民众作为一种统治方法，不是统治天下的正道。您想要制服民众，只要派官吏逐条写好刑律，再奖励那些揭发罪犯的人，不断审查而严于诛杀，这样民众就可以制服了。尽管如此，制服民众的办法，终非统治天下的正道。它使民众怕您但不亲近您，灾祸很快就会涉及自身。即使能制服民众，也难以长久，人们只是不杀您罢了。您的江山也就岌岌可危了呀。"

桓公去视察马厩，他问负责养马的官吏："马厩里什么工作最难？"养马的官吏没有回答。管仲回答说："我也曾担任过养马的官，编次木材构筑围栏是最难的。如果先立弯曲的木材，曲木又要与曲木才能相配，那么用了曲木，直木就没有用处了。如果先用直木，直木又要与直木才能相配，那么用了直木，曲木也就没有用处了。"

桓公对管仲说："我要讨伐不服从命令的大国，该怎么办？"管仲回答："先要爱护国内的民众，然后才可以憎恶国外的不善者。先要安定卿大夫的家族，然后才可以加害相邻的敌国。因此先代明王一定要有所建树，然后才有所废弃；一定要先做兴利的事，然后才能做除害的事。"

桓公登上君位，下令血祭社神，举行酬谢神灵的祭祀。祝史凫和已疵献上祭肉，祈祷说："请除掉国君苛烦的毛病和他那多虚少实的作风。"桓公不高兴，瞪眼看着祝史凫和已疵。凫和已疵又再斟酒祭祀说：

"还请除掉君主似贤非贤的毛病。"桓公发怒,要杀祝史,但却忍住而没杀他们,将这件事告诉管仲。管仲因此看到桓公可以成就霸业。

　　桓公乘马,虎望见之而伏。桓公问管仲曰:"今者寡人乘马,虎望见寡人而不敢行,其故何也?"管仲对曰:"意者,君乘驳马而洀桓①,迎日而驰乎?"公曰:"然。"管仲对曰:"此驳象也,驳食虎豹,故虎疑焉。"

　　楚伐莒,莒君使人求救于齐。桓公将救之。管仲曰:"君勿救也。"公曰:"其故何也?"管仲对曰:"臣与其使者言,三辱其君,颜色不变。臣使官无满其礼三强②,其使者争之以死。莒君,小人也,君勿救。"桓公果不救而莒亡。

　　桓公放春③,三月观于野。桓公曰:"何物可比于君子之德乎?"隰朋对曰:"夫粟④,内甲以处⑤,中有卷城⑥,外有兵刃,未敢自恃,自命曰粟。此其可比于君子之德乎?"管仲曰:"苗,始其少也,眴眴乎何其孺子也⑦!至其壮也,庄庄乎何其士也!至其成也,由由乎兹免⑧,何其君子也!天下得之则安,不得则危,故命之曰禾⑨。此其可比于君子之德矣。"桓公曰:"善"。

【注释】

①驳(bó)马:毛色不纯的马。或谓当作"驳马"。洀(pán)桓:通"盘桓"。徘徊。

②强:通"镪"。钱贯,即穿钱币的绳子。

③放春:即春游。

④粟:小米。后面"自命为粟"的"粟",取其谐音"肃",谨慎的意思。

⑤甲：外壳。

⑥卷(juàn)城：用围墙围起来的城。卷，通"圈"。

⑦恂(xún)恂：柔顺的样子。

⑧由由：油油的样子。兹，益，越发。免：通"俛"。俯，这里指低头。
　　此处指益加俯首向根，比喻君子不忘根本。

⑨禾：谐"和"的音。

【译文】

　　桓公骑马，虎看见他竟躲了起来。桓公问管仲："今天我骑马，虎见了我都不敢上前，这是什么原因？"管仲答道："我猜想您是骑着杂毛色的马在盘旋，并且迎着太阳奔跑吧？"桓公说："是的。"管仲答道："这是驳的形象，驳是吃虎豹的，所以虎就迟疑了。"

　　楚国讨伐莒国，莒国国君派人向齐桓公求救。桓公准备去救援他，管仲说："您不要去救。"桓公说："为什么呢？"管仲答道："我同莒国的使臣谈话，三次侮辱他的国君，他脸色都毫无变化。我让官员故意扣减他三吊钱的赠礼，那个使者就拼死力争。用这种人的莒国国君，看来也是个小人，请您不要去救他。"桓公果然没有出手援救，而莒国就灭亡了。

　　桓公春游，三月天在野外观赏。桓公说："什么东西可以与君子之德相比呢？"隰朋答道："粟粒，它身在甲胄(谷皮)之内，中间有圈城(外壳)维护，外面有尖锐的兵刃(谷芒)，但仍不敢自恃强大，谦虚地自称为粟(谨慎)。这大概可以与君子之德相比吧。"管仲说："禾苗，开始时柔柔顺顺，多像个孺子！到它壮大时，庄庄重重，多么像个武士！等到成熟时，油油然谦和地垂首向根，多么像个君子！天下有了它就安定，没有它就危险，所以叫作禾(和)。这可以同君子之德相比了。"桓公说："好！"

　　桓公北伐孤竹①，未至卑耳之溪十里②，阛然止③，瞠然视④，援弓将射，引而未敢发也。谓左右曰："见是前人乎？"左右对曰："不见也。"公曰："事其不济乎？寡人大惑。今者寡人见人长尺而人物具焉⑤：冠，右祛衣⑥，走马前疾。事其不济乎？寡人大惑，岂有人若此者乎？"管仲对曰："臣闻登山之神有俞儿者，长尺而人物具焉。霸王之君兴而登山神见。且走马前疾，道也。祛衣，示前有水也。右祛衣，示从右方涉也。"至卑耳之溪，有赞水者曰⑦："从左方涉，其深及冠，从右方涉，其深至膝。若右涉，其大济。"桓公立拜管仲于马前，曰："仲父之圣至若此，寡人之抵罪也久矣。"管仲对曰："夷吾闻之，圣人先知无形。今已有形，而后知之，臣非圣也，善承教也。"

【注释】

①孤竹：古国名，在今河北卢龙、青龙一带。

②卑耳：地名。今山西平陆西北有卑耳山。

③阒（xì）然：忽然，突然。

④瞠（chēng）然：惊视的样子。

⑤人物：人的模样。

⑥祛：撩起。

⑦赞：以言语相引导。

【译文】

　　桓公北伐孤竹国，在离卑耳溪十里的地方，突然停止前进，惊视前方，挽弓将射，但引而未发。他对左右随从说："见到前面的人吗？"左右随从答道："没有。"桓公说："事情恐怕不会成功了吧？我真大惑不解了。刚才我看到一个人，身长一尺而模样齐全：戴着帽子，右手撩衣，跑在马前，速度很快。事情恐怕不会成功了吧？我真是大惑不解，怎会有这样的人呢？"管仲回答说："我听说登山之神有叫俞儿的，身长一尺而人的模样齐全。当霸王之君将兴时，这种登山之神就会出现。他跑在马前很快，表示前方有道路。撩衣，表示前面有水。用右手撩衣，表示要从右边渡水。"到了卑耳溪，有引导渡水的向导说："从左边渡水，水深没过头顶，从右边渡水，水深只到膝盖。若从右边渡水，完全可以成功。"桓公立刻拜管仲于马前说："仲父的圣明居然到了这种程度，我实在是久当有罪了。"管仲答道："我听说，圣人是在事情还没有形迹时就能预知。现在是事情已经有了形迹，然后我才知道的，因此我算不上圣明，只是善于接受圣人的教导罢了。"

桓公使管仲求甯戚，甯戚应之曰："浩浩乎。"管仲不知，至中食而虑之。婢子曰："公何虑？"管仲曰："非婢子之所知也。"婢子曰："公其毋少少①，毋贱贱。昔者吴、干战②，未龀不得入军门③。国子摘其齿④，遂入，为干国多⑤。百里奚，秦国之饭牛者也⑥，穆公举而相之，遂霸诸侯。由是观之，贱岂可贱，少岂可少哉？"管仲曰："然，公使我求甯戚，甯戚应我曰：'浩浩乎。'吾不识。"婢子曰："诗有之：'浩浩者水，育育者鱼⑦，未有室家，而安召我居？'甯子其欲室乎？"

【注释】

①少少：不要瞧不起少者的意思。前一个"少"为动词，后一个为名词。后文"贱贱"即瞧不起卑贱者。语法与"少少"同。

②干：古国名，亦作"邗"。

③龀（chèn）：儿童换齿，即脱去乳齿，长出恒齿。旧说男八岁、女七岁换齿。

④国子：公卿大夫的子弟。摘（tī）：打掉，拔掉。

⑤多：多立战功。

⑥饭牛：喂牛，饲养牛。

⑦育育：鱼游动自如的样子。

【译文】

桓公派管仲征招宁戚，宁戚回他说："浩浩乎。"管仲不理解，到吃午饭时还在思考。一个婢女说："您有什么心事？"管仲说："不是你能明白的事。"婢女说："您不要小看少年人，也不要看不起卑贱者。从前吴国与邢国打仗，邢国规定未脱乳齿的少年不得参军。有一位国子就拔掉他的乳齿，参了军，为邢国立了很多功劳。百里奚，本是秦国喂牛的，秦穆公提拔他当宰相，于是称霸诸侯。由此看来，贱者岂可轻视，少年岂可小看呢？"管仲说："你说的也对。君主派我去征招宁戚，宁戚答复说：'浩浩乎。'我不明白他的意思。"婢女说："诗里有这样的句子：'浩浩荡荡的水里，游着活泼自在的鱼，没有室家，让我到哪里安居呢？'宁戚大概是想要成家吧？"

桓公与管仲闺门而谋伐莒①，未发也，而已闻于国矣。桓公怒谓管仲："寡人与仲父闺门而谋伐莒，未发也，而已闻于国②，其何故也？"管仲曰："国必有圣人。"桓公曰："然，夫之役者③，有执席食以视上者，必彼是邪？"于是乃令之复役，毋复相代。少焉，东郭邮至。桓公令傧者延而上④，与之分级而上。问焉。曰："子言伐莒者乎？"东郭邮曰："然，臣也。"桓公曰："寡人不言伐莒而子言伐莒，其故何也？"东郭邮对曰："臣闻之，君子善谋而小人善意，臣意之也。"桓公曰："子奚以意之？"东郭邮曰："夫欣然喜乐者，钟鼓之色也。夫渊然清静者，缞绖之色也⑤。漻然丰满⑥，而手足拇动者⑦，兵甲之色也。日者，臣视二君之在台上也，口开而不阖，是言莒也；举手而指，势当莒也。且臣观小国诸侯之不服者，唯莒。于是臣故曰伐莒。"桓公曰："善哉，以微射明⑧，此之谓乎？子其坐，寡人与子同之。"

【注释】

①阖：合。

②"桓公怒谓管仲"四句：原无，据赵本补。

③夫之役者：那些办事人员。夫，彼。役，古代贵族活动中料理杂
　事的人。

④傧者：接引宾客的人。

⑤缞(cuī)：古代用粗麻布制作的丧服。绖(dié)：丧服的麻制带子。

⑥潒(liáo)：深清貌。

⑦手足拇动：翘大拇指的意思。

⑧射：猜测。

【译文】

　　桓公与管仲关着门密谋伐莒，还没行动，就已经满城风雨了。桓公
怒对管仲说："我同仲父关着门密谋伐莒，还没行动，外面的人就都知道
了，这是什么原因呢？"管仲说："国中一定有圣人。"桓公说："是的，那天
办事人员中有一个负责铺席吃饭并偷偷向上看的人，一定是他吧？"于
是命他再次来办事，不要轮换。不久，东郭邮来了。桓公命礼宾官员请
他上来，与他分级而立，问他说："你是说出要伐莒的人吧？"东郭邮说：
"对，是我。"桓公说："我未曾说出伐莒而你说伐莒，是什么原因呢？"东
郭邮答道："我听说，君子善于谋划，小人善于推测，这是我推测出来
的。"桓公说："你是怎样推测的？"东郭邮说："欣然喜乐，是听钟鼓演奏
时的脸色。深沉清静，是居丧戴孝时的脸色。形貌清澈丰满而手足拇
指都有动作，是将要发动战争的脸色。那天我看你们两位在台上，口开
而不合，是在说'莒'；举手比划，方向对着莒国。而且我看小国诸侯不
肯服从的，也只有莒国。因此我说将会伐莒。"桓公说："好啊，从细微动
作猜中大略，说的就是这种情况吧。您请坐，我和您一起谋事。"

　　客或欲见于齐桓公，请仕上官，授禄千钟。公以告管仲。曰："君予之。"客闻之，曰："臣不仕矣。"公曰："何故？"对曰："臣闻取人以人者，其去人也亦用人，吾不仕矣。"

【译文】

　　有一个人要见齐桓公，请求让他担任大官，领千钟的俸禄。桓公将这件事告诉管仲。管仲说："您可以给他。"那个人听说这件事后，说："我不做官了。"桓公问："为什么？"他回答道："我听说根据他人的意见来用人的，也会听信他人而弃置人，我不做这个官了。"

卷第十七

七臣七主第五十二

【题解】

本文论述了七种君主和七种大臣,君臣同德均为"六过一是",评判君臣的准绳即是有没有遵从法度。中间一段讨论了君主的欲望对国家的影响,分析了经济民生、阴阳时令、法律政令在治理国家时的重要性。此文一以贯之的是探讨法律政令的重要性,即有没有建立顺应时势遵循事理的常规常法,以及君臣行事是否遵从法度关乎国治与否。不必拘泥于"七臣七主"这一标题,怀疑中间部分内容为错简至此。

　　或以平虚^①,请论七主之过,得六过一是,以还自镜^②,以知得失。以绳七臣,得六过一是。呼鸣美哉,成事疾^③。

　　申主任势守数以为常^④,周听近远以续明。皆要审则法令固,赏罚必则下服度。不备待而得和,则民反素也。

　　惠主丰赏厚赐以竭藏,赦奸纵过以伤法。藏竭则主权衰,法伤则奸门闾^⑤。故曰:泰则反败矣^⑥。

　　侵主好恶反法以自伤,喜决难知以塞明,从狙而好小察^⑦,事无常而法令申。不辝则国失势^⑧。

　　芒主目伸五色^⑨,耳常五声^⑩,四邻不计^⑪,司声不听^⑫,

则臣下恣行,而国权大倾。不觟则所恶及身。

劳主不明分职,上下相干,臣主同则。刑振以丰⑬,丰振以刻。去之而乱,临之而殆,则后世何得?

振主喜怒无度⑭,严诛无赦,臣下振怒,不知所错,则人反其故。不觟则法数日衰,而国失固。

芒主通人情以质疑⑮,故臣下无信,尽自治其事则事多,多则昏,昏则缓急俱植⑯。不觟则见所不善,余力自失而罚。

故主虞而安⑰,吏肃而严,民朴而亲,官无邪吏,朝无奸臣,下无侵争,世无刑民。

【注释】

①或:不定指代词。有人。平虚:平意虚心,亦即平心静气。

②以还:以相。

③疾:速,快。

④申主:据黎翔凤说,指能以礼制法度约束自己的君主。尹注曰:申,陈用法令。

⑤阊:通"开"。

⑥泰:过分。

⑦狙:伺,窥伺。

⑧觟:即"悟"字,与"寤"通用,通"悟"。觉悟。

⑨芒:当作"荒"。"荒主"即荒怠放恣的君主。伸:放恣。这里有沉溺、迷恋之意。

⑩常:通"尚"。喜好。

⑪四邻:前后左右亲近大臣。"四邻"词出《尚书·皋陶谟》。

⑫司声:郭沫若以为指谏官。

⑬刑振:兴刑罚的意思。丰:满,自满。

⑭振主:震主。即要威严之主。

⑮芒主:即亡国之主。芒,当假借为"亡"。通:利。人情:人之情欲。此句是说亡国君主每出于私心私意去质疑臣下,所以大家都不能获得他的信任。

⑯植:同"置"。放下,搁置。

⑰虞:揣度,考虑。

【译文】

有人以平心静气的态度,来评论七种君主的过失,得出"六过一是"的结论,以此为自己鉴戒,了解自己的得失。又以此衡量七种臣子,也得出"六过一是"的结论。这种办法真好啊,做事成功得快。

能以礼法自我约束的君主,顺应时势、遵守事理而以为常道,遍听远近的情况以保持明察。政事均能得其要领而处置慎重则法令稳定,赏罚坚决则百姓服从法度。对百姓不用戒备而用德行去亲和,那么百姓就能返归朴素。

滥施恩惠的君主,用丰厚的赏赐耗尽府库的积蓄,赦免奸邪,放纵过失,因而破坏法度。府库空虚则君主的权威衰微,法度败坏则奸邪犯法之门大开。所以说:施惠太过反而会导致失败。

侵害法度行事的君主,所喜好和所厌恶的都违反法度以致伤害自己,喜欢对不知晓的事妄加决断以堵塞聪明,喜欢对人窥伺而暗中观察,做事无常,又喜欢颁布法令,令人无所适从。不觉悟就会使国家丧失权势。

荒怠的君主,眼睛迷恋五色,耳朵沉迷于五音,不考虑左右亲近大臣的建议,不听取谏官之言,则臣下就会肆意而行无所顾忌,以致国家大权旁落。不觉悟的话,所不愿看到的事就会发生在自己身上。

劳碌的君主,不明确本分和职责,上下互相干犯,臣下与君主同道,都发挥威权。刑法愈加峭急严酷,繁多而且苛刻。去掉这些刑罚则国家混乱,施行这些刑罚则十分危险,对后世能有什么好处呢?

以威严刑罚震慑臣民的君主,责罚严厉而不宽赦,臣下震恐愤怒,不知所措,则民众就会反思先代君主行政之理。不觉悟则法度将日益衰弱,国家就会不稳固。

亡国的君主常出于私心去质疑臣下,所以对臣下无所取信,全以己意治理政事,以致事务繁多,事务繁多则昏乱,昏乱就无论缓急都办不了了。不觉悟就会出现他所认为不好的事,耗尽余力之后就会滥用刑罚。

所以君主度事之宜而行就会安定,官吏就会严肃而恭敬,百姓就会淳朴和睦,百官之中没有邪吏,朝廷之上没有奸臣,群下没有侵夺之事,世上也就没有受刑罚的人。

故一人之治乱在其心,一国之存亡在其主。天下得失,道一人出。主好本,则民好垦草莱。主好货,则人贾市。主好宫室,则工匠巧。主好文采,则女工靡①。夫楚王好小腰而美人省食,吴王好剑而国士轻死。死与不食者,天下之所共恶也,然而为之者何也? 从主之所欲也,而况愉乐音声之化乎②?

【注释】

①女工:从事纺织、刺绣等工作的妇女。靡:华丽,美好。

②化:俗尚,风俗。

【译文】

一个人的好坏,关键在心志;一个国家的存亡,关键在国君。天下的得失,取决于君主一人。君主重视农业,则百姓喜好开垦荒地。君主喜好财货,则人民多去经商。君主喜好宫室,则工匠追求精巧。君主爱好彩饰,则女工就讲求华丽。楚王喜好细腰而美女节食,吴王喜欢剑术而国士不怕死。死亡和节食是天下人都厌恶的,为什么人们愿意这么做呢？是因为追随君主的欲望，更何况愉乐音声的俗尚呢？

夫男不田，女不缁①，工技力于无用，而欲土地之毛，仓库满实，不可得也。土地不毛则人不足，人不足则逆气生，逆气生则令不行。然强敌发而起，虽善者不能存。何以效其然也②？曰：昔者桀、纣是也。诛贤忠，近谗贼之士而贵妇人，好杀而不勇，好富而忘贫，驰猎无穷，鼓乐无厌，瑶台玉铺不足处③，驰车千驷不足乘材④。女乐三千人⑤，钟石丝竹之音不绝。百姓罢乏，君子无死，卒莫有人，人有反心。遇周武王，遂为周氏之禽⑥。此营于物而失其情者也，愉于淫乐而忘后患者也⑦。故设用无度，国家踣⑧。举争不时，必受其灾。

【注释】

①缁：染。莱人善染，故有此说。

②效：验证，明白。

③瑶台：美玉砌的楼台。泛指华丽的楼台。玉铺：珍贵美味的食物。处：安乐，满足。

④驷：古代一车四马为一驷。

⑤女乐：歌舞伎。

⑥禽：同"擒"。

⑦愉：通"偷"。苟且。

⑧踣（bó）：跌倒。这里指国家败亡。

【译文】

如果男人不耕田，女人不染布，工匠的技巧致力于无用的器物，而希望土地上生长嘉苗，仓库充满粮食，是不可能的。土地不能生长嘉苗则人民穷困，人民穷困则怨气滋生，怨气滋生则政令不能推行。一旦强敌发起攻战,即使有善于策谋的人也难以保全国家。何以验证这种结果呢?回答是:古时的夏桀、商纣就是如此。他们诛杀贤良忠臣,亲近谗佞贼人而宠幸女人,喜好杀伐而鄙夷真勇,喜欢富有而不怜恤穷人,驰骋田猎没有休止,演奏音乐不知满足,华屋美食不能使他晏安,上千辆马车不够他乘坐。能歌善舞的歌舞伎三千人,钟石丝竹之音乐不绝于耳。百姓疲敝不堪,官员不为君主致死效劳,最终无人拥护,人人都有反心。遇到周武王,便成了周王的俘虏。这就是迷恋于物质享受而失去人情,偷安于淫乐而忘了后患的结果啊。所以财物的安排使用没有节制,国家就会败亡。举事不合时宜,必定会遭受灾害。

　　夫仓库非虚空也①,商宦非虚坏也,法令非虚乱也,国家非虚亡也。彼时有春秋,岁有败凶,政有急缓。政有急缓,故物有轻重。岁有败凶,故民有义不足②。时有春秋,故谷有贵贱,而上不调淫③,故游商得以什伯其本也④。百姓之不田,贫富之不訾⑤,皆用此作。城郭不守,兵士不用,皆道此始。夫亡国蹈家者,非无壤土也,其所事者,非其功也。夫凶岁雷旱,非无雨露也,其燥湿,非其时也。乱世烦政,非无法令也,其所诛赏者,非其人也。暴主迷君,非无心腹也,其所取舍,非其术也。

【注释】

①虚:凭空的,无缘无故的。后文"虚"字同。

②义:据王念孙说,当作"羡"。剩余。

③调淫:调节过度的物价。

④什伯:什百。几十倍、上百倍。

⑤訾:同"资"。古书"资"作"齐",故"訾"可训为"齐"义。"不訾"即

　　财产差别很大的意思。

【译文】

　　国家的仓库不是无缘无故空虚的,商人官员不是无缘无故败坏的,法令不是无缘无故混乱的,国家不是无缘无故覆灭的。时节有春秋,年景有败凶,政令有缓急。政令有缓急,所以物价有高低。年景有败凶,所以百姓有时有余粮,有时又不够。时节有春秋,所以谷物有贵有贱,若国家不注意调节过高或过低的物价,游商就能获取十倍甚至于百倍的利益。百姓不耕田,贫富不均齐,皆由不注意调节物价产生。城池不能固守,兵士不能听用,皆是从此开始的。大凡亡国败家的并不是没有土地,而是因为他们所从事的对农业生产没有功效。大凡凶灾雷旱之年,并不是没有雨露,而是因为干旱与降雨不合时节。乱世的政事烦苛,并不是没有法令,而是因为所责罚与赏赐的皆与其人的实际不相符。暴君与昏君,并非没有心腹之臣,而是因为他所任用和免除的不符合用人之道。

　　故明主有六务四禁。六务者何也?一曰节用,二曰贤佐,三曰法度,四曰必诛,五曰天时,六曰地宜。四禁者何也?春无杀伐,无割大陵,倮大衍①,伐大木,斩大山,行大火,诛大臣,收谷赋。夏无遏水②,达名川,塞大谷,动土功,射鸟兽。秋毋赦过释罪缓刑。冬无赋爵赏禄,伤伐五藏③。故春政不禁则百长不生,夏政不禁则五谷不成,秋政不禁则奸邪不胜,冬政不禁则地气不藏。四者俱犯,则阴阳不和,风雨不时,大水漂州流邑,大风漂屋折树,火暴焚地燋草④,天冬雷,地冬霆⑤。草木夏落而秋荣,蛰虫不藏,宜死者生,宜蛰者鸣;苴多膡螟⑥,山多虫螟⑦。六畜不蕃,民多夭死;国贫法乱,逆气下生。故曰:台榭相望者,亡国之庑也⑧;驰车充国者,追寇之马也;羽剑珠饰者⑨,斩生之斧也;文采纂组者⑩,燔功之窑也。明王知其然,故远而不近也。能去此取彼,则人主道备矣。

【注释】

①俉:意同"裸"。"俉大衍"是将大泽中的草木焚烧殆尽。

②遏:阻止。

③伤伐五藏:损害收藏的五谷。

④火暴:一说当作"暴火",大火。

⑤霆:震动。

⑥苴:通"菹"。草泽。

⑦螟:蚊。

⑧庑:廊屋。

⑨羽:指箭。

⑩文采纂组:绘有五彩花纹的丝带。

【译文】

所以贤明的君主有六务四禁。六务是什么呢?一是节约财物,二是贤人辅佐,三是确立法度,四是刑罚坚决,五是遵循天时,六是注重地利。四禁是什么呢?春天不要杀伐,不要挖掘隔断大的丘陵,不焚烧大泽,不砍伐大树,不挖掘大山,不放大火,不诛杀大臣,不征收谷赋。夏天不要拦截水流,疏通大河,不填塞山谷,不大兴土木,不射杀鸟兽。秋天不要赦过、免罪、缓刑。冬天不要封官赏禄,损害收藏的五谷。所以春政不禁则万物不能生长,夏政不禁则五谷不能成熟,秋政不禁则不能制服奸邪,冬政不禁则地气不能保藏。四者均被违反,阴阳就不能协调,风雨就不合时令,洪水淹没州邑,大风吹坏房屋大树,大火焚地烧草,天上冬天打雷,地上冬天震动。草木夏天衰枯而秋天茂盛,该蛰伏的虫子不冬藏入土,该死去的却活了,该蛰伏的却鸣叫起来;草泽多蟒螣蛤蟆,山野多蚊虫。六畜不繁衍,人民多短命而死;国家贫弱法令混乱,逆反之气生于下。所以说:楼台亭榭相望,是亡国的廊庑;驰马游车充斥国内,是招致贼寇的车马;用珠宝装饰的箭和剑,是杀生的斧刃;绘有彩色花纹的衣服和丝带,是焚烧功业的窑灶。贤明的君王知晓这些道理,所以能够远离这些东西而不接近。若能舍弃这些东西而取用以下法律政令,人君之道就完备了。

夫法者,所以兴功惧暴也。律者,所以定分止争也。令者,所以令人知事也。法律政令者,吏民规矩绳墨也^①。夫矩不正,不可以求方。绳不信^②,不可以求直。法令者,君臣之所共立也;权势者,人主之所独守也。故人主失守则危,臣吏失守则乱。罪决于吏则治,权断于主则威,民信其法则亲。是故明王审法慎权,下上有分。

【注释】

①吏:治理。

②信:通"伸"。

【译文】

所谓法,就是用来提倡功德威慑暴行的。所谓律,就是用来确定职分制止争斗的。所谓令,就是用来命令人民管理事务的。法律政令是治理人民的规矩准绳。假如矩不正,不能求方。绳子不伸直,不能求直。法律政令是君臣共同建立的,权势是君主所独有的。所以君主失去权势则国家有危险,官吏失去坚守的法令则国家混乱。罪罚由官吏决断则国家能得到治理,权势由君主掌握则君主有威严,百姓信任制定的法令则相互亲近。所以贤明的君主明于法而慎于权,上下各有职分。

　　夫凡私之所起,必生于主。夫上好本,则端正之士在前。上好利,则毁誉之士在侧。上多喜善赏不随其功,则士不为用。数出重法而不克其罪①,则奸不为止。明王知其然,故见必然之政,立必胜之罚,故民知所必就,而知所必去,推则往,召则来,如坠重于高,如渎水于地。故法不烦而吏不劳,民无犯禁。故有百姓无怨于上矣②。

【注释】

①克:读为"核",审核。"不克其罪",即不查明其罪行。

②有:通"友"。"故有"即故友,故旧。矣:原作"上亦",据何如璋说改。

【译文】

　　大凡私弊的兴起,必然由君主开始。君主若好道德之政,则品行端正的人就会来到君主面前。君主若好私利,毁谤吹捧的人就会在君主左右。君主多所宠爱而好赏赐,却不根据功劳的大小,则贤能之士不肯为其效力。君主多次颁布严酷的刑罚却不能查明罪行,则奸邪的人不能制止。贤明的君王知晓这些道理,所以颁布坚决实施的政令,建立必然要制服罪行的刑罚,所以百姓知道必须要做的,必须要避免的,挥之即去,招之即来,就像从高处扔重物,在地上开沟引水。所以法令不繁琐而官吏也不辛劳,百姓也不违犯禁令。所以故旧百姓对君主就没有怨恨了。

　　法臣法断名决①,无诽誉。故君法则主位安,臣法则货赂止,而民无奸。呜呼美哉! 名断言泽②。

　　饰臣克亲贵以为名,恬爵禄以为高。好名则无实,为高则不御。故《记》曰:"无实则无势,失辔则马焉制?"

侵臣事小察以折法令③，好佼反而行私请④。故私道行则法度侵，刑法繁则奸不禁，主严诛则失民心⑤。

谄臣多则造钟鼓⑥，众饰妇女，以惛上故。上惛则隟不计而司声直禄⑦，是以谄臣贵而法臣贱，此之谓微孤⑧。

愚臣深罪厚罚以为行，重赋敛，多兑道⑨，以为上，使身见憎而主受其谤。故《记》称之曰："愚忠谗贼。"此之谓也。

奸臣痛言人情以惊主，开罪党以为雠。除雠则罪不辜，罪不辜则与雠居。故善言可恶以自信⑩，而主失亲。

乱臣自为辞功禄，明为下请厚赏，居为非母⑪，动为善栋⑫。以非买名，以是伤上而众人不知，之谓微攻⑬。

【注释】

①法断名决：依照法律和罪名裁决断案。名，刑名，刑律所定的罪名。

②名断言泽：指按照刑名断罪，讼狱也清楚。言，狱讼。泽，读为"释"。清楚。

③折：损坏。

④佼：狡诈。反：背理。

⑤失：原作"先"，据赵本改。

⑥谄臣：原作"乱臣"，据陈奂说改。

⑦隟：隙。直禄：即空领俸禄。直，但，空。

⑧微：隐行，匿。

⑨兑：聚敛。

⑩信：通"伸"。伸张，显示。

⑪非母：诽议朝政。

⑫栋：极。

⑬微：隐匿，暗地里。

【译文】

守法度的大臣严格依照法律和罪名断案，没有毁谤或吹捧的行为。所以君主守法则君位安稳，臣子守法就贿赂止息而人民也没有奸邪的行为。这样做太好了！依照刑名断案，审判清晰了然。

虚伪的大臣靠克制亲贵来猎取虚名，漠视爵禄以显示清高。大臣好名就没有实才，清高则君主不能驾驭。所以《记》说："臣下好名无实则君主没有权势，若失去辔头，那怎么控制马呢？"

枉法行事的大臣暗中进行窥伺以损坏法令，喜好狡诈背理而徇私情。所以私道大行而法度受到侵害，刑法繁多而奸邪不能禁止，君主因此严加诛责则尽失民心。

谄媚的大臣多造钟鼓，多饰美女来迷惑君主的心志。君主被蒙蔽，虽在危亡之际却不知道，而谏官也空拿俸禄不进谏，所以谄臣为君主贵重而法臣被冷落，这就叫暗中孤立君主。

愚蠢昏庸的大臣严刑峻法而自以为能干，横征暴敛而自以为为君主效忠，致使自己被人憎恶而君主也受到毁谤。所以《记》说："愚忠等于谀贼。"说的就是这个意思。

奸邪谄佞的大臣，以极切之辞陈述人情来惊动君主，开列罪党与之为仇。除掉仇敌就要加罪于无辜之人，既杀无辜则与之居处者皆是其仇敌之类。所以好说他人之恶来强化自身，从而使君主丧失亲近的大臣。

乱国之臣自己虚伪地辞去功禄，却公然为他的下属请求丰厚赏赐，私下里是诽议朝政的头领，表面上却佯装为极善之人。以诽议朝政猎取名声，以此来损害君主威信而众人不能察觉，就是暗地里攻击君主。

禁藏第五十三

【题解】

本文论述了君主修养、执法赏罚、富民务本等问题，强调君主行为的影响力。文章认为君主只有严格执行诛罚条令，不以人情挠法，最终才能达到无诛无罚的地步。文章最精彩的地方，在其对民性求利的揭示，认为充分利用这种民性就可以达到称霸的目的。篇名"禁藏"，不过是取开头二字而已。自"凡有天下者"至篇末，是讨论征伐谋功之事，与此篇君主修养、执法赏罚、因时为政、富民务本等文义不符，或是错简至此。

禁藏于胸胁之内①，而祸避于万里之外。能以此制彼者，唯能以己知人者也。夫冬日之不滥②，非爱冰也③；夏日之不炀④，非爱火也，为不适于身便于体也。夫明王不美宫室，非喜小也；不听钟鼓，非恶乐也，为其伤于本事而妨于教也。故先慎于己而后彼，官亦慎内而后外，民亦务本而去末。

【注释】

①禁：禁止。此处是指国家不允许的事情。

②滥：当作"鉴"。装水的大盆。古人为取凉，往鉴中放置冰块。

③爱:吝惜。

④炀:烤火。

【译文】

把禁止的谋划深藏在腹心之内,可以避祸于万里之外。能站在自己一边制伏他人的,只有那些以己察彼的人。冬天不往大盆里放冰,并不是吝惜冰;夏天不烤火,并不是吝惜火,而是因为这些对身体不适宜。明君不建华丽的宫殿,并非喜欢狭小的房屋;不听钟鼓之音,并非讨厌音乐,而是因为这些会伤害农业生产,妨碍教化推行。所以君主首先严格要求自己,然后再要求别人;官吏也应先严格要求自己,然后再治理他人;百姓也要努力从事农业生产而放弃工商业等末业。

居民于其所乐,事之于其所利①,赏之于其所善,罚之于其所恶,信之于其所余财②,功之于其所无诛。于下无诛者,必诛者也;有诛者,不必诛者也。以有刑至无刑者,其法易而民全。以无刑至有刑者,其刑烦而奸多。夫先易者后难,先难而后易,万物尽然。明王知其然,故必诛而不赦,必赏而不迁者③,非喜予而乐其杀也,所以为人致利除害也。于以养老长弱,完活万民,莫明焉④。

【注释】

①事:使之从事。

②信之:使之相信,意即给予保障。

③迁:迁延、拖延。

④明:犹尊、尚。句意谓没有比这更重要的。

【译文】

要将百姓安置在他们乐于居住的地方,使他们从事有利于自身的工作,奖励他们认为好的事情,惩罚他们厌恶的行为,保证他们的余财不受侵犯,致力于让他们不受刑罚。做到百姓不受刑罚,必须做到有罪必罚;百姓有受刑的,正是没有坚持有罪必罚造成的。从有刑罚到不需刑罚,就能使法律变得简易,人民得到保全。从不施刑罚到大施刑罚,就会使刑法变得烦琐而罪犯增多。所以先易者后难,先难者后易,万事都是如此。贤明的君主懂得这个道理,所以行刑坚决而绝不宽赦,行赏坚决而绝不拖延,并不是因为君主喜欢赏赐和乐于杀人,而是以此为百姓兴利除害。对于扶养老弱人群,保全养活万民来说,没有比这更重要的了。

　　夫不法法则治①。法者,天下之仪也,所以决疑而明是非也,百姓所县命也②。故明王慎之,不为亲戚故贵易其法,吏不敢以长官威严危其命,民不以珠玉重宝犯其禁。故主上视法严于亲戚,吏之举令敬于师长,民之承教重于神宝③。故法立而不用,刑设而不行也。夫施功而不钧④,位虽高,为用者少;赦罪而不一,德虽厚,不誉者多;举事而不时,力虽尽,其功不成;刑赏不当,断斩虽多,其暴不禁。夫公之所加,罪虽重,下无怨气;私之所加,赏虽多,士不为欢。行法不道,众民不能顺;举错不当⑤,众民不能成。不攻不备,当命为愚人⑥。

【注释】

①法法:此句前"法"读"废",废弃。后"法"仍读为法。

②县:读为"悬"。系。

③神宝:即"神保"。古时祭祖用来代表祖先受祭的活人。此处借指祖先。一说,"神宝"分解,"神"即神灵,"宝"即宝物。

④钧：通"均"。公平，公正。

⑤错：通"措"。

⑥命：原文为"今"，据安井衡说改。

【译文】

　　不废弃法度才能治理好国家。法，是天下的仪表，是用来分辨疑难、判明是非的，是与百姓性命攸关的东西。所以贤明的君主对法非常慎重，不会为了亲戚权贵而更改法律，官吏也不敢利用长官权威破坏法令，百姓也不敢用珠宝贿赂触犯禁令。君主把法令看得比亲贵更尊严，官吏把执行法令看得比对待师长更恭敬，百姓把接受政教看得比祭祖更神圣。这样，法虽然制定出来，实际上并不需要动用；刑罚虽然设立，实际上并不需要执行。赏功却又不公正，即使赏的官位再高，肯效力的人也很少；赦罪却不一视同仁，即使恩德再大，不赞成的人也很多；办事而不合时宜，即使用尽力量，也难以成功；断案不合法度，即使杀人再多，暴乱也制止不住。秉公办事，刑罚即使重，下面也没有怨气；按私心行事，赏赐即使多，战士也不会欢欣。执法不公道，民众不会顺从；措施不得当，民众就不能成事。因此不研习法律，不完善法律，应当叫作愚人。

　　故圣人之制事也，能节宫室、适车舆以实藏①，则国必富、位必尊；能适衣服、去玩好以奉本，而用必赡、身必安矣；能移无益之事、无补之费，通币行礼，而党必多、交必亲矣②。夫众人者，多营于物，而苦其力、劳其心，故困而不赡，大者以失其国，小者以危其身。凡人之情，得所欲则乐，逢所恶则忧，此贵贱之所同有也。近之不能勿欲，远之不能勿忘，人情皆然。而好恶不同，各行所欲，而安危异焉，然后贤不肖之形见也。夫物有多寡，而情不能等；事有成败，而意不能同;行有进退,而力不能两也③。故立身于中,养有节。宫室足以避燥湿,食饮足以和血气,衣服足以适寒温,礼仪足以别贵贱,游虞足以发欢欣④,棺椁足以朽骨,衣衾足以朽肉,坟墓足以道记。不作无补之功,不为无益之事,故意定而不营气情。气情不营则耳目谷、衣食足⑤,耳目毂、衣食足则侵争不生,怨怒无有,上下相亲,兵刃不用矣。故适身行义,俭约恭敬,其唯无福,祸亦不来矣;骄傲侈泰,离度绝理,其唯无祸,福亦不至矣。是故君子上观绝理者以自恐也,下观不及者以自隐也⑥。故曰:誉不虚出,而患不独生。福不择家,祸不索人。此之谓也。能以所闻瞻察,则事必明矣。

【注释】

①适:适度,节制。下文"适衣服"同。

②党:同党,同类。这里指同盟友好的国家。

③两:成双,相称,匹配。

④虞:通"娱"。

⑤耳目毂:指耳聪目明。毂,善。

⑥隐:考度,省察。尹注曰:隐,度也。度己有不及之事,当致之也。

【译文】

因此,圣明的君主行事,能简化宫室,节省车驾,以此充实国家储备,这样,国家定能富裕,地位定能尊贵;能俭省衣服,抛弃玩好之物,来发展农业生产,这样,他的财用定能丰足,身心定能安宁;能摆脱无益的事情、无效的开支,而开展通币行礼的外交活动,那么盟国必定众多而邦交必定亲睦。至于一般的君主,大多追求物质享受,为此费力劳心,国家为此弄得困顿不堪,财用不足,严重的可致亡国,较轻的也危害自身。人的常情是:满足了要求就高兴,遇上讨厌的事情就忧愁,这是不论贵贱都同样的。对接近的东西不能不追求,对远离的东西不能不遗忘,人情都是如此。然而每个人的好恶不同,各自追求想要的东西,结局的安危则不一样,于是一个人贤与不肖也就表现出来了。物有多寡,人的欲望不能与之吻合;事有成败,人的意愿不能同它一致;行有进退,人的力量不能跟它匹配。所以为人处世要保持适中,生活享受要有节制。宫室足以躲避燥湿,饮食足以调和血气,衣服足以适应寒热,礼仪足以区别贵贱,游乐足以抒发欢情,棺椁足以收敛朽骨,葬服足以包裹朽肉,坟墓足以作标记就行了。不作无补之功,不做无益之事,因而心意安定而不为气情所惑。气情不惑则耳聪目明,丰衣足食;耳聪目明,丰衣足食,就不会互相侵夺,互相怨怒,上下就会相亲相爱,刀兵也就没有用武之地了。所以,克制自身,遵行礼义,节俭恭敬,即使无福,灾祸也不会降临;骄傲奢侈,背离法度,违反常理,即使无祸,幸福也不会来临。因此,君子一方面要从违背常理的人身上吸取教训,警戒自己,另一方面又要从努力不够的人身上获得借鉴,反省自身。所以说:荣誉不会凭空出现,忧患不会无故发生。幸福不挑选人家,灾祸也不会自动找到某人头上。讲的就是这个意思。能用自己的见闻考察反思,事理就一定会明了。

故凡治乱之情,皆道上始①。故善者圉之以害②,牵之以利。能利害者,财多而过寡矣。夫凡人之情,见利莫能勿就,见害莫能勿避。其商人通贾,倍道兼行,夜以续日,千里而不远者,利在前也。渔人之入海,海深万仞,就波逆流,乘危百里,宿夜不出者③,利在水也。故利之所在,虽千仞之山,无所不上;深源之下,无所不入焉。故善者势利之在④,而民自美安,不推而往,不引而来,不烦不扰,而民自富。如鸟之覆卵,无形无声,而唯见其成。夫为国之本,得天之时而为经,得人之心而为纪,法令为维纲,吏为网罟,什伍以为行列,赏诛为文武⑤。缮农具当器械,耕农当攻战,推引铫耨以当剑戟⑥,被蓑以当铠襦⑦,菹笠以当盾橹⑧。故耕器具则战器备,农事习则功战巧矣⑨。

【注释】

①道:从。

②圉:防范。

③宿夜:指昼夜。宿,通"夙"。

④势:读为"执"。注重,关注。

⑤文武:指军队的鼓和金。文指鼓,击鼓则前进;武指金,鸣金则收军。

⑥铫(yáo):古代一种大锄。耨(nòu):除草的农具,像锄。

⑦襦:上衣,此处指铠甲。

⑧菹:疑是"组"的借字。"组笠"与"被蓑"相对为文。

⑨功:通"攻"。

【译文】

因此大凡治乱的情况,都是从上面开始。所以善于治国者会运用"害"来约束人们,运用"利"来引导人们。能正确运用利害关系,就能增加财富,减少过失。常人的情感,见到利益没有不追求的,见到危害没有不想躲避的。商人做买卖,一天赶两天的路,夜以继日,迢迢千里也不觉得远,是因为利在前面。渔夫下海,海深万仞,迎着波浪,逆着水流,冒险航行百里,昼夜都不上岸,是因为利在水中。因此,利之所在,即便是千仞高山,人们也愿意上;即使在深渊之下,人们也愿意进去。所以善于治国者掌握利的源泉所在,那么人民就自然羡慕而甘心接受,无需推动也会前往,无需引导也会跟随,不烦民也不扰民,而人民自会富裕。就像鸟儿孵卵一样,无形无声,只见小鸟破壳而生。治国的根本，以掌握天时为经，深得民心为纪，法令好比网罟的大纲，官吏好比网和罟，居民组织好比队列，赏罚好比指挥进退的金鼓。整治的农具就像武器，耕作农事就像进攻作战，挥舞大锄小锄就像挥舞剑戟，披上蓑衣就像穿上凯甲，斗笠就像盾牌。因此，农具完备就如同武器完备，农事熟习就如同作战熟练了。

当春三月，萩室熯造①，钻燧易火②，杼井易水③，所以去兹毒也④。举春祭，塞久祷⑤，以鱼为牲，以蘖为酒相召⑥，所以属亲戚也。毋杀畜生，毋拊卵⑦，毋伐木，毋夭英⑧，毋拊竿⑨，所以息百长也⑩。赐鳏寡⑪，振孤独⑫，贷无种，与无赋，所以劝弱民。发五正⑬，赦薄罪，出拘民，解仇雠，所以建时功施生谷也。夏赏五德，满爵禄，迁官位，礼孝弟，复贤力⑭，所以劝功也。秋行五刑，诛大罪，所以禁淫邪，止盗贼。冬收五藏，最万物⑮，所以内作民也。四时事备，而民功百倍矣。故春仁、夏忠、秋急、冬闭，顺天之时，约地之宜，忠人之和，故风雨时，五谷实，草木美多，六畜蕃息，国富兵强，民材而令行，内无烦扰之政，外无强敌之患也。

【注释】

①萩(qiū)：萧，香蒿，燃烧产生的烟可用来消除毒气。熯：古"燃"字。烧烤。造：通"灶"。

②钻燧易火：古时钻燧取火，因四季不同而改用不同的木材，即所谓"钻燧易火"。

③杼：据丁士涵说，当为"抒"。抒井即淘井。

④兹毒：滋长的毒气。

⑤塞：通"赛"。旧时祭祀酬神之称。久祷：祈祷长寿。

⑥蘖：指造酒的酵母。

⑦拊：击打。

⑧英：花。

⑨竿：刚出生的笋。

⑩息：生养。百长：各种生长之物。

⑪鳏寡：老而无妻为鳏，老而无夫为寡。

⑫振：同"赈"。孤独：幼而无父和老而无子的人。

⑬五正：五政，五种政令。

⑭复：免除赋税或徭役称复。

⑮最：聚，聚集。

【译文】

　　正当春季三月，点燃香蒿熏烤房间灶台，更换火木，淘井换水，以此消除春天滋生的毒气。举行春祭，祈祷长寿，以鱼为供品，用蘖制酒，互相宴请，以此密切亲戚联系。不屠杀牲畜，不打碎禽卵，不砍伐树木，不损害花朵，不损伤嫩笋，以此养护万物生长。帮助鳏夫寡妇，赈济孤儿和没有后代的老人，贷放种籽给无种的农户，救济无力纳税的人家，以此劝勉贫弱之民。发布五项政令，赦免罪行轻微的犯人，释放关押的人，调解纠纷，以此促进按时完成农事，促进粮食生产。夏天奖赏具备五常之德的人，增加其爵禄，升迁其官职，礼敬孝顺友爱之人，免除贤者的力役，以此鼓励人们努力工作。秋天执行五刑，处决罪大恶极之人，以此禁止淫邪，根除盗贼。冬天收藏五谷，聚积万物，以此收纳民众的贡税。一年四季的工作安排齐全，人民的生产效益就能百倍于前。这样，春天仁慈，夏天忠厚，秋天严峻，冬天收藏，顺应天时，符合地利，合乎人和，因而风调雨顺，五谷丰收，草木繁茂，六畜兴旺，国富民强，人民富裕，法令畅通，内无烦民扰民的政治，外无强敌入侵的祸患。

　　夫动静顺然后和也，不失其时然后富，不失其法然后治。故国不虚富,民不虚治。不治而昌,不乱而亡者,自古至今未尝有也。故国多私勇者其兵弱,吏多私智者其法乱,民多私利者其国贫。故德莫若博厚,使民死之;赏罚莫若成必①,使民信之。夫善牧民者,非以城郭也,辅之以什,司之以伍。伍无非其人,人无非其里,里无非其家。故奔亡者无所匿,迁徙者无所容,不求而约,不召而来。故民无流亡之意,吏无备追之忧。故主政可往于民,民心可系于主。夫法之制民也,犹陶之于埴,冶之于金也。故审利害之所在,民之去就,如火之于燥湿,水之于高下。

【注释】

①成必:通"诚必"。诚实坚定,民众信任。原文为"必成",据王念孙说改。

【译文】

举措合宜国家才能和谐,不违农时国家才能富裕,不失法度国家才能治理好。因此国家不是无缘无故富起来的,人民不是无缘无故治理好的。没有治理好却国家昌盛,没有动乱却国家灭亡,那是从古至今不曾有过的。所以说,国家中多勇于私斗者,军队就弱;官吏中多奸诈私巧者,法度就乱;民众中多营私取利者,国家就穷。因此施恩必须广泛厚重,人民才会以死报效;赏罚必须信实坚决,人民才会坚信不移。善于治理人民的君主,不是依靠城郭,而是依靠什、伍的组织管理。伍中没有非本伍的人,人没有不住在本里的,里中没有非本里的人家。这样逃亡者就无处藏身,迁徙者也无处容身了,不必强求,人们就接受约束,不用召唤,人们就自动前来。这样人们就没有逃亡的念头,官吏没有戒备、追捕的烦恼。这样君主的命令可以贯彻于民间,民心也可由君主掌握。用法制来管理人民,就像陶工处理黏土,冶工处理金属一样。掌握了利害的所在,人民的选择,就像火避湿就干,水避高就低一样明白。

　　夫民之所生,衣与食也。食之所生,水与土也。所以富民有要,食民有率,率三十亩而足于卒岁。岁兼美恶,亩取一石,则人有三十石。果蓏素食当十石①,糠秕六畜当十石,则人有五十石。布帛麻丝,旁入奇利②,未在其中也。故国有余藏,民有余食。夫钧者,所以叙多寡也③;权衡者④,所以视重轻也;户籍、田结者⑤,所以知贫富之不訾也⑥。故善者必先知其田,乃知其人,田备然后民可足也。

【注释】

①果蓏(luǒ):瓜果。

②奇:余出来的。

③夫钧者,所以叙多寡也:原作"夫叙钧者,所以多寡也",据张佩纶说改。钧,古代重量单位。三十斤为一钧。

④权衡:称量物体轻重的器具。权,秤锤。衡,秤杆。

⑤结:契约文书。

⑥訾:齐。

【译文】

　　百姓赖以生活的,是衣和食。食物赖以生产的,是水和土。所以富民是有要领的,养民是有标准的,标准就是一个人有三十亩地就可以保证全年生活。年成有好有坏,平均亩产一石,则每人有三十石粮食。瓜果蔬菜相当于十石粮食,糠皮瘪谷和畜产相当于十石粮食,那么每人就有五十石粮食。而布帛麻丝及其他副业杂项收入,尚未计算在内。这样,国家就有积蓄,人民也有余粮。钧,是用来计算多少的;权衡,是用来测定轻重的;户籍田册,是用来了解贫富差距的。所以善于治国的人，一定要先知晓田地的情况，才能知晓民众的生活情况，田地充足，人民才能富足。

凡有天下者，以情伐者帝，以事伐者王，以政伐者霸。而谋有功者五：一曰视其所爱以分其威。一人两心，其内必衰也。臣不用，其国可危。二曰视其阴所憎，厚其货赂，得情可深。身内情外，其国可知。三曰听其淫乐①，以广其心②。遗以竽瑟美人，以塞其内；遗以谄臣文马，以蔽其外。外内蔽塞，可以成败。四曰必深亲之，如典之同生③。阴内辩士使图其计④，内勇士使高其气。内人他国使倍其约⑤，绝其使，拂其意⑥，是必士斗⑦。两国相敌，必承其弊。五曰深察其谋，谨其忠臣⑧，揆其所使⑨，令内不信，使有离意。离气不能令⑩，必内自贼。忠臣已死，故政可夺。此五者，谋功之道也。

【注释】

①听：顺从。在此即投其所好以纵之的意思。

②广：通"旷"。这里可理解为荒废。

③典：本义为典册，引申为记载。生：姓。此句意为如有共同家谱的同姓。

④内：纳，派遣。

⑤倍：通"背"。

⑥拂：逆，违背。

⑦士：事，从事。

⑧谨：结交。

⑨揆：据猪饲彦博说，当为"睽"，离间之义。

⑩离气不能令：君臣之间离心离德，不能听从命令。气，同"忾"，通

"既"。既然。

【译文】

凡是拥有天下的人，用争取人心的方法征伐他国的可成帝业，见其于事有失而讨伐的可成王业，见其政令有失而讨伐的可成霸业。而谋攻敌国的计谋有五种：第一，探明敌国国君宠爱的大臣，设法削弱其威权。使其怀有二心，敌国的力量必然衰退。大臣不为君效力，敌国便处于危亡的边缘了。第二，探明敌国国君私下憎恶的大臣，而后用重金贿赂他，如此则可深入了解敌国的情况。臣子身在国内而情报外泄，就可得知其国的情势。第三，听说敌国的国君喜欢纵情声色，就要想方设法让他心志荒废。给敌国国君赠送乐队和美人，从内部蒙蔽他；又送给他谄媚的侍臣和华丽的宝马，从外部蒙蔽他。内外交蔽，就可促成他失败。第四，一定要与敌国密切结交，好像与他同一个族姓一样。暗中派辩士帮他出谋划策，又派勇士投奔敌国，助长其骄傲轻敌的气势。又派人到别国，唆使别国与之背弃盟约，断绝使者往来，让他们反目成仇，这样就必然发生争斗。两国相争，我方就能乘人之危。第五，深察敌国谋略的得失，结交其忠臣，离间其下属，使其内部互不信任，人心涣散。君臣既已离心离德，就无法号令，最终必将自相残杀。忠臣被杀以后，就可以夺取他的政权。此五者便是谋攻敌国之道。

卷第十八

入国第五十四

【题解】

此篇所言，即文章开始一句"五行九惠"的内容，亦即在一个邦国之内广泛实施救助的各项政策。文章所说，当为一种理想政治的设想，表达的是一种人道政治的理想。与儒家（如《礼记·礼运》篇所表）社会政治主张相近。

入国四旬①，五行九惠之教②。一曰老老，二曰慈幼，三曰恤孤，四曰养疾，五曰合独，六曰问疾③，七曰通穷，八曰振困，九曰接绝。

所谓老老者，凡国都皆有掌老。年七十以上，一子无征，三月有馈肉。八十以上，二子无征，月有馈肉。九十以上，尽家无征，日有酒肉。死，上共棺椁④。劝子弟，精膳食，问所欲，求所嗜。此之谓老老。

所谓慈幼者，凡国都皆有掌幼。士民有子，子有幼弱不胜养为累者。有三幼者无妇征，四幼者尽家无征，五幼又予之葆⑤。受二人之食，能事而后止。此之谓慈幼。

所谓恤孤者，凡国都皆有掌孤。士人死，子孤幼，无父母所养,不能自生者,属之其乡党知识故人⑥。养一孤者,一子无征。养二孤者,二子无征。养三孤者,尽家无征。掌孤数行问之,必知其食饮饥寒、身之膌胜⑦,而哀怜之。此之谓恤孤。

所谓养疾者,凡国都皆有掌养疾。聋盲喑哑⑧,跛躄偏枯握递⑨,不耐自生者,上收而养之疾官⑩,而衣食之,殊身而后止⑪。此之谓养疾。

所谓合独者,凡国都皆有掌媒。丈夫无妻曰鳏,妇人无夫曰寡,取鳏寡而合和之,予田宅而家室之,三年然后事之。此之谓合独。

所谓问疾者,凡国都皆有掌病。士人有病者,掌病以上令问之。九十以上,日一问。八十以上,二日一问。七十以上,三日一问。众庶五日一问。疾甚者以告,上身问之。掌病行于国中,以问病为事。此之谓问病。

所谓通穷者,凡国都皆有通穷。若有穷夫妇无居处,穷宾客绝粮食,居其乡党,以闻者有赏,不以闻者有罚。此之谓通穷。

所谓振困者,岁凶,庸人訾厉⑫,多死丧。弛刑罚,赦有罪,散仓粟以食之。此之谓振困。

所谓接绝者,士民死上事,死战事,使其知识故人受资于上而祠之。此之谓接绝也。

【注释】

①入国:这里当指开始主持国政。四旬:四下巡视。旬,即巡。

②五行:交错地行。五,通“伍”。交错参互的意思。

③问疾:据下文“此之谓问病”,疑当作“问病”。下同。

④共：通"供"。提供。

⑤葆：与"襁"同。引申为教母、保姆。

⑥知识：相知相识的人，即朋友。

⑦腊：瘦。胜：肥。一说，胜亦指瘦。

⑧喑(yīn)哑：哑巴。

⑨偏枯：指半身不遂不能行动。握递：指双手相拱不能伸展。

⑩疾官：即"疾馆"，犹今之福利院。官，同"馆"。

⑪殊：死。

⑫庸人訾厉："庸"或为"康"。訾，疾的意思。厉，病的意思。

【译文】

主持国政应四处巡视，交错普遍地施行九种惠民的政教。一是老老，二是慈幼，三是恤孤，四是养疾，五是合独，六是问疾，七是通穷，八是振困，九是接绝。

所谓老老，是说城邑和国都都有掌老之官。老人七十岁以上的，免除一个儿子的征役，每三个月有一次官府馈赠的肉。八十以上的，免除两个儿子的征役，每月都有官府馈赠的肉。九十以上的，免除全家的征役，每日都有官府馈赠的酒肉。这些人死后，官府供给棺材椁木。平日里要劝化他们的子弟，准备的饭菜要精致，询问老人的欲求，了解老人的嗜好。这就是老老。

所谓慈幼，是说城邑和国都都有掌幼之官。士民有了孩子，因为孩子年幼柔弱，无力抚养而受到拖累的。如果有三个幼孩则免除妇女的征役，有四个幼孩则全家免除征役，有五个幼孩则国家提供保姆。官府发给两个人份额的食物，直到幼孩长大能生活自理为止。这就是慈幼。

所谓恤孤，是说城邑和国都都有掌孤之官。士民去世，导致孩子孤幼，无父母或其他人养育，不能自力更生的，把他们分配给乡党、朋友、故人抚养。养一个孤幼孩童，免除一个儿子的征役。养两个孤幼孩童，免除两个儿子的征役。养三个孤幼孩童的，免除全家征役。掌孤之官应经常询问情况，必须了解孤幼的饮食温饱、身体肥瘦情况，要关爱怜恤他们。这就是恤孤。

所谓养疾，是说城邑和国都都有掌养疾之官。耳聋、目盲、哑巴，跛足、半身不遂、两手相拱而不能伸展的，不能自力更生的，官府就把他们收养在疾馆中，给他们提供衣食，直到他们去世为止。这就是养疾。

所谓合独，是说城邑和国都都有掌媒之官。男人无妻称为鳏，女人无夫称为寡，让鳏寡结合，给予他们农田、房舍，让他们成家，三年之后能够承担国家职役。这就是合独。

所谓问疾，是说城邑和国都都有掌病之官。士民生病了，掌病之官就以君上旨意慰问。九十以上的，每日一问。八十以上的，两日一问。七十以上的，三日一问。其他庶民，五日一问。疾病严重则告知君上，君上亲自慰问。掌病之官巡行国中，专门做慰问病人的工作。这就是问病。

所谓通穷，是说城邑和国都都有通穷之官。如果有穷困夫妇居没有居所，穷宾客断了粮食，与他们同住一个乡党的，告知通穷之官的有赏，不告知通穷之官的受罚。这就是通穷。

所谓振困，到了凶年，士民生病，死丧很多。就要放松刑罚，赦免罪人，开仓放粮食给他们吃。这就是振困。

所谓接绝，士民因为国君之事而死的，死于战事的，让他们的朋友故人从国君处拿钱物来祭祀他们。这就是接绝。

九守第五十五

【题解】

　　此篇讲君主应当遵守的九个方面,其实就是黄老道家的"君人南面之术"。文章涉及君主当兼听、勿轻易可否、要任用百官并督责他们等诸多方面。黄老政治哲学的要点是"君无为"而"臣有为",这样君主就可以"无为而无不为"。如此,多方了解情况,做到兼听则明,赏罚必信,就可以督促大臣各尽其职了。同时,正好开篇所言,君主"虚心平意"正是君主赏罚督责的先决条件。

　　安徐而静,柔节先定,虚心平意以待须①。
　　右"主位"②。
　　目贵明,耳贵聪,心贵智。以天下之目视则无不见也,以天下之耳听则无不闻也,以天下之心虑则无不知也。辐凑并进③,则明不塞矣。
　　右"主明"。
　　听之术,曰勿望而距④,勿望而许。许之则失守,距之则闭塞。高山仰之,不可极也;深渊度之,不可测也。神明之德,正静其极也。

右"主听"。

用赏者贵诚,用刑者贵必。刑赏信必于耳目之所见,则其所不见,莫不暗化矣⑤。诚畅乎天地,通于神明,见奸伪也。

右"主赏"。

一曰天之,二曰地之,三曰人之,四方上下⑥,左右前后,荧惑之处安在⑦?

右"主问"。

心不为九窍,九窍治。君不为五官,五官治。为善者君予之赏,为非者君予之罚。君因其所以来,因而予之,则不劳矣。圣人因之,故能掌之。因之修理,故能长久。

右"主因"。

人主不可不周。人主不周,则群臣下乱。寂乎其无端也,外内不通,安知所怨? 关闭不开⑧,善否无原。

右"主周"。

一曰长目,二曰飞耳,三曰树明。明知千里之外,隐微之中,曰动奸⑨。奸动则变更矣。

右"主参"。

修名而督实,按实而定名。名实相生,反相为情。名实当则治,不当则乱。名生于实,实生于德,德生于理,理生于智,智生于当。

右"督名"。

【注释】

①待须:等待。须,等待。

②右:古人著书,从右至左,因此"右"即为"以上"的意思。

③辐凑：聚集，集中。也作"辐辏"。辐为车辐，辏为车毂。形容人
　们像车辐集中于车毂一样。

④距：即"拒"，拒绝。

⑤暗化：潜移默化。

⑥四方：原作"四曰"，据王念孙说改。"四方上下"，承天地而言；
　"左右前后"承"人"而言。

⑦荧惑之处：原作"荧惑其处"，据王念孙说改。即疑惑不解的
　地方。

⑧关闭不开：原作"关闭不开"，据王引之说改。关、闭均指门闩。

⑨动：即"洞"，洞察之意。

【译文】

人君居位，应当安定从容而沉静，柔和克制而保持镇定，平心静气
等待着。

以上是"主位"的内容。

眼睛贵在能见，耳朵贵在能听，心贵在有智慧。用天下人的眼睛来
看，就没有看不到的；用天下人的耳朵来听，就没有听不到的；用天下人
的心来思考，就没有不能了解的。集中大家的力量办事，聪明就不会受
到蒙蔽了。

以上是"主明"的内容。

听取情况的方法是：不要一下子就拒绝，不要一下子就同意。轻率
同意就有失原则，轻率拒绝则容易闭塞。要像高山一样，让人看不到
顶；又像深渊一样，让人觉得深不可测。公正冷静是神明之德的极点。

以上是"主听"的内容。

行赏贵在诚信，用刑贵在坚决。在耳目所见的地方推行刑赏时既
诚信又坚决，那么耳目所不见的地方也能被潜移默化。诚，能够通畅天
地，通于神明，必能发现奸伪之徒。

以上是"主赏"的内容。

　　一是天上的，二是地上的，三是人间的，四方上下，左右前后，不明白的地方在哪里呢？

　　以上是"主问"的内容。

　　心不包办九窍的事，九窍自然能办好。君主不包办大臣的事，大臣自然能做好工作。为善的，人君给予赏赐；为非的，人君给予刑罚。根据臣民的作为，人君相应地给予赏罚，政务就不会烦劳。圣人因势利导，所以能掌控好。因势利导来治理，故而国运长久。

　　以上是"主因"的内容。

　　人主不可不谨慎周密。人主不谨慎周密，那么群臣在下面就会发生混乱。寂静地不透露出端绪，内外不串通消息，人们怎么会产生怨气呢？传话的开关不开，那说好说歹都没有源头了。

　　以上是"主周"的内容。

　　一是看得远，二是听得远，三是明察秋毫。清楚地了解到千里之外、隐微之中的情况，就能洞察奸恶。奸恶被洞察，变乱就能被阻止了。

　　以上是"主参"的内容。

　　依据名称来考察内容，依据内容来定名称。名称内容互相促进，又互相说明。名称与内容相当就能治理好，不相当就会混乱。名称源于内容，内容源于德，德源于理，理生于智，智源于"当"。

　　以上是"督名"的内容。

桓公问第五十六

【题解】

此文表达的是一些开明政治的主张,其核心就是君主不能私心私意、独断专行,而要广泛听取民众的心声。允许民众"非上之所过",是此篇的警策之处。

齐桓公问管子曰:"吾念有而勿失,得而勿忘①,为之有道乎?"对曰:"勿创勿作,时至而随。毋以私好恶害公正,察民所恶,以自为戒。黄帝立明台之议者,上观于贤也②。尧有衢室之问者③,下听于人也。舜有告善之旌,而主不蔽也。禹立谏鼓于朝,而备讯唉④。汤有总街之庭,以观人诽也。武王有灵台之复⑤,而贤者进也。此古圣帝明王所以有而勿失,得而勿忘者也。"桓公曰:"吾欲效而为之,其名云何?"对曰:"名曰啧室之议⑥。曰法简而易行,刑审而不犯,事约而易从,求寡而易足⑦。人有非上之所过,谓之正士,内于啧室之议⑧。有司执事者咸以厥事奉职,而不忘为此啧室之事也。请以东郭牙为之,此人能以正事争于君前者也⑨。"桓公曰:"善。"

【注释】

①忘：即"亡"。丢失，失去。

②上观：崇尚，显耀。上，尚。在此为动词。观，显示。

③衢：四通八达的道路。下文"总衢"之"衢"，词义同此。

④唉：通"詥"。《广雅・释诂》："詥，告也。"

⑤灵台：西周建筑名。然而其他的文献多言"灵台"为周文王所建，
　　且为宗教建筑。复：告白。

⑥喷：大呼，争辩。

⑦求：征税。

⑧内：即"纳"。收纳之意。

⑨正事：谏事。正，纠正。纠正错误的事。

【译文】

齐桓公问管子说："我常想拥有天下而不失去，得到天下而不亡失，做到这样有办法吗？"回答说："不急于开创，时机到了就顺势而为。不以自己的个人好恶妨碍公正，体察民众所厌恶的，用来作为自己的鉴戒。黄帝建立明台听取议论，是为了彰显那些贤者。尧在衢室询问，是为了从下层听取民意。舜设立告善的旌旗，君主就不被蒙蔽。禹在朝堂设立谏鼓，是以备讯问上告。汤王在总街建有厅堂，是为了观察非议。武王设立灵台的报告制度，是为了引进贤者。这就是古来圣明帝王拥有天下而不失去的原因。"桓公说："我想效仿他们，应当取什么名字？"回答说："名叫'喷室之议'。说的是：法度简而易行，刑罚审慎而无人犯罪，政事简约易从，征税少而能满足需求。敢于指责君主过错的人，是为正直之士，要吸收到喷室之议中来。有司、执事都将此作为自己职责，而无所遗忘。请让东郭牙来办理此事，此人能在君主面前为正事而力争。"桓公说："好。"

度地第五十七

【题解】

　　土地是人类生存的根基,而水利又是农耕的命脉。此篇言"度地",其核心却是"水"的问题。水可利农,也可成害,所以文章说"五害之属,水最为大"。因而此篇内容的重点即在水的利用与水害的防治。文章先谈各种水流情况,进而言水官的设置及其负责的事项,还谈到河流治理应在春季进行等。同时还强调,包括兴修水利的土功应不防碍农事。旱涝是古今农业的难题,此篇即针对这样的难题而发,是一篇有实在意义的文字。

　　昔者桓公问管仲曰:"寡人请问度地形而为国者,其何如而可?"管仲对曰:"夷吾之所闻:能为霸王者,盖天子圣人也。故圣人之处国者,必于不倾之地而择地形之肥饶者①,乡山,左右经水若泽,内为落渠之写②,因大川而注焉。乃以其天材,地之所生利,养其人以育六畜。天下之人,皆归其德而惠其义,乃别制断之。不满州者谓之术③,不满术者谓之里。故百家为里,里十为术,术十为州,州十为都,都十为霸国,不如霸国者,国也,以奉天子。天子有万诸侯也,其中有公侯伯子男焉，天子中而处。此谓因天之固，归地之利，内为之城，城外为之郭，郭外为之土阆④，地高则沟之，下则堤之，命之曰金城。树以荆棘，上相穑著者⑤，所以为固也。岁修增而毋已，时修增而无已，福及孙子。此谓人命万世无穷之利，人君之葆守也。臣服之以尽忠于君，君体有之以临天下。故能为天下之民先也，此宰之任，则臣之义也。故善为国者，必先除其五害，人乃终身无患害而孝慈焉。"

【注释】

①不倾之地：岗原深厚的地方。

②落：通"络"。"落渠"即水渠网络。写：同"泻"。排泄。

③不满：原无，据王引之说补。术：通"遂"。古代行政区划之称。

④土阆：土壕。

⑤穑：通"音"。结合。

【译文】

从前，桓公问管仲说："寡人请问勘察地形建立国都，应该怎么样才行？"管仲回答说："据我所知，能成就王霸之业的人，是天子圣人。圣人建立国都，必定是在岗原深厚的地方选择土壤肥沃之处，靠着山，左右有河流和湖泊，在都城内修建排水的沟渠网，让水流顺着流入大河。利用天地所生的物资，养育人民并蕃蓄六畜。天下的人，都归附他的德行，感激他的道义，这样再划分区域断定城制。不够为州的称为遂，不够为遂的称为里。因此，百家为里，十里为遂，十遂为州，十州为都，十都为霸，不如霸国领土大的其他诸侯国，直接归天子统领。天子有一万左右的诸侯国，其中分为公侯伯子男，天子处在中央。这就是利用天然的稳固地形，征集全国的土地财利，里面建城，城外修郭，郭外修土壕，地势高就挖沟，地势低就修堤，称之为'金城'。城墙上种上荆棘，使它们错杂相交，用来加固城墙。每年都不停地增修，每季度也不停地增修，造福子孙后代。这是万世无穷之利，也是君主的保障。大臣在城中工作以效忠君主，人君据此而统治天下。因而国都是天下百姓的根本，国都建设是宰相的责任，也是所有大臣的义务。因此，善于治国的，必须先清除五害，人们才能终身免除祸害而父慈子孝。"

桓公曰："愿闻五害之说。"管仲对曰："水一害也，旱一害也，风雾雹霜一害也，厉一害也①，虫一害也，此谓五害。五害之属，水最为大。五害已除，人乃可治。"桓公曰："愿闻水害。"管仲对曰："水有大小，又有远近。水之出于山而流入于海者，命曰经水。水别于他水，入于大水及海者，命曰枝水。山之沟，一有水，一毋水者，命曰谷水。水之出于他水沟，流于大水及海者，命曰川水。出地而不流者，命曰渊水②。此五水者，因其利而往之可也，因而扼之可也，而不久常，有危殆矣。"桓公曰："水可扼而使东西南北及高乎？"管仲对曰："可。夫水之性，以高走下则疾，至于漂石③；而下向高，即留而不行。故高其上，领瓴之，尺有十分之三，里满四十九者，水可走也。乃迁其道而远之，以势行之④。水之性，行至曲必留退，满则后推前。地下则平，行地高即控⑤，杜曲则捣毁⑥，杜曲激则跃，跃则倚⑦，倚则环，环则中，中则涵⑧，涵则塞，塞则移，移则控⑨，空则水妄行⑩，水妄行则伤人，伤人则困，困则轻法，轻法则难治，难治则不孝，不孝则不臣矣。故五害之属，伤杀之类，祸福同矣。知备此五者，人君天地矣。"

【注释】

①厉：即疾病、瘟疫。

②渊水：原作"渊冰"，据上下文意改。

③漂石：能漂起石头。

④"故高其上"七句：主要解释引水上行的方法。黎翔凤引方苞说：
　尝见吴、越山溪间行水者，以巨竹承泉，斜而下注。数节之后，自
　相推激，盘山逾岭，逆而上行，即此法也。领，即岭，山领、高地。
　瓴，陶器，能盛水。尺有十分之三，即斜放管道，因而一尺管道的
　延伸就比平放少十分之三。迁其道而远之，近处未必有高地，所
　以需要迁远其道，以得地势。

⑤控：顿，顿却。

⑥杜：塞。这里指水积聚在曲处。

⑦倚：即排，表示前后相排。

⑧涵：沉浸。这里指泥沙沉淀。

⑨控：控制。

⑩空：此处指不控制。

【译文】

　　桓公说："愿闻五害的内容。"管仲回答说："水是一害，旱是一害，风
雾冰雹霜冻是一害，瘟疫是一害，虫灾是一害，这就叫做五害。五害之
中，水害最大。五害除掉了，人民才能治理好。"桓公说："愿闻水害的内
容。"管仲回答说："水有大小，又有远近。出于山，流入海的水，称为'经
水'。从其他河流分流出来的，流入大河和海洋的，称为'枝水'。山间
沟谷，有时有水，有时没水的，称为'谷水'。出于其他山沟，流入大河和
海洋的，称为'川水'。从地下出水而不外流的，称为'渊水'。这五种
水，可以顺应流势引导它们，也可以顺应流势拦截控制。但往往时隔不
久就会有危害。"桓公说："水可以被拦截，使得它流向东西南北，甚至是
高地吗？"管仲回答说："可以。水性是从高往低处走就快，甚至能漂起

石头；如果从下往上走，就停留不前。所以，把上游水位抬高，用瓦器接水往下走，瓦器斜向下，每尺有十分之三的斜度，这样水最多可以走四十九里远。水道弯曲就可以流得远了，靠水的落差形成的势能推动水流。水性是行到曲处就退却，曲处一满，后水就会推前水。地势低下就会走得平稳，地势高就会停顿退却，水积聚于曲处冲荡导致损毁，导致水流激荡跳跃，激荡跳跃导致前后相排，前后相排导致打旋，打旋导致集中，集中导致泥沙沉淀，泥沙沉淀导致堵塞，堵塞导致水流改道，改道就要控制，不控制水流就会妄行，妄行导致伤人，伤人导致穷困，穷困导致法度被轻慢，法度被轻慢就难以治理，难以治理就不孝顺，不孝顺就可能犯上作乱了。因此，五害之类，与杀人伤人一样，都会导致灾祸。懂得防备这五害，人君就能合德于天地。"

桓公曰："请问备五害之道？"管子对曰："请除五害之说，以水为始。请为置水官，令习水者为吏：大夫、大夫佐各一人，率部校长官佐各财足①。乃取水左右各一人②，使为都匠水工。令之行水道、城郭、堤川、沟池、官府、寺舍及州中，当缮治者，给卒财足③。令曰：常以秋岁末之时，阅其民，案家人比地，定什伍口数，别男女大小。其不为用者辄免之，有锢病不可作者疾之④，可省作者半事之⑤。并行⑥，以定甲士当被兵之数⑦，上其都⑧。都以临下，视有余不足之处，辄下水官。水官亦以甲士当被兵之数，与三老、里有司、伍长行里，因父母案行。阅具备水之器以冬无事之时，笼、臿、板、筑各什六⑨，土车什一，雨萆什二⑩，食器两具，人有之。锢藏里中，以给丧器⑪。后常令水官吏与都匠，因三老、里有司、伍长案行之。常以朔日始出阅具之，取完坚，补弊久，去苦恶。常以冬少事之时,令甲士以更次益薪,积之水旁。州大夫将之,唯毋后时。其积薪也,以事之已;其作土也,以事未起。天地和调,日有长久,以此观之,其利百倍。故常以毋事具器,毋事用之⑫,水常可制,而使毋败。此谓素有备而豫具者也。”

【注释】

①率:比例。部:水官之下的各部门。财足:据俞樾说,犹“才足”,即不限定人数,以够用为准。后文“给卒财足”同。此句是说各部门按比例配备校长、官佐等人员,人数以满足工作需求为准。

②左右:即佐佑,助手。

③卒:劳动力,服劳役的人。

④疾:登记为病号。

⑤省作:少作。即因病只能少量做事。

⑥并行:普遍巡察。

⑦被:承受。在此即可以持兵器等等。

⑧都:都邑大夫。

⑨笼:土筐。臿:掘土的工具,即锹。板:筑堤用的夹板。筑:木夯。

⑩雨辇(jú):可以挡雨的车子。辇,土车。

⑪丧:丧失,损毁。

⑫毋事用之:在发生事故前用工具控制好险情。一本作“有事用之”。

【译文】

桓公说:“请问如何防备五害?”管仲回答说:“消除五害,从水害开始。要设置水官,派熟悉水性的人负责:大夫和大夫佐各一名,每个部门按比例配置足够数量的校长、官佐等官员。挑选水佐佑各一人,任命为都匠水工。派他们巡视水道、城郭、堤坝、河川、沟渠、水池、官府、官舍及州中，凡是应当修缮的地方，配给足够的劳动力。发布命令说：每年秋后，要普查人口，检查户口土地，核实人口数量，统计男女老少数量。不能服役的就免役，久病不能劳作的作为病人处理，能少量劳动的算半个劳动力。普查之后，确定各地应当服兵役的甲士，将名籍上报于都邑大夫。都邑大夫下去巡视，看到人数有余或不足的，就将甲士派遣给水官。水官就把确定的甲士作为征兵之数，同三老、里有司、伍长等官员巡视乡里，并与被征者的父母协同查定。查看治水工作的准备情况要安排在冬闲时，每十家要准备土筐、锹、夹板、木夯等六件，一辆土车，两辆防雨车，食器每人两套。好好保存在乡里，用来补充所损坏丢失的。之后令水官与都匠和三老、乡里有司、伍长时常巡视。通常每月初一开始去查看，留取完好的、坚实的，修补损坏的、老旧的，淘汰质量差的。冬闲时，要常令甲士轮流采集薪柴，堆积在水边。州大夫要同时领导此事，不得拖延。积累薪柴，要在农事忙完之后；修筑堤坝，要在春耕尚未开始时。此时天气晴和，白日较长，从这些条件看来，好处很大。因而要常在未出事之时准备器具并利用好，这样水害就能制住，而不会产生破坏。这就是有备而无患。"

桓公曰："当何时作之？"管子曰："春三月，天地干燥，水纠列之时也①。山川涸落，天气下，地气上，万物交通。故事已，新事未起，草木荑生可食②。寒暑调，日夜分。分之后，夜日益短，昼日益长，利以作土功之事，土乃益刚。令甲士作堤大水之旁，大其下，小其上，随水而行。地有不生草者，必为之囊③。大者为之堤，小者为之防，夹水四道，禾稼不伤。岁埤增之④，树以荆棘，以固其地，杂之以柏杨，以备决水。民得其饶，是谓流膏。令下贫守之，往往而为界，可以毋败。当夏三月,天地气壮,大暑至,万物荣华,利以疾薅杀草薉⑤。使令不欲扰,命曰不长。不利作土功之事,放农焉⑥,利皆耗十分之五,土功不成。当秋三月,山川百泉踊,降雨下,山水出,海路距⑦,雨露属⑧,天地凑汐⑨,利以疾作收敛毋留。一日把⑩,百日铺。民毋男女,皆行于野。不利作土功之事,濡湿日生,土弱难成,利耗什分之六,土工之事亦不立。当冬三月,天地闭藏,暑雨止⑪,大寒起,万物实熟,利以填塞空郄⑫,缮边城,涂郭术⑬,平度量,正权衡,虚牢狱,实廥仓⑭。君修乐,与神明相望。凡一年之事毕矣。举有功,赏贤,罚有罪,迁有司之吏而第之。不利作土工之事,利耗什分之七,土刚不立。昼日益短,而夜日益长,利以作室,不利以作堂。四时以得,四害皆服。"

【注释】

①纠列:水流清冽。章炳麟云:春三月霖雨未下,故水清冽。一说指水流细小。

②萁(tí):草木出生的嫩芽。

③地有不生草者,必为之囊:不长草的土地,土质疏松,容易被水冲垮,一定要用袋子装土修堤。

④埤:增高。

⑤薅(hāo):拔草,锄草。此处指锄草。薉(huì):同"秽"。荒芜,杂草多。

⑥放:通"妨"。

⑦距:至。

⑧属:相连。

⑨凑汐:水流聚集于天地之中而流动缓慢。凑,聚集。

⑩把：手持，此指一日收获的粮食。

⑪暑雨：即蒸而为雨。《释名·释天》："暑，煮也。"

⑫郤（xì）：通"隙"。空隙。

⑬术：都邑中的道路、街道。

⑭膾（kuài）：存放木柴、草料的地方。

【译文】

桓公说："应当什么时候开工呢？"管子回答说："春天，三月份，天干地燥，水流清冽的时候。山河干涸，天气转暖，寒气渐消，万物活动。旧年农事已结束，新年农事尚未开始，新生的草木嫩芽可以食用。寒热调和，日夜均分。均分之后，夜晚越来越短，白昼越来越长，有利于开展土石工程建设，堤土也会越来越坚实。派甲士在河边修筑大堤，堤坝底部要宽，顶部要窄，顺着河流修筑。不长草的地方，要用袋子装土筑堤。水流大的地方修堤，水流小的地方修防，使堤防围绕水流四周，以防伤害庄稼。堤防每年都要进行修补，还要种上荆棘等灌木，用以加固堤土，夹杂着种些柏杨等高大树木，防止洪水决堤。民众能从中获得益处，称之为流动的脂膏。让贫农去守护堤坝，划分好界限，使得堤坝不被破坏。到了夏季三个月，天地变化强烈，大暑到来，万物生长茂盛，要做好农田的除草工作。政令不要干扰农业生产，征发劳役的时间也不可过长。不利于开展土工修堤工作，因为那会妨碍农业生产，白白耗费一半的钱，工程也完不成。到了秋天的三个月，山川百泉涌水，雨水降落，山洪流出，入海之水直与海水相激，雨水集中，天地凝滞，应当抓紧秋收，使所有粮食归仓。收一日粮食，能养百日。民众无论男女，都在田间劳动。这时不利于开展土石工程建设，因为土地一天天潮湿，土壤松软难以修成，耗费了十分之六的功夫，工程也不能完成。到了冬天的三个月，天地闭合收敛，大雨停止，大寒开始到来，万物实熟，应当修补房舍缝隙，修缮边防城池，修理城郭道路，调节度量衡，清理狱中罪犯，积蓄草料粮食。君主举行娱乐庆祝活动，祭祀神明。这样一年之事才结束了。提拔功臣，赏赐贤人，惩罚罪人，按次序升迁有关职务官吏。这时不利于开展土石工程建设，消耗十分之七的功夫，土壤冷冻坚硬而不能成。白昼越来越短，夜晚越来越长，有利于在室内劳作，室外哪怕是堂上也不利于劳作。四季工作安排得当，四害就治好了。”

　　桓公曰：“寡人悖①，不知四害之服②，奈何？”管仲对曰：“冬作土功，发地藏，则夏多暴雨，秋霖不止。春不收枯骨朽脊，伐枯木而去之，则夏旱至矣。夏有大露原烟噎③，下百草，人采食之，伤人，人多疾病而不止。民乃恐殆。君令五官之吏，与三老、里有司、伍长，行里顺之，令之家起火为温④，其田及宫中皆盖井，毋令毒下及食器，将饮伤人。有下虫伤禾稼。凡天灾害之下也，君子谨避之，故不八九死也。大寒大暑，大风大雨，其至不时者，此谓四刑。或遇以死，或遇以生，君子避之，是亦伤人。故吏者，所以教顺也，三老里有司伍长者，所以为率也。五者已具，民无愿者，愿其毕也。故常以冬日，顺三老、里有司、伍长，以冬赏罚，使各应其赏而服其罚，五者不可害，则君之法犯矣⑤。此示民而易见，故民不比也⑥。”

【注释】

①悖：愚笨。

②服：备。两字古可通用。

③原烟噎：即原野雾气冥晦，难以看清。原，原野。噎，即“曀”。

④温：通“煴（yūn）”。烧烟以驱室内疫气。

⑤犯：《尔雅·释诂》：“犯，胜也。”这里指无人犯法。

⑥比：勾结。如《论语·为政》："君子周而不比，小人比而不周。"

【译文】

桓公说："寡人愚笨，不知四害怎么治好，怎么办？"管仲回答说："如果冬天做土工，散发了地藏，则夏天多暴雨，秋天多霖雨。春天如果不掩埋枯骨，还砍伐枯木，则夏天有大旱。夏天有大露，多瘴气，落在百草上，人们采来食用，就会受伤，民众多生疾病而不停止。这样民众就会恐慌。君主应派出各部门官吏，会同三老、里有司、伍长，到乡里巡查，命各家各户烧烟驱疫，地里、院里的井都要盖上，防止毒气沾染到餐具，防止饮水伤人。还要防止虫灾毁坏庄稼。大凡天灾发生，君子谨慎防范，十有八九不会死人。大寒大暑、大风大雨，来得不合时令，就称为'四刑'。有的遇上就死了，有的则有幸不死，君子虽然努力防范，还是会伤人。因此，官吏要做好教育训导，三老、里有司、伍长，都要作好表率。这防治五害的工作做好了，民众就没有更多要求了，因为愿望得到了满足。因此，每到冬天，要训练三老、里有司、伍长们，有功者受赏，有过者受罚，这样五害就不能为祸，国君的法令也无人来犯。这样的政绩民众可以轻易见到，也就不会勾结为党了。"

桓公曰："凡一年之中十二月，作土功，有时则为之，非其时而败，将何以待之？"管仲对曰："常令水官之吏，冬时行堤防，可治者，章而上之都，都以春少事作之。已作之后，常案行。堤有毁，作大雨，各葆其所。可治者，趣治①，以徒隶给。大雨，堤防可衣者衣之。冲水，可据者据之。终岁以毋败为故，此谓备之常时，祸何从来？所以然者，浊水蒙壤自塞而行者②，江、河之谓也。岁高其堤，所以不没也。春冬取土于中，秋夏取土于外。浊水入之，不能为败。"桓公曰："善。仲父之语寡人毕矣，然则寡人何事乎哉？亟为寡人教侧臣③。"

【注释】

①趣(cù)：急，快速。

②浊：原作"独"，据王念孙说改。

③侧：左右。

【译文】

桓公说："一年之中十二个月，开展土石工程建设，有一定的时令季节，时机不对则做不好，应该怎么准备？"管仲回答说："要经常派治水官吏在冬闲时去巡视堤防，需要治理的，就整理文书呈报给都邑大夫，都邑大夫通常在春季少事的时节来治理。河堤修好之后，要经常巡视。堤坝毁坏了，又遇到大雨，则各处保护各处。需要治理的，就抓紧治理，配给徒隶。遇到大雨时，覆盖需要保护的堤坝。冲大水时，需要掩堵就进行掩堵。一年到头堤坝都不被破坏，保持原样，这就是所谓的，平时做好准备，祸患从哪里来呢？之所以如此，是因为浊水常常夹带泥土，水流自行容易堵塞，江、河都是这样的。所以要常年加高堤坝，使其不被淹没。春冬从河内取土，秋夏从河外取土。浊水来了，也不会破坏。"桓公说："好。仲父对寡人说的话很全面，但寡人能做什么呢？快替我把这些教给我左右的大臣吧。"

卷第十九

地员第五十八

【题解】

　　此篇为农业土壤学方面的文献。篇名"地员"，"地"，指可生殖的土野，"员"的意指解释有些分歧，但《说文》所言："员，物数也。"还是最可信的。通篇所言，不外土地生长的农林果蔬等作物。就文献属性而言，应归为农业土壤学一类的科学文献。文章一开始与《水地》一样，重视水源，深合农耕之道。进而又将各种土壤的土地分为上中下三等，分别说明其土质特点及适宜的农业果蔬作物。分类意味明晰，正喻示着对土地状况的了解。考我国上古时期对土地植被的观察了解，首推《尚书·禹贡》篇（其年代据笔者考证，不晚于西周时期）。此后这方面的知识继续发展，就有见于《吕氏春秋》的《上农》《任地》《辨土》诸篇。这些文献年代与《管子》中的此篇时代相近，而《地员》或更早些。它们都显示的是战国农业土壤科学的发展。

　　夫管仲之匡天下也，其施七尺①。渎田悉徙②，五种无不宜。其立后而手实③，其木宜蚖菕与杜松④，其草宜楚棘。见是土也，命之曰五施，五七三十五尺而至于泉。呼音中角，其水仓⑤，其民强。赤垆⑥，历强肥⑦，五种无不宜。其麻白，其布黄，其草宜白茅与蓷⑧，其木宜赤棠。见是土也，命之曰四施,四七二十八尺而至于泉。呼音中商,其水白而甘,其民寿。黄唐,无宜也,唯宜黍秫也⑨。宜县泽⑩,行廧落⑪,地润数毁,难以立邑置廧。其草宜黍秫与茅⑫,其木宜橆扰桑⑬。见是土也,命之曰三施,三七二十一尺而至于泉。呼音中宫,其泉黄而糗。流徙。斥埴⑭,宜大菽与麦。其草宜萯蓶⑮,其木宜杞。见是土也,命之曰再施,二七一十四尺而至于泉。呼音中羽,其泉咸。水流徙。黑埴,宜稻麦。其草宜苹蓨⑯,其木宜白棠⑰。见是土也,命之曰一施,七尺而至于泉。呼音中徵,其水黑而苦。

【注释】

①施:尺度名。地深七尺为一施。

②渎田:开沟渠引水灌溉的田。尹注曰:渎田,谓穿沟渎而溉田。悉徒:轮换耕种,以保持土壤肥力。

③立后而手实:指庄稼植根之处土深而收获丰实。陈奂云:"后"与"厚"同。《小雅》传:"手,取也。"言五种之谷其树厚而取实。

④蚖(yuán):通"杬"。一种大树,皮厚,树皮煎汁可用于贮藏果品。蓄(lún):通"棆"。一种小樟树。杜:甘棠树。

⑤仓:通"苍"。青色。

⑥垆:黑色坚硬的土壤。

⑦厉:稀疏。强:坚硬。

⑧萑(huán):荻。形似芦苇,秸秆细而实。

⑨秫:高粱。

⑩宜:应该,应当。县:同"悬"。"下出"的意思。悬泽即雨水聚集。

⑪行廧落:修建围墙篱笆。廧,同"墙"。落,篱笆。

⑫黍秫:或谓"秫"当作"茶","黍"字衍。

⑬橰：即椿树。扰：一种树，或为"杻"。

⑭斥：土地中含过多的盐碱。埴：黏土。

⑮蕡（bèi）：草名。具体名称不详。

⑯苹蓨（tiáo）：蒿类植物，嫩时可食。

⑰白棠：与赤棠同类，果实白色，不酸涩。

【译文】

　　管仲治理天下，规定地深七尺为一施。有沟渠灌溉的田地，每年都轮换耕种，五谷无不相宜。这里种植五谷，植根深厚，收获丰实，这里种树适合种杭树、榆树、甘棠树、松树，种草适合种荆棘。见到这种土，称之为五施之土，即土深三十五尺与地下泉水相接。这种地的呼号之音相当于"角"，水呈青色，居民强壮。赤垆土，疏落坚硬而肥沃，种植五谷都可以。这里产的麻白，布黄，种草适合种白茅和蓷，种树适合种赤棠。见到这种土，称之为四施之土，即土深二十八尺与地下泉水相接。这种地的呼号之音相当于"商"，这里的水白而甘甜，居民长寿。黄唐土，不适合种作物，只适合种黍秫。应当排除积水，修建围墙篱笆，因为土地潮湿，容易毁坏，难以建城筑墙。种草应当种植黍秫和茅，种树应当种橰、扰、桑。见到这种土，称之为三施之土，即土深二十一尺与地下泉水相接。这里的土地呼号之声相当于"宫"，水黄而有臭味。土地容易流失。斥埴土，适合种植大豆和麦子。种草适合蕡和蓷，种树适合杞树。见到这种土，称之为再施之土，即土深十四尺就与地下泉水相接。其呼号之声相当于"羽"，这里的泉水是咸的。这里的水容易流失。黑埴土，适合种稻麦。种草适合萍蓨，种树适合白棠。见到这种土，称之为一施之土，即土深七尺与地下泉水相接。其呼声相当于"徵"，这里的水又黑又苦。

　　凡听徵，如负猪①，豕觉而骇。凡听羽，如鸣马在野。凡听宫，如牛鸣窌中②。凡听商，如离群羊。凡听角，如雉登木以鸣，音疾以清。凡将起五音，凡首，先主一而三之，四开以合九九，以是生黄钟小素之首以成宫③。三分而益之以一，为百有八，为徵④。不无有⑤，三分而去其乘，适足以是生商⑥。有三分而复于其所，以是成羽⑦。有三分去其乘，适足以是成角⑧。

【注释】

①负猪：尾巴上举之猪。负，翘尾巴。猪受惊而尾巴上翘。

②窌：同"窖"。

③"凡首"四句：凡首，一开始。主一，即假定基数为"一"。三之，即一除以三（$\frac{1}{3}$）。四开即四次除以3得81。九九，八十一。黄钟，即黄钟的积数，其长度为百分之九十分。小素，即指"八十一"这个数字而言。下文算法类同。

④"三分而益之以一"几句：黎翔凤云：以三为主，益一为 $\frac{4}{3}$，去一为 $\frac{2}{3}$。黄钟八十一，三分益一，$81 \times \frac{4}{3} = 108$，即得徵（zhǐ）。

⑤不无有：尹注曰：不无有，即有也。

⑥生商：$108 \times \frac{2}{3} = 72$，得商。

⑦成羽：$72 \times \frac{4}{3} = 96$，得羽。

⑧成角：$96 \times \frac{2}{3} = 64$，得角。

【译文】

凡是听"徵"音，犹如尾巴上翘的猪，像猪发觉受惊而大叫。凡是听"羽"音，如荒野马叫。凡是听"宫"音，如地窖牛鸣。凡是听"商"音，如离群的羊叫。凡是听"角"音，如鸡鸣树上，音调清激而快疾。计算五音,开始,先假定基数为"一",分为三等,经四次推演以合九九之数,如此得到黄钟小素的音调,即为宫声。三分再加一分,成为一百零八,即为"徵"声。一百零八再减三分之一,即成"商"声。七十二再加三分之一,得九十六,成为"羽"声。九十六减去三分之一,即成为"角"声。

坟延者六施①,六七四十二尺而至于泉。陕之芳七施②,七七四十九尺而至于泉。祁陕八施③,七八五十六尺而至于泉。杜陵九施④,七九六十三尺而至于泉。延陵十施⑤,七十尺而至于泉。环陵十一施⑥,七十七尺而至于泉。蔓山十二施⑦,八十四尺而至于泉。付山十三施⑧,九十一尺而至于泉。付山白徒十四施⑨,九十八尺而至于泉。中陵十五施⑩,百五尺而至于泉。青山十六施⑪,百一十二尺而至于泉。青龙之所居,庚泥不可得泉⑫。赤壤勢山十七施⑬,百一十九尺而至于泉,其下青商⑭,不可得泉。陛山白壤十八施⑮,百二十六尺而至于泉,其下骈石⑯,不可得泉。徒山十九施⑰,百三十三尺而至于泉,其下有灰壤,不可得泉。高陵土山二十施,百四十尺而至于泉。山之上命之曰县泉⑱,其地不干,其草如茅与走⑲,其木乃楠⑳,凿之二尺乃至于泉。山之上命曰复吕㉑,其草鱼肠与荓㉒,其木乃柳,凿之三尺而至于泉。山之上命之曰泉英㉓,其草蕲白昌㉔,其木乃杨,凿之五尺而至于泉。山之材㉕,其草兢与蔷㉖,其木乃格㉗,凿之二七十四尺而至于泉。山之侧,其草莒与萎㉘,其木乃区榆㉙,凿之三七二十一尺而至于泉。

【注释】

①坟延:即"坟衍",介于丘陵与低洼之地之间,比平原稍高之蔓坡

地。以下十四种土地,地势渐高,泉源渐深,大体均为丘陵地带。据张文虎、夏纬英说。

②陕之芳:狭隘之地的旁边。陕,狭。芳,旁。

③圮:屺,高出。

④杜陵:高大的土丘。杜,土。

⑤延:延伸缓坡。

⑥环:环形。

⑦蔓山:山形曼延而长的丘陵。

⑧付山:山上的小山头。

⑨白徒:白色土壤。徒,土。

⑩中陵:平地上的丘陵。

⑪青山:东方之山。古代四方观念,东方为青色。

⑫庚泥:泥沙相续。庚,续。一说,庚为坚硬之义,庚泥指坚硬的泥土。

⑬势山:当作“礒山”,指山多小石者。

⑭青商:一种怪物。

⑮陛:据黎翔凤说,字当本作“坐”,因其为山,加阜成“陛”,象挫讪之形。

⑯骈石:并排的石头。

⑰徒山:不生草木,土石袒露的山。

⑱县泉:悬泉。

⑲如茅:草名,未详为何草。走:夏纬瑛说即“蘆”,犹今乌拉草,一种高山植物。

⑳樠(mán):木名,树心像松树。或谓即红松。

㉑复吕:字当作“複娄”,重复层叠的山。

㉒莸(yóu):水草名,其味恶臭。

㉓泉英:甘泉、美泉。

㉔蘄(qín)：当归。白昌：菖蒲。

㉕山之材：当为"山之侧"。

㉖兢：通"矜"。疑即芩。

㉗格：通"椵"。树名，柚类。

㉘萱(fú)：一种仲春生长的草，可食用。蒌：蒌蒿，可用来做鱼汤。

㉙区榆：原作"品榆"，据王引之说改。即刺榆。

【译文】

介于丘陵和低洼之地的沃土，土深六施，即地下四十二尺与水相接。狭隘之地旁，土深七施，即地下四十九尺与水相接。高出狭隘之地的土地，土深八施，即地下五十六尺与水相接。高大的土丘，土深九施，即地下六十三尺与水相接。缓坡的丘陵，土深十施，即地下七十尺与水相接。环形的丘陵，土深十一施，即地下七十七尺与水相接。山形曼延而长的土丘山地，土深十二施，即地下八十四尺与水相接。山丘上的小丘，土深十三施，即地下九十一尺与水相接。付山白土，土深十四施，即地下九十八尺与水相接。平地上的丘陵，土深十五施，即地下一百零五尺与水相接。东方之山，土深十六施，即地下一百一十二尺与水相接。青龙所居之地，泥沙相续，无泉水。赤壤埶山，土深十七施，即地下一百一十九尺与水相接，下面有青商，没有泉水。低矮山白壤，土深十八施，即地下一百二十六尺与水相接，下面有石头骈密，没有泉水。光秃秃的山，土深十九施，即地下一百三十三尺与水相接，下面有灰土，没有泉水。高陵土山，土深二十施，即地下一百四十尺与水相接。山上有悬泉的地方，土壤潮湿不干，所生的草是茅和走，所生之木是橚木，凿地二尺即可见泉水。山上有重叠的山峦，所生之草为鱼肠和菇，树木为柳树，凿地三尺即可见泉水。山上有甘泉的地方，所生之草为当归和菖蒲，所生之树为杨树，凿地五尺即可见泉水。山的侧面，所生之草为芩和蒿，所生之树为椵，凿地十四尺即可见到泉水。山的侧面，所生之草为萱和蒌，树木为区榆，凿地二十一尺即可见到泉水。

凡草土之道,各有穀造①。或高或下,各有草土。叶下于攀②,攀下于莞③,莞下于蒲,蒲下于苇,苇下于蓷,蓷下于萎,萎下于荓④,荓下于萧,萧下于薛,薛下于萑⑤,萑下于茅。凡彼草物,有十二衰⑥,各有所归。

【注释】

①穀:生。造:通"蓲(chòu)"。草丛杂的样子。王绍兰云:此文"穀造",谓草木各有穀生之地,蓲杂之次。

②叶、攀(yù):据夏纬瑛说,分别为荷和菱。

③莞:原作"苋",据王念孙说改。一种水草,可用于做席子。

④荓(píng):草名,俗称"铁扫帚"。

⑤萑(zhuī):当作"萑(tuī)",益母草。

⑥衰(cuī):等级,等次。关于上述十二种植物,夏纬瑛说:十二种植物依其生地而言,各有等次。深水植物为荷,其次为菱,再次为莞。又再次为蒲,已是浅水植物。次于蒲者为苇,水陆两栖。次于苇者为蓷,已生陆上。依次而萎,而萧,而荓,而薛,而萑,而茅,生地逐次干旱。凡此所言,可视为植物生态学。

【译文】

大凡草木与土地结合,各有相应的草木生成。或高或低,各有相应的草和土。荷叶的生长地域低于菱,菱的地域低于莞,莞的地域低于蒲,蒲的地域低于苇,苇的地域低于蓷,蓷的地域低于萎,萎的地域低于荓,荓的地域低于萧,萧的地域低于薛,薛的地域低于萑,萑的地域低于茅。这些草物,分十二个等次,各有其位。

九州之土,为九十物。每州有常①,而物有次。

群土之长,是唯五粟。五粟之物,或赤,或青,或白,或

黑，或黄。五粟五章。五粟之状，淖而不肕②，刚而不觳③，不
汻车轮，不污手足。其种大重、细重④，白茎白秀，无不宜也。
五粟之土，若在陵在山，在隋在衍⑤，其阴其阳，尽宜桐柞，莫
不秀长。其榆其柳，其㮚其桑⑥，其柘其栎，其槐其杨，群木
蕃滋数大⑦，条直以长。其泽则多鱼。牧则宜牛羊。其地其
樊⑧，俱宜竹箭，藻龟楢檀⑨。五臭生之⑩，薜荔白芷，蘪芜椒
连⑪。五臭所校⑫，寡疾难老，士女皆好，其民工巧。其泉黄
白，其人夷姤⑬。五粟之土，干而不挌挌⑭，湛而不泽⑮，无高
下，葆泽以处。是谓粟土。

【注释】

①州：当为"土"之误。

②肕：当作"韧"。黏。

③觳（què）：土地贫瘠。

④大重、细重：重，字当作穜。晚种早熟为"稑（穋）"，早种晚熟为
　"重"。细，小。

⑤隋：当作"渍"。水边。衍：低而平坦之地。

⑥㮚（yǎn）：山桑，落叶乔木，木质坚硬，可制弓或车辕。

⑦数：同"速"。意为长得快。

⑧樊：边。

⑨藻龟：当作"藻楸"，落叶乔木，楸有黄白二色，"藻"谓其色。楢
　（yóu）：树名，木质坚硬，可做车轮。

⑩五臭：即五种香气。这里指五种香味植物。臭，气味。

⑪连：通"兰"。

⑫校：读为"效"。效果，效益。

⑬夷姤：即性情平和厚重。表示性情很好。夷，平。姤，厚。

⑭挌挌：即坚硬。

⑮湛：即湿润。泽：此处当解散、脱散之意。如《诗经·周颂·载
　芟》"其耕泽泽"之"泽"即为脱散之意。

【译文】

九州的土地，有九十种。每种土都有固定的特性，也有其等级次序。

所有土壤中最上等的，是五种粟土。这五种土，或赤色，或青色，或
白色，或黑色，或黄色。五种粟土各有特征。五种粟土的特性，泥深而
不黏，干燥而不贫瘠，不陷阻车轮，不污手脚。种植谷物，宜于大重、细
重，白茎白穗，无不合适。五种粟土，无论在小丘还是高山，在水边还是
平原，在阴面还是阳面，都适合种植桐树和柞树，并且长得茂盛高大。
榆树、柳树、檿树、桑树、柘树、栎树、槐树、杨树，各种木材都茂盛，长得
又快又大，枝条又长又直。这里的沼泽池塘则多鱼类。这里放牧则适
宜牛羊。地里和山边，都适宜种植竹箭、楸树、楢树和檀树。五种香味
的植物可生长，包括薜荔、白芷、麋芜、椒树和兰花。五种香味植物的效
益，可以使人少生病，不易衰老，男女都长得好看，民众心灵手巧。这地
方的泉水呈黄白色，这地方的人性情都平和厚重。五粟之土，干燥而不
坚硬，湿润而不散脱，无论土地高低，都经常保持湿润。这就是粟土。

粟土之次曰五沃。五沃之物，或赤，或青，或黄，或白，或
黑。五沃五物，各有异则①。五沃之状，剽怸囊土②，虫易全
处③。怸剽不白，下乃以泽。其种大苗、细苗，䅥茎黑秀④，箭
长⑤。五沃之土，若在丘在山，在陵在冈，若在陬⑥，陵之阳，其
左其右，宜彼群木，桐柞枌櫄，及彼白梓。其梅其杏，其桃其
李，其秀生茎起。其棘其棠，其槐其杨，其榆其桑，其杞其枋，
群木数大，条直以长。其阴则生之楂藜，其阳则安树之五麻，
若高若下，不择畴所。其麻大者如箭如苇，大长以美，其细者

如藋如蒸⑦,欲有与各⑧。大者不类⑨,小者则治,揣而藏之⑩,若众练丝⑪。五臭畴生⑫,莲舆蘼芜⑬,藁本白芷。其泽则多鱼,牧则宜牛羊。其泉白青,其人坚劲,寡有疥骚⑭,终无痟醒⑮。五沃之土,干而不斥,湛而不泽,无高下,葆泽以处。是谓沃土。

【注释】

①异则:异等。则,等级。

②剽:坚硬。恋(shù):密集。囊土:多孔隙的土壤。

③全处:聚集。

④赨(tóng):赤色。

⑤箭:这里指禾秆。

⑥陬(zōu):角落。

⑦蒸:细小的柴薪。

⑧欲:婉顺的样子。有:众多。各:当作"名"。这里指行列分明。

⑨类:通"颣"。疵节,丝上的疙瘩。

⑩揣:通"团"。积聚貌。这里指把剥好的麻团集起来。

⑪练:指把丝麻或布帛煮得柔软洁白。练,白色丝织物。

⑫畴生:成片地生长。畴,田畔。

⑬莲:即兰花。舆:原作"与",据张佩纶说改,也名揭车,一种香草。

⑭疥骚:疥疮瘙痒等病。骚,通"瘙"。

⑮痟:头疼。醒:酒醉后的身体不适感。

【译文】

粟土之下,是五种沃土。五种沃土,颜色或赤,或青,或黄,或白,或黑。五土五色,各有区别。五种沃土的性状,坚实、细密且多孔,便于虫类聚集并藏身其中。坚密而不干白,底下保持湿润。种植谷物,宜于大苗、细苗,赤茎黑穗,禾秆长大。五种沃土,无论在小丘还是高山,在丘陵还是山冈,或者是边角之地,丘陵的阳面,不论左右,适宜种植各种树木,如桐、柞、栎、樗以及白梓。种植梅、杏、桃、李,则花儿繁盛,树枝茂密。种棘、棠、槐、杨、榆、桑、杞、枋等树木就长得又快又大,枝条直长。在阴面,则种山楂和梨树,阳面则可种各种麻,无论高低,无论哪里。这里产的麻,大的像箭竹和芦苇,又大又长又美,细的就像蓳和细薪,又顺又多,行列分明。大麻疏美没有瑕疵节点,小麻条理分明,积聚起来贮藏,如练丝一般。这里还生长五种带香味的农作物,兰花、揭车、蘪芜、薰本、白芷。这里的沼泽池塘多产鱼,放牧则多适宜牛羊。泉水白而青,这里的人民坚韧有干劲,少有疥疮瘙痒之病,从不头痛。五沃之土,干燥而不裂,潮湿而不散脱,无论高低,都经常保持湿润。这就是沃土。

　　沃土之次曰五位。五位之物,五色杂英,各有异章。五位之状,不塥不灰①,青恋以菭②。及其种大苇无③,细苇无,秫茎白秀。五位之土,若在冈在陵,在隋在衍,在丘在山,皆宜竹箭求毚楢檀④。其山之浅,有茏与斥⑤。群木安逐⑥,条长数大。其桑其松,其杞其茸⑦,种木胥容⑧,榆桃柳楝⑨。群药安生,姜与桔梗,小辛大蒙⑩。其山之泉⑪,多桔符榆⑫。其山之末⑬,有箭与苑⑭。其山之旁,有彼黄宝⑮,及彼白昌⑯。山藜苇芒⑰,群药安聚,以圉民殃。其林其漉⑱,其槐其楝,其柞其榖⑲,群木安逐。鸟兽安施,既有麋麃⑳,又且多鹿。其泉青黑,其人轻直,省事少食。无高下,葆泽以处。是谓位土。

【注释】

①塥(gé):土地贫瘠多石。此处谓土壤不硬。

②落(tái)：同"苔"。指青苔。

③苇：薇菜。今之野豌豆。无：即芜，茂盛。"苇无"，谓薇之茂生者。

④求黾：据黎翔凤说，求有丛聚之义，黾即"筤"，指竹筐。求黾，即丛生之筤。

⑤茏：红草。斥：当为"斤"，即"芹"，芹菜。

⑥逐：强盛，茂盛。

⑦楈：通"楟"。树名，似檀。

⑧种：当为"橦"字之误。胥：即楈。容：即榕。

⑨楝(liàn)：落叶乔木。种子和树皮可入药。

⑩小辛：有辛辣味道的植物，如上句的"姜"之类。大蒙：唐蒙，即兔丝一类的依附性植物。

⑪枭：尹注曰：枭，犹颠也。山巅，山顶。

⑫桔：直木之称。符：蒲柳。榆：地榆。其叶似榆而长，初生时布满地表，故名。

⑬末：背脊。这里指山脊。

⑭箭：当为"萠"，山莓。苑：通"菀"。紫菀。

⑮黄宝：一种药草，即贝母。

⑯白昌：也是药草，菖蒲的一种。

⑰苇芒：又名杜荣，即芒草，可入药。

⑱漉：当作"麓"。山脚。

⑲榖(gǔ)：树名，其皮可以织布造纸。

⑳麃(páo)：即麅。狍子，鹿的一种。

【译文】

　　沃土之下为五种位土。五种位土，各有颜色，五色相杂，各有不同的特点。五种位土的性状，不硬不灰，色青而细密，长有青苔。种植谷物，适合大苇无和小苇无，赤茎白穗。五种位土，无论在山冈丘陵，还是

在水边平原，还是在小丘和高山，都适合生长竹、箭竹、求苞等竹类以及
楛树、檀树。山的低处，有红草和芹菜。这里树木繁盛，枝条长，长得又
快又大。这里适合桑树、松树、杞树、楈树、橦树、楺树、榕树、榆树、桃
树、柳树、楝木等。这里百药丛生，如姜与桔梗和各种辛辣的植物及各
种依附性的植物。山巅之上，多有桔梗、蒲柳、地榆。山脊上，多生山莓
和紫菀。山旁，多产黄茋、白昌。山藜、苇芒等百药都生在这里，使人们
免遭病患。山麓和林间，有槐树、楝树、柞树、穀树等，树木繁盛。鸟兽
繁多，既有很多麋麃，也有很多鹿。这里的泉水青而黑，这里的人民性
情直爽，省事少食。土壤无论高低，都经常保持湿润。这就是位土。

　　位土之次曰五蔭①。五蔭之状，黑土黑落，青怵以肥②，
芬然若灰③。其种檑葛④，觖茎黄秀。恚目⑤，其叶若苑。以
蓄殖果木，不若三土以十分之二。是谓蔭土。

　　蔭土之次曰五壤。五壤之状，芬然若泽若屯土⑥。其种
大水肠⑦，细水肠，觖茎黄秀。以慈忍⑧，水旱无不宜也。蓄
殖果木，不若三土以十分之二。是谓壤土。

　　壤土之次曰五浮。五浮之状，捍然如米，以葆泽，不离
不坼。其种忍蔭⑨，忍叶如藋叶，以长狐茸。黄茎黑茎黑秀，
其粟大，无不宜也。蓄殖果木，不如三土以十分之二。

　　凡上土三十物，种十二物。

【注释】

①蔭(yǐn)：同"隐"。

②怵：同"恋"。

③芬：粉，疏松之土。

④檑葛：据张佩纶说，当作"檑稴"，指一种稻禾。

⑤恚目:指鬼目草。

⑥泽:通"萚"。草木脱落的皮叶。屯土:柔土中含有刚硬的土壤。

⑦水肠:稻类。

⑧慈忍:指能含藏水份、耐干旱的土壤。

⑨忍蘟:谷物名,又称稷。

【译文】

位土之下是五种蘟土。五种蘟土的性状是黑土上长有黑苔,色青细密而肥沃,粉解的样子像草木灰一样。蘟土适宜种植櫑葛,赤茎黄穗。鬼目草,叶如紫菀。用这种土来种植果木,比前三种土要差十分之二。这就是蘟土。

蘟土之下是五种壤土。五种壤土的性状,粉解的样子就像草木落下的皮叶,柔土中含有刚硬的土壤。适合种植大水肠、小水肠两种稻,赤茎黄穗。这种土性能忍耐,无论水旱,都适宜种植。用这种土来种植果木,比前三种土要差十分之二。这就是壤土。

壤土之下是五种浮土。五种浮土的性状,土粒像米粒一样硬实,因为保有水分,不散脱也不干裂。适合种植忍蘟,叶子像蘿叶,因为长着狐毛一样的茸毛。黄茎黑茎黑穗,粟粒很大,无不适宜。栽种果木,比前三种土要差十分之二。

上等土壤一共三十种,可种植十二种谷物。

中土曰五怸。五怸之状,廪焉如壏^①,润湿以处。其种大稷细稷,秫茎黄秀。慈忍^②,水旱细粟如麻。蓄殖果木,不若三土以十分之三。

怸土之次曰五纮^③。五纮之状,强力刚坚。其种大邯郸、细邯郸^④,茎叶如枎櫄,其粟大。蓄殖果木,不若三土以十分之三。

　　泸土之次曰五壏。五壏之状,芬焉若糠以脆⑤。其种大荔、细荔,青茎黄秀。蓄殖果木,不若三土以十分之三。

　　壏土之次曰五剽。五剽之状,华然如芬以脈⑥。其种大秬、细秬,黑茎青秀。蓄殖果木,不若三土以十分之四。

　　剽土之次曰五沙。五沙之状,粟焉如屑尘厉⑦。其种大萯、细萯⑧,白茎青秀以蔓。蓄殖果木,不如三土以十分之四。

　　沙土之次曰五塥。五塥之状,累然如仆累⑨,不忍水旱。其种大樛杞、细樛杞⑩,黑茎黑秀。蓄殖果木,不若三土以十分之四。

　　凡中土三十物,种十二物。

【注释】

①廪焉如壏(xiàn):像仓中积米一样坚实。壏,坚硬。

②慈忍:据张佩纶说,"慈忍"上脱一"以"字。

③泸(lú):通"垆"。黑色坚硬的土。

④邯郸:疑为产自邯郸的一种稻谷。

⑤脆:"脆"字的异体。脆薄。

⑥脈:当作"脆"。

⑦厉:粗糙。

⑧萯:据王念孙说,当读为"秠(pī)",一种黑黍,一壳二米。

⑨仆累:蜗牛。

⑩樛杞:一种成熟快的谷物。

【译文】

　　中土首先有五种恋土。五种恋土的性状,像仓中积米一样坚硬,常处湿润状态。适合种植大稷、细稷,赤茎黄穗。这种土性能忍耐,无论水旱,其粟如美麻一般。栽种果木,比前三种土差十分之三。

忝土之下是五种纼土。五种纼土的性状，强力而坚硬。适合种植大邯郸、细邯郸，茎叶如枎櫄一样，粟粒粗大。栽种果木，比前三种土差十分之三。

纼土之下是五种壏土。五种壏土的性状，粉解的样子如米糠般脆薄。适合种植大荔、细荔，青茎黄穗。栽种果木，比前三种土差十分之三。

壏土之下是五种剽土。五种剽土的性状，土质白如粉且土质脆。适合种植大粔、细粔，黑茎青穗。栽种果木，比前三种土差十分之四。

剽土之下是五种沙土。五种沙土的性状，像粟粒、尘屑一样粗糙。适合种植大蕡、细蕡，有白茎青穗和枝蔓。栽种果木，比前三种土差十分之四。

沙土之下是五种塥土。五种塥土的性状，像蜗牛一样堆积成一团，不耐水旱。适合种植大樛杞、小樛杞，黑茎黑穗。栽种果木，比前三种土差十分之四。

中等土壤一共三十种，可种植十二种谷物。

下土曰五犹。五犹之状如粪。其种大华、细华[①]，白茎黑秀。蓄殖果木，不如三土以十分之五。

犹土之次曰五壏[②]。五壏之状，如鼠肝。其种青粱[③]，黑茎黑秀。蓄殖果木，不如三土以十分之五。

壏土之次曰五殖。五殖之状，甚泽以疏，离圻以膢塇。其种雁膳黑实[④]，朱跗黄实[⑤]。蓄殖果木，不如三土以十分之六。

五殖之次曰五觳[⑥]。五觳之状，娄娄然，不忍水旱。其种大菽、细菽，多白实。蓄殖果木，不如三土以十分之六。

觳土之次曰五凫[⑦]。五凫之状，坚而不骼[⑧]。其种陵稻，黑鹅、马夫[⑨]。蓄殖果木，不如三土以十分之七。

　　凫土之次曰五桀⑩。五桀之状，甚咸以苦，其物为下。其种白稻，长狭。蓄殖果木，不如三土以十分之七。

　　凡下土三十物，其种十二物。

　　凡土物九十，其种三十六。

【注释】

①华：黍。

②弘：据黎翔凤说，当作"红"。指红土。

③梁：一种米的称呼。又名米麦。

④雁膳：菰米，雁所食，故称"雁膳"。

⑤朱跗：黄黍。

⑥觳：多石头的山薄地，宜种菽（豆子）。

⑦凫：此处指高地。

⑧胳：硬。

⑨陵稻：旱稻。黑鹅、马夫：疑为旱稻的两个品种。

⑩桀：海边盐卤之地，不宜耕种，于土田为最下等。

【译文】

　　下土首先有五种犹土。五种犹土的性状，像粪一样。可种植大黍、小黍，白茎黑穗。栽种果木，比前三种土差十分之五。

　　犹土之下是五种红土。五种红土的性状，如鼠肝一样。可种植名为青梁的谷物，黑茎黑穗。栽种果木，比前三种土差十分之五。

　　红土之下是五种殖土。五种殖土的性状，雨水多就疏松，干旱则又贫瘠。可种植雁膳，粒为黑色，种植名为朱跗的黄黍，粒为黄色。栽种果木，比前三种土差十分之六。

　　殖土之下是五种瘠薄的觳土。五种觳土的性状，是空疏且不耐水旱。可种植大豆、小豆，粒为白色。栽种果木，比前三种土差十分之六。

　　觳土之下是五种高高的凫土。五种凫土的性状，是坚实但还不像枯骨。可种植旱稻，如黑鹅、马夫。栽种果木，比前三种土差十分之七。

　　凫土之下是五种海边的盐卤地的桀土。五种桀土的性状，是又咸又苦，是最下等的土壤。可种白稻，长得又长又狭。栽种果木，比前三种土差十分之七。

　　下土一共三十种，能种植十二种谷物。

　　土类一共九十种，可种谷物三十六种。

弟子职第五十九

【题解】

此篇"弟子"当指年少学子,"职"则言其事奉老师的行为举止规范。古语所谓"少习若天成",初学者事师的行为举止,实关后来的行为习惯。篇中所言有学习应有的态度,学生起居应守的规则,以及饮食、待客之道。这些在古代属于"小学"范畴。有不少内容与《礼记》中儒家所讲的学子规矩相同或相近,属于较早的古代学规。

先生施教,弟子是则。温恭自虚,所受是极①。见善从之,闻义则服。温柔孝悌,毋骄恃力。志毋虚邪,行必正直。游居有常,必就有德。颜色整齐,中心必式②。夙兴夜寐,衣带必饬。朝益暮习,小心翼翼。一此不解③,是谓学则。

少者之事,夜寐蚤作。既拚盥漱④,执事有恪⑤。摄衣共盥,先生乃作。沃盥彻盥,泛拚正席,先生乃坐。出入恭敬,如见宾客。危坐乡师⑥,颜色毋作⑦。受业之纪,必由长始。一周则然⑧,其余则否。始诵必作⑨,其次则已。

【注释】

①极:穷究。

②式：取法。

③解：懈，懈怠。

④拚(fèn)：扫除。盥(guàn)：洗手器具，也指洗手。漱：漱口。

⑤恪：恭敬。

⑥乡：通"向"。

⑦怍：脸色变动。

⑧一周：一遍。

⑨作：站起来。

【译文】

先生施教，弟子要学习。谦恭虚心，所学才能彻底。见到善就跟着做，听到义就服膺力行。性情温柔孝悌，不要骄傲，不恃勇力。心志不虚伪邪魅，行为必然正直。外出、居家都有常规，一定要接近有德之人。容貌神色保持整齐，内心一定要合乎规范。早起晚睡，衣带整饬。早晚学习，小心翼翼。从不懈怠，这是学习的准则。

少年学生的本分，是晚睡早起。早起打扫坐席前部而后洗漱，做事要恭敬谨慎。提着衣襟为先生准备盥洗用具，先生便起来洗漱。先生洗完后就撤掉盥具，再洒扫屋室摆好席子，先生便坐入讲席。弟子进进出出都要恭恭敬敬，像接待宾客一样。端正地面向老师坐着，容颜神色不得有改变。接受先生讲课的次序，从年长的同学开始。第一遍这样进行，此后则不必。第一次诵读要站起来，此后则不必。

凡言与行，思中以为纪。古之将兴者，必由此始。后至就席，狭坐则起①。若有宾客，弟子骏作②。对客无让③，应且遂行，趋进受命④。所求虽不在，必以反命。反坐复业，若有所疑，捧手问之。师出皆起。

【注释】

①狭：狭窄。

②骏：快速。

③让：推脱。即不答应客人的要求，是失礼的表现。这里指失礼。

④趋进：小碎步快速前行，古代表示恭敬的仪态。

【译文】

一切言行，都要牢记以中和作为准则。古来成大事者，都是从中和开始的。后到的同学入席，若地方太狭窄时同学要起身，以便他就坐。若有宾客到来，弟子应当快速起身。宾客有所求不可推脱，一边接应一边走，趋步向前听命。即使来宾要找的人不在，也必须回来告知来宾。然后回到座位继续学习，如有疑问，则拱手提出问题。老师下课走出，学生要全部起立。

至于食时，先生将食，弟子馔馈①。摄衽盥漱，跪坐而馈。置酱错食，陈膳毋悖。凡置彼食，鸟兽鱼鳖，必先菜羹。羹胾中别②，胾在酱前，其设要方。饭是为卒，左酒右浆③。告具而退，捧手而立。

三饭二斗，左执虚豆④，右执挟匕⑤。周还而贰⑥，唯嗛之视⑦。同嗛以齿，周则有始。柄尺不跪，是谓贰纪⑧。先生已食，弟子乃彻。趋走进漱，拚前敛祭。先生有命，弟子乃食。以齿相要，坐必尽席。饭必捧擎⑨，羹不以手。亦有据膝，毋有隐肘⑩。既食乃饱，循咡覆手⑪。振衽扫席，已食者作，抠衣而降。旋而乡席，各彻其馈，如于宾客⑫。既彻并器⑬，乃还而立。

【注释】

①馔(zhuàn)馈：准备饮食与餐具。

②胾(zì)：肉。

③浆：原作"酱"，据洪颐煊说改。漱口水。

④豆：古代食肉的器具。"执虚豆"，即拿着准备添加肉食饭菜的器具。

⑤挟匕：舀食的餐具，其作用如同后世的勺子。

⑥周还：轮流。贰：再，重复。这里指添饭。

⑦嗛：尹注曰：食尽曰嗛。这里指吃完杯碗中的酒饭。

⑧贰纪：添饭的法度。"贰"与上文"周还而贰"的"贰"所指相同。

⑨擥(lǎn)：同"揽"。这里指用手拿着饭碗。

⑩隐肘：将肘压在席上，指下伏身形。隐，据。

⑪咡：即口。

⑫于：为。

⑬并：收藏。

【译文】

就餐之时，先生准备吃饭了，弟子就把饭菜餐具送上。挽起衣袖，洗漱完毕，再跪坐着给先生献饭菜。摆好饭菜和酱，位置不可错乱无章。一般摆放食物的次序，在放鸟兽鱼鳖等肉食之前，要先放蔬菜羹汤。羹汤与肉要相间排列，肉放在酱的前面，席面要摆成正方形状。最后上饭，左右放置酒和漱口水。告诉先生餐具放置完后就退下，在一旁拱手站立。

通常是三碗饭两斗酒，左边准备添饭器具，右边准备勺子。轮流添上酒饭，注意那些将要吃完餐具里酒饭的师长。若有数人同时吃完则以年龄先后添饭，如此反复。如果添饭器具有尺长的柄，则不必跪着，这是添饭加菜之法。先生吃完后，弟子就撤下餐具。然后赶紧为先生送上洗漱之具，再打扫席前，收好祭品。先生吩咐之后，弟子再开始进食。按年龄坐好，入席要尽量靠前。吃饭必须用手捧食，汤羹不能用手拿。可把手放在膝盖上,不能将手肘压在席上。吃完吃饱之后,用手擦净嘴边。抖动衣襟,清扫坐席,吃完就起身,提起衣服退开。马上又还向席,撤去餐具,就像给宾客撤餐具一样。撤掉餐具并将其收藏好,再回来垂手站立。

　　凡拚之道,实水于盘,攘臂袂及肘。堂上则播洒,室中握手①。执箕膺揲②,厥中有帚。入户而立,其仪不贷③。执帚下箕,倚于户侧。凡拚之纪,必由奥始④。俯仰盘折,拚毋有彻⑤。拚前而退,聚于户内。坐板排之⑥,以叶适己⑦。实帚于箕。先生若作,乃兴而辞。坐执而立,遂出弃之。既拚反立,是协是稽⑧,暮食复礼。

【注释】

①握手:手捧。室内空间小,洒水用手捧着,不能扬洒。

②膺:当,对着。揲(shé):舌。

③贷:通"忒"。差错。

④奥:室内的西南角。

⑤彻:尹注曰:动也。这里指触动其他物体。

⑥板:当为"扳"。收取之意。排:压。指收秽物时手要压低,以防扬起。

⑦叶:箕的舌头。

⑧稽:相合,一致。

【译文】

　　洒扫的做法,先将水装在盆里,把衣袖挽到手肘处。在堂上用手挥洒,在室内则握手细洒。拿着畚箕使箕舌对着自身,将扫把放在里面。进入屋内站立,仪容不得差错。拿起扫把就放下畚箕,让它靠着门侧。打扫的规矩,必须从西南角开始。动身俯仰、进退的时候,不得触动到其他东西。从前往后退着打扫，最后把垃圾聚集在门口。收垃圾时用手排进去，让箕舌面对自己。然后用扫把堵住畚箕。此时先生如果出来做事，就起身告辞。再蹲下将畚箕拿起来，带出去倒掉。洒扫完毕，回来站着，这样才合乎规矩，晚饭时仍要如此。

　　昏将举火，执烛隅坐。错总之法①，横于坐所。栉之远近②，乃承厥火，居句如矩③。蒸间容蒸。然者处下④，捧碗以为绪。右手执烛，左手正栉。有堕代烛⑤，交坐毋倍尊者。乃取厥栉，遂出是去。

【注释】

①错：通"措"。摆置总：捆束而成一火炬。

②栉：指烛烬，即火炬燃烧剩下的部分。远近：长短。

③居句：直曲，亦即曲直。

④然：燃。

⑤堕：疲惫，疲倦。

【译文】

黄昏时要点火炬，弟子要执火炬坐在屋子的角落。摆放柴束的方法，是横放在所坐之地。要注意烛烬的长短，对火炬进行接续，火炬排列曲直如方阵。柴束之间要留一柴束的空间。燃烧的灰烬落下，要用碗盛装火绪余灰。右手拿着火炬，左手来修整烛烬。一人疲倦了则由另一人及时接替，轮番交坐，不得背向老师。最后将灰烬装起来，拿出去倒了。

　　先生将息，弟子皆起。敬奉枕席，问所何趾。俶衽则请，有常则否。先生既息，各就其友。相切相磋，各长其仪。

周则复始，是谓弟子之纪。

【译文】

先生要休息，弟子则起身服侍。恭敬地准备好枕席，问老师足朝何处。第一次要问清楚，此后则不必。先生已经休息，弟子则各自找同学好友。相互切磋，增进各自所学的义理。周而复始，这就是做弟子的规矩。

言昭第六十

亡佚

修身第六十一

亡佚

问霸第六十二

亡佚

牧民解第六十三

亡佚

形势解第六十四

【题解】

　　"形势解"即对《形势》篇的疏解。这样的文体在《韩非子》中也有，如《解老》《喻老》，不过此篇之解《形势》，逐句而解，可谓详尽，是其与《韩非子》文章不同之处。《形势》篇而有"解"，亦可推测其时间之早，或为春秋之作，至于是否为管子所著，则难以论定。

　　山者，物之高者也。惠者，主之高行也。慈者，父母之高行也。忠者，臣之高行也。孝者，子妇之高行也。故山高而不崩，则祈羊至。主惠而不解①，则民奉养。父母慈而不解，则子妇顺②。臣下忠而不解，则爵禄至。子妇孝而不解，则美名附。故节高而不解，则所欲得矣，解则不得。故曰："山高而不崩，则祈羊至矣。"

　　渊者，众物之所生也，能深而不涸，则沈玉至。主者，人之所仰而生也，能宽裕纯厚而不苛忮③，则民人附。父母者，子妇之所受教也，能慈仁教训而不失理，则子妇孝。臣下者，主之所用也，能尽力事上，则当于主。子妇者，亲之所以安也，能孝弟顺亲，则当于亲。故渊涸而无水，则沈玉不至。主苛而无厚，则万民不附。父母暴而无恩，则子妇不亲。臣下堕而不忠，则卑辱困穷。子妇不安亲，则祸忧至。故渊不涸则所欲者至，涸则不至。故曰："渊深而不涸，则沈玉极。"

【注释】

①解：通"懈"。懈怠。下五"解"同。

②子妇：儿子、儿媳妇。

③忮：刚愎。

【译文】

　　山，是万物中崇高的事物。惠，是人主的崇高行为。慈，是父母的崇高行为。忠，是大臣的崇高行为。孝，是儿子和儿媳妇的崇高行为。所以山高而不崩，自有人们送祈福的牛羊来。人主施惠而不懈，则人民就会拥戴。父母慈爱而不懈，则儿子和儿媳妇就会孝顺。大臣忠诚而不懈，则爵禄自然到来。儿子和儿媳妇孝顺而不懈，则美名自然归附。所以节气崇高而不懈，则想要的就会得到，懈怠则得不到。所以说："山高而不崩，则祈羊至矣。"

　　深渊，是万物生长的地方，深而不干涸，人们就会投玉求福。人主，是人们所仰赖而生活的，能宽大醇厚而不苛刻刚愎，人民自然依附。父母，是儿子、儿媳妇受教的人，能仁慈教训而不失理，儿子、儿媳妇自然孝顺。臣下，是人主所用的，能尽力为主上做事，就合主上心意。儿子、儿媳妇，是安养父母的，能以孝悌之道敬顺父母，则合乎父母心意。所以深渊干涸无水，就无人来投玉。人主苛刻而不宽厚，则人民不亲附。父母暴戾而无恩情，则儿子、儿媳妇不亲近他们。臣下懈怠而不忠诚，就会穷困卑贱。儿子、儿媳妇不安养双亲，就有祸患忧虑。所以深渊不干涸就能得到想要的，干涸就得不到。所以说："渊深而不涸，则沈玉极。"

天覆万物，制寒暑，行日月，次星辰，天之常也。治之以理，终而复始。主牧万民，治天下，莅百官，主之常也。治之以法，终而复始。和子孙，属亲戚①，父母之常也。治之以义，终而复始。敦敬忠信，臣下之常也。以事其主，终而复始。爱亲善养，思敬奉教，子妇之常也。以事其亲，终而复始。故天不失其常，则寒暑得其时，日月星辰得其序。主不失其常，则群臣得其义，百官守其事。父母不失其常，则子孙和顺，亲戚相欢。臣下不失其常，则事无过失，而官职政治②。子妇不失其常，则长幼理而亲疏和。故用常者治，失常者乱。天未尝变，其所以治也。故曰："天不变其常。"

地生养万物，地之则也。治安百姓，主之则也。教护家事，父母之则也。正谏死节，臣下之则也。尽力共养③，子妇之则也。地不易其则，故万物生焉。主不易其利④，故百姓安焉。父母不易其则，故家事辨焉。臣下不易其则，故主无过失。子妇不易其则，故亲养备具。故用则者安，不用则者危。地未尝易，其所以安也。故曰："地不易其则。"

【注释】

①属（zhǔ）：连接。这里是团结的意思。

②官职政治：官吏尽职、政事得到治理。

③共：通"供"。

④利：当为"则"之误。

【译文】

天，覆育万物，控制寒暑，运行日月，安排星辰，这是天的常道。以理而治，终而复始。人主治理万民，打理天下，统率百官，这是人主的常道。以法而治，终而复始。和睦子孙，团结亲戚，这是父母的常道。以义治之，终而复始。敦厚恭敬，忠诚信义，这是臣下的常道。以此事奉人主，终而复始。爱养父母，恭敬受教，是儿子、儿媳妇的常道。以此事奉双亲，终而复始。因此，天不失常道，则寒暑无错时，日月星辰无错位。人主不失常道，则群臣行事正义，百官各司其职。父母不失常道，则子孙和顺，亲戚欢爱。臣下不失常道，则办事无过错，官吏称职，政务不乱。儿子、儿媳妇不失常道，则长幼有序，亲疏和谐。所以用常道就治，失常道就乱。天不曾改变过常道，所以太平。所以说："天不变其常。"

地生养万物，是地的法则。治理安顿百姓，是人主的法则。教养保护家事，是父母的法则。正直上谏、殉死守节，是臣下的法则。尽力供养父母，是儿子、儿媳妇的法则。地不改变法则，所以万物生长。人主不改变法则，所以百姓安居乐业。父母不改变法则，所以家事井然。臣下不改变法则，人主就没有过失。儿子、儿媳妇不改变法则，双亲就奉养得周到。所以用法则就安定，不用就危险。地不曾改过法则，所以安定。所以说："地不易其则。"

春者阳气始上，故万物生。夏者阳气毕上，故万物长。秋者阴气始下，故万物收。冬者阴气毕下，故万物藏。故春夏生长，秋冬收藏，四时之节也。赏赐刑罚，主之节也。四时未尝不生杀也，主未尝不赏罚也。故曰："春秋冬夏不更其节也。"

天覆万物而制之，地载万物而养之，四时生长万物而收藏之，古以至今，不更其道。故曰："古今一也。"

蛟龙，水虫之神者也。乘于水则神立，失于水则神废。人主，天下之有威者也。得民则威立，失民则威废。蛟龙待得水而后立其神，人主待得民而后成其威。故曰："蛟龙得水而神可立也。"

虎豹，兽之猛者也，居深林广泽之中，则人畏其威而载之①。人主，天下之有势者也，深居则人畏其势。故虎豹去其幽而近于人，则人得之而易其威。人主去其门而迫于民，则民轻之而傲其势。故曰："虎豹托幽而威可载也。"

风，漂物者也②。风之所漂，不避贵贱美恶。雨，濡物者也③。雨之所堕，不避小大强弱。风雨至公而无私，所行无常乡④，人虽遇漂濡而莫之怨也。故曰："风雨无乡而怨怒不及也。"

【注释】

①载：通"戴"。尊奉，推崇。

②漂：犹飘。吹。下同。

③濡：润泽。

④乡：通"向"。方向。

【译文】

春天，阳气开始上升，所以万物生。夏天阳气完全上升，所以万物长。秋天，阴气开始下降，所以万物开始收。冬天，阴气完全下降，所以万物藏。所以春夏生长，秋冬收藏，是四时的节令。赏赐刑罚，是人主的节度。四时没有不生不杀的，人主也没有不赏不罚的。所以说："春秋冬夏不更其节也。"

天覆育并控制万物，地承载并养育万物，四时生长收藏万物，自古及今，从不改变。所以说："古今一也。"

蛟龙，是水虫的神灵。有水则神立，无水则不立。君主，是天下有威严的人。得民心则威严立，失民心则威严废。蛟龙得水而后立其神灵,人主得民心而后立其威严。所以说:"蛟龙得水而神可立也。"

虎豹,是野兽中的猛者,居于深林广泽之中,人们就畏惧它们的威严而看重它们。人主,是天下最有威势的人,深居则人民畏惧他的威势。所以虎豹离开深幽之地来到人群中,人们捉住了它们就不再看重其威严。人主离开深宫而与人民靠近,人民就会轻慢他而傲视他的威势。所以说:"虎豹托幽而威可载也。"

风,吹拂万物。风所吹拂的,不分贵贱美恶。雨,润泽万物。雨水下落,不避大小强弱。风吹雨打,大公无私,没有固定的方向,所以人们即使遇到风雨也不会发出怨言。所以说:"风雨无乡而怨怒不及也。"

人主之所以令则行、禁则止者,必令于民之所好,而禁于民之所恶也。民之情,莫不欲生而恶死,莫不欲利而恶害。故上令于生利人则令行,禁于杀害人则禁止。令之所以行者,必民乐其政也,而令乃行。故曰:"贵有以行令也。"

人主之所以使下尽力而亲上者,必为天下致利除害也。故德泽加于天下,惠施厚于万物,父子得以安,群生得以育,故万民欢尽其力而乐为上用。入则务本疾作以实仓廪,出则尽节死敌以安社稷,虽劳苦卑辱而不敢告也。此贱人之所以亡其卑也①。故曰:"贱有以亡卑。"

【注释】

①亡:通"忘"。忘掉。

【译文】

人主之所以令行禁止,是因为他命令的是人民所喜好的,禁止的是人民所厌恶的。大凡人之常情,都是好生恶死,趋利避害。所以上面的令对人有好处能通行,禁能为人除害就能禁止。之所以令行,是因为人民赞成他的政治,所以令才能行。所以说:"贵有以行令也。"

　　人主之所以能让人民竭忠尽力而亲近君上,一定是因为他为天下谋利而除害。所以德行惠于天下,恩惠施及万物,父子相安,群生得育,所以万民无不高兴地为其尽力为其所用。在家则努力耕种以充实国家仓库,出国则尽节杀敌保卫社稷,即使劳苦受辱也无怨言。这就是地位卑贱的人忘掉卑贱的原因。所以说:"贱有以亡卑。"

　　起居时,饮食节,寒暑适,则身利而寿命益。起居不时,饮食不节,寒暑不适,则形体累而寿命损。人惰而侈则贫,力而俭则富。夫物莫虚至,必有以也。故曰:"寿夭贫富无徒归也。"

【译文】

　　起居定时,饮食定量,寒热得当,就对身体好,因而寿命长。起居不定时,饮食不定量,寒热不得当,就会形体受累而寿命减短。人懒惰而奢侈就会贫困,勤劳而节约就会富有。凡事都不会白白到来,必有其缘由。所以说:"寿夭贫富无徒归也。"

　　法立而民乐之,令出而民衔之。法令之合于民心,如符节之相得也,则主尊显。故曰:"衔令者,君之尊也。"

　　人主出言,顺于理,合于民情,则民受其辞。民受其辞,则名声章。故曰:"受辞者,名之运也。"

　　明主之治天下也,静其民而不扰,佚其民而不劳。不扰则民自循,不劳则民自试。故曰:"上无事而民自试。"

　　人主立其度量,陈其分职,明其法式,以莅其民,而不以言先之，则民循正。所谓抱蜀者，祠器也。故曰："抱蜀不言，而庙堂既修。"

【译文】

法度确立则人民乐从，政令发出则人民接受。法令合于民心，就像符节一样相合，如此人君就地位尊显。所以说："衔令者，君之尊也。"

人主所言，合道理，合民情，则人民就接受其言论。人民接受其言论，君主的名声就得到彰显。所以说："受辞者，名之运也。"

明主治理天下，不扰民而使其安定，不劳人民而使其安闲。不扰民，民众就守法；不劳民，民众就自觉劳作。所以说："上无事而民自试。"

人主建立法度，划分职责，明确规范，用来治理人民，而不是先用言语指挥，这样民众就能遵循正道。所谓抱蜀，指的是祭器。所以说："抱蜀不言，而庙堂既修。"

将将鸿鹄①，貌之美者也。貌美，故民歌之。德义者，行之美者也。德义美，故民乐之。民之所歌乐者，美行德义也②，而明主鸿鹄有之。故曰："鸿鹄将将，维民歌之。"

【注释】

①将将：同"锵锵"。这里形容鸟叫声。

②美行：当作"美貌"。

【译文】

锵锵而鸣的鸿鹄，长得很美。因为貌美，所以人民歌颂它。德义，是美好的行为。德义美，所以民众喜爱它。民众所歌颂喜爱的，是美貌德义，明主和鸿鹄则具有这些。所以说："鸿鹄将将，维民歌之。"

济济者,诚庄事断也。多士者,多长者也。周文王诚庄事断,故国治。其群臣明理以佐主,故主明。主明而国治,竟内被其利泽①,殷民举首而望文王,愿为文王臣。故曰:"济济多士,殷民化之。"纣之为主也,劳民力,夺民财,危民死,冤暴之令加于百姓,憯毒之使施于天下②。故大臣不亲,小民疾怨。天下叛之,而愿为文王臣者,纣自取之也。故曰:"纣之失也。"无仪法程序,蜚摇而无所定③,谓之蜚蓬之问。蜚蓬之问,明主不听也。无度之言,明主不许也。故曰:"蜚蓬之问,不在所宾。"

【注释】

①竟:通"境"。边境。

②憯:同"惨"。

③蜚:古"飞"字。

【译文】

济济,是指诚实庄重,处事果断。多士,是指人才很多。周文王诚实庄重,处事果断,所以国家大治。他的大臣通达事理,尽力辅佐,所以人主英明。人主英明而国家大治,境内都受到好处和恩泽,所以殷商百姓对文王翘首以盼,愿意做文王的臣民。所以说:"济济多士,殷民化之。"纣王为人主,劳民出力,侵夺民财,危害民命,冤枉、暴力的法令强加于百姓,把恶毒的使臣派遣到天下各处。所以大臣不亲,小民怨愤。天下都背叛他,愿意做文王的臣民,是纣王自作自受。所以说:"纣之失也。"没有法度程序,摇摆不定的传闻,就叫像飞蓬一样没有根据的传闻。没有根据的传闻,英明的人主不听信。不合法度的话,英明的人主也不认可。所以说:"蜚蓬之问,不在所宾。"

道行则君臣亲，父子安，诸生育。故明主之务，务在行道，不顾小物。燕爵①，物之小者也。故曰："燕爵之集，道行不顾。"

【注释】

①爵：通"雀"。下同。

【译文】

行道，则君臣相亲，父子相安，万物繁育。所以明主的职责，是行道，而不在细末之事。燕雀，就是细末之事。所以说："燕爵之集，道行不顾。"

明主之动静得理义，号令顺民心，诛杀当其罪，赏赐当其功，故虽不用牺牲珪璧祷于鬼神，鬼神助之，天地与之，举事而有福。乱主之动作失义理，号令逆民心，诛杀不当其罪，赏赐不当其功，故虽用牺牲珪璧祷于鬼神，鬼神不助，天地不与，举事而有祸。故曰："牺牲珪璧不足以享鬼神。"

【译文】

明主动静都合乎理义，号令顺乎民心，责罚杀戮正符合其罪过，赏赐也符合其功劳，所以即使不用牺牲珪璧向鬼神祈祷，鬼神也帮助他，天地也保佑他，他做事就有福禄。昏君动作不合理义，号令不顺民心，责罚杀戮不符合其罪过，赏赐也不符合其功劳，所以即使用牺牲珪璧向鬼神祈祷，鬼神也不相助，天地也不保佑，做事就会有灾祸。所以说："牺牲珪璧不足以享鬼神。"

主之所以为功者，富强也。故国富兵强，则诸侯服其政，邻敌畏其威。虽不用宝币事诸侯，诸侯不敢犯也。主之所以为罪者，贫弱也。故国贫兵弱，战则不胜，守则不固。虽出名器重宝以事邻敌，不免于死亡之患。故曰："主功有素，宝币奚为！"

【译文】

使国家富强，是人主要做的功绩。国富兵强，诸侯就顺服其政治，邻国敌人就畏惧其威严。即使不用宝物贿赂诸侯，诸侯也不敢侵犯。让国家贫弱，是人主的罪责。国贫兵弱，出战不能取胜，防守也不牢固。即使拿出重宝贿赂邻国敌人，仍然不免身死国灭之患。所以说："主功有素，宝币奚为！"

羿，古之善射者也。调和其弓矢而坚守之。其操弓也，审其高下，有必中之道，故能多发而多中。明主犹羿也，平和其法，审其废置而坚守之，有必治之道，故能多举而多当。道者，羿之所以必中也，主之所以必治也。射者，弓弦发矢也。故曰："羿之道，非射也。"

造父，善驭马者也。善视其马，节其饮食，度量马力，审其足走，故能取远道而马不罢。明主犹造父也，善治其民，度量其力，审其技能，故立功而民不困伤。故术者，造父之所以取远道也，主之所以立功名也。驭者，操辔也。故曰："造父之术，非驭也。"

奚仲之为车器也，方圜曲直，皆中规矩钩绳。故机旋相得，用之牢利，成器坚固。明主犹奚仲也，言辞动作皆中术数，故众理相当，上下相亲。巧者，奚仲之所以为器也，主之所以为治也。斫削者，斤刀也。故曰："奚仲之，巧非斫削也。"

【译文】

后羿，是古代的善射者。他调和弓矢并坚定掌握。他操弓时，判明高下，掌握了必中的办法，所以能多发多中。明主就像后羿，平和其法度，判明什么该废什么该置并坚定不移，有必然治理好的办法，所以能多办事并办得好。道，就是后羿射箭必中，君主治国必然治理好的东西。射，从表面看不过只是发射弓箭而已。所以说："羿之道，非射也。"

造父，是善于驾驭马匹的人。善待他的马匹，节制饮食，权衡马力，审查马的脚力，所以能行远路而马不疲惫。明主就像造父，善于治理人民，度量民力，审查民众的技能，所以能建功立业而不让民众受困受伤。术，就是造父能够远行，人主能够建立功业的妙法。驭，从表面看，不过只是操纵马辔而已。所以说："造父之术，非驭也。"

奚仲制作车器，方圆曲直都合乎规矩钩绳。机轴相配，用起来牢固，成器也很坚固。明主就像奚仲，言辞动作都合乎术数，所以治理得恰当，上下亲睦。巧，就是奚仲做器，人主治国的妙道。斫削，从表面看，不过只是用刀斧来砍而已。所以说："奚仲之巧，非斫削也。"

民，利之则来，害之则去。民之从利也，如水之走下，于四方无择也。故欲来民者，先起其利，虽不召而民自至。设其所恶，虽召之而民不来也。故曰："召远者，使无为焉。"

莅民如父母，则民亲爱之。道之纯厚①，遇之有实，虽不言曰吾亲民，而民亲矣。莅民如仇雠，则民疏之。道之不厚，遇之无实，诈伪并起，虽言曰吾亲民，民不亲也。故曰："亲近者，言无事焉。"

【注释】

①道：同"导"。引导，治理。

【译文】

民，有利就来，有害就离开。民众趋利，就像水往下走，不分东西南北。所以想要民众归附，必先让他们获利，那样即使不召唤，民众也会自行前来。如果有他们讨厌的，即使召唤他们也不会来。所以说："召远者，使无为焉。"

像父母一样统治民众，民众就会亲近和敬爱主上。用醇厚来治理他们，用实惠来对待他们，即使不说亲民，民众也会亲近君主。像仇人一样统治民众，民众就会疏远君主。治理他们不厚道，对待他们不实惠，奸诈虚伪，即使嘴上说亲民，民众也不会亲近君主。所以说："亲近者，言无事焉。"

明主之使远者来而近者亲也，为之在心。所谓夜行者，心行也。能心行德，则天下莫能与之争矣。故曰："唯夜行者独有之乎。"

为主而贼，为父母而暴，为臣下而不忠，为子妇而不孝，四者，人之大失也。大失在身，虽有小善，不得为贤。所谓平原者，下泽也，虽有小封，不得为高。故曰："平原之隰，奚有于高！"

为主而惠，为父母而慈，为臣下而忠，为子妇而孝，四者，人之高行也。高行在身，虽有小过，不为不肖。所谓大山者，山之高者也，虽有小隈，不以为深。故曰："大山之隈，奚有于深！"

【译文】

明主能使远者来投，近者亲近，都在内心起作用。所谓"夜行"，就是"心行"。能够用心行德，天下就没人能与其抗争了。所以说："唯夜行者独有之乎。"

做人主却害人，做父母却暴戾，做臣下却不忠，做儿子、儿媳妇却不孝，这四点，是人的大过。有大过在身，即使行了小善，也不能称为贤。所谓平原，就是低处的泽地，即使有小山，也不能算高。所以说："平原之隰，奚有于高！"

做人主惠民，做父母慈爱，做臣下忠诚，做儿子、儿媳妇孝顺，这四点，是人的高尚品行。有高尚品行在身，哪怕有小错，也不算不肖。所谓大山，就是山中之高者，即使有小沟，也不算很深。所以说："大山之隈，奚有于深！"

毁訾贤者之谓訾，推誉不肖之谓誉①。訾、誉之人得用，则人主之明蔽，而毁誉之言起。任之大事，则事不成而祸患至。故曰："訾誉之人，勿与任大。"

明主之虑事也，为天下计者，谓之谟巨②。谟巨则海内被其泽。泽布于天下，后世享其功，久远而利愈多。故曰："谟巨者，可与远举。"

圣人择可言而后言，择可行而后行。偷得利而后有害，偷得乐而后有忧者，圣人不为也。故圣人择言必顾其累，择行必顾其忧。故曰："顾忧者，可与致道。"

小人者，枉道而取容，适主意而偷说，备利而偷得。如此者，其得之虽速，祸患之至亦急。故圣人去而不用也。故曰："其计也速而忧在近者，往而勿召也。"

【注释】

①誉（wèi）：吹捧坏人。

②谟：同"谟"。谋划。巨：原作"臣"，据戴望说改。下同。谟巨，即

深谋远虑之意。

【译文】

诽谤贤人称为訾,推崇不肖称为擎。訾、擎这样的人受到重用,人主就会被蒙蔽了聪明,毁谤或吹捧的流言就会兴起。任用他们做大事,事情就做不成,还会有祸患。所以说:"訾擎之人,勿与任大。"

明主考虑事物,为天下计划,就是深谋远虑。深谋远虑则天下都会受到其恩泽。恩泽遍布天下,后世也能从中获益,越久远利益越多。所以说:"譕巨者,可以远举。"

圣人选择可以说的话再说,选择可做的事再做。苟且得到好处而后面又有害处,苟且得到欢乐而后面有忧虑,圣人是不做这样的事的。圣人选择言语必考虑后果,选择行动必考虑后顾之忧。所以说:"顾忧者,可与致道。"

小人不走正道来让人高兴,迎合君主心意来使之愉快,用苟且手段获得好处。这样,虽然获得好处很快,但祸患也来得迅速。所以圣人不这样。所以说:"其计也速而忧在近者,往而勿召也。"

举一而为天下长利者,谓之举长。举长则被其利者众,而德义之所见远。故曰:"举长者,可远见也。"

天之裁大,故能兼覆万物。地之裁大,故能兼载万物。人主之裁大,故容物多而众人得比焉。故曰:"裁大者,众之所比也。"

贵富尊显,民归乐之,人主莫不欲也。故欲民之怀乐己者,必服道德而勿厌也,而民怀乐之。故曰:"美人之怀,定服而勿厌也。"

【译文】

做一件事就能为天下谋得长远利益的,称为举长。举长则获利的人会更多,而德义所彰显的范围也更广,时间更久远。所以说:"举长者,可远见也。"

天的材器大,所以能覆育万物。地的材器大,所以能承载万物。人主的材器大,所以能容纳万物而使民众归心。所以说:"裁大者,众之所比也。"

尊显富贵,人民归附感激,人主没有不渴望这样的。想让民众归附感激自己的人,必须履行道德而永不自足,这样民众就会归附感激他了。所以说:"美人之怀,定服而勿厌也。"

圣人之求事也,先论其理义,计其可否。故义则求之,不义则止。可则求之,不可则止。故其所得事者,常为身宝。小人之求事也,不论其理义,不计其可否,不义亦求之,不可亦求之。故其所得事者,未尝为赖也。故曰:"必得之事,不足赖也。"

圣人之诺已也,先论其理义,计其可否。义则诺,不义则已。可则诺,不可则已。故其诺未尝不信也。小人不义亦诺,不可亦诺,言而必诺。故其诺未必信也。故曰:"必诺之言,不足信也。"

【译文】

圣人做一件事,先权衡理义,考虑是否可做。如果合乎道义就做,不合乎道义就不做。可以就做,不可以就不做。所以圣人所做的事,常常都是自己的宝物。小人做事,不权衡理义,不考虑是否可做,不义也做,不可以做也做。所以小人做的事,没有是有利的。所以说:"必得之事,不足赖也。"

圣人许诺的时候,先权衡理义,考虑是否可以。合乎道义就许诺,不合乎道义则不许诺。可以就许诺,不可以则不许诺。所以圣人的诺言总是可信的。小人则不义也许诺,不可以也许诺,出言就必定许诺。所以小人的诺言未必可信。所以说:"必诺之言,不足信也。"

谨于一家则立于一家,谨于一乡则立于一乡,谨于一国则立于一国,谨于天下则立于天下。是故其所谨者小,则其所立亦小。其所谨者大,则其所立亦大。故曰:"小谨者不大立。"

【译文】

谨慎对待家事,则家事有所成;谨慎对待乡事,则乡事有所成;谨慎对待国事,则国事有所成;谨慎对待天下之事,则天下之事有所成。所以,在小处谨慎对待,办成的也是小事。在大处谨慎,则办成的也是大事。所以说:"小谨者不大立。"

海不辞水,故能成其大。山不辞土石,故能成其高。明主不厌人,故能成其众。士不厌学,故能成其圣。饕者[1],多所恶也。谏者,所以安主也。食者,所以肥体也。主恶谏则不安,人饕食则不肥。故曰:"饕食者不肥体也。"

【注释】

①饕(cí):挑食,厌食。

【译文】

海洋不排斥水,所以能成为大海。山不排斥土石,所以能成为高山。明主不排斥人民,所以能人口众多。士不厌恶学习,所以能成为圣人。饕,就是因为挑食太多。谏,是为了安定人主。吃饭,是为了增强身体。人主厌恶谏言就不能安定，人挑食就不能增强身体。所以说："餐食者不肥体也。"

言而语道德忠信孝弟者，此言无弃者。天公平而无私，故美恶莫不覆。地公平而无私，故小大莫不载。无弃之言，公平而无私，故贤不肖莫不用。故无弃之言者，参伍于天地之无私也。故曰："有无弃之言者，必参之于天地矣。"

【译文】

一讲话就说道德忠信孝悌的，这是不能废弃之言。天公平无私，所以美丑都覆育。地公平无私，所以大小都承载。不能废弃之言，都是公平无私的，所以贤和不肖的人都要用。所以，不能废弃之言，与天地一样公平无私。所以说："有无弃之言者，必参之于天地矣。"

明主之官物也，任其所长，不任其所短，故事无不成，而功无不立。乱主不知物之各有所长所短也，而责必备。夫虑事定物，辩明礼义，人之所长，而蝼蝈之所短也①。缘高出险，蝼蝈之所长，而人之所短也。以蝼蝈之所长责人，故其令废而责不塞。故曰："坠岸三仞，人之所大难也，而蝼蝈饮焉。"

明主之举事也，任圣人之虑，用众人之力，而不自与焉，故事成而福生。乱主自智也，而不因圣人之虑，矜奋自功，而不因众人之力，专用己而不听正谏，故事败而祸生。故曰："伐矜好专，举事之祸也。"

【注释】

①蜼蝚:猿猴。

【译文】

明主任命官员办事,用其长处,不用其短处,所以事无不成,功无不立。乱主不知物各有长短,求全责备。大凡考虑事情制定计划,辨明礼义,是人的长处,却是猿猴的短处。攀爬高山险岭,是猿猴的长处,人的短处。用猿猴的长处来要求人,所以他的命令不能通行而任务无法完成。所以说:"坠岸三仞,人之所大难也,而蜼蝚饮焉。"

明主办事,运用圣人的策划,利用众人的力量,而不是自行蛮干,所以事情办成,福禄自生。乱主自以为是,不用圣人的策划,刚愎自用,而不靠众人的力量,一意孤行,不听正谏,所以事情失败而祸害也来了。所以说:"伐矜好专,举事之祸也。"

马者,所乘以行野也,故虽不行于野,其养食马也,未尝解惰也。民者,所以守战也,故虽不守战,其治养民也,未尝解惰也。故曰:"不行其野,不违其马。"

天生四时,地生万财,以养万物而无取焉。明主配天地者也,教民以时,劝之以耕织,以厚民养,而不伐其功①,不私其利。故曰:"能予而无取者,天地之配也。"

解惰简慢,以之事主则不忠,以之事父母则不孝,以之起事则不成。故曰:"怠倦者不及也。"

【注释】

①伐:夸耀。

【译文】

马,是用来骑乘到野外的,所以即使不在野外跑路时,养马喂马也不能懈怠。人民,是用来守国杀敌的,所以即使不在守国杀敌时,也要治民养民,不能懈怠。所以说:"不行其野,不违其马。"

天有四时,地有万财,养育万物而无所索取。明主是与天地相配的,教导民众按时生产,劝导民众耕田织布,提高人民生活,而不夸耀自己的功劳,不谋私利。所以说:"能予而无取者,天地之配也。"

懈怠懒惰,简而轻慢,这样侍奉君主就是不忠,这样侍奉父母就是不孝,这样办事就会失败。所以说:"怠倦者不及也。"

以规矩为方圜则成,以尺寸量长短则得,以法数治民则安。故事不广于理者,其成若神。故曰:"无广者疑神。"

事主而不尽力则有刑,事父母而不尽力则不亲,受业问学而不加务则不成。故朝不勉力务进,夕无见功。故曰:"朝忘其事,夕失其功。"

中情信诚则名誉美矣,修行谨敬则尊显附矣。中无情实则名声恶矣,修行慢易则污辱生矣。故曰:"邪气袭内,正色乃衰也。"

【译文】

用规矩就能成方圆,用尺寸就能测量长短,用法度管理民众就能安邦定国。所以,事情在规范之内,成效如神。所以说:"无广者疑神。"

侍奉君主而不尽力就会遭受刑罚,侍奉父母而不尽力会导致不亲和,受业学习而不努力就不能有所成就。所以早晨不努力,晚上就不能见到成效。所以说:"朝忘其事,夕失其功。"

内心诚信则有美名,修行谨慎恭敬则能赢得尊重荣誉。内心不诚信就有恶名,修行轻慢则会自取其辱。所以说:"邪气袭内,正色乃衰也。"

为人君而不明君臣之义以正其臣，则臣不知于为臣之理以事其主矣。故曰："君不君则臣不臣。"

为人父而不明父子之义以教其子而整齐之，则子不知为人子之道以事其父矣。故曰："父不父则子不子。"

君臣亲，上下和，万民辑，故主有令则民行之，上有禁则民不犯。君臣不亲，上下不和，万民不辑，故令则不行，禁则不止。故曰："上下不和，令乃不行。"

言辞信，动作庄，衣冠正，则臣下肃。言辞慢，动作亏，衣冠惰，则臣下轻之。故曰："衣冠不正则宾者不肃。"

仪者，万物之程式也。法度者，万民之仪表也。礼义者，尊卑之仪表也。故动有仪则令行，无仪则令不行。故曰："进退无仪则政令不行。"

【译文】

为人君而不知道用君臣之义来规正大臣，大臣就不知道用为臣的道理来侍奉君主。所以说："君不君则臣不臣。"

为人父而不知道用父子之义教导儿子来使他合乎规范，儿子就不知道用为子的道理来侍奉父亲。所以说："父不父则子不子。"

君臣上下亲和，万民和睦，所以人主有令人民就会实行，人主有禁人民就不会冒犯。君臣上下不亲和，万民不和睦，就不能令行禁止。所以说："上下不和，令乃不行。"

言辞诚信，动作庄重，衣冠整齐，臣下就肃穆。言辞轻慢，衣冠随意，臣下就会蔑视。所以说："衣冠不正则宾者不肃。"

仪，是万物的程式。法度，是万民的仪表。礼仪，是尊卑的仪表。所以举动合乎礼仪则政令能够通行，不合乎礼仪则政令不能通行。所以说："进退无仪则政令不行。"

人主者，温良宽厚则民爱之，整齐严庄则民畏之。故民爱之则亲，畏之则用。夫民亲而为用，主之所急也。故曰："且怀且威则君道备矣。"

人主能安其民，则事其主如事其父母，故主有忧则忧之，有难则死之。主视民如土，则民不为用，主有忧则不忧，有难则不死。故曰："莫乐之则莫哀之，莫生之则莫死之。"

民之所以守战至死而不衰者，上之所以加施于民者厚也。故上施厚，则民之报上亦厚。上施薄，则民之报上亦薄。故薄施而厚责，君不能得之于臣，父不能得之于子。故曰："往者不至，来者不极。"

【译文】

人主，温良宽厚，人民就喜爱他，整齐庄严，人民就敬畏他。人民喜爱就同他亲近，敬畏就为他所用。人民亲近他又为他所用，这是君主最需要的。所以说："且怀且威则君道备矣。"

人主能使人民生活安定，那么人民事奉人主就像侍奉父母，人主有忧就为他担忧，人主有难就为其赴死。人主视人民如粪土，则人民就不为其所用，人主有忧患也不为其分忧，人主有难也不为其赴死。所以说："莫乐之则莫哀之，莫生之则莫死之。"

人民之所以守城杀敌至死也不退却，是因为人主对人民施加的恩惠丰厚。人主施恩丰厚，人民回报也丰厚。人主施恩微薄，人民回报也微薄。施恩微薄却想得到丰厚回报，君主不能从大臣那里得到，父亲也不能从子女那里得到。所以说："往者不至，来者不极。"

道者，扶持众物，使得生育而各终其性命者也。故或以治乡，或以治国，或以治天下。故曰："道之所言者一也，而用之者异。"闻道而以治一乡,亲其父子,顺其兄弟,正其习俗,使民乐其上,安其土,为一乡主干者,乡之人也。故曰:"有闻道而好为乡者,一乡之人也。"

民之从有道也,如饥之先食也,如寒之先衣也,如暑之先阴也。故有道则民归之,无道则民去之。故曰:"道往者其人莫来,道来者其人莫往。"

道者,所以变化身而之正理者也,故道在身,则言自顺,行自正,事君自忠,事父自孝,遇人自理。故曰:"道之所设,身之化也。"

天之道,满而不溢,盛而不衰。明主法象天道,故贵而不骄,富而不奢,行理而不惰。故能长守贵富,久有天下而不失也。故曰:"持满者与天。"

明主,救天下之祸,安天下之危者也。夫救祸安危者,必待万民之为用也,而后能为之。故曰:"安危者与人。"

【译文】

道,是扶持万物,使他们生长发育并完成各自生命的东西。有的人用它来治一乡,有的人用它来治一国,有的人用它来治天下。所以说:"道之所言者一也,而用之者异。"闻道而用来治理一乡,使父子相亲,兄弟相顺,端正风俗,使人民喜乐人君,安于故土,成为一乡的主干的,就是治理一乡之人。所以说:"有闻道而好为乡者,一乡之人也。"

人民归附有道,就像饿了要吃饭,冷了要加衣,热了要避阴一样。有道,人民就会归附,无道,人民就会离开。所以说:"道往者其人莫来,道来者其人莫往。"

道,是能让人变化气质而归于正理的东西,所以道在人身,说话自然顺理,做事自然正当,事君则忠,事父则孝,与人相交则讲理。所以说:"道之所设,身之化也。"

天道,满而不溢,盛而不衰。明主模仿天道,所以地位尊贵而不骄傲,富有而不奢侈,遵循道理而不懈怠。因此才能长守富贵,长期拥有天下而不失去。所以说:"持满者与天。"

明主,救济天下的祸患,使天下转危为安。救祸安危,一定要依靠万民,才能达成。所以说:"安危者与人。"

地大国富,民众兵强,此盛满之国也。虽已盛满,无德厚以安之,无度数以治之,则国非其国,而民无其民也。故曰:"失天之度,虽满必涸。"

臣不亲其主,百姓不信其吏,上下离而不和,故虽自安,必且危之。故曰:"上下不和,虽安必危。"

主有天道以御其民,则民一心而奉其上,故能贵富而久王天下。失天之道,则民离叛而不听从,故主危而不得久王天下。故曰:"欲王天下而失天之道,天下不可得而王也。"

人主务学术数,务行正理,则化变日进,至于大功,而愚人不知也。乱主淫佚邪枉,日为无道,至于灭亡而不自知也。故曰:"莫知其为之,其功既成。莫知其舍之也,藏之而无形。"

【译文】

疆域广大而国家富有,人民众多而兵力强盛,这是鼎盛的国家。虽然国家处于鼎盛期,但如果不用厚德安定,不用法度治理,那么国家就不是他的国家,人民也不是他的人民了。所以说:"失天之度,虽满必涸。"

大臣不亲附君主，百姓不相信官吏，上下背离而不和，虽然自以为安定，但终究将是危险的。所以说："上下不和，虽安必危。"

君主用天道来统御人民，人民就一心侍奉君主，这样就能长久富贵而统治天下。背离天道，人民就会背叛，不服从统御，那么人主就危险，不能长久地统治天下。所以说："欲王天下而失天之道，天下不可得而王也。"

人主务必学习韬略，遵行正道，每日都有进步，终于成就大事业，这是愚人所不知的。乱主放任邪侈、淫乱枉法，每日都无道枉为，到了灭亡而自己还不知道。所以说："莫知其为之，其功既成。莫知其舍之也，藏之而无形。"

古者三王五伯，皆人主之利天下者也，故身贵显而子孙被其泽。桀、纣、幽、厉，皆人主之害天下者也，故身困伤而子孙蒙其祸。故曰："疑今者察之古，不知来者视之往。"

神农教耕生谷，以致民利。禹身决渎，斩高桥下①，以致民利。汤、武征伐无道，诛杀暴乱，以致民利。故明王之动作虽异，其利民同也。故曰："万事之任也，异起而同归，古今一也。"

栋生桡不胜任②，则屋覆，而人不怨者，其理然也。弱子，慈母之所爱也，不以其理衍下瓦，则必母笞之③。故以其理动者，虽覆屋不为怨。不以其理动者，下瓦必笞。故曰："生栋覆屋，怨怒不及。弱子下瓦，慈母操棰。"

行天道，出公理，则远者自亲。废天道，行私为，则子母相怨。故曰："天道之极，远者自亲。人事之起，近亲造怨。"

【注释】

①斩高桥下:斩削高处,平整低处。桥,通"矫"。纠正。

②桡:弯曲。

③必母笞之:即"母必笞之"。笞,用鞭子打。

【译文】

古代三王五霸都是为天下谋利的人主,所以自身显贵而又能让子孙享受福泽。夏桀、商纣、周幽王、周厉王都是危害天下的人主,所以自身困伤也导致子孙蒙难。所以说:"疑今者察之古,不知来者视之往。"

神农教民耕种五谷,使民获利。大禹亲自疏浚河道,铲高治低,为民谋利。商汤、周武王征伐无道,诛杀暴乱,为民谋利。所以明君的动作虽然不同,但为民谋利却是一致的。所以说:"万事之任也,异起而同归,古今一也。"

房屋栋梁是新砍伐的弯曲的木材做的,它不堪负荷而致房屋倒塌,人们没有怨言,因为道理就是这样。慈母溺爱小儿,但小儿无缘无故拆下屋瓦,慈母也一定要鞭打他。所以,理当如此,即使房屋倒了也不埋怨。理不当如此,即使只是拆瓦,也必定要挨打。所以说:"生栋覆屋,怨怒不及。弱子下瓦,慈母操棰。"

以天道行事,秉公理,则疏远的也会亲近。不行天道,以私心办事,则母子也会互相怨恨。所以说:"天道之极,远者自亲。人事之起,近亲造怨。"

古者武王地方不过百里,战卒之众不过万人,然能战胜攻取,立为天子。而世谓之圣王者,知为之之术也。桀、纣贵为天子,富有海内,地方甚大,战卒甚众,而身死国亡,为天下僇者①,不知为之之术也。故能为之,则小可为大,贱可为贵。不能为之,则虽为天子,人犹夺之也。故曰:"巧者有余而拙者不足也。"

明主上不逆天，下不圹地②。故天予之时，地生之财。乱主上逆天道，下绝地理，故天不予时，地不生财。故曰："其功顺天者，天助之。其功逆天者，天违之。"

古者武王，天之所助也，故虽地小而民少，犹之为天子也。桀、纣，天之所违也，故虽地大民众，犹之困辱而死亡也。故曰："天之所助，虽小必大；天之所违，虽大必削。"

【注释】

①僇(lù)：羞辱，侮辱。

②圹：通"旷"。荒废。

【译文】

古时候，周武王的土地方圆不过百里，战斗士兵不过万人，却能战胜攻取，成为天子。后世称之为圣王，是因为他知道治国为君之术。桀、纣贵为天子，富有海内，地方很大，战士很多，却身死国灭，被天下人羞辱，是因为他不知治国为君之术。所以如果能做好，可让小国变大国，贱民变贵族。不能做好，则即使贵为天子，别人也可能从他手里夺走天下。所以说："巧者有余而拙者不足也。"

明主上不违背天时，下不荒废土地。所以上天给有利的天时，地给他生财利。乱主上逆天道，下废地利，所以天不给有利的天时，地不生财利。所以说："其功顺天者，天助之。其功逆天者，天违之。"

古时候，武王是上天所帮助的，所以虽然国土小而人民少，仍能变成天子。桀、纣，是上天所抛弃的，所以虽然土地大而人民多，仍然受困受辱，最后人死国亡。所以说："天之所助，虽小必大；天之所违，虽大必削。"

与人交，多诈伪无情实，偷取一切①，谓之乌集之交。乌集之交，初虽相欢，后必相咄②。故曰："乌集之交，虽善不亲。"

圣人之与人约结也，上观其事君也，内观其事亲也，必有可知之理，然后约结。约结而不袭于理，后必相倍。故曰："不重之结，虽固必解。道之用也，贵其重也。"

明主与圣人谋，故其谋得；与之举事，故其事成。乱主与不肖者谋，故其计失；与之举事，故其事败。夫计失而事败，此与不可之罪。故曰："毋与不可。"

明主度量人力之所能为而后使焉，故令于人之所能为则令行，使于人之所能为则事成。乱主不量人力，令于人之所不能为，故其令废；使于人之所不能为，故其事败。夫令出而废，举事而败，此强不能之罪也。故曰："毋强不能。"

狂惑之人，告之以君臣之义、父子之理、贵贱之分，不信，圣人之言也而反害伤之。故圣人不告也。故曰："毋告不知。"

与不肖者举事则事败，使于人之所不能为则令废，告狂惑之人则身害。故曰："与不可，强不能，告不知，谓之劳而无功。"

【注释】

①偷：苟且。

②咄：呵叱，指责。

【译文】

与人相交，行为狡诈虚伪，没有真情实感，苟且地获得一切，称为乌集之交。乌集之交虽然开始相交甚欢，其后必定互相指责。所以说："乌集之交，虽善不亲。"

　　圣人与人结交,在朝廷上要观察其事君的言行,在家里要观察其事亲的行为,有了可靠的条件,然后再结交。结交而没有可靠的条件,以后必定相背。所以说:"不重之结,虽固必解。道之用也,贵其重也。"

　　明主找圣人筹谋,所以谋略得当;与圣人一起做事,所以事成。乱主同不肖者筹谋,所以计策失当;与不肖者一起做事,所以失败。谋略失当,举事失败,是找错人的罪过。所以说:"毋与不可。"

　　明主度量人的能力大小然后让他办事,所以命人办力所能及之事,命令就能够被执行,派人做力所能及之事,事情就能够办成。乱主不考虑人力,命人办力所不及之事,所以命令作废;派人做他不能做的事,所以失败。令出就作废,做事就失败,过错在于强行让人做力所不及的事。所以说:"毋强不能。"

　　狂惑之人,告知他君臣之义、父子之理、贵贱之分,他却不信,即使是圣人之言也会有害于他。所以圣人不告诉他。所以说:"毋告不知。"

　　和不肖者做事则事情失败,使人办力所不及之事则命令作废,告诉狂惑之人则自身受害,所以说:"与不可,强不能,告不知,谓之劳而无功。"

　　常以言翘明其与人也①,其爱人也,其有德于人也。以此为友则不亲,以此为交则不结,以此有德于人则不报。故曰:"见与之友,几于不亲。见爱之交,几于不结。见施之德,几于不报。四方之所归,心行者也。"

【注释】

　　①翘明:表明,表白。与:施与。

【译文】

　　常常用语言宣扬他对人友好,说他对人亲爱,对人有恩德。这样与人交友则难以亲近,这样与人结交会结不成,这样施德于人,别人也不会回报。所以说："见与之友，几于不亲。见爱之交，几于不结。见施之德，几于不报。四方之所归，心行者也。"

明主不用其智，而任圣人之智；不用其力，而任众人之力。故以圣人之智思虑者，无不知也。以众人之力起事者，无不成也。能自去而因天下之智力起，则身逸而福多。乱主独用其智，而不任圣人之智；独用其力，而不任众人之力，故其身劳而祸多。故曰："独任之国，劳而多祸。"

明主内行其法度，外行其理义。故邻国亲之，与国信之。有患则邻国忧之，有难则邻国救之。乱主内失其百姓，外不信于邻国，故有患则莫之忧也，有难则莫之救也。外内皆失，孤特而无党，故国弱而主辱。故曰："独国之君，卑而不威。"

明主之治天下也，必用圣人而后天下治。妇人之求夫家也，必用媒而后家事成。故治天下而不用圣人，则天下乖乱而民不亲也。求夫家而不用媒，则丑耻而人不信也。故曰："自媒之女，丑而不信。"

【译文】

　　明主不独自运用自己的智慧，而是任用圣人的智慧；不独断利用自己的力量，而是利用众人的力量。所以利用圣人的智慧来思虑筹谋的，无不知晓。任用众人力量来做事的，无不成功。能放下自己而利用天下的智慧和力量，则自身安逸而多福。乱主独自利用自己的智慧，而不用圣人智慧；乱主独自利用自己的力量，而不用众人之力，所以身体劳累，祸患也多。所以说："独任之国，劳而多祸。"

　　明主对内推行法度，对外推行道义。所以邻国亲近他，盟国信任

　　他。有了忧患，邻国就替他分忧；有了患难，盟国就救援他。乱主内不得民心，外不得邻国信任，所以有患也无国分忧，有难也无人来救。内外皆失，孤立无援，所以国家积弱而君主受辱。所以说："独国之君，卑而不威。"

　　明主治理天下，一定是任用圣人然后才天下大治。妇人要求得夫家，必须用媒人才能成家。所以如果治理天下却不任用圣人，那么就会天下悖乱，人民也不亲附。求夫家而不用媒人，就会名声丑恶可耻而没人相信。所以说："自媒之女，丑而不信。"

　　明主者，人未之见而有亲心焉者，有使民亲之之道也，故其位安而民往之。故曰："未之见而亲焉，可以往矣。"

　　尧、舜，古之明主也。天下推之而不倦，誉之而不猒，久远而不忘者，有使民不忘之道也，故其位安而民来之。故曰："久而不忘焉，可以来矣。"

【译文】

　　明主会让人虽未曾见面却有亲近之心，是因为他有使民亲近的治理之道，所以他的地位安定，人民都来归附。所以说："未之见而亲焉，可以往矣。"

　　尧、舜都是古代的明主。天下推许他们而不厌倦，赞誉他们而不厌倦，时代久远也不忘记他们，是因为他们有使民不忘的治理之道，所以他们的地位稳定，人民归附。所以说："久而不忘焉，可以来矣。"

　　日月，昭察万物者也。天多云气，蔽盖者众，则日月不明。人主犹日月也，群臣多奸立私，以拥蔽主，则主不得昭察其臣下，臣下之情不得上通，故奸邪日多而人主愈蔽。故曰:"日月不明,天不易也。"

山,物之高者也。地险秽不平易,则山不得见。人主犹山也,左右多党比周,以壅其主,则主不得见。故曰:"山高而不见,地不易也。"

【译文】

日月,是照亮万物的。天上云气众多,掩盖的云层多,日月就不明显。人主就像日月一样,群臣中如果奸邪多了,私立朋党,蒙蔽人主,这样人主就不能明察臣下,臣下之情不能与人主相通,所以奸邪日益增多,人主就被蒙蔽得越厉害。所以说:"日月不明,天不易也。"

山,是一种很高的事物。地面荒芜不平,就看不到山。人主就像山一样,左右大臣结党,蒙蔽人主,人主就看不见。所以说:"山高而不见,地不易也。"

人主出言,不逆于民心,不悖于理义。其所言足以安天下者也,人唯恐其不复言也。出言而离父子之亲,疏君臣之道,害天下之众,此言之不可复者也,故明主不言也。故曰:"言而不可复者,君不言也。"

人主身行方正,使人有理,遇人有礼,行发于身而为天下法式者,人唯恐其不复行也。身行不正,使人暴虐,遇人不信,行发于身而为天下笑者,此不可复之行,故明主不行也。故曰:"行而不可再者,君不行也。"

言之不可复者,其言不信也。行之不可再者,其行贼暴也。故言而不信则民不附,行而贼暴则天下怨。民不附,天下怨,此灭亡之所从生也,故明主禁之。故曰,"凡言之不可复,行之不可再者,有国者之大禁也。"

【译文】

人主讲话不违背民心,不与理义相悖。他说的话,足以安定天下,人们唯恐他不多讲。如果说的话导致父子不亲,君臣疏远,使天下民众受到危害,这种话就是不能再多说的话,所以明主不说。所以说:"言而不可复者,君不言也。"

人主言行方正,用人合理,待人有礼,行为一出,就是天下的表率,人们唯恐他不多做。行为不端正,用人暴虐,待人无信,行为一出,就成为天下的笑柄,这是行为就是不能再多做的行为,所以明主不做。所以说:"行而不可再者,君不行也。"

不能再多说的话,是不可信的。不能再多做的行为,是残暴的。言而无信则民众不归附,行为残暴则天下怨愤。人民不归附,天下怨愤,是导致灭亡的原因,所以明主坚决不做。所以说:"凡言之不可复,行之不可再者,有国者之大禁也。"

立政九败解第六十五

【题解】

　　此篇为对《立政》篇中提及的"九败"一目的详细解读。逐句论述驳斥了治理国家中的九种错误观点，即"寝兵""兼爱""全生""私议自贵""群徒比周""金玉财货""观乐玩好""请谒任举"和"谄谀饰过"。

　　人君唯毋听寝兵^①，则群臣宾客莫敢言兵。然则内之不知国之治乱，外之不知诸侯强弱，如是则城郭毁坏，莫之筑补；甲弊兵凋^②，莫之修缮。如是则守圉之备毁矣^③，辽远之地谋^④，边竟之士修^⑤，百姓无圉敌之心。故曰："寝兵之说胜，则险阻不守。"

【注释】

①人君唯毋听寝兵：人君如果要听寝兵的言论。唯，如果。毋，无。下文或作"唯无"，可证。"无"在上古语法中，往往有强调肯定的意思，如《左传·隐公十一年》"无宁兹许公复其奉其社稷"。寝兵，停止攻战。为墨家主张。

②弊：败。指损坏。兵：指兵器。凋：受到损伤。

③圉:防御。

④谋:疑虑。

⑤修:畏缩。

【译文】

　　君主如果听从停止攻战的主张,那么群臣宾客就没有敢谈论攻战的了。这样对内不知道国家是太平还是动乱,对外不知道诸侯国是强大还是衰弱,如果是这样,那么城墙毁坏了没有人去修补,铠甲兵器损坏了没有人去修理。如果是这样,那么用来守卫国防的各种设备也将全部废弃,守卫辽远边境地区的人就会疑虑,戍边的将士也因而会畏缩,普通老百姓也会缺乏御敌决心。因此说:"如果停止攻战的主张占据上风,那么险要的阵地也会守不住。"

　　人君唯毋听兼爱之说①,则视天下之民如其民,视国如吾国。如是则无并兼攘夺之心,无覆军败将之事②。然则射御勇力之士不厚禄③,覆军杀将之臣不贵爵,如是则射御勇力之士出在外矣。我能毋攻人可也,不能令人毋攻我。彼求地而予之,非吾所欲也,不予而与战,必不胜也。彼以教士④,我以驱众⑤;彼以良将,我以无能,其败必覆军杀将。故曰:"兼爱之说胜,则士卒不战。"

【注释】

①兼爱:彼此相互关爱。此指墨子提倡的"兼爱"学说。

②覆:覆灭。败:击败。

③厚禄:获得丰厚的俸禄。

④教士:训练有素的士兵。

⑤驱众:驱赶到一起使其作战的人。指没有训练过的军士。

【译文】

君主如果听从彼此相互关爱的主张，就会把天下的人民等同于自己的人民，把其他国家等同于自己的国家。如果这样就不会产生兼并侵夺他国的想法，也没有覆灭敌军击败敌将的事情。那么善于骑射、勇猛奋力的将士就得不到丰厚的俸禄，能够覆灭敌军、杀死敌将的臣子就得不到尊贵的爵位，那么善于骑射、勇猛奋力的将士就要离开到外国去了。我可以不进攻敌人，但是不能命令敌人不进攻我。敌人要求土地就给他，这不是我所愿意的，不给敌人而同敌人交战，一定不能取胜。敌人指挥着训练有素的将士，我只能驱赶着乌合之众；敌军的将领用的都是能征善战的良将，我军的将领用的却是无能之辈，这样结果一定是我军覆灭，将帅身亡。因此说："彼此互相关爱的主张占据上风，那么将士就不会打仗了。"

人君唯无好全生①，则群臣皆全其生，而生又养生。养何也？曰：滋味也，声色也，然后为养生。然则从欲妄行②，男女无别，反于禽兽③。然则礼义廉耻不立，人君无以自守也④。故曰："全生之说胜，则廉耻不立。"

【注释】

①全生：保全生命。

②从：同"纵"。放纵。

③反：同"返"。返回。

④自守：约束自己。

【译文】

君主如果听从保全生命的主张，那么群臣也就都保全自己的生命，进而从保全生命到追求养生。什么是养生呢？就是说：滋味、声色，得到这些就是养生。然而放纵情欲、胡作非为，男女不分，这就是回到了禽兽世界。那么礼义廉耻就无法树立，君主不能约束自己。因此说："如果保全生命的主张占据上风，那么礼义廉耻就无法树立。"

人君唯无听私议自贵①，则民退静隐伏②，窟穴就山③，非世间上④，轻爵禄而贱有司⑤。然则令不行禁不止。故曰："私议自贵之说胜，则上令不行。"

【注释】

①私议自贵：私自议论，自命不凡。

②退静：指不思进取。

③就：靠近。这里理解为隐居在山中。

④非：非议。间：非议，批评。

⑤有司：主管的官员。

【译文】

君主如果听任私自议论、自命不凡流行，那么人民就会不思进取，隐居在山上的洞穴中，就会非议当世，批评君主，就会鄙视爵位和俸禄，轻视国家官员。这样君主的法令得不到推行，该禁止的也得不到禁止。因此说："私自议论、自命不凡的观点占据上风，那么君主的政令就会得不到推行。"

人君唯无好金玉货财①，必欲得其所好，然则必有以易之。所以易之者何也？大官尊位，不然则尊爵重禄也。如是则不肖者在上位矣。然则贤者不为下②，智者不为谋，信者不为约，勇者不为死。如是则驱国而捐之也。故曰："金玉货财之说胜，则爵服下流③。"

【注释】

①好：喜爱。

②不为下：不甘心居于下位。

③爵服下流：爵位服秩就会流向社会下层。指出出现卖官鬻爵的
　现象。

【译文】

　　君主如果喜爱金玉财宝，一定希望得到它，那么就一定会拿东西来
交换。用来交换金玉财宝的是什么呢？是重要的官职、尊崇的地位，不
然就是尊贵的爵位、优厚的俸禄。这样的话没有才德的人就会占据高
位。这样一来，那么贤能的人不会甘心居于下位，智慧的人不会为君主
出谋划策，守信的人不会坚守约定，勇猛的人也不会为君主死战。这样
就是在驱使国家走向毁灭。因此说："贪图金玉财宝的观点占据上风，
那么就会出现卖官鬻爵的行为。"

　　人君唯毋听群徒比周①，则群臣朋党②，蔽美扬恶。然则
国之情伪不见于上。如是则朋党者处前③，寡党者处后。夫
朋党者处前，贤不肖不分，则争夺之乱起，而君在危殆之中
矣。故曰："群徒比周之说胜，则贤不肖不分。"

【注释】

①比周：结党营私。

②朋党：结成朋党。

③前：这里指身处高位。

【译文】

　　君主如果听任众人结党营私，那么群臣都将结成朋党，掩饰美善，
宣扬丑恶。那么国家的真实情况就不会被君主所了解。这样结党营私

的小人居于高位,没有朋党的人就会退居在后。结党营私的小人居于高位,贤良和不肖就会难于区分,那么相互争权夺利的动乱就会发生,君主就会处于危险的境地。因此说:"众人结党营私的观点占据上风,那么贤良和不肖就会难于区分。"

　　人君唯毋听观乐玩好则败①。凡观乐者②,宫室台池,珠玉声乐也。此皆费财尽力,伤国之道也。而以此事君者,皆奸人也。而人君听之,焉得毋败? 然则府仓虚,蓄积竭,且奸人在上,则壅遏贤者而不进也③。然则国适有患④,则优倡侏儒起而议国事矣⑤,是驱国而捐之也。故曰:"观乐玩好之说胜,则奸人在上位。"

【注释】

①观乐玩好:指玩乐享受。

②观乐:用来玩乐享受的。

③壅遏:阻遏。

④适:恰好,正赶上。

⑤优倡侏儒:优伶艺人。泛指下层小人。

【译文】

　　君主如果听从玩乐享受的主张就会失败。凡是用来玩乐享受的,无非是宫殿、台池、珠玉、声乐,这些享乐都是耗费财力、伤及国体的方式。而用这些来侍奉君主的,都是奸佞之臣。如果君主听信他们,怎么能不失败呢? 因此府库空虚、积蓄耗尽,而且奸佞之臣居于上位,就会阻遏贤人使他们得不到提拔晋升。那么如果国家恰逢祸患,这些下层小人就会群起议论国事,这样就是在驱使国家走向毁灭。因此说:"追求玩乐享受的观点占据上风,那么奸邪小人就会占据高位。"

　　人君唯毋听请谒任誉①,则群臣皆相为请。然则请谒得于上,党与成于乡②。如是则货财行于国③,法制毁于官,群臣务佼而不求用④。然则无爵而贵,无禄而富。故曰:"请谒任誉之说胜,则绳墨不正⑤。"

【注释】

①请谒任誉:请托保举。誉,通"举"。一说,赞誉而保举之。

②乡:乡里,指下层社会。

③财货:财物。这里指贿赂行为。

④佼(jiāo):通"交"。交往,交际。用:被任用,为国家效力。

⑤绳墨不正:指规矩不能实行。绳墨,木工画线用的墨斗弹出的墨线,指规矩法度。

【译文】

　　君主如果听任请托保举的行为,群臣就会都来互相结党请托。那么请托之人就能获得高位,朋党也会在下层社会形成。这样贿赂行为就会在国内到处发生,法规制度也就会在官场遭到破坏,群臣都努力发展私交而不求为国效力。那么没有爵位也可以获得尊贵地位,没有俸禄也可以发财致富。因此说:"请托保举的观点占据上风,那么规矩就不能实行。"

　　人君唯无听谄谀饰过之言则败①。奚以知其然也?夫谄臣者,常使其主不悔其过不更其失者也,故主惑而不自知也,如是则谋臣死而谄臣尊矣②。故曰:"谄谀饰过之说胜,则巧佞者用③。"

【注释】

①谄谀饰过:阿谀奉承,文过饰非。

②死：因为进谏忠言被君主处死。

③巧佞者：奸佞小人。

【译文】

　　君主如果听从阿谀奉承、文过饰非的言论就会失败。怎么知道会这样呢？那些谄谀之臣，是经常使君主不追悔自己的过错、不改正自己失误的人，故而君主被迷惑自己却不知道，这样忠谏之臣就会被处死，而谄谀之臣就会得到尊宠。因此说："阿谀奉承、文过饰非的观点占据上风，那么奸佞小人就会被任用"。

版法解第六十六

【题解】

　　此篇是对于《版法》篇的详细解读,细致论述了要依据法令规章来治理国家的政治主张。

　　版法者①,法天地之位②,象四时之行③,以治天下。四时之行,有寒有暑,圣人法之,故有文有武。天地之位,有前有后,有左有右,圣人法之,以建经纪。春生于左,秋杀于右;夏长于前,冬藏于后。生长之事,文也;收藏之事,武也。是故文事在左,武事在右,圣人法之,以行法令,以治事理。凡法事者,操持不可以不正,操持不正则听治不公④;听治不公则治不尽理,事不尽应。治不尽理,则疏远微贱者无所告谢⑤;事不尽应,则功利不尽举。功利不尽举则国贫,疏远微贱者无所告谢则下饶⑥。故曰:"凡将立事,正彼天植。"天植者,心也。天植正,则不私近亲,不孽疏远⑦。不私近亲,不孽疏远,则无遗利,无隐治⑧。无遗利,无隐治,则事无不举,物无遗者⑨。欲见天心,明以风雨。故曰:"风雨无违,远近高下,各得其嗣。"

【注释】

①版法：写在木板上的法。前《版法》三百字左右，以韵文写成，此篇则疏解之。

②法：效法。

③象：仿效，模拟。

④听治：根据事实判断处理。

⑤谢：通"愬"，同"诉"。这里指申诉冤情。

⑥饶：通"扰"。扰乱。

⑦辜：加害。疏远：这里与上文的近亲相对应，指关系疏远的外人。

⑧隐治：指冤案。

⑨遗：弃置，遗弃。

【译文】

公布在板上的法，效法天地方位，模拟四时运行，以此来治理天下。四时的运行，有寒有暑，圣人效法之，因此治道有文有武。天地的方位，有前有后，有左有右，圣人效法之，以建立国家纲纪。春生在左，秋杀在右；夏长在前，冬藏在后。生长的事，是文；收藏的事，则是武。因此文事在左，武事在右，圣人效法这些，以实行法令，以为判断政事的道理。凡涉及法度之事，执行不可不公正，不公正则判断不公平，判断不公平则治事就不能完全合理，办事也就不能完全得当。治事不完全合理，那些疏远微贱的人，就无法申诉；办事不完全得当，功利事业就不能充分兴办。功利事业不充分兴办国家就会贫穷，疏远微贱者无法申诉冤情，民间就会扰乱。因此说："凡是将要成事的，一定要摆正'天植'。"天植，就是心。心正，就不会偏厚近亲，也不会加害外人。不偏厚于近亲，不加害于外人，就不会有被遗漏的功利事业，民间就没有冤案。没有被遗漏的功利事业，民间没有冤案，那么事业没有不成功的，财物也没有被弃置的。要想了解天心，需要通过风雨的情况来判明。因此说："不要违背风雨情况，远近高下，各得其所。"

万物尊天而贵风雨。所以尊天者,为其莫不受命焉也①;所以贵风雨者,为其莫不待风而动待雨而濡也②。若使万物释天而更有所受命③,释风而更有所仰动,释雨而更有所仰濡,则无为尊天而贵风雨矣。今人君之所尊安者,为其威立而令行也。其所以能立威行令者,为其威利之操莫不在君也④。若使威利之操不专在君,而有所分散,则君日益轻而威利日衰⑤,侵暴之道也⑥。故曰:"三经既饬⑦,君乃有国。"

【注释】

①其:指万物。

②濡:滋润。

③释:放弃,离开。

④操:操持,掌握。

⑤轻:地位轻贱。

⑥侵暴:侵夺暴乱。

⑦三经:三个根本问题,指本书《版法》中所言"正彼天植,风雨无违,远近高下各得其嗣"。饬:整饬,这里指根本问题解决。

【译文】

万物都尊天并以风雨为贵。之所以尊天,是因为万物没有不接受上天的意旨的;之所以以风雨为贵,是因为万物没有不是靠风吹雨润的。假如万物能离开天而改变接受意旨的对象,离开风而变更其仰赖吹动的对象,离开雨而变更其仰赖滋润的对象,那么也就无需尊天而贵风雨了。如今君主之所以位尊而身安,就是因为他能树立威势并能推行政令。君主之所以能树立威势和推行政令,就是因为威势和财利两者都掌握在君主手里。若使威势和财利不全部掌握在君主之手,而是有所分散的话,那么君主的地位就将日益轻贱,其威势财利也将日益衰减,这是一条走向侵夺暴乱的道路。因此说:"这三个根本问题得到解决,君主才能掌控国家。"

乘夏方长①,审治刑赏,必明经纪,陈义设法。断事以理,虚气平心②,乃去怒喜。若倍法弃令而行怒喜③,祸乱乃生,上位乃殆。故曰:"喜无以赏,怒无以杀。喜以赏,怒以杀,怨乃起,令乃废。骤令而不行④,民心乃外,外之有徒,祸乃始牙⑤。众之所忿,寡不能图。"

【注释】

①乘:趁着。长:滋长,长养。

②虚气平心:这里是心平气和的意思。虚,通"舒"。

③倍:通"背"。背弃。

④骤令:屡次命令。

⑤牙:通"芽"。出现萌芽。

【译文】

趁夏天正是长养的季节,要审理刑赏大事,必须明确纲纪,陈述义理设立法规。要根据情理判断事情,心平气和,排除个人喜怒的影响。如果背弃法令而按照个人喜怒行事,祸乱便会发生,君位就会危险。因此说:"不能因为个人喜爱而进行奖赏,也不能因为个人愤怒而进行杀伐。以个人喜爱来进行奖赏,以个人愤怒来进行杀伐,怨恨就会出现,政令就会废弛。屡次下命令而不能实行,民心就会外叛,有外心的人结为党徒,祸患就会开始出现萌芽。众人的愤怒,少数人是难以控制的。"

冬既闭藏①,百事尽止,往事毕登②,来事未起。方冬无事,慎观终始,审察事理。事有先易而后难者,有始不足见而终不可及者③;此常利之所以不举,事之所以困者也。事之先易者,人轻行之,人轻行之,则必困难成之事④;始不足见者,人轻弃之,人轻弃之,则必失不可及之功。夫数困难成之事⑤,而时失不可及之功,衰耗之道也。是故明君审察事理,慎观终始,为必知其所成⑥,成必知其所用,用必知其所利害。为而不知所成,成而不知所用,用而不知所利害,谓之妄举。妄举者,其事不成,其功不立。故曰:"举所美必观其所终,废所恶必计其所穷。"

【注释】

①既:已。

②登:完成。

③及:赶上,追上。引申为完成。

④困:受困于。

⑤数:屡次。

⑥知:预知。

【译文】

　　冬天万物封闭收藏,所有的事情都停止,过去一年的事情全部完成,来年的事情尚未开始。趁此冬日无事,就来慎重考察国事的全部过程,审视察看事物发展的道理。有的事情是先容易后困难,有的事情是开始不被注意而最终不可比拟;这常常是利处不能开发,事情遇到困难的原因。开头感到容易的事情,人们就轻易对待它,人们轻易对待它,就一定受阻于难成的事;开头不被注意的事情,人们就轻易放弃它,人们轻易放弃它,就一定丧失不可比拟的功绩。屡次受困于难办的事,经常丧失不可比拟的功绩,这便是衰耗事业的道路。因此英明君主审视察看事物发展的道理，慎重考察国事的全过程，办事情一定预知它能否成功，成功了一定预知它的作用，有作用一定预知它的利弊后果。办事而不预知其能否成功，成功了而不预知其作用，有作用而不预知其利弊后果，就是所谓的轻举妄动。轻举妄动的人，他的事业不能成功，他的功绩不能树立。因此说："推举所喜爱的一定要观察它所终结的，废除所厌恶的一定要考虑它所穷尽的。"

凡人君者，欲民之有礼义也。夫民无礼义，则上下乱而贵贱争^①。故曰："庆勉敦敬以显之^②，富禄有功以劝之，爵贵有名以休之^③。"

【注释】

①上下：指社会等级秩序。

②庆勉：赏赐嘉勉。敦敬：敦厚恭敬。此指敦厚恭敬的人。

③休：喜庆，吉祥，美誉。

【译文】

凡是君主，都想要让百姓遵行礼义。人民若没有礼义，那么社会等级秩序就会混乱，不同地位的人就会互相争夺。因此说："要用赏赐嘉勉敦厚恭敬的人来进行表扬，要用俸禄富裕有功的人来进行鼓励，要用爵位提升有名望的贤人来进行美誉。"

凡人君者，欲众之亲上乡意也^①，欲其从事之胜任也。而众者，不爱则不亲，不亲则不明^②，不教顺则不乡意^③。是故明君兼爱以亲之，明教顺以道之，便其势^④，利其备^⑤，爱其力，而勿夺其时以利之。如此则众亲上乡意，从事胜任矣。故曰："兼爱无遗^⑥，是谓君心。必先顺教，万民乡风。旦暮利之，众乃胜任。"

【注释】

①乡：通"向"。趋向，顺从。

②明：信。

③顺：通"训"。

④便：顺应，方便。

⑤备：富足。

⑥兼爱：广泛地爱护。

【译文】

凡是做君主的，都希望百姓亲近而顺从己意，希望百姓为国办事而能够胜任。就民众而言，不爱护民众就不会亲近君主，不亲近民众就不会信服君主，不教化引导民众就不会顺从君意。因此英明的君主会广泛爱护亲近民众，宣明教化引导民众，顺应他们的力量，促进其富足，爱惜其劳力，而不会去侵夺其农时，由此为他们提供便利。这样，民众就会亲近而顺从君意，为国家办事而能够胜任了。因此说："要广泛爱护而没有遗弃，才是君主的心胸。一定要先明顺教化，万民才趋向好的风化。经常给予利益，民众才能胜利完成己任。"

治之本二：一曰人，二曰事。人欲必用，事欲必工①。人有逆顺，事有称量②。人心逆则人不用，事失称量则事不工。事不工则伤，人不用则怨。故曰："取人以己，成事以质③。"

【注释】

①工：通"功"。有功效，成功。

②称量：分量尺度。

③质:准的,实际情况。

【译文】

治国的根本有两条:一是治人,二是治事。治人要求他一定效力,治事要求它一定成功。人有逆有顺,事情有分量尺度。人心逆就不肯效力,事不合分量尺度就不可能成功。事情不成功就意味着有所损伤,人不肯效力就意味着有怨恨。因此说:"取用于人要用自己做比对,办事要根据实际情况。"

成事以质者,用称量也。取人以己者,度恕而行也。度恕者,度之于己也,己之所不安,勿施于人。故曰:"审用财,慎施报,察称量。故用财不可以啬,用力不可以苦①。用财啬则费②,用力苦则劳矣。"

【注释】

①苦:艰苦。这里指过分使用民力。

②费:通"拂"。违背,反抗。

【译文】

所谓办事要根据实际情况,就是要根据实际分量尺度来行事。所谓取用于人要用自己做比对,就是要考虑按恕道来行事。考虑恕道,就是与自己做对比,自己所不能接受的,不要施加给别人。因此说:"要详细斟酌国家的用财,慎重处理施予和报酬,明察事物的分量与限度。因此用财于民不可以吝啬,使用民力不可以过分。用财吝啬则民众反抗,过分使用民力则民众疲劳。"

奚以知其然也?用力苦则事不工,事不工而数复之,故曰劳矣。用财啬则不当人心,不当人心则怨起。用财而生怨,故曰费。怨起而不复反①,众劳而不得息,则必有崩阤堵坏之心②。故曰:"民不足,令乃辱③;民苦殃,令不行。施报不得,祸乃始昌;祸昌而不悟,民乃自图④。"

【注释】

①复反:平复。

②崩阤(zhì)堵坏:摧毁破坏。阤,崩塌。

③辱:读为"缛"。繁复无效。

④图:图谋,指要准备造反。

【译文】

　　为什么知道会是这样呢？因为使用民力过分事情就不会成功,不成功而多次反复地去做,就叫作"劳"。用财于民吝啬就不得人心,不得人心就会造成怨恨。用财而造怨,就叫作"费"。民众怨起而得不到平复,疲劳而不得休息,就一定会产生摧毁破坏的想法。因此说:"人民贫困,政令就繁复无效;人民苦于劳役之灾,政令就无法贯彻。施予酬报不得当,祸乱就开始发展;祸乱发展而君主尚不觉悟,民众就要自己图谋造反了。"

　　凡国无法则众不知所为,无度则事无机①。有法不正,有度不直②,则治辟③。治辟则国乱。故曰:"正法直度,罪杀不赦。杀僇必信④,民畏而惧。武威既明,令不再行⑤。"

【注释】

①机:事物的关键,准则。

②直:正直,明确。

③辟:僻,偏僻,偏颇。

④僇(lù)：通"戮"。杀戮。

⑤行：实行，申明。

【译文】

凡是国家没有法律，民众就不知道该怎样行事；没有制度，行事就没有准则。有法律但不公正，有制度但不明确，那么治政就会偏颇。治政偏颇国家就会混乱。因此说："法律公正，制度明确；杀有罪，不宽赦。执行杀戮一定言出必行，民众就会畏惧。权威只要明确，法令就不必一再重申。"

凡民者，莫不恶罚而畏罪。是以人君严教以示之，明刑罚以致之①。故曰："顿卒台倦以辱之②，罚罪有过以惩之，杀僇犯禁以振之。"

【注释】

①致：惩戒。

②顿卒：督责。台倦：懈怠懒惰的人。台，通"怠"。

【译文】

凡是民众，没有不厌恶刑罚而害怕犯罪的。因此君主要严加管教来警示他们，申明刑罚来惩戒他们。因此说："对怠惰的人，要通过训斥来羞辱他们；对有过错的人，要通过处罚来惩戒他们；对犯罪的人，要通过杀戮来震慑他们。"

治国有三器，乱国有六攻。明君能胜六攻而立三器，则国治；不肖之君不能胜六攻而立三器，故国不治。三器者何也？曰：号令也，斧钺也①，禄赏也。六攻者何也？亲也，贵也，货也，色也，巧佞也，玩好也。三器之用何也？曰：非号

令无以使下，非斧钺无以畏众，非禄赏无以劝民②。六攻之
败何也③？曰：虽不听而可以得存，虽犯禁而可以得免，虽无
功而可以得富。夫国有不听而可以得存者，则号令不足以
使下；有犯禁而可以得免者，则斧钺不足以畏众；有无功而
可以得富者，则禄赏不足以劝民。号令不足以使下，斧钺不
足以畏众，禄赏不足以劝民，则人君无以自守也。然则明君
奈何？明君不为六者变更号令，不为六者疑错斧钺④，不为
六者益损禄赏。故曰："植固而不动⑤，奇邪乃恐⑥。奇革邪
化，令往民移。"

【注释】

①斧钺：指刑杀手段。

②劝民：鼓励民众。

③败：坏处。

④疑错：废置，废弃。

⑤植固：坚定固守。

⑥奇邪：这里指乖异邪僻的人。下文"奇革邪化"的"奇""邪"指的
　　是乖异邪僻的行为。

【译文】

　　治国有三器，乱国有六攻。贤明的君主能克制六攻而设立三器，那
么国家就治理得好；昏庸的君主不能克制六攻而设立三器，因此国家就
治理不好。什么是三器呢？就是：号令、刑杀、禄赏。什么是六攻呢？
就是：亲者、贵者、财货、女色、巧佞之臣、玩好之物。三器的用途是什么
呢？回答说：没有号令就无法使役臣下，没有刑杀就无法威服民众，没
有禄赏就无法鼓励百姓。六攻的坏处是什么呢？回答说：即使不听法
令仍可以安然存在，即使违犯禁律仍可以得到赦免，即使没有立功仍可

以获得财富。国家有不听法令仍安然存在的情况,那么号令就不能使役臣下;有违犯禁律仍能得到赦免的情况,那么刑杀就不能威慑民众;有没有立功仍获得财富的情况,那么禄赏就不能鼓励百姓。号令不能使役臣下,刑杀不能威慑民众,禄赏不能鼓励百姓,那么君主就没有可以保全自己地位的东西了。那么英明的君主应该怎么办呢? 英明君主不因为这六者变更号令,不因为这六者废弃刑杀,也不因为这六者增加或减少禄赏。因此说:"君主以法治国之心坚定不动摇,乖异邪僻的人们就自然会内心恐惧。乖异邪僻的行为都有了改进和变化,法令颁布下去,民众就会遵照执行、顺令而动了。"

　　凡人君者,覆载万民而兼有之①,烛临万族而事使之②。是故以天地、日月、四时为主、为质③,以治天下。天覆而无外也,其德无所不在;地载而无弃也,安固而不动,故莫不生殖。圣人法之以覆载万民,故莫不得其职姓④,得其职姓,则莫不为用。故曰:"法天合德,象地无亲。"

【注释】

①覆载:覆盖承载。引申为保护。

②烛临:由上向下照射。引申为掌控管辖。

③质:凭借,依据。

④职姓:职为官职之意,姓是获得官职的标志。这里职姓引申为生计,即谋生的手段。

【译文】

　　凡是君主,都保护着万民并拥有他们,管辖着众多部族并役使他们。因此把天地、日月、四时作为主宰、根据,来治理天下。天覆盖万物而没有例外,其德行无所不在;地承载万物而没有遗弃,稳定而不动,因此万物没有不生长繁育的。圣人效法它们来保护万民,因此民众没有不得到生计的。得到生计,就没有不为君主效力的了。因此说:"君主应该效法上天,对万物普施德泽;模仿后土,对万物没有偏心。"

日月之明无私,故莫不得光。圣人法之,以烛万民,故能审察,则无遗善,无隐奸。无遗善,无隐奸,则刑赏信必。刑赏信必,则善劝而奸止。故曰:"参于日月①。"

【注释】

①参:参照,考察,检验。

【译文】

日月的光明无所偏私,因而没有得不到光照的;圣人效法它们,来管辖万民,因此能够审慎明察,善行就没有遗漏,恶事也无所隐蔽。没有遗漏的善行和没有隐蔽着的恶事,就可以做到赏罚准确。赏罚准确,那么善行就得到鼓励,恶行就得到禁止。因此说:"以日月做检验。"

四时之行,信必而著明。圣人法之,以事万民①,故不失时功。故曰:"佐于四时②。"

【注释】

①事:通"使"。役使。

②佐:辅助。

【译文】

四时的运行,守信而且显著。圣人效法它,以役使万民,因而事功不失时机。因此说:"用四时作为辅助。"

　　凡众者,爱之则亲,利之则至[①]。是故明君设利以致之,明爱以亲之。徒利而不爱,则众至而不亲;徒爱而不利,则众亲而不至。爱施俱行,则说君臣、说朋友、说兄弟、说父子[②]。爱施所设,四固不能守[③]。故曰:"说在爱施。"

【注释】

①至:到来,归附。

②说:同"悦"。喜悦。

③四固:四方的边境。

【译文】

　　对于民众,爱护他们,他们就亲近;给他们利益,他们就归附。因此贤明的君主谋划福利来招引他们,宣明爱护之意以使他们亲近。只谋利而不爱护,民众虽归附却不亲近;只爱护而不给予利益,民众只亲近而不归附。爱护与施利兼行,就可做到君臣喜悦、朋友喜悦、兄弟喜悦、父子喜悦了。爱、利兼行的结果,是使敌国四方边境都不能固守。因此说:"欲使众人喜悦,君主须爱护与施利同时施行。"

　　凡君所以有众者,爱施之德也。爱有所移[①],利有所并,则不能尽有。故曰:"有众在废私。"

【注释】

①移:改变,转移。

【译文】

　　凡是国君之所以能赢得民众拥护,是因为有爱民和施利于民的德惠。爱民之心如果有所改变,民众利益如果被吞并,就不能完全赢得民众了。因此说:"获得民众拥护在于废除私心。"

爱施之德虽行而无私,内行不修①,则不能朝远方之君②。是故正君臣上下之义,饰父子兄弟夫妻之义③,饰男女之别,别疏数之差④,使君德臣忠,父慈子孝,兄爱弟敬,礼义章明。如此则近者亲之,远者归之。故曰:"召远在修近。"

【注释】

①内行:指君主的个人品德操行。

②朝:使……来朝见。

③饰:通"饬"。整顿。

④疏数:亲疏远近。

【译文】

虽然行使爱民和施利的德行并且也没有偏私之处,但如果君主的个人操行不好,就不能使远方君主来朝见。因此要端正君臣上下的名分,整顿父子兄弟夫妻间的名分,整饬男女间的分别,区别亲疏远近的不同,使君主有德大臣尽忠,父亲慈爱孩子孝顺,兄弟之间相敬相爱,礼义彰明显著。这样就会近处的民众都来亲近,远国的民众也来归附。因此说:"招徕远方的民众在于修治国内的德行。"

闭祸在除怨①,非有怨乃除之,所事之地常无怨也。凡祸乱之所生,生于怨咎;怨咎所生,生于非理。是以明君之事众也必经②,使之必道,施报必当,出言必得③,刑罚必理。如此则众无郁怨之心,无憾恨之意,如此则祸乱不生,上位不殆。故曰:"闭祸在除怨也。"

【注释】

①闭:关闭,消除。

②经：常理，准则。这里用如动词，指遵循常道。

③得：正确。

【译文】

消除祸患在于消除怨恨，不是说有了怨恨才去消除，而是要使管理的地区一般没有怨恨出现。凡是祸乱的发生，是因为出现埋怨；出现埋怨，是因为不依理行事。因此贤明的君主管理民众一定要遵循原则，役使他们一定要遵循道理，施予报酬一定要恰当，说话一定要正确，刑罚一定要合理。这样，民众就没有积怨之心，也就没有怨恨之意了，这样祸乱就不会发生，君主地位也不致陷于危险。因此说："消除祸患在于消除怨恨。"

凡人君所以尊安者①，贤佐也。佐贤则君尊、国安、民治，无佐则君卑、国危、民乱。故曰："备长存乎任贤。"

【注释】

①尊：地位尊崇。

【译文】

大凡君主之所以能地位尊崇安定，是因为有贤臣辅佐。有贤臣辅佐，就能君主地位尊崇，国家安定，人民得治；没有贤臣辅佐，就会君主地位卑微，国家危亡，人民叛乱。因此说："准备长远大计在于任用贤人。"

凡人者，莫不欲利而恶害，是故与天下同利者，天下持之①；擅天下之利者②，天下谋之③。天下所谋，虽立必隳④；天下所持，虽高不危。故曰："安高在乎同利。"

【注释】

①持：维持，拥护。

②擅：专擅，独占。

③谋：谋划，图谋。

④隳：落下，倒塌。

【译文】

大凡民众，没有不想要得到利益而厌恶危害的。因此与天下人共享利益的，天下人就拥护他；独占天下利益的，天下人就图谋他。天下人所图谋的，地位虽然确立也必会倒台；天下人所拥护的，地位虽然尊崇也没有危险。因此说："巩固尊崇地位在于与民同利。"

凡所谓能以所不利利人者，舜是也。舜耕历山①，陶河滨②，渔雷泽③，不取其利，以教百姓，百姓举利之④。以所谓能以所不利利人者也。所谓能以所不有予人者，武王是也。武王伐纣，士卒往者，人有书社⑤。入殷之日，决钜桥之粟⑥，散鹿台之钱⑦，殷民大说。此所谓能以所不有予人者也。

【注释】

①历山：地名。具体地点说法不一，一说在今山西雷首山附近，一说在今山东菏泽东北。

②陶河滨：在黄河边上制陶。具体地点亦有今山西、山东之异。

③雷泽：地名。传说舜曾在这里打鱼。具体地点一说在今山东菏泽东北，历山旁。

④举：全，尽。

⑤书社：春秋时期出现的社会组织。每一社有若干户人家（一般为二十五户），把这些人家的户口登记在版图上，就是一个书社。

⑥钜桥：古粮仓名。地址据说在今河北曲周。

⑦鹿台：殷商建筑名。在当时的殷都，今河南淇县。

【译文】

能说得上以自己所不利而惠泽他人的，是舜。舜在历山耕种，在黄河滨制陶，在雷泽打鱼，自己不获其利，反而把技艺教给百姓，百姓全都因此获利。这就是所谓能以己所不利惠泽他人。有所谓能以自己没有的惠泽他人，这就是周武王。周武王伐商纣王，参战的士卒，每人都获得一个书社。攻入殷都之时，打开钜桥粮库，散发鹿台上的金钱，殷商老百姓高兴极了。这就是所谓能用自己没有的惠泽他人。

桓公谓管子曰："今子教寡人法天合德，合德长久，合德而兼覆之，则万物受命；象地无亲，无亲安固，无亲而兼载之，则诸生皆殖；参于日月，无私葆光①，无私而兼照之，则善恶不隐。然则君子之为身，无好无恶，然已乎？"管子曰："不然。夫学者所以自化，所以自抚②。故君子恶称人之恶，恶不忠而怨妒，恶不公议而名当称③，恶不位下而位上，恶不亲外而内放。此五者，君子之所恐行，而小人之所以亡，况人君乎？"

【注释】

①葆光：保持光芒。

②抚：安。

③当：党。结朋党。

【译文】

桓公对管子说："您教寡人取法上天，与天同德，与天同德长久，就可以包容涵盖万物，如此则万物接受大命；教寡人取法大地的无私，无私即安稳牢固，大地无偏私，托载所有生灵，于是所有生灵都能生存繁殖；再教寡人参照日月，永远无私，永有光芒，无私地普照万物，这样世上的好坏也就无所隐蔽了。如此君子修身，做到无所喜好，无所嫌恶，就可以了吗？"管子回答："不是。学习修身的人是为了自我改善，自我安顿。因而，真正的君子厌恶说人的不是，厌恶不忠诚而又妒恨，厌恶不能公正持论而有结党之称，厌恶不甘谦处下位却总是居高临下，厌恶不与他人亲和内心又放纵。这五条，真正的君子害怕自己出现相同的情况，而那些小人正因此而自我毁灭，又何况君主呢？"

明法解第六十七

【题解】

此篇是对于《明法》篇的详细解读,进一步细致论述了治国所要依靠的种种权数谋略。观其内容,"解"的作者所持政治观点明显与韩非子关于"术"的论述相近。如何防止大臣窃取君主权力,干扰法度实成为焦点问题。此"解"之作,当为战国末期。

明主者,有术数而不可欺也①,审于法禁而不可犯也,察于分职而不可乱也。故群臣不敢行其私,贵臣不得蔽贱②,近者不得塞远③,孤寡老弱不失其所职④,竟内明辨而不相逾越⑤。此之谓治国。故《明法》曰:"所谓治国者,主道明也⑥。"

【注释】

①术数:权谋策略。

②蔽:遮蔽,压制。

③塞:阻塞,阻碍。

④职:常。这里指孤寡老幼皆有正常的生活和生计。

⑤竟:通"境"。指国家。

⑥明:盛,强。

【译文】

明智的君主，掌握权术谋略而不可欺瞒，详明法度禁令而不可侵犯，明察上下职责而不容错乱。因此群臣不敢徇私舞弊，贵臣不能遮蔽贱者，近臣不能阻碍疏远者，孤寡老弱不会丧失日常生计，国内尊卑分明而无互相僭越。这就叫治理得当的国家。因此《明法》篇说："所谓治理得当的国家，就是君道强明。"

明主者①，上之所以一民使下也。私术者，下之所以侵上乱主也。故法废而私行，则人主孤特而独立②，人臣群党而成朋。如此则主弱而臣强，此之谓乱国。故《明法》曰："所谓乱国者，臣术胜也。"

【注释】

①明主：此处当为"明法"之讹误。

②孤特：孤立，孤单。

【译文】

明确法度，是君主用来统一民众役使臣下的。私术，是臣下用来侵扰朝廷君主的。因此法度废弃而私术盛行，君主就陷于孤立而无依靠，臣下就会勾结而形成朋党。这会形成主弱臣强的局面，这就叫混乱的国家。因此《明法》篇说："所谓乱国，就是臣术占上风。"

明主在上位，有必治之势，则群臣不敢为非。是故群臣之不敢欺主者，非爱主也①，以畏主之威势也；百姓之争用，非以爱主也，以畏主之法令也。故明主操必胜之数，以治必用之民；处必尊之势，以制必服之臣。故令行禁止，主尊而臣卑。故《明法》曰："尊君卑臣，非计亲也，以势胜也。"

【注释】

①爱:喜爱,爱戴。

【译文】

明君在尊崇的地位,有绝对统治的权势,群臣就不敢为非作歹。所以群臣之所以不敢欺瞒君主,并不是爱戴君主,而是因为害怕君主的威势;百姓之所以争相为君主所役使,也不是因为爱戴君主,而是因为害怕君主的法令。因此明主掌握着必胜的策略,来统治必须要服从役使的民众;处在绝对尊崇的地位,来控制必须要服从的臣子。故而令行禁止,形成君主尊崇臣下卑弱的局面。因此《明法》篇说:"尊君卑臣,不是靠亲情关系,是靠权势来取胜。"

明主之治也,县爵禄以劝其民①,民有利于上,故主有以使之;立刑罚以威其下,下有畏于上,故主有以牧之②。故无爵禄则主无以劝民,无刑罚则主无以威众。故人臣之行理奉命者③,非以爱主也,且以就利而避害也;百官之奉法无奸者,非以爱主也,欲以爱爵禄而避罚也。故《明法》曰:"百官论职,非惠也,刑罚必也。"

【注释】

①县:通"悬"。确立,建立。劝:鼓励,激励。

②牧:统治,管辖。

③行理:遵循规范,行道践理。

【译文】

明君治国,确立爵禄来鼓励人民,人民可以从君主处得到利益,因此君主能役使他们;立刑罚来震慑人民,人民就对君主有所畏惧,因此君主能统治他们。因此没有爵禄君主就不能鼓励人民,没有刑罚君主就不能震慑人民。故而人臣遵守规范执行君命,并非因为爱戴君主,只是出于趋利而避害;百官遵守法度不行恶事,也不是出于爱戴君主,是想爱惜爵禄而躲避刑罚。因此《明法》篇说:"百官遵守职责,不是因为恩惠,是刑罚的威慑。"

人主者,擅生杀①,处威势,操令行禁止之柄以御其群臣,此主道也。人臣者,处卑贱,奉主令,守本任,治分职,此臣道也。故主行臣道则乱,臣行主道则危。故上下无分,君臣共道,乱之本也。故《明法》曰:"君臣共道则乱。"

【注释】

①擅:专擅,掌控。

【译文】

所谓君主,能独操生杀大权,处于威势地位,掌控令行禁止的权柄从而驾驭群臣,这才是为君之道。所谓人臣,处在下位,奉行君令,严守本职,做好分内之事,这就是为臣之道。因此君行臣道就会出现混乱,臣行君道就会出现危局。因此上下没有分别,君道与臣道混同,是乱国的根源。因此《明法》篇说:"君臣共道就会发生混乱。"

人臣之所以畏恐而谨事主者,以欲生而恶死也。使人不欲生①,不恶死,则不可得而制也。夫生杀之柄,专在大臣②,而主不危者,未尝有也。故治乱不以法断而决于重臣,生杀之柄不制于主而在群下,此寄生之主也。故人主专以其威势予人③,则必有劫杀之患;专以其法制予人,则必有乱亡之祸。如此者,亡主之道也。故《明法》曰:"专授则失。"

【注释】

①使：假使，表假设。

②专：专有，把持。

③专：擅自。

【译文】

人臣之所以惶恐畏惧而谨慎地侍奉君主，是因为要想要求生而厌恶死亡。假使人们都不想要求生，都不厌恶死亡，那就不能控制了。生杀的权柄把持在大臣之手而君主不危亡的事，是从来没有的。故而治理国家不依据法度而是由重臣决定；生杀权柄不掌握在君主手中而是旁落于群臣，这就是依附于人的君主。因此君主擅自把威势送给别人，就一定有被劫杀的忧患；擅自把法令制度大权送给别人，就一定有动乱亡国的灾祸。这些情况都是亡国之君的世道。因此《明法》篇说："擅自授权就会失国。"

凡为主而不得行其令，废法而恣群臣①，威严已废，权势已夺，令不得出，群臣弗为用，百姓弗为使，竟内之众不制②，则国非其国而民非其民。如此者，灭主之道也。故《明法》曰："令本不出谓之灭。"

【注释】

①恣：肆意，放任。

②竟内：国内。竟，通"境"。

【译文】

凡是身为君主却不能使其政令得到执行，废弛法度而对群臣肆意放任，威严已经丧失，权势已被剥夺，政令不能发出，群臣不为其所用，百姓不为其所使，国内的民众不受其控制，那么国家就不是属于他的国家,民众也不是属于他的民众。这种情况是灭国之君的世道。因此《明法》篇说:"政令完全不能发出称为灭。"

明主之道,卑贱不待尊贵而见①,大臣不因左右而进②,百官条通③,群臣显见④,有罚者主见其罪,有赏者主知其功。见知不悖,赏罚不差。有不蔽之术,故无壅遏之患。乱主则不然,法令不得至于民,疏远隔闭而不得闻。如此者,壅遏之道也。故《明法》曰:"令出而留谓之壅。"

【注释】

①卑贱:地位低下的人。尊贵:地位尊贵的人。

②左右:近臣。

③条:通,通达,通畅。

④显见:分明可见,显而易见。

【译文】

明君的表现,是那些卑贱之士不用尊贵大臣引见就能见到君主,大臣提拔不依靠左右近臣进言,君主与百官联系顺畅,对群臣了解底细。受罚的人,君主明见其罪过所在;受赏的人,君主知道他的功绩如何。所见与所知没有谬误,所赏与所罚没有差错。君主有不受蒙蔽的办法,因此朝政没有阻碍不通的忧患。昏君就不是这样了,他的法令不能到达民众,被疏远隔绝而不能了解情况。这种情况是被蒙蔽的君主的局面。因此《明法》篇说:"政令发出而留滞称为壅。"

人臣之所以乘而为奸者①,擅主也②。臣有擅主者,则主令不得行,而下情不上通。人臣之力,能鬲君臣之间③,而使美恶之情不扬闻,祸福之事不通彻④,人主迷惑而无从悟,如此者,塞主之道也。故《明法》曰:"下情不上通谓之塞。"

【注释】

①乘:侵犯,逾超。

②擅主:揽夺君权。

③禹(gé):通"隔"。阻隔。

④通彻:通晓,明白。

【译文】

大臣之所以能侵上作恶,是因为揽夺了君权。大臣中有揽夺君权的,君主的命令就不能贯彻,下面的情况就不能上达。人臣的力量,就横隔在君臣之间,使好坏的情况不能显明,祸福的事情不被知晓,君主陷于迷惑而无法明悟朝政,这种情况是被闭塞的君主的世道。因此《明法》篇说:"下情不能上通称为塞。"

明主者,兼听独断,多其门户①。群臣之道,下得明上②,贱得言贵,故奸人不敢欺。乱主则不然,听无术数,断事不以参伍③。故无能之士上通,邪枉之臣专国,主明蔽而聪塞④,忠臣之欲谋谏者不得进。如此者,侵主之道也。故《明法》曰:"下情上而道止谓之侵。"

【注释】

①门户:门径,途径。

②明:提醒。

③参伍:错综比较,加以验证。

④明:视觉。聪:听觉。

【译文】

明君,广泛地听取众人的建议并独自做决定,增多自己听取意见的途径。群臣之道,下级可以提醒上级,地位卑贱者可以评说地位尊贵者,因此奸臣不敢欺君瞒上。昏君则不然,没有权术了解情况,裁决事情又不能错综比较加以验证。故而无能之人获得高位,奸邪之臣把持国政,君主的视听被蒙蔽阻塞,想要设谋进谏的忠臣不得进用。这种情况,就是被侵夺的君主的世道。因此《明法》篇说:"下情向上传达中途就被终止的称为侵。"

人主之治国也,莫不有法令,赏罚具。故其法令明而赏罚之所立者当,则主尊显而奸不生;其法令逆而赏罚之所立者不当①,则群臣立私而壅塞之,朋党而劫杀之。故《明法》曰:"灭、塞、侵、壅之所生,从法之不立也。"

【注释】

①逆:违背事理。引申为错误。

【译文】

君主治国,没有不设立法令,赏罚具备的。因此君主的法令明确而赏罚规定得当,那么君主的尊位显现而奸臣不出;君主的法令错误而赏罚规定不当,那么群臣就行私而蒙蔽君主,结为朋党而劫杀君主。因此《明法》篇说:"灭、塞、侵、壅这些现象之所以出现,是由于法令没有确立。"

法度者,主之所以制天下而禁奸邪也,所以牧领海内而奉宗庙也①。私意者,所以生乱长奸而害公正也,所以壅蔽失正而危亡也。故法度行则国治,私意行则国乱。明主虽心之所爱而无功者不赏也,虽心之所憎而无罪者弗罚也。

案法式而验得失^②，非法度不留意焉。故《明法》曰："先王之治国也，不淫意于法之外^③。"

【注释】

①牧领：统治。

②案：按照，依照。

③淫：过度，过分。

【译文】

法度，是君主用来控制天下而禁止奸邪的，凭借它来统治海内而侍奉宗庙。私意，是借之产生祸乱、滋长奸邪而危害公正的，是借之蒙蔽君主、丧失正道而导致危亡的。故而法度能够施行则国治，私意得到畅行则国乱。英明的君主即使是自己心爱的人，无功也不赏；即使是自己憎恶的人，无罪也不罚。按照法度规程来检验得失，与法度无关的事是不在意的。因此《明法》篇说："先王治国，不在法令之外过度留意。"

明主之治国也，案其当宜，行其正理^①。故其当赏者，群臣不得辞也；其当罚者，群臣不敢避也。夫赏功诛罪，所以为天下致利除害也。草茅弗去^②，则害禾谷；盗贼弗诛，则伤良民。夫舍公法而行私惠，则是利奸邪而长暴乱也。行私惠而赏无功，则是使民偷幸而望于上也^③；行私惠而赦有罪，则是使民轻上而易为非也。夫舍公法用私意，明主不为也。故《明法》曰："不为惠于法之内。"

【注释】

①理：法律，法令。

②草茅：泛指杂草。

③偷幸:苟且侥幸。

【译文】

明君治国,总是按照恰当合适的原则,执行正确的法令。因此对于应当奖赏的人,群臣不能推辞;对于应当惩罚的人,群臣不敢逃避。赏功罚罪,是借此为天下兴利除害的。杂草不铲除,就危害庄稼;盗贼不惩治,就伤害良民。如果弃公法而行私惠,那就是便利奸邪而助长暴乱了。因为行私惠而奖赏无功的人,就是让人民苟且侥幸而谋求讨好君主;行私惠而赦免有罪的人,就是让人民轻慢君主而轻易为非作歹。弃公法而行私意,明君是不做的。因此《明法》篇说:"不在法令的范围之内屈法施私惠。"

凡人主莫不欲其民之用也。使民用者,必法立而令行也。故治国使众莫如法,禁淫止暴莫如刑。故贫者非不欲夺富者财也,然而不敢者,法不使也;强者非不能暴弱也,然而不敢者,畏法诛也。故百官之事,案之以法,则奸不生;暴慢之人,诛之以刑,则祸不起;群臣并进,策之以数①,则私无所立。故《明法》曰:"动无非法者,所以禁过而外私也。"

【注释】

①数:权术。

【译文】

凡是君主没有不想要他的人民为他效力的。让人民效力,就必须建立法度而推行政令。因此治理国家役使人民没有比法更好的,禁止放纵抑制暴行没有比用刑更好的。故而贫困的人并非不愿意夺取富人的财物,然而不敢这样做的原因,是因为法令不允许;强大的人并非不能对弱者施暴,然而不敢这样做的原因,是畏惧法令的惩治。因此百官的工作,都按法度检查,那么奸邪就不会产生;残暴怠慢之人,都用刑律惩治,那么祸乱就不会兴起;群臣一起行动,用权术来驾驭他们,私行就无法建立。因此《明法》篇说:"行动没有不合法令的,借此来禁止过错而排除行私。"

人主之所以制臣下者,威势也。故威势在下,则主制于臣;威势在上,则臣制于主。夫蔽主者,非塞其门守其户也,然而令不行、禁不止、所欲不得者,失其威势也。故威势独在于主,则群臣畏敬;法政独出于主,则天下服德。故威势分于臣则令不行,法政出于臣则民不听。故明主之治天下也,威势独在于主而不与臣共,法政独制于主而不从臣出。故《明法》曰:"威不两错①,政不二门。"

【注释】

①错:放置。在此是分开、分占意思。

【译文】

君主之所以能控制臣下,靠的是威势。因此威势旁落,那么君主就会受制于臣下;威势掌握在君主手中,那么臣下就受制于君主。被蒙蔽的君主,并没有堵塞和封守他的门户,然而君主的命令不能实行、禁令不能奏效、所要求的不能得到,就是因为丧失了威势。因此威势独揽在君主手里,群臣就畏惧恭敬;法度政令由君主独自决定,天下就服从听命。故而威势分散于臣下命令就无法推行,法度政令产生于臣下百姓就不会听命。因此明君治理天下,威势独揽于君主而不与臣下共有,法度政令独定于君主而不许其出自臣下。因此《明法》篇说:"君主的威势不能由两家分占,政令不能由两家制定。"

明主者，一度量①，立表仪②，而坚守之，故令下而民从。法者，天下之程式也，万事之仪表也③；吏者，民之所悬命也④。故明主之治也，当于法者赏之，违于法者诛之。故以法诛罪，则民就死而不怨；以法量功，则民受赏而无德也⑤。此以法举错之功也⑥。故《明法》曰："以法治国，则举错而已。"

【注释】

①一：统一。

②表仪：法度。

③仪表：准则。

④悬命：寄托性命。

⑤德：感激，爱戴。

⑥错：通"措"。措施。

【译文】

明君，统一度量，建立法度，并且坚决地维护它们，因此命令下达而民众服从。法，是天下的规程，万事的准则；执法的官吏，是决定着民众生命的。因此明君治国，对于遵守法令的人要赏，对于违背法令的人要罚。因此依法治罪，民众受死也没有怨恨；依法量功，民众受赏也不用感恩。这些都是按照法度处理事情的功效。因此《明法》篇说："以法治国，就是按法度来处理而已。"

明主者，有法度之制，故群臣皆出于方正之治而不敢为奸。百姓知主之从事于法也，故吏之所使者，有法则民从之，无法则止，民以法与吏相距①，下以法与上从事。故诈伪之人不得欺其主，嫉妒之人不得用其贼心，谗谀之人不得施其巧。千里之外，不敢擅为非。故《明法》曰："有法度之制者,不可巧以诈伪。"

【注释】

①相距:相抗衡。

【译文】

明君,掌握着对法度的控制,因此群臣都由于规范的治理而不敢行奸佞之事。百姓也知道君主是依法办事的,因此官吏对民众的役使,合法的民众就服从,不合法的就拒绝,民众用法度和官吏相抗衡,下层凭法度为上层处理事务。因此奸诈的人不能欺骗君主,嫉妒的人无法施用害人之心,谗谀之人不能施展其机巧。即使在千里之外,人们都不敢擅自为非作歹。因此《明法》篇说:"有了法度的制约,民众就不能通过伪诈来取巧。"

权衡者①,所以起轻重之数也②。然而人不事者,非心恶利也,权不能为之多少其数,而衡不能为之轻重其量也。人知事权衡之无益,故不事也。故明主在上位,则官不得枉法,吏不得为私。民知事吏之无益,故财货不行于吏。权衡平正而待物,故奸诈之人不得行其私。故《明法》曰:"有权衡之称者,不可欺以轻重。"

【注释】

①权衡:这里指对于多少轻重的计量判断。权衡只能反映数量,而不产生数量,所以下文有"不事"之说。

②起:计量。

【译文】

设立权衡,是用来明确轻重数量的。然而人们不去尊奉它,并非心里厌恶财利,而是因为权不能为人改变数量的多少,衡不能为人改变重量的轻重。人们看到尊奉权衡没有任何益处,因此不去尊奉它。同样,有明君处在上位,官员就不能枉法,小吏就不能行私。人们看到奉承官吏没有任何益处,因此就不去用钱财行贿官吏了。权衡公正地对待任何事物,因而奸诈之人就不能行私了。因此《明法》篇说:"有了权衡的称量,人们就不能利用轻重来欺骗。"

尺寸寻丈者①,所以得长短之情也。故以尺寸量短长,则万举而万不失矣②。是故尺寸之度,虽富贵众强③,不为益长④;虽贫贱卑辱,不为损短。公平而无所偏,故奸诈之人不能误也。故《明法》曰:"有寻丈之数者⑤,不可差以长短。"

【注释】

①尺寸寻丈:均为古代的计量单位。

②举:尽,各尽其实情的意思。失:失败,失误。

③众强:人多势众。

④益:增加。

⑤数:计算。

【译文】

尺、寸、寻、丈这些计量单位,靠它们来得到长短的实际数据。因此用尺寸测量短长,就会测得万物的实际数据而万无一失。尺寸的测量结果,即使是对富贵有势力的人,也不为他们增长;即使是对贫贱地位低的人,也不为他们减短。它公平而没有偏私,因此奸诈的人不能借此制造错误。因此《明法》篇说:"有了寻丈的计算,人们就不能利用长短制造误差。"

　　国之所以乱者,废事情而任非誉也①。故明主之听也,言者责之以其实②,誉人者试之以其官③。言而无实者,诛;吏而乱官者,诛。是故虚言不敢进,不肖者不敢受官。乱主则不然,听言而不督其实④,故群臣以虚誉进其党;任官而不责其功,故愚污之吏在庭。如此则群臣相推以美名,相假以功伐⑤,务多其佼而不为主用⑥。故《明法》曰:"主释法以誉进能,则臣离上而下比周矣;以党举官,则民务佼而不求用矣。"

【注释】

①事情:事务的真实情况。非誉:非议和称誉。

②责:责成。

③试:考验。

④督:考察。

⑤假:借助,借用。功伐:功劳,功勋。伐,古代臣子评功的品级之一,泛指功勋。

⑥佼:通"交"。交往。这里指结交的人。

【译文】

　　国家之所以会出现动乱,是因为官员不是根据事实而是根据非议和称誉来任命。因此英明君主在听取意见的时候,对于提建议的人要责成他拿出真实证据;对于夸誉人的要用官职来考验那被夸誉的人。言而不实的,责罚;试用而败坏官职的,责罚。这样没人敢进虚假不实之言,无能之辈不敢接受官职。昏君则不是如此,听取意见不考察其真实性,因而群臣就利用虚假的赞誉来推荐私党;任用官吏不考查其成绩,因而愚昧贪污的官吏就进入朝廷。这样群臣就互相用美名吹捧,互相借用功劳,力求扩大结交而不为君主效力。因此《明法》篇说:"君主放弃法度按照赞誉用人,群臣就背离君主而在下结党营私;听信朋党举荐任官,民众就专务结交而不求为君主效力了。"

　　乱主不察臣之功劳,誉众者,则赏之;不审其罪过,毁众者①,则罚之。如此者,则邪臣无功而得赏,忠正无罪而有罚。故功多而无赏,则臣不务尽力;行正而有罚,则贤圣无从竭能;行货财而得爵禄,则污辱之人在官;寄托之人不肖而位尊②,则民倍公法而趋有势③。如此,则悫愿之人失其职④,而廉洁之吏失其治。故《明法》曰:"官之失其治也,是主以誉为赏而以毁为罚也。"

【注释】

①毁:诽谤。

②寄托:委托重任。

③倍:通"背"。背弃,背离。趋有势:趋炎附势。

④悫(què)愿:谨慎老实。悫,恭谨,朴实。愿,质朴。

【译文】

　　昏君不明察臣下的实际功劳,夸誉的人多,就行赏;也不审查臣下的实际罪过,诋毁的人多,就处罚。这样奸邪之臣没有功绩而获得赏赐,忠正之臣没有罪过而受到责罚。立功多而没有赏赐,那么臣下办事就不肯尽力;行为忠正而受到惩罚,那么圣贤之人就无法竭尽所能;靠行贿赂而获得爵禄,那么恶浊的人就进入官府;委以重任的人无能而官位很高,那么人民就背离公法而趋炎附势。这样谨慎老实的人失去他的职守,廉洁的官吏不见治理成效。因此《明法》篇说:"官吏没有治理成效,是君主按照赞誉行赏而根据诋毁行罚的结果。"

　　平吏之治官也①,行法而无私,则奸臣不得其利焉。此奸臣之所务伤也②。人主不参验其罪过③，以无实之言诛之，则奸臣不能无事贵重而求推誉，以避刑罚而受禄赏焉。故《明法》曰："喜赏恶罚之人，离公道而行私术矣。"

【注释】

①平吏：公正的官吏。

②务：务必，一定。伤：中伤，诋毁。

③参验：调查核实。

【译文】

公正的官吏为官，执行法令不循私情，那么奸臣便得不到什么好处。这些人是奸臣务必要诬陷中伤的。君主不调查核实他的罪过，只是根据不实之词就责罚，那么奸臣就不得不侍奉权贵来求得他们的夸誉，来躲避刑罚而谋求禄赏。因此《明法》篇说："那些喜赏恶罚的人，就要背离公法而推行私术啊。"

　　奸臣之败其主也，积渐积微，使主迷惑而不自知也。上则相为候望于主①，下则买誉于民；誉其党而使主尊之，毁不誉者而使主废之。其所利害者，主听而行之。如此，则群臣皆忘主而趋私佼矣。故《明法》曰："比周以相为慝②，是故忘主私佼，以进其誉。"

【注释】

①候望：侦查。

②慝：邪恶。

【译文】

奸臣败坏他们的君主，是逐渐地从细微之处积累而成的，使君主迷惑而自己不知道。奸臣在朝廷一起对君主的意愿进行侦查,在民间从民众那里收买名誉;他们夸誉同党让君主尊用这些人,诽谤不阿谀他们的人让君主废黜这些人。对他们想要给予利益的、施加迫害的,君主都听从实行。这样群臣就都忘掉君主而发展私交了。因此《明法》篇说:"朋比为奸共同作恶,因此他们忘记君主发展私交,来进用他们的同党。"

主无术数,则群臣易欺之;国无明法,则百姓轻为非①。是故奸邪之人用国事,则群臣仰利害也②,如此,则奸人为之视听者多矣。虽有大义③,主无从知之。故《明法》曰:"佼众誉多,外内朋党,虽有大奸,其蔽主多矣。"

【注释】

①轻:轻易,容易。

②仰:仰仗。

②大义:大的偏差,即大奸大恶。义,意近"俄"。《广雅》:"俄,邪也。"

【译文】

君主没有驾驭大臣的权术,群臣就容易欺骗他;国家没有明确的法度,百姓就容易为非作歹。因而奸邪之人如果掌握了国政,群臣就仰仗于他,这样替奸臣作耳目的人就多了。即使有了大奸大恶之人,君主也是无从知道的。因此《明法》篇说:"结交的人多赞誉也多,朝廷内外都成朋党,即使有大的奸恶,也大多能把君主蒙蔽过去。"

凡所谓忠臣者,务明法术,日夜佐主明于度数之理,以治天下者也。奸邪之臣知法术明之必治也,治则奸臣困而法术之士显①。是故邪之所务事者,使法无明,主无悟,而已得所欲也。故方正之臣得用则奸邪之臣困伤矣②,是方正之与奸邪不两进之势也。奸邪在主之侧者,不能勿恶也。唯恶之,则必候主间而日夜危之③。人主不察而用其言,则忠臣无罪而困死,奸臣无功而富贵。故《明法》曰:"忠臣死于非罪,而邪臣起于非功。"

【注释】

①显:地位尊崇。

②困伤:困窘毁败。

③候:窥伺。

【译文】

凡所谓忠臣,都力求修明法度,日夜辅助君主明白掌握法度政令的道理,以治理好天下。奸臣知道法度政策修明国家必然得到治理,如此奸臣就会处于困境,那些坚持法度政策的人地位就会尊显。因此奸臣所努力争取的,就是阻止法度修明,不让君主觉悟,这样自己就可以为所欲为了。因此正直之臣得到任用,奸臣就会困窘毁败,这就是正直与奸邪不能同时进用的必然趋势。奸臣在君主左右,不能不憎恶忠臣。唯其憎恶忠臣,就必然窥伺君主,寻找时机日日夜夜进谗言危害忠臣。君主不明察而采纳他们的言论,那么忠臣就会无罪而困死,奸臣就会无功而富裕显贵。因此《明法》篇说:"忠臣往往无罪而遭死,邪臣往往无功而发迹。"

富贵尊显,久有天下,人主莫不欲也。令行禁止,海内无敌,人主莫不欲也。蔽欺侵凌①,人主莫不恶也。失天下,灭宗庙,人主莫不恶也。忠臣之欲明法术以致主之所欲而除主之所恶者,奸臣之擅主者,有以私危之,则忠臣无从进其公正之数矣。故《明法》曰:"所死者非罪,所起者非功,然则为人臣者重私而轻公矣。"

【注释】

①蔽欺侵凌:蒙蔽、欺骗、侵权、僭越。

【译文】

富贵尊显,长久统治天下,没有君主不愿意如此。令行禁止,海内无敌,没有君主不愿意如此。对于蒙蔽、欺骗、侵权、僭越,没有君主不厌恶的。失去天下,毁灭宗庙,没有君主不厌恶的。忠臣想要修明法度以实现国君所愿,消除国君所恶,专权的奸臣,通过行私来危害他们,忠臣就无从进献其公正的策略了。因此《明法》篇说:"无罪遭死,无功发迹,那么作为人臣的就自然重私轻公了。"

乱主之行爵禄也,不以法令案功劳①,其行刑罚也,不以法令案罪过,而听重臣之所言。故臣有所欲赏,主为赏之;臣欲有所罚,主为罚之。废其公法,专听重臣。如此,故群臣皆务其党重臣而忘其主,趋重臣之门而不庭。故《明法》曰:"十至于私人之门,不一至于庭。"

【注释】

①案:通"按"。查考,考核。

【译文】

昏君授爵赐禄,不是依据法度考查功劳,他处刑判罚,也不是依据法度审核罪过,而全是听从重臣的进言行事。因此重臣有想要赏赐的,君主就替他赏赐;重臣有想要责罚的,君主就替他责罚。废弃国家的法令,专听重臣的意见。这样群臣就都尽力与朝廷重臣结党而忘掉君主,奔走于重臣的家门而不肯进入朝廷。因此《明法》篇说:"他们可以十次奔走于私人的家门,而一次不到朝廷。"

明主之治也,明于分职,而督其成事。胜其任者处官,不胜其任者废免。故群臣皆竭能尽力以治其事。乱主则不然。故群臣处官位,受厚禄,莫务治国者,期于管国之重而擅其利,牧渔其民以富其家①。故《明法》曰:"百虑其家,不一图国。"

【注释】

①牧渔:统治,搜刮。

【译文】

明智的君主治理臣下,明确臣下的职务,并监督他们完成各自政事。胜任的留在官位,不胜任的废免其官职。因此群臣都竭尽能力完成自己的政务。昏君则不这样。因此群臣只想占据官位,接受厚禄,而没有尽力于治理国家的,他们只期望掌控重要部门而独享其利,统治搜刮民众而独富其家。因此《明法》篇说:"百般考虑其自家,而不谋划国事一次。"

明主在上位,则竟内之众尽力以奉其主①,百官分职致治以安国家。乱主则不然,虽有勇力之士,大臣私之②,而非以奉其主也;虽有圣智之士,大臣私之,非以治其国也。故属数虽众,不得进也;百官虽具,不得制也③。如此者,有人主之名而无其实。故《明法》曰:"属数虽众,非以尊君也;百官虽具,非以任国也。此之谓国无人。"

【注释】

①竟内：国内。竟，通"境"。

②私：私养，私用。

③制：控制，支配。

【译文】

明君在上执政，国内民众都尽心竭力来尊奉君主，百官也分工治事来安定国家。昏君在位就不是这样。即使有勇力之士，也被大臣私家豢养，而不是让他们侍奉君主；即使有圣智之士，也被大臣私家豢养，而不是让他们治理国家。因此君主统治下的人虽多，却不能进用；百官虽然都齐备，却不能支配。像这样就是有君主之名而无其实。因此《明法》篇说："朝廷所属的人员虽然很多，但不是拥护君主的；百官虽然很齐备，但不是治理国事的。这就叫国中无人。"

明主者，使下尽力而守法分，故群臣务尊主而不敢顾其家；臣主之分明，上下之位审，故大臣各处其位而不敢相贵。乱主则不然，法制废而不行，故群臣得务益其家；君臣无分，上下无别，故群臣得务相贵。如此者，非朝臣少也，众不为用也。故《明法》曰："国无人者，非朝臣衰也①，家与家务相益，不务尊君也；大臣务相贵，而不任国也。"

【注释】

①衰：不足。

【译文】

明君，使臣下尽力工作而守法，故而群臣努力尊崇君主而不敢顾念自己的家庭；君臣之分明确，上下的地位确定，故而大臣各安其位而不敢相互抬举。昏君就不是这样，法度废弛不能实行，故而群臣都竭力经营自己的家庭;君臣上下没有分别,故而群臣竭力相互抬举。像这种情况,不是朝臣少,而是众人不为君主所用。因此《明法》篇说:"所谓国中无人,并不是说朝廷大臣不足,而是私家之间竭力互相助益,不竭力尊奉国君;大臣之间竭力互相抬举,而不肯为国办事。"

人主之张官置吏也,非徒尊其身厚奉之而已也,使之奉主之法,行主之令,以治百姓而诛盗贼也。是故其所任官者大,则爵尊而禄厚;其所任官者小,则爵卑而禄薄。爵禄者,人主之所以使吏治官也。乱主之治也①,处尊位,受厚禄,养所与佼,而不以官为务。如此者,则官失其能矣。故《明法》曰:"小臣持禄养佼,不以官为事,故官失职。"

【注释】

①治:这里指任用的官吏。

【译文】

君主设置官吏,不只是推尊他们的地位厚予他们俸禄而已,而是让他们遵行君主的法度,执行君主的政令,来治理百姓诛灭盗贼的。因此担任官职大的,就爵位尊贵俸禄丰厚;担任官职小的,就爵位低微俸禄微薄。爵禄,是君主用来治理官吏的。昏君任命的官员,身处在尊贵的地位,拿着优厚的俸禄,养着自己结交的党羽,而不做本职工作。像这种情况,官吏就失去了作用职能。因此《明法》篇说:"小臣拿着俸禄结交党羽,不以公职为本务,故而官吏就没有作用了。"

明主之择贤人也,言勇者试之以军①,言智者试之以官。试于军而有功者则举之,试于官而事治者则用之。故以战功之事定勇怯,以官职之治定愚智;故勇怯愚智之见也,如白黑之分。乱主则不然，听言而不试，故妄言者得用；任人而不官，故不肖者不困。故明主以法案其言而求其实，以官任其身而课其功②，专任法不自举焉。故《明法》曰："先王之治国也，使法择人，不自举也。"

【注释】

①试：考验。军：军伍，作战。

②课：考验，考查。

【译文】

明君选拔有才能的人，号称有勇力的就用行军作战考验他，号称有智谋的就用为官办事考验他。通过行军作战，有功的就提拔他，通过为官办事，干得好的就任用他。因此用战功的事实鉴定勇怯，用为官的治绩鉴定愚智，这样勇怯愚智的显现，就像黑白一样分明。昏君则不是这样，只听言论而不加考验，因此说假话的人也得以举用；任用人而不用为官政绩考察他，因此没有能力的也不会遇到困难。因此英明的君主用法度验证推举的言论要求他给出证据，用官职任命他来考察他的政绩，是专门靠法度取人而不是自己推荐。因此《明法》篇说："先王的治国，用法度录取人才，自己并不推荐。"

凡所谓功者，安主上，利万民者也。夫破军杀将，战胜攻取，使主无危亡之忧，而百姓无死虏之患，此军士之所以为功者也。奉主法，治竟内，使强不凌弱，众不暴寡，万民欢尽其力而奉养其主，此吏之所以为功也。匡主之过①，救主之失，明理义以道其主，主无邪僻之行，蔽欺之患，此臣之所以为功也。故明主之治也，明分职而课功劳，有功者赏，乱治者诛。诛赏之所加，各得其宜，而主不自与焉。故《明法》

曰："使法量功,不自度也^②。"

【注释】

①匡:匡正。

②度:度量,裁定。

【译文】

凡是所谓功劳,是指安定国君,利惠万民。击破敌军杀死敌将,战而胜攻而取,使国君没有危亡的忧虑,百姓没有死亡被俘的祸患,这是军士的功劳。奉行君主的法度,治理好境内的政事,使强者不欺凌弱者,人多势众的不凌暴人少势孤的,万民竭尽其力来侍奉君主,这是官吏的功劳。匡正君主的过错,挽救君主的失误,申明理义来引导君主,使君主没有乖谬的行为,也没有被欺蒙的忧患,这是大臣的功劳。因此明君治国,明确职务而考察功劳,有功的人赏,扰乱国治的人罚,赏罚所加,各得其所,而君主不用亲自干预。因此《明法》篇说:"用法度计量功劳,自己并不裁定。"

明主之治也,审是非,察事情,以度量案之。合于法则行,不合于法则止。功充其言则赏^①,不充其言则诛。故言智能者,必有见功而后举之;言恶败者,必有见过而后废之。如此则士上通而莫之能妒,不肖者困废而莫之能举。故《明法》曰:"能不可蔽而败不可饰也^②。"

【注释】

①充:满足,符合。

②能:贤能之人。败:无能之辈。饰:掩饰,伪装。

【译文】

明君治国,审查是非,考察实情,用法度来审核。合乎法度的就实行,不合法度的就废止。功绩符合所言的就给予赏赐;不能符合的就责罚。因此对所谓有智能的人,必须有明显的功绩之后才举用他;对所谓有恶行败德的人,必须有明显的罪过之后才废免他。这样贤能之人就可以向上晋升而无人能够嫉妒,无能之辈就困窘废退而无人能够举用。因此《明法》篇说:"贤能之人不能被掩蔽,无能之辈也不可能伪装。"

　　明主之道,立民所欲以求其功,故为爵禄以劝之;立民所恶以禁其邪,故为刑罚以畏之。故案其功而行赏,案其罪而行罚,如此则群臣之举无功者,不敢进也;毁无罪者①,不能退也。故《明法》曰:"誉者不能进而诽者不能退也。"

【注释】

①毁:诋毁,诽谤。

【译文】

　　明君的治国之道,根据人民想要的来制定政策促使他们立功,因此设立爵禄来鼓励他们;根据人民厌恶的来制定政策禁止他们行恶,因此规定刑罚来震慑他们。因此考察他们的功劳而行赏,考察他们的罪过而行罚,这样群臣所举荐的无功的人,不敢进入朝廷,群臣所诽谤无罪的人,也不可能被废免。因此《明法》篇说:"夸誉不能进用人,诽谤也不能罢免人。"

　　制群臣,擅生杀,主之分也;县令仰制①,臣之分也。威势尊显,主之分也;卑贱畏敬,臣之分也。令行禁止,主之分也;奉法听从,臣之分也。故君臣相与,高下之处也,如天之与地也;其分画之不同也,如白之与黑也。故君臣之间明别,则主尊臣卑。如此,则下之从上也,如响之应声;臣之法主也，如景之随形②。故上令而下应，主行而臣从，以令则行，以禁则止，以求则得，此之谓易治。故《明法》曰："君臣之间明别则易治。"

【注释】

①县令：维系君令。仰制：承受君主的统治。

②景：同"影"。影子。

【译文】

控制群臣，专擅生杀，是君主的本分；维系君令接受君命，是臣子的本分。掌握威势地位尊显，是君主的本分；身处下位心怀敬畏，是臣子的本分。令行禁止，是君主的本分；奉法听命，是臣子的本分。因此君臣相处，高下地位，就好像天与地对比；其分画的差别，就好像白与黑对比。因此君臣的界限分明，那么君尊而臣卑。这样臣下服从君主，就像回响应和声音；臣下效法君主，就像影子跟随身体。故而上面发令而下面响应，君主行事而臣下听从；有令则执行，有禁则停止，有求则获得，这就是所谓容易治理。因此《明法》篇说："君臣的界限分明就容易治理。"

明主操术任臣下，使群臣效其智能①，进其长技。故智者效其计，能者进其功。以前言督后事，所效当则赏之，不当则诛之。张官任吏治民，案法试课成功。守法而法之，身无烦劳而分职。故《明法》曰："主虽不身下为而守法为之可也。"

【注释】

①效：效力，奉献。

【译文】

　　明君掌握策略来任用臣下,使群臣可以奉献他们的智能,奉献他们的专长。因此有智谋的便贡献他的计策,有才能的便献出他的功绩。用他们之前的建言考察之后的事功,所贡献奏进的得当就赏赐他,不得当的就责罚他。设置官吏治理民众,依据法度检查成果。君主守持法度而又依法治理,自身既不烦劳而又可使百官分工尽职。因此《明法》篇说:"君主虽然不亲自办事,依靠法度去办就可以了。"

巨乘马第六十八

【题解】

篇名中的"乘马"，即"乘码"，运算之义。"巨"字之义，观篇章内容，当与"巨万"的"巨"相同，"巨万"即万万，"巨乘马"即获得万倍千倍之利的意思。史言管子治国重视"轻重"之术，此篇即表现的是"轻重"之术的内容。粮食大丰收，粮价即低（轻），政府便令农民用手里的粮食抵偿年初政府发放给他们的货币。于是粮食一半入国库。既如此，民间的粮食就少，价格上升，又变成"重"，而政府手里有大量高价粮食，以其换取国家需要的器械，又能得到充分的"国器"。文章以为这样就可以不用再向民众征赋税了。

桓公问管子曰："请问乘马①。"管子对曰："国无储在令。"桓公曰："何谓国无储在令？"管子对曰："一农之量壤百亩也②，春事二十五日之内。"桓公曰："何谓春事二十五日之内？"管子对曰："日至六十日而阳冻释③，七十日而阴冻释。阴冻释而杬稷④，百日不杬稷，故春事二十五日之内耳也。今君立扶台⑤，五衢之众皆作⑥。君过春而不止，民失其二十五日，则五衢之内阻弃之地也⑦。起一人之繇⑧，百亩不举；

起十人之繇，千亩不举；起百人之繇，万亩不举；起千人之繇，十万亩不举。春已失二十五日，而尚有起夏作，是春失其地，夏失其苗⑨，秋起繇而无止，此之谓谷地数亡。谷失于时，君之衡藉而无止⑩，民食十伍之谷⑪，则君已籍九矣⑫，有衡求币焉⑬，此盗暴之所以起，刑罚之所以众也。随之以暴，谓之内战。"桓公曰："善哉！"

【注释】

①乘马：运算。谓经济谋划。乘，计算。马，同"码"。筹码。

②一农之量：一个农民能够耕种的土地的数量。壤：耕种。

③日至：冬至。阳冻：地面的冰冻。释：融化。下文的"阴冻"即地下的冰冻。

④杌(wù)稷：播种。杌，树。

⑤扶台：为训练习水能游的水军而修筑的高台。

⑥五衢：五方，泛指众多。

⑦阻弃之地：指荒弃不耕的土地。

⑧繇：通"徭"。徭役。

⑨苗：谷物之实。

⑩衡：官吏。齐国掌管税收的官吏。藉：通"籍"。原义为赋税，此用为动词，收税。

⑪十伍：十分之五，即一半。

⑫君已籍九：指农民正常十分之五的赋税外，加上前言衡之所籍，共达十分之九。

⑬有衡求币：税官要求用货币交税。即要求农民卖粮完税，则农民又受到商人的盘剥。有，同"又"。

【译文】

齐桓公问管仲说:"请问经济的筹划。"管仲回答说:"国家没有财物积蓄的原因在于政令。"齐桓公说:"为什么说国家没有财物积蓄的原因在于政令呢?"管仲回答说:"一个农民能够耕种的土地数量是一百亩,而春耕春种只能在二十五天内完成。"齐桓公说:"为什么说春耕春种只能在二十五天以内呢?"管仲回答说:"冬至后六十天地面解冻,到七十天地下解冻。地下解冻才可以播种,过冬至一百天就不能再播种,因此春耕春种必须在二十五天内完成。现在您修建扶台,国内五方的民众都来服役。您到春天过完还不下令停止,百姓就失去了二十五天春耕的时机,那么国内五方之地就成为废弃之地了。征发一人服徭役,百亩地就得不到耕种;征发十人,千亩地就得不到耕种;征发百人,万亩地就得不到耕种;征发千人,十万亩地就得不到耕种。已失去了春耕的二十五日,而还要继续征发夏季的徭役,这就是春天误了种地,夏天没了收成,秋天再无休止地征发徭役,这就叫粮食土地不断丧失。已经耽误了种粮食的农时,您掌管税收的官吏又不停地征税,农民吃的粮食通常只是收成的一半,现今您收税已经收走了九成。官吏收税还要求用货币交纳,这些便是盗贼暴乱发生的缘由,刑罚罪责众多的原因。如果接着用暴力镇压,就要发生内战了。"桓公说:"讲得好啊!"

"策乘马之数求尽也[①]。彼王者不夺民时[②],故五谷兴丰。五谷兴丰,则士轻禄,民简赏[③]。彼善为国者,使农夫寒耕暑耘,力归于上,女勤于纤微[④],而织归于府者,非怨民心伤民意,高下之策[⑤],不得不然之理也[⑥]。"

【注释】

①策:计算,筹谋。

②王者：称王的人，成就王业的人。

③简：轻视，看轻。

④纤微：此指纺织。

⑤高下之策：指国家操纵物价高低涨落的理财政策。

⑥不得不然之理也：按，本段都是管仲进一步的阐释。

【译文】

“经济运算筹划的方法要追求穷尽。那些成就帝王大业的君主从不侵夺百姓的农时，因此五谷能丰收。五谷丰收，士人就会轻视爵禄，民众也会轻视国家奖赏。那些善于治理国家的人，能使农民不论寒暑全年努力耕作，而成果归于君上，妇女勤于纺织，而成果归于官府。这并不是想要使百姓心生怨恨，伤害民心民意，而是实行国家控制物价高低的理财政策，不能不是这样的结果。”

桓公曰：“为之奈何？”管子曰：“虞国得策乘马之数矣①。”桓公曰：“何谓策乘马之数？”管子曰：“百亩之夫，予之策②：‘率二十七日为子之春事③，资子之币。’春秋子谷大登④，国谷之重去分⑤。谓农夫曰：‘币之在子者以为谷而廪之州里⑥。’国谷之分在上，国谷之重再十倍⑦。谓远近之县，里、邑百官⑧，皆当奉器械备⑨，曰：‘国无币，以谷准币⑩。’国谷之櫎⑪，一切什九⑫。还谷而应谷⑬，国器皆资⑭，无籍于民⑮。此有虞之策乘马也。”

【注释】

①虞国：即下文的“有虞”，即舜所统治的国家。

②策：君主对下发布的命令文件。此指发给农民的通告。

③率：大致，大概。

④登：丰收。

⑤重：重量，这里引申为价格。分：一半。

⑥廪：收藏，储藏。州、里：均为古代地方行政单位。

⑦再：意同"称""举"，即升高的意思。

⑧里、邑：均为古代地方行政单位。

⑨奉：进贡，上交。器械：此指兵器和各种用具。

⑩准：折算，抵偿。

⑪横(kòu)：字与"榷"意思相近，政府规定的价值。

⑫一切：权且，暂定。什九：十分之九。

⑬还谷：指用粮食偿还当初国家发放的种粮的钱款。应谷：指用粮食代替货币购买以备公用的兵器用具。

⑭资：供给，供应。

⑮籍：征收赋税。

【译文】

　　齐桓公说："这要怎么做呢？"管仲说："虞国真正懂得经济运算筹划的方法。"齐桓公说："什么是经济运算筹划的方法？"管仲说："对于种田百亩的农民们，给他们下策令：'这大约二十七天是你们自己进行春耕的时间，国家用钱来资助你们。'到了收获的季节五谷丰收，国内粮价下降了一半。这时又通告农民们说：'资助你们的钱财都要折成粮食送交州、里的官府储藏。'国内的粮食有一半控制在国家手中，国内粮食的价格就会提高十倍。再通告远近各县，各里、各邑的官吏们，要求他们都必须交纳足额的兵器和各种用具。同时通告说：'国家没有现钱，用粮食折算成现钱来购买。'国内粮食价格一律取得十分之九的大利。用粮食偿还当初国家发放的种粮的钱款，再用粮食折算货币购买以备公用的兵器用具，国家的器物都能得到供给，而用不着向百姓直接征收赋税。这就是虞国经济运算筹划的做法。"

乘马数第六十九

【题解】

此篇接上篇,继续通过齐桓公与管仲之间的问答阐述管仲对于国家经济运算筹划方面的理解和看法。文章值得注意之处有两点,即在"岁凶"之年以兴修公共设施的方式,以工代赈,恢复经济运行。这样的思想在世界范围内也是相当早的。其次,"王国持流",即以控制流通的方式保证本国经济的获利,也是认识到市场流通价值的言论。这些都是《管子》"轻重"学说的闪光点。其"谷独贵独贱"之说,又具有当时的历史特点。

桓公问管子曰:"有虞策乘马已行矣,吾欲立策乘马,为之奈何?"管子对曰:"战国修其城池之功①,故其国常失其地用②。王国则以时行也③。"桓公曰:"何谓以时行?"管子对曰:"出准之令④,守地用人策⑤,故开阖皆在上⑥,无求于民。"

【注释】

①战国:忙于战争的国家。

②地用：指农业生产。

③王国：建立王业的国家。

④准：平准。即指贵时抛售、贱时收买的经济调节方式。

⑤守：保持，掌握。人策：人谋。此指物价政策。

⑥开阖：国家通过抛售或收购粮食等重要商品，以调节物价和增加财政收入的经济措施。

【译文】

齐桓公问管仲说："古代虞国早已实行经济运算筹划的方法了，我也想确立政策实行它，应该怎么办？"管仲回答说："忙于战争的国家致力于修筑其城池，因此这类国家常常耽误它们的农业生产。建立王业的国家则因时制宜来行事。"齐桓公说："什么叫因时制宜来行事？"管仲回答说："发布平准的号令，贱时收买，贵时抛售，保持农业生产与物价政策，因而采用抛售或收购的经济措施，开合自如，主动权全在君主，不用向百姓求索。"

"朝国守，分上分下①，游于分之间而用足。王国守始②，国用一不足则加一焉，国用二不足则加二焉，国用三不足则加三焉，国用四不足则加四焉，国用五不足则加五焉，国用六不足则加六焉，国用七不足则加七焉，国用八不足则加八焉，国用九不足则加九焉，国用十不足则加十焉。人君之守高下③，岁藏三分，十年则必有五年之余④。若岁凶旱水泆⑤，民失本⑥，则修宫室台榭，以前无狗、后无彘者为庸⑦。故修宫室台榭，非丽其乐也，以平国策也⑧。今至于其亡策乘马之君，春秋冬夏，不知时终始，作功起众，立宫室台榭。民失其本事，君不知其失诸春策，又失诸夏秋之策数也。民无檀卖子⑨，数矣。猛毅之人淫暴，贫病之民乞请，君行律度焉,则民被刑僇而不从于主上⑩。此策乘马之数亡也。"

【注释】

①朝国守,分上分下:朝国,守卫、自卫之国。朝,召集。分上分下,指国家经济储备半上半下,游于两半之间。以上黎翔凤之说。郭沫若《集校》本改"朝"为"霸",又据黄巩《管子编注》改"分上分下"之"分"为"与"。可备一说。

②王国守始:意谓王者之国从一开始就运用"策乘马"之术,全部掌握国家的经济控制权。

③高下:这里指物价水平的高低。

④五:结合上下文,当为"三"之笔误。

⑤水泆(yì):水灾。泆,通"溢"。水满而泛滥。

⑥本:指务农。

⑦前无狗、后无彘:指家中连狗猪都没有的贫苦之人。庸:庸工。

⑧国策:此处指国家经济上以有济无的平衡之策。

⑨糧:糜。即食物。

⑩被刑僇:接受刑罚。

【译文】

"只取自守的国家只能掌握国家经济控制权的一半,君主掌握一半财富,民众掌握一半财富,二者都在这个范围内浮动国用就充足。成就王业的国家从一开始就掌握着全部的国家经济控制权,国家财用缺一补一,缺二补二,缺三补三,缺四补四,缺五补五,缺六补六,缺七补七,缺八补八,缺九补九,缺十补十。国君控制物价的高低,每年贮备粮食产量的十分之三,十年就一定有三年的积蓄。如果遇上大旱大水的灾年,百姓无法从事农业生产,就修建宫室台榭,雇用那些家里连猪狗都没有的穷人以做工为生。所以修建宫室台榭,不是为观赏之乐,而是为了实行国家"以工代赈"的经济平衡政策。至于当今那种不懂得经济运算筹划的国君，春秋冬夏，不了解农时的终始时间，兴工动众，建筑宫室台榭。百姓不能从事农业生产，君主还不知道他已失去了春天的筹划理财时机，又失去了夏天、秋天的筹划理财时机。民众无食而卖儿鬻女，这种情况屡屡发生。强悍的人发动严重暴乱，贫病之民乞讨求食，国君动用法律制裁，人民就宁可接受刑杀也不肯服从君主。这都是不进行经济运算筹划的结果。"

"乘马之准①，与天下齐准。彼物轻则见泄②，重则见射③。此斗国相泄④，轻重之家相夺也⑤。至于王国，则持流而止矣⑥。"桓公曰："何谓持流？"管子对曰："有一人耕而五人食者，有一人耕而四人食者，有一人耕而三人食者，有一人耕而二人食者。此齐力而功地。田策相圆⑦，此国策之时守也。君不守以策，则民且守于下，此国策流已。"

【注释】

①准：标准。

②泄：外流，散失。

③射：谋求，谋取。

④斗国：对立的国家。

⑤轻重之家：即赢利之家。亦即依靠"轻重"变化谋取利益的人。

⑥流：流通。

⑦相圆：相辅相成。

【译文】

"经过计算筹划的物价标准，应当同天下各国的标准保持一致。商品价格偏低就散失外流，偏高就被别国谋利。这便是对立国家互相倾销商品，追求赢利的人互相夺利的由来。至于成就王业的国家，控制住流通就可以了。"齐桓公说:"控制流通是什么意思?"管仲回答说:"有一人种田粮食可供五人食用的,有一人种田粮食可供四人食用的,有一人种田粮食可供三人食用的,有一人种田粮食只够两人食用的。他们的成果都是花费同样劳力种地得到的。使农业生产与国家的物价政策相辅而行,这就是国家理财政策的及时控制。如果君主不用政策去控制流通,那么民众就会在下面操控,这样国家的理财政策就落空了。"

桓公曰:"乘马之数尽于此乎?"管子对曰:"布织财物,皆立其赀①。财物之赀与币高下,谷独贵独贱。"桓公曰:"何谓独贵独贱?"管子对曰:"谷重而万物轻,谷轻而万物重。"

【注释】

①赀:价格。

【译文】

齐桓公说:"经济运算筹划的方法就只有这些吗?"管仲回答说:"对布帛和各种财物,也都要规定价格。各种财物的价格要与所值的货币相当,粮食则要单独规定其价格的贵贱。"桓公说:"单独规定粮价贵贱是什么意思?"管仲回答说:"粮价高万物价格就贱,粮价低万物价格就贵。"

公曰:"贱策乘马之数奈何①?"管子对曰:"郡县上奥之壤守之若干②,间壤守之若干,下壤守之若干。故相壤定籍而民不移③,振贫补不足④,下乐上。故以上壤之满补下壤之众⑤,章四时⑥,守诸开阖,民之不移也,如废方于地⑦。此之谓策乘马之数也。"

【注释】

①贱:通"践"。具体实施。

②上垲之壤:上等的土地。垲,通"腴"。土地肥沃。

③相:考察,评定。

④振:同"赈"。赈济。

⑤以上壤之满补下壤之众:意谓用上等土地的盈余补充众多下等土地的不足。众,众多。一说"众"字误,当作"缺"或"虚",与"满"相对。

⑥章:彰显。

⑦废:放置。

【译文】

齐桓公说:"实施经济运算筹划还要怎么办?"管仲回答说:"对郡县上等土地掌握它相应的粮食产量,中等土地掌握它相应的粮食产量,下等土地掌握它相应的粮食产量。因此评定土地好坏来确定征收的赋税百姓就会安定,赈济贫困而补助不足百姓就会拥戴君主。因此用上等土地的盈余来补充众多下等土地的不足,彰显四时的物价变化,掌握市场上货物收购与抛售的大权,百姓安居乐业,就像把方形的东西放置在平地上一样。这就叫经济运算筹划的方法。"

问乘马第七十

亡佚

卷第二十二

事语第七十一

【题解】

此篇以齐桓公和管仲问答的形式,辩驳了治理国家的两种错误观点,阐述了管仲的治国理论。强调"富胜贫,勇胜怯"等是此篇治国理念的特点,不同于商鞅法家的主张。而"仓廪实则知礼节"的名言,又是此篇最闪光的观点。

桓公问管子曰:"事之至数可闻乎①?"管子对曰:"何谓至数?"桓公曰:"秦奢教我曰:'帷盖不修,衣服不众,则女事不泰②。俎豆之礼不致牲③,诸侯太牢④,大夫少牢,不若此,则六畜不育。非高其台榭,美其宫室,则群材不散⑤。'此言何如?"管子曰:"非数也。"桓公曰:"何谓非数?"管子对曰:"此定壤之数也⑥。彼天子之制,壤方千里,齐诸侯方百里⑦,负海子七十里⑧,男五十里,若胸臂之相使也。故准徐疾、赢不足⑨,虽在下也,不为君忧。彼壤狭而欲举与大国争者,农夫寒耕暑芸⑩,力归于上,女勤于缉绩徽织,功归于府者,非怨民心伤民意也,非有积蓄不可以用人,非有积财无以劝下。泰奢之数⑪,不可用于危隘之国⑫。"桓公曰："善。"

【注释】

①至数：最佳办法。至，善。数，计，方法。

②女事：女工。指纺织、缝纫、刺绣等。泰：通达，发展。

③俎豆之礼：即祭祀之礼。不致牲：不，当作"必"，或为衍文。

④太牢：古代祭祀，猪、牛、羊俱全称为太牢。下句之"少牢"，是只有猪、羊，没有牛。

⑤材：木材。散：分散，散布。此指销售。

⑥定壤：指面积广大，上下等级规制严整的国家。

⑦齐：众多。为"黎"之假字，众而小为黎。

⑧负海：背靠大海。子：爵位较低的诸侯。下文"男"必是爵位低小的诸侯。

⑨准：调节。徐疾：缓急。赢不足：盈余与不足。

⑩芸：通"耘"。

⑪泰：极度，过分。

⑫危隘之国：领土狭小的国家。

【译文】

齐桓公问管仲说："处理政事的最佳办法，可以说给我听听吗？"管仲回答说："什么叫最佳办法？"齐桓公说："秦奢教导我说：'不修饰车帷车盖，不大量添置衣服，纺织、缝纫、刺绣等女工就不能发展。祭祀之礼必须要用牲畜，诸侯用太牢之礼，大夫用少牢之礼，不这样，六畜就不能繁育。不高建楼台亭榭，把宫室修建得壮丽华美，各种木材就没有销路。'这种言论怎么样？"管仲说："这不是正确的方法。"桓公说："为什么说它是不正确的方法？"管仲回答说："这是面积广大，上下等级规制严整的国家采用的方法。那天子所管辖的土地有方圆千里，诸多列国诸侯的土地方圆百里，背靠大海的子爵土地方圆七十里，男爵土地方圆五十里,就像身体上的胸臂一样互相为用。因此调节缓急余缺,即使财富散在民间,也不会成为君主的忧虑。那些领土狭小却还想要起来与大国争强的国家,必须使农夫全年努力耕耘,成果归于君主,使妇女勤于纺织,成果归于官府,这并不是想要使百姓心生怨恨,伤害民心民意,而是国家没有积蓄就不能用人,国家没有余财就不能激励民众。过分奢侈的办法,不可用在领土狭小的国家。"齐桓公说:"好。"

　　桓公又问管子曰:"佚田谓寡人曰:'善者用非其有,使非其人,何不因诸侯权以制天下①?'"管子对曰:"佚田之言非也。彼善为国者,壤辟举则民留处,仓廪实则知礼节。且无委致围②,城肥致冲③。夫不定内,不可以持天下。佚田之言非也。"管子曰:"岁藏一,十年而十也。岁藏二,五年而十也。谷十而守五,绨素满之④,五在上⑤。故视岁而藏,县时积岁⑥,国有十年之蓄,富胜贫,勇胜怯,智胜愚,微胜不微⑦,有义胜无义,练士胜欧众⑧。凡十胜者尽有之⑨,故发如风雨,动如雷霆,独出独入,莫之能禁止,不待权与。故佚田之言非也。"桓公曰:"善。"

【注释】

①权以:犹"权与",即权势与盟友。因诸侯之权照应上句"用非其有",因诸侯之与照应上句"使非其人"。

②委:积聚。这里指积聚的财物。

③肥:"脄(cuì)"的别体。脄,同"脆"。

④绨:厚绢。素:白绢。满:补足。

⑤五在上:五成在君主手里。

⑥县时:长久的时日。县,通"悬"。久。

⑦微：窥伺。《史记·游侠列传》："解使人微知贼处。"此处有了解敌情的意思。

⑧欧众：被驱赶到一起的乌合之众。欧，同"驱"。

⑨十胜：泛指所有的制胜之道。

【译文】

齐桓公又问管仲说："佚田对我说：'善于治国的人能够运用不属于他的资财，使用不属于他的人力，为什么不利用各诸侯国的势力与盟友来掌控天下呢？'"管仲回答说："佚田的话不对。那些善于治国的人，开辟荒地民众就能留下来居住，仓库充实人民就懂得礼节。而且没有物资积蓄就会导致国家被围困，城防不坚固就会导致被攻击。内部不安定的，就无法掌握天下。佚田的话是不对的。"管仲接着说："每年贮备粮食产量的一成，十年就是十成。每年贮备二成，五年就是十成。十成粮食由国家掌握五成，再用各种厚绢白绢来做补充，就可以使五成粮食产量常在君主手里。因此依据每年的收成来贮备，积年累月，国家就会有十年的积蓄，就可以以富胜贫，以勇胜怯，以智胜愚，以了解敌情精确胜不了解敌情，以有义胜不义，以训练有素的士卒战胜无训练的乌合之众。这全部制胜的因素都具备了，于是发兵如风雨，行动如雷霆，纵横战场，无人能挡，根本不需要等待其他诸侯国势力与盟友的帮助。因此佚田的话是不对的。"齐桓公说："好。"

海王第七十二

【题解】

　　海王即靠大海称王。而篇章内容实际包含"海"与"山"两大项。海出盐，国家对海盐经营加以管控；山出铁，国家对铁的流通加以控制，两者相合实即盐铁专营，即向这两种民众生活不可或缺的物品征加税收，即可满足国家财政需求。此即"官山海"政策的大要。需要注意的，《管子》中的这项财经政策与汉武帝实施的"盐铁专卖"还有区别，即《管子》并不主张盐铁生产与销售完全由政府承办，只是主张向这两项大量流通的商品征加一定税额。此外，本文开始一段的议论，即反对直接征税的主张，也是很有政治智慧分量的。

　　桓公问于管子曰："吾欲藉于台雉①，何如？"管子对曰："此毁成也。""吾欲藉于树木？"管子对曰："此伐生也。""吾欲藉于六畜？"管子对曰："此杀生也。""吾欲藉于人，何如？"管子对曰："此隐情也②。"桓公曰："然则吾何以为国？"管子对曰："唯官山海为可耳③。"

【注释】

　　①藉：通"籍"。登记以收税。台雉：指房屋建筑。雉，雉堞，城上

短墙。

②隐情:收闭情欲,减少生育。隐,收闭。一说"隐情"指隐瞒实际
人口情况。

③官:专营。

【译文】

　　齐桓公问管仲说:"我想要对房屋等建筑征税,怎么样?"管仲回答说:"这就是让民众拆毁房子。""我想要对树木征税呢?"管仲回答说:"这就是让民众砍伐树木。""我想要对牲畜征税呢?"管仲回答说:"这就是让民众杀死牲畜。""我想要对人口征税,怎么样?"管仲回答说:"这等于叫人们收闭情欲,减少生育。"齐桓公说:"那么我拿什么来治理国家呢?"管仲回答说:"只有专营山海资源才是可行的。"

　　桓公曰:"何谓官山海?"管子对曰:"海王之国,谨正盐策①。"桓公曰:"何谓正盐策?"管子对曰:"十口之家十人食盐,百口之家百人食盐。终月②,大男食盐五升少半,大女食盐三升少半,吾子食盐二升少半③,此其大历也④。盐百升而釜。令盐之重升加分强⑤,釜五十也;升加一强,釜百也;升加二强,釜二百也。钟二千,十钟二万,百钟二十万,千钟二百万。万乘之国,人数开口千万也⑥,禺策之⑦,商日二百万⑧,十日二千万,一月六千万。万乘之国正九百万也⑨。月人三十钱之籍,为钱三千万。今吾非籍之诸君吾子,而有二国之籍者六千万。使君施令曰'吾将籍于诸君吾子',则必嚣号。今夫给之盐策,则百倍归于上,人无以避此者,数也。

【注释】

①正盐策:即征收盐税之策。正盐,征收盐税。正,通"征"。

②终月：一个月。

③吾(yá)子：小孩。

④大历：大数，大概。

⑤重：价格。分强：半钱。强，当作"锸"，钱。

⑥人数开口：人口总数。

⑦禺：通"偶"。相加，合计。

⑧商：估计，约计。

⑨正九百万：即征收百万人的赋税。九，当为"人"字之讹。

【译文】

桓公说："什么叫专营山海资源？"管仲回答说："靠大海资源成就王业的国家，要注意明确征收盐税的政策。"齐桓公说："什么叫征收盐税的政策？"管仲回答说："十口之家就有十人吃盐，百口之家就有百人吃盐。一个月，成年男子吃盐近五升半，成年女子近三升半，小孩子近二升半，这是大概数字。盐一百升为一釜。让盐的价格每升增加半钱，一釜可多收入五十钱；每升增加一钱，一釜可多收入一百钱；每升增加二钱，一釜可多收入二百钱。一钟就可多收二千钱，十钟就可多收二万钱，百钟可多收二十万钱，千钟就可多收二百万钱。一个万乘的大国，人口总数千万人，合计下来，约计每日可得二百万，十日得二千万，一月可得六千万钱。一个万乘的大国要征收百万人的赋税，每月每人征税三十钱，总数为三千万。现在我们没有向大人小孩直接征税，就有相当于两个大国的六千万钱的税收。假设君主发布命令'我将要对全国所有大人小孩直接征税'，那就一定会引起喧嚷反对。现在取财于征收盐税的政策，就有百倍利益归于君主，民众也无法规避，这就是理财的方法。

"今铁官之数曰：一女必有一针一刀①，若其事立②；耕者必有一耒一耜一铫③，若其事立；行服连轺輂必有一斤一锯一锥一凿者④,若其事立。不尔而成事者天下无有。令针之重加一也,三十针一人之籍;刀之重加六,五六三十,五刀一人之籍也;耜铁之重加七⑤,三耜铁一人之籍也。其余轻重皆准此而行。然则举臂胜事,无不服籍者。”

【注释】

①刀:这里指剪刀。

②若:如此,这样。

③耒、耜、铫(yáo):皆为古代农具。耒,犁。耜,铧。铫,大锄。

④行服连轺(yáo)辇(jú)者:修造各类车辆的人。连,人力挽的车。轺,轻车。辇,马驾的大车。

⑤耜铁:铁铧。七:当为“十”之讹。

【译文】

“现在铁官的专营方法是:每一妇女必须要有一根针和一把剪刀,这样她的女工之事才能够做成;每一农民必须要有一把犁、一把铧和一把大锄,这样他的耕种之事才能够做成;每一个修造车辆的人,必须要有一把斧子、一把锯、一个锥子、一个凿子,这样他的造车之事才能够做成。不这样能做成事情的人天下并没有。让针的价格每根增加一钱,三十根针的加价收入就等于一个人所纳的税;让剪刀的价格每把加价六钱,五六三十,五把剪刀的加价收入就等于一个人所纳的税;让铁铧每个加价十钱,三个铁铧的加价收入就等于一个人所纳的税。其他铁器的价格高低都可以以此为标准来实行。这样只要人们动手干活,就没有不负担这种税的。”

桓公曰:“然则国无山海不王乎?”管子曰:“因人之山海假之①。名有海之国雠盐于吾国②,釜十五③,吾受而官出之

以百。我未与其本事也④,受人之事,以重相推⑤。此人用之
数也⑥。"

【注释】

①因:依靠。假:借用。

②名:通"命"。命令。雠:出售。

③釜十五:每釜十五钱。

④本事:这里指制盐的过程。

⑤重:加价。相推:估算取得的盈利。推,度,推算。

⑥人用:当为"用人"之误。意谓借助于他人。

【译文】

齐桓公说:"那么没有山海资源的国家就不能成就王业了吗?"管仲
说:"可以依靠别国的山海资源加以借用。命令有山海资源的国家把盐
卖给我国,我国以每釜十五钱的价格买进,而以每釜一百钱的专卖价格
卖出。我国虽不参与制盐,但可以接受别人的产品,用加价推算盈利。
这就是利用他人的理财方法。"

国蓄第七十三

【题解】

此篇详细论述了利用"轻重"手段满足国家财政积蓄的思想,是管子"轻重"之术治国的集中表达。文章仍然强调不要向民众直接征收各种财产税,认为那样会导致物价跌落,民众财富大幅缩水。与此相伴,文章较详细地论述了利用"轻重"之术争取君主最大利益的主张。文章说,以"轻重"之术获利,"见予之形,不见夺之理",拔鸡毛而不使鸡感觉疼,其实是谁消费谁顺便向国家纳税。文章还认为"岁有凶穰","谷有贵贱……故物有轻重",政府注意在丰收之年多收购粮食,丰年可以防止谷价太贱,凶年也可经由散放粮食平抑物价。在这一点上,政府不单获利,而且起到平稳经济的杠杆作用,与战国初期李悝"平粜法"主张一致,都是强调政府的经济职能,有其积极意义,理论价值也颇高。不过《管子》经济主张总体上为"富国"论,政府获利,是为控制驾驭民众。这一点在文章开始就明确提出。同时其结尾处认为金玉之物的贵重是"先王"有提高,则显示出对商品认识的局限性。

国有十年之蓄,而民不足于食,皆以其技能望君之禄也;君有山海之金,而民不足于用①,是皆以其事业交接于君上也②。故人君挟其食③,守其用,据有余而制不足,故民无不累于上也④。五谷食米,民之司命也⑤;黄金刀币,民之通施也⑥。故善者执其通施以御其司命,故民力可得而尽也。

【注释】

①民不足于用:足,宋本作"罪"。黎翔凤以上句"金"字解为"禁"以迁就"罪"字,殊嫌迂曲。张佩纶、许维遹等据赵本、《纂诂》本及其他相关材料辨析,认为当是"足"字,理由充分,今据改。又,何如璋说:唐杜佑《通典·食货十二》引此有"管子曰:夫富能夺,贫能予,乃可以为天下"三句,在"国有十年之蓄"句上。宋本无。

②事业:职业。交接:交换。

③挟:控制。

④累:系累,受控制。

⑤司命:指关乎命运者。

⑥通施:通货,货币。

【译文】

国家有十年的粮食贮备,而民众的粮食还不够吃,就会想用自己的技能来求取君主的俸禄;国君有经营山海资源收入的金钱,而民众的钱财还不够用,就会想用自己的职业换取君主的金钱。因此君主能控制粮食,掌握货币,依靠有余来控制不足,民众就没有不被君主控制的了。粮食关乎民众的生死,黄金钱币是民众用来交易的货币。因此善于治国的君主掌握作为交易的货币来控制关乎民众生死的粮食,就可以最大限度地使用民力了。

夫民者亲信而死利,海内皆然。民予则喜,夺则怒,民情皆然。先王知其然,故见予之形,不见夺之理①。故民爱可洽于上也②。租籍者③,所以强求也;租税者④,所虑而请也⑤。王霸之君去其所以强求，废其所虑而请⑥，故天下乐从也。

【注释】

①理：道理，内情。

②洽：通洽，通达。

③租籍：指本书《海王》所谓室、树、畜、人之税，有见"夺"之形，乃民所不欲，故为"强求"者。

④租税：指所谓"官山海"而收取之税，国家通过调控商品价格获得，比较隐蔽，是经过谋划而获得的，故曰"虑而请"。

⑤请：求取，索取。

⑥废：通"发"。开发。

【译文】

民众总是亲近信任的人而死于谋求财利，四海之内都是如此。对于民众，给予他利益就会喜悦，夺取他的利益就会愤怒，人之常情都是如此。先王知道这个道理，因此展现给予利益的一面，而隐藏夺取民众利益的内情。因此民众可以与君主关系融洽。室、树、畜、人等税，是强制征收的；通过"官山海"等调控商品价格所得之税，是经过谋划索取的。成就王霸之业的君主舍弃强制征收的形式，开发经过谋划所得之税，故而天下都乐于服从。

利出于一孔者①，其国无敌；出二孔者，其兵不诎②；出三孔者，不可以举兵；出四孔者，其国必亡。先王知其然，故塞民之养③，隘其利途④。故予之在君，夺之在君，贫之在君，富之在君。故民之戴上如日月，亲君若父母。

【注释】

①利出于一孔：财利出入的途径只有一条。指国家独占所有财利。

　孔，通道，途径。

②诎：屈服，服从。

③养：养生的东西。这里指谋取高利。

④隘：通"厄"。限制，控制。

【译文】

　　财利出入的途径只有一条的，这样的国家就强大无敌；有两条的，这样的国家军队就不服从命令；有三条的，不能够发动战争；有四条的，这样的国家一定灭亡。先王明白这个道理，因此杜绝民众谋取高利，限制他们获利的途径。因此给予夺取的决定权在于君主，让百姓贫穷或者富裕的决定权也在于君主。因此民众就拥戴君主有如拥戴日月，亲近国君好像亲近父母。

　　凡将为国①，不通于轻重②，不可为笼以守民③；不能调通民利④，不可以语制为大治⑤。是故万乘之国有万金之贾，千乘之国有千金之贾，然者何也？国多失利，则臣不尽其忠，士不尽其死矣。岁有凶穰⑥，故谷有贵贱；令有缓急⑦，故物有轻重。然而人君不能治，故使蓄贾游市⑧，乘民之不给，百倍其本。分地若一，强者能守；分财若一，智者能收⑨。智者有什倍人之功，愚者有不赓本之事⑩。然而人君不能调，故民有相百倍之生也。夫民富则不可以禄使也，贫则不可以罚威也。法令之不行，万民之不治，贫富之不齐也。且君引锲量用⑪，耕田发草，上得其数矣。民人所食，人有若干步亩之数矣。计本量委则足矣⑫，然而民有饥饿不食者，何也？谷有所藏也。人君铸钱立币，民庶之通施也，人有若干百千之数矣。然而人事不及、用不足者,何也? 利有所并藏也。然则人君非能散积聚,钧羡不足⑬,分并财利而调民事也,则君虽强本趣耕⑭,而自为铸币而无已,乃今使民下相役耳⑮,恶能以为治乎?

【注释】

①为国:治国。

②通:懂得,掌握。

③笼:收拢利益。即指国家"官山海"政策而言。

④调通:调剂疏通。

⑤语:讲求。制:法制。

⑥凶穰:歉收年和丰收年。

⑦缓急:指国家征收期限有宽有紧。

⑧蓄贾:囤积居奇的富商。

⑨收:意同"筹",筹划。此指筹划获利。

⑩赓(gēng):抵偿,补偿。

⑪锻(chuò):计算的筹码。

⑫委:积聚。

⑬钧:平均,均分。羡:富余,充足。

⑭趣:通"促"。敦促,促使。

⑮下相役:指贫弱者被富豪所奴役。

【译文】

　　凡是要治国,不懂得"轻重"之术,就不能够用经济方法收拢利益来控制民众;不能够调剂疏通民利,就不能讲求法制来实现国家大治。万乘之国有拥有万金的大商贾,千乘之国有拥有千金的大商贾,出现这种情况会怎么样呢? 国家大量流失财利,臣下就不肯尽忠,战士也不肯效死了。年景有歉有丰,故而粮价有贵有贱;征收物资的政令有缓有急,故而物价有高有低。然而君主不能治理,就会使富商进出于市场,利用人民的困难,牟取百倍的厚利。相同的土地,强者能够掌握;相同的财产,智者能够谋利。智者可以获取十倍的高利,而愚者所获之利甚至不能抵偿本钱。这样君主不能调剂,民众财产就会出现百倍的差距。民众过于富裕就不能用利禄来驱使,民众过于贫穷就不能用刑罚来威慑。法令不能贯彻实行,民众不能治理,是因为社会上贫富不均的缘故。而且君主经过计算度量,耕种开垦的田地君主是知道其数目的;民众的口粮所出,每人所拥有的田地也有一定的数目。统计产粮和存粮本来是足够吃用的,然而民众仍有挨饿吃不上饭的,这是为什么呢?因为有些粮食被囤积起来了。君主铸造发行钱币,是民众用来交易的,每个人也有几百几千的钱数。然而仍有人费用不足,这是为什么呢?因为有些钱财被集中囤积起来了。这样君主如不能散开囤积,调余补缺,分散集中的财利来调配民众的用度,即使加强农业督促生产,自己无休止地铸造货币,也只是致使民众间贫弱者被富豪所奴役而已,怎么能使国家得到治理呢?

岁适美①,则市粜无予②,而狗彘食人食。岁适凶,则市籴釜十䌛③,而道有饿民。然则岂壤力固不足而食固不赡也哉?夫往岁之粜贱,狗彘食人食,故来岁之民不足也。物适贱,则半力而无予④,民事不偿其本;物适贵,则什倍而不可得,民失其用。然则岂财物固寡而本委不足也哉?夫民利之时失⑤,而物利之不平也。故善者委施于民之所不足,操事于民之所有余⑥。夫民有余则轻之⑦,故人君敛之以轻⑧;民不足则重之,故人君散之以重。敛积之以轻,散行之以重,故君必有十倍之利,而财之櫎可得而平也⑨。

【注释】

①美:好,这里指丰年。

②市粜(tiào)无予:价格低也卖不出去。粜,卖出谷物。予,售。

③籴(dí):买进谷物。繦(qiǎng):一贯钱。后写作"镪"。

④半力:生产时所费劳力的一半。

⑤民利之时失:错过调节民众财利的时机。指国家未能利用货物价低时买进、价高时抛出的经济手段平衡物价。

⑥操事:从事。此指在民间物资有余时进行收购。

⑦轻:这里指以低价卖出。

⑧敛:聚敛,收购。

⑨横(kòu):这里指商品的价格。

【译文】

　　丰年粮食价格低也卖不出去,就连猪狗都吃人的食物。荒年粮价一釜要十贯钱,路有饥民。这难道是因为地力本来不足而粮食本来就不够吃所造成的么?往年粮价太低,猪狗都吃人的食物,因此下一年民众的粮食就不足了。商品遇上价低,即使只卖工价的一半也卖不出去,民众的生产劳动不能挣回本钱;商品遇上价高,就是十倍高价也买不到,民众的需求得不到满足。那么这难道是由于东西本来太少,生产和贮存不够所造成的么?错过了调节民众财利的时机,物品的价格就波动起来。因此善治国者总是在民间物资不足时把库存的东西供应出去;而在民间物资有余时,把市场的商品收购起来。民间物资有余就肯于低价卖出,因此君主可以以低价收购;民间物资不足就肯高价买进,因此君主可以以高价售出。用低价收购,用高价抛售,因此君主必定会有十倍的盈利,并且物资财货的价格也可以得到调节稳定。

　　凡轻重之大利,以重射轻①,以贱泄平②。万物之满虚随财③,准平而不变,衡绝则重见④。人君知其然,故守之以准平,使万室之都必有万钟之藏,藏襁千万;使千室之都必有千钟之藏,藏襁百万。春以奉耕,夏以奉芸。耒耝械器,种穰粮食⑤,毕取赡于君。故大贾蓄家不得豪夺吾民矣。然则何? 君养其本谨也⑥。春赋以敛缯帛,夏贷以收秋实,是故民无废事而国无失利也。

【注释】

①以重射轻:指在物资充足价低时,国家用稍高的价格购进囤积。射,追求,求取。

②以贱泄平:指在物资不足价高时,国家将囤积的物资低价售出,以平物价。

③财:此指财物的价格高低。

④衡绝则重见:意谓平衡被打破,价格就会出现过低或过高。

⑤种穰:种子。底本作"钟穰",黎翔凤解为"聚人送食",与上下文意无关。洪颐煊引《汉书·食货志》引此作"种穰",闻一多云:"穰"当作"穰",通"瓢",即种子。

⑥本谨:指农业生产。

【译文】

"轻重"之术的巨大利益,在于用较高价格收购充足价低的物资,用低价抛售不足价高的物资以平物价。各种物资的余缺随价格变化而有不同,通过平准调节则维持正常不变,失掉平衡价格就会过低或过高。君主懂得这个道理,因此总是掌握平准措施,使拥有万户人口的都邑一定有万钟粮食和千万贯钱币的储藏;拥有千户人口的都邑一定藏有千钟粮食和百万贯钱币的储藏。春天用来供应春耕,夏天用来供应夏耘。耒、耝等一切农具,种子和粮食,都由国家供给。因此富商大贾就无法对百姓巧取豪夺了。那么这样做是为什么呢? 君主是为了严肃认真地发展农业。春耕时放贷于民用以敛收丝绸，夏耘时放贷用以收购秋粮，因此民众不会荒废农业而国家也不会流失财利了。

凡五谷者，万物之主也。谷贵则万物必贱，谷贱则万物必贵。两者为敌，则不俱平。故人君御谷物之秩相胜①，而操事于其不平之间。故万民无籍而国利归于君也。夫以室庑籍，谓之毁成；以六畜籍，谓之止生；以田亩籍，谓之禁耕；以正人籍，谓之离情；以正户籍，谓之养赢②。五者不可毕用，故王者遍行而不尽也。故天子籍于币，诸侯籍于食。中岁之谷，粜石十钱③。大男食四石，月有四十之籍；大女食三石，月有三十之籍；吾子食二石，月有二十之籍。岁凶谷贵，籴石二十钱，则大男有八十之籍，大女有六十之籍，吾子有四十之籍。是人君非发号令收穑而户籍也④。彼人君守其本委谨，而男女诸君吾子无不服籍者也。一人廪食，十人得余⑤；十人廪食，百人得余；百人廪食，千人得余。夫物多则贱，寡则贵，散则轻，聚则重。人君知其然，故视国之羡不足而御其财物。谷贱则以币予食，布帛贱则以币予衣。视物之轻重而御之以准，故贵贱可调而君得其利。

【注释】

①谷物之秩相胜：指粮食的价格与万物的价格有次序地互有高低。秩，次序。

②养赢：偏袒富豪之家。赢，获利为赢。

③石十钱：指每石加十钱。

④穑：指粮食赋税。

⑤一人廪食,十人得余:指一人向国家仓库买粮,国家所得利益比十人所交的人丁税还要多。廪食,食于官。此指从国家仓库买粮。

【译文】

各种粮食,是各种货物中的根本。粮价高则万物价格必低,粮价低则万物价格必高。粮价与物价是互相对立的,不能同贵同贱。因此君主之责就是要掌握好粮价与物价的交替涨落以获胜,在粮食与其他货物的涨落变化中有所作为。如此即使不向万民征税,社会财利也可以归于君主。若以房屋征税,就会造成毁坏房屋;若以六畜征税,就会阻碍六畜繁殖;若以田亩征税,就会破坏农耕;若以人丁征税,就会断绝人们情欲;若以门户收税,就会偏袒富豪之家。这五者不能全面实行,因此成就王业的君主虽然每一种都曾用过,却不能同时全部采用。因而天子应该靠运用货币来征税,诸侯应该靠粮食买卖来征税。中等年景粮价每一石加价十钱,成年男子每月吃粮四石,就等于每月征收四十钱的税;成年女子每月吃粮三石,就等于每月征收三十钱的税;小孩每月吃粮二石,就等于每月征收二十钱的税。荒年粮贵的时候,粮价每一石加二十钱,那么成年男子每月就有八十钱的税;成年女子每月就有六十钱的税,小孩每月就有四十钱的税。这样君主就不需要下令挨户征税。君主认真掌握粮食的生产和储备,男人女人大人小孩就没有不纳税的了。一人从国家仓库买粮,比十人交人丁税还多;十人从国家仓库买粮,比百人交人丁税还多;百人从国家仓库买粮,就比千人交税还多了。各种商品都是量多了价格就低,量少了价格就升高,抛售某种货物其价格就会下降,囤积某种货物其价格就会上涨。君主懂得这个道理,就可根据国内市场物资的余缺状况来控制国内市场的财物。粮食价格低就把货币投向粮食,布帛价格低就把货币投向衣物布帛。此外还要观察物价的贵贱而采用一些平衡物价的办法来控制市场。这样,即可以调剂物价高低,并且君主能从中获得好处。

前有万乘之国,而后有千乘之国,谓之抵国①。前有千乘之国,而后有万乘之国,谓之距国②。壤正方,四面受敌,谓之衢国。以百乘衢处③,谓之托食之君④。千乘衢处,壤削少半。万乘衢处,壤削太半⑤。何谓百乘衢处托食之君也?夫以百乘衢处,危慑围阻千乘万乘之间⑥,夫国之君不相中,举兵而相攻,必以为捍挌蔽圉之用⑦,有功利不得乡⑧。大臣死于外,分壤而功;列陈系累获虏⑨,分赏而禄。是壤地尽于功赏,而税臧殚于继孤也⑩。是特名罗于为君耳⑪,无壤之有。号有百乘之守,而实无尺壤之用,故谓托食之君。然则大国内款⑫,小国用尽,何以及此⑬?曰:百乘之国,官赋轨符⑭,乘四时之朝夕⑮,御之以轻重之准,然后百乘可及也。千乘之国,封天财之所殖⑯,械器之所出,财物之所生,视岁之满虚而轻重其禄,然后千乘可足也。万乘之国,守岁之满虚,乘民之缓急,正其号令而御其大准,然后万乘可资也。

【注释】

①抵国:强敌在前之国。抵,通“牴”。牴角。以前角御敌,表示强敌在前。

②距国:强敌在后之国。距指雄鸡或雉等的腿后面突出像脚趾的部分,用以进攻打斗。用距向后刺以御敌,表示强敌在后。

③衢处:指处在四面受敌的地位。衢,四通八达的道路,通向四方,则四方皆可进入,故四面受敌。

④托食:寄食,仰仗他人的意思。

⑤“千乘衢处”四句:此处国愈大而削地愈多,当是地广而力不能周

之意,国愈大而愈困。

⑥危慑围阻:威胁包围。

⑦捍挌蔽围:阻挡防御。

⑧乡:通"享"。享受,享用。

⑨列陈:列陈之士,即士兵。

⑩臧:同"藏"。储藏。殚:穷尽。继孤:存恤遗孤。

⑪名:名义上。罗:列。

⑫内款:内空。

⑬及:足,补救。

⑭轨符:古代国家发行的一种债券。

⑮乘:守。朝夕:读如"潮汐"。此以潮水之涨落喻物价之起伏。

⑯封:封禁,不许动用。天财:指自然资源。殖:生。

【译文】

前面有万乘之国,后面有千乘之国,这种国家叫"抵国"。前有千乘之国,后有万乘之国,这种国家叫"距国"。国土方方正正,以致四面受敌,这种国家叫"衢国"。以百乘小国处在四面受敌地位,其君主称为寄食之君。千乘之国处在四面受敌地位,国土将被削去少半。万乘之国处在四面受敌地位,国土将被削去大半。什么是百乘之国处四面受敌之境其国君就叫寄食之君呢? 以一个仅有百辆兵车的小国,身处四面受敌的境地,面临千乘与万乘大国的威胁包围,一旦国君之间彼此不和,举兵相攻,必然因为阻挡防御的巨大花费得不偿失,即使有点战果也难称有功。大臣战死在外,需要分封土地以为酬功;将士上阵,俘获敌虏,需要颁发奖赏。这样一来,土地全用于论功行赏,税收积蓄全用于抚恤将士的遗孤了。这样的国君徒有虚名,实际上是没有领土。号称拥有百乘的守国力量,实无一尺可用之地,因此叫寄食的君主。那么大国财力空虚,小国财用耗尽,这该怎么补救呢? 办法是:百乘的小国,可以由国家发行法定债券,并根据不同季节的物价涨落,运用"轻重"平衡物价之术获得利益,这样百乘的实力就可以保证。千乘的中等国家,可以封禁自然资源的出产地,掌控器械生产财源以及各种生财之道,再根据年景的丰歉,运用"轻重"之术来调节俸禄,这样千乘之国的财政就可以得到满足了。万乘的大国可以根据年景的丰歉,利用人民需要的缓急,正确运用号令掌握全国经济调节,这样万乘之国的财政也就可以得到满足了。

　　玉起于禺氏①,金起于汝汉,珠起于赤野,东西南北距周七千八百里。水绝壤断,舟车不能通。先王为其途之远,其至之难,故托用于其重②,以珠玉为上币,以黄金为中币,以刀布为下币。三币,握之则非有补于暖也,食之则非有补于饱也,先王以守财物,以御民事,而平天下也。今人君籍求于民,令曰十日而具,则财物之贾什去一③;令曰八日而具,则财物之贾什去二;令曰五日而具,则财物之贾什去半;朝令而夕具,则财物之贾什去九。先王知其然,故不求于万民而籍于号令也。

【注释】

　　①禺氏:与下文的"汝汉""赤野"皆为地名。

　　②重:这里指价值贵重。

　　③贾:同"价"。

【译文】

　　美玉产于禺氏之地,黄金产于汝河汉水一带,珍珠出产在赤野,东西南北距离周的都城七千八百里。山水隔绝,舟车不能通行。先王因为这些东西距离遥远,得之不易,因此故意令其贵重,把珠玉作为上等货币,把黄金作为中等货币,把刀布作为下等货币。这三种货币,握在手里不能取暖,吃在肚里不能充饥,先王运用它来控守财富,掌握民用,而治理天下。现在君主直接向民众征收赋税,命令规定限十天交齐,那么财物的价格就下降十分之一;命令规定限八天交齐,财物的价格就下降十分之二;命令规定限五天交齐,财物价格就下降一半;早晨下令限在晚上交齐,财物的价格就下降十分之九。先王懂得这其中的道理,因此不向百姓直接征收钱币,而是运用"轻重"之术为号令来满足征收的要求。

山国轨第七十四

【题解】

　　此篇相当全面地论述了"轻重"治国的内容。开篇提出"九轨"的概念。其大意为:政府全面统计国内田地、人口、女工纺织等生产消费情况,还有各县货币需求数量,目的在于掌握数据以便政府确定投放国内的货币总量。这些货币到秋收五谷丰登时节,会作为大量收购粮食的资金使用,同时政府大量收购粮食,又可使粮价上升。政府用价格上升的粮食收购女工织品,可满足需求。还要向大家、富家借币收购粮食,使粮价再次上升。之后,文章又谈到货币回笼问题:政府用价格上升十倍的粮食偿还向大家、富家所借之币,因而全国货币的十分之九又为政府掌握,并由此造成币重物轻的局面。利用这样的局面,政府收购万物。万物因而贵重,政府再抛售万物。《管子》"轻重"之术还有另一项内容,就是"无籍",即不直接向民众征收赋税,而满足国家财政需求。"轻重"之术,正是"无籍"的基础。本篇名"山国轨",其中"山"字,历来解说分歧。《汉书·杨敞传》张晏注"山,财用之所出",则篇名"山"字,或取此义。据马元材《管子轻重篇新诠》。

　　桓公问管子曰:"请问官国轨^①。"管子对曰:"田有轨,人有轨,用有轨,乡有轨,人事有轨,币有轨,县有轨,国有轨。

不通于轨数而欲为国，不可。"

【注释】

①轨：车辙，法度。此文引申为以会计的方式加以管制，以便生财。故直接翻译为"统计管制"。

【译文】

齐桓公问管仲说："请问关于国家统计管制财政工作。"管仲回答说："土地有统计，人口有统计，需用有统计，乡里有统计，民事有统计，钱财有统计，县里有统计，国家有统计。不懂得财政统计方法而想要治理国家，是行不通的。"

桓公曰："行轨数奈何①？"对曰："某乡田若干？人事之准若干②？谷重若干③？曰：某县之人若干？田若干？币若干而中用？谷重若干而中币④？终岁度人食，其余若干？曰：某乡女胜事者终岁绩，其功业若干？以功业直时而横之⑤，终岁，人已衣被之后，余衣若干？别群轨⑥，相壤宜。"

【注释】

①轨数：管理财政的方法。

②人事之准：民生食用所需的平均数。准，标准。

③谷重：粮价。

④中币：合乎货币流通的数量。中，适合，合于。

⑤横(kòu)：以时价计算价钱。

⑥群：众，诸。

【译文】

齐桓公说："实行管理财政统计的方法应该怎么办？"回答说："一个

乡有土地多少？民生费用的标准是多少？粮食价格是多少？还有一个县的人口多少？土地多少？货币多少才合乎该县需要？粮价多高才合乎货币流通之数？计算全年供应民众口粮之后，余粮还有多少？还有一乡的女劳力全年进行纺织，其成品有多少？把成品按时价算出总值，供全年全部人口穿用后，余布有多少？还要区别各项统计项目，另外调查土地的情况。"

桓公曰："何谓别群轨，相壤宜？"管子对曰："有莞蒲之壤①，有竹箭檀柘之壤②，有氾下渐泽之壤③，有水潦鱼鳖之壤④。今四壤之数，君皆善官而守之，则籍于财物，不籍于人。亩十鼓之壤⑤，君不以轨守，则民且守之。民有过移长力⑥，不以本为得，此君失也。"

【注释】

①莞(guān)蒲：即蒲草，一种植物。可用于织席。

②竹箭檀柘：均为植物名。竹箭，即竹子。檀柘，檀树和柘树，是贵重的木材。

③氾(fàn)下渐(jiān)泽：水下低湿之地。氾下，低下。渐泽，低湿之地。渐，淹没。

④水潦：因降雨过多而在地面上形成的积水。

⑤鼓：古代计量单位，以十六斗为一鼓。

⑥过：多。移：指财富转移。力：指财力。

【译文】

桓公说："什么叫区别各项统计项目，另外调查土地情况呢？"管仲回答说："有生长莞蒲的沼泽地，有生长竹箭檀柘的山地，有低下潮湿的低洼地，有鱼鳖生长的水塘地。这四种土地，君主都善加管理和控制，就可以从财物上征税，而不必向人们征税。至于亩产十鼓的土地，君主不纳入统计来控制掌握，富民商人就会来控制。他们有充足的财力，不以务农为重，这就是君主的失策了。"

　　桓公曰："轨意安出？"管子对曰："不阴据其轨皆下制其上①。"桓公曰："此若言何谓也？"管子对曰："某乡田若干？食者若干？某乡之女事若干？余衣若干？谨行州里②，曰：'田若干，人若干，人众田不度食若干。'曰：'田若干，余食若干。'必得轨程③，此谓之泰轨也④。然后调立环乘之币⑤。田轨之有余于其人食者，谨置公币焉⑥。大家众，小家寡。山田、间田⑦，曰终岁其食不足于其人若干，则置公币焉，以满其准。重岁⑧，丰年，五谷登，谓高田之萌曰⑨：'吾所寄币于子者若干，乡谷之横若干，请为子什减三⑩。'谷为上，币为下⑪。高田抚间田山不被，谷十倍⑫。山田以君寄币，振其不赡，未淫失也⑬。高田以时抚于主上，坐长加十也。女贡织帛，苟合于国奉者，皆置而券之⑭。以乡横市准曰：'上无币，有谷。以谷准币。'环谷而应策⑮，国奉决⑯。谷反准，赋轨币⑰，谷廪，重有加十⑱。谓大家委赀家曰⑲：'上且修游⑳，人出若干币。'谓邻县曰：'有实者皆勿左右㉑。不赡，则且为人马假其食民㉒。'邻县四面皆横，谷坐长而十倍。上下令曰：'赀家假币㉓，皆以谷准币，直币而庚之㉔。'谷为下，币为上。百都百县轨据，谷坐长十倍。环谷而应假币。国币之九在上，一在下，币重而万物轻，敛万物，应之以币。币在下，万物皆在上，万物重十倍，府官以市横出万物，隆而止㉕。国轨，布于未形，据其已成，乘令而进退，无求于民。谓之国轨。"

【注释】

①阴据其轨:秘密掌握统计数据。下制其上:指国君将被下层富商巨贾所控制。下,此特指富商。

②行:巡视。

③轨程:统计得出的标准数据。

④谓:底本作"调",意不顺。从猪饲彦博、李哲明说改。泰轨:即整体统计。泰,大。

⑤调立:统筹安排。环乘之币:即统筹所得之货币数据。这里指合全国之情况计算出的流通总量。

⑥置:预置,寄放。公币:政府发放的货币。其目的既可以为收购粮食之用,也可做赈济贫穷之需。

⑦间田:中等水平的田地。

⑧重岁:第二年。

⑨萌:通"氓"。种田的农民。

⑩什减三:即贷款七成用粮食还,三成仍用货币还。

⑪谷为上,币为下:因七成的粮食被国家收购,民间粮少,故粮价上升,货币贬值。

⑫高田抚间田山不被,谷十倍:意谓上等田的余粮被用来补充间田、山田的不足,粮价上升十倍。抚,补充,补齐。山,山田。不被,不足。

⑬淫:过分。失:通"佚"。散失。

⑭置而券之:指购买后先不支付,而是订立一个债务契约。券,订立契约文书。

⑮环谷:粮食的流通。策:契约。

⑯决:解决。

⑰赋轨币:发放与统计过的数据相应的贷款。

⑱有:通"又"。再次。

⑲委赀家：即有财富积累的富人。

⑳修游：巡狩治军。

㉑实：指粮食。左右：支配。此指擅自买卖。

㉒假：借。

㉓赀家假币：即富人放货。

㉔庚：偿还。

㉕隆：数量充足。

【译文】

　　桓公说："统计管制的计划怎样做？"管仲回答说："不能暗地统计管制，下层富民商人就会制约政府。"桓公说："这话是什么意思呢？"管仲回答说："一乡土地多少？需要口粮的人口有多少？一乡从事纺织的妇女有多少？可剩余的衣料有多少？认真巡视各州各里后，得到情况是：'土地有多少，人口有多少，人口众多粮食不足的亏空有多少。'有的情况是：'土地有多少，粮食剩余的量有多少。'必须调查得到标准数据。这叫整体统计。然后整合全国的统计情况来确定流通中的货币总量。对于统计出的那些土地收成超过口粮消费的农户，就郑重地将国家的货币寄放在他们那里。大户放得多，小户放得少。山田和中等田地的农户，是全年粮食产量不够口粮消费的，也要给予他们钱款，来满足其基本生活保障。次年，年景好，五谷丰登，就对拥有上等土地的农户说：'我所给予你们的钱数有多少，乡中粮食的时价是多少，请将公币的七成折成粮食数量归还政府，其余三成还款。'这样粮价就会上涨，币值就会下跌。上等土地的余粮用来补充中等土地和山田的缺口，粮价因此上涨十倍。山田农户凭借君主给予的财物，来接济其不足的部分，也不至于过分损失。上等土地的余粮按照时令被国家掌握，使粮价因而上涨了十倍。妇女所生产的布帛，只要合于国家需用的，都先加以收购并订立契约。按乡市的粮价折算说：'官府无钱，有粮。用粮食折价来收购。'通过粮食流通来给付契约，国家需用的布帛得到了解决。粮价又降回原来水平,贷放经过统筹发行的货币,囤积粮食,粮价又上涨十倍。通告豪门之家和财主们说:'国君将要巡狩治军,每人各应出钱若干。'还通告邻近各县说:'有存粮的都不准擅自处理。如果巡狩用粮不够,国君将为解决人马食用向民间借粮。'邻县四周粮价都受到影响,粮价又因而上涨十倍。国君再下令说:'向富家借贷的钱款,都要以粮食价格为标准,以粮食折价偿还。'粮食的市价又会降下来,币值又要上升了。全国百都百县,其统计管理货币与粮食的交换,都可按此法行事,粮价因而上涨十倍。再利用粮食流通支付借款。国家货币的九成在官府,一成在民间,币值高而各种物资价格低,便收购物资而投放货币。货币投放在民间,物资都集中在官府,各种物资价格上涨十倍,府官便按照市价抛售物资,直到政府掌握的资产充足才停止。这样的国家统计理财工作,在未成形之前做布置,掌握其已成的物资,运用国家号令收放进退,不必向民间直接求索。这就叫国家的统计理财之道。"

　　桓公问于管子曰:"不籍而赡国,为之有道乎?"管子对曰:"轨守其时,有官天财①,何求于民。"桓公曰:"何谓官天财?"管子对曰:"泰春②,民之功绪③;泰夏,民之令之所止④,令之所发⑤;泰秋,民令之所止,令之所发;泰冬,民令之所止,令之所发。此皆民所以时守也,此物之高下之时也,此民之所以相并兼之时也。君守诸四务。"

【注释】

①天财:指自然资源。

②泰春:即春天。此种用法至今犹有保存,如下文"泰秋",今民间即有"大秋"之说。

③功：农功。繇：通"徭"。指徭役。

④令之所止：明令封禁之山泽等处。止，禁止。此指对山泽的封禁。

⑤令之所发：明令可以开发的山泽。

【译文】

　　齐桓公问管仲说："不征税而能满足国家需要，有什么办法吗？"管仲回答说："统计理财工作做得及时，又能经营好自然资源，何必向民众征税呢？"齐桓公说："什么叫经营好自然资源？"管仲回答说："春天，人民种地与服徭役；夏天、秋天和冬天就要明令规定山泽的封禁和开放，民众要依令到山泽从事生产活动。这都是凭借时节控制市场，也是物价涨落、民间借以相互兼并的时节。君主一定要注意掌握这百姓在四时所需的东西。"

　　桓公曰："何谓四务？"管子对曰："泰春，民之且所用者，君已廪之矣①；泰夏，民之且所用者，君已廪之矣；泰秋，民之且所用者，君已廪之矣；泰冬，民之且所用者，君已廪之矣。泰春功布尔日，春缣衣②，夏单衣，捍宠累箕胜籥屑糗③，若干日之功，用人若干，无赀之家皆假之械器胜籥屑糗公衣，功已而归公，衣折券④。故力出于民，而用出于上。春十日不害耕事⑤，夏十日不害芸事，秋十日不害敛实，冬二十日不害除田⑥。此之谓时作。"

【注释】

①廪：贮藏，储备。

②缣衣：夹衣。与下文的单衣相对。

③捍宠累箕胜籥屑糗：泛指各种工具。捍，木棒、竹竿之类。宠，

笼、筐。累,绳索。箕,畚箕。胜,当作"縢",口袋。籯,竹筐。屑,筲,盛饭的竹器。緂,稷绳。

④折券:折价偿还公家。

⑤十日:这里指农业活动中最要紧的十日。下同。

⑥除田:整治土地。

【译文】

齐桓公说:"什么叫百姓四时所需的东西?"管仲回答说:"春天,百姓将要使用的东西,君主已有储备了;夏天,百姓将要的东西,君主已有储备了;秋天,百姓将要使用的东西,君主已有储备了;冬天,百姓将要使用的东西,君主已有储备了。春天安排农事的时候就计算好:春天的夹衣、夏天的单衣、竿子、篮子、绳子、畚箕、口袋、筐子、竹盒、捆绳等物品,需要使用多少天,使用的人有多少,没有钱财的农家都可以租借口袋、筐子、竹盒、绳子和公衣等工具器物。完工后归还公家,公衣折价偿还公家。因此劳力出自百姓,而使用的器物出自国家。春季最紧要的十天不误耕种,夏季最紧要的十天不误锄草,秋季最紧要的十天不误收获,冬季最紧要的二十天不误整治土地,这就是所谓的按照农时进行作业。"

桓公曰:"善。吾欲立轨官,为之奈何?"管子对曰:"盐铁之策,足以立轨官。"桓公曰:"奈何?"管子对曰:"龙夏之地①,布黄金九千②,以币赁金③,巨家以金,小家以币。周岐山至于峥丘之西塞丘者④,山邑之田也,布币称贫富而调之⑤。周寿陵而东至少沙者⑥,中田也,据之以币,巨家以金,小家以币。三壤已抚,而国谷再什倍。梁、渭、阳琐之牛马满齐衍⑦,请驱之颠齿⑧,量其高壮,曰:'国为师旅,战车驱就敛子之牛马,上无币,请以谷视市㭘而庚子。'牛马为上,粟为下⑨。二家散其粟⑩，反准。牛马归于上。"

【注释】

①龙夏：即雷夏，在东海之滨，产盐。

②布：布放，贷放。

③赀：计算，估量。引申为换算。

④周：围绕，周匝。岐山：即猇山，在今山东临淄南。"岐"为"猇"字之讹。峥丘：即青丘，在今山东广饶北。西塞丘：在今山东平阴。

⑤称：视。

⑥寿陵：今山东潍坊之寿光一带。少沙：万里沙，在今山东莱州东北。

⑦梁：梁山。在今陕甘交界地带。渭：渭水。阳琐：当作"琐阳"，在今河北大名。三地皆以产牛马著名。衍：山坡。

⑧驱：通"区"。区分。颠齿：牙齿，白齿。古代看马的年岁大小，主要观其牙齿生长数量。

⑨"请以谷视市桁而庚子"三句：此处宋本为："请以谷视市桁而庚子牛马，为上粟二家。"今据张佩纶说改。庚，偿付。

⑩二家：指"巨家""小家"。

【译文】

齐桓公说："好。我想建立掌管统计管制的官职，该怎么办呢？"管仲回答说："盐铁专营的收入，就足够建立掌管统计管制的官职了。"齐桓公说："具体怎么做呢？"管仲回答说："在龙夏地区，贷放黄金九千斤，可以用钱币换算黄金。富户用黄金，小户用钱币。从猇山周围至青丘的西塞丘地区，均是山田，只贷放钱币并按贫富分别调度。从寿陵周围往东至少沙一带，均是中等土地，用贷款来控制，富户用黄金，小户用钱币。这三个地区的粮食出产都已掌握起来，粮价就可以涨十倍。梁山、渭水、阳琐三地的牛马遍布齐国的山坡，请去区分一下牛马的岁口，验看一下它们的高壮程度，说：'国家要建设军队，将为配备战车而征购你们的牛马，君主没有钱币，就用粮食按市价折算偿付给你。'牛马价格上涨，粮食价格下降。两地卖出粮食，粮价又回到原来的水平，牛马则落到国家手中。"

管子曰："请立赀于民①，有田倍之内②，毋有其外③，外皆为赀壤。被鞍之马千乘④，齐之战车之具，具于此，无求于民。此去丘邑之籍也。"

【注释】

①赀：罚款，罚缴财物。

②倍：即"培"。培土修葺田界。

③有：取。

④千乘：四千匹马。古代一辆战车要四马。

【译文】

管仲说："请与民众确立罚缴财物赎罪的规则，有田地的人要在田内修好田界，不可向外侵越壤土，侵越外面的任何土地都是要受罚缴纳罚款的。国家需要加鞍的马四千匹，齐国战车的马匹配备这样就可以解决，不必向民间求索。这也就免除按丘邑等单位向民众征课马匹的赋税了。"

"国谷之朝夕在上①，山林廪械器之高下在上，春秋冬夏之轻重在上。行田畴，田中有木者，谓之谷贼。宫中四荣，树其余，曰害女功②。宫室械器，非山无所仰③。然后君立三等之租于山，曰：握以下者为柴楂④，把以上者为室奉⑤，三围以上为棺椁之奉；柴楂之租若干，室奉之租若干，棺椁之租若干。"

【注释】

①朝夕：高下。这里指粮价的贵贱。

③"宫中四荣"三句：谓房屋四面屋檐下应种桑树，若种其他树，就是妨碍纺织。荣，屋翼，屋檐。

③仰：仰仗，来源。

④柴（zhài）楂（chà）：栅栏，木栏。楂，即"柤"，木栏。

⑤室奉：指建房用材。

【译文】

"国内粮价的高低涨落决定于国君，山林和库藏械器的价格涨落决定于国君，春秋冬夏的物价高低也决定于国君。巡行各地的农田，田地里种植的树木，称之为粮食之害。房屋四周应种桑树，种其他树的，都视为妨害女功。建筑宫室制造器械，不靠国家的山林就没有其他来源。这样之后君主就可以在山林之中确定三个等级的租税：树粗不足一握的为制栅栏的用材，树粗一把以上的为建筑用材，树粗三围以上是制造棺椁的上等木材；栅栏用材应收租税若干，建筑用材应收租税若干，棺椁用材应收租税若干。"

　　管子曰："盐铁抚轨^①，谷一廪十^②，君常操九，民衣食而<del></del>繇，下安无怨咎。去其田赋，以租其山。巨家重葬其亲者服重租，小家菲葬其亲者服小租^③；巨家美修其宫室者服重租，小家为室庐者服小租。上立轨于国，民之贫富如加之以绳，谓之国轨。"

【注释】

①抚轨：即合乎国家专营之策。抚，符。

②谷一廪十：谓粮食在民间其价为一，经国家买入囤积后，则粮价

为十。意即国家通过用盐铁专营得来的货币收购民间粮食进行
囤积,可以使粮价上涨十倍。

③菲葬:薄葬。

【译文】

管仲说:"用盐铁专营的收入来办理统计管制事业,可以经过囤积
使粮价从一涨为十,君主得利九倍,民众照常衣食服徭役,下层安稳没
有怨言。免除他们的田产赋税,从山林资源中收税。富户厚葬他们亲
属的缴纳重税,贫户薄葬他们亲属的缴纳轻税;富户修建装饰自己房屋
的要缴纳重税,贫户盖小房子的缴纳轻税。君主在国内设立统计管制
制度,就像使用绳索一样控制民众的贫富,这就叫国家的统计管制
工作。"

山权数第七十五

【题解】

此篇仍为《管子》"轻重"之术方面的文字。文章一开始谈"三权"问题,言"失天之权,则人地之权亡",而所谓"天权"即大自然方面的旱涝灾害,其作用之大,乃在于其可以直接影响到粮食生产。要配合"天权",牢牢掌握经济主动权,就应该发挥货币的作用。因而文章开始即谈到禹、汤都以铸币克服自然灾害。由此文章论及"立币"的问题。其中像一些"绨绁""夜石"等珍贵物品都可以充当货币,为国所用。在讨论过货币问题之后,文章继而言及万物的"轻重"变化。与其他"轻重"文献有所不同,此文提出,政府可以奖励"慈孝"的散财,从而刺激万物价格的起伏。更奇特的是"御神用宝"之策。文章说,政府可以利用民众对神龟的崇拜,对偶然挖出的一只龟加以神化,以抬高其身价。这样就可以在国家需要粮食物资时,以被神化的龟换取所需。这样的事情,初读会感到荒唐,但利用一般民众的文化心理,使一些商品获得远超本身价格的价值,这样由权力产生的经济现象,在一个权力社会并不是不可能发生,可以视作"轻重"之术无所不用其极的例子。

桓公问管子曰:"请问权数①。"管子对曰:"天以时为权,地以财为权,人以力为权,君以令为权。失天之权,则人地之权亡。"桓公曰:"何为失天之权则人地之权亡?"管子对曰:"汤七年旱,禹五年水,民之无糟卖子者②。汤以庄山之金铸币③,而赎民之无糟卖子者④;禹以历山之金铸币⑤,而赎民之无糟卖子者。故天权失,人地之权皆失也。故王者岁守十分之参,三年与少半成岁⑥,三十一年而藏十一年,与少半藏参之,一不足以伤民⑦,而农夫敬事力作⑧。故天毁垄⑨,凶旱水泆⑩,民无入于沟壑乞请者也。此守时以待天权之道也。"桓公曰:"善。吾欲行三权之数,为之奈何?"管子对曰:"梁山之阳绨绵、夜石之币⑪,天下无有。"管子曰:"以守国谷⑫,岁守一分,以行五年,国谷之重什倍异日。"管子曰:"请立币,国铜以二年之粟顾之⑬,立黔落⑭。力重与天下调⑮。彼重则见射⑯,轻则见泄,故与天下调。泄者,失权也;见射者,失策也。不备天权下相求,备准下阴相隶。此刑罚之所起而乱之之本也。故平则不平,民富则不如贫,委积则虚矣。此三权之失也已。"桓公曰:"守三权之数奈何?"管子对曰:"大丰则藏分,厄亦藏分⑰。"桓公曰:"厄者,所以益也⑱。何以藏分?"管子对曰:"隘则易益也,一可以为十,十可以为百。以厄守丰,厄之准数一上十,丰之策数十去九,则吾九为余⑲。于数策丰,则三权皆在君,此之谓国权。"

【注释】

①权数:这里指权衡轻重、通权达变的理财方法,实际管理国家经济权力之术。

②民之无糟卖子者:此句《通典·食货八》引作"民之无糟有卖子者",王念孙以为今本脱"有"字。当从。糟,即"馆(zhān)",

稀粥。

③庄山:地名。学者疑即今四川蔡蒙山,传说商汤命人在此铸铁。又,"庄山"或应作严山,汉明帝名"庄",因避讳而改。

④赎:赎救,赈济。

⑤历山:地名。其地点传说不一。一说在今山东,一说在今山西等。

⑥三年与少半成岁:每年储蓄一年生活所用资料的三分之一,三年下来就差不多有一年的储备。与,举,办。少半,三分之一。成岁,即一年所需储蓄得成。

⑦一:皆,尽。

⑧敬事力作:努力进行农业生产。

⑨埊:"地"之古字,即土地。

⑩水泆:水害。泆,溢出。

⑪阳:山之南面。绛缯:用蒨茜所染之缯。夜石之币:莱州之石有色泽,所以珍贵,可作货币用。夜,通"掖"。即掖县,今山东莱州。

⑫以守国谷:指以梁山之阳绛缯和夜石之币换取粮食囤积起来。

⑬顾:通"雇"。雇佣。

⑭黔落:即村落。

⑮力重:力量雄厚。调:调节。

⑯射:追逐求利,亦即囤积。

⑰厄:歉收之年。

⑱益:增补,补益。

⑲"以厄守丰"四句:意谓歉收之年粮价高,买一斤粮的钱在平时可以买十斤粮。丰收之年粮价低,平时买一斤粮的钱此时可以买十斤,可以余下九成货币。

【译文】

齐桓公问管仲说:"请问轻重权变的方法。"管仲回答说:"天以天时为权变,地以财货为权变,人以能力高低为权变,君主以发号施令为权变。失去对于天的权变的掌握,人、地的权变也无从掌握。"齐桓公说:"什么是不掌握天权,人、地之权就无从掌握?"管仲回答说:"商汤在位时有七年旱灾,夏禹在位时有五年水灾。百姓没有粮食吃以致有出卖儿女的。商汤用庄山的金属铸币,来赈济没有粮食吃而出卖儿女的百姓;夏禹用历山的金属铸币,来赈济没有粮食吃而出卖儿女的百姓。因此失去对于天的权变的掌握,人与地的权变也就全部失去了。故而成就王业的君主每年贮藏粮食总量的十分之三,三年多就相当于得到一整年的产粮。三十一年就能有相当于十一年产粮的储量。每年贮藏一小部分,不至于伤害民生,还能够鼓励农民努力进行农业生产。因此天灾毁坏土地生产,发生亢旱水涝灾害,百姓也不会有没于沟壑乞请援助的了。这就是掌握天时以对待天之权变的办法。"齐桓公说:"好。我想实行掌握三权的理财方法,应该怎么办?"管仲回答说:"梁山南坡所产用蒨茜所染的缯,还有东莱掖县出产的石币,是天下稀有的珍宝。"管仲接着说:"用这些东西换取粮食,每年储备一分,实行五年,国家的粮价就要比以前上涨十倍。"管仲接着说:"要铸钱立币,拿出两年的储备粮雇人开采国家的铜矿资源,在产铜的地区设立村落。物价水平与其他广大地区保持一致。商品价格高其他诸侯国就来倾销物资,商品价格低物资会泄散外流,因此要与其他诸侯国价格一致。物资泄散外流,就等于本国失权;被别国倾销商品,就等于本国失策。国家不能防备天时水旱之变,民间就只能互相求得自备,准备平准之策又使民众私相奴役。这就是刑罚兴起和乱国的根本原因。这样财富均平就会变为不均平,富裕的民众就不如贫穷的好管理,富人买粮囤积,国家的积累贮藏就陷于空虚了。这就是失去天地人三种权变的表现。"齐桓公说:"掌握三权的理财方法是怎样的呢?"管仲回答说:"如果是丰收之年就贮藏粮食总量的一半;歉收之年也要贮藏一半。"齐桓公说:"歉收之年是要补助的,为什么也要贮藏一半呢?"管仲回答说:"歉收之年则粮价容易增高，一可为十，十可为百。用歉收之年的粮价掌握丰收之年的粮食，按照歉收之年的粮价，买一斤粮的钱在平时可以买上十斤粮；按照丰收之年的粮食总量，十斤可以省下九斤钱，国家就有九倍的赢利。然后再用"轻重"之术策划丰收之年粮食的经营，三权都将由国君掌握。这就是所谓的国家通权达变。"

桓公问于管子曰："请问国制①。"管子对曰："国无制，地有量。"桓公曰："何谓国无制，地有量？"管子对曰："高田十石②，间田五石，庸田三石，其余皆属诸荒田。地量百亩，一夫之力也。粟贾一，粟贾十，粟贾三十，粟贾百③。其在流策者④，百亩从中千亩之策也⑤。然则百乘从千乘也，千乘从万乘也。故地有量，国无策。"桓公曰："善。今欲为大国，大国欲为天下，不通权策，其无能者矣。"

【注释】

①国制：国家固定不变的政策与规定。

②十石：据下文"地量百亩"，以亩二石计，百亩当收二百石，故此处十石当为税收。一说，为不同土地的亩产量。

③"粟贾一"四句：此指四种田地的粮价。田越好，粮价越低。贾，同"价"。

④流策：经营商品流通的理财之策。

⑤从：赶上。中：相当。

【译文】

齐桓公问管仲："请问国家固定不变的理财规制。"管仲回答："国家没有固定不变的理财规制，土地却有不同的产量。"桓公说："什么叫国家没有固定不变的理财规制，土地却有不同的产量？"管仲回答："上等土地百亩收税十石,中等土地百亩收税五石,下等土地百亩收税三石,其余的都属于荒地。一个农民一般种田百亩。在上述四类地区市场粮价或为一、或为十、或为三十和一百。精通从粮食这种商品流通中理财的国家,百亩地的收益可以赶上千亩地的收益。如此百乘国家的国力就能赶上千乘之国,千乘国家的国力就能赶上万乘之国。正因如此我说土地各有不同的产量,国家没有固定不变的理财规制。"齐桓公说:"好。如今想要成为大国,大国想要统一天下,不懂得理财之策的通权达变,是一定做不到的。"

　　桓公曰:"今行权奈何?"管子对曰:"君通于广狭之数,不以狭畏广;通于轻重之数,不以少畏多。此国策之大者也。"桓公曰:"善。盖天下①,视海内,长誉而无止,为之有道乎?"管子对曰:"有。曰:轨守其数,准平其流,动于未形,而守事已成。物一也而十,是九为用。徐疾之数,轻重之策也,一可以为十,十可以为百。引十之半而藏四,以五操事,在君之决塞。"桓公曰:"何谓决塞?"管子曰:"君不高仁②,则问不相被③;君不高慈孝,则民简其亲而轻过④。此乱之至也。则君请以国策十分之一者,树表置高⑤,乡之孝子聘之币,孝子兄弟众寡不与师旅之事。树表置高而高仁慈孝,财散而轻。乘轻而守之以策,则十之五有在上。运五如行事,如日月之终复。此长有天下之道,谓之准道。"

【注释】

　　①盖:遮蔽,胜过。即统一天下之意。

　　②高:提倡,发扬。

　　③问:赠遗。被:加。

④简：怠慢。

⑤树表置高：树表柱立高门，表彰之意。

【译文】

桓公说："如今行权变之策要怎样做？"管仲回答说："君主通晓以狭小国土获得广大国土收益的理财之术，就不致因为国土狭小而惧怕国土广大的；通晓调整物价高低获得最大收益的理财之术，就不会因为财物少而惧怕财物众多的。这乃是国家理财政策中的大事。"齐桓公说："好。统一天下，治理海内，并永远享有美誉，有办法做到吗？"管仲回答说："有。那就是：使经济统计工作掌握理财方法，使物价调节工作能平衡商品流通，在尚未成形之前就采取措施，在成事之后掌控结果。若能使财物一变为十，那么九成就可为国家所用。号令的缓急，取决于轻重之策的运用，如果可使财物一增为十，十增为一百，然后再把十成的收入对开，以半数的五分之四为储备，另外的半数则用来处理各项事务，由君主操控其开与合。"齐桓公说："什么叫开与合？"管仲说："君主不提倡仁，那么人与人之间就不会有相互慰问之事的增加；君主不提倡慈孝，人们就怠慢双亲而轻于犯罪。这就是最大的祸乱。那么君主就要把国家理财收益中的十分之一，用来树表柱立高门以表彰仁孝，对于乡中的孝子都用财物来聘问，孝子的兄弟不论多少都免服兵役。由于树表柱立高门提倡仁与慈孝，社会财物将广为施散而轻贱下来。国家乘此轻贱之机运用理财之策掌握财物，十分之五的财物又聚拢在国家。再运用五成财物继续按照这样的办法行事，像日月一样循环往复运行。这便是长久持有天下的办法，称之为平准之道。"

桓公问于管子曰："请问教数①。"管子对曰："民之能明于农事者②，置之黄金一斤，直食八石③。民之能蕃育六畜者，置之黄金一斤，直食八石。民之能树艺者，置之黄金一斤，直食八石。民之能树瓜瓠荤菜百果使蕃衰者④，置之黄金一斤,直食八石。民之能已民疾病者⑤,置之黄金一斤,直食八石。民之知时:曰'岁且厄'⑥,曰'某谷不登',曰'某谷丰'者,置之黄金一斤,直食八石。民之通于蚕桑,使蚕不疾病者,皆置之黄金一斤,直食八石。谨听其言而藏之官,使师旅之事无所与,此国策之者也⑦。国用相靡而足,相因摽而督⑧,然后置四限高下⑨,令之徐疾,驱屏万物⑩,守之以策,有五官技。"桓公曰:"何谓五官技?"管子曰:"'诗'者所以记物也,'时'者所以记岁也,'春秋'者所以记成败也,'行'者道民之利害也⑪,'易'者所以守凶吉成败也,'卜'者卜凶吉利害也。民之能此者皆一马之田⑫,一金之衣⑬。此使君不迷妄之数也。六家者,即见其时,使豫先蚤闲之日受之⑭,故君无失时,无失策,万物兴丰无失利;远占得失,以为末教;'诗'记人无失辞;'行'殚道无失义⑮;'易'守祸福凶吉不相乱。此谓君栋⑯。"

【注释】

①教数:教化中的生财之道。

②明:精通。

③直:通"值"。价值。

④蕃裒:产量提高。裒,当作"衺",同"裕"。蕃裕即繁衍。

⑤已:止,即治好之意。

⑥且:将要。

⑦此国之策者也:"之"下当有"大"字。

⑧摽(dié):折叠。引申为积蓄。督:同"赡"。充足。

⑨四限:四境。

⑩驱：驱出。此指投放。屏：收藏。此指囤积。

⑪"行"者：执掌祭祀行神之人。马元材认为行神即道路之神。

⑫马：同"码"。言土地之少。

⑬金：通"衿"。即衣衿一领。

⑭闲：预防。

⑮殚：尽。

⑯棅：同"柄"。权柄。

【译文】

桓公问管仲说："请问关于教化的理财方法。"管仲回答说："百姓中精通农事的，为他设立黄金一斤的奖赏，值粮八石。百姓中善养牲畜的，为他设立黄金一斤的奖赏，值粮八石。百姓中精通园艺植树的，为他设立黄金一斤的奖赏，值粮八石。百姓中有善种瓜果蔬菜使其产量提高的，为他设立黄金一斤的奖赏，值粮八石。百姓中能够治好他人疾病的，为他设立黄金一斤的奖赏，值粮八石。百姓中通晓时令，能预言'今年将有灾害'的，预言'某种作物将要歉收'或'某种作物将要丰收'的，为他设立黄金一斤的奖赏，值粮八石。百姓中精通养蚕使蚕不生病的，都为他设立黄金一斤的奖赏，值粮八石。要认真听取这些人的讲授并把记录保存在官府，使他们不必服兵役。这是国家理财之策的一件大事。国家财用上下消费都很充足，各级积蓄都很充裕，以此为前提在四境之内设定贵贱的标准，政令的缓急，物资的投放或囤积，用理财之策来控制经济，任用五种有技艺的官。"齐桓公说："什么叫任用五种有技艺的官？"管仲说："懂'诗'的可用来记述社会事物，懂'天时'的可用来记述年景丰歉，懂'春秋'的可用来记述国事的成败，懂'行'的可以指导民众趋利避害，懂'易'的可用来掌握吉凶与成败，懂'卜'的可以预测凶吉与利害。百姓中凡有上述技艺者，都赏赐给一码地，一衿衣。这是使国君摆脱迷惑愚妄的方法。这六家，预见其天时，使人们能够预先早做预防，因此君主就不致错过时机，不会错行理财之策，万物就会财源兴盛不会失去财利；提前占卜他日得失，可以作为日后避害趋利的教导，'诗'记述万物，人们言辞就不会出现差错；'行'详述道路的情况，人们就不会违反礼义；'易'掌握祸福凶吉，就不至于发生错乱。这就是所谓君主的权柄。"

桓公问于管子曰："权棋之数吾已得闻之矣，守国之固奈何？"曰："能皆已官①，时皆已官②，得失之数③，万物之终始④，君皆已官之矣。其余皆以数行。"桓公曰："何谓以数行？"管子对曰："谷者民之司命也，智者民之辅也。民智而君愚，下富而君贫，下贫而君富，此之谓事名二⑤。国机⑥，徐疾而已矣；君道，度法而已矣；人心，禁缪而已矣⑦。"桓公曰："何谓度法？何谓禁缪？"管子对曰："度法者，量人力而举功；禁缪者，非往而戒来。故祸不萌通而民无患咎⑧。"桓公曰："请闻心禁。"管子对曰："晋有臣不忠于其君，虑杀其主，谓之公过⑨。诸公过之家毋使得事君，此晋之过失也。齐之公过，坐立长差。恶恶乎来刑，善善乎来荣，戒也。此之谓国戒。"

【注释】

①能：这里指有专能的人才。官：任命官职。

②时：这里指懂天时的人才。

③得失之数：通晓得失之数的人才。

④万物之终始：掌握万物终始规律的人才。

⑤事名二：指君与民在智愚、贫富上的不可能同行并存。

⑥机：事物的关键。

⑦缪：邪恶，坏事。

⑧通：达。此指"祸"得以发展。

⑨公：公然，明目张胆。过：错误，坏事。

【译文】

齐桓公问管仲说："利用权柄的理财方法我已经明白了，要维护国家巩固该怎么办呢？"回答说："有专能的人才都已授官使用，懂天时的人才都已授官使用，通晓得失规律、万物始终的人才，君上都已经授官使用了。剩下的按照规律管理。"齐桓公说："什么叫按照规律管理？"管仲回答说："粮食是人们生命的主宰，智慧是民众的辅助。民众智慧君主就会愚昧，民众富裕君主就会贫穷，民众贫穷君主就会富裕，这就叫事情有名实之差。国事的关键，全在于政策缓急得当；为君的道理，全在于设计法度得宜；人心的整治，全在于禁止邪恶产生。"桓公说："什么叫设计法度得宜？什么叫禁止人心邪恶？"管仲回答说："法度设计得宜，要注意量力行事；禁止人心邪恶，要注意惩前毖后。因此祸事就不会发生百姓也没有忧虑了。"齐桓公说："再请谈一谈禁止人心邪恶。"管仲回答说："晋国不忠于国君的臣子，想杀害君主，这是明目张胆地做坏事。犯这种罪行的各家一律不准任职事君。这就是晋国的不对了。齐国处理公开做坏事，则按照主从分别定罪。惩治坏人用刑罚，表彰好人用奖赏，以此来表示惩戒。这就是所谓的国戒。"

桓公问管子曰："轻重准施之矣，策尽于此乎？"管子曰："未也，将御神用宝①。"桓公曰："何谓御神用宝？"管子对曰："北郭有掘阚而得龟者②，此检数百里之地也③。"桓公曰："何谓得龟百里之地？"管子对曰："北郭之得龟者，令过之平盘之中④。君请起十乘之使，百金之提⑤，命北郭得龟之家曰：'赐若服中大夫⑥。'曰：'东海之子类于龟，托舍于若。赐若大夫之服以终而身，劳若以百金。'之龟为无赀，而藏诸泰台,一日而衅之以四牛⑦,立宝曰'无赀'⑧。还四年,伐孤竹。丁氏之家粟可食三军之师行五月,召丁氏而命之曰:'吾有无赀之宝于此。吾今将有大事,请以宝为质于子,以假子之邑粟。'丁氏北乡再拜,入粟,不敢受宝质。桓公命丁氏曰:'寡人老矣,为子者不知此数⑨。终受吾质!'丁氏归,革筑室,赋籍藏龟。还四年,伐孤竹,谓丁氏之粟中食三军五月之食。桓公立贡数⑩:文行中七⑪,年龟中四千金⑫,黑白之子当千金⑬。凡贡制,中二齐之壤策也⑭。用贡:国危出宝,国安行流⑮。"桓公曰:"何谓流?"管子对曰:"物有豫⑯,则君失策而民失生矣。故善为天下者,操于二豫之外⑰。"桓公曰:"何谓二豫之外?"管子对曰:"万乘之国,不可以无万金之蓄饰⑱;千乘之国,不可以无千金之蓄饰;百乘之国,不可以无百金之蓄饰。以此与令进退,此之谓乘时。"

【注释】

①御神用宝:故意使一些东西凭空具有神圣宝贵的价值。

②阓:城门。

③检:比,比得上。

④过:置,放置。

⑤提:装。此指礼物。

⑥服中大夫:可以服中大夫之服。

⑦衅:血祭。

⑧无赀:无法计算。即价格难以估量。

⑨为子者:指齐桓公的儿子。数:数量。在此即宝龟的宝贵程度。

⑩立贡数:指立贡龟的价格规定。

⑪文行中七:"七"字下当脱"千金"两字。文行,即文龟。中:当,

等于。

⑫年龟：又称冉龟。

⑬黑白之子：又称子龟。

⑭二齐：齐国收入的两倍。壤策：指土地收入。

⑮行流：促进万物流通。

⑯豫：欺诈。此处为投机之意。

⑰二豫：兼指粮食、货币的投机作伪。

⑱蓄饰：指库存的龟宝。即前文所言国家运用权术立龟为宝，以其"出""行"调节市场，制止投机欺诈。

【译文】

齐桓公问管仲说："轻重平准的方法都付诸施行以后，理财的政策是否就此结束呢？"管仲回答说："不是，还有一招就是利用神怪，使其成为国家宝贝。"桓公说："什么叫利用神怪，使其成为国家宝贝？"管仲回答说："北郭有人掘城门之地挖到乌龟，这只乌龟就可以比得上数百里土地。"齐桓公说："什么叫一只乌龟相当于百里土地呢？"管仲回答说："北郭有人得到龟，让他把乌龟放在大盘里，君主请派出配备十乘马车的使臣，携带黄金百斤，到得龟人的家下令说：'国君赏赐你，让你穿中大夫的官服。'还说：'这是东海海神的后代，样子像龟，寄居在你的家里。赐给你可以穿中大夫的官服，终身享用，并用百斤黄金酬谢你。'如此一来这只龟就变成无价的宝物将其收藏在大台，每天要用四头牛血祭它，定名为无价之宝。过四年征伐孤竹国，富户丁家所藏的粮食足够三军五个月的吃用，君主把丁家主人召来对他说：'我这里有一件无价之宝。现在我有出征的大事，想把这个宝物抵押给你，借用你储藏的粮食。'丁氏面向北再拜领命，送来粮食，不敢接受这个作为抵押的宝物。桓公便对丁氏说：'我老了，儿子又不了解这个宝物的金贵。你一定要收下这个抵押品！'丁氏回家后，便改建房屋，铺设垫席，把龟收藏起来了。过了四年，兵伐孤竹国，宣布丁家粮食确实满足三军吃了五个月。您再确立一种利用贡龟的理财办法：确定文龟价值七千金，冉龟价值为四千金，子龟价值为一千金。凡用贡龟制度所得收入，相当两个齐国土地的收入。贡龟的使用：在国家危难的时候就把它作为宝物抵押出去，在国家安定的时候就让它在物资流通中起作用。"桓公说："什么叫流通中的作用？"管仲回答说："市场物价出现投机的现象，则国无理财之法而民无生活之路。因此善于治理天下的人，要掌握粮食、钱币两大投机对象以外的物资。"桓公说："什么叫两个投机对象以外的物资？"管仲回答说："万乘之国，不可以没有价值万金的库藏龟宝；千乘之国，不可以没有价值千金的库藏龟宝；百乘之国，不可以没有价值百金的库藏龟宝。利用这种储备的宝物，同国家政策号令的进退相结合，这就可以叫乘时调节市场的物价。"

山至数第七十六

【题解】

山至数，"至善之理财计划也"（马元材语）。文章谈论了许多经济问题，对许多有害的经济策略做了批驳。如开篇第一段就批评了"肥籍敛"即对工商业多征赋税的说法。批评这些说法的同时，重申的是政府应利用"轻重"之术理财的至善之策。文章重视"国会"即政府统计会计工作，强调货币在经济中的地位，都是重视"轻重"之术的体现。其中"藏富于民"的观点，又与儒家主张相近。

桓公问管子曰："梁聚谓寡人曰：'古者轻赋税而肥籍敛①，取下无顺于此者矣②。'梁聚之言如何？"管子对曰："梁聚之言非也。彼轻赋税则仓廪虚，肥籍敛则械器不奉，而诸侯之皮币不衣③，仓廪虚则割贱无禄④。外皮币不衣于天下，内国割贱，梁聚之言非也。君有山，山有金，以立币，以币准谷而授禄，故国谷斯在上⑤，谷贾什倍。农夫夜寝蚤起⑥，不待见使，五谷什倍。士半禄而死君，农夫夜寝蚤起，力作而无止；彼善为国者，不曰使之，使不得不使；不曰贫之⑦，使不得不用。故使民无有不得不使者。夫梁聚之言非也。"桓公曰："善。"

【注释】

①肥:厚。籍敛:在此为征收工商之税的意思。

②顺:顺利,轻易。

③皮币:此指纺织品。衣:通"依"。依靠,依赖。

④劓:从事政务的人,官吏。

⑤斯:澌,尽,全部。

⑥蚤:通"早"。

⑦贫:贫困。一说,为"用"字之讹误。

【译文】

齐桓公问管仲说:"有一个叫梁聚的对我讲:'古时候少征收农业税而多征收工商业税,向民众收取赋税没有比这更容易的了。'梁聚的意见怎么样?"管仲回答说:"梁聚的话不对。少收农业税国家仓库就会空虚,多收工商业税兵器工具就会不足,其他诸侯国也就不能依赖齐国的纺织品,国家仓库空虚则官吏低贱没有俸禄。对外则纺织品不能输出于天下各国,对内则国家的官吏身份低贱。梁聚的话是错误的。国君掌握山川,山中能够产铜,可用铜铸造钱币,用钱币折算粮价来发放俸禄,因此国家的粮食全都囤积在君主手里,粮价就可以上涨十倍。农民晚睡早起,不用驱使就可以成十倍地增加产量。士兵只要有从前一半的粮食俸禄就可以为国君效命,农民又晚睡早起,努力耕作不止;那些善于治理国家的人,不必直接驱使百姓,而百姓不得不为其所驱使;不必直接让百姓贫乏,而百姓不得不为其所利用。因此使百姓没有不为他所驱使的。梁聚的意见是错误的。"桓公说:"好。"

桓公又问于管子曰,"有人教我,谓之请士①。曰:'何不官百能?'"管子对曰:"何谓百能②?"桓公曰:"使智者尽其智,谋士尽其谋,百工尽其巧。若此则可以为国乎?"管子对曰:"请士之言非也。禄肥则士不死,币轻则士简赏,万物轻则士偷幸③。三怠在国,何数之有? 彼谷十藏于上④,三游于下,谋士尽其虑,智士尽其知,勇士轻其死。请士所谓妄言也。不通于轻重,谓之妄言。"

【注释】

①请士:请贤能之士,即"官百能"。

②百能:各种有能力的人。

③偷幸:苟且偷生。

④十:当作"七"。

【译文】

齐桓公又问管仲说:"有人教导我,要招揽贤能之士。他说:'为什么不给予各种有才能的人官职呢?'"管仲回答说:"什么叫给予各种有才能的人官职?"桓公说:"让智者全部拿出智慧,谋士全部拿出谋略,百工全部拿出技巧。这样做就可以治国吗?"管仲回答说:"招揽贤士的言论是错误的。俸禄丰厚士人就不肯为国死难,币值低士人就轻视奖赏,各种货物不值钱士人就苟且偷生。国家有这三种怠惰现象,还有什么国计可言呢? 粮食七成储藏在国家手中,三成在下面流通,谋士就可以穷尽他们的谋略,智士就可以穷尽他们的智慧,勇士也就不惜生命。招揽贤士的言论是错误的。不懂轻重之术的言论,是只能视为荒谬的说法。"

桓公问于管子曰:"昔者周人有天下,诸侯宾服,名教通于天下,而夺于其下。何数也?"管子对曰:"君分壤而贡入,市朝同流①。黄金,一策也;江阳之珠,一策也;秦之明山之曾青②，一策也。此谓以寡为多，以狭为广，轨出之属也③。"桓公曰："天下之数尽于轨出之属也？""合国谷重什倍而万物轻，大夫谓贾：'之子为吾运谷而敛财。'谷之重一也，今九为余④。谷重而万物轻，若此，则国财九在大夫矣。国岁反一⑤，财物之九者皆倍重而出矣⑥。财物在下，币之九在大夫。然则币谷羡在大夫也⑦。天子以客行⑧，令以时出⑨。熟谷之人亡⑩，诸侯受而官之。连朋而聚与⑪，高下万物以合民用。内则大夫自还而不尽忠⑫，外则诸侯连朋合与，熟谷之人则去亡，故天子失其权也。"桓公曰："善。"

【注释】

①市朝同流：在市场上流通，自由买卖。市朝，市场。流，流通。

②曾青：矿产名。天然的硫酸铜。

③轨出：意谓与轻重之术同出一轨，亦即生财之道的意思，即"轻重"。

④今：将。九为余：九倍的赢利。

⑤反一：返回到原来的价格。

⑥倍重：成倍地加价。

⑦羡：剩余，盈余。

⑧以客行：反居客位的意思。财富为大夫所有，天子即失其主导之权。

⑨令以时出：即赋敛不时之意。

⑩熟谷之人：贩卖粮食的富商巨贾。亡：逃走。

⑪与：勾结。

⑫自还：还，"环"字之借，环，通"营"。自环即自营，自私自利的意思。

【译文】

桓公问管仲说："从前周朝掌有天下，诸侯宾服，号令行于天下，然而最终权势被臣下篡夺。这是什么道理呢？"管仲回答说："周天子分封土地而天下贡品送至周朝时，可以放在市场上自由买卖。这样，臣下利用黄金交易是一种策略，利用江阳之珠交易是一种策略，利用秦地明山所产的曾青交易是一种策略。这就是所谓的以少变多，以小变大，也同属于轻重之术的范围。"桓公说："天下的理财方法全属于轻重之术么？"管仲说："全国粮价上升十倍而其他物资价格尚低，大夫便对商人说：'请替我卖出粮食而收购其他物资。'粮食价格为一，就有九倍盈利。粮价贵而其他物资价格低，这样，大夫就能掌握九成的国家财富。待粮价恢复原状，又把这九倍的物资成倍加价售出。货物倾销到民间，九成的货币又掌握在大夫手里，钱、粮的盈余就都归大夫了。这样就会使天子落到了客位，政令无常赋敛不时。这又会导致贩卖粮食的富商巨贾逃至外国，诸侯接纳他们让他们做官。商人与诸侯结聚朋党，操纵物价来包揽市场民用。如此，周天子就国内而言，大夫自谋私利而不肯尽忠；就国外而言，诸侯串通结聚朋党，贩卖粮食的富商巨贾外逃，因此天子就丧失了他的主权陷入被动。"桓公说："讲得好。"

桓公又问管子曰："终身有天下而勿失，为之有道乎？"管子对曰："请勿施于天下，独施之于吾国。"桓公曰："此若言何谓也？"管子对曰："国之广狭、壤之肥垴有数①，终岁食余有数。彼守国者，守谷而已矣。曰：某县之壤广若干，某县之壤狭若干，则必积委币②，于是县州里受公钱③。泰秋，国谷去参之一④，君下令谓郡、县、属大夫里邑皆籍粟入若干⑤。谷重一也，以藏于上者，国谷三分则二分在上矣。泰春，国谷倍重，数也。泰夏，赋谷以市樏⑥，民皆受上谷以治田土⑦。泰秋,田谷之存予者若干⑧,今上敛谷以币。民曰:'无币以谷。'则民之三有归于上矣。重之相因,时之化举⑨,无不为国策。君用大夫之委,以流归于上。君用民,以时归于君。藏轻⑩,出轻以重,数也。则彼安有自还之大夫独委之?彼诸侯之谷十,使吾国谷二十,则诸侯谷归吾国矣;诸侯谷二十,吾国谷十,则吾国谷归于诸侯矣。故善为天下者,谨守重流⑪,而天下不吾泄矣。彼重之相归,如水之就下。吾国岁非凶也,以币藏之,故国谷倍重,故诸侯之谷至也。是藏一分以致诸侯之一分。利不夺于天下,大夫不得以富侈。以重藏轻,国常有十国之策也。故诸侯服而无止⑫,臣橫从而以忠⑬,此以轻重御天下之道也,谓之数应。"

【注释】

①垆(qiāo):土地贫瘠。

②积委:储蓄,储备。

③公钱:即上文所言国家储藏的货币。

④去:减少。此指粮价降低。

⑤籍粟:借粟以偿还国家贷款。籍,借。

⑥市橫:市价。

⑦上谷:君上的粮食。

⑧存予者:指存在农民手中的粮食。

⑨重之相因,时之化举:此两句意思是说,政府要始终在变化中把握时机,把握经济中的"重",即获利的资本。相因,相沿。时,把握时机。化,变化。

⑩藏轻:聚积不值钱的货物。

⑪重流:指粮价高位流通。

⑫止：断绝。一说，当为"正"，通"征"。征伐，征讨。

⑬臣横从而以忠：意谓本国大臣顺从轻重之策而尽忠。横从，即平准。

【译文】

齐桓公又问管仲说："保证终身享有天下而无闪失，做到这样有办法吗？"管仲回答说："办法是不要对天下人施舍，而是只在我国施舍。"桓公说："这话是什么意思？"管仲回答说："国内土地的大小和土壤的肥瘠是有定数的，全年粮食的消费和剩余也有定数。那些能守护国家的君主，其实只守好国家的粮食而已。也就是说，统计某县的土地有多大，某县的土地有多小，都必须储备财物货币，这样县州里就用储备的财物货币发放贷款。到大秋时节，粮价下降三分之一，国君便下令县州乡村各级官员向国家交纳粮食。这样粮食价格还能维持原有水平，同时国家把粮食贮藏起来，国内粮食就有三分之二掌握在国家手里。第二年春天，粮价成倍上涨，就是这样的方法这是有定数的。夏天，便把粮食按市价出售，民众都接受君主提供的粮食来经营农事。到了大秋，存在农民手里的粮食有若干，君主就折合钱数来收取。民众说：'没有钱币只能交纳粮食。'那么民众粮食收成的十分之三就又归于国库了。粮食价格的上涨，是随季节而变化的，因而国家收放举措，也要因时而动，各种举动无非有利国家的轻重之策。君主取用大夫的存粮，是通过流通手段；取用百姓的粮食，是通过季节价格的变化。囤积低价的粮食，再以高价卖出去，这符合轻重变化的定律。这样做，大夫之家自私自利的囤积，如何能达到目的呢？其他诸侯国的粮食价格是十，如果我们的粮价是二十，那么各诸侯国的粮食就流归我国；其他诸侯国的粮价是二十，我们的粮价是十，我们的粮食就流归各诸侯国了。因此善于治理天下的人，必须严守粮食高价流通政策，各诸侯国就无法泄散我国的粮食。粮食流向高价的地方，就像水往低处流一样。我们国家并不是发生灾荒，而是利用货币来囤积粮食，使粮价加倍提高，因此各诸侯国的粮食就来到我国了。这样我们藏一分就可以吸取各诸侯国粮食的一分。财利不致被外国所夺取，大夫也不能占有粮食过多。用开高价囤积低价粮食的手段，可以使国家长久保持拥有十个国家的财政收入。因此诸侯就会永久臣服，本国臣子也顺从轻重之策而尽其忠心。这就是用轻重之术驾驭天下的办法，谓之为理财方法的实效。"

桓公问管子曰："请问国会①。"管子对曰："君失大夫为无伍，失民为失下。故守大夫以县之策，守一县以一乡之策，守一乡以一家之策，守家以一人之策。"桓公曰："其会数奈何?"管子对曰："币准之数，一县必有一县中田之策②，一乡必有一乡中田之策，一家必有一家直人之用。故不以时守郡为无与，不以时守乡为无伍。"桓公曰："行此奈何?"管子对曰："王者藏于民，霸者藏于大夫，残国亡家藏于箧③。"桓公曰："何谓藏于民?""请散栈台之钱，散诸城阳;鹿台之布，散诸济阴④。君下令于百姓曰:'民富君无与贫，民贫君无与富⑤。故赋无钱布，府无藏财，赀藏于民。'岁丰，五谷登，五谷大轻，谷贾去上岁之分⑥，以币据之⑦，谷为君，币为下。国币尽在下，币轻，谷重上分。上岁之二分在下，下岁之二分在上，则二岁者四分在上，则国谷之一分在下，谷三倍重⑧。邦布之籍⑨，终岁十钱。人家受食，十亩加十，是一家十户也。出于国谷策而藏于币者也。以国币之分复布百姓，四减国谷⑩，三在上，一在下。复策也。大夫旅壤而封⑪，积实而骄上⑫，请夺之以会。"桓公曰："何谓夺之以会?"管子对曰："粟之三分在上，谓民萌皆受上粟，度君藏焉⑬。五谷相靡而重去什三⑭，为余以国币谷准反行⑮，大夫无什于重⑯。君以币赋禄,什在上。君出谷,什而去七。君敛三,上赋七,散振不资者,仁义也。五谷相靡而轻,数也;以乡完重而籍国,数也;出实财,散仁义,万物轻,数也。乘时进退。故曰:王者乘时,圣人乘易⑰。"桓公曰:"善。"

【注释】

①国会:指国家的会计工作。

②中:合乎,符合。

③箧:筐、箱之物。

④"请散栈台之钱"四句:这是用典,是比喻句。意思是应当像周武王灭商散钱财于天下一样做。栈台,即钟台。与下文的鹿台皆为藏钱币之所。城阳,古地名。在今河南信阳境内。布,此处指古代的一种货币,仍为钱币之意。

⑤无与:无以,不可能。

⑥上岁:上一年,去年。分:一半。

⑦以币据之:指国家用钱买粮食。

⑧"上岁之二分在下"五句:这里的意思是,若四分国谷,两年相加藏在国库中的谷可得四分,在民间也是四分,但在民间的谷物要消费,两年下来至多也只有一分,如此谷价会上涨三倍。

⑨邦布之籍:国家按人口征收的赋税。布,钱。

⑩减:分。相当于"除"。

⑪旅壤:裂土。旅,列也。

⑫实:指粮食。

⑬度:考量,依照。

⑭相靡:互相影响。

⑮反行:指以货币收购粮食。上言政府向民间散粟,此又言收购,是相反的行动。

⑯什：相保，占有。

⑰易：变化。

【译文】

　　齐桓公问管仲说："请问国家的会计之事。"管仲回答说："国君失去了大夫，就等于没有随从；失去了百姓，就等于失去下层。因此要根据县的经济策略掌握大夫，要掌握一个县就要根据一个乡的经济策略，掌握一个乡，要根据一个家庭的经济策略，掌握一个家庭要根据一个人的经济策略。"齐桓公说："会计的规则又是怎样的呢？"管仲回答说："可以起到平衡经济的货币流通数量，在一个县必须适合该县土地的总量，在一个乡必须适合该乡土地的总量，在一个家必须适合一家人口用度的数量。因此，不及时掌握一个郡的经济情况，就等于孤立无援，不及时掌握一个乡的经济情况，就等于没有部属。"齐桓公说："那具体应怎样做呢？"管仲回答道："成王业的君主藏富于民，成霸业的君主藏富于大夫，败国亡家的君主则是把财富收藏在箱子里。"齐桓公说："什么叫藏富于民？"管仲说："请拿出栈台所存的钱币，散在城阳一带；拿出鹿台的钱币，散在济阴一带。国君对百姓下令说：'百姓富君主不会穷，百姓穷君主不会富。因此国家不向百姓征收钱币，府库也不积累钱财，把财富都藏在百姓手里。'等到年景丰收，五谷丰登，粮价大降，比上一年降低一半，此时政府收购粮食，使粮食归于国库，钱币散在民间。国家的钱币都投在民间，币值下跌，粮价就上升一半。上一年的粮食有两分在下，下一年的粮食有两分在上，那么两年的粮食就有四分在上，则只有一分粮食在民间，粮价因而将上涨三倍。国家征收人头税，一年每人才收十钱。每家都向政府买粮，把每十亩地产粮食加价十钱，这样从一户中就可以得到相当于十户的赋税收入。这是通过粮食购销政策获得货币利益最大化而得到的。把国家所掌握的货币总量的一半再次贷放给百姓，国家掌握的粮食分为四份，使之三份在国家，一份在民间。重复实行这项政策。大夫据有封地，囤积粮食对抗君主，也请用会计的方法

来剥夺他们。"齐桓公说:"什么叫用会计的方法来剥夺?"管仲回答说:
"统计有四分之三的粮食掌握在国家手里时,就让百姓都来买国家的
粮,按照君主之所藏尽量出卖。粮价就会互相影响而跌价十分之三。
剩下的粮食以国家掌握的货币按跌落后的价格来收购,大夫就无法抬
高粮价了。国君发放俸禄也用钱而不用粮,全部粮食就都被国家掌握
起来。国君把其中十分之七的粮食拿出来,也就是留三成,贷出七成,
赈济没有收入的贫民,也是一种仁义的举动。五谷相互影响使粮价跌
落,是对付大夫的一个办法;靠乡里市场管住粮价而充实国家,是另一
个办法;散出粮食与物资,博得仁义之名,又平抑其他物资价格,也是一
个办法。一切都要掌握时机而决定进退。因此说:成就王业者善于掌
握时机,称为圣人的善于掌握变化。"齐桓公说:"好。"

　　桓公问管子曰:"特命我曰①:'天子三百领②,泰啬而
散③。大夫准此而行。'此如何?"管子曰:"非法家也④。大夫
高其垄⑤,美其室⑥,此夺农事及市庸⑦,此非便国之道也。
民不得以织为缯绡而狸之于地⑧。彼善为国者乘时徐疾而
已矣。谓之国会。"

【注释】

①特:人名。

②三百领:这里指天子所用的葬衣。即以厚葬方式散财。

③泰:过于。散:散财于民。

④非法家:即不得法的意思。法家,得法之家。

⑤垄:这里指坟墓。

⑥室:这里指墓室。

⑦庸:佣工,劳力。

⑧缂(shān)绡:这里指彩帛。狸:通"埋"。埋藏,掩埋。

【译文】

齐桓公问管仲说:"特告诉我说:'天子的葬衣定为三百件,平时过于节俭了所以要用厚葬方式散财于民,大夫也要照此而行。'这怎么样?"管仲说:"这不是法家的办法。大夫家修高高的坟头,建华美的墓室,这会侵夺农事和市场上的佣工,不是利国之道。百姓死后也不可用彩帛作为覆棺之物,深埋地下。那些善于治国的人只需掌握市场时机而采取有缓有急的措施就可以了。这叫运用国家的统计工作。"

桓公问管子曰:"请问争夺之事何如①?"管子曰:"以戚始。"桓公曰:"何谓用戚始?"管子对曰:"君人之主,弟兄十人,分国为十;兄弟五人,分国为五。三世则昭穆同祖②,十世则为祐③。故伏尸满衍④,兵决而无止⑤。轻重之家复游于其间。故曰:毋予人以壤,毋授人以财⑥。财终则有始,与四时废起。圣人理之以徐疾,守之以决塞⑦,夺之以轻重,行之以仁义,故与天壤同数,此王者之大辔也⑧。"

【注释】

①争夺:此指分走君权。

②昭穆:昭穆是宗法制度对宗庙或墓地的辈次排列规则和次序。二世、四世、六世,位于始祖之左方,称"昭";三世、五世、七世,位于始祖之右方,称"穆"。这里指同族同宗的关系。

③祐(shí):宗庙之主。这里指祖宗牌位放在一起而已。

④满衍:犹言"漫衍",很多的意思。

⑤决:斗。

⑥财:此指产生财富的资源。

⑦决塞：开合。

⑧辔：马缰绳。引申为掌握的大权。

【译文】

齐桓公问管仲说："请问分夺国君权力的事是怎样出现的？"管仲回答说："从宗亲开始。"齐桓公说："什么叫从宗亲开始？"管仲回答说："一国之君有弟兄十人，就得分封为十个邦国；有弟兄五人，就得分封为五个邦国。传三代之后彼此仅是同族同祖的关系而已，传十代以后，仅是祖宗牌位放在一起的疏远关系了。这些人争夺起来伏尸满地，争斗无休无止。轻重家们游走在这些邦国之间乘机谋利。因此说不可把土地封建给他人，不可把财富资源授予他人。财富资源的使用可以终而复始，与四时运动的起落相呼应。圣人总是用缓急不同的策略来掌握它，用政策的管控与疏放来控制它，用轻重理财之术来夺取它，用仁义之道来支配它，这样就能够与天地共长久。这才是成就王业的君主应掌握的大权。"

桓公问管子曰："请问币乘马①。"管子对曰："始取夫三大夫之家②，方六里而一乘，二十七人而奉一乘。币乘马者，方六里，田之美恶若干，谷之多寡若干，谷之贵贱若干，凡方六里用币若干，谷之重用币若干。故币乘马者，布币于国③，币为一国陆地之数。谓之币乘马。"桓公曰："行币乘马之数奈何？"管子对曰："士受资以币，大夫受邑以币，人马受食以币，则一国之谷资在上，币赀在下。国谷什倍，数也；万物财物去什二，策也。皮革、筋角、羽毛、竹箭、器械、财物，苟合于国器君用者④，皆有矩券于上⑤。君实乡州藏焉⑥，曰：'某月某日，苟从责者，乡决州决。'故曰：就庸一日而决⑦。国策出于谷，轨国之策，货币乘马者也。今刀布藏于官府，巧币万物轻重皆在贾人，彼币重而万物轻，币轻而万物重，彼谷重而谷轻。人君操谷币金衡而天下可定也。此守天下之数也。”

【注释】

①币乘马：货币计划。乘马即计算。币乘马包括货币数量和货币的运用方面的内容。

②三大夫之家："大"字为衍文，当为"三夫之家"，即以三人一家为一生产单位。

③币：这里指货币的需求量。

④苟：如果，只要。

⑤矩券：刻物与数于券上。

⑥实：财货。

⑦就庸：僦佣，指雇佣运输的车和人夫。就，通"僦"。

【译文】

齐桓公问管仲说："请问关于货币的计算筹划。"管仲回答说："先确定三夫一家为一生产单位，六里见方的土地向政府提供兵车一辆，出二十七人作为兵车士卒。至于货币的计算筹划，是以六里见方的土地为单位，搞清楚这些土地肥瘠各占多少，产粮数量多少，粮价高低多少，六里见方土地需要货币多少，粮价最贵时需要货币多少。因而所谓货币筹划，就是把方六里的货币需要量作为基准，以之推算全国需要的货币总量。使货币的数量与全国的土地数量相适应。这就叫作货币的计算筹划。"齐桓公说："货币计算筹划的理财方法应如何实行？"管仲回答说："士人俸禄用货币支付，大夫封邑租税也以货币支付，人夫、马匹等开支也以货币支付，这样，粮食就全部控制在国家手里，货币却散布流通在社会。令粮价上涨十倍，因为此法；其他物资因粮贵而降价十分之二，也是因为此法。皮革、筋角、羽毛、竹箭、器械及其他财物，如果是合乎国家器材制作规格和君主需用的，都必须要在文书上登记种类数目。国君的财货本来就是贮藏在各乡各州的。因而可以下令说：'某月某日，若与国家有债务关系的，都可在本乡本州就近解决。'这就是说，雇用车马人夫运物送粮一天时间就可以办完。国家财政取决于粮食，令国家物资丰厚之策，正是货币计算筹划的作用。如今钱币贮藏在官府，而巧妙使用货币和操纵物价的都是商人。市场上币值上升则物价下降，币值下降则物价上升，粮价随时而体现高低变化。国君如能掌握好粮食、货币、黄金的平衡关系，天下的经济秩序就可以稳定运行。这就是控制天下的办法。"

　　桓公问于管子曰："准衡、轻重、国会，吾得闻之矣。请问县数。"管子对曰："狼牡以至于冯会之日^①，龙夏以北至于海庄^②，禽兽羊牛之地也，何不以此通国策哉^③？"桓公曰："何谓通国策？"管子对曰："冯市门一吏书赘直事^④。若其事唐圉牧食之人^⑤，养视不失捍殂者^⑥，去其都秩^⑦，与其县秩^⑧。大夫不乡赘合游者^⑨，谓之无礼义，大夫幽其春秋^⑩，列民幽其门、山之祠。冯会、龙夏牛羊牺牲月价十倍异日。此出诸礼义，籍于无用之地，因扪牢策也^⑪，谓之通。"

【注释】

①狼牡、冯会：皆地名。两地具体位置不详。有学者认为"狼牡"即"琅邪"，在今山东诸城境内。日：即"馹"，驿站。

②龙夏、海庄：地名。

③通：普遍施行。

④冯市门一吏书赘直事：依靠市场门口设立书吏，记录禽兽会聚情况。冯，据。市门，市场入口处。在此设吏。赘，会。直，值，数。

⑤唐圉牧食之人：蓄养交换牛马牲畜之人。唐，买马的地方。食，
　喂养。

⑥养视：奉养，照料。捍殂：病死逃亡。

⑦都秩：古代官职名称。

⑧县秩：官职名称。县秩高于都秩。

⑨乡赘合游：意谓在乡村聚会牛马，进行配种繁殖。《吕氏春秋·
　季春季》"乃合累牛腾马游牝于牧"，高诱注："累牛，父牛也。腾
　马，父马也。皆将群游从牝于牧之野风合之。"

⑩幽：囚禁。

⑪扣：持。牢：价值。

【译文】

桓公问管仲说："平准之法，轻重之术以及国家会计等事情，我都知道了。请问县的理财方法。"管仲回答说："从狼牡到冯会的驿站，从龙夏以北到海庄，是禽兽牛羊生长的好地方，何不利用这个条件来贯彻国家理财之策呢？"齐桓公说："什么是普遍施行理财之策？"管仲回答说："依靠市场门口的书记之吏，记录会聚市场的牲畜数目。若是从事牧养的官员，照料牛马没有病死逃亡的，就把他的俸禄从都级提升为县级。大夫不按时至乡村聚会牛马进行配种繁殖的，就叫目无礼仪，就禁止其参加春享秋尝的祭祀。一般百姓有此行为的就禁止其参加任何祭祀。冯会、龙夏一带牛羊的月价将比往日上涨十倍。这是从祭祀礼仪出发的，从山林无用之地取得收入，趁势把持其价值的政策，也就称之为普遍施行。"

桓公问管子曰："请问国势。"管子对曰："有山处之国①，有氾下多水之国②，有山地分之国③，有水泆之国④，有漏壤之国⑤。此国之五势，人君之所忧也。山处之国常藏谷三分之一，氾下多水之国常操国谷三分之一，山地分之国常操国

谷十分之三,水泉之所伤,水泆之国常操十分之二,漏壤之国谨下诸侯之五谷⑥,与工雕文梓器以下天下之五谷⑦。此准时五势之数也。"

【注释】

①国:这里理解为地区。

②氾下:低洼。

③分:占一半。

④泆:溢。在此为"闹水灾"之意。此与"氾下"不同。下文"水泉所伤"指此。

⑤漏壤:水泉渗漏,不居于地上。

⑥谨:认真对待的意思。下:引进。

⑦工:制作。梓:古代七种木工之一。亦泛指木工。

【译文】

齐桓公问管仲说:"请问国内的地势问题。"管仲回答说:"有山地地区,有低洼多水的地区,有山陵平原各占一半的地区,有常年溢水为害的地区,有土壤漏失水分的地区。这是国家的五种地势,也是国君所忧虑的事情。山地地区常常贮备粮食产量的三分之一,低洼多水地区常控制占有粮食的三分之一,山陵平原对开的地区常掌握占有粮食的十分之三,被水泉伤害,常年溢水地区常掌握占有粮食的十分之二,土壤漏失水分的地区只能依靠买入其他诸侯国的粮食,发展手工业的精美木器生产来交换各诸侯国的粮食。这就是解决五种不良地势问题的办法。"

桓公问管子曰:"今有海内,县诸侯,则国势不用已乎?"管子对曰:"今以诸侯为竿,公州之饰焉①,以乘四时,行扪牢之策②。以东西南北相彼，用平而准。故曰：为诸侯，则高下万物，以应诸侯；遍有天下，则赋币以守万物之朝夕，调而已利③，有足则行，不满则有止。王者乡州以时察之，故利不相倾，县死其所④。君守大奉一⑤，谓之国簿。"

【注释】

①今以诸侯为竽(zhù)，公州之饰焉：意谓现今各诸侯掌握天下各州余财。竽，当作"管"。饰，当作"余"。

②扣牢：把持价格。

③调而已利：调节物价而获取利益而不过分。已，止。

④县死其所：老死于故乡本土。县，系。其所，指其故乡。

⑤守大奉一：掌握大局奉行"利出一孔"的政策。一，指"利出一孔"的经济政策。

⑥簿：账册。此处为会计的意思。

【译文】

齐桓公问管仲说："现在海内统一，掌控天下诸侯，那么解决国家地势问题的政策就不需要了吗？"管仲回答说："现今各诸侯国掌握天下各州的余财，来呼应四时季节变化，实行把持价格的经济政策。使东西南北相补助，使用平准手段而加以调节。因此说：在诸侯分立条件下，则直接掌握物资贵贱来应对各诸侯国；在掌有天下的条件下，则利用货币掌握物价涨落，调整它们来获取利益而不过分，东西充足就调到别处，不足就有所禁止。成就王业的君主按时视察各乡各州的经济情况，故而百姓谋求财利不至于互相倾轧，生活极为稳定。国君则掌握大局奉行'利出一孔'的政策，称为国家整体的经济统计谋算。"

卷第二十三

地数第七十七

【题解】

篇名"地数"，即处理土地自然资源，使之为国家增加财富诸问题。文章先谈的是矿产资源之事，强调政府应对这些财富之源严加控制，利用政令的疾徐影响物价，以达到为政府丰财的目的。继而文章还谈到是否应该以农富国的问题。文中管子认为，只知农耕可以使物产丰富，却不懂得利用价值（亦即"轻重"之术）守财，必将使财富外流。正确的办法应当是在经济流通中，把握物价起落的时机，随时高下，获取最大利益。文章线索清晰，论述明确而简洁，可读性强。

桓公曰："地数可得闻乎？"管子对曰："地之东西二万八千里，南北二万六千里，其出水者八千里①，受水者八千里②。出铜之山四百六十七山，出铁之山三千六百九山，此之所以分壤树谷也，戈矛之所发，刀币之所起也。能者有余，拙者不足。封于泰山，禅于梁父③，封禅之王，七十二家，得失之数，皆在此内。是谓国用。"

【注释】

①出水：水的发源地，指山。

②受水：指江、河。

③禅于梁父：在梁父山祭地。古代东封泰山时，要在另一座小山祭祀土地，称作禅，此小山就是梁父山。

【译文】

桓公说："以地利来理财的方法，可以讲给我听听吗？"管子回答说："土地的东西相距为二万八千里，南北相距二万六千里。其中山脉八千里，江河八千里。出产铜矿的山为四百六十七座，产铁的矿山三千六百零九座，这些被人们分别用来种植粮食，开发并制造兵器、铸造钱币。善于利用资源，财用有余；不善于利用，则财用不足。自古以来封泰山、禅梁父的七十二代君王，他们的得失的规律，都在其中。这就是国家的财政。"

桓公曰："何谓得失之数皆在此？"管子对曰："昔者桀霸有天下而用不足，汤有七十里之薄而用有余①。天非独为汤雨菽粟，而地非独为汤出财物也。伊尹善通移、轻重、开阖、决塞②，通于高下徐疾之策坐起之③。费时也④，黄帝问于伯高曰：'吾欲陶天下而以为一家⑤，为之有道乎？'伯高对曰：'请刈其莞而树之⑥，吾谨逃其蚤牙⑦，则天下可陶而为一家。'黄帝曰：'此若言可得闻乎？'伯高对曰：'上有丹沙者，下有黄金。上有慈石者⑧，下有铜金⑨。上有陵石者，下有铅锡赤铜；上有赭者⑩，下有铁。此山之见荣者也⑪。苟山之见其荣者，君谨封而祭之。距封十里而为一坛，是则使乘者下行，行者趋。若犯令者，罪死不赦。然则与折取之远矣⑫。'修教十年，而葛卢之山发而出水，金从之，蚩尤受而制之，以为剑铠矛戟,是岁相兼者诸侯九。雍狐之山发而出水,金从之,蚩尤受而制之,以为雍狐之戟芮戈,是岁相兼者诸侯十二。故天下之君顿戟壹怒[13],伏尸满野。此见戈之本也[14]。"

【注释】

①薄:即亳,商汤时的都城。

②伊尹:商汤时的贤臣。通移:流通交换。决塞:打通闭塞。

③坐起:指买贱卖贵。

④费时也:应作"昔时也"。

⑤陶:本以为制作瓦器,此处比喻打造天下一家的局面。

⑥莞:草名,俗称席子草。树:生长树木。

⑦吾谨逃其蚤牙:意即把山都封起来,加以保护。蚤牙,禽兽爪牙。山树木丰茂则禽兽多,爪牙就多。

⑧慈石:磁石。

⑨铜金:铜矿石。

⑩赭(zhě):含二氧化三铁的石头。一般呈暗棕色,也有的呈土黄色或红色。

⑪荣:此指矿苗。

⑫然则与折取之远矣:此句是说,封禁矿山,百姓就远离,不能随意开采了。与,参与。折取,开采。

⑬顿戟:谓动用干戈引起战争。

⑭见戈:战争发生。

【译文】

桓公问:"为什么叫他们的得失之数都在其中?"管子回答说:"从前,夏桀霸有天下而财用不足;商汤只有方圆七十里的亳地却财用有余。并非天只为商汤降下粮食,亦非地只为商汤出产财物,而是因为伊尹善于从事流通,善于轻重权变,善于适时开发和收闭,及时调放与控制。他能通晓物价高低、政令缓急的策略并随时买贱卖贵获取利益。以前，黄帝曾问伯高说：'我想将天下融为一家，有办法做到吗？'伯高回答：'请除掉山上的莞草使树木丰茂，禽兽爪牙众多，我们小心地把山封起来，这样天下就可融为一家。'黄帝说：'这个道理能讲得具体些吗？'伯高回答说：'山的表面有丹砂，下面就有金矿；表面有磁石，下面就有铜矿；表面有陵石，下面就有铅、锡、红铜；表面有赤土，下面就有铁矿。这都是山上现出矿苗之象。如果山中出现矿苗，国君应该严密地封山而进行祭祀。离封地十里设一个祭坛，使乘车到此者下车而行，步行到此者快步而过。违反命令的，判处死罪，决不赦免。这样，人们就远离矿区不敢随便开采了。'黄帝制定这一禁令仅十年，当葛卢山发生山洪，金属矿石随之泄出，蚩尤就接管并控制了这一地区，开发矿藏制造出剑、铠、矛、戟，同年兼并了九个诸侯国。雍狐山山洪暴发，金属矿石随之而现，又被蚩尤接管控制，利用矿藏制造出雍狐之戟和芮地之戈，同年又兼并诸侯十二个。因此，黄帝大怒发兵，导致伏尸遍野。由此可见，开采矿藏是战争胜利的根本。"

桓公问于管子曰："请问天财所出，地利所在。"管子对曰："山上有赭者，其下有铁。上有铅者，其下有银。一曰：'上有铅者，其下有鈆银①。上有丹沙者，其下有鈆金。上有慈石者，其下有铜金。'此山之见荣者也。苟山之见荣者，谨封而为禁。有动封山者，罪死而不赦。有犯令者，左足入，左足断；右足入，右足断。然则其与犯之远矣。此天财地利之所在也。"桓公问于管子曰："以天财地利立功成名于天下者，谁子也？"管子对曰："文武是也。"桓公曰："此若言何谓也？"管子对曰："夫玉起于牛氏边山，金起于汝汉之右洿，珠起于赤野之末光。此皆距周七千八百里，其途远而至难。

故先王各用于其重,珠玉为上币,黄金为中币,刀布为下币。令疾则黄金重^②,令徐则黄金轻。先王权度其号令之徐疾,高下其中币而制下上之用,则文武是也。"

【注释】

①铢(zhù)银:液体状的金属。

②疾:急迫。

【译文】

桓公问管仲说:"请问天然的资源从何而来,地下的财利又在哪里?"管仲回答说:"山表面有赤土,下面就有铁矿;表面有铅,下面就有银矿。另一种说法是:'山表面有铅,下面有铢银;表面有丹砂,下面有铢金;表面有磁石,下面有铜矿。'这都是山上现出矿苗之象。如果山上出现矿苗,国君要严密封山,禁止人们进入。有进入封山开采的,死罪不赦。有违令进入的,左脚进,砍掉左脚;右脚进,砍掉右脚。这样,人们就会远离禁地,不敢犯令了。这就是天地财利资源之所在。"桓公问管仲说:"因利用天地财利资源而建立大功、扬名天下的,有哪些人?"管子回答:"周文王、周武王。"桓公问:"这话怎么说?"管子答道:"玉出产于牛氏的边山,金出产自汝水、汉水西边的洼地,珍珠产自赤野的末光。这些宝物都距周都七千八百里,路远而难以得到。所以先王分别其价值高低而用之,以珠玉为上等货币,黄金为中等货币,刀布为下等货币。国家号令紧急,黄金就涨价;号令徐缓,金价就下跌。先王能做到权度号令的缓急,调节金价的高低,而控制下币和上币的用度的,那就是周文王和周武王了。"

桓公问于管子曰:"吾欲守国财而毋税于天下^①,而外因天下^②,可乎?"管子对曰:"可。夫水激而流渠^③,令疾而物重,先王理其号令之徐疾,内守国财而外因天下矣。"桓公问于管子曰:"其行事奈何?"管子对曰:"夫昔者武王有巨桥之粟,贵籴之数。"桓公曰:"为之奈何?"管子对曰:"武王立重泉之戍④,令曰:'民自有百鼓之粟者不行⑤。'民举所最粟⑥,以避重泉之戍,而国谷二什倍,巨桥之粟亦二什倍。武王以巨桥之粟二什倍而市缯帛,军五岁毋籍衣于民。以巨桥之粟二什倍而衡黄金百万,终身无籍于民。准衡之数也。"

【注释】

①税:指财利被别国吸取。字为"挩"之误。

②因:利用,收取。

③渠:读为"遽",急。

④重泉:作者假托的兵役名称。

⑤鼓:古代重量或容积单位。十二斛为一鼓。

⑥最:聚集。

【译文】

桓公问管仲说:"我想控制国内的资源而不让天下他国吸取,并且要利用天下各国的资源,这行吗?"管仲回答说:"行。水势汹涌则流速湍急,号令紧急则物价上升。先王注意把握号令的缓急,对内控制财利资源,对外还能取之于天下。"桓公接着问管仲说:"他们是怎么做的?"管子答道:"从前,周武王曾采用提高巨桥的粮食价格的办法。"桓公说:"具体做法如何?"管仲回答说:"武王设立一种名为重泉的兵役,下令说:'百姓自家储粮一百鼓的,可以免除这一兵役。'百姓就尽其所有来收购并囤积粮食,以此逃避兵役,而使国内粮食价格上涨了二十倍,巨桥仓库中的粮食也贵了二十倍。武王用贵了二十倍的巨桥仓粮来购买丝帛,军队五年不向民间征收军衣。用贵了二十倍的巨桥仓粮来购买黄金百万斤,终身都不必向百姓征税。这就是平准调节的办法。"

　　桓公问于管子曰:"今亦可以行此乎?"管子对曰:"可。夫楚有汝汉之金①,齐有渠展之盐②,燕有辽东之煮。此三者亦可以当武王之数。十门之家,十人咶盐③,百口之家,百人咶盐。凡食盐之数,一月丈夫五升少半,妇人三升少半,婴儿二升少半。盐之重,升加分耗而釜五十,升加一耗而釜百,升加十耗而釜千。君伐菹薪④,煮沸水为盐⑤,正而积之三万钟⑥,至阳春,请籍于时。"桓公曰:"何谓籍于时?"管子曰:"阳春农事方作,令民毋得筑垣墙,毋得缮冢墓,大夫毋得治宫室,毋得立台榭,北海之众毋得聚庸而煮盐,然盐之贾必四什倍⑦。君以四什之贾,修河济之流⑧,南输梁、赵、宋、卫、濮阳。恶食无盐则肿,守圉之本⑨,其用盐独重。君伐菹薪,煮沸水以籍于天下,然则天下不减矣。"

【注释】

①汝:汝水。汉:汉水。

②渠展:渤海的另称。

③咶(shì):同"舐"。食。

④菹(zū):多水草的沼泽地。

⑤沸水:即卤水。

⑥正:通"征"。征收。

⑦贾:价格。

⑧修:循,沿着。

⑨本:"邦"的借字。

【译文】

桓公问管仲说："现在也可照此办理吗?"管子回答说："可以。楚国有汝水、汉水所出产的黄金,齐国有渠展所出产的盐,燕国有辽东所煮的盐。这三者都可以像武王那样做。一个十口之家有十人吃盐,百口之家有百人吃盐。统计食盐的数量,每月成年男子近五升半,成年女子近三升半,小孩近二升半。将盐价每升提高半钱,每釜就增加五十钱;每升提高一钱,每釜就增加一百钱;每升提高十钱,每釜就增加千钱。君主若下令砍伐湿地柴草,下令取卤水煮盐,所征税额积少成多,可达三万钟。等阳春一到,就可以利用时机增加国库收入了。"桓公问:"什么叫利用时机增加国库收入?"管子说:"阳春的时节,耕种刚刚开始,命令百姓不得建筑墙垣,不得修缮坟墓,大夫不得营造宫室,不得建立台榭,北海的民众不得雇人煮盐,这样一来,盐价必然上涨四十倍。君主将这涨价四十倍的食盐,沿着黄河、济水流域,南运到梁国、赵国、宋国、卫国和濮阳等地出卖。由于没有盐,所食不美,人们就会浮肿,保卫国家,掌握盐最为重要。君主通过砍柴煮盐,以盐换取天下的财富,那么天下各国就无法损害我们了。"

桓公问于管子曰:"吾欲富本而丰五谷①,可乎?"管子对曰:"不可。夫本富而财物众,不能守则税于天下②。五谷兴丰,巨钱而天下贵则税于天下③,然则吾民常为天下虏矣。夫善用本者,若以身济于大海④,观风之所起。天下高则高,天下下则下。天高我下,则财利税于天下矣。"

【注释】

①本:此处指农业。

②税:收走。字为"挩"之误。

③巨钱：大钱。钱币大意味货币不值钱，钱轻。

④身：当作"舟"。

【译文】

　　桓公问管仲说："我想重农富国，专门发展农业使五谷丰登，可以吗？"管仲说："不可。农富而粮食等财物众多，如果不善管理，财物就会流散于天下。粮食丰收，如果我国价低而别国价高，粮食就会被天下掠走，那么我国百姓就常被天下各国奴役了。善于治国的人，就像乘船渡海一样，要观察风向。天下各国粮价高我们就高，天下各国粮价低我们就低。如果天下各国粮价高而我们独低，财利就会被天下所掠取了。"

　　桓公问于管子曰："事尽于此乎？"

　　管子对曰："未也。夫齐衢处之本，通达所出也，游子胜商之所道。人求本者①，食吾本粟，因吾本币，骐骥黄金然后出。令有徐疾，物有轻重，然后天下之宝壹为我用。善者用非有，使非人。"

【注释】

　　①求：聚。

【译文】

　　桓公问管仲说："值得注意的事就是这些吗？"管子回答说："不是这样的。齐国是一个处在交通枢纽位置的国家，出入此地，四通八达，游客货商多经过这里。人们聚集到我国，吃我国的粮食，用我国的货币，同时，良马和黄金也就输入我国。只要我们的号令缓急有节，物价轻重得体，那么天下的宝物都将为我所用。善于治国的，可以使用本不是他自己所有的财物，可以役使本不是他所管辖的臣民。"

揆度第七十八

【题解】

"揆度",即考核、称量的意思。此篇仍是讨论有关"轻重"之术的各种问题。文章一开始即称,自燧人氏以来,未有不以"轻重"之术治理国家的。"人君操本,民不得操末",即人君始终利用价格,操纵物价升降以获取最大利益,充实国库,防止富商大家干扰国家政治,这是文章的中心。就是说,《管子》"轻重"之术,是富国之论。不过,富国而重视生产,又是《管子》经济思想的另一重要方面。因而篇章就有"一农不耕,民有为之饥者"的名言。文章时而记"管子曰",时而直接引用他书,时而问答,时而直叙,是其明显特点。

齐桓公问于管子曰:"自燧人以来^①,其大会可得而闻乎^②?"管子对曰:"燧人以来,未有不以轻重为天下也。共工之王^③,水处什之七,陆处什之三,乘天势以隘制天下^④。至于黄帝之王,谨逃其爪牙,不利其器^⑤,烧山林,破增薮^⑥,焚沛泽^⑦,逐禽兽,实以益人^⑧,然后天下可得而牧也。至于尧、舜之王,所以化海内者,北用禹氏之玉^⑨,南贵江、汉之珠,其胜禽兽之仇^⑩,以大夫随之。"桓公曰:"何谓也?"管子对曰:

"令诸侯之子将委质者,皆以双武之皮⑪,卿大夫豹饰⑫,列大夫豹幨⑬。大夫散其邑粟与其财物以市虎豹之皮。故山林之人刺其猛兽,若从亲戚之仇,此君冕服于朝,而猛兽胜于外,大夫已散其财物,万人得受其流。此尧、舜之数也。"

【注释】

①燧人:燧人氏,传说为最早的使用火的古帝王。

②大会:大计。这里指经济大计。

③共工:古代族群首领,亦见神话传说。

④隘:通"厄"。

⑤不利其器:故意不使武器锋利。

⑥增薮:草木荒秽之地。增,通"层"。

⑦沛泽:草木茂盛之泽,禽兽多藏于其中。

⑧益:通"隘",通"厄"。限制,控制。人:指富商大贾。

⑨禺氏:西北少数民族,其地产玉。

⑩仇:匹,美。

⑪双武之皮:即皮裘。武,当为"虎",唐人避讳字。

⑫饰:袖。

⑬幨(chàn):衣襟。

【译文】

齐桓公问管仲:"自燧人氏时期以来的经济大计可否讲给我听一听?"管仲回答道:"自燧人氏时期以来,没有不以轻重权变治理天下的。共工治国之时,水占天下十分之七,陆地占十分之三,共工便利用这个天然形成的地理形势来控制天下。到了黄帝当政,他封禁山林,限制器物制造,火烧山林,破毁荒地,焚烧草木茂盛的沼泽,驱逐禽兽,实际上是以此控制那些富裕之人,然后天下可以供他驱使。到了尧、舜统治时期,之所以天下得以统一,是因为他们在北方取用禺氏的玉,在南方有江、汉的珍珠为贵,他们追捕禽兽的时候,让大夫也参与其中的环节。"齐桓公问:"这是什么意思?"管仲回答道:"他们命诸侯准备入朝为官的儿子,必须穿裘制成的服饰,上大夫的衣袖需以豹皮镶边,中大夫的衣襟需以豹皮制作。因此,大夫们用他们的邑属粮食与财物来购买虎豹之皮。所以山林中的猎人追捕禽兽的时候,就好像追捕父母的仇人一样,因此君主只要穿戴朝服端坐于朝堂,禽兽在外自会被制服,大夫已经散出了财物,数以万计的民众便得到了其中的利益。这是尧、舜治理天下的权变之术。"

桓公曰:"事名二、正名五而天下治。何谓事名二?"对曰:"天策,阳也;壤策,阴也。此谓事名二。""何谓正名五?"对曰:"权也,衡也,规也,矩也,准也,此谓正名五。其在色者,青、黄、白、黑、赤也。其在声者,宫、商、羽、徵、角也。其在味者,酸、辛、咸、苦、甘也。二五者,童山竭泽①,人君以数制之。人味者,所以守民口也;声者,所以守民耳也;色者,所以守民目也。人君失二五者亡其国,大夫失二五者亡其势,民失二五者亡其家。此国之至机也,谓之国机。"

【注释】

①童山竭泽:砍光山林,排干水泽。童,头无发为童。按,此四字为衍文或错简,译文不译。

【译文】

齐桓公问道:"事名二、正名五而天下治。什么叫做事名二?"管仲答道:"天道为阳,地道为阴。这就是事名二。""什么叫正名五?"管仲答道:"权、衡、规、矩、准,这些就是正名五。它表现在色彩上,是青、黄、白、黑、赤。它表现在声音上,是宫、商、羽、徵、角。它表现在味道上,是酸、辛、咸、苦、甘。事名二、正名五，君主用它作为治理天下的方法。味道可用来控制民众的口舌；声音可用来控制民众的耳朵；色彩可用来控制民众的眼睛。君主如果失去事名二、正名五，就会使他的国家灭亡；大夫如果失去事名二、正名五，就会使他的权势消逝；百姓如果失去事名二、正名五，就会使他的家庭败落。这是国家最重要的治理手段，称之为'国机'。"

轻重之法曰："自言能为司马不能为司马者，杀其身以衅其鼓①。自言能治田土不能治田土者，杀其身以衅其社。自言能为官不能为官者②，劓以为门父③。"故无敢奸能诬禄至于君者矣。故相任寅为官都④，重门击柝不能去，亦随之以法。

【注释】

①衅其鼓：杀人以血涂鼓。衅，血祭。

②自言能为官不能为官者：两"官"字下均当有"都"字。官都，国家众官之首，或某地某部的行政长官。

③劓：当为"剕"。割掉鼻子。此处因常与"刖"连用且同为肉刑而借指断足。古代常以断足者守门。门父：看守城门的人。

④任：保举。寅：通"引"。引荐。

【译文】

轻重家的法则说："自称自己能当司马却不能胜任司马这个职位的人，应该杀了他血祭战鼓。自称能够治理好农事却无法做到的人，应该杀了他来血祭社神。自称自己可以担当官都却不能胜任官都的人，应该断了他的双足令他守门。"所以没有人敢在君主面前大言不惭地自称自己有能力而混得高官厚禄。所以使不论是互相保举引荐的官都一类的高官,还是守门击柝这样的小官,不能胜任的都要被剥夺官爵,依法处置。

　　桓公问于管子曰:"请问大准①。"管子对曰:"大准者,天下皆制我而无我焉;此谓大准。"桓公曰:"何谓也?"管子对曰:"今天下起兵加我,臣之能谋厉国定名者②,割壤而封;臣之能以车兵进退成功立名者,割壤而封。然则是天下尽封君之臣也,非君封之也。天下已封君之臣十里矣,天下每动,重封君之民二十里③。君之民非富也,邻国富之。邻国每动,重富君之民。贫者重贫,富者重富,大准之数也。"桓公曰:"何谓也?"管子对曰:"今天下起兵加我,民弃其耒耜,出持戈于外,然则国不得耕。此非天凶也,此人凶也。君朝令而夕求具,民肆其财物与其五谷为雠④,厌而去⑤。贾人受而廪之,然则国财之一分在贾人。师罢,民反其事,万物反其重。贾人出其财物,国币之少分廪于贾人。若此则币重三分,财物之轻重三分⑥,贾人市于三分之间,国之财物尽在贾人,而君无策焉。民更相制⑦,君无有事焉。此轻重之大准也。"

【注释】

①大准:张佩纶曰:"'大准'均当作'失准'。"黎翔凤曰:"国内之平衡为'准',国际之平衡为'大准',众国共之也。人皆制我而无小我之焉。"马非百曰:"'大准'乃本书著者特用之专门术语。……即一切皆为人所制而不能自主之意。"

②厉:同"励"。劝勉。名:名分,此处指由国家规定的各种经济方

面的制度。如上文所说"权也""衡也"等。

③重：益。民：此指富商。据郭沫若说。

④雠：出售。

⑤厌：压。此指压低价格。

⑥重：读作"崇"。此处有"加重"的意思。

⑦民更相制：即本书《山权数》所谓"下阴相隶"之意，谓富民奴役贫民。

【译文】

　　齐桓公问管子："请谈谈'大准'。"管子回答道："'大准'就是天下众国都能够制衡我们而我们不能自主，这就是'大准'。"齐桓公问："这是什么意思？"管子回答道："假如如今天下各国举兵进犯我们，臣子中有能够谋划振兴国家维持经济平衡策略的，要割土地分封给他；臣子中有能够指挥战车兵马打退敌方建立功勋的，也要割土地分封给他。然而这是全天下在替君主分封君主的大臣，不是君主自己分封了他们。天下已经分给了君主的大臣十里土地，天下只要有异动，就又分封给君主的商人二十里土地。君主的商人本身并不是富有的，是邻国让他们富有起来。邻国每有动乱，就会再次使君主的商人更加富裕。这样，贫穷的人越发贫穷，富有的人越发富有，这就是'大准'的方式。"齐桓公问："这是什么意思？"管子回答说："假如如今天下各国举兵进犯我们，民众丢掉他们的农耕工具，而拿着兵器外出参战，这样国家的土地就得不到耕种。这不能算是天灾，这是人祸。君主早上下令而晚上便要求准备齐全，民众只能纷纷将他们的财物和粮食大肆出售，低价卖掉。商人买下这些东西并囤积着，这样国家财力的十分之一就控制在商人手中。战事结束之后，民众返回继续耕种，万物价格恢复正常，商人趁此出售他们囤积的财物，于是国家的货币有一半归商人持有。如此一来，币值将又上涨十分之三，物品价值又下跌十分之三。商人在这两个十分之三之间买卖以获取差价盈利，国家的财力都在商人的掌控之中，而君主却束手无策。富人奴役贫民,国君却袖手旁观。这就是轻重权变的'大准'。"

管子曰:"人君操本,民不得操末。君操始,民不得操卒。其在涂者,籍之于衢塞①。其在谷者,守之春秋。其在万物者,立赀而行②。故物动则应之。故豫夺其涂则民无遵,君守其流则民失其高。故守四方之高下,国无游贾,贵贱相当,此谓国衡。以相守,则数归于君矣。"

【注释】

①衢塞:古代往往在道路和关塞处设卡征税,所以此处"衢塞"指关市。

②赀:价格。

【译文】

管子说:"君主控制住经济的根本,那么民众就无法把握其末端。君主控制了开端,那么民众就无法把握其结尾。在流通中的财物,就让它们在关市上交税。粮食中的财富,就守住春秋两季的价格变动。物品中的财富,就定好价格规定让它们施行。这样,物资只要有变动就可以有相应的措施应对。所以,预先占领物资流通的渠道,商人就无计可施;守住物资由上至下的流通过程,商人就不得操纵经济而失去了高额的利润。于是君主把握好四方价格的高低,国家就没有投机的商贾,价格高低相当,这就是国家经济平衡。用这种方法来控制经济,那么财力将都能回归到君主手中。"

管子曰:"善正商任者省有肆①,省有肆则市朝闲,市朝闲则田野充,田野充则民财足,民财足则君赋敛焉不穷。今则不然,民重而君重,重而不能轻;民轻而君轻,轻而不能重。天下善者不然,民重则君轻,民轻则君重,此乃财余以满不足之数也②。故凡不能调民利者,不可以为大治。不察于终始,不可以为至矣。动左右以重相因③,二十国之策也④。盐铁二十,国之策也。锡金二十,国之策也。五官之数⑤,不籍于民。"

【注释】

①正:管理。商任:商业活动。任,载。此指商人用车载货。省:指官禁或官府。政府的代名词。肆:店铺,集市。此指管理店铺集市的机构或长官。

②财:通"裁"。

③动左右以重相因:通过调整物价高低来控制经济。动左右,拨动称量器具,喻指调整物价高低。

④二十国之策:指二十个财政年度的收入。

⑤五官:指物价、盐、铁、锡、金。

【译文】

管子说:"善于管理商业的人,应该由政府设立肆长,政府设有肆长调控经济,那么市场就无人问津,市场空闲那么无利可图的百姓就会充实到农田中从事农耕,从事农耕的人员充足那么人民的财产就充足,人民的财产充足那么君主就能收到源源不断的税赋。如今却不是如此,商人抬高物价而君主任其抬高物价,物价一旦上涨就无法降低;商人降低物价而君主任其降低物价,物价一旦降低就无法上涨。天下善于管理经济的君主却不是如此,商人抬高物价君主就降低物价,商人降低物价君主就抬高物价,这是削减多余的部分以补不足的方法。所以凡是不能调控人民财利的君主,不可以实现天下大治。不能明察经济终始的君主,不可以把经济管理到最好。调整价格高低以控制经济,可收获二十倍于国家年度财政的经济效益。国家管控盐铁,可收获二十倍于国家年度财政的经济效益。国家经营锡金,可收获二十倍于国家年度财政的经济效益。这五种官办经济的获益,足以使国家不用向百姓收敛钱财。"

桓公问于管子曰:"轻重之数恶终?"管子对曰:"若四时之更举,无所终。国有患忧,轻重五谷以调用,积余臧羡以备赏①。天下宾服,有海内,以富诚信仁义之士。故民高辞让,无为奇怪者。彼轻重者,诸侯不服以出战,诸侯宾服以行仁义。"

管子曰:"一岁耕,五岁食,粟贾五倍。一岁耕,六岁食,粟贾六倍。二年耕,而十一年食。夫富能夺,贫能予,乃可以为天下。且天下者,处兹行兹,若此而天下可壹也。夫天下者,使之不使,用之不用。故善为天下者,毋曰使之,使不得不使;毋曰用之,使不得不用也。"

【注释】

①臧(cáng):同"藏"。收存。羡:余。

【译文】

齐桓公问管子:"轻重权变之术什么时候可以终止?"管子回答道:"就好像四季变换,没有终止之期。国家有忧患的时候,就运用轻重权变改变粮食价格来调控财用,积蓄收存盈余以备奖赏之需。天下归服,海内一统,这时就要使那些有诚信讲仁义的人士富起来。因此,人民就会重视礼让,就不会再有行为不合规矩的人。轻重权变之术,在诸侯不安定的时候可以用于支持发动战争,在诸侯都臣服归顺的时候可以用来推广仁义之道。"

　　管子说:"如果要一年的耕种可供五年食用,就按五倍价格出售粮食。要一年的耕种可供六年食用,就按六倍的价格出售粮食。按照这种做法,两年的耕种可供十一年食用。只有可以从富人那儿夺取财富,可以给穷人施予财富,才可以治理好天下。而且如果天下的人都可以遵循并实践轻重之道,那么天下就可以统一了。对待天下的人,就是要让他们被调配却感受不到被调配,被利用却感受不到被利用。所以善于治理天下的君主,不需要说出驱使的命令,可以使百姓不得不被驱使;不需要说出利用的命令,可以使百姓不得不被利用。"

　　管子曰:"善为国者,如金石之相举,重钧则金倾①。故治权则势重,治道则势羸②。今谷重于吾国,轻于天下,则诸侯之自泄,如原水之就下。故物重则至,轻则去。有以重至而轻处者③。我动而错之④,天下即已于我矣⑤。物臧则重,发则轻,散则多。币重则民死利,币轻则决而不用,故轻重调于数而止。"

【注释】

①金石之相举,重钧则金倾:黄金和秤砣相平衡,秤砣重黄金就会倾斜。金,黄金。石、钧皆重量单位,此指秤砣。举,平衡。

②道:常规做法。

③处:去。

④动而错之:随其动向而采取不同措施。错,通"措"。

⑤已:以,用。

【译文】

　　管子说:"善于治理国家的君主,就好像黄金和秤砣相平衡的关系一样,如果秤砣加重,那么黄金就会随之倾侧。所以用权变来治理国家,国力就昌盛,用常规方法来治理国家,国力就衰微。如今粮食在我国价格较高,在天下价格较低,那么诸侯国的粮食自己就会纷纷流入我国,就好像水从上往下流一样。所以价格高财物就会聚集,价格低财物就会散去。是轻重之术让财物随价格高低而聚集或散去的。我们及时掌握经济动态并采取不同措施应对,天下就会为我们所用。物品囤积价格就较高,物品发售价格就较低,散布得也就更多。钱币的价值高那么民众就拼命追求其中利益,钱币的价值低民众就把它弃而不用,所以钱币的价值高低需要调整到合乎平衡的数目为止。"

"五谷者,民之司命也。刀币者,沟渎也①。号令者,徐疾也。令重于宝,社稷重于亲戚。胡谓也?"对曰:"夫城郭拔,社稷不血食,无生臣。亲没之后,无死子②。此社稷之所重于亲戚者也。故有城无人,谓之守平虚。有人而无甲兵而无食,谓之与祸居。"

【注释】

①沟渎:物资流通的渠道。

②死子:徇死的子女。

【译文】

齐桓公问:"粮食,是人民维持生命的物品。货币,是物资流通的渠道。号令,是控制经济增长缓急的手段。号令比钱财重要,国家社稷比亲戚重要。为什么有这种说法?"管子回答道:"假如城池被攻破摧毁,那么社稷就无人祭祀,朝臣都将殉难无人存活。亲人死后,却没有殉葬的子女。这就是国家社稷比亲戚重要的道理。所以如果空有城池没有人,那就叫守废墟。如果有人但是没有兵器也没有粮食,那就叫和灾祸相伴。"

　　桓公问管子曰："吾闻海内玉币有七策①,可得而闻乎?"管子对曰："阴山之礝碈②,一策也。燕之紫山白金,一策也。发、朝鲜之文皮③,一策也。汝、汉水之右衢黄金,一策也。江阳之珠,一策也。秦明山之曾青④,一策也。禺氏边山之玉⑤,一策也。此谓以寡为多,以狭为广,天下之数尽于轻重矣。"

【注释】

①玉币:以珍贵的物产为货币。玉,指珍贵的物品。策:方法。

②礝碈(ruǎn mín):碈,即"瑉",美石。礝和碈都是像玉的石头。

③发:北狄国名。又称北发。

④曾青:天然的硫酸铜。

⑤禺氏:西北少数民族。

【译文】

　　齐桓公问管子:"我听说以海内珍贵的物产为货币加以利用的方法有七种,可以跟我说说吗?"管子回答道:"利用阴山的礝和碈为货币,这是一种方法。利用燕国紫山的白金为货币,这是一种方法。利用发国、朝鲜国的有花纹的兽皮为货币,这是一种方法。利用汝水、汉水右岸要道上的黄金为货币,这是一种方法。利用江阳的珍珠为货币,这是一种方法。利用秦国明山的曾青为货币,这是一种方法。利用禺氏边山的玉为货币,这是一种方法。这就是所谓用少数控制多数,用狭小控制广大,天下的管理之道,都在于轻重权变之术。"

　　桓公问于管子曰:"阴山之马具驾者千乘。马之平贾万也,金之平贾万也①。吾有伏金千斤②,为此奈何?"管子对曰:"君请使与正籍者③,皆以币还于金,吾至四万④。此一为四矣。吾非埏埴摇炉橐而立黄金也⑤,今黄金之重一为四者,数也。珠起于赤野之末光,黄金起于汝、汉水之右衢,玉起于禺氏之边山。此度去周七千八百里,其涂远,其至厄,故先王度用其重而因之,珠玉为上币,黄金为中币,刀布为下币。先王高下中币,利下上之用。百乘之国,中而立⑥,东西南北度五十里。一日定虑,二日定载,三日出竟,五日而反。百乘之制,轻重毋过五日。百乘为耕田万顷,为户万户,为开口十万人,为分者万人⑦,为轻车百乘,为马四百匹。千乘之国,中而立市,东西南北度百五十余里。二日定虑,三日定载,五日出竟,十日而反。千乘之制,轻重毋过一旬。千乘为耕田十万顷,为户十万户,为开口百万人,为当分者十万人,为轻车千乘,为马四千匹。万乘之国,中而立市,东西南北度五百里。三日定虑,五日定载,十日出竟,二十日而反。万乘之制,轻重毋过二旬。万乘为耕田百万顷,为户百万户,为开口千万人,为当分者百万人,为轻车万乘,为马四万匹。”

【注释】

①平贾:官价。贾,同“价”。万:万钱。

②伏:藏。

③与(yù)正(zhēng)籍:负有纳税义务的人。正籍,赋税。

④吾至四万:指百姓因无黄金纳税,需用四倍价格从市场购买,于是以前官价为一万钱的黄金涨为四万钱。吾,通“锊”或“矛”。参差。在此指差价。

⑤埏埴(shān zhí):用水和黏土揉成可制器皿的泥坯。埏,以土和泥,揉和。埴,黏土。橐(tuó):冶炼用的风炉。立:成。

⑥中而立：以中间位置为标准。立，通"位"。

⑦分者：指能耕田的青壮年。分，职。此指耕田。

【译文】

齐桓公问管子："阴山的马具备驾乘能力的有上千匹。马的官价为一匹一万钱，金的官价为一斤一万钱。我有贮藏的黄金一千斤，该怎么办呢？"管子回答道："请您告诉那些需要纳税的人，都用黄金来代替钱币交税，我们就有了四万黄金。这样就可以利用差价把一倍的黄金变为四倍。我们不用捏制泥坯、鼓动风炉来冶炼黄金，像这样让黄金价值上涨四倍，就可以得到黄金。珍珠采集于赤野的末光，黄金挖掘于汝水汉水右侧的要道，玉产自禺氏的边山。这些地方都距离周有七千八百里，路途遥远，到达艰难，所以先王会考虑它们的贵重程度并据此分别加以利用，把珠玉作为上等的货币，把黄金定作中等的货币，把刀、布定为下等的货币。先王调整中等货币的价值，来控制下等和上等货币的使用。百乘之国，以中间位置作为标准建立市场，东西南北各有五十里远。假如第一天决定计划，第二天装载完货物，第三天出境，第五天就可以回来。百乘之国与邻国的贸易，货物价格不超过五天就可以确定下来。百乘之国有耕田一万顷，有家一万户，有人口十万人，有能耕田的青壮男子一万人，有战车一百乘，有马四百匹。千乘之国，以中间位置作为标准建立市场，东西南北各有一百五十多里远。假如两天决定计划，三天装载完货物，第五天出境，第十天就可以回来。千乘之国与邻国的贸易，货物价格不超过十天就可以确定下来。千乘之国有耕田十万顷，有家十万户，有人口百万人，有能耕田的青壮男子十万人，有战车一千乘，有马四千匹。万乘之国，以中间位置作为标准建立市场，东西南北各有五百里远。假如三天决定计划，五天装载完货物，第十天出境，第二十天就可以回来。万乘之国与邻国的贸易，货物价格不超过二十天就可以确定下来。万乘之国有耕田百万顷，有家百万户，有人口千万人，有能耕田的青壮男子百万人，有战车一万乘，有马四万匹。"

管子曰："匹夫为鳏，匹妇为寡，老而无子者为独。君问其若有子弟师役而死者^①，父母为独，上必葬之：衣衾三领，木必三寸，乡吏视事，葬于公壤。若产而无弟兄^②，上必赐之匹马之壤^③。故亲之杀其子以为上用，不苦也。君终岁行邑里，其人力同而宫室美者，良萌也^④，力作者也，脯二束、酒一石以赐之。力足荡游不作，老者谯之，当壮者遣之边戍^⑤。民之无本者，贷之囷强^⑥。故百事皆举，无留力失时之民。此皆国策之数也。"

【注释】

①问：查问。师役而死：即战死，阵亡。

②产而无弟兄：指独生子。此指战死者是独生子。

③赐之：赐给战死的独生子的父母。匹马之壤：北方人以马耕田，这里指一匹马一日所耕的面积。

④萌：通"氓"。百姓。

⑤当壮：即丁壮。

⑥囷强：田地。强，当为"疆"。

【译文】

管子说："单身的男人叫鳏，单身的女人叫寡，老了却没有子女的人叫独。君主应该查明如果有家庭子弟战死，父母成为'独'，他们去世时君主就该负责安葬：葬衣三套，棺木三寸厚，乡里官吏监督办理丧事，安葬于公墓。假如死者是没有弟兄的独生子，君主在他们的父母活着时应该赐予他们匹马日耕所及面积的土地。这样，双亲牺牲自己的儿子为国出征就不会痛苦。君主应常年在城邑巡视，如果有劳动力和大家一样但是房屋比其他人好的，一定是良民，是努力耕作的人，应当用干肉两束、酒一石赏赐他们。身强力壮但是却终日游荡不作为的人，老人应该责备他们,是壮丁的就要发配去边关戍守。百姓没有基本资产的,应该贷给他们土地。这样一来,百事昌盛,国家没有留着力气不用和游手好闲之人。这些都是国家治理的方法。"

　　上农挟五①,中农挟四,下农挟三。上女衣五,中女衣四,下女衣三。农有常业,女有常事。一农不耕,民有为之饥者。一女不织,民有为之寒者。饥寒冻饿,必起于粪土②,故先王谨于其始。事再其本③,民无饘者卖其子④。三其本,若为食⑤。四其本,则乡里给。五其本,则远近通,然后死得葬矣。事不能再其本,而上之求焉无止,然则奸涂不可独遵⑥,货财不安于拘⑦。随之以法,则中内撍民也⑧。轻重不调,无饘之民不可责理,鬻子不可得使⑨,君失其民,父失其子,亡国之数也。

　　管子曰:"《神农之数》曰:'一谷不登,减一谷,谷之法什倍。二谷不登,减二谷,谷之法再什倍。'夷疏满之⑩,无食者予之陈,无种者贷之新,故无什倍之贾,无倍称之民⑪。"

【注释】

①挟:扶持。此指养活。

②粪土:此指农耕、种桑纺织。

③事再其本:收获是播种的两倍。

④饘:同"馆"。稠粥。

⑤若:乃。

⑥奸:盗贼。涂:同"途"。道路。不可独遵:不肯独行。指盗贼的种类会很多。不可,不肯。遵,行。

⑦不安于拘:指货财外流,不可禁止。拘,停止。

⑧中内:伤其内部。中,伤。撍(chàn):芟,割草,收割。此指伤害。

⑨鬻子:被卖掉的子女。此指奴隶。

⑩夷:平。此指平衡物价。疏:通其有无。

⑪倍称:加倍偿还,借一还二。即高利贷。称,举债。

【译文】

上等农民可以养活五口人,中等农民可以养活四口人,下等农民可以养活三口人。上等妇女可以制作五个人的衣物,中等妇女可以制作四个人的衣物,下等妇女可以制作三个人的衣物。农民有日常耕种的作业,妇女有日常纺织的事务。一个农民不耕种,百姓中就会有因此受饿的人。一个妇女不纺织,百姓中就会有因此受寒的人。饥饿、寒冷,都是源于农桑耕织的疏忽,所以先王从一开始就重视劳作。收获是播种的两倍,百姓就会因为没有稠粥喝而卖掉他们的子女。收获是播种的三倍,百姓才可以负担起饮食所需。收获是播种的四倍,那么就可以周济乡里。收获是播种的五倍,那么就可以让粮食在市场上远近流通,死后可以得到安葬。如果收获达不到播种的两倍,君主又不停索取赋税,这样的话各种盗贼现象就会层出不穷,财产货物的流失就无法制止。用刑法惩戒,就会对国内人民造成伤害。物价的高低不进行调节,那么没有食物的百姓就无法得到治理,奴隶就不听使唤。君主失去他的民众,父亲失去他的子女,这就是亡国的方式。

管子说:“《神农之道》说:‘一种粮食歉收,就减少了一种粮食,粮食的价格就会涨十倍。两种粮食歉收,就减少了两种粮食,粮食的价格就会涨二十倍。’平衡价格,疏通市场,以多补少,没有粮食的人就给他们陈粮食,没有种子的人就贷给他们新粮食作种子,这样就不会有获利十倍的富商,也没有借高利贷的人了。”

国准第七十九

【题解】

此篇谈论黄帝以来的"五家"国准政策，指出对"五家"之策要"皆用而勿尽"，即斟酌使用，既不可偏废，也不可照搬。文章最后又指出，要合理运用国准之策，必须事先做好规则。

齐桓公问于管子曰："国准可得而闻乎^①?"管子对曰："国准者，视时而立仪^②。"桓公曰："何谓视时而立仪?"对曰："黄帝之王，谨逃其爪牙。有虞之王，枯泽童山。夏后之王，烧增薮，焚沛泽，不益民之利^③。殷人之王，诸侯无牛马之牢^④，不利其器^⑤。周人之王，官能以备物。五家之数殊，而用一也。"桓公曰："然则五家之数，籍何者为善也^⑥?"管子对曰："烧山林，破增薮，焚沛泽，禽兽众也^⑦。童山竭泽者，君智不足也^⑧。烧增薮，焚沛泽，不益民利，逃械器^⑨，闭知能者，辅己者也。诸侯无牛马之牢，不利其器者，曰淫器而一民心者也^⑩。以人御人，逃戈刃，高仁义，乘天国以安己也^⑪。五家之数殊，而用一也。"

【注释】

①国准：维持轻重平衡的国家经济政策。

②仪：法度，标准。

③益：增益。民：此指富人。

④牢：关养牲畜的栏圈。

⑤不利其器：不许用各种淫巧之器谋利。

⑥籍：通"藉"。此指采用。

⑦"烧山林"四句：意谓山林、茂草、大泽中禽兽众多，民众可从中获利，国家无力垄断，故需毁掉。

⑧君智不足：指君主垄断山泽之利的知识技能不足。

⑨逃：隐匿。

⑩淫器：淫巧之器。指制造过于精巧的器物。

⑪天国：国都。

【译文】

　　齐桓公问管子："国家平准的政策可以说给我听听吗？"管子回答道："国家的平准政策，应该根据当时的情况来确立具体办法。"齐桓公问："怎样叫根据当时的情况确立具体办法？"管子回答道："黄帝统治时期，注意谨慎地封禁山林。虞帝统治时期，竭尽水泽，伐尽山林。夏朝时期，烧毁草丛，焚尽丰沛的水泽，不增加富人的利益。殷商时期，诸侯不准私自圈养牛马，不准用各种制造精妙的器物营利。周朝时，使有能力的人做官来筹备财物。这五家平准的方法不一样，但是最后的作用都一致。"齐桓公问："那么这五家的做法，应该效法哪一家才好？"管子回答说："烧毁山林，破坏草丛，焚尽丰沛水泽，是因为禽兽太多国家无法独得其利。砍光山地，竭尽水泽，是因为国君垄断山泽之利的智慧不够。烧毁草丛，焚尽沼泽，不增加百姓的利益，收起兵器，封闭百姓的智能，是因为要加强自己的财富垄断。诸侯不能圈养牛马，不可以用各种制造精妙的器物营利，是说那些过于精巧的器物可以蛊惑统一民心。

用人来管理人民，没收兵戈刀刃，崇尚仁义，是在用天道控制民众来使自身安定。五家的平准方法不一样，但是作用是一样的。"

桓公曰："今当时之王者，立何而可？"管子对曰："请兼用五家而勿尽①。"桓公曰："何谓？"管子对曰："立祈祥以固山泽②，立械器以使万物，天下皆利而谨操重策，童山竭泽，益利抟流。出金山立币，成薪丘③，立骈牢④，以为民饶。彼菹菜之壤⑤，非五谷之所生也，麋鹿牛马之地，春秋赋生杀老，立施以守五谷⑥。此以无用之壤臧民之赢⑦，五家之数皆用而勿尽。"

【注释】

①五家：指上述黄帝、虞、夏等五家。

②祈祥：即"祈羊"，烹羊以祭，古代祭山的一种仪式。此指祭山的祭坛。固：通"锢"。禁止，封禁。

③成：就。薪(zǔ)丘：茅草繁茂的山丘。

④骈：并列。

⑤菹菜：当作"菹莱"。即草地。

⑥施：金币。

⑦臧：修缮。赢：贫瘠，缺乏。

【译文】

齐桓公说："如今当政的统治者，应该确立哪种制度才可以呢？"管子回答道："请借鉴五家的所有内容，但是不要全部照搬。"齐桓公问："这是什么意思？"管子回答："设立祭坛封禁山川水泽，建造器械来驭使万物，使天下人都获利而要注重操控经济，伐尽山林竭尽水泽，使利益圆转流通。从山里挖出黄金来制造钱币，依靠青草丛生的山丘，并排建立蓄养牛马的圈栏,从而使人民富饶。杂草丛生的土地,并不适合五谷生长,却是圈养麋鹿、牛马的好地方,春天让它们繁殖,秋天就杀了那些老了的牲畜,发行钱币来控制粮食流通。这些都是用没有用的土壤来弥补百姓需求所缺,这就是五家的方法都采用而没有全部照搬。”

桓公曰:“五代之王以尽天下数矣,来世之王者可得而闻乎?”管子对曰:“好讥而不乱①,亟变而不变②。时至则为,过则去。王数不可豫致。此五家之国准也。”

【注释】

①讥:调查。

②亟:屡次。

【译文】

齐桓公问:“五代的君王已经穷尽了天下的平准政策,后来的君王有没有什么可以说给我听听的?”管子回答道:“注重调查而思路不混乱,万变不离其宗。时机到了就要有所作为,时机过去了就无法追回。君王治理天下的方法不可以预测。这就是五家平准的政策。”

轻重甲第八十

【题解】

此篇仍是讨论国家如何利用市场流通,在价格变化中获取最大利益的诸多问题。其中尤见精彩者,有如下几点:其一,见于"五战而至于兵"一段。强调"商战"为先,武力征服为后,认识到战争征服之外的经济征服,应是齐国商品经济高度发达的产物,很新奇,也很值得重视。其二为"寡人欲籍于室屋"一段。赋税征收可导致社会生产事业的"毁成""隐情"等弊端,《管子》作者试图予以避免,这样的认识是一个洞见,是十分珍贵的意识。其三为"物之所生,不若其所聚"。强调市场汇聚财富的作用,是对市场经济有深入认识的表现。近代王国维怀疑包括此篇在内的"轻重"各篇为汉初作品,影响很大,其实证据并不充分。就是说,此篇为先秦文献,还是不可动摇的。

桓公曰:"轻重有数乎?"管子对曰:"轻重无数。物发而应之,闻声而乘之。故为国不能来天下之财,致天下之民,则国不可成。"桓公曰:"何谓来天下之财?"管子对曰:"昔者桀之时,女乐三万人,端噪晨乐闻于三衢①,是无不服文绣衣裳者。伊尹以薄之游女工文绣纂组②,一纯得粟百

钟于桀之国③。夫桀之国者,天子之国也。桀无天下忧,饰
妇女钟鼓之乐④,故伊尹得其粟而夺之流。此之谓来天下
之财。"桓公曰:"何谓致天下之民?"管子对曰:"请使州有
一掌,里有积五窌⑤。民无以与正籍者予之长假⑥,死而不
葬者予之长度⑦。饥者得食,寒者得衣,死者得葬,不赡者
得振⑧,则天下之归我者若流水。此之谓致天下之民。故
圣人善用非其有,使非其人,动言摇辞,万民可得而亲。"桓
公曰:"善。"

【注释】

①端:端门,宫殿正门。晨:清晨。一说"晨乐"连读,意即通宵达旦
　的舞乐。衢:大街。

②薄:通"亳"。商人的都邑。工:擅长。纂组:丝绸织物。纂,通
　"纂"。编织。

③纯(tún):计量单位。布帛一段为一纯。

④饰:致力。

⑤窌(jiào):地窖。用以存粮。

⑥假:借贷。

⑦长度:长久的葬地。度,通"宅"。古代墓地也称宅。

⑧赡:同"澹",即"赡"字之借。振:同"赈"。

【译文】

　　桓公说:"物价调控的轻重之术有固定的方法吗?"管仲回答说:"没
有固定招数。货物一动措施就要跟上,听到消息就要及时利用。所以,
治理国家而不能吸取天下的财富,招引天下的人民,国家就难以生存。"
桓公说:"什么叫吸取天下的财富?"管仲回答说:"从前夏桀在位,女乐
有三万人,端门的歌乐,都城各条大路上都能听到,这些女乐都穿着华

丽的衣装。伊尹便从亳地那些无事可做的妇女中挑选擅长编织华美织锦的人,令其纺织,一纯织物可以从夏桀那里换得一百钟粮食。桀的国家是天子之国,可他不肯为天下大事忧劳,只追求女乐钟鼓享乐,所以伊尹便夺取了他的粮食,操纵了他的市场流通。这就叫吸取天下的财富。"桓公说:"何谓招引天下的人民?"管仲回答说:"请在每个州设一个主管官吏,在每个里储备五窖存粮。对那种纳不起税的穷苦人家给予长期借贷,对那种无处埋葬死者的穷苦人家给予安葬之地。如此,饥饿的人有饭吃,挨冻的人有衣穿,死人得到安葬,穷人得到救济,那么,天下人归附就会像流水一样。这就叫招引天下的人民。所以,圣明的君主善于利用不属于自己的财富,善于役使不属于自己的人民,他只需要发出号召,就能使万民亲附。"桓公说:"好"。

　　桓公问管子曰:"夫汤以七十里之薄,兼桀之天下,其故何也?"管子对曰:"桀者冬不为杠①,夏不束柎②,以观冻溺。弛牝虎充市,以观其惊骇。至汤而不然。夷疏而积粟③,饥者食之,寒者衣之,不訾者振之,天下归汤若流水。此桀之所以失其天下也。"桓公曰:"桀使汤得为是,其故何也?"管子曰:"女华者,桀之所爱也,汤事之以千金。曲逆者,桀之所善也,汤事之以千金。内则有女华之阴,外则有曲逆之阳,阴阳之议合,而得成其天子,此汤之阴谋也。"

【注释】

①杠:桥。

②束柎:渡河的筏子。柎,同"桴"。

③夷疏:广泛种植果蔬。疏,通"蔬"。原文作"夷竟",据《管子集校》改。

【译文】

桓公问管仲:"商汤仅用七十里的亳地就兼并了桀的天下,原因何在?"管仲回答说:"桀冬天不在河上架桥,夏天不安排渡河的筏子,来观赏人们受冻和被淹的情况。他让母虎在街市上乱跑,来观赏人们惊骇的情景。商汤则不是如此。广泛种植和收贮粮食、蔬菜,饥饿的人给饭吃,挨冻的人给衣穿,贫困的人给予救济。天下百姓归附商汤如流水,这就是夏桀丧失天下的原因。"桓公说:"夏桀做了什么使得商汤达到这种目的呢?"管仲说:"女华,是桀所宠爱的妃子,汤用千金去贿赂她;曲逆,是桀所亲近的大臣,汤也用千金去贿赂他。内有女华的暗中相助,外有曲逆的公开相助,内外相配合,汤就得成为天子。这便是商汤成功的策略。"

桓公曰:"轻重之数,国准之分,吾已得而闻之矣,请问用兵奈何?"管子对曰:"五战而至于兵①。"桓公曰:"此若言何谓也?"管子对曰:"请战衡、战准、战流、战权、战势②。此所谓五战而至于兵者也。"桓公曰:"善。"

【注释】

①战:此处指商战。

②衡:指轻重平衡。准:即"国准",指国家为保持获取最大利益而制定的各种政策。流:指市场流通。权:经济方面的变化之策。势:保证经济获利的各种有利情状。

【译文】

齐桓公说:"轻重权变之术和国家平准的政策,我都已经了解了,请问用兵的方法是什么样的?"管子回答道:"五种经济上的商战方式相当于用兵。"齐桓公问:"这句话该如何理解?"管子回答道:"平衡之战,平准之战,流通之战,权变之战,权势之战。这些就是所谓的五种可以运用的商战方法。"齐桓公说:"好。"

桓公欲赏死事之后,曰:"吾国者,衢处之国,馈食之都,虎狼之所捿也①。今每战,舆死扶伤如孤,荼首之孙②,仰剚戟之宝③,吾无由予之,为之奈何?"管子对曰:"吾国之豪家,迁封食邑而居者,君章之以物则物重④,不章以物则物轻,守之以物则物重,不守以物则物轻。故迁封食邑,富商蓄贾,积余藏羡跱蓄之家⑤,此吾国之豪也。故君请缟素而就士室⑥,朝功臣世家,迁封食邑,积余藏羡跱蓄之家,曰:'城肥致冲⑦,无委致围。天下有虑⑧,齐独不与其谋。子大夫有五谷菽粟者,勿敢左右,请以平贾取之子。'与之定其券契之齿⑨。釜钟之数⑩,不得为侈赘焉⑪。困穷之民,闻而籴之⑫,釜钟无止,远通不推⑬,国粟之贾坐长而四十倍。君出四十倍之粟,以振孤寡,牧贫病⑭,视独老穷而无子者,靡得相鬻而养之,勿使赴于沟浍之中⑮。若此,则士争前战为颜行⑯,不偷而为用,舆死扶伤,死者过半。此何故也?士非好战而轻死,轻重之分使然也。"

【注释】

①捿:同"栖"。
②荼首:白首。荼花为白色。
③仰:恃,依赖。剚(zì)戟:持戟。宝:战俘。
④章:通"障"。控制。
⑤跱(zhì)蓄:积贮备用。跱,积,具备。

⑥士室：里尉所居之室。即乡里的办公机构。

⑦肥：同"脆"。

⑧虑：乱。

⑨券：契。契：用刀刻。齿：契约用刀刻出齿状，以合符为证。

⑩钿(ōu)：器皿。此处代指贮藏。

⑪侈弇(yǎn)：增多与减少。

⑫籴(dí)：买米。

⑬远通不推：不把远道而来的贫民排挤出去。通，当作"道"。推，排挤。

⑭牧：朱本作"收"。黎翔凤曰："'牧'本'收'字，为隶书别体。"

⑮赴于沟浍(kuài)之中：指死于沟壑无人收葬。赴，趋行。浍，小沟。

⑯颜行：即"雁行"。前行，前列。

【译文】

齐桓公想赏赐那些战死沙场之人的后代，说："我们国家是处于交通要道的国家，是依靠其他地方提供粮食的国家，是虎狼聚集栖息的地方。如今每次打仗，将士死伤留下的孤儿，为国舍弃头颅的人的子孙，依靠持戟打仗生存的战俘，我都无法给予他们什么抚恤，这该怎么办？"管子回答道："我们国家的豪族，升官、有封地、有食邑生活的人，君主如果对这些人的财物进行控制，那么物价就会上涨，不控制他们的财物，物价就会下跌，君主要是掌控了他们的财物，物价就会上涨，不掌控他们财物，物价就会下跌。所以升官、有封地、有食邑的人，富有的囤积财物的商人，积蓄余粮收藏余财的家族，这些人都是我国的富豪。所以请君主穿上丧服去乡里的公署，朝见功臣、世家、为官、有封地和食邑之人、有余粮贮存余财囤积的家族，说：'城池太过脆弱易受到攻击，没有储备易受到围困。天下诸国都有动乱，唯独齐国不参与其中。诸位大夫有存粮的，希望不要私自处理，还请让国家以官价从你们这儿收购。'

和他们签订契约。贮藏的数量,不可以随意增减。贫困的人民听说后就会赶来购买这些粮食,贮藏的粮食源源不断,对远道而来的穷人不排挤,这样国家的粮食价格就会因此而上涨四十倍。请君主拿出这四十倍价格的粮食来救济孤寡,收留贫困病弱之人,看望年老贫穷而无子的人,使他们不用再卖身为奴而得以供养,不用让他们再死于沟壑无人葬埋。这样一来,将士都会争先奔赴战场站在前列,不苟且偷生而能为国效力,愿意为国捐躯的死士超过半数。这是什么原因呢?将士并不是喜欢战争而轻视死亡,是轻重权变的计谋让他们成为这样。”

桓公曰:“皮、干、筋、角之征甚重①。重籍于民而贵市之皮、干、筋、角,非为国之数也。”管子对曰:“请以令高杠柴池②,使东西不相睹,南北不相见。”桓公曰:“诺。”

行事期年,而皮、干、筋、角之征去分,民之籍去分③。桓公召管子而问曰:“此何故也?”管子对曰:“杠池平之时,夫妻服单④,轻至百里。今高杠柴池,东西南北不相睹。天酸然雨⑤,十人之力不能上。广泽遇雨,十人之力不可得而恃。夫舍牛马之力所无因⑥,牛马绝罢而相继死其所者相望,皮、干、筋、角徒予人而莫之取,牛马之贾必坐长而百倍。天下闻之,必离其牛马而归齐若流。故高杠柴池,所以致天下之牛马,而损民之籍也。《道若秘》云⑦:‘物之所生,不若其所聚。’”

【注释】

①皮、干、筋、角:都是军需物资,用于制造弓箭等。干,骨。

②杠:桥。柴:通“栅”。编栅栏。池:江边较高的小山丘。

③分:一半。

④服:驾。单:一辕马为单服。

⑤霰:通"霰"。小雨。

⑥因:就,抵达。

⑦《道若秘》:古代道术书。

【译文】

齐桓公说:"皮、干、筋、角的征收繁重。因为给百姓施加的赋税过于繁重,市场上皮、干、筋、角的价格就很高,这不是治理国家的办法。"管子回答道:"请您下令修建高桥,在小丘上围筑栅栏,让东西南北各不相见。"齐桓公说:"好的。"

按照这样做了一年之后,皮、干、筋、角的征收减少了一半,百姓的赋税重担减少了一半。齐桓公召见管子问道:"这是什么原因?"管子回答道:"桥和山丘都平坦的时候,夫妻二人拉着单服车,可以很轻松地走上百里路。如今高筑大桥,圈起山丘,东西南北互不相见。天气只要有点小雨,十个人的力量都没法拉车上桥和上山。只要广阔的水泽有积雨,十个人的力量也无法通过。没有牛马的力量不可能抵达目的地,牛马疲累至极而相继死于通往目的地的路上,皮、干、筋、角白送给人也没人要,牛马的价格必定因此上涨百倍。天下人听说后,一定会驱赶他们的牛马潮涌而至齐国来卖。所以修筑高桥、围栏小丘,以此来获得天下诸国的牛马,而人民的赋税就会减少。《道若秘》说道:'产生财物的地方,不如汇聚的地方财物多。'"

桓公曰:"弓弩多匡荎者①,而重籍于民,奉缮工而使弓弩多匡荎者②,其故何也?"管子对曰:"鹅鹜之舍近,鶤鸡鹍鸨之通远③。鹍鸨之所在,君请式璧而聘之④。"桓公曰:"诺。"

行事期年,而上无阙者,前无趋人。三月解匄⑤,弓弩无匡邪者。召管子而问曰："此何故也?"管子对曰："鹄鹔之所在,君式璧而聘之。菹泽之民闻之,越乎而射远,非十钧之弩不能中鹔鸡鹄鸨。彼十钧之弩,不得棐檠不能自正⑥。故三月解匀,而弓弩无匡邪者。此何故也? 以其家习其所也。"

【注释】

①匡邪(chí):弯曲至极。

②奉:俸禄,这里指供养。缮工:专修君主弓弩箭矢的工匠。

③通远:道远。

④式:"饰"的假借字,今作"拭"。

⑤匀:当作"匀",瓦器,用以矫正弓箭防止其弯曲。

⑥棐檠(qíng):当作"棐檠",用以修正弓箭形状的木器。

【译文】

齐桓公问:"我们的弓箭大多弯曲至极不可用,而又从百姓那里征收繁重的赋税来奉养那些制造弯曲弓箭的工匠们,这是什么原因?"管子回答道:"鹅鸭的窝离人近,鹔鸡鹄鸨离人远。有射猎鹄鹔的人家,请您擦拭好玉璧以之礼聘。"齐桓公答:"好的。"

按照这样做了一年,国家的弓箭供应充足没有短缺,缮工也不再惶急奔走。使用了三个月的弓箭解开匀,也不会弯曲至极了。齐桓公召见管子,问道:"这是什么原因呢?"管子回答道:"射猎鹄鹔的人家,您用玉璧礼聘他们。居住在水泽地的百姓听说后,就会翻山越岭去远处射猎,没有十钧的弓弩就无法射中鹔鸡鹄鸨。那些十钧的弓弩,没有棐檠就不可以矫正。所以使用三个月后的弓箭解下匀,而弓弩并没有弯曲。这是什么导致的呢? 这是因为这些射鸟的人家已经熟悉修缮弓弩的工作了。"

桓公曰:"寡人欲籍于室屋①。"管子对曰:"不可,是毁成也。""欲籍于万民②。"管子曰:"不可,是隐情也。""欲籍于六畜。"管子对曰:"不可,是杀生也。""欲藉于树木。"管子对曰:"不可,是伐生也。""然则寡人安藉而可?"管子对曰:"君请籍于鬼神。"桓公忽然作色曰③:"万民室屋、六畜、树木,且不可得藉,鬼神乃可得而藉夫!"管子对曰:"厌宜乘势④,事之利得也;计议因权,事之囷大也⑤。王者乘势,圣人乘幼⑥,与物皆宜。"桓公曰:"行事奈何?"管子对曰:"昔尧之五更、五官无所食⑦,君请立五厉之祭⑧,祭尧之五吏,春献兰,秋敛落⑨,原鱼以为脯⑩,鲵以为殽⑪。若此,则泽鱼之正伯倍异日⑫,则无屋粟邦布之籍⑬。此之谓设之以祈祥,推之以礼义也。然则自足,何求于民也?"

【注释】

① 籍于室屋:按照房屋数量抽税。

② 籍于万民:按照人头来收税。

③ 忽然:应作"忩然"。一说即"悦兮忽兮"之"忽",迷惘之意。

④ 厌宜:合宜。

⑤ 囷:侑,促进。

⑥ 乘幼:谋划精微。幼,幽,幽微。

⑦ 五更:古代有三老五更,都是得到国家奉养之人。五官:五种官职。实际指各种官员。

⑧ 五厉:各种有功而得不到后人祭祀的鬼神。

⑨ 秋敛落:秋天给坟墓封土,加固其藩篱。

⑩ 原鱼:高原之鱼,比较昂贵。

⑪ 鲵(ní):俗称娃娃鱼。

⑫ 伯:百。

⑬邦布：指口钱。人口税的一种。布，古代钱也称布。

【译文】

　　齐桓公说："我要按民众房屋的数量来征税。"管子回答说："不行，这样做是逼着老百姓拆毁自己盖好的房屋。""那我就按人头数来征税。"管子回答："不行，那样做是逼着老百姓收闭情欲，减少生育。""那我就按各种牲畜的数量征税。"管子回答："不行，那样做是逼着老百姓杀掉牲畜。""那我就按各种树木的数量征税。"管子回答："不行，那样做是逼着老百姓砍掉树木。""那么，我该怎么来征税呢？"管子回答："请君主向鬼神征税。"桓公勃然变色，说："百姓的房屋、牲畜、树木尚且征不得税，鬼神怎么可以征它们的税！"管子回答："做事合宜，因势利导，这样做事就有利；筹划灵活，可以促进事情做得很大。真正的王者顺势而行，真正的圣人谋划精微，处理任何事全都得宜。"桓公问："那要如何做？"管子回答："过去尧的五更、五官现在都得不到祭祀。君主就征求意见给这些有功却得不到祭祀的鬼神设立祭奠，祭祀尧的五官，春天献上芳香珍贵的兰花，秋天培封它们坟墓，加固它们的藩篱，用高原产的鱼作为献祭的干肉，用稀罕的娃娃鱼作神的佳肴。这样一来，水泽中鱼的税金将高出平常百倍，就用不着征收房屋、粮食、口钱等诸多税项了。这就叫设立鬼神的祭祀，推行礼义教化。这样做，国家已经富足，为什么还要求之于百姓呢？"

　　桓公曰："天下之国，莫强于越。今寡人欲北举事孤竹、离枝①，恐越人之至，为此有道乎？"管子对曰："君请遏原流②，大夫立沼池，令以矩游为乐③，则越人安敢至？"桓公曰："行事奈何？"管子对曰："请以令隐三川④，立员都⑤，立大舟之都。大身之都有深渊⑥，垒十仞，令曰：'能游者赐千金。'"未能用金千，齐民之游水不避吴、越⑦。桓公终北举事于孤

竹、离枝，越人果至，隐曲菑以水齐⑧。管子有扶身之士五万
人⑨，以待战于曲菑，大败越人。此之谓水豫。

【注释】

①离枝：即令支，国名。《小匡》写作"泠支"。

②原流：原山之流，即淄水之源。

③矩游：即跳水游泳。矩，通"距"。

④隐：修筑短墙来阻塞。

⑤员：同"圆"。都：同"潴"。池。

⑥大身之都：指水池面积广大。

⑦避：退让。此处指不在越人之下。

⑧隐：通"堰"。堵塞。曲菑：淄水拐弯处。淄水东流过临淄城南，又
　折而北过其中。菑，当为"菑"之误。菑，通"淄"。水齐：水淹齐都。

⑨扶：通"浮"。

【译文】

　　齐桓公说："天下的国家之中没有比越国更强大的。如今我想要北
伐孤竹、泠支国，又害怕越国的人来袭，有办法对付这种情况吗？"管子回
答道："请您遏止住原山的水流，让大夫修建沼池，命令百姓以跳水游泳为
乐，这样越国人哪里还敢来犯？"齐桓公问："具体该怎么做呢？"管子回答
道："请您命令下属修筑堤坝来阻塞三川，修建圆形池子，修建能行驶大船
的池子。这么大面积的池子设有深渊，共十仞深，您命令说：'预备千金来
赏赐可以在其中自由游行的人。'"还没用到千金，齐国百姓的游泳能力就
胜于越国了。齐桓公最终还是北伐了孤竹国、令支国，越国人果然来袭，
堵塞淄水的拐弯处水淹齐国。管子有善游泳的兵士五万人，在淄水拐弯
处待战，最后大败了越国军队。这就是水战的预谋。

　　齐之北泽烧，火光照堂下。管子入贺桓公曰："吾田野

辟,农夫必有百倍之利矣。"是岁租税九月而具,粟又美。桓公召管子而问曰:"此何故也?"管子对曰:"万乘之国,千乘之国,不能无薪而炊。今北泽烧,莫之续,则是农夫得居装而卖其薪荛①,一束十倍。则春有以剗耜②,夏有以决芸。此租税所以九月而具也。"

【注释】

①居装:积蓄捆装。薪荛(ráo):都指柴草。大的叫薪,小的叫荛。

②剗耜:将耜插入地中。指翻耕土地。剗,刺入,插入。

【译文】

　　齐国北边的草泽被焚烧,火光照到朝堂。管子入朝堂恭喜齐桓公道:"我们的田野会得到开垦,农民一定会有百倍的获利。"这年果然租税到九月就征收完毕,粮食又丰美。齐桓公召见管子问道:"这是什么原因?"管子回答道:"无论万乘之国还是千乘之国,做饭都不能没有柴火。如今北方的草泽被烧毁,柴草无法得到接续,于是农民就贮存柴草来卖,一束的价格翻了十倍。这样一来,春天能顺利耕种,夏天就能保证锄草。这就是九月就可以收完租税的原因。"

　　桓公忧北郭民之贫,召管子而问曰:"北郭者,尽屦缕之甿也①,以唐园为本利②,为此有道乎?"管子对曰:"请以令禁百钟之家,不得事鞿③;千钟之家,不得为唐园;去市三百步者,不得树葵菜。若此,则空闲有以相给资④,则北郭之甿,有所雠其手搔之功⑤,唐园之利。故有十倍之利。"

【注释】

①屦(jù)缕:编草鞋,织蒲席。屦,草鞋。甿:民。

②唐园:即广园,菜地。

③鞒:同"屝"。草鞋。

④空闲:指失业者。

⑤搔:通"爪"。古代称织作的技能为"手爪"。

【译文】

　　齐桓公担忧北边城郭的百姓贫苦,召见管子问道:"北边城郭的百姓们,都是依靠织蒲席、编草鞋为生的人,他们种菜园来获取基本收益,有什么办法可以解决这种情况?"管子回答道:"请您下令拥有百钟粮食的家庭不得从事编织草鞋的劳作;拥有千钟粮食的家庭不得种菜园;离集市三百步的家庭不可以种植葵菜。如此,失业的贫民就可以得到资助,那么北边城郭里的百姓就可以从编织的劳作和园地的种植当中获取利益。于是就有十倍于往日的利润。"

　　管子曰:"阴王之国有三①,而齐与在焉。"桓公曰:"此若言可得闻乎?"管子对曰:"楚有汝、汉之黄金,而齐有渠展之盐②,燕有辽东之煮,此阴王之国也。且楚之有黄金,中齐有蓄石也③。苟有操之不工,用之不善,天下倪而是耳④。使夷吾得居楚之黄金⑤,吾能令农毋耕而食,女毋织而衣。今齐有渠展之盐,请君伐菹薪⑥,煮沸火为盐⑦,正而积之⑧。"桓公曰:"诺。"

　　十月始正,至于正月,成盐三万六千钟。召管子而问曰:"安用此盐而可?"管子对曰:"孟春既至,农事且起。大夫无得缮冢墓,理宫室,立台榭,筑墙垣。北海之众无得聚庸而煮盐⑨。若此,则盐必坐长而十倍。"桓公曰:"善。行事奈何?"管子对曰:"请以令粜之梁、赵、宋、卫、濮阳。彼尽馈食之也,国无盐则肿。守圉之国⑩,用盐独甚。"桓公曰:

"诺。"

　　乃以令使棠之，得成金万一千余斤。桓公召管子而问曰："安用金而可？"管子对曰："请以令使贺献、出正籍者必以金，金坐长而百倍。运金之重以衡万物，尽归于君。故此所谓用若挹于河海，若输之给马⑪。此阴王之业。"

【注释】

①阴王之国：指齐、楚、燕三国。本书《揆度》："壤策，阴也。"齐、楚、燕三国各据有他国所无的自然资源，是所谓"得地独厚的国家"，故被称作"阴王"。

②渠展：沸水入海口，是可以煮盐的地方。

③蔷石：红白色带黑点的美石。蔷，虞蓼，水红花一类，花红白色，间有黑点。一说"蔷"当作"菑"。菑石是齐国临淄所产美石，质地细润，可为璧。

④倪而是：斜着眼看。表示轻视看不起。倪，通"睨"。斜眼看。是，当作"视"，看。

⑤居：积。

⑥菹（zū）：枯草。

⑦沸火：有声音的火，烈火。沸，当作"鬻"。沸腾的水声。

⑧正：征。

⑨庸：当作"佣"。雇工。

⑩圉：防御。

⑪给马：充裕丰足的筹码。马，同"码"。筹码。

【译文】

　　管子说："据有独特自然资源的国家有三个，而齐国就在其中。"齐桓公问："这种说法可以说来听听吗？"管子回答道："楚国有汝水、汉水的黄金,而齐国有渠展的盐,燕国有辽东的煮盐,这些就是据有独特自然资源的国家。而楚国有黄金,相当于齐国有菁石。如果有经营不当,使用不好的情况,天下就会轻视这些物品。如果让我贮藏有楚国的黄金,我可以让农民不再耕地就可以有饭吃,妇女不再纺织就可以有衣服穿。如今齐国有渠展的盐,请您下令采伐枯草和木柴,点燃烈火煮盐,征收这些盐并囤积起来。"齐桓公说:"好。"

十月刚开始征收,到了来年正月,已经征收了三万六千钟盐。齐桓公召见管子问道:"怎么使用这些盐?"管子回答道:"孟春已到,农事都该开始运作了。大夫不能修缮坟墓,整修房屋,建造台榭,修筑墙垣。北海的民众不能召集雇工煮盐。如此,盐的价格必定因而上涨十倍。"齐桓公说:"好。那应该怎么施行呢?"管子回答道:"请您下令把盐卖到梁国、赵国、卫国、濮阳。那些地区的盐都需要从外地购入,全国都没有盐那么人民就会浮肿。处于守卫防御状态的国家,更需要用盐。"齐桓公说:"好。"

于是下令把盐卖到这些国家,收获黄金一万一千多斤。齐桓公召见管子问道:"可以用这些黄金做什么呢?"管子回答道:"请您下令让朝贺献礼、缴纳赋税的人都使用黄金,金价就会因而上涨百倍。运用黄金的价值来折准万物,那么天下的财物都会归于君主。所以这就是所谓的财物像从河海舀水一样源源不断,如同增加筹码一样获得利润。这就是据有独特自然资源的国家成就的事业。"

管子曰:"万乘之国,必有万金之贾。千乘之国,必有千金之贾。百乘之国,必有百金之贾。非君之所赖也,君之所与[①]。故为人君而不审其号令,则中一国而二君二王也。"桓公曰:"何谓一国而二君二王?"管子对曰:"今君之籍取以正,万物之贾轻去其分,皆入于商贾,此中一国而二君二王也。故贾人乘其弊，以守民之时②。贫者失其财，是重贫也。农夫失其五谷，是重竭也。故为人君而不能谨守其山林菹泽草莱，不可以立为天下王。"桓公曰："此若言何谓也？"管子对曰："山林菹泽草莱者，薪蒸之所出，牺牲之所起也。故使民求之，使民籍之③，因以给之。私爱之于民，若弟之与兄，子之与父也，然后可以通财交殷也④。故请取君之游财，而邑里布积之。阳春，蚕桑且至，请以给其口食笝曲之强⑤。若此，则维丝之籍去分而敛矣⑥。且四方之不至，六时制之。春日剗粗，次日获麦，次日薄芋⑦，次日树麻，次日绝菹，次日大雨且至，趣芸壅培。六时制之，臣给至于国都⑧。善者乡因其轻重⑨，守其委庐，故事至而不妄，然后可以立为天下王。"

【注释】

①非君之所赖也，君之所与：意谓大贾不能帮助国家。与，助。

②守民之时：指等待民众缴纳赋税低价抛售物品的时机。

③籍：赋税。

④殷：齐人言"殷"声如"衣"。交殷，即交依，相互支持。

⑤笝：当作"筒"。以细筒弯曲交织成收丝的器皿。曲：蚕簿。强：通"镪"。穿好绳的钱贯。此指货币，资金。

⑥则维丝之籍去分而敛矣：意谓由于国家发放的贷款，生产的丝必多，价格就会低廉。国家让百姓把丝折合成货币偿还贷款，国家就得到了廉价的蚕丝，人们的赋税也减少了一半。维丝，粗丝和细丝的统称。维，从废茧中抽出的粗丝。分，半。

⑦薄："播"的借字。播种。芋：同"籽"。壅土护根。

⑧臣：当作"巨"。

⑨乡：通"向"。一向。

【译文】

管子说："万乘之国，必定有身家万金的商人。千乘之国，必定有身家千金的商人。百乘之国，必定有身家百金的商人。这些人不是君主所能依赖的人，而是君主需要操控的人。所以作为君主如果不谨慎发布号令，那么一国之中会出现两个君王。"齐桓公问："什么叫一国之中有两个君王？"管子回答道："如今君主按照常规征收赋税，万物的价格就会下降一半，这些钱都流入商人囊中，这就是一个国家有两个君王。所以商人利用这种弊端，等待民众缴纳赋税低价抛售物品的时候。贫穷的人失去财物，会更加贫穷。农民失去粮食，会更加财力枯竭。所以作为君主不能严格控制山林、水泽、草地，就不可以胜任天下的君王。"齐桓公问："这话是什么意思？"管子回答道："山林、水泽、草地，是柴草的来源地，牲畜的放养地。所以让民众从中获取物品，使他们依靠这些来缴纳赋税，依靠这些得到供给。对人民的爱护，要像弟弟对待兄长，儿子对待父亲一样，这样就可以互通有无以相互支持。所以请您从您的散钱当中拿出一些来，发放暂存到邑里。阳春，到了养蚕采桑的日子，请您给他们提供口粮和养蚕的器皿等本钱。如此，国家得丝多则蚕丝赋税的征收就可以减少一半。而且如果四方的百姓不来归附，那么就要根据六时来调整。春天翻土反草，接下来收获麦子，接下来播种壅土，接下来种麻，接下来锄杂草，接下来大雨将至，就锄草培土。根据这六时来调整农事，大量财物就会流入国都。善于治理国家的人一向会根据轻重权变之术来掌控财产储备，所以假如有事故出现就不会慌乱，这样就可以成为天下的君王。"

管子曰："一农不耕，民或为之饥；一女不织，民或为之寒。故事再其本，则无卖其子者。事三其本，则衣食足。事四其本，则正籍给。事五其本，则远近通，死得藏。今事不能再其本①，而上之求焉无止，是使奸涂不可独行②，遗财不可包止③。随之以法，则是下艾民④。食三升⑤，则乡有正食而盗⑥。食二升，则里有正食而盗。食一升，则家有正食而盗。今操不反之事⑦，而食四十倍之粟，而求民之毋失，不可得矣。且君朝令而求夕具，有者出其财，无有者卖其衣屦，农夫粜其五谷，三分贾而去。是君朝令一怒⑧，布帛流越而之天下。君求焉而无止，民无以待之⑨，走亡而栖山阜。持戈之士，顾不见亲，家族失而不分⑩。民走于中而士遁于外，此不待战而内败。"

【注释】

①再其本：双倍于本金的收益。本，本金。

②奸涂不可独行：此句是说奸盗的种类会很多。奸涂，作奸犯科的路数。独行，单独行为。

③包：通"苞"，丛聚。

④艾：害。

⑤升：指价格升高。

⑥正：当为"丐"字之误。丐，求。

⑦不反：收获不够成本。一说"反"为"贩"之借，意为贩运。

⑧怒：通"弩"。话过头。

⑨待：供给。

⑩失而不分：谓夫妇失散，不能复相配偶。分，人各有偶。

【译文】

管子说："一个农民不耕作，有些人民就会因此挨饿；一个妇女不纺织，有些人民就会因此受寒。所以如果收益是本钱的两倍，就不会有卖子女的人。收益是本钱的三倍，就可以衣食充足。收益是本钱的四倍，就可以按规定缴纳税收。收益是本钱的五倍，就可以让财物远近流通，人民死后可以得到安葬。如今得不到本钱两倍的收益,但是君主又不停征收赋税,这就使各种盗贼现象层出不穷,财产的流失不可制止。如果用刑法处置这类事件,就会伤害民众。粮食价格上涨三倍,乡里就会有人因为求取粮食而盗窃。粮食价格上涨两倍,里中就会有人因为求取粮食而盗窃。粮食价格上涨一倍,家里就会有人因为求取粮食而盗窃。如今从事着亏本的事务,却吃四十倍价格的粮食,又要求人口不流失,那是不可能的。况且君主如果早上下令征收赋税,下午就要求万事俱备,有财力的人会贡献出财力,没有的人就只能贩卖他们的衣服鞋子,农民只能出售他们的粮食,以三分之一的价格卖掉。这些都是因为君主早上下了过头的命令,致使布帛流失到天下各处。君主不停地征收赋税,人民无法供给,就逃亡到山林栖息。战士们回家看不到亲人,家族失散夫妇不能相会。人民在国内逃亡,将士在国外藏匿,这样的话不用打仗,国家就会从内部开始伤败。”

　　管子曰:“今为国有地牧民者,务在四时,守在仓廪。国多财则远者来,地辟举则民留处,仓廪实则知礼节,衣食足则知荣辱。今君躬犁垦田,耕发草土,得其谷矣,民人之食,有人若干步亩之数①,然而有饿馁于衢间者何也?谷有所藏也。今君铸钱立币,民通移,人有百十之数,然而民有卖子者何也?财有所并也。故为人君不能散积聚,调高下,分并财,君虽强本趣耕,发草立币而无止,民犹若不足也。”

【注释】
　　①有人若干步亩之数:根据下文,这里当作“人有若干步亩之数”。
【译文】
　　管子说:“如今治理国家拥有土地管理人民的人,一定要把握四季农事,控制国库存粮。国家财产多那么就会有人远道而来依附,土地得以开垦那么人民就会留下来居住,粮仓充实那么百姓就会知道礼节,衣服食物充足那么百姓就会懂得荣辱。如今君主亲自耕种开垦田地,翻土锄草,收获粮食,百姓的口粮,有人均一定量耕地的保障,然而街巷里还是有饥民,这是为什么? 因为有人囤积粮食。如今君主铸造钱币,民众之间流通交易,人均有几百或几十的钱币,然而还是有人卖儿卖女,这是为什么? 因为财物被人兼并。所以作为君主如果不能让囤积的财物得以流通,协调价格高低,分散被兼并的财产,即使君主加强农业督促耕作,不停开垦和制造钱币,人民仍然不会富足。"

桓公问于管子曰:"今欲调高下,分并财,散积聚。不然,则世且并兼而无止,蓄余藏羡而不息,贫贱鳏寡独老不与得焉。散之有道,分之有数乎?"管子对曰:"唯轻重之家为能散之耳,请以令轻重之家。"桓公曰:"诺。"

东车五乘①,迎癸乙于周下原②。桓公问四③,因与癸乙、管子、甯戚相与四坐,桓公曰:"请问轻重之数。"癸乙曰:"重籍其民者失其下,数欺诸侯者无权与④。"管子差肩而问曰⑤:"吾不籍吾民,何以奉车革? 不籍吾民,何以待邻国⑥?"癸乙曰:"唯好心为可耳⑦! 夫好心则万物通,万物通则万物运,万物运则万物贱,万物贱则万物可因。知万物之可因而不因者,夺于天下。夺于天下者,国之大贼也。"桓公曰:"请问好心万物之可因?"癸乙曰:"有余富无余乘者⑧,责之卿诸侯;足其所,不赂其游者⑨,责之令大夫。若此则万物通,万物通则万物运,万物运则万物贱,万物贱则万物可因矣。故知三准同策者能为天下⑩,不知三准之同策者不能为天下。

故申之以号令,抗之以徐疾也⑪,民乎其归我若流水。此轻
重之数也。"

【注释】

①东:动。一说应作"束"。束车即驾车。

②周:同"州"。淳于国的都城。故城在今山东高密东北。

③问四:即"问驷"。桓公远迎,在赐予癸乙的车上与其谈话。《周
　礼·夏官·聘礼》:"天子赐侯氏以车服,迎于外门外,再拜。路
　先设西上,路下四亚之。"

④权与:犹盟国。

⑤差肩:肩并肩的样子。此处有"紧接着"的意思。

⑥待:防备。

⑦好心:用心巧妙地谋划方法。

⑧乘:车马。

⑨游:没有官职的人。

⑩三准:一是协调价格高低,二是分散兼并的财产,三是流通囤积
　的粮食。这是轻重权变的三项计策。

⑪抗:举,实施。

【译文】

　　齐桓公问管子道:"如今我想要调整物价高低,分散被兼并的钱财,
流通囤积的财物。如果不这样做,那么世间就会不停地发生兼并之事,
囤积货物贮藏财力的现象就会不止息,贫贱、鳏寡、孤独的人和老人都
无以为生。流通囤积的财物是不是有门道,分散被兼并的货物是不是
有一定的方法?"管子回答道:"只有善于轻重权变之术的专家才可以流
通货物。请您下令召见他们。"齐桓公说:"好。"

　　动用五乘车马,从淳于国国都的下原迎来癸乙。齐桓公于一驾马
车内进行问询,自己和癸乙、管子、宵戚四人一起就座。齐桓公说:"请

谈谈轻重权变之术。"癸乙说："给百姓施加过重的赋税会使人口流失，多次欺侮诸侯就会失去他们的支持。"管子马上就问道："假如我们不对人民征收赋税，那用什么来供应军需？不对人民征收赋税的话，用什么来防备邻国？"癸乙说："只有用心巧妙地谋划才可以。用心巧妙地谋划那么货物就得以流通，货物得以流通那么商品市场就得以正常运转，商品市场得以正常运转那么物价就会下跌，物价下跌那么财产就能得以利用。知道财产可以利用却不加以利用，就会被天下掠夺。被天下掠夺，就是国家最大的灾难。"齐桓公问："请谈谈用心巧妙地利用财物的问题。"癸乙说："有富余的财力却没有富余的车马，就让卿大夫和诸侯对其加以斥责。自己家里富足，却不把钱财取出接济没有官职的人，就让大夫对其加以斥责。如此，货物就得以流通，货物得以流通那么商品就得以正常运转，商品市场得以正常运转那么物价就会下跌，物价下跌那么财产就能得以利用。所以知道这一轻重权变之术的三个计策的人就可以治理天下，不知道这一轻重权变之术的三个计策的人就无法治理天下。所以要用号令申明政策，根据轻重缓急来实施，百姓就会像流水一样归附于我们。这就是轻重权变之术。"

桓公问于管子曰："今劙戟十万，薪菜之靡，日虚十里之衍①。顿戟一噪，而靡币之用②，日去千金之积。久之，且何以待之？"管子对曰："粟贾平四十③，则金贾四千。粟贾釜四十④，则钟四百也，十钟四千也，二十钟者为八千也。金贾四千，则二金中八千也。然则一农之事，终岁耕百亩，百亩之收，不过二十钟，一农之事乃中二金之财耳。故粟重黄金轻，黄金重而粟轻，两者不衡立。故善者重粟之贾，釜四百，则是钟四千也，十钟四万，二十钟者八万。金贾四千，则是十金四万也，二十金者为八万。故发号出令曰：一农之事，有二十金之策。然则地非有广狭，国非有贫富也，通于发号出令，审于轻重之数然。"

【注释】

①衍：富饶。在此引申为收益。

②靡币：同"靡敝"。耗费。

③平：平价。

④釜：齐国基本测量单位。最小的测量单位是区，四区为一釜。十釜为一钟。

【译文】

齐桓公问管子："如今国家有将士十万，还有柴草和蔬菜的费用，这些都要每天消耗十里肥沃田地的收益。战争一发动，就要每天消耗一千斤黄金的费用。长此以往该如何应对？"管子回答道："粮食官价每釜四十，黄金官价每斤四千。粮食官价每釜四十，那么一钟就是四百，十钟四千，二十钟就是八千。黄金官价每斤四千，那么两斤就是八千。这样一来，每个农民每年耕作一百亩田地，这一百亩田地的收获，不过二十钟粮食，每个农民的劳作只值两斤黄金的价格罢了。所以粮食价格上涨，黄金价格就下跌，黄金价格上涨，粮食价格就下跌，二者不是平衡存在的。所以善于治理国家的人会抬高粮食的价格，一釜四百，那么一钟就是四千，十钟四万，二十钟八万。黄金的官价四千，那么十斤黄金就是四万，二十斤就是八万。所以，君主要发号施令：每个农民的劳作应相当于二十斤黄金的价值。这样一来，无论土地大小，无论国家贫富，只要精通发号施令，运用轻重权变之术就可以了。"

管子曰："渾然击鼓①，士愤怒。铴然击金②，士帅然③。策桐鼓从之④，舆死扶伤，争进而无止。口满用，手满钱⑤，非

大父母之仇也⑥，重禄重赏之所使也。故轩冕立于朝，爵禄
不随，臣不为忠。中军行战⑦，委予之赏不随，士不死其列
陈。然则是大臣执于朝⑧，而列陈之士执于赏也⑨。故使父
不得子其子，兄不得弟其弟，妻不得有其夫，唯重禄重赏为
然耳。故不远道里而能威绝域之民⑩，不险山川而能服有恃
之固⑪，发若雷霆，动若风雨，独出独入，莫之能圉。”

【注释】

①渂（dǒng）：鼓声。

②铪：今作"镗"，钟声。

③帅：通"率"。急速的样子。

④策：击。桐：通"通"。以竹木贯通鼓可以背负行走。

⑤口满用，手满钱：有充足的食物可食用，手中有大量的钱财。

⑥大：看重。

⑦中军：合军。

⑧执：制。

⑨列陈之士：将士。

⑩不远道里：此指不远出征战。

⑪有恃之固：此指依仗山川险固的城邑国家。

【译文】

　　管子说："咚咚击鼓，士兵情绪高昂。镗镗鸣钟，士兵出击迅速。击
鼓指挥战士，虽然死伤众多，但仍前赴后继没有止息。人们这样做是因
为可以满足口腹之欲，可以手握大量钱财，不是因为看重为父母报仇，而
是厚禄重赏的作用。所以君主在朝堂，假如不授予爵位俸禄，大臣就不
会忠诚。合军征战时，假如不施以奖赏，将士就不会为国家冲锋陷阵。所
以，朝堂上的大臣受制于爵禄，军中的将士受制于赏赐。所以使得父亲不

会不舍得儿子,兄长不会不舍得弟弟,妻子不会不舍得丈夫,只有加以厚禄重赏才可以办到。这样君主就可以不征战远方就能威慑偏远地区的人民,不用涉险山野就可以使有地势优势的城邑臣服,发兵像雷霆一般气势凌厉,行动如风雨一般迅猛,独出独入于各个地区,没有什么可以阻挡。"

　　桓公曰:"四夷不服,恐其逆政游于天下而伤寡人^①。寡人之行,为此有道乎?"管子对曰:"吴越不朝,珠象而以为币乎? 发、朝鲜不朝,请文皮毤服而为币乎^②? 禺氏不朝,请以白璧为币乎? 昆仑之虚不朝,请以璆琳琅玕为币乎^③? 故夫握而不见于手,含而不见于口,而辟千金者珠也^④,然后八千里之吴、越可得而朝也。一豹之皮,容金而金也^⑤,然后八千里之发、朝鲜可得而朝也。怀而不见于抱,挟而不见于掖,而辟千金者,白璧也,然后八千里之禺氏可得而朝也。簪珥而辟千金者,璆琳琅玕也,然后八千里之昆仑之虚可得而朝也。故物无主,事无接,远近无以相因,则四夷不得而朝矣。"

【注释】

①游:流,流行。

②毤(tuò):脱毛。

③璆(qiú)琳琅玕:泛指美玉。

④辟:比。等于。

⑤容金:衣袖和衣襟。容,饰,衣袖。金,"袊"的简写,同"襟"。

【译文】

　　齐桓公问:"四夷不臣服于我,我怕他们会施行悖逆于我的政治而伤害到我。我应该采取什么措施,有没有解决的办法?"管子回答道:

"吴、越不来朝见,就请用两地盛产的珍珠和象牙作为货币。发国和朝鲜不来朝见,就请用两地盛产的有花纹的兽皮、去掉兽毛的兽皮制成的衣服作为货币。禺氏不来朝见,就请用当地盛产的白璧作为货币。昆仑各国不来朝见,就请用当地盛产的美玉作为货币。握在手中看不见,含在嘴里看不见,但是价值千金的是珍珠,这样一来八千里外的吴、越就会来朝拜。一张豹皮,可以用来做衣袖和衣襟,价值千金,这样一来八千里外的发国、朝鲜也会来朝拜。抱在怀里但是又看不见,夹在腋窝也看不见,但是价值千金的是白璧,这样一来八千里外的禺氏也会来朝拜。作为簪子和耳饰材料、价值千金的是美玉,这样一来八千里外的昆仑各国就会来朝拜。假如财物没有管理者,事务没有办理者,远近各国没有加以利用,那么四夷就不会臣服朝拜。"

轻重乙第八十一

【题解】

　　此篇共十三段，每段之间并无联系。前人对此篇有"文议俱鄙浅，不足观"之说，其实是过分之评。即如第三段，即"衡谓寡人曰"一段，言官营冶铁不可取，而主张民营，官得三分之利，此说即颇为精彩。又有人言"轻重"各篇为西汉之作，上述"民营"主张，又岂是西汉盐铁专卖政策能有？读此篇，可以更多了解《管子》"轻重"观点之内涵。

　　桓公曰："天下之朝夕可定乎①？"管子对曰："终身不定。"桓公曰："其不定之说，可得闻乎？"管子对曰："地之东西二万八千里，南北二万六千里。天子中而立，国之四面，面万有余里，民之入正籍者亦万有余里②。故有百倍之力而不至者，有十倍之力而不至者，有倪而是者③。则远者疏④，疾怨上。边竟诸侯受君之怨民⑤，与之为善，缺然不朝。是天子塞其涂。熟谷者去⑥，天下之可得而霸⑦？"桓公曰："行事奈何？"管子对曰："请与之立壤列天下之旁⑧，天子中立，地方千里，兼霸之壤三百有余里⑨，佌诸侯度百里⑩，负海子男者度七十里。若此，则如胸之使臂，臂之使指也。然则小不能分于民,推徐疾羡不足,虽在下不为君忧。夫海出沸无止⑪,山生金木无息。草木以时生,器以时靡币⑫,沸水之盐以日消,终则有始,与天壤争,是谓立壤列也。"

【注释】

①朝夕:朝见。此指诸侯按时朝见霸主。故下文说"天下之可得而霸"。朝,早晨朝见。夕,晚上朝见。

②正籍:按人口交纳赋税,称正籍。

③倪而是:斜眼看。此指转眼即至,言路途近。倪,通"睨"。侧目斜视。是,假借为"眂",同"视"。

④远者:指住地离国都远的人。

⑤边竟:边境。竟,通"境"。

⑥熟谷者:指专做粮食投机生意的商人。熟谷一词,又见《山至数》。

⑦天下之可得而霸:此处为问句,省略了"乎"字。霸,控制,固定。

⑧立壤列:设立土地按级别划分的制度。旁,通"方"。

⑨兼霸:即本书《揆度》所谓"千乘之国",指大诸侯。

⑩仳(cǐ):小。

⑪沸:当作"沛",盐卤。

⑫靡币:同"靡散"。靡散,消耗。

【译文】

齐桓公问:"让天下物价的涨落稳定不变可以实现吗?"管子回答道:"永远不可能实现。"齐桓公问:"不可能实现的理由,可以说给我听听吗?"管子回答道:"国土东西向有二万八千里广,南北向有二万六千里广。天子在中间立都,诸侯国环绕在四面,四面都距离中心一万多里,百姓缴纳赋税也要走一万多里。所以有的人花了百倍的气力也走不到国都,有的人花了十倍的气力也走不到,有的人则转眼即能走到。

所以偏远地区的民众就渐渐被疏远,对君上也心怀怨恨。边境的诸侯收纳对君主有不满的民众,对他们厚待有加,并且拒绝朝拜。这是天子自己堵塞了流通的渠道。粮食投机商离开,就可以称霸天下了吧?"齐桓公问:"那么应该怎么做呢?"管子回答道:"请您在天下四方设定土地划分的制度,天子处在中央,土地方圆千里,较大的诸侯拥有三百多里土地,较小的诸侯大约拥有一百多里的土地,靠海的子爵和男爵大约拥有七十里土地。这样一来,驱使他们就好像胸驱使手臂,手臂驱使手指一样容易了。这样,诸侯国土小不能与天子争民,天子可以推测事情缓急来调节盈缺,虽然财物在民间君主也不必为此担忧。海水出盐可以不停歇,山地产金矿和木材可以无止息。草木按时令生长,器物随时间消耗,卤水所得的盐也日渐消耗,周而复始,和天地共存,这就是所谓的设立土地划分制度。"

武王问于癸度曰[1]:"贺献不重,身不亲于君。左右不足,支不善于群臣[2]。故不欲收穑户籍而给左右之用[3],为之有道乎?"癸度对曰:"吾国者,衢处之国也,远秸之所通[4],游客蓄商之所道[5],财物之所遵[6]。故苟入吾国之粟[7],因吾国之币,然后载黄金而出。故君请重重而衡轻轻[8],运物而相因,则国策可成。故谨毋失其度,未与民可治[9]。"武王曰:"行事奈何?"癸度曰:"金出于汝、汉之右衢,珠出于赤野之末光,玉出于禺氏之旁山,此皆距周七千八百余里。其涂远,其至厄,故先王度用于其重,因以珠玉为上币,黄金为中币,刀布为下币。故先王善高下中币,制下上之用,而天下足矣。"

【注释】

　①癸度:人名。《轻重丁》有"昔者癸度"之语,可知其人是管仲之

前的理财家。

②支：支持。指对左右的财富赐予。

③稽：粮食税。

④秸：字又作"稭"，去皮的禾秆，可用以祭天，也可制作卧席。此代指贡品。

⑤蓄商：善积蓄的商人。

⑥遵：途径。

⑦入：输入。

⑧重重而衡轻轻：此句意思是利用货币的力量，防制出现黄金外流情况。

⑨与：许。治：自理。

【译文】

武王曾经问癸度："诸侯百姓进贡的财物不丰厚，说明他们不亲附于君主。左右大臣不富足，说明君主给大臣的支持不够。所以假如不想按户征收粮食税，却又能供得起左右大臣的用度，要怎么做到呢？"癸度回答道："我们是地处交通要道的国家，是远方进贡的通道，是游客和善积蓄的商贾的必经之地，是财物的必经之途。所以假如向我国输入粮食，就要使用我国的货币，这样一来黄金就会大量外流。所以请您提高黄金价格，降低粮食价格，调节万物来加以利用，这样，国家的经济政策才可以成功施行。所以要谨慎施行不要失了分寸，不要允许人民擅自治理。"武王问："那具体该如何操作？"癸度说："黄金产自汝水、汉水的右边要道，珍珠产自赤野的末光，玉产自禺氏的边山，这些地区都和周王都相距七千八百多里。路途遥远，抵达不易，所以先王审度他们的价值，把珠玉定为上等货币，黄金定为中等货币，刀布定为下等货币。先王善于调整中等货币的价格，来控制下等和上等货币的使用，天下的财用就可以保证充足了。"

桓公曰："衡谓寡人曰：一农之事必有一耜、一铫、一镰、一耨、一椎、一铚①，然后成为农。一车必有一斤、一锯、一釭、一钻、一凿、一铢、一轲②，然后成为车。一女必有一刀、一锥、一箴、一鉥③，然后为女。请以令断山木，鼓山铁。是可以毋籍而用尽。"管子对曰："不可。今发徒隶而作之，则逃亡而不守。发民，则下疾怨上。边竟有兵，则怀宿怨而不战。未见山铁之利而内败矣。故善者不如与民量其重，计其赢，民得其十④，君得其三。有杂之以轻重⑤，守之以高下。若此，则民疾作而为上虏矣。"

【注释】

①耜：古代一种翻土农具，形如木叉，上有曲柄，下面是犁头，用以松土，可看作犁的前身。铫（yáo）：大锄。镰：割庄稼或草的农具。耨（nòu）：同"耨"。除草工具。铚：小镰刀，用来割禾。

②斤：一般用以砍木，与斧相似，比斧小而刃横。釭：车子中用以穿轴的金属眼。凿：挖槽或穿孔用的工具。铢：独头斧。轲：车轴。

③箴：同"针"。鉥：长针。

④十：当作"七"。

⑤有：当作"又"。杂：会合。

【译文】

齐桓公说："衡告诉我：一个农民耕作，必定要具备一把耜、一把大锄、一把镰、一把耨、一个椎、一把小镰刀，然后才可以进行农业耕作。一个车匠必须有一把斤、一把锯、一个釭、一把钻、一个凿、一把独头斧、一个车轴，然后才可以造车。一个妇女必须有一把刀、一把锥子、一根针、一根长针，然后才可以做女工。请下令砍伐山木烧炭，鼓动风炉炼铁，这样就可以不用收敛赋税也能财用充足了。"管子答道："不可以这样做。假如让囚徒奴隶去做这些事，那么他们就会逃亡而失去控制。发动百姓去做这些事，那么百姓就会怨恨君主。边境发动战事，那么百姓就会心怀怨恨不愿作战。这样还没有见到烧山林铸铁的收益，国家内部已先败落了。所以善于治理国家的君主不如让百姓自己去估量铁器产量，计算盈利，百姓从中获取十分之七的利益，君主获得十分之三。又运用轻重权变之术加以整合，用价格高低控制局面，这样一来，民众就会努力劳作而任由君主操控。"

桓公曰："请问壤数。"管子对曰："河埌①，诸侯亩钟之国也。碛②，山诸侯之国也。河埌诸侯常不胜山诸侯之国者，豫戒者也③。"桓公曰："此若言何谓也？"管子对曰："夫河埌诸侯，亩钟之国也，故谷众多而不理，固不得有。至于山诸侯之国，则敛蔬藏菜④，此之谓豫戒。"桓公曰："壤数尽于此乎？"管子对曰："未也。昔狄诸侯⑤，亩钟之国也，故粟十钟而锱金。程诸侯⑥，山诸侯之国也，故粟五釜而锱金⑦。故狄诸侯十钟而不得剸戟，程诸侯五釜而得剸戟。十倍而不足，或五分而有余者，通于轻重高下之数。国有十岁之蓄，而民食不足者，皆以其事业望君之禄也。君有山海之财，而民用不足者，皆以其事业交接于上者也。故租籍⑧，君之所宜得也。正籍者⑨，君之所强求也。亡君废其所宜得，而敛其所强求，故下怨上而令不行。民，夺之则怒，予之则喜，民情固然。先王知其然，故见予之所⑩，不见夺之理。故五谷粟米者，民之司命也。黄金刀布者，民之通货也。先王善制其通货，以御其司命，故民力可尽也。"

【注释】

①埌:同"淤"。沃土。

②碛(zé):当作"渍",积水。一说,字当作"碛",沙石之地。

③豫戒:预备。

④蔬:当作"疏"。疏食,粗粮。

⑤狄诸侯:指逼迫周太王迁岐后据有了周故地的狄人。

⑥程诸侯:指周人。程,地名,在岐山之南。周文王曾居于此。

⑦釜:计量单位,十釜为一钟。锱:重量单位,六铢等于一锱,四锱
　等于一两。

⑧租籍:此指上文所谓"山海之财",指国家通过调整山海资源产生
　的商品的价格而取得的赋税。意同本书《国蓄》之"租税"。

⑨正籍:此指各种苛捐杂税,意同本书《国蓄》之"租籍"。

⑩见:同"现"。所:同"处"。

【译文】

齐桓公说:"请问利用土地经营的方法。"管子回答道:"靠近河水有沃土的诸侯国,是亩产一千钟的诸侯国。地处山地常积水的诸侯国是山地的诸侯国。靠近河边有沃土的诸侯国通常不比在山地的诸侯国富有,这是有无预备所决定的。"齐桓公问:"这话如何解释?"管子回答道:"靠近河水土地肥沃的诸侯国,是亩产千钟的诸侯国,粮食产量大却不加以管理,所以并不能实际据有。地处山地的诸侯国,就会贮藏粗粮和蔬菜,这就是所谓的有所预备。"齐桓公问:"利用土地经营的方法就是这些了吗?"管子回答道:"不是的。过去的狄国是亩产千钟的诸侯国,所以十钟粮食只值一锱黄金。程地的周国是地处山地的诸侯国,所以半钟粮食就值一锱黄金。所以狄国用十钟粮食也不能供应军需,程地周国用半钟粮食就足够供应军需。有的国家十钟不够,有的国家半钟富余,这是是否精通轻重权衡之术所决定的。国家有十年的粮食积蓄,但是百姓的食用却不够,都依靠他们的工作来求取君王的俸禄。君王

有山川河海的财富,但是百姓的用度却不够,都依靠他们的工作来换取君王的钱财。所以常规赋税是君王所应得的,但是额外的赋税是君王强行征收的。亡国之君废弃他所应得的赋税而求取他强行征收的,所以百姓都怨恨君王,政令不能施行。对于民众而言,强取豪夺他们就会愤怒,给予就会欢喜。民众常情本来就如此。先王知道这个情况,所以只对民众显示给予的形态,而掩藏剥夺的实质。粮食是主宰百姓生命的必需品,黄金刀布是百姓流通交易的货币。先王善于通过控制流通交易的货币,来掌握主宰生命的必需品,这样,民众的力量就可以得到充分利用了。”

管子曰:“泉雨五尺①,其君必辱。食称之国必亡②,待五谷者众也③。故树木之胜霜露者,不受令于天。家足其所者,不从圣人。故夺然后予,高然后下,喜然后怒④,天下可举。”

【注释】

①泉雨五尺:指雨量丰沛,粮食丰收。或说指雨量过大引起粮食歉收,与下文“家足其所”之意不符,故不取。

②食称:粮食与人口数量相称。

③待五谷者众:依赖于粮食的人多。意谓人民能依赖充足的粮食生活,就不再依赖君主,不会为君主效力。

④喜然后怒:指对将士,要先让他们欢喜再激励他们奋勇杀敌之心。用马非百说。

【译文】

管子说:“雨量达到五尺,粮食丰收,国君就会受到轻视。粮食与人口数量相适应的国家必定会灭亡,因为依赖粮食自给的人口众多。所以能抵抗霜露的树木，不会受制于天；家庭条件富足的人，不愿服从于君主。所以君主要先剥夺然后给予，抬高物价然后降低，让将士感受到欢喜后随之激励起他们奋勇杀敌之心，这样天下就可以兴盛了。"

桓公曰："强本节用，可以为存乎？"管子对曰，"可以为益愈①，而未足以为存也。昔者纪氏之国强本节用者，其五谷丰满而不能理也，四流而归于天下。若是，则纪氏其强本节用②，适足以使其民谷尽而不能理，为天下虏，是以其国亡而身无所处。故可以益愈，而不足以为存。故善为国者，天下下我高，天下轻我重，天下多我寡，然后可以朝天下。"

【注释】

①愈：胜。

②其：起强调作用的虚词。

【译文】

齐桓公问："加强农业生产节约财政用度，可以使国家长治久安吗？"管子回答道："可以使经济更胜于以往，但是不足以让国家长治久安。过去纪氏强调农业生产节约财政用度，粮食丰收却不能管理，导致粮食四散到天下各处。这样一来，纪氏虽然强调农业生产节约财政用度，刚好让百姓的粮食尽数散尽而不能管理，被天下掠取，因此国家灭亡而自己无处安身。所以加强农业生产节约财政用度可以使经济胜于以往，却不足以使国家长治久安。善于治理国家的人，天下物价低的时候我就抬高物价，天下粮价低的时候我就抬高粮价，天下商品有余的时候我则供不应求，使天下的货币、粮食、商品都掌握在我手中，这样才可以让天下臣服朝拜。"

桓公曰:"寡人欲毋杀一士,毋顿一戟,而辟方都二①,为之有道乎?"管子对曰:"泾水十二空②,汶渊洙浩满三之於③。乃请以令,使九月种麦,日至日获④,则时雨未下而利农事矣。"桓公曰:"诺。"

令以九月种麦,日至而获。量其艾⑤,一收之积中方都二。故此所谓善因天时,辩于地利⑥,而辟方都之道也。

【注释】

①辟:开辟。此处为夺取。方都:大都,大城邑。

②泾水:泾,同"经"。发源于山而流入海的水流为"经水"。十二:十二条"泾水",谓其多。空:冬季水流干涸。

③汶渊:汶水冬季因水量减少而成为湿地的河道。渊,聚集在地表不流的水,即湿地,沼泽。洙浩:洙水冬季因水量减少而成为湿地的河道。浩,大泽貌。於:淤。

④日至:夏至。

⑤艾:通"刈"。

⑥辩:通"辨"。辨别。

【译文】

齐桓公问:"我想要不死一兵一卒,不动一刀一枪就得到两座大城,有什么办法吗?"管子回答道:"齐国冬季有十二条河流干涸,汶水、洙水在冬季三成河道淤成湿地,请下令让百姓九月种下麦子,夏至日收获,那时季节性降雨还没下,有利于农业生产。"齐桓公说:"好。"

下令让百姓九月种下麦子,次年夏至日收获。计算所收割的庄稼,一次收获所积蓄的产量相当于两座大城的税收。所以这就是所谓的善于利用天时和辨别地利,来得到城邑的方法。

管子入复桓公曰："终岁之租金四万二千金，请以一朝素赏军士①。"桓公曰："诺。"

以令至鼓期②，于泰舟之野期军士③。桓公乃即坛而立，甯戚、鲍叔、隰朋、易牙、宾须无皆差肩而立。管子执枹而揖军士曰："谁能陷陈破众者，赐之百金。"三问不对。有一人秉剑而前，问曰："几何人之众也？"管子曰："千人之众。""千人之众，臣能陷之。"赐之百金。

管子又曰："兵接弩张，谁能得卒长者，赐之百金。"问曰："几何人卒之长也？"管子曰："千人之长。""千人之长，臣能得之。"赐之百金。

管子又曰："谁能听旌旗之所指，而得执将首者，赐之千金。"言能得者垒千人④，赐之人千金。其余言能外斩首者，赐之人十金。

一朝素赏，四万二千金廓然虚。桓公惕然太息曰⑤："吾曷以识此⑥？"管子对曰："君勿患。且使外为名于其内，乡为功于其亲，家为德于其妻子⑦。若此，则士必争名报德，无北之意矣⑧。吾举兵而攻，破其军，并其地，则非特四万二千金之利也。"五子曰："善。"桓公曰："诺。"乃诚大将曰："百人之长，必为之朝礼⑨。千人之长，必拜而送之⑩，降两级。其有亲戚者，必遗之酒四石，肉四鼎。其无亲戚者，必遗其妻子酒三石，肉三鼎。"行教半岁，父教其子，兄教其弟，妻谏其夫，曰："见其若此其厚⑪，而不死列陈，可以反于乡乎！"

桓公衍终举兵攻莱⑫，战于莒必市里⑬。鼓旗未相望，众少未相知，而莱人大遁。故遂破其军，兼其地，而虏其将。

故未列地而封,未出金而赏,破莱军,并其地,禽其君。此素赏之计也。

【注释】

①素:预先。

②至:通"致"。期:当作"旗"。鼓旗是用于指挥的工具。

③期:会合。

④垒:壁垒。

⑤惕然:忧虑的样子。

⑥识:志。登记这些受赏之人以问责。

⑦"且使外为名于其内"三句:郭沫若说:"此'内'与'外'为对,'乡'与'亲'为对,'家'与'妻女'为对。'内'可以包含乡、亲、家与妻子。……言一人在外建立功名,则乡党增光,父母荣显,妻子有德色也。"

⑧北:背叛,逃亡。

⑨朝礼:参拜,即以礼相待。

⑩拜而送之:送别时行拜礼。拜,古人行拜礼,下跪,低头与腰平,两手至地。

⑪见其:被期待。其,通"期"。期待。

⑫衍:演习。按,前文已曰"行教半岁",则此处之"衍"当为泰舟之野大会合后半年间的练兵期。

⑬必市里:地名,或为虚拟。

【译文】

管子进入朝堂对齐桓公说:"全年的赋税有四万二千金,请您在一天内把这些金预先许诺奖赏给将士们。"齐桓公说:"好。"

于是下令准备旗鼓,在泰舟原野与将士会合。齐桓公站立在高坛上,甯戚、鲍叔牙、隰朋、易牙、宾须无都并肩站立于一旁。管子手持鼓槌对将士们拱手行礼,说道:"谁能冲锋陷阵冲破敌众,就赏赐他一百金。"问了多遍也没有人回应。有一个人持剑走向前,问道:"敌众有多少人?"管子说:"敌众有一千人。""一千人的敌众,我可以冲破。"于是赏赐给他一百金。

管子又说:"交战的时候谁可以捕获对方的士兵长,就赏赐他一百金。"有人问道:"是多少士兵的士兵长呢?"管子说:"一千人的士兵长。""一千人的士兵长,我可以捕获。"于是赏赐给他一百金。

管子又问:"谁可以听旌旗的号令,取到敌方将军的首级,就赏赐给他一千金。"并且申明可以攻破敌方千人壁垒的,就赏赐给每人一千金。其余说可以在壁垒外斩下一人首级的,就赏赐每人十金。

一天内预先许诺奖赏完毕,四万二千金已经全部支出。齐桓公忧虑地叹息道:"我该怎么记下这些受赏的人以问责呢?"管子回答道:"您别担心。就让将士们在外争光,他们的声名就会在国内传开,乡党增光,父母荣显,家里妻儿也将分享功德。这样一来,将士必定会争相求取功名报答君王的恩德,没有背叛的想法。我国兴兵发起攻击,击破敌军,兼并他们的土地,就不止是四万二千金的获利了。"五位大臣说:"真是妙计。"齐桓公说:"好。"于是他告诫大将:"对于你们下属的一百人的士兵长,一定要用正式的礼节对待。对于一千人的士兵长,送行时一定要行拜礼,送下两级台阶。对于有父母的战士,一定要给他们四石酒、四鼎肉。对于没有父母的战士,一定要给他们的妻儿三石酒、三鼎肉。"施行这样的教化半年以后,父亲教导儿子,兄长教导弟弟,妻子劝谏丈夫,说:"被国家以如此优厚的待遇寄予厚望,却不为国家冲锋陷阵,怎么还能有脸返回家乡!"

齐桓公在军队练兵结束后发兵攻打莱国,在营地的必市里交战。战鼓还没敲响,战旗还没见到,兵力多少都还不知道,莱国人已经大败而逃了。于是击破敌军,兼并土地,俘虏他们的大将。这样,不用割地分封,不用出资奖赏,就击破了莱国军队,兼并了莱国土地,擒住莱国君主。这就是预先许诺奖赏的计策。

桓公曰:"曲防之战①,民多假贷而给上事者。寡人欲为之出赂②,为之奈何?"管子对曰:"请以令令富商蓄贾百符而一马③,无有者取于公家。若此,则马必坐长,而百倍其本矣。是公家之马不离其牧皂④,而曲防之战赂足矣。"

【注释】

①曲防:地名。具体地点不详。

②出赂:代民偿还贷款。

③符:借券。

④皂:牛马的食槽。

【译文】

齐桓公问:"曲防之战中,很多百姓都借钱来供应军需。我想要给他们偿还贷款,应该怎么做?"管子回答道:"请您下令,让持有一百张借券的商人富贾自备一匹马供驾车使用,没有马的就向公家求购。这样一来,马的价格就会因而上涨,可以涨到本钱的一百倍。国家的马匹不需要离开畜牧的食槽,曲防之战的贷款就足够偿还了。"

桓公问于管子曰:"崇弟蒋弟①,丁、惠之功世②,吾岁罔③,寡人不得籍斗升焉。去渣菜咸卤斥泽山间堁壤不为用之壤④,寡人不得籍斗升焉。去一列稼缘封十五里之原⑤,强耕而自以为落其民⑥,寡人不得籍斗升焉。则是寡人之国,五分而不能操其二,是有万乘之号,而无千乘之用也。以是与天子提衡争秩于诸侯⑦,为之有道乎?"管子对曰:"唯籍于号令为可耳。"桓公曰:"行事奈何?"管于对曰:

"请以令发师置屯籍农⑧,十钟之家不行,百钟之家不行,千钟之家不行。行者不能百之一、千之十,而囷窌之数皆见于上矣⑨。君案囷窌之数,令之曰:'国贫而用不足,请以平价取之子,皆案囷窌而不能挹损焉⑩。'君直币之轻重以决其数,使无券契之责,则积藏囷窌之粟皆归于君矣。故九州无敌,竟上无患。"令曰⑪:"罢师归农,无所用之。"管子曰:"天下有兵,则积藏之粟足以备其粮。天下无兵,则以赐贫氓。若此,则菹菜咸卤斥泽山间堌壘之壤无不发草。此之谓籍于号令。"

【注释】

①崇弟蒋弟:齐桓公的弟弟之家。史无记载。

②丁、惠:丁公、惠公。两者都是齐国亲贵大家。

③岁罔:即岁无,亦即年岁无收成。罔,无。

④堌壘(wèi lěi):高低不平的山地。

⑤列稼:分布的农田。缘封:沿着边境。缘,沿。封,封疆,封地的疆界。原:平地。

⑥强耕:被强人私占开垦耕种。落:此指形成村落。

⑦提衡:并肩而立,不分上下。秩:积蓄的财物。一说指品级次第。

⑧发师置屯籍农:征发兵役并登记农民藏谷之数。

⑨囷窌(qūn jiào):谷仓与地窖。泛指粮仓。

⑩挹损:益损。

⑪令曰:当作"公曰"。

【译文】

　　齐桓公问管子说:"崇弟、蒋弟和丁、惠都是功臣世家,今年粮食歉收,我连一斗一升的赋税都不能从他们那儿收到。扣除荒草地、盐碱地、沼泽地、高低不平的山地中所不能被利用的土地,那些土地我连一斗一升的赋税都收不到。还要扣除这种情况:分布在靠近封疆边界宽达十五里的平地上的农田,被强人私占耕种,而人民自然形成了村落,我不能从他们那儿得到一斗一升的赋税。如此,在我的国家,我实际操控的收入却不到五分之二,那么我国纵然有万乘之国的称号,却连千乘之国的财用都没有。以这样的形势与天子并肩而立和诸侯争夺积蓄的财用,有什么办法吗?"管子说:"只有借助于政治号令来征赋税才可以做到。"齐桓公问:"具体该如何实施?"管子回答道:"请您发令征发兵役并登记农民贮存的粮食数量,家里有十钟粮食的不用参与,家里有百钟粮食的不用参与,家里有千钟粮食的不用参与。本该服兵役却不用去的人就缴纳存粮百分之一、千分之十,那么粮仓里的粮食总量就都在君主的掌握中了。君主审度粮食储备量,下令说:'国家贫弱,财用不足,请让我们按官价收购你们的粮食,都按粮食储备量出售,不可以随意增减。'您根据支付的钱币总数来决定需要囤积的粮食量,使国家没有借贷的券契需要偿还。这样国家积蓄收藏的全部粮食就都归于君主。这样,国家在九州当中就可以无敌,边境没有忧患。"齐桓公问:"让军队放弃打仗而回归务农,粮食就没有可用之处了。"管子说:"天下有战事的时候,那么囤积的粮食就足以预备供给军粮。天下没有战事的时候,就把粮食赏赐给贫民。这样一来,荒草地、盐碱地、沼泽地、高低不平的山地就都会得以开垦耕种。这就叫借号令来征收赋税。"

管子曰:"滕、鲁之粟釜百,则使吾国之粟釜千。滕鲁之粟四流而归我,若下深谷者,非岁凶而民饥也。辟之以号令[①],引之以徐疾,施乎其归我若流水[②]。"

【注释】

①辟:通"譬"。晓谕。

②施乎:舒展绵延的样子。

【译文】

管子说:"滕国、鲁国的粮食一釜定价百金,那么就让我国的粮食每釜定价千金。滕国、鲁国的粮食四散流入我国,就好像水流流向深谷一样,不是因为当年收成不好而百姓受饥。用号令晓谕各国,用缓急引导粮食流通,于是各国的粮食就可以像流水一样源源不断地归入我国。"

桓公曰:"吾欲杀正商贾之利①,而益农夫之事,为此有道乎?"管子对曰:"粟重而万物轻,粟轻而万物重,两者不衡立。故杀正商贾之利,而益农夫之事,则请重粟之价金三百②。若是则田野大辟,而农夫劝其事矣。"桓公曰:"重之有道乎?"管子对曰:"请以令与大夫城藏③,使卿诸侯藏千钟,令大夫藏五百钟④,列大夫藏百钟⑤,富商蓄贾藏五十钟。内可以为国委,外可以益农夫之事。"桓公曰:"善。"下令卿诸侯令大夫城藏。农夫辟其五谷,三倍其贾。则正商失其事,而农夫有百倍之利矣。

【注释】

①杀:减。正商贾:正式商人。

②金:当作"釜"。齐国基本计量单位。

③城藏:修筑围墙围出一块区域来贮藏粮食。

④令大夫:即命大夫,相当于国之上卿。

⑤列大夫:中大夫。

【译文】

齐桓公说:"我想要减少正式商贾的财利,来帮助农民的农业生产,有什么办法吗?"管子回答道:"粮食价格上涨万物价格就下跌,粮食价格下跌万物价格就上涨，两者不会保持平衡。所以想要减少正式商贾的收益，来帮助农民的农业生产，就请您把粮食每釜的价格抬高为三百钱。这样一来，田野就能得到充分开垦，农民就会努力操作农事。"齐桓公说："那有办法抬高粮食的价格吗？"管子回答道："请您下令让卿诸侯、大夫修筑围墙围出一块区域来贮藏粮食，让卿诸侯贮藏一千钟，命大夫贮藏五百钟，中大夫贮藏一百钟，商贾贮藏五十钟。于是对内就有了国家粮食储备，对外就可以帮助农民从事农耕。"齐桓公说："好。"下令让卿诸侯和大夫修筑贮藏粮食的墙垣。农民开垦土地种植粮食，以三倍的价格出售。这样正式商贾失去收益，农民有百倍的获利。

桓公问于管子曰："衡有数乎①？"管子对曰："衡无数也。衡者，使物一高一下，不得常固。"桓公曰："然则衡数不可调耶②？"管子对曰："不可调。调则澄③，澄则常，常则高下不贰，高下不贰则万物不可得而使固④。"桓公曰："然则何以守时？"管子对曰："夫岁有四秋⑤，而分有四时。故曰⑥：农事且作，请以什伍农夫赋耜铁⑦，此之谓春之秋。大夏且至，丝纩之所作⑧，此之谓夏之秋。而大秋成，五谷之所会，此之谓秋之秋。大冬营室中，女事纺织缉缕之所作也，此之谓冬之秋。故岁有四秋，而分有四时。已得四者之序，发号出令，物之轻重相什而相伯⑨。故物不得有常固。故曰衡无数。"桓公曰："皮、干、筋、角、竹、箭、羽毛、齿革不足，为此有道乎？"管子曰："惟曲衡之数为可耳⑩。"桓公曰："行事奈何？"管子对曰："请以令，为诸侯之商贾立客舍，一乘者有食，三乘者有刍菽⑪，五乘者有伍养⑫，天下之商贾归齐若流水。"

【注释】

①衡:此指物价政策。数:常数,定数。

②调:整齐划一。

③澄:静止。

④固:当作"用"。

⑤四秋:指一年有四个获得收益的时机。

⑥故曰:这两个字讹误,当作"大春"。

⑦什伍:古代户籍编制,五家为伍,十家为什,相联相保。此用为动词,意谓按编制互相为保。

⑧纩(kuàng):絮。

⑨伯:通"百"。百倍。

⑩曲衡:使物价有屈伸而不固定。

⑪菆荺(chú shū):饲料。菆,同"刍"。

⑫伍养:五名仆役。养,做饭的仆役,泛指仆役。

【译文】

齐桓公问管子:"物价政策可以保持不变吗?"管子回答道:"物价政策不能保持不变。物价政策,就是让商品的价格有高有低,不能够常年固定。"齐桓公问:"那么物价政策的常数不可以整齐划一吗?"管子回答道:"不可以整齐划一。整齐划一就会让物价变化静止,静止了就会让物价有常数,有常数的话物价的高低就会一致,物价高低一致那么万物就不能以流通获得并被加以利用。"齐桓公问:"那么该怎么把握时机?"管子回答道:"一年有四个获得收益的时机,分属春、夏、秋、冬四季。春天,农事开始兴起,请您让农民按照什伍编制互相为保贷款买铁铧,这就是春季的时机。夏天到来,收获丝絮的工作开始,这就是夏季的时机。秋天到来,粮食全部收获,这就是秋季的时机。冬天在室内工作,妇女从事纺线织布的劳作,这就是冬季的时机。所以说一年有四个获得收益的时机,分属春、夏、秋、冬四季。已经知晓四个时机的次序,就可以发号施令,让物价高低有十倍百倍的差异。所以物价就不会一成不变,所以说物价政策不能保持不变。"齐桓公问:"皮、干、筋、角、竹箭、羽毛、兽牙、皮革不足,有什么办法解决吗?"管子说:"只能通过使物价有屈伸不固定的方法来解决。"齐桓公说:"具体该如何施行?"管子回答道:"请您下令,为从诸侯国远道而来的商贾设立客舍,给带一车货的提供饮食,给带三车货的提供牲口饲料,给带五车货的提供仆役,这样一来天下的商贾都会像流水一样涌向齐国。"

轻重丙第八十二

亡佚

轻重丁第八十三

【题解】

此篇围绕"轻重"问题，讨论了十五个方面的问题。开始两段各加"右石璧谋""右菁茅谋"子目，但以下各段则无，明显体例不一，不知何故。篇中谈及社会贫富问题，利用"轻重"之术损富以济贫，是此篇主张的策略。另外，所谓"轻重"之术，其实就是利用价格差异以赢利，文章最后一段言"举国而一则无赀，举国而十则有百"即是讲的价格差异的理财意义。

桓公曰："寡人欲西朝天子，而贺献不足，为此有数乎？"管子对曰："请以令城阴里①，使其墙三重而门九袭②。因使玉人刻石而为璧，尺者万泉，八寸者八千，七寸者七千，珪中四千，瑗中五百③。"璧之数已具，管子西见天子曰："弊邑之君，欲率诸侯而朝先王之庙，观于周室。请以令使天下诸侯朝先王之庙，观于周室者，不得不以彤弓石璧④。不以彤弓石璧者，不得入朝。"天子许之曰："诺。"号令于天下。天下诸侯载黄金珠玉五谷文采布泉输齐以收石璧⑤。石璧流而之天下，天下财物流而之齐。故国八岁而无籍，阴里之谋也。

右石璧谋。

【注释】

①城：筑城。阴里：齐国地名。

②袭：重。

③瑗（yuàn）：环形的玉璧。

④彤弓：红色的弓，诸侯所用之弓。

⑤泉：钱币。泉、钱古通。

【译文】

齐桓公说："我想要西去朝拜天子，但是献礼不够，该怎么办呢？"管子回答道："请您下令在阴里筑城，修筑三重城墙九重城门，让玉匠刻原石制成石璧，直径一尺的售价一万，直径八寸的售价八千，直径七寸的售价七千，珪售价四千，瑗售价五百。"玉璧已制成，管子西进朝见天子说："我国的国君，想要率领诸侯来朝拜先王宗庙，敬观周王室的礼仪。请您下令让天下诸侯都来朝拜先王宗庙，来学习周王室的礼仪，而且必须用彤弓、石璧来当作贺礼。不用彤弓、石璧作为贺礼的诸侯，就不能来朝见。"天子说："好。"于是号令天下。天下的诸侯都载着黄金、珠玉、粮食、有纹样的布匹、泉币来到齐国收购石璧。石璧流通往各国，各国的财物都流入齐国。这样齐国就可以八年都不用征收赋税。这就是在阴里所做的谋划。

以上是石璧谋。

桓公曰："天子之养不足，号令赋于天下，则不信诸侯，为此有道乎？"管子对曰："江淮之间，有一茅而三脊，毋至其本①，名之曰菁茅。请使天子之吏环封而守之。夫天子则封于太山，禅于梁父，号令天下诸侯曰：'诸从天子封于太山、禅于梁父者，必抱菁茅一束以为禅籍②。不如令者不得从。'"天子下诸侯，载其黄金，争秩而走③，江淮之菁茅坐长而十倍，其贾一束而百金。故天子三日即位④，天下之金四流而归周若流水。故周天子七年不求贺献者，菁茅之谋也。

右菁茅谋。

【注释】

①册：同"贯"。

②禅：即"墠"。古代祭祀或会盟用的场地。籍：当作"藉"，衬垫。

③秩：积蓄。走：奔跑。

④即位：未离座位。形容极其容易。

【译文】

齐桓公问："天子的供奉不足，号令让各国缴纳赋税，但各诸侯国都不服从，该怎么解决这个问题？"管子回答道："长江、淮河之间，有一种青茅长有三条脊茎，直通到根部，名叫菁茅。请让天子派官吏圈住并封锁菁茅的产地来加以保护。天子封禅泰山、梁父山，向天下诸侯号令：'各位随天子封禅泰山、梁父山的诸侯，都请务必抱着一束菁茅作为祭坛的衬垫。不服从命令的，就不允许随从前往封禅。'"天子以此命令诸侯，于是诸侯就载着黄金，争相奔走圈积菁茅。江淮地区的菁茅因而涨价十倍，价格可达一束百金。天子在朝中三日不用离开座位，天下的黄金就像流水一样流入周王室。因此周天子就可以七年不用迫使诸侯献礼，这就是利用菁茅的计策。

以上是菁茅谋。

桓公曰："寡人多务，令衡籍吾国之富商蓄贾称贷家①，

以利吾贫萌②,农夫不失其本事。反此有道乎?"管子对曰:
"唯反之以号令为可耳③。"桓公说:"行事奈何?"管子对曰:
"请使宾胥无驰而南,隰朋驰而北,甯戚驰而东,鲍叔驰而
西。四子之行定,夷吾请号令,谓四子曰:'子皆为我君视四
方称贷之间,其受息之氓几何千家④,以报吾。'"

鲍叔驰而西,反报曰:"西方之氓者,带济负河,菹泽之
萌也。渔猎取薪蒸而为食。其称贷之家,多者千钟,少者六
七百钟。其出之,钟也一钟⑤。其受息之萌九百余家。"

宾胥无驰而南,反报曰:"南方之萌者,山居谷处,登降
之萌也。上断轮轴,下采杼栗⑥,田猎而为食。其称贷之家,
多者千万,少者六七百万。其出之,中伯伍也⑦。其受息之
萌八百余家。"

甯戚驰而东,反报曰:"东方之萌,带山负海,苦处⑧,上
断福⑨,渔猎之萌也。治葛缕而为食。其称贷之家,下惠高、
国⑩,多者五千钟,少者三千钟。其出之,中钟五釜也⑪。其
受息之萌八九百家。"

隰朋驰而北,反报曰:"北方萌者,衍处负海⑫,煮沭为
盐,梁济取鱼之萌也⑬。薪食。其称贷之家,多者千万,少者
六七百万。其出之,中伯二十也。受息之萌九百余家。"

凡称贷之家,出泉三千万,出粟三数千万钟,受子息民
三万家。

四子已报,管子曰:"不弃我君之有萌⑭,中一国而五君
之正也⑮。然欲国之无贫,兵之无弱,安可得哉!"桓公曰:
"为此有道乎?"管子曰:"惟反之以号令为可。请以令贺献

者,皆以镰枝兰鼓⑯,则必坐长什倍其本矣。君之栈台之职⑰,亦坐长什倍。请以令召称贷之家,君因酌之酒,太宰行觞⑱。桓公举衣而问曰⑲:'寡人多务,令衡籍吾国,闻子之假贷吾贫萌,使有以终其上⑳,令寡人有镰枝兰鼓,其贾中纯万泉也㉑,愿以为吾贫萌决其子息之数,使无券契之责。'称贷之家皆齐首而稽颡曰:'君之忧萌至于此,请再拜以献堂下。'桓公曰:'不可。子使吾萌春有以剡耜,夏有以决芸。寡人之德子无所宠,若此而不受,寡人不得于心。'故称贷之家曰:'皆再拜受。'所出栈台之职未能三千纯也,而决四方子息之数,使无券契之责。四方之萌闻之,父教其子,兄教其弟,曰:'夫垦田发务,上之所急,可以无庶乎㉒!君之忧我至于此!'此之谓反准。"

【注释】

①衡:税官。称贷家:指放高利贷的人家。称,举,举债。贷,借,施放债款。

②萌:民。

③反:相反。富商称贷之家盘剥小民,桓公想反其道而行。

④受息之氓:负债之家。受,通"授"。吾:当作"夷吾",管子自称。

⑤钟也一钟:指放一钟贷,还贷时需加一钟利息。钟,六十四斗为一钟。

⑥杼(zhù)栗:栎属的籽实。

⑦伯伍:百分之五十。

⑧苦处:住在盐碱地。苦,《尔雅·释言》:"咸,苦也。"注:"苦,即大咸。"

⑨上断福:上山砍伐树木做车辐。福,当为"辐"之误。上句"苦处"

对"负海"而言,此句对"带山"而言。

⑩下惠:当作"丁、惠",都是齐国世家。高、国:指高子、国子,齐国
　　上卿。

⑪釜:容量单位。六斗四升为一釜。

⑫衍:沼泽地。

⑬梁:鱼梁。

⑭弃:遗忘。

⑮五君:桓公及东西南北四方的放贷者。正:赋税的征收。

⑯镂(jù)枝兰鼓:一种绘有钟鼓台架花纹的美锦名。

⑰职:织花纹。这里指织出的带花纹的布帛。

⑱太宰:膳夫之长。

⑲举衣:抬手而衣服上扬。

⑳终:当作"给"。

㉑纯:丝织品单位,犹今言"一匹"。

㉒庶:拾撷。这里指拓展耕地。

【译文】

　　齐桓公说:"我事务繁多,想让税官向我国的富豪商贾和放贷款的人征收赋税,来接济我国的贫民,以便农民不放弃他们的农事。这样的反向有利于小民的事情有办法吗?"管子回答道:"只能用号令才可以。"齐桓公问:"具体要怎么实施?"管子回答道:"请您让宾胥无去南方,让隰朋去北方,让宵戚去东方,让鲍叔牙去西方。四位大臣的行程确定后,请让我下令,对他们四人说:'请你们帮我们的君主视察四方放贷的情况,负债的百姓有几千家,把这些情况报告给我。'"

　　鲍叔牙去西方,回来后报告道:"西方的百姓,在济水沿岸背靠黄河,居住在水草繁茂的沼泽地。他们从事渔猎并用柴火蒸熟食物。那里的放贷者,多的放贷一千钟,少的放贷六七百钟。放贷时规定每钟粮食收取一钟利息。那里负债的家庭有九百多家。"

宾胥无去南方，回来后报告道："南方的百姓，居住在高山深谷中，居住地地势高低起伏。他们上山砍伐树木制作车轮车轴，下山采集杼栗以及狩猎，以此为生。那里的放贷者，多的放贷千万钱，少的放贷六七百万钱。放贷时规定收取百分之五十的利息。那里负债的家庭有八百多家。"

宁戚去东方，回来后报告道："东方的百姓，沿山而居背靠大海，住在盐碱地，上山砍伐树木制作车辐，打鱼捕猎，织葛布制衣，以此为生。那里的放贷者，主要是丁氏、惠氏、高子、国子，多的放贷五千钟，少的放贷三千钟。放贷时规定每钟粮食收取五釜利息。那里负债的家庭有八九百家。"

隰朋去北方，回来后报告道："北方的百姓，居住在沼泽地，背靠大海，煮水取盐，在济水上筑鱼梁捕鱼。他们以砍柴为生。那里的放贷者，多的放贷千万钱，少的放贷六七百万钱。放贷时规定收取百分之二十的利息。那里负债的家庭有九百多家。"

总计放贷者贷出货币三千万钱，贷出粮食三千多万钟，负债的家庭有三万家。

四个人已汇报完毕，管子说："没想到我们君主的百姓，相当于一个国家有五个君主在征税。这样想要国家不贫困，军队不贫弱，怎么可能呢！齐桓公问："有没有办法可以解决这个问题？"管子说："只能用反哺小民利益的号令来解决了。请您下令让进贡的人，都要用织有镂枝兰鼓花纹的美锦，那么美锦的价格就会因此比成本价上涨十倍。您在栈台囤积的带花纹的绵帛价格也会因此上涨十倍。请您下令召集放贷人，您摆设酒席，让太宰敬酒。您摄衣起立问道：'我的事务繁多，就命令税官征收赋税，听说各位都在向我的贫民们放贷，使他们能够完成上缴赋税的政令，我有美锦，一纯价值泉币万钱，我愿用这些美锦来偿还我贫穷子民们的贷款和利息，让他们没有债务的负担。'放贷人都叩头即地道：'您如此为百姓忧虑，请让我们再拜将债券献上朝堂。'您就说：

'不行。诸位使我国贫困的百姓能够有资金在春天开始耕种,夏天得以锄草。我感激诸位而不能让你们获得荣宠,要是你们不接受,我就会心有不安。'因此放贷人就会说:'那请让我们再拜后接受。'这样,国家拿出花纹锦帛不到三千纯,就可以偿还四方贷款和利息,使百姓没有债务负担。四方的百姓听说后,父亲教育他的儿子,兄长教育他的弟弟,都会说:'开垦农田耕作,是国家当务之急,怎么可以不拓展耕地呢! 君主都为我们如此忧虑了啊!'这就是所谓的改变现状的平准政策。"

管子曰:"昔者,癸度居人之国,必四面望于天下,下高亦高①。天下高,我独下,必失其国于天下。"桓公曰:"此若言曷谓也?"管子对曰:"昔莱人善染,练茈之于莱纯锱②,绢绶之于莱亦纯锱也③。其周中十金。莱人知之,间綦茈空④。周且敛马作见于莱人操之⑤,莱有推马⑥。是自莱失綦茈而反准于马也。故可因者因之,乘者乘之,此因天下以制天下。此之谓国准。"

【注释】

①下高亦高:当作"天下高亦高,天下下亦下"。

②练茈(zǐ):紫草染的紫色绢。茈,紫草。锱:货币单位。六铢为一锱。

③绢(guā)绶:青紫色绶带。

④间:趁机。綦(qí):青紫色。茈:此指练茈和绢绶。

⑤马:同"码"。筹码。作见于莱人操之:指周人从莱人处收购练茈绢绶掌握在自己手中。

⑥莱有推马:莱人手中只有筹码。谓失去贸易主动权。推,当作"准"。按,在商品经济不发达的时代,国家对物资的控制与垄断

要重于货币的积累。《管子》即持此种观点。

【译文】

管子说:"过去,癸度住在别的国家,都会四处探听天下形势,天下物价高,就提高本国的物价,天下物价低,就降低本国的物价。假如天下的物价高,只有本国的物价低,那么我们就会被天下各国击败。"齐桓公问道:"这话是什么意思?"管子回答道:"过去莱国人善于染布,紫草染的绢在莱国价值一锱,青紫色的绶带在莱国也价值一锱。但是在周地的价值可达十金。莱国人知道这种情况以后,趁机把紫草染的绢和青紫色的绶带收集一空。于是周人就收集筹码抵押给莱国人来收购紫草染的绢和青紫色的绶带,莱国人就只有筹码了。因此,莱国人失去了紫草染的绢和青紫色的绶带只得到由筹码准折的货币。所以可借助的就要借助,可利用的就加以利用,这就是依靠天下来控制天下。这就是国家的平准政策。"

桓公曰:"齐西水潦而民饥[1],齐东丰庸而粜贱[2],欲以东之贱被西之贵,为之有道乎?"管子对曰:"今齐西之粟釜百泉,则钘二十也[3]。齐东之粟釜十泉,则钘二钱也。请以令籍人三十泉,得以五谷菽粟决其籍。若此,则齐西出三斗而决其籍,齐东出三釜而决其籍,然则釜十之粟皆实于仓廪。西之民饥者得食,寒者得衣,无本者子之陈[4],无种者子之新,若此,则东西之相被,远近之准平矣。"

桓公曰:"衡数吾已得闻之矣,请问国准。"管子对曰:"孟春且至,沟渎阮而不遂[5],谿谷报上之水不安于藏[6],内毁室屋,坏墙垣,外伤田野,残禾稼,故君谨守泉金之谢物[7],且为之举[8]。大夏,帷盖衣幕之奉不给,谨守泉布之谢物,且为之举。大秋,甲兵求缮,弓弩求弦,谨丝麻之谢物,且为之举。大冬,任甲兵,粮食不给,黄金之赏不足,谨守五谷黄金之谢物,且为之举。已守其谢,富商蓄贾不得如故。此之谓国准。"

【注释】

①潦(lào):同"涝"。

②丰庸:劳力多。

③钯(ōu):同"区"。一斗二升八合为一钯。

④本:农业,指粮食。子:假借为"慈"。爱。

⑤阢:当作"厄"。

⑥报:当作"障"。藏:储存东西的地方。此指蓄水的水池、水库等。

⑦谢物:即射物。贱买贵卖以求利。

⑧举:检举揭发。

【译文】

　　齐桓公问:"齐国西部常有涝灾,百姓受饥挨饿,齐国东部劳力众多,粮食价格低廉。我想要用东部的贱价粮食来改变西部的昂贵粮价,该如何做到?"管子回答道:"如今齐国西部的粮食每釜价值一百钱,那么每钯就价值二十钱。齐国东部的粮食每釜价值十钱,那么每钯就价值二钱。请您下令让每人缴纳赋税三十钱,允许用粮食来完税。这样一来,齐国西部的人民只要缴纳三斗粮食就可以完税,而东部的人民要缴纳三釜才可完税,那么东部卖每釜十钱的粮食就全部被纳入国家的粮仓内。西部的饥民得到粮食,受寒的百姓得到衣物,没有粮食的百姓国家以囤粮安抚,没有种子的百姓国家以新粮安抚,这样一来,东部、西部就可以得到互补,远近的粮价就可以得到平衡。"

　　齐桓公说:"平衡的理财方法我已经知道了,请谈谈国家的平准政策。"管子回答道:"孟春将至,沟渠堵塞不畅,豁谷上游的水受阻冲出池塘水库而泛滥,对内损坏房屋,破坏墙垣,对外损伤田野,残害庄稼,所以君主要严格防止抛售泉币黄金的行为,并且一旦发现就检举揭发。盛夏将至,惟盖衣幕不足,就要严格防止抛售泉币布帛的行为,一旦发现就检举揭发。入秋以后,盔甲兵器需要修缮,弓弩要换弦,要严格防止抛售丝麻的行为,一旦发现就检举揭发。入冬以后,战事就开始发生,粮食供应不足,黄金的赏赐不足,就要严格防止抛售粮食和黄金的行为,一旦发现就检举揭发。把控好了抛售的环节,富商巨贾就不可以像以往一样获利。这就是国家的平准政策。"

　　龙斗于马谓之阳①,牛山之阴②。管子入复于桓公曰:"天使使者临君之郊,请使大夫初饬③,左右玄服,天之使者乎④!天下闻之曰:'神哉齐桓公,天使使者临其郊。'不待举兵,而朝者八诸侯。此乘天威而动天下之道也。故智者役使鬼神,而愚者信之。"

　　桓公终神⑤。管子入复桓公曰:"地重投之哉⑥,兆国有㓝。风重投之哉,兆国有枪星,其君必辱⑦。国有彗星,必有流血⑧。浮丘之战,彗之所出,必服天下之仇。今彗星见于齐之分,请以令朝功臣世家,号令于国中曰:'彗星出,寡人恐服天下之仇。请有五谷收粟布帛文采者⑨,皆勿敢左右⑩。国且有大事,请以平贾取之。'功臣之家、人民百姓皆献其谷菽粟泉金,归其财物,以佐君之大事。此谓乘天菑而求民邻财之道也⑪。"

【注释】

①马谓:水名。阳:山南水北为阳,山北水南为阴。

②牛山:山名。在齐都城临淄之南。

③初饬:身着黑色衣袖的衣服。初,"䄛"的假借,黑色服装。饬,衣袖。

④天之使者乎：此句为语序倒装，意同"呼天之使者"，即对着天使
高呼。乎，同"呼"。

⑤终神：求神。

⑥地重：地动。哉：同"栽（灾）"。灾害。

⑦国有枪星，其君必辱：枪星指天枪星，主捕，所以说"其君必辱"。

⑧国有彗星，必有流血：彗星预示战乱，所以说"必有流血"。

⑨收：同"茷"。荞麦。文采：华美的纺织品。

⑩左右：偏离君主号令。

⑪啬：同"畓"。灾害。邻：通"怜"。

【译文】

　　龙在马谓水的北面和牛山的北面打斗。管子进入朝堂对齐桓公报告道："天上派使者降临您的郊野，请您让大夫身着黑色衣袖的衣服，左右大臣都身穿玄色礼服，对上天使者呼唤。天下人听闻了就会说：'齐桓公真是神奇啊，天上都派遣使者降临他的郊野。'不用发兵，就有八国诸侯前来朝拜。这就是借助天的威信来撼动天下的方法。所以智慧的君主会驾驭鬼神，而愚笨的君主只会听信鬼神。"

　　齐桓公求神完毕。管子进入朝堂向齐桓公报告道："地震灾害来袭，预兆国家将发生哀恸之事。风暴灾害来袭，预兆国家将会出现天枪星，国君将会被捕受辱。国家出现彗星，一定会发生流血事件。比如浮丘之战，彗星曾出现，所以必须征服天下的仇敌。如今彗星出现在了齐国的分野，请您下令朝见功臣世家，号令全国：'彗星出现，我恐怕要征服天下的仇敌了。请有粮食、布帛、美锦的人，都不要随意买卖这些物品。国家即将发生大事，请让国家用官价收购你们的物资。'功臣之家、人民百姓就都来贡献他们的粮食、布帛、美锦、金钱，缴纳这些财物，来辅佐国君完成战事。这就是所谓的依靠天灾来获得民间财用的惜财之道。"

桓公曰："大夫多并其财而不出①,腐朽五谷而不散。"管子对曰:"请以令召城阳大夫而请之②。"桓公曰:"何哉?"管子对曰:"城阳大夫嬖宠被绨纮③,鹅鹜含余秣④,齐钟鼓之声,吹笙簧,同姓不入⑤,伯叔父母远近兄弟皆寒而不得衣,饥而不得食。'子欲尽忠于寡人,能乎? 故子毋复见寡人。'灭其位,杜其门而不出。功臣之家皆争发其积藏,出其资财,以予其远近兄弟。以为未足,又收国中之贫病孤独老不能自食之萌,皆与得焉。故桓公推仁立义,功臣之家兄弟相戚,骨肉相亲,国无饥民。此之谓缪数⑥。"

【注释】

①并:通"屏"。隐蔽,藏。

②请:降罪。

③绨纮:谓精美华贵的服饰。绨,细葛布。

④秣(yù):同"鬻"。粥。

⑤入:纳。

⑥缪数:曲线治理的办法。

【译文】

齐桓公说:"大夫大多数都把财物藏于家中不拿出来,即使粮食腐坏也不拿来发放。"管子说:"请您下令召见城阳大夫并向他问罪。"齐桓公问:"为什么?"管子回答道:"城阳大夫的爱宠都身穿华贵的衣服,家中的鹅鸭都有剩余的粥吃,每天享受钟鼓之声,吹着笙簧之乐,却不接纳同族之人。叔伯、父母、远房和近亲兄弟都没有衣物御寒,忍饥挨饿没有食物。责问他:'你这样的人想要对我尽忠,这可能吗? 所以你不要再见我了。'然后革除他的职位,禁闭他不让他出门。功臣之家就都会开始争相发放他们囤积的物资,贡献出他们的钱财,给予他们远房和近亲的兄弟。觉得这样做还不够,就会又收纳国内的贫苦、病弱、孤独、衰老之人和不能自食其力的百姓,都供养他们。所以您推行仁义,功臣之家就会兄弟和睦,骨肉亲昵,国家没有饥民。这就是所谓的曲线治理的办法。”

桓公曰:“峥丘之战,民多称贷,负子息以给上之急,度上之求。寡人欲复业产,此何以洽①?”管子对曰:“惟缪数为可耳。”桓公曰:“诺。”令左右州曰:“表称贷之家,皆垩白其门而高其闾。”州通之师执折箓曰②:“君且使使者。”桓公使八使者式璧而聘之③,以给盐菜之用④。称贷之家皆齐首稽颡而问曰:“何以得此也?”使者曰:“君令曰:寡人闻之,《诗》曰‘恺悌君子⑤,民之父母’也。寡人有峥丘之战。吾闻子假贷吾贫萌,使有以给寡人之急,度寡人之求。使吾萌春有以剟耕,夏有以决芸,而给上事,子之力也。是以式璧而聘子,以给盐菜之用。故子中民之父母也。”称贷之家皆折其券而削其书,发其积藏,出其财物,以振贫病⑥,分其故赍,故国中大给。峥丘之谋也。此之谓缪数。

【注释】

①洽:收到恩惠。

②州通之师:州长向乡师通报。本书《立政》:“分国以为五乡,乡为之师。分乡以为五州,州为之长。”州、师指州、乡的长官。折箓:簿册。

③式:用,以。聘:问。

④盐菜之用:谦虚的说法,极言其微薄。

⑤恺悌:和乐平易。

⑥振：同"赈"。救济。

【译文】

齐桓公说："峥丘之战之时，许多百姓都借贷，背负债务和利息供给军需，缴纳国家的赋税。我想要恢复百姓的本业，该怎样做才能使百姓受惠？"管子回答道："只有曲线治理的办法可以办到。"齐桓公说："好。"下令左右各州："标榜放贷者的家庭，用白色粉刷他们的家门，并加高他们巷子的门。"州长拿着簿册通报乡师说："君主将派遣使者前来。"齐桓公派出八位使者用玉璧慰问放贷者，说是给他们作购盐买菜之用。放贷者都叩头至地说："我们怎么能够得到如此厚待？"使者说："君主有令：我听说《诗》有言'和乐平易的君子，犹如百姓的父母'。我进行了峥丘之战。我听说你们放贷给我国的贫民，让他们可以有钱供给我军军需，以满足国家的赋税。这让我的子民春天得以耕种，夏天得以锄草，还能供给赋税，这都是你们的功劳。因此用玉璧来慰问你们，供你们购盐买菜所用。你们就相当于百姓的父母呀。"放贷者于是都折毁借券，削除契约，发放囷粮，散出财物，来救济贫弱病困的百姓，分发从前囤积的资产，因此国内丰衣足食。这是峥丘之谋。这就是曲线治理的办法。

桓公曰："四郊之民贫，商贾之民富，寡人欲杀商贾之民，以益四郊之民，为之奈何？"管子对曰："请以令决瓛洛之水，通之杭庄之间。"桓公曰："诺。"

行令未能一岁，而郊之民殷然益富，商贾之民廓然益贫。桓公召管子而问曰："此其故何也？"管子对曰："决瓛洛之水通之杭庄之间①，则屠酤之汁肥流水，则蚼蚁巨雄、翡燕小鸟皆归之②，宜昏饮。此水上之乐也。贾人蓄物，而卖为儶③，买为取，市未央毕，而委舍其守列，投蚼蛇巨雄。新冠五尺④，请挟弹怀丸游水上，弹翡燕小鸟，被于暮⑤。故贱卖而贵买,四郊之民卖贱,何为不富哉！商贾之人何为不贫乎！"桓公曰:"善。"

【注释】

①瓁洛:即"濩洛""瓠落",为双声字。杭庄:即康庄,指通畅的河流。

②鼍虮:即下文"鼍蛇",蟒蛇之属。翡燕:翡翠鸟。

③为:助。

④新冠五尺:年轻人和小孩子。新冠,指刚行过冠礼的青年。古时男子二十而冠。五尺,五尺之童。

⑤被:及。

【译文】

齐桓公问:"四方郊野的人民贫困,商贾却富有。我想要减少商贾的收益,来增益四方郊野的人民,应该如何做到?"管子回答道:"请您下令疏通濩洛的水道,引向康庄畅通的河道。"齐桓公说:"好。"

施行命令不到一年,郊野上的人民就变得生活殷实,越发富足,商贾越来越贫穷。齐桓公召见管子问道:"这是什么原理?"管子回答道:"疏通濩洛的水道,引向康庄畅通的河道,那么屠户、酒家的油水都充满水流,大蛇飞鸟都会聚集在此,适合黄昏时在此饮酒。这是一种水上享受的乐事。商人带着货物,来到这里卖东西和买东西都如有神助非常顺利,市井尚未散尽,就委托或舍弃他们的摊位,去射杀大蛇。年轻人和小孩子,就申请拿到弹弓弹丸在水上嬉戏,弹射飞鸟到暮色降临。所以商人低价卖出、高价收购货物。四方郊野的百姓就出售他们低价买到的货物,他们怎么会不变得富有呢！商人又怎么会不变得贫穷呢！"齐桓公说:"好。"

桓公曰:"五衢之民衰然多衣弊而屦穿①,寡人欲使帛布丝纩之贾贱，为之有道乎？"管子曰："请以令沐途旁之树枝^②，使无尺寸之阴。"桓公曰："诺。"

行令未能一岁，五衢之民皆多衣帛完屦。桓公召管子而问曰："此其何故也？"管子对曰："途旁之树未沐之时，五衢之民，男女相好往来之市者，罢市，相睹树下，谈语终日不归。男女当壮，扶辇推舆，相睹树下，戏笑超距^③，终日不归。父兄相睹树下，论议玄语^④，终日不归。是以田不发，五谷不播，桑麻不种，茧缕不治。内严一家而三不归^⑤，则帛布丝纩之贾安得不贵？"桓公曰："善。"

【注释】

①衰然：衣服破损的样子。衰，同"褻"。

②沐：砍去树枝。

③超距：跳跃。这里指男女舞蹈相互游戏。

④玄：当作"互"。

⑤内严：从内部来看。严，通"瞰"。看。

【译文】

齐桓公说："五方的百姓大多衣服破败鞋屦穿洞，我想要让布帛、丝絮的价格降低，有什么办法吗？"管子说："请您下令把路旁树枝都砍掉，让路边没有一点树荫。"齐桓公说："好"。

施行命令不到一年，五方的百姓大都衣服布帛鞋屦完备。齐桓公召见管子问道："这是什么原理？"管子回答道："路旁的树枝还没砍光的时候，五方的百姓，男女相好交往的时候来到集市，等到集市散场，就在树下相见，谈笑聊天一天都不回家。壮年男女，拉着推着车子，在树下相见，嬉戏笑闹跳舞游戏，一天都不回家。父兄在树下相见，互相议论谈天，一天都不回家。因此田地得不到开垦，五谷得不到播种，麻桑得不到栽种,蚕丝得不到收拾。一家之内就有三种不回家的情形,那么布帛、丝絮的价格怎么会不贵呢?"齐桓公说:"好。"

　　桓公曰:"粜贱,寡人恐五谷之归于诸侯,寡人欲为百姓万民藏之,为此有道乎?"管子曰:"今者夷吾过市,有新成囷京者二家①,君请式璧而聘之②。"桓公曰:"诺。"

　　行令半岁,万民闻之,舍其作业,而为囷京以藏菽粟五谷者过半。桓公问管子曰:"此其何故也?"管子曰:"成囷京者二家,君式璧而聘之,名显于国中,国中莫不闻。是民上则无功显名于百姓也,功立而名成,下则实其囷京,上以给上为君,一举而名实俱在也,民何为也③?"

【注释】

①囷(qūn)京:粮仓。囷,圆形的粮仓。京,方形的粮仓。

②式:用,以。

③也:同"耶"。

【译文】

　　齐桓公说:"粮食售价低,我恐怕粮食会流向其他诸侯国。我想要让百姓贮藏粮食,有什么办法吗?"管子说:"今日我经过集市的时候,看到有两家新建起了粮仓。请您用玉璧来慰问这两家。"齐桓公说:"好。"

　　施行命令半年后,民众听说这件事,舍弃他们的本业,建造粮仓贮藏粮食的人超过了半数。齐桓公问管子:"这是什么缘故?"管子说:"修建粮仓的两家人,您用玉璧慰问他们,声名彰显全国,国内没有没听说的。这两家人没有功劳却可以名显百姓,功成名就,既充实了他们的粮仓,又可以获得君王的好感,一举两得名利双收,百姓怎么会不这么照做呢?"

　　桓公问管子曰："请问王数之守终始①,可得闻乎?"管子曰："正月之朝,谷始也。日至百日,黍秋之始也。九月敛实,平麦之始也②。"

【注释】
①王数之守终始:意同本书《乘马数》"王国守始"。指王者之国从一开始就运用理财之策全部掌握国家的经济控制权。
②平麦:大麦。平,当为"牟"之形讹。牟麦即大麦。
【译文】
　　齐桓公问管子:"请问成就王者之业者从一开始就运用理财之策全部掌握国家经济控制权的方法,可以说给我听听吗?"管子说:"正月上旬,开始播种稻谷。夏至一百天后开始播种黍秋。九月收获果实,开始播种大麦。"

　　管子问于桓公:"敢问齐方于几何里①?"桓公曰:"方五百里。"管子曰:"阴雍长城之地,其于齐国三分之一②,非谷之所生也。渂龙夏③,其于齐国四分之一也。朝夕外之④,所墆齐地者五分之一⑤,非谷之所生也。然则吾非托食之主耶⑥?"桓公遽然起曰⑦:"然则为之奈何?"管子对曰:"动之以言,溃之以辞⑧,可以为国基。且君币籍而务,则贾人独操国趣⑨。君谷籍而务,则农人独操国固⑩。君动言操辞,左右之流,君独因之。""物之始,吾已见之矣。物之终,吾已见之矣。物之贾,吾已见之矣。"管子曰:"长城之阳,鲁也。长城之阴,齐也。三败杀君二重臣定社稷者⑪,吾此皆以孤突之地封者也⑫。故山地者山也,水地者泽也,薪刍之所生者斥也。"

　　公曰："托食之主及吾地亦有道乎?"管子对曰："守其三原⑬。"公曰："何谓三原?"管子对曰："君守布则籍于麻,十倍其贾,布五十倍其贾,此数也。君以织籍籍于系⑭,未为系,籍系抚织⑮,再十倍其价。如此,则云五谷之籍⑯。是故籍于布则抚之系,籍于谷则抚之山,籍于六畜则抚之术⑰。籍于物之终始,而善御以言。"公曰："善。"

【注释】

①于(yū):广大。

②阴雍长城之地,其于齐国三分之一:齐国有长城,西起泰山西侧之济水,东至大海,所占土地甚多,故曰"其于齐国三分之一"。阴雍,齐国地名。在今山东平阴。

③浲:当为"海庄"二字讹并而成。本书《山至数》:"龙夏以北至海庄,禽兽牛马之地也。"

④朝夕:即潮汐。外:围绕在外。

⑤嶂(dì):遮蔽。

⑥吾:我们。托食:寄食,依赖他人而食。

⑦遽然:急躁的样子。

⑧溃:遂,顺应。

⑨国趣:国家经济方向。指国家经济计划。趣,为"趋"字之借。

⑩国固:国家根本。指粮食。

⑪三败:指鲁之曹沫三败于齐。杀君:指鲁庄公死后鲁国内乱,太子般、鲁闵公皆被弑。二重臣:指鲁权臣叔牙、庆父,都是鲁庄公的兄弟。定社稷:指齐派高子率兵立鲁僖公而城鲁。

⑫吾此皆以孤突之地封者也:意谓我军虽胜,但所得之地皆孤立突

出的荒地。又，马非百认为，此句意指齐虽胜，亦损兵折将，甚至于割地，相当于以齐地封敌国。

⑬原：本，源。

⑭织：丝织物。系：当作"糸（mì）"，细丝。此指丝茧。

⑮抚：握持，控制。

⑯云：运。

⑰术：通"遂"。郊野。

【译文】

管子问齐桓公："请问齐国方圆多少里？"齐桓公说："方圆五百里。"管子说："阴雍长城之地，占去齐国土地面积的三分之一，不是适合粮食生长的土地。海庄、龙夏，占去了齐国土地的四分之一。潮汐环绕，遮盖的土地占了五分之一，不是适合粮食生长的土地。那么我们不就是些依赖他人的寄食的人吗？"齐桓公焦急地起身道："那该怎么办？"管子回答道："用言辞号令来操控适应经济，可以作为国家治理的基本方法。您专用货币来收税，那么商人就会操纵国家的经济动向。您专用粮食来收税，那么地主就会操纵作为国家基础的粮食。您用言辞号令，让左右四方的财物流通起来，由国家来操控。""物品的生产，我已经了解。物品的出售，我已经知晓。物品的价格，我已掌握。"管子说："长城的南边是鲁国，长城的北边是齐国。两国交战，鲁国多次战败；鲁国内乱君主被杀，两位重臣叔牙、庆父篡权；而我国得到的都是孤立突出的土地。所以这些地方，山地还是未开垦的山地，水地还是未开垦的沼泽，木柴草丛生长的地方依旧是盐碱地。"

齐桓公说："对于寄食之主和不适合粮食生长的土地的问题，有解决的办法吗？"管子回答道："要控制商品的三个源头。"齐桓公问："什么是商品的三个源头？"管子回答道："您想要控制布匹，那就收麻税，麻就会涨价十倍，布匹就会涨价五十倍，这就是理财的办法。您把丝织品的赋税借丝茧的赋税加以征收。要在丝茧未成之前就加以控制，收丝茧税而控制丝织品，其价就上涨二十倍。这样一来，就可以替代粮食的赋税而运转。因此，征收布匹为赋税就要从丝上着手，征收粮食为赋税就要从控制种桑养茧的山地着手，征收六畜为赋税就要从控制放牧的郊野上着手。要借助物品的流通过程来治理国家，就要善于运用言辞号令。"齐桓公说："好。"

　　管子曰："以国一籍臣右守布万两①，而右麻籍四十倍其贾，衍布五十倍其贾②。公以重布决诸侯贾，如此而有二十齐之故。是故轻轶于贾谷制畜者③，则物轶于四时之辅。善为国者，守其国之财。汤之以高下④，注之以徐疾⑤，一可以为百。未尝籍求于民，而使用若河海，终则有始。此谓守物而御天下也。"公曰："然则无可以为有乎？贫可以为富乎？"管子对曰："物之生未有刑⑥，而王霸立其功焉。是故以人求人，则人重矣。以数求物，则物重矣。"公曰："此若言何谓也？"管子对曰："举国而一则无赀⑦，举国而十则有百。然则吾将以徐疾御之，若左之授右，若右之授左，是以外内不蜷⑧，终身无咎。王霸之不求于人，而求之终始，四时之高下，令之徐疾而已矣。源泉有竭，鬼神有歇。守物之终始，身不竭，此谓源究。"

【注释】

①一籍：统一赋税征收。右：佑，协助。两：量词，用于布帛。两丈为端，两端为两，二两为匹。

②衍：饶，额外添加。

③轻：轻重之术。轶：超过。

④汤:荡。此指调节物价。

⑤注:引,引导。

⑥刑:当作"形"。

⑦一:划一。此指物价统一。赀:余利。

⑧内外不蜷:内外流通。蜷,当作"倦"。

【译文】

管子说:"让国家统一赋税,官吏协助控制万两布匹,同时协助让麻作为赋税物品价格上涨四十倍,布帛价格就会上涨五十倍。您让昂贵的布帛成为和诸侯国商人交易的商品,这样一来齐国收益就会比以往上涨二十倍。因此,运用轻重权变之术买卖粮食、控制六畜,就可以让货物借助四时囤积。善于治理国家的君主,能够控制国家的财产。用价格高低来调节市场,用政令的轻重缓急加以引导,收益一可以变为百。不用向百姓征收赋税,国家的物资就像河海一样取之不尽,源源不断。这就是所说的控制财物来掌控天下。"齐桓公问:"那么无可以变成有吗? 贫可以变为富吗?"管子回答道:"物品的生产没有成形的时候,成就王霸之业的君主就控制住它们来建立功业。所以让税官来向百姓索取物资,那么人的因素就会变得重要。但是用轻重的方法来求取物资,物价就会上涨。"齐桓公问:"这话怎么解释?"管子回答道:"全国统一物价就没有差价利润获取,全国有十种价格那么差价利润就会达到百倍。我们就用轻重缓急来控制价格,就好像左手递到右手,右手递到左手一样容易,内外流通,终身都不会有失误。王霸之业不是依靠向人征收物资,而是依靠向物品生产流通过程索取利润,四时的价格高低,只要用号令掌握轻重缓急就好。源泉有枯竭的时候,鬼神有歇息的时候。控制物品的生产流通却可以让利益没有竭尽,这就是所谓的财源的根本。"

轻重戊第八十四

【题解】

此篇多言"商战"理论。全文共七大段。开首一段强调"轻重"治国自古而然。第三段论"三不归",与《轻重丁》篇重复。其余各段言以经济手段制服他国之术。其说为设想之词,未见当时有哪个国家付诸实施,然而其言以经济制服他国,而不是像当时的列强实际所做的以武力征战相兼并,自有其十分独特之处,是当时统一天下的另一种思路。

桓公问于管子曰:"轻重安施?"管子对曰:"自理国虙戏以来①,未有不以轻重而能成其王者也。"公曰:"何谓?"管子对曰:"虙戏作,造六峜以迎阴阳②,作九九之数以合天道③,而天下化之。神农作,树五谷淇山之阳,九州之民乃知谷食,而天下化之。黄帝作④,钻燧生火,以熟荤臊,民食之,无兹胃之病⑤,而天下化之。黄帝之王,童山竭泽。有虞之王,烧曾薮,斩群害,以为民利,封土为社,置木为闾,始民知礼也。当是其时,民无愠恶不服,而天下化之。夏人之王,外凿二十薮⑥,韘十七湛⑦,疏三江,凿五湖,道四泾之水⑧,以商九州之高⑨,以治九薮,民乃知城郭门闾室屋之筑,而天下化之。殷人之王,立帛牢⑩,服牛马以为民利,而天下化之。周人之王,循六峜⑪,合阴阳,而天下化之。”

公曰:“然则当世之王者,何行而可?”管子对曰:“并用而勿俱尽也。”公曰:“何谓?”管子对曰:“帝王之道备矣,不可加也。公其行义而已矣。”公曰:“其行义奈何?”管子对曰:“天子幼弱,诸侯亢强⑫,聘享不上。公其弱强继绝,率诸侯以起周室之祀。”公曰:“善。”

【注释】

①虙(fú)戏:伏羲。

②六峜:即乾坤六法,亦即乾、离、艮、兑、坎、坤。峜,此字历来各家解释分歧,有读为“法”者,有读为“计”者,也有读为“六爻”之“爻”者。此处采用闻一多说,读为“法”。

③九九:算法名。

④黄帝:一说当作“燧人”。

⑤兹胃之病:指食物中毒。兹,玄黑色。

⑥宧:同“亢”。大河。

⑦鞣(shè):通“渫”。疏浚。

⑧四泾之水:即四经水,指黄河、长江、淮水、济水。经水,指从山间流入海的水流。

⑨商:度量。

⑩帛牢:祭祀之礼。

⑪愆:“峜”字之误。

⑫亢:高。

【译文】

齐桓公问管子:“轻重权变之术要怎么实施?”管子回答道:“自从伏

義治国以来，没有不用轻重权变之术就能成为君王的。"桓公问："怎么说?"管子回答道："伏羲开始治理国家，造乾坤六法来迎合阴阳，作九九算法来迎合天道，天下得以教化。神农开始治理国家，在淇山南面种植五谷，九州百姓开始知道粮食耕作，天下得以教化。黄帝开始治理国家，钻木取火，来煮熟荤腥，百姓食用，再也没有发生食物中毒，天下得以教化。黄帝称王以后，砍伐山林枯竭水泽。虞称王以后，烧毁大量荒草地，斩杀群害，为百姓谋利，修筑土地社庙，用木头建造闾巷，让民知晓礼节。那时，百姓都没有怨怒不服从的，天下人得到教化。夏王朝时，在外开凿二十条河道，疏浚十七条大河，疏通三江，开凿五湖，疏导江、河、淮、济四条大河入海，度量九州的地势高低，治理九片大泽，百姓才开始知晓建造城郭、门闾、房屋，天下得以教化。殷王朝时期，设立祭祀之礼，驯服牛马驾驶运输重物来与民为利，天下得以教化。周王朝时，推衍六法，调和阴阳，天下得到教化。"

齐桓公说："但是当下时代的君王，要如何作为呢?"管子回答道："兼用五家的方法但是不需要穷尽。"齐桓公问："什么意思?"管子回答道："帝王治理天下的方法已经很完备了，不可以再随意添加内容。您只要遵照仁义来办就好。"齐桓公问："君王要如何施行仁义?"管子回答道："天子幼小孱弱，诸侯国却十分高傲强大，聘礼贡品都不缴纳。您应该削弱这些强权国家，使没有子嗣的国家得以延续，率领诸侯复兴周王室的统治。"齐桓公说："好。"

桓公曰："鲁梁之于齐也①，千谷也，蜂螫也②，齿之有唇也③。今吾欲下鲁梁，何行而可?"管子对曰："鲁梁之民，俗为绨。公服绨④，令左右服之，民从而服之。公因令齐勿敢为，必仰于鲁梁，则是鲁梁释其农事而作绨矣。"桓公曰："诺。"即为服于泰山之阳，十日而服之。

管子告鲁梁之贾人曰："子为我致绨千匹,赐子金三百斤。什至而金三十斤⑤。"则是鲁梁不赋于民,财用足也。鲁梁之君闻之,则教其民为绨。十三月,而管子令人之鲁梁。鲁梁郭中之民,道路扬尘,十步不相见,绁绤而踵相随⑥,车毂齰骑连伍而行⑦。管子曰："鲁梁可下矣。"公曰："奈何?"管子对曰："公宜服帛,率民去绨。闭关,毋与鲁梁通使。"公曰:"诺。"

后十月,管子令人之鲁梁,鲁梁之民饿馁相及,应声之正无以给上⑧。鲁梁之君即令其民去绨修农。谷不可以三月而得。鲁梁之人籴十百,齐籴十钱。二十四月,鲁梁之民归齐者十分之六。三年,鲁梁之君请服。

【注释】

①鲁梁:鲁国的南梁。《战国策·齐策》:"南梁之难。"所言南梁,当与此处"鲁梁"同。

②千谷也,蜂螫也:此言鲁梁对齐国的危害。千谷,千钟细粮。齐之秝为粗粮,其经济价值不如谷。

③齿之有唇:此言齐与鲁梁联系紧密。

④绨:粗厚光滑的丝织品,厚缯。

⑤什至而金三十斤:三十,一作"三千",则对上句"三百斤"而言总价十倍。

⑥绁:当作"曳",引。绤:同"屩(juē)"。草鞋。

⑦齰(zōu):牙齿上下交接的样子。比喻往来交错。骑连伍:形容车多。

⑧应声之正:正常很快就能征收上来的赋税。应声,如回声之应,形容其快。正,通"征"。

【译文】

齐桓公问:"鲁国的南梁对于齐国来说,多产千钟细粮,于齐国的高梁米来说就像蜂蜇一样不利,但又与齐联系紧密如唇齿相依。如今我想要攻下鲁国的南梁,应该怎么做才好?"管子回答道:"鲁国南梁的百姓,习俗是纺织绨。您穿绨衣,让左右大臣也穿绨衣,百姓就也会跟着穿。您下令让齐国禁止纺织绨,那么大家就都得靠鲁国南梁的绨,那么鲁国南梁的百姓就都会放下农事来纺织绨了。"齐桓公说:"好。"于是在泰山以南制作绨服,十天后人人都穿上了绨服。

管子告诉鲁国南梁的商人:"你帮我们运来一千匹绨,我们就赏赐你三百斤黄金。多运来十倍,那就每十匹赏赐金三十斤。"于是鲁国南梁地区不用收缴赋税,就可以财用充足了。鲁国南梁的封君听说后,就让他们的百姓都去纺织绨。十三个月以后,管子派人到鲁国南梁去。鲁国南梁城里的百姓,道路上人多走路扬起尘土,十步之外都看不到对方,摩肩接踵,车毂交错,车辆密集。

管子说:"鲁国南梁可以攻下了。"齐桓公问:"怎么做到?"管子回答道:"您应该穿上帛制的衣服,率领百姓脱下绨服。关闭城关,禁止和鲁国南梁流通来往。"齐桓公说:"好。"

十个月过后,管子派人去鲁国南梁。鲁国南梁的百姓都成了饥民,正常很快就能征收的赋税也缴纳不上来了。鲁国南梁的封君就下令让那儿的百姓放弃织绨改为务农。但是粮食不是三个月就可以收获的。鲁国南梁的百姓以每釜千钱的价格购入粮食,齐国以每釜十钱的出售粮食。二十四个月过后,鲁国南梁的百姓有十分之六都归附齐国。三年过后,鲁国南梁的封君请求臣服于齐国。

桓公问管子曰:"民饥而无食,寒而无衣,应声之正无以给上,室屋漏而不居①,墙垣坏而不筑,为之奈何?"管子对曰:"沐涂树之枝也②。"桓公曰:"诺。"

令谓左右伯沐涂树之枝③。左右伯受沐涂树之枝阔④。其年,民被白布⑤,清中而浊⑥,应声之正有以给上,室屋漏者得居,墙垣坏者得筑。

公召管子问曰:"此何故也?"管子对曰:"齐者,夷莱之国也。一树而百乘息其下者,以其不捎也⑦。众鸟居其上,丁壮者胡丸操弹居其下⑧,终日不归。父老枒枝而论⑨,终日不归。归市亦惰倪⑩,终日不归。今吾沐涂树之枝,日中无尺寸之阴,出入者长时,行者疾走,父老归而治生,丁壮者归而薄业⑪。彼,臣归其三不归,此以乡不资也。"

【注释】

①居:当为"治"。

②沐:砍光。涂:同"途"。

③左右伯:指修治道路的司空。

④阔:疏。

⑤民被白布:白为"帛"之假借。民被帛布指人民都有衣服穿,与上文"寒而无衣"对应。

⑥清中而浊:努力为土地施肥。清,臭秽。中,得。

⑦捎:去除。

⑧胡丸:怀藏弹丸。胡,通"褐"。怀。

⑨枒:通"抂"。攀抚。

⑩惰倪:疲倦思睡。倪,通"睨"。

⑪薄:勉力。

【译文】

齐桓公问管子:"百姓饥饿却没有食物,受寒却没有御寒的衣物,应该缴纳的赋税额度没有办法缴纳给国家,房屋破陋无人修缮,墙垣败坏无人修筑,这该如何解决?"管子回答道:"请砍光路旁树木的树枝。"齐桓公说:"好。"

下令让司空砍光道路两旁的树枝。司空受命把路边的树枝修剪稀疏。那年,百姓都有了衣服穿,努力给田地施肥,应缴纳的赋税都得以供给国家,破漏的房屋也得以修缮,败坏的墙垣得以修筑。

齐桓公召见管子问:"这是什么缘故?"管子回答道:"齐国,原来是东夷莱人的国家。一棵树下休息着百乘车马,是因为之前没有砍掉树枝。众多的鸟聚集在树上,壮年男子都怀揣弹丸手持弹弓等在树下,整天不回家。父老乡亲抚着树枝谈天说地,整天不回家。市集内的人也犯懒,整日不回家。如今我们砍掉了道路两旁的树枝,太阳下就没有一尺一寸的阴凉地,出门的人都怕长时间日晒,路人疾走,父老乡亲回到家中从事生产,壮年男子都回到家中努力工作。那些百姓,我解决了他们'三不归'的问题,用这个办法让百姓的财用众多不可计量。"

桓公问于管子曰:"莱、莒与柴田相并①,为之奈何?"管子对曰:"莱、莒之山生柴,君其率白徒之卒,铸庄山之金以为币,重莱之柴贾。"莱君闻之,告左右曰:"金币者,人之所重也。柴者,吾国之奇出也。以吾国之奇出,尽齐之重宝,则齐可并也。"莱即释其耕农而治柴。管子即令隰朋反农。二年,桓公止柴,莱、莒之粜三百七十,齐粜十钱,莱、莒之民降齐者十分之七。二十八月,莱、莒之君请服。

【注释】

①与:通"以"。柴:"茈"的假借字。茈可为染料。下同。

【译文】

齐桓公问管子:"莱国、莒国以茈草和田地并重互补,该怎么制服他们?"管子回答道:"莱国、莒国的山地生产柴草。您就率领未经训练的士兵,用庄山的黄金铸造成金币,抬高莱国的柴草价格。"莱国的君主听说后,对左右大臣说道:"金币,是人们所珍重的物品。柴草,是我们国家的特产。用我们国家的特产,来换取尽齐国的珍宝,那么齐国就可以被我们吞并了。"莱国人就放弃他们的农业来生产柴草。管子随即就让隰朋恢复务农。两年后,齐桓公停止收购柴草,莱国、莒国的粮食收购价格为每釜三百七十钱,齐国出售的粮食是十钱,梁国、莒国的百姓有十分之七都降服于齐国。二十八个月以后,莱国、莒国的君主就请求臣服了。

桓公问于管子曰:"楚者,山东之强国也①,其人民习战斗之道。举兵伐之,恐力不能过。兵弊于楚,功不成于周。为之奈何?"管子对曰:"即以战斗之道与之矣。"公曰:"何谓也?"管子对曰:"公贵买其鹿。"桓公即为百里之城②,使人之楚买生鹿。楚生鹿当一而八万。管子即令桓公与民通轻重,藏谷什之六。令左司马伯公将白徒而铸钱于庄山,令中大夫王邑载钱二千万,求生鹿于楚。

楚王闻之,告其相曰:"彼金钱,人之所重也,国之所以存,明主之所以赏有功。禽兽者,群害也,明王之所弃逐也。今齐以其重宝贵买吾群害,则是楚之福也,天且以齐私楚也。子告吾民,急求生鹿,以尽齐之宝。"楚人即释其耕农而田鹿。管子告楚之贾人曰:"子为我至生鹿,二十赐子金百斤。什至而金千斤也。则是楚不赋于民而财用足也。"楚之男子居外,女子居涂③。隰朋教民藏粟五倍,楚以生鹿藏钱五倍。

管子曰："楚可下矣。"公曰："奈何?"管子对曰："楚钱五倍,其君且自得而修谷④。钱五倍,是楚强也。"桓公曰:"诺。"因令人闭关,不与楚通使。楚王果自得而修谷。谷不可三月而得也,楚籴四百。齐因令人载粟处芊之南⑤,楚人降齐者十分之四。三年而楚服。

【注释】

①山东:华山以东。

②城:藏。指筑有围墙的区域,以收藏物品。

③居涂:奔波在路上。

④修谷:从事农业生产。

⑤芊:楚国靠近齐国的地方。

【译文】

齐桓公问管子:"楚国,是华山之东的强国,那里的人民熟知战斗之道。兴兵讨伐楚国,恐怕能力不足,兵士败于楚国,又不能为周天子建功立业。这该怎么办?"管子回答道:"那就用战斗之道来对付他们。"齐桓公问:"这怎么说?"管子回答道:"您高价收购他们的鹿。"齐桓公就围起了方圆百里的土地,让人去楚国购买活鹿。楚国的活鹿原价一只八万钱。管子就让齐桓公通过百姓调整物价高低,贮藏了十分之六的粮食。让左司马伯公率领未经训练的士兵在庄山铸造金币。让中大夫王邑载着二千万钱币,去楚国求购活鹿。

楚王听说后,告诉他的宰相:"那些金币,是人民所珍重的,是国家所存储的,是贤明君主赏赐有功之人的物品。禽兽,是人们的祸害,是贤明君主所放弃驱逐的。如今齐国用他们珍重的宝物来购买我国的群害,这是楚国的福分,这是上天要把齐国送给楚国。你告诉我的百姓,速速求取活鹿,来换尽齐国的财宝。"楚国的百姓就都放弃农业来捕捉活鹿。管子告诉楚国的商人:"你们为我运来活鹿,运来二十只我就赏赐给你们一百斤黄金。运来十倍活鹿,那就赏赐一千斤黄金。这样一来楚国就不用对百姓征收赋税,财用也能够充足了。"楚国的男子在外奔波狩猎,女子在路上奔波接应。隰朋就让齐国百姓贮藏五倍的粮食。楚国靠活鹿贮藏了五倍钱币。

　　管子说:"楚国可以攻下了。"齐桓公问:"怎么做?"管子回答道:"楚国收获的钱有五倍,他们的国君肯定自鸣得意地开始从事农业生产。五倍的钱币,是楚国的强势之处。"齐桓公说:"好。"于是下令让人关闭城关,不和楚国通商。楚王果然自鸣得意地开始从事农业生产。但是粮食不是三个月就可以收获的,楚国的粮价达到每釜四百钱。齐国于是让人载着粮食去芊地南部,楚国人有十分之四都降服于齐国。三年后楚国臣服。

　　桓公问于管子曰:"代国之出①,何有?"管子对曰:"代之出,狐白之皮②。公其贵买之。"管子曰:"狐白应阴阳之变,六月而壹见③。公贵买之,代人忘其难得,喜其贵买,必相率而求之。则是齐金钱不必出,代民必去其本而居山林之中④。离枝闻之⑤,必侵其北。离枝侵其北,代必归于齐。公曰今齐载金钱而往。"桓公曰:"诺。"

　　即令中大夫王师北将人徒载金钱之代谷之上,求狐白之皮。代王闻之,即告其相曰:"代之所以弱于离枝者,以无金钱也。今齐乃以金钱求狐白之皮,是代之福也。子急令民求狐白之皮,以致齐之币,寡人将以来离枝之民。"代人果去其本,处山林之中,求狐白之皮。二十四月而不得一⑥。离枝闻之,则侵其北。代王闻之,大恐,则将其士卒葆于代谷之上。离枝遂侵其北,王即将其士卒,愿以下齐。齐未亡一钱币,修使三年而代服。

【注释】

①代:战国时期有代国,其地在恒山以北,南邻赵国。

②狐白之皮:即狐白裘。冬季狐腋下之皮毛色白而温软厚实,用其
制成之裘极其贵重难得。

③狐白应阴阳之变,六月而壹见:狐冬、夏都会换毛,狐白只有冬季
才有,故称。

④本:指国。

⑤离枝:北方国名。又见《轻重甲》。

⑥二十四月而不得一:指两年得到的狐白也不够制成一件狐白裘。

【译文】

齐桓公问管子:"代国所出特产,有什么?"管子回答道:"代国所出的
特产,是狐白之皮。请您高价收购它们。"管子说:"狐白之皮对应阴阳变
化,六个月才能见到一次。您高价收购它们,代国人就会忘了获得它们
的艰难,只会为它们被高价收购而欢喜,必定会成群结队地去求取。这
样一来,齐国不必出资,代国的民众就会离开他们的国都居住在山林之
中。离枝国听说了,必定会入侵代国北部。离枝国入侵代国北部,代国
就必定会归顺于齐国。希望您能下令让齐人载着金钱前去收购狐白之
皮。"齐桓公说:"好的。"

随即命令中大夫王师北率领人载着金钱运送到代谷,求购狐白之
皮。代王听说后,就告诉他的宰相:"代国之所以比离枝国弱,就是因为没
有金钱。如今齐国用金钱求购狐白之皮,是代国的福气。你赶紧命令百
姓求取狐白之皮,来换取齐国的金币,我将用这些钱来招致离枝国的人
民。"代国的人果然就离开他们的国都,居住山林之中,求取狐白之皮。
二十四个月的所获也不够制成一件狐白裘。离枝国听说后,就想要入
侵代国北部。代王听说之后,非常惊恐,就率领他的士兵退守代谷。离

枝国于是攻入代国北部，代王随即率领他的士兵们，自愿投靠齐国。齐国没有损失一枚钱币，只是通使三年，代国就臣服了。

桓公问于管子曰："吾谷制衡山之术①，为之奈何？"管子对曰："公其令人贵买衡山之械器而卖之，燕、代必从公而买之。秦、赵闻之，必与公争之，衡山之械器必倍其贾。天下争之，衡山械器必什倍以上。"公曰："诺。"

因令人之衡山求买械器，不敢辩其贵贾。齐修械器于衡山十月，燕、代闻之，果令人之衡山求买械器。燕、代修三月，秦国闻之，果令人之衡山求买械器。衡山之君告其相曰："天下争吾械器，令其买再什以上。"衡山之民释其本，修械器之巧。齐即令隰朋漕粟于赵。赵籴十五，隰朋取之石五十。天下闻之，载粟而之齐。齐修械器十七月，修粜五月②，即闭关不与衡山通使。燕、代、秦、赵即引其使而归。衡山械器尽，鲁削衡山之南，齐削衡山之北。内自量无械器以应二敌，即奉国而归齐矣。

【注释】

①谷：即"欲"。衡山：地名。其地在齐国之南，鲁国之北。

②粜：此处泛指买卖粮食。

【译文】

齐桓公问管子："我想要控制衡山国的办法，该怎么办？"管子回答道："您就令人高价收购衡山国的器械来转卖，燕国、代国一定会跟随您购买。秦国、赵国听说后，必定和您争抢，衡山国的器械的价格一定会翻一番。天下各国都争相购买，衡山国的器械一定会涨价十倍以上。"

齐桓公说:"好。"

　　于是命令人去衡山国求购器械,不敢讲论价格高低。齐国在衡山国置办器械十个月之后,燕国、代国听说了,果真就令人前去衡山国求购器械。燕国、代国置办三个月之后,秦国听说了,也果真就令人去衡山国求购器械。衡山国的国君告诉他的宰相说:"天下各国争购我国的器械,让器械的购买价格上涨二十倍以上。"衡山国的百姓放弃了农业,修习制造器械的方法。齐国随即命令隰朋通过漕运向赵国购买粮食。赵国粮价十五钱一石,隰朋用五十钱一石来购买。天下各国听说后,都载着粮食前往齐国。齐国置办器械花了十七个月,置办粮食花了五个月,随即闭关不和衡山国通商往来。燕国、代国、秦国、赵国于是也把使者召唤回国。衡山国的器械卖光后,鲁国攻占衡山国南部,齐国攻占衡山国北部。衡山国内思量没有器械来对付两个敌国,于是就把国家奉上归顺了齐国。

轻重己第八十五

【题解】

　　此篇与其他"轻重"篇不同,专记时令及四时政治与宗教活动。因而学者对其有不同看法。一种看法如清代晚期学者何如琛所谓:"《轻重己》一篇,专记时令,非'轻重'也。"即认为此篇非"轻重"类文献,应归入阴阳家一类。也有学者如当代马非百所说,《管子》有不少篇章表达重视时令,重视按时令生产。因而此篇也应被视为"轻重"一类,只不过更强调万物生产而已。重视按时令生产确实是此篇所强调的内容,但强调生产毕竟与《管子》"轻重"之术有较明确的区别。所以此篇是否原本即为"轻重"文字,还需要继续研究。全篇共十段,第一段为总论,最后一段为总结,章法齐整。

　　清神生心,心生规,规生矩,矩生方,方生正,正生历,历生四时,四时生万物。圣人因而理之,道遍矣。

　　以冬日至始,数四十六日,冬尽而春始。天子东出其国四十六里而坛,服青而絻青①,搢玉揔②,带玉监③,朝诸侯卿大夫列士,循于百姓,号曰祭日,牺牲以鱼。发号出令曰:"生而勿杀,赏而勿罚,罪狱勿断,以待期年。"教民樵室钻

镂④,墐灶泄井⑤,所以寿民也。耜耒耨,怀铚铫⑥,又攲权渠
绳绁⑦,所以御春夏之事也必具。教民为酒食,所以为孝敬
也。民生而无父母,谓之孤子。无妻无子,谓之老鳏。无夫
无子,谓之老寡。此三人者皆就官⑧,而众可事者不可事者
食如言而勿遗。多者为功,寡者为罪,是以路无行乞者也。
路有行乞者,则相之罪也。天子之春令也。

【注释】

①绲(miǎn):通"冕"。礼冠。

②攲:插。捴:当为"忽"之讹。忽,同"笏"。

③监:礼冠的饰物。

④樵:烟熏。

⑤墐(jìn):涂。

⑤怀:当作"欘",锄头。铚:镰刀。铫(sì)同"枱"。即耜。

⑦又:辅助。攲:即"欘",锄柄。权:锤。渠:即"輇",车轮的外圈。
　绳(shéng):同"绳"。绁(xiè):同"绁"。缰绳。

⑧官:即"馆"。房屋。

【译文】

　　洁净的精神生出心,心生出规,规生出矩,矩生出方正,方正生出历
法,历法生出四季,四季生出万物。圣明的君主依靠这些来治理国家,
这是普遍的道理。

　　从冬至日开始,总共历经四十六日,冬天结束春天开始。天子向东
离开国都四十六里,设祭坛,身穿青色衣服头戴青色礼冠,插上玉笏,佩
戴玉监,朝见诸侯卿大夫列士,巡视百姓,号称祭日,用鱼作为牺牲。发
号施令道:"养生而不要杀生,赏赐而不要施罚,有罪的下狱之人不审
断,等待冬天再处置。"教导百姓烟熏房屋,钻燧取火,涂补灶台,淘净水

井,用这些来使百姓安乐长寿。耜、耒、耨,锄头、镰刀、铧,辅以锄柄、锤子、辋、绳子、缰绳,这些用来从事春耕夏耘农事活动的器械必须准备好。教导百姓制作酒和食物,用来孝敬父母。人如果生而没有父母,被称作孤儿。没有妻子也没有子女的,被称作鳏夫。没有丈夫也没有子女的,被称作寡妇。这三种人都有房舍收留,可以做事的、不可以做事的像所承诺的一样能够得以谋生糊口而没有被遗弃。多做事的有功,少做事的有罪,所以路上没有了行乞的人。路上有行乞的人,那就是宰相的罪过。这就是天子在春天颁布的政令。

　　以冬日至始,数九十二日,谓之春至。天子东出其国九十二里而坛,朝诸侯卿大夫列士,循于百姓,号曰祭星。十日之内,室无处女,路无行人。苟不树艺者,谓之贼。下作之地①,上作之天,谓之不服之民。处里为下陈②,处师为下通③,谓之役夫。三不树而主使之。天子之春令也。

【注释】

①作:通"诅"。

②下陈:后列,末等。

③通:列。

【译文】

　　从冬至日开始,历经九十二日,就是春至。天子向东离开国都九十二里设祭坛,朝见诸侯卿大夫列士,巡视百姓,号称祭星。十天之内,房屋里没有闲居的女子,路上没有闲散的行人。假如不从事耕作,就被称作贼人。下怨地,上恨天的人,被称作不肯任人驱使的人。在里中是末等人,在军队中是后列人,被称作役夫。这三种不肯勤勉耕作的人,就让他们为主管服劳役。这是天子在春天颁布的政令。

以春日至始，数四十六日，春尽而夏始。天子服黄而静处，朝诸侯卿大夫列士，循于百姓，发号出令曰："毋聚大众，毋行大火，毋断大木、诛大臣，毋斩大山，毋戮大衍①。灭三大而国有害也。"天子之夏禁也。

【注释】

①衍：沼泽。

【译文】

从春至日开始，历经四十六日，春天结束夏天开始。天子身穿黄色衣服，静坐于宫中，朝见诸侯卿大夫列士，巡视百姓，发号施令道："不要聚集民众，不要燃烧大火，不要斩断粗木、责罚大臣，不要砍伐大山，不要毁坏沼泽。毁灭这几种事物对国家会有所损害。"这是天子在夏天颁布的禁令。

以春日至始，数九十二日，谓之夏至，而麦熟。天子祀于太宗①，其盛以麦。麦者，谷之始也。宗者，族之始也。同族者人②，殊族者处③。皆齐大材④，出祭王母。天子之所以主始而忌讳也⑤。

【注释】

①太宗：太庙的别室。

②人：通"仁"。致敬。

③处：坐于地上。

④大材：即祭品珠象玉石和乐器木金革羽之类。

⑤主始而忌讳：即《论语》"慎终追远，民德归厚"之意。忌讳，先王死日为忌，名为讳。此当指先王、祖先。

【译文】

从春至日开始，历经九十二日，就是夏至，麦子成熟。天子在太庙宗祠祭祀，盛放麦子作为祭品。麦子，是粮食的起始。祖宗，是家族的起始。同族的人互相致敬，不同族的人席地而坐。都备齐祭品乐器之后，出宗庙祭祀母系先祖。这是天子之所以重视起始而祭祀祖先的方式。

以夏日至始，数四十六日，夏尽而秋始，而黍熟。天子祀于太祖，其盛以黍。黍者，谷之美者也。祖者，国之重者也。大功者太祖①，小功者小祖，无功者无祖。无功者皆称其位而立沃②，有功者观于外。祖者所以功祭也，非所以戚祭也。天子之所以异贵贱而赏有功也。

【注释】

①功：立功，功勋。

②无功：当作“有功”。下句“有功”当作“无功”。沃："饫（yù）"的假借字。饫，古代立着举行、昭明大节的宴礼。

【译文】

从夏至日开始，历经四十六日，夏天结束秋天开始，黍成熟。天子祭祀太祖，盛放黍作为祭品。黍，是粮食中的优质产物。太祖，是国家所重视的。立大功的位列太祖庙，立小功的位列小祖庙，没有立功的不设宗庙祭祀。参祭者有功的都按位次站着举行昭明大节的宴礼，没有立功的只能在外观礼。祭祖是按功勋祭祀的，不是按亲疏远近祭祀的。这是天子分辨贵贱而奖赏立功之人的方式。

以夏日至始，数九十二日，谓之秋至。秋至而禾熟。天子祀于太惢①，西出其国百三十八里而坛，服白而绕白，搢玉揔,带锡监,吹埙篪之风凿②,动金石之音,朝诸侯卿大夫列士,循于百姓,号曰祭月,牺牲以彘。发号出令,罚而勿赏,夺而勿予。罪狱诛而勿生。终岁之罪,毋有所赦。作衍牛马之实③,在野者王④。天子之秋计也。

【注释】

①太惑:心宿,古代称为大火,即商星,因其光亮强,古人据其在天空的位置判断时令。

②风凿:风孔。

③作:开始。衍:繁殖。

④王:旺。

【译文】

从夏至日开始,历经九十二日,就是秋至日。秋天到来禾苗成熟。天子祭祀商星,向西离开国都一百三十八里设祭坛,身穿白色衣服头戴白色礼冠,插上玉笏,佩戴锡监,吹动埙篪的风孔,击打金石,朝见诸侯卿大夫列士,巡视百姓,号称祭月,用猪作为祭品。发号施令,惩罚而不嘉奖,剥夺而不授予。降罪于受牢狱之罚的人,坚决诛杀不姑息。全年的犯罪,禁止赦免。牛马开始兴旺繁殖,遍布原野。这是天子在秋天实施的计划。

以秋日至始,数四十六日,秋尽而冬始。天子服黑绒黑而静处,朝诸侯卿大夫列士,循于百姓,发号出令曰:"毋行大火,毋斩大山,毋塞大水,毋犯天之隆①。"天子之冬禁也。

【注释】

①隆:雷神。

【译文】

从秋至日开始,历经四十六日,秋天结束冬天开始。天子身穿黑色衣服头戴黑色礼冠静坐于宫中,朝见诸侯卿大夫列士,巡视百姓,发号施令道:"不要燃烧大火,不要砍伐大山,不要阻塞大水,不要触犯天上的雷神。"这是天子在冬天颁布的禁令。

以秋日至始,数九十二日,天子北出九十二里而坛,服黑而绖黑,朝诸侯卿大夫列士,号曰发繇①。趣山人断伐②,具械器。趣渍人薪蒌苇,足蓄积。三月之后,皆以其所有,易其所无,谓之大通三月之蓄③。

【注释】

①发繇:发动徭役。

②趣:督促。

③通:流通。

【译文】

从秋至日开始,历经九十二日,天子向北离开国都九十二里设祭坛,身穿黑色衣服头戴黑色礼冠,朝见诸侯卿大夫列士,号称发动徭役。督促山里的人民砍伐树木,预备器械。督促草泽里的人民收取蒌苇用作柴草,备足积蓄。发动徭役三个月之后,百姓都能用他们所有的物品,来换取没有的物品,这就是所谓用三个月的积蓄来进行大规模商品流通。

凡在趣耕而不耕,民以不令①。不耕之害也。宜芸而不芸,百草皆存,民以仅存。不芸之害也。宜获而不获,风雨将作,五谷以削,士民零落。不获之害也。宜藏而不藏,雾气阳阳,宜死者生,宜蛰者鸣。不臧之害也。张耜当弩,铫耨当剑戟②,攫渠当胁靷③,蓑笠当抮橹④,故耕械具则战械备矣。

【注释】

①令:美好。

②铫:大锄头,这里用作动词。

③攫:掘取。胁靷:戟类。靷,长柄。

④抮:拥。橹:大盾牌。

【译文】

但凡督促耕作却不耕作的,百姓生活就不会好。这是不耕作的危害。需要锄草却不锄草,杂草丛生田园荒芜,百姓只能勉强维持生计。这是不锄草的危害。应该收获却不收获,假如风雨大作,那么粮食就会减产,百姓就会四散飘零。这是不收获的危害。应当贮藏却不贮藏,雾气大起,应该死亡的却得以生存,应该蛰伏的却在鸣叫。这是不贮藏的危害。张开的耜可当作弩,挥动的锄头可当作剑戟,翻掘的车辀可当作长柄戟,披戴的蓑衣可当作大盾牌。这样耕种的器械齐备,那么作战的装备也就预备齐全了。

轻重庚第八十六

亡佚

中华经典名著
全本全注全译丛书
（已出书目）